上海辞书出版社文学鉴赏辞典编纂中心 编

姜亮夫 夏传才 赵逵夫 郭维森 等撰写

新一版

先秦诗鉴赏辞典

赵朴初题

上海辞书出版社

《先秦诗鉴赏辞典》

撰稿人（按姓氏笔画为序）：

马祖熙	王 焰	王宏理	王晓鹂	龙向洋	叶志衡
史 乘	史卫文	白满霞	吉明周	朱杰人	朱渊清
伏俊连	伏麒鹏	汤炳正	汤 斌	孙琴安	李祚唐
李铁华	杨晓斌	何润香	汪贤度	汪涌豪	张金耀
陈 铭	陈文忠	陈伟军	陈如江	陈志明	范三畏
林家骊	罗华荣	周啸天	庞 坚	赵山林	赵荔红
赵逵夫	胡长青	茹云鹤	昝 亮	姜昆武	姜亮夫
骆玉明	秦惠民	贾海生	夏传才	夏咸淳	顾 伊
徐志啸	徐培均	殷光熹	翁其斌	郭令原	郭晋稀
郭维森	黄宝华	萧华荣	曹光甫	曹明纲	蒋立甫
韩高年	惠渭舟	蓝开祥	潘啸龙	潘善祺	霍旭东
戴元初					

原书责任编辑：庞 坚

责任编辑：吕荣莉

目 录

出版说明 …………………………… 1

凡　　例 …………………………… 1

序　（一） ………………………… 1—4

序　（二） ………………………… 5—14

篇 目 表 ………………………… 1—7

正　　文 ………………………… 1—1008

附　　录

　　名词术语与要籍解题 ………… 1009—1029

　　《诗经》、楚辞书目 …………… 1030—1081

　　名句索引 ……………………… 1082—1089

出版说明

本书是本社文学鉴赏辞典系列之一。收录先秦时期的诗歌作品,包括《诗经》、楚辞和其他上古歌谣。《诗经》、楚辞是中国古典文学现实主义和浪漫主义风格流派的两大源头,其他一些古歌如《石鼓文》等也具有重要意义,都对后世的文学发展产生了巨大而深远的影响。本着探本溯源、展示中国文学丰富宝藏的目的,我们特编选这部《先秦诗鉴赏辞典》,以与本社先期出版的其他鉴赏辞典合为全璧。因先秦时代流传至今的诗作不多,故将《诗经》和楚辞(汉代以前之作)全部收入,其中楚辞《卜居》《渔父》虽非诗体,但有诗的韵味,且与其他楚辞篇章有联系,仍予收录。文献记载的先秦古歌如传为尧舜时的《击壤歌》《南风歌》《卿云歌》,后人颇疑为伪作,然流传既久且广,对后世文学影响较大,亦辑入本书,以备参考。

考虑到上古的文本在阅读上对一般读者有一定难度,故对原诗酌加简明的注释、注音和翻译。在赏析文章中,适当介绍历代研究者对作品的不同理解,以使读者对作品有较全面的了解。

本书自一九九七年初版以来,迄今已届二十年,特别是进入新世纪后,先秦诗歌研究取得了长足的进展。为了更好地服务读者,我们请有关专家对本书进行了适当的审读修订,增补了反映最新研究成果的信息,并调整了开本和版面。在本书修订过程中,承国内专家学者的大力支持,谨此致谢。

上海辞书出版社
二〇一六年七月

凡 例

一、本书共收先秦诗三百七十三篇，分三部分：《诗经》部分据《毛诗》收入全部三百零五篇，楚辞部分据《楚辞章句》收入汉代以前作品二十八篇，先秦古歌部分据《先秦汉魏晋南北朝诗》《甲骨文合集》《周易》收入先秦杂歌谣和卜辞、卦辞四十篇。

二、本书的编排顺序，《诗经》据通行《毛诗》，楚辞据通行《楚辞章句》，先秦古歌据文献记载的创作年代或出现的时间先后。

三、本书原则上一首诗配一篇赏析文章，个别如《石鼓文》一组（十首）诗配一篇赏析文章，《周易》卦辞《屯如》《乘马》两首诗配一篇赏析文章。

四、作者之生平事迹简介，置于该作者的首篇作品前；见诸史载传闻或难确考者则在赏析文章中略作介绍。

五、有关诗歌的类名和组诗名的解释，如十五国风、小雅、大雅、周颂、鲁颂、商颂、九歌、九章等，置于该组诗歌的首篇正文前，并在附录名词术语中列出参见条。

六、本书使用简化字，可能引起歧义处则保留繁体字或异体字。唯《石鼓文》为使读者睹其原貌，保留篆体铭文（直排）、繁体字释文（横排）。

七、本书在原诗正文右侧排有白话译文（《石鼓文》译文排在正书释文后），并对疑难字词句进行注音与注释。

八、书末有附录：名词术语与要籍解题，《诗经》、楚辞书目及名句索引。

序（一）

中国屈原学会会长　汤炳正

先秦诗歌有两大派系，一派以《诗经》为大宗，一派以《楚辞》为代表。至于散见于先秦典籍中的歌谣，则地不分南北，人不分贵贱，或接近《诗经》，或仿佛《楚辞》，两种体式并存。究其原因，盖古代歌谣本来大体相同，但由口头歌咏进而到书面记录时，或忠实于原型，则错落而近于口语，其体式有如《骚》；或略加提炼，则整齐而便于传诵，其体式有如《诗》。例如，以惯例衡之，楚国的《子文歌》，理当为《骚》体，但见于《说苑》者，竟为典型的《诗》体；燕国的《易水歌》，理当为《诗》体，而载于《史记》者，竟为典型的《骚》体。甚至同一首歌谣，见于此书者近《骚》，见于彼书者又近《诗》。如鲁女的《黄鹄歌》，其记录于《列女传》者，为语言错落并每句有"兮"的《骚》体；然记录于《艺文类聚》者，则又为严整的四字句并省去"兮"字的《诗》体。由此观之，古代歌谣实为《诗》《骚》的共同源头，特因书面的记录之异，出于同源而演为二体。

而且，《诗经》之集结与演变，则除由口头到书面，已经过一番提炼之外，更加以配乐原因，节奏益求整肃，字句益趋简括，从而形成了基本上每句两个节拍的四字句式。孔子删《诗》之说，世多疑之，但由于《诗》三百篇，周人皆以入乐，其必经太师或乐官之剪裁调整以合乐律，则必系事实。即《墨子》所谓"弦诗三百，歌诗三百"是也。《文心雕龙·乐府》有云：

凡乐辞曰诗，咏声曰歌，声来被辞，辞繁难节。故陈思称左延年闲于增损古辞，多者则宜减之，明贵约也。

是乐师之职，增损原诗以合音律，盖自古已然。《诗经》除颂诗当系依乐律以造辞之外，风、雅二者，则皆经乐师之增减。其"减"者，如由错落的杂言，约以四字为句的基调。至于"增"者，我很怀疑风、雅中所习见之复章迭唱，反复咏叹，前后辞句相同而略更几字者，其原诗则皆不过一章而已。复章迭唱，皆当为乐师所增。盖以适应乐律之回旋往复，摇曳动听耳。《文选》所录曹植《七哀诗》共十六句，不分章节,所录其他《七哀诗》亦皆如此。但《宋书·乐志》载晋乐府所奏曹植诗称《明月篇》者,竟分为"七解",每解增为四句,全诗共二十八句。故疑《七哀》本为乐章之名,而《明月篇》乃曹诗之旧称。这跟《诗经》由于入乐而将单章增为迭章者颇相似。今《诗经》中风诗,几乎全系迭章,而现存于典籍中的古代歌谣,却又绝不见迭章,其原因当即在此。

至于《楚辞》的骚体则不同,它盖直接导源于歌谣的口头形式,故句多错落,犹近口语,"兮"字频见,更存吟讴本色。当春秋战国之际,虽《诗》三百篇,南北通行,家喻户晓,而屈子则以千古奇才,遗世独立,除《天问》《橘颂》等犹拟《诗》体,此外则主要是吸取民间歌谣营养,发挥个人独创精神,把当时口头文学传统,提高到空前未有的高度,为千秋万代留下不朽的骚体篇章。

战国之世,中国正处在由奴隶社会向封建社会转化之际。屈原作为有远见的政治家,辅佐楚王,励精图治,内则变法革新,外则抵御强秦。从他所留下的辞赋来看,痛斥旧贵族的贪得无厌,探索着未来的理想与光明,跟他的前辈吴起一样,是顺应历史潮流、推动历史前进的开拓者。他的失败,乃是旧势力相对强大的政治形势所造成的历史悲剧。然而,也许正是由于他是政治上的失败者,才促使他成为中国诗歌史上的千古伟人。

屈子的辞赋,既是当时的历史记录,也是诗人的心灵写照,同时又是楚国所独有的文化特征的曲折体现。而且那疾恨丑恶的激情,向往理想的心潮,使诗篇充满浪漫主义色彩。其想象的自由驰骋,神话的大量采用,南楚宗教遗俗的纵意驱遣,使诗篇意象瑰丽,辞彩绚烂。但从《天问》等篇来看,在战国时代,屈原是理性主义的先驱者,他的创作,已超越自发性的宗教意识而升华为自觉性的文艺构思。它是奇瑰的诗篇,而不是巫师的呓语。

对屈赋的研究,迄今已有两千年的历史。远在西汉前期,因君臣多兴于楚,楚歌楚舞,颇为盛行,楚辞也极被重视。司马迁已为屈子写列传,刘安又为《离骚》作章句。他们评行谊,辑遗篇,明训诂,探微言,早为屈赋研究开其端。继之,刘向、扬雄、班固、贾逵、马融等,皆有研屈专著。而东汉末的王逸,则博采诸家,断以己见,著《楚辞章句》十六卷。它是现存最古老、最完整的《楚辞》研究论著。但这时对屈子与屈赋的评价,观点并不一致。如刘安誉屈子为道德文章可"与日月争光",而班固则贬之为"露才扬己"、"责数怀王",皆"非法度之正"。因政治背景不同,思想体系各异,身世遭遇悬殊,其歧说互出,是很自然的。

魏晋至隋唐,清谈名理之风极盛,佛释之学大兴,屈赋这时虽在文学创作与文艺欣赏方面影响不小,至于研究与评论,则处于低潮时期。深明训诂之作,郭璞而下,几无嗣响;在文论领域,惟有刘勰《辨骚》,独具风采。此外则多是有关音读之作。据《隋书·经籍志》著录的《楚辞音》已有数种。此与当时士大夫之间的诵屈之风是有关系的。《世说新语》曾谓当时能饮酒读骚便可称名士,其风尚可以想见。但从《文选》的五臣注看,释骚多涉粗浅。则隋唐之际,研屈之风不振,亦可见一斑。

宋元明清时期,由于阶级矛盾与民族矛盾激化,屈学崛起,超越前代。在训释方面,宋洪兴祖之《楚辞补注》、朱熹之《楚辞集注》等,皆大有功于屈赋。其间,由洪、朱之书下迨明黄文焕之《楚辞听直》等,多借注骚以抒积愤,举凡家国忧患,身世遭遇,莫不寄寓于言词之外,盖亦时势使然。在校勘方面,宋洪兴祖上承《楚辞释文》而著《楚辞考异》,多见古本,价值极高。清末刘师培亦著《楚辞考异》,审核群籍,参稽益广。音韵方面,由前一时期辅助吟咏之《楚辞音》,进而借屈宋作品以考证先秦古韵部之分合通转。如明陈第的《屈宋古音义》,已主张"发明古音,以见叶音之说谬"。降至清代,古音学大盛,而江有诰的《楚辞韵读》,则后出转精,集其大成。考史方面,清蒋骥的《山带阁注楚辞》有关屈子经历时地部分,颇见功力。下迨邹汉勋的《屈子生年月日考》等,所言渐趋精审,足资参考。赏析方面,向无专著,皆以单篇散简出现,故这一时期辑录之作渐多,宋黄伯思的《翼骚》已初具规模。至明代如蒋之翘的《七十二家评楚辞》等,搜罗务求广泛。但当时评点时文之恶习,亦为鉴赏屈赋带来不良影响。清刘熙载的《艺概》,涉及楚辞部分,能以少胜多,实评析中之佼佼者。

"五四"以来,《楚辞》研究进入繁荣时期。这时西方的民族学、民俗学、神话学、文艺学、考古学、文化人类学,尤其是历史唯物主义哲学的输入,使《楚辞》研究出现新的面貌。其代表作,如郭沫若的《屈原研究》,闻一多的《楚辞新义》,游国恩的《楚辞概论》,姜亮夫的《屈原赋校注》等,皆承前启后,成为屈学力作。其中郭、闻之研屈,适在抗战时期,所著多借屈子以砥砺民族气节,影响极大。

从上述的屈学发展,不难看出,对任何文化遗产的研究,是历史的,也是时代的。首先是时代的需求,其次是时代的思潮,再其次是时代的视角,最后是时代的情趣,等等,莫不渗入学术领域而形成时代的特色。当前的屈学研究,又进入学术民主的新时期。屈学队伍,不断扩大;屈学论著,汗牛充栋;新奇结论,目不暇接,充分体现了学术界百家争鸣的兴旺气象。这为屈学研究中不少遗留问题取得新的突破,提供了有利条件。例如,由于时代遥远所造成的语言文字障碍,还没有完全清除;古代流行于南楚的历史传说与神话故事,真相还很模糊;屈赋的写作时地问题,还有争议;某些篇章的真伪,认识还不统一;等等。如果能把这些基本问题解决好,则对屈学研究向更高的层次发展,是大有好处的。否则由于立足点不够坚实,则有不少所谓新结论,也就很难立于不败之地。

为了有助于先秦诗歌的研究,上海辞书出版社编纂了《先秦诗鉴赏辞典》,并专函约我写序。我以老耄,何克承此重任,但心有所感,又有不能已于言者。故不避谫缕,谨述所见如上,以就教于方家。

当今,辞典之作,历年不衰,此殆亦时代所需,人心所向。但愿质量上乘,不负读者。当然,诗歌鉴赏,自古称难,见仁见智,各有会心。正如《文心雕龙·知音》所云:

> 夫篇章杂沓,质文交加,知多偏好,人莫圆该。慷慨者逆声而击节,酝藉者见密而高蹈,浮慧者观绮而跃心,爱奇者闻诡而惊听。

则鉴赏之因人而异,自古如斯。然而一部古诗鉴赏辞典的任务,犹如旅游之有向导,展览之有解说。欲知山川之美,品物之盛,则当身莅其境,心领神会,方能知其全而得其真。贵在自寻自悟,不能人云亦云。《论语》有这样一段话:"夫子之墙数仞,不得其门而入,不见宗庙之美,百官之富。"我深望,读先秦诗歌者,由辞典而入门,至于升堂入室,探其奥秘,则有赖于读者之自励焉。

写于1996年9月3日

时年八十有七

序（二）

中国《诗经》学会会长　夏传才

先秦时代的文学，是中国古典文学的源头，而先秦诸子的散文与先秦诗歌的双璧《诗经》《楚辞》，则是先秦文学的主要成就。从现代社会的文学标准来看，先秦诸子的散文能被视为纯文学作品的很少（除了《庄子》等书中的一些篇章），而《诗经》《楚辞》则大部分可以认为是纯文学作品，并且就一般意义而言，《诗经》《楚辞》分别是中国古典诗歌现实主义与浪漫主义传统的滥觞，其在中国文学史上的地位是至为崇高的。

《诗经》是一部古老的诗集，为了读懂并领会这些作品，有必要了解它们产生的时代、地域、体制、基本内容、表现方法以及编订、流传和历代解说的基本情况。

诗三百篇产生的时代，我们现在只能大致论定其中最早的作品创作于西周初期，最晚的作品创作于东周的春秋中叶，全部作品产生于公元前十一世纪至前五世纪之间的五百多年之中。当然，其中某些作品，可能利用了远古的传说和素材（如周人开国史诗），或有上代的蓝本（如《商颂》），但最后写定，仍在这五百多年之中，似可统称为周诗。

305篇诗，分《风》《雅》《颂》三类。《颂》诗40篇，其中《周颂》31篇、《鲁颂》4篇、《商颂》5篇。《周颂》是西周王室的宗庙祭祀乐歌，主要产生在西周前期社会兴盛时期。周王朝为巩固和发展兴旺安定的局面大兴礼乐，制作一些祭祀乐歌，在"成康盛世"，这些乐歌已积累不少，昭王时又继续修订和补充。据说，《周颂》中最早的诗，是武王伐纣胜利回朝祭祀文王时制作的《大武乐章》6篇，在今本《诗经》中比较可信的尚保存其中的《武》《赉》《桓》三篇；最晚的诗是昭王初年祭祀武、成、康三王的《执竞》。从这些诗所祭祀的对象和所反映的史实来看，可以大致推定《周颂》大部分制作在西周前期即公元前1058年以后的七八十年之间，关于这些颂诗的作者，传统注疏曾说某些诗篇为武王、周公所作，这不一定可靠，大约主要出自王朝史官或太师（乐官）的手笔。

就《周颂》的主要内容而言，它们歌颂受命于天的先王的功业，美化开国者的完美品格，膜拜上帝的仁德和无上权威，祈求福佑国运长久、五谷丰登。如果只把这些颂歌看作一般的溢美谀辞，就未免失之于简单化了，这些作品也有其深层的内涵。放在当时的历史背景来看，它们歌颂了当时先进生产力和先进政治力量的代表，歌颂一个关怀人民疾苦的道德神并在其反暴政的旗帜下进行社会政治改革，歌颂开明繁荣的新国家的缔造者并把他作为民族领袖和政治思想代表。这些颂歌反映了一个新时代的前进步伐，呈现了我国古代文明的一个重要发展时期，具有一定的历史进步性。

《鲁颂》是春秋时期鲁国的宗庙祭祀乐歌。朱熹《诗集传》说："成王以周公有大勋劳于天下，故赐伯禽以天子之礼乐，鲁于是乎有颂，以为庙乐。其后又自作诗以美其君，亦谓之颂。"现存《鲁颂》四篇是鲁僖公时制作，约在公元前656年以后的几年，比《周颂》晚几个世纪，其中《閟宫》一篇署名奚斯，是鲁国大夫。

《商颂》是宋国的宗庙祭祀乐歌。宋国是殷商的后裔，现存《商颂》五篇的内容，有的是记述殷商先祖功业，可能是先世留传或后世追述，也可能最后写定于春秋时代，它产生的时间很长，尚无定论。

《雅》分《大雅》《小雅》。《大雅》31篇，全部是西周的作品，它们主要是朝会乐歌，应用于诸侯朝聘、贵族享宴等朝会典礼，比较只应用于宗庙祭祀的乐歌，内容较为扩充，大半产生于西周前半期和宣王"中兴"时期，有的出自史官、太师的手笔，有的有作者署名，可以证明是公卿列士的献诗。《大雅》中的五篇周人开国史诗，利用了远古流传的材料；一部分政治讽谏诗，则产生在西周政治腐败、社会危机的厉、幽两代，是《诗经》中的重要篇章。

《小雅》74篇，基本上是西周后期的作品，应用范围由朝会扩延到贵族社会的各种典礼和宴会，所以也有反映贵族社会生活和习俗的诗歌。西周后期一部分士大夫和贵族阶级下层写了一些讽谏怨刺之作，占《小雅》的大部分，少数篇章有署名，大多没有署名。

《国风》160篇，是15个国家和地区的民间歌诗，各以其所在国家或地区得名，总的来看，在现在的陕西、山西、河南、河北、山东和湖北北部，大体包括当时中国的全部地域，主要在黄河流域，向南扩展至江汉流域。这广阔的区域，是我国古代文化的摇篮。这些诗的绝大部分是春秋初期至中期即东周的作品，少部分是西周后期的作品，《豳风》和二《南》中也有从西周前期流传下来的少数作品。不能认为《国风》全是劳动人民的民歌，它们有一部分原来劳动人民口头创作的歌谣，也有一部分贵族的作品，大部分是下层士吏及其家属的作品，而那一部分原来劳动人民的歌谣,也经过整理记录和编订时的加工。《国风》的作者出自社会各阶层,内容有劳者之歌、行役之怨、情诗恋歌、妇女婚姻、国家兴衰、民俗风习、讽刺民谣、没落阶级的哀歌等等,因而广泛地反映了周代的社会生活,被称为"周代社会的百科全书"。

这些诗歌作品,是怎样编成一个总集并且代代流传下来的呢?据说周代有过公卿列士可以陈诗进谏的制度,如《左传·襄公四年》:"昔周辛甲之为大史也,命百官,官箴王阙。"《左传·昭公十二年》:"昔穆王欲肆其心,周行天下,……祭公谋父作《祈招》之诗,以止王心,王是以获,没于祇宫。"《大雅》的《民劳》《板》以及《小雅·节南山》也都证明西周确有公卿列士向国王陈诗进谏的事实。二《雅》中大量针砭时政、言辞激切的讽喻诗、怨刺诗的产生和流传,是为了通过讽谏来达到改良政治的目的。另外据说周代还保存着由上古时代传下来的采诗之制。先秦古籍中没有明确的记载,汉代追记有王官采诗、各国献诗两说,成书于战国中期的《礼记》追记有太师陈风之说。如《汉书·食货志》:"孟春之月,群居者将散,行人振木铎徇于路以采诗,献于太师,比其音律以闻于天子。"《艺文志》:"古有采诗之官,王者所以观风俗,知得失,自考正也。"这说的是王官采诗。何休注《公羊传·宣公十五年》:"男女有所怨恨,相与而歌,饥者歌其食,劳者歌其事。男子六十、女子五十无子者,官衣食之,使之民间求诗。乡移于邑,邑移于国,国以闻于天子。故王者不出牖户,尽知天下所苦。"这说的是各国献诗。《礼记·王制》:"天子五年一巡守,岁二月东巡守,命太师陈风以观风俗。"这说的是太师(乐官)陈风。可以认为十五《国风》通过王官采诗、各国献诗、太师收集整理等各种渠道采集集中到主管部门配制乐曲或校正音律,予以应用和流传。

根据史料,这些诗篇在春秋时代已经在贵族社会广为流传,普遍应用在祭祀朝会的各种典礼上和贵族社交活动的各种礼仪中。而且更进一步地,列国人士把这些诗的言辞应用于社会生活和政治交往,作为一种特殊的通情达意的工具,用比喻或暗示的方法传达彼此的立场和意见,《左传》和《国语》有大量赋诗言志的记载。因此,在贵族学校里,它成为必须学习的重要科目。《左传·襄公二十七年》记吴公子季札聘鲁,鲁国为他演奏周乐,演奏的内容和顺序,大体和现在流传的《诗经》相同,当时孔子八岁,可以证明在春秋后期,已经有了一个内容和编次与今本《诗经》差不多的结集。春秋战国之交是中国社会的一次重大变革时期,生活于春秋末期的孔子,怀着他的社会政治理想对古代文献进行长期的收集和整理,对当时流传的诗歌作品进行了卓有成效的编订工作(有些学者对此有不同的意见)。汉代独尊儒学,孔子被尊奉为封建社会的圣人,他编订的包括《诗经》在内的五种典籍被尊奉为五经，两千多年来一直是中国人民的传统教材，对中国的社会、文化、历史有着深远的影响。

《诗经》现在有305篇，有的传本却有311篇篇目，但其中6篇有其目而亡其辞(称为"笙诗")，所以实际上仍是305篇。这305篇诗，如上所述，分为《风》《雅》《颂》三大部分。它们是根据这三部分诗和乐的乐调编订的。《颂》配制的是祭祀乐曲，"颂"字古训"容"，也就是现在的"样"字，是有舞蹈配合的乐歌。"颂""庸"古写通假，"庸"即"镛"字，是一种大钟，其声调缓慢、庄重，余音袅袅，至今宗教仪式还有类似乐器和乐曲。《颂》全是由大钟伴奏、声调缓重、配合舞蹈的祭祀乐歌。"雅"古释为"正"，又"雅""夏"二字通用，周王畿一带原是夏人的旧地，称为夏地，其言称为"雅言"，其声称为"正声"。宫廷和贵族用的乐歌要用雅言和正声，就是正乐。据考证，古时原周王畿一带就有一种名叫"雅"的乐器，它硕大而笨重，为正乐所用。"雅乐"原来只有一种，后来吸收土乐的影响，乐器改进得较为小巧灵活，产生了新的雅乐，便叫旧的为"大雅"，小的为"小雅"。"风"名的本义，就是乐调，所谓"国风"，就是土乐；十五《国风》就是十五个国家和地区的地方乐调。朱熹《诗集传》说："国者，诸侯所封之域；而风者，民俗歌谣之诗也。"很接近这种认识。由以上叙述可知，三百篇全是乐歌，它的编排体制，是以这三大类不同的乐调来分类的。这样的编排方法，最初有他的实用性和科学性。后来时代久远，社会变迁，古乐失传，只保存下305篇歌词，人们对它的编排体制便不容易明白了。

唐孔颖达《毛诗正义》说："风、雅、颂者，诗篇之异体；赋、比、兴者，诗篇之异词耳。大小不同，而得并为六义者，赋、比、兴是诗之所用；风、雅、颂是诗之成形。"他把"六义"解释为三种体例和三种基本的表现方法，这一"三体三用"说，为后来大多数《诗经》学者采用和发挥。宋朱熹的说法比较简明：赋者，直抒其情；比者，借物言志；兴者，托物兴辞也。具体点说：赋是直接叙述事物，铺陈情节，抒发情志；比是比喻和比拟，也就是利用两种事物之间的某种相似点来打比方，或用浅显常见的事物来说明抽象的道理和情感；兴是先描绘某种事物的形象，用以引起所要咏唱的内容，借助联想和启发的作用，达到某种预期的目的。

古人对"六义"的理解，与上述解释并不尽同。考察"六义"的本义，据现有文献，"六义"之说初见于战国中期成书的《周礼·春官·太师》："太师……教六诗，曰风，曰赋，曰比，曰兴，曰雅，曰颂。"后来，《毛诗序》称"六诗"为"六义"："故诗有六义焉，一曰风，二曰赋，三曰比，四曰兴，五曰雅，六曰颂。"所说的"风"，是"上以风化下，下以风刺上"，即用于"风化""风教"之义；所说的"雅"，是"言王政之所由废兴",用于言朝政;所说的"颂",是"美盛德之形容,以其成功告于神明",用于祭祀。它所说的这三者不是三类诗体,而是三种用诗之法,至于赋、比、兴则略而未谈。现代不少学者认为,就战国和汉代对"六诗""六义"排列的顺序及汉儒从各种角度的解释,这六个并称的概念,不可能是半为体裁,半为表现方法,在那个普遍传诗、用诗的时代,风、雅、颂是用诗之法,赋、比、兴的本义也是用诗之法。赋法,就是社会政治交往中曾经风行的"赋诗言志"的"赋",从诗中断章取义用于专对、议论或通情达意;比法,就如郑玄《周礼注》所言"言古以刺今","见今之失,不敢斥言,取比类以言之"。关于"兴",孔安国曰:"兴,引譬连类",郑众曰:"兴者,托事于物",郑玄曰:"兴,见今之美,嫌于媚谀,取善事以喻劝之。"(上引均见郑玄《周礼注》)兴法,就是运用诗中的形象通过类推,启发联想来感发志意、涵情养性。六义的本义就是六种功用不同的用诗方法。我认为,六义的原始意义,与孔颖达的"三体三法"说并无根本的矛盾,它们仍是相通的。《风》《雅》《颂》的乐曲形式、歌辞内容和具体运用是一致的;赋、比、兴各法运用的思维特征与这三者之作为诗歌基本创作方法的思维形式也是相通的。所以,孔颖达的理论也反映了《诗经》诗体和诗法的实际,因而一千多年来为学术界普遍认同,并继续研究和深入发挥。

《诗经》在艺术创作经验上给后世留下了宝贵的财富。《诗经》的创作方法体现出鲜明的现实主义,基本特征是面向现实,从生活中概括形象,反映社会生活以及人们的思想情感。

《诗经》是诗与音乐的结合。三百篇全是乐歌,歌辞(诗)配合乐曲歌唱。它与民歌有密切联系,许多作品就是民歌。这是它长期而广泛流传的主要原因之一。尽管后来乐曲失传,它本身的韵律、节奏仍然保存,朗朗上口,便于传诵。中国古典诗、词、曲都继承了这个优良传统。

《诗经》的语言是经过提炼加工的在先秦全民共同语的基础上规范化的语言。它一共使用了2 949个单字,有许多单字一字多义,按字义计算大约有3 900多个单词,这些单字又构造了近1 000个复音词。这将近5 000个词汇中,有丰富的动词、形容词、叠字词、双声叠韵词和大量虚词,能够较为多样和精确地反映事物。《诗经》也综合运用各种修辞格,常常在一篇诗中,具有不同修辞效果的辞格交错使用,前后配合,互补互衬,珠联璧合,浑然一体,把内容表现得丰富多彩,鲜明有力。《诗经》的句型以四言为主体,在其总句数7 284句中,四言句为6 724句,约占92%强,其他为杂言。所以,《诗经》基本是四言诗,又兼采杂言,形式灵活多变;这尤以《国风》形式变化多,表现了活泼自由的民歌特色。

《诗经》的诗体，既有工整和谐的格式，又不受其束缚，用以表现不同的内容，造成不同的语气，达到工整与灵活相统一。《诗经》的章法，其章句长短不等。有的诗有10章，有的诗仅1章；有的一章多达22句，有的仅有2句。多、少、长、短，视表达的内容而定。《国风》以及接近《国风》的《小雅》，比较普遍地使用重章叠唱的方法，很多诗篇各章的结构、语言几乎完全相同，中间只换几个字。这样采用章节复沓的形式，反复咏唱，不但便于记忆，利于传唱，而且反复咏叹同一内容，一唱三叹，能够充分抒发思想感情，加强感染力。重章叠唱也可以起到一章比一章诗意发展或感情加深的作用；还可以只重复前几句，或只重复结尾几句，形式多样。复沓章法，是《诗经》语言艺术的一大特色，对中国诗歌有深刻长远的影响。

《诗经》全是合乐的歌词。合乐，要有和谐的音节和声韵。除《周颂》中有7篇诗无韵，298篇全有韵。现在觉得许多地方不合辙押韵，是因为长期以来语言演变，古音与今音不同。《诗经》用韵灵活多变，有三种基本形式：（一）句句用韵，或一章中一韵到底，或一章中换韵；（二）隔句用韵，即偶句韵，单句不押韵，双句押韵，如最后一句是单句，或重叠用韵，或不用韵；（三）四句诗，一、二句用韵，三句不用韵，四句又用韵。第一种形式为后世的柏梁体所继承，第二、三种形式为唐人律诗、绝句所继承。以上只是三种基本的形式，实际上变化很多，如还有抱韵（一、四用韵或二、三用韵）、疏韵（隔两句用韵）、遥韵（这一章的某句与下一章相应部位的某句用韵），在一章中换韵或换用各种用韵方式。

《诗经》成功运用了赋、比、兴三种基本创作方法，明谢榛《四溟诗话》统计："予尝考之三百篇，赋七百二十，兴三百七十，比一百二十。"宋朱熹和其他学者的统计互有出入。善用比、兴之法固然是《诗经》的重要风格特征，而善用赋法也是其成功之处。它以赋法抒情，或直抒胸臆，或意在言外、委婉含蓄；以赋法写景，或刻画景物，或情景交融；以赋法叙事，或铺叙敷陈，或重点勾勒，大都写得精彩纷呈。

先秦春秋时期，《诗》在社会广泛应用和普遍传习，经过孔子整理编订，并推行诗教，在战国时期，一直是影响最大的儒家学派的基本经典，其他学派也相当重视。秦代实行文化专制，焚《诗》《书》，《诗》与其他一些先秦典籍，濒临几乎毁灭的浩劫。三百篇是合乐的歌词，那时古乐曲尚未完全失传，韵文又便于咏诵和记忆，《汉书·艺文志》说：《诗经》"遭秦而全者，以其讽诵不独在竹帛之故也。"所以它得以比较完整地保存和流传。

汉初开书禁，准许私人传授古学，官方把五经立为官学。当时整理的写本，为了讲述便利，都用当时通行的文字——隶书书写，称为今文经。今文《诗经》传授者和搜集的地区与时间不同，由于过去口耳相传记忆不准或口音不清，有多家传本。1979年出土的阜阳《诗经》汉简，证实了《汉书》的汉初传《诗》多家之说。广泛流传的主要是《鲁诗》《齐诗》《韩诗》三家，称"今文三家"，简称"三家诗"。西汉中期又陆续发现了一部分用战国时代篆书书写的经籍，为古文经。古文《诗经》，只有《毛诗》一家。"三家诗"和《毛诗》不只是书写文字的不同，文句、训诂和内容解释也有很大的差异。汉代传经重视师法门户，形成齐、鲁、韩、毛四家并传，根据优胜劣败的原则，后来"三家诗"先后衰亡，《毛诗》独传。我们现在流传的《诗经》，就是《毛诗》。

《毛诗》由毛亨、毛苌所传，称大毛公、小毛公。传说荀子《诗》学相承自孔子弟子子夏，毛亨承自荀子，他在西汉初年开门授徒，著《诗故训传》，后简称《毛传》，传于赵人毛苌。毛苌任河间献王的博士，设学传《诗》，至今河间诗经村遗迹犹存。《毛诗》在民间长期传授，东汉时期立为官学，取代了"三家诗"的地位。

"三家诗"的传本失传，其遗说仍可搜辑到相当一部分。司马迁习《鲁诗》，所以《史记》引述的是《鲁诗》；刘向、刘歆世习《鲁诗》，所著《说苑》《新序》《列女传》以及班固执笔的《白虎通》，说《诗》都本《鲁诗》；《尔雅》也是《鲁诗》之学。董仲舒习《齐诗》，他的《春秋繁露》以及荀悦《汉纪》、焦氏《易林》、桓宽《盐铁论》所称引的《诗》说，当是《齐诗》。《韩诗》现尚存经隋唐学者修改补充过的《韩诗外传》。从宋至清，历代学者接续地致力于搜辑"三家诗"遗说，清王先谦《诗三家义集疏》是搜辑的集大成著作，清陈乔枞《三家诗遗说考》是这方面的研究著作。

东汉流传的《毛传》，在305篇题目下面，各有一段类似题解式的简略文字，简述诗的题旨、背景与作者，称作《诗序》。"三家诗"流传中也有序（阜阳《诗经》汉简也有序，更可证实），所以为了把现在流传下来的《诗序》说得更准确一些，称为《毛诗序》。《毛诗序》曾经是长期封建社会《诗经》义疏的中心，关于它的作者、大小序、尊废等问题，两千年来，一直是热烈争论的一大公案。

《毛诗序》为各诗所作的题解，为了推行诗教，把这部诗集作为封建政治伦理教科书，确实有伪托圣贤、比附书义、穿凿曲解的大量谬妄。然而也不能一概而论，在汉代诸家序说中，它是比较系统、完备的较好的序说，关于各诗的世次、背景、题旨，保留了一部分先秦旧说，也有几代汉儒的说解，其中有一些提示接近题旨，能给我们以启发，有助于我们探求诗义。至于第一篇《关雎》题解中总论全经的那一大段文字，被称为《大序》，是一篇价值很高的文学理论文献，学术界早有定论。即使那些《小序》，它们作为汉代《诗经》各种序说中较好的一种，我们不妨像清代的独立思考派那样,无所尊,无所废,但还咏诗篇本文,寻绎文义,从其是,黜其非。

两千余年的《诗经》研究,大致可以分为五个发展阶段。第一个阶段是先秦时期。儒家学派继承了孔子的诗教理论和实践,孟子提出"知人论世""以意逆志"的方法论;荀子进而创立了"明道、征圣、宗经"的文学观。这些,为后来诗经学的形成和发展奠立了理论基础。第二个阶段是汉学时期(汉至唐)。汉初《诗》定为"经",《诗经》成为国定教科书。四家传《诗》,反映汉学内部今文经学和古文经学的斗争,在学术斗争中,《毛诗》不断提高训诂义疏质量而战胜三家,得以独传,反映了古文经学发展的成果。郑玄以《毛诗》为本,兼采三家,集东汉语言文字学研究的大成,为《毛传》作笺,完成了划时代的《毛诗传笺》。唐初孔颖达又采取六朝以来各家注疏的成果,本疏不破注的原则,为《毛诗传笺》作疏为《毛诗正义》,其利在于统一汉学各派的义疏,其弊在于法定为标准的解释,导致研究僵化。在六朝文学创作繁荣、文学理论批评发展之际,以《文心雕龙》《诗品》为代表的文学理论著作,开始总结《诗经》创作经验,探讨其艺术表现方法。第三个阶段是宋学时期(宋至明)。宋人改造儒学,兴起自由研究、注重实证的思辨学风,对汉学诗经学提出批评,火力集中于《毛诗序》,展开尊序和废序的论争。朱熹的《诗集传》是宋学《诗经》解释学的集大成著作。它以理学为其思想基础,集中宋人训诂、考证的成果,也比较注意《诗经》的文学特点,成为以后几百年的权威性的《诗经》解释学的著作。元、明是宋学的继续,宋学逐渐僵化。明代中、后期不断出现突破宋学桎梏的《诗经》著述,酝酿着重大的转变。宋、明诗话对《诗经》的艺术有所探讨,明代在《诗经》音韵学和名物考证上都有一些成绩。第四个阶段是新汉学时期(清)。清代学者要求摆脱宋明理学的桎梏,以复古为解放,提倡复兴汉学,兴起新汉学。以古文经学为本的考据学派,对《诗经》的文字、音韵、训诂、名物进行了浩繁的考证。清今文学派则致力于搜辑三家诗遗说。马瑞辰《毛诗传笺通释》吸取清代考据学成果着重纠正毛传、郑笺、孔疏的错误,也吸取今文可取的疏解,是以《毛诗传笺》为本的今古文通学的代表作;陈奂《诗毛氏传疏》力主古文《毛诗》,是清代研究《毛诗》的集大成之作;王先谦《诗三家义集疏》是搜辑三家诗遗说的集大成著作;魏源《诗古微》是清今文学派的代表作,姚际恒、崔述、方玉润属独立思考派,以方玉润《诗经原始》为代表。清人诗话众多,对《诗经》艺术形成的研究也颇多进展。第五个阶段是五四运动以后时期。五四运动猛烈地扫荡封建文化,以科学、民主为旗帜批判封建经学,开始了传统诗经学向现代诗经学的转型,"五四"的文化先驱者们为拨开笼罩于诗经学的封建迷雾,进行了胜利的战斗。古史辨派为揭示《诗经》的真相，作出积极的贡献，郭沫若是以新诗诗体进行《诗经》今译的第一人，二十世纪三十年代他还提倡把《诗经》应用于古代社会研究，并且提出一个马克思主义的研究体系。四十年代的闻一多把民俗学方法、文学分析方法和考据学方法相结合，并且适当地吸取了文化人类学和弗洛伊德学说，在《诗经》研究中提出许多新颖的见解，并且创造了《诗经》新训诂学。五十年代以后的中国学者运用辩证唯物主义和历史唯物主义的观点研究《诗经》，也产生许多有价值的成果。八十年代以后，学术界拨乱反正，正本清源，逐渐消除"左"的流毒和庸俗社会学的影响，随着改革开放的进展，诗经学获得新的活力，当前正进入新的转型期，现代诗经学正多元地、全方位、多层面地发展。

两千余年的《诗经》研究，总括地说，主要集中于四个方面：（一）关于《诗经》的性质、时代、编订、体制、传授和流派以及诗经学其他基本问题的研究。（二）对于各诗篇文句、题旨、内容的解释学的研究，以及其艺术形式特点和创作方法的研究。（三）对于其中的史料及其应用于社会史、文化史、科学史的研究。（四）文字、音韵、名物、训诂的考证研究以及校勘、辑佚等有关研究资料的研究。在以上四个方面，两千多年来已经取得许多有价值的成果，积累了丰富的研究资料，有待我们进行全面的清理并继续开拓前进，把现代诗经学提高到新水平。

这部《先秦诗鉴赏辞典》，收录了《诗经》全部305篇，作了详尽的注释、翻译、赏析，当有助于一般读者解决在对此一宝贵文学遗产的审美接受过程中所遇到的困难。考虑到"诗无达诂"的古训，此书各篇赏析文章在撰稿人所认同的诗旨之外，还介绍了一些其他各家之说，相信这对于广大读者绝非多余。

先秦诗歌当然不仅是《诗经》305篇，还有同样对中国文学发展产生重要影响，与《诗经》堪称双璧的楚辞，以及从远古至战国的丰富的口头歌谣创作和佚诗。

从原始社会到殷商时代，从《诗经》时代到秦统一中国之前，曾经产生数量众多的口头创作的民歌、谣谚。由于缺乏记录工具，它们大多随生随灭，不能流传下来，只是依据先秦各种典籍中的引录，还能保存很小的一部分，其中真赝混杂，不乏伪托。近代考古发掘出土的甲骨卜辞和青铜器铭文，其中保存的歌谣，则是确凿可信的资料。经过历代学者的辑录，先秦的民歌、谣谚、佚诗，共二百余首。

据称是伏羲、黄帝、尧、舜时代的原始歌谣，或者是后人的追记、改写，或者是明显的伪托，难以为据。在《易经》中保存有若干具有歌谣雏形的韵文，据学术界研究，其中有原始歌谣，也有《诗经》以前奴隶社会时代的产物。各种通行的先秦典籍引录的歌谣，以及没有编选进《诗经》的佚诗，仍可呈现我国诗歌早期的基本风貌。它们内容简朴,语言简短而有韵,由二言、三言向四言发展。正是在人民口头创作的基础上,《诗经》创造了比较整齐的四言诗体,充实了诗歌的内容,由口头文学创作开始过渡到书写文学,达到艺术上的成熟,开拓了中国诗歌文学的光辉历史。

　　《先秦诗鉴赏辞典》除收入《诗经》、楚辞之外,还选录一部分古歌谣,对我们认识中国诗歌的源远流长,认识诗歌起源于人民在现实生活中产生的口头歌谣创作,认识《诗经》的伟大的历史贡献,都具有重要的意义。

　　我们弘扬中华优秀文化,继承古代文学的伟大传统,发展新时期的新文学,学习《诗经》和楚辞,很有必要。上海辞书出版社编辑出版中国诗歌名篇的鉴赏系列丛书,已经获得良好的社会效益。这部《先秦诗鉴赏辞典》的编辑出版,使这套丛书补充齐全,是很有价值的工作,故乐为作序。

1996年12月于思无邪斋

篇目表

诗 经

风

周 南

关雎 …………………………… 3
葛覃 …………………………… 6
卷耳 …………………………… 8
樛木 …………………………… 11
螽斯 …………………………… 12
桃夭 …………………………… 14
兔罝 …………………………… 16
芣苢 …………………………… 17
汉广 …………………………… 20
汝坟 …………………………… 22
麟之趾 ………………………… 24

召 南

鹊巢 …………………………… 26
采蘩 …………………………… 28
草虫 …………………………… 29
采蘋 …………………………… 31
甘棠 …………………………… 33
行露 …………………………… 34
羔羊 …………………………… 36
殷其靁 ………………………… 37
摽有梅 ………………………… 39

小星 …………………………… 41
江有汜 ………………………… 43
野有死麕 ……………………… 45
何彼襛矣 ……………………… 48
驺虞 …………………………… 49

邶 风

柏舟 …………………………… 50
绿衣 …………………………… 53
燕燕 …………………………… 55
日月 …………………………… 58
终风 …………………………… 59
击鼓 …………………………… 61
凯风 …………………………… 63
雄雉 …………………………… 65
匏有苦叶 ……………………… 66
谷风 …………………………… 68
式微 …………………………… 72
旄丘 …………………………… 73
简兮 …………………………… 75
泉水 …………………………… 76
北门 …………………………… 79
北风 …………………………… 80
静女 …………………………… 82
新台 …………………………… 84
二子乘舟 ……………………… 86

鄘 风

- 柏舟 …………………………… 88
- 墙有茨 …………………………… 90
- 君子偕老 ………………………… 91
- 桑中 ……………………………… 93
- 鹑之奔奔 ………………………… 95
- 定之方中 ………………………… 96
- 蝃蝀 ……………………………… 99
- 相鼠 ……………………………… 101
- 干旄 ……………………………… 102
- 载驰 ……………………………… 104

卫 风

- 淇奥 ……………………………… 108
- 考槃 ……………………………… 111
- 硕人 ……………………………… 112
- 氓 ………………………………… 116
- 竹竿 ……………………………… 121
- 芄兰 ……………………………… 123
- 河广 ……………………………… 124
- 伯兮 ……………………………… 126
- 有狐 ……………………………… 128
- 木瓜 ……………………………… 130

王 风

- 黍离 ……………………………… 132
- 君子于役 ………………………… 135
- 君子阳阳 ………………………… 137
- 扬之水 …………………………… 138
- 中谷有蓷 ………………………… 140
- 兔爰 ……………………………… 142
- 葛藟 ……………………………… 143
- 采葛 ……………………………… 145
- 大车 ……………………………… 146
- 丘中有麻 ………………………… 148

郑 风

- 缁衣 ……………………………… 149
- 将仲子 …………………………… 151
- 叔于田 …………………………… 153
- 大叔于田 ………………………… 156
- 清人 ……………………………… 158
- 羔裘 ……………………………… 160
- 遵大路 …………………………… 162
- 女曰鸡鸣 ………………………… 163
- 有女同车 ………………………… 165
- 山有扶苏 ………………………… 167
- 萚兮 ……………………………… 168
- 狡童 ……………………………… 169
- 褰裳 ……………………………… 171
- 丰 ………………………………… 173
- 东门之墠 ………………………… 175
- 风雨 ……………………………… 176
- 子衿 ……………………………… 178
- 扬之水 …………………………… 179
- 出其东门 ………………………… 181
- 野有蔓草 ………………………… 183
- 溱洧 ……………………………… 184

齐 风

- 鸡鸣 ……………………………… 187
- 还 ………………………………… 189
- 著 ………………………………… 190
- 东方之日 ………………………… 192
- 东方未明 ………………………… 193
- 南山 ……………………………… 194
- 甫田 ……………………………… 197
- 卢令 ……………………………… 198

敝笱	199	无衣	258
载驱	201	渭阳	260
猗嗟	203	权舆	261

魏风

葛屦	206		
汾沮洳	207		
园有桃	209		
陟岵	211		
十亩之间	214		
伐檀	215		
硕鼠	217		

陈风

宛丘	263
东门之枌	265
衡门	267
东门之池	269
东门之杨	270
墓门	272
防有鹊巢	274
月出	276
株林	278
泽陂	280

唐风

蟋蟀	220
山有枢	222
扬之水	224
椒聊	226
绸缪	227
杕杜	229
羔裘	231
鸨羽	232
无衣	234
有杕之杜	235
葛生	237
采苓	239

桧风

羔裘	281
素冠	283
隰有苌楚	284
匪风	286

曹风

蜉蝣	288
候人	290
鸤鸠	292
下泉	294

豳风

七月	297
鸱鸮	303
东山	306
破斧	309
伐柯	311
九罭	313
狼跋	315

秦风

车邻	242
驷驖	243
小戎	246
蒹葭	248
终南	251
黄鸟	253
晨风	256

雅

小 雅

鹿鸣 ……………………………	317
四牡 ……………………………	319
皇皇者华 ………………………	322
常棣 ……………………………	324
伐木 ……………………………	327
天保 ……………………………	330
采薇 ……………………………	333
出车 ……………………………	337
杕杜 ……………………………	340
鱼丽 ……………………………	343
南有嘉鱼 ………………………	345
南山有台 ………………………	347
蓼萧 ……………………………	349
湛露 ……………………………	351
彤弓 ……………………………	353
菁菁者莪 ………………………	355
六月 ……………………………	357
采芑 ……………………………	360
车攻 ……………………………	363
吉日 ……………………………	366
鸿雁 ……………………………	368
庭燎 ……………………………	369
沔水 ……………………………	371
鹤鸣 ……………………………	373
祈父 ……………………………	375
白驹 ……………………………	377
黄鸟 ……………………………	378
我行其野 ………………………	380
斯干 ……………………………	382
无羊 ……………………………	387
节南山 …………………………	390
正月 ……………………………	394
十月之交 ………………………	400
雨无正 …………………………	404
小旻 ……………………………	408
小宛 ……………………………	411
小弁 ……………………………	414
巧言 ……………………………	419
何人斯 …………………………	422
巷伯 ……………………………	426
谷风 ……………………………	429
蓼莪 ……………………………	430
大东 ……………………………	433
四月 ……………………………	438
北山 ……………………………	442
无将大车 ………………………	445
小明 ……………………………	447
鼓钟 ……………………………	451
楚茨 ……………………………	453
信南山 …………………………	459
甫田 ……………………………	463
大田 ……………………………	466
瞻彼洛矣 ………………………	470
裳裳者华 ………………………	472
桑扈 ……………………………	474
鸳鸯 ……………………………	475
頍弁 ……………………………	477
车舝 ……………………………	480
青蝇 ……………………………	482
宾之初筵 ………………………	484
鱼藻 ……………………………	489

采菽 …… 490	民劳 …… 582
角弓 …… 493	板 …… 586
菀柳 …… 496	荡 …… 590
都人士 …… 498	抑 …… 595
采绿 …… 500	桑柔 …… 602
黍苗 …… 502	云汉 …… 611
隰桑 …… 505	崧高 …… 616
白华 …… 506	烝民 …… 621
绵蛮 …… 510	韩奕 …… 625
瓠叶 …… 511	江汉 …… 630
渐渐之石 …… 513	常武 …… 634
苕之华 …… 515	瞻卬 …… 638
何草不黄 …… 517	召旻 …… 643

大　雅

颂

文王 …… 519	
大明 …… 523	**周　颂**
绵 …… 527	清庙 …… 648
棫朴 …… 531	维天之命 …… 650
旱麓 …… 534	维清 …… 651
思齐 …… 537	烈文 …… 653
皇矣 …… 540	天作 …… 655
灵台 …… 547	昊天有成命 …… 656
下武 …… 549	我将 …… 658
文王有声 …… 552	时迈 …… 660
生民 …… 556	执竞 …… 662
行苇 …… 562	思文 …… 664
既醉 …… 565	臣工 …… 666
凫鹥 …… 568	噫嘻 …… 669
假乐 …… 570	振鹭 …… 670
公刘 …… 572	丰年 …… 672
泂酌 …… 577	有瞽 …… 673
卷阿 …… 579	潜 …… 675

雝	676
载见	678
有客	680
武	682
闵予小子	683
访落	685
敬之	687
小毖	689
载芟	690
良耜	693
丝衣	696
酌	697
桓	699
赉	700
般	701

鲁 颂

駉	703
有駜	706
泮水	708
闷宫	713

商 颂

那	721
烈祖	724
玄鸟	726
长发	728
殷武	733

楚 辞

离骚	739
九歌·东皇太一	761
九歌·云中君	763
九歌·湘君	765

九歌·湘夫人	769
九歌·大司命	773
九歌·少司命	776
九歌·东君	780
九歌·河伯	782
九歌·山鬼	785
九歌·国殇	788
九歌·礼魂	790
天问	792
九章·惜诵	814
九章·涉江	821
九章·哀郢	827
九章·抽思	832
九章·怀沙	837
九章·思美人	842
九章·惜往日	847
九章·橘颂	853
九章·悲回风	856
远游	865
招魂	875
大招	890
卜居	901
渔父	905
九辩	909

先秦古歌

弹歌	925
伊耆氏蜡辞	926
击壤歌	927
南风歌	929
卿云歌	930
涂山歌	932

今日雨 …………………………… 934	黄鹄歌 …………………………… 972
屯如　乘马 ……………………… 935	楚狂接舆歌 ……………………… 974
雷震谣 …………………………… 937	曳杖歌 …………………………… 976
女承筐 …………………………… 938	孺子歌 …………………………… 978
鸣鹤 ……………………………… 939	被衣为啮缺歌 …………………… 979
得敌 ……………………………… 940	狐援辞 …………………………… 980
采薇歌 …………………………… 942	长铗歌 …………………………… 983
麦秀歌 …………………………… 944	成相 ……………………………… 985
石鼓文 …………………………… 945	佹诗 ……………………………… 1000
越人歌 …………………………… 967	易水歌 …………………………… 1004
龙蛇歌 …………………………… 969	琴女歌 …………………………… 1005
徐人歌 …………………………… 971	秦始皇时民歌 …………………… 1007

诗经

风

周 南

【诗歌解题】

《诗经》类名。"国风"之一。共十一篇。与《召南》并称"二南"。汉人以为,"二南"产生于陕西岐山一带。后人据诗的内容推测,其地域包括今河南省西南部及湖北省北部,是国风中最南的地区。据马瑞辰《毛诗传笺通释》考证,南是古国名,在今陕西省。周王将此地分封给周公旦和召公奭作采邑。采邑不能称国,故编诗者称之为"周南""召南"。方玉润《诗经原始》则认为周是地名,在雍州岐山之阳;南是周以南地区,故周地以南的诗称"周南"。关于产生时间,《毛诗序》、郑笺及后来的崇"毛诗"者均认为是西周初年的作品。而据后人考证,大多数约作于西周末东周初。由于"二南"的写作技巧远胜《周颂》,故今人多以为可能是平王东迁以后之作。

关 雎   周 南

关关雎鸠,①   关关和鸣的雎鸠,
在河之洲。   相伴在河中的水洲。
窈窕淑女,   那美丽贤淑的女子,
君子好逑。②   是君子的好配偶。

参差荇菜,③   参差不齐的荇菜,
左右流之。④   从左从右去捞它。
窈窕淑女,   那美丽贤淑的女子,
寤寐求之。⑤   醒来睡去都想追求她。
求之不得,   追求她却没法得到,
寤寐思服。⑥   白天黑夜便总思念她。

悠哉悠哉， 深深长长的思念哟，
辗转反侧。 教人翻来覆去难睡下。

参差荇菜， 参差不齐的荇菜，
左右采之。 从左从右去采它。
窈窕淑女， 那美丽贤淑的女子，
琴瑟友之。 奏起琴瑟来亲近她。
参差荇菜， 参差不齐的荇菜，
左右芼之。⑦ 从左从右去拔它。
窈窕淑女， 那美丽贤淑的女子，
钟鼓乐之。 敲起钟鼓来取悦她。

〔注〕①关关：鸟鸣声。雎鸠：鸟名，相传此鸟情意专一，相伴生死。或谓就是鱼鹰。②逑(qiú)：同"仇"，配偶。 ③荇菜：一种水生植物，可食用。 ④流：同"求"。寻求；择取。 ⑤寤寐：寤为醒来，寐为入睡。 ⑥思服：思念。毛传："服，思之也。" ⑦芼(mào)：择取。

《关雎》这首短小的诗篇，在中国文学史上占据着特殊的位置。它是《诗经》的第一篇，而《诗经》是中国文学最古老的典籍。虽然从性质上判断，一些神话故事产生的年代应该还要早些，但作为书面记载，却是较迟的事情。所以差不多可以说，当读者翻开中国文学的历史，首先遇到的就是《关雎》。

当初编纂《诗经》的人，在诗篇的排列上是否有某种用意呢？这已不得而知。但至少后人的理解，并不认为《关雎》是随便排列在首位的。孔子《论语》中多次提到《诗》(即《诗经》)，但作出具体评价的作品，却只有《关雎》一篇，谓之"乐而不淫，哀而不伤"。在他看来，《关雎》是表现"中庸"之德的典范。而汉儒的《毛诗序》又说："《风》之始也，所以风天下而正夫妇也。故用之乡人焉，用之邦国焉。"这里牵涉到中国古代的一种伦理思想：在古人看来，夫妇为人伦之始，天下一切道德的完善，都必须以夫妇之德为基础。《毛诗序》的作者认为，《关雎》在这方面具有典范意义，所以才被列为"《风》之始"。它可以用来感化天下，既适用于"乡人"即普通百姓，也适用于"邦国"即统治阶层。如此说来，《关雎》之义大矣！这种理解究竟有多少道理呢？我们暂且撇下，先从诗歌本身说起。

《关雎》的内容其实很单纯，是写一个"君子"对"淑女"的追求，写他得不到"淑女"时心里苦恼，翻来覆去睡不着觉；得到了"淑女"就很开心，叫人奏起音乐来庆贺,并以此让"淑女"快乐。作品中人物的身份十分清楚:"君子"在《诗经》的时代是对贵族的泛称,而且这位"君子"家备琴瑟钟鼓之乐,那是要有相当的地位的。以前常把这诗解释为"民间情歌",恐怕不对头,它所描绘的显然是贵族阶层的生活。另外,说它是情爱诗当然不错,但恐怕也不是一般的爱情诗。据笔者看来,这原来是一首婚礼上的歌曲,是男方家庭赞美新娘、祝颂婚姻美好的。《诗经·国风》中的很多歌谣,都是既具有一般的抒情意味、娱乐功能,又兼有礼仪上的实用性,只是有些诗原来派什么用处后人不清楚了,就仅当作普通的歌曲来看待。我们把《关雎》当作婚礼上的歌来看,从"窈窕淑女,君子好逑",唱到"琴瑟友之""钟鼓乐之",不也是喜气洋洋的,很合适吗?

当然这首诗本身,还是以男子追求女子的情歌的形态出现的。之所以如此,大抵与在一般婚姻关系中男方是主动的一方有关。就是在现今,一个姑娘看上个小伙,也总要等他先开口,古人更是如此。娶个新娘回来,夸她是个美丽又贤淑的好姑娘,是君子的好配偶,说自己曾经想她想得害了相思病,必定很讨新娘的欢喜。然后在一片琴瑟钟鼓之乐中,彼此的感情相互靠近,美满的婚姻就从这里开了头。即使单从诗的情绪结构来说,从见关雎而思淑女,到结成琴瑟之好,中间一番周折也是必要的:得来不易的东西,才特别可贵,特别让人高兴呀!

那么,这首诗又有什么样的特点,可以被当作表现夫妇之德的典范呢?首先,它所写的爱情,一开始就有明确的婚姻目的,最终又归结于婚姻的美满,不是青年男女之间短暂的邂逅、一时的激情。这种明确指向婚姻、表示负责任的爱情,更为社会所赞同。其次,它所写的男女双方,乃是"君子"和"淑女",表明这是一种与美德相联系的结合。"君子"是兼有地位和德行双重意义的,而"窈窕淑女",也是兼说体貌之美和德行之善。这里"君子"与"淑女"的结合,代表了一种婚姻理想。再次,是诗歌所写恋爱行为的节制性。细读可以注意到,这诗虽是写男方对女方的追求,但丝毫没有涉及双方的直接接触。"淑女"固然没有什么动作表现出来,"君子"的相思,也只是独自在那里"辗转反侧",什么攀墙折柳之类的事情,好像完全不曾想到,爱得很守规矩。这样一种恋爱,既有真实的颇为深厚的感情(这对情诗而言是很重要的),又表露得平和而有分寸,对于读者所产生的感动,也不致过于激烈。以上种种特点,恐怕确实同此诗原来是贵族婚礼上的歌曲有关,那种场合,要求有一种与主人的身份地位相称的有节制的欢乐气氛。而孔子从中看到了一种具有广泛意义的中和之美,借以提倡他所尊奉的自我克制、重视道德修养的人生态度,《毛诗序》则把它推许为可以"风天下而正夫妇"的道德教材。这两者视角有些不同,但在根本上仍有一致之处。

古之儒者重视夫妇之德,有其很深的道理。在第一层意义上说,家庭是社会组织的基本单元,在古代,这一基本单元的和谐稳定对于整个社会秩序的和谐稳定,意义至为重大。在第二层意义上,所谓"夫妇之德",实际兼指有关男女问题的一切方面。"饮食男女,人之大欲存焉"(《礼记·礼运》),孔夫子也知道这是人类生存的基本要求。饮食之欲比较简单(当然首先要有饭吃),而男女之欲引起的情绪活动要复杂、活跃、强烈得多,它对生活规范、社会秩序的潜在危险也大得多,老夫子也曾感叹:"吾未见好德如好色者。"(《论语》)所以一切克制、一切修养,都首先要从男女之欲开始。这当然是必要的,但克制到什么程度为合适,却是复杂的问题,这里牵涉到社会物质生产水平、政治结构、文化传统等多种因素的综合,也牵涉到时代条件的变化。当一个社会试图对个人权利采取彻底否定态度时,在这方面首先会出现严厉禁制。相反,当一个社会处于变动时期、旧有道德规范遭到破坏时,也首先在这方面出现恣肆放流的情形。回到《关雎》,它所歌颂的,是一种感情克制、行为谨慎、以婚姻和谐为目标的爱情,所以儒者觉得这是很好的典范,是"正夫妇"并由此引导广泛的德行的教材。

由于《关雎》既承认男女之爱是自然而正常的感情,又要求对这种感情加以克制,使其符合于社会的美德,后世之人往往各取所需的一端,加以引申发挥,而反抗封建礼教的非人性压迫的人们,也常打着《关雎》的权威旗帜,来伸张满足个人情感的权利。譬如《牡丹亭》中的杜丽娘,在被锁深闺、为怀春之情而痛苦时,就从《关雎》中为自己的人生梦想找出了理由——当然,实际上她已经走得很远了。

(骆玉明)

葛　覃

葛之覃兮,① 　　葛藤多柔长,
施于中谷,② 　　蔓延山谷中,
维叶萋萋。③ 　　叶儿真茂盛。
黄鸟于飞,④ 　　黄雀轻轻飞,
集于灌木,⑤ 　　栖息灌木上,
其鸣喈喈。⑥ 　　喈喈啭欢声。

葛之覃兮, 　　葛藤多柔长,
施于中谷, 　　蔓延山谷中,

维叶莫莫。⑦　　叶儿真清鲜。
是刈是濩,⑧　　割来煮泡后,
为绨为绤,⑨　　织成粗细布,
服之无斁。⑩　　穿试百不厌。

言告师氏,⑪　　轻声告保姆,
言告言归。⑫　　思归情牵缠。
薄污我私,⑬　　洗罢贴身衣,
薄澣我衣,⑭　　又忙洗外衫。
害澣害否,⑮　　何洗何不洗?
归宁父母。⑯　　早归父母安。

〔注〕 ① 葛:蔓草名,其纤维可织布,俗称夏布,其藤蔓亦可制鞋(即葛屦),夏日穿用。覃(tán):本为延长之意,此指蔓生之藤。 ② 施(yì):蔓延。中谷:山谷中。 ③ 维:发语助词,无义。萋萋:茂盛貌。 ④ 黄鸟:黄雀。于:助词,无义。于飞,即飞。 ⑤ 集:栖止。 ⑥ 喈(jiē)喈:鸟鸣声。 ⑦ 莫莫:茂盛。 ⑧ 刈(yì):割取。濩(huò):以热水煮物,此指将葛放在水中煮。 ⑨ 绨(chī):细葛布。绤(xì):粗葛布。 ⑩ 斁(yì):厌。 ⑪ 师氏:保姆。 ⑫ 言:语助词,或以"言"为我。归:本指出嫁,亦可指回娘家。 ⑬ 薄:语助词。污:洗去污垢。私:贴身内衣。 ⑭ 澣(huǎn):洗涤。衣:外衣。 ⑮ 害:通"曷",何。否:不,此指不需洗的衣服。 ⑯ 归宁:回家慰安父母,或出嫁以安父母之心。

人们常爱用"多义性"来解说诗意,这其实并不准确。"诗言志,歌永言"(《尚书·尧典》)。当诗人作诗以抒写情志之时,其表达意向应该是明确的,不可能存在迥然不同的多种含义。但是,诗人用以表达情志的词语,却往往是多义的。倘若在诗之上下文中,那多种含义均可贯通,说诗者就很难判断,究竟何义为作者所欲表达的"原意"了。为了不至过于武断,人们只好承认:那首诗本有着"多种含义"。

我们对于《葛覃》,遇到的也正是这样一个难题。这首诗的主旨,全在末章点示的"归宁父母"一句。然而"归"在古代,既可指称女子之出嫁,如《桃夭》的"之子于归";又可指称出嫁女子的回返娘家,如《左传·庄公二十七年》记"冬,杞伯姬来,归宁也"。所以,《毛诗序》定此诗为赞美"后妃"出嫁前"志在女功之事,躬俭节用,服澣濯之衣,尊敬师傅"的美德,其出嫁可以"安父母,化天下以妇道也";而今人余冠英等则以为,这是抒写一贵族女子准备归宁(回娘家)之情的诗。二者对主旨的判断相去甚远,但在诗意上又均可圆通。我们究竟取"出嫁"说好呢,还是"回娘家"说好？也实在无法与作诗人对证，只能让读者自己去体味了。

不管抒情主人公是待嫁女还是新嫁娘，她此刻正处在喜悦而急切的期盼之中却毫无疑问。诗分三章，展出的是跳跃相接的三幅画境。首章似乎无人，眼间只见一派清碧如染的葛藤，蔓延在幽静的山谷；然而这幽静的清碧，又立即为一阵"喈喈"的鸣啭打破，抬眼一看，原来是美丽的黄雀，在灌木丛上嘲哳。不过这"无人"的境界，毕竟只是种错觉，因为你忘记了，在那绿葛、黄雀背后，不分明有一位喜悦的女主人公，在那里顾盼、聆听？二章终于让女主人公走进了诗行，但那身影却是飘忽的：你刚看到她弯腰"刈"藤的情景，转眼间又见她在家中"濩"葛、织作了。于是那萋萋满谷的葛藤，又幻化成一匹匹飘拂的葛布；而我们的女主人公，则已在铜镜前披着这"絺绤"，正喜孜孜试身呢！那一句"服之无斁"，又透露着辛勤劳作后的多少快慰和自豪？三章的境界却又一变，诗行中多了位慈祥的"师氏"。她似乎在倾听，又似乎在指点，因为她的女主人，此刻正央求她告知急需澣洗的衣物。"害澣？害否？归宁父母"——那便是情急的女主人公，带着羞涩和抑制不住的喜悦，终于向师氏透露的内心秘密。这秘密无疑也被读者偷听到了，于是恍然大悟，不禁莞尔而笑：站立在面前的女主人公，原来是这样一位急切待"归"(出嫁或回娘家)的新人！那么前两章的似断似续，山谷中葛藤、黄雀的美好春景，和"刈濩"、织作的繁忙劳动，就不仅传达着女主人公期盼中的喜悦，而且表现出一种熟习女工、勤劳能干的自夸自赞了。这样的女子，无论是嫁到夫家还是回返娘家，都是足以令夫家爱怜并带给父母莫大安慰的。

在中国的传统中，对女子的要求从来是严苛的。所谓"妇德、妇言、妇功、妇容"，便是古代的男子世界所强加给女子必须习练的"妇教"。其要在于规定女子必须"贞顺""婉媚"和勤于丝麻织作之劳，老老实实做男子的附庸和婢妾，若非如此，便不配为人之妇。本诗所表现的，便正是一位"待归"女子勤于"妇功"的情景。她的勤勉和劳苦，固然已被"归宁父母"的自豪和喜悦所消解。但对于今天的读者来说，是否还能从这份自豪和喜悦中，体味到一些连女主人公自己也未意识到的，那种曲从妇教、取悦父母夫婿的无奈和悲哀呢？

(潘啸龙)

卷　　耳

采采卷耳，① 采呀采呀采卷耳，
不盈顷筐。② 半天不满一小筐。
嗟我怀人，③ 我啊想念心上人，

寘彼周行。④	菜筐弃在大路旁。
陟彼崔嵬,⑤	攀那高高土石山,
我马虺隤。⑥	马儿足疲神颓丧。
我姑酌彼金罍,⑦	且先斟满金壶酒,
维以不永怀。⑧	慰我离思与忧伤。
陟彼高冈,	登上高高山脊梁,
我马玄黄。⑨	马儿腿软已迷茫。
我姑酌彼兕觥,⑩	且先斟满大杯酒,
维以不永伤。	免我心中长悲伤。
陟彼砠矣,⑪	艰难攀登乱石冈,
我马瘏矣,⑫	马儿累坏倒一旁,
我仆痡矣,⑬	仆人精疲力又竭,
云何吁矣!⑭	无奈愁思聚心上!

〔注〕① 采采:毛传作采摘解,朱熹《诗集传》云:"非一采也。"而马瑞辰《毛诗传笺通释》则认为是状野草"盛多之貌"。卷耳:野菜名,今名苍耳。关于本诗的主题,旧说如《毛诗序》谓写为辅君求贤而思而忧的"后妃之志",鲁诗谓写"慕古怀贤",朱熹《诗集传》谓写后妃怀周文王,均非。 ② 顷筐:斜口浅筐,前低后高,如今之畚箕。 ③ 嗟:语助词,或谓叹息声。 ④ 寘:同"置",放下。周行:大道。 ⑤ 陟(zhì):登高。崔嵬:高而不平的土石山。 ⑥ 虺隤(huī tuí):虺为"瘣"之假借,隤与"颓"相通,腿软足疲之病。 ⑦ 罍(léi):盛酒器皿,形似酒坛,大肚小口。金罍是指青铜制的盛酒器。 ⑧ 维:发语词。永:长久。 ⑨ 玄黄:形容马病。毛传:"玄马病则黄。"闻一多《诗经通义》则认为是"诗人所拟想马视觉中之变态现象",即马疲病而眼花。 ⑩ 兕觥(sì gōng):形似伏着的犀牛的饮酒器。 ⑪ 砠(jū):山中险阻之地。 ⑫ 瘏(tú):马疲病不能前行。 ⑬ 痡(pū):人过度疲劳而不能走路。 ⑭ 云何:奈何,如之何。吁:借为"忏",意为忧愁。

《卷耳》是一篇抒写怀人情感的名作。其佳妙处尤其表现在它匠心独运的篇章结构上。旧说如"后妃怀文王""文王怀贤""妻子怀念征夫""征夫怀念妻子"诸说,都把诗中的怀人情感解释为单向的;另外,日本的青木正儿和我国的《诗经》专家孙作云还提出过《卷耳》是由两首残简的诗合为一诗的看法。这些看法反映出对《卷耳》篇章佳妙布局认识不足的缺陷。

《卷耳》四章，第一章是以思念征夫的妇女的口吻来写的；后三章则是以思家念归的备受旅途辛劳的男子的口吻来写的。犹如一场表演着的戏剧，男女主人公各自的内心独白在同一场景同一时段中展开。诗人坚决地隐去了"女曰""士曰"一类的提示词，让戏剧冲突表现得更为强烈，让男女主人公"思怀"的内心感受交融合一。首章女子的独白呼唤着远行的男子，"不盈顷筐"的卷耳被弃在"周行"——通向远方的大路的一旁。顺着女子的呼唤，备受辛苦的男子满怀愁思地出现；对应着"周行"，他正行进在崔嵬的山间。一、二两章的句式结构也因此呈现着明显的对比和反差。第三章是对第二章的复沓，带有变化的复沓是《诗经》中最常见的章法结构特征，这种复沓可以想象为是一种和唱或重唱，它强有力地增加了抒情的效果，开拓补充了意境，稳定地再现了音乐的主题旋律。第四章从内容分析仍是男子口吻，但与二、三章相差很大。笔者把这类《诗经》中经常用的手法称为单行章段，比如《召南》中《采蘩》《行露》，《周南》中《葛覃》《汉广》《汝坟》等诗中都有此类手法。这类手法是合唱形式的遗存，可以想象这是幕后回荡的男声合唱。其作用是渲染烘托诗篇的气氛，增强表演的效果。

《卷耳》的语言是优美自然的。诗人能够熟练地运用当时的民谣套语。《周易·归妹·上六》："女承筐，无实；士刲羊，无血。""女承筐，无实"正与《卷耳》首句"采采卷耳，不盈顷筐"对应。把民谣用作套语，像一个套子一样放在诗章句首，为诗奠定韵脚、句式的基础和情感思绪的习惯性暗示，这是《诗经》的起兴手法的一例。诗人善于用实境描画来衬托情感。旅途的艰难是通过对山的险阻的描摹直接反映出来的：诗人用了"崔嵬""高冈""砠"等词语。而旅途的痛苦则是通过对马的神情的刻画间接表现出来的：诗人用了"虺隤""玄黄""瘏矣"等词语。而描摹山、刻画马都意在衬托出行者怀人思归的惆怅。"我姑酌彼金罍""我姑酌彼兕觥"，以酒浇愁，便是正面对这种悲愁的心态提示。全诗的最后是以一种已类化的自问自答体收场的："云何？吁矣！"它既是对前两章"不永怀""不永伤"的承接，也是以"吁"一字对全诗进行的总结，点明"愁"的主题，堪称诗眼。

怀人是世间永恒的情感主题，这一主题跨越了具体的人和事，它本身成了历代诗人吟咏的好题目。《卷耳》为我国诗歌长河中蔚为壮观的一支——怀人诗开了一个好头。其深远影响广泽后世。当我们吟诵徐陵《关山月》、张仲素《春归思》、杜甫《月夜》、王维《九月九日忆山东兄弟》、元好问《客意》等抒写离愁别绪、怀人思乡的诗歌名篇时，都可以回首寻味《卷耳》的意境。

(朱渊清)

樛　木

南有樛木，① 　　南有弯弯树，
葛藟累之。② 　　攀满野葡萄。
乐只君子，③ 　　新郎真快乐，
福履绥之。④ 　　安享幸福了。

南有樛木， 　　南有弯弯树，
葛藟荒之。⑤ 　　覆满野葡萄。
乐只君子， 　　新郎真快乐，
福履将之。⑥ 　　大有幸福了。

南有樛木， 　　南有弯弯树，
葛藟萦之。⑦ 　　缠满野葡萄。
乐只君子， 　　新郎真快乐，
福履成之。⑧ 　　永驻幸福了。

〔注〕　①樛(jiū)木：下曲而高的树。　②葛藟(lěi)：葛和藟两种蔓生植物；或以为葛藟即藟，野葡萄之类。累(léi)：攀缘，缠绕。　③只：语助词。君子：此指结婚的新郎。　④福履：福禄，幸福。绥(suí)：安乐。　⑤荒：遮掩。　⑥将：扶助，或释为"大"。　⑦萦：缠绕。　⑧成：就，到来。

《诗经》中的"兴"语往往兼有"比"义，《樛木》就是如此。"兴"者起也，"先咏他物以引起所咏之词也"（朱熹《诗集传》）。从这一解说看，"乐只君子，福履绥之"二句，乃是首章所咏之本体；"南有樛木，葛藟累之"二句，则是引起所咏之词的"兴"体。后二章每章只改动二字，大体意思与首章相近，运用的是"国风"常用的"叠章"形式。以反复咏唱逐层推进，在回环往复中造成浓浓的感情。故从"兴"之引起的"所咏之词"看，这乃是一首为"君子"祝"福"的歌，当无可疑。

聪明的读者自然还会发现，这三章中的"兴"语，同时又带有"比"义。"比者，以彼物比此物也"。诗中的"彼物"即"樛木"和"葛藟"，"此物"则是"君子"和"福"——以樛木得到葛藟缠绕，比君子常得福禄相随，也实在非常形象。故从各章之"比"义看，这也是一首形象动人的祝福歌。

倘若我们再推进一层，问一问"君子"究竟有何"福"可"祝"？判断起来就不那么容易了。是因为"君子"刚得了贵子,还是封了高官,抑或是娶了新妇?似乎都有可能。为了作出较为接近诗意的判断,还得回头考察诗中的比兴之物。据许多学者考证,"国风"比兴,常以花草、藤蔓、雌鸟、牝兽喻女子,而以高木、日月、雄狐之类喻男子。其中尤以树木喻男、花草喻女更为常见。如《邶风·简兮》的"山有榛,隰有苓。云谁之思?西方美人";又如《郑风·山有扶苏》的"山有扶苏,隰有荷华。不见子都,乃见狂且",都是如此。至于《唐风·葛生》叙妻子对亡夫的哀恋,更有"葛生蒙楚(荆树),蔹蔓于野。予美亡此,谁与独处"之语,以葛藤与荆木的相互依存,抒写了女主人公失去夫君的凄伤之情。明白了这一特点,则《樛木》进一层的比兴之义亦可迎刃而解:倘若此诗中的"樛木",喻的是青年男子的话,那么缠绕樛木的翠绿"葛藟",不正比喻着他的美丽新娘?由此检验《毛诗序》旧说,以为此乃歌咏"后妃""能逮下而无嫉妒之心焉"之作,就觉得与诗义隔膜太多;而方玉润《诗经原始》、王先谦《诗三家义集疏》推测此诗"似于夫妇为近""喻妇人之托夫家也",才真正猜着了这首祝福诗的旨意。

于是读者透过反复叠唱的诗行,便恍然置身在三千多年前一场热闹的婚礼宴席上:秋日的黄昏宾客毕集,辘辘的车音自远而近。性急的孩童早从村口奔来,嚷叫着:"接新娘的车子到啦!"欢乐的鼓吹由此压过喜悦的喧声齐鸣。当幸福的"君子"搀扶新娘下车的时候,迎接他们的,便是青年男女们一遍又一遍的热烈歌唱:"南有樛木,葛藟累之。乐只君子,福履绥之……"

快乐的新郎脸红了,羞涩的新娘心醉了。当她斜倚着新郎姗姗移步的时候,你便会发觉:那情境用"南有樛木,葛藟累之(荒之、萦之)"来比拟、形容,竟是何等的传神!而油然升起在众宾心间的祝福之情,倘若不用再三的叠唱,又怎能宣泄得如此兴奋和浓烈?男女嫁娶是亘古以来人生的重要喜庆。而《樛木》,正以如此兴奋和浓烈的激情,表现了我们民族淳朴、古老的婚礼祝福习俗。

(潘啸龙)

螽　斯

螽斯羽,①	蝗虫张翅膀,
诜诜兮。②	群集低飞翔啊。
宜尔子孙,③	你的子孙多又多,
振振兮。④	家族正兴旺啊。

螽斯羽, 　　蝗虫张翅膀,
诜诜兮。⑤ 　群飞嗡嗡响啊。
宜尔子孙, 　你的子孙多又多,
绳绳兮。⑥ 　世代绵延长啊。

螽斯羽, 　　蝗虫张翅膀,
揖揖兮。⑦ 　群聚挤满堂啊。
宜尔子孙, 　你的子孙多又多,
蛰蛰兮。⑧ 　和睦好欢畅啊。

〔注〕 ①螽(zhōng):一种害虫,即飞蝗,俗称蚂蚱,属直翅目蝗科。斯:之。 ②诜(shēn)诜:众多的样子。 ③宜:多。 ④振振:盛多的样子。 ⑤薨(hōng)薨:虫群飞声。 ⑥绳绳:绵延不绝。 ⑦揖揖:会聚。鲁诗、韩诗皆作"集集",意同。 ⑧蛰蛰:群聚欢乐。

　　"子孙",是生命的延续,晚年的慰藉,家族的希望。华夏先民多子多福的观念,在尧舜之世已深入民心。《庄子·天地》篇有"华封人三祝"的记载:尧去华地巡视,守疆人对这位"圣人"充满敬意,衷心地祝愿他"寿、富、多男子"。而再三颂祝"宜尔子孙"的《螽斯》,正是先民这一观念诗意地热烈抒发。

　　关于诗旨,《毛诗序》云:"《螽斯》,后妃子孙众多也,言若螽斯。不妒忌,则子孙众多也。"点出了诗的主旨,但拖了一个经学的尾巴。朱熹《诗集传》承毛氏之说,还作了"故众妾以螽斯之群处和集而子孙众多比之"的发挥,没有贯彻其"《诗》作诗读"的主张。对此,姚际恒一并认为"附会无理"(《诗经通论》);方玉润进而指出,诗人措词"仅借螽斯为比,未尝显颂君妃,亦不可泥而求之也。读者细咏诗词,当能得诸言外"(《诗经原始》)。确实不可泥求经传,而应就诗论诗。

　　体会意象,细味诗语,先民颂祝多子多孙的诗旨,显豁而明朗。就意象而言,飞蝗产卵孵化的若虫极多,年生两代或三代,真可谓是宜子的动物。诗篇正以此作比,寄兴于物,即物寓情;"子孙众多,言若螽斯",即此之谓。就诗语而言,"宜尔子孙"的"宜",有"多"的含义;马瑞辰《毛诗传笺通释》说:"古文宜作宐,窃谓宜从多声,即有多义。'宜尔子孙',犹云多尔子孙也。"而六组叠词,除"薨薨"外,均有形容群聚众多之意。易辞复唱,用墨如泼,正因心愿强烈。就诗篇编排而言,前篇《樛木》祝贺新婚幸福,此篇继而祈颂多生贵子,不仅顺理成章,或恐正是编者苦心所系。

全诗三章,每章四句,前两句描写,后两句颂祝。而叠词叠句的叠唱形式,是这首诗艺术表现上最鲜明的特色。如果说,"宜尔子孙"的三致其辞,使诗旨显豁明朗;那么,六组叠词的巧妙运用,则使全篇韵味无穷。方玉润《诗经原始》评曰:"诗只平说,难六字炼得甚新。"《诗经》运用叠词颇为寻常,而《螽斯》的独特魅力在于:六组叠词,锤炼整齐,隔句联用,音韵铿锵,造成了节短韵长的审美效果。同时,诗章结构并列,六词意有差别,又形成了诗意的层递:首章侧重多子兴旺;次章侧重世代昌盛;末章侧重聚集欢乐。由此看来,方氏的评语似可改为:诗虽平说,平中暗含波折;六字炼得甚新,诗意表达圆足。另外,在朱熹《诗集传》中,《螽斯》是比体首篇,故用以释比。其实,通篇围绕"螽斯"着笔,却一语双关,即物即情,物情两忘,浑然一体。因此,"螽斯"不只是比喻性意象,也可以说是《诗经》中不多见的象征性意象。

(陈文忠)

桃　夭

桃之夭夭,①	三月的桃树茂盛美如画,
灼灼其华。②	枝头上绽开粉红的花。
之子于归,③	花也似的姑娘要出嫁,
宜其室家。④	祝福你建立一个和美的家!
桃之夭夭,	五月的桃树茂盛美如画,
有蕡其实。⑤	枝头上累累桃子肥又大。
之子于归,	花也似的姑娘要出嫁,
宜其家室。	祝福你建立一个幸福的家!
桃之夭夭,	七月的桃树茂盛美如画,
其叶蓁蓁。⑥	浓密的叶子闪闪发光华。
之子于归,	花也似的姑娘要出嫁,
宜其家人。	祝福你全家和睦美无涯!

〔注〕 ① 夭夭:闻一多《风诗类钞》:"夭夭,屈申貌。"旧说如毛传、朱熹《诗集传》则都以为是"少壮"、"少好"之貌。 ② 灼灼:桃花盛开色彩鲜艳的样子。 ③ 之子:这位姑娘。之,指示代词。于归:于,语助词,无义;归,出嫁。 ④ 室家:朱熹《诗集传》:"室谓夫妇所居,家谓一门之内。"现一般解释为家庭。 ⑤ 有:语助词,无义。蕡(fén):旧训肥大,而于省吾《泽螺

居诗经新证》谓"蓁"与"颁"等通,音义并同"斑",亦通。 ⑥ 蓁(zhēn)蓁:叶子茂盛的样子。

这是一首祝贺年轻姑娘出嫁的诗。据《周礼》云:"仲春,令会男女。"朱熹《诗集传》云:"然则桃之有华(花),正婚姻之时也。"可见周代一般在春光明媚桃花盛开的时候姑娘出嫁,故诗人以桃花起兴,为新娘唱了一首赞歌。旧说如《毛序》等以为与后妃君王有关,为今人所不取。

全诗分为三章。第一章以鲜艳的桃花比喻新娘的年轻娇美。人们常说:第一个用花比美人的是天才,第二个用花比美人的是庸才,第三个用花比美人的是蠢才。《诗经》是我国第一部诗歌总集,所以说这里是第一个用花来比美人,并不为过。自此以后用花特别是用桃花来比美人的层出不穷,如魏阮籍《咏怀诗》之十三:"夭夭桃李花,灼灼有辉光。"唐崔护《都城南庄》:"去年今日此门中,人面桃花相映红。"宋陈师道《菩萨蛮》词:"玉腕枕香腮,桃花脸上开。"他们皆各有特色,自然不能贬之为庸才、蠢才,但他们无不受到《诗经》这首诗的影响,只不过影响有大小、运用有巧妙而已。这里所写的是鲜嫩的桃花,纷纷绽蕊,而经过打扮的新嫁娘此刻既兴奋又羞涩,两颊飞红,真有人面桃花、两相辉映的韵味。诗中既写景又写人,情景交融,烘托出一股欢乐热烈的气氛。这种场面,即使在今天我们还能在不少婚礼上看到。第二章则是表示对婚后的祝愿。桃花开后,自然结果。诗人说它的果子结得又肥又大,此乃象征着新娘早生贵子,养个白白胖胖的娃娃。第三章以桃叶的茂盛祝愿新娘家庭的兴旺发达。以桃树枝头的累累硕果和桃树枝叶的茂密成荫,来象征新嫁娘婚后生活的美满幸福,真是最美的比喻,最好的颂辞!朱熹《诗集传》认为每一章都是用的"兴",固然有理,然细玩诗意,确是兴中有比,比兴兼用。全诗三章,每章都先以桃起兴,继以花、果、叶兼作比喻,极有层次:由花开到结果,再由果落到叶盛;所喻诗意也渐次变化,与桃花的生长相适应,自然浑成,融为一体。

诗人在歌咏桃花之后,更以当时的口语,道出贺辞。第一章云:"之子于归,宜其室家。"也就是说这位姑娘要出嫁,和和美美成个家。第二、三章因为押韵关系,改为"家室"和"家人",其实含义很少区别。古礼男以女为室,女以男为家,男女结合才组成家庭。女子出嫁,是组成家庭的开始。朱熹《诗集传》释云:"宜者,和顺之意。室谓夫妇所居,家谓一门之内。"实际上是说新婚夫妇的小家为室,而与父母等共处为家。今以现代语释为家庭,更易为一般读者所了解。

本篇语言极为优美,又极为精练。不仅巧妙地将"室家"变化为各种倒文和同义词,而且反复用一"宜"字。一个"宜"字,揭示了新嫁娘与家人和睦相处的美好品德,也写出了她的美好品德给新建的家庭注入新鲜的血液,带来和谐欢乐的

气氛。这个"宜"字,掷地有声,简直没有一个字可以代替。　　　　(徐培均)

兔　　罝

　　肃肃兔罝,①　　兔网结得紧又密,
　　椓之丁丁。②　　布网打桩声声碎。
　　赳赳武夫,③　　武士气概雄赳赳,
　　公侯干城。④　　是那公侯好护卫。

　　肃肃兔罝,　　　兔网结得紧又密,
　　施于中逵。⑤　　布网就在叉路口。
　　赳赳武夫,　　　武士气概雄赳赳,
　　公侯好仇。⑥　　是那公侯好帮手!

　　肃肃兔罝,　　　兔网结得紧又密,
　　施于中林。⑦　　布网就在林深处。
　　赳赳武夫,　　　武士气概雄赳赳,
　　公侯腹心。⑧　　是那公侯好心腹!

〔注〕①肃肃:整饬貌;或以为结绳为网之状。兔:或以为指虎,兔通"菟"(虎)。罝(jū):捕兽之网。　②椓(zhuó):打击。丁丁:击打之声。布网捕兽,必先在地上打桩。　③赳赳:轻捷有力。武夫:武士。　④干城:御敌捍卫之城。干通"捍",捍卫。　⑤中逵:九达之道曰"逵",即四通八达的路叉口。　⑥好仇:好匹配,好辅助。仇,匹也。　⑦中林:林中。　⑧腹心:比喻最可信赖而不可缺少之人。

　　将打桩设网的狩猎者,与捍卫公侯的甲士联系起来,似乎也太突兀了些。但在先秦时代,狩猎本就是习练行军布阵、指挥作战的"武事"之一。《周礼·大司马》曰:"中春,教振旅。司马以旗致民,平列陈(阵),如战之陈,辨鼓铎镯铙之用,……以教坐作、进退、疾徐、疏数之节,遂以蒐田(打猎)。"其他如"中夏""中秋""中冬",亦各有"教茇舍(野外驻营)""教治兵""教大阅(检阅军队的综合训练)"的练兵活动,并与打猎结合在一起进行。按孔子的解释就是:"以不教民战,是谓弃之。兵者凶事,不可空设,因蒐狩(打猎)而习之。"打猎既为武事,则赞美公侯的卫士,偏从打桩设网的狩猎"兴起",也在情理之中了。

　　现在,一场紧张的狩猎就将开始。从首章的"肃肃兔罝,椓之丁丁",到二章、三章的"施于中逵"、"施于中林",虽皆为"兴语",其实亦兼有直赋其事的描摹之意。"兔"解为"兔子"自无不可,但指为"老虎"似更恰当。"周南"江汉之间,本就有呼虎为"於菟"的习惯。那么,这场狩猎所要猎获的对象,就该是啸声震谷的斑斓猛虎了!正因为如此,猎手们所布的"兔罝",结扎得格外紧密,埋下的网桩也敲打得愈加牢固。"肃肃",既有形容布网紧密之义,但从出没"中逵""中林"的众多狩猎战士说,不也同时表现着这支队伍的"军容整肃"之貌?"丁丁"摹写敲击网"椓"的音响,从路口、从密林四处交汇,令你感觉到它们是那样恢宏、有力。而在这恢宏有力的敲击声中,不又同时展示着狩猎者振臂举锤的孔武身影?

从诗中所咏看,狩猎战士围驱虎豹的关键场景还没有展开,就突然跳向了对"赳赳武夫"的热烈赞美。但被跳过的狩猎场景,其实是可由读者的丰富想象来补足的。《郑风·大叔于田》就曾描摹过"火烈具举,襢裼暴虎(袒胸手搏猛虎)"的惊险场面,以及"叔善射忌,又良御(车)忌,抑磬控忌(忽而勒马),抑纵送忌(忽而纵驰)"的追猎猛兽情景。这些,都可在本诗兴语的中断处,或热烈赞语的字行间想见。而且由猎手跳向"武夫",由"兔罝"跳向"干城",又同时在狩猎虎豹和沙场杀敌之间,实现了刹那间的时空大转换:这些在平时狩猎中搏虎驱豹的健儿,一旦出现在捍卫国家的疆场之上,又将怎样在车毂交错、箭矢纷坠之际,挥戈击退来犯强敌,而巍然难摧如横耸的城墙!于是一股由衷的赞美之情,便突然充溢于诗人胸际,甚至冲口而出,连连呼曰"赳赳武夫,公侯干城(好仇、腹心)"了。

诗写得很自豪。在三章相叠的咏唱之中,这种自豪也因了"干城""好仇"以至"腹心"的层层推进,而增添了一种神采飞扬的夸耀意味。这对那些"公侯"来说,有这么一些孔武有力之士为其卖命,当然是值得自矜的。但对于"春秋无义战"的那个时代来说,甘将一身武艺,售予公侯之家,而以充当他们的"腹心"为荣,就很难说是一件幸事了。《诗经》"国风"中另一些为离乡背井、久役不归或丧身异域,而咽泣、哀号和歌哭的诗作,也许更能透露:在这种夸耀背后,还掩盖着怎样一种广大无际的悲哀。

通过上面的分析,我们觉得《毛诗序》、朱熹《诗集传》以为诗的主旨是讲"后妃之化""(周)文王德化之盛",实在令人感到穿凿牵强,而欧阳修《诗本义》、方玉润《诗经原始》所持的"美武夫忠勇说""咏武夫田猎说"差为近之。　　(潘啸龙)

芣苢

采采芣苢,　　采呀采呀采芣苢,
薄言采之。①　采呀采呀采起来。

采采芣苢，　　采呀采呀采芣苢，
薄言有之。　　采呀采呀采得来。

采采芣苢，　　采呀采呀采芣苢，
薄言掇之。　　一片一片摘下来。

采采芣苢，　　采呀采呀采芣苢，
薄言捋之。　　一把一把捋下来。

采采芣苢，　　采呀采呀采芣苢，
薄言袺之。②　提起衣襟兜起来。

采采芣苢，　　采呀采呀采芣苢，
薄言襭之。③　披起衣襟兜回来。

〔注〕① 薄言：发语词，无义。　② 袺(jié)：提起衣襟放东西。　③ 襭(xié)：把衣襟结在腰带上放东西。

"芣苢"(fú yǐ)即车前草，这是当时人们采车前时所唱的歌谣。

《诗经》中的民间歌谣，有很多用重章叠句的形式，但像《芣苢》这篇重叠得如此厉害却也是绝无仅有的。先以第一章为例："采采"二字，以《诗经》各篇的情况而论，可以解释为"采而又采"，亦可解释为"各种各样"。有人觉得用前一种解释重复过甚，故取第二种。然而说车前草是"各种各样"的，也不合道理，应该还是"采而又采"。到了第二句，"薄言"是无意义的语助词，"采之"在意义上与前句无大变化。第三句重复第一句，第四句又重复第二句，只改动一个字。所以整个第一章，其实只说了两句话：采芣苢，采到了。这还罢了，第二章、第三章竟仍是第一章的重复，只改动每章第二、四句中的动词。也就是说，全诗三章十二句，只有六个动词——采、有、掇、捋、袺、襭——是不断变化的，其余全是重叠，这确实是很特别的。

但这种看起来很单调的重叠，却又有它特殊的效果。在不断重叠中，产生了简单明快、往复回环的音乐感。同时，在六个动词的变化中，又表现了越采越多直到满载而归的过程。诗中完全没有写采芣苢的人，读起来却能够明白地感受到她们欢快的心情——情绪就在诗歌的音乐节奏中传达出来。清人方玉润在《诗经原始》中说："读者试平心静气涵咏此诗，恍听田家妇女，三三五五，于平原旷野、风和日丽中，群歌互答，余音袅袅，若远若近，忽断忽续，不知其情之何以移,而神之何以旷。"这话虽说想象的成分多了些,体会还是很准确的。这种至为简单的文辞复沓的歌谣,确是合适于许多人在一起唱;一个人单独地唱,会觉得味道不对。袁枚曾经嘲笑说:"三百篇如'采采芣苢,薄言采之'之类,均非后人所当效法。今人附会圣经,极力赞叹。章籛斋戏仿云:'点点蜡烛,薄言点之。剪剪蜡烛,薄言剪之。'闻者绝倒。"(《随园诗话》)说《诗经》不宜盲目效仿,当然不错,但他所取的例子,实为不伦不类。一群人在野外采芣苢,兴高采烈,采而又采,是自然的事情,诗歌可以把这欢快表达出来。而一个人在那里把蜡烛芯剪了又剪,还唱着"剪剪蜡烛,薄言剪之",除了精神病,也没有别的解释了。这完全是文人制造出来的滑稽,并非《芣苢》不值得赞叹或绝对不可以效仿。

  问题倒是:当时的人们采芣苢(车前草)用来派什么用处?毛传说此草"宜怀任(妊)",即可以疗治不孕;又一种说法,是认为此草可以疗治麻风一类的恶疾。这两种说法在中医学上都没有根据。现在中医以此草入药,是认为它有清热明目和止咳的功能,草籽据说可治高血压。这还罢了,我们也可以勉强地说,《诗经》时代的人是相信车前草是可以治疗不孕或麻风的。但即便如此,这诗仍然有不可理解之处:家里人不孕或者生了麻风,都是极苦恼的事情,哪里会有一大群人为此而兴高采烈地一边采车前草一边唱着歌的道理?拿方玉润所推想的情景来看这样的解释,尤其觉得不对劲。

  所以我们觉得应该给《芣苢》以另一种更合理的解释。值得注意的是清代学者郝懿行在《尔雅义疏》中所说的一句话:"野人亦煮啖之。"此"野人"是指乡野的穷人。可见到了清代,还有穷人以此为食物的。又据朝鲜族的朋友告诉笔者,在他们那里,以车前草为食物是普遍的习俗。春天采了它的嫩叶,用开水烫过,煮成汤,味极鲜美。朝鲜族(包括中国境内和朝鲜半岛上的)是受汉族古代习俗影响极大的民族,朝语至今保存了很多古汉语的读音。可以推想,中国古代民间也曾普遍以车前草为食物,只是到了后来,这种习俗渐渐衰退,只在郝懿行所说的"野人"中偶一见之,但在朝鲜族中,却仍旧很普遍。

  以此释《芣苢》诗,就觉得容易理解了。按明代田汝成《西湖游览志》云:"三月三日男女皆戴荠菜花。谚云:三月戴荠花,桃李羞繁华。"荠菜花实在说不上好看,只因荠菜是江南人所喜爱的野菜,对于穷苦人更是天之恩惠,故人们连它的花儿也生了偏爱。车前草较荠菜更为平常易得,想必很多年前,它更受老百姓的喜爱吧?如方玉润之说,想必每到春天,就有成群的妇女,在那平原旷野之上,风和日丽之中,欢欢喜喜地采着它的嫩叶,一边唱着那"采采芣苢"的歌儿?那真是令人心旷神怡的情景。生虽是艰难的事情,却总有许多快乐在这艰难之中。

(骆玉明　顾　伊)

汉　广

南有乔木,①　　　南有大树枝叶高,
不可休息。②　　　树下行人休憩少。
汉有游女,③　　　汉江有个漫游女,
不可求思。　　　　想要追求只徒劳。
汉之广矣,　　　　浩浩汉江多宽广,
不可泳思。　　　　不能泅渡空惆怅。
江之永矣,④　　　滚滚汉江多漫长,
不可方思。⑤　　　不能摆渡空忧伤。

翘翘错薪,⑥　　　杂树丛生长得高,
言刈其楚。⑦　　　砍柴就要砍荆条。
之子于归,⑧　　　那个女子如嫁我,
言秣其马。⑨　　　快将辕马喂个饱。
汉之广矣,　　　　浩浩汉江多宽广,
不可泳思。　　　　不能泅渡空惆怅。
江之永矣,　　　　滚滚汉江多漫长,
不可方思。　　　　不能摆渡空忧伤。

翘翘错薪,　　　　杂草丛生乱纵横,
言刈其蒌。⑩　　　割下蒌蒿作柴薪。
之子于归,　　　　那个女子如嫁我,
言秣其驹。　　　　快饲马驹驾车迎。
汉之广矣,　　　　浩浩汉江多宽广,
不可泳思。　　　　不能泅渡空惆怅。
江之永矣,　　　　滚滚汉江多漫长,
不可方思。　　　　不能摆渡空忧伤。

〔注〕 ①乔木：高大的树木。 ②息：依《韩诗》当作"思"，语助词；与下同。 ③汉：即汉水，长江最长的支流，流经陕西、湖北，在武汉汇入长江。游女：游玩的女子。 ④江：长江。永：长。 ⑤方：筏子，用作动词，谓坐木筏渡江。 ⑥翘翘：高出。错薪：丛杂的柴草。 ⑦刈(yì)：割。楚：荆树。 ⑧于归：古代女子出嫁。 ⑨秣：用谷草喂马。 ⑩蒌：蒌蒿，也叫白蒿，一种生在水边的草。

这是一首恋情诗。抒情主人公是位青年樵夫。他钟情于一位美丽的姑娘，却始终难遂心愿。情思缠绕，无以解脱，面对浩渺的江水，他唱出了这首动人的诗歌，倾吐了满怀惆怅的愁绪。

关于本篇的主旨，《毛诗序》所说赞文王"德广所及也"，并不足据，《文选》注引《韩诗序》云："《汉广》，说(悦)人也。"清陈启源《毛诗稽古编》进而发挥曰："夫说(悦)之必求之，然唯可见而不可求，则慕说益至。"对诗旨的阐释和诗境的把握，简明而精当。"汉有游女，不可求思"，是体现诗旨的中心诗句；"汉之广矣，不可泳思；江之永矣，不可方思"，重叠三唱，反复表现了抒情主人公对在水一方的"游女"、瞻望勿及、企慕难求的感伤之情。鲁、齐、韩三家诗解"游女"为汉水女神，后颇有从者，这给本诗抹上了一层人神恋爱的色彩。不过一部《诗经》，总体落实在现实人生，"十五国风"，皆为歌唱世俗情感的民间歌谣，因此似乎没有必要将此诗与神话传说联系起来。

从外部结构看，《汉广》全篇三章，前一章独立，后二章叠咏，同《诗经》中其他重章叠句的民歌，似无差异。但从艺术意境看，三章层层相联，自有其诗意的内在逻辑。可析而为二。

首先，全诗三章的起兴之句，传神地暗示了作为抒情主人公的青年樵夫伐木刈薪的劳动过程。方玉润曾写道："首章先言乔木起兴，为采樵地；次即言刈楚，为题正面；三兼言刈蒌，乃采薪余事。"(《诗经原始》)方氏由此把《汉广》诗旨概括为"江干樵唱"，否定其恋情诗的实质，仍不免迂阔；但见出起兴之句暗示了采樵过程，既有文本依据，也是符合劳动经验的。

其次，从结构形式看，首章似独立于二、三两章；而从情感表现看，前后部分紧密相联，细腻地传达了抒情主人公由希望到失望、由幻想到幻灭这一曲折复杂的情感历程。有希望有追求，才有失望有失落；但诗篇于此未作明言，对这位青年当年追求思恋的一往情深，让读者得之言外。诗篇从失望和无望写起，首章八句，四曰"不可"，把追求的无望表达得淋漓尽致，不可逆转。一般把首句视为起兴；如果换一种读法，把"汉有游女，不可求思"置于首位，那么，"南有乔木，不可休息"便可视为比喻，连同"汉之广矣，不可泳思""江之永矣，不可方思"，构成一组气势如潮的博喻；瞻望难及的无限怅惘之情，也表现得更为强烈。当年苦恋追求,今日瞻望难及。但心不甘、情难拔,于是由现实境界转入幻想境界。二、三两章一再地描绘了痴情的幻境:有朝"游女"来嫁我,先把马儿喂喂饱;"游女"有朝来嫁我,喂饱驹儿把车拉。但幻境毕竟是幻境,一旦睁开现实的眼睛,便更深地跌落幻灭的深渊。他依然痴情而执着,但二、三两章对"汉广""江永"的复唱,已是幻境破灭后的长歌当哭,比之首唱,真有男儿伤心不忍听之感。总之,诗章前后相对独立,情感线索却历历可辨。

陈启源《毛诗稽古编》把《汉广》的诗境概括为"可见而不可求"。这也就是西方浪漫主义所谓的"企慕情境",即表现所渴望所追求的对象在远方、在对岸,可以眼望心至却不可以手触身接,是永远可以向往但永远不能到达的境界。《秦风·蒹葭》也是刻画"企慕情境"的佳作,与《周南·汉广》比较,则显得一空灵象征,一具体写实。《蒹葭》全篇没有具体的事件、场景,连主人公是男是女都难以确指,诗人着意渲染一种追求向往而渺茫难即的意绪。《汉广》则相对要具体写实得多,有具体的人物形象:樵夫与游女;有细微的情感历程:希望、失望到幻想、幻灭;就连"之子于归"的主观幻境和"汉广江永"的自然景物的描写都是具体的。王士禛认为,《汉广》是中国山水文学的发轫,《诗经》中仅有的几篇"刻画山水"的诗章之一(《带经堂诗话》),不为无见。当然,空灵象征能提供广阔的想象空间,而具体写实却不易作审美的超越。钱锺书《管锥编》论"企慕情境"这一原型意境,在《诗经》中以《秦风·蒹葭》为主,而以《周南·汉广》为辅,其原因或许就在于此。

(陈文忠)

汝 坟

遵彼汝坟,①	沿着汝河大堤走,
伐其条枚。②	采伐山楸那枝条。
未见君子,③	还没见到我夫君,
惄如调饥。④	忧如忍饥在清早。

遵彼汝坟,	沿着汝河大堤走,
伐其条肄。⑤	采伐山楸那余枝。
既见君子,	终于见到我夫君,
不我遐弃。⑥	请莫再将我远弃。

鲂鱼赪尾，⑦	鳊鱼尾巴色赤红，
王室如燬。⑧	王室事务急如火。
虽则如燬，	虽然有事急如火，
父母孔迩！⑨	父母穷困谁养活！

〔注〕①遵：循，沿。汝：汝水。坟：高高的岸堤。　②条：枝条，或曰通"梢"，即山楸。枚：小枝。　③君子：此指在王朝服役或为官的丈夫。　④惄(nì)：饥，或曰忧。调：又作"輖"，"朝"之假借。调饥，早上挨饿，以喻男女欢情未得满足。　⑤肄(yì)：树木砍伐后新生的枝条。　⑥遐弃：远弃。　⑦鲂(fáng)：即鳊鱼。赪(chēng)：赤红。鲂鱼红尾，俗称"火烧鳊"。　⑧燬(huǐ)：火，齐人谓火为燬。　⑨孔：甚。迩：近，此指迫近饥寒之境。

对于这首诗的主旨，《毛诗序》以为是赞美"文王之化行乎汝坟之国，妇人能闵其君子犹勉之以正也"；汉刘向《列女传》更附会其说，指实此乃"周南大夫"之妻所作，恐其丈夫"懈于王事"，故"言国家多难，惟勉强之，无有遣怒遗父母忧"也。《韩诗章句》则以为，此乃妇人"以父母迫近饥寒之忧"，而劝夫"为此禄仕"之作，显然并无赞美"文王之化"的"匡夫"之义。近人大多不取毛、韩之说，而解为妻子挽留久役归来的征夫之作，笔者以为似更切近诗意。

这在诗之首章，其实已透露了消息。"遵彼汝坟，伐其条枚"——在高高的汝河大堤上，有一位凄苦的妇女，正手执斧子砍伐山楸的树枝。采樵伐薪，本该是男人担负的劳作，现在却由织作在室的妻子承担了。读者不禁要问：她的丈夫究竟到哪里去了？竟就如此忍心让妻子执斧劳瘁！"未见君子，惄如调饥"二句的跳出，即隐隐回答了此中缘由：原来，她的丈夫久已行役外出，这维持生计的重担，若非妻子又靠谁来肩起？"惄"者忧也，"调饥"者朝食未进也。满腹的忧愁用朝"饥"作比，自然只有饱受饥饿折磨的人们，方有的真切感受。那么，这倚徙"汝坟"的妻子，想必又是忍着饥饿来此伐薪的了，此为文面之意。"朝饥"还有一层意思，它在先秦时代往往又被用来作男女欢爱的隐语。而今丈夫常年行役，他那可怜的妻子，又何曾能享受到丝毫的眷顾和关爱？这便是首章展示的女主人公境况：她孤苦无依、忍饥挨饿，大清早便强撑衰弱之身采樵伐薪。当凄凉的秋风吹得她衣衫飘飘，大堤上传送来一声声"未见君子，惄如调饥"的怆然叹息时，能不令人闻之而酸鼻？

第二章诗情发生了意外的转折。"遵彼汝坟，伐其条肄"二句，不宜视为简单的重复："肄"指树木砍伐后新长的枝条，它岂不点示了女主人公的劳瘁和等待，秋往春来又挨过了一年？忧愁悲苦在岁月漫漫中延续，期待也许早已化作绝望，此刻却意外发现了"君子"归来的身影！于是"既见君子，不我遐弃"二句，便带着女主人公突发的欢呼涌出诗行。不过它们所包含的情感,似乎又远比"欢呼"要丰富和复杂:久役的丈夫终于归来,他毕竟思我、爱我而未将我远弃,这正是悲伤中汹涌升腾的欣慰和喜悦;但归来的丈夫还会不会外出,他是否还会将我抛在家中远去?这疑虑和猜思,难免又会在喜悦之余萌生;然而此次是再不能让丈夫外出的了,你怎能将可怜的妻子再次远弃!又是喜悦、疑虑中发出的深情叮咛了。如此种种,实难以一语写尽,却又全为"不我遐弃"四字所涵容——《国风》对复杂情感的抒写,正是如此淳朴而又婉曲!

女主人公的疑虑并非多余。第三章开首两句,即以踌躇难决的丈夫口吻,无情地宣告了他还得弃家远役:正如劳瘁的鳊鱼曳着赤尾而游,在王朝多难、事急如火之秋,她丈夫又怎能耽搁、恋家?形象的比喻,将丈夫远役的事势渲染得如此窘急,可怜的妻子欣喜之余,又很快跌落到绝望之中。当然,绝望中的妻子也未放弃最后的挣扎:"虽则如燬,父母孔迩!"这便是她万般无奈中向丈夫发出的凄凄质问。家庭的夫妇之爱,纵然已被无情的徭役毁灭;但是濒临饥饿绝境的父母呢,难道他们的死活你竟也不顾?

全诗在凄凄的质问中戛然收结,征夫对此质问又能作怎样的回答?这质问其实贯串了亘古以来整整一部中华历史:当惨苛的政令和繁重的徭役,危及每一个家庭的生存,将支撑"天下"的民众逼到"如燬""如汤"的绝境时,历史便往往充满了这样的质问。《周南·汝坟》在几经忧喜和绝望后发出的质问,虽然化作了结句中征夫的不尽沉默。但是读者却分明听到了此后不久历史所发出的巨大回音:那便是西周王朝的轰然崩塌……

(潘啸龙)

麟 之 趾

麟之趾,① 麟的脚趾呵,
振振公子。② 仁厚的公子呵。
于嗟麟兮!③ 哎哟麟呵!

麟之定,④ 麟的额头呵,
振振公姓。⑤ 仁厚的公姓呵。
于嗟麟兮! 哎哟麟呵!

麟之角, 麟的尖角呵,

振振公族。⑥　　仁厚的公族呵。
于嗟麟兮！　　哎哟麟呵！

〔注〕　①麟：传说为"麕身，牛尾，马蹄"的仁兽。或曰即麈，鹿之一种。　趾：蹄趾。　②振振：信厚貌。　③于(xū)嗟：叹美声。于，同"吁"。　④定：额。　⑤公姓：诸侯之子曰公子，公子之孙为公姓。或曰公姓即公子，变文以协韵。　⑥公族：与公姓义同。

　　这是一首赞美诸侯公子的诗。但这公子究竟是作为商纣"西伯"的文王之子，还是爵封"鲁公"的周公旦之子，抑或是一般的贵族公子，就不得而知了。按朱熹《诗集传》"文王后妃德修于身，而子孙宗族皆化于善，故诗人以'麟之趾'兴公之子"的解说看，似指周文王的"子孙"而言；但《毛诗序》则有"《关雎》之化行则天下无犯非礼，虽衰世之公子，皆信厚如麟趾之时也"之说。既为"衰世"，就非必定为文王或周公之子了。

　　赞美贵族公子，而以"麟"起兴，这在今天的读者，或许会感到奇怪，但在古代却是一桩异常庄重和动情的事。所谓"麟"，其实就是麈，鹿之一种而已。不过古代传说中的"麟"，却非同寻常：据汉刘向《说苑》称，"麒麟，麕身牛尾，圜头一角，含信怀义，音中律吕，步中规矩，择土而践，彬彬然动则有容仪"；《春秋感应符》更发挥"一角"之义曰："麟一角，明海内共一主也。"《荀子》亦云："古之王者，其政好生恶杀，麟在郊野。"大抵是一种兆示"天下太平"的仁义之兽。所以后儒赞先王之圣明，则眉飞色舞于"麒麟在囿，鸾凤来仪"；孔子生春秋乱世，则为鲁哀公之"获麟"而泣，以为麟出非时也。

　　明白了"麟"在古人心目中的尊崇地位，即可把握本诗所传达的热烈赞美之情了。首章以"麟之趾"引出"振振公子"，正如两幅美好画面的化出和叠印：你眼间刚出现那"不践生草、不履生虫"的仁兽麒麟，悠闲地行走在绿野翠林，却又恍然流动，化作了一位仁厚（"振振"）公子，在麒麟的幻影中微笑走来。仁兽麒麟与仁厚公子，由此交相辉映，令你油然升起一股不可按抑的赞叹之情。于是"于嗟麟兮"的赞语，便带着全部热情冲口而出，刹那间振响了短短的诗行！二、三两章各改动二字，其义并没有多大变化：由"麟"之趾，赞到"之定""之角"，是对仁兽麒麟赞美的复沓；至于"公子""公姓""公族"的变化，则正如马瑞辰《毛诗传笺通释》所说，"此诗公姓犹言公子，特变文以协韵耳。公族与公姓亦同义"。如此三章回旋往复，眼前是麒麟、公子形象的不断交替闪现，耳际是"于嗟麟兮"赞美之声的不断激扬回荡。视觉意象和听觉效果的交汇，经了叠章的反复唱叹，所造出的正是这样一种兴奋、热烈的画意和诗情。

　　前文说到这是一首赞美贵族公子的诗，似乎已没有异议。但它究竟歌唱于何种场合,实在又很难判明。方玉润以为此乃"美公族龙种尽非常人也"(《诗经原始》),大抵为庆贺贵族生子的赞美诗,似乎较近原意。古代的王公贵族,总要自夸其身世尊崇不同凡俗,所以他们的后代,也定是"龙种""麟子"。这首诗用于恭贺贵族得子的场合,大约正能满足那些王公大人的虚荣、自尊之心。然而,自从卑贱如陈胜、吴广这样的氓隶之徒,曾喊着"王侯将相宁有种乎"的不平之语揭竿而起以后,凡俗之家便也有了愿得"麟子"的希冀。在这样的背景上反观"麟之趾",则能与仁兽麒麟媲美,而可热情赞美的,就决非只有"公族""公姓"了——既然有不少贵族"龙种",最终被历史证明只是王冠落地的不肖"跳蚤";那么凡俗之家,为什么就不能崛起叱咤风云的一代"麟子"?

(潘啸龙)

召　南

【诗歌解题】

《诗经》类名。"国风"之一。共十四篇。与《周南》并称"二南"。汉人以为"二南"产生于陕西岐山一带;后人据诗的内容分析,认为其地域包括今河南省西南部及湖北省北部,是国风中最南的地区。据马瑞辰《毛诗传笺通释》考证,南是古国名,在今陕西省。周王将其分封给周公旦和召公奭作采邑。因采邑不能称国,故编诗者称之为"周南""召南"。方玉润《诗经原始》则认为召是地名,召以南的诗便称"召南"。关于产生的时间,《诗序》、郑笺及后来的崇"毛诗"者均认为是西周初年的作品。而据后人考证,大多数约作于西周末东周初。今人据"二南"的写作技巧远胜于《周颂》等材料,多以为是平王东迁以后之作。

鹊　巢　　召南

维鹊有巢,① 喜鹊筑成巢,
维鸠居之。② 鸤鸠来住它。
之子于归, 这人要出嫁,
百两御之。③ 车队来迎她。

维鹊有巢, 喜鹊筑成巢,
维鸠方之。④ 鸤鸠占有它。

之子于归，	这人要出嫁，
百两将之。⑤	车队送走她。
维鹊有巢，	喜鹊筑成巢，
维鸠盈之。⑥	鸤鸠住满它。
之子于归，	这人要出嫁，
百两成之。⑦	车队成全她。

〔注〕①维：语首助词。鹊：喜鹊。 ②鸠：鸤鸠，今名布谷鸟。 ③百：虚数，指数量多。两：同"辆"，一辆车。御：同"迓"，迎接。 ④方：并，比。 ⑤将：送走。 ⑥盈：住满，指陪嫁的人很多。 ⑦成：指结婚礼成。

　　这是一首描写婚礼的诗。《毛诗序》说："《鹊巢》，夫人之德也。国君积行累功以致爵位，夫人起家而居有之，德如鸤鸠乃可以配焉。"以此诗为国君之婚礼。朱熹《诗集传》说："南国诸侯被文王之化，其女子亦被后妃之化，故嫁于诸侯，而其家人美之。"以此诗为诸侯之婚礼。从诗中描写的送迎车辆之盛可以知道，应为贵族的婚礼，而不是一般民间的婚礼。

　　诗三章都以鸠居鹊巢起兴。喜鹊筑好巢，鸤鸠住了进去，这是二鸟的天性。《齐诗》曰："鹊以夏至之月始作室家，鸤鸠因成事，天性然也。"那么，姑娘出嫁，住进夫家，这种男娶女嫁在当时被认为是人的天性，如鸠居鹊巢一般。方玉润说："鹊巢自喻他人成室耳，鸠乃取譬新昏人也；鸠则性慈而多子。《曹》之诗曰：'鸤鸠在桑，其子七兮。'凡娶妇者，未有不祝其多男，而又冀其肯堂肯构也。当时之人，必有依人大厦以成昏者，故诗人咏之，后竟以为典要耳。"(《诗经原始》)诗中还点明成婚的季节，郑笺云："鹊之作巢，冬至架之，至春乃成。"这也是当时婚嫁的季节，陈奂说："古人嫁娶在霜降后，冰泮前，故诗人以鹊巢设喻。"(《诗毛氏传疏》)各章二句写鸠住鹊巢分别用了"居""方""盈"三字，有一种数量上的递进的关系。"方"，是比并而住；"盈"，是住满为止。因此诗三章不是简单的重章叠唱。

　　一章"百两御之"，是写成婚过程的第一环，新郎来迎亲。迎亲车辆之多，是说明新郎的富有，也衬托出新娘的高贵。二、三章继续写成婚过程第二、三环：迎回与礼成。"百两将之"是写男方已接亲在返回路上，"百两成之"是迎回家而成婚了。"御""将""成"三字就概述了成婚的整个过程。"子之于归"，点明其女子出嫁的主题。因此，三章是选取了三个典型的场面加以概括，真实地传达出新婚喜庆的热闹。仅使用车辆之多就可以渲染出婚事的隆重。

这首诗以平浅的语言写成婚的过程,没有如《桃夭》里以桃花来衬托新娘的艳丽,更没有直接去描写新娘的容貌。如果说"之子于归"一句还点出新娘这一主角,让人在迎亲的车队之中找出新娘来,那么,另一位主角新郎则完全隐在诗中场景的幕后,他是否来迎亲,就留给读者去想象了。细味诗中所写,往返的迎亲车队给画面以较强的时空感,短短三章,却回味悠长。　　　(朱杰人　龙向洋)

采　蘩

于以采蘩?①	哪儿采白蒿?
于沼于沚。②	去那洲与池。
于以用之?	哪儿用白蒿?
公侯之事。③	公侯的祭祀。

于以采蘩?	哪儿采白蒿?
于涧之中。	去到山涧旁。
于以用之?	哪儿用白蒿?
公侯之宫。	公侯的庙堂。

被之僮僮,④	发饰多光洁,
夙夜在公。⑤	早晚在公庙。
被之祁祁,⑥	发饰已舒散,
薄言还归。⑦	这才往家跑。

〔注〕① 于以:往哪儿。蘩(fán):白蒿,可食用,古代常用来祭祀。　② 沼:水池。沚(zhǐ):水中小洲。　③ 事:此指祭事。　④ 被:取他人之发所编结披戴的发饰,相当于今之假发。僮僮:发饰盛貌,或曰光洁不坏貌。　⑤ 夙:早。公:公庙。　⑥ 祁祁:发盛貌,或曰舒迟貌。　⑦ 归:归寝。

　　阅读此诗,先予判明诗中主人公的身份,也许有助于把握全诗的情感。
　　《毛诗序》曰:"采蘩,夫人不失职也。夫人可以奉祭祀,则不失职矣。"是以为此乃贵族夫人自咏之辞,说的是尽职"奉祭祀"之事。朱熹《诗集传》则曰:"南国被文王之化,诸侯夫人能尽诚敬以奉祭祀,而其家人叙其事以美之也。"定主人公为"家人",这是对毛序的一大修正。不过以为那辛勤"采蘩""夙夜在公"的还是"诸侯夫人",于诗意未免仍有隔膜。

诚然,古代贵族夫人也确有主管宗庙祭祀的职责,但并不直接从事采摘、洗煮等劳作。《周礼·春官宗伯》称:"世妇,掌女宫之宿戒,及祭祀,比其具。"贾公彦疏谓"女宫"乃指有罪"从坐"、"没入县官"而供"役使"之女,又称"刑女"。凡宫中祭祀涉及的"濯溉及粢盛之爨",均由"女宫"担任。而此诗中的主人公,既称"夙夜在公",又直指其所忙碌的地方为"公侯之宫",则其口吻显示的身份,自是供"役使"的"女宫"之类无疑。

　　诗之开篇,出现的正是这样一些忙于"采蘩"的女宫人。她们往来于池沼、山涧之间,采够了祭祀所需的白蒿,就急急忙忙送去"公侯之宫"。诗中采用的是短促的问答之语:"哪里采的白蒿?""水洲中、池塘边。""采来做什么?""公侯之家祭祀用。"答问之简洁,显出采蘩之女劳作之繁忙,似乎只在往来的路途中,对询问者的匆匆一语之答。答过前一问,女宫人的身影早已过去;再追上后一问,那"公侯之事"的应答已传自远处。这便是首章透露的氛围。再加上第二章的复叠,便愈加显得忙碌无暇,简直可以从中读出穿梭而过的女宫人的匆匆身影,读出那从池沼、山涧飘来,又急促飘往"公侯之宫"的匆匆步履!

　　第三章是一个跳跃,从繁忙的野外采摘,跳向了忙碌的宗庙供祭。据上引《周礼》"世妇"注疏,在祭祀"前三日",女宫人便得夜夜"宿"于宫中,以从事洗涤祭器、蒸煮"粢盛"等杂务。由于干的是供祭事务,还得打扮得漂漂亮亮,戴上光洁黑亮的发饰。这样一种"夙夜在公"的劳作,究竟把女宫人折腾成什么样子?诗中妙在不作铺陈,只从她们发饰"僮僮"(光洁)向"祁祁"(松散)的变化上着墨,便入木三分地画下了女宫人劳累操作而无暇自顾的情状。那曳着松散的发辫行走在回家路上的女宫人,此刻究竟带几分庆幸、几分辛酸,似乎已不必再加细辨——"薄言还归"的结句,不已化作长长的喟叹之声,对此作了无言的回答?

　　如此看来,以《采蘩》为诸侯夫人自咏,固属附会;而认其为"家人"赞美夫人之作,亦属穿凿。穿行于诗中的,其实是夙夜劳瘁的女宫人而已:短促的问答,透露着她们为贵族祭祀采蘩的苦辛;发饰的变化,记录着她们"夙夜在公"的悲凉。诗写得很妙,读来却只觉得酸涩。古代的祭祀排场,原本就为鬼神"降福"贵族而设,卑贱的下人除了付出劳辛,又有何福可言!

(潘啸龙)

草　　虫

喓喓草虫,①　　听那蝈蝈喓喓叫,
趯趯阜螽。②　　看那蚱蜢蹦蹦跳。
未见君子,　　　没有见到那君子,

忧心忡忡。	忧思不断真焦躁。
亦既见止,③	如果我已见着他,
亦既觏止,④	如果我已偎着他,
我心则降。	我的心中愁全消。

陟彼南山,	登上高高南山头,
言采其蕨。⑤	采摘鲜嫩蕨菜叶。
未见君子,	没有见到那君子,
忧心惙惙。⑥	忧思不断真凄切。
亦既见止,	如果我已见着他,
亦既觏止,	如果我已偎着他,
我心则说。⑦	我的心中多喜悦。

陟彼南山,	登上高高南山顶,
言采其薇。⑧	采摘鲜嫩巢菜苗。
未见君子,	没有见到那君子,
我心伤悲。	我很悲伤真烦恼。
亦既见止,	如果我已见着他,
亦既觏止,	如果我已偎着他,
我心则夷。⑨	我的心中平静了。

〔注〕 ① 喓(yāo)喓:虫叫声。草虫:即蝈蝈,螽斯科昆虫,善鸣。 ② 趯(tì)趯:跳跃的样子。阜螽(zhōng):即蚱蜢,飞蝗科昆虫,善跳。 ③ 止:之,他。 ④ 觏(gòu):遇合。 ⑤ 言:发语词。蕨:蕨菜,凤尾蕨科草本植物,嫩叶可食。 ⑥ 惙(chuò)惙:忧愁的样子。 ⑦ 说(yuè):同"悦"。 ⑧ 薇:即巢菜,豆科草本植物,嫩苗可食。 ⑨ 夷:平。

此诗的主旨,《毛诗序》谓"大夫妻能以礼自防也",朱熹《诗集传》则谓"南国被文王之化,诸侯大夫行役在外,其妻独居,感时物之变,而思其君子如此",旧说另有"大夫归心召公说""室家思念南仲说""托男女情以写君臣念说"等等,本文以为此诗是写思妇情怀之作,所思是她钟爱的人,至于是丈夫还是情人,可不必深究,因为这无碍我们对诗意的理解、诗情的玩味。诗首章将思妇置于秋天的背景下,头两句以草虫鸣叫、阜螽相随蹦跳起兴,这是她耳闻目睹的,说是赋亦无不可。画面之内如此,画面之外可以猜想,她此时也许还感受到秋风的凉意,见到衰败的秋草、枯黄的树叶……大自然所呈现的无不是秋天的氛围。"悲哉秋之为气也",秋景最易勾起离情别绪,怎奈得还有那秋虫和鸣相随的撩拨,诗人埋在心底的相思之情一下子被触动了,激起了心中无限的愁思:"未见君子,忧心忡忡。"忡忡,犹冲冲,形容心绪不安。本诗构思的巧妙,就在于以下并没有循着"忧心忡忡"写去,而是打破了常规,完全撇开离情别绪,诸如自己孤处的凄凉、强烈的思念,竟不着一字,而却改用拟想,假设所思者突然出现在自己的面前,那将是如何呢?诗云:"亦既见之,亦既觏之,我心则降。"见,说的是会面;觏,《易》曰:"男女觏精,万物化生。"故郑笺谓"既觏"是已婚的意思,可见"觏"当指男女情事而言,译为"偎着"是模糊意思,非直解。降,下的意思,指精神得到安慰,一切愁苦不安皆已消失。古人质直,即使是女诗人也不作掩饰。这里以"既见"、"既觏"与"未见"相对照,情感变化鲜明,欢愉之情可掬。运用以虚衬实,较之直说如何如何痛苦,既新颖具体,又情味更浓。方玉润说得好:"本说'未见',却想及既见情景,此透过一层法。"(《诗经原始》)所谓"透过一层法",指的就是虚实相衬法。

　　第二、三章虽是重叠,与第一章相比,不仅转换了时空,拓宽了内容,情感也有发展。登高才能望远,诗人"陟彼南山",为的是瞻望"君子",然而从山巅望去,所见最显眼的就是蕨和薇的嫩苗,诗人无聊之极,随手无心采着。采蕨、采薇暗示经秋冬而今已是来年的春夏之交,换句话说,诗人"未见君子"不觉又多了一年,其相思之情自然也是与时俱增,"惙惙"表明心情凝重,几至气促;"伤悲"更是悲痛无语,无以复加。与此相应的,则是与君子"见""觏"的渴求也更为迫切,她的整个精神依托、全部生活欲望、唯一欢乐所在,几乎全系于此:"我心则说(悦)""我心则夷",多么大胆而率真的感情,感人至深。方玉润说:"始因秋虫以寄托,继历春景而忧思。既未能见,则更设为既见情形,以自慰其幽思无已之心。此善言情作也。然皆虚想,非真实觏。《古诗十九首》'行行重行行''蟋蟀夕鸣悲''明月何皎皎'等篇,皆是此意。"(《诗经原始》)此可谓善读诗矣。

　　本诗虽是重章结构,押韵却有变化,首章一、二、四、七句用韵;而二、三章则是二、四、七用韵,译诗仿此叶韵。另外王力《诗经韵读》认为各章第三句"子"与第五、六句"止"亦是韵脚。

(蒋立甫)

采　　蘋

| 于以采蘋?① | 哪儿可以去采蘋? |
| 南涧之滨。 | 就在南面涧水滨。 |

于以采藻?② 哪儿可以去采藻?
于彼行潦。③ 就在积水那浅沼。

于以盛之? 什么可把东西放?
维筐及筥。④ 有那圆篓和方筐。
于以湘之?⑤ 什么可把食物煮?
维锜及釜。⑥ 有那锅儿与那釜。

于以奠之?⑦ 安置祭品在哪里?
宗室牖下。⑧ 祠堂那边窗户底。
谁其尸之?⑨ 今儿谁是主祭人?
有齐季女。⑩ 少女恭敬又虔诚。

(惠渭舟译)

〔注〕①蘋:水草名,又叫大萍,可食。 ②藻:水藻。 ③行潦(háng lǎo):沟中积水。行通"洐",水沟;潦,路上的流水、积水。 ④筥(jǔ):圆形的竹筐。 ⑤湘:烹煮。 ⑥锜(qí):三脚锅。釜(fǔ):无足锅。 ⑦奠:放置。 ⑧宗室:宗庙、祠堂。 ⑨尸:主持祭祀。 ⑩有:语首助词,无实义。齐(zhāi):通"斋",美好而恭敬的样子。季:少、小。

　　对于这首诗的主旨,《左传·隐公三年》将其与《采蘩》《行苇》《泂酌》同视为"昭忠信"之作,而更多的古代学者受"诗教"的影响,根据《礼记·昏义》为说,认为是贵族之女出嫁前去宗庙祭祀祖先的诗,毛传云:"古之将嫁女者,必先礼之于宗室,牲用鱼,芼之以蘋藻。"方玉润《诗经原始》云:"女将嫁而教之以告于其先也。"惟明代何楷《诗经世本古义》认为诗中所谓"季女"与《左传·襄公二十八年》中的"季兰"同为一人,均是指周武王元妃邑姜,此诗即是赞美邑姜之作。现代学者大都认为这首诗是描写女奴们为其主人采办祭品以奉祭祀的诗篇,这更符合诗意。

　　根据文献我们可以知道,在古代,贵族之女出嫁前必须到宗庙去祭祀祖先,同时学习婚后的有关礼节。这时,奴隶们为其主人采办祭品、整治祭具、设置祭坛,奔走终日,劳碌不堪,这首诗就是描写她们劳动过程的。全诗三章,每章四句。首章两问两答,点出采蘋菜、采水藻的地点,次章两问两答,点出盛放、烹煮祭品的器皿,末章两问两答,点出祭地和主祭之人。

　　俗话说:"上供神吃,心到佛知。"这些普普通通的祭品和烦琐的礼仪,却蕴积着人们的寄托和希冀,因而围绕祭祀的一切活动都无比虔诚、圣洁、庄重,正如《左传·隐公三年》所说:"苟有明信,涧溪沼沚之毛,蘋蘩蕰藻之菜,筐筥锜釜之器,潢汙行潦之水,可荐于鬼神,可羞于王公。"因此,诗人不厌其烦,不惜笔墨,层次井然地叙写祭品、祭器、祭地、祭人,将繁重而又枯燥的劳动过程描写得绘声绘色。

  这首诗的艺术魅力主要源于问答体的章法,而其主要构成因素就是五个"于以"的运用,正如吴闿生《诗意会通》引旧评所云:"五用'于以'字,有'群山万壑赴荆门'之势。"全诗节奏迅捷奔放,气势雄伟,而五个"于以"的具体含义又不完全雷同,连绵起伏,摇曳多姿,文末"谁其尸之,有齐季女"戛然收束,奇绝卓特,烘云托月般地将季女的美好形象展现给读者。

(昝 亮)

甘 棠

蔽芾甘棠,①	郁郁葱葱棠梨树,
勿翦勿伐,②	不剪不砍细养护,
召伯所茇。③	曾是召伯居住处。

蔽芾甘棠,	郁郁葱葱棠梨树,
勿翦勿败,④	不剪不毁细养护,
召伯所憩。⑤	曾是召伯休息处。

蔽芾甘棠,	郁郁葱葱棠梨树,
勿翦勿拜,⑥	不剪不折细养护,
召伯所说。⑦	曾是召伯停歇处。

〔注〕① 蔽芾(fèi):树木高大茂密的样子。甘棠:棠梨,又名杜梨。 ② 翦:同"剪"。伐:砍伐。 ③ 召(shào)伯:即召公,名奭,姬姓,封于燕。茇(bá):草舍,此处用为动词,居住。 ④ 败:毁坏。 ⑤ 憩(qì):休息。 ⑥ 拜:拔掉,一说屈、折。 ⑦ 说(shuì):通"税",休憩,止息。

  《甘棠》一诗的主旨,自古至今,惟蓝菊荪《诗经国风今译》认为是讽刺召伯之作,其他几乎众口一词,均认为是怀念召伯的诗作。如《毛诗序》云:"《甘棠》,美召伯也。召伯之教,明于南国。"郑笺云:"召伯听男女之讼,不重烦百姓,止舍小棠之下而听断焉,国人被其德,说其化,思其人,敬其树。"朱熹《诗集传》云:"召伯循行南国,以布文王之政,或舍甘棠之下。其后人思其德,故爱其树而不忍伤也。"

这首诗的写作背景在《史记·燕召公世家》中记载得比较明确:"召公之治西方,甚得兆民和。召公巡行乡邑,有棠树,决狱政事其下,自侯伯至庶人,各得其所,无失职者。召公卒,而民人思召公之政,怀棠树,不敢伐,歌咏之,作《甘棠》之诗。"许多民间传说和地方志中的资料也都足以证明召公听讼甘棠树下的故事流播广远。召伯南巡,所到之处不占用民房,只在甘棠树下停车驻马、听讼决狱、搭棚过夜,这种体恤百姓疾苦,不搅扰民间,而为民众排忧释纷的人,永远活在人民心中。

全诗三章,每章三句,全诗由睹物到思人,由思人到爱物,人、物交融为一。对甘棠树的一枝一叶,从不要砍伐、不要毁坏到不要折枝,可谓爱之有加,这种爱源于对召公德政教化的衷心感激。而先告诫人们不要损伤树木,再说明其中原因,笔意有波折亦见诗人措辞之妙。方玉润《诗经原始》说:"他诗练字一层深一层,此诗一层轻一层,然以轻愈见其珍重耳。"顾广誉《学诗详说》说:"不言爱其人,而言爱其所茇之树,则其感戴者益深;不言当时之爱,而言事后之爱,则怀其思者尤远。"陈震《读诗识小录》说:"突将爱慕意说在甘棠上,末将召伯一点,是运实于虚法。缠绵笃挚,隐跃言外。"对此诗的技巧、语言都有精辟的论述,读者可以善加体味。全诗纯用赋体铺陈排衍,物象简明,而寓意深远,真挚恳切,所以吴闿生《诗义会通》引旧评许为"千古去思之祖"。

(昝 亮)

行　露

厌浥行露,①	道上露水湿漉漉,
岂不夙夜？	难道不想早逃去？
谓行多露。②	只怕露浓难行路。

谁谓雀无角?③	谁说麻雀没有嘴?
何以穿我屋?	怎么啄穿我房屋?
谁谓女无家?④	谁说你尚未娶妻?
何以速我狱?⑤	为何害我蹲监狱?
虽速我狱,	即使让我蹲监狱,
室家不足!⑥	你也休想把我娶!

谁谓鼠无牙？	谁说老鼠没牙齿？
何以穿我墉？⑦	怎么打通我墙壁？
谁谓女无家？	谁说你尚未娶妻？
何以速我讼？⑧	为何害我吃官司？
虽速我讼，	即使让我吃官司，
亦不女从！	我也坚决不嫁你！

〔注〕 ①厌浥(yì)：沾湿、湿润。 ②谓：同"畏"，惧怕，与下文"谁谓"的"谓"意义不同。一说奈何。行：道路。 ③角：鸟嘴。 ④女：同"汝"。无家：没有成家、没有妻室。 ⑤速：招致。狱：案件、官司。 ⑥室家不足：要求成婚的理由不充足。 ⑦墉(yōng)：墙壁。 ⑧讼：诉讼。

这首诗的主旨，从古至今，聚讼纷纭。《毛诗序》联系《甘棠》而理解为召伯之时，强暴之男不能侵凌贞女；而《韩诗外传》《列女传·贞顺篇》却认为是申女许嫁之后，夫礼不备，虽讼不行的诗作。清龚橙《诗本谊》、吴闿生《诗义会通》等承袭此说。明朱谋㙔《诗故》又以为是寡妇执节不贰之词，清方玉润《诗经原始》则以为是贫士却婚以远嫌之作。今人高亨《诗经今注》认为是一个女子嫌弃夫家贫穷，不肯回家，被丈夫讼于官府而作；余冠英《诗经选》认为是一个已有夫家的女子的家长对企图以打官司逼娶其女的强横男子的答复；陈子展《诗经直解》认为是一个女子拒绝与一个已有妻室的男子重婚的诗歌。笔者认为余说近是，但诗中的主人公应是那位女子。

全诗三章，首章比较隐晦难懂，以至于宋人王柏《诗疑》卷一断言是别诗断章错入。其实，可以根据清张澍《读诗钞说》将首章理解为这个女子表明态度，而下面两章是假设之辞，"乃预拟其变而极言之"，以示自己心意决绝，未必是真讼于官府。

首章首句"厌浥行露"起调气韵悲慨，使全诗笼罩在一种阴郁压抑的氛围中，暗示这位女性所处的环境极其险恶，抗争的过程也将相当曲折漫长，次二句"岂不夙夜？谓行多露"，文笔稍曲，诗意转深，婉转道出这位女子的坚定意志。次章用比兴方法说明，即使强暴者无中生有，造谣诽谤，用诉讼来胁迫自己，她也决不屈服。"谁谓雀无角？何以穿我屋？谁谓女无家？何以速我狱"四句是正话反说，表示雀虽有嘴而无穿我屋之理，你已有妻则无致我陷狱之理，委婉巧妙；而"虽速我狱，室家不足"两句则是正面表态，斩钉截铁，气概凛然。第三章谓鼠虽有牙而无穿我墙之理，你已有妻则无使我遭诉讼之理，但你若欲陷我于诉讼，我也不会屈从你。句式复沓以重言之,使得感染力和说服力进一步加强。全诗风骨遒劲,格调高昂,从中我们不难体会到女性为捍卫自己的独立人格和爱情尊严所表现出来的不畏强暴的抗争精神。

(昝 亮)

羔 羊

羔羊之皮,	身穿一件羔皮裘,
素丝五紽。①	素丝合缝真考究。
退食自公,	退朝公餐享佳肴,
委蛇委蛇。②	逍遥踱步慢悠悠。

羔羊之革,③	身穿一件羔皮袄,
素丝五緎。④	素丝密缝做工巧。
委蛇委蛇,	逍遥踱步慢悠悠,
自公退食。	公餐饱腹已退朝。

羔羊之缝,⑤	身穿一件羔皮袍,
素丝五总。⑥	素丝纳缝质量高。
委蛇委蛇,	逍遥踱步慢悠悠,
退食自公。	退朝公餐享佳肴。

〔注〕 ① 五紽(tuó):指缝制细密。五,通"午",歧出,交错的意思;紽,毛传释为数(cù),即细密。 ② 委蛇:《韩诗》作"逶迤",音义并同,悠闲自得的样子。 ③ 革:皮。 ④ 緎(yù):缝际。 ⑤ 缝:缝合之处,即缝际。 ⑥ 总:毛传释为数,与"紽"同。

这首诗清代以前学者皆以为是赞美在位者的,所赞美的内容,或说是纯正之德,如薛汉《韩诗薛君章句》:"诗人贤仕为大夫者,言其德能称,有洁白之性,屈柔之行,进退有度数也。"或说是节俭正直,如朱熹《诗集传》:"南国化文王之政,在位皆节俭正直,故诗人美衣服有常,而从容自得如此也。"其说大多牵强不可信,确如方玉润所批评的"固大可笑""附会无理"(《诗经原始》)。纵观以"美"立说者,唯有姚际恒之说稍可通,其说谓"诗人适见其服羔裘而退食,即其服饰步履之间以叹美之。而大夫之贤不益一字,自可于言外想见。此风人之妙致也"(《诗经通论》)。"于言外想见"是本诗的主要表现特点,故录以参考。首倡刺诗说的,我所见之《诗经》著作,以清人牟庭《诗切》最早,他说:"《羔羊》,刺饩廪(膳食待遇)

俭薄也。"今人诗说仍是美、刺并存,比较而言,笔者以为"刺"稍近诗意,但与牟氏所言"刺"的内容恰相反,诗人所刺者乃大夫无所事事、无所作为,与《魏风·伐檀》所刺之"素餐"(白吃饭)相似。

  对这首诗表现特点的理解,姚际恒之说是可取的,不过要反美为刺,即是说,全诗不用一个讥刺的词,更没有斥责之语,诗人只是冷静而客观地抉取大夫日常生活中习见的一个小片断,不动声色用粗线条写真。先映入诗人眼帘的是那官员的服饰——用白丝线镶边的羔裘。毛传说"大夫羔裘以居",故依其穿戴无疑是位大夫。头两句从视觉来写,暗示其人的身份;第三句是所见也是所想,按常规大夫退朝用公膳,故诗人见其人吃饱喝足由公门出来,便猜想其是"退食自公"。《左传·襄公二十八年》:"公膳,日双鸡。"杜预注:"谓公家供卿大夫之常膳。"这与当时民众的生活水准相对照,无疑天上地下之别,《孟子·梁惠王上》中孟子阐述的符合王道的理想社会,在丰收年成,也才是"七十者可以食肉矣",而大夫公膳常例竟是"日双鸡",何等奢侈!诗人虽然没有明言"食"是什么,以春秋襄公时代的公膳例之,大约相差无几。诗人生活在同时代,一见其人"退食自公"必然有所触动,想得很多,也许路有饿殍的惨象浮现在他眼前。正因为如此,所以厌恶之情不觉油然而生,"委蛇委蛇"诗句涌出笔端。这第四句"美中寓刺",可谓点睛之笔,使其人仿佛活动起来:你看他,慢条斯理,摇摇摆摆,多么逍遥惬意。把这幅貌似悠闲的神态,放在"退食自公"这个特定的场合下,便不免显出滑稽可笑又丑陋可憎了,言外诗人的挖苦嘲弄可以想见:这个自命不凡的家伙,实则是个白吃饭的寄生虫!三章诗重复这个意思,回环咏叹,加深了讥刺意味。各章三、四两句,上下前后颠倒往复,清陈继揆《读诗臆补》曾评为:"随意变化,妙绝奇绝。" (蒋立甫)

殷其雷

殷其雷,①	听那隆隆的雷声,
在南山之阳。②	在南山的阳坡震撼。
何斯违斯?③	怎么这时候离家出走?
莫敢或遑。④	实在不敢有少许悠闲。
振振君子,⑤	勤奋有为的君子,
归哉归哉!	归来吧,归来吧!

| 殷其雷, | 听那隆隆的雷声, |

在南山之侧。	在南山的边上响起。
何斯违斯？	怎么这时候离家出走？
莫敢遑息，	实在不敢有片刻休息。
振振君子，	勤奋有为的君子，
归哉归哉！	归来吧，归来吧！

殷其靁，	听那隆隆的雷声，
在南山之下。	在南山的脚下轰鸣。
何斯违斯？	怎么这时候离家出走？
莫敢遑处。⑥	实在不敢有一会暂停。
振振君子，	勤奋有为的君子，
归哉归哉！	归来吧，归来吧！

〔注〕①殷：犹"殷殷"，状雷声。靁(léi)：古雷字。 ②阳：山的南面。 ③斯：此。上一斯字指时候，下一斯字指地方。旧说上一斯字指人。违：离去。 ④遑：闲暇。 ⑤振振：勤奋的样子。旧说训为信厚。 ⑥处：居，停留。

《毛诗序》解此诗为"召南之大夫远行从政，不遑宁处。其室家能闵其勤劳，劝以义也"。关于此诗的主题，不仅今文学派的三家无异议，而且后来的解诗者也无大的争论。虽然所思念的对象不必如《毛诗序》之泥定为"大夫"，但从诗中所称"君子"来看，则这位行役在外者当是统治阶级中人，不可能是平民百姓。

全诗三章，每章的开头均以雷声起兴。这隆隆的雷声不绝于耳，忽儿在山的南坡，忽儿在山的旁边，忽儿又到了山的脚下。这雷声勾起了她对出门在外的亲人的忧念：在这恶劣的天气，他却要在外奔波跋涉，怎不叫人牵肠挂肚！因而诗在起兴之后发出了"何斯违斯"的感叹。据毛传与郑笺，前一"斯"字指君子，后一"斯"字指此地。朱熹承袭此说，释为："何此君子独去此而不敢少暇乎？"(《诗集传》)而严粲释云："言殷然之雷声，在彼南山之南。何为此时速去此所乎？"(《诗缉》)从上下文看，后一种说法更为顺理成章。感叹之后，女主人公又转念为丈夫设身处地着想：只因为了公事，才不敢稍事休息。想到丈夫一心为公事奔忙，故而接下去才有"振振君子"的赞叹。毛传与郑笺均释"振振"为信厚。朱熹亦承此说。姚际恒《诗经通论》云："盖振为振起、振兴意，亦为众盛意。"而王先谦的《诗三家义集疏》训"振振"为"振奋有为"，似更切合情理。这样"振振"一词就成了称扬其夫君勤奋有为的赞语了。女主人公作出这样的赞叹之后，却发出了"归哉归哉"的呼唤,表明女主人公虽然明白丈夫是为公事奔走,但还是希望他能早早归来。这种转折实质上表现了情与理的矛盾冲突。《诗序》称"劝以义",就是着眼于其理的一面,以张扬其伦理教化的意义,但忽视了其情的一面,而且是此诗的主要一面,因而受到后人的质疑。姚际恒在《诗经通论》中批评了《诗序》的这一偏颇:"按诗'归哉归哉',是望其归之辞,绝不见有'劝以义'之意。"崔述的《读风偶识》也称:"今玩其词意,但有思夫之情,绝不见所谓'劝义'者何在。"然而"绝不"云云又走向了另一个极端,同样失之偏执。还是朱熹概括得好:"于是又美其德,且冀其早毕事而还归也。"(《诗集传》)近人陈子展《诗经直解》称此诗"既劝以大义,又望其生还,可谓得情理之正者也",诚为中肯之论。

  此诗以重章复叠的形式唱出了妻子对丈夫的思念之情,在反复咏唱中加深了情感的表达。每章均以雷起兴,却变易雷响的地点,不仅写出了雷声飘忽不定的特点,而且还引逗出对丈夫行踪无定的漂泊生活的挂念,诚如胡承珙所云:"细绎经文三章,皆言'在'而屡易其地,正以雷之无定在,兴君子之不遑宁居。"(《诗经后笺》)"遑""息""居"三字则层层深入地表现了忠于职守、不敢懈怠的态度。此诗的每一章虽只寥寥数语,却转折跌宕,展示了女主人公抱怨、理解、赞叹、期望等多种情感交织起伏的复杂心态,活现出一位思妇的心理轨迹,堪称妙笔。初读此诗会不得要领,或以偏概全,产生上文所述的歧见,因而姚际恒会这样批评朱熹:"夫冀其归,可也,何必美其德耶!二义难以合并,诗人语意断不如是。"殊不知诗作为心灵的自白,断不是非此即彼的逻辑推理,可以说诗人之语正当如是。此诗之妙正在于其上下不一的语意转折,在否定亦复肯定中呈现活的心灵。此外,此诗的语言简洁朴素,齐言中又有长短相错、模拟说话的声口,在一唱三叹中倾吐衷情,颇为传神。

(黄宝华)

摽 有 梅

摽有梅,①	梅子落地纷纷,
其实七兮。	树上还留七成。
求我庶士,②	有心求我的小伙子,
迨其吉兮。③	请不要耽误良辰。

| 摽有梅, | 梅子落地纷纷, |
| 其实三兮。 | 枝头只剩三成。 |

求我庶士，　　有心求我的小伙子，
迨其今兮。④　　到今儿切莫再等。

摽有梅，　　　梅子纷纷落地，
顷筐塈之。⑤　　收拾要用簸箕。
求我庶士，　　有心求我的小伙子，
迨其谓之。⑥　　快开口莫再迟疑。

〔注〕①摽(biào)：坠落。有：语助词。　②庶：众多。士：未婚男子。　③迨(dài)：及，趁。吉：好日子。　④今：现在。　⑤顷筐：斜口浅筐，犹今之簸箕。塈(jì)：取。　⑥谓：告诉。

　　这是一首委婉而大胆的求爱诗。"求我庶士"，不妨读为"我求庶士"。

　　暮春，梅子黄熟，纷纷坠落。一位姑娘见此情景，敏锐地感到时光无情，抛人而去，而自己青春流逝，却嫁娶无期，便不禁以梅子兴比，情意急迫地唱出了这首怜惜青春、渴求爱情的诗歌。

　　此篇的诗旨、诗艺和风俗背景，前人基本约言点出。《毛诗序》曰："《摽有梅》，男女及时也。召南之国，被文王之化，男女得以及时也。""男女及时"四字，已申明诗旨；后数语乃经师附会，应当略去。《周礼·媒氏》曰："仲春之月，令会男女。于是时也，奔者不禁。若无故而不用令者，罚之。司男女之无夫家者而会之。"明白了先民的这一婚恋习俗，对这首情急大胆的求爱诗，就不难理解了。陈奂则对此篇巧妙的兴比之意作了简明的阐释："梅由盛而衰，犹男女之年齿也。梅、媒声同，故诗人见梅而起兴。"(《诗毛氏传疏》)

　　龚橙《诗本义》说："《摽有梅》，急婿也。"一个"急"字，抓住了本篇的情感基调，也揭示了全诗的旋律节奏。

　　从抒情主人公的主观心态看，"急"就急在青春流逝而夫婿无觅。全诗三章，"庶士"三见。"庶"者，众多之意；"庶士"，意谓众多的小伙子。可见这位姑娘尚无意中人。她是在向整个男性世界寻觅、催促、呼唤爱情。青春无价，然流光易逝。"真正的青春，贞洁的妙龄的青春，周身充满了新鲜的血液、体态轻盈而不可侵犯的青春，这个时期只有几个月。"(《罗丹艺术论·女性美》)如今梅子黄熟，嫁期将尽，仍夫婿无觅，怎能不令人情急意迫！青春流逝，以落梅为比。"其实七兮""其实三兮""顷筐塈之"，由繁茂而衰落；这也正一遍遍在提醒"庶士"："花枝堪折直须折，莫待无花空折枝。"唐无名氏《金缕曲》之忧心"无花空折枝"，似乎深有《摽有梅》之遗意。

从诗篇的艺术结构看,"急"就急在三章复唱而一步紧逼一步。重章复唱,是《诗经》基本结构。但从诗意的表达看,有两种不同的形态,即重章之易辞申意和重章之循序渐进。《草虫》首章末句"我心则降"、次章末句"我心则说"、末章末句"我心则夷",即为语虽异而情相类的重章之易辞申意。《摽有梅》则属于重章之循序渐进。三章重唱,却一层紧逼一层,生动有力地表现了主人公情急意迫的心理过程。首章"迨其吉兮",尚有从容相待之意;次章"迨其今兮",已见敦促的焦急之情;至末章"迨其谓之",可谓真情毕露,迫不及待了。三复之下,闻声如见人。

珍惜青春,渴望爱情,是中国诗歌的母题之一。《摽有梅》作为春思求爱诗之祖,其原型意义在于建构了一种抒情模式:以花木盛衰比青春流逝,由感慨青春易逝而追求婚恋及时。从北朝民歌《折杨柳枝歌》"门前一株枣,岁岁不知老。阿婆不嫁女,那得孙儿抱",到中唐无名氏的《金缕曲》"花枝堪折直须折,莫待无花空折枝";从《牡丹亭》中杜丽娘感慨"良辰美景奈何天",到《红楼梦》里林黛玉叹惜"花谢花飞飞满天";以至闻捷《吐鲁蕃情歌》中的"苹果树下"和"葡萄成熟了"这两首名作,可以说,无不是这一原型模式的艺术变奏。然而,《摽有梅》作为先民的首唱之作,却更为质朴而清新,明朗而深情。

(陈文忠)

小　星

嘒彼小星,①	小小星辰光朦胧,
三五在东。	三个五个闪天东。
肃肃宵征,②	天还未亮就出征,
夙夜在公。	从早到晚都为公。
寔命不同。③	彼此命运真不同。

嘒彼小星,	小小星辰光幽幽,
维参与昴。④	原来那是参和柳。
肃肃宵征,	天还未亮就出征,
抱衾与裯。⑤	抛撇香衾与暖裯。
寔命不犹。⑥	命不如人莫怨尤。

〔注〕①嘒(huì):微弱貌。　②肃肃:疾速貌。宵:指下文夙夜,天未亮以前。征:行。　③寔:同"实",或谓即"是"。　④维:是也。参(shēn)、昴(mǎo):星宿名。昴即柳星。

⑤抱:古"抛"字。裯(chóu):单层的被子。 ⑥犹:如也。

《毛诗序》云:"《小星》,惠及下也。夫人无妒忌之行,惠及贱妾,进御于君,知其命有贵贱,能尽其心矣。"韩诗说与毛异,《韩诗外传》卷一引"曾子仕于莒"以说诗,谓"家贫亲老,不择官而仕",引诗曰:"夙夜在公,实命不同。"《容斋随笔》以为此诗是"咏使者远适,夙夜征行,不敢慢君命"之意,用韩说也。《白帖》引"肃肃宵征,夙夜在公"入"奉使类"。姚际恒《诗经通论》云:"章俊卿以为'小臣行役之作',是也。"并驳毛传郑笺,以为诗中情景,于毛传不类者三,于郑笺不通者三。魏源《诗古微·召南答问·小星》总结各家,更加详说。笔者也认为郑笺孔疏附会毛传者非,不如申韩各家之说。

申韩各家中引诗《北山》:"或燕燕居息,或尽瘁事国;或息偃在床,或不已于行。"解释《小星》之"寔命不同",更合诗义。但谓"抱衾与裯"一句,指行人所携之"襆被",或役夫所携之"行帐",则似是而实非。他们注意了句中"衾裯"两字,在"衾裯"两字上做文章,不知道"抱"即古"抛"字。钱大昕《声类》:"抱,古抛字。《史记·三代世表》:'抱之山中,山者养之。'《集解》:'抱音普茅反'。"诗言"抱衾与裯"者,说征人役夫"肃肃宵征",抛却室家之乐,夫妻之爱也。唐人李商隐诗云:"为有云屏无限娇,凤城寒尽怕春宵。无端嫁得金龟婿,孤负香衾事早朝。"说李诗是从《诗·鸡鸣》"虫飞薨薨,甘与子同梦",蜕化而来,可。说李诗从《小星》"抱衾与裯,寔命不犹"发展而来,亦可。因居者言之,则妻子怨早朝之孤负香衾;因行者言之,则自伤其"抛却衾裯"也。

诗凡两章,每章的前两句主要是写景,但景中有情;后三句主要是言情,但情中也复叙事,所谓情景交融也。

第一章之前两句云:"嘒彼小星,三五在东。"姚际恒所谓:"山川原隰之间,仰头见星,东西历历可指,所谓戴星而行也。"

征人奔走,为赶行程,凌晨上道。忽见小星,三五在天,睡眼惺忪,初亦不知其星何名也。言在东者,东字与公、同趁韵,不必定指东方。第二章云:"嘒彼小星,维参与昴。"征人睡梦才醒,故初见晨星,不知何名。继而察以时日,然后知其为参星与柳星。第一章只言小星,三五在东,不言星名;第二章既说小星,又说乃参乃柳,这就是诗分章次的道理。诗虽写景,而情亦隐见其中。

诗之每章后三句主要言情者,第一章云:"肃肃宵征,夙夜在公。寔命不同。""夙夜"旧释"早夜","日未出,夜未尽,曰早夜"。夙夜或早夜都不是两字平列,而是上字形容下字的偏正结构。征人天不明即行,可见其不暇启处,忙于王事。《北山》诗云:

或燕燕居息,或尽瘁事国;或息偃在床,或不已于行;或不知叫号,或惨惨劬劳;或栖迟偃仰,或王事鞅掌;……

可见同为"王臣",同为"职司",工作并不相等,遭遇并不相同。第二章后三句云:"肃肃宵征,抱衾与裯,寔命不犹。"改第一章的"夙夜在公"为"抱衾与裯",又改"同"为"犹"。改"同"为"犹"者换字叶韵。改言"抱衾与裯"者,则由于上章之"夙夜在公",凌晨上道,弃室家之好,"抱衾与裯"也。"夙夜在公"是"抱衾与裯"之因,"抱衾与裯"是"夙夜在公"之果。文心极细,章序分明。征人之"不已于行",较之"息偃在床"者,不是"寔命不犹"吗?写役夫之悲,真是词情并茂。

(郭晋稀)

江 有 汜

江有汜,①	大江自有分流水,
之子归,	这个人儿回故里,
不我以。	不肯带我一同去。
不我以,	不肯带我一同去,
其后也悔!	将来懊悔来不及!
江有渚,②	大江自有洲边水,
之子归,	这个人儿回故里,
不我与。	不再相聚便离去。
不我与,	不再相聚便离去,
其后也处!③	将来忧伤定不已!
江有沱,④	大江自有分叉水,
之子归,	这个人儿回故里,
不我过。	不见一面就离去。
不我过,	不见一面就离去,
其啸也歌!⑤	将来号哭有何益!

〔注〕①汜(sì):先从主流分出、后又汇入主流的水。 ②渚(zhǔ):王先谦《诗三家义集疏》:"水中小洲曰渚,洲旁之小水亦称渚。" ③处:忧愁。朱骏声《说文通训定声》:"'处',假借为'癙',实为'鼠'。"《诗经·小雅·雨无正》:"鼠思泣血。"鼠思,忧思也。 ④沱(tuó):

沱江,为长江的支流,在今四川省中部,于泸江市汇入长江。　⑤啸歌:闻一多《诗经通义》注"啸歌者,即号哭。谓哭而有言,其言又有节调也"。

这是一首弃妇诗。从诗中写到的"江""沱"看来,产地是在召(在岐山之南,周初召公奭的采邑)的南部、古梁州境内长江上游的沱江一带。女主人公可能是一位商人妇。那商人离开江沱返回家乡时将她遗弃了。她满怀哀怨,唱出了这首悲歌。诗中的"之子",是古代妻妾对丈夫的一种称呼,与《诗经·卫风·有狐》的"之子无裳"的"之子"一样。

三章诗的开头都是写景。"汜""渚""沱",上面的译文都从支流这一意义上翻译,而在弃妇心目中,这一条条不同的支流都是看得见的具体存在。她住在"汜""渚""沱"一带,她丈夫当年从水路而来,最后又从这些支流中的一条乘坐小船悄然离去。从表现手法说,各章的首句都是直陈其事,用的是赋体;从江水有支流,引出"之子归"的事实,则在赋体之中又兼有比兴的意味。

诗中的丈夫是一位薄情郎。在三章诗中,那弃妇分别用"不我以""不我与""不我过"来诉说丈夫对她的薄情。"不我以",是不一道回去;"不我与",是行前不和我在一起;"不我过",是有意回避,干脆不露面。丈夫在感情上是如此吝啬,做得是那样的恩尽义绝,无须再添加笔墨,其薄情薄意已如画出。

诗中的弃妇是一位自信心很强的女人。她相信自己在丈夫感情生活中的重要地位,因而预言丈夫今日的背弃行为,日后必将在感情上受到自我惩罚,这就是各章结句所说的"其后也悔""其后也处""其啸也歌"。值得注意的是,丈夫将受到的感情上的自我惩罚与他背弃自己妻子的行为之间的对应关系:"不我以"引出"悔","不我与"带来"处","不我过"导致"啸歌"。其愈是绝情,其后果也就愈加严重。当然,这只是弃妇一厢情愿的假想之辞。事实上,那男子很可能已事过境迁,在感情上并不会引起任何震动。对于理解这首诗来说,重要的不在于弃妇自信的论断日后是否会成为事实,而是隐藏在这一论断背后的弃妇思想感情的复杂性。弃妇设想故夫日后会后悔今日的背弃行为,其中就隐含了弃妇对于夫妇关系重归于好的企盼;预言故夫今日的轻率必将招致日后的痛苦,这又泄露出弃妇恨过于爱的报复性的心态。这是她的软弱,也是她的坚强。由此决定了这首诗风格上的特点,既一唱三叹,极尽缠绵;又柔中见刚,沉着痛快。

此诗每章的前三句叙事,后两句抒情。其中第三、四句重出——男子的薄情集中表现在这一句,女子的痛苦不幸也根源于这一句,因而采取了反复咏叹的形式。重出的这一句子中的关键字,各章不同。从一章的"以",一转而为二章的"与",再转而为三章的"过",愈转愈深,丈夫如何薄情,做妻子的又是如何痛苦不幸,都因了这一关键字的置换而得到一层深于一层的表现。全诗形式整齐,结构严谨,用字精审,笔法却极为自然,语言又十分浅近,达到了精工与自然、深入与浅出的完美结合,显示出极高的艺术水平。

历来对此诗的解释不一。或以为是媵妾因受正妻排斥、不能陪嫁而作,"之子"指正妻(见《毛诗》小序);或虽认为这是一首弃妇诗,"之子"指薄情的丈夫,但认为"啸歌"者是弃妇,所谓"啸歌"是弃妇自我排遣的一种表现(方玉润《诗经原始》)。这些解释都与原诗的实际不合,故为本文所不取。 (陈志明)

野 有 死 麕

野有死麕,①	一头死鹿在荒野,
白茅包之。	白茅缕缕将它包。
有女怀春,②	有位少女春心荡,
吉士诱之。③	小伙追着来调笑。
林有朴樕,④	林中丛生小树木,
野有死鹿。	荒野有只小死鹿。
白茅纯束,⑤	白茅捆扎献给谁?
有女如玉。	有位少女颜如玉。
"舒而脱脱兮!⑥	"慢慢来啊少慌张!
无感我帨兮!⑦	不要动我围裙响!
无使尨也吠!"⑧	别惹狗儿叫汪汪!"

〔注〕① 麕(jūn):獐,鹿一类的兽,无角。 ② 怀春:思春,男女情欲萌动。 ③ 吉士:男子的美称。 ④ 朴樕(sù):小木,丛生小木。 ⑤ 纯束:包、裹的意思。"纯"为"稇"的假借。 ⑥ 舒:舒缓。脱脱:这里指动作文雅舒缓。根据毛传、朱熹《诗集传》的说法,"脱脱"意为舒缓、舒迟。马瑞辰《毛诗传笺通释》引《方言》《说文解字》《广雅》认为"脱脱"为"娧娧"的假借,"娧"意为"好也",这里是形容"吉士"状貌。 ⑦ 感(hàn):即"撼"。动的意思。帨(shuì):佩巾,系在女子腹前,如今日之围裙。 ⑧ 尨(máng):长毛狗。

《野有死麕》是一首优美的爱情诗。这在五四运动后的白话文学、民间文学的倡导者们如顾颉刚、胡适、俞平伯、周作人的热烈的书信探讨中已作了极大的肯定。顾颉刚说:"《召南·野有死麕》是一首情歌。……可怜一班经学家的心给圣人之道迷蒙住了!"卫宏《诗序》云:'被文王之化,虽当乱世,犹恶无礼也。'郑玄《诗笺》云:'贞女欲吉士以礼来,……又疾时无礼,彊暴之男相劫胁。'朱熹《诗集传》云:'此章乃述女子拒之之辞,言姑徐徐而来,毋动我之帨,毋惊我之犬,以甚言其不能相及也。其凛然不可犯之意盖可见矣!'经他们这样一说,于是怀春之女就变成了贞女,吉士也就变成强暴之男,情投意合就变成了无礼劫胁,急迫的要求就变成了凛然不可犯之拒!"在中国诗作中,抒情诗虽然发达但直面讴歌爱情的却并不多,《野有死麕》以它鲜明的主题而显得极其可贵。

全诗三段,前两段以叙事者的口吻旁白描绘男女之情,朴实率真;后一段全录女子偷情时的言语,活脱生动,侧面表现了男子的情炽热烈和女子的含羞慎微。转变叙事角度的描写手法使整首诗情景交融,正面侧面相互掩映,含蓄诱人,赞美了男女之间自然、纯真的爱情。对于打破章法、句法的卒章,人们常常难以理解。周蒙、冯宇《诗经百首译释》就说:"至于卒章三句,错互成文,且无来由,更觉'兀突',亦当有过渡衔接词句。"其实,仔细研究《诗经》,不难发现这种在复沓中突兀的单行章段是《诗经》尤其是《国风》的常见现象。它们往往出现在作品文本的首尾。比如,《周南》的《葛覃》《卷耳》《汉广》《汝坟》;《召南》的《采蘩》《草虫》《行露》《何彼秾矣》,《邶风》的《燕燕》《日月》《终风》《简兮》《北门》《静女》《新台》,《鄘风》的《君子偕老》《蝃蝀》,《郑风》的《女曰鸡鸣》《子衿》,《齐风》的《东方未明》《甫田》,《唐风》的《扬之水》《葛生》,《陈风》的《东门之枌》《衡门》,《王风》的《大东》,《秦风》的《车邻》,《曹风》的《下泉》以及《小雅》中的《皇皇者华》《南有嘉鱼》《湛露》《菁菁者莪》等。这种诗甚至往往被视作脱简或串简,执此观点的如宋代的王质、王柏,现当代的孙作云、翟相君等。也有人对此种结构击节赞赏的,比如清代的刘沅、方玉润之评《采蘩》。对如此大相径庭的看法,要是我们能够从诗的起源的角度进行考察,就可使问题冰释。最早的诗是口头上传唱的歌。歌唱者可以独歌,也可以对歌、和歌。蒋立甫评《采蘩》就说:"后一章是合唱。"(《诗经选注》)再比如《关雎》,后二章复沓,第一章四句单行。《论语·秦伯》:"《关雎》之乱,洋洋盈耳哉!"《史记·孔子世家》:"故曰:'关雎之乱以为凤始。'"所谓"合乐谓之乱",众声合唱部分便是"乱"。当原始的自由对歌或集体的祭祀歌唱被刻意模仿,诗歌的创作者就具备了随意转换叙事角度的能力,诗歌从此而自由飞扬,简洁而形象生动地共时展开情节描述、抒写心理感受成为可能。作为早期的创作诗,《诗经》中这样一种写作手法的运用不免显得有些程式化,远没有应用自如。但也正因此,我们才感觉《诗经》中的诗是那么的质朴率真。

《野有死麕》的语言生动而隽永,这主要归功于口语、方言的使用和刻意营造音乐效果的语词的创造运用。卒章三句由祈使句组成,纯属口语。直接采用口头语言能够最完整最准确地再现女子偷情时既欢愉急切又紧张羞涩的心理状态。而祈使句本身也提示了这样一个动作场面的微妙紧张。《诗经》的语言是诗人创作的艺术语言,它来自生活口语,又经过精心提炼。《诗经》用的是周代的共同语雅言,也就是西周王畿所在地的镐京话。但诗人在《野有死麕》中,也用到了方言。陆德明《毛诗音义》引《草木疏》:"麕,麞也。青州人谓之麕。"青州,据《尚书·禹贡》:"海、岱惟青州。"《吕氏春秋·有始览》:"东方为青州。"《召南》,旧说一般以为"召"是指召公奭及其封地,其采邑在陕西岐山西南。《召南》中有《甘棠》,诗中有一"召伯",冯沅君《诗史》以召伯为宣王末年征淮夷有功的召穆公虎。《野有死麕》据《旧唐书·礼仪志》说也不是周初之诗,而是周平王东迁后的诗。笔者认为,《召南》不是周初诗作,"召"作为地名也不在陕西岐山。总之,《野有死麕》用了东方方言。方言的使用使整首诗更贴近日常生活,更自然朴实。四字成句,四句成段,是《诗经》的标准句法、章法。整饬的句式其原始实质和有组织地分布用韵字的押韵一样,是为了产生和谐悦耳、间断有序的声音效果。因为汉语的固有特性,间断有序的声音的产生就自然会要求句式的整饬。

　　《野有死麕》中的"朴樕"是联绵词,也可写成"朴遫"。毛传释"朴樕"为"小木",徐锴《说文解字系传》解释为"小橄树"。"朴樕"有两个引申义:短小,丛生;前者见《汉书·息夫躬传》颜师古注,后者见《尔雅·释木》邢昺疏。"朴樕"一字除可异写为"朴遫"外,其声变化,而意义基本保持不变的,还有"扶苏""扶胥"等分化词。张永言说:"推广来说,灌木丛生貌叫'朴樕',枝叶花朵丛生貌叫'扶疏',鸟羽、兽毛丛生貌叫'朴簌''扑朔';由灌木、枝叶、羽毛丛生貌又可引申出纷披、披垂、蓬松、不整齐、不整饬等意义,所以衣服不整齐叫'朴樕',人委琐不整饬叫'仆遫'。"据朱广祁《诗经双音词论稿》统计,像"朴樕"这样的联绵词《诗经》中大概有 140 个。联绵词指的是双音节的单纯词,即由两个音缀的拼合表示一个完整意义的词。郑玄《诗谱序》引《虞书》:"诗言志,歌永言,声依永,律和声。"联绵词的产生,是长歌永言的结果。换句话说,是修饰音节的需要而产生了"朴樕"这样的词。根据李新魁的构拟,"朴樕"的上古读音应为 boksok。按照李先生在《从方言读音看上古汉语入声韵的复尾韵》一文中提出的理论,这词本读入声,是由一个音节衍化而形成为两个音节的;其第二个音节的声母 s,本是第一个音节韵尾的遗存。也就是说,"朴樕"第二个音节的声母实际上是借自第一个音节的;从一个音节变成两个音节,其实质是音节的延长。是音节延长的需要而补充了后面一个弱读音节,造成了像"朴樕"这样的联绵词。为了声音的和谐而刻意创

造的语词丰富了诗歌的语言,也使诗歌的语言更为自然生动。　　　　(朱渊清)

何 彼 襛 矣

何彼襛矣?①	怎么那样秾丽绚烂?
唐棣之华。②	如同唐棣花般美妍。
曷不肃雝?③	为何喧闹不堪欠庄重?
王姬之车。④	王姬出嫁车驾真壮观。

何彼襛矣?	怎么那样地秾丽绚烂?
华如桃李。	如同桃花李花般娇艳。
平王之孙,⑤	平王之孙容貌够姣好,
齐侯之子。⑥	齐侯之子风度也翩翩。

其钓维何?	什么东西钓鱼最方便?
维丝伊缗。⑦	撮合丝绳麻绳成钓线。
齐侯之子,	齐侯之子风度也翩翩,
平王之孙。	平王之孙容貌够娇艳。

〔注〕 ① 襛(nóng):花木繁盛貌。毛传:"襛,犹戎戎也。"陈奂《诗毛氏传疏》:"戎戎即茸茸也。" ② 唐棣(dì):果树名,又作棠棣、常棣。一说当读为裳帷,指车帷,见闻一多《诗经新义》。 ③ 曷:何。肃:庄严肃敬。雝(yōng):雍容安详。 ④ 王姬:周王的女儿,姬姓,故称王姬。一说为美女代称。 ⑤ 平王之孙:所指无定说。毛传以为平王之孙乃周文王之孙女,王质《诗总闻》以为乃周平王之孙女,俞樾《茶香室经说》又以为乃周成王之孙女。或谓非实指,是对男女婚姻的夸美之词。 ⑥ 齐侯之子:齐国诸侯之子,方玉润《诗经原始》以为乃齐襄公之子。或谓与"平王之孙"一样皆非实指。 ⑦ 其钓维何,维丝伊缗(mín):是婚姻恋爱的隐语,或指男女双方门当户对、婚姻美满,或指用适当的方法求婚。维,语助词;伊,语助词;缗,钓绳。

《何彼襛矣》一诗的主旨,《毛诗序》以为是"美王姬"之作,云:"虽则王姬,亦下嫁于诸侯,车服不系其夫,下王后一等,犹执妇道以成肃雝之德也。"古代学者多从其说,朱熹《诗集传》也说:"王姬下嫁于诸侯,车服之盛如此,而不敢挟贵以骄其夫家,故见其车者,知其能敬且和以执妇道,于是作诗美之。"近现代学者大都认为是讥刺王姬出嫁车服奢侈的诗。高亨《诗经今注》却认为是"周平王的孙女出嫁于齐襄公或齐桓公,求召南域内诸侯之女做陪嫁的媵妾,而其父不肯,召南人因作此诗"。袁梅《诗经译注》又持新说,以为是男女求爱的情歌,诗中的"王姬""平王之孙""齐侯之子"不过是代称或夸美之词。笔者以为此诗是为平王之孙与齐侯之子新婚而作,在赞叹称美之余微露讽刺之意。

全诗三章,每章四句,极力铺写王姬出嫁时车服的豪华奢侈和结婚场面的气派、排场。首章以唐棣花儿起兴,铺陈出嫁车辆的骄奢,"曷不肃雝"二句俨然是路人旁观、交相赞叹称美的生动写照。次章以桃李为比,点出新郎、新娘,刻画他们的光彩照人。"平王之孙,齐侯之子"二句虽然所指难以确定,但无非是渲染两位新人身份的高贵。末章以钓具为兴,表现男女双方门当户对、婚姻美满。

"通篇俱在诗人观望中着想"(陈继揆《读诗臆补》),全诗在诗人的视野中逐渐推移变化,时而正面描绘,时而侧面衬托,相得益彰。从结构上说,全诗各章首二句都是一设问、一作答,具有浓郁的民间色彩,"前后上下,分配成类,是诗家合锦体"(同上)。今人陈子展《诗经直解》说:"(此)诗每章首二句,一若以设谜为问,一若以破谜为答,谐讔之类也。此于《采蘩》《采蘋》之外,又一创格。此等问答体,盖为此时此地歌谣惯用之一种形式。"

(夌 亮)

驺 虞

彼茁者葭,① 春日田猎芦苇长,
壹发五豝,② 箭箭射在母猪上,
于嗟乎驺虞!③ 哎呀! 猎人射技真高强!

彼茁者蓬,④ 春日田猎蓬蒿生,
壹发五豵,⑤ 箭箭射在小猪上,
于嗟乎驺虞! 哎呀! 猎人射技真高强!

〔注〕① 茁:草初生出地貌。葭(jiā):芦苇。 ② 壹发:一说壹,发语词,无实义;发,射箭。一说壹同"一",射满十二箭为一发(陈子展《诗经直解》引清人朱一新说)。五:虚数,表示多。豝(bā):母猪。 ③ 于嗟乎:感叹词,表示惊异、赞美。驺(zōu)虞:一说猎人,一说义兽,一说兽官。 ④ 蓬:飞蓬。 ⑤ 豵(zōng):小猪。

对于这首诗的主旨,《毛诗序》认为是歌颂文王教化的诗作,说:"人伦既正,朝廷既治,天下纯被文王之化,则庶类蕃殖,蒐田以时,仁如驺虞,则王道成也。"朱熹《诗集传》发挥此义,宣传"诗教",说:"南国诸侯承文王之化,修身齐家以治其国,而其仁民之余恩,又有以及于庶类。故其春田之际,草木之茂,禽兽之多,至于如此。而诗人述其事以美之,且叹之曰:此其仁人自然,不由勉强,是即真所谓驺虞矣。"旧说另有乐贤者众多、怨生不逢时、赞驺虞称职等说,今人高亨《诗经今注》、袁梅《诗经译注》则认为是小奴隶为奴隶主放猪,经常受到驺虞(猎官名)的监视欺凌,有感而作。但大多数学者都认为本诗是赞美猎人的诗歌。

本篇之所以有不同的解释,分歧主要源于对"驺虞"一词的理解。坚持"诗教"的学者们视驺虞为仁兽,认为此诗是描写春蒐之礼的,人们驱除害兽,但又猎不尽杀,推仁政及于禽兽,但是将驺虞解释为兽名最大的缺点是与诗意不能贯通。因此《鲁诗》就已将"驺"释为天子之囿,将"虞"释为司兽之官,今人鲍昌《释〈驺虞〉》一文,解"驺"为饲养牲畜的人,解"虞"为披着虎皮大声呼叫的人,将驺虞合训为猎人,至此,这首诗的诗意涣然冰释。

全诗两章,每章三句,第一章首句"彼茁者葭",点明了田猎的背景,当春和日丽之时,风煦润物,花木秀出,母猪藏匿在郁郁葱葱的芦苇之中,极为隐秘,猎人却能够"壹发五豝",所获不菲。第二章首句"彼茁者蓬",指出行猎是在蓬蒿遍生的原野,天高云淡,草浅兽肥,虽然猎物小猪不易被发觉,但猎人仍然能够"壹发五豵",轻松从容。打猎的地点、背景在变,但猎人的收获同样丰厚,足见其射技之高超。作者截取了行猎过程中的两个场景,简笔淡墨,勾勒出猎人弯弓搭箭、射中猎物的生动画面,可谓以少少许胜多多许。

(昝 亮)

邶 风

【诗歌解题】

《诗经》类名。"国风"之一。共十九篇。邶地民歌。周武王克商,分商都朝歌以北为邶,南为鄘,东为卫。故地在今河南汤阴县东南。朱熹《诗集传》:"邶、鄘不详其始封,卫则武王弟康叔之国也。""其后不知何时并得邶、鄘之地。"故《邶风》所涉均为卫国事。《邶风》《鄘风》《卫风》为同一地区的民歌,故春秋时人已把它们看成一组诗。鲁襄公二十九年(前544),吴公子季札在鲁国参观周乐,"使乐工为之歌《邶》《鄘》《卫》,曰:'美哉……其为卫风乎'"(《左传》)。今文学派三家诗以《邶》《鄘》《卫》为一卷,《毛诗》则分为三卷。

柏 舟 邶 风

泛彼柏舟,① 柏木船儿荡悠悠,

亦泛其流。	河中水波漫漫流。
耿耿不寐,②	圆睁双眼难入睡,
如有隐忧。③	深深忧愁在心头。
微我无酒,④	不是想喝没好酒,
以敖以游。	姑且散心去遨游。

我心匪鉴,	我心并非青铜镜,
不可以茹。⑤	不能一照都留影。
亦有兄弟,	也有长兄与小弟,
不可以据。⑥	不料兄弟难依凭。
薄言往愬,⑦	前去诉苦求安慰,
逢彼之怒。	竟遇发怒坏性情。

我心匪石,	我心并非卵石圆,
不可转也;	不能随便来滚转;
我心匪席,	我心并非草席软,
不可卷也。	不能任意来翻卷。
威仪棣棣,⑧	雍容娴雅有威仪,
不可选也。⑨	不能荏弱被欺瞒。

忧心悄悄,⑩	忧愁重重难排除,
愠于群小。⑪	小人恨我真可恶。
觏闵既多,⑫	碰到患难已很多,
受侮不少。	遭受凌辱更无数。
静言思之,	静下心来仔细想,
寤辟有摽。⑬	抚心拍胸猛醒悟。

日居月诸,⑭	白昼有日夜有月,
胡迭而微?⑮	为何明暗相交迭?

心之忧矣，	不尽忧愁在心中，
如匪澣衣。⑯	好似脏衣未洗洁。
静言思之，	静下心来仔细想，
不能奋飞。	不能奋起高飞越。

〔注〕①泛：飘流。 ②耿耿：鲁诗作"炯炯"，指眼睛明亮。 ③隐：痛。 ④微：非。 ⑤茹：容纳。 ⑥据：依靠。 ⑦薄言：语助词。愬：同"诉"。 ⑧棣(dì)棣：丰富盛多的样子。 ⑨选：通"巽"，屈挠退让。 ⑩悄悄：忧貌。 ⑪愠(yùn)：恼怒，怨恨。 ⑫觏(gòu)：同"遘"，遭遇。闵：痛，指患难。 ⑬辟：通"擗"，抚心坎。摽(biào)：捶击。 ⑭居、诸：语助词。 ⑮迭：更迭，交替。微：指隐微无光。 ⑯澣(huàn)：洗涤。

　　这是一首情文并茂的好诗。俞平伯认为："通篇措词委婉幽抑，取喻起兴巧密工细，在朴素的《诗经》中是不易多得之作。"(《读诗札记》)关于此诗的作者和主旨，在历史上曾有长期争论。概括起来主要是两派：一派认为作者是男性仁臣，《毛诗序》说："言仁而不遇也。卫顷公之时，仁人不遇，小人在侧。"另一派认为作者是女子，鲁诗即以为是卫宣夫人所作，说："贞女不二心以数变，故有匪石之诗。"(刘向《列女传·贞顺》)现代学者多认为是女子所作。我们观察整首诗的抒情，有幽怨之音，无激亢之语，确实不像男子的口气。从诗的内容看，是一首女子自伤遭遇不偶，而又苦于无可诉说的怨诗。

　　全诗共五章三十句。首章以"泛彼柏舟，亦泛其流"起兴，以柏舟作比。这两句是虚写，为设想之语。用柏木做的舟坚牢结实，但却漂荡于水中，无所依傍。这里用以比喻女子飘摇不定的心境。因此，才会"耿耿不寐，如有隐忧"了，笔锋落实，一个暗夜辗转难眠的女子的身影便显现出来。饮酒遨游本可替人解忧，独此"隐忧"非饮酒所能解，亦非遨游所能避，足见忧痛至深而难销。次章紧承上一章，这无以排解的忧愁如果有人能分担，那该多好！女子虽然逆来顺受，但已是忍无可忍，此时此刻想一吐为快。寻找倾诉的对象，首先想到的便是兄弟，谁料却是"不可以据"。勉强前往，又"逢彼之怒"，旧愁未吐，又添新恨。自己的手足之亲尚且如此，更何况他人？既不能含茹，又不能倾诉，用宋女词人李清照的话说，真是"这次第，怎一个'愁'字了得"(《声声慢》词)。第三章是反躬自省之词。前四句用比喻来说明自己虽然无以销愁，但心之坚贞有异石席，不能屈服于人。"威仪棣棣，不可选也"，我虽不容于人，但人不可夺我之志，我一定要保持自己的尊严，决不屈挠退让。读诗至此，不由人从同情而至敬佩。那么主人公那如山如水的愁恨又是从何而来呢？诗的第四章作了答复：原来是受制于群小，又无力对付他们。"觏闵既多，受侮不少"是一个对句，倾诉了主人公的遭遇，真是满腹辛酸。入夜,静静地思量这一切,不由地抚心拍胸连声叹息,自悲身世。末章作结,前两句"日居月诸,胡迭而微",于无可奈何之际,把目标转向日月。日月,是上天的使者,光明的源泉。人穷则反本,"故劳苦倦极,未尝不呼天也"(司马迁语),女子怨日月的微晦不明,其实是因为女子的忧痛太深,以至于日月失其光辉。内心是那样渴望自由,但却是有奋飞之心,无奋飞之力,只能叹息作罢。出语如泣如诉,一个幽怨悲愤的女子形象便宛然眼前了。那么女主人公是怎样的人呢?小人又何指呢?各家之说中,认为女主人公是贵族妇人,群小为众妾的意见似乎比较可取。

全诗紧扣一个"忧"字,忧之深,无以诉,无以泻,无以解,环环相扣。五章一气呵成,娓娓而下,语言凝重而委婉,感情浓烈而深挚。诗人调用多种修辞手法,比喻的运用更是生动形象,"我心匪石,不可转也;我心匪席,不可卷也",几句最为精彩,经常为后世诗人所引用。

(伏俊连)

绿　衣

绿兮衣兮,	绿衣裳啊绿衣裳,
绿衣黄里。	绿色面子黄里子。
心之忧矣,	心忧伤啊心忧伤,
曷维其已!①	什么时候才能止!
绿兮衣兮,	绿衣裳啊绿衣裳,
绿衣黄裳。②	绿色上衣黄下裳。
心之忧矣,	心忧伤啊心忧伤,
曷维其亡!	什么时候才能忘!
绿兮丝兮,	绿丝线啊绿丝线,
女所治兮。③	是你亲手来缝制。
我思古人,④	我思亡故的贤妻,
俾无訧兮。⑤	使我平时少过失。
絺兮绤兮,⑥	细葛布啊粗葛布,
凄其以风。⑦	穿上冷风钻衣襟。

> 我思古人，　　我思亡故的贤妻，
> 实获我心。⑧　实在体贴我的心。

〔注〕　①曷：何。维：助词。已：止。　②裳：下衣，形如裙，上古男女均着此。　③女(rǔ)：同"汝"。治：缝纫制作。　④古：与"故"通。故人，已亡故的人。　⑤俾：使。讹(yóu)：过错。　⑥絺(chī)：细葛布，也指细葛布衣服。绤(xì)：粗葛布，也指粗葛布衣服。　⑦凄：凉而有寒意。凄其，同"凄凄"。以：因。　⑧获：得。

　　这是一首怀念亡故妻子的诗。睹物思人，是悼亡怀旧中最常见的一种心理现象。一个人刚刚从深深的悲痛中摆脱，看到死者的衣物用具或死者所制作的东西，便又唤起刚刚处于抑制状态的兴奋点，而重新陷入悲痛之中。所以，自古以来从这方面来表现的悼亡诗很多，但第一首应是《诗经·绿衣》。(旧说谓诗的主旨是卫庄姜伤己，《毛诗序》云："妾上僭，夫人失位，而作是诗也。"朱熹《诗集传》云："庄公惑于嬖妾，夫人庄姜贤而失位，故作此诗。"今不取其说。)

　　这首诗有四章，也采用了重章叠句的手法。鉴赏之时，要四章结合起来看，才能体味到包含在诗中的深厚感情，及诗人创作此诗时的情况。

　　第一章说："绿兮衣兮，绿衣黄里。"表明诗人把故妻所做的衣服拿起来翻里翻面地看，诗人的心情是十分忧伤的。第二章"绿衣黄裳"与"绿衣黄里"相对为文，是说诗人把衣和裳都翻里翻面细心看。妻子活着时的一些情景是他所永远不能忘记的，所以他的忧愁也是永远摆不脱的。第三章写诗人细心看着衣服上的一针一线(丝线与衣料同色)。他感到，每一针都包含着妻子对他的深切的关心和爱。由此，他想到妻子平时对他在一些事情上的规劝，使他避免了不少过失。这当中包含着多么深厚的感情啊！第四章说到天气寒冷之时，还穿着夏天的衣服。妻子活着的时候，四季换衣都是妻子为他操心，衣来伸手，饭来张口。妻子去世后，自己还没有养成自己关心自己的习惯。到实在忍受不住萧瑟秋风的侵袭，才自己寻找衣服，便勾起他失去贤妻的无限悲恸。"绿衣黄里"是说的夹衣，为秋天所穿；"絺兮绤兮"则是指夏衣而言。这首诗应作于秋季。诗中写诗人反复看的，是才取出的秋天的夹衣。人已逝而为他缝制的衣服尚在。衣服的合身，针线的细密，使他深深觉得妻子事事合于自己的心意，这是其他任何人也代替不了的。所以，他对妻子的思念，他失去妻子的悲伤，都将是无穷尽的。"天长地久有时尽，此恨绵绵无绝期"(白居易《长恨歌》)，诗是写得十分感人的。

　　这首诗在文学史上有较大的影响。晋潘岳《悼亡诗》很出名，其实在表现手法上是受《绿衣》影响的。如其第一首"帏屏无仿佛，翰墨有余迹；流芳未及歇，遗挂犹在壁"、"寝兴何时忘，沉忧日盈积"等，实《绿衣》第一、二章意；第二首"凛凛凉风起,始觉夏衾单;岂曰无重纩? 谁与同岁寒"、"床空委清尘,室虚来悲风"、"寝兴目存形,遗音犹在耳"等,实《绿衣》第三、四章意。再如元稹《遣悲怀》,也是悼亡名作,其第三首云:"衣裳已施行看尽,针线犹存未忍开。"全由《绿衣》化出。可见此诗在表现手法上实为后代开无限法门。　　　　　　(赵逵夫)

燕　燕

燕燕于飞,① 　　燕子飞翔天上,
差池其羽。② 　　参差舒展翅膀。
之子于归,③ 　　妹子今日远嫁,
远送于野。 　　相送郊野路旁。
瞻望弗及, 　　瞻望不见人影,
泣涕如雨。④ 　　泪流纷如雨降。

燕燕于飞, 　　燕子飞翔天上,
颉之颃之。⑤ 　　身姿忽下忽上。
之子于归, 　　妹子今日远嫁,
远于将之。⑥ 　　相送不嫌路长。
瞻望弗及, 　　瞻望不见人影,
伫立以泣。 　　伫立满面泪淌。

燕燕于飞, 　　燕子飞翔天上,
下上其音。 　　鸣音呢喃低昂。
之子于归, 　　妹子今日远嫁,
远送于南。⑦ 　　相送远去南方。
瞻望弗及, 　　瞻望不见人影,
实劳我心。⑧ 　　实在痛心悲伤。

仲氏任只,⑨ 　　二妹诚信稳当,
其心塞渊。⑩ 　　思虑切实深长。
终温且惠,⑪ 　　温和而又恭顺,

淑慎其身。⑫	为人谨慎善良。
先君之思,⑬	常常想着父王,
以勖寡人。⑭	叮咛响我耳旁。

〔注〕 ①燕燕:燕子。古人喜用重言,故称。 ②差池:义同"参差",不齐貌。 ③于归:出嫁。 ④涕:眼泪。 ⑤颉颃(jié háng):颉,向下飞;颃,向上飞。 ⑥将:送。 ⑦南:指卫国的南边。 ⑧实:即"寔",是。劳:指苦苦思念而劳神。 ⑨仲氏:古代称第二子、第二女为仲;仲氏,二妹。任:信任。只:语助词。 ⑩塞:诚实。渊:深厚。 ⑪终:既。惠:和顺。 ⑫淑:善良。慎:谨慎。 ⑬先君:已故的国君。 ⑭勖(xù):勉励。寡人:寡德之人,国君对自己的谦称。

《燕燕》,《诗经》中极优美的抒情篇章,中国诗史上最早的送别之作。论艺术感染力,宋代许颛赞叹为"真可以泣鬼神!"(《彦周诗话》)论影响地位,王士禛推举为"万古送别之祖"(《带经堂诗话》)。吟诵诗章,体会诗意,临歧惜别,情深意长,实令人怅然欲涕。

然而,诗中的送者和被送者究属何人,却众说纷纭。这对理解诗意颇为关键,必须首先明确。《毛诗序》曰:"《燕燕》,卫庄姜送归妾也。"郑笺进而认为"归妾"就是陈女戴妫。《列女传·母仪篇》则认为这是卫定姜之子死后,定姜送其子妇归国的诗。魏源《诗古微》调和上述两种说法,以为这是卫庄姜于卫桓公死后送桓公之妇大归于薛的诗。其中,《毛序》"卫庄姜送归妾"说,影响至今。今人解说《燕燕》者,也往往立足本事,一一比附。其实,"送归妾"之说,既与《史记·卫世家》所载史实不尽相符,也与古代妻妾尊卑之礼有违。宋代王质《诗总闻》因此提出质疑,并认为当是"兄送其妹出嫁"。清人崔述《读风偶识》申述其说:"余按此篇之文,但有惜别之意,绝无感时悲遇之情。而诗称'之子于归'者,皆指女子之嫁者言之,未闻有称大归为'于归'者。恐系卫女嫁于南国而其兄送之之诗,绝不类庄姜、戴妫事也。"崔氏据诗篇内容分析其作者,精当有理。笔者认为当从此说,即卫君送其妹远嫁南国。或以为,《燕燕》缠绵悱恻,不类兄妹,而似情人,此见与诗篇末章不合,也对上古民俗未能详熟。文化人类学证明:血亲关系在上古民族中起着决定性作用。而华夏先民特别重视血缘根基,所谓血亲重于姻亲,天伦先于人伦。因此,《燕燕》的惜别之情,如果说出现在妻妾之间是不太可能的,那么,出现在兄长与女弟之间是完全可信的。

现在,我们以审美的心态来欣赏这首曾使童年的王士禛"怅触欲涕"的万古送别佳作。全诗四章,前三章重章渲染惜别情境,后一章深情回忆被送者的美德。抒情深婉而语意沉痛,写人传神而敬意顿生。

前三章开首以飞燕起兴:"燕燕于飞,差池其羽","颉之颃之","下上其音"。《朱子语类》赞曰:"譬如画工一般,直是写得他精神出。"你看,阳春三月,群燕飞翔,蹁跹上下,呢喃鸣唱。然而,诗人用意不只是描绘一幅"春燕试飞图"。而是以燕燕双飞的自由欢畅,来反衬同胞别离的愁苦哀伤。此所谓"譬如画工"又"写出精神"。明代陈舜百《读风臆补》曰:"'燕燕'二语,深婉可诵,后人多许咏燕诗,无有能及者。"不可及处,正在于兴中带比,以乐景反衬哀情,故而"深婉可诵"。

　　接着点明事由:"之子于归,远送于野。"父亲已去世(下文可证),妹妹又要远嫁,同胞手足今日分离,"别时容易见时难"(南唐李煜《浪淘沙》),此情此境,依依难别。"远于将之""远送于南",相送一程又一程,更见离情别绪之黯然。

　　然而,千里相送,总有一别。远嫁的妹妹终于遽然而去,深情的兄长仍依依难舍。于是出现了最感人的情境:"瞻望弗及,泣涕如雨","伫立以泣""实劳我心"。先是登高瞻望,虽车马不见,却有尘时起;后是瞻望弗及,唯伫立以泣,伤心思念。真是兄妹情深,依依惜别,缠绵悱恻,鬼神可泣。前人对此,极为称赞。清人陈震《读诗识小录》说:"哀在音节,使读者泪落如豆,竿头进步,在'瞻望弗及'一语。"以"瞻望弗及"的动作情境,传达惜别哀伤之情,不言怅别而怅别之意溢于言外,这确为会心之言。

　　这三章重章复唱,既易辞申意,又循序渐进,且乐景与哀情相反衬;从而把送别情境和惜别气氛,表现得深婉沉痛,不忍卒读。

　　为何兄长对女弟如此依依难舍?四章由虚而实,转写被送者。原来二妹非同一般,她思虑切实而深长,性情温和而恭顺,为人谨慎又善良,正是自己治国安邦的好帮手。你看,她执手临别,还不忘赠言勉励:莫忘先王的嘱托,成为百姓的好国君。这一章写人,体现了上古先民对女性美德的极高评价。在写法上,先概括描述,再写人物语言;静中有动,形象鲜活。而四章在全篇的结构上也有讲究,前三章虚笔渲染惜别气氛,后一章实笔刻画被送对象,采用了同《采蘋》相似的倒装之法。

　　《燕燕》之后,"瞻望弗及"和"伫立以泣"成了表现惜别情境的原型意象,反复出现在历代送别诗中。"伫立以泣"的"泪",成为别离主题赖以生发的艺术意象之一。谢翱《秋社寄山中故人》"燕子来时人送客,不堪离别泪湿衣",可谓对《燕燕》诗境最简当的概括。"瞻望弗及"的惜别情境,则被历代诗人化用于不同的送别诗中。如李白用于朋友惜别,苏轼用于兄弟惜别,张先用于情侣惜别,何景明《河水曲》"君随河水去,我独立江干"似刻画夫妇惜别(参阅钱锺书《管锥编》第一册)。《燕燕》,确为万古送别之祖。

(陈文忠)

日 月

日居月诸,①	太阳和月亮,
照临下土。	光辉照地头。
乃如之人兮,②	竟有这种人,
逝不古处。③	不可再相守。
胡能有定,④	暴虐怎能止?
宁不我顾。⑤	竟不把我瞅。

日居月诸,	太阳和月亮,
下土是冒。⑥	光辉照下方。
乃如之人兮,	竟有这种人,
逝不相好。⑦	不能再来往。
胡能有定,	暴虐怎能止?
宁不我报。	竟不答我腔。

日居月诸,	太阳和月亮,
出自东方。	光辉出东方,
乃如之人兮,	竟有这种人,
德音无良。⑧	品性不善良。
胡能有定?	暴虐怎能止?
俾也可忘。⑨	让我把他忘。

日居月诸,	太阳和月亮,
东方自出。	光辉出东方。
父兮母兮,	父亲啊母亲,
畜我不卒。⑩	夫爱我不长。
胡能有定?	暴虐怎能止?
报我不述。⑪	待我理不讲。

〔注〕① 日居月诸：居、诸都是语尾助词。　② 乃：可是。　之人：这个人，指她的丈夫。　③ 逝：发语词。古处：如以前一样相处。　④ 胡：何，怎么。定：止。　⑤ 宁：竟然。我顾：顾我。顾，念。　⑥ 冒：覆盖、照临。　⑦ 相好：相爱。　⑧ 德音：好名誉。　⑨ 俾：使。　⑩ 畜：同"慉"，爱。不卒：指丈夫不爱我不终。　⑪ 述：遵循。

这是一首弃妇申诉怨愤的诗。《毛诗序》说："《日月》，卫庄姜伤己也。遭州吁之难，伤己不见答于先君，以至困穷之诗也。"朱熹《诗集传》说："庄姜不见答于庄公，故呼日月而诉之。言日月之照临下土久矣，今乃有如是之人，而不以古道相处，是其心志回惑，亦何能有定哉？"都说此诗作于卫庄姜被庄公遗弃后，以此诗作者为卫庄姜，所指责的男子为卫庄公。而鲁诗则认为是卫宣公夫人宣姜为让自己的儿子寿继位而欲杀太子伋，寿为救伋，亦死，后人伤之，为作此诗。今人一般认为这是弃妇怨丈夫变心的诗。

诗的第一章把我们带入这样的境界：在太阳或月亮的光辉照耀下，一位妇人在她的屋旁呼日月而申诉。日月能如常地照耀大地，为何我的丈夫不能如以往一样顾念我！以后各章的第一句"日居月诸"作为起兴，还有一种陪衬的作用。日月出自东方、照临大地，是有定所，而结为夫妇的"之人"竟心志回惑，"胡能有定"。作者之所以反复吟咏日月，正是为了陪衬其反复强调的"胡能有定"的。

第二、第三章承第一章的反复咏叹，真是"一诉不已，乃再诉之，再诉不已，更三诉之"(方玉润《诗经原始》)。第四章沉痛已极，无可奈何，只有自呼父母而叹其生我之不辰了，前面感情的回旋，到此突然一纵，扣人心弦，"埋怨父母极无理，却有至情"(牛运震《诗志》)。

诗中没有具体去描写弃妇的内心痛苦，而是着重于弃妇的心理刻画。女主人公的内心世界是很复杂的，有种被遗弃后的幽愤，指责丈夫无定止。同时她又很怀念她的丈夫，仍希望丈夫能回心转意，能够"顾"(想念)我，"报"(答理)我。理智上，她清醒地认识到丈夫"德音无良"；但情感上，她仍希望丈夫"畜我"以"卒"。朱熹《诗集传》说："见弃如此，而犹有望之之意焉。此诗之所以为厚也。"这种见弃与有望之间的矛盾，又恰恰是弃妇真实感情的流露。因此，《日月》能强烈震撼读者的心灵。

(朱杰人　龙向洋)

终　风

终风且暴，①　　狂风迅疾猛吹到，
顾我则笑。②　　见我他就嘻嘻笑。
谑浪笑敖，③　　调戏放肆真胡闹，

中心是悼。④　　　心中惊惧好烦恼。

终风且霾,⑤　　　狂风席卷扬尘埃,
惠然肯来。⑥　　　是否他肯顺心来。
莫往莫来,⑦　　　别后不来难相聚,
悠悠我思。　　　思绪悠悠令我哀。

终风且曀,⑧　　　狂风遮天又蔽地,
不日有曀。⑨　　　不见太阳黑漆漆。
寤言不寐,⑩　　　长夜醒着难入睡,
愿言则嚏。⑪　　　想他不住打喷嚏。

曀曀其阴,⑫　　　天色阴沉黯无光,
虺虺其雷。⑬　　　雷声轰隆开始响。
寤言不寐,　　　　长夜醒着难入睡,
愿言则怀。⑭　　　但愿他能将我想。

〔注〕①终:既。暴:疾风。 ②则:而。 ③谑:调戏。浪:放荡。敖:放纵。 ④悼:伤心害怕。 ⑤霾(mái):大风刮得尘土飞扬。 ⑥惠:顺。 ⑦莫往莫来:不往来。 ⑧曀(yì):天阴而有风。 ⑨不日:不见太阳。有:同"又"。 ⑩寤:醒着。言:助词。寐:睡着。 ⑪嚏(tì):同"嚏",打喷嚏。民间有"打喷嚏,有人想"的谚语。 ⑫曀(yì)曀:天阴暗貌。 ⑬虺(huǐ)虺:雷始发之声,象声词。 ⑭怀:思念。

关于本诗的主旨,《毛诗序》说:"《终风》,卫庄姜伤己也。遭州吁之暴,见侮慢而不能正也。"认为是庄姜遭庄公宠妾之子州吁的欺侮而作。朱熹《诗集传》说:"庄公之为人狂荡暴疾,庄姜盖不忍斥言之,故但以终风且暴为比。"认为庄姜受丈夫卫庄公欺侮而作。其实,这是写一位妇女被丈夫玩弄嘲笑后遭弃的诗,当出自民间歌谣,与庄姜无关。

诗共四章。以女子的口吻,写她因丈夫的肆意调戏而悲凄,但丈夫离开后,她又转恨为念,忧其不来;夜深难寐,希望丈夫悔悟能同样也想念她。其感情一转再转,把那种既恨又恋,既知无望又难以割舍的矛盾心理真实地传达出来了。

第一章写欢娱,是从男女双方来写。"谑浪笑敖",《鲁诗》曰:"谑,戏谑也。浪,意萌也。笑,心乐也。敖,意舒也。"连用四个动词来摹写男方的纵情粗暴,立意于当时的欢娱。"中心是悼",悼,担心忧惧的意思,是女方担心将来的被弃,着意于将来的忧惧。

第二章承"悼"来写女子被弃后的心情。"惠然肯来",疑惑语气中不无女子的盼望;"莫往莫来",肯定回答中尽是女子的绝望。"悠悠我思"转出二层情思,在结构上也转出下面二章。

第三、四章表现"思"的程度之深。"寤言不寐",是直接来写,"愿言则嚏""愿言则怀"则是女子设想男子是否想她,是曲折来写。而归结到男子,又与第一章写男子欢娱照应。全诗结构自然而有法度。

诗各章都采用"比"的表现手法。陈启源指出其比喻的特点:"篇中取喻非一,曰终风曰暴,曰霾曰曀,曰阴曰雷,其昏惑乱常,狂易失心之态,难与一朝居。"(《毛诗稽古编》)因比而兴,诗中展示出狂风疾走、尘土飞扬、日月无光、雷声隐隐等悚人心悸的画面,衬托出女主人公悲惨的命运,有强烈的艺术震撼力。这在古代爱情婚姻题材的诗歌中是别具一格的。

(朱杰人 龙向洋)

击 鼓

击鼓其镗,①	敲鼓声音响镗镗,
踊跃用兵。②	鼓舞士兵上战场。
土国城漕,③	人留国内筑漕城,
我独南行。	唯独我却奔南方。
从孙子仲,④	跟从将军孙子仲,
平陈与宋。⑤	要去调停陈和宋。
不我以归,⑥	长期不许我回家,
忧心有忡。⑦	使人愁苦心忡忡。
爰居爰处,⑧	安营扎寨有了家,
爰丧其马。⑨	系马不牢走失马。
于以求之,⑩	叫我何处去寻找?
于林之下。	原来马在树林下。
"死生契阔",⑪	"无论聚散与死活",

与子成说。⑫	我曾发誓对你说。
执子之手，	拉着你手紧紧握，
"与子偕老"。	"白头到老与你过"。
于嗟阔兮，⑬	叹息与你久离别，
不我活兮。⑭	再难与你来会面。
于嗟洵兮，⑮	叹息相隔太遥远，
不我信兮。⑯	不能实现那誓约。

〔注〕 ①其镗：即"镗镗"，鼓响声。 ②踊跃：双声联绵词，犹言鼓舞。 ③土国城漕：卫国大兴土功筑漕城。 ④孙子仲：卫大夫。 ⑤平：和也。谓救陈以调和陈宋关系。 ⑥不我以归：即不以我归。 ⑦有忡：忡忡。 ⑧爰：本发声词，犹言"于是"。 ⑨丧：丧失，此处言跑失。 ⑩于以：于何。说见杨树达《高等国文法》。 ⑪契：合。阔：离。 ⑫成说：犹言誓约。 ⑬于：即"吁"，吁嗟，犹今言哎哟。 ⑭活：借为"佸"，会合。 ⑮洵：借作"远"；韩诗作敻，远也。 ⑯信：就是信誓旦旦的"信"，亦即上文的"成说"。

《毛诗序》云："《击鼓》，怨州吁也。卫州吁用兵暴乱，使公孙文仲将而平陈与宋。国人怨其勇而无礼也。"郑笺以《左传·隐公四年》州吁伐郑之事实之。姚际恒《诗经通论》以为"与经不合者六"，此实乃《春秋·宣公十二年》"宋师伐陈，卫人救陈"之事，在卫穆公时。今以为姚说较《毛序》为合理，姑从姚氏。

第一章总言卫人救陈，平陈宋之难，叙卫人之怨。结云"我独南行"者，诗本以抒写个人愤懑为主，这是全诗的线索。诗的第三句言"土国城漕"者，《鄘风·定之方中》毛诗序云："卫为狄所灭，东徙渡河，野居漕邑，齐桓公攘夷狄而封之。文公徙居楚丘，始建城市而营宫室。"文公营楚丘，这就是诗所谓"土国"，到了穆公，又为漕邑筑城，故诗又曰"城漕"。"土国城漕"虽然也是劳役，犹在国境以内，现在南行救陈，其艰苦就更甚了。

第二章"从孙子仲，平陈与宋"，承"我独南行"为说。假使南行不久即返，犹之可也。诗之末两句云"不我以归，忧心有忡"，叙事更向前推进，如芭蕉剥芯，使人酸鼻。

第三章写安家失马，似乎是题外插曲，其实文心最细。《庄子》说："犹系马而驰也。"好马是不受羁束、爱驰骋的；征人是不愿久役、想归家的。这个细节，真写得映带入情。毛传解释一、二句为："有不还者，有亡其马者。"把"爰"解释为"或"，作为代词，则两句通叙营中他人。其实全诗皆抒诗人一己之情，所以四、五两章文情哀苦，更为动人。

第四章"死生契阔",毛传以"契阔"为"勤苦"是错误的。黄生《义府》以为"契,合也;阔,离也;与死生对言"是正确的。至于如何解释全章诗义,四句为了把叶韵变成 AABB 式,次序有颠倒,前人却未尝言及。今按本章的原意,次序应该是:

　　执子之手,与子成说:"死生契阔,与子偕老。"

这样诗的韵脚,就成为 ABBA 式了。本来"死生契阔,与子偕老",是"成说"的内容,是分手时的信誓。诗为了以"阔"与"说"叶韵,"手"与"老"叶韵,韵脚更为紧凑,诗情更为激烈,所以作者把语句改为现在的次序。

　　第五章"于嗟阔兮"的"阔",就是上章"契阔"的"阔"。"不我活兮"的"活",应该是上章"契阔"的"契"。所以"活"是"佸"的假借,"佸,会也。""于嗟洵兮"的"洵",应该是"远"的假借,所以指的是"契阔"的"阔"。"不我信兮"的"信",应该是"信誓旦旦"的"信誓",承上章"成说"而言的。两章互相紧扣,一丝不漏。

　　诗凡五章,前三章征人自叙出征情景,承接绵密,已经如怨如慕,如泣如诉。后两章转到夫妻别时信誓,谁料到归期难望,信誓无凭,上下紧扣,词情激烈,更是哭声干霄了。写士卒长期征战之悲,无以复加。

(郭晋稀)

凯　风

凯风自南,①	飘飘和风自南来,
吹彼棘心。②	吹拂酸枣小树心。
棘心夭夭,③	树心还细太娇嫩,
母氏劬劳。④	母亲实在很辛勤。
凯风自南,	飘飘和风自南来,
吹彼棘薪。⑤	吹拂酸枣粗枝条。
母氏圣善,⑥	母亲明理有美德,
我无令人。⑦	我不成器难回报。
爰有寒泉,⑧	寒泉寒泉水清凉,
在浚之下。⑨	源头就在那浚土。
有子七人,	儿子纵然有七个,
母氏劳苦。	母亲仍是很劳苦。

睍睆黄鸟，⑩	小小黄雀宛转鸣，
载好其音。⑪	声音悠扬真动听。
有子七人，	儿子纵然有七个，
莫慰母心。	不能宽慰慈母心。

〔注〕①凯风：南风，马瑞辰《毛诗传笺通释》："凯之义本为大，故《广雅》云：'凯，大也。'秋为敛而主愁，夏为大而主乐，大与乐义正相因。"夏天的风。 ②棘：酸枣树。 ③夭夭：树木嫩壮貌。 ④劬(qú)劳：劳累辛苦。 ⑤棘薪：长到可以当柴烧的酸枣树。 ⑥圣善：明理而有美德。 ⑦令：善。 ⑧爰：发语词，无义。 ⑨浚(jùn)：卫国地名。 ⑩睍睆(xiàn huǎn)：清和宛转的鸣声。黄鸟：黄雀。 ⑪载：传载，载送。

  关于《凯风》的主题，说法不一。《毛诗序》说："《凯风》，美孝子也。卫之淫风流行，虽有七子之母，犹不能安其室。故美七子能尽其孝道，以慰母心，而成其志尔。"认为是赞美孝子的诗。朱熹《诗集传》承其意，进一步说："母以淫风流行，不能自守，而诸子自责，但以不能事母，使母劳苦为词。婉词几谏，不显其亲之恶，可谓孝矣。"这种说法在我们看来显然有些牵强。而魏源、皮锡瑞、王先谦总结今文三家遗说，认为是七子孝事其继母的诗，则比较通达。现代闻一多认为这是一首"名为慰母，实为谏父"的诗(《诗经通义》)。笔者认为这是一首儿子歌颂母亲并作自责的诗，这样比较宽泛的理解，似乎更稳妥一些。

  诗的前二章的前二句都以凯风吹棘心、棘薪，比喻母养七子。凯风是夏天长养万物的风，用来比喻母亲。棘心，酸枣树初发芽时心赤，喻儿子初生。棘薪，酸枣树长到可以当柴烧，比喻儿子已成长。后两句一方面极言母亲抚养儿子的辛劳，另一方面极言兄弟不成材，反躬以自责。诗以平直的语言传达出孝子婉曲的心意。

  诗的后二章寒泉、黄鸟作比兴，"言寒泉在浚之下，犹能有所滋益于浚，而有子七人，反不能事母，而使母至于劳苦"，"言黄鸟犹能好其音以悦人，而我七子独不能慰悦母心"，"其自责也深矣"(朱熹《诗集传》)。寒泉在浚邑，水冬夏常冷，宜于夏时，人饮而甘之；而黄鸟清和宛转，鸣于夏木，人听而赏之。诗人以此反衬自己兄弟不能安慰母亲的心。

  诗中各章前二句，凯风、棘树、寒泉、黄鸟等兴象构成有声有色的夏日景色图。后二句反复叠唱的无不是孝子对母亲的深情。设喻贴切，用字工稳。钟惺评曰："棘心、棘薪，易一字而意各入妙。用笔之工若此。"(《评点诗经》)刘沅评曰："悱恻哀鸣，如闻其声，如见其人，与《蓼莪》皆千秋绝调。"(《诗经恒解》)

  古乐府《长歌行》为游子颂母之作，诗云："远游使心思，游子恋所生。凯风吹长棘,夭夭枝叶倾。黄鸟鸣相追,咬咬弄好音。伫立望西河,泣下沾罗缨。"命意遣辞全出于《凯风》。唐孟郊的五言古诗《游子吟》的名句"谁言寸草心,报得三春晖",实际上也是脱胎于《凯风》"棘心夭夭,母氏劬劳"两句。蒋立甫指出:"六朝以前的人替妇女作的挽词、诔文,甚至皇帝下的诏书,都常用'凯风''寒泉'这个典故来代表母爱,直到宋代苏轼在《为胡完夫母周夫人挽词》中,还有'凯风吹尽棘有薪'的句子。"(《诗经选注》)

(朱杰人 龙向洋)

雄 雉

雄雉于飞, 雄雉空中飞,
泄泄其羽。① 扑翅真舒畅。
我之怀矣, 我在想念她,
自诒伊阻。② 音信恨渺茫。

雄雉于飞, 雄雉空中飞,
下上其音。 上下咯咯唱。
展矣君子,③ 只是那个人,
实劳我心。④ 让我心忧伤。

瞻彼日月,⑤ 看看那日月,
悠悠我思。⑥ 思念更悠长。
道之云远,⑦ 路途太遥远,
曷云能来? 哪能回故乡?

百尔君子,⑧ 所有这些人,
不知德行。 全不知修养。
不忮不求,⑨ 你若不去贪,
何用不臧?⑩ 哪有不顺当。

〔注〕① 泄(yì)泄:鼓翼舒畅的样子。朱熹《诗集传》:"泄泄,飞之缓也。" ② 自诒:自取烦恼。伊:此,这。阻:阻隔。 ③ 展:诚,确实。 ④ 劳:忧。 ⑤ 瞻:看。 ⑥ 悠悠:绵绵不断。 ⑦ 云:助词。 ⑧ 百:凡是,所有。 ⑨ 忮(zhì):害人,忌恨。 ⑩ 臧:善。

《毛诗序》说:"《雄雉》,刺卫宣公也。淫乱不恤国事,军旅数起,大夫久役,男女怨旷,国人患之,而作是诗。"说刺卫宣公,诗中没有提及。而"丈夫久役、男女怨旷"点明了诗旨所在,即此诗为妇人思念远役丈夫的诗。方玉润《诗经原始》认为其主题为"期友不归,思而共勖",也可备一说。

诗的前二章都是以雄雉起兴。雄雉就在眼前,能见到它舒畅地拍翅膀,能听到它咯咯的叫声。而丈夫久役,既不能见其人,也不能闻其声。先是怀想,后是劳心,思妇的感情层层迭起。

三章以日月的迭来迭往,来兴丈夫久役不归。同时,以日月久长来拟自己的悠悠思绪。而关河阻隔,怅问丈夫归来何期,亦可见思妇怀念之切。四章语气一转,忧其丈夫仕于乱世,希望他善能周全,可见其深思至爱之意。

雉是耿介之鸟,就其品性可比作君子,《兔爰》"雉离于罗",即比君子遭罪。末章"不知德行"从反面伸足此义,就其品性来讽劝君子。一、二章只举雄雉,不言双飞,正道出离别,引出下文"怀""劳"的情绪,写雄雉,又是从"飞"这一动态去描写它的神情("泄泄其羽")和声音("上下其音"),突出其反复不止,意在喻丈夫久役不息,思妇怀想不已。

三章"瞻"涵盖思妇所见。思妇与所见的日月构成意象空间,让人想见思妇正在伫立遥望的情景,加以前文所见雄雉的点染,便传递出强烈的画面感。"道之云远"把思妇的视线指向其久役的丈夫,它与一章"自诒伊阻"相承为义,分别从空间的距离("远")和空间的间断("阻")来说的。"曷云能来",是对思妇"悠悠我思"的现实回答,也是思妇瞻望的必然结果。道远路阻,丈夫无法回来,这也深深透露出对当时现实的无奈。

牛运震《诗志》指出:"'实劳我心'、'悠悠我思',从'自诒伊阻'生来,却为末章含蓄起势,此通篇结构贯串处。"陈震《读诗识小录》评曰:"篇法上虚下实,前三章曼声长吟,愁叹之音也;后一章心惧语急,悚切之旨也。全诗皆为'不臧'而言,文阵单行直走。"可谓善于解说。

(朱杰人　龙向洋)

匏 有 苦 叶

匏有苦叶,①	葫芦瓜有苦味叶,
济有深涉。②	济水边有深渡口。
深则厉,③	深就垂衣缓缓过,
浅则揭。④	浅就提裙快快走。

有瀰济盈，⑤	济水茫茫涨得满，
有鷕雉鸣。⑥	岸丛野雉叫得欢。
济盈不濡轨，⑦	水涨车轴浸不到，
雉鸣求其牡。⑧	野雉求偶鸣声传。
雝雝鸣雁，⑨	又听雝雝大雁鸣，
旭日始旦。⑩	天刚黎明露晨曦。
士如归妻，⑪	男子如果要娶妻，
迨冰未泮。⑫	趁河未冰行婚礼。
招招舟子，⑬	船夫挥手频招呼，
人涉卬否。⑭	别人渡河我不争。
人涉卬否，	别人渡河我不争，
卬须我友。⑮	我将恋人静静等。

〔注〕 ① 匏(páo)：草本植物，果实比葫芦大，剖开可做水瓢，其叶苦。或以"苦"通"枯"，指秋来叶枯。 ② 济：渡河，此作名词，指济水。深涉：深水渡口。 ③ 厉：不解衣渡水。 ④ 揭(qì)：提起下衣渡水。 ⑤ 瀰(mí)：水深满貌。盈：水盛满貌。 ⑥ 鷕(yǎo)：雉鸣声。雉(zhì)：野鸡。 ⑦ 濡：浸湿。轨：车轴的两端。 ⑧ 牡：雄雉。 ⑨ 雝(yōng)雝：雁和鸣声。 ⑩ 旦：天大明。 ⑪ 归妻：犹娶妻。 ⑫ 迨(dài)：等到，及。泮(pàn)：分，此当反训为"合"。冰泮，指结冰。 ⑬ 招招：召唤之貌。舟子：摆渡的船夫。 ⑭ 人涉：他人要渡河。卬(áng)：我。否：不(渡河)。 ⑮ 须：等候。

期盼的爱情充满了喜悦，而爱情的等待，却又令人焦躁。这首诗所歌咏的，正是一位年轻女子对情人的又喜悦又焦躁的等候。

这等候发生在济水渡口。从下文交代可知，我们的女主人公大抵一清早就已来了。诗以"匏有苦叶"起兴，即暗示了这等候与婚姻有关。因为古时的婚嫁，正是用剖开的匏瓜，做"合卺"喝的酒器的。匏瓜的叶儿已枯，则正当秋令嫁娶之时。女主人公等候的渡口，却水深难涉了，因此她深情地叮咛着："深则厉，浅则揭"。那无非是在心中催促着心上人，水浅则提衣过来，水深就垂衣来会，你又何必犹豫呢！催对方垂衣涉济，正透露出她这边等候已急。

第二章中传来了几声"雉鸣"，那是岸丛中正在求偶的雉鸟之"爱情曲"。这雉鸣叫得女主人公心烦意乱，便不免于焦躁中生出几分嗔怨：虽说这济水茫茫涨得已满,但你若赶着车儿过来,那水连车轴也不会浸过呢!为什么你还磨磨蹭蹭、不见人影?明明是"有瀰济盈",却又断言"济盈不濡轨",正是绝妙地传达了女主人公焦躁等待的奇特心理。再配上"雉鸣求其牡"的声声叫唤,令人感到这求爱的叫唤,仿佛不是发自雉鸟,倒是发自那性急的姑娘哩。

现在天已渐渐大亮,通红的旭日升起在济水之上,空中已有雁行掠过,那"雝雝"鸣叫显得有多欢快。但对于等候中的女主人公来说,心中的焦躁非但未被化解,似乎更还深了几分。要知道雁儿南飞,预告着冬日将要降临。当济水结冰的时候,按古代的规矩便得停办嫁娶之事了。所谓"霜降而妇功成,嫁娶者行焉;冰泮而农业起,昏(婚)礼杀(止)于此"(《孔子家语》),说的就是这一种古俗。明白乎此,就能懂得女主人公何以对"雝雝鸣雁"特别关注了:连那雁儿都似在催促着姑娘,她又怎么能不为之着急?于是"士如归妻,迨冰未泮(合)"二句,读来正如发自姑娘心底的呼唤,显得有多热切!

诗之末章终于等来了摆渡船,那定是从对岸驶来载客的罢?船夫大约早就体察了女主人公的焦躁不安,所以关切地连声召唤:"快上船吧!"他又哪能知道,这姑娘急的并不是过河,恰是在驶来的船上没见到心上人!"人涉卬否"二句之重复,重复得可谓妙极:那似乎是女主人公怀着羞涩,对船夫所作的窘急解释——"不是我要急着渡河,⋯⋯不是的,我是在等我的⋯⋯朋友哪⋯⋯"以"卬须我友"的答语作结,结得情韵袅袅。船夫的会意微笑,姑娘那脸庞飞红的窘态,以及将情人换作"朋友"的掩饰之辞,所传达的似怨还爱的微妙心理,均留在了诗外,任读者自己去体味。

据毛诗旧序称,此诗为"刺"卫宣公与夫人"并为淫乱"之作;连颇不尊序的清人姚际恒《诗经通论》,亦以为"其说可从"。这真不知从何说起?拂去旧说之附会,此诗实在就是一首等候"未婚夫""赶快过来迎娶"(余冠英《诗经选》)的绝妙情诗。

(潘啸龙)

谷　风

习习谷风,①	山谷中大风飒飒作响,
以阴以雨。	阴云满天雨水流淌。
黾勉同心,②	本应共同努力心心相印,
不宜有怒。	不该如此发怒把人损伤。
采葑采菲,③	采来蔓菁和萝卜,

无以下体。④	却将根茎全抛光。
德音莫违,	不要背弃往日的誓言:
及尔同死。	"与你生死相依两不忘。"
行道迟迟,⑤	踏上去路的脚步迟缓踉跄,
中心有违。	心中充满了凄楚惆怅。
不远伊迩,⑥	只求近送几步不求远,
薄送我畿。⑦	哪知仅送我到门旁。
谁谓荼苦,⑧	谁说荼菜味苦难下咽,
其甘如荠。⑨	我吃来却像荠菜甜又香。
宴尔新昏,⑩	你们快乐地新结姻缘,
如兄如弟。	亲密得就像兄弟一样。
泾以渭浊,⑪	泾水因渭水流入而变浊,
湜湜其沚。⑫	水底却清澈如故明晃晃。
宴尔新昏,	你们快乐地新结姻缘,
不我屑以。⑬	不要把我来诽谤。
毋逝我梁,⑭	别到我修筑的鱼坝去,
毋发我笱。⑮	也别碰我编织的捕鱼筐。
我躬不阅,⑯	我的自身还不能见容,
遑恤我后。⑰	又怎能顾及我去后的情况。
就其深矣,	就像到了深深的河流,
方之舟之;⑱	用木筏或小船过渡来往;
就其浅矣,	好比到了浅浅的溪水,
泳之游之。	便浮着游着来到岸上。
何有何亡,	往日家中有什么没什么,
黾勉求之。	我都为你尽心地操持奔忙。
凡民有丧,	凡是邻居有了难事,

匍匐救之。[19]	就是爬着也要前去相帮。
不我能慉,[20]	你不能体恤我也就算了,
反以我为雠。[21]	反把我当作仇敌孽障。
既阻我德,[22]	拒绝了我的一片好心,
贾用不售。[23]	就像货物无法脱手交账。
昔育恐育鞫,[24]	以往生活在忧虑和贫苦中,
及尔颠覆。[25]	与你一起患难同当。
既生既育,	如今家境有了好转,
比予于毒。[26]	你却把我当成毒物祸殃。
我有旨蓄,[27]	我准备好美味的菜食贮藏,
亦以御冬。	为了度过冬季的匮乏时光。
宴尔新昏,	你们快乐地新结姻缘,
以我御穷。[28]	却用我的积蓄把贫穷抵挡。
有洸有溃,[29]	粗声恶气地拳脚相加,
既诒我肄。[30]	还把苦活狠压在我肩上。
不念昔者,	全不顾惜当初的情意,
伊余来塈。[31]	"唯我是爱"真像空梦一场。

〔注〕①习习:风声。谷风:山谷中的风。 ②黾(mǐn)勉:勤勉,努力。 ③葑:蔓菁,俗称大头菜。菲:萝卜。 ④以:用。下体:指根。 ⑤迟迟:缓慢的样子。 ⑥伊:是。迩:近。 ⑦薄:语助词。畿:门槛。 ⑧荼(tú):苦菜。 ⑨荠:甜菜。 ⑩宴:快乐。昏:即"婚"。 ⑪泾、渭:二水名,皆源出甘肃,合流于陕西高陵县。 ⑫湜(shí)湜:水清澈的样子。沚:底。 ⑬屑:洁。 ⑭逝:往,去。梁:鱼坝。 ⑮发:打开。笱(gǒu):鱼篓。 ⑯躬:自身。阅:容。 ⑰遑:来不及。恤:顾及。 ⑱方:筏子。此作动词。 ⑲匍匐:手足伏地而行,此指尽力。 ⑳能:乃。慉(xù):爱惜。 ㉑雠:同"仇"。 ㉒阻:拒绝。 ㉓贾(gǔ):卖。用:指货物。不售:卖不出。 ㉔育恐:生于恐惧。育鞫:生于困穷。 ㉕颠覆:指患难。 ㉖于毒:如毒虫。 ㉗旨:甘美。蓄:聚集。 ㉘御:抵挡。 ㉙洸(guāng)、溃:水流湍急的样子,此借喻人动怒。 ㉚诒:遗留。肄(yì):劳苦的工作。 ㉛伊:唯。来:语助词。塈(jì):爱。

作为一个社会问题,丈夫因境遇变化或用情不专而遗弃结发之妻,在《诗经》这部我国最早的诗歌总集中已多有反映,《卫风·氓》是一篇,这首《邶风·谷风》

又是一篇。同样是用弃妇的口吻陈述被弃的痛苦,与《氓》相比,《谷风》中的女子在性格上不如前者决绝果断,因此在回忆往事和述说情怀时怨而不怒,使人读后有"哀其不幸,怒其不争"之感,然而在艺术风格上,则更能体现被孔子称道的温柔敦厚的诗教传统。

  从全诗的叙说来看,这位女子的丈夫原来也是贫穷的农民,只是由于婚后两人的共同努力,尤其是年轻妻子的辛劳操持,才使日子慢慢好过了起来。但是这种生活状况的改善,反倒成了丈夫遗弃她的原因。这个负心汉不但不顾念患难中的糟糠之妻,相反却喜新厌旧,把她当作仇人,有意寻隙找岔,动辄拳脚相加,最后终于在迎亲再婚之日,将她赶出了家门。诗中的弃妇就是在这种情形下,如泣如诉地倾吐了心中的满腔冤屈。

  这首诗在抒情方面最可注意的有以下几点:首先是选取了最能令人心碎的时刻,使用对比的手法,凸显了丈夫的无情和自己被弃的凄凉。这个时刻就是新人进门和旧人离家,对于一个用情专一、为美好生活献出了一切的女子来说,没有比这一刻更让人哀怨欲绝的了。诗由此切入,非常巧妙地抓住了反映这一出人生悲剧的最佳契机,从而为整首诗的抒情展开提供了基础。而一方面"宴尔新昏,如兄如弟"的热闹和亲密,另一方面"不远伊迩,薄送我畿"的绝情和冷淡,形成了一种高度鲜明的对比,更突出了被弃之人的无比愁苦,那种典型的哀怨气氛被渲染得十分浓烈。

  其次是借用生动的比喻言事表情,具有浓郁的生活气息。全诗共分六章,每章都有含蓄不尽的妙喻。如第一章入手便以大风和阴雨,来表现丈夫的经常无故发怒;以采来蔓菁萝卜的根茎被弃,来暗示他丢了根本,视宝为废。这主要用于言事。第二章则转用食荼如荠、以苦为甜,来反衬人物在见了丈夫新婚时内心的苦涩程度,远在荼菜的苦味之上。这又是主要用于表情。另如第三章的"泾以渭浊,湜湜其沚",是用泾水因渭水流入表面变浊、其底仍清,来比喻自己尽管被丈夫指责却依然不改初衷的清白;第四章以河深舟渡、水浅泳渡,喻写以往生活不论有何困难,都能想方设法予以解决;第五章用"贾用不售"比丈夫的嫌弃、"比予于毒"喻对己的憎恶;第六章又把自己往日的辛劳比作御冬的"旨蓄",将丈夫的虐待喻为湍急咆哮的水流。这些比喻取喻浅近,无不切合被喻情事的特征,大大增强了作品的艺术性和表现力。

  最后,作品的一唱三叹、反复吟诵,也是表现弃妇烦乱心绪和一片痴情的一大特色。从首章的"黾勉同心,不宜有怒""德音莫违,及尔同死",到二章的"行道迟迟,中心有违",从三章的"毋逝我梁,毋发我笱",到四、五章的前后对比,再到六章的"不念昔者,伊余来塈",在反复的述写和表白中,淋漓尽致地展示了弃妇沉溺于往事旧情而无法自拔的复杂心理。顺着这一感情脉络的延伸展开,循环往复,人们更能接近和触摸这个古代女子的善良和多情的心,更能感受到被弃带给她的精神创痛。至于作品在二、三、六章中一而再、再而三地出现"宴尔新昏"的句子,又在断续错杂的回忆和抒情中,突出和强调了丈夫背信弃义对她产生的强烈刺激,她无法忍受眼前出现的这一现实,更不能以平常之心来接受这一现实,所以反复咏之,以示铭心刻骨,难以忘。

由此可见,这首诗在抒写弃妇哀怨方面是很有特色的。它的出现,表明古代妇女在爱情和婚姻生活中,很早就处在弱者的地位,充当着以男子为中心的社会的牺牲品,她们的命运是值得同情的。尽管作品没有直接对负情男子作明确的谴责,但最初的信誓旦旦和最终的弃如脱靴,仍为此作了有力的点示,具有深刻的警世作用。

(曹明纲)

式　微

式微,式微,①	天黑了,天黑了,
胡不归？	为什么还不回家？
微君之故,②	如果不是为君主,
胡为乎中露！③	何以还在露水中！

式微,式微,	天黑了,天黑了,
胡不归？	为什么还不回家？
微君之躬,④	如果不是为君主,
胡为乎泥中！	何以还在泥浆中！

〔注〕① 式:语助词。微:(日光)衰微,即天黑。　② 微君:非君,要不是君主。故:事。③ 中露:即露中。　④ 躬:身体。

关于本诗主旨,《毛诗序》说是黎侯为狄所逐,流亡于卫,其臣作此劝他归国。刘向《列女传·贞顺篇》说是卫侯之女嫁黎国庄公,却不为其所纳,有人劝以归,她则"终执贞一,不违妇道,以俟君命",并赋此诗以明志。二说均牵强附会,因为无论是实指黎侯或黎庄妇人,都缺乏史实佐证。余冠英认为"这是苦于劳役的人所发的怨声"(《诗经选》),乃最切诗旨。

诗凡二章,都以"式微,式微,胡不归"起调。天黑了,天黑了,为什么还不回家?诗人紧接着便交代了原因:"微君之故,胡为乎中露";"微君之躬,胡为乎泥中。"意思是说,为了君主的事情,为了养活他们的贵体,才不得不终年累月、昼夜不辍地在露水和泥浆中奔波劳作。短短二章,寥寥几句,受奴役者的非人处境以及他们对统治者的满腔愤懑,给读者留下极其深刻的印象。

  在艺术上,这首诗有两个特点。一是以设问强化语言效果。从全诗看,"式微,式微,胡不归",并不是有疑而问,而是胸中早有定见的故意设问。诗人遭受统治者的压迫,夜以继日地在野外干活,有家不能回,苦不堪言,自然要倾吐心中的牢骚不平,但如果是正言直述,则易于穷尽,采用这种虽无疑而故作有疑的设问形式,使诗篇显得宛转而有情致,同时也引人注意,启人以思,所谓不言怨而怨自深矣。二是以韵脚烘托情感气氛。诗共二章十句,不仅句句用韵,而且每章换韵,故而全诗词气紧凑,节奏短促,情调急迫,充分表达出了服劳役者的苦痛心情以及他们日益增强的背弃暴政的决心。从此诗所用韵部分析,前章用微韵、鱼韵,后章为微韵、侵韵,这些韵部都较适合表达哀远沉痛的情绪。诗人的随情用韵,使诗情藉着韵脚所体现的感情基调获得了充分的强调。所以方玉润评此诗云:"语浅意深,中藏无限义理,未许粗心人卤莽读过。"(《诗经原始》)

  由于《毛序》将此诗解说成劝归,历代学《诗》者又都以毛说为主,所以"式微"一词竟逐渐衍变为中国古典诗歌中的"归隐"意象,如唐王维"即此羡闲逸,怅然吟式微"(《渭川田家》);孟浩然"因君故乡去,遥寄式微吟"(《都下送辛大夫之鄂》);贯休"东风来兮歌式微,深云道人召来归"(《别杜将军》);等等,由此也可见出此诗对后世的影响。

(陈如江)

旄　丘

旄丘之葛兮,①	旄丘上有葛藤攀援,
何诞之节兮?②	为什么它枝节蔓延?
叔兮伯兮,③	叔啊伯啊,
何多日也?	为什么拖宕这么多时间?
何其处也?	为什么滞停安然?
必有与也。④	一定是等待同伴。
何其久也?	为什么居留长久?
必有以也。⑤	一定有原因难宣。

狐裘蒙戎，⑥	我们的狐裘已纷纷破败，
匪车不东。⑦	他们的车子还迟迟不来。
叔兮伯兮，	叔啊伯啊，
靡所与同。⑧	没人同情我们遇难遭灾。

琐兮尾兮，⑨	我们是小国人也低贱，
流离之子。⑩	如鸟儿流离真是可怜。
叔兮伯兮，	叔啊伯啊，
褎如充耳。⑪	你们充耳不闻让人生怨。

〔注〕 ① 旄(máo)丘：前高后低的山丘。 ② 诞：延长、疏阔。 ③ 叔伯：作者称卫国诸臣为叔伯。 ④ 与：盟国。一说同"以"，原因。 ⑤ 以：缘故。 ⑥ 蒙戎：同"蒙茸"，皮毛散乱破弊。 ⑦ 匪：非。一说通"彼"。 ⑧ 靡：没有。 ⑨ 琐：细小。尾：卑微。 ⑩ 流离：漂泊迁移。一说鸟名，或说是枭，或说是黄鹂。 ⑪ 褎(yòu)：高亨《诗经今注》："聋也。"而毛传云："褎，盛服也。"朱熹《诗集传》云："褎，多笑貌。"今取高说。充：堵塞。

《旄丘》一诗的主旨，历来歧见颇多。《毛诗序》及郑笺等以为是黎臣责卫之作，方玉润《诗经原始》认为此篇与《式微》均是黎臣劝君归国之作，牟应震《毛诗质疑》、高亨《诗经今注》等据《左传》所载史事以为是卫臣或黎臣责晋之作，而魏源《诗序集义》一仍三家诗说，认为是黎庄夫人所作，余冠英《诗经选译》认为本篇是弃妇诗，袁梅《诗经译注》认为是女子思念爱人之作，邓荃《诗经国风译注》、蓝菊荪《诗经国风今译》却认为是兵士登高怀乡之作。据笔者看来，《旄丘》一诗的主旨以责卫说为切合诗意。

此诗脉络清晰，递进有序，《诗经传说汇纂》引朱公迁所谓"一章怪之，二章疑之，三章微讽之，四章直责之"，将其篇章结构说得清清楚楚。诗一开头，借物起兴。黎臣迫切渴望救援，常常登上旄丘，翘首等待援兵，但时序变迁，援兵迟迟不至，不免暗自奇怪。不过由于要借卫国救援收复祖国，心存奢望故而尚未产生怨恨之意。第二章紧承上章"何多日兮"而来，用宽笔稍加顿挫，"何其处也，必有与也。何其久也，必有以也。"通过自问自答的方式，黎臣设身处地地去考虑卫国出兵缓慢的原因：或者是等待盟军一同前往，或者是有其他缘故，暂时不能发兵；用赋法代为解说，曲尽人情。第三章"狐裘蒙戎"一句紧扣上两章，说明自己客居已久而"匪车不东"。黎臣已经有所觉悟，"我有亡国之状，而彼无悯恤之意，我有恢复之念，而彼无拯救之心"（《诗经传说汇纂》引邹泉语），知道卫国无意救援，并非是在等盟军,或者有其他缘故。因幻想破灭,救援无望,故稍加讽喻。第四章用赋法着意对比,黎臣丧亡流离,衣衫破弊,寄居他国,凄凉萧索,而卫国群臣非但毫无同情心,而且袖手旁观,趾高气扬。通过双方服饰、神情、心态的比较,黎臣彻底痛悟,不禁深感心寒,于是便直斥卫国君臣。

全诗结构明晰,艺术手法巧妙,或铺陈,或对比,情景如画。从风格上来看,全诗基调优柔敦厚,感情缠绵凄婉,曲折感人,是不可多得的佳作。陈震《读诗识小录》评曰:"前半哀音曼响,后半变徵流商。"诚为探骊得珠之言。 (昝 亮)

简 兮

简兮简兮,①　　鼓声咚咚响不停,
方将万舞。②　　万舞马上就举行。
日之方中,　　　太阳恰好当头顶,
在前上处。③　　他是舞列第一名。

硕人俣俣,④　　身体壮美又魁梧,
公庭万舞。　　　来到公庭跳万舞。
有力如虎,　　　力大无比如猛虎,
执辔如组。⑤　　手把缰绳像织布。

左手执籥,⑥　　左手拿籥跳文舞,
右手秉翟。⑦　　右手雉羽频挥举。
赫如渥赭,⑧　　脸色红润如赭土,
公言锡爵。⑨　　公爷赏酒让他去。

山有榛,⑩　　　高高山上榛树生,
隰有苓。⑪　　　低湿之地长苦苓。
云谁之思?⑫　　朝思暮想竟为谁?
西方美人。　　　西方美人心中萦。
彼美人兮,　　　美人已去无踪影,
西方之人兮。　　远在西方难传情。

[注] ①简:鼓声。 ②方将:将要。马瑞辰《毛诗传笺通释》:"方将二字连文。"万舞:舞名。 ③上处:前列。 ④硕:大。 侯(yǔ)俣:魁梧健美。 ⑤辔(pèi):马缰绳。组:丝带。 ⑥籥(yuè):竹制管乐器。 ⑦秉:持。翟(dí):野鸡的尾羽。 ⑧赫:红色。渥(wò):浓厚润泽。赭(zhě):赤褐色矿石。 ⑨锡:通"赐"。爵:酒器。 ⑩榛(zhēn):榛树。 ⑪隰(xí):低湿之地。苓(líng):甘草。 ⑫云:发语词。

《简兮》一诗,由于卒章词语隐约、意象朦胧,所以全诗旨趣要眇难测。旧说是讽刺卫君不能任贤授能、使贤者居于伶官的诗,如《毛诗序》、朱熹《诗集传》、方玉润《诗经原始》、吴闿生《诗义会通》等均持此说。而今人多以为《毛诗序》不足征,纷出新解。邓荃《诗经国风译注》认为是描写舞女辛酸的诗歌,翟相君《诗经新解》却考定诗中舞者为庄姜,此篇是讽喻卫庄公沉湎声色的作品。案据诗中所用"山有榛,隰有苓"这一隐语,可知有关男女情思,所以余冠英《诗经选》、高亨《诗经今注》、袁梅《诗经译注》等认为是卫国宫廷女子(贵族妇女或一般侍女)赞美、爱慕舞师的诗歌,此说可从。

全诗四章,第一章写卫国宫廷举行大型舞蹈,交代了舞名、时间、地点和领舞者的位置,第二章写舞师武舞时的雄壮勇猛,突出他高大魁梧的身躯和威武健美的舞姿,第三章写他文舞时的雍容优雅、风度翩翩。舞师的多才多艺使得这位女子赞美有加,心生爱慕。第四章是这位女性情感发展的高潮,倾诉了她对舞师的深切慕悦和刻骨相思。

全诗的艺术魅力主要来自第四章,吴闿生《诗义会通》曾引旧评说"末章词微意远,缥缈无端",这一章用朦胧的意象和晦涩的隐语将这位女性绵邈低徊的相思展示无遗。诗歌用"山有榛,隰有苓"托兴,根据《诗经》中其他七处"山有……""隰有……"对举句式的理解,此处是以树隐喻男子,以草隐喻女子,托兴男女情思,引出下文"云谁之思?西方美人。彼美人兮,西方之人兮。""西方美人",旧说多附和曲解,诗意因此玄之又玄。在诗中,"西方美人"乃是指舞师,其例一同于屈原用美人代指楚王。后四句若断若连,回环复沓,意味深远。"彼美人兮,西方之人兮"两句是"云谁之思?西方美人"两句的扩展延伸,钟惺《评点诗经》云:"看他西方美人,美人西方,只倒转两字,而意已远,词已悲矣。"而"后一章两'兮'字忽作变调,亦与首章首句神韵相应"(陈继揆《读诗臆补》),以"细媚淡远之笔作结,神韵绝佳"(牛运震《诗志》)。

(昝　亮)

泉　水

毖彼泉水,①　　泉水汩汩流呀流,

邶风·泉水

亦流于淇。②	一直流到淇水头。
有怀于卫，	梦里几回回卫国，
靡日不思。	没有一日不思索。
娈彼诸姬，③	同姓姑娘真美丽，
聊与之谋。④	愿找她们想主意。
出宿于泲，⑤	出嫁赴卫宿在泲，
饮饯于祢。⑥	喝酒饯行却在祢。
女子有行，⑦	姑娘长大要出嫁，
远父母兄弟。	远离父母兄弟家。
问我诸姑，	回家问候我诸姑，
遂及伯姊。	顺便走访大姊处。
出宿于干，	出嫁赴卫宿在干，
饮饯于言。⑧	喝酒饯行却在言。
载脂载辖，⑨	抹好车油上好轴，
还车言迈。⑩	回转车头向卫走。
遄臻于卫，⑪	赶到卫国疾又快，
不瑕有害。⑫	大概不会有妨害。
我思肥泉，⑬	我一想到那肥泉，
兹之永叹。⑭	不禁连声发长叹。
思须与漕，⑮	想到须邑和漕邑，
我心悠悠。⑯	我心忧郁不称意。
驾言出游，	驾好车子去出游，
以写我忧。⑰	姑且消除心中愁。

〔注〕①毖(bì)："泌"的假借字，水流貌。②淇：卫国河名。③娈(luán)：美好。何楷《诗经世本古义》引《说文》训为"慕"。诸姬：指卫国的同姓之女。卫君姓姬。④聊：愿，又解为姑且。⑤泲(jǐ)：古文"济"字，地名。⑥饯(jiàn)：以酒送行。祢(nǐ)：地名。庄有可《毛诗说》释为祢庙。⑦行：女子出嫁。⑧干、言：均是地名。⑨载：发语词。脂：

膏油。辖(xiá)：通"辖"，车轴两端的金属键。脂、辖在此处均用为动词。 ⑩迈：远行。 ⑪遄(chuán)：疾速。臻：到。 ⑫瑕：通"胡"、"何"。 ⑬肥泉：地名，或释为同出异归之泉。 ⑭兹：通"滋"，增加。 ⑮须、漕：均为卫邑名。 ⑯悠悠：忧愁深长。 ⑰写：通"泻"，排遣、消除。

《泉水》一诗，《毛诗序》、方玉润《诗经原始》、范家相《诗沈》等以为是卫女思归之作，而何楷《诗经世本古义》、龚橙《诗本谊》、魏源《诗古微》、高亨《诗经今注》等以为是许穆公夫人所作，黄中松《诗疑辨证》则怀疑是宋桓夫人或邢侯夫人所作。案此诗作者序传均无明文，史料亦不可稽征，似统言卫女思归为宜。

诗歌第一章"毖彼泉水，亦流于淇"两句，用泉水流入淇水起兴，委婉道出自己归宁的念头。这两句与《邶风·柏舟》首二句"泛彼柏舟，亦泛其流"同用"彼""亦"两字起调，文情凄婉悱恻而不突兀，由此点出诗题——"有怀于卫，靡日不思"。自己魂牵梦绕着卫国，但如今故国人事有所变故，自己想亲往探视而根据礼仪却不能返卫，深感无限委曲，内心焦急难耐。作为一个女性，在这样的情况下，首先想到的是自己的姐妹，由此引出"娈彼诸姬，聊与之谋"两句。主人公想找她们倾诉苦衷，希望她们能够为自己出个主意，想条妙计，即便无济于事，也能够稍解胸中的郁闷，聊以自慰。

第二章和第三章均承接第一章而来，用赋法铺写虚景，表达自己对卫国真挚深切的怀念。第二章写作者欲归不得，却去设想当初出嫁适卫之时与家人饮饯诀别的情景。如今物换星移，寒暑数易，家人近况无由获知，颇令自己牵挂，归宁的念头更加坚定笃实。第三章好像与第二章重复，但却是幻境中再生幻境，设想归宁路途上的场景，车速之快疾与主人公心情之迫切相互映发衬托。速去速回，合情合理，但最终仍不能成行，"不瑕有害"一句含蓄蕴藉。这两章全是凭空杜撰，出有入无，诗歌因此曲折起伏，婉妙沉绝。

第四章写思归不成，欲罢不能，只好考虑出游消忧，但是思卫地而伤情，愁更转愁。"我思肥泉，兹之永叹"，再写愁怀，回肠荡气；"思须与漕，我心悠悠"，情怀郁郁，文气更曲一层。

陈震《读诗识小录》评曰："全诗皆以冥想幻出奇文，谋与问皆非实有其事。"陈继揆《读诗臆补》也说："全诗皆虚景也。因想成幻，构出许多问答，许多路途，又想到出游写忧，其实未出中门半步也。东野《征妇怨》'渔阳千里道，近如中门限。中门逾有时，渔阳常在眼'，即此意。犹杜工部所谓'即从巴峡穿巫峡，便下襄阳向洛阳'(《闻官军收河南河北》)也。"对此诗以幻写真，通过虚无缥缈的描写衬托主人公真切深沉的思念的艺术手法赞赏备至。确实此诗"波澜横生，峰峦叠

出,可谓千古奇观"(戴君恩《读诗臆评》)。 (昝 亮)

北 门

出自北门,	我从北门出城去,
忧心殷殷。①	心中烦闷多忧伤。
终窭且贫,②	既受困窘又贫寒,
莫知我艰。	没人知我艰难样。
已焉哉!	算了吧!
天实为之,	都是老天安排定,
谓之何哉!③	我有什么办法想!

王事适我,④	王家差事派给我,
政事一埤益我。⑤	衙门公务也增加。
我入自外,	我从外面回到家,
室人交遍谪我。⑥	家人纷纷将我骂。
已焉哉!	算了吧!
天实为之,	都是老天安排定,
谓之何哉!	我有什么好办法!

王事敦我,⑦	王家差事逼迫我,
政事一埤遗我。⑧	衙门公务也派齐。
我入自外,	我从外面回家里,
室人交遍摧我。⑨	家人纷纷将我讥。
已焉哉!	算了吧!
天实为之,	都是老天安排定,
谓之何哉!	我有什么好主意!

〔注〕 ① 殷殷:很忧伤的样子。 ② 终:王引之《经义述闻》引王念孙说:"终,犹既也。"窭(jù):贫寒困窘。 ③ 谓:马瑞辰《毛诗传笺通释》:"按,'谓'犹'奈'也。" ④ 王事:王家之事,有关王室的事务。适(zhì):同"擿",即掷。适我,扔给我。 ⑤ 政事:公家的事务。一:皆,全。埤(pí)益:增加。 ⑥ 谪(zhé):责难。 ⑦ 敦:敦迫,逼迫。 ⑧ 遗:毛传:"遗,加

也。"埤遗,犹言"埤益"。 ⑨ 摧:讥刺。

　　《毛诗序》云:"《北门》,刺仕不得志也。言卫之忠臣不得其志尔。"郑玄笺曰:"不得其志者,君不知己志,而遇困苦。"三家诗无异义。朱熹《诗集传》申论云:"卫之贤者处乱世,事暗君,不得其志,故因出北门而赋以自比。又叹其贫窭,人莫知之,而归之于天也。"但方玉润《诗经原始》则说:"《北门》,贤者安于贫仕也。"现代学者(如高亨《诗经今注》、程俊英《诗经译注》等)一般都认为这是一首小官吏不堪其苦而向人怨诉的诗。从诗的语言看,并没有"忠臣不得其志"或"安于贫仕"之意,旧说未免令人感到迂曲,今人的"怨诉"说则解释较为圆满。诗中的小官吏公事繁重苛细,虽辛勤应付,但生活依然清贫。上司非但不体谅他的艰辛,反而一味给他分派任务,使他不堪重负。辛辛苦苦而位卑禄薄,使他牢骚满腹,家人的责备更使他难堪,他深感仕路崎岖,人情浇薄,所以长吁短叹,痛苦难禁,悲愤之余,只好归之于天,安之若命。

　　这首诗的主人公虽然是一名官吏,但全诗并非无病呻吟,的确体现了《诗经》"饥者歌其食,劳者歌其事"的现实主义精神。对诗中连用"我"字而蕴含的感情色彩,昔人评曰:"三章共八'我'字,无所控诉,一腔热血。"(邓翔《诗经绎参》)全诗纯用赋法,不假比兴,然而每章末尾"已焉哉,天实为之,谓之何哉"三句重复使用,大大增强了语气,深有一唱三叹之效,牛运震《诗志》认为这些句段与《古诗十九首》中"弃捐勿复道,努力加餐饭"等一样,"皆极悲愤语,勿认作安命旷达",这是很有见地的。

　　关于《北门》一诗的历史背景及其本事,明代何楷《诗经世本古义》根据《邶风·柏舟》推断此诗作于卫顷公之时,清代姜炳璋《诗序补义》猜测此诗作于"西周之世夷厉之时,卫未并邶之日",但这两种说法均与史实、诗事不符。今人翟相君《北门臆断》一文,首先根据《诗经》用词惯例,考释"王"特指周王,"事"专指战争,然后根据《左传·桓公五年》记载,考定诗中所谓"王事",是指卫宣公十二年(707)秋天卫人帮助周桓王伐郑而战败一事。他认为诗中主人公参与了这次战争,归来后受到同僚的埋怨,作这首诗抒愤;或是卫人借这位官吏之口,作诗表达对这次战争的不满。姑录其说以存参。

(昝 亮)

北　风

北风其凉,　　　　北风寒冷猛吹到,
雨雪其雱。①　　　大雪飞扬满天飘。

惠而好我,②	你和我是好朋友,
携手同行。	携起手来一块跑。
其虚其邪?③	哪能舒缓再犹豫?
既亟只且。④	事情紧急快出逃。

北风其喈,⑤	北风呼呼透骨凉,
雨雪其霏。	大雪飘飘白茫茫。
惠而好我,	你和我是好朋友,
携手同归。⑥	携起手来归他邦。
其虚其邪?	哪能舒缓再犹豫?
既亟只且。	事情紧急快逃亡。

莫赤匪狐,⑦	没有红的不是狐,
莫黑匪乌。	没有黑的不是乌。
惠而好我,	你和我是好朋友,
携手同车。	携手乘车同离去。
其虚其邪?	哪能舒缓再犹豫?
既亟只且。	事情紧急快逃出。

〔注〕 ① 雨(yù)雪:下雪。雨作动词。霏(páng):雪盛貌。 ② 惠而:爱,友爱。 ③ 虚邪:即舒徐,缓缓而犹豫不决貌。 ④ 既:已经。亟:急。只且:语尾助词。 ⑤ 喈(jiē):同"湝",寒凉。马瑞辰《毛诗传笺通释》:"喈当作'湝',水寒曰湝,风寒亦为湝。其喈,犹其凉也。" ⑥ 同归:一起到较好的他国去。 ⑦ 莫:无,没有。匪:非。

《毛诗序》说:"《北风》,刺虐也。卫国并为威虐,百姓不亲,莫不相携持而去焉。"从诗中"同车"来看,百姓是泛指当时一般贵族。方玉润认为是贤人预见危机而作(《诗经原始》),王先谦认为是"贤者相约避地之词"(《诗三家义集疏》)。其实,《诗序》所说诗旨不误,当是一首反映贵族逃亡的诗。

诗共三章,前两章内容基本相同,只改了三个字。把"北风其凉"改为"北风其喈",意在反复强调北风的寒凉。而改"雨雪其雱"为"雨雪其霏",无非是极力渲染雪势的盛大密集。把"携手同行"改为"携手同归",也是强调逃离的意向。复沓的运用产生了强烈的艺术效果。

诗各章末二句相同。"其虚其邪","虚邪",即舒徐,为叠韵词,加上二"其"字,语气更加宽缓,形象地表现同行者委蛇退让、徘徊不前之状。"既亟只且","只且"为语助词,语气较为急促,加强了局势的紧迫感。语言富于变化,而形象更加生动。

北风与雨雪,是兴体为主,兼有比体。它不只是逃亡时的恶劣环境的简单描写,还是用来比喻当时的虐政。后面赤狐、黑乌则是以比体为主,兼有兴体。它不仅仅是比喻执政者为恶如一,还可以看作逃亡所见之景。这种比兴手法的运用,使诗句意蕴丰富,耐人玩味。

朱熹《诗集传》说此诗"气象愁惨",指出了其基本风格。诗三章展示了这样的逃亡情景:在风紧雪盛的时节,一群贵族相呼同伴乘车去逃亡。局势的紧急("既亟只且"),环境的凄凉(赤狐狂奔,黑乌乱飞)跃然纸上,让人悚然心惊。

古乐府中的《北风行》诗题即效本篇,鲍照拟作中直接采用《北风》原文:"北风凉,雨雪雱。"《古诗十九诗》("凛凛岁云暮"篇)中"良人惟古欢,枉驾惠前绥。愿得常巧笑,携手同车归"数句,盖亦本于此诗。唐代李白有《北风行》,也明显受到《北风》的启发。由此可见《北风》一诗对后世的深远影响。

(朱杰人　龙向洋)

静　女

静女其姝,①	娴静姑娘真漂亮,
俟我于城隅。②	约我等在城角旁。
爱而不见,③	视线遮蔽看不见,
搔首踟蹰。④	搔头徘徊心紧张。
静女其娈,⑤	娴静姑娘真娇艳,
贻我彤管。⑥	送我新笔红笔管。
彤管有炜,⑦	鲜红笔管有光彩,
说怿女美。⑧	爱她姑娘好容颜。
自牧归荑,⑨	远自郊野赠柔荑,
洵美且异。⑩	诚然美好又珍异。
匪女之为美,	不是荑草长得美,

美人之贻。　　　　美人相赠厚情意。

〔注〕①静女：贞静娴雅之女。毛传："静，贞静也。"朱熹《诗集传》："静者，闲雅之意。"马瑞辰《毛诗传笺通释》："静当读靖，谓善女，犹云淑女、硕女也。"姝（shū）：美丽。　②俟（sì）：等待。此处指约好地方等。城隅：城角，或谓城的角楼。　③爱而：隐蔽的样子。马瑞辰《毛诗传笺通释》："爱者，'薆'及'僾'之省借。《尔雅·释言》：'薆，隐也。'……《说文》：'僾，仿佛也。'……爱而，犹薆然也。"　④踟蹰（chí chú）：犹豫徘徊。　⑤娈：面目姣好。　⑥贻（yí）：赠。彤管：红色的管子，或谓红色笔管，或谓红色箫笛一类管乐器。　⑦炜（wěi）：陈奂《诗毛氏传疏》："《说文》：'炜，盛明貌。'盛明者，言赤色之盛明也。"　⑧说怿（yuè yì）：即"悦怿"，欢悦欣喜。郑笺谓当作"说释"，非。　⑨牧：郊外田野。归：借作"馈"，赠。荑：初生的细嫩茅草。　⑩洵（xún）：诚然，确实。异：特殊。

《静女》一诗，向来为选家所注目。现代学者一般都认为此诗写的是男女青年的幽期密约，也就是说，它是一首爱情诗。而旧时的各家之说，则多有曲解，未得其真旨。最早《毛诗序》云："《静女》，刺时也。卫君无道，夫人无德。"郑笺释云："以君及夫人无道德，故陈静女遗我以彤管之法。德如是，可以易之，为人君之配。"而《易林》有"季姬踟蹰，结衿待时；终日至暮，百两不来"、"季姬踟蹰，望我城隅；终日至暮，不见齐侯，居室无忧"、"踟蹰踟蹰，抚心搔首；五昼四夜，睹我齐侯"之句，则反映齐诗之说，王先谦《诗三家义集疏》遂谓"此媵俟迎而嫡作诗也"。所说拘牵于礼教，皆不免附会。宋人解诗，能破除旧说，欧阳修《诗本义》以为"此乃述卫风俗男女淫奔之诗"，朱熹《诗集传》也以为"此淫奔期会之诗"，他们的说法已经接近本义，但指男女正常的情爱活动为"淫奔"，仍是头巾气十足，与汉儒解诗言及妇女便标榜"后妃之德"同一弊端。

诗是从男子一方来写的，但通过他对恋人外貌的赞美，对她待自己情义之深的宣扬，也可见出未直接在诗中出现的那位女子的人物形象，甚至不妨说她的形象在男子的第一人称叙述中显得更为鲜明。而这又反过来使读者对小伙子的痴情加深了印象。

诗的第一章是即时的场景：有一位娴雅而又美丽的姑娘，与小伙子约好在城墙角落会面，他早早赶到约会地点，急不可耐地张望着，却被树木房舍之类东西挡住了视线，于是只能抓耳挠腮，一筹莫展，徘徊原地。"爱而不见，搔首踟蹰"虽描写的是人物外在的动作，却极具特征性，很好地刻画了人物的内在心理，栩栩如生地塑造出一位恋慕至深、如痴如醉的有情人形象。

第二、第三两章，从辞意的递进来看，应当是那位痴情的小伙子在城隅等候他的心上人时的回忆，也就是说，"贻我彤管""自牧归荑"之事是倒叙的。在章与章的联系上，第二章首句"静女其娈"与第一章首句"静女其姝"仅一字不同，次句头两字"贻我"与"俟我"结构也相似,因此两章多少有一种重章叠句的趋向,有一定的匀称感,但由于这两章的后两句语言结构与意义均无相近之处,且第一章还有五字句,这种重章叠句的趋向便被扼制,使之成为一种佯似。这样的结构代表了《诗经》中一种介于整齐的重章叠句体与互无重复的分章体之间的特殊类型,似乎反映出合乐歌词由简单到复杂的过渡历程。

读诗的第二、第三两章,我们会发出会心的微笑,对诗人的"写形写神之妙"(陈震《读诗识小录》)有进一步的感受。照理说,彤管比荑草要贵重,但男主人公对受赠的彤管只是说了句"彤管有炜",欣赏的是它鲜艳的色泽,而对受赠的普通荑草却由衷地大赞"洵美且异",显然欣赏的不是其外观而别有所感。原来,荑草是她跋涉远处郊野亲手采来的,物微而意深,一如后世南朝宋陆凯《赠范晔》诗之"江南无所有,聊赠一枝春",重的是情感的寄托、表达,不妨说已成为一个具有能指优势的特殊符号。接受彤管,想到的是恋人红润的面容,那种"说(悦)怿"只是对外在美的欣赏;而接受荑草,感受到普通的小草也"洵美且异",则是对她所传送的那种有着特定内容的异乎寻常的真情的深切体验,在我们看来,那已经超越了对外表的迷恋而进入了追求内心世界的谐和的高层次的爱情境界。而初生的柔荑将会长成茂盛的草丛,也含有爱情将更加发展的象征意义。

第三章结尾"匪女之为美,美人之贻"两句对恋人赠物的"爱屋及乌"式的反应,可视为一种内心独白,既是第二章诗义的递进,也与第一章以"爱而不见,搔首踟蹰"的典型动作刻画人物的恋爱心理可以首尾呼应,别具真率纯朴之美。读完此诗,对那位痴心小伙子的一腔真情,我们除了深受感动之外还能说些什么呢?

(庞　坚)

新　台①

新台有泚,②	新台倒影好鲜明,
河水㳽㳽。③	河水洋洋流不停。
燕婉之求,④	本想嫁个美少年,
籧篨不鲜。⑤	鸡胸老公太不行。

| 新台有洒,⑥ | 新台倒影长又长, |
| 河水浼浼。⑦ | 河水不停汪洋洋。 |

| 燕婉之求， | 本想嫁个美少年， |
| 籧篨不殄。⑧ | 鸡胸老公真不祥。 |

鱼网之设，	撒下鱼网落了空，
鸿则离之。⑨	一个虾蟆掉网中。
燕婉之求，	本想嫁个美少年，
得此戚施。⑩	换得驼背丑老公。

〔注〕①新台：台的故址在今山东甄城县黄河北岸，卫宣公为纳宣姜所筑。 ②有泚(cǐ)：鲜明的样子。 ③瀰(mǐ)瀰：水满的样子。 ④燕婉：安乐美好的样子。 ⑤籧篨(qú chú)：粗竹席；喻生有鸡胸，腰不能弯的人。一说即蟾蜍的一声之转。 ⑥有洒(cuǐ)：高峻的样子。 ⑦浼(měi)浼：意近"瀰瀰"。 ⑧殄(tiǎn)：当作"腆"，善。 ⑨鸿："苦蠪"的合音，即蟾蜍。 ⑩戚施：背驼而不能挺胸者。

卫宣公是个昏淫的国君。他曾与其后母夷姜乱伦，生子名伋。伋长大成人后，卫宣公为他聘娶齐女，只因新娘子是个大美人，便改变主意，在河上高筑新台，把齐女截留下来，霸为己有，就是后来的宣姜。卫国人对宣公所作所为实在看不惯，便编了这首歌谣挖苦他。自《毛序》以来，古今说无异辞。

全诗三章，前两章叠咏。叠咏的两章前二句是兴语，但兴中有赋：卫宣公欲夺未婚之儿媳，先造"新台"，来表示事件的合法性，其实是障眼法。好比唐明皇欲夺其子寿王妃即杨玉环，先让她入道观做女冠一样，好像这一来，一切就合理合法了。然而丑行就是丑行，丑行是欲盖弥彰的。诗人大赞"新台有泚""新台有洒"，正言欲反，其兴味其在于：新台是美的，但遮不住老头子干的丑事啊。反形（或反衬）修辞的运用，美愈美，则丑愈丑。

"新台"之事的直接受害者是齐姜：美丽的少女配了个糟老头，而且还是个驼背鸡胸，本来该做她老公公的人。这一对儿是怎样也不能般配的，"一朵鲜花插在牛粪上"，难怪诗人心中不忿，要为齐姜，也要为天下少年鸣不平！

他好有一比："鱼网之设，鸿则离之。"打鱼打个癞虾蟆，是多么倒霉，多么丧气，又多么无奈的事啊！想一想电影《红高粱》中的"颠轿歌"吧，如果忽略孰男孰女不计，整个儿就是"燕婉之求，籧篨不鲜（殄）""燕婉之求，得此戚施"的意思。歌中调侃的男子遇到个丑新娘，还可以通过"睡猪圈"来逃避。而旧时的女子，在婚姻上遇到白猫黑猫的调包事件，除了认命，还有什么法子？——齐姜可真是倒霉透了。诗中"河水瀰瀰""河水浼浼"，亦似有暗喻齐姜泪流不止之意，如《卫风·氓》"淇水汤汤，渐车帷裳"，如辛弃疾《菩萨蛮·书江西造口壁》"郁姑台下清江水,中间多少行人泪"所表现的那样。

封建道德的虚伪性,表现在它的对下不对上。这是绝对的不公平!统治者要求百姓遵从礼教,自己却寡廉鲜耻;要求百姓忠贞不贰,自己却两面三刀;要求百姓规规矩矩,自己却为所欲为;要求百姓克己奉公,自己却以权谋私。道德沦丧之事,上层社会何代无之?卫宣公只是一个典型的例子;后来的唐明皇也有"新台"之讥,是另一个典型的例子。正因为如此,《新台》一类讽刺诗自有其认识价值。

(周啸天)

二 子 乘 舟

二子乘舟,	你俩乘船走了,
泛泛其景。①	船儿飘飘远去。
愿言思子,②	多么思念你呵,
中心养养。③	心中恋意难除。

二子乘舟,	你俩乘船走了,
泛泛其逝。	船影渐远渐没。
愿言思子,	多么思念你呵,
不瑕有害!④	切莫遭遇灾祸!

〔注〕① 泛泛:飘荡貌。景:闻一多《诗经通义》:"景读为'迥',言飘流渐远也。" ② 愿:思念。 ③ 养(yáng)养:通"痒痒",心中烦躁不安。一说通"洋洋",也指心神不定。 ④ 瑕:训"胡","胡"通"无"。不瑕,犹言"不无",疑惑、揣测之词。

此诗的写作背景,据《毛诗序》所说,有一个动人的故事。《毛诗序》云:"《二子乘舟》,思伋、寿也。卫宣公之二子,争相为死,国人伤而思之,作是诗也。"毛传云:"宣公为伋取于齐女而美,公夺之,生寿及朔。朔与其母诉伋于公,公令伋使齐,使贼先待于隘而杀之。寿知之,以告伋,使去之。伋曰:'君命也,不可以逃。'寿窃其节而先往,贼杀之。伋至,曰:'君命杀我,寿有何罪?'又杀之。"刘向《新序·节士》则说寿知其母阴谋,遂与伋同舟,使舟人不得杀伋,"方乘舟时,伋傅母恐其死也,闵而作诗"。现代学者有认同"闵伋、寿"之说者,但持不同意见者亦多。闻一多先生猜测它"似母念子之词"(《风诗类钞》),也有学者断为一位父亲送别"二子"之作,均相近似。倘若你要将它视为妻子送夫、朋友送人的诗,恐怕也无错处。总之坐实诗的本事,似乎比较牵强,还是将本篇视为一首送别诗比较合适。

　　这一次动情的送别,发生在河边。"二子乘舟,泛泛其景",用的是描述笔法。首句还是近景,两位年轻人终于拜别亲友登船;二句即镜头拉开,刹那间化作了一叶孤舟,在浩渺的河上飘飘远去。画面视点在送行者这边,所以画境之由近而远,同时就融入了送行者久立河岸、骋目远望的悠长思情。而"泛泛"的波流起伏,也便全与送行者牵念之情的跌宕,有了"异质同构"的对应,令你说不清那究竟是波流,还是牵思之漫衍了。由此过渡到"愿言思子,中心养养",直抒送行者牵念深情,就更见得送别匆匆间的难舍难离了。"养养"是一个奇特的词汇。按照前人的解说,"养养"即"思念"之意,总嫌笼统了些。有人训"养养"为"痒痒",顿觉境界妙出:这是一种搔着心头痒处的感觉,简直令你浑身颤抖、无法招架的奇妙反应!以此形容那驿动于送行者心上的既爱又念,依依难舍又不得不舍的难言之情,实在没有其他词汇可以替代!

　　诗之二章,采用了叠章易字的写法,在相似中改换了结句。景象未变,情感则因了诗章的回环复沓,而蕴蓄得更其浓烈、深沉了。此刻,"二子"所乘之舟,早已在碧天长河中消逝,送行者却还在河岸上久久凝望。当"二子"离去时,他(她)正"中心养养",难断那千丝万缕的离愁别绪;而今,"二子"船影消逝,望中尽是滚滚滔滔的浪波。人生的旅途上,不也充满了浪波与风险?远去的人儿,能不能顺利渡过那令人惊骇的波峰浪谷,而不被意外的风险吞没?这正是伫立河岸的送行人,所深深为之担忧的。"愿言思子,不瑕有害"二句,即以祈愿的方式,传达了这一情感上的递进和转折,在割舍不了的牵念中,涌生出陡然袭来的忧思。于是,滚滚滔滔的河面上,"泛泛其逝"的天地间,便刹那间充斥了"不瑕有害"的祝告——那是一位老母、妻子或友人,带着牵念,带着惊惧,而发自心底的呼喊呵!远行的人儿,你究竟听见了没有?

　　同是一首送别诗,《二子乘舟》写得远比前面介绍的《燕燕》单纯。全诗无一句比兴,诗中的意象,只有"二子"和一再重现及消逝的小舟。情感的抒泻,也没有《燕燕》那种"瞻望弗及,泣涕如雨"的细节表现。但它的内涵却极为丰富:因为画面只有飘飘远逝的二子、船影,其余全为空白,便为读者的联想,留下了更多的空间;因为背景全无,甚至也不知道送行者究竟为谁,其表现的情感便突破了特定限制,而适合于"母子""男女""友朋",成为一种具有极大涵盖面的"人间之情"。它之能够激发各种身份的读者之共鸣,而与诗人一起歆歗、一起牵挂,甚至一起暗暗祈告,也就毫不奇怪了。

(潘啸龙)

鄘 风

[诗歌解题] 《诗经》类名。"国风"之一。共十篇。鄘地民歌。周武王克商,分商都朝歌以北为邶,南为鄘,东为卫。故地在今河南省卫辉市境内。朱熹《诗集传》:"邶、鄘不详其始封,卫则武王弟康叔之国也。""其后不知何时并得邶、鄘之地。"故《鄘风》所涉均卫国事。《邶》《鄘》《卫》诗原为一地民歌,故春秋时人均视之为卫风。今文学派三家诗以《邶》《鄘》《卫》为一卷,《毛诗》则分为三卷。

柏 舟   鄘 风

泛彼柏舟,	飘来一条柏木船,
在彼中河。	飘呀飘在河中间。
髧彼两髦,①	蓄分头的那少年,
实维我仪。②	实在讨得我心欢。
之死矢靡它。③	誓死不把心来变。
母也天只,④	我的娘呀我的天,
不谅人只!⑤	就不相信我有眼!
泛彼柏舟,	飘来一条柏木船,
在彼河侧。	飘呀飘在大河旁。
髧彼两髦,	蓄分头的那少年,
实维我特。⑥	实在是我好对象。
之死矢靡慝。⑦	誓死不把手来放。
母也天只,	我的娘呀我的天,
不谅人只!	就不相信我有眼!

〔注〕① 髧(dàn):发下垂的样子。两髦:男子未行冠礼之前,头发齐眉,分向两边的样式。 ② 仪:对象。 ③ 之:至。矢:誓。靡它:没有二心。 ④ 只:语助词。 ⑤ 谅:相信。 ⑥ 特:义同"仪"。 ⑦ 慝(tè):忒,改变。

旧说多将这首诗与《邶风》中同名之作混为一谈,认为是共姜自誓之作。或以为卫世子共伯早死,其妻守节,父母欲夺而嫁之,誓而弗许,作此诗(《毛诗序》);或认为是共伯被弑,共姜不嫁自誓,作此诗(三家诗)。古人称丧夫为"柏舟之痛",夫死不嫁为"柏舟之节",皆原于旧说。而这些旧说多胶柱鼓瑟,实不可取。

其实诗意一看就很明白:主人公原是一个待嫁的姑娘,她选中的对象是一个不到二十的少年郎,——只消看他披着两髦,尚未加冠就可以知道。姑娘的选择未能得到母亲的同意,所以她满腔怨恨,发誓要和母亲对抗到底。

这首诗反映了《诗经》时代民间婚恋的现实状况:一方面,人们在政令许可的范围内仍享有一定的性爱自由,原始婚俗亦有传承;另一方面普遍的情况已是"取妻如之何?必告父母"、"取妻如之何?非媒不得"(《齐风·南山》),礼教已通过婚俗和舆论干预生活。所以诗中女子既自行择欢,却又受到母亲的制约。而哪里有压迫哪里就有反抗,诗中也就表现了青年男女为了争取婚恋自由而产生的反抗意识。

这首诗还接触到一个更为普遍的社会问题:无论古今中外,在择偶的问题上,母亲和女儿的意见往往不能一致。母亲相中的,女儿不屑一顾;女儿中意的,母亲坚决不准带回家来。这种事不但古代有,今天还有;不但中国有,外国也有。例如白俄罗斯民歌《妈妈要我出嫁》中,妈妈给女儿挑了好多人家,女儿的表态都是"妈妈我不嫁给他!"印度尼西亚民歌《哎哟妈妈》中,女儿为自己辩解说:"哎哟妈妈,你不要对我生气,年轻人就是这样相爱。"

妈妈也曾年轻过,为什么一旦成了妈妈,就不理解年轻人的心思了呢?这是因为女儿是跟着感觉走,而妈妈多了些岁数,就多了些世故。这是因为妈妈健忘,多了些功利,就少了些热情;多了些理智,就少了些感觉。老是看家底呀,看文凭呀,看几大件呀,女儿都烦透了。殊不知"甜蜜的爱情从哪里来?是从那眼睛里到心怀"——与家底无关,与文凭无关,与几大件也无关。

母女的意见不统一,爱情就发生了危机。女儿要么放弃己见,要么作坚决的抗争。看来诗中女主人公是持后一种态度的:至死誓靡它!坚决到这种程度,母亲也就难办了。但要为娘的改变主意,也不是那么容易的。所以女主人公一面誓死维护爱情,一面从内心发出沉重的叹息:娘呀天啊,为什么就不相信我是有眼力的呢!这一声叹息,使得诗的内容变得沉甸甸的。

和《国风》《小雅》中的多数篇章一样,这也是一首歌词。在形式上属于典型的两章叠咏:中心意思在第一章中已经说完,但只唱一遍不够味;所以第二章变易韵脚上的字,将同样的意思再唱一遍。实际上也就一支曲子,两段歌词,结尾处以咏叹作副歌。这种形式,在当代歌曲中,也还是很常见的。

(周啸天)

墙 有 茨

墙有茨,① 墙上长蒺藜,
不可埽也。② 不可扫掉呀。
中冓之言,③ 宫中秘密话,
不可道也。④ 不可相告呀。
所可道也,⑤ 如能相告呀,
言之丑也。 说出丑死了呀。

墙有茨, 墙上长蒺藜,
不可襄也。⑥ 不可除光呀。
中冓之言, 宫中秘密话,
不可详也。⑦ 不可张扬呀。
所可详也, 如能张扬呀,
言之长也。 说来话很长呀。

墙有茨, 墙上长蒺藜,
不可束也。 不可捆住呀。
中冓之言, 宫中秘密话,
不可读也。⑧ 不可讲述呀。
所可读也, 如能讲述呀,
言之辱也。 说起真羞辱呀。

〔注〕① 茨(cí):《说文》引作"茡(jì)",蒺藜。 ② 埽:"扫"的别体。 ③ 中冓(gòu):内室,指宫中隐密处。 ④ 道:说。 ⑤ 所:若。 ⑥ 襄:除。 ⑦ 详:借作"扬",传扬。 ⑧ 读:说。

这首诗内容与《新台》相承接,《毛诗序》谓"《墙有茨》,卫人刺其上,公子顽通乎君母,国人疾之,而不可道也"。公子顽,即昭伯,是卫宣公之子,《史记·卫康叔世家》说是伋之弟。君母,即卫宣公所强娶伋之未婚妻齐女,也就是卫宣姜,是当时惠公之母,故称"君母"。公子顽私通君母宣姜事,《左传·闵公二年》有记载。因为惠公即位时年幼,齐国人为了巩固惠公君位,保持齐、卫之间亲密的婚姻关系,便强迫昭伯与后母乱伦。尽管这是受外力胁迫促成的,但究竟是下辈与上辈淫乱,是最不齿于人的丑闻,确如朱熹所言"其汙甚矣"。卫国人民对这种败坏人伦的秽行,当然深恶痛绝,特作此诗以"疾之"。

  本诗三章重叠,头两句起兴含有比义,以巴紧宫墙的蒺藜清扫不掉,暗示宫闱中淫乱的丑事是掩盖不住、抹杀不了的。接着诗人便故弄玄虚,大卖关子,宣称宫中的秘闻"不可道"!至于为何不可道呢?诗人绝对保密,却又微露口风,以便吊读者口味。丑、长、辱三字妙在藏头露尾,欲言还止,的确起到了欲盖而弥彰的特殊效果。本来,当时卫国宫闱丑闻是妇孺皆知的,用不着明说,诗人特意点到为止,以不言为言,调侃中露讥刺,幽默中见辛辣,比直露叙说更有情趣。全诗皆为俗言俚语,六十九个字中居然有十二个"也"字,相当今语"呀",读来节奏绵延舒缓,意味俏皮而不油滑,与诗的内容相统一。三章诗排列整齐,韵脚都在"也"字前一个字,且每章四、五句韵脚同字,这种押韵形式在《诗经》中少见,译诗力求保留这一韵味。

(蒋立甫)

君 子 偕 老

君子偕老,①	誓和君子到白首,
副笄六珈。②	玉簪首饰插满头。
委委佗佗,③	举止雍容又自得,
如山如河,④	稳重如山深似河,
象服是宜。	穿上礼服很适合。
子之不淑,⑤	谁知德行太秽恶,
云如之何!⑥	对她真是无奈何!
玼兮玼兮,⑦	服饰鲜明又绚丽,
其之翟也。⑧	画羽礼服绣山鸡。
鬒发如云,⑨	黑亮头发似云霞,
不屑髢也。⑩	那用装饰假头发。
玉之瑱也,⑪	美玉耳饰摇又摆,
象之揥也,⑫	象牙发钗头上戴,
扬且之皙也。⑬	额角白净溢光彩。

胡然而天也!⑭	仿佛尘世降天仙!
胡然而帝也!	恍如帝女到人间!
瑳兮瑳兮,⑮	服饰鲜明又绚丽,
其之展也。⑯	软软轻纱做外衣。
蒙彼绉絺,⑰	罩上绉纱细葛衫,
是绁袢也。⑱	凉爽内衣夏日宜。
子之清扬,⑲	明眸善睐眉秀长,
扬且之颜也。⑳	容貌艳丽额宽广。
展如之人兮,㉑	仪容妖冶又妩媚,
邦之媛也!㉒	倾城倾国姿色美!

〔注〕① 君子:指卫宣公。偕老:夫妻相亲相爱、白头到老。 ② 副:古代的一种头饰,编发作髻,上缀以玉。笄(jī):簪子。珈(jiā):饰玉。 ③ 委(wēi)佗(yí)佗,如山如河:一说举止雍容华贵、落落大方,像山一样稳重,似河一样深沉。一说体态轻盈、步履袅娜,如山一般蜿蜒,同河一般曲折。佗同"蛇"、"迤",或音 tuó。 ④ 象服:袆衣,是镶有珠宝绘有花纹的礼服。宜:合身。 ⑤ 子:指宣姜。淑:善。 ⑥ 云:句首发语词。如之何:奈之何。 ⑦ 玼(cǐ):鲜艳绚丽。 ⑧ 翟(dí):指绣有山鸡彩羽的礼服。 ⑨ 鬒(zhěn):黑发。如云:形容头发乌黑浓密。 ⑩ 髢(dí):假发。 ⑪ 瑱(tiàn):垂于两耳旁边的玉饰。 ⑫ 象:象牙。揥(tì):发钗。 ⑬ 扬:额角。且:助词,无实义。皙(xī):白净。 ⑭ 胡:何、怎么。然:这样。而:如、象。 ⑮ 瑳(cuō):义同"玼",鲜明洁白。 ⑯ 展:展衣,古代夏天穿的一种纱衣。 ⑰ 蒙:覆、罩、套。绉:绉纱。絺(chī):细葛布。 ⑱ 绁袢(xiè pàn):夏季所穿的亵衣、内衣,白色。 ⑲ 清:指眼神清秀。扬:指眉宇宽广。 ⑳ 颜:一说指额头丰满匀称,一说指容貌。 ㉑ 展:的确。 ㉒ 媛:美女。

《君子偕老》一诗的主旨,除清魏源《诗古微》以为是哀夷姜之诗外,古今各家多从《诗序》之说,以为是刺宣姜之作。不过,《毛诗序》云:"《君子偕老》,刺卫夫人也。夫人淫乱,失事君子之道,故陈人君之德,服饰之盛,宜与君子偕老也。"孔疏云:"毛以为由夫人失事君子之道,故陈别有小君内有贞顺之德,外有服饰之盛,德称其服宜与君子偕老者,刺今夫人有淫泆之行,不能与君子偕老。"他们显然认为此诗所写的服饰仪容之美属于理想的"小君"(国君之妻)。而朱熹《诗集传》则说:"言夫人当与君子偕老,故其服饰之盛如此,而雍容自得,安重宽广,又有以宜其象服。今宣姜之不善乃如此,虽有是服,亦将如之何哉!言不称也。"他以为服饰仪容之美乃是反衬宣姜人品行为之丑。在这点上今之学者又多从朱熹之说。

全诗三章,首章七句,次章九句,末章八句,错落有致。首章揭出通篇纲领,章法巧妙。宣姜本是卫宣公之子伋的未婚妻,不幸被宣公霸占,后来又与庶子顽私通,劣迹斑斑。"君子偕老"一句基此而来,起调突兀如当头棒喝,寓意深婉,褒贬自明。"副笄六珈,委委佗佗,如山如河,象服是宜"四句造语奇特,叙服饰与叙仪容相交叉,词藻工美,极力渲染宣姜来嫁时服饰的鲜艳绚丽,仪容的雍容华贵。末二句"子之不淑,云如之何",逗露讥刺,全诗惟此二句是刺意,其他均是赞叹称美之辞,但此二句与"君子偕老"一句遥相呼应,暗自缀合,含蓄蕴藉,藏而不露。

　　次章与末章用赋法反复咏叹宣姜服饰、容貌之美。次章起始"玼兮玼兮"六句与末章起始"瑳兮瑳兮"四句复说服饰之盛,次章"扬且之皙也"三句与末章"子之清扬"四句是复说容貌之美。"胡然而天也!胡然而帝也!"二句神光离合,仿佛天仙帝女降临尘寰,无怪乎姚际恒《诗经通论》称此诗为宋玉《神女赋》、曹植《洛神赋》之滥觞,并谓"'山河''天帝',广揽遐观,惊心动魄,有非言辞可释之妙"。"展如之人兮,邦之媛也!"二句巧于措辞,深意愈出,余音袅袅,意味无穷。这两章造句齐整,意象迷离,所以陈继揆《读风臆补》说:"后两章逸艳绝伦,若除去'也'字,都作七字读,即为七言之祖。"

　　全诗反复铺陈咏叹宣姜服饰容貌之盛美,是为了反衬其内心世界的丑恶与行为的污秽,铺陈处用力多,反衬处立意妙,对比鲜明,辛辣幽默,具有强烈的讽刺效果。

(昝　亮)

桑　中

爰采唐矣?①	采摘女萝在何方?
沬之乡矣。②	就在卫国沬邑乡。
云谁之思?	思念之人又是谁?
美孟姜矣。③	美丽动人是孟姜。
期我乎桑中,④	约我来到桑林中,
要我乎上宫,⑤	邀我欢会祠庙上,
送我乎淇之上矣。⑥	送我告别淇水旁。

爰采麦矣?	采摘麦子在哪里?
沬之北矣。	就在沬邑北边地。
云谁之思?	思念之人又是谁?

美孟弋矣。	美丽动人是孟弋。
期我乎桑中,	约我来到桑林中,
要我乎上宫,	邀我欢会祠庙上,
送我乎淇之上矣。	送我告别淇水旁。

爰采葑矣?⑦	采摘芜菁哪边垄?
沬之东矣。	就在卫国沬邑东。
云谁之思?	思念之人又是谁?
美孟庸矣。	美丽动人是孟庸。
期我乎桑中,	约我来到桑林中,
要我乎上宫,	邀我欢会祠庙上,
送我乎淇之上矣。	送我告别淇水旁。

〔注〕 ① 爰:在哪里。唐:菜名,又名蒙。或谓即女萝、菟丝。一说当读为"棠",梨的一种。 ② 沬(mèi):地名,卫都旧名,即牧野,在今河南淇县北。乡:郊外。 ③ 孟姜:姜家的长女。孟,兄弟姊妹中排行长者,又称伯。姜,姓,下文"弋""庸"与此同。 ④ 桑中:桑林中。毛传云:"桑中、上宫,所期之地。"孙作云《诗经恋歌发微》云:"这'桑中'我以为即卫地的'桑林之社',……'社'为地神之祀,但后来也变成聚会男女的所在,与高禖的祭祀(祭媒神)相混。" ⑤ 要:邀约。上宫:马瑞辰《毛诗传笺通释》云:"上宫宜为室名,……此上宫亦即楼耳。"孙作云《诗经恋歌发微》云:"'上宫',我以为即'社'或高禖庙,古人谓庙亦曰'宫'。" ⑥ 淇:淇水,在卫国境内,后成为卫河支流。 ⑦ 葑(fēng):一种菜名,即芜菁。

　　这是一首情诗无疑。分歧只在于是暴露世族贵族男女淫乱成风之作,还是青年男女的相悦之词。《毛诗序》云:"《桑中》,刺奔也。卫之公室淫乱,男女相奔,至于世族在位,相窃妻妾,期于幽远,政散民流而不可止。"朱熹等持前说者大多是受《毛序》影响,并举姜、弋、庸乃当时贵族姓氏为证。而持后说者往往纯从诗意把握,认为全诗轻快活泼,表现了青年男女的炽热爱情,并无讥刺之意,更谈不上是贵族男女淫乱后的无耻自白。

　　从诗本身来看,前者显然证据不足,仅凭姓氏难以论定主人公身份。况且,诗序本就是汉儒以"比兴"解诗的产物,其对诗旨的解释时有牵强附会之处。但后说似乎又过于主观。按近人郭沫若《甲骨文研究》云:"桑中即桑林所在之地,上宫即祀桑之祠,士女于此合欢。"又云:"其祀桑林时事,余以为《鄘风》中之《桑中》所咏者,是也。"孙作云亦有同样的见解(见注④⑤)。鲍昌《风诗名篇新解》推衍郭氏之说,认为上古蛮荒时期人们都奉祀农神、生殖神,"以为人间的男女交合可以促进万物的繁殖,因此在许多祀奉农神的祭典中,都伴随有群婚性的男女欢会","郑、卫之地仍存上古遗俗,凡仲春、夏祭、秋祭之际男女合欢,正是原始民族生殖崇拜之仪式","《桑中》诗所描写的,正是古代此类风俗的孑遗","决不能简单斥之为'淫乱'"。这种文化人类学的解释,可以说是很中肯綮的。

诗三章,全以采摘某种植物起兴。这是上古时期吟咏爱情、婚嫁、求子等内容时常用的手法之一。也就是说,在上古时期,采摘植物与性有着某种神秘的或是象征性的联系,至于两者之间在文化上为何能牵系在一起或如何发生瓜葛,这与原始交感巫术有关,在此不作详论。但若从现代美学角度来看,以采摘植物起兴爱情等题材,在审美上和爱情上倒也有一定的同构同形关系,因为炽热的情欲与绿意葱茏的草木都可给人带来勃然的欣悦。所以,以"采唐""采麦""采葑"起兴,在含蓄中有深情,形象中有蕴意。

"兴"以下的正文中,主人公完全沉浸在了狂欢后的甜蜜回忆里。除每章改换所欢爱者外,三章竟然完全相同,反复咏唱在"桑中""上宫"里的销魂时刻以及相送淇水的缠绵,写来又直露无碍,如数家珍。似乎以与多位情人幽会为荣乐,表现了一位多情浪子渔色后的放荡、得意心态,其句式由四言而五言而七言,正是这种心态的表露,尤其每章句末的四个"矣"字,俨然是品咂、回忆狂欢之情时的感叹口吻。近人或认为孟姜、孟弋、孟庸当是一人,若如此,似不合《诗经》中运用复沓的家法。《诗经》中用复沓虽只更换个别词汇,但无论更换的是动词、名词,诗意上多有所递进或拓展,比较典型的如《芣苢》中的"采之""有之""掇之""捋之""袺之""襭之",一字之差,却记叙了一个完整的劳动过程;若本诗中三姓实指一人,一者整首诗三章全为重复,不免过于臃肿拖沓,毫无意味;二者也与"群婚性的男女欢会"的诗意不合。因此本文不取此说。

本篇在今天看来虽然格调不那么高,但音韵谐和,读来圆美流转,朗朗上口。若依自古以来的"用诗"体例,抛开其隐含的本意,作为一首热烈活泼的情歌来看,也无不可。

(陈伟军)

鹑 之 奔 奔

鹑之奔奔,①   鹌鹑双双共栖止,
鹊之彊彊。②   喜鹊对对齐飞翔。
人之无良,③   那人腐化又无耻,
我以为兄。④   我竟尊他作兄长。

鹊之彊彊，	喜鹊双双齐歌唱，
鹑之奔奔。	鹑鹑对对共跳奔。
人之无良，	那人腐化又无耻，
我以为君。	我竟尊他为国君。

〔注〕①鹑：鹑鹑。奔奔：跳跃奔走。②鹊：喜鹊。彊(qiáng)彊：翩翩飞翔。奔奔、彊彊都是形容鹑鹑、喜鹊居有常匹，飞则相随的样子。③无良：不善。④我："何"之借字，二字古音通，《韩诗外传》引作"何"。一说为人称代词，或指卫宣公庶弟左公子泄、右公子职，或指顽之庶弟卫惠公朔，或指顽的弟弟公子黔牟。

这首诗的主旨，古今学者多持讽刺诗之说，而对于诗歌的讽刺对象及诗的作者则有争论。惟樊树云《诗经全译注》在讽刺诗外另立新说，认为"这是一首对旧婚姻制度的控诉诗。一个女子看到鸟相追随、自由飞翔，联想到自己嫁给一个非出己愿的心地丑恶的丈夫，而作此诗。"

笔者以为本诗主旨当以讽刺说为优，对于这首诗的讽刺对象，《毛诗序》说是讽刺卫宣姜之作，后人又将公子顽增衍其中，认为第一章刺顽，第二章刺宣姜，视全诗为刺宣姜与公子顽私通之事，鞭挞他们悖逆伦常、禽兽不如，作诗者当是公子顽之庶弟卫惠公朔或公子黔牟。而魏源《诗序集义》、《诗古微》、方玉润《诗经原始》、王先谦《诗三家义集疏》、黄节《诗旨纂辞》等认为诗中"兄"与"君"同指一人，均指卫宣公晋，作诗者当是卫宣公的庶弟左公子泄、右公子职。根据《史记·卫康叔世家》等书记载，卫宣公纳太子伋聘妻为妇，又听信谗言杀害了伋与伋的庶弟寿，所以刺宣公说可从。

全诗两章，每章四句，均以"鹑之奔奔"与"鹊之彊彊"起兴，极言禽兽尚有固定的配偶，而卫宣公纳媳杀子、荒淫无耻，其行为可谓腐朽堕落、禽兽不如，枉为人兄、人君。元刘玉汝《诗缵绪》云："取二物为兴，二章皆用而互言之，又是一体。"全诗两章只有"兄""君"两字不重复，虽然诗人不敢不以之为兄、以之为君，貌似温柔敦厚，实则拈出"兄""君"两字，无异于对卫宣公进行口诛笔伐，畅快直切、鞭辟入里。清陈震《读诗识小录》评曰："用意用笔，深婉无迹。"　　　　（昝　亮）

定之方中

定之方中，①	定星十月照空中，
作于楚宫。②	楚丘动土筑新宫。
揆之以日，③	度量日影测方向，

作于楚室。④	楚丘造房正开工。
树之榛栗,	栽种榛树和栗树,
椅桐梓漆,	还有梓漆与椅桐,
爰伐琴瑟。	成材伐作琴瑟用。

升彼虚矣,⑤	登临漕邑废墟上,
以望楚矣。	把那楚丘来眺望。
望楚与堂,⑥	望了楚丘望堂邑,
景山与京,⑦	测量山陵与高冈,
降观于桑。	走下田地看农桑。
卜云其吉,⑧	求神占卜显吉兆,
终然允臧。⑨	结果必然很安康。

灵雨既零,⑩	好雨夜间下已停,
命彼倌人。⑪	吩咐驾车小倌人。
星言夙驾,⑫	天晴早早把车赶,
说于桑田。⑬	歇在桑田劝农耕。
匪直也人,⑭	他是正直有为人,
秉心塞渊。⑮	内心充实又深沉。
騋牝三千。⑯	良马三千多如云。

〔注〕 ① 定:定星,又称营室星。农历十月,此星于黄昏时分出现于天空,古人在这时营建宫室。 ② 楚宫:楚丘的宫殿。楚丘,在今河南省滑县之东,濮阳之西。 ③ 揆(kuí):度、测量。日:日影。 ④ 楚室:与"楚宫"同义。 ⑤ 虚:同"墟"。此指漕邑之墟。漕邑与楚丘相近。 ⑥ 堂:堂邑,在楚丘旁。 ⑦ 景:朱熹《诗集传》:"景,测景以正方面也。"京:高丘。 ⑧ 卜:古人迷信。烧龟甲察看裂纹以定吉凶征兆。毛传:"建国必卜之。" ⑨ 臧:善、好。 ⑩ 灵雨:好雨,及时雨。零:落。 ⑪ 倌人:主管驾车者。 ⑫ 星:义同"晴"。夙驾:清晨驾车出行。 ⑬ 说(shuì):通"税",歇息。 ⑭ 匪:犹"彼"。 ⑮ 秉心:用心、操心。塞渊:踏实深远。 ⑯ 騋(lái):高头大马,七尺以上称騋。牝(pìn):母马。三千:约数,表示众多。

　　这篇风诗意在歌功颂德,称颂的对象则是卫文公。卫国懿公当道时,荒淫腐败,懿公好鹤,给鹤食俸乘车,民心离散。公元前660年,狄人攻卫,卫人无斗志,懿公死,卫亡。卫遗民不足千人渡过黄河,齐、宋援卫,立戴公,庐居于漕邑(今河南滑县旧城东)暂栖。不久戴公死,弟文公继位。齐桓公发兵戍守亡而复存的卫国。漕邑不宜建都,前658年,齐桓公率诸侯助卫迁于楚丘。卫文公受命于危亡之际,兢兢业业励精图治,卫国日渐强盛。前642年,邢与狄合兵攻卫,卫文公率兵击退敌军,次年又讨伐邢国,其国力与懿公时不可同日而语。卫文公不乏文治武功,称得上是卫国的中兴之君,《定之方中》对他进行颂扬可谓相人得宜。

全诗三章,章七句。诗当作于卫文公的晚年或死后,是追叙当时情事,具有史诗性质。它与《大雅·公刘》写周人先祖公刘带领周民由邰迁豳时相地形、建京邑、治田地等颇相类,可以参读。

首章写在楚丘营建宫室。古代科学技术还比较原始,建造宅邸需要定向,只能依靠日星。定星每年夏历十月十五至十一月初,黄昏时分出现在正南天空,与北极星相对应,就可准确测定南北方位。至于东西,揆度日影也可确知。又十月后期方届农闲,严寒尚未至,古人于此时修宫筑室,自是相当科学。至于栽种树木,古代在宫殿庙宇建筑旁需植名木,如"九棘""三槐"之类,也有一定规定。楚丘宫庙等处种植了"榛栗",这两种树的果实可供祭祀;种植了"椅桐梓漆",这四种树成材后都是制作琴瑟的好材料。古人大兴土木兼顾人文景观与自然景观,这对今天也是一种启发。"爰伐琴瑟",很有意思。十年树木,百年树人,立国之初就考虑到将来能歌舞升平,琴瑟悠飏,可见深谋远虑与充满自信,非苟且偷安者比,由此让人品尝出诗中隐寓的褒美之意。首章写的是群体劳动,那样的科学规划,那样的紧张有序,那样的自豪自信,在颇为整饬而略带进行曲色彩的诗行中,我们仿佛触摸到了卫人重建家园时那种明朗而又热烈的欢快脉搏。可是,人们不可能自发盲目劳作,也不可能群龙无首,这一大规模工程究竟由谁擘画和领导的呢? 由此造成小小悬念,自然折入二章的倒叙缘由,章法安排上具有跌宕之势。

二章追叙卫文公卜筑楚丘的全过程。全过程包括两个层次:尽人事,敬天命。前五句为尽人事,先是"望",后是"观"。望是登高远望,登上漕邑故墟,眺望楚丘。"望楚"的重复,说明端详得极其细致,慎重而又慎重。此外,还考察了附近的堂邑和高高下下的大小山丘。这显示文公有丰富的堪舆风水知识。"观"是降观,下到田地察看蚕桑水土,是否宜耕宜渔。这都是有关国计民生的根本大计,作为贤君自然不会疏忽。这五句从"登"到"降",从"望"到"观",全景扫描,场面宏远,在广阔雄伟的背景上刻画了既高瞻远瞩又脚踏实地的文公形象。最后两句写占卜,经"天意"认可,人事才算定局,它有助于今天读者认识古代历史。

与二章大刀阔斧手笔迥不相侔,三章却于细微处见精神。三章写文公躬劝农桑。"好雨知时节",有一天夜里春雨绵绵滋润大地,黎明时分天转晴朗,文公侵晨起身,披星戴月,吩咐车夫套车赶往桑田……这幅具体的细节描写图,要传达的信息也不言而喻:文公重视农业生产,亲自前往劝耕督种。由小见大,文公平时夙兴夜寐劳瘁国事的情景,都不难想见。

　　三章的最末三句是全篇的结穴,揭出题旨:他可不是平庸的一般人,他的用心是多么的实在多么的深远啊!全诗叙事,都用赋的手法,从赋中让人品味出赞颂的韵味。"匪直也人,秉心塞渊。"二句虽然也是赋,却有更多的抒情色彩。由于文公"秉心塞渊",崇尚实际,不繁文缛节做表面文章,才使卫国由弱变强。一、二、三章的所有叙写,无不环绕"秉心塞渊"而展开。难怪方玉润《诗经原始》在此句上有眉评:"是全诗主脑。"

　　诗末句"騋牝三千",好像与全诗内容风马牛不相及,其实是构成一种因果关系。上述卜地、筑宫、兴农种种是因,此句是果。兵强马壮,常体现一国的富强,在文公治理下,卫国确实日臻富强。《左传·闵公三年》载:"卫文公大布之衣,大帛之冠,务材训农,通商惠工,敬教劝学,授方任能。元年革车三十乘,季年乃三百乘。"可见卫文公后期国力已增强了近十倍。《诗经原始》也高度评价文公治卫,称其"不数年而戎马寖强,蚕桑尤盛,为河北巨邦。其后孔子适卫犹有庶哉之叹,则再造之功不可泯也"。

(曹光甫)

蝃蝀

蝃蝀在东,① 　　一条彩虹出东方,
莫之敢指。 　　没人胆敢将它指。
女子有行,② 　　一个女子出嫁了,
远父母兄弟。 　　远离父母和兄弟。

朝隮于西,③ 　　朝虹出现在西方,
崇朝其雨。④ 　　整早都是濛濛雨。
女子有行, 　　一个女子出嫁了,
远兄弟父母。 　　远离兄弟和父母。

乃如之人也,⑤ 　　这样一个恶女子啊,
怀昏姻也。⑥ 　　破坏婚姻好礼仪啊。

大无信也,⑦　　太没贞信太无理啊,
不知命也。⑧　　父母之命不知依啊。

〔注〕①螮蝀(dì dòng):彩虹。　②有行:出嫁。　③䗖(jī):虹。　④崇朝:终朝,整个早晨,指从日初出到吃早餐的时候。　⑤乃如之人:像这样的人。　⑥怀:古与"坏"通用,败坏,破坏。昏姻:婚姻。　⑦大:太。信:贞信,贞节。　⑧命:父母之命。

这是一首对某个私奔女子的讽刺诗。《后汉书·杨赐传》唐李贤注引《韩诗序》云:"《螮蝀》,刺奔女也。"宋朱熹《诗集传》也以为"此刺淫奔之诗"。作诗者的意图很明白,是想通过反面说教,以规范当时的礼仪制度。《毛诗序》以为"《螮蝀》,止奔也",则是从正面说教的角度去解说诗旨的。

开端"螮蝀在东,莫之敢指"是起兴。螮蝀,即彩虹,又称美人虹,其形如带,半圆,有七种颜色,是雨气被太阳返照而成。古人因缺乏自然知识,以为虹的产生是由于阴阳不和,婚姻错乱,因而将它视作淫邪之气,如刘熙云:"淫风流行,男美于女,女美于男,互相奔随之时,则此气盛。"(《释名》)彩虹在东边出现,自然是一件令人忌讳的事,所以大家都"莫之敢指"。接下去引出正文:"女子有行,远父母兄弟。"有行,即出嫁。单这两句似乎看不出诗人的褒贬之意,然联系前面的起兴,诗人无疑是将淫邪的美人虹来象征这个出嫁的女子。所以前两句虽是兴,但兴中兼比,比兴合一,诗的讽意在不言中也就显露了出来。值得一提的是,"女子有行,远父母兄弟"二句亦见于《诗经》的《泉水》《竹竿》,很可能是当时陈语,因而多引用之。

次章是首章的复叠。䗖,亦指虹。陈启源云:"螮蝀在东,暮虹也。朝䗖于西,朝虹也。暮虹截雨,朝虹行雨。"(《稽古编》)所以"朝䗖于西"接下便有"崇朝其雨"之句。说了暮虹,又说朝虹,这样反反复复,诗人就是旨在强调这个出嫁女子婚姻的错乱。

第三章点明本题。"乃如之人也,怀昏姻也",用今天的话说就是"像这样的女人啊,破坏婚姻礼仪啊"。如此刻薄斥骂的语气,表明了诗人对私奔行为的愤愤不平。这种愤愤不平基于两点,一是"大无信也",即私奔者只知思男女之欲,而不能自守贞信之节;二是"不知命也",即私奔者背人道、逆天理,不知婚姻当待父母之命,媒妁之言。从全诗结构看,前两章是蓄势,本章为跌出,即戴君恩所谓"一二为三章立案也"(《读诗臆评》)。第一、第二章的横断不即下,欲说又不直说,为本章蓄足了力量,故一经跌出,语意自然强烈。本章四句末尾语助词"也"字的连用,也进一步烘托出诗人对破坏婚姻制度的私奔行为的痛心疾首。

按现代人的眼光来看,这个不从母命的私奔女子,其实正是一个反抗礼教制度、争取婚姻自由的勇敢女性。封建社会对婚丧喜庆有着极其严格的礼仪规定，如婚事就得依父母之命、媒妁之言，当事人无权自主择偶。《诗经·南山》中的"取妻如之何，必告父母"、"取妻如之何，匪媒不得"，就反映了当时周代社会的婚姻规范。或许本诗的女主人公就是《诗经·鄘风·柏舟》中那个大声疾呼"之死矢靡它"的少女，在得不到父母体谅的情况下，为追求爱情的幸福，义无反顾地私奔到意中人那里自主结合。这种大胆的私奔行为无疑为封建礼教所不容，所以一些所谓的正人君子便将她视作淫妇而进行严厉的斥责。从诗中两引当时陈语"女子有行，远父母兄弟"来看，她的这种愤怒的抗争也没有得到人们的普遍同情，诗中所谓的"莫之敢指"，实际正是千夫所指。"千夫所指，无病而死。"她尽管走出了这反抗的一步，但其悲惨的结局是不难想象的。孔子说"诗可以观"，这首诗便让我们看到了封建礼教的吃人本质，诗的现实意义就在于此。　　（陈如江）

相　　鼠

相鼠有皮，① 　看那老鼠有张皮，
人而无仪。② 　却见有人没威仪。
人而无仪， 　却见有人没威仪，
不死何为！ 　为何还活不倒毙！

相鼠有齿， 　看那老鼠有牙齿，
人而无止。③ 　却见有人无廉耻。
人而无止， 　却见有人无廉耻，
不死何俟！④ 　活着不死等何时！

相鼠有体， 　看那老鼠有肢体，
人而无礼。 　却见有人不懂礼。
人而无礼， 　却见有人不懂礼，
胡不遄死！⑤ 　何不赶快就断气！

〔注〕　①相：观看。　②仪：威仪，指仪表举止。　③止：假借为"耻"，郑笺释为"容止"，也可通。　④俟(sì)：等。　⑤胡：何。遄(chuán)：速。

这首诗古有二说：《毛诗序》以为是刺在位者无礼仪，班固《白虎通义·谏诤篇》则认为是"妻谏夫之诗",此本《鲁诗》说。后一说虽然有何楷、魏源、陈延杰诸家的阐发,但究竟由于所申述的内容与本诗所显露的深恶痛绝的情感不吻合,故为大多数说诗者所不取,而从毛序郑笺之说。

《诗经》中写到"鼠"的有五首(《雨无正》"鼠思泣血"之鼠通瘼,未计),除本诗外,其他四首都是直接把鼠作为痛斥或驱赶的对象,确实"老鼠过街,人人喊打",自古而然。而本诗却有所不同,偏偏选中丑陋、狡黠、偷窃成性的老鼠与卫国"在位者"作对比,公然判定那些长着人形而寡廉鲜耻的在位者连老鼠也不如,诗人不仅痛斥,而且还要他们早早死去,以免玷污"人"这个崇高的字眼。至于所刺的"在位者"是谁,所刺何事,虽曾有过多种说法,但笔者以为已无法考实,翻开卫国的史册,在位者卑鄙龌龊的勾当太多,如州吁弑兄桓公自立为卫君;宣公强娶太子伋未婚妻为妇;宣公与宣姜合谋杀太子伋;惠公与兄黔牟为争位而开战;懿公好鹤淫乐奢侈;昭伯与后母宣姜乱伦……父子反目,兄弟争立,父淫子妻,子奸父妾,哪一件不是丑恶之极、无耻之尤!这些在位者确实禽兽不如,禽兽尚且恋群,而他们却是骨肉相残,本篇诗人咬牙切齿,无疑是有感而发。拙著《诗经选注》曾指出:"《相鼠》一诗就是卫国统治者丑恶行为的总概括,有强烈的现实战斗性。"

本篇三章重叠,以鼠起兴,反复类比,意思并列,但各有侧重,第一章"无仪",指外表;第二章"无止(耻)",指内心;第三章"无礼",指行为。三章诗重章互足,合起来才是一个完整的意思,这是《诗经》重章的一种类型。本诗尽情怒斥,通篇感情强烈,语言尖刻,所谓"痛呵之词,几于裂眦"(牛运震《诗志》);每章四句皆押韵,并且二、三句重复,末句又反诘进逼,"意在笔先,一波三折"(陈震《读诗识小录》),既一气贯注,又回流激荡,增强了讥刺的力量与风趣。　　　　　(蒋立甫)

干　旄

孑孑干旄,① 　　高扬旗帜垂牦尾,
在浚之郊。② 　　驾车郊外行如飞。
素丝纰之,③ 　　白色丝线镶旗边,
良马四之。　　　好马四匹后相随。
彼姝者子,④ 　　那位美好的贤人,
何以畀之?⑤ 　　该拿什么来送给?

孑孑干旟,⑥ 　　高扬旗上画鸟隼,

在浚之都。⑦	驾车已经在近城。
素丝组之,⑧	白色丝线织旗上,
良马五之。	好马五匹后面跟,
彼姝者子,	那位美好的贤人,
何以予之?	该拿什么来相赠?

孑孑干旄,⑨	高扬旗上垂鸟羽,
在浚之城。	驾车已经到城区。
素丝祝之,⑩	白色丝线缝旗上,
良马六之。	好马六匹后驰驱。
彼姝者子,	那位美好的贤人,
何以告之?	该拿什么来诉与?

〔注〕 ① 孑孑:高举特出之貌。干旄(máo):朱熹《诗集传》:"干旄,以旄牛尾注(装饰)于旗干之首,而建(竖立)之车后也。"干,通"竿",指旗竿;旄,同"牦",牦牛尾。 ② 浚:地名,卫邑。 ③ 纰(pí):郑玄笺:"素丝者以为缕,以缝纰旌旗之旒縿(旒縿,都是旗上的垂饰之物),或以维持之。"即在旗帜上缝丝线镶边作装饰。 ④ 姝(shū):美好。 ⑤ 畀(bì):给予。 ⑥ 旟(yú):画有鸟隼的旗帜。 ⑦ 都:毛传:"下邑曰都。"下邑,近城。 ⑧ 组:编织。 ⑨ 干旌:朱熹《诗集传》:"干旌,盖析翟羽(长尾野鸡毛)设于旗干之首也。" ⑩ 祝:"属"的假借字,编连缝合。

　　《干旄》一诗,古今解其主旨之说甚多,据张树波《国风集说》所载,有十三种。各家之说,可谓洋洋大观,但其中影响较大的,也不过《毛诗序》为代表的"美卫文公臣子好善说"、朱熹《诗集传》为代表的"卫大夫访贤说"和现代一些学者所持的"男恋女情诗说"三种,恰好代表了古代经学汉学、宋学两大体系和五四运动兴起后新学的观点。推敲起来,笔者认为如果从文本本身所含信息出发去理解诗旨,似乎还是"卫大夫访贤说"比较可取些。按:毛传解"四之""五之""六之"为"御四马也""骖马五辔""四马六辔",认为"良马四之""良马五之""良马六之"是说大夫驾车建旌旄而行。对此清马瑞辰《毛诗传笺通释》说:"服马四辔皆在手,两骖马内辔纳于觼,故四马皆言六辔,经未有言五辔者。"又引孔广森语曰:"四之、五之、六之,不当以辔为解,乃谓聘贤者用马为礼。三章转益,见其多庶。《觐礼》曰:'匹马卓上,九马随之。'《春秋左传》曰:'王赐虢公、晋侯马三匹。''楚公子弃疾见郑子皮以马六匹。'是以马者不必成双,故或五或六矣。"这儿,他指出了毛诗说的关键性破绽。另外,马瑞辰稽考古文献,指出:"是古者聘贤招士多以弓旌车乘。此诗干旄、干旟、干旌,皆历举召贤者之所建。"(同上)由此又可见,相比较而言,"男恋女情诗说"谓本诗写一个男性贵族青年乘车赶马去见他的情人,虽从字面上也解释得通,但总觉得不如"卫大夫访贤说"那样证据较充足一些。或许,有人会像清姚际恒那样,以为《邶风》'静女其姝',《郑风》'彼姝者子',皆称女子,今称贤者以姝,似觉未安"(《诗经通论》)。但清方玉润《诗经原始》说得好:"'西方美人',亦称圣王,则称贤以姝,亦无所疑。"

诗全用赋体,采用重章叠句的结构,但完全重复的句子仅"彼姝者子"一句,这似乎也突出了那位"姝者"在全诗中的重要性。持"美好善说"的毛诗说以为"姝者"是卫国好美善的大夫,持"访贤说"的朱熹则以为"姝者"是卫国的贤人,但他们都认为"之"指代的是卫大夫。毛诗说以"之"为"贤者乐告以善道"(同上)的对象,朱熹以"之"为"答其礼意之勤"(同上)的对象。笔者的看法则是"之"指代的应是上文的"彼姝者子",若取"访贤说",那"之"必然是指被访的贤人。"何以畀(予,告)之",正是访贤大夫心中所想的问题:将赠送他们什么东西以示礼敬?将告诉他们哪些事需要请教?

从诗艺上说,"在浚之郊""在浚之都""在浚之城",由远而近;"良马四之""良马五之""良马六之",由少而多,章法是很严谨的,而"何以畀之""何以予之""何以告之"用疑问句代陈述句,摇曳生姿,真觉"踌躇有神"(牛运震《诗志》),反映访贤大夫求贤若渴的心理可谓妙笔生花。

清邓翔《诗经绎参》说此诗是东汉张衡《四愁诗》"所夺胎",因为张氏诗中有"美人赠我金错刀(金琅玕、貂襜褕、锦绣段),何以报之英琼瑶(双玉盘、明月珠、青玉案)"之句。邓氏持"好美善说",故有此言。不过他所说的本篇诗作对后世的影响,还是很可信的。

(惠渭舟)

载　驰

载驰载驱,①	驾起轻车快驰骋,
归唁卫侯。②	回去吊唁悼卫侯。
驱马悠悠,	挥鞭赶马路遥远,
言至于漕。③	到达漕邑时未久。
大夫跋涉,	许国大夫跋涉来,
我心则忧。	阻我行程令我愁。

既不我嘉,④	竟然不肯赞同我,
不能旋反。	哪能返身回许地。
视尔不臧,⑤	比起你们心不善,
我思不远。⑥	我怀宗国思难弃。
既不我嘉,	竟然没有赞同我,
不能旋济。	无法渡河归故里。
视尔不臧,	比起你们心不善,
我思不閟。⑦	我恋宗国情不已。
陟彼阿丘,	登高来到那山冈,
言采其蝱。⑧	采摘贝母治忧郁。
女子善怀,⑨	女子心柔善怀恋,
亦各有行。⑩	各有道理有头绪。
许人尤之,⑪	许国众人责难我,
众稚且狂。⑫	实在狂妄又稚愚。
我行其野,	我在田野缓缓行,
芃芃其麦。⑬	垄上麦子密密遍。
控于大邦,⑭	欲赴大国去陈诉,
谁因谁极?⑮	谁能依靠谁来援?
大夫君子,	许国大夫君子们,
无我有尤。	不要对我生尤怨。
百尔所思,	你们考虑上百次,
不如我所之。⑯	不如我亲自跑一遍。

〔注〕 ① 载:语助词。驰、驱:孔疏:"走马谓之驰,策马谓之驱。" ② 唁:向死者家属表示慰问,此处不仅是哀悼卫侯,还有凭吊宗国危亡之意。毛传:"吊失国曰唁。"卫侯:指卫戴公,作者之兄。 ③ 漕:地名,毛传:"漕,卫东邑。"《左传·闵公二年》作"曹"。杜预注:"曹,卫下邑。" ④ 嘉:认为好,赞许。 ⑤ 视:表示比较。臧:好,善。 ⑥ 远:朱熹《诗集传》:"远,犹忘也。" ⑦ 閟(bì):同"闭",闭塞不通。朱熹《诗集传》:"言思之不止也。" ⑧ 言:语助词。

蝱(máng)：即贝母，一种草药，有镇静、祛痰、止咳等效用。朱熹《诗集传》："主疗郁结之疾。" ⑨怀：怀恋。 ⑩行：指道理，准则。 ⑪尤：责怪。 ⑫众：王引之《经传释词》谓与"终"通，朱熹《诗集传》解为"众人"，均可通。 ⑬芃(péng)芃：茂盛貌。 ⑭控：往告，赴告。 ⑮因：依靠。极：至，指来援者的到达。 ⑯之：往，指行动。

据《左传·闵公二年》记载："冬十二月，狄人伐卫，卫懿公好鹤，鹤有乘轩者，将战，国人受甲者，皆曰'使鹤'。……及狄人战于荥泽，卫师败绩。"当卫国被狄人占领以后，许穆夫人心急如焚，星夜兼程赶到漕邑，吊唁祖国的危亡，写下了这首《载驰》。

许穆夫人名义上是卫宣公与宣姜的女儿，事实上乃卫宣公之子公子顽与宣姜私通所生。她有两个哥哥：戴公和文公；两个姐姐：齐子和宋桓夫人。据前人考证，她约生于周庄王七年、卫惠公十年（前690）左右，卒于周惠王二十一年、卫文公四年（前656），大约活了三十四岁。年方及笄，当许穆公与齐桓公慕名向她求婚时，她便以祖国为念。汉刘向《列女传·仁智篇》云："初，许求之，齐亦求之。懿公将与许，女因其傅母而言曰：'……今者许小而远，齐大而近。若今之世，强者为雄。如使边境有寇戎之事，惟是四方之故，赴告大国，妾在，不犹愈乎？'……卫侯不听，而嫁之于许。"由此可见，她在择偶问题上曾考虑将来如何报效祖国。她嫁给许穆公十年左右，卫国果然被狄人所灭。不久，她的姐夫宋桓公迎接卫国的难民渡过黄河，计男女七百三十人，加上共、滕两个别邑的人民共五千人，立戴公于漕邑。戴公即位一月而死，夫人"闵卫之亡，驰驱而归，将以唁卫侯于漕邑，未至，而许之大夫有奔走跋涉而来者，夫人知其必将以不可归之义来告，……乃作此诗以自言其意"（《诗集传》）。据"我行其野，芃芃其麦"二句，诗当作于卫文公元年（前659）春暮。

许穆夫人是中国文学史上第一位女诗人，也是世界文学史上第一位女诗人。据清魏源《诗古微》考证，除本篇外尚有《泉水》《竹竿》二诗也为其所作，其中尤以《载驰》思想性最强，它在强烈的矛盾冲突中表现了深厚的爱国主义思想。全诗分为四章，不像《桃夭》《相鼠》等篇每章句数、字数甚至连意思也基本相似，而是每多变化，思想感情也复杂得多。之所以如此，是因为作者的叙事抒情是从现实生活出发，从现实所引起的内心矛盾出发。故诗歌的形式随着内容的发展而发展，形成不同的语言和不同的节奏。

诗的第一章，交代本事。当诗人听到卫国灭亡、卫侯逝世的凶讯后，立即快马加鞭，奔赴漕邑，向兄长的家属表示慰问。可是目的地未到，她的丈夫许穆公便派遣大夫跋山涉水，兼程而至，劝她马上停止前进。处此境地，她内心极为忧伤。这一章先刻画了诗人策马奔驰、英姿飒爽的形象,继而在许国大夫的追踪中展开了剧烈的矛盾冲突。如果我们有看过京剧《萧何月下追韩信》的经验,便不难想象此刻的情景。

现实的冲突引起内心的冲突,经过以上的铺叙,第二章便开始写诗人内心的矛盾。此时诗中出现两个主要人物:尔,指许国大夫;我,许穆夫人自指。一边是许国大夫劝她回去,一边是许穆夫人坚持赴卫,可见矛盾之激烈。朱熹《诗集传》释此章云:"言大夫既至,而果不以我归为善,则我亦不能旋反而济,以至于卫矣。虽视尔不以我为善,然我之所思终不能自已也。"按诗意理解,应有两层意思:前四句为一层,是说你既待我不友好,我就不能返回许国,比起你这般没良心来,我对宗国总是念念不忘的;后四句为第二层,是说你既待我不友好,我就不能渡过黄河到卫国,比起你这般没良心来,我的感情是不会轻易改变的。诗人正是处于这种前不能赴卫、后不能返许的境地之中,左右为难,十分矛盾。然而她的爱与憎却表现得非常清楚:她爱的是娘家,是宗国;憎的是对她不予理解又不给支持的许国大夫及其幕后指挥者许穆公。

第三章矛盾没有前面那么激烈,诗的节奏渐渐放慢,感情也渐渐缓和。朱熹分析此章云:"又言以其既不适卫而思终不止也,故其在涂,或升高以舒忧想之情;或采蝱以疗郁结之疾。"(《诗集传》)也就是说夫人被阻不能适卫,心头忧思重重,路上一会儿登上高山以舒解愁闷,一会儿又采摘草药贝母以治疗抑郁而成的心病。所谓"女子善怀,亦各有行",是说她身为女子,虽多愁善感,但亦有她的做人准则——这准则就是关心生她养她的宗国。而许国人对她毫不理解,给予阻挠与责怪,这只能说明他们的愚昧、幼稚和狂妄。这一段写得委婉深沉,曲折有致,仿佛让人窥见她有一颗美好而痛苦的心灵。细细玩索,简直催人泪下。

第四章写夫人归途所思。此时夫人行迈迟迟,一路上考虑如何拯救祖国。"我行其野,芃芃其麦",说明时值暮春,麦苗青青,长势正旺。此刻诗人"涉芃芃之麦,又自伤许国之小而力不能救,故思欲为之控告于大邦,而又未知其将何所因而何所至乎?"(《诗集传》)所谓"控于大邦",指向齐国报告狄人灭卫的情况,请求他们出兵,但诗人又想不出用什么办法才能达到目的。此处既写了景,又写了情,情景双绘中似乎让人看到诗人缓辔行进的形象。同第一章的策马奔驰相比,显然表现了不同的节奏和不同的情绪。而这个不同完全是从生活出发的,盖初来之时因始闻卫亡的消息,所以心急如焚,快马加鞭,不暇四顾;而被许大夫阻挠之后,报国之志难酬,心情沉重,故而行动迟缓,眼看田野中的麦浪好似诗人起伏不定的心潮。诗笔至此,真要令人赞叹!

最后四句,有的本子另作一章,不无道理,然依旧本,多与前四句并为一节,这样似更为合理。这四句当是承前而言,谓夫人归途中一边想向齐国求救,求救不成,又对劝阻她的许大夫心怀愤懑。此处《诗集传》释云:"大夫,即跋涉之大夫;君子,谓许国之众人也。""大夫君子,无以我为有过,虽尔所以处此百方,然不如使我得自尽其心之为愈也。"照此解释则与首章"大夫跋涉,我心则忧",前后呼应。字面上虽是"无我有尤",实质上应是她对许大夫不让她适卫赴齐产生怨尤,正话反说,语气委婉,体现了《诗经》"温柔敦厚"之旨。末二句,表现了夫人的自信心,意为那些大夫君子纵有千条妙计,总不如我的救卫之策高明。"我所之"的"之"字,若作动词解,便是往卫国或齐国去一趟的意思;也有训为"思"的,就是自指夫人的想法。不管哪一种解释,都反映了许穆夫人是一个颇有主张的人,她的救国之志、爱国之心始终不渝。全诗至此戛然而止,但它却留下无穷的诗意让读者去咀嚼回味,真是语尽而意不尽,令人一唱而三叹!

(徐培均)

【诗歌解题】

卫 风

《诗经》类名。"国风"之一。共十篇。卫地民歌。周武王克商,把商都朝歌封给纣子武庚;并分朝歌以北为邶,由其弟霍叔监之;南为鄘,由其弟蔡叔监之;东为卫,由其弟管叔监之。周公平定武庚的叛乱后,把商都及邶、鄘、卫地分封给其弟康叔,都朝歌(今河南淇县东北朝歌城)。《邶》《鄘》《卫》诗原为一地民歌,故春秋时人均视之为卫风。今文学派三家诗以《邶》《鄘》《卫》为一卷,《毛诗》则分为三卷。

淇奥　　　　卫风

瞻彼淇奥,①	看那淇水弯弯岸,
绿竹猗猗。②	碧绿竹林片片连。
有匪君子,③	高雅先生是君子,
如切如磋,④	学问切磋更精湛,
如琢如磨。⑤	品德琢磨更良善。
瑟兮僴兮,⑥	神态庄重胸怀广,
赫兮咺兮。⑦	地位显赫很威严。

有匪君子，	高雅先生真君子，
终不可谖兮。⑧	一见难忘记心田。
瞻彼淇奥，	看那淇水弯弯岸，
绿竹青青。	绿竹袅娜连一片。
有匪君子，	高雅先生真君子，
充耳琇莹，⑨	美丽良玉垂耳边，
会弁如星。⑩	宝石镶帽如星闪。
瑟兮僩兮，	神态庄重胸怀广，
赫兮咺兮，	地位显赫更威严，
有匪君子，	高雅先生真君子，
终不可谖兮。	一见难忘记心田。
瞻彼淇奥，	看那淇水弯弯岸，
绿竹如箦。⑪	绿竹葱茏连一片。
有匪君子，	高雅先生真君子，
如金如锡，⑫	青铜器般见精坚，
如圭如璧。⑬	玉礼器般见庄严。
宽兮绰兮，	宽宏大量真旷达，
猗重较兮，⑭	倚靠车耳驰向前，
善戏谑兮，	谈吐幽默真风趣，
不为虐兮。	开个玩笑人不怨。

〔注〕① 淇奥：淇，水名，源出河南林县，东经淇县流入卫河。奥，水边深曲的地方。② 猗猗：美丽繁茂的样子。 ③ 匪：通"斐"，有文采的样子。 ④ 切磋：本义是加工玉石骨器，引申为讨论研究学问。 ⑤ 琢磨：本义是玉石骨器的精细加工，引申为学问道德上钻研深究。 ⑥ 瑟、僩(xiàn)：瑟，仪容庄重的样子；僩，神态威严。 ⑦ 咺(xuān)：威仪显著。 ⑧ 谖(xuān)：忘记。 ⑨ 充耳：挂在冠冕两旁的饰物，下垂至耳，一般用玉石制成。琇(xiù)莹：似玉的美石，用以装饰。 ⑩ 会弁(biàn)：会，缝隙。弁，古代贵族男子穿礼服时戴的帽子，用皮或布制成。会弁，指皮帽子把头发收束得不露出一丝一绺。 ⑪ 箦(zé)：通"积"，堆积。 ⑫ 金、锡：黄金和锡，一说铜和锡。闻一多《风诗类钞》主张为铜和锡，还说："古人铸器的青铜，便是铜与锡的合金，所以二者极被他们重视，而且每每连称。" ⑬ 圭璧：圭，玉制礼器，上尖下方，在举行隆重仪式时使用；璧，玉制礼器，正圆形，中有小孔，也是贵族朝会或祭祀

时使用。圭与璧制作精细，显示佩带者身份、品德高雅。　⑭猗重较：猗，通"倚"；较，古时车厢两旁作扶手的曲木或铜钩。重较，双较。

　　《诗经》中有许多人物的赞歌，称赞的对象也很广泛。其中重要一类被称颂的对象，是各地的良臣名将。先秦时代，正是中华民族不断凝聚走向统一的时代，人们希望和平、富裕的生活。在那样一个时代，人们自然把希望寄托在圣君贤相、能臣良将身上。赞美他们，实际上是表达一种生活的向往。《淇奥》便是这样一首诗。据《毛诗序》说："《淇奥》，美武公之德也。有文章，又能听其规谏，以礼自防，故能入相于周，美而作是诗也。"这个武公，是卫国的武和，生于西周末年，曾经担任过周平王（前770—前720）的卿士。史传记载，武和晚年九十多岁了，还是谨慎廉洁从政，宽容别人的批评，接受别人的劝谏，因此很受人们的尊敬，人们作了这首《淇奥》来赞美他。

　　从诗本身而言，只是一曲形象的赞歌，时间、地点、人物的指涉性不强，因此可以说，诗中形象并非实指，而是周王朝时代一个品德高尚的士大夫，具有泛指意蕴。全诗分三章，反复吟咏。但在内容上，并不按诗章分派，而是融汇赞美内容于三章之中。这是因为诗歌本身比较短小，不能长篇铺叙，无法按称颂对象的各个方面一一分述，只能混涵概括，点到为止。同时，三章内容基本一致，就起了反复歌颂的作用，使听者印象更加深刻。

　　那么，《淇奥》反复吟颂的是士大夫哪些方面的优秀之处呢？首先是外貌。这位官员相貌堂堂，仪表庄重，身材高大，衣服也整齐华美。"会弁如星""充耳琇莹"，连冠服上的装饰品也是精美的。外貌的描写，对于塑造一个高雅君子形象，是很重要的。这是给读者的第一印象。其次是才能。"如切如磋，如琢如磨"，文章学问很好。实际上，这是赞美这位君子的行政处事的能力。因为卿大夫从政，公文的起草制定，是主要工作内容。至于"猗重较兮""善戏谑兮"，突出君子的外事交际能力。春秋时诸侯国很多，能对应诸侯，不失国体，对每个士大夫都是个考验。看来，诗歌从撰写文章与交际谈吐两方面，表达了这君子处理内政和处理外事的杰出能力，突出了良臣的形象。最后，也是最重要的方面，是歌颂了这位君子的品德高尚。"如圭如璧，宽兮绰兮"，意志坚定，忠贞纯厚，心胸宽广，平易近人，的确是一位贤人。正因为他是个贤人，从政就是个良臣，再加上外貌装饰的庄重华贵，更加使人尊敬了。所以，第一、第二两章结束两句，都是直接的歌颂："有匪君子，终不可谖兮！"从内心世界到外貌装饰，从内政公文到外事交涉，这位士大夫都是当时典型的贤人良臣，获得人们的称颂，是必然的了。此诗就是这样从三个方面，从外到内，突出了君子的形象。诗中一些句子，如"如切如磋，如琢如磨""善戏谑兮,不为虐兮"成为日后人们称许某种品德或性格的词语,可见《淇奥》一诗影响之深远了。

(陈　铭)

考　槃

考槃在涧,①	远离尘嚣隐居到山涧之畔,
硕人之宽。②	伟岸的形象啊心怀宽广。
独寐寤言,③	即使独身孤零零地度日,
永矢弗谖。④	誓不违背隐居的高洁理想。

考槃在阿,⑤	远离世俗隐居到山岗之上,
硕人之薖。⑥	伟岸的形象啊心神疏朗。
独寐寤歌,⑦	即使独身冷清清地度日,
永矢弗过。⑧	誓不忘记隐居的欢乐舒畅。

考槃在陆,⑨	远离喧闹隐居到黄土高丘,
硕人之轴。⑩	伟岸的形象啊心志豪放。
独寐寤宿,	即使独身静悄悄地度日,
永矢弗告。⑪	誓不到处哀告不改变衷肠。

〔注〕　① 考槃:指避世隐居。　② 硕人:形象高大丰满的人,不仅指形体而言,更主要指人道德高尚。　③ 寐寤:寐,睡眠。寤,睡醒。寐寤连用,即过日子。　④ 矢:同"誓"。谖(xuān):忘却。　⑤ 阿:山坡,又泛指山中凹进去的地方。　⑥ 薖(kē):宽大、宽舒。　⑦ 歌:此处"歌"字,与第一节"言"字,第三节"宿"字,都泛指隐居者个人行为。　⑧ 过:忘记。　⑨ 陆:土丘。　⑩ 轴:盘桓不去,自由自在。　⑪ 告:哀告,诉苦。

　　这是一首隐士的赞歌。题目的解释,自来都包涵赞美的意思。毛传说:"考,成;槃,乐。"朱熹《诗集传》引陈傅良的说明:"考,扣也;槃,器名。盖扣之以节歌,如鼓盆拊缶之为乐也。"黄燠《诗解》说:"考槃者,犹考击其乐以自乐也。"总之,题目定下一个愉悦赞美的感情调子,使读者在接受上有了感受的提示和理解的引导。

　　全诗分三章,变化不大,意思连贯。无论这位隐士生活在水湄山间,无论他的言辞行动,都显示畅快自由的样子。诗反复吟咏这些言行形象,用复沓的方式,加深读者的感受。

诗集中描写两个内容。一是隐士形象。"硕人"一词,本身就带有身体高大与思想高尚双重含义。全诗反复强调"硕人之宽""硕人之迂""硕人之轴",突出"宽""迂""轴",实际上表示隐士的生活是自由舒畅的,心胸是宽广高尚的。他远离浊世,又使浊世景仰。因此,这个隐士虽然隐居山间水际,但仍然是受人们敬重仰羡的社会人。《诗序》说,这首诗是讽刺卫庄公的,因为卫庄公"不能继先王之业,使贤者退而穷处"。看来,隐士是贤者,处身于穷乡僻壤,倒是对的。至于是否直接讽刺卫庄公不用贤人,就诗本身来说,并没有明显的昭示。所以,硕人是隐士,是贤者,是有高尚思想宽广胸襟的伟人,诗内诗外,都得到表现。诗歌反复吟咏,给人印象就深刻了。诗中描写的另一个内容,是隐居的环境。"考槃在涧""考槃在阿""考槃在陆",无论在水涧、山丘、高原,都是人群生活较少的地方。隐士之所以叫做隐,当然并不仅仅在于远离社会生活。虽说前人有"大隐于朝,中隐于市,小隐于山"的说法,在朝廷、市井之中做隐士不是不可以;不过,一般说来,隐士大多数指远离人群集中活动的范围,到山林、水际、海岛等较荒僻地方去生活的一批人。也可以说是自愿从社会中自我放逐者。诗歌采用了正面烘托的手法,把隐居的环境写得幽静雅致。山涧、山丘、黄土高坡,都不涉一笔荒芜、凄凉、冷落,反而成为一个符合隐士所居的幽雅环境。那么,贤良的隐士在幽雅的环境中,就如鱼得水,散步、歌唱、游赏,自得其乐,舒畅自由。于是,隐居之乐也永远不能忘却,更不想离去了。贤人、幽境、愉悦三者相结合,强烈地表达出硕人的隐居,是一种高尚而快乐的行为,是应该受到社会尊重赞美的。

诗歌每章一韵,使四言一句、四句一章的格式,在整齐中见出变化。特别是可歌的《诗经》,在吟唱中音韵的变化,就使歌声抑扬有序,载着作者的赞美之情,充盈空间,不绝于耳了。

(陈　铭)

硕　　人①

硕人其颀,②	好个修美的女郎,
衣锦褧衣。③	麻纱罩衫锦绣裳。
齐侯之子,④	她是齐侯的女儿,
卫侯之妻,⑤	她是卫侯的新娘,
东宫之妹,⑥	她是太子的阿妹,
邢侯之姨,⑦	她是邢侯的小姨,
谭公维私。⑧	谭公又是她姊丈。

卫风·硕人

手如柔荑,⑨	手像春荑好柔嫩,
肤如凝脂,⑩	肤如凝脂多白润,
领如蝤蛴,⑪	颈似蝤蛴真优美,
齿如瓠犀。⑫	齿若瓠子最齐整。
螓首蛾眉,⑬	额角丰满眉细长,
巧笑倩兮,⑭	嫣然一笑动人心,
美目盼兮。⑮	秋波一转摄人魂。
硕人敖敖,⑯	好个高挑的女郎,
说于农郊。⑰	车歇郊野农田旁。
四牡有骄,⑱	看那四马多雄健,
朱幩镳镳,⑲	红绸系在马嚼上,
翟茀以朝。⑳	华车徐驶往朝堂。
大夫夙退,㉑	诸位大夫早退朝,
无使君劳。	今朝莫太劳君王。
河水洋洋,㉒	黄河之水白茫茫,
北流活活。㉓	北流入海浩荡荡。
施罛濊濊,㉔	下水鱼网哗哗动,
鳣鲔发发,㉕	戏水鱼儿刷刷响,
葭菼揭揭。㉖	两岸芦苇长又长。
庶姜孽孽,㉗	陪嫁姑娘身材高,
庶士有朅!㉘	随从男士貌堂堂!

〔注〕①硕人:美人,当时以身材高大为美。此指卫庄公夫人庄姜。关于此诗的主题,历来主要有三说。一是"怜悯"说。据《左传·隐公三年》记载,卫庄公娶齐庄公之女庄姜为妻,美而无子,受到逸嫉,卫人为之赋《硕人》。《毛诗序》及朱熹《诗集传》等古代多数注本采此说,称为"闵庄姜也"。二是"劝谕"说。据《列女传·齐女傅母》记载,庄姜初嫁,重衣貌而轻德行,其傅母加以规劝,使其"感而自修",卫人为作此诗。汉代以后今文经学系统,多采此说。三是"赞美"说。清人方玉润《诗经原始》认为此诗纯为赞美庄姜,并无"悯""谕"之意。今人多采此说。②颀(qí):修长。③衣锦:穿着锦制衣服。"衣"为动词。褧(jiǒng):又作"絅",用枲麻之类衣料所制的罩衫。④齐侯:指齐庄公。子:这里指女儿。⑤卫侯:指卫庄公。⑥东

宫:太子所居的地方,这里指齐太子得臣。 ⑦邢:春秋国名,在今山东邢台。姨:这里指妻子的姊妹。 ⑧谭:春秋国名,在今山东历城。维:其。私:女子称其姊妹的丈夫。全句意谓谭公是庄姜的姐夫。 ⑨柔荑:白茅柔嫩的芽。 ⑩凝脂:凝结的油脂,形容白而丰腴。 ⑪领:颈。蝤蛴(qiú qí):昆虫天牛的幼虫,身白而长。 ⑫瓠犀(hù xī):葫芦子儿。色白,排列整齐。 ⑬螓(qín)首:形容前额丰满开阔。螓,一种小蝉,额广而方正。蛾眉:形容眉毛细长弯曲,犹如蚕蛾的触须。 ⑭倩(qiàn):嘴角间好看的样子。 ⑮盼:眼珠转动。 ⑯敖敖:修长高大的样子。 ⑰说(shuì):通"税",停车。 ⑱四牡:驾车的四匹雄马。有骄:骄骄,强壮的样子。"有"是虚字,无义。 ⑲朱幩(fén):用红绸布缠饰的马嚼子。镳(biāo)镳:盛美的样子。 ⑳翟茀(dí fú)以朝:意谓乘着山鸡羽毛装饰的轿车拜见卫庄公。翟,山鸡;茀,车篷。 ㉑凤退:早早退朝。 ㉒河:特指黄河。洋洋:水流浩荡的样子。 ㉓北流:指黄河在齐、卫间北流入海。活活:水流声。 ㉔施:张,设。罛(gǔ):鱼网。濊(huò)濊:鱼网入水声。 ㉕鳣(zhān):黄鱼。鲔(wěi):鲟鱼。发(bō)发:鱼尾击水声。 ㉖葭(jiā):芦苇。菼(tǎn):荻草。揭揭:高貌。 ㉗庶姜:指庄姜的陪嫁众女。孽孽:高大的样子。 ㉘庶士:指庄姜的陪从人员。有朅(qiè):朅朅,英武的样子。

阅罢《硕人》,这幅妙绝千古的"美人图",留给人们最鲜活的印象,无疑是那倩丽的巧笑、流盼的美目——即"巧笑倩兮,美目盼兮"。

不错,《硕人》通篇用了铺张手法,不厌其烦地吟唱了有关"硕人"的方方面面,如第一章主要说她的出身——她的三亲六戚,父兄夫婿,皆是当时各诸侯国有权有势的头面人物,她无疑是一位门第高华的贵夫人。第三、四章主要写婚礼的隆重和盛大,特别是第四章,七句之中,竟连续六句用了叠字。那洋洋洒洒的黄河之水,浩浩荡荡北流入海;那撒网入水的哗哗声,那鱼尾击水的唰唰声,以及河岸绵绵密密、茂茂盛盛的芦苇荻草,这些壮美鲜丽的自然景象,都意在引出"庶姜孽孽,庶士有朅"——那人数众多声势浩大的陪嫁队伍,那些男傧女侣,他们像庄姜本人一样,皆清一色地修长俊美。上述所有这一切,从华贵的身世到隆重的仪仗,从人事场面到自然景观,无不或明或暗、或隐或显、或直接或间接地衬托着庄姜的天生丽质。而直接描写她的美貌者,除开头"硕人其颀,衣锦褧衣"的扫描外,主要是在第二章。这里也用了铺叙手法,以七个生动形象的比喻,犹如电影的特写镜头,犹如纤微毕至的工笔画,细致地刻画了她艳丽绝伦的肖像——柔软的纤手,鲜洁的肤色,修美的脖颈,匀整洁白的牙齿,直到丰满的额角和修宛的眉毛,真是毫发无缺憾的人间尤物!但这些工细的描绘,其艺术效果,显然都不及"巧笑倩兮,美目盼兮"八字。

清人姚际恒极为推赏此诗,称言"千古颂美人者,无出其右,是为绝唱"(《诗经通论》)。方玉润同意其"绝唱"之说,并指出这幅"美人图"真正美的所在:"千古颂美人者,无出'巧笑倩兮,美目盼兮'二语"(《诗经原始》)。孙联奎《诗品臆说》也拈出此二语,并揭示出其所以写得好的奥窍:"《卫风》之咏硕人也,曰'手如柔荑'云云,犹是以物比物,未见其神。至曰'巧笑倩兮,美目盼兮',则传神写照,正在阿堵,直把个绝世美人,活活地请出来,在书本上涴漾。千载而下,犹亲见其笑貌。"在他看来,"手如柔荑"等等的比拟譬况,诗人尽管使出了浑身解数,却只是刻画出美人之"形",而"巧笑""美目"寥寥八字,却传达出美人之"神"。我们还可以补充说,"手如柔荑"等句是静态,"巧笑"二句则是动态。在审美艺术鉴赏中,"神"高于"形","动"优于"静"。形的描写、静态的描写当然也必不可少,它们是神之美、动态之美的基础。如果没有这些基础,那么其搔首弄姿也许会成为令人生厌的东施效颦。但更重要的毕竟还是富有生命力的神之美、动态之美。形美悦人目,神美动人心。一味静止地写形很可能流为刻板、呆板、死板,犹如纸花,了无生气,动态地写神则可以使人物鲜活起来,气韵生动,性灵毕现,似乎从纸面上走出来,走进你的心灵,摇动你的心旌。在生活中,一位体态、五官都无可挑剔的丽人固然会给你留下较深的印象,但那似乎漫不经心的嫣然一笑、含情一瞥却更能使你久久难忘。假如你是一位多情的年轻人,这一笑一盼甚至会进入你的梦乡,惹起你多少纯真无邪的爱的幻梦!在本诗中,"巧笑""美目"二句确是"一篇之警策","倩""盼"二字尤富表现力。古人释"倩"为"好口辅",释"盼"为"动目也"。"口辅"指嘴角两边,"动目"指眼珠的流转。读者可以凭借自己的生活经验,想象出那楚楚动人的笑靥和顾盼生辉的秋波,是怎样的千娇百媚,令人销魂摄魄。几千年过去了,诗中所炫夸的高贵门第已成为既陈刍狗,"柔荑""凝脂"等比喻也不再动人,"活活""浼浼"等形容词更不复运用,而"巧笑倩兮,美目盼兮"却仍然亮丽生动,光景常新,仍然能够激活人们美的联想和想象。

"传神写照,正在阿堵",这原是六朝画家所总结出的创作经验,它也适用于其他艺术创造活动。此"阿堵"即眼睛。眼睛是心灵的窗户,表现人物莫过于表现眼睛。不过"眼睛"应作宽泛的理解,它可以泛指一切与人的内心世界、人的灵性精神息息相关的东西,比如本诗中倩丽的"巧笑"。达·芬奇的名画《蒙娜丽莎》,不是也以"永恒的微笑"获得永恒的魅力吗?总之,任何艺术创作都要善于捕捉与表现关键所在。一个"关键"胜过一打非"关键"。岂不闻:"金风玉露一相逢,便胜却人间无数!"

"诗三百"是中国古代最早的成熟的诗篇,这是它们的幸运,因为它们所表现的任何内容,它们用以表现内容的任何艺术手法,都具有开创性的意义,这首《硕人》也成为题咏美人文学作品的"千古之祖"。我们在汉乐府《陌上桑》《孔雀东南飞》以及曹植《洛神赋》中,都可以看到"她"的芳踪。白居易《长恨歌》"回眸一笑

"百媚生"的名句,也总不免令人想起"她"的倩影。　　　　　　　　　(萧华荣)

氓

氓之蚩蚩,①	憨厚农家小伙子,
抱布贸丝。②	怀抱布匹来换丝。
匪来贸丝,	其实不是真换丝,
来即我谋。	找个机会谈婚事。
送子涉淇,③	送郎送过淇水西,
至于顿丘。④	到了顿丘情依依。
匪我愆期,⑤	不是我愿误佳期,
子无良媒。	你无媒人失礼仪。
将子无怒,⑥	望郎休要发脾气,
秋以为期。	秋天到了来迎娶。

乘彼垝垣,⑦	爬上那垛破土墙,
以望复关。⑧	遥向复关凝神望。
不见复关,	复关远在云雾中,
泣涕涟涟。	不见情郎泪千行。
既见复关,	情郎即从复关来,
载笑载言。⑨	又说又笑喜洋洋。
尔卜尔筮,⑩	你去卜卦求神仙,
体无咎言。⑪	没有凶兆心欢畅。
以尔车来,	赶着你的车子来,
以我贿迁。⑫	为我搬运好嫁妆。

桑之未落,	桑树叶子未落时,
其叶沃若。⑬	缀满枝头绿萋萋。
于嗟鸠兮,⑭	嘘嘘那些斑鸠儿,
无食桑葚。⑮	别把桑葚吃嘴里。

于嗟女兮，	哎呀年轻姑娘们，
无与士耽。⑯	别对男人情依依。
士之耽兮，	男人若是恋上你，
犹可说也。⑰	要丢便丢太容易。
女之耽兮，	女人若是恋男子，
不可说也。	要想解脱难挣离。

桑之落矣，	桑树叶子落下了，
其黄而陨。⑱	枯黄憔悴任飘摇。
自我徂尔，⑲	自从嫁到你家来，
三岁食贫。	三年穷苦受煎熬。
淇水汤汤，⑳	淇水茫茫送我归，
渐车帷裳。㉑	水溅车帷湿又潮。
女也不爽，㉒	我做妻子没差错，
士贰其行。㉓	是你男人太奸刁。
士也罔极，㉔	反复无常没准则，
二三其德。㉕	变心缺德耍花招。

三岁为妇，	婚后三年守妇道，
靡室劳矣。㉖	繁重家务不辞劳。
夙兴夜寐，㉗	起早睡晚不嫌苦，
靡有朝矣。	忙里忙外非一朝。
言既遂矣，㉘	谁知家业已成后，
至于暴矣。	渐渐对我施凶暴。
兄弟不知，	兄弟不知我处境，
咥其笑矣。㉙	个个见我哈哈笑。
静言思之，	静下心来细细想，
躬自悼矣。㉚	独自伤神泪暗抛。

及尔偕老,	当年发誓偕白头,
老使我怨。	如今未老心先忧。
淇则有岸,	淇水滔滔终有岸,
隰则有泮。㉛	沼泽虽宽有尽头。
总角之宴,㉜	回想少时多欢乐,
言笑晏晏。㉝	谈笑之间露温柔。
信誓旦旦,㉞	海誓山盟犹在耳,
不思其反。	那料反目竟成仇。
反是不思,	莫再回想背盟事,
亦已焉哉。	既已终结便罢休。

〔注〕①氓：指农民。《说文》："氓，民也。"又云："氓，田民也。"蚩(chī)蚩：笑貌。朱熹《诗集传》释为"无知之貌"，亦可通。 ②布：古代货币。一释作布匹，非。 ③淇：淇水。在今河南省北部，古为黄河支流，今入卫河。 ④顿丘：地名，在今河南清丰。 ⑤愆期：延误日期。 ⑥将(qiāng)：愿，请。 ⑦垝(guǐ)垣：坍毁的土墙。 ⑧复关：朱熹《诗集传》谓为"男子之所居也"。陈奂《诗毛氏传疏》则以为："复，反也，犹来也。关，卫之郊关也。" ⑨载：语助词。 ⑩卜：卜卦。在龟甲上钻孔，然而以火灼之，视裂纹以判吉凶。筮(shì)：排比蓍草得出不同的卦象，以占休咎。 ⑪体：卜筮所得的龟兆和象象，显示祸福吉凶。咎言：不吉利的话。 ⑫贿：财物。 ⑬沃若：像水浸润过一样有光泽。 ⑭吁嗟：叹词。鸠：斑鸠。 ⑮桑葚(shèn)：陆德明《经典释文》："葚，本又作椹。"即桑树果实。 ⑯耽：迷恋。 ⑰说：音义与"脱"通。 ⑱陨：坠落。 ⑲徂(cú)：往。 ⑳汤(shāng)汤：水势盛大貌。 ㉑渐(jiān)：沾湿、浸润。帷裳：车厢两旁的帘幕。 ㉒爽：差错。 ㉓贰："贰"字之误，贰同"忒"，偏差。 ㉔罔极：没有准则，指多变。 ㉕二三其德：犹三心两意。 ㉖室劳：家务劳动。 ㉗夙兴夜寐：起早睡晚。 ㉘言：语助词，无义。遂：成，一释作久。 ㉙咥(xì)：讥笑。 ㉚躬自悼：自己伤心。躬，自身；悼，伤。 ㉛隰：低湿之地。泮(pàn)：边、岸。 ㉜总角：古代男女未成年时头上所扎的两个辫髻。此指童年。 ㉝晏晏：和悦貌。 ㉞旦旦：明朗貌。

这是一首弃妇自诉婚姻悲剧的长诗。诗中的女主人公以无比沉痛的口气，回忆了恋爱生活的甜蜜，以及婚后被丈夫虐待和遗弃的痛苦，读之感人心弦，催人泪下。然而自汉代以来，学者多以此诗为"刺淫奔"之作，宋朱熹甚至说："此淫妇为人所弃，而自叙其事以道其悔恨之意也。"并进一步引申说："士君子立身一败，而万事瓦裂者，何以异此？可不戒哉！"(《诗集传》)这是从封建礼教出发，要求妇女以至读书人树立封建的节烈观，今天固不足取。还是清人方玉润比较公正，他在《诗经原始》中说此诗"为弃妇而作也"，并以之与《古诗为焦仲卿妻作》

(即《孔雀东南飞》)相比,认为"此女始终总为情误",此说可谓切中肯綮。

中国文学史上较少长篇叙事诗,在《孔雀东南飞》之前近千年能出现这样自诉婚姻悲剧的长诗,确是一个可喜的现象。诗中虽以抒情为主,所叙的故事也还不够完整细致,但它已将女主人公的遭遇、命运,比较真实地反映出来,抒情叙事融为一体,时而夹以慨叹式的议论。就这些方面说,这首诗已初步具备中国式的叙事诗的某些特征。这些特征或多或少地影响到其后两千余年的叙事诗,在《孔雀东南飞》《长恨歌》直到近代姚燮的《双鸠篇》中似乎都可以看到它的影子。

全诗六章,每章十句,但并不像《诗经》其他各篇采用复沓的形式,而是依照人物命运发展的顺序,自然地加以抒写。它以赋为主,兼用比兴。赋以叙事,兴以抒情,比在于加强叙事和抒情的色彩。开头一、二章,《诗集传》云:"赋也。"具体描写男子向女主人公求婚以至结婚的过程。那是在一次集市上,一个男子以买丝为名,向女主人公吐露爱情,一会儿嬉皮笑脸,一会儿又发脾气,可谓软硬兼施。可是这位单纯的女子看不透他的本质,说是必须有人来说媒,最后将婚期订在秋天。从此以后,女子朝思暮想,"乘彼垝垣,以望复关",望不到男子所住的复关,便泪流不止;既见复关,就像见到所恋之人,不禁眉开眼笑。她还打卦占卜,预测婚事的吉凶。及至男方派车前来迎娶,她就带着全部的财物,嫁了过去。这两章叙事真切,历历可见,而诗人作为一个纯情少女的自我形象,也刻画得栩栩如生。方玉润评这一段云:"不见则忧,既见则喜,夫情之所不容已者,女殆痴于情者耳。"(同上)一个"痴"字,点出了此女钟情之深。

《诗集传》谓第三章"比而兴也",第四章"兴也",也就是说这两章以抒情为主,诗中皆以桑树起兴,从诗人的年轻貌美写到体衰色减,同时揭示了男子对她从热爱到厌弃的经过。"桑之未落,其叶沃若",以桑叶之润泽有光,比喻女子的容颜亮丽。"桑之落矣,其黄而陨",以桑叶的枯黄飘落,比喻女子的憔悴和被弃。"于嗟鸠兮,无食桑葚;于嗟女兮,无与士耽",则以"戒鸠无食桑葚以兴下句戒女无与士耽也"(《诗集传》)。桑葚是甜的,鸠多食则易致醉;爱情是美好的,人多迷恋则易上当受骗。男人沉溺于爱情犹可解脱,女子一旦堕入爱河,则无法挣离。这是多么沉痛的语言!从桑叶青青到桑叶黄落,不仅显示了女子年龄的由盛到衰,而且暗示了时光的推移。"自我徂尔,三岁食贫",一般以为女子嫁过去三年,但另有一种解释:"三岁,多年。按'三'是虚数,言其多,不是实指三年。"(程俊英《诗经译注》)实际上是说女子嫁过去好几年,夫妻关系渐渐不和,终至破裂。女子不得已又坐着车子,渡过淇水,回到娘家。她反复考虑,自己并无一点差错,而是那个男子"二三其德"。在这里女子以反省的口气回顾了婚后的生活,找寻被遗弃的原因,结果得到了一条教训:在以男子为中心的社会里,只有痴心女子负心汉!

诗之五章用赋的手法叙述被弃前后的处境,前六句承上章"自我徂尔,三岁食贫",补叙多年为妇的苦楚,她起早睡晚,辛勤劳作,一旦日子好过一些,丈夫便变得暴戾残酷。这个"暴"字可使人想象到丈夫的狰狞面目,以及女主人公被虐待的情景。后四句写她回到娘家以后受到兄弟们的冷笑。《诗集传》释此段云:"盖淫奔从人,不为兄弟所齿,故其见弃而归,亦不为兄弟所恤,理固有必然者,亦何所归咎哉,但自痛悼而已。"说女主人公"淫奔",固不足取;但其他的话可以帮助我们理解她当时所受到的精神压力和由此而产生的内心矛盾。

第六章赋兼比兴,在抒情中叙事,当初他们相恋时,有说有笑;男子则"信誓旦旦",表示白头偕老。可是他还未老时就产生怨恨,而且无法挽回。这里用了两个比喻:浩浩汤汤的淇水,总有堤岸;广阔连绵的沼泽,也有边际。言外之意,我的痛苦为什么竟没有到头的时候?《诗集传》指出"此则兴也",其实它是比中有兴。诗人运用这两个比喻,强烈地抒发了一腔怨愤,诉说了弃妇无边无际的痛苦。为了摆脱这些痛苦,她下决心与那男子割断感情上的联系:"反是不思,亦已焉哉!"从此后不再希望他回心转意,算了,算了。然而她果真能做到吗?方玉润认为:"虽然口纵言已,心岂能忘?"(《诗经原始》)是的,从这女子一贯钟情的性格来看,她对男子不可能在感情上一刀两断,这就是我们今天常说的悲剧性格。

这首诗所写的婚姻悲剧,反映了当时社会普遍存在的情与礼的矛盾与夫权对妇女的压迫。古礼认为女子嫁人,须有父母之命,媒妁之言。如果"不待父母之命,媒妁之言,钻穴隙相窥,踰墙相从,则父母国人皆贱之"(《孟子·滕文公》下)。这位女子开始时是在集市上与一平民一见钟情、私订终身的,后来又乘垝垣相望,显然与礼有悖,终遭丈夫的休弃、兄弟的讥讽。她对爱情的热烈追求与旧礼教产生直接的冲突,因而导致了婚姻悲剧的发生。在几千年的封建社会中,这是具有典型意义的。

如上所述,这首诗所写的故事虽不够细腻完整,但已讲清了基本事实,展示了主人公的命运,有人认为它已具有戏剧因素,不为无见。戏剧的主要因素是在矛盾冲突中刻画主要人物的性格,这一点本诗业已具备。尤为可贵的是在展示女主人公悲剧命运的同时,诗人以浓墨重彩,描写了深挚而复杂的感情,或喜或悲,或爱或恨,从而塑造出这是一个有血有肉、有鲜明个性的悲剧人物形象。

此诗充分运用了赋比兴交替使用的手法,时时注意情与景的结合,它首先让我们窥见古代集市贸易的一个侧面,以后又让我们感受到古代嫁娶的简单礼俗。

特别是将一条淇水作为背景贯穿全诗,显示了构思的严密与巧妙。如"送子涉淇,至于顿丘",写相恋时的依依不舍;"淇水汤汤,渐车帷裳",写被弃后再涉淇水返回娘家的情景;"淇则有岸,隰则有泮",则以生活中所经历的印象最深的场景兴起内心的感情。同是一条淇水,随着主人公前后处境的不同,表现了悲喜不同的心境,真是情以物迁,情与景会,妙极妙极!　　　　　　　　　　（徐培均）

竹　竿

籊籊竹竿,①	一枝钓竿细又长,
以钓于淇。②	钓鱼钓到淇水上。
岂不尔思?③	难道思念都抛却?
远莫致之。	路远怎能回故乡!

泉源在左,	左边泉水细细流,
淇水在右。	右边淇水长悠悠。
女子有行,④	姑娘从此远嫁去,
远父母兄弟。	父母兄弟天一头。

淇水在右,	右边淇水长悠悠,
泉源在左。	左边泉水细细流。
巧笑之瑳,⑤	粉脸娇笑多可爱,
佩玉之傩。⑥	佩玉叮当慢慢走。

淇水滺滺,⑦	淇水水流不回头,
桧楫松舟。⑧	桧木桨摇松木舟。
驾言出游,⑨	再次驾船水上游,
以写我忧。⑩	但愿能解心中愁。

〔注〕① 籊(dí)籊:长而尖细的样子。　② 淇:卫国水名,在今河南省境内。　③ 尔思:尔,你;尔思,想念你。　④ 行:远嫁。　⑤ 瑳(cuō):露齿巧笑的样子。　⑥ 傩(nuó):行动有节奏的样子。　⑦ 滺(yōu)滺:水流动的样子。　⑧ 桧楫:桧木做的船桨。　⑨ 言:语助词,相当"而"字。　⑩ 写:通"泻",排解。

卫国的淇水，是青年男女游乐的地方。悠悠的淇水水波，秀丽的两岸风光，伴随着这些青年度过无忧无虑的青少年时代。因此，每当他们远离故乡，回首往事，思亲怀乡的时候，淇水很自然地浮现在脑际。淇水、家乡、亲人、亲情，都融化在一起，激起心中感情的波涛。这首诗，正是带着这种感情的波涛而写就的。关于诗的主旨，《毛诗序》说："《竹竿》，卫女思归也。"写的是一位远嫁的卫国女儿，思念家乡的情怀。至于作者，魏源在《诗古微》中考证，以为"亦许穆夫人作"。这位许穆夫人是卫公子顽的女儿，嫁在许国。后来许穆夫人的兄长戴公掌权时，卫国被狄人攻陷，卫国灭亡。许穆夫人既不能回卫国吊唁，便写了《载驰》一诗，表达自己的心情。从诗意来看，《竹竿》并没有痛心吊唁的沉重，只有思亲怀乡的忧思，不像亡国之音。魏源说《竹竿》是许穆夫人所作，并没有实证，只是一种推测，而且并不可靠。

现在看来，把《竹竿》看作一位远嫁的卫国姑娘思念家乡的歌声，比较恰当。至于姑娘的身份，不必细究，可以作为一种共名来理解。

全诗分四章。诗的内容都是远嫁女儿脑海中的形象活动。细究起来，前后各两章，各成一层意思。开头两章，是远嫁姑娘的回忆，都是关于婚前家乡与亲人的事。首章回忆当姑娘家时在淇水钓鱼的乐事："籊籊竹竿，以钓于淇"，和伙伴们一起到淇水钓鱼游玩，这是多么惬意的事，又怎能忘记呢？可惜眼下身在异乡，再也不能回淇水去钓鱼了，"岂不尔思，远莫致之"。次章回忆离别父母兄弟远嫁时的情形。泉水、淇水，逐渐远去；父母兄弟，逐渐远离。离别的场面和离别的情怀，最使人难忘。远嫁的女儿回忆起这个场景，思念之情不可抑止。第一章、第二章共八句，重点在回忆，强调的是思亲怀乡之情。

第三、四两章是进一层意思：希企。眼下远嫁女儿已是人家的媳妇，故乡亲人都见不到。回忆激起的情怀，化作热情的企望：希望能有一天重归故乡。三四两章，便是想象回乡时的情景。淇水、泉水依然如故，"淇水在右，泉源在左"，与第二章两句一样，只是句子位置变化一下，实际上是用复沓的手法，表示重来旧地的意思。这时候，出嫁女已不再是姑娘家时持竹竿钓鱼那样天真了，而是"巧笑之瑳，佩玉之傩"，一副成熟少妇从容而喜悦的样子：故乡，我终于回来了！仿佛为了重新找回少女时代的感觉，这位少妇又到淇水。不过，这次不是钓鱼了，而是"桧楫松舟"，乘船游赏。不过，旧地重游，能排解远嫁多时的离愁吗？三四两章想象回乡的场景，正是远嫁归不得的少妇幻想的场景。想象得越真切越具体，现实中远离故乡不得归的思念之情就越强烈。所以，驾船游赏故乡的想象，根本不能解决思乡怀亲的愁思。

四章诗歌,分别从回忆与推想两个不同角度,写出一位远嫁外地的女子思乡怀亲的强烈感情。这种感情虽然不是大悲大痛,但却缠绵往复,深沉地蕴藉于心怀之间,像悠悠的淇水,不断地流过读者的心头。　　　　　　　　　　（陈　铭）

芄　兰

芄兰之支,①	芄兰荚实长在枝,
童子佩觿。②	有个童子已佩觿。
虽则佩觿,	虽然身上已佩觿,
能不我知?③	难道不能与我在一起?
容兮遂兮,④	看他一本正经相啊,
垂带悸兮。⑤	垂着腰带颤晃晃啊。

芄兰之叶,	芄兰荚实连着叶,
童子佩韘。⑥	有个童子已戴决。
虽则佩韘,	虽然指上已戴决,
能不我甲?⑦	难道不能与我再亲热?
容兮遂兮,	看他一本正经相啊,
垂带悸兮。	垂着腰带颤晃晃啊。

〔注〕①芄(wán)兰:亦名女青,荚实倒垂如锥形。支:借作"枝"。　②觿(xī):锥形,象牙或兽骨制成,可以解结。　③能:宁,岂。知:马瑞辰《毛诗传笺通释》引《墨子·经上》释为"接"。　④容、遂:悠闲的样子。　⑤悸:本义心动,此借指衣带摆动。　⑥韘(shè):一名决(作玦,非),俗名扳指,套在拇指钩弓弦。　⑦甲:借作"狎",亲昵。

本篇主旨说法很多,一谓刺诗,汉《毛诗序》说:"刺惠公也,骄而无礼,大夫刺之。"元刘玉汝《诗缵绪》说:"愚意卫人之赋此,毋亦叹卫国小学之教不讲欤?"明丰坊《诗说》说:"刺霍叔也,以童僭成人之服,比其不度德量力,而助武庚作乱。"明季本《诗说解颐》说:"世俗父兄不能教童子习幼仪,而躐等(超越级别)以骛高远也,故诗人作诗以刺之。"今人高亨《诗经今注》等则以为是刺童子早婚。一谓美惠公,近人徐绍桢《学寿堂诗说》说:"当是惠公初即位,以童子而佩成人之觿,行国君之礼,其大夫作诗美之,欲勉其进德耳。"一谓恋歌,今人朱东润《诗三百篇探故》说:"以次章'能不我甲(狎)'之句推之,疑为女子戏所欢之词。"今取后一说。诗人即景起兴,因为芄兰的荚实与觿都是锥形,很相像,故诗人触景生情,产生联想。这位女诗人与诗中的"童子",可能是青梅竹马,两小无猜,关系非常亲密。可是,自从"童子"佩带觿、套上韘以来,对自己的态度却冷淡了。觿本是解结的用具,男子佩觿并没有严格年龄限制,与行冠礼不同。据《礼记·内则》记载:子事父母,左佩小觿,右佩大觿。《说苑·修文篇》也说"能治烦决乱者佩觿",故毛传谓觿是"成人之佩",佩韘则表示"能射御"。当时,贵族男子佩觿佩韘标志着对内已有能力主家,侍奉父母;对外已有能力从政,治事习武。正因为如此,所以诗中的"童子"一旦佩觿佩韘,便觉得自己是真正男子汉了,一下子稳重老成了许多。这本来是很正常的,可是这一变化,在那多情的女诗人眼里,不过是装模作样假正经罢了,实际他还是以前那个"顽童"。最使她恼怒的是,本来他们在一起无拘无束,亲昵得很,而现在他却对自己疏远了,冷落了。因而"童子"的日常言行举止乃至垂下的腰带,无一不惹她生气,看了极不顺眼,甚而觉得这一切都是故意做给她看的。尽管他"容兮遂兮",处处显示出一副成熟男子的模样,而她偏要口口声声唤他"童子"。"童子"的称呼,正包含着她似娇还嗔的情态,从这一嘲讽揶揄中不难察觉她"怨"中寓"爱"的绵绵情意。

全诗两章重叠,实际只有三个字不同,寥寥数语,就把"童子"态度的变化及姑娘的恼怒心理描摹出来了,清牛运震《诗志》评论说:"'能不我知'、'能不我甲',讽刺之旨已自点明矣。末二句只就童子容仪咏叹一番,而讽意更自深长。诗情妙甚。"每章前四句一韵,后两句一韵,从乐歌的角度考察,后两句大约是附歌。

(蒋立甫)

河 广

谁谓河广？	谁说黄河宽又广？
一苇杭之。①	一支苇筏可飞航。
谁谓宋远？	谁说宋国太遥远？
跂予望之。②	踮起脚跟即在望。

谁谓河广？	谁说黄河广又宽？
曾不容刀。③	其间难容一小船。
谁谓宋远？	谁说宋国太遥远？
曾不终朝。④	赶去尚及吃早餐。

〔注〕① 苇:芦苇,此指芦苇所编之筏。杭:通"航",渡过。 ② 跂(qǐ):踮起脚跟。予:

而。　③曾(céng)：乃，竟。刀：通"舠"，小船。　④崇：终。崇朝(zhāo)，自旦至食时为终朝，形容时间之短。

　　奇特的夸张，往往能在出人不意之中，发挥令人拍案叫绝的强烈感染效果。所以中国古代诗人李白，状摹北方冬日之飞雪，便出口呼曰："燕山雪花大如席，片片吹落轩辕台！"如"席"之雪铺天而降，那是怎样一种旋转朔风的天地壮观！若非夸张，怎能有这种惊心动魄的奇境跃现？西方一位作家，赞叹祖国大地之肥沃，便忽生奇思："你就是在那里插上一根车杠，也会长出枝叶来！"大地之丰饶，正是借助这匪夷所思的夸张，造出了只有在神话中才可见到的奇迹！那摇曳着绿叶青枝的无数"车杠"，该带给你怎样的惊奇和狂喜？

　　《卫风·河广》之传诵千古，所得力者亦在其夸张之奇特。诗中的主人公，按《毛序》旧说当是归于卫国的卫文公之妹宋襄公之母，因为思念儿子，又不可违礼往见，故有是诗之作；现代的研究者多不从此说，而定其为客旅在卫的宋人，急于归返父母之邦的思乡之作。因为在卫与宋国之间，横亘着壮阔无涯的黄河，诗之开篇即从对黄河的奇特设问发端——"谁谓河广？一苇杭之！"发源于"昆仑"的万里大河，在古人心目中本是"上应天汉"的壮浪奇川。当它从天泻落，如雷奔行，直闯中原大地之际，更有"览百川之弘壮""纷鸿踊而腾鹜"之势。对这样一条大河，发出否定式的"谁谓河广"之问，简直无知得可笑！但是，我们的主人公非但不以此问为忤，而且断然作出了傲视旷古的回答："一苇杭之！"他竟要驾着一支苇筏，就将这横无际涯的大河飞越——想象之大胆，因了"一苇"之夸张，而具有了石破天惊之力。

　　凡有奇特夸张之处，必有超乎寻常的强烈情感为之凭借。诗中的主人公为什么面对黄河，会断然生发"一苇杭之"的奇想？那是因为在他的内心，此刻正升腾着无可按抑的归国之情。接着的"谁谓宋远？跂予望之"，正以急不可耐的思乡奇情，推涌出又一石破天惊的奇思。为滔滔黄河横隔的遥远宋国，居然在踮脚企颈中即可"望"见(那根本不可能)，可见主人公的归国之心，已急切得再无任何障碍所可阻隔。强烈的思情，既然以超乎寻常的想象力，缩小了卫、宋之间的客观空间距离；则眼前的小小黄河，又怎么不可以靠一苇之筏超越？

　　所以当诗之第二章，竟又以"谁谓河广，曾不容刀"的夸张复叠时，读者便不再感到吃惊或可笑，反倒觉得这"奇迹"出现得完全合乎情理。强烈的感情不仅催发了作诗者的奇思，也催发了读诗者一起去大胆想象：夸张之荒谬已被情感之认同所消解，现实已在奇情、奇思中"变形"。此刻出现在你眼中的主人公形象，当然已不再是隔绝在黄河这边徘徊的身影，而早以"一苇"越过"曾不容刀"的大河,化作在所牵念的家里欣然"朝食"的笑颜了……

以突兀而来的发问,和奇特夸张的答语构成全诗,来抒泻客旅之人不可遏制的思乡奇情,是《河广》艺术表现上的最大特色。否定式的发问,问得如一泻汪洋的黄河怒浪之逆折;石破天惊的夸张,应答得如砥柱中流的峰峦之耸峙。其间所激荡排奡着的,便是人类所共有的最深切的思乡之情,它怎能不令千古读者为之而动容?

(潘啸龙)

伯　兮

伯兮朅兮,①	我的大哥真威猛,
邦之桀兮。②	真是邦国的英雄。
伯也执殳,③	我的大哥执长殳,
为王前驱。	做了君王的前锋。
自伯之东,	自从大哥东行后,
首如飞蓬。	头发散乱像飞蓬。
岂无膏沐?④	膏脂哪样还缺少?
谁适为容!⑤	为谁修饰我颜容!
其雨其雨,	天要下雨就下雨,
杲杲出日。⑥	却出太阳亮灿灿。
愿言思伯,	一心想着我大哥,
甘心首疾。	想得头痛也心甘。
焉得谖草?⑦	哪儿去找忘忧草?
言树之背。⑧	种它就在屋北面。
愿言思伯,	一心想着我大哥,
使我心痗。⑨	使我伤心病恹恹。

〔注〕①朅(qiè):英武高大貌。　②桀:同"杰"。　③殳(shū):古代长兵器,竹制或木制,头上不用金属为刃,八棱而尖,用以撞击。　④膏:润发的油脂。　⑤适:悦。　⑥杲杲:光亮貌。　⑦谖(xuān)草:萱草,又名忘忧草,俗称黄花菜。　⑧言:语助词。背:屋子的北面。　⑨痗(mèi):忧思成病。

战争会破坏很多东西，而它首先破坏的是军人自身的家庭生活。军人尚未走到战场，他们的妻子已经被抛置在孤独与恐惧中了。她们的怀念不是一般的怀念，那永远是充满不安和忧虑的。等待出征的丈夫回来，几乎成为她们生活中唯一有意义的内容。

　　然而战争又总是不可避免的。不管一场正在进行的战争其必要性如何、能否被评判为"正义"，从事这场战争的群体和它的领导者，总是要勉励群体中的成员为之付出最大的努力、最大的牺牲。国家给军人以荣誉，使他们认为自己付出的努力和牺牲是值得的；这荣誉也会影响他们的家人——尤其是妻子，使她们认为家庭生活的破坏以及自身的痛苦都是有价值有意义的。因此，写妻子怀念从军的丈夫的诗篇，通常会包含两方面的内容：为丈夫而骄傲——这骄傲来自国家、来自群体的奖勉；思念丈夫并为之担忧——这种情绪来自个人的内心。

　　《伯兮》就是典型的这种诗篇。

　　诗一开篇，我们看到一个女子用自豪的口吻在描述她的丈夫。"伯"本是兄弟间排行的第一位，也就是老大，这里转用为妻子对丈夫的称呼（所以我们译作"大哥"），口气中带着亲切感。——现代的歌谣还常见这种情形。这位丈夫为什么是值得骄傲的呢？一则他长得英武伟岸，是一国中的豪杰，同时也因为他非常勇敢，充当了君王的先锋（由此看"伯"身份，当是贵族阶层中的武士）。而骄傲的来源，主要恐怕是在后一点上。假如"伯"虽然长得高大英武，在战争发生时却畏缩不前，妻子就没什么可以公然夸耀的了。——其实，一般人所知道的光荣，也就是社会所认定的光荣，个人在这方面是没有多少独立判断的能力的。

　　转入第二章，写自从丈夫出征，妻子在家就不再打扮自己了，任由头发——女性身体最富装饰性的部分——凌乱得像一蓬草。这后来成为中国古代情诗最典型的表达方法，如"自君之出矣，明镜暗不治"（徐幹《室思》）、"终日恹恹倦梳裹"（柳永《定风波》）、"起来慵自梳头"（李清照《凤凰台上忆吹箫》），等等，不胜枚举。这是以对女性的美丽的暂时性的毁坏，表明她对异性的封闭，也即表明她对丈夫的忠贞。不过，作为军人的妻子，这种举动还有进一步的意味。在古代，妇女是不能上战场的，因此妻子对从军的丈夫的忠贞，实也是间接表现了对于国家的忠贞——这就不仅是个人行为，也是群体——国家的要求。试想，假定一个军人在前方冒着生命危险打仗，他的妻子却在后方整天打扮得花枝招展，走东家串西家，哪怕并无不轨之举，他能够安心吗？这不仅对于家庭是危险的，对于国家也有极大的不利。所以，社会尤其需要鼓励军人的妻子对其丈夫表现彻底的忠贞。此诗不管是出于什么人之手（它可能是一位妇女的自述，也可能是他人的拟写),这样写才是符合上述要求的。后来杜甫的《新婚别》写一位新娘对从军的丈夫表示"罗襦不复施",还要"当君洗红妆",好让他安心上战场,与本篇可谓一脉相承。

然而,尽管诗中的女主人公算得上"深明大义",她对自己的丈夫能"为王前驱"很感骄傲,但久久的盼待一次次落空仍然给她带来巨大的痛苦。对于古代妇女来说,生活的全部内容、幸福的唯一来源就是家庭;家庭被破坏了,她们的人生也就被彻底破坏了。而等待从军的丈夫,这与一般的别离相思是不同的——其背后有很深的忧惧。潘岳《寡妇赋》用本诗为典故,有云:"彼诗人之攸叹兮,徒愿言而心痗……荣华晔其始茂兮,良人忽已指背。"正是揭示了诗中未从正面写出,而又确实隐藏在字面之下的恐怕丈夫最终不能归来的忧惧。知道这一点,我们才能真正理解第三、四两章所描写的女主人公的期待、失望与难以排遣的痛苦。她甚至希望自己能够"忘忧",因为这"忧"已经使她不堪负担了。

诗必须有真实的感情,否则不能打动人;但诗人的感情也并非可以尽情抒发的,它常常受到社会观念的制约。拿《伯兮》来说,如果一味写那位妻子为丈夫的报效国家而自豪,那会让人觉得不自然——至少是不近人情;反过来,如果一味写妻子对丈夫的盼待,乃至发展到对战争的厌恶(这在事实上绝非不可能),却又不符合当时社会的要求。所以最后它成为我们读到的这个样子:对亲人的强烈感情经过责任感的梳理而变得柔婉,有很深的痛苦与哀愁,但并没有激烈的怨愤。由于本诗所涉及的那种社会背景在中国历史上是长期存在的,所以它的感情表现也就成为后世同类型诗歌的典范。

关于本篇的题旨,《毛诗序》解释为:"刺时也。言君子行役,为王前驱,过时而不反(同"返")焉。"意思就是:理想的政治不应该使国人行役无度,以致破坏了他们的家庭生活。实际所谓"刺"在诗中并无根据,不过作者所表达的儒家政治理想,却是符合诗中女主人公的愿望的。

(骆玉明 顾 伊)

有　狐

有狐绥绥,①	有只狐在独行求偶,
在彼淇梁。②	在那淇水边的桥上。
心之忧矣,	心里感到忧愁,
之子无裳。③	只怕那人没有衣裳。

有狐绥绥，	有只狐在独行求偶，
在彼淇厉。④	在那淇水可涉的地块。
心之忧矣，	心里感到忧伤，
之子无带。	只怕那人没有衣带。

有狐绥绥，	有只狐在独行求偶，
在彼淇侧。⑤	在那淇水的近岸处。
心之忧矣，	心里感到忧郁，
之子无服。	只怕那人没有衣服。

〔注〕 ① 绥绥：毛传："匹行貌。"朱熹《诗集传》训为独行求匹貌，今按诗意从朱说。② 淇：水名，在今河南省北部。《卫风》中有多处咏及淇水。梁：桥。 ③ 之子：这个人。 ④ 厉：深水可涉处。 ⑤ 侧：岸边。

《毛诗序》云："《有狐》，刺时也。卫之男女失时，丧其妃耦焉。古者国有凶荒，则杀（减）礼而多婚，会男女之无夫家者，所以育人民也。"孔疏解曰："以时君不教民随时杀礼为婚，而丧失其妃耦，不得早为室家，故刺之。以古者国有凶荒，则减杀其礼，随时而多婚，会男女之无夫家者，使为夫妇，所以蕃育人民，刺今不然。"毛说的理论根据是《周礼·地官司徒》中的《大司徒》、《媒氏》。《大司徒》列有遇灾荒时的十二条政策，其中第十条便是"多婚"，也就是让失去配偶的男女结合，以增长人口。《毛诗序》认为此诗就是刺卫国君主没有实行这一政策，使无夫无妻的男女不能结合。毛说指出此诗与男女婚姻有关，自不误，但谓之为刺诗，则穿凿不通，为今人所不取。其他各家之说，尚有"悯伤孤贫说""齐桓公思恤卫说""忧念征夫无衣说""伤逃散之卫遗民说"，等等。笔者以为《卫风·有狐》是一首言情之诗。卫国经过动乱，人民遭受灾难，流离走徙，不少人失去配偶。有位年轻寡妇，在路途中遇到一位鳏夫，对其产生爱意，很想嫁给他，但没有直接表白求爱之意，只在内心中有强烈的活动。故诗人托为此妇之言，以有狐在踽踽独行，思得匹偶，表白此妇对其所爱慕之人的爱心。狐为妖媚之兽，诗人称此妇为"狐"，看来此妇也颇有风姿，诗人以诗揭露其心事，比之为狐、以物喻人，别饶风致。诗三章，皆用比意。

首章言"有狐绥绥，在彼淇梁"，梁为石不沾水之处，在梁则可以穿好下裳，所以这多情的寡妇，以有狐求偶，对其所怜惜的鳏夫，表白自我的爱心说："我心里所忧愁的，是那人还无以为裳，若是他娶了我他就可以不愁没有衣裳了。"次章言

"有狐绥绥,在彼淇厉","厉"为深水可涉之处。《邶风·匏有苦叶》诗云:"深则厉,浅则揭",涉过深水,需要有衣带束衣。此妇担心的,是心上所爱慕的那人还没有衣带。她想:"若是我嫁给他,我可以替他结成衣带他就不愁涉过深水时没有衣带了。"三章言此狐"在彼淇侧",既然已在淇侧,可见已经渡过淇水,可以穿好衣服了。可是她担心那个人,还无以为服,她心想:"若是我和他结为婚姻,那么,那人就不愁没有衣服了。"

这三章诗充分而细致地表露了这位年轻寡妇的真挚爱心,即事抒怀,不作内心的掩蔽,大胆吐露真情,自是难得的佳作。在旧时代,遭逢丧乱,怨女旷夫,在各自失去配偶之后,想重建家庭,享受室家之爱,这是人生起码的要求,自然是无可非议的。这首《有狐》诗,表白了寡妇有心求偶之情,在《国风》中是一首独特的爱情诗。至于此妇所爱慕的对方,是否已经觉察到她的爱心,以及如何作相应的表态,那是另外的事了。

(马祖熙)

木 瓜

投我以木瓜,① 你将木瓜投赠我,
报之以琼琚。② 我拿琼琚作回报。
匪报也,③ 不是为了答谢你,
永以为好也。 珍重情意永相好。

投我以木桃,④ 你将木桃投赠我,
报之以琼瑶。 我拿琼瑶作回报。
匪报也, 不是为了答谢你,
永以为好也。 珍重情意永相好。

投我以木李,⑤ 你将木李投赠我,
报之以琼玖。 我拿琼玖作回报。
匪报也, 不是为了答谢你,
永以为好也。 珍重情意永相好。

〔注〕① 木瓜:一种落叶灌木(或小乔木),蔷薇科,果实长椭圆形,色黄而香,蒸煮或蜜渍后供食用。按:今粤桂闽台等地出产的木瓜,全称为番木瓜,供生食,与此处的木瓜非一物。② 琼琚(jū):美玉,下"琼玖""琼瑶"同。 ③ 匪:非。 ④ 木桃:果名,即楂子,比木瓜小。

⑤木李：果名，即榠樝，又名木梨。

《诗经·大雅·抑》有"投我以桃，报之以李"之句，后世"投桃报李"便成了成语，比喻相互赠答，礼尚往来。比较起来，《卫风·木瓜》这一篇虽然也有从"投之以木瓜(桃、李)，报之以琼琚(瑶、玖)"生发出的成语"投木报琼"(如托名宋尤袤《全唐诗话》就有"投木报琼，义将安在"的记载)，但"投木报琼"的使用频率却根本没法与"投桃报李"相提并论。可是倘若据此便认为《抑》的传诵程度也比《木瓜》要高，那就大错而特错了，稍微作一下调查，便会知道这首《木瓜》是现今传诵最广的《诗经》名篇之一。

对于这么一首知名度很高而语句并不复杂的先秦古诗，古往今来解析其主旨的说法居然也有七种之多(据张树波《国风集说》统计)，实在是一件很有意思的事。按，成于汉代的《毛诗序》云："《木瓜》，美齐桓公也。卫国有狄人之败，出处于漕，齐桓公救而封之，遗之车马器物焉。卫人思之，欲厚报之。而作是诗也。"这一说法在宋代有严粲(《诗缉》)等人支持，在清代有魏源(《诗古微》)等人支持。与毛说大致同时的三家诗，据陈乔枞《鲁诗遗说考》考证，鲁诗"以此篇为臣下思报礼而作"，王先谦《诗三家义集疏》意见与之相同。从宋代朱熹起，"男女相互赠答说"开始流行，《诗集传》云："言人有赠我以微物，我当报之以重宝，而犹未足以为报也，但欲其长以为好而不忘耳。疑亦男女相赠答之词，如《静女》之类。"这体现了宋代《诗》学废序派的革新疑古精神。但这一说法受到清代《诗》学独立思考派的重要代表之一姚际恒的批驳，《诗经通论》云："以(之)为朋友相赠答亦奚不可，何必定是男女耶！"现代学者一般从朱熹之说，而且更明确指出此诗是爱情诗。平心而论，由于诗的文本语义很简单，就使得对其主题的探寻反而可以有较大的自由度，正如一个概念的内涵越小它的外延越大，因此，轻易肯定否定某一家之说是不甚可取的。有鉴于此，笔者倾向于在较宽泛的意义上理解本诗，将其视为一首通过赠答表达深厚情意的诗作。

《木瓜》一诗，从章句结构上看，很有特色。首先，其中没有《诗经》中最典型的句式——四字句。这不是没法用四字句(如用四字句，变成"投我木瓜(桃，李)，报以琼琚(瑶、玖)；匪以为报，永以为好"，一样可以)，而是作者有意无意地用这种句式造成一种跌宕有致的韵味，在歌唱时易于取得声情并茂的效果。其次，语句具有极高的重叠复沓程度。不要说每章的后两句一模一样，就是前两句也仅一字之差，并且"琼琚""琼瑶""琼玖"语虽略异义实全同，而"木瓜""木桃""木李"据李时珍《本草纲目》考证也是同一属的植物，其间的差异大致也就像橘、柑、橙之间的差异那样并不大。这样，我们不妨说三章基本重复，而如此高的重复杂程度在整部《诗经》中也并不很多,格式看起来就像唐代据王维诗谱写的《阳关三叠》乐歌似的——自然这是《诗经》的音乐与文学双重性决定的。

你赠给我果子,我回赠你美玉,与"投桃报李"不同,回报的东西价值要比受赠的东西大得多,这体现了一种人类的高尚情感(包括爱情,也包括友情)。这种情感重的是心心相印,是精神上的契合,因而回赠的东西及其价值的高低在此实际上也只具有象征性的意义,表现的是对他人对自己的情意的珍视,所以说"匪报也"。"投我以木瓜(桃、李),报之以琼琚(瑶、玖)",其深层语义当是:虽汝投我之物为木瓜(桃、李),而汝之情实贵逾琼琚(瑶、玖);我以琼琚(瑶、玖)相报,亦难尽我心中对汝之感激。清牛运震《诗志》评此数语云:"惠有大于木瓜者,却以木瓜为言,是降一格衬托法;琼瑶足以报矣,却说匪报,是进一层翻剥法。"他的话并非没有道理,但显然将木瓜、琼瑶之类已基本抽象化的物品看得太实,其他解此诗者似也有此病。实际上,作者胸襟之高朗开阔,已无衡量厚薄轻重之心横亘其间,他想要表达的就是:珍重、理解他人的情意便是最高尚的情意。从这一点上说,后来汉代张衡《四愁诗》"美人赠我金错刀,何以报之英琼瑶",尽管说的是"投金报玉",其意义实也与"投木报琼"无异。

(庞　坚)

王　风

【诗歌解题】

《诗经》类名。"国风"之一。共十篇。"王"即王都的简称。平王东迁洛邑(也称"王城",在河南洛阳西),疆土限于河南北部,从此周室衰微,无力统御诸侯,其地位等于列国,只是名义上仍受到一些诸侯的拥戴,故称"王风"。各篇约作于平王东迁以后。产生的地域包括今河南省洛阳、孟县、沁阳、偃师、巩义、温县等。诗风悲凉伤感,折射出"幽王昏暴,戎狄侵陵;平王播迁,家室飘荡"(崔述《读风偶识》)的历史背景。

黍　离

王　风

彼黍离离,①	那儿的黍子茂又繁,
彼稷之苗。②	那儿的高粱刚发苗。
行迈靡靡,③	走上旧地脚步缓,
中心摇摇。④	心神不定愁难消。

王风·黍离

知我者，	理解我的人，
谓我心忧。	说我是心中忧愁。
不知我者，	不理解我的人，
谓我何求。	问我把什么寻求。
悠悠苍天，	悠远在上的苍天神灵啊，
此何人哉？	这究竟是个什么样的人？

彼黍离离，	那儿的黍子茂又繁，
彼稷之穗。	那儿的高粱已结穗。
行迈靡靡，	走上旧地脚步缓，
中心如醉。	心事沉沉昏如醉。
知我者，	理解我的人，
谓我心忧。	说我是心中忧愁。
不知我者，	不理解我的人，
谓我何求。	问我把什么寻求。
悠悠苍天，	悠远在上的苍天神灵啊，
此何人哉？	这究竟是个什么样的人？

彼黍离离，	那儿的黍子茂又繁，
彼稷之实。	那儿的高粱子实成。
行迈靡靡，	走上旧地脚步缓，
中心如噎。⑤	心中郁结塞如梗。
知我者，	理解我的人，
谓我心忧。	说我是心中忧愁。
不知我者，	不理解我的人，
谓我何求。	问我把什么寻求。
悠悠苍天，	悠远在上的苍天神灵啊，
此何人哉？	这究竟是个什么样的人？

〔注〕 ① 黍：小米。离离：繁茂。　② 稷：高粱。　③ 行迈：行走。靡靡：行走迟缓的

样子。 ④摇摇：心神不安。 ⑤噎(yē)：郁结而气逆不能呼吸。

关于《黍离》一诗的主旨，虽然《诗序》说得明白："黍离，闵宗周也。周大夫行役，至于宗周，过故宗庙宫室，尽为禾黍。闵周室之颠覆，彷徨不忍去，而作是诗也。"而且从此诗序为王风之首，确见其为编诗者之意旨。但历来争讼颇多，三家诗中韩、鲁遗说与毛序异，宋儒程颐更有臆说以为"彼稷之苗"是彼后稷之苗。近人读诗，新说迭出，比较有代表性的有郭沫若在《中国古代社会研究》中将其定为旧家贵族悲伤自己的破产而作，余冠英则在《诗经选》中认为当是流浪者诉述他的忧思。还有蓝菊荪的爱国志士忧国怨战说（《诗经国风今译》），程俊英的难舍家园说（《诗经译注》）等。说法虽多，诗中所蕴含的那份因时世变迁所引起的忧思是无可争辩的，虽然从诗本文中无法确见其具体背景，但其显示的沧桑感带给读者的心灵震撼是值得细加体味的。另一方面，从诗教角度视之，正因其为大夫闵宗周之作，故得列于《王风》之首，此为诗说正统，不可不及，以下从两方面细析之。

闵宗周之诗何以列于《王风》之首，先得弄清何为《王风》，郑笺云："宗周，镐京也，谓之西周。周，王城也，谓之东周。幽王之乱而宗周灭，平王东迁，政遂微弱，下列于诸侯，其诗不能复《雅》，而同于《国风》焉。"可见《王风》兼有地理与政治两方面的含义，从地理上说是王城之歌，从政治上说，已无《雅》诗之正，故为《王风》。此诗若如《诗序》所言，其典型情境应该是：平王东迁不久，朝中一位大夫行役至西周都城镐京，即所谓宗周，满目所见，已没有了昔日的城阙宫殿，也没有了都市的繁盛荣华，只有一片郁茂的黍苗尽情地生长，也许偶尔还传来一两声野雉的哀鸣，此情此景，令诗作者不禁悲从中来，涕泪满衫。这样的情和这样的景化而为诗是可以有多种作法的，诗人选取的是一种物象浓缩化而情感递进式发展的路子，于是这首诗具有了更为宽泛和长久的激荡心灵的力量。

全诗共三章，每章十句。三章间结构相同，取同一物象不同时间的表现形式完成时间流逝、情景转换、心绪压抑三个方面的发展，在迂回往复之间表现出主人公不胜忧郁之状，"三章只换六字，而一往情深，低回无限"（方玉润《诗经原始》）。

诗首章写诗人行役至宗周，过访故宗庙宫室时，所见一片葱绿，当年的繁盛不见了，昔日的奢华也不见了，就连刚刚经历的战火也难觅印痕了，看哪，那绿油油的一片是黍在盛长，还有那稷苗凄凄。"一切景语皆情语也"（王国维《人间词话》），黍稷之苗本无情意，但在诗人眼中，却是勾起无限愁思的引子，于是他缓步行走在荒凉的小路上，不禁心旌摇摇，充满怅惘。怅惘尚能承受，令人不堪者是这种忧思不能被理解,"知我者谓我心忧,不知我者谓我何求"。这是众人皆醉我独醒的尴尬,这是心智高于常人者的悲哀。这种大悲哀诉诸人间是难得回应的,只能质之于天:"悠悠苍天,此何人哉?"苍天自然也无回应,此时诗人郁懑和忧思便又加深一层。

第二章和第三章,基本场景未变,但"稷苗"已成"稷穗"和"稷实"。稷黍成长的过程颇有象征意味,与此相随的是诗人从"中心摇摇"到"如醉""如噎"的深化。而每章后半部分的感叹和呼号虽然在形式上完全一样,但在一次次反复中加深了沉郁之气,这是歌唱,更是痛定思痛之后的长歌当哭。难怪此后历次朝代更迭过程中都有人吟唱着《黍离》诗而泪水涟涟:从曹植唱《情诗》到向秀赋《思旧》,从刘禹锡的《乌衣巷》到姜夔的《扬州慢》,无不体现这种兴象风神。

其实,诗中除了黍和稷是具体物象之外,都是空灵抽象的情境,抒情主体"我"具有很强的不确定性,基于这一点,欣赏者可根据自己不同的遭际从中寻找到与心灵相契的情感共鸣点。诸如物是人非之感,知音难觅之憾,世事沧桑之叹,无不可借此宣泄。更进一层,透过诗本文所提供的具象,我们可以看到一个孤独的思想者,面对虽无灵性却充满生机的大自然,对自命不凡却无法把握自己命运的人类的前途的无限忧思,这种忧思只有"知我者"才会理解,可这"知我者"是何等样的人呢?"悠悠苍天,此何人哉?"充满失望的呼号中我们看到了另一个诗人的影子。"前不见古人,后不见来者,念天地之悠悠,独怆然而涕下"!吟出《登幽州台歌》的陈子昂心中所怀的不正是这种难以被世人所理解的对人类命运的忧思吗?读此诗者当三思之。

(戴元初)

君 子 于 役

君子于役,	君子远出服役,
不知其期,	不知它的限期,
曷至哉?	何时才能归里?
鸡栖于埘,①	鸡儿回窠栖止,
日之夕矣,	日头垂挂天西,
羊牛下来。	牛羊下山歇息。
君子于役,	君子远出服役,
如之何勿思?	如何能不相思?

君子于役，	君子远出服役，
不日不月，	不知日月程期，
曷其有佸？②	何时才能重聚？
鸡栖于桀，	鸡儿回栏栖止，
日之夕矣，	日头垂挂天西，
羊牛下括。③	牛羊缓缓归至。
君子于役，	君子远出服役，
苟无饥渴？④	该是没捱渴饥？

〔注〕① 埘：在土墙上挖洞做成的鸡窝。 ② 佸(huó)：会。 ③ 括：至。 ④ 苟：表示推测的语气词。

这是一首写妻子怀念远出服役的丈夫的诗。所谓"君子于役"的"役"，不知其确指，大多数情况下，应是指去边地戍防。又"君子"在当时统指贵族阶层的人物，但诗中"君子"的家中养着鸡和牛羊之类，地位又不会很高，大概他只是一位武士。说起"贵族"，给现在读者的感觉好像是很了不得的。其实先秦时代生产水平低下，下层贵族的生活，并不比后世普通农民好到哪里去。就是在二十世纪三四十年代，西南少数民族中的小贵族，实际生活情况还不如江南一带的农民。

这是一首很朴素的诗。两章相重，只有很少的变化。每章开头，是女主人公用简单的语言说出的内心独白。稍可注意的是"不知其期"这一句(第二章的"不日不月"也是同样意思，有不少人将它解释为时间漫长，是不确切的)。等待亲人归来，最令人心烦的就是这种归期不定的情形，好像每天都有希望，结果每天都是失望。如果只是外出时间长但归期是确定的，反而不是这样烦人。正是在这样的心理中，女主人公带着叹息地问出了"曷至哉"——到底什么时候才能回来呢？

这下面的一节有一种天然的妙趣。诗中不再正面写妻子思念丈夫的哀愁乃至愤怨，而是淡淡地描绘出一幅乡村晚景的画面：在夕阳余晖下，鸡儿归了巢，牛羊从村落外的山坡上缓缓地走下来。这里的笔触好像完全是不用力的，甚至连一个形容词都没有，不像后代的文人辞章总是想刻画得深入、警醒，恐怕读者不注意。然而这画面却很感动人，因为它是有情绪的。我们好像能看到那凝视着鸡儿、牛儿、羊儿，凝视着村落外蜿蜒延伸、通向远方的道路的妇人，是她在感动我们。这之后再接上"君子于役，如之何勿思"，我们分明地感受到女主人公的愁思浓重了许多。倘试把中间"鸡栖于埘，日之夕矣，羊牛下来"三句抽掉，将最后两句直接接继在"曷至哉"之后,感觉会完全不同。这里有抒情表达的节奏问题——节奏太快,没有起伏,抒情效果出不来;同时,这画面本身有其特别的情味。

熟悉农村生活的人经常看到这样的晚景。农作的日子是辛劳的,但到了黄昏来临之际,一切即归于平和、安谧和恬美。牛羊家禽回到圈栏,炊烟袅袅地升起,灯火温暖地跳动起来,农人和他的妻儿们聊着闲散的话题……黄昏,在大地上出现白天未有的温顺,农人以生命珍爱着的东西向他们身边归聚,这便是古老的农耕社会中最平常也是最富于生活情趣的时刻。可是在这诗里,那位妻子的丈夫却犹在远方,她的生活的缺损在这一刻也就显得最为强烈了,所以她如此怅惘地期待着。

这诗的两章几乎完全是重复的,这是歌谣最常用的手段——以重叠的章句来推进抒情的感动。但第二章的末句也是全诗的末句,却是完全变化了的。它把妻子的盼待转变为对丈夫的牵挂和祝愿:不归来也就罢了,但愿他在外不要忍饥受渴吧。这也是最平常的话,但其中包含的感情却又是那样善良和深挚。

这是古老的歌谣,它以不加修饰的语言直接地触动了人心中最易感的地方。它的天然之妙,在后世已是难以重复的了。　　　　　　(骆玉明　顾　伊)

君　子　阳　阳

君子阳阳,① 　　舞师喜洋洋,
左执簧,② 　　　左手握笙簧,
右招我由房。③　右手招我奏"由房"。
其乐只且!④ 　　心里乐又爽!

君子陶陶,⑤ 　　舞师乐陶陶,
左执翿,⑥ 　　　左手摇羽毛,
右招我由敖。⑦　右手招我奏"由敖"。
其乐只且。 　　　快乐真不少!

〔注〕①君子:指舞师。阳阳:快乐得意貌。　②簧:古乐器名,用竹制成,似笙而大。③我:舞师(君子)的同事。由房:为一种房中乐。毛传:"由,用也。国君有房中之乐。"胡承珙《毛诗后笺》:"由房者,房中,对庙朝言之。人君燕息时所奏之乐,非庙朝之乐,故曰房中。"一说由房即游放,见马瑞辰《毛诗传笺通释》。　④只且:语气助词。　⑤陶陶:和乐舒畅貌。⑥翿(dào):用五彩野鸡毛做的扇形舞具。　⑦由敖:当为舞曲名。郑笺:"右手招我,欲使我

从于燕舞之位。"朱熹《诗集传》："敖，舞位也。"

关于此诗题旨，历来争论不一。《毛诗序》说："《君子阳阳》，闵周也。君子遭乱，相招为禄仕，全身远害而已。"说乐官遭乱，相招下属归隐，据诗中"招"字为说。朱熹《诗集传》认为"盖其夫既归，不以行役为劳，而安于贫贱以自乐，其家人又识其意而深叹美之"。说征夫归家与妻子自乐，据诗中"房"字为说。从诗文本身来看，是描写舞师与乐工共同歌舞的场面。执簧、执翿与《邶风·简兮》中伶官执籥、秉翟相似。说明东周王室衰微，苟安洛阳，仍有专职的乐工和歌舞伎以供统治者享乐。

诗共三章，摄取了两组歌舞的画面：一是奏"由房"，一是舞"由敖"。"由房"可能是"由庚""由仪"一类的笙乐，属房中之乐。胡承珙《毛诗后笺》："由房者，房中，对庙朝言之。人君燕息时所奏之乐，非庙朝之乐，故曰房中。"而"敖"可能即骜夏，马瑞辰《毛诗传笺通释》："敖，疑当读为骜夏之骜，《周官·钟师》：奏九夏，其九为骜夏。"今天，我们已不知两舞曲的内容，但从君子（舞师）"阳阳""陶陶"等神情上看，当是两支欢快的舞乐。"其乐只且"恰恰说明其乐之甚。"只"，韩诗作"旨"，《诗三家义集疏》："旨本训美，乐旨，犹言乐之美者，意为乐甚。"

诗的格调流美。所演奏的是房中宴乐，乐曲比较轻快，而演奏者本人也自得其乐，《程子遗书》："阳阳，自得。陶陶，自乐之状。皆不任忧责，全身自乐而已。"想见舞师与乐工是乐在其中。诗人为乐工，故诗中"我"在描写歌舞场面时也就比较轻快，牛运震《诗志》评曰："读之有逸宕不群之概。"这与《王风》其他篇章那种苍凉的风格迥然不同。

（朱杰人　龙向洋）

扬　之　水

扬之水，①	小河沟的水再湍急啊，
不流束薪。②	也冲不走成捆的木柴。
彼其之子，③	那位远方的人儿啊，
不与我戍申。④	不能和我驻守申国城寨。
怀哉怀哉，⑤	想念你啊想念你，
曷月予还归哉？⑥	哪时我才能回到故里？

| 扬之水， | 小河沟的水再湍急啊， |
| 不流束楚。⑦ | 也飘不起成捆的柴草。 |

彼其之子，	那位远方的人儿啊，
不与我戍甫。⑧	不能共我守卫甫国城堡。
怀哉怀哉，	想念你啊想念你，
曷月予还归哉？	哪时我才能回到故里？

扬之水，	小河沟的水再湍急啊，
不流束蒲。⑨	也流不动成捆的柳枝。
彼其之子，	那位远方的人儿啊，
不与我戍许。⑩	不能与我守卫许国城池。
怀哉怀哉，	想念你啊想念你，
曷月予还归哉？	哪时我才能回到故里？

〔注〕 ①扬：水流湍急的样子。 ②束薪：成捆的柴薪。 ③彼其：彼、其皆为指代词，那个。 ④戍申：守卫申国边界领土。申国故城在今河南唐河县境内。 ⑤怀：平安，一释思念、怀念。 ⑥曷：何。 ⑦束楚：楚，荆条。束楚即成捆的荆条，作柴草烧火取暖煮食。 ⑧戍甫：守卫甫国边境领土。甫国故城在今河南南阳市西。 ⑨束蒲：成捆的蒲柳枝条，也是作柴草燃烧用。蒲，蒲柳。 ⑩戍许：守卫许国边境领土。许国在今河南许昌。

《扬之水》是一首戍边战士思念家中妻子的诗歌。据《毛诗序》说："《扬之水》，刺平王也。不抚其民而远屯戍于母家，周人怨思焉。"春秋时代，周朝平王（前770—前720年在位）还是比较混乱的时代。主要是周天子的权威削弱了，诸侯国的力量强大了。周平王的母亲是申国人，申国又常受楚国的侵扰。周平王为了母亲故国的安全，就从周朝抽调部分军队，到申国战略要地屯垦驻守，防止楚国侵扰。这些周朝士兵远离故乡，去守卫并非自己诸侯国的土地，心中的不满凄苦，当然有所流露，形成诗歌，就是《扬之水》。申国、甫国和许国的国君，都是姜姓。周平王母亲是申国姜姓公主，与甫、许两个诸侯国也是亲戚关系。所以，虽然周平王没有派士兵去戍守甫、许两国，但诗歌也牵连及之：反正是姜姓王太后娘家的人！

《扬之水》是以远戍战士的口吻来写的。全诗三章，各章基本相同。不同的是："束薪""束楚"和"束蒲"；"戍申""戍甫"和"戍许"。薪、楚、蒲都是农家日常燃烧的柴草；申、甫、许是三个姜姓的诸侯小国。因此，全诗实际上把一个相同的内容，反复吟诵三次，用重复强调的手法，突出远戍战士思家情怀。每章头两句"扬之水，不流束薪（楚、蒲）"，用流动的河水与不动的柴草对比，先让人视觉上有特殊印象：那河沟的水哗哗地流动，仿佛岁月一天天过去，不再回来；那一捆捆的柴草又大又沉，小小的河水根本飘浮不起，冲流不动，仿佛战士思家的沉重心绪，永不改变。有了这两句自然物象的起兴，很自然引出三、四两句"彼其之子，不与我戍申（甫、许）"，守着家园的妻子，当然无法与远戍的士兵一起。如果说，士兵如远离泉源的河水，越流越远；那么，妻子如坚定不移的柴草，不飘不流。如果说，日月如流水不断流失，思家情怀就如沉重的柴草，不动不移。分离的日子越久，远戍的时间越长，思念妻子也越强烈。终于，士兵喊出了自己心里的话："怀哉怀哉？曷月予还归哉？"在家的亲人平安吗？何年何月我才能回家相聚呢？夫妻之情，故园之思，远戍之苦，不平之鸣，都融化在这两句问话之中，而士兵回家的渴望，强烈地震撼读者。

在诗歌句式上，采用不齐整的句式，有三言、四言、五言、六言几种，这说明诗歌带有鲜明的口语化的倾向。口语化句子，正好比较朴实，比较真切地表达出下层人民出身的士兵的口吻，令人读之感到亲切诚朴。实际上，除了个别词语带有历史痕迹，在语义上需要诠解之外，这首口语化的诗歌，千载之下读之，仍是极易使人感动的。

（陈　铭）

中 谷 有 蓷

中谷有蓷，①	山谷一棵益母草，
暵其干矣。②	根儿叶儿都枯槁。
有女仳离，③	有个女子被抛弃，
嘅其叹矣。	一声叹息一声号。
嘅其叹矣，	一声叹息一声号，
遇人之艰难矣！	嫁人艰难谁知道！

中谷有蓷，	山谷一棵益母草，
暵其脩矣。④	根儿叶儿都干燥。
有女仳离，	有个女子被抛弃，
条其歗矣。⑤	长长叹息声声叫。
条其歗矣，	长长叹息声声叫，
遇人之不淑矣！	嫁个恶人真懊恼！

中谷有蓷， 山谷一棵益母草，
暵其湿矣。⑥ 干黄根叶似火烤。
有女仳离， 有个女子被抛弃，
啜其泣矣。 一阵抽泣双泪掉。
啜其泣矣， 一阵抽泣双泪掉，
何嗟及矣！ 追悔莫及向谁告！

〔注〕①中谷：同谷中，山谷之中。蓷(tuī)：益母草。 ②暵(hàn)：干枯。 ③仳(pǐ)离：妇女被夫家抛弃逐出，后世亦作离婚讲。 ④脩：干燥。 ⑤条："瞗"的假借字，失意的样子。歗(xiào)：嘘气出声，同"啸"。 ⑥湿："曝"的假借字，将要晒干的样子。

《中谷有蓷》是历来争论最少的《诗经》篇章，从《毛诗序》到现代学者，绝大多数论者都同意：这是一首被离弃妇女自哀自悼的怨歌。只是《毛诗序》以为是"夫妇日以衰薄，凶年饥馑，室家相弃尔"，今人如余冠英、程俊英等也以为是荒年中一位弃妇的哀叹之诗。但诗中似乎看不出荒年的意思，益母草干枯不过是起兴而已。全诗三章，每章的意思都差不多，反复吟咏，突出主题：女子遇人不淑，最终痛苦、悲伤、愤怒。妇女在战国时代被男子遗弃的情况，说明男权主义在那个时代已经成为社会伦理观念的主流。女子择偶不慎，嫁了个忘恩绝情的丈夫，最终被抛弃，落得个自怨自艾的下场。可见中国妇女地位的低微，已经有两千年以上的历史了。

诗歌每节开头，都用山谷中的益母草起兴。益母草是中草药。据李时珍《本草纲目》，益母草对妇女有明目益神的功效，现代也常用益母草作妇女病治疗调养之用。显然，益母草有益于妇女养生育子。诗歌用益母草起兴，作用有二：一是这种植物与妇女关系密切，提起益母草，可以使人联想到妇女的婚恋、生育、家庭、夫妻，由草及人，充分发挥诗歌联想作用；二是益母草已经干枯了，益母草晒干，可入药，但妇女被抛弃，入药的益母草又有何意义呢？促进夫妻感情和有益于生儿育女的药草，与被离弃的妇女摆在一块，对比强烈，给人的感觉是这位妇女命运真太悲惨。因此，"中谷有蓷"一句，无疑是起了隐喻作用、感情引导作用和启发联想作用。

每章最后一句，都是妇女自身觉悟的感叹。被薄幸丈夫抛弃，她不仅仅是一昧怨天尤人，而是痛定思痛，得出了"遇人之艰难""遇人之不淑"和"何嗟及矣"的结论。这是对自己过去生活的小结，也是对今后生活的警诫。吟唱出来，当然是对更多已婚未婚妇女的提醒和劝告。在这位被抛弃的妇女身上，仍然保留着妇女

自重自觉的品格,这正是她灵魂中清醒而坚强的一面,启迪着人们。　　（陈　铭）

兔　爰

有兔爰爰,①　　　野兔往来任逍遥,
雉离于罗。②　　　山鸡落网惨凄凄。
我生之初,　　　　在我幼年那时候,
尚无为;③　　　　人们不用服兵役;
我生之后,　　　　在我成年这岁月,
逢此百罹。④　　　各种苦难竟齐集。
尚寐无吪!⑤　　　长睡但把嘴闭起!

有兔爰爰,　　　　野兔往来任逍遥,
雉离于罦。⑥　　　山鸡落网悲戚戚。
我生之初,　　　　在我幼年那时候,
尚无造;⑦　　　　人们不用服徭役;
我生之后,　　　　在我成年这岁月,
逢此百忧。　　　　各种忧患都经历。
尚寐无觉!⑧　　　长睡但把眼合起!

有兔爰爰,　　　　野兔往来任逍遥,
雉离于罿。⑨　　　山鸡落网战栗栗。
我生之初,　　　　在我幼年那时候,
尚无庸;⑩　　　　人们不用服劳役;
我生之后,　　　　在我成年这岁月,
逢此百凶。　　　　各种灾祸来相逼。
尚寐无聪!⑪　　　长睡但把耳塞起!

〔注〕①爰爰:义同"缓缓",恬适貌。　②离:罹,遭。罗:捕鸟兽的网。　③为:指徭役。郑笺:"为,谓军役之事也。"　④罹(lí):忧。　⑤吪(é):不发声响,不动弹。　⑥罦(fú):又名覆车,是一种带有机关的捕鸟兽的网。　⑦造:指劳役。朱熹《诗集传》:"造,亦为也。"　⑧觉:清醒。　⑨罿(tóng):捕鸟兽的网。　⑩庸:指劳役。郑笺:"庸,劳也。"

⑪ 聪：听觉。

这是一首伤时感事的诗。《毛诗序》说："《兔爰》，闵周也。桓王失信，诸侯背叛，构怨连祸，王师伤败，君子不乐其生焉。"这是依《左传》立说，有史实根据，因此《毛诗序》说此诗主题不误。但意谓作于桓王时，与诗中所写有出入。崔述《读风偶识》说："其人当生于宣王之末年，王室未骚，是以谓之'无为'。既而幽王昏暴，戎狄侵陵，平王播迁，室家飘荡，是以谓之'逢此百罹'。故朱子云：'为此诗者盖犹及见西周之盛。'（见朱熹《诗集传》）可谓得其旨矣。若以为在桓王之时，则其人当生于平王之世，仳离迁徙之余，岂得反谓之为'无为'？而诸侯之不朝，亦不始于桓王，惟郑于桓王世始不朝耳。其于王室初无所大加损，岂得遂谓之为'百罹''百凶'也哉？窃谓此三篇者（按：指《中谷有蓷》、《葛藟》及本篇）皆迁洛者所作。"

诗共三章，各章首二句都以兔、雉作比。兔性狡猾，用来比喻小人；雉性耿介，用以比喻君子。罗、罦、罿，都是捕鸟兽的网，既可以捕雉，也可以捉兔。但诗中只说网雉纵兔，意在指小人可以逍遥自在，而君子无故遭难。通过这一形象而贴切的比喻，揭示出当时社会的黑暗。

各章中间四句，是以"我生之初"与"我生之后"作对比，表现出对过去的怀恋和对现在的厌恶：在过去，没有徭役（"无为"），没有劳役（"无造"），没有兵役（"无庸"），我可以自由自在地生活；而现在，遇到各种灾凶（"百罹""百忧""百凶"），让人烦忧。从这一对比中可以体会出时代变迁中人民的深重苦难。这一句式后来在传为东汉蔡琰所作的著名长篇骚体诗《胡笳十八拍》中被沿用，"我生之初尚无为，我生之后汉祚衰；天不仁兮降乱离，地不仁兮使我逢此时"，那悲怆的诗句，无疑脱胎于《兔爰》一诗。

各章最后一句，诗人发出沉重的哀叹：生活在这样的年代里，不如长睡不醒。愤慨之情溢于言表。方玉润说："'无吪''无觉''无聪'者，亦不过不欲言、不欲见、不欲闻已耳"（《诗经原始》），这也是《毛诗序》中所点出的君子"不乐其生"的主题。

全诗三章风格悲凉，反复吟唱诗人的忧思，也正是《王风》中的黍离之悲，属乱世之音、亡国之音，方玉润评云："词意凄怆，声情激越，（三国魏）阮步兵（籍）专学此种。"（《同上》）　　　　　　　　　　　　（朱杰人　龙向洋）

葛 藟

绵绵葛藟，①　　葛藤缠绕绵绵长，
在河之浒。②　　在那大河河湾旁。

终远兄弟,③	兄弟骨肉已离散,
谓他人父。	叫人爹爹心悲凉,
谓他人父,	叫人爹爹心悲凉,
亦莫我顾。	他也哪里会赏光。

绵绵葛藟,	葛藤缠绕绵绵长,
在河之涘。	在那大河河岸旁。
终远兄弟,	兄弟骨肉已离散,
谓他人母。	叫人妈妈心悲凉。
谓他人母,	叫人妈妈心悲凉,
亦莫我有。④	她也哪里会帮忙。

绵绵葛藟,	葛藤缠绕绵绵长,
在河之漘。	在那大河河滩旁。
终远兄弟,	兄弟骨肉已离散,
谓他人昆。⑤	叫人哥哥心悲凉。
谓他人昆,	叫人哥哥心悲凉,
亦莫我闻。⑥	他也只把聋哑装。

〔注〕① 绵绵:连绵不断。葛藟(lěi):葛藤。藟,藤。 ② 浒:水边。以下"涘"(sì)、"漘"(chún),意同。 ③ 终:既已。 ④ 有(yòu):通"佑",帮助。 ⑤ 昆:兄长。 ⑥ 闻(wèn):问。王引之《经义述闻》:"谓相恤问也。古字闻与问通。"

旧说以为此诗乃东周初年姬姓贵族所作,旨在讥刺平王弃宗族而不顾。《毛诗序》:"《葛藟》,刺平王也。周室道衰,弃其九族焉。"毛氏说诗多牵强附会,常把表现人之常情的诗作拉扯到政教、美刺上去。宋人说诗较为通达,朱熹《诗集传》云:"世衰民散,有去其乡里家族,而流离失所者,作此诗以自叹。"得其旨矣。

诗凡三章,章六句。首章"绵绵"二句写眼前景物。诗人流落到黄河边上,见到河边葛藤茂盛,绵绵不断,不禁触景伤情,联系到自己远离兄弟、漂泊异乡的身世,感到人不如物。他流落他乡,六亲无靠,生活无着,不得不乞求于人,甚至觍颜"谓他人父"。处境之艰难,地位之卑下,可见一斑。但是即便如此,也未博得人家的一丝怜悯。"谓他人父,亦莫我顾",直书其事,包含许多屈辱,许多痛楚,正如朱熹所叹:"则其穷也甚矣!"(同上)第二、第三章诗意略同首章,仅二、四、五、六句句尾更换一字,丰富了诗的内涵,反复咏叹中稍有变化。此诗两句表达一层意思,六句有三层意思,两层转折。由绵绵不绝的葛藟对照兄弟的离散,是一折,由"谓他人父""谓他人母""谓他人昆"而竟不获怜悯,又是一折。每一转折,均含无限酸楚。诗人直抒情事,语句简质,却很感人,表现了飘零的凄苦和世情的冷漠。牛运震《诗志》评曰:"乞儿声,孤儿泪,不可多读。"方玉润《诗经原始》评曰:"沉痛语,不忍卒读。"都对诗中表现出的流离之苦深为致慨,相信这也是每一位读此诗者的共同感受。

(夏咸淳)

采 葛

彼采葛兮。①	那个采葛的姑娘啊。
一日不见,	一日不见她,
如三月兮。	好像三个整月长啊。

彼采萧兮。②	那个采葛的姑娘啊。
一日不见,	一日不见她,
如三秋兮。③	好像三个秋季长啊。

彼采艾兮,④	那个采艾的姑娘啊。
一日不见,	一日不见她,
如三岁兮。	好像三个周年长啊。

〔注〕① 葛:一种蔓生植物,块根可食,茎可制纤维。 ② 萧:香蒿,古人祭祀用之。 ③ 三秋:犹言三季,即九个月。 ④ 艾:菊科植物,可制艾绒灸病。

本篇由于只是表现一种急切的相思情绪而没有具体内容,所以旧说随意性很大。《毛诗序》以为是"惧谗",所谓"一日不见于君,忧惧于谗矣"。朱熹《诗集传》则斥为"淫奔"之诗,说"采葛所以为缔绤,盖淫奔者托以行也。故因以指其人,而言思念之深,未久而似久也"。吴懋清《毛诗复古录》则以为采葛(萧、艾)比喻平时蓄养人才,"临时方获其用,若求之太急……一日则如三月之久"。牟庭《诗切》又说是"刺人娶妻……而徒溺其色,一日不见,则思之如三月之久"。姚际恒、方玉润、吴闿生却一致认为是怀友忆远之诗。方氏申述云:"夫良友情亲如夫妇,一朝远别,不胜相思,此正交情深厚处,故有三月、三秋、三岁之感也!"(《诗经原始》)近人则多主恋歌说。就诗论诗,视为怀念情人之作为妥。闻一多指出"采集皆女子事,此所怀者女,则怀之者男"(《风诗类钞》)。译文取闻说作男词。

热恋中情人无不希望朝夕厮守,耳鬓相磨,分离对他们是极大的痛苦,所谓"乐哉新相知,忧哉生别离",即使是短暂的分别,在他或她的感觉中也似乎时光很漫长,以至于难以忍耐。本诗三章正是抓住这一人人都能理解的最普通而又最折磨人的情感,反复吟诵,重叠中只换了几个字,就把怀念情人愈来愈强烈的情感生动地展现出来了,仿佛能触摸到诗人激烈跳动的脉搏,听到他那发自心底的呼唤。全诗既没有卿卿我我一类爱的呓语,更无具体的爱的内容叙述,只是直露地表白自己思念的情绪,然而却能拨动千古之下读者的心弦,并将这一情感浓缩为"一日三秋"的成语,审美价值永不消退,至今仍活在人们口头。其艺术感染力的奥妙在哪里?拙作《风诗含蓄美论析》曾剖析本诗"妙在语言悖理",意思说:从科学时间概念衡量,三个月、三个季节、三个年头怎能与"一日"等同呢?当是悖理的,然而从诗抒情看却是合理的艺术夸张,合理在热恋中情人对时间的心理体验,一日之别,逐渐在他或她的心理上延长为三月、三秋、三岁,这种对自然时间的心理错觉,真实地映照出他们如胶似漆、难分难舍的恋情。这一悖理的"心理时间"由于融进了他们无以复加的恋情,所以看似痴语、疯话,却能妙达离人心曲,唤起不同时代读者的情感共鸣。

(蒋立甫)

大　车

大车槛槛,①	大车奔驰声隆隆,
毳衣如菼。②	青色毛毡做车篷。
岂不尔思?	难道我不思念你?
畏子不敢。	怕你不敢来相逢。
大车啍啍,③	大车慢行声沉重,
毳衣如璊。④	红色毛毡做车篷。
岂不尔思,	难道我不思念你?
畏子不奔。	怕你私奔不敢动。
穀则异室,⑤	活着居室两不同,
死则同穴。	死后要埋一坟中。

谓予不信， 如果你还不信我，
有如皦日！⑥ 太阳作证在天空！

〔注〕①槛(kǎn)：车奔驰的声音。 ②毳(cuì)：毡子。本指兽类细毛，可织成布匹，制衣或缝制车上的帐篷。此处从闻一多说。菼(tǎn)：芦苇的一种，也叫荻，茎较细而中间充实，颜色青绿。此处以菼比喻毳的颜色。③啍(tūn)：车子行驶时沉重缓慢的声音。 ④璊(mén)：赤色的玉。此处比喻车篷的颜色。 ⑤穀(gǔ)：活着。 ⑥皦(jiǎo)：同"皎"，白。

　　《毛诗序》说这首诗是"刺周大夫"，说他不敢信守诺言。这种说法不确，因为全诗并没有更多的社会背景描述。我们细味全诗，很自然地发现，这是一首爱情诗。诗的意思简明直截：一位赶大车的小伙子和一位姑娘相恋，他要求她私奔（大概姑娘家里有人不同意），她却有点犹疑。于是，小伙子指天发誓，一定要和姑娘结合，生不能同床，死也要同穴。爱情的强烈、坚定、至死不渝，大概总可以感动姑娘了。

　　这首诗把环境气氛与主人公心情结合起来，相互烘托促进，是一个特色。第一章写小伙子赶着盖有青色车篷的大车奔驰，在隆隆的车声里，小伙子心潮澎湃："岂不尔思，畏子不敢。"姑娘，你到底敢不敢与我相爱相恋呢？小伙子的冲动，与姑娘的犹疑，制造了恋爱中的痛苦。第二章以沉重的车轮声，衬托小伙子内心的苦恼。这时候，小伙子终于明白了：姑娘的犹疑是因为她家里不同意这段恋情。因此，摆在面前的是：姑娘敢不敢、能不能不经父母许可就和小伙子私奔，结成夫妻。这是姑娘的终身大事，不能不慎重考虑。因为一旦遇人不淑，又背叛了父母，那么自己的前途就十分悲惨了。第二章既回溯了第一章姑娘犹疑的原因，又提出私奔有无后顾之忧的考虑。诗歌是由小伙子口中唱出来的，表示小伙子已经明白姑娘的处境和心思了。于是，自然地引出第三章：小伙子指天发誓，永远忠于爱情，即使生不能同床，死后也要同穴。古人指天发誓是十分慎重的行为，这是自然崇拜与祖先崇拜时代极为庄严的仪式。因为他们相信，违反了诺言要受到天谴的。小伙子慎重地发誓，从意蕴而言，已是圆满地解释了姑娘的疑虑，使姑娘放心大胆地投向恋人的怀抱。从情节而言，诗歌却不再描述其最后结局了。人们可以从诗意延续中推想：这一对恋人，一定高高兴兴地驾着大车，奔向相爱相伴的幸福生活了。

　　这首诗，将环境气氛与人物心情相结合相衬托，把故事按情节发展而安排诗章，以心理推想取代完整故事结局，都有特色。千年之下，读者感受到的，主要仍然是那两颗充满忠贞爱情的年轻的心。　　　　　　　　　　（陈　铭）

丘中有麻

丘中有麻,①　　　记住那土坡上一片大麻,
彼留子嗟。②　　　那里有郎的深情留下。
彼留子嗟,　　　　那里有郎的深情留下啊。
将其来施施。③　　还会见到郎缓缓的步伐。

丘中有麦,　　　　记住那土坡上一片麦田,
彼留子国。④　　　那里有郎的爱意缠绵。
彼留子国,　　　　那里有郎的爱意缠绵啊,
将其来食。　　　　还会与郎再来野宴。

丘中有李,　　　　记住那土坡上一片李树林,
彼留之子。　　　　那里记下郎的真情爱心。
彼留之子,　　　　那里记下郎的真情爱心啊,
贻我佩玖。⑤　　　他赠送的佩玉光洁晶莹。

〔注〕①麻:大麻,古时种植,以其皮沤之可织布,是主要服装衣料。 ②留:留下。嗟:语气词。 ③将(qiāng):愿,请。施(yì)施:慢行的样子。朱熹《诗集传》则释为喜悦。 ④国:助词。说见姚际恒《诗经通论》。 ⑤贻:赠。玖(jiǔ):玉一类的美石。

《诗经》中许多作品,解释的歧义很多。特别是有些冬烘头脑的老儒生,总不敢正视这些民歌反映的人民群众最真实最纯朴的思想感情,而强行把许多男女情歌贴上了社会政治的标签,仿佛诗中男女爱情活动都是政治斗争似的。《毛诗序》阐述《丘中有麻》的主旨时说:"庄王不明,贤人放逐,国人思之,而作是诗。"把这首诗解释为思贤之作。倒是理学家朱熹眼光比较敏锐,他在《诗集传》中力排众议,肯定《丘中有麻》是"女子盼望与所私者相会"的情诗。闻一多先生在《风诗类钞》中从民俗学角度解释"贻我佩玖"这句时,一语点睛,说:"合欢以后,男赠女以佩玉,反映了这一诗歌的原始性。"《丘中有麻》分明是一首情诗,我们还其本来面目,就能感受到二千多年前黄土高原上那对青年男女的柔情蜜意。

在《诗经》时代,男女之间的情爱关系,比较宽松自由。特别是农村男女青年自由交往,野外幽会,相当普遍。这并不是后来儒家君子所指斥的淫乱,而是青年男女择偶的一种正常方式。这和我国有些少数民族,近几十年来还保存着的

对歌择偶、赛马择偶一样,带有原始民族婚配的形式。《丘中有麻》正是这种原始择偶婚配形式的反映。诗歌是以一个姑娘的口吻写出来的,诗中提到的事件,恰恰是姑娘与情郎激情幽会的地点:"丘中有麻""丘中有麦""丘中有李",那一蓬蓬高与肩齐的大麻地,那一片片密密的麦田垅间,那一棵棵绿荫浓郁的李子树下,都是姑娘与情郎情爱激发的地方。所以,当姑娘回味这种强烈的情爱行为时,总也忘不了那个神奇的地方。我们特别注意到,诗的一、二章,都有"彼留子"的明确指涉。而一章的"将其来施施",二章的"将其来食",更明确地写出,姑娘与情郎的幽会不仅仅是一次,而是多次。他们在大麻地里、小麦垅头、李子树下,演出过一次次激情的戏剧,付出了整个身心。他们的情爱是真实的,也是牢固的。他们并没有追求一次性的疯狂,而是让纯真的爱掀起一层又一层的热浪,永久地持续。三章的最后,写到"彼留之子,贻我佩玖",用物质的形式(佩玉),把非物质的关系(情爱)确定下来,以玉的坚贞纯洁牢固,表示两人的爱情的永恒。可以想象,接着下去,姑娘将与情郎共偕连理,成家育子,延续生命。一个新的家庭,将延续那一段热烈纯真的爱情。这就是姑娘在歌唱爱情时寄托的热望。

这首诗情绪热烈大胆,敢于把与情郎幽会的地点一一唱出,既显示姑娘的纯朴天真,又表达俩人的情深意绵。敢爱,敢于歌唱爱,这本身就是可敬的;而这一点,也正是后代理学先生们所不能正视的。

(陈 铭)

郑 风

【诗歌解题】《诗经》类名。"国风"之一。共二十一篇。郑地民歌。周宣王封其弟姬友于郑(今陕西华县北),是为郑桓公。后犬戎杀周幽王和桓公,桓公子武公继位,仍称郑,都新郑(今河南新郑)。诗皆作于武公建国后的东周时期。新郑为一大都会,青年男女有在溱洧等地游春之习俗,故诗多言恋爱、婚姻之事。孔子云:"放郑声,远佞人。郑声淫,佞人殆"(《论语·卫灵公》),即就声调和内容而言。

缁 衣   郑 风

缁衣之宜兮,① 黑色朝服多合适啊,
敝,予又改为兮。② 破了,我再为你做一袭。

适子之馆兮,③ 你到官署办公去啊,
还,予授子之粲兮。④ 回来,我就给你穿新衣。

缁衣之好兮, 黑色朝服多美好啊,
敝,予又改造兮。 破了,我再为你做一套。
适子之馆兮, 你到官署办公去啊,
还,予授子之粲兮。 回来,我就给你试新袍。

缁衣之蓆兮,⑤ 黑色朝服多宽大啊,
敝,予又改作兮。 破了,我再为你做一件。
适子之馆兮, 你到官署办公去啊,
还,予授子之粲兮。 回来,我就给你新衣穿。

〔注〕①缁衣:黑色的衣服。缁衣是当时卿大夫到官署所穿的衣服。 宜:合适。 ②敝:破。 ③适:往。馆:官舍。 ④粲(càn):鲜明。 ⑤蓆:宽大。

《缁衣》为郑风的第一首。这首诗,尽管在许多大学的教科书中根本不提,在各种《诗经》选本中也少见踪影,可在古代典籍中却不时提到。《礼记》中就有"好贤如《缁衣》"和"于《缁衣》见好贤之至"的记载(转引自《诗集传》)。郑国开国之君桓公为周幽王时的司徒,他的儿子武公则为周平王时的司徒。因此,唐代司马贞在《史记索隐》的《郑世家》"述赞"中说:"厉王之子,得封于郑。代职司徒,《缁衣》在咏。"宋代的朱熹在《诗集传》中说:"旧说,郑桓公、武公,相继为周司徒,善于其职,周人爱之,故作是诗。"他似乎是赞成这一"旧说"的。而清代的姚际恒、方玉润则以为这是"美武公好贤之诗"(《诗经原始》)。当代学者高亨先生也同意此说。他说:"郑国某一统治贵族遇有贤士来归,则为他安排馆舍,供给衣食,并亲自去看他。这首诗就是叙写此事"(《诗经今注》)。至于郑国统治者是真"好贤",还是政治手腕,论者也是有不同看法的。如王夫之就认为:"《缁衣》之诗,王子友(桓公)之工其术以歆天下者也。"(《诗广传》)意思是,所谓"好贤",乃是巩固其统治地位的权术耳。

其实,我们仔细玩味这首诗,会充分感受到诗中有一种温馨的亲情洋溢其间,因此,与其说这是一首描写国君与臣下关系的诗,还不如说这是一首写家庭亲情的诗更为确切。当代不少学者认为,这是一首赠衣诗。诗中"予"的身份,看来像是穿缁衣的人之妻妾。孔颖达《毛诗正义》说:"卿士旦朝于王,服皮弁,不服缁衣。退适治事之馆,释皮弁而服(缁衣),以听其所朝之政也。"说明古代卿大夫到官署理事(古称私朝),要穿上黑色朝服。诗中所咏的黑色朝服看来是抒情主人公亲手缝制的,所以她极口称赞丈夫穿上朝服是如何的合体,如何的称身,称颂之词无以复加。她又一而再,再而三地表示,如果这件朝服破旧了,我将再为你做新的。还再三叮嘱,你去官署办完公事回来,我就给你试穿刚做好的新衣,真是一往而情深。表面上看来,诗中写的只是普普通通的赠衣,而骨子里却唱出了一位妻子深深挚爱自己丈夫的心声。我们不必因为诗的主人公是卿大夫的妻妾,而说赠衣给丈夫仅仅是为了博得丈夫的宠爱。

全诗共三章,直叙其事,属赋体。采用的是《诗经》中常见的复沓联章形式。诗中形容缁衣之合身,虽用了三个形容词:"宜"、"好"、"蓆",实际上都是一个意思,无非是说,好得不能再好;准备为丈夫改制新的朝衣,也用了三个动词:"改为""改造""改作",实际上也都是一个意思,只是变换语气而已。每章的最后两句都是相同的。全诗用的是夫妻之间日常所说的话语,一唱而三叹,把抒情主人公对丈夫无微不至的体贴之情刻画得淋漓尽致。 (史 乘)

将 仲 子

将仲子兮,①	求求你,我的仲子,
无踰我里,②	别翻越我家门户,
无折我树杞。③	别折了我种的杞树。
岂敢爱之?④	哪是舍不得杞树呵,
畏我父母。	我是害怕父母。
仲可怀也,	仲子你实在让我牵挂,
父母之言,	但父母的话,
亦可畏也。	也让我害怕。

将仲子兮,	求求你,我的仲子,
无踰我墙,	别翻越我家围墙,
无折我树桑。	别折了我种的绿桑。
岂敢爱之?	哪是舍不得桑树呵,
畏我诸兄。	我是害怕兄长。
仲可怀也,	仲子你实在让我牵挂,

| 诸兄之言， | 但兄长的话， |
| 亦可畏也。 | 也让我害怕。 |

将仲子兮，	求求你，我的仲子，
无逾我园，	别越过我家菜园，
无折我树檀。	别折了我种的青檀。
岂敢爱之？	哪是舍不得檀树呵，
畏人之多言。	我是害怕邻人的毁谗。
仲可怀也，	仲子你实在让我牵挂，
人之多言，	但邻人的毁谗，
亦可畏也。	也让我害怕。

〔注〕 ① 将(qiāng)：请求，愿。仲子：兄弟排行第二的称仲。 ② 逾：越，翻越。里：居住之地，古以二十五家为"里"。 ③ 树：种植。 ④ 爱：吝惜。

先秦时代的男女交往，大约经历了防范相对宽松，到逐渐森严的变化过程。《周礼·地官·媒氏》称："中春之月，令会男女，于是时也，奔者不禁。"可知在周代，还为男女青年的恋爱、婚配，保留了特定季令的选择自由。但一过"中春"，再要私相交往，则要被斥为"淫奔"的。到了春秋、战国之际，男女之防就严格多了。《孟子·滕文公下》说："不待父母之命，媒妁之言，钻穴隙相窥，逾墙相从，则父母、国人皆贱之。"连"钻穴隙"偷看那么一下，都要遭人贱骂，可见社会舆论已何其严厉。

《将仲子》所表现的，便正是一位青年女子在这种舆论压迫下的畏惧、矛盾心理。（《毛诗序》认为此诗是"刺庄公"之作，郑樵《诗辨妄》认为此诗是"淫奔之诗，"今人多不取此二说。）且看首章，开口即是突兀而发的呼告之语："将仲子兮，无逾我里，无折我树杞！"这呼告初听令你摸不着头脑，细细品味又不免莞尔而笑：诗行中不分明透露着，有一对青年男女正要私下相会？热恋中的男子（仲子）大约有点情急，竟提出了要翻墙过园前来相会的方案。这可把女子吓坏了，须知"钻穴隙相窥，逾墙相从"，是要遭父母、国人轻贱和斥骂的；她想："倘若心上人也如此鲁莽，可教我把脸儿往哪里搁？"于是便有了开章那三句的突发呼告。这呼告是温婉的，一个"将"（愿）字，正传达着女子心间的几多情意；但它又是坚决的，那两个"无"（不要）字，简直没有商量的余地。如果你读得再深入些，当还能想见女主人公此刻因惶急而变得苍白的面容，还有"仲子"那因被拒绝而失望的神情。

　　这失望无疑也为女主人公感觉到了,诗中由此跳出了一节绝妙的内心表白:"岂敢爱之？畏我父母。仲可怀也,父母之言,亦可畏也。"前一句反问问得蹊跷,正显出了女主人公的细心处:她唯恐:"无折我树杞"的求告,会被心上人误会,故又赶紧声明:"岂敢爱之？畏我父母。"——我不是吝惜杞树,我只是怕我父母知道;因此虽然爱着你,却不能让你翻墙折杞前来,我实在是迫不得已啊。这番对心上人作解释的自白,一个"畏"字,吐露着她对父母的斥责,竟是怎样的胆战心惊! 这样一来,仲子岂非完全绝望？ 也不。"仲可怀也"三句表明,可怜的女主人公在担心之余,毕竟又给了心上人以温言软语的安慰:"我实在是天天想着你呀,只是父母的斥骂,也实在让我害怕呀……"话语絮絮、口角传情,似乎是安慰,又似乎是求助,活脱脱画出了热恋中少女那既痴情又担忧的情态。

　　第二、三两章初看只是对首章的重复,其实却是情意抒写上的层层递进。从女主人公呼告的"无踰我里",到"无踰我墙""无踰我园",可推测她那热恋中的"仲子",已怎样不顾一切地翻墙逾园、越来越近。但男子可以鲁莽行动,女子却受不了为人轻贱的闲话。所以女主人公的畏惧也随之扩展,由"畏我父母"至于"畏我诸兄",最后"畏"到左邻右舍的"人之多言"。使你觉得,那似乎是一张无形的大网,从家庭一直布向社会,谁也无法挣得脱它。这就是不准青年男女恋爱、私会的礼法之网,它经了"父母""诸兄"和"人之多言"的重重围裹,已变得多么森严和可怕。由此品味女主人公的呼告之语,也难怪一次比一次显得急切和焦灼了——她实在孤立无助,难于面对这众口嚣嚣的舆论压力呵!

　　全诗纯为内心独白式的情语构成。但由于女主人公的抒情,联系着自家住处的里园墙树展开,并用了向对方呼告、劝慰的口吻,使诗境带有了絮絮对语的独特韵致。字面上只见女主人公的告求和疑惧,诗行中却历历可见"仲子"的神情音容:那试图逾墙来会的鲁莽,那被禁止引发的不快,以及唯恐惊动父母、兄弟、邻居的犹豫,连同女主人公既爱又怕的情态,俱可于诗中得之。我国古代诗论,特别推重诗的"情中景""景中情",《将仲子》所创造的,正是这种情中见景的高妙诗境。

（潘啸龙）

叔　于　田

叔于田,① 　　叔段打猎在野地,
巷无居人。 　　里巷空旷不见人。
岂无居人？ 　　哪是真的不见人？

不如叔也，	没人能与叔段比，
洵美且仁。②	确实俊美又谦仁。
叔于狩，③	叔段打猎在冬季，
巷无饮酒。	里巷再没人喝酒。
岂无饮酒？	哪是真没人喝酒？
不如叔也，	没人能与叔段比，
洵美且好。	那么有为又聪秀。
叔适野，④	叔段打猎在郊外，
巷无服马。⑤	里巷再没人骑马。
岂无服马？	哪是真没人骑马？
不如叔也，	没人能与叔段比，
洵美且武。	英俊勇武本领大。

〔注〕① 叔：古代兄弟序次为伯、仲、叔、季，年岁较小者一般通称为叔。田：同"畋"，打猎。 ② 洵：确实，真的。 ③ 狩：冬猎称狩，此为田猎的通称。 ④ 适：往。 ⑤ 服马：乘马，骑马。

　　本诗的主旨，古今因对"叔"一词特指与否的不同理解，而明显地分为两派。一派认为"叔"是特指郑庄公之弟太叔段。《毛诗序》云："《叔于田》，刺庄公也。叔处于京，缮甲治兵，以出于田，国人说而归之。"欧阳修《诗本义》云："诗人言大叔得众，国人爱之。"虽两者有"刺郑庄公说"与"赞美叔段说"的不同，但对本诗"悦""爱"叔段的内容并无歧解。另一派认为"叔"非特指。今人陈子展《诗经直解》说："《叔于田》，赞美猎人之歌"，程俊英《诗经译注》说："这是一首赞美猎人的歌"，以为"叔"指青年猎手；袁梅《诗经译注》则承朱熹《诗集传》"或疑此亦民间男女相说之词也"之说绪余，说："这支歌，表现了女子对爱人真纯的爱慕。"以为"叔"指男性情人。

　　据《左传·隐公元年》记载，太叔段勇而有才干，并深得其母武姜的宠爱，被封于京地后，整顿武备，举兵进攻郑庄公，最终失败外逃。若诗中之"叔"为太叔段，则此诗当为其拥护者所作，但按验文本，并无明证。至于说诗中含"刺"，更属无稽之谈。因此今人多不取《毛诗序》之说，实为顺理成章之事。笔者以为，从文本本身看，"赞美猎人说"应是最站得住脚的，虽然本事不可考，但惟其不受具体人事限制，兴发感动力才不需激发便具有超越时空的动量。

在《诗经》三百篇中，《叔于田》并不是很引人注目的篇章，但若论其艺术成就，此诗当可与那些最优秀之作相颉颃。诗分三章，纯用赋法，但流畅谐美中有起伏转折，人物形象呼之欲出，则与假比兴曲笔描写者异曲同工，难分轩轾。它的成功之处，除了运用《诗经》中常见的章段复沓的布局外，还在于运用设问自答、对比夸张的艺术手法。

章段复沓，是《诗经》中最重要的结构特点，它的起源可以追溯到原始口传文化社会中祭仪表演时的应和歌唱。复沓的作用可类比于押韵，是潜在的心理和声，它反复地再现主旋律，唤起听众或读者的认知和体会。《叔于田》三章句式结构全同，与其他类似结构的《诗经》篇章一样，有一种回环往复的音响效果，同时也因为复沓而加深了听众或读者对主人公"叔"的印象。而这种复沓是有变化的复沓，各章各句替换几个字，既保持韵律感，又深化了主题。实际上，拿现代音乐术语来解说，此诗正是一首分节歌，而"不如叔也"一句则是唯一的一句副歌歌词。

章句复沓，自然算不上是《叔于田》一诗的专利，但设问自答、对比夸张则显然是其独具个性的特色。各章第二句"巷无居人""巷无饮酒""巷无服马"，第三句"岂无居人""岂无饮酒""岂无服马"，第四句"不如叔也"，第五句"洵美且仁""洵美且好""洵美且武"，相互间有这样的逻辑关系：第二句否定，第三句反诘，第四句作答，第五句述因，通过自问自答，将"洵美……""不如""巷无……"（真的既英俊又……，人们都不如他，因此巷里没有人……）这样的正常顺序作一转换，顿觉奇峰突起，余味曲包。陈震《读诗识小录》评道："平说安能警策，突翻突折，簸弄尽致，文笔最奇。"吴闿生《诗义会通》也说："案，故撰奇句而自解释之，文章家之逸致也。"对此妙笔都青眼有加。这一设问自答的手法，实际上源出周人对商人占卜贞问的甲骨刻辞的着意模仿。在甲骨卜辞中，因求问神灵需将正反两种结果都记刻于龟甲上，请决于神判，便产生了此类句法的滥觞。此诗中，一正一反，直陈与疑问并举，主要就在于以"突奇峭快"（陈震语）的笔墨引出下文"不如叔也"这一结论。而"巷无居人""巷无饮酒""巷无服马"的夸张描写，则将众人"不如叔也"的平庸与"叔""洵美且仁"（"且好""且武"）的超卓两者间的反差强调到极致。而通过居里、喝酒、骑马这样的生活细节来表现"叔"的美好形象，无疑也很有人情味，有较强的煽情作用。诗的末句在"不如叔也"一句已将主要内容交代完毕之后逸出一笔，不仅使主题更为充实，也使对"叔"的夸张描写显得有据可信。

总之,此诗虽非《诗经》中名篇,但其审美价值自不容轻视。钱锺书《管锥编》指出:唐韩愈《送温处士赴河阳军序》"伯乐一过冀北之野而马群遂空,非无马也,无良马也"数句,句法正出自本诗,其对后世的影响由此可见一斑。

(朱渊清)

大叔于田

叔于田,①	三哥出发去打猎,
乘乘马。②	驾起大车四马牵。
执辔如组,③	手拉缰绳如执组,
两骖如舞。④	骖马真似舞翩翩。
叔在薮,⑤	三哥冲进深草地,
火烈具举。⑥	四面猎火齐点燃。
襢裼暴虎,⑦	袒身赤膊斗猛虎,
献于公所。	从容献到主公前。
将叔无狃,⑧	三哥请勿太轻率,
戒其伤女。	老虎伤人提防严。
叔于田,	三哥出发去打猎,
乘乘黄。	驾车四马毛色黄。
两服上襄,⑨	服马马头高抬起,
两骖雁行。	骖马整齐如雁行。
叔在薮,	三哥冲进深草地,
火烈具扬。	四面猎火烧得旺。
叔善射忌,⑩	三哥射箭箭法准,
又良御忌。⑪	驾车本领也高强。
抑磬控忌,⑫	勒马止步弯下腰,
抑纵送忌。⑬	纵马奔驰松马缰。
叔于田,	三哥出发去打猎,
乘乘鸨。⑭	驾车四马杂色毛。

两服齐首，	服马齐头又并进，
两骖如手。	骖马如手双协调。
叔在薮，	三哥冲进深草地，
火烈具阜。⑮	四面猎火熊熊烧。
叔马慢忌，	三哥控马渐慢行，
叔发罕忌。	三哥放箭渐稀少。
抑释掤忌，⑯	打开箭筒箭收起，
抑鬯弓忌。⑰	拉过弓袋弓放好。

〔注〕① 田：同"畋"，打猎。 ② 乘乘(chéng shèng)马：驾着拉一乘车的四马。前一个"乘"是动词，后一个"乘"是名词，古时一车四马叫一乘。 ③ 组：织带平行排列的经线。 ④ 骖(cān)：驾车的四马中两边的马。 ⑤ 薮(sǒu)：低湿多草木之地。 ⑥ 烈："迾"的假借。火迾，打猎时放火烧草，遮断野兽的逃路。具：同"俱"。举：起。 ⑦ 襢裼(tǎn tì)：脱衣祖身。暴：通"搏"。 ⑧ 将(qiāng)：请，愿。忸(niǔ)：反复地做，此指猎手自以为猎技非常熟练而有所疏忽。 ⑨ 服：驾车的四马中间的两匹。襄：同"骧"，奔马抬起头。 ⑩ 忌：语尾助词。 ⑪ 良御：驾车很在行。 ⑫ 抑：发语词。磬控：弯腰如磬，勒马使缓行或停步。 ⑬ 纵送：放马奔跑。 ⑭ 鸨(bǎo)：黑白杂色的马。其色如鸨，故以鸟名马。 ⑮ 阜：旺盛。 ⑯ 释：打开。掤(bīng)：箭筒的盖子。 ⑰ 鬯(chàng)：通"韔"，弓袋，此用作动词。

　　此诗主题，《毛序》谓"刺庄公也"，认为"叔"即庄公之弟共叔段，孔颖达疏云："叔负才恃众，必为乱阶，而公不知禁，故刺之。"刘沅《诗经恒解》以为叔段武勇善射，"庄公不能善教之以成其材，又不能善用之以全其才，而使陷于恶，诗人流连咏叹，惜叔实刺公也"。吴懋清《毛诗复古录》又云："叔段长于射御，力能暴虎，为国人所叹赏，宣扬传颂。"今人则多认为是赞美猎手之作。

　　诗的抒情主人公可能是一个女子。她赞美的大约是自己的恋人，一位青年猎手。古人以伯、仲、叔、季作排行，叔本指老三。《郑风·萚兮》有"叔兮伯兮，倡(唱)予和女"之句，《郑风·将仲子》中提到"仲子"，则当时郑国女子对恋人也可称"伯""仲""叔"，大约相当于今日民歌中的"大哥""二哥""三哥"之类。诗中说这位青年打死虎之后"献于公所"，可知他是随从郑伯去打猎的，然指实为共叔段，似乎并没有什么理由。

　　第一章"叔于田"直截了当点出要写叔的什么事。"乘乘马"表现出其随公畋猎时的气势。三、四句则描绘他驾车的姿态。驾车之马有四匹，四匹马的缰绳总收一起拿在手中，如绶带或织带时的经线，两面的骖马同服马谐调一致，像在舞蹈一样整齐。其得心应手的情况，就像马完全在按驾车人的意识行动。把叔驾车的动作写得同图画、音乐、舞蹈一样,到了出神入化的地步,正像《淮南子·览冥》说的王良造父驾车的情形,"上车摄辔,马为整齐而欲谐,投足调均,劳逸若一,心怡气和,体便轻毕,安劳若进,驰骛若灭,左右若鞭,周旋若环"。然而在本诗中只用了八个字。下面"叔在薮,火烈具举",将叔放在一个十分壮观的背景之中。周围大火熊熊燃烧,猛虎被堵在深草之地,唯叔在其中与虎较量。叔脱去了上衣,火光照亮了他的脸和身,也照亮了将要拼死的困兽。其紧张的情况,同斗兽场中惊心动魄的搏斗一样。结果呢?"襢裼暴虎,献于公所。"叔不但打死了猛虎,而且扛起来献到了君王面前,像没有事一样。一个英雄勇士的形象活生生显示了出来。这十五个字的描写,可与《三国演义》中"温酒斩华雄"那一段精彩的叙述相媲美。诗人夸赞叔,为他而自豪,又替他担心,希望他不要掉以轻心,这个感情,是复杂的。

　　第二章写叔继续打猎的情形,说叔"善射""良御",特别用了"磬控"一词,刻画最为传神。"控"即在马行进中骑手忽然将它勒住不使前进,这时马便会头朝后,前腿抬起;人则弯曲腰身如上古时的石磬。第三章写打猎结束时从容收了弓箭,以其在空手打虎和追射之后的悠闲之态,显示了他的英雄风度。全诗有张有弛,如一首乐曲,在高潮之后又是一段舒缓的抒情,成抑扬之势,最有情致。清姚际恒《诗经通论》评曰:"描摹工艳,铺张亦复淋漓尽致,便为《长杨》《羽猎》之祖。"认为此诗实为汉扬雄《长杨赋》《羽猎赋》等专写畋猎的辞赋的滥觞,他的意见有没有道理呢?读者自可善加评判。

(赵逵夫)

清　人

清人在彭,①	清邑的军队驻守在彭地,
驷介旁旁,②	披甲的驷马驰骤真强壮。
二矛重英,③	两支矛装饰重重红缨络,
河上乎翱翔。	在河边来去翱翔多欢畅。

清人在消,④	清邑的军队驻守在消地,
驷介麃麃,⑤	披甲的驷马威武地奔跑。
二矛重乔,⑥	两支矛装饰重重野雉毛,
河上乎逍遥。	在河边来回闲逛真逍遥。

清人在轴，⑦	清邑的军队驻守在轴地，
驷介陶陶，⑧	披甲的驷马驰驱乐陶陶。
左旋右抽，⑨	士兵们左转身子右抽刀，
中军作好。⑩	领兵的主将练武姿态好。

〔注〕①清：郑国邑名，在今河南省中牟县西。清人，指郑国大臣高克带领的清邑的士兵。彭：郑国地名，在黄河边上。 ②驷介：一车驾四匹披甲的马。介，甲。旁旁：马强壮有力的样子。 ③重英：两层矛上缨饰。毛传："重英，矛有英饰也。" ④消：黄河边上的郑国地名。 ⑤麃(biāo)麃：英勇威武的样子。 ⑥乔：借为"鹪(jiāo)"，长尾野鸡，此指以鹪羽为矛缨。 ⑦轴：黄河边上的郑国地名。 ⑧陶陶：马奔驰的样子。 ⑨旋：转。抽：拔刀。 ⑩中军：古代兵制有上军、中军、下军三军。中军之将为主帅。作好：容好，与"翱翔""逍遥"一样也是联绵词，指武艺高强。

《清人》为《郑风》的第五首。在郑风二十一篇诗中，唯独这首《清人》是确切有本事可考的。

据《春秋·鲁闵公二年(前660年)》记载："冬，十有二月，狄入卫，郑弃其师。"《左传》云："郑人恶高克，使帅师次于河上，久而弗召，师溃而归，高克奔陈。郑人为之赋《清人》。"鲁闵公二年，即郑文公十三年。那一年，狄人侵入卫国。卫国在黄河之北，郑国在黄河之南，郑文公怕狄人渡过黄河侵入郑国，就派他所讨厌的大臣高克带领清邑的士兵到河上去防御狄人。时间久了，郑文公也不把高克的军队召回，而是任其在驻地无所事事，整天游逛。最后军队溃散而归，高克也逃到陈国去了。又据《毛诗序》，诗作者为郑公子素。

我们了解了这首诗的背景，那么，就能深刻体会作者写这首诗的本意了。春秋时期，大小诸侯国之间战争频仍，攻伐兼并不绝于史。广大人民对那些诸侯争霸的不义之战是深恶痛绝的。而对举国上下齐心协力奋起抗击外敌的正义战争，广大人民总是予以热情的歌颂。在防御外敌的时候，如果有人消极不抵抗甚至投降，那将受到千夫所指。在作者眼中，高克带领的部队，战马披甲，不可谓不雄壮；战车插矛，不可谓不威武。可是清邑的士兵怎么样呢，他们不是在为抵御敌人随时可能的入侵而认真备战，却在河上逍遥游逛，耍弄刀枪；身为将帅的高克也闲来无事，只是以练武来消磨时光而已。毫无疑问，这是一首辛辣的讽刺诗。讽刺的对象是高克，而最终是深深斥责郑文公的昏庸。

为什么说讽刺的矛头最终是对准郑文公的呢？古代有一位论者分析得很有道理："人君擅一国之名宠，生杀予夺，唯我所制耳。使高克不臣之罪已著，按而诛之可也。情状未明，黜而退之可也。爱惜其才，以礼驭之亦可也。乌可假以兵权,委诸竟上(境边),坐视其离散而莫之恤乎!《春秋》书曰:'郑弃其师。'其责之深矣!"(朱熹《诗集传》引胡氏语)方玉润也说:"唯郑文公恶高克,而使之拥兵在外,此召乱之本也。幸而师散将逃,国得无恙;使其反戈相向,何以御之?"(《诗经原始》)总之,在抵御外敌之时,郑文公因讨厌高克反而派他带领清邑士兵去河边驻防的决策是完全错误的。

全诗共三章,写清邑士兵在黄河边上的彭地、消地、轴地驻防时的种种表现。表面上是在称颂他们,说他们的披甲战马如何强壮,奔驰起来又如何威风;战车上装饰着漂亮的矛,是如何的壮盛;军中武士也好,主帅也好,武艺又是如何高强。而实际上他们却是在河上闲散游逛。每章的最后一句如画龙点睛,用"翱翔""逍遥""作好"等词来揭出本相,其讽刺的手法是较为含蓄的。从诗的章法上说,三个章节的结构和用词变化都不甚大,只有第三章与前两章不同处较多。作者采用反复咏叹的手法,以加强对读者的印象,从而达到其讽刺的效果。

(史 乘)

羔 裘

羔裘如濡,①	羔羊皮袍像油似地光润,
洵直且侯。②	他的为人既正直又美好。
彼其之子,	他是这样的一个人啊,
舍命不渝。③	豁出生命也要保持节操。
羔裘豹饰,④	羔羊皮袍的袖口装饰豹皮,
孔武有力。	他的为人既威武又有毅力。
彼其之子,	他是这样的一个人啊,
邦之司直。⑤	国家的司直能主持正义。
羔裘晏兮,⑥	羔羊皮袍既光洁又鲜艳,
三英粲兮。⑦	三道豹皮装饰得真漂亮。
彼其之子,	他是这样的一个人啊,
邦之彦兮。⑧	称得上是国家的贤良。

〔注〕① 羔裘:羊羔皮袄,古代大夫的朝服。濡(rú):柔而有光泽。② 洵(xún):确实。侯:美。③ 渝:改变。④ 豹饰:用豹皮装饰皮袄的袖口。⑤ 司直:官名。掌管劝谏君

主过失。　⑥晏：鲜艳。　⑦三英：装饰袖口的三道豹皮镶边。　⑧彦：才德出众的人。

　　《羔裘》是《郑风》的第六首。关于这首诗，《毛诗序》说："《羔裘》，刺朝也。言古之君子，以风其朝焉。"意思是赞古喻今，以赞美古代君子来讽喻现在的官员。朱熹《诗集传》认为是郑人"美其大夫之辞"，即赞扬郑国名臣子皮、子产的。对于这两种意见，至今也没有统一的说法。

　　笔者同意此诗为讽刺现实之作。清代朱鹤龄、陈启源等人都有比较令人信服的分析。大致说来，主要有那么两条理由：一、在《诗经》中凡称到"彼其之子"的诗，都是讽刺诗，如《王风·扬之水》《魏风·汾沮洳》《唐风·椒聊》《曹风·候人》等，因此，《郑风·羔裘》也不例外；二、《诗经》中所收的诗止于陈灵公时代，而子皮、子产等人生活的时代比陈灵公时代要晚五六十年。再说，在昭公十六年，郑六卿饯韩宣子时，子产曾赋《郑风·羔裘》，如果说这是一首人家赞美他的诗，他怎么可能在客人面前用这首诗来夸耀自己呢？所以，朱熹在《辩说》中的立论有附会之处，是站不住脚的。

　　羔裘是古代卿大夫上朝时穿的官服。《诗经》中通过描写羔裘来刻画官员形象的诗有好几首，如《召南·羔羊》《唐风·羔裘》《桧风·羔裘》等，命意都不一样。《郑风》中的这首诗，作者在诗中具体而微地描写了羊皮袍子的皮毛质地是如何的润泽光滑，袍子上的豹皮装饰是如何的鲜艳漂亮，其目是通过对羊皮袍子的仔细形容，和对其中寓意的深刻揭示，借以赞美穿羊皮袍子的官员有正直美好能舍命为公的气节，有威武勇毅能支持正义的品格。总而言之，这位官员才德出众，不愧是国家的贤俊。在作者看来，古代的卿大夫确实是这么回事；但是，一联系郑国当时的现实，满朝穿着漂亮官服的是些什么人呢？一句话，君不像君，臣不像臣，可以说，都不称其服！这样，作者赞古讽今的作诗命意就凸显出来了。

　　这首诗，从表现手法说，属赋体。作者以衣喻人，从羊羔皮制的朝服的质地、装饰，联想到穿朝服的官员的品德、才能，极其自然，也极为高明。因为衣裳总是人穿的，从衣裳联想到人品，再自然不过了。至于一个人的品质、德性要说得很生动、形象，就不那么容易，而本诗作者的聪明之处，也在这里。他用看得见的衣服的外表，来比喻看不见、感得到的较为抽象的品行德性，手法是极为高明的。比如，从皮袍子上的豹皮装饰，联想到穿这件衣服的人的威武有力就十分贴切，极为形象。但作为一首讽刺诗来说，有些过于含蓄，以至千百年来聚讼不已。

（史　乘）

遵 大 路

遵大路兮， 沿着大路走啊，
掺执子之袪兮。① 拉着你的袖啊。
无我恶兮， 莫要嫌我把气怄啊，
不寁故也！② 不念旧情轻分手呀！

遵大路兮， 沿着大路走啊，
掺执子之手兮。 抓紧你的手啊。
无我魗兮，③ 莫要嫌弃把我丢啊，
不寁好也！④ 抛却恩爱不肯留呀！

〔注〕① 掺(shǎn)：持，执。袪(qū)：衣服的袖口。② 寁(jié)：速，速去。故：故旧。③ 魗(chǒu)：弃。④ 好(hào)：情好。

  本篇主旨很难坐实，《毛诗序》谓"思君子也"，此君子泛指有治国才能的贤人；何楷《诗经世本古义》则指实为"周公卿欲留郑庄公也"。朱熹《诗集传》斥其为"淫妇"诗，他说："淫妇为人所弃，故于其去也，揽其袪而留之曰：子无恶我不留，故旧不可以遽绝也。"戴君恩《读诗臆评》以为是妻子送别丈夫之诗。姚际恒《诗经通论》又说是"故旧于道左(旁)言情，相和之辞"。今人多主"弃妇"说，当是从朱熹说引出。考各家说法，对照原诗，似乎都有些道理，然而又不完全贴切，相比之下，我以为郝懿行《诗问》"留夫"一说稍近诗意，他说："民间夫妇反目，夫怒欲去，妇惧而挽之。"今姑从之但不指实为夫妇。

  本篇无首无尾，诗人只是选择男子离家出走，女子拽着男子衣袖，拉紧他的手，苦苦哀求他留下的一个小镜头，以第二人称呼告的语气反复哭诉。全诗只有两章八句，既没有点明男子离家出走的原因，也没有交代他们之间是什么关系，然而诗人描绘的这幅平常而习见的画面，却是活灵活现的，给人留下的印象难以磨灭。我们读着读着，仿佛在眼底浮现出一对男女在大路上追逐，女的追上男的，在路边拉扯纠缠的生动情景，在耳际还似乎传来女子悲怆的哭诉声，她呼唤着男子，不断重复地说着："不要嫌恶丢弃我！""多年相爱不能说断就断！"除此，她已经没有别的话要说，仿佛自己的一切辛酸、痛苦、挣扎、希望都凝聚在这两句话中了。她多么渴望在自己的哀求下，他能回心转意，两人重归于好，相亲相爱过日子。这是女主人公唯一祈求，也是好心读者的共同心愿。但是，诗至此却戛然而止,不了了之,留下了一大片画面空白,容我们读者根据自己的生活经验与审美情趣去创造、去丰富,可能有多种不同的设想,绘出不同结果的精彩画面。所以本诗这幅片断性的画面尽管是一目了然的,但却是极具有包孕性的。清陈震《读诗识小录》评曰:"上二句有风萧水寒之气,下二句见倾心吐胆之情,音曼而悲,此《离骚》之开山也",牛运震《诗志》评曰:"恩怨缠绵,意态中千回百折","相送还成泣,只三四语抵过江淹一篇《别赋》",都对其艺术特色评价很高。

原诗纯为赋体,二章四句,每句皆押韵。第二章首句"路",王引之《经义述闻》说:"当作道,与手、魏、好为韵,凡《诗》次章全变首章之韵,则第一句先变韵。"今译文从其说,作四句押韵处理,正文则不改。

(蒋立甫)

女 曰 鸡 鸣

女曰:"鸡鸣。"	女说:"公鸡已鸣唱。"
士曰:"昧旦。①	男说:"天还没有亮。
子兴视夜,②	不信推窗看天上,
明星有烂。"③	明星灿烂在闪光。"
"将翱将翔,④	"宿巢鸟雀将翱翔,
弋凫与雁。"⑤	射鸭射雁去芦荡。"
"弋言加之,⑥	"野鸭大雁射下来,
与子宜之。⑦	为你烹调做好菜。
宜言饮酒,	佳肴做成共饮酒,
与子偕老。"	白头偕老永相爱。"
琴瑟在御,⑧	女弹琴来男鼓瑟,
莫不静好。⑨	和谐美满在一块。
"知子之来之,⑩	"知你对我真关怀呀,
杂佩以赠之。⑪	送你杂佩答你爱呀。
知子之顺之,⑫	知你对我体贴细呀,
杂佩以问之。⑬	送你杂佩表谢意呀。
知子之好之,⑭	知你爱我是真情呀,

杂佩以报之。"　　送你杂佩表同心呀。"

〔注〕①昧旦:天将明未明的时候。②兴:起。视夜:察看夜色。③明星:即启明,星光明亮。有烂:灿烂明亮。④将翱将翔:指已到了破晓时分,宿鸟将出巢飞翔。⑤弋(yì):弋射,用生丝做绳,系在箭上射鸟。凫(fú):野鸭。⑥言:语助词;下同。加:射中。⑦与:犹为。宜:即"肴",烹调菜肴。⑧御:用,弹奏的意思。⑨静好:和睦安好。⑩来:意谓殷勤、体贴。⑪杂佩:古人佩饰,上系珠、玉等,质料和形状都不一,故称杂佩。⑫顺:柔顺。⑬问:赠送。⑭好(hào):爱恋。

这首赋体诗恰似一幕生活小剧。诗人通过士女对话,展示了三个情意融融的特写镜头。这对青年夫妇和谐的家庭生活与诚笃而热烈的感情,令人羡慕,令人赞叹。

第一个镜头:鸡鸣晨催。起先,妻子的晨催,并不令丈夫十分惬意。公鸡初鸣,勤勉的妻子便起床准备开始一天的劳作,并告诉丈夫"鸡已打鸣"。"女曰鸡鸣",妻子催得委婉,委婉的言辞含蕴不少爱怜之意;"士曰昧旦",丈夫回得直白,直决的回答显露出明显的不快之意。他似乎确实很想睡,怕妻子连声再催,便辩解地补充说道:不信你推窗看看天上,满天明星还闪着亮光。妻子是执拗的,她想到丈夫是家庭生活的支柱,便提高嗓音提醒丈夫担负的生活职责:宿巢的鸟雀已经满天飞翔了,整理好你的弓箭该去芦苇荡了。口气是坚决的,话语却仍是柔顺的。钱钟书说:"'子兴视夜'二句皆士答女之言;女谓鸡已叫旦,士谓尚未曙,命女观明星在天便知"(《管锥编》第一册)。此说符合生活实情;而士女的往复对答,也使第一个镜头更富情趣。就女催起而士贪睡这一情境而言,《齐风·鸡鸣》与此仿佛,但人物的语气和行动与此不同。《鸡鸣》中女子的口气疾急决然,连声催促,警夫早起,莫误公事;男的却一再推脱搪塞,淹恋枕衾而纹丝不动。本篇女子的催声中饱含温柔缱绻之情,男的听到再催后显然作出了令妻子满意的积极反应。首章与次章之间的空白,可理解为对男子的举动作了暗场处理,这样就自然地进入下面的情节。

第二个镜头:女子祈愿。妻子对丈夫的反应是满意的,而当他整好装束,迎着晨光出门打猎时,她反而对自己的性急产生了愧疚,便半是致歉半是慰解,面对丈夫发出了一连串的祈愿:一愿丈夫打猎箭箭能射中野鸭大雁;二愿日常生活天天能有美酒好菜;三愿妻主内来夫主外,家庭和睦,白首永相爱。丈夫能有如此勤勉贤惠、体贴温情的妻子,怎能不充满幸福感和满足感? 因此,下面紧接着出现一个激情热烈的赠佩表爱的场面,就在情理之中而不得不然的了。其实,诗人唱到这个琴瑟和谐的场面也为之激动,他情不自禁地在旁边感叹道:"琴瑟在御,莫不静好。"恰似女的弹琴,男的鼓瑟,夫妇和美谐调,生活多么美好。诗歌具有跳跃性,此篇的章节和诗句间的跳跃性更大,因而也给接受者留下了更为广阔的想象再创造的空间。关于这两句,张尔岐《蒿庵闲话》说:"此诗人凝想点缀之词,若作女子口中语,觉少味,盖诗人一面叙述,一面点缀,大类后世弦索曲子。"此解颇具创意,诗境也更饶情致,实为明通之言。

第三个镜头:男子赠佩。投之以木瓜,报之以琼琚。丈夫这一赠佩表爱的热烈举动,既出于诗人的艺术想象,也是诗歌情境的逻辑必然。深深感到妻子对自己的"来之""顺之"与"好之",便解下杂佩"赠之""问之"与"报之"。一唱之不足而三叹之,易词申意而长言之。在急管繁弦之中洋溢着恩酣爱畅之情。至此,这幕情意融融的生活小剧也达到了艺术的高潮。末章六句构成三组叠句,每组叠句易词而申意,把这位猎手对妻子粗犷热烈的感情表现得淋漓酣畅。

王质《诗总闻》说:"大率此诗妇人为主辞,故'子兴视夜'以下皆妇人之词。"此说影响直至清代,故清人论"对答体"诗,大多追溯至《孔雀东南飞》而不及《诗经》。其实,《女曰鸡鸣》是首极富情趣的对话体诗,对话由短而长,节奏由慢而快,情感由平静而热烈,人物个性也由隐约而鲜明。

此篇的诗旨,至此也可以不辨自明了。《毛诗序》谓"刺不说德也;陈古义以刺今,不说德而好色也",过于穿凿。朱熹《诗集传》以为"此诗人述贤夫妇相警戒之词",则似有顾头不顾尾之嫌。闻一多《风诗类钞》曰:"《女曰鸡鸣》,乐新婚也。"也有难概全篇之感。统观全篇,实是赞美青年夫妇和睦的生活、诚笃的感情和美好的人生心愿的诗作。

(陈文忠)

有 女 同 车

有女同车,	有位姑娘和我在一辆车上,
颜如舜华。①	脸儿好像木槿花开放。
将翱将翔,	跑啊跑啊似在飞行,
佩玉琼琚。②	身佩着美玉晶莹闪亮。
彼美孟姜,③	姜家大姐不寻常,
洵美且都。④	真正美丽又漂亮。

| 有女同行, | 有位姑娘与我一路同行, |
| 颜如舜英。 | 脸儿像木槿花水灵灵。 |

将翱将翔，	跑啊跑啊似在飞翔，
佩玉将将。⑤	身上的玉佩叮当响不停。
彼美孟姜，	姜家大姐真多情，
德音不忘。⑥	美好品德令我常记心。

〔注〕 ① 舜华：木槿花，花冠钟形，有红、白、紫等颜色。华，同"花"。 ② 琼瑶：美玉。 ③ 孟姜：毛传："齐之长女。"排行最大的称孟，姜则是齐国的国姓。后世孟姜也作为美女的通称。 ④ 洵：确实。都：娴雅。 ⑤ 将将：同"锵锵"，玉石相互敲击摩擦发出的声音。 ⑥ 德音：美好的品德声誉。

此诗主旨，《毛诗序》以为是刺郑国的太子忽不婚于齐，说："太子忽尝有功于齐，齐侯请妻之；齐女贤而不娶，卒以无大国之助，至于见逐，故国人刺之。"朱熹《诗集传》以为是"淫奔之诗"。依《毛序》的观点，"有女"之女与"彼美"之女应是两个人，清钱澄之《田间诗学》说前一人为太子忽所娶陈女，后一人为齐侯之女。从诗中叙陈女只言其色，叙齐女则兼言其德，木槿花又花期不长几点来看，这种观点是可以成立的。依朱熹的观点，则无法解释"同车""佩玉将将"这样的"威仪盛饰，昭彰耳目"(赵文哲《媕雅堂别集》)。本文认为这是一对贵族青年的恋歌，诗中以男子的语气，赞美了女子容貌的美丽和品德的美好。

时当夏秋之际，木槿花盛开，诗中的男女一同出外游览。他们一会儿赶着车子，在乡间道路上飞快地奔驰；一会儿又下车行走，健步如飞。诗中洋溢着欢乐的情绪，明快的节奏，读之让人心旷神怡。

中国有句古话："情人眼里出西施。"在诗人看来，他的女友真是"细看诸处好"，美不可言。这位女子姓姜，在家里排行第一，用今天的话说，就是姜家的大姑娘。她的面颊像木槿花一样又红又白；她走起路来像鸟儿飞翔一样，十分轻盈；她身上还佩戴着珍贵的环珮，行动起来，环珮轻摇，发出悦耳的响声。她不但外貌美丽，而且品德高尚，风度娴雅。总之，诗人以无比的热情，从容颜、行动、穿戴以及内在品质诸方面，描写了这位少女的形象，同《诗经》中写平民的恋爱迥然有别。这也可以说是本诗的主要特色。

全诗分为二章，每章六句，字数、句数完全相等，意思也大致一样，唯有所押的韵不同。第一章"舜华"之"华"，朱熹《诗集传》谓"叶芳无反"，用反切的方法说明这个"华"字音"夫"。因此与以下的"琚""都"属于一个韵部。《说文通训定声》将"华"字归入"豫部"，并云"从巫于声"，与《诗集传》相同，可证。第二章的"行"字，《诗集传》注云："叶户郎反，"即音杭(háng)；"英"字"叶於良反"，即音央(yāng)，皆与以下的"将""忘"属于一个韵部。从首章"六鱼"韵到次章"七阳"韵的转换,也反映了诗中情绪的变化,它更为欢快和昂扬了。

  此诗二章,自宋范处义《诗补传》以下皆以之为赋体。也就是说它是用叙事或铺陈的方法进行描写的,但必须指出,作者在叙写时是饱含感情的,这一点在朗读时便自然而然地感受得到。本诗对于美女的描写,摹形传神,对后世影响很大,清姚际恒《诗经通论》指出宋玉《神女赋》"婉若游龙乘云翔"、曹植《洛神赋》"翩若惊鸿""若将飞而未翔"等句显然都是滥觞于此。

(徐培均)

山 有 扶 苏

山有扶苏,①	山上有茂盛的扶苏,
隰有荷华。②	池里有美艳的荷花。
不见子都,③	没见到子都美男子啊,
乃见狂且。④	偏遇见你这个小狂徒。

山有桥松,⑤	山上有挺拔的青松,
隰有游龙。⑥	池里有丛生的水荭。
不见子充,⑦	没见到子充好男儿啊,
乃见狡童。⑧	偏遇见你这个小狡童。

〔注〕① 扶苏:树木名,又叫朴樕。 ② 隰(xí):低湿的洼地。华:同"花"。 ③ 子都:古代美男子。 ④ 狂且(jū):狂妄的人。且,语助词。 ⑤ 桥:通"乔",高大。 ⑥ 游龙:水草名,即水荭,红蓼。 ⑦ 子充:古代良人名。 ⑧ 狡童:狡狯的少年。

  《山有扶苏》为《郑风》的第十首。这首诗写一位女子在与情人欢会时,怀着无限惊喜的心情对自己恋人的俏骂。就是这样一首明白易懂的情歌,却因历代说诗者的刻意求深而蒙上重重烟雾,仿佛诗中真有什么深意似的。《毛诗序》说,"刺忽也。所美非美然。"郑玄笺说:"言忽所美之人实非美人","扶苏之木生于山,喻忽置不正之人于上位也。荷花生于隰下,喻忽置有美德者于下位。此言其用臣颠倒,失其所也。"以为是讥刺郑昭公忽的,这种解说完全是曲解了诗意。今人陈子展《诗经直解》以为"疑是巧妻恨拙夫之歌谣。'不见子都,乃见狂且',犹云'燕婉之求,得此戚施'也"。高亨《诗经今注》以为这诗写"一个姑娘到野外去,没见到自己的恋人,却遇着一个恶少来调戏她。"二说似乎都较牵强。程俊英《诗经译注》说:"这是写一位女子找不到如意对象而发牢骚的诗。"有一定道理。而宋儒朱熹则认为《山有扶苏》是"淫女戏其所私者。"此说倒比较接近诗旨。所谓

"戏",即俏骂之意。至于称诗中女主人公为"淫女",完全出于道学家的偏见,因为在他看来,《郑风》中的所有恋爱诗都是"淫奔之诗"。今人袁梅《诗经译注》"这是一位女子与爱人欢会时,向对方唱出的戏谑嘲笑的短歌"之类的说法,即脱胎于朱熹之说,但扬弃了朱说的糟粕。

关于诗中所写的情景,我们不妨作这样的想象:在一个山清水秀的野外僻处,一对恋人约定在此幽会。姑娘早早就来了,可是左等右等却不见心上人来。最后,姗姗来迟的爱人总算见着了,姑娘心里当然很高兴,可嘴里却骂骂咧咧地说:我等的人是子都那样的美男子,可不是你这样的狂妄之徒啊!我等的人是子充那样的良人,可不是你这样的狡狯少年啊!处于热恋中的古代青年男女在欢会中的愉悦的心情,可以用各种形式表现,诗中所描写的那种俏骂,不更表示他们的亲密无间吗?小儿女的情态在诗中确实被刻画得入木三分。

至于诗中"山有扶苏,隰有荷华"和"山有桥松,隰有游龙"这四句,读者大可不必当真,以为是恋人约会环境的真实写照。在《诗经》中,"山有……,隰有……"是常用的起兴句式。如《简兮》中有"山有榛,隰有苓";《山有枢》中有"山有枢,隰有榆""山有漆,隰有栗"等。清代的方玉润在《诗经原始》中说得好:"诗非兴会不能作。或因物以起兴,或因时而感兴,皆兴也。"姚际恒在《诗经通论》中也说:"兴者,但借物以起兴,不必与正意相关也。"本诗中的起兴就属于这种性质。当然,无论是高山上长的扶苏树、松树,还是水洼里盛开的荷花、红蓼,这些美好的形象,从烘托诗的意境的角度看,还是很有作用的。

(史 乘)

萚 兮

萚兮萚兮,①	枯叶呀枯叶,
风其吹女。②	风吹动了你。
叔兮伯兮,	弟兄们呀,
倡予和女!③	唱起你的歌,我来应和!
萚兮萚兮,	枯叶呀枯叶,
风其漂女。④	风吹落了你。
叔兮伯兮,	弟兄们呀,
倡予要女!⑤	唱起你的歌,我来收束!

〔注〕 ① 萚(tuò):枯叶。 ② 女(rǔ):同"汝"。 ③ 倡:同"唱"。 ④ 漂:同"飘"。

⑤ 要(yāo)：成，指歌的收腔。

  有一年秋末，笔者在北京郊外的香山住了几日。满山红叶已经衰残，但当着正面的日照，犹然显出浓烈的色泽。山脚的草地上孤立着一株高大的古银杏，则是满树黄叶，好像染过似的。山风吹过，听到一片簌簌轻响；而当风吹得猛烈的时候，就见银杏叶如成千成万的黄蝶离树飞舞，然后纷纷地飘落在草地上，铺作薄薄的一层。伫立于秋日的风景中，想起《诗经》中的这首《萚兮》，心里写下一句"落叶飘飞正是古人唱歌的时节"。

  在《诗经》三百零五篇中，《萚兮》该是最短小的之一，它的文辞极为简单。诗人看见枯叶被风吹落，心中自然而然涌发出伤感的情绪；这情绪到底因何而生呢？却也难以明说——或者说出来也没有多大意思，无非是岁月流逝不再，繁华光景倏忽便已憔悴之类。他只是想有人与他一起唱歌，让心中的伤感随着歌声流出。"叔兮伯兮"，恐怕也并无实指之人，不过是对于可能有的亲近者的呼唤罢了。

  但这种单纯的歌谣，虽然古老，却又是常新的。从《萚兮》之后，像楚辞《九歌·湘夫人》的"嫋嫋兮秋风，洞庭波兮木叶下"，像唐人王勃《山中》的"长江悲已滞，万里念将归；况属高风晚，山山黄叶飞"，直到现代徐志摩的《落叶小唱》，不知有多少相似的表述。因为在《萚兮》中，已经关联着人生最基本的两种情绪：对于岁月的留恋，以及在寂寞中对于亲友之情的渴望。这是人人都会有的情绪，每个人只是用不同的形式和语言来表述它。

  在笔者看来，《萚兮》因为单纯，而又有特别令人感动的地方。在"萚兮萚兮，风其吹（漂）女"之后，诗人不再说下去，让人觉着从落叶中看到的生命的流失，根本就是无奈的事情，不说也罢。而后"叔兮伯兮，倡予和（要）女"，又让人觉着人生的寂寞归根结底还是无从排遣。难道真的就有人应着你的呼唤唱出心心相印的歌来？难道寂寞真的会让人相互走近？呼唤也只是呼唤而已吧。如此想来，这种古老的歌子，浸着很深的悲凉。

  儒者说诗，常有奇怪的谈论。《毛诗序》说："《萚兮》，刺忽（郑昭公忽）也。君弱臣强，不倡而和也。"这已是牵强附会，于诗无证。朱熹《诗集传》更谓："此淫女之词。"实在诗中主人公性别为男为女，本无从辨别，"淫"字更不知从何说起。想要做圣贤的人，到处看见淫邪，也是没有办法的事情。

                     （骆玉明）

狡　童

彼狡童兮，①   那个狡猾的小哥哥啊，

不与我言兮。	不愿和我再说话啊。
维子之故,②	为了你这个小冤家,
使我不能餐兮。	害得我饭也吃不下啊。
彼狡童兮,	那个狡猾的小哥哥啊,
不与我食兮。	不愿和我同吃饭啊。
维子之故,	为了你这个小冤家,
使我不能息兮。③	害得我觉也睡不安啊。

〔注〕 ① 狡童:狡猾的少年。 ② 维:由于。 ③ 息:安稳入睡。

法国女作家斯达尔夫人说:爱情对于男子只是生活中的一段插曲,而对于女人则是生命的全部。确实,一个姑娘生活中最艰巨的任务就是反复证实小伙子的爱情是执着专一,永恒不变的。因而,恋爱中的姑娘永远没有精神的安宁。对方一个异常的表情,会激起她心中的波澜;对方一个失爱的举动,更会使她痛苦无比,寝食难安。

《狡童》中的这位姑娘就是如此,或许是一次口角,或许是一个误会,小伙子两个失爱的举动,她竟为之寝食不安,直言痛呼。

首先,诗的两章通过循序渐进的结构方式,有层次地表现了这对恋人之间已经出现的疏离过程。第一章曰:"不与我言",第二章承之曰:"不与我食",这不是同时并举,而是逐步发展。所谓"不与我言",并非道途相遇,掉头不顾,而当理解为共食之时,不瞅不睬;所谓"不与我食",是指始而为共食之时,不瞅不睬,继而至分而居之,不与共食。爱情的小舟,遇到了急风狂浪,正面临倾覆的危险。与此相应,姑娘失恋的痛苦也随之步步加深。共食不睬,虽一日三餐不宁而长夜同寝尚安;而分居离食,就食不甘味更寝不安席了。毋怪这位姑娘要直言呼告,痛诉怨恨了。

其次,诗篇通过直言痛呼的人物语言,刻画了一个初遭失恋而情感缠绵,对恋人仍一往情深的少女形象。《诗经》中刻画了许多遭遇情变的女子形象;情变程度有别,痛苦感受不同。《中谷有蓷》中是位饱尝辛酸的弃妇,听她的怨诉,似闻重压之下,受伤的心灵在呻吟;《柏舟》中少女的爱情遭到母亲的反对,听她的哭诉,可感到哀怨中混合着绝望的呐喊;《狡童》中的这位少女只是初遭失恋,听她的呼告,能感觉在怨恨与焦虑中,仍对恋人充满了渴望与深情。"狡童"的"狡",一说通"佼",亦即强壮俊美之意;如此理解,"彼狡童兮",亦即"那个强壮漂亮的小伙子啊……"这就是骂中有爱,恨中带恋了。所谓"若忿,若憾,若谑,若真,情之至也"(陈继揆《读风臆补》)。而两章的后两句"维子之故,使我不能餐兮"、"维子之故,使我不能息兮",则由前两句第三人称的"彼",转变为第二人称的直面式的呼告了,从而把对"狡童"的恋慕期待之情表现得缠绵难割。这位少女不同于《褰裳》中那位开朗泼辣女子的柔弱缠绵的个性,也由此得到了鲜明的表现。钱锺书指出:《狡童》与《褰裳》《东门之墠》《丰》及《子衿》等对不同女子爱情心理的刻画,"已开后世小说言情之心理描绘矣"(《管锥编》第一册)。诗文小说,打通合观,实独创之见,会心之言。

  古老的《诗经》,传达的是古今相通之情,只因语言简奥,才使初读者有艰深难解之感。《狡童》则不然,不仅少女的感情哀伤动人,少女的呼告也是明白如话,句句入耳。此诗的主旨,应是无须争辩的了。可是,汉代经生却以之为刺诗,《毛诗序》云:"刺忽也,不能与贤人共事,权臣擅命也。"郑笺云:"权臣擅命,祭仲专也。"谓郑昭公忽不能与贤人共图国事,致使祭仲擅权,危害国家,故诗人作此刺之。后人多从其说。一首直抒胸臆之诗,千百年来就这样久遭曲解。俱往矣,穿凿附会之说!"诗必取足于己,空诸依傍而词意相宣,庶几斐然成章;……尽舍诗中所言而别求诗外之物,不屑眉睫之间而上穷碧落、下及黄泉,以冀弋获,此可以考史,可以说教,然而非谈艺之当务也"(《管锥编》第一册)。钱先生对"《诗》作诗读"之旨作了淋漓透辟的发挥,读《狡童》然,读一切古诗均然。　　(陈文忠)

褰　裳

子惠思我,①	承你见爱想念我,
褰裳涉溱。②	就提衣襟渡溱来。
子不我思,③	你若不想我,
岂无他人?	岂无他人爱?
狂童之狂也且!④	傻小子呀真傻态!
子惠思我,	承你见爱想念我,
褰裳涉洧。⑤	就提衣襟渡洧来。
子不我思,	你若不想我,
岂无他士?	岂无他男爱?
狂童之狂也且!	痴小子呀真痴呆!

〔注〕 ①惠：见爱。 ②褰(qiān)裳：提起下衣。溱(zhēn)：郑国水名，发源于今河南新密市东北。 ③不我思：不思念我。 ④狂童：谑称，犹言"傻小子"。狂：痴。且(jū)：语助词。 ⑤洧(wěi)：郑国水名，发源于今河南登封市东阳城山。溱、洧二水汇合于新密市。

在爱情生活中，有失去情人而悲泣自怜的弱女子，也有泼辣、旷达的奇女子。在以男子为本位的旧时代，虽然二者均避不开命运的摆弄，但后者毕竟表现出了一种独立、自强的意气，足令巾帼神往。

《褰裳》中的主人公，就正是这样一位奇女子。她与其他女子一样，此刻大抵也正处于热恋之中。因为所恋的心上人，在溱洧之水的对岸，所以也免不了等待相会的焦躁和疑虑。不过她的吐语却爽快："子惠思我，褰裳涉溱。"你倘要思念我，就提起衣襟渡溱溱来！真是快人快语，毫不拖泥带水。较之于《将仲子》那"无踰我里，无折我树杞"的瞻前顾后，显得何其泼辣和爽朗！只是女主人公的脾气也未免太急了些：心上人倘要早早晚晚念着她，就必得早早晚晚来找她，那还干得成什么事？说穿了，恐怕还是女主人公对他思念得更深些，巴不得立刻渡溱去会见心上人。但作为女子，毕竟又要矜持、宛曲些，所以说出口时，就变成了"子惠思我，褰裳涉溱"了。可见泼辣的女子也并非不矜持，爽朗之中，也毕竟还留几分含蓄在。如此把握女主人公此刻的心理，方为得之。

但她的心上人，似乎并没有及时来会，便不免引得女主人公有点伤心了。只是伤心中的吐语也毫不示弱："子不我思，岂无他人？"你若不想我，我岂没有他人爱！这话说得也真痛快，简直就像是指着对方的鼻子，声称"天下的男人都死光了么，我就只能爱你一个？"那样快利。这态度又是很旷达的，爱情本就是男女相悦、两厢情愿的事，倘若对方不爱你，又何必强拉硬扯放不开呢？所谓"天涯何处无芳草"，正可为"岂无他人"四字作注。较之于《狡童》中那"彼狡童兮，不与我言兮。维子之故，使我不能餐兮"的呜咽吞声，此诗的女主人公，又显得通达和坚强多了。但倘若以为她就真的不把对方放在心上，恐怕还有几分误解，其实那不过是她所说的气话，而且还带有假设的意味，这从"狂童之狂也且"的戏谑语气，即可推知。须知女主人公心里，实在是很看重这份爱情的，但在外表，却又故意装出不在意的样子，无非是要激得心上人更疼她、爱她而已。所以她刚冷若寒霜，吐出"岂无他人"一句，即又噗哧一笑，戏谑地调侃对方"傻小子呀真傻态"了。看来，这位泼辣、爽朗的女主人公，在爱情上既颇认真，也还带着几分狡黠呢。唯其如此，于自矜、刚强之中，又显得可亲、可爱。

全诗只短短二章，用的是富于个性的口语描摹，故涵咏之际，只觉女主人公泼辣、爽朗的音容笑貌，如接于眉睫之间，堪称抒情小诗中的精品。虽说女主人

丰

> 子之丰兮,① 你的容貌真丰润啊,
> 俟我乎巷兮。② 在巷口等我去成婚啊。
> 悔予不送兮。③ 我真后悔当时没跟从啊!
>
> 子之昌兮,④ 你的体魄多魁伟啊,
> 俟我乎堂兮。 在堂上等我去结亲啊。
> 悔予不将兮。⑤ 我真后悔当时没相随啊!
>
> 衣锦褧衣,⑥ 身穿锦缎嫁衣裳,
> 裳锦褧裳。 外披薄薄纱罩衫。
> 叔兮伯兮,⑦ 叔呀伯呀快快来啊,
> 驾予与行。 驾车接我把路赶。
>
> 裳锦褧裳, 外披薄薄纱罩衫,
> 衣锦褧衣。 身穿锦缎嫁衣裳。
> 叔兮伯兮, 叔呀伯呀快快来啊,
> 驾予与归。 驾车接我去你家。

〔注〕 ①丰:丰满。 ②俟(sì):等候。 ③送:从行。 ④昌:强壮健康。 ⑤将:同行。 ⑥衣:此为动词,穿。褧(jiǒng)衣:用绢或麻纱制的单罩衫。 ⑦叔、伯:指迎亲的人。

《丰》为郑风的第十四首。这首诗写一位女子当初由于某种原因未能与相爱的人结婚,感到非常悔恨。如今,她迫切希望男方来人驾车接她去,以便和心上人成婚。古代论者对此诗的解释,无论是说"刺乱也。昏姻之道缺,阳倡而阴不和,男行而女不随"(《毛诗序》),还是说"妇人所期之男子已俟乎巷,而妇人以有异志不从。既则悔之,而作是诗"(《诗集传》),都是指责女子有淫行。他们或误会诗旨,或出于道学家的偏见,不可能予以正确的评论,在此可以不必深论。当代有些学者分析诗中女子未能跟心爱的人结婚而悔恨,其原因可能是当男子向她求婚时,"她不理睬"、"与爱人赌气",好像责任还是在女子身上。而陈子展先生则认为:"《丰篇》,盖男亲迎而女不得行,父母变志,女自悔恨之诗。"(《诗经直解》)这就是说,责任在女子的父母身上。笔者以为这种说法是有道理的。

在古代,青年男女的婚姻是不能自主的,他们的命运掌握在家长的手里。一对青年男女相爱了,对幸福生活充满了无限的憧憬。但只要父母不赞成这桩婚事,他们就无法成亲。这对男女双方来说,是多大的打击,在他们的心灵上留下了多么巨大的创伤。面对父母的阻挠,他们可能决定一起私奔,也可能是双双殉情,以示反抗。而《丰》诗中的抒情主人公却是个屈从父母意志的弱女子,她没有对抗父母的干涉。她的遭遇是不幸的,也是值得人们深深同情的。

虽然,她未能与心上人结合,但她对心上人的挚爱之情却丝毫没有被时间冲淡,反而更加深切了。在她的脑海里,爱人的容貌是那样的丰满美好,体魄是那样的健壮魁伟。想起这些,她的心中充满了无法消解的悔恨之情!当年的情景历历在目:那时候爱人在巷口、在堂上等她去成亲,幸福生活仿佛在向她招手。但却因父母的变卦,最终她没有能跟他走。如今悔恨之余,她要作最后的努力,呼唤爱人重申旧盟。她幻想自己穿上了盛装,打扮得漂漂亮亮的,迫不及待地呼唤男家快来人驾车迎接她过门去成亲。这种由满腹悔恨引起的对幸福生活无限向往的强烈感情,在诗中表现得可谓淋漓尽致。

但我们应该指出,诗中抒情主人公对幸福生活的强烈向往,在现实中是一种无望的追求。她其实并没有找到越过急流险滩通向幸福彼岸的渡船。在诗中,我们充分了解她的怨恨之情是对着她父母的,但我们却无法知道她有什么办法能改变父母的态度。她只能幻想有朝一日她的心上人派人来把她迎娶过去。看来等待她的依然是无法改变的可悲命运。可以说,这首诗是对旧社会不合理婚姻制度的强烈控诉!

抒情主人公对爱人的感情是深沉的,对自己屈从于父母的意志流露出极度的悔恨,希望爱人重申旧盟心情表达得极其迫切,一句话,直抒胸臆,酣畅淋漓为本诗抒情的一大艺术特色。一、二两章中抒发的未能与爱人结合的悔恨之情,读者仿佛能听到她的叹息声;三、四两章中抒发的迫切想与爱人结合的向往之情,读者仿佛能听到她的呼唤声。诗中对人物形象的描写和人物心理的刻画,都极其成功,给人以深刻的印象。特别是抒情主人公由深深的悔恨而引起的向往幸福生活的幻觉,这种悲剧意味极浓的感情大跳跃,读者读后不能

不为之动容。 (史 乘)

东 门 之 墠

东门之墠,①	东门附近有广场,
茹藘在阪。②	茜草沿着山坡长。
其室则迩,③	他家离我近咫尺,
其人甚远。	而人却像在远方。

东门之栗,	东门附近种板栗,
有践家室。④	房屋栋栋排得齐。
岂不尔思,	那会对你不想念,
子不我即。⑤	不肯亲近只是你。

〔注〕 ① 墠(shàn)：铲平的地。 ② 茹藘(rú lǘ)：茜草。阪(bǎn)：小山坡。 ③ 迩(ěr)：近。 ④ 有践：同"践践"，行列整齐的样子。 ⑤ 即：接近。

  对本篇的主旨古今认识较为一致,《毛诗序》虽冠上"刺乱"的字样，但也不否认写的是"男女有不待礼而相奔"的内容，郑笺更明确说此是"女欲奔男之辞"。方玉润《诗经原始》则认为是"托男女之情以写君臣朋友之义"，也没有离开"男女之情"。只有傅恒《诗义折中》看法特殊，认为写的是"思隐士"，他说："贤人不仕而隐于圃，在东门之外除地为墠，植茜于陂，而作室其中。诗人知其贤也，故赋而叹之。以为室在东门，虽若甚迩，而其人则意致甚远，可望而不可即也。"似亦能自圆其说，故录以备考。今人则多以为是恋歌，其中又有男词、女词或男女唱答之分。今从"女词"一说，视诗中所写为女子的单相思。

  本诗两章的头两句应合观，诗人点明她所热恋的男子的住处及周围环境。诗人爱屋及乌，在他的心目中这儿是多么优美、多么迷人啊！我们随着她那深情的目光，可以看到城东那块开阔的土坪，这是用人工开拓出来的，不消说，这也有着她所爱者的辛勤汗水，也许正因为这样，她才特别用了一个"墠"字。紧挨着土坪有座小山坡，沿着山坡长满了茜草，附近还有茂密成荫的栗树，她那朝思暮想的心上人的小屋就坐落其中。她凝望着，痴想着……茜草的根是染大红色嫁衣最好的材料，而栗树薪也是人们嫁娶要用的东西，这一下不免触动了她敏感的神经，忍不住要和盘托出自己的心事，这就是两章诗的后两句的内心倾诉：首章诗人埋怨所恋者"其室则迩，其人甚远"。依常理，主人没有外出，则室迩人近，而此云"室迩人远",何其反常!头句是实写,讲的是实在的空间距离长度,后句则着眼于情感体验,讲的是诗人潜意识驱动下形成的心理距离长度。从下章两句可知,造成这一心理距离长度的原因是:"岂不尔思,子不我即。"诗人是单相思,我虽想念着他,他却无情于我,故觉得咫尺天涯。从"室迩人远"的反差中,展现了诗人感情虚掷的委屈,爱情失落的痛苦,较之直说,显得有简约委婉之趣。姚际恒《诗经通论》有一段精妙分析,他说:"'其室则迩,其人甚远',较《论语》所引'岂不尔思,室是远而'所胜为多。彼言'室远',此偏言'室迩',而以'远'字属人,灵心妙手。又八字中不露一'思'字,乃觉无非思,尤妙。'思'字于下章始露之。'子不我即'正释'人远',又以见人远非果远也。"

(蒋立甫)

风 雨

风雨凄凄,   风凄凄呀雨凄凄,
鸡鸣喈喈。①   窗外鸡鸣声声急。
既见君子,   风雨之时见到你,
云胡不夷。②   怎不心旷又神怡。

风雨潇潇,   风潇潇呀雨潇潇,
鸡鸣胶胶。③   窗外鸡鸣声声绕。
既见君子,   风雨之时见到你,
云胡不瘳。④   心病怎会不全消。

风雨如晦,⑤   风雨交加昏天地,
鸡鸣不已。   窗外鸡鸣声不息。
既见君子,   风雨之时见到你,
云胡不喜。   心里怎能不欢喜。

〔注〕① 喈(jiē)喈:鸡鸣声。 ② 云:语助词。胡:何。夷:平,指心中平静。 ③ 胶胶:或作"嘐嘐",鸡鸣声。 ④ 瘳(chōu):病愈,此指愁思萦怀的心病消除。 ⑤ 晦:昏暗。

  这是一首风雨怀人的名作。在一个"风雨如晦,鸡鸣不已"的早晨,这位苦苦怀人的女子,"既见君子"之时,那种喜出望外之情,真可谓溢于言表,难以形容,唯一唱三叹而长歌之。三章叠咏,诗境单纯。而艺术的辩证法恰恰在于愈单纯而愈丰富。从诗艺、诗旨看,《风雨》都具有丰富的艺术意蕴。

蕴涵性的顷刻,包前启后。在情境的选择上,诗篇不写未见之前绵绵无尽的相思之苦,也不写相见之后载笑载言的欢聚之乐,而是重章渲染"既见"之时的喜出望外之情。而这一顷刻,正是最富于蕴涵性的顷刻。读者透过这位女子难以形容的望外之喜,既能想见她在"既见"之前,白日的"愿言思伯,甘心首疾"和夜间的"耿耿不寐,如有隐忧"之情;也能想见在"既见"之后,夫妇间的"既见复关,载笑载言"和"维士与女,伊其相谑"的融融之乐。以少许胜多许,以顷刻蕴过程,这是构思的巧妙。

哀景写乐,倍增其情。每章首二句,都以风雨、鸡鸣起兴,这些兼有赋景意味的兴句,重笔描绘出一幅寒冷阴暗、鸡声四起的背景。当此之时,最易勾起离情别绪。赋景之句,也确成写情之语。风雨交加和夜不能寐之无聊;群鸡阵啼和怀人动荡之思;鸡守时而鸣与所期之人盼而不至,可谓契合无间,层层映衬。然而,正在这几乎绝望的凄风苦雨之时,怀人的女子竟意外地"既见"了久别的情郎;骤见之喜,欢欣之情,自可想见。而此时凄风苦雨中的群鸡乱鸣,也似成了煦风春雨时的群鸡欢唱了。这种情景反衬之法,恰如王夫之所说,"以乐景写哀,以哀景写乐,一倍增其哀乐"(《姜斋诗话》)。这一手法,确实不唯见诸《小雅·采薇》,而是《诗经》中诗人的常用之法。

炼词申意,循序有进。诗篇的结构是单纯的,三章叠咏;诗人的易词写景却是讲究的,它细腻地表现出了人的不同感受。凄凄,是女子对风雨寒凉的感觉;潇潇,则从听觉见出夜雨骤急;如夜的晦暝,又从视觉展现眼前景象。易词写景的这种微妙性,姚际恒《诗经通论》曾有精到的分析:"'如晦'正写其明也。惟其明,故曰'如晦'。惟其如晦,'凄凄''潇潇'时尚晦可知。"诗篇在易词申意的同时,对时态的运动和情态的发展,又有循序渐进的微妙表现。关于时态的渐进,姚氏说,"'喈喈'为众声和,初鸣声尚微,但觉其众和耳。'膠膠',同声高大也。三号以后,天将晓,相续不已矣。"民间尚有"鸡鸣三遍天将明"之说;《风雨》的三章相叠,或许正是以此习惯规律为基础的。随着时态的发展,怀人女子"既见君子"时的心态也渐次有进。"云胡不夷",以反诘句式,语气热烈,言其心情大悦;"云胡不瘳",言积思之病,至此而愈,语气至深,末章"云胡不喜",则喜悦之情,难以掩饰,以至大声疾呼了。天气由夜晦而至晨晦,鸡鸣由声微而至声高,情感的变化则由乍见惊疑而至确信高呼。方玉润说:"此诗人善于言情,又善于即景以抒怀,故为千秋绝调。"(《诗经原始》)实当此之谓。

象征意象,一诗多解。《风雨》的诗旨,今人或主"夫妻重逢",或主"喜见情人";联系诗境,前说更合情理。然而,汉代经生的"乱世思君"说,却在后世产生了积极的影响。《毛诗序》曰:"《风雨》,思君子也。乱世则思君子不改其度焉。"郑笺申发之曰:"兴者,喻君子虽居乱世,不变改其节度。……鸡不为如晦而止不鸣。"这样,"风雨"便象征乱世,"鸡鸣"便象征君子不改其度,"君子"则由"夫君"之君变成为德高节贞之君子了。这虽属附会,却也有其文本依据。因为,"君子",在《诗经》时代,可施诸可敬、可爱、可亲之人,含义不定。因此,把赋体的白描意象理解为比体的象征意象,就可能生发"乱世思君"的联想;而把"风雨如晦"的自然之景,理解为险恶的人生处境或动荡的社会环境,也符合审美规律。故后世许多士人君子,常以虽处"风雨如晦"之境,仍要"鸡鸣不已"自励。南朝梁简文帝《幽絷题壁自序》云:"梁正士兰陵萧纲,立身行己,终始如一。风雨如晦,鸡鸣不已。"郭沫若创作于五四运动退潮期的《星空·归来》中也写道:"游子归来了,在这风雨如晦之晨,游子归来了!"从现代接受美学看,这种立足本文的审美再创造是无可非议的;而《毛序》的这一"附会",也可以说是一种"创造性的误读"。

(陈文忠)

子 衿

青青子衿,①	青青的是你的衣领,
悠悠我心。	悠悠的是我的心境。
纵我不往,	纵然我不曾去会你,
子宁不嗣音?②	难道你就此断音信?

青青子佩,③	青青的是你的佩带,
悠悠我思。	悠悠的是我的情怀。
纵我不往,	纵然我不曾去会你,
子宁不来?	难道你不能主动来?

挑兮达兮,④	来来往往张眼望啊,
在城阙兮。⑤	在这高高城楼上啊。
一日不见,	一天不见你的面呵,
如三月兮!	好像已有三月长啊!

〔注〕① 衿:即襟,衣领。 ② 嗣(yí)音:寄声相问。嗣,同"诒"。 ③ 佩:这里指系佩

玉的绶带。 ④挑、达：形容走来走去的情状。 ⑤城阙：城门两边的观楼。

　　由于孔子曾说过"《诗》三百,一言以蔽之,曰思无邪"(《论语》),经学家便将《诗经》的每首诗都套上"思无邪"的灵光圈,致使一部《诗经》竟成了儒家的道德教科书。如本篇《子衿》,《毛诗序》认为"刺学校废也,乱世则学校不修焉"。孔颖达疏进一步解释说:"郑国衰乱不修学校,学者分散,或去或留,故陈其留者恨责去者之辞,以刺学校之废也。经三章皆陈留者责去者之辞也。"可是我们在诗中实在看不出什么"学校废"的迹象。朱熹指出:"此亦淫奔之诗。"(《诗集传》)倒是看出这是男女相悦之辞,纠正了前人的曲解臆说。

　　这首诗写一个女子在城楼上等候她的恋人。全诗三章,采用倒叙手法。前两章以"我"的口气自述怀人。"青青子衿","青青子佩",是以恋人的衣饰借代恋人。对方的衣饰给她留下这么深刻的印象,使她念念不忘,可想见其相思萦怀之情。如今因受阻不能前去赴约,只好等恋人过来相会,可望穿秋水,不见影儿,浓浓的爱意不由转化为惆怅与幽怨:纵然我没有去找你,你为何就不能捎个音信?纵然我没有去找你,你为何就不能主动前来?第三章点明地点,写她在城楼上因久候恋人不至而心烦意乱,来来回回地走个不停,觉得虽然只有一天不见面,却好像分别了三个月那么漫长。

　　近人吴闿生云:"旧评:前二章回环入妙,缠绵婉曲。末章变调。"(《诗义会通》)虽道出此诗章法之妙,却还未得个中三昧。全诗五十字不到,但女主人公等待恋人时的焦灼万分的情状宛然如在目前。这种艺术效果的获得,在于诗人在创作中运用了大量的心理描写。诗中表现这个女子的动作行为仅用"挑""达"二字,主要笔墨都用在刻画她的心理活动上,如前两章对恋人既全无音问、又不见影儿的埋怨,末章"一日不见,如三月兮"的独白。两段埋怨之辞,以"纵我"与"子宁"对举,急盼之情中不无矜持之态,令人生出无限想象,可谓字少而意多。末尾的内心独白,则通过夸张修辞技巧,造成主观时间与客观时间的反差,从而将其强烈的情绪心理形象地表现了出来,可谓因夸以成状,沿饰而得奇。心理描写手法,在后世文坛已发展得淋漓尽致,而上溯其源,本诗已开其先。所以钱锺书指出:"《子衿》云:'纵我不往,子宁不嗣音?''子宁不来?'薄责己而厚望于人也。已开后世小说言情心理描绘矣。"(《管锥编》)　　　　　　　　　　(陈如江)

扬　之　水

扬之水,①　　　激扬的流水哟,
不流束楚。　　　不能漂走成捆的荆条。

终鲜兄弟,[②]	我娘家缺少兄弟来撑腰,
维予与女。	只有我和你相依相靠。
无信人之言,	不要信别人的闲话,
人实迋女。[③]	别人骗你总有花招。

扬之水,	激扬的流水哟,
不流束薪。	不能漂走成捆的木柴。
终鲜兄弟,	我娘家缺少兄弟来关怀,
维予二人。	只有我二人相依相爱。
无信人之言,	不要信别人的闲话,
人实不信。[④]	别人实在不可信赖。

〔注〕①扬:激扬。 ②鲜(xiǎn):少。此处意同"没有"。 ③迋(kuáng):"诳"之借,欺骗。 ④信:诚信、可靠。

此诗主题或以为"闵(悯)无臣"(《毛诗序》),或以为"淫者相谓"(朱熹《诗集传》),或以为"将与妻别,临行劝勉之词"(闻一多《风诗类钞》),或以为"兄弟相规"(刘沅《诗经恒解》),但都根据不足。细味诗情,乃是一个妇女对丈夫诉说的口气。古时男子除正妻外,可以纳妾,又因做官、经商等常离家在外,是否沾花惹草,妻子多管不着。但礼教上对妇女的贞节则看得很重。如果丈夫听到关于妻子的什么闲言碎语,是一定要管的;而如果以前夫妻感情很好,他对妻子也很喜爱,那么此时他将会感到非常苦恼。我以为这首诗就是在这种情况下妻子对误听流言蜚语的丈夫所作的诚挚的表白。

《诗经》中的兴词有一定的暗示作用。凡"束楚""束薪",都暗示夫妻关系。如《王风·扬之水》三章分别以"扬之水,不流束薪""不流束楚""不流束蒲"来起兴,表现在外服役者对妻子的怀念;《唐风·绸缪》写新婚,三章分别以"绸缪束薪""绸缪束刍""绸缪束楚"起兴;《周南·汉广》写女子出嫁二章分别以"翘翘错薪,言刈其楚""翘翘错薪,言刈其蒌"起兴。看来,"束楚""束薪"所蕴含的意义是说,男女结为夫妻,等于将二人的命运捆在了一起。所以说,《郑风·扬之水》只能是写夫妻关系的。

此诗主题同《陈风·防有鹊巢》相近。彼云:"谁侜(zhōu)予美,心焉忉忉"(谁诓骗我的美人,令我十分忧伤)。只是《防有鹊巢》所反映是家庭已受到破坏,而本诗所反映只是男子听到一些风言风语,妻子劝慰他,说明并无其事。如果将这两首诗看作是一对夫妇中的丈夫和妻子分别所作,则是很有意思的。

　　此诗抒情女主人公是忠贞、善良的,同丈夫有着很深的感情。她因为娘家缺少兄弟,丈夫便是她一生唯一的倚靠,她把丈夫看作自己的兄弟。在父系宗法制社会中作为一个妇女,已经是一个弱者,娘家又力量单薄,则更是弱者中的弱者。其中有的女子虽然因为美貌会引起很多人的爱慕,但她自己知道:这都不一定是可靠的终身伴侣。她是珍惜她的幸福的家庭生活的。但有些人却出于嫉妒或包藏什么祸心,而造出一些流言蜚语,使他们平静的生活出现了波澜。然而正是在这个波澜中,更真切地照出了她的纯洁的内心和真诚的情感。

　　此诗运用了有较确定蕴含的兴词,表现含蓄而耐人寻味。第一句作三言,第五句作五言,与整体上的四言相搭配,节奏感强,又带有口语的韵味,显得十分诚挚,有很强的感染力。

(赵逵夫)

出 其 东 门

出其东门,①	漫步城东门,
有女如云。②	美女多若天上云。
虽则如云,	虽然多若云,
匪我思存。③	非我所思人。
缟衣綦巾,④	唯此素衣绿头巾,
聊乐我员。⑤	令我爱在心。
出其闉闍,⑥	漫步城门外,
有女如荼。⑦	美女多若茅花白。
虽则如荼,	虽若茅花白,
匪我思且。⑧	亦非我所怀。
缟衣茹藘,⑨	唯此素衣红佩巾,
聊可与娱。	可娱可相爱。

〔注〕①东门:城东门。　②如云:形容众多。　③匪:非。思存:想念。　④缟(gǎo)衣:白衣。綦(qí)巾:暗绿色头巾。　⑤聊:愿。员:同"云",语助词。　⑥闉闍(yīn dū):外城门。　⑦荼(tú):茅花,白色。茅花开时一片皆白,此亦形容女子之众多。　⑧且(jū):语助词。　⑨茹藘(rú lǘ):茜草,其根可制作绛红色染料,此指绛红色蔽膝。"缟衣""綦巾""茹藘"之服,均显示此女身份之贫贱。

对于这首诗的主旨,旧说颇有争议。《毛诗序》以为是"闵乱"之作,在郑之内乱中"兵革不息,男女相弃,民人思保其室家焉";朱熹《诗集传》则称是"人见淫奔之女而作此诗。以为此女虽美且众,而非我思之所存,不如己之室家,虽贫且陋,而聊可自乐也。"清姚际恒《诗经通论》并驳二说曰:"小序谓'闵乱',诗绝无此意。按郑国春月,士女出游,士人见之,自言无所系思,而室家聊足娱乐也。男固贞矣,女不必淫。以'如云''如荼'之女而皆谓之淫,罪过罪过!"驳得颇为痛快。但断"缟衣綦巾"者为其妻室,却也未必。清马瑞辰《毛诗传笺通释》引《夏小正》传谓"缟衣为未嫁女所服之"。可见还是定为恋人,较为妥当。

郑之春月,也确如姚际恒所说,乃是"士女出游"、谈情说爱的美妙时令。读过《郑风·溱洧》一诗的还知道,在清波映漾的溱水、洧水之畔,更有"殷且盈"的青年男女,"秉兰"相会、笑语"相谑",互相赠送着象征爱情的"芍药"之花。此诗所展示的,则是男女聚会于郑都东门外的一幕,那景象之动人,也绝不逊色于"溱洧"水畔。"出其东门,有女如云""出其闉阇,有女如荼"——二章复叠,妙在均从男主人公眼中写来,表现着一种突见众多美女时的惊讶和赞叹。"如云"状貌众女之体态轻盈,在飞彩流丹中,愈显得衣饰鲜丽、缤纷照眼;"如荼"表现众女之青春美好,恰似菅茅之花盛开,愈见得笑靥灿然、生气蓬勃!面对着如许众多的美丽女子,你纵然是枯木、顽石,恐怕也不免要目注神移、怦然动心的罢?

在迈出城门的刹那间,我们的主人公,无疑也被这"如云""如荼"的美女吸引了。那毫不掩饰的赞叹之语,正表露着这份突然涌动的不自禁之情。然而,人的感情是奇特的,"爱情"则更要微妙难猜:"虽则如云,匪我思存""虽则如荼,匪我思且"——在众多美女前怦然心动的主人公,真要作出内心所爱的选择时,吐语竟如此出人意料。两个"虽则……匪我……"的转折句,正以无可动摇的语气,表现着主人公的情有独钟。好奇的读者自然要打听:他那幸运的恋人而今安在?"缟衣綦巾,聊乐我员""缟衣茹藘,聊可与娱"二句,即带着无限的喜悦和自豪,将这位恋人推到了你的眼前。如果你还知道,"缟衣綦巾""缟衣茹藘",均为"女服之贫贱者"(朱熹),恐怕在惊奇之际,更会对我们的主人公肃然起敬:原来他所情有独钟的,竟是这样一位素衣绿巾的贫贱之女!只要两心相知,何论贵贱贫富——这便是弥足珍惜的真挚爱情。主人公以断然的语气,否定了对"如云""如荼"美女的选择,而以喜悦和自豪的结句,独许那"缟衣茹藘"的心上人,也足见他对伊人的相爱之深!

由此回看诗章之开篇,那对东门外"如云""如荼"美女的赞叹,其实都只是一种渲染和反衬。当诗情逆转时,那盛妆华服的众女,便全在"缟衣綦巾"心上人的对照下黯然失色了。这是主人公至深至真的爱情所投射于诗中的最动人的光彩,在它的照耀下,贫贱之恋获得了超越任何势利的价值和美感! （潘啸龙）

野 有 蔓 草

野有蔓草,①	郊野蔓草青青,
零露漙兮。②	缀满露珠晶莹。
有美一人,	有位美丽姑娘,
清扬婉兮。③	眉目流盼传情。
邂逅相遇,④	有缘今日巧遇,
适我愿兮。	令我一见倾心。
野有蔓草,	郊野蔓草如茵,
零露瀼瀼。⑤	露珠颗颗晶莹。
有美一人,	有位漂亮姑娘,
婉如清扬。	眉目婉美多情。
邂逅相遇,	今日有缘喜遇,
与子偕臧。⑥	与你携手同行。

〔注〕 ① 蔓草:蔓延生长的草。 ② 零:降落。漙(tuán):形容露水多。 ③ 清扬:形容眉目漂亮传神。婉:美好。 ④ 邂逅(xiè hòu):不期而遇。 ⑤ 瀼(ráng)瀼:形容露水浓。 ⑥ 偕臧:一同藏匿,指消失在草木丛中。臧,通"藏"。

　　这是多么浪漫而自由的爱情:良辰美景,邂逅丽人;一见钟情,便携手藏入芳林深处。恰如一对自由而欢乐的小鸟,一待关关相和,便双双比翼而飞。

　　率真的爱情,形诸牧歌的笔调,字字珠玉,如歌如画。诗分二章,重复叠咏。每章六句,两句一层;分写景、写人、抒情三个层次。而典型环境、典型人物与典型感情,可谓出之无心而天然合作。

　　清丽的环境和美丽的姑娘,从小伙子的视角见出,楚楚有致,格外动人。"野有蔓草,零露漙兮。"春晨的郊野,春草葳蕤,枝叶蔓延,绿成一片;嫩绿的春草,缀满露珠,在初日的照耀下,明澈晶莹。在这清丽、幽静的春晨郊野,"有美一人,清扬婉兮";一位美丽的姑娘含情不语,飘然而至,那露水般晶莹的美目,顾盼流转,妩媚动人。先写景,后写人,诗中有画,画中有人,四句诗俨然一幅春郊丽人图。而在修长的蔓草、晶莹的露珠与少女的形象之间,有着微妙的隐喻,能引发丰富的联想。"清扬婉兮"的点睛之笔,表现了姑娘惊人的美丽。小伙子见到这一切,爱悦之情怎能不喷涌而出。"邂逅相遇,适我愿兮。"这里,有对姑娘的惊叹,有对不期而遇的惊喜,更有对爱神突然降临的幸福感和满足感。

第一章与第二章之间的空白,可理解为姑娘小伙相对凝视之时,此时无声胜有声的静场;次章前五句的重叠复唱,可理解为小伙子心情略为平静后,向姑娘倾诉的爱慕之意和殷殷之情。然而,在这人性纯朴的时代,又值仲春欢会之时,无需絮絮长谈,更不必繁文缛节。"邂逅相遇,与子偕臧。"只要两情相愿,便结百年之好;毋须父母之命、媒妁之言,自可永结同心。

德国美学家黑格尔说:"整个灵魂究竟在哪一个特殊器官上显现为灵魂?我们马上就可以回答说:在眼睛上;因为灵魂集中在眼睛里,灵魂不仅要通过眼睛去看事物,而且也要通过眼睛才被人看见"(《美学》第一卷)。其实,艺术描写的这一美学原则,二千多年前中国的民间诗人已心领神会,运用娴熟。从《硕人》的"巧笑倩兮,美目盼兮",到《野有蔓草》的"清扬婉兮""婉如清扬",都是通过流盼婉美的眼睛,写姑娘的美丽。在短小的抒情篇章中,只有通过传神的"点睛"之笔,才可能写活人物;而在陌生男女邂逅相遇之时,四目注视,相对而望,也是最自然的表情。因而,这里的"点睛"之笔,可以说虽着力而极自然。

这牧歌般的自由之爱,是美好心愿的诗意想象,还是先民婚恋的真实写照?《毛序》认为是前者,曰:"《野有蔓草》,思遇时也。君之泽不下流,民穷于兵革,男女失时,思不期而会焉。"所谓"思遇时""思不期而会",即战乱的现实男女失时,只有借诗歌表达心愿;诗意的满足背后是现实的缺陷。明代季本认为是后者,其《诗说解颐》曰:"男子遇女子野田草露之间,乐而赋此诗也。"今人多从此说,且更明确提出这是一首情诗恋歌。从诗歌意境看,《野有蔓草》确是对先民的自由婚恋的赋颂;但是,《毛序》对此诗背景的分析,确也不能视为纯粹臆测。

不过,无论是诗意想象,还是真实写照,它都带有原始的纯朴性和直率性而不同于后世表现男女邂逅的诗作。唐代崔护的《题都城南庄》也写"邂逅相遇";但一见钟情,却终成遗憾。"人面不知何处去,桃花依旧笑春风。"一声叹唱,千年怅惘;封建礼教,酿成了多少人间悲剧。《野有蔓草》作为对华夏先民的圣洁自由的婚恋性爱的赞歌,将具有永恒的魅力。

(陈文忠)

溱　洧

| 溱与洧,① | 溱河,洧河, |
| 方涣涣兮。② | 春来荡漾绿波。 |

郑风·溱洧

士与女,③	男男,女女,
方秉蕳兮。④	手拿兰草游乐。
女曰:"观乎?"	姑娘说:"去看看?"
士曰:"既且。"⑤	小伙说:"已去过。"
"且往观乎!"⑥	"请你再去陪陪我!"
洧之外,	洧河那边,
洵訏且乐。⑦	真宽敞,真快活。
维士与女,⑧	少男,少女,
伊其相谑,⑨	互相调笑戏谑,
赠之以勺药。⑩	送一支芍药订约。
溱与洧,	溱河,洧河,
浏其清矣。⑪	春来绿波清澈。
士与女,	男男,女女,
殷其盈矣。⑫	游人越来越多。
女曰:"观乎?"	姑娘说:"去看看?"
士曰:"既且。"	小伙说:"已去过。"
"且往观乎!"	"请你再去陪陪我!"
洧之外,	洧河那边,
洵訏且乐。	真宽敞,真快活。
维士与女,	少男,少女,
伊其将谑,⑬	互相调笑戏谑,
赠之以勺药。	送一支芍药订约。

〔注〕 ① 溱、洧(zhēn wěi):郑国二水名。关于此诗的主题,主要有汉代以后《毛诗》系统的"刺乱"说,即讽刺当时郑国政治的混乱和风俗的淫佚;宋代朱熹《诗集传》开启的"淫诗"说,即认为"此诗淫奔者自叙之词"。现在一般认为是表现青年男女结伴春游的景况与爱情的。 ② 方:正。涣涣:河水解冻奔腾的样子。 ③ 士与女:泛指男男女女。后文"士""女"特指其中某青年男女。 ④ 秉:拿着。蕳(jiān):即兰草,一种香草。 ⑤ 既:已经。且(cú):同"徂",去,往。 ⑥ 且:再。 ⑦ 洵(xún):诚然,确实。訏(xū):广阔。 ⑧ 维:发语词。 ⑨ 伊:发语词。相谑:互相调笑。 ⑩ 勺药:即"芍药",一种香草,非今日之木芍药。郑笺:"其别则送女以勺药,结恩情也。"马瑞辰《毛诗传笺通释》云:"又云'结恩情'者,以勺与约同声,

故假借为结约也。" ⑪浏:水深而清的样子。 ⑫殷:多。盈:满。 ⑬将:即"相"。

读这首诗,千万莫要忽略了其中两个小小的道具:"蕑(兰草)"与"勺药"。凭借着这两种芬芳的香草,作品完成了从风俗到爱情的转换,从自然界的春天到人生的青春的转换,也完成了从略写到详写的转换,从"全镜头"到"特写镜头"的转换。要之,兰草与勺药,是支撑起全诗结构的两个支点。

诗分二章,仅换数字,这种回环往复的叠章式,是民歌特别是"诗三百"这些古老民歌的常见形式,有一种纯朴亲切的风味,自不必言。各章皆可分为两层,前四句是一层,落脚在"蕑";后八句为一层,落脚在"勺药"。前一层内部其实还包含一个小转换,即自然向人的转换,风景向风俗的转换。诗人以寥寥四句描绘了一幅风景画,也描绘了一幅风俗画,二者息息相关,因为古代社会风俗的形成大多与自然节气有关。原来当时"郑国之俗,三月上巳之日,此两水(溱水、洧水)之上,招魂续魄,拂除不祥"(薛汉《韩诗薛君章句》)。于是诗人唱道:"溱与洧,方涣涣兮。""涣涣"二字十分传神,令我们想起冰化雪消,想起桃花春汛,想起春风骀荡。春天,真的已经降临到郑国大地! 在这幅春意盎然的风景画中,人出现了:"士与女,方秉蕑兮"。人们经过一个冬天严寒的困扰,冰雪的封锁,从蛰伏般的生活状态中苏醒过来,到野外,到水滨,去欢迎春天的光临。而人手一束的嫩绿兰草,便是这次春游的收获,是春的象征。"招魂续魄,拂除不祥",似乎有点神秘,其实其精神内核应是对肃杀的冬气的告别,对新春万事吉祥如意的祈盼。任何虚幻的宗教意识,都生自现实生活的真切愿望。在这里,从自然到人、风景到风俗的转换,是通过"溱与洧"和"士与女"两个结构相同的句式的转换实现的。结构相同的东西可以使人产生由此及彼的对照、联想,因而这里的转换令人觉得顺理成章,毫不突然。

如果说对于成年的"士与女",他们对新春的祈愿只是风调雨顺,万事如意,那么对于年轻的"士与女",他们的祈愿则更加上一个重要内容——爱情,因为他们不仅拥有大自然的春天,还拥有生命的春天——青春。于是作品便从风俗转向爱情,从"蕑"转向"勺药"。这首诗是以善于转折为人称道的,清人牛运震《诗志》、陈继揆《读诗臆补》皆认为它"妙于用虚字转折"。其实它的"转折之妙",又何尝独在虚字! 如上所说,前一层次的从风景向风俗的小转折,是借重两个结构相同的句式实现的。这里从风俗到爱情的大转折,则巧妙地利用了"士""女"的相同字面:前层的"士与女"是泛指,犹如常说的"士女如云";后层的"士""女"则是特指,指人群中某一对青年男女。字面虽同,对象则异。这就使转折完成于不知不觉之间,变换实现于了无痕迹之中。诗意一经转折,诗人便一气直下,一改前面的宏观扫描,将"镜头"对准了这对青年男女,记录下他们的呢喃私语,俏皮调笑,更凸显出他们手中的芍药,这爱的信物,情的象征。总之,兰草"淡出",芍药"淡入",情节实现了蒙太奇式的转换。

于是,从溱、洧之滨踏青归来的人群,有的身佩兰草,有的手捧芍药,撒一路芬芳,播一春诗意。千载而下的我们,也分明可以听到他们的欢歌笑语。

尽管小小的郑国常常受到大国的侵扰,本国的统治者也并不清明,但对于普普通通的人民来说,这个春天的日子仍使他们感到喜悦与满足,因为他们手中有"蕳",有"勺药",有美好生活的憧憬与信心。

来自民间的歌手满怀爱心和激情,讴歌了这个春天的节日,记下了人们的欢娱,肯定和赞美了纯真的爱情,诗意明朗,欢快,清新,没有一丝"邪思"。后世的经学家诬之为"刺乱也",不是太煞风景了吗?道学家咒之为"淫诗",不是太抹杀人性了吗?

(萧华荣)

齐 风

【诗歌解题】《诗经》类名。"国风"之一。共十一篇。齐国民歌。周武王封吕望(即姜太公)于齐,都营丘(后称临淄,今山东淄博)。朱熹《诗集传》谓太公"既封于齐,通工商之业,便鱼盐之利,民多归之,故为大国"。疆土包括今山东省东北部和中部。诗约作于东周初年到春秋时期。

鸡 鸣　　　　齐 风

"鸡既鸣矣,　　　　"公鸡喔喔已叫啦,
朝既盈矣。"①　　　上朝官员已到啦。"
"匪鸡则鸣,②　　　"这又不是公鸡叫,
苍蝇之声。"　　　　是那苍蝇嗡嗡闹。"

"东方明矣,　　　　"东方曚曚已亮啦,
朝既昌矣。"③　　　官员已满朝堂啦。"
"匪东方则明,　　　"这又不是东方亮,

月出之光。" 是那明月有光芒。"

"虫飞薨薨,④ "虫子飞来响嗡嗡,
甘与子同梦。" 乐意与你温好梦。"
"会且归矣,⑤ "上朝官员快散啦,
无庶予子憎!"⑥ 你我岂不让人恨!"

〔注〕 ①朝既盈:上朝的官员已满。 ②匪:同"非"。 ③昌:盛,指人多。 ④薨(hōng)薨:飞虫的振翅声。 ⑤会:会朝,上朝。且:将。 ⑥无庶:同"庶无"。庶,幸,希望。予子憎:恨我、你,代词宾语前置。

本诗的主题,《毛诗序》以为是"思贤妃",说:"(齐)哀公荒淫怠慢,故陈贤妃贞女夙夜警戒相成之道焉。"宋朱熹《诗集传》则以为是直接赞美贤妃,谓其"言古之贤妃御于君所,至于将旦之时,必告君曰:鸡既鸣矣,会朝之臣既已盈矣,欲令君早起而视朝也","故诗人叙其事而美之也"。而宋严粲《诗缉》以为是"刺荒淫",清崔述《读风偶识》以为是"美勤政",清方玉润《诗经原始》以为是"贤妇警夫早朝"。本文则认为此诗只是表现一对贵族夫妇私生活的情趣。全诗以夫妇间对话展开,构思新颖,在《诗经》中是别开生面的。姚际恒说:"愚谓此诗妙处须于句外求之。"(《诗经通论》)本来这对夫妇的对话是非常质朴显露的,谈不上有什么诗味妙语,只因为有的类似傻话、疯话,叫人会心发笑,包含着"无理见趣"之妙。古制,国君鸡鸣即起视朝,卿大夫则提前入朝侍君,《左传·宣公二年》载赵盾"盛服将朝,尚早,坐而假寐"即是。本诗开头写妻子提醒丈夫"鸡既鸣矣,朝既盈矣",丈夫回答"匪鸡则鸣,苍蝇之声"。想来鸡啼、苍蝇飞鸣古今不会大变,如非听觉失灵,何至二者不分! 从下面二、三章妻子所云"东方明矣""会且归矣",可知当是鸡鸣无疑,而丈夫把"鸡鸣"说成"苍蝇之声",是违背生活常识的,当然"无理"。但如果我们换一角度理解,看作是丈夫梦中被妻子唤醒,听见妻子以"鸡鸣"相催促,便故意逗弄妻子说:不是鸡叫,是苍蝇声音,表现了他们夫妇间的生活情趣,不是别有滋味吗?"反常"而合乎夫妇情感生活之"道",这正是姚氏所指出的妙在句外。下两章时间由鸡鸣至天亮,官员由已上朝至快散朝,丈夫愈拖延愈懒起,故意把天明说成"月光",贪恋衾枕,缠绵难舍,竟还想与妻子同入梦乡,而妻子则愈催愈紧,最后一句"无庶予子憎"已微有嗔意。表现夫妇私生活,可谓"真情实境,写来活现"(姚际恒《诗经通论》)。今人钱锺书《管锥编》赞赏此诗"作男女对答之词"而"饶情致",

并说:"莎士比亚剧中写情人欢会,女曰:'天尚未明;此夜莺啼,非云雀鸣也。'男曰:'云雀报曙,东方云开透日矣。'女曰:'此非晨光,乃流星耳。'可以比勘。"这可作为中西比较文学的一段佳话。

本诗句式以四言为主,杂以五言,句式错综,接近散文化。押韵亦有其特点,头两章四句皆用韵,而首句与次句韵脚同在第三字,而末尾是语助词"矣",也算韵,王力先生称这为"富韵"。另外第一、二章首句与第三句韵脚同字。第三章则是第一、二、四句押韵,也可见本诗用韵富有变化。

(蒋立甫)

还

子之还兮,①	你是那样矫健啊,
遭我乎峱之间兮。②	与我相遇在峱山间啊。
并驱从两肩兮,③	一同追着两只大兽撵啊,
揖我谓我儇兮。④	你作揖夸我身手便啊。
子之茂兮,⑤	你是那样高超啊,
遭我乎峱之道兮。	与我相遇在峱山道啊。
并驱从两牡兮,⑥	一同追着两只公兽跑啊,
揖我谓我好兮。	你作揖夸我本领好啊。
子之昌兮,⑦	你是那样勇敢啊,
遭我乎峱之阳兮。	与我相遇在峱山南啊。
并驱从两狼兮,	一同追着两只大狼赶啊,
揖我谓我臧兮。⑧	你作揖夸我技艺善啊。

〔注〕 ① 还:借作"趱(huán)",敏捷。 ② 峱(náo):齐国山名,在今山东淄博东。 ③ 肩:借为"豜(jiān)",大兽。毛传:"兽三岁为肩,四岁为特。" ④ 儇(xuān):毛传:"儇,利也。"利,轻快便捷。 ⑤ 茂:美,指善猎。 ⑥ 牡:雄兽。 ⑦ 昌:指强有力。 ⑧ 臧:善。

这是一首猎人相遇互相赞誉猎技高超的诗。旧说中《毛诗序》以为诗旨是刺齐哀公(周夷王时代人)迷恋打猎,致使齐国好猎成风,荒废政治,朱熹《诗集传》虽谓此诗"以便捷轻利相称誉",但又有刺"其俗之不美"的看法。我们觉得从本诗中看不出有"刺"的意味,旧说显系比附,今不取。

本诗不用比兴,三章诗全用"赋",以猎人自叙的口吻,真切地抒发了他猎后暗自得意的情怀。三章叠唱,意思并列,每章只换四个字,但却很重要,起到了文义互足的作用:首章互相称誉敏捷,次章互相颂扬善猎,末章互相夸赞健壮。首句开口便赞誉,起得突兀,真实地表达了诗人由衷的仰慕之情。他在峱山与猎人偶然碰面,眼见对方逐猎是那样敏捷、娴熟而有力,佩服之至,不禁脱口而出"子之还(茂、昌)兮",这是发自心底的赞叹,"子"是对那位同行的敬称。次句点明他们相遇的地点在峱山南面的道路上。"遭"字表明他们并非事先约定,只是邂逅相遇罢了。正因为如此,诗人才会那样惊喜不已,十分激动。第三句说他们由相遇而合作,共同奋力追杀两只大公狼。这里诗人虽然没有告诉我们逐猎的结果如何,但是从他那异常兴奋的叙述中,可以猜想到那两只公狼已成为他们的捕获物,我们从中也似乎分享到了诗人的喜悦。最后一句是猎后合作者对诗人的称誉:"揖我谓我儇(好、臧)兮",这里诗人特点明"揖我"这一示敬的动作,联系首句,我们知道因为诗人对他的合作者十分敬佩,所以他才为自己能得到对方的赞誉而引以自豪!吴闿生称此为"渲染法"(《诗义会通》)。

全诗句句用韵,每章一韵,押在每句末尾第二字上:首章还、间、肩、儇为韵;次章茂、道、牡、好为韵;末章昌、阳、狼、臧为韵,句尾都以"兮"字收束,组成"富韵",加上四、六、七言并用的参差句法,造成了舒缓的音节,读起来有一唱三叹的韵味,在《诗经》中堪称佳作。方玉润《诗经原始》引章潢的话评论说:"'子之还兮',己誉人也;'谓我儇兮',人誉己也;'并驱',则人己皆与有能也。寥寥数语,自具分合变化之妙。猎固便捷,诗亦轻利,神乎技矣。"

(蒋立甫)

著

俟我于著乎而,① 等我就在屏风前哟,
充耳以素乎而,② 帽垂丝带在耳边哟。
尚之以琼华乎而。③ 加上美玉多明艳哟。

俟我于庭乎而, 等我就在庭院里哟,
充耳以青乎而, 帽垂丝带在耳际哟。
尚之以琼莹乎而。 加上美玉多华丽哟。

俟我于堂乎而, 等我就在厅堂上哟,
充耳以黄乎而, 帽垂丝带在耳旁哟。

尚之以琼英乎而。　　加上美玉多漂亮哟。

〔注〕　①著：古代富贵人家正门内有屏风，正门与屏风之间叫著。乎而：齐土音语尾助词。　②充耳：毛传："充耳谓之瑱。"古代男子冠帽两侧各系一条丝带，在耳边打个圆结，圆结中穿上一块玉饰，丝带称紞（dǎn），饰玉称瑱（tiàn），因紞上圆结与瑱正好塞着两耳，故称"充耳"。素：指紞，白色的丝带，第二、三章"青""黄"也是指紞的颜色。　③尚：加上。琼：指系在紞上的瑱，圆形。华：与第二、第三章"莹""英"都是形容玉瑱的光彩，因协韵而换字。

本篇《毛诗序》、郑玄笺皆以为是刺诗，孔颖达疏申述云："作《著》诗者，刺时也。所以刺之者，时不亲迎，故陈亲迎之礼以刺之也。"姚际恒不以为然，他说："此本言亲迎，必欲反之为刺，何居？……此女子于归见婿亲迎之诗，今不可知其为何人，观充耳以琼玉，则亦贵人矣。"（《诗经通论》）姚说可取。揣摩诗意，此当是女子回想出嫁时夫婿迎亲情景的。据《仪礼·士昏礼》，新郎到女家迎亲，新娘上车后，新郎得亲自驾车，轮转三周，再交给车手驾御，而自己则另乘车先行至自家门口等候，然后按照规定依次将新娘引进洞房。本诗把这一古老的结婚仪式写得饶有情趣。

全诗三章九句，皆从新娘眼中所见来写，戴君恩《读诗臆评》谓其"句法奇怪"，吴闿生《诗义会通》引旧评称其"句法奇峭"。奇峭在哪里？就在于九句诗中全不用主语，而且突如其来。这一独特的句法，恰切而传神地表现了新娘此时的心理活动。当她紧随着迎亲车辆踏进婆家大门的那一刻，其热闹的场面是可想而知的，在场的左邻右舍、亲朋好友，谁不想一睹新娘的风采，然而新娘对着这稠密涌动的人丛，似乎漠不关心，视而不见，映进她眼帘的唯有恭候在屏风前的夫婿——俟我于著，少女的腼腆，使她羞于说出"他"字，但从"俟我"二字却能品味出她对他的绵绵情意和感受到的幸福。下两句更妙在见物不见人。从新娘的心理揣测，她的注意力本来全集中在新郎身上，多么想把新郎端详一番，然而在这众目睽睽之下，她怎敢抬头仔细瞧呢？实际上，她只是低头用眼角瞟了一下，全没看清他的脸庞，所见到的只是他帽檐垂下的彩色的"充耳"和发光的玉瑱。这两句极普通的叙述语，放在这一特定的人物身上，在这特殊的时刻和环境中，便觉得妙趣横生、余味无穷了，给人以丰富联想和审美的愉悦。

这首诗风格与《还》相近，也是三章全用赋体，句句用韵，六言、七言交错，但每句用"乎而"双语气词收句，又与《还》每句用常见的"兮"字收句不同，使全诗音节轻缓，读来有余音袅袅的感觉。在章法上它与《诗经》中的典型篇章是那么不一样，而又别具韵味，无怪乎清代学者牛运震要称它是"别调隽体"（《诗志》）。

(蒋立甫)

东方之日

东方之日兮，　　东方太阳红彤彤啊，
彼姝者子，①　　那个美丽大姑娘——
在我室兮。　　　就在我家内房中啊。
在我室兮，　　　就在我家内房中啊，
履我即兮。②　　悄悄伴我情意浓啊。

东方之月兮，　　东方月亮白晃晃啊，
彼姝者子　　　　那个美丽大姑娘——
在我闼兮。③　　就在我家内门旁啊。
在我闼兮，　　　就在我家内门旁啊，
履我发兮。④　　悄悄随我情意长啊。

〔注〕① 姝（shū）：貌美。　② 履：蹑，轻步走。即：就，接近。句意谓蹑步相就。　③ 闼（tà）：内门。　④ 发：发足而行。句意谓蹑步相随。

此诗《毛诗序》以为意在"刺衰"，说："君臣失道，男女淫奔，不能以礼化也。"朱谋㙔《诗故》以为意在"刺淫"，说："旦而彼姝入室，日夕乃出，盖大夫妻出朝，而其君以无礼加之耳。"牟庭《诗切》以为意在"刺不亲迎"，说："刺不亲迎者，言有美女光艳照人，不知何自而来，如东方初出之日也。"虽然见解不同，但大都承认诗的基本内容是关于男女情事的。本文则把它视为一首回忆与女子幽会的情诗，而不取"刺"的臆测。

两章诗首句，毛传以为"兴也"，季本《诗说解颐》以为"赋也"，严虞惇《读诗质疑》又以为"比也"；除此还有"兴而赋""比而赋"等不同说法。我以为这两句是含有象征意义的起兴：诗人早晨面对初升的旭日，或晚间仰望刚起的新月，都似乎有一种异样的感觉：那艳丽而热烈的朝阳，皎洁而恬静的月光，多么像他那位艳美而温柔的情人啊！她对他的追求是那样大胆热切，又充满着柔情蜜意，竟不顾一切自荐枕席，男欢女悦。因此，每当日出东方，或月上梢头，"彼姝之子"的形象总不免在他心中盘桓，情意缱绻，朦朦胧胧，仿佛她"在我室兮"。两章的二、三两句承接自然。英国浪漫主义诗人华兹华斯说得好："诗起于经过在沉静中回味的情绪。"（转引自朱光潜《诗论》）本篇作者正是有感于朝阳、明月而沉浸在甜蜜的"回味"中，由此激起了难以压抑的爱的狂潮，竟脱口而出透露了他与她幽会的隐私:不仅说出了情人在他的卧室内,还情不自禁地描述了他们亲昵的情景——"履我即兮""履我发兮"。从中我们可以体会到他的叙述是带着颇为得意的幸福感的,我们能触摸到他那颗被爱情撩拨得激烈跳荡的心。正因为如此,所以十句诗中竟有六句有"我"字,自我矜喜之情溢于言表。本诗格调粗犷而不轻薄,俏皮而不油滑,体现了古代情歌质朴的本色。

这首诗以"东方之日""东方之月"象征女子的美貌,对后世诗文创作有明显影响,如宋玉《神女赋》形容神女之美:"其始来也,耀乎若白日初出照屋梁;其少进也,皎若明月舒其光。"又曹植《洛神赋》写洛神似见非见"仿佛兮若轻云之蔽月",而远处望之,"皎若太阳升朝霞"。类似写法后世更多,不胜枚举。

本诗押韵有其特色,每章皆是一、三、四、五句押韵,并且都与"兮"字组成"富韵",三句与四句又是重复的,读起来音节舒缓而绵延,有着流连咏叹的情味。全诗八个"兮"字韵脚,《正韵》称为"联章韵"。 (蒋立甫)

东 方 未 明

东方未明,	东方还未露曙光,
颠倒衣裳。①	衣裤颠倒乱穿上。
颠之倒之,	衣作裤来裤作衣,
自公召之。	公家召唤我忧急。
东方未晞,②	东方还未露晨曦,
颠倒裳衣。	裤衣颠倒乱穿起。
倒之颠之,	裤作衣来衣作裤,
自公令之。	公家号令我惊惧。
折柳樊圃,③	折下柳条围篱笆,
狂夫瞿瞿。④	狂汉瞪眼真强霸。
不能辰夜,⑤	不分白天与黑夜,
不夙则莫。⑥	不早就晚真作孽。

〔注〕①衣裳:古时上衣叫"衣",下衣叫"裳"。 ②晞:"昕"的假借,天刚亮。 ③樊:即"藩",篱笆。圃:菜园。 ④狂夫:指监工。瞿瞿:瞪视的样子。 ⑤辰:借为"晨",指白天。 ⑥夙:早。莫(mù):古"暮"字,晚。

关于诗的主题，《毛诗序》说："《东方未明》，刺无节也。朝廷兴居无节，号令不时，挈壶氏（掌计时的官员）不能掌其职焉。"古代学者意见分歧不多。今人一般认为这首诗是反映劳动者对繁重劳役的怨愤。全诗三章，诗人并没有用很多笔墨去铺叙具体的劳动场面，或者诉说劳动如何艰辛，而是巧妙地抓住一瞬间出现的难堪而苦涩的场面来写：当一批劳累的人们正酣睡之际，突然响起了公家监工的吆喝声，催促着他们去上工。这时东方还没有一丝亮光，原来寂静的夜空，一下子被这叫喊声打破，劳工们一个个被惊醒过来，黑暗中东抓西摸，手忙脚乱，有的抓着裤管套上胳膊，有的撑开衣袖伸进双腿。一时间，乱作一堆，急成一团，真可谓洋相出尽。人们不禁要问：为什么监工的这一叫喊，劳工们竟吓得如此手脚失措呢？不消说，这是因为长久以来他们受到残酷压迫的结果，日常只要稍不留意就会遭到公家处罚，受皮肉之苦乃是寻常之事。因此尽管还在黑夜，监工的一声吆喝，谁还敢怠慢一步！诗人正是抓住了这一特殊的时刻，突出"颠倒衣裳"这一在特定环境下发生的典型细节，在两章诗中反复叙写，一再渲染。通过这一强化，既画出了这伙苦力慑于淫威的惧怕心理，又写出了他们所受的非人待遇，像牲口一样被驱使，没日没夜为主人劳作，却得不到丝毫人身自由。"颠倒衣裳"这一描写，清牛运震《诗志》以为"奇语入神，写忽乱光景宛然"，确实，它起到了以少总多的艺术效果。这两章看似平静的叙述，实际上已蕴藏着劳工们的不平之鸣，两章末句"自公召之""自公令之"，正透露出这些被劳役者已开始意识到——他们受苦受难的根源来自"公"。

紧接着第三章便从他们当下的劳作写起。原来他们半夜被驱赶来是砍柳枝编菜园篱笆，监工的正瞪着可怕的大眼监视着。"狂夫"的称谓隐含着被劳役者对监工凶狠面貌的揭露和怨恨。末两句"不能辰夜，不夙则莫"，则是"东方未明"的延伸，点出这些被劳役的人们不但要起早，而且还要摸黑；这也不是偶然性的一朝一夕的事，而是穷年累月莫不如是。诗人由此拓展了本篇的内容，也暗示了被劳役者胸中的不满与反抗，相信总有一天他们也会如同《硕鼠》歌唱的那样："逝将去汝，适彼乐土！"

据李塨《诗经传注》、方玉润《诗经原始》、丁以此《毛诗正韵》、王力《诗经韵读》等之说，本诗每章两韵：一、二句一韵，三、四句一韵。译诗韵脚从之。

（蒋立甫）

南　　山

南山崔崔，① 　　巍巍南山真高峻，

雄狐绥绥。②	雄狐求偶步逡巡。
鲁道有荡,③	鲁国大道宽又平,
齐子由归。④	文姜由此去嫁人。
既曰归止,⑤	既然她已嫁别人,
曷又怀止?⑥	为啥想她存歹心?
葛屦五两,⑦	葛鞋两只配成双,
冠緌双止。⑧	帽带一对垂耳旁。
鲁道有荡,	鲁国大道平又广,
齐子庸止。⑨	文姜由此去嫁郎。
既曰庸止,	既然她已嫁玉郎,
曷又从止?⑩	为啥又跟她上床?
蓺麻如之何?⑪	想种大麻怎么办?
衡从其亩。⑫	修垄挖沟勤翻土。
取妻如之何?⑬	想要娶妻怎么办?
必告父母。	必须事先告父母。
既曰告止,	既已禀告过父母,
曷又鞠止?⑭	为啥任她肆淫污?
析薪如之何?⑮	想去砍柴怎么办?
匪斧不克。⑯	没有斧子砍不倒。
取妻如之何?	想要娶妻怎么办?
匪媒不得。	没有媒人娶不到。
既曰得止,	既已明媒正娶来,
曷又极止?⑰	为啥让她娘家跑?

〔注〕①南山:齐国山名,又名牛山。崔崔:山高大的样子。 ②绥绥:缓缓行走的样子。 ③有荡:即荡荡,平坦的样子。 ④齐子:齐国的女儿(古代不论对男女的美称均可称子),指齐襄公的同父异母妹文姜。由归:从这儿去出嫁。 ⑤止:语气词,无义。 ⑥怀:怀念。 ⑦葛屦(jù):葛布做的鞋。五:通"伍",并列。两:"緉"之借省。緉,鞋一双。

⑧ 绥(ruí)：帽带的下垂部分。帽带为丝绳所制，左右各一从耳边垂下，必要时可系在下巴下。⑨ 庸：用。 ⑩ 从：跟从。 ⑪ 蓺(yì)麻：种麻。 ⑫ 衡从：即横纵。东西为横，南北为纵。亩：田垄。 ⑬ 取：通"娶"。 ⑭ 鞠：穷，纵容放任的意思。 ⑮ 析薪：砍柴。 ⑯ 匪：通"非"。克：能、成功。 ⑰ 极：至、来到。

　　这是一首讽刺齐襄公与鲁桓公的诗，《毛诗序》云："《南山》，刺襄公也。鸟兽之行，淫乎其妹，大夫遇是恶，作诗而去之。"郑笺云："齐大夫见襄公恶行如是，作诗以刺之，又非鲁桓公不能禁制夫人而去之。"古今学者大多无异议。（仅个别现代学者认为是写"意中人他嫁"。）据《左传·桓公十八年》记载，公元前694年，鲁桓公与夫人文姜（齐襄公的同父异母妹妹）同去齐国，原先就与文姜有淫乱关系的齐襄公趁机又与文姜私通，被鲁桓公发觉，谴责了文姜。文姜告诉了齐襄公，襄公便设酒宴请桓公，将桓公灌醉后，派公子彭生驾车送桓公回国，在车子里扼死了桓公。此事传开后，齐国上下引以为耻，便作了这首讽刺诗。诗的一、二两章讥刺齐襄公荒淫无耻，三、四两章责备鲁桓公懦弱无能，对妻子不严加管束。

　　作诗讥刺本国及鲁国的君主，不能不有所顾忌，在遣词用语方面要避免过于直白显露，而只能用隐晦曲折的笔墨来表现。本诗很成功地做到这一点。如第一章用雄狐急切求偶来暗射齐襄公急切觊觎回娘家的文姜，第二章用鞋子、帽带都必须搭配成双来比喻世人都各有一定的配偶，暗中影射齐襄公乱伦的无耻行为。既鞭挞了讽刺对象，又不让别人抓到任何把柄。第三、四两章则用"兴"的手法来表现。照朱熹的说法，所谓"兴"，就是"先言他物以引起所咏之词也"。三章以种麻必先整治田垄、四章以砍柴必具刀斧引起娶妻必须父母之命、媒妁之言，再进一层推及桓公既已明媒正娶了文姜而又放任她回娘家胡作非为，嘲讽了他的庸弱无能。当然，这意思也不是在字面上明白点出的，而是意在言外，一索可得。前人评此诗，谓其"意紧局宽，布置入化，所谓不接形而接以神者"（陈震《读诗识小录》），"四章四诘问，婉切得情"（牛运震《诗志》），"令其难以置对，的是妙文"（陈继揆《读诗臆补》），确乎如此。

　　这首诗的风格同《诗经》十五国风中的绝大部分作品一样，是一首群众创作的民歌，其特点也是每一章节除少数词语略作更换外，基本的语词句法都是相同的，特别是每章的最后二句，句法语气完全一样，只有一二个字的变化，其含义也相似或相近。这正是便于反复咏唱，易于记忆吟诵，寓意比较单纯的民歌式作品。此外，从这首诗里，也反映了男女婚姻必须通过父母之命、媒妁之言这样的封建礼教，早在二三千年以前就已经深入人心了。

（汪贤度）

甫 田

无田甫田，① 　大田宽广不可耕，
维莠骄骄。② 　野草高高长势旺。
无思远人，　　切莫挂念远方人，
劳心忉忉。③ 　惆怅不安心惶惶。

无田甫田，　　大田宽广不可耕，
维莠桀桀。　　野草深深长势强。
无思远人，　　切莫挂念远方人，
劳心怛怛。　　惆怅不安心怏怏。

婉兮娈兮，④ 　漂亮孩子逗人怜，
总角丱兮。⑤ 　扎着小小羊角辫。
未几见兮，　　才只几天没见面，
突而弁兮。⑥ 　忽戴冠帽已成年。

〔注〕① 田甫田：第一个"田"字读作"佃"，治理。甫田，大田。　② 莠(yǒu)：狗尾草，泛指野草。骄骄：犹"乔乔"，高大的样子，与第二章"桀桀"借作"揭揭"意同。　③ 劳心：忧心。忉(dāo)忉：心有所失的样子，与第三章"怛(dá)怛"意同。　④ 婉兮娈兮：毛传："婉娈，少好貌。"　⑤ 总角：古代男孩头发束成的丫角。丱(guàn)：丫角上翘的样子。　⑥ 弁(biàn)：成人的帽子。

对这首诗主旨的看法分歧很大，比较流行的旧说有：刺齐襄公(《毛序》："大夫刺襄公也，无礼义而求大功，不修德而求诸侯，志大心劳，所以求者非其道也。")、刺齐景公(丰坊《诗说》："齐景公急于图霸，大夫讽之。")、刺鲁庄公(何楷《诗经世本古义》："庄公生而蒙非种之讥，及已即位，而有不能防闲其母之消，且与其母更道入于齐国，……诗人代为之愧……")、刺奇童无成(牟庭《诗切》："诗人有所识童子美质者，已而离远不相见，常思念之，……及长而复见之，则庸人矣，故悔思之也。")、戒厌小务大(朱熹《诗集传》："田甫田而力不给，则草盛矣；思远人而人不至，则心劳矣。以戒时人厌小而务大、忽近而图远，将徒劳而无功也。")、戒学者及时进修(刘沅《诗经恒解》："盖当时有少年，志大躐等求功，不知循序渐进者，故诗人戒之。")，今人新说则有：初耕种时的祷神歌、劝慰离人不须徒劳多思的诗、妇人思念征夫之词、少女恋慕少男的诗,等等。各家之说都有其理由,不过比较各家之说,相对而言,笔者认为写妻子对远方丈夫的思念之说,较为符合诗篇的文本意义。

这首诗头两章是写实,采用重叠形式,只换了四个字,表达的意思完全相同:首两句直赋其事,意在引出下两句。因丈夫去了远方,家中没有劳力,耕作粗放,本来长着绿油油庄稼的大田,如今全长着深深的野草,见不着一棵小苗,诗人面对如此荒芜的大田,忧心忡忡,感慨万千,不觉脱口说出"无田甫田,维莠骄骄(桀桀)"!目有所见,心有所感,自伤自怜,自怨自艾,引出一腔怨气,不禁讲出了气话:"无思远人,劳心忉忉(怛怛)!"实际这不过是思极的反语、伤心语,说"无思",恰是刻骨相思。正因为她无法摆脱相思的痛苦,第三章出现了幻觉,由实转虚,诗人似乎觉得丈夫突然归来,想象他见到离家时还是扎着丫角的小儿子,忽然间已经长大成人了,他惊喜不已:"婉兮娈兮,总角丱兮。未几见兮,突而弁兮。"这一自我构造的虚幻境界,既是对丈夫早日平安归来的渴望,又是对孩子快快长大的期盼。本诗的含蓄美尽在这一虚境之中。清陈震《读诗识小录》评末章前两句云:"换笔顿挫,与上二章形不接而神接",评后两句云:"奇文妙义,与上四'无'字神回气合。"

本诗第一、第二章是隔句交错押韵,即田、人属上古真部韵,骄、忉属上古宵部韵,桀、怛属上古月部韵。第三章四句连韵,属上古元部韵,并皆有"兮"字收尾。译文尽量保留原诗韵式及叠词的运用。

(蒋立甫)

卢　令

卢令令,①　　　　　黑犬颈环叮当响,
其人美且仁。②　　　猎人英俊又善良。

卢重环,③　　　　　黑犬脖上套双环,
其人美且鬈。④　　　猎人英俊又勇敢。

卢重鋂,⑤　　　　　黑犬脖上环套环,
其人美且偲。⑥　　　猎人英俊又能干。

〔注〕①卢:黑毛猎犬。令令:即"铃铃",猎犬颈下套环发出的响声。　②其人:指猎人。仁:仁慈和善。　③重环:大环套小环,又称子母环。　④鬈(quán):勇壮貌。一说发

好貌。　⑤铼(méi)：一大环套二小环。　⑥偲(cāi)：多才或多智。一说多须貌。

关于本篇诗旨，历来看法不一，今将几种主要的说法列举如下：（一）刺荒说。《毛诗序》："《卢令》，刺荒也。襄公好田猎，毕弋而不修民事，百姓苦之，好陈古以风焉。"（二）刺以色取人说（牟庭《诗切》）。（三）女恋男、女赞男之说（朱东润《诗三百篇探故》、袁梅《诗经译注》）。（四）猎歌说（周蒙、冯宇《诗经百首译释》）。（五）赞美猎者说（王质《诗总闻》、朱熹《诗集传》）。今人多从第五说，笔者亦认为当以此说为是。

作者是以羡慕的眼光，对猎人的外在英姿和内在美德进行夸赞。实在看不出诗中有"陈古以风"之意，也看不出"词若叹美，意实讽刺"（方玉润《诗经原始》）之类的暗讽手法。

打猎是古代农牧社会习以为常的事。猎者除获得生活所需之物外，还有健身习武的好处。古人认为，国家要强盛，离不开文治武功。体魄强健，好勇善战，体现了国人的尚武精神。仁爱慈善，足智多谋，体现了国人的文明精神。因此，文武并崇，刚柔兼济，在古代形成一种风尚，一种共识。在这种风气影响下，人们往往把是否能文能武作为衡量一个人是否有出息的重要标准。在日常生活中，人们也常常以这种标准与眼光来衡量和观察各种人物，一旦有这样的人物出现，就倍加赞赏，本诗中的猎者就是其中一例。作者选取狩猎这一常见习俗，对猎人的善良、勇敢、能干和美姿进行赞誉，既是情理中事，又是诗人审美眼光独到之处。

本诗采用了由犬及人、由实到虚的写法。全诗共三章，每章的第一句均以实写手法写犬；每章的第二句均以虚写手法写人，"即物指人，意态可掬"（陈震《读诗识小录》）。"令令""重环""重铼"，是写犬，不仅描绘其貌，而且描摹其声。由此可以想见当时的情景：黑犬在猎人跟前的受宠貌和兴奋貌，猎犬在跑动中套环发出的响声等等，这就从一个侧面烘托出狩猎时的气氛。陈继揆《读诗臆补》云："诗三字句，赋物最工。如'殷其雷'及'卢令令'等句，使人如见如闻，千载以下读之，犹觉其容满目，其音满耳。"对"卢令令"三字感受特深。"美且仁""美且鬈""美且偲"，则是写人，在夸赞猎人英姿的同时，又夸赞猎人的善良、勇敢和才干。这样看来，诗中所赞美的猎人，是个文武双全、才貌出众的人物，以致引起旁观者（包括作者）的羡慕、敬仰和爱戴。从感情的角度看是真实的，从当时所崇尚的民风看，也是可信的。

（殷光熹）

敝笱

敝笱在梁，①　　破篓拦在鱼梁上，

其鱼鲂鳏。②	鳊鱼鲲鱼心不惊。
齐子归止,③	齐国文姜回娘家,
其从如云。	随从人员多如云。
敝笱在梁,	破篓拦在鱼梁上,
其鱼鲂鱮。④	鳊鱼鲢鱼心不虚。
齐子归止,	齐国文姜回娘家,
其从如雨。	随从人员多如雨。
敝笱在梁,	破篓拦在鱼梁上,
其鱼唯唯。⑤	鱼儿来往不惴惴。
齐子归止,	齐国文姜回娘家,
其从如水。	随从人员多如水。

〔注〕① 敝:破。笱(gǒu):竹制的鱼篓。梁:鱼梁。河中筑堤,中留缺口,嵌入笱,鱼能进不能出。 ② 鲂鳏(guān):鳊鱼和鲲鱼。 ③ 齐子:指文姜。归:回娘家。止:语助词。 ④ 鱮(xù):大头鲢鱼。 ⑤ 唯唯:形容鱼出入自如。陆德明《经典释文》:"唯唯,《韩诗》作遗遗,言不能制也。"

鲁桓公十八年(前694)春,鲁桓公畏惧齐国势力强大,要前往齐国修好。夫人文姜要一起去,去看望同父异母的哥哥齐襄公。文姜与齐襄公关系暧昧,早有传闻。鲁国大臣申繻因而向桓公婉言进谏道:"女有夫家,男有妻室,不可混淆。否则必然遭致灾殃。"桓公没加理会,带着文姜,大批随从车骑簇拥着,沸沸扬扬前往齐国。在齐国他发觉文姜与齐襄公通奸,就责备文姜。文姜把这事告诉了齐襄公,齐襄公在酒宴后鲁桓公乘车将要回国时,派公子彭生将鲁桓公害死在车中。这就是《左传·桓公十八年》所载史实,也是《敝笱》一诗的写作背景。关于此诗的主题,《毛诗序》说得不错:"《敝笱》,刺文姜也。齐人恶鲁桓公微弱,不能防闲文姜,使至淫乱,为二国患焉。"

三章内容基本相同,为了协韵,也为了逐层意思有所递进,各章置换了少数几个字眼,这是典型的一唱三叹的《诗经》章法。

"敝笱在梁"作为各章的起兴,意味实在很深。"法网恢恢,疏而不漏",才能治理好一个国家。要捕鱼也需有严密的渔具。鱼篓摆在鱼梁上,本意是要捕鱼,可是篓是如此地敝破,小鱼、大鱼,各种各样的鱼都能轻松自如游过,那形同虚设的"敝笱"还有什么价值？这一比兴的运用，除了讽刺鲁桓公的无能无用外，也形象地揭示了鲁国礼制、法纪的敝坏，不落俗套而又耐人寻味。另外，"鱼"在《诗经》中常影射两性关系，"敝笱"对制止鱼儿自由来往无能为力，也是兼指"齐子"即文姜的不守礼法。

　　文姜作为鲁国的国母，地位显赫尊贵，她要回娘家齐国探亲，本来也在情理之中。而她却在齐国伤风败俗，与其兄乱伦丢丑，自然引起人们的憎恶唾弃。可是，这种厌恶之情，在诗中并未直接表露，而仅仅描写了她出行场面的宏大，随从众多"如云""如雨""如水"。写得她风光旖旎，万众瞩目。如果她贤惠，这种描写就有褒扬意味。反之，她就是招摇过市，因而这种风光、排场、声势越描写得铺张扬厉，在读者想象中与她的丑行挂上钩，地位的崇高与行为的卑污立即形成强烈反差，讽刺与揭露也就越加入木三分。从亮色中、光环中揭露大人物的丑恶灵魂，是古今中外艺术创作中一条成功门径。杜甫诗《丽人行》也正承袭了这一传统的艺术手法而取得极大成功。

　　"如云""如雨""如水"这三个比喻是递进的因果关系，逐层深入，次序不能颠倒，也可理解为感情抒发的逐步增强。在这盛大随从的描写中，是否还另具深意呢？有的。方玉润《诗经原始》说："'其从如云'、'其从如雨'、'其从如水'，非叹仆从之盛，正以笑公从妇归宁，故仆从加盛如此其极也。"不仅文姜有过，鲁桓公疏于防闲，软弱无能，也有相当可"笑"之处。方玉润透过字面，看出诗中还有桓公在，实是独具只眼的精辟之论。

（曹光甫）

载　　驱

载驱薄薄，①	马车疾驰声隆隆，
簟茀朱鞹。②	竹帘低垂红皮蒙。
鲁道有荡，	鲁国大道宽又平，
齐子发夕。③	文姜夜归急匆匆。

四骊济济，④	四匹黑马真雄壮，
垂辔沵沵。⑤	缰绳柔软上下晃。
鲁道有荡，	鲁国大道宽又平，
齐子岂弟。⑥	文姜动身天刚亮。

汶水汤汤，⑦	汶水日夜哗哗淌，
行人彭彭。⑧	行人纷纷驻足望，
鲁道有荡，	鲁国大道宽又平，
齐子翱翔。⑨	文姜回齐去游逛。

汶水滔滔，	汶水日夜浪滔滔，
行人儦儦。⑩	行人纷纷驻足瞧，
鲁道有荡，	鲁国大道宽又平，
齐子游敖。⑪	文姜回齐去游遨。

〔注〕① 载：发语词，犹"乃"。驱：车马疾走。薄薄：象声词，形容马蹄及车轮转动声。② 簟茀(diàn fú)：遮盖车子的竹帘。朱：红色。鞹(kuò)：刮净毛的兽皮。用漆上红色的兽皮蒙在车厢前面，是周代诸侯所用的车饰，这种规格的车子称为"路车"。③ 齐子：指文姜。发夕：晚上出发。 ④ 骊(lí)：黑色马。济济：美好的样子。 ⑤ 辔：马缰绳。沵(nǐ)沵：柔软的样子。 ⑥ 岂弟(kǎi tì)：开明、天亮。郑笺："岂弟，犹言发夕也。岂，当读为'闿'；弟，《古文尚书》以弟为'圂'，圂，明也。"一说解为乐易，朱熹《诗集传》："言无忌惮羞愧之意也。" ⑦ 汶水：流经齐鲁两国的河名，在今山东中部，又名大汶河。汤(shāng)汤：水势浩大的样子。⑧ 彭彭：众多的样子。 ⑨ 翱翔：指遨游。 ⑩ 儦(biāo)儦：行人往来的意思。 ⑪ 游敖：即"游遨"。

  这也是一首讥刺齐襄公与文姜淫乱的诗。《毛诗序》说，齐襄公"无礼义，故盛其车服，疾驱于通道大都，与文姜淫，播其恶于万民焉"。从诗意看，我们以为讥刺的对象似乎是文姜更为确切。方玉润《诗经原始》说："此诗以专刺文姜为主，不必牵涉襄公，而襄公之恶自不可掩。夫人之疾驱夕发以如齐者，果谁为乎？为襄公也。夫人为襄公而如齐，则刺夫人即以刺襄公，又何必如旧说'公盛车服与文姜播淫于万民'而后谓之刺乎？"讲得很有道理。据《春秋》记载，文姜在鲁庄公二年(前692)、四年(前690)、五年(前689)、七年(前687)都曾与齐襄公相会，说明文姜在其夫鲁桓公死后仍不顾其子鲁庄公的颜面而与齐襄公保持不正当的关系，鲁庄公竟也无能加以制止，因此人们赋此诗加以讥刺。

  本诗最引人注意的是用了许多二字字音相同的联绵形容词，如第一章用"薄薄"来描述在大路上疾驰的豪华马车，字里行间透露出那高踞在车厢里的主人公是那样地趾高气扬却又急切无耻。再加上第二章以"济济"形容四匹纯黑的骏马高大雄壮，以"沵沵"描写上下有节律地晃动着的柔韧缰绳，更衬托出乘车者的身份非同一般。三、四两章用河水的"汤汤""滔滔"与行人的"彭彭""儦儦"相呼应，借水之滔滔不绝说明大路上行人的熙熙攘攘,往来不断,他们都对文姜的马车驻足而观,侧目而视,从而反衬出文姜的胆大妄为,目中无人。这一系列的联绵词在烘托诗中人与物的形、神、声方面起了很关键的作用。另外,多用联绵词,对加强诗歌的音乐性、节奏感也有帮助,可起到便于人们反复咏叹吟诵的功能。

从诗的技巧上看,陈震《读诗识小录》的评析很有见地,他说:"(全诗)只就车说,只就人看车说,只就车中人说,露一'发'字,而不说破发向何处,但以'鲁道''齐子'四字,在暗中埋针伏线,亦所谓《春秋》之法,微而显也。"因此虽然此诗纯用赋体而没有比兴成分,却仍是婉而多讽,韵味浓厚。 （汪贤度）

猗　嗟

猗嗟昌兮,①	啊,长得真正棒呀,
颀而长兮,②	身体高又壮呀,
抑若扬兮,③	眉宇宽又广呀。
美目扬兮,	美目双抬望呀,
巧趋跄兮,④	步履多安详呀,
射则臧兮。⑤	射箭尤擅场呀。

猗嗟名兮,⑥	啊,长得多英俊呀,
美目清兮,⑦	美目多纯清呀,
仪既成兮。⑧	仪的已设成呀。
终日射侯,⑨	整天射靶心呀,
不出正兮,⑩	箭箭射得正呀,
展我甥兮。⑪	真是好后生呀。

猗嗟娈兮,⑫	啊,长得相貌端呀,
清扬婉兮,	眉清目秀妍呀,
舞则选兮,⑬	合乐舞蹁跹呀。
射则贯兮,⑭	射箭靶心穿呀,
四矢反兮,⑮	四箭着一点呀,
以御乱兮。⑯	足以平叛乱呀。

〔注〕① 猗(yī)嗟：叹美词。昌：壮盛貌。 ② 颀(qí)：身长貌。 ③ 抑：通"懿"，美好。扬：《韩诗》作"阳"，皮锡瑞《经学通论》："阳者，阳明之处也，……然则自眉以及额角，皆得为阳也。" ④ 趋跄：快步从容而又合节拍之态。趋，疾行貌。 ⑤ 臧：善。 ⑥ 名：马瑞辰《毛诗传笺通释》："名、明古通用，名当读明，明亦昌盛之意。" ⑦ 清：眼睛黑白分明之谓。 ⑧ 仪：即"仪的"，箭靶的中心，代指箭靶。《韩非子·用人》："释仪的而妄发，虽中小，不巧。" ⑨ 侯：古代赛射或习射时用的箭靶。用兽皮做的叫"皮侯"，用布做的叫"布侯"。 ⑩ 正(zhēng)：侯的中心贴上的圆形或方形布块，叫做"鹄"，鹄的中心叫"正"，也称为"质"或"的"。射箭以中"正"为胜。朱熹《诗集传》："设的于侯中而射之者。" ⑪ 展：诚，真是的。甥：孔疏："异族之亲皆称甥。"此为泛指。 ⑫ 娈：美好貌。下句"婉"字同义。 ⑬ 选：指齐乐善舞。孔疏："当谓其善舞，齐于乐节也。"按：古时射箭前必舞，谓之兴舞。 ⑭ 贯：射中，穿透。毛传："贯，中也。"孔疏："贯谓穿侯，故为中也。" ⑮ 反：重复之意。郑笺："反，复也。""每射四矢，皆得其故处，此之谓复。" ⑯ 御：抵抗，御敌。

关于《猗嗟》一诗的主题，有主刺与主美二说。主刺说由来已久，其背景源于齐襄公兄妹乱伦故事。周庄王三年(前 694)春正月，齐襄公求婚于周王室，天子允婚，同意王姬下嫁于齐，并命鲁桓公主持婚礼大事。齐与鲁乃姻戚之邦。鲁桓公奉周天子之命至齐商议婚娶大事，自然偕夫人文姜(齐襄公之妹)一同前往。文姜归国之后，兄妹相见，旧情萌发又干出乱伦之事来，且被其夫鲁桓公侦悉。为了掩盖其丑行，齐襄公命人于饯行之后，乘醉将鲁桓公杀死，伪称暴疾而亡。鲁桓公死后，其子同继位，史称鲁庄公。《毛诗序》的作者将此诗附会这个历史故事，认为是齐人讽刺鲁庄公的作品。《诗序》云："《猗嗟》，刺鲁庄公也。齐人伤鲁庄公有威仪技艺，而不能以礼防闲其母，失子之道，人以为齐侯之子焉。"这种解释的确牵强。《猗嗟》诗中除第二章的"展我甥兮"一语中的"甥"可比附齐襄公与鲁庄公的舅甥关系外，其余内容则与故事毫不相涉。即使"甥"字，古人解释亦多歧义。《诗经稗疏》云："古者盖呼妹婿为甥。"孔疏则云："凡异族之亲皆称甥。"所以清人方玉润不同意《毛诗序》主刺的解释，他在《诗经原始》一书中说："愚于是诗，不以为刺而以为美，非好立异，原诗人作诗本意盖如是耳。"但方氏仍然以为此诗的本事是齐襄公兄妹乱伦之事。他说："此齐人初见庄公而叹其威仪技艺之美，不失名门子，而又可以为戡乱材。诚哉，其为齐侯之甥矣！意本赞美，以其母不贤，故自后人观之而以为刺耳。于是议论纷纷，并谓'展我甥兮'一句以为微词，将诗人忠厚待人本意尽情说坏。是皆后儒深文奇刻之论有以启之也。"其实，方氏本人将此诗本事附会旧说，也是"深文奇刻"的"后儒"之一。所不同者，仅主刺主美之异。

我们认为，将此诗本事与齐襄公兄妹乱伦故事扯在一起，缺乏依据。就诗论诗，不过是一首赞美一位少年射手的诗作。诗分三章，每章内容分为两个部分，一是赞美形象之美，二是赞美技艺之高。

这首诗每章均以"猗嗟"发端。按"猗嗟"为叹美之词,相当于现代汉语中的"啊"或"啊呀"。用这种叹美词语开头的诗句,具有一种先声夺人的艺术效果,提醒读者注意诗人所要赞美的人或事。它在描写少年射手的形象和技艺时,起到一种渲染烘托的作用。

在赞颂少年形象之美时,突出他身体强壮的特点。诗一开头就写道:"猗嗟昌兮,颀而长兮。""昌",粗壮结实之谓;"颀"和"长"乃高大之谓。这位长得高大、粗壮、结实的少年成为一名优秀射手,是毫不足怪的。

在赞颂少年形象时,还突出其面部特征,尤其眼睛的描写细致入微。赞美他"美目扬兮""美目清兮""清扬婉兮",这三句诗中的"扬""清""婉",都是刻画他目光明亮,炯炯有神。因为明亮的目光,是一位优秀射手所必不可少的生理条件。

除以上两个方面外,还赞美他"巧趋跄兮",步履矫健,走起路来速度甚快。还赞美他"舞则选兮",身体灵活,动作优美。这些也是一位优秀射手不可缺少的身体素质。

诗中对形象的赞颂,是为赞美他的射箭技术服务的。假若这位少年没有以上所描写的身体素质,他也就不可能成为一位优秀射手了。

诗的第一章以"射则臧兮"一句总括他的射技之精。第二章则以"终日射侯"一语,赞美少年的勤学苦练精神;以"不出正兮"一语赞美他的射则必中的技艺。第三章以"射则贯兮"赞美他的连射技术。这种连射不是两箭、三箭的重复入孔,而是"四矢反兮",连续四矢射中一的,是一位百发百中的射手了。至此,这位少年射手的形象和技艺均描写得栩栩如生了。具有这种高超射技的少年,自然是国家的栋梁之材。"以御乱兮"一语,是全诗的结束,也是对他的总体评价。

清人姚际恒《诗经通论》评此诗"三章皆言射,极有条理,而叙法错综入妙",确为有心得之见。

(秦惠民)

魏 风

【诗歌解题】

《诗经》类名。"国风"之一。共七篇。魏国境内的民歌。魏之故城在今山西省芮城县东北。周初封同姓于魏,公元前661年被晋献公所灭,故魏诗当为魏亡前即春秋前期的作品。但朱熹以为:"苏氏曰:'魏地入晋久矣,其诗疑皆为晋而作,故列于《唐风》之前,犹《邶》《鄘》之于《卫》也。'今按篇中公行、公路、公族皆晋官,疑实晋诗;又恐魏亦尝有此官,盖不可考矣"(《诗集传》)。

葛屦　　　　魏风

纠纠葛屦,①	脚上这一双夏天的破凉鞋,
可以履霜。	怎么能走在满地的寒霜上?
掺掺女手,②	可怜我这双纤细瘦弱的手,
可以缝裳。	又怎么能替别人缝制衣裳?
要之襋之,③	做完后还要提着衣带衣领,
好人服之。	恭候那女主人来试穿新装。
好人提提,④	女主人试穿后觉得很舒服,
宛然左辟,⑤	却左转身对我一点也不理,
佩其象揥。⑥	又自顾在头上戴象牙簪子。
维是褊心,⑦	正因为这女人心肠窄又坏,
是以为刺。	所以我要作诗把她狠狠刺。

〔注〕①纠纠:纠结交错。葛屦(jù):指夏天所穿葛绳编的鞋。 ②掺(qiān)掺:同"纤纤",形容女子的手很柔弱纤细。 ③要(yāo):同"褑"。指衣服齐腰处,或指系衣的衣带。襋(jí):指衣领。 ④好人:美人,此处指富家的女主人。提提:即"媞媞",安舒的样子。 ⑤辟(bì):同"避"。左辟即左避。 ⑥揥(tì):象揥即象牙做的簪子。 ⑦维:因。褊心:心胸狭窄。

　　此诗虽然题为《葛屦》,实际上却是写了一个缝衣女奴为主人家缝制衣服所体现出的贫富不均。缝衣女因受女主人的虐待而生不满,故作此诗而加讽刺。旧说如《毛诗序》云:"《葛屦》,刺褊也。魏地陿隘,其民机巧趋利,其君俭啬褊急,而无德以将之。"朱熹《诗集传》云:"魏地陿隘,其俗俭啬而褊急,故以葛屦履霜起兴而刺其使女缝裳,又使治其要襋而遂服之也。"方玉润《诗经原始》云:"夫履霜以葛屦,缝裳以女手,……以象揥之好人为而服之,则未免近于趋利,""不惟啬而又褊矣,故可刺。"在我们看来,这些说法都没有抓住要害。

　　全诗共两章,前章先着力描写缝衣女之穷困:天气已转寒冷,但她脚上仍然穿着夏天的凉鞋;因平时女主人对她的虐待和吝啬,故她不仅受冻,而且挨饿,双手纤细、瘦弱无力。尽管如此,她还是必须为女主人缝制新衣。自己受冻,所做新衣非但不能穿身,还要服侍他人试穿,此何凄惨!

　　因前章末尾有"好人服之"句,已引出"好人",故后章作者笔锋一转,着力描写女主人之富有和傲慢。她穿上了缝衣女辛苦制成的新衣,连看都不看她一眼,还故作姿态地拿起簪子自顾梳妆打扮起来。这种举动自然是令缝衣女更为愤慨和难以容忍的。

  至此,我们可以清楚地发现,此诗实际上用了一个很简单而又常见的手法,即对比。作者有意识地将缝衣女与女主人对照起来描写,两人的距离立刻拉开,一穷一富,一奴一主,马上形成鲜明的对照,给人留下了十分强烈而又深刻的印象。

  除了对比,此诗在艺术上另一个重要的特征,便是细节的描写。细节描写对塑造人物形象或揭示人物性格常能起大作用,小说中常有,诗歌中并不常用。由于此诗有两个女性人物在内,所以作者也进行了细节描写,如写缝衣女只写她的脚和手,脚穿凉鞋,极表其受冻之状;手儿瘦弱,极表其挨饿之状。这两个细节一经描摹,一个饥寒交迫的缝衣女形象便跃然纸上。再如写女主人,作者并没有描摹她的容貌,只是写了她试穿新衣时的傲慢神态和扭身动作,以及自顾佩簪梳妆的动态,便刻画出了一个自私吝啬、无情无义的女贵人形象。

  最后,我们要说的是此诗的点题作用。坦率地说,如果没有末尾"维是褊心,是以为刺"两句,仅以前面的描写和对比论,我们很难说出它有多少讽刺意义;只有当我们读至末二句,我们方知这诗具有讽刺意味,是一首讽刺诗。这便是点题的妙用。有此两句,全诗的题意便立刻加深;无此二句,全诗便显得平淡。当然,讽刺诗在末尾才进行点题,跌出真意,这是常有的,但我们不得不承认这实际上已成了本诗在艺术表现上的第三个重要特征。

(孙琴安)

汾沮洳

彼汾沮洳,①	在那汾水低湿地,
言采其莫。②	来此采莫心欢喜。
彼其之子,	瞧我那位意中人,
美无度。③	英俊潇洒美无匹。
美无度,	英俊潇洒美无匹,
殊异乎公路。④	公路哪能和他比。
彼汾一方,	在那汾水河流旁,
言采其桑。	来此采桑心欢畅。

彼其之子，	瞧我那位意中人，
美如英。⑤	貌若鲜花朝我放。
美如英，	貌若鲜花朝我放，
殊异乎公行。	公行哪能比得上。

彼汾一曲，⑥	在那汾水弯弯处，
言采其䕅。⑦	来此采䕅心欢愉。
彼其之子，	瞧我那位意中人，
美如玉。	仪表堂堂美如玉。
美如玉，	仪表堂堂美如玉，
殊异乎公族。	公族哪能比得汝。

〔注〕 ①汾：水名，在今山西省中部地区，西南汇入黄河。沮洳(jù rù)：水旁低湿的地方。朱熹《诗集传》："沮洳，水浸处下湿之地。" ②莫：野菜名，亦称酸迷、酸莫。俗名牛舌头。嫩叶可食，味酸。 ③美无度：极言其美无比。 ④殊：非常。公路：与下两章的"公行""公族"均为官职名。马瑞辰《毛诗传笺通释》："公路，掌路车，主君守。""公行，掌戎车，主从行。"公族，掌管国君属车的官。毛传："公族，公属。"孔疏："属，谓属车也。" ⑤英：朱熹《诗集传》："英，华(花)也。" ⑥曲：河道弯曲之处。 ⑦䕅(xù)：草名，即泽泻，生长于水边低湿之处，可作蔬菜。

  此诗主题，《毛诗序》云："《汾沮洳》，刺俭也。其君子俭以能勤，刺不得礼也。"《韩诗外传》则以为是美隐居之贤者，云"虽在下位，民愿戴之，虽欲无尊得乎哉？"前者是说因君子勤俭，亲自采莫、采桑，有失体统，故作此诗以刺之。后者是说，汾水沮洳之间，贤者隐居其内，采莫、采桑、采䕅以自给，然其才德，实在超乎"公路""公行""公族"之上。毛、韩二家之外，还有何楷《诗经世本古义》的"晋人刺其大夫"说、姚际恒《诗经通论》的"诗人赞其公族大夫之诗"说、傅恒等《诗义折中》的"刺遗贤"说、郝懿行《诗问》的"美勤俭"说等。这些说法在笔者看来都是不符合文本语义的。闻一多先生在《风诗类钞》中首先提出"这是女子思慕男子的诗"，其说可从。

  《汾沮洳》共为三章，各以"彼汾沮洳，言采其莫""彼汾一方，言采其桑""彼汾一曲，言采其䕅"起兴。这"沮洳""一方""一曲"词语的变换，不仅显示这位民间女子劳动内容的不同，还表示空间和时间的变换。也就是说，不论这位痴情女子干什么活儿，也不论是什么时间和什么地点，她总是思念着自己的意中人，足见其一往钟情的程度了。把这位女子思慕情人的痴情之状描摹得栩栩如生。接着又用"彼其之子,美无度""彼其之子,美如英""彼其之子,美如玉"来赞美男子的仪容。"美无度"是"美极了","美得无法形容"之谓。"美如英",是说男子美得像怒放的鲜花;"美如玉",是说男子容光焕发,有美玉般的光彩。这些是关于男子美貌的描写。诗的最后,以"美无度,殊异乎公路""美如英,殊异乎公行""美如玉,殊异乎公族"作结。也就是说,这位女子的意中人,不仅长相漂亮,而他的身份地位,连那些"公路""公行""公族"等达官贵人,也望尘莫及的。全诗结束,见不到女子所思之人的正面描写,但通过这种对比、烘托的艺术手法,却把这位未露面的男子描写得如见其人了。这种艺术表现手法,在古代民间文学作品中不乏其例。汉魏乐府古辞《陌上桑》中采桑女子的夸奖"夫婿殊"的一段话,在艺术表现上和此诗是有因袭继承关系的。

　　这首诗在篇章结构上,是《诗经》中常见的叠句重章、反复吟咏的艺术形式。三章字句变化无多,而诗意却层层递进。"美无度"是对所思男子之美的概括描写;"美如英"是对所思男子的仪表之赞美;"美如玉"是对所思男子人品的赞美。而又以"公路""公行""公族"加以具体映衬,这就更加凸显了"彼其之子"的美的形象。

(秦惠民)

园　有　桃

园有桃,	园中桃树壮,
其实之殽。①	结下桃子鲜可尝。
心之忧矣,②	心中真忧闷呀,
我歌且谣。③	姑且放声把歌唱。
不我知者,	有人对我不了解,
谓我士也骄。	说我士人傲慢太骄狂。
彼人是哉?④	那人是对还是错?
子曰何其?⑤	你说我该怎么做?
心之忧矣,	心中真忧闷呀,
其谁知之?	还有谁能了解我?
其谁知之,	还有谁能了解我,
盖亦勿思。⑥	何必挂念苦思索。
园有棘,⑦	园中枣树直,

其实之食。	结下枣子甜可食。
心之忧矣,	心中真忧闷呀,
聊以行国。⑧	姑且散步出城池。
不我知者,	有人对我不了解,
谓我士也罔极。⑨	说我士人多变不可恃。
彼人是哉?	那人是对还是错?
子曰何其?	你说我该怎么做?
心之忧矣,	心中真忧闷呀,
其谁知之?	还有谁能了解我?
其谁知之,	还有谁能了解我,
盖亦勿思。	何必挂念苦思索。

〔注〕 ①之:犹"是"。殽:同"肴",吃。"其实之殽",即殽其实。 ②之:犹"其"。③ 歌、谣:皆作动词用,指歌唱。 ④是:对。 ⑤其:疑问语气词。 ⑥盖(hé):借作"盍",何不。 ⑦棘:此特指枣,但通常指酸枣。 ⑧聊:姑且。行国:离开城邑。"国"与"野"相对,指城邑。 ⑨罔极:没有准则。

这首诗语言极明白,表现的思想感情也很清楚,然而对诗人"忧"什么,时人为何不能理解他的"忧",反认为他骄傲、反常?难以找到确切答案。同时他自称"士",而"士"代表的身份实际并不确定,《诗经》中三十三篇有"士"字,共54个,仅毛传、郑笺就有多种解释,如:"士,事也",指能治其事者;"士,卿士也";"士者,男子成名之大号也";"士者,男子之大号也";"言士者,有德行之称";"士,军士也";"他士,犹他人也"等,所以这个自称"士"的诗人是何等角色,很难认定。与之相应,对本篇的主旨就有了多种臆测:《毛诗序》谓"刺时",何楷《诗经世本古义》坐实为"晋人忧献公宠二骊姬之子,将黜太子申生";丰坊《诗说》说是"忧国而叹之";季本《诗说解颐》以为是"贤人怀才而不得用";牟庭《诗切》以为是"刺没入人田宅也"。今人或说"伤家室之无乐",或说"叹息知己的难得",或说"没落贵族忧贫畏饥",或说"自悼身世飘零",或说"反映了爱国思想",不一而足。拙作《诗经选注》说:"我们从诗本身分析,只能知道这位作者属于士阶层,他对所在的魏国不满,是因为那个社会没有人了解他,而且还指责他高傲和反复无常,因此他在忧愤无法排遣的时候,只得长歌当哭,自慰自解。最后在无可奈何中,他表示'聊以行国',置一切不顾了。因此,从诗的内容和情调判断,属于怀才不遇的可能性极大。"故指此为"士大夫忧时伤己的诗"。

本诗两章复沓,前半六句只有八个字不同;后半六句则完全重复。两章首二句以所见园中桃树、枣树起兴,诗人有感于它们所结的果实尚可供人食用,味美又可饱腹,而自己却无所可用,不能把自己的"才"贡献出来,做一个有用之人。因而引起了诗人心中的郁愤不平,所以三、四句接着说"心之忧矣,我歌且谣",他无法解脱心中忧闷,只得放声高歌,聊以自慰。《毛诗序》说:"永歌之不足,不知手之舞之,足之蹈之也。"这位正是因为歌之不足以泄忧,决定"聊以行国",离开他生活的这个城市,到别处走一走,看一看。这只是为了排忧,还是想另谋出路,我们无法测知。但从诗的五六句看,他"行国"是要换一换目前这个不愉快的生活环境,则是可以肯定的。诗云:"不我知者,谓我士也骄(罔极)。"诗人的心态似乎是"众人皆醉我独醒"。因为他的思想,他的忧虑,特别是他的行为,国人无法理解,因此不免误解,把他有时高歌,有时行游的放浪行动,视为"骄",视为"罔极",即反常。诗人感到非常委屈,他为无法表白自己的心迹而无可奈何,所以七、八两句问道:"彼人是哉?子曰何其?"意思是:他们说得对吗?你说我该怎么办呢?这两句实际是自问自答,展现了他的内心无人理解的痛苦和矛盾。最后四句:"心之忧矣,其谁知之!其谁知之,盖亦勿思!"诗人本以有识之士自居,自信所思虑与所作为是正确的,因而悲伤的只是世无知己而已,故一再申说"其谁知之",表现了他深深的孤独感。他的期望值并不高,只是要求时人"理解"罢了,然而这一丁点的希望,在当时来说也是不可能的,因此他只得以不去想来自慰自解。全诗给人以"欲说还休"的感觉,风格沉郁顿挫。陈继揆《诗经臆补》认为:"是篇一气六折。自己心事,全在一'忧'字。唤醒群迷,全在一'思'字。至其所忧之事,所思之故,则俱在笔墨之外,托兴之中。"

这首诗以四言为主,杂以三言、五言和六言,句法参差,确如姚际恒所说:"诗如行文。"(《诗经通论》)押韵位置两章诗相同,前半六句韵脚在一、二、四、六句末;后半六句换韵,韵脚在七、八、十、十一、十二句末,并且十、十一两句重复,哀思绵延,确有"长歌当哭"的味道。

(蒋立甫)

陟 岵

陟彼岵兮,①	登临葱茏山岗上,
瞻望父兮。	远远把我爹爹望。
父曰:"嗟!	似闻我爹对我说:
予子行役,	"我的儿啊行役忙,

夙夜无已。　　早晚不停真紧张。
上慎旃哉，②　　可要当心身体呀，
犹来无止。"③　　归来莫要留远方。"

陟彼屺兮，④　　登临荒芜山岗上，
瞻望母兮。　　远远把我妈妈望。
母曰："嗟！　　似闻我妈对我道：
予季行役，⑤　　"我的儿啊行役忙，
夙夜无寐。　　没日没夜睡不香。
上慎旃哉，　　可要当心身体呀，
犹来无弃。"　　归来莫要将娘忘。"

陟彼冈兮，　　登临那座山岗上，
瞻望兄兮。　　远远把我哥哥望。
兄曰："嗟！　　似闻我哥对我讲：
予弟行役，　　"我的兄弟行役忙，
夙夜必偕。⑥　　白天黑夜一个样。
上慎旃哉，　　可要当心身体呀，
犹来无死。"　　归来莫要死他乡。"

〔注〕　①陟(zhì)：登上。岵(hù)：有草木的山。　②上：通"尚"，希望。旃(zhān)：之。③犹来：还是归来。　④屺(qǐ)：无草木的山。　⑤季：小儿子。　⑥偕：俱。

　　这是一首征人思亲之作，抒写行役之少子对父母和兄长的思念之情。《毛诗序》曰："《陟岵》，孝子行役，思念父母也。国迫而数侵削，役乎大国，父母兄弟离散，而作是诗也。"点明了诗旨，亦提供了背景。不过，不必"孝子行役"，才"思念父母"；行役之人，思亲思家，实人情之常。着一"孝"字，反见经生之迂执。全诗三章，皆为赋体。

　　《陟岵》一诗，曾被推为"千古羁旅行役诗之祖"（乔亿《剑溪说诗又编》）。这并非是说它最初表现了征人思亲的主题，而在于它开创了中国古代思乡诗一种独特的抒情模式。

　　全诗重章叠唱，每章开首两句直接抒发思亲之情。常言：远望可以当归，长歌可以当哭。人子行役,倘非思亲情急,不会登高望乡。此诗开篇,登高远望之旨便一意三复:登上山顶,远望父亲;登上山顶,远望母亲;登上山顶,远望兄长。言之不足而长言申意,思父思母又思念兄长。开首两句,便把远望当归之意、长歌当哭之情,抒发得痛切感人。

然而,诗的妙处和独创性,不在于开首的正面直写己之思亲之情,而在于接下来的从对面设想亲之念己之心。抒情主人公进入了这样的一个幻境:在他登高思亲之时,家乡的亲人此时此刻也正登高念己,并在他耳旁响起了亲人们一声声体贴艰辛、提醒慎重、祝愿平安的嘱咐和叮咛。当然,这并非诗人主观的刻意造作,而是情至深处的自然表现。在这一声声亲人念己的设想语中,包含了多少嗟叹,多少叮咛,多少希冀,多少盼望,多少爱怜,多少慰藉。真所谓笔以曲而愈达,情以婉而愈深。千载下读之,仍足以令羁旅之人望白云而起思亲之念。

细心体味,这一从对面设想的幻境,在艺术创造上有两个特点。其一,幻境的创造,是想象与怀忆的融会。汉唐的郑笺孔疏把"父曰""母曰"和"兄曰",解释为征人望乡之时追忆当年临别时亲人的叮咛。此说初看可通,深究则不然;诗人造境不只是追忆,而是想象和怀忆的融合。钱锺书指出:"然窃意面语当曰:'嗟女行役';今乃曰:'嗟予子(季、弟)行役',词气不类临歧分手之嘱,而似远役者思亲,因想亲亦方思己之口吻尔。"(《管锥编》,下同)如古乐府《西洲曲》写男"下西洲",拟想女在"江北"之念己望己:"单衫杏子黄""垂手明如玉"者,男心目中女之容饰;"君愁我亦愁""吹梦到西洲"者,男意计中女之情思。《西洲曲》这种"据实构虚,以想象与怀忆融会而造诗境,无异乎《陟岵》焉"。别具赏心的体会,也符合思乡人的心理规律,因而为历代思乡诗不断承袭。其二,亲人的念己之语,体现出鲜明的个性。毛传在各章后曾依次评曰:"父尚义""母尚恩""兄尚亲"。这虽带有经生气息,却已见出了人物语言的个性特点。从诗篇看,父亲的"犹来无止",嘱咐他不要永远滞留他乡,这语气纯从儿子出发而不失父亲的旷达;母亲的"犹来无弃",叮咛这位小儿子不要抛弃亲娘,这更多地从母亲这边出发,表现出难以割舍的母子之情,以及"娘怜少子"的深情;兄长的"犹来无死",直言祈愿他不要尸骨埋他乡,这脱口而出的"犹来无死",强烈表现了手足深情,表现了对青春生命的爱惜和珍视。在篇幅短小、语言简古的《诗经》中,写出人物的个性,极为不易,而能在从对面设想的幻境中,写出人物的特点,更为难能。这在后世同类抒情模式的思乡诗中,也并不多见。因此,从艺术创意看,把《陟岵》称为千古羁旅行役诗之祖,是极有见地的。

(陈文忠)

十亩之间

十亩之间兮， 十亩田间是桑园，
桑者闲闲兮。① 采桑人儿真悠闲。
行与子还兮。② 走吧，与你把家还！

十亩之外兮， 十亩田外是桑林，
桑者泄泄兮。③ 采桑人儿笑盈盈。
行与子逝兮。④ 走啊，与你携手行！

〔注〕① 桑者：采桑的人。闲闲：宽闲、悠闲。 ② 行：且，将要。 ③ 泄泄：和乐的样子；一说人多貌。 ④ 逝：往。

魏国地处北方，"其地陿隘而民贫俗俭"（朱熹语）。然而，华夏先民是勤劳而乐观的，《魏风·十亩之间》即勾画出一派清新恬淡的田园风光，抒写了采桑女轻松愉快的劳动心情。

夕阳西下，暮色欲上，牛羊归栏，炊烟渐起。夕阳斜晖，透过碧绿的桑叶照进一片宽大的桑园。忙碌了一天的采桑女，准备回家了。顿时，桑园里响起一片呼伴唤友的声音。人渐渐走远了，她们的说笑声和歌声却仿佛仍袅袅不绝地在桑园里回旋。这就是《十亩之间》展现的一幅桑园晚归图。

以轻松的旋律，表达愉悦的心情，这是《十亩之间》最鲜明的审美特点。首先，这与语气词的恰当运用有关。全诗六句，重章复唱。每句后面都用了语气词"兮"字，这就很自然地拖长了语调，表现出一种舒缓而轻松的心情。其次，更主要的是它与诗境表现的内容相关。诗章表现的是劳动结束后，姑娘们呼伴唤友相偕回家时的情景。因此，这"兮"字里，包含了紧张的劳动结束后轻松而舒缓的喘息；也包含了面对一天的劳动成果满意而愉快的感叹。诗句与诗境、语调与心情，达到了完美的统一。所谓动乎天机，不费雕刻。至此，我们自然联想起《周南·芣苢》，它也主要写劳动的场景和感受。但由于它刻画的劳动场景不同，诗歌的旋律节奏和审美情调也不同。《芣苢》写的是一群女子采摘车前子的劳动过程，它通过采摘动作的不断变化和收获成果的迅速增加，表现了姑娘们娴熟的采摘技能和欢快的劳动心情。在结构上，四字一句，隔句缀一"之"字，短促而有力，从而使全诗的节奏明快而紧凑。《十亩之间》与《芣苢》，形成了鲜明的对照，并成为《诗经》中在艺术风格上最具可比性的两首劳动歌谣。前人评《十亩之间》"雅淡似陶"(陈继揆《读风臆补》)。陶渊明《归园田居》确写道:"晨兴理荒秽,带月荷锄归。道狭草木长,夕露沾我衣。"但前者充满了姑娘的轻松欢乐,后者则蕴含着陶公的闲适超然;前者明快,后者沉郁,貌似而神异。

对《十亩之间》诗旨的阐释,除《毛诗序》政治附会性的"刺时"说之外,尚有苏辙的"偕友归隐"说和与之相近的方玉润的"夫妇偕隐"说。其实,这是隐然有"归隐"意识的读者,有感于诗中描绘的田园风光,而生发的创造性想象,不是基于诗歌本文的客观阐释。此外,今人尚有主"情诗恋歌"说的,即把"行与子还""行与子逝",解释为姑娘招呼自己的情侣一同走。这则是由于"子"字意义的含混而造成的阐释的歧解。细味全诗,诗章展示的显然是一幅采桑女呼伴同归的桑园晚归图。

(陈文忠)

伐　檀

坎坎伐檀兮,①	砍伐檀树声坎坎啊,
寘之河之干兮,②	棵棵放倒堆河岸啊,
河水清且涟猗。③	河水清清微波转哟。
不稼不穑,④	不播种来不收割,
胡取禾三百廛兮?⑤	为何三百捆禾往家搬啊?
不狩不猎,⑥	不冬狩来不夜猎,
胡瞻尔庭有县貆兮?⑦	为何见你庭院猪獾悬啊?
彼君子兮,⑧	那些老爷君子啊,
不素餐兮!⑨	不会白吃闲饭啊!
坎坎伐辐兮,⑩	砍下檀树做车辐啊,
寘之河之侧兮,	放在河边堆一处啊,
河水清且直猗。⑪	河水清清直流注哟。
不稼不穑,	不播种来不收割,
胡取禾三百亿兮?	为何三百捆禾要独取啊?
不狩不猎,	不冬狩来不夜猎,
胡瞻尔庭有县特兮?⑫	为何见你庭院兽悬柱啊?
彼君子兮,	那些老爷君子啊,

不素食兮!	不会白吃饱腹啊!
坎坎伐轮兮,	砍下檀树做车轮啊,
寘之河之漘兮,⑬	棵棵放倒河边屯啊,
河水清且沦猗。⑭	河水清清起波纹啊。
不稼不穑,	不播种来不收割,
胡取禾三百囷兮?	为何三百捆禾要独吞啊?
不狩不猎,	不冬狩来不夜猎,
胡瞻尔庭有县鹑兮?	为何见你庭院挂鹌鹑啊?
彼君子兮,	那些老爷君子啊,
不素飧兮!⑮	可不白吃腥荤啊!

〔注〕① 坎坎:象声词,伐木声。 ② 寘(zhì):同"置",放。干:水边。 ③ 涟(lián):水波纹。猗(yī):义同"兮",语气助词。 ④ 稼:种。穑(sè):收获。 ⑤ 胡:为什么。禾:谷物。三百:极言其多,非实数。廛(chán):通"缠",即捆。俞樾《毛诗平议》以为第二章"亿"通"繶"、第三章"囷"通"稛",皆是"束"的意思。束,即捆。 ⑥ 狩:冬猎。猎:夜猎。此诗中皆泛指打猎。 ⑦ 瞻:向前或向上看。县:通"悬"。貆(huān):猪獾。 ⑧ 君子:此系反话,指有地位有权势者。 ⑨ 素餐:白吃饭。马端临《毛诗传笺通释》引《孟子》赵岐注:"无功而食谓之素餐。" ⑩ 辐:车轮上的辐条。 ⑪ 直:指直流。 ⑫ 特:大兽。毛传:"兽三岁曰特。" ⑬ 漘(chún):水边。 ⑭ 沦:小波纹。 ⑮ 飧(sūn):熟食,此泛指吃饭。

  这是《诗经》中最为人们熟悉的篇目之一,甚至中学语文课本亦选为教材,但是对这首诗的主旨及作者身份的看法,其分歧之大却是惊人的,不仅古人如此,今人亦然。最早《诗序》以为是"刺贪也。在位贪鄙,无功而受禄,君子不得仕进耳";朱熹又以为"此诗专美君子之不素餐。《序》言刺贪,失其旨矣"(《诗序辩说》);梁寅《诗演义》又称为"美君子隐居之志也";何楷《诗经世本古义》和朱谋㙔《诗故》另创新说,何认为是"魏国女闵伤怨旷而作",朱认为是"父兄训勉子弟之词"。其他大同小异者尚有,不一一列举。今人由于对诗所属时代的社会性质、生产方式及作者的阶级属性、生活状况认识不同,因而也产生了一些不同的观点。有的认为诗人是农民,这篇是反封建的诗歌;也有的认为是奴隶,本篇是抨击奴隶主贵族不劳而获的;还有的只是笼统地说是古代劳动者反对剥削者的诗歌。另一类则与上述意见针锋相对,或认为是奴隶主贵族"站在井田所有制立场来攻击新兴的封建剥削";或认为是"劳心者治人的赞歌,它所宣扬的是一种剥削有理、'素餐'合法的思想"。后一类看法貌似新颖,实际多从古人说解中引出,附和者甚寡。

本文将此篇作为反剥削诗歌看,对于当时的社会性质及诗人身份,因史料不足难以确认,姑且保留拙作《诗经选注》的看法,即:这是伐木者之歌。一群伐木者砍檀树造车时,联想到剥削者不种庄稼、不打猎,却占有这些劳动果实,非常愤怒,你一言我一语发出了责问的呼声。三章诗重叠,意思相同,按照诗人情感发展的脉络可分为三层:第一层写伐檀造车的艰苦劳动。头两句直叙其事,第三句转到描写抒情,这在《诗经》中是少见的。当伐木者把亲手砍下的檀树运到河边的时候,面对微波荡漾的清澈水流,不由得赞叹不已,大自然的美令人赏心悦目,也给这些伐木者带来了暂时的轻松与欢愉,然而这只是刹那间的感受而已。由于他们身负沉重压迫与剥削的枷锁,又很自然地从河水自由自在地流动,联想到自己成天从事繁重的劳动,没有一点自由,从而激起了他们心中的不平。因此接着第二层便从眼下伐木造车想到还要替剥削者种庄稼和打猎,而这些收获物却全被占去,自己一无所有,愈想愤怒愈无法压抑,忍不住提出了严厉责问:"不稼不穑,胡取禾三百廛兮?不狩不猎,胡瞻尔庭有县貆兮?"第三层承此,进一步揭露剥削者不劳而获的寄生本质,巧妙地运用反语作结:"彼君子兮,不素餐兮",对剥削者冷嘲热讽,点明了主题,抒发了蕴藏在胸中的反抗怒火!

本篇三章复沓,除换韵反复咏叹,更有力地表达伐木者的反抗情绪外,还能起到在内容上有所补充的作用,如第二、三章"伐辐""伐轮",便点明了伐檀是为造车用,同时也暗示他们的劳动是无休止的;另外各章猎物名称的变换,则说明剥削者对猎获物无论是兽是禽、是大是小,一概毫不客气地据为己有,表现了他们的贪婪本性。全诗直抒胸臆,叙事中饱含愤怒情感,不加任何渲染,增加了真实感与揭露力量。另外诗的句式灵活多变,从四言、五言、六言、七言乃至八言都有,纵横错落,或直陈,或反讽,也使感情得到了自由而充分的抒发,称得上是杂言诗最早的典型。戴君恩《读诗臆评》谓其"忽而叙事,忽而推情,忽而断制,羚羊挂角,无迹可寻",牛运震《诗志》谓其"起落转折,浑脱傲岸,首尾结构,呼应灵紧,此长调之神品也",对此诗的艺术性都作出了很高的评价。　　　　　(蒋立甫)

硕　　鼠

硕鼠硕鼠,①	大田鼠呀大田鼠,
无食我黍!②	不许吃我种的黍!
三岁贯女,③	多年辛勤伺候你,
莫我肯顾。	你却对我不照顾。

逝将去女,④ 发誓定要摆脱你,
适彼乐土。 去那乐土有幸福。
乐土乐土, 那乐土啊那乐土,
爰得我所!⑤ 才是我的好去处!

硕鼠硕鼠, 大田鼠呀大田鼠,
无食我麦! 不许吃我种的麦!
三岁贯女, 多年辛勤伺候你,
莫我肯德。⑥ 你却对我不优待。
逝将去女, 发誓定要摆脱你,
适彼乐国。⑦ 去那乐国有仁爱。
乐国乐国, 那乐国啊那乐国,
爰得我直!⑧ 才是我的好所在!

硕鼠硕鼠, 大田鼠呀大田鼠,
无食我苗! 不许吃我种的苗!
三岁贯女, 多年辛勤伺候你,
莫我肯劳。 你却对我不慰劳!
逝将去女, 发誓定要摆脱你,
适彼乐郊。 去那乐郊有欢笑。
乐郊乐郊, 那乐郊啊那乐郊,
谁之永号!⑨ 谁还悲叹长呼号!

〔注〕① 硕鼠:陈奂《诗毛氏传疏》认为硕鼠即《尔雅》中的鼫鼠,也就是田鼠。郑笺则训"硕"为"大"。② 无:毋,不要。黍:黍子,也叫黄米,是重要粮食作物之一。③ 三岁:多年。三,非实数。贯:借作"宦",侍奉。④ 逝:通"誓"。去:离开。女:同"汝"。⑤ 爰:于是,在此。所:处所。⑥ 德:恩惠。⑦ 国:域,即地方。⑧ 直:王引之《经义述闻》说:"当读为职,职亦所也。"⑨ 之:其,表示诘问语气。号:呼喊。

这首诗主旨古今看法分歧不大,古人多认为"刺重敛",《毛诗序》曰:"国人刺其君重敛,蚕食于民,不修其政,贪而畏人,若大鼠也。"朱熹《诗序辨说》曰:"此亦托于硕鼠以刺其有司之词,未必直以硕鼠比其君也。"今人多认为是反对剥削,向往乐土的。自从人类进入阶级社会以后,被剥削阶级反剥削斗争就没有停止过。奴隶社会,逃亡是奴隶反抗的主要形式,殷商卜辞中就有"丧众""丧其众"的记载;经西周到东周春秋时代,随着奴隶制衰落,奴隶更由逃亡发展到聚众斗争,如《左传》所载就有郑国"萑苻之盗"和陈国筑城者的反抗。《硕鼠》一诗就是在这一历史背景下产生的。全诗三章,意思相同。头两句直呼剥削者为"硕鼠",并以命令的语气发出警告:"无食我黍(麦、苗)!"老鼠形象丑陋又狡黠,性喜窃食,借来比拟贪婪的剥削者十分恰当,也表现诗人对其愤恨之情。三、四句进一步揭露剥削者贪得无厌而寡恩:"三岁贯女,莫我肯顾(德、劳)。"诗中以汝、我对照:我多年养活汝,汝却不肯给我照顾,给予恩惠,甚至连一点安慰也没有,从中揭示了汝、我关系的对立。这里所说的汝、我,都不是单个的人,应扩大为你们、我们,所代表的是一个群体或一个阶层,提出的是谁养活谁的大问题。后四句更以雷霆万钧之力喊出了他们的心声:"逝将去女,适彼乐土;乐土乐土,爰得我所!"诗人既认识到汝我关系的对立,便公开宣布"逝将去女",决计采取反抗,不再养活汝!一个"逝"字表现了诗人决断的态度和坚定决心。尽管他们要寻找的安居乐业、不受剥削的人间乐土,只是一种幻想,现实社会中是不存在的,但却代表着他们美好的生活憧憬,也是他们在长期生活和斗争中所产生的社会理想,更标志着他们新的觉醒。正是这一美好的生活理想,启发和鼓舞着后世劳动人民为挣脱压迫和剥削不断斗争。

这首诗纯用比体,《诗经》中此类诗连同本篇只有三首,另外两首是《周南·螽斯》《豳风·鸱鸮》。这三首的共同特点就是以物拟人,但本篇稍有不同。另两篇可以看作寓言诗,通篇比喻,寓意全在咏物中。本篇以硕鼠喻剥削者虽与以鸱鸮喻恶人相同,但《鸱鸮》中后半仍以鸟控诉鸱鸮展开,寓意包含在整体形象中,理解易生分歧;而本篇后半则是人控诉鼠,寓意较直,喻体与喻指基本是一对一的对应关系,《诗序》认为老鼠"贪而畏人",重敛者"蚕食于民……若大鼠也",对寓意的理解与两千年后的今人非常相近,其理就在此。 (蒋立甫)

唐 风

【诗歌解题】

《诗经》类名。"国风"之一。共十二篇。晋国民歌。周成王封其季弟叔虞于唐,都于翼(今山西翼城)。唐地有晋水,后改国号为晋,故唐风即晋风。诗成于东周和春秋时。其地包括今山西省太原、翼城、曲沃、绛县、闻喜等地区。朱熹《诗集传》:"其地土瘠民贫,勤俭质朴,忧深思远,有尧之遗风。其诗不谓之晋而谓之唐,盖仍其始封之旧号耳。"

蟋 蟀　　　　　　　　唐 风

蟋蟀在堂，　　　　蟋蟀在堂屋，
岁聿其莫。①　　　一年快要完。
今我不乐，　　　　今我不寻乐，
日月其除。②　　　时光去不返。
无已大康，③　　　不可太享福，
职思其居。④　　　本职得承担。
好乐无荒，　　　　好乐事不误，
良士瞿瞿。⑤　　　贤士当防范。

蟋蟀在堂，　　　　蟋蟀在堂屋，
岁聿其逝。　　　　一年将到头。
今我不乐，　　　　今我不寻乐，
日月其迈。⑥　　　时光去不留。
无已大康，　　　　不可太享福，
职思其外。　　　　其他得兼求。
好乐无荒，　　　　好乐事不误，
良士蹶蹶。⑦　　　贤士该奋斗。

蟋蟀在堂，　　　　蟋蟀在堂屋，
役车其休。⑧　　　役车将收藏。
今我不乐，　　　　今我不寻乐，
日月其慆。⑨　　　时光追不上。
无已大康，　　　　不可太享福，
职思其忧。　　　　多将忧患想。
好乐无荒，　　　　好乐事不误，
良士休休。⑩　　　贤士应善良。

〔注〕①聿(yù)：语助词。莫(mù)：古"暮"字。　②除：去。　③已：甚。大(tài)

泰,安。 ④职:当,相当口语"得"。居:处,指所处职位,与《尚书·伊训》"居上克明"之"居"同。 ⑤瞿瞿:警惕瞻顾的样子。 ⑥迈:时光流逝。 ⑦蹶(jué)蹶:勤奋的样子。 ⑧役车:一种安上方箱的车子。 ⑨慆(tāo):逝去。 ⑩休休:同《尚书·秦誓》"其心休休焉"之"休休",孔传:"休休,乐善也。"

  就诗论诗,本篇劝人勤勉的意思非常显明,可是《毛诗序》偏说是"刺晋僖公也。俭不中礼,故作是诗以闵(悯)之,欲其及时以礼自虞(娱)乐也"。清方玉润驳得好:"今观诗意,无所谓'刺',亦无所谓'俭不中礼',安见其必为僖公发哉?《序》好附会,而又无理,往往如是,断不可从。"(《诗经原始》)对《诗序》说纠正较早的当是宋王质,其《诗总闻》指出"此大夫之相警戒者也",而"警戒"的内容则是"为乐无害,而不已则过甚。勿至太康,常思其职所主;勿至于荒,常有良士之态,然后为善也"。释语达理通情,符合原诗,较他说为胜。拙著《诗经选注》定本篇为"劝人勤勉的诗",即是受王质说启发。

  本篇三章意思相同,头两句感物伤时。诗人从蟋蟀由野外迁至屋内,天气渐渐寒凉,想到"时节忽复易",今年已到了岁暮。古人常用候虫对气候变化的反应来表示时序更易,《诗经·豳风·七月》写道:"七月在野,八月在宇,九月在户,十月蟋蟀入我床下。""九月在户"与本诗"蟋蟀在堂"说的当是同一时间。《七月》用夏历,本诗则是用周历,夏历的九月为周历十一月,本篇诗人正有感于十一月蟋蟀入室而叹惋"岁聿其莫"。首句丰坊《诗说》以为"兴",朱熹《诗集传》定为"赋",理解角度不同,实际各有道理。作为"兴"看,与《诗经》中一些含有"比"的"兴"不同,它与下文没有直接的意义联系,但在深层情感上却是密不可分的,即起情作用。所以从"直陈其事"说则是"赋",从触发情感说则是"兴"。这一感物惜时引出述怀的写法,对汉魏六朝诗影响很大,《古诗十九首》中用得特多,阮籍《咏怀八十二首》亦常见,如其第十四首(依《阮籍集校注》次第):"开秋肇凉气,蟋蟀鸣床帷。感物怀殷忧,悄悄令心悲。多言焉所告,繁辞将诉谁……"开头与下文若即若离,与《蟋蟀》起句写法一脉相承,只是这里点明了"感物"的意思,而《蟋蟀》三、四句则是直接导入述怀:诗人由"岁莫"引起对时光流逝的感慨,他宣称要抓紧时机好好行乐,不然便是浪费了光阴。其实这不过是欲进故退,着一虚笔罢了,后四句即针对三、四句而发。三章诗五、六句合起来意思是说:不要过分地追求享乐,应当好好想想自己承当的工作,对分外事务也不能漠不关心,尤其是不可只顾眼前,还要想到今后可能出现的忧患。可见"思"字是全诗的主眼,"三戒"意味深长。这反复的叮嘱,包含着诗人宝贵的人生经验,是自儆也是儆人。最后两句三章联系起来是说:喜欢玩乐,可不要荒废事业,要像贤士那样,时刻提醒自己,做到勤奋向上。后四句虽是说教,却很有分寸,诗人肯定"好乐",但要求节制在限度内,即"好乐无荒"。这一告诫,至今仍有意义。

本诗作者,有人根据"役车其休"一句遂断为农民,其实是误解,诗人并非说自己"役车其休",只是借所见物起情而已,因"役车休息,是农工毕无事也"(孔颖达《毛诗正义》),故借以表示时序移易,同"岁聿其莫"意思一样。本诗作者身份难具体确定,姚际恒说:"观诗中'良士'二字,既非君上,亦不必尽是细民,乃士大夫之诗也。"(《诗经通论》)可备一说。

全诗是有感脱口而出,直吐心曲,坦率真挚,以重章反复抒发,语言自然中节,不加修饰。押韵与《诗经》多数篇目不同,采用一章中两韵交错,各章一、五、七句同韵;二、四、六、八句同韵,后者是规则的间句韵。译诗保留原押韵格式。

(蒋立甫)

山 有 枢

山有枢,①	刺榆长在山坡上,
隰有榆。②	白榆生在洼地头。
子有衣裳,	你有锦绣好衣裳,
弗曳弗娄。③	不穿将会新变旧。
子有车马,	你有高车和骏马,
弗驰弗驱。④	不乘不骑想不透。
宛其死矣,⑤	有朝一日你猝死,
他人是愉。⑥	别人乐得来享受。
山有栲,⑦	栲树就在山坡长,
隰有杻。⑧	檍树就在洼地生。
子有廷内,⑨	你有庭院和厅堂,
弗洒弗埽。⑩	不去打扫积灰尘。
子有钟鼓,	你有编钟和大鼓,
弗鼓弗考。⑪	不敲不击空列陈。
宛其死矣,	有朝一日你猝死,
他人是保。⑫	全部家产归别人。

山有漆,	漆树就在山坡长,
隰有栗。	栗树就在洼地生。
子有酒食,	你有美酒和佳肴,
何不日鼓瑟?⑬	何不每天弹瑟又宴饮?
且以喜乐,	姑且以此自娱乐,
且以永日。⑭	一天到晚多开心。
宛其死矣,	有朝一日你猝死,
他人入室。	别人进门享现成。

〔注〕 ① 枢：即刺榆，一种枝干有刺的树木。 ② 隰(xí)：低湿之地。 ③ 曳(yè)：扯。娄："搂"的借字，牵拉。拉拉都是穿衣的动作。 ④ 驱：车马疾走。 ⑤ 宛："苑"的假借字，枯萎。 ⑥ 愉：快乐、享受。 ⑦ 栲(kǎo)：树名，常绿乔木，树皮中含单宁，可提制栲胶或染渔网。 ⑧ 杻(niǔ)：檍树，为梓树的一种。 ⑨ 廷：庭院。内：厅堂和内室。 ⑩ 埽：同"扫"。 ⑪ 考：敲击。 ⑫ 保：占有。 ⑬ 瑟：一种似琴的拨弦乐器，一般有二十五根弦。 ⑭ 永日：指整天享乐。

关于这首诗的主题，《毛诗序》认为是讽刺晋昭公，说晋昭公"不能修道以正其国，有财不能用，有钟鼓不能以自乐，有朝廷不能洒埽，政荒民散，将以危亡，四邻谋取其国家而不知，国人作诗以刺之也"。这一说法毫无史实根据，不足为信。我们从诗歌本身来考察，认为它该是嘲讽一个守财奴式的贵族统治者的作品，郝懿行《诗问》云："《山有枢》，风(讽)吝啬也。"可谓一语破的。也有人以为这首诗是"刺俭而不中礼"之作(如季本《诗说解颐》、方玉润《诗经原始》)，这与"讽吝啬"说相去不远，但似较拘牵，不及前一说那么圆通无碍。至于朱熹《诗集传》认为此诗为答前篇《蟋蟀》之作，"盖以答前篇之意而解其忧"，"盖言不可不及时为乐，然其忧愈深而意愈蹙矣"。也可聊备一说。

全诗分三章，每章起首两句都用"山有×，隰有×"起兴，以引起后面所咏之词。有些诗的起兴与所咏之词有一定的关联，但本诗的起兴与所咏的对象则没有什么必然联系，这与现代许多即兴式的民歌相似。《诗经》本是音乐文学，往往随意借物起兴，取其易于顺口吟唱而已。

三章诗句文字基本相近，只改换个别词汇。一章的衣裳、车马，二章的廷内、钟鼓，三章的酒食、乐器，概括了贵族的生活起居、吃喝玩乐。诗歌讽刺的对象热衷于聚敛财富，却舍不得耗费使用，可能是个悭吝成性的守财奴，一心想将家产留传给子孙后代。所以诗人予以辛辣的讽刺。

细心的读者也许会提出这样的疑问：诗中为什么没有提到田地？难道田地

在贵族死后不也是被他人(包括子孙)所占有的吗？这可能田地只是贵族吃用享受的资金来源，而不是可供玩乐的直接对象；也可能分封的土地只享有租税权而无所有权，贵族死后土地便将被王室收回。更主要的是文学作品只需提出若干典型性的事物以概括一般，而不必面面俱到、巨细无遗地罗列一切。这是欣赏文学作品必须注意的地方。

　　清陈继揆《读诗臆补》评此诗为"危言苦语，骨竦神惊"，直接从诗的语言看，似乎并不怎么危苦，但四"有"字、八"弗"字的"互相激宕"(陈震《读诗识小录》)，后人读来确也有"愈旷达，愈沉痛"(吴闿生《诗义会通》)的感觉。陈继揆以为《古诗十九首》中的"生年不满百，常怀千岁忧；昼短苦夜长，何不秉烛游"等篇，"是祖述此意(指劝人及时行乐)者"，虽然对《山有枢》的诗旨理解不在"讽吝啬"而在"劝行乐"，与笔者的观点有异，但从接受美学的角度说，他的意见还是很有参考价值的。

（汪贤度）

扬　之　水

扬之水，①	激扬的河水不断流淌，
白石凿凿。②	水底的白石更显鲜明。
素衣朱襮，③	想起了白衣衫红衣领，
从子于沃。④	跟从你到那沃城一行。
既见君子，⑤	既然见了桓叔这贤者，
云何不乐。⑥	怎不从心底感到高兴。
扬之水，	激扬的河水不断流淌，
白石皓皓。⑦	冲得石块更洁白清幽。
素衣朱绣，	想起白内衣和红绣领，
从子于鹄。⑧	跟从你到那鹄城一游。
既见君子，	既然见了桓叔这贵人，
云何其忧。	还有什么值得去忧愁。
扬之水，	激扬的河水不断流淌，
白石粼粼。⑨	水底的白石更显晶莹。

| 我闻有命,⑩ | 当我听说将有机密令, |
| 不敢以告人。 | 怎么也不敢告诉别人。 |

〔注〕 ①扬:激扬。 ②凿凿:鲜明的样子。 ③襮(bó):衣领。 ④子:你。沃:地名,即曲沃,在今山西闻喜县东北。 ⑤既:已。君子:指桓叔。 ⑥云:语助词。 ⑦皓皓:洁白的样子。 ⑧鹄:邑名,即曲沃。 ⑨粼粼:清澈的样子。 ⑩命:政令。

要说清楚这首诗,必须牵涉到当时的一段历史。公元前745年,晋昭侯封他的叔父成师于曲沃,号为桓叔。曲沃在当时是晋国的大邑,面积比晋都翼城(今山西翼城南)还要大。再加上桓叔好施德,颇得民心,势力逐渐强大,"晋国之众归焉"(司马迁《史记·晋世家》)。过了七年,即公元前738年,晋大臣潘父杀死了晋昭侯,而欲迎立桓叔。当桓叔想入晋都时,晋人发兵进攻桓叔。桓叔抵挡不住,只得败回曲沃,潘父也被杀。作者有感于当时的这场政治斗争,在事发前夕写了这首诗。《毛诗序》云:"《扬之水》,刺晋昭公也。昭公分国以封沃,沃盛彊,昭公微弱,国人将叛而归沃焉。"将诗的创作背景交代得很明白。

后人对此诗的主旨和作者,有不同的意见,今人程俊英采严粲《诗缉》"言不敢告人者,乃所以告昭公"之说,在《诗经译注》中认为"这是一首揭发、告密晋大夫潘父和曲沃桓叔勾结搞政变阴谋的诗"。诗中的"素衣朱襮""素衣朱绣"等都是就潘父而言,说这些本都是诸侯穿的服饰,而"他也穿起诸侯的衣服",并进一步推测该诗作者"可能是潘父随从者之一",他是"忠于昭公"的。但今人蒋立甫认为"这样理解,恐于全诗情调不合",他引陈奂《诗毛氏传疏》之语"桓叔之盛强,实由昭侯之不能修道正国,故诗首句言乱本之所由成耳",认为诗中的"素衣朱襮""素衣朱绣"等都是就桓叔而言,是"由衷地希望桓叔真正成为诸侯",他也推测该诗作者"可能是从叛者",但并不"忠于昭公",而是站在桓叔一边的。宋朱熹的说法比较平稳,以为"晋昭侯封其叔父成师于曲沃,是为桓叔。后沃盛强而晋微弱,国人将叛而归之,故作此诗"(《诗集传》)。

笔者以为蒋立甫之说似更合理。因为根据程俊英的说法,潘父与桓叔合力谋反既然是秘事,他怎么能堂而皇之地公开穿起诸侯的衣服去见桓叔呢?这岂不等于泄密吗?而桓叔见其僭越之服,又会作何感想呢?所以,"素衣朱襮""素衣朱绣"诸语,不可能是对潘父的一种描写,而是就桓叔而言,是对桓叔早日能成为诸侯的一种热切盼望。

诗以"扬之水"开篇,是一种起兴,并以此引出人物,暗示当时的形势与政局,颇为巧妙。而诗的情节与内容,也随之层层推进,到最后才点出其将有政变事件发生的真相。所以,此诗在铺叙中始终有一种悬念在吸引着人,引人入胜。而

"白石凿凿（皓皓，粼粼）"与下文的"素衣""朱襮（绣）"在颜色上亦产生既是贯连又是对比的佳妙效果，十分醒目。并且此诗虽无情感上的大起大落，却始终有一种紧张和担忧的心情，在《诗经》中也可以说是别具一格。　　　（孙琴安）

椒　聊

椒聊之实，①	花椒子一串串，
蕃衍盈升。②	繁多采满一升。
彼其之子，	他那个人儿呀，
硕大无朋。③	高大与众不同。
椒聊且，④	一串串花椒呀，
远条且。⑤	香气远远飘动。
椒聊之实，	花椒子一串串，
蕃衍盈匊。⑥	繁多采满一捧。
彼其之子，	他那个人儿呀，
硕大且笃。⑦	体态粗壮厚重。
椒聊且，	一串串花椒呀，
远条且。	香气远远飘动。

〔注〕① 椒：即花椒。果实暗红色，籽黑色，熟则裂开，味辛而香烈，可入药及调味。聊：同"莍"，亦作"朻""梂"，草木结成的一串串果实。闻一多《风诗类钞》："草木实聚生成丛，古语叫作聊，今语叫作嘟噜。"　② 蕃衍：生长众多。盈：满。升：量器名。　③ 硕：大。朋：比。　④ 且（jū）：语末助词。　⑤ 条：长。　⑥ 匊（jū）："掬"的古字，两手合捧。又《周礼·考工记·陶人》疏引《小尔雅》云："匊，二升。"亦通。　⑦ 笃：厚重。形容人体丰满高大。

　　本诗为《诗经·唐风》第四篇，诗中所表达的意思，历来说法不一。《毛诗序》和三家诗都以为是讽谏晋昭公，赞美曲沃桓叔势力盛大子孙众多的诗作；汉人应劭、第五伦则以为是赞美后妃多子的诗作。宋人朱熹以为"此诗未见其必为沃而作也"（《诗序辨说》），后人多怀疑而不信序说。今人解说此诗，因史料缺乏，诗的本事难以确考，都是更加宽泛地加以理解，不明言具体所指，有的以为是赞美男子的诗（高亨《诗经今注》、陈子展《诗经直解》）；有的以为"欣妇人之宜子也"，是赞扬妇人硕大丰腴，健康而多子的诗（闻一多《风诗类钞》、程俊英《诗经注析》）。产生这些说法的原因，主要是本诗没有任何有力的内证说明其本义，更无有关史料可以按验,因此说诗者仁智互见。然而,比较而言,高、陈等人的意见应当更为切合诗旨。因为《诗经》所产生的时代,属于父系社会,男子早已享有无上的权威,这时期的生殖崇拜是以男性为主题的,称赞子孙众多,是对男性生殖能力的颂扬。把生育单纯地归之于妇女,囿于现代的认识习惯,不免惑于事物的表象了。再考察一下诗的本身,通观全篇,并不存在一处描写妇女某种特征的字句,况且"硕大无朋""硕大且笃",显然不是描绘妇女的词语。如果与《王风·硕人》对妇女身材的描写相对照,更可明了二者的区别。

  本诗首先以兴的手法,抒写景物之美。粗大虬曲的花椒树,枝叶繁茂,碧绿的枝头,结着一串串鲜红的花椒子,阵阵清香,随风飘动,长势喜人,丰收在望,采摘下来,足有满满的一升。接着,以此为铺垫,以椒喻人,赞美那个高大健壮的男子,人丁兴旺,子孙像花椒树上结满的果实那样众多。比喻新奇、妥帖,增强了诗歌的表现力和感染力。后两句又回到了对花椒的抒写上,但因有了中间比喻部分的过渡,已不同于前两句的单纯起兴,而是比兴合一,人椒互化,前后呼应,对人物的赞美进一步深化,含蕴隽永,有余音袅袅之感。而语尾助词"且"的连用,更是增强了情感的抒发,企慕之意,可谓一往情深。

  本诗的第二章几乎是第一章的再现,只是调换了两个字,这种复沓的修辞手法,通过对某种事物的反复吟诵,可以收到一唱三叹、情意深致的艺术效果。本诗另一个更为突出的特点,是成功地运用了比兴的艺术手法,比是"以彼物比此物也",兴是"先言他物以引起所咏之辞也"(朱熹《诗集传》)。比兴的运用,不但使诗的开篇较为自然,没有突兀感;而且以人所共知的美好事物喻人,较含蓄通俗地表现出被赞美主体的品性内涵,易于为人理解、认同。这在《诗经》中运用得极为广泛,"善鸟香草以配忠贞"(王逸《楚辞章句》),也为后世的文学作品所普遍接受。

(胡长青)

绸　缪

绸缪束薪,①	一把柴火扎得紧,
三星在天。②	天上三星亮晶晶。
今夕何夕?	今夜究竟是哪夜?
见此良人。③	见这好人真欢欣。
子兮子兮,	要问你啊要问你,
如此良人何?	将这好人怎样亲?

绸缪束刍,④	一捆牧草扎得多,
三星在隅。⑤	东南三星正闪烁。
今夕何夕?	今夜究竟是哪夜?
见此邂逅。⑥	遇这良辰真快活。
子兮子兮,	要问你啊要问你,
如此邂逅何?	拿这良辰怎么过?

绸缪束楚,⑦	一束荆条紧紧捆,
三星在户。⑧	天边三星照在门。
今夕何夕?	今夜究竟是哪夜?
见此粲者。⑨	见这美人真兴奋。
子兮子兮,	要问你啊要问你,
如此粲者何?	将这美人怎样疼?

〔注〕① 绸缪(móu):缠绕。束:捆。 ② 三星:参星。 ③ 良人:丈夫,指新郎。朱熹《诗集传》:"良,夫称也。" ④ 刍(chú):牧草。 ⑤ 隅:指东南角。 ⑥ 邂逅(xiè hòu):毛传:"邂逅,解说之貌。"马瑞辰《毛诗传笺通释》:"《释文》:'邂,本亦作解,逅,本又作覯。说,音悦。'《广雅》:'解,悦也。'《学记》:'相说以解。'传盖以解有悦义,经作'解覯',故释为解说之貌。其实此诗邂逅亦为遇合,……'见此良人',见其夫也,'见此粲者',见其女也,'见此邂逅',见其夫妇相会合也。" ⑦ 楚:荆条。 ⑧ 户:门。 ⑨ 粲(càn)者:漂亮的人,指新娘。

  这首诗看法古今比较一致,大多承认所写内容是关于婚姻的。因诗中用了戏谑的口吻,笔者曾疑为贺新婚时闹新房唱的歌,今按此解说。头两句是起兴,当是诗人所见。《诗经》中关于男女婚事常言及"薪",如《汉广》"翘翘错薪";《南山》"析薪如之何";《东山》"烝在栗薪";《车辖》"析其柞薪"、《白华》"樵彼桑薪"等皆是。郑玄云:古代娶妻之礼,以昏为期(见《三礼目录》)。因在黄昏后举行婚礼,当然需要燃薪照明,段玉裁说"古以薪蒸为之烛"(《说文解字注》),后来"束薪"遂成为婚姻礼俗之一。下两章"束刍""束楚"同"束薪"。又参星黄昏后始见于东方天空。故知"绸缪束薪,三星在天"两句点明了婚事及婚礼时间。"在天"与下两章"在隅""在户"是以三星移动表示时间推移,"隅"指东南角,"在隅"表示"夜久矣"(朱熹《诗集传》),"在户"则指"至夜半"(戴震《毛诗补传》)。三章合起来可知婚礼进行时间——即从黄昏至半夜。后四句是以玩笑的话来调侃这对新婚夫妇:"今夕何夕,见此良人(粲者)。子兮子兮,如此良人(粲者)何!"问他或她在这千金一刻的良宵,见着自己的心上人,将是如何亲昵对方,尽情享受这幸福的初婚的欢乐。语言活脱风趣,极富有生活气息。其中特别是"今夕何夕"之问,含蓄而俏皮,表现出由于一时惊喜,竟至忘乎所以,连日子也记不起的极兴奋的心理状态,对后世影响颇大,诗人往往借以表达突如其来的欢愉之情,特别是男女之间的情爱。如《说苑》所载《越人歌》"今夕何夕兮,搴舟中流。今日何日兮,得与王子同舟"、杜甫《赠卫八处士》"今夕复何夕,共此灯烛光"。杜诗有一首题目就是《今夕行》,诗云"今夕何夕岁云徂,更长烛明不可孤",足见诗圣对这无名诗人创造的诗句何等推崇,乃至一再效法。本诗后四句颇值得玩味,诗人以平淡之语,写常见之事,抒普通之情,却使人感到神情逼真,似乎身临其境,亲见其人,领受到闹新房的欢乐滋味,见到了无法用语言形容的美丽的新娘,以及陶醉于幸福之中几至忘乎所以的新郎。这充分显示了民间诗人的创造力!戴君恩《读诗臆评》说:"淡淡语,却有无限情境。"牛运震《诗志》说:"淡婉缠绵,真有解说不出光景。"都是确有体会的灼见。

(蒋立甫)

杕　杜

有杕之杜,① 　　路旁赤棠孤零零,
其叶湑湑。② 　　树叶倒是密密生。
独行踽踽。③ 　　独自流浪好凄清。
岂无他人, 　　难道路上没别人,
不如我同父。④ 　不如同父兄弟亲。
嗟行之人, 　　叹息来往过路人,
胡不比焉?⑤ 　　为何不与我亲近?
人无兄弟, 　　兄弟不在无依靠,
胡不佽焉?⑥ 　　为何不将我帮衬?

有杕之杜, 　　路旁赤棠孤零零,
其叶菁菁。⑦ 　　树叶倒是密又青。
独行睘睘。⑧ 　　独自流浪多悲辛。
岂无他人, 　　难道路上没别人,
不如我同姓。⑨ 　不如同姓兄弟亲。

嗟行之人，	叹息来往过路人，
胡不比焉？	为何不与我亲近？
人无兄弟，	兄弟不在无依靠，
胡不佽焉？	为何不将我帮衬？

〔注〕 ① 有杕(dì)：即"杕杕"，孤立生长貌。杜：赤棠。 ② 湑(xǔ)：树叶茂盛的样子。 ③ 踽(jǔ)踽：形容单身独行。 ④ 同父：指同胞兄弟。 ⑤ 比：亲近。 ⑥ 佽(cì)：资助，帮助。 ⑦ 菁(jīng)菁：树叶茂盛的样子。 ⑧ 睘(qióng)睘：同"茕茕"，孤独无依的样子。 ⑨ 同姓：一母所生的兄弟。姓，生。

　　印度电影《流浪者》中有一首著名插曲《拉兹之歌》，流浪汉拉兹穿街走巷，举目无亲，哀伤地唱道："到处流浪，到处流浪。我和任何人都没来往，我看这世界像沙漠。……"那种凄凉，那种幽咽，博得人们洒下一掬同情泪。而当我们读到《诗经·唐风》中的《杕杜》时，心情同样很沉重，因为它也是一首流浪者之歌。当然，它比《拉兹之歌》古老得多。

　　全诗二章，章九句，复沓章法，二章内容除用韵换字外基本相同。起首"有杕之杜，其叶湑湑"，用孤孤单单的一株赤棠树起兴，与同样是孤孤单单的流浪汉相对照，既相映成趣，又相对生愁。赤棠虽孤单，还有繁茂树叶作伴，自己却是"光杆司令"一个，相比之下树要比人幸运得多。所以这"兴"又是"反兴"。诗人看到孤树，伫足流连，忽而觉同病相怜，忽而叹人不如树，感触纷纭。这种独特心理感受与流浪者身份相切合，很有典型意义。关于这流浪者的性别，闻一多《风诗类钞》另有妙诠："杕杜喻女之未嫁者。《说文》：'牡曰棠，牝曰杜。'"那么这流浪者竟是一位未婚少女，那就更显悲哀了。此说可备参考。

　　起首二句，也可谓"兴而赋也"。第三句"独行踽踽"才是全章的灵魂。整首诗就是描写一个"寻寻觅觅，冷冷清清，凄凄惨惨戚戚"的踽踽独行者的苦闷叹息。此句独立锁住，不加铺叙，以少驭多，浓缩了许多颠沛流离的苦境，给人无限想象空间。此句点出了流浪者，成为前后内容的分水岭，前是流浪者所见，后是流浪者所思。

　　"岂无他人，不如我同父。"路上风尘仆仆的行人还是有的，但心为形役，各有各沉重的精神枷锁与自顾不暇的物质烦恼，谁肯去对一个陌路人相濡以沫呢？这时，流浪者想到了同胞手足的兄弟亲情，是"他人"无法比拟和替代的。正如《小雅·常棣》所说："凡今之人，莫如兄弟。"兄弟、亲人、家园，都在何方？异域他乡的流浪者在世态炎凉、人情冷暖的现实中想得很多很多，只能在想象中求得一些慰藉。正如安徒生童话《卖火柴的小女孩》，那小女孩孤苦伶仃，只能划火柴在光亮中幻想着已上天国的奶奶来呵护自己,心灵感到一丝温暖。兄弟虽好,毕竟在虚无缥缈中,现实终究是现实,诗人不禁"嗟——",发出一声长长的叹息。这"嗟"字直贯最末副歌式复唱四句。

叹息的内容很平实浅近,也正是流浪者的最基本需要:行人为什么不来亲近我?我没有兄弟在旁,为什么不来帮助我?孤独寂寞,呼天抢地,两个激问中蕴藏着浓重的绝望和忧伤。落难的人犹如落水的人,多么需要救援,可有谁会来、有谁能来济助他呢?这真是一声令人心寒的长叹!

由此推想,这首诗创作的时代背景,或是战乱,或是饥荒。《小雅·常棣》说:"丧乱既平,既安且宁。虽有兄弟,不如友生。"(死丧祸乱既平清,一家生活也安宁。那时虽有亲兄弟,反觉不如朋友亲)可作反证。是战争使骨肉离散,沦为难民。又《大雅·召旻》:"瘨我饥馑,民卒流亡。"(饥馑遍地灾情重,十室九空尽流亡)是灾荒使百姓失所,乞食四方。不管哪种情况,这首抒写心灵感受的流浪者之歌,通过一个人的命运,向后世真实展示了一幅古代难民的流亡图,其艺术视角很独特,给人启迪。

旧说如《毛诗序》谓"《杕杜》,刺时也。君不能亲其宗族,骨肉离散,独居而无兄弟,将为沃所并尔",为今人所不取;而朱熹《诗集传》谓此为"无兄弟者自伤其孤特而求助于人之辞",则差为近之。

(曹光甫)

羔 裘

羔裘豹袪,① 穿着镶豹皮的袖子,
自我人居居。② 对我们却一脸骄气。
岂无他人? 难道没有别人可交?
维子之故。③ 只是为你顾念情义。

羔裘豹褎,④ 豹皮袖口的确荣耀,
自我人究究。⑤ 对我们却傲慢腔调。
岂无他人? 难道没有别人可亲?
维子之好。 只是为你顾念旧交。

〔注〕 ① 袪(qū):指袖口,豹袪即镶着豹皮的袖口。 ② 自:对于。我人:我们。居(jù)居:即"倨倨",态度傲慢。 ③ 维:惟,只。子:你。故:指爱。或作故旧,也通。 ④ 褎(xiù):同"袖"。 ⑤ 究究:心怀恶意,也是指态度傲慢。

《毛诗序》说:"《羔裘》,刺时也,晋人刺其在位不恤其民也。"从该诗首句"羔裘豹袪"的描写来看,所写的是当时的一位卿大夫。因为只有当时的卿大夫,才能穿这种镶着豹皮的袖口。卿大夫是西周、春秋时国王和诸侯所分封的臣属,在当时常担任重要官职,世代掌握所属都邑的军政大权。在一般情况下,卿的地位较大夫为高,田邑也较大夫为多,并掌握国政和统兵大权,对属下的各级官员均可随意任免。从这首诗的内容看,那个卿大夫非常恃权傲物,趾高气扬,盛气凌人,侮慢故旧,故引起了一位故友的不满,那人便写诗讽刺他。

此诗两章,脉络极清楚,每章的前二句极写卿大夫的服饰之威和对故旧的侮慢之态;后二句则通过自问自答,表现了原为友人的那位先生的怨愤不平的情绪,而诗句的语气显得"怨而不怒",很能体现"温柔敦厚"的诗教。

从结构上来看,此诗显得十分简单,艺术上也没有太多的特色,比较明显的也就是反复吟咏、反复唱叹、回环往复的手法。这种手法实际上在《诗经》中已相当普遍,有着民歌民谣的风味,从这也正说明了《诗经》与民歌之间的密切关系。

此外,该诗中所用的设问和作答的形式,在《诗经》中也时而可见。这种修辞方法作为讽刺或表现一种强烈的情绪是很合适的。后人诗歌以至今天的新诗里,也常可见到设问句或一问一答的形式,但其源头我们还不能不追溯到《诗经》中《羔裘》等诗。

(孙琴安)

鸨　羽

肃肃鸨羽,①	大雁簌簌拍翅膀,
集于苞栩。②	成群落在柞树上。
王事靡盬,③	王室差事做不完,
不能艺稷黍。④	无法去种黍子和高粱。
父母何怙?⑤	靠谁养活我爹娘?
悠悠苍天,	高高在上老天爷,
曷其有所?⑥	何时才能回家乡?
肃肃鸨翼,	大雁簌簌展翅飞,
集于苞棘。⑦	成群落在枣树上。
王事靡盬,	王室差事做不完,
不能艺黍稷。	无法去种黍子和高粱。

父母何食？	赡养父母哪有粮？
悠悠苍天，	高高在上老天爷，
曷其有极？⑧	做到何时才收场？
肃肃鸨行，⑨	大雁簌簌飞成行，
集于苞桑。	成群落在桑树上。
王事靡盬，	王室差事做不完，
不能艺稻粱。	无法去种稻子和高粱。
父母何尝？	用啥去给父母尝？
悠悠苍天，	高高在上老天爷，
曷其有常？⑩	生活何时能正常？

〔注〕① 肃肃：鸟鼓动翅膀的声音。鸨(bǎo)：鸟名，似雁而大，群居水草地区，善走。② 苞：草木丛生。栩(xǔ)：柞树。 ③ 靡：无、没有。盬(gǔ)：休止。 ④ 艺：种植。稷：高粱。黍：黍子，黄米。 ⑤ 怙(hù)：依靠。 ⑥ 曷：何。所：住所。 ⑦ 棘：酸枣树。⑧ 极：终了、尽头。 ⑨ 行：行列。 ⑩ 常：正常。

　　关于这首诗的主题，古今各家认识比较一致，都以为是晋国政治黑暗，没完没了的徭役使农民终年在外疲于奔命，根本无法安居乐业，赡养父母妻子，因而发出呼天怨地的声音，强烈抗议统治者的深重压迫。《毛诗序》云："《鸨羽》，刺时也。昭公之后，大乱五世，君子下从征役，不得养其父母，而作是诗也。"朱熹《诗集传》云："民从征役而不得养其父母，故作此诗。"方玉润《诗经原始》云："《鸨羽》，刺征役苦民也"，"始则痛居处之无定，继则念征役之何极，终则念旧乐之难复。民情至此，咨怨极矣。"

　　全诗三章首句均以鸨鸟反常地停集在树上比喻成群的农民反常地生活——长期在外服役而不能在家安居务农养家糊口。因为鸨鸟是属于雁类的飞禽，其爪间有蹼而无后趾，生性只能浮水，奔走于沼泽草地，不能抓握枝条在树上栖息。现在鸨鸟居然飞集在树上，犹如让农民抛弃务农的本业常年从事徭役而无法过正常的生活。这是一种隐喻的手法，正是诗人独具匠心之处。王室的差事没完没了，回家的日子遥遥无期，大量的田地荒芜失种，老弱妇孺饿死沟壑，这正是春秋战国时期各国纷争、战乱频仍的现实反映，所以诗人以极其怨愤的口吻对统治者提出强烈的抗议与控诉，甚至呼天抢地，表现出人民心中正燃烧着熊熊的怒火，随时随地都会像炽烈的岩浆冲破地壳的裂缝喷涌而出，掀翻统治阶级的宝座。

全诗三章语言大同小异,这是民间歌谣的共同点。至于三章分别举出栩、棘、桑三种树木,则纯粹是信手拈来,便于押韵,别无其他深意。戴君恩《读诗臆补》评曰:"亦平平敷叙耳,中间缩'父母何怙'一句,咏'悠悠苍天'二句,而音响节奏俱妙矣。故知诗文全在吞吐伸缩中得趣。"陈继揆《读诗臆评》评曰:"一呼父母,再呼苍天,愈质愈悲。读之令人酸痛摧肝。"牛运震《诗志》评曰:"音节妙,顿挫悲壮。"对此诗的艺术特色都分析得很透辟。 （汪贤度）

无　　衣

岂曰无衣?	难道说我没衣服穿?
七兮。①	我的衣服有七件。
不如子之衣,②	但都不如你亲手做的,
安且吉兮。③	既舒适又美观。

岂曰无衣?	难道说我没衣服穿?
六兮。	我的衣服有六件。
不如子之衣,	但都不如你亲手做的,
安且燠兮。④	既舒适又温暖。

〔注〕① 七:虚数,言衣之多也。　② 子:第二人称的尊称、敬称,此指制衣的人。③ 安:舒适。吉:美、善。　④ 燠(yù):暖热。

此诗与下面《秦风》中的《无衣》题目及首句皆相同,然思想内容与艺术风格却完全两样。从字面上看,似觉并无深意,但前人往往曲为之说,《毛诗序》云:"《无衣》,美晋武公也。武公始并晋国,其大夫为之请命乎天子之使,而作是诗也。"朱熹《诗集传》云:"曲沃桓叔之孙武公伐晋,灭之,尽以其宝器赂周釐王。王以武公为晋君,列于诸侯。此诗盖述其请命之意","釐王果贪其宝玩,而不思天理民彝之不可废,是以诛讨不加,而爵命行焉。"(同上)这一说法今人多表示怀疑,如程俊英《诗经译注》就认为"恐皆附会"。

从诗意来看,本篇似为览衣感旧或伤逝之作。诗人可能是一个民间歌手,他本来有一位心灵手巧的妻子,家庭生活十分美满温馨。不幸妻子早亡,一日他拿起衣裳欲穿,不禁睹物思人,悲从中来。诗句朴实无华,皆从肺腑中流出:"难道说我没有衣裳穿?我的衣裳有七件,可是拣了一件又一件,没有一件抵得上你亲手缝制的衣裳,那样舒坦,那样美观。""难道说我没有衣裳穿? 我的衣裳有六件。可是挑了一件又一件,没有一件抵得上你亲手缝制的衣裳,那样合身,那样温暖。"语言自然流畅,酷肖人物声口。感情真挚,读之令人凄然伤怀。

  对于诗中的句读,笔者的理解与旧说不同。旧说两段的起句都作六字句,然我觉得应标点为:"岂曰无衣? 七兮。"前四字为一句,用以自问,后二字为一句,用以自答,诗人正是在这种自问自答中,抒写了一腔哀思。另外在一些字、词的解释上也颇多歧见。如"七"字、"子"字、"六"字,朱熹《诗集传》以为"侯伯七命,其车旗衣服,皆以七为节。子,天子也"。又云:"天子之卿六命,变'七'言'六'者,谦也,不敢以当侯伯之命,得受六命之服,比于天子之卿亦幸矣。"朱熹的解释,完全服从于他对于这首诗主题的理解。这首诗既然是述晋武公向周釐王请求封爵之意,那么他就必然把"七"解释为"诸侯七命",把"六"解释为"天子之卿六命",而把"子"解释为"天子"。前二者与晋武公的诸侯身份相当,后者则与周釐王的天子地位相称。其说固然言之成理,不失为一家之见,然与诗的本意可能相去甚远。

  从对此诗主题的理解出发,我们认为"七"和"六"俱为数词,也可以看作虚数,极言衣裳之多。而"子"则为第二人称的"你",也即缝制衣裳的妻子。这样的理解,应该是符合诗的本意的。

  全诗分为两章,字句大体相同,唯两起变动一个字:"七"易为"六";两结也变动一字:"吉"易为"燠"。这主要为的是适应押韵的需要。从全篇来说,相同的句式重复一遍,有回环往复、一唱三叹、回肠荡气之妙,我们在吟诵中自然能体会其中的情韵。

(徐培均)

有杕之杜

有杕之杜,①	那棵杜梨真孤独,
生于道左。②	长在路左偏僻处。
彼君子兮,	那君子啊有风度,
噬肯适我?③	可愿屈就来访吾?
中心好之,	爱贤盼友欲倾诉,
曷饮食之?④	何不请来喝一壶?
有杕之杜,	那棵杜梨真孤独,

生于道周。⑤	长在路右偏僻处。
彼君子兮，	那君子啊有风度，
噬肯来游?⑥	可愿屈就来看吾？
中心好之，	爱贤盼友欲倾诉，
曷饮食之？	何不请来喝一壶？

〔注〕① 杕(dí)：树木孤生独特貌。杜：杜梨，又名棠梨。② 道左：道路左边，古人以东为左。③ 噬(shì)：发语词。适：到，往。④ 曷：同"盍"，何不。⑤ 周：右的假借。⑥ 游：来看。

关于本篇诗旨，历来有多种看法：一、刺晋武公说（《毛诗序》等），二、好贤说（朱熹《诗集传》、何楷《诗经世本古义》等），三、迎宾短歌说（高亨《诗经今注》），四、思念征夫说（蓝菊荪《诗经国风今译》等），五、流浪乞食说（陈子展《国风选译》等），六、情歌说（程俊英《诗经译注》等），七、孤独盼友说（朱守亮《诗经评释》等）。

以上几说，当以孤独盼友说贴近诗旨。

古往今来，人与人之间的交往是不可缺少的。本诗就是描写一个孤独者切盼友人来访，共饮谈心，以解孤独寂寞之苦。

人类都有一种"共生欲望"，而这种"共生欲望"又是以人们的相互帮助、彼此交流为基础的，一旦得不到满足或有所缺憾时，就会产生孤独感。当"共生欲望"得以满足时，孤独感也就随之消除。看来，诗中的"我"，似乎已经意识到自己与外界隔了一堵"墙"，失去了和朋友的交往，深感孤独。为了摆脱这种孤独感，获得精神上的慰藉或寄托，他力图改变与世隔绝的处境，渴望有良友来访，彼此建立友谊，交流感情。

诗共两章，各六句。每章的开头均为"兴之比也"（何楷《诗经世本古义》）。杜梨长于荒野偏僻处，果小而酸，向来被人冷落，显得孤零零的。作者在此，借物起兴，以物喻人，用触物兴叹的手法引出下文，显得顺理成章。

全诗以"我"的心理活动为主线，以期待的眼光，诚挚的态度，殷勤款待的方式，频频召唤"君子"来访做客。"我"从自己强烈的寻友愿望出发，步步设想双方的心态和行为。"我"对"君子""中心好之"，然而他"噬肯适我""噬肯来游"吗？只恐"求之不得"的心理活动跃然纸上。"'肯'字落笔妙，心冀其来，然未敢期其中心肯之而必来也。"（朱守亮《诗经评释》）从全诗看，"中心好之"是关键句子，不可轻易读过。"我"对"君子"有好感，切盼与之交往，但用何种方法进行呢？思之再三，何不请"君子"来家做客，端上美酒佳肴，殷勤待之。借此机会，一则表明自己好客的诚意,二则可以交流情感,加深友谊。或许这就是本诗两章末句均用"曷饮食之"的用意所在。再细细玩味,"曷"字似有"画外之音"——试探的心理;或如牛运震所说:"'曷'字有欲言不尽之妙也。"(《诗志》)

至于"我"的盼友愿望是否实现?诗中没有交代,这里姑且不论。不过有一点则是可以肯定的,即原先"我"的孤独感,通过诗歌已有所宣泄,得到一定缓解。

读完这首短诗,眼前呈现出一幅生动的画面:荒野古道旁,立着一株孤零零的杜梨树,盼友者站在那里翘首苦盼"君子"来访的神态,殷勤款待"君子"时的情景(此为"我"的想象),历历在目。

本诗章法结构带有民歌反复咏唱的特点。各章的句数、字数相同。要说有变化,仅在第二章的二、四句末换了三个字,即第一章的"左"改为"周","适我"改为"来游"。换字又与换韵有关,第一章的"左"与"我"隔句押韵,第二章的"周"与"游"隔句押韵。

(殷光熹)

葛　生

葛生蒙楚,①	葛藤生长覆荆树,
蔹蔓于野。②	蔹草蔓延在野土。
予美亡此,③	我爱的人葬这里,
谁与独处?	独自再与谁共处?

葛生蒙棘,④	葛藤生长覆丛棘,
蔹蔓于域。⑤	蔹草蔓延在坟地。
予美亡此,	我爱的人葬这里,
谁与独息?	独自再与谁共息?

角枕粲兮,⑥	牛角枕头光灿烂,
锦衾烂兮。⑦	锦绣被子色斑斓。
予美亡此,	我爱的人葬这里,
谁与独旦?⑧	独自再与谁作伴?

| 夏之日, | 夏季白日烈炎炎, |
| 冬之夜。 | 冬季黑夜长漫漫。 |

| 百岁之后， | 百年以后归宿同， |
| 归于其居。⑨ | 与你相会在黄泉。 |

冬之夜，	冬季黑夜长漫漫，
夏之日。	夏季白日烈炎炎。
百岁之后，	百年以后归宿同，
归于其室。⑩	与你相会在阴间。

〔注〕 ① 葛：藤本植物，茎皮纤维可织葛布，块根可食，花可解酒毒。蒙：覆盖。楚：灌木名，即牡荆。 ② 蔹(liǎn)：多年生蔓草。陆玑《毛诗草木鸟兽虫鱼疏》："蔹似栝楼，叶盛而细，子正黑如燕薁，不可食。"有白蔹、赤蔹、乌蔹等。 ③ 予美：郑笺："我所美之人。"朱熹《诗集传》："妇人指其夫也。"亡此：死于此处，指死后埋在那里。 ④ 棘：酸枣，有棘刺的灌木。 ⑤ 域：毛传："域，茔域也。"马瑞辰《毛诗传笺通释》："茔域，或作坕域，古为葬地之称。"《说文》：'坕，墓地也。'是也。 ⑥ 角枕：牛角做的枕头。据《周礼·王府》注，角枕用于枕尸首。粲(càn)：同"灿"。 ⑦ 锦衾：锦缎制成的被褥。闻一多《风诗类钞》："角枕、锦衾，皆敛死者所用。"烂：灿烂。 ⑧ 独旦：朱熹《诗集传》："独旦，独处至旦也。"旦，天亮。一说释旦为安，闻一多《风诗类钞》："旦，坦。""坦，安也。" ⑨ 居：郑笺："居，坟墓也。" ⑩ 室：郑笺："室，犹冢圹。"

关于此诗的主旨，《毛诗序》云："刺晋献公也。好攻战，则国人多丧。"郑笺解释说："夫从征役，弃亡不反，则其妻居家而怨思。"孔疏又解释说："其国人或死行陈(阵)，或见囚虏，……其妻独处于室，故陈妻怨之辞以刺君也。"后世治诗者承其绪而各有所取，宋朱熹《诗集传》云："妇人以其夫久从役而不归，故言葛生而蒙于楚，蔹生而蔓于野，各有所依托，而予之所美者独不在是，则谁与而独处于此乎？"清方玉润《诗经原始》云："征妇思夫久役于外，或存或亡，均不可知，其归与否，更不能必，于是日夜悲思，冬夏难已。暇则展其衾枕，物犹粲烂，人是孤栖，不禁伤心，发为浩叹。以为此生无复见理，惟有百岁后返其遗骸，或与吾同归一穴而已，他何望耶？"他们都取"征妇怨"说，不言刺义，持论较《毛诗序》圆通，但认为所怀之征夫未亡，似非。清郝懿行首先揭示了"角枕""锦衾"为收殓死者的用具，指出："《葛生》，悼亡也。"今人多取其说。显然，凭"亡此""于域""角枕""锦衾""其居""其室""独处""独息""独旦"等词语证本诗悼亡之旨，是有说服力的。同时，笔者又以为直接从文本出发，将诗作的历史年代、社会背景乃至男词女词不能根据文本得出结论的问题撇开，在较宽泛的意义上解说此诗，视之为一首普通的悼亡之作，更具有本质性的兴发感动力。

全诗五章，每章四句，从结构上看，可分两大部分，前一部分为有"予美亡此"

句的三章,后一部分为有"百岁之后"句的两章。对后一部分是用赋法,诸家无异议,但对前一部分,除第三章皆认为是赋外,第一、二两章却有"兴""比而赋""赋"等三种说法。细细玩味文辞,"葛生蒙楚(棘),蔹蔓于野(域)"两句,互文见义,都既有兴起整章的作用,也有以藤草之生各有托附比喻情侣相亲相爱关系的意思,也有对眼前所见景物的真实描绘,不妨说是"兴而比而赋"吧。这一开篇即出现的兴、比、赋兼而有之的意象,给读者的第一印象是荒凉凄清、冷落萧条,使之马上进入规定情境,作好对一种悲剧美作审美观照的心理准备。接着,在读到"予美亡此,谁与独处"两句,知道诗是表达对去世的配偶表示哀悼怀念之情后,对《诗经》艺术手法有所了解的读者马上就会感受到其比兴意义:野外蔓生的葛藤蔹茎缠绕覆盖着荆树丛,就像爱人那样相依相偎,而诗中主人公却是形单影只,孤独寂寞,好不悲凉。第三章写"至墓则思衾枕鲜华"(郝懿行《诗问》),"角枕、锦衾,殉葬之物也。极惨苦事,忽插极鲜艳语,更难堪"(牛运震《诗志》)。而"谁与独旦"如释"旦"为旦夕之旦,其意义又较"独处""独息"有所发展,通宵达旦,辗转难眠,其思念之深,悲哀之重,令人有无以复加之叹。

后两章,语句重复尤甚于前三章,仅"居""室"两字不同,而这两字意义几乎无别。可它又不是简单的重章叠句,"夏之日,冬之夜"颠倒为"冬之夜,夏之日",不能解释为作歌词连番咏唱所自然形成,而显然是作者刻意为之。两章所述,体现了诗中主人公日复一日、年复一年的永无终竭的怀念之情,闪烁着一种追求爱的永恒的光辉。而"百岁之后,归于其居(室)"的感慨叹息,也表现出对荷载着感情重负的生命之旅最终归宿的深刻认识,与所谓"生命的悲剧意识"这样的现代观念似乎也非常合拍。

应当说,《葛生》取得如此出色的艺术效果,与诗的特殊结构很有关系。陈仅评曰:"此诗五章,前二章为一调,后二章为一调,中一章承上章而变之,以作转纽。'独旦'二字,为下'日''夜''百岁'之引端。篇法于诸诗中别出一格。"(陈继揆《读诗臆补》引)分析得很透辟。今人认为本篇"不仅知为悼亡之祖,亦悼亡诗之绝唱也"(朱守亮《诗经评释》),又认为"后代潘岳、元稹的悼亡诗杰作","不出此诗窠臼"(周蒙、冯宇《诗经百首译释》),显然都是言之成理的。 (王　焰)

采　苓

采苓采苓,①	采黄药啊采黄药,
首阳之颠。②	首阳山顶遍地找。
人之为言,③	有人专爱造谣言,

苟亦无信。	切勿轻信那一套。
舍旃舍旃,④	别信它呀别信它,
苟亦无然。	流言蜚语不可靠。
人之为言,	有人专爱造谣言,
胡得焉?⑤	到头什么能捞到?

采苦采苦,⑥	采苦菜啊采苦菜,
首阳之下。	首阳山脚遍地找。
人之为言,	有人专爱造谣言,
苟亦无与。	切勿跟随他一道。
舍旃舍旃,	别信它呀别信它,
苟亦无然。	流言蜚语不可靠。
人之为言,	有人专爱造谣言,
胡得焉?	到头什么能捞到?

采葑采葑,⑦	采芜菁啊采芜菁,
首阳之东。	首阳东麓遍地找。
人之为言,	有人最爱说假话,
苟亦无从。	切勿信从随他跑。
舍旃舍旃,	别信它呀别信它,
苟亦无然。	流言蜚语不可靠。
人之为言,	有人专爱造谣言,
胡得焉?	到头什么能捞到?

〔注〕 ① 苓：通"蘦"，一种药草，即大苦。毛传："苓，大苦也。"沈括《梦溪笔谈》："此乃黄药也。其味极苦，谓之大苦。"俞樾《群经评议》："诗人盖托物以见意，苓之言怜也，苦之言苦也。"旧注或谓此苓为甘草，非。 ② 首阳：山名，在今山西永济市南，即雷首山。 ③ 为(wéi)言：即"伪言"，谎话。为，通"伪"。 ④ 舍旃(zhān)：放弃它吧。舍，放弃；旃，"之焉"的合声。 ⑤ 胡：何，什么。 ⑥ 苦：苦菜，野生可食。 ⑦ 葑(fēng)：芜菁，大头菜之类的蔬菜。

本诗的主题比较单一，意在劝说世人不要听信谗言。关于此诗的本事，一般论家都说是讽刺晋献公的。《毛诗序》称："《采苓》，刺晋献公也。献公好听谗焉。"近人吴闿生《诗义会通》进一步申述其旨说："献公听谗之事，莫过于杀太子申生，诗必为是而发。《序》不言者，人所共喻，无待更言也。"吴氏这一推断，虽无信史可征，但不为无据，姑录以备考。

诗分三章，每章以托物起兴的表现手法开篇。所谓"兴"，依朱熹的解释就是"先言他物以引起所咏之词"。第一章的"采苓采苓，首阳之巅"，第二章的"采苦采苦，首阳之下"，第三章的"采葑采葑，首阳之东"等等，都是用"先言他物"的手法以引起下文的。"苓"，一名黄药，又名大苦，叶似地黄。"苦"，是苦菜，亦作"荼"，似葵。"葑"，是芜菁，亦称蔓菁，俗称大头菜，根块肥大，可供蔬食。这三种植物，都是《诗经》时代人们生活的必需品，与他们的生活息息相关。诗人用这三种习见之物以起兴，从而表达自己"人之为（伪）言""苟亦无信""苟亦无与""苟亦无从"的理念。

"无信"，是强调伪言内容的虚假；"无与"，是强调伪言蛊惑的不可置理；"无从"，是强调伪言的教唆不可信从。语意层层递进，从而强调伪言之伪。接着诗人又用"舍旃舍旃"这个叠句，反复叮咛，进一步申述伪言的全不可靠。至此，诗人所要申述的"人之为（伪）言""无信""无与""无从"的理念已经阐述得淋漓尽致，无须再说了。假若世人都能做到"无信""无与""无从"，那么伪言也就没有市场，制造伪言的人也无立足之地了。故此诗人在每章的结尾用"人之为言（伪言），胡得焉"以收束全诗，表明造谣者徒劳无功。

前人评此诗，谓"各章上四句，如春水池塘，笼烟浣月，汪汪有致。下四句乃如风气浪生，龙惊鸟澜，莫可控御"（戴君恩《读诗臆评》），又谓"通篇以叠词重句缠绵动听，而姿态亦复摇曳"（姚际恒《诗经通论》）。确实本诗在艺术表现上采用重章叠句、反复咏唱的手法，造成一种回环复沓的旋律美，给读者以很高的艺术享受。（秦惠民）

秦 风

《诗经》类名。"国风"之一。共十篇。秦地民歌。秦本为周的附庸。西周孝王封其臣非子于秦（今甘肃张家川东），后疆土逐渐扩大，庄公迁犬丘（今陕西兴平县东南槐里城），襄公迁汧（今陕西陇县汧城）。周幽王时，犬戎入侵西周，平王东迁，襄公赶走犬戎，并派兵护送平王至洛阳，始封为诸侯，于是西周王畿及豳地等遂归秦所有。其地包括今陕西地区和甘肃东部。诗作于东周末至春秋时期。《汉书·地理志下》："安定、北地、上郡、西河，皆迫近戎狄，修习战备，高上气力，以射猎为先。"故秦诗充满尚武精神、阳刚之气。

【诗歌解题】

车　邻　　　秦风

有车邻邻，① 　　大车奔驰响辚辚，
有马白颠。② 　　马儿白毛生额顶。
未见君子，③ 　　来访君子未见面，
寺人之令。④ 　　等候侍者来传令。

阪有漆，⑤ 　　　高坡有个漆树园，
隰有栗。⑥ 　　　洼地有片栗树田。
既见君子， 　　　已经见到那君子，
并坐鼓瑟。 　　　同坐弹瑟乐晏晏。
今者不乐， 　　　今朝不乐待几时，
逝者其耋。⑦ 　　转眼衰老气奄奄。

阪有桑， 　　　　高坡有个桑树林，
隰有杨。 　　　　洼地有片杨树荫。
既见君子， 　　　已经见到那君子，
并坐鼓簧。⑧ 　　同坐吹笙喜盈盈。
今者不乐， 　　　今朝不乐待几时，
逝者其亡。 　　　转眼死去埋坟茔。

〔注〕① 邻邻：象声词，同"辚辚"，车声。　② 颠：额。　③ 君子：此是对友人的尊称。　④ 寺人：马瑞辰《毛诗传笺通释》："寺人者，即侍人之省，非谓《周礼》寺人之官也。"王先谦《诗三家义集疏》："盖近侍之通称，不必泥历代寺人为说。"　⑤ 阪(bǎn)：山坡。　⑥ 隰(xí)：低湿的地方。　⑦ 逝：往。耋(dié)：八十岁，此泛指老人。　⑧ 簧：笙吹管中的簧片，代指笙。

　　本诗旧说或谓"美秦仲也。秦仲始大，有车马礼乐侍御之好焉"(《毛诗序》)；或谓"襄公伐戎，初命秦伯，国人荣之。赋《车邻》"(丰坊《诗传》)；或谓"秦穆公燕饮宾客及群臣，依西山之土音，作歌以侑之"(吴懋清《毛诗复古录》)。今人分歧更大，或谓是"反映秦君腐朽的生活和思想的诗"(程俊英《诗经译注》)；或谓"这是贵族妇人所作的诗，咏唱他们夫妻的享乐生活"(高亨《诗经今注》)；或谓"没落贵族士大夫劝人及时行乐"(袁愈荌、唐莫尧《诗经全译》)；或谓是"妇人喜见其征夫回还时欢乐之词"(蓝菊荪《诗经国风今译》)。考察全诗,旧说似与本诗第二、第三章相劝及时行乐的意思不相合;今人各说虽较旧说为胜,但仍难以贯通全诗,不是后两章有扞格,便是首章欠圆满。今皆不取。

　　笔者以为本诗是写贵族朋友间相互劝乐的。全诗三章皆为自述,表现了友人欢聚作乐的情景。首章从拜会友人途中写起,诗人说自己乘着马车前去,车声"邻邻",如音乐一般好听,他仿佛在欣赏着一支美妙的曲子。正因为他有好心情,才觉得车声特别悦耳。最叫他得意的还是拉车的马,额头间长着清一色白毛,好似堆着一团白雪。白额的马,旧名戴星马,俗称玉顶马,是古代珍贵的名马之一。他特地点明马"白额"的特征,当然是要突出它的珍贵,更重要的则是借此衬托自己的尊贵。因而从开头两句叙述中,可以察觉到诗人的自豪与欢愉的情怀。紧接着三、四句便说自己已安抵朋友之家——这是一个贵族人家,非一般平民小户可比,未见主人之前,必须等待侍者的通报、传令。诗人如此说,无非是要突出友人门第高贵,突出友人的高贵,目的则在暗示自己也是有身份的。首章后两句是"言在此而意在彼",自我标榜,可谓含而不露。二、三章意思相同,说自己受到朋友的热情款待。头两句借当时民歌中常用的"阪(或山)有×,隰(或泽)有×"的句式起兴,以引出下文,在意义上没有必然的联系。"并坐"表示亲热,他们是一对情投意合的朋友,一见面,就在一起弹奏吹打,亲密无间。主人一再劝告着:今日会面要尽情欢乐,转眼间我们就会衰老,说不定哪一天会死去。这里所表现的及时行乐的思想,与东汉《古诗十九首》中说的"人生非金石,岂能长寿考""人生忽如寄,寿无金石固""为乐当及时,何能待来兹"的话很相似,它们之间也许有着相承的关系。本诗"今者"两句尽管情调有点消极,但放在朋友间相互劝乐的场合,坦露襟怀,以诚待友,在酒席上流露出的人生短促的感伤,本可以理解,不必非要斥之以"腐朽""没落"不可。

(蒋立甫)

驷 驖

驷驖孔阜,①	四马壮健毛色黑,
六辔在手。②	缰绳六根手上垂。
公之媚子,③	公爷宠儿一帮子,
从公于狩。④	跟随公爷猎一回。
奉时辰牡,⑤	猎官驱出应时兽,

辰牡孔硕。⑥	膘肥肉壮满地走。
公曰"左之",⑦	公爷一声"朝左射",
舍拔则获。⑧	放箭直贯兽咽喉。
游于北园,⑨	狩猎归来游北园,
四马既闲。	四马轻松好悠闲。
輶车鸾镳,⑩	轻便副车铃铛响,
载猃歇骄。⑪	车上息着众猎犬。

〔注〕① 驷:四马。 骥(tiě):毛黑色,毛尖略带红色的马。孔阜:很高大。阜,孔传:"阜,大也。" ② 辔(pèi):驾驭牲口的缰绳。四马应有八条缰绳,由于中间两匹马的内侧两条辔绳系在御者面前的车杠上,所以只有"六辔在手"。 ③ 媚子:献媚奉承的人。 ④ 狩:冬猎。古代帝王打猎,四季各有专称。《左传·隐公五年》:"故春蒐、夏苗、秋狝、冬狩。" ⑤ 奉:供给。时:"是"的假借,这个。辰:应时。牡:公兽。古代祭祀皆用公兽。 ⑥ 硕:肥壮。 ⑦ 左之:指向左边射箭。 ⑧ 舍:放、发。拔:箭的尾部。放开箭的尾部,箭即被弓弦弹出。 ⑨ 北园:秦君狩猎憩息的园囿。 ⑩ 輶(yóu)车:田猎所用的轻便车,可用于驱赶堵截野兽。鸾:通"銮",铃。镳(biāo):马口旁的勒具,今称马嚼。铃铛挂在马嚼两端,故曰鸾镳。 ⑪ 猃(xiǎn):长嘴猎狗。歇骄:也作"猲獢",短嘴猎狗。

《毛诗序》谓此诗:"美襄公也。始命,有田狩之事,园囿之乐焉。"秦襄公派兵护送周平王东迁洛阳有功,被周王始封为诸侯,后又逐犬戎,遂有周西都岐、丰八百里之地,为秦国日益强盛奠定基础。秦襄公的武略自有值得称道处,狩猎历来作为君王讲武的一个组成部分,此诗也反映了当时秦国的强大。

古代帝王狩猎场面极其宏伟,司马相如《子虚赋》《上林赋》都极尽铺叙描摹之能事,对此作了生动反映。从扬雄《长杨赋》:"今年猎长杨,……罗千乘于林莽,列万骑于山嵎。"也可窥见其规模之一斑。而《驷骥》之妙却全在以简驭繁,以少胜多,仅三章章四句共48字即已写尽狩猎全过程,却同样使人觉得威武雄壮,韵味无穷。

首章写将猎。取景从四匹高头大马切入,严整肃穆,蓄势待发,充满凝重的力度感。四马端端正正站着,只待一声令下,便拔蹄飞驰。镜头接着由马转移至控制着六根马缰绳的人。"六辔在手",显得那样胸有成竹,从容不迫,充满自信。这是赶车人,也即下句所谓的"媚子"之一,即秦襄公的宠臣。他显然还不是主角,只是"从公于狩"的一个陪衬。真正发号施令的是秦襄公。他带领一大批"媚子",大规模出猎。此章虽只撷取一辆狩猎车的情景,而声势浩大又纪律严明的场面已可联想得之。驭马与驭天下,其理一贯,如后世白居易《授韦贯之工部尚书制》所云:"善御者,齐六辔;善理者,正六官。"所以此章通过层层反衬,暗写秦襄公治军治国有方。

次章写正猎。管山林苑囿的狩猎官,接到开猎的命令后,急忙打开牢圈樊笼,将一群群养得肥肥的专供王家狩猎作靶子用的时令兽驱出,于是乎轰轰烈烈的围猎场面就自然映现在读者脑海。这虽然只是个铺垫,但角度很巧妙,令人从被猎对象想象狩猎盛况,避实就虚,别具一格。至于为什么单单驱出"牡"兽,那是因为当时祭祀用的牺牲以牡为贵,不用牝兽。在纷纭的围场中,诗作的镜头紧紧跟随着秦襄公,只见他吆喝一声:"射左边的那一只!"果然那肥兽应弦而倒。这足见襄公武艺不俗。当然,他狩猎的对象只是驯养的野兽,这与《郑风·大叔于田》中"禓裼暴虎"(赤膊空拳打老虎)的公子相比,不免有点虚浮和滑稽。但以王侯之尊,他能真正到深山老林与虎豹猛兽直接较量么?这显然是不现实的。因此,本诗的描写非常切合主人公的身份地位。诗只举秦襄公一隅,可谓抓住了牛鼻子,其余留下一片空白,让读者去自行想象补充。对于秦襄公,也只是摄取了一个刹那间的特写镜头,而略去其他枝节,叙事中有描写,笔法老练简洁。

末章写猎后。猎后情景可写的很多,如猎物的丰盛,猎者的欣悦等,但都未免落入寻常窠臼。本诗的猎后视角独特,大有王者风范。诗写猎后即游于"北园",按常理推测那北园与猎场应该是相通连同在一区的,并非要绕道另去一处游息。故首句既是场景的转换,突出了王家苑囿之广大,也是氛围的转折,由张而弛。一个"游"字意脉直贯篇末。前"狩"后"游",互为补充,整个过程相当完整。次句又着眼于"驷驖",与首章相呼应,而神态则迥异,此处的驷驖不再是筋脉怒张,高度紧张,而是马蹄得得,轻松悠闲。一个"闲"字语意双关,马是如此,人何尝不然?后两句又对"闲"字着意渲染。辀车是一种轻便车。《周礼·校人》:"田猎则帅驱逆之车。"驱逆之车即是辀车,其作用在于围驱猎物,供猎者缩小包围。猎后的辀车已不用急驶飞赶,因而马嚼上铃儿叮当,声韵悠扬,从听觉上给人悠闲愉悦之感。最妙的是末句的特写,那些猎前奋勇追捕猎物的各种猎狗都乘在辀车上休其足力。这一宠物受宠的镜头很有情趣,也很耐人寻绎,将先前的紧张与现时的休闲形成鲜明对照,使末章的"闲"趣表现得淋漓尽致。

全诗叙事取景高度浓缩,突出典型场景和人物,抓住富于表现力的瞬间和细节,因而虽只窥豹一斑,却能使人想见全豹,其艺术概括力很值得借鉴。《诗经》中写狩猎的名篇有二,即《大叔于田》与本篇,前者反复铺张,以繁见长,后者精要简约,以简著称,而这恰恰代表了我国文学的两大传统手法。 (曹光甫)

小　戎

小戎俴收，①	轻型战车浅车厢，
五楘梁辀。②	五条皮带扎辕上。
游环胁驱，③	马背有环胁有扣，
阴靷鋈续。④	引车带环白铜镶。
文茵畅毂，⑤	虎皮褥子长车毂，
驾我骐馵。⑥	花马驾车白蹄扬。
言念君子，	思念夫君人品好，
温其如玉。⑧	性情温和玉一样。
在其板屋，⑨	他去从军住板屋，
乱我心曲。⑩	使我心乱真惆怅。

四牡孔阜，⑪	四匹公马壮又高，
六辔在手。⑫	手中缰绳攥六条。
骐骝是中，⑬	青马红马中间驾，
騧骊是骖。⑭	黄马黑马两边跑。
龙盾之合，⑮	龙纹盾牌双合起，
鋈以觼軜。⑯	内侧辔绳铜环套。
言念君子，	思念夫君人品好，
温其在邑。⑰	温馨但恨边邑遥。
方何为期？⑱	几时才能回家来？
胡然我念之？⑲	怎能想他不心焦？

俴驷孔群，⑳	四马合群披甲轻，
厹矛鋈錞。㉑	三棱矛柄套铜镦。
蒙伐有苑，㉒	盾牌上面绘鸟羽，
虎韔镂膺。㉓	虎皮弓囊雕花纹。
交韔二弓，㉔	两弓相交插囊中，

竹闭绲縢。㉕　　　竹制弓架缠紧绳。
言念君子，　　　　思念夫君人品好，
载寝载兴。㉖　　　睡下坐起心不定。
厌厌良人，㉗　　　温良文静我夫君，
秩秩德音。㉘　　　明慧有礼传美名。

〔注〕① 小戎：轻小的兵车。俴(jiàn)：浅。收：轸，车后横木；俴收，车箱板较低。② 䩦(mù)：用皮革分五处缠扎在车辕上，起加固和装饰作用。梁辀(zhōu)：辀似木梁，故曰梁辀。③ 游环：活动的铜环或皮环。胁驱：驾具名，马的胁部加上皮扣，连在拉车的皮带上，以便控制马。④ 阴：轼前横板。靷(yǐn)：引车前行的皮带。鋈(wù)续：白铜为饰的接靷的环扣。⑤ 文茵：有花纹的虎皮褥子。畅：长。毂(gǔ)：车轴伸出轮外的部分。⑥ 骐：青黑相间有如棋盘格子纹的马，又名青骢马。馵(zhù)：马的后左足为白色，或四足皆白的马。⑦ 言：乃。君子：指从军的丈夫。⑧ 温其如玉：女子形容其夫性情温润如玉。⑨ 板屋：用木板建造的房屋。秦国多林，故以木房为多。此处代指西戎(今甘肃一带)。⑩ 心曲：心灵深处。⑪ 牡：公马。孔：甚。阜：肥大。⑫ 辔(pèi)：驾驭马匹的缰绳。一车四马，内二马各一辔，外二马各二辔，共六辔。⑬ 骝(liú)：与"駵"同。赤色黑鬣的马，即枣骝马。⑭ 䯄(guā)：身黄嘴黑的马。骊：纯黑色的马。骖：车辕外侧二马称骖。⑮ 龙盾：盾牌上画着龙纹。合：两只盾牌合挂于车上。⑯ 以：之。觼(jué)：有舌的环。軜(nà)：内侧二马的辔绳。⑰ 邑：秦国的属邑。⑱ 方：将。期：指归期。⑲ 胡然：为什么。⑳ 俴驷：四匹马只披轻甲。孔群：十分协调。孔，很。㉑ 厹(qiú)矛：头有三棱锋刃的长矛。镎(duì)：即"镦"，矛柄下端金属套。㉒ 蒙：读为厖(máng)，画着杂乱的羽纹。伐：通"䂨"，中等型号的盾。苑：花纹。㉓ 虎韔(chàng)：用虎皮做的弓囊。镂膺：在弓袋正面雕刻花纹。㉔ 交帐二弓：两张弓，一弓背向左，一弓背向右，交错放于袋中。交，互相交错；帐，用作动词，作"藏"讲。㉕ 闭：通"柲"(bì)，即弓檠，弓架，正弓之器具，用竹制成，形同弓。绲(gǔn)：绳。縢(téng)：缠捆。㉖ 载寝载兴：又寝又兴，起卧不宁。载，助词；兴，起来。㉗ 厌厌：安静柔和貌。良人：指女子的丈夫。㉘ 秩秩：有礼节。一说聪明多智貌。德音：好声誉。

　　关于本诗的主题思想，大致有以下几种看法：一、赞美秦襄公说(《毛诗序》等)，二、赞美秦庄公说(魏源《诗古微》)，三、慰劳征戎大夫说(丰坊《诗传》)，四、伤王政衰微说(朱谋㙔《诗故》)，五、出军乐歌说(吴懋清《毛诗复古录》)，六、爱国思想说(陈铁镔《诗经解说》)，七、怀念征夫说(刘沅《诗经恒解》等)。以怀念征夫说较为合理。

　　东周初年，西戎骚扰不断，于是秦襄公奉周天子之命，率兵讨伐西戎，夺地数百里，既解除了西戎的威胁，又扩大了秦国的势力范围。《小戎》所写内容，虽与上面所说史实有关，但不等于说本诗就是直接赞美秦襄公，二者不能混为一谈。

　　这是一首妻子怀念征夫的诗。秦师出征时，家人必往送行，征人之妻当在其中。事后，她回忆起当时丈夫出征时的壮观场面，进而联想到丈夫离家后的情景,回味丈夫给她留下的美好形象,希望他建功立业,博得好名声,凯旋归来。字里行间,充满着仰慕之心和思念之情。

这首诗体现了"秦风"的特点。在秦国,习武成风,男儿从军作战,为国效劳,成为时尚。正像本诗夸耀秦师如何强大,装备如何精良,阵容如何壮观那样,举国崇尚军事,炫耀武力,正是"秦风"一大特点。诗中描写的那位女子,眼中所见,心中所想,都带有"秦风"的烙印。在她心目中,其夫也是个英俊勇敢的男子汉,他驾着战车,征讨西戎,为国出力,受到国人的称赞,她也为有这样一位丈夫而感到荣耀。她思念从军在外的丈夫,但她并没有拖丈夫的后腿,也没有流露出类似"可怜无定河边骨,犹是春闺梦里人"(陈陶《陇西行》)那样的哀怨情绪,即如今人朱守亮所说,"不肯作此败兴语"(《诗经评释》)。

本诗采用了先实后虚的写法,即先写女子所见,后写女子所想。秦师出征那天,她前往送行,看见出征队伍的阵容,十分壮观:战车列阵,兵强马壮,兵器精良,其夫执鞭驾车,整装待发,仿佛一幅古代战车兵阵图。队伍出发后的情景是女子的联想,其中既有对征夫在外情景的设想,又有自己对征夫的思念。

在章法结构上,作者对全诗作了精心安排。诗共三章,每章十句,每句四字。每章的前六句赞美秦师兵车阵容的壮观,后四句抒发女子思君情意。前六句状物,重在客观事物的描述;后四句言情,重在个人情感的抒发。从各章所写的具体内容看,各有侧重,少有雷同。先看各章的前六句:第一章写车制,第二章写驾车,第三章写兵器。再看各章的后四句,虽然都有"言念君子"之意,但在表情达意方面仍有变化。如写女子对征夫的印象:第一章是"温其如玉",形容其夫的性情犹如美玉一般温润;第二章是"温其在邑",言其征夫为人温厚,从军边防;第三章是"厌厌良人",言其征夫安静柔顺。又如写女子的思念心理,第一章是"乱我心曲",即想他时使我心烦意乱。第二章是"方何为期",问他何时才能归来?盼夫归来的心情多么迫切!第三章是"载寝载兴",辗转难眠,忽睡忽起,表明她日夜思念之情难以排除。作者这样安排内容,既不雷同,又能一气贯通。格式虽同,内涵有别。状物言情,各尽其妙。这就使得全诗的章法结构井然有序,又不显呆板。

(殷光熹)

蒹 葭

蒹葭苍苍,① 河边芦苇青苍苍,
白露为霜。 秋深露水结成霜。
所谓伊人,② 意中人儿在何处?

在水一方。	就在河水那一方。
溯洄从之,③	逆着流水去找她,
道阻且长。	道路险阻又太长。
溯游从之,	顺着流水去找她,
宛在水中央。	仿佛在那水中央。
蒹葭凄凄,	河边芦苇密又繁,
白露未晞。④	清晨露水未曾干。
所谓伊人,	意中人儿在何处?
在水之湄。⑤	就在河岸那一边。
溯洄从之,	逆着流水去找她,
道阻且跻。⑥	道路险阻攀登难。
溯游从之,	顺着流水去找她,
宛在水中坻。⑦	仿佛就在水中滩。
蒹葭采采,	河边芦苇密稠稠,
白露未已。	早晨露水未全收。
所谓伊人,	意中人儿在何处?
在水之涘。⑧	就在水边那一头。
溯洄从之,	逆着流水去找她,
道阻且右。⑨	道路险阻曲难求。
溯游从之,	顺着流水去找她,
宛在水中沚。⑩	仿佛就在水中洲。

(程俊英译)

〔注〕 ① 蒹(jiān)、葭(jiā):都是芦苇一类的植物,在水边生长。苍苍:茂盛的样子,下文"凄凄"(借为"萋萋")、"采采"义同。一说"苍苍"指青色,亦通。 ② 伊人:那个人,指所思慕的对象。 ③ 溯洄:逆着河流向上走。下文"溯游"指顺着河流往下走。一说"洄"指弯曲的水道,"游"指直流的水道,亦通。从下文"道阻且长"等句来看,"溯洄""溯游"应是陆行。 ④ 晞(xī):晒干。 ⑤ 湄(méi):水和草交接的地方,也就是岸边。 ⑥ 跻(jī):上升,这里指地势渐高,需要攀登。 ⑦ 坻(chí):水中高地。 ⑧ 涘(sì):水边。 ⑨ 右:迂回曲折,一说高,亦通。 ⑩ 沚(zhǐ):水中小沙洲。

东周时的秦地大致相当于今天的陕西大部及甘肃东部。其地"迫近戎狄"，这样的环境迫使秦人"修习战备，高尚气力"（《汉书·地理志》），而他们的情感也是激昂粗豪的。保存在《秦风》里的十首诗也多写征战猎伐、痛悼讽劝一类的事，似《蒹葭》《晨风》这种凄婉缠绵的情致却更像郑卫之音的风格。

　　诗中"白露为霜"给我们传达出节序已是深秋了，而天才破晓，因为芦苇叶片上还存留着夜间露水凝成的霜花。就在这样一个深秋的凌晨，诗人来到河边，为的是追寻那思慕的人儿，而出现在眼前的是弥望的茫茫芦苇丛，呈出冷寂与落寞，诗人所苦苦期盼的人儿在哪里呢？只知道在河水的另外一边。但这是一个确定性的存在吗？从下文看，并非如此。是诗人根本就不明伊人的居处，还是伊人像"东游江北岸，夕宿潇湘沚"的"南国佳人"（曹植《杂诗七首》之四）一样迁徙无定，我们也无从知晓。这种也许是毫无希望但却充满诱惑的追寻在诗人脚下和笔下展开。把"溯洄""溯游"理解成逆流而上和顺流而下或者沿着弯曲的水道和沿着直流的水道，都不会影响到对诗意的理解。在白居易《长恨歌》中，杨贵妃消殒马嵬坡后，玄宗孤灯独守，寒衾难眠，通过道士鸿都客"上穷碧落下黄泉"的寻找，仍是"两处茫茫皆不见"，但终究在"虚无缥缈"的海外仙山上找到了已成仙的杨贵妃，相约重逢于七夕。而《蒹葭》中，诗人一番艰劳的上下追寻后，伊人仿佛在河水中央，周围流淌着波光，依旧无法接近。《周南·汉广》中诗人也因为汉水太宽无法横渡而不能求得"游女"，陈启源说："夫说（悦）之必求之，然惟可见而不可求，则慕说益至。"（《毛诗稽古编·附录》）"可见而不可求"，可望而不可即，加深着渴慕的程度。诗中"宛"字表明伊人的身影是隐约缥缈的，或许根本上就是诗人痴迷心境下生出的幻觉。

　　以下两章只是对首章文字略加改动而成，这种仅对文字略加改动的重章叠唱是《诗经》中常用的手法。具体到本诗，这种改动都是在韵脚上——首章"苍、霜、方、长、央"属阳部韵，次章"凄、晞、湄、跻、坻"属脂微合韵，三章"采、已、涘、右、沚"属之部韵——如此而形成各章内部韵律协和而各章之间韵律参差的效果，给人的感觉是：变化之中又包含了稳定。同时，这种改动也造成了语义的往复推进。如"白露为霜""白露未晞""白露未已"——夜间的露水凝成霜花，霜花因气温升高而融为露水，露水在阳光照射下蒸发——表明了时间的延续。

　　本诗曾被认为是用来讥刺秦襄公不能用周礼来巩固他的国家（《毛诗序》、郑笺），或惋惜招引隐居的贤士而不可得（姚际恒《诗经通论》、方玉润《诗经原始》）。但跟《诗经》中多数诗内容往往比较具体实在不同，本诗并没有具体的事件与场景，甚至连"伊人"的性别都难以确指。上述两种理解也许当初是有根据的，但这些根据或者没有留存下来,或者不足以服人,因而他们的结论也就让人怀疑了。《诗经》的历代注家往往是求之愈深,却得到失之愈远的相反结果。况且"一切历史都是当代史"(见英国哲学家、历史学家科林伍德《历史观念》),对文本的阐释也具有当代性。现代大多数学者都把它看作是一首情诗。

诗意的空幻虚泛给阐释带来了麻烦,但无疑也因而扩展了其内涵的包容空间。我们触及隐藏在描写对象后面的东西,就感到这首诗中的物象,不只是被诗人拿来单纯地歌咏,其中更蕴育着某些象征的意味。"在水一方"为企慕的象征,钱锺书《管锥编》已申说甚详。"溯洄""溯游""道阻且长""宛在水中央"也不过是反复追寻与追寻的艰难和渺茫的象征。诗人上下求索,而伊人虽隐约可见却依然遥不可及。《西厢记》中莺莺在普救寺中因母亲的拘系而不能与张生结合,叹惜"隔花阴人远天涯近",《蒹葭》中的诗人也是同样的感觉吧。

诗人的追寻似乎就要成功了,但终究还是水月镜花。古希腊神话中有一则说坦塔罗斯王因自我吹嘘犯下罪过而遭受惩罚——忍受永远的焦渴和饥饿之苦。他站在大湖中,湖水深及他的下颔,湖岸长着果树,累累果实就悬在他的头顶。可是,当他口渴低头喝水时,湖水便退去;当他腹饥伸手摘果时,树枝便荡开,清泉佳果他始终可望而不可即。目标的切近反而使失败显得更为让人痛苦、惋惜,最让人难以接受的失败是距离成功仅一步之遥的失败。

探索人生深刻体验的作品总在后代得到不断的回应。"蒹葭之思"(省称"葭思")、"蒹葭伊人"成为旧时书信中怀人的套语。曹植《洛神赋》、李商隐的《无题》诗也是《蒹葭》所表现的主题的回应。而当代台湾通俗小说家琼瑶的一部言情小说就叫做《在水一方》,同名电视剧的主题歌是这样的:绿草苍苍,白雾茫茫,有位佳人,在水一方……

(张金耀)

终　南

终南何有?①	终南山上有什么?
有条有梅。②	有山楸来有梅树。
君子至止,	有位君子到此地,
锦衣狐裘。③	锦绣衣衫狐裘服。
颜如渥丹,④	脸儿红红像涂丹,
其君也哉?	莫非他是我君主?

终南何有？	终南山上有什么？
有纪有堂。⑤	有棱有角地宽敞。
君子至止，	有位君子到此地，
黻衣绣裳。⑥	青黑上衣五彩裳。
佩玉将将，⑦	身上佩玉响叮当，
寿考不忘。⑧	富贵寿考莫相忘。

〔注〕 ① 终南：终南山，在今陕西西安市郊外。　② 条：树名，即山楸。材质好，可制车板。　③ 锦衣狐裘：当时诸侯的礼服。《礼记·玉藻》："君衣狐白裘，锦衣以裼之。"　④ 渥(wò)：涂。丹：赤石制的红色颜料，今名朱砂。　⑤ 纪：山角。堂：山上宽平处。朱熹《诗集传》："纪，山之廉角也。堂，山之宽平处也。"一说纪和堂是两种树名，即杞柳和棠梨。　⑥ 黻(fú)衣：黑色青色花纹相间的上衣。绣裳：五彩绣成的下裳。当时都是贵族服装。　⑦ 将将：同"锵锵"，象声词。　⑧ 考：高寿。

关于这首诗作者身份的推测，前人有两种说法：其一，秦大夫所作。《诗序》以为"（襄公）能取周地，始为诸侯，受显服，大夫美之故作是诗，以戒劝之"。其二，周遗民所作。方玉润《诗经原始》云："此必周之耆旧，初见秦君抚有西土，皆膺天子命以治其民，而无如何，于是作此。"其最有力的推断即是"其君也哉"一句。严粲《诗缉》云："'其'者，将然之辞。'哉'者，疑而未定之意。"此句意为："这个人将成为我们的君主吗？"方玉润说："秦臣颂君，何至作疑而未定之辞，曰'其君也哉'，此必不然之事也。"理由较充足，可信为周遗民之作。现代有的研究者认为是终南山的姑娘，对进山的青年表示爱慕之心而作，亦别开生面，可备参考。

又关于此诗究竟是"美"还是"戒"，前人亦意见不一。朱熹《诗集传》主"此秦人美其君之词"，姚际恒亦肯定"有美无戒"。而《诗序》的总体评价是："《终南》，戒襄公也。"方玉润则以为此诗"美中寓戒，非专颂祷"。从诗的实际情况来看，方氏所见较为平允。

诗的"美"，主要是颂美秦公的容颜、服饰和仪态。两章诗都对"君子"的来到表示出敬仰和赞叹的态势。那君子的脸容红润丰泽，大有福相。那诸侯的礼服，内里狐白裘，外罩织锦衣，还有青白相间斧形上装和五色斑斓的下裳，无不显得精美华贵，熠熠生辉。诗中对秦公的衣着有着一种新鲜感，不像是司空见惯习以为常的感觉，秦公也像是在炫耀华服似的，在在证明这确是秦襄公被始封为诸侯而穿上显服的情景。《史记·秦本纪》："（周）平王封襄公为诸侯，赐之岐以西之地。其子文公，遂收周遗民有之。"诗大约就作于那时期。除了服装外，诗还写到了饰物的佩声锵锵，那身上琳琅的美玉挂件叮当作响，音韵悦耳。这就见出诗所描摹的形象是动态的,行进中的,仿佛让人感觉到秦公步履雍容来到终南山祭祀行礼。诗通过视觉、听觉形象的勾勒,至少在外观上透出富贵气派和令人敬仰感。

至于作者所代表的周遗民的内心感受是怎样的呢?似乎不像外在敬意那样简单,两章末尾各有一句耐人寻味的结语。第一句是"其君也哉",从那惊疑不定的揣测口吻中,显出忐忑不安、忧喜参半的复杂心情。新君降临一方,旧地遗民自有前途未卜的紧张心理,这很真实自然。第二句是"寿考不忘",意谓:秦君哪,你富贵寿考,但最终不要忘记这里曾是周王的土地和百姓呵!将祝福、叮咛、告诫、期望种种难以直言的心境委婉托出。辨味这两句,诗确实是意存劝诫,希望秦君是明君,而不是暴君。至于为什么那么含蓄婉曲,汪中《述学·释三九》说:"周人尚文,君子之于言不径而致也,是以有曲焉。"倒是较为圆通的。不过,最主要的恐怕还是不便直说。

最后我们看看两章诗的起兴有何意味。首先,周民搬出引以为豪的周地名山起兴,显示了王都之民的身份和某种程度的优越感,也可使初来乍到的秦公不至小觑他们。就此意义而言,或有借本地名胜以壮胆撑门面的虚荣心理吧。其次,更为重要的是,终南山又名中南山,巍峨险峻,为万众仰慕。《尚书·禹贡》:"终南惇物。"《左传·昭公四年》:"荆山、中南,九州之险。"皆指此山。终南山有什么?有丰富的物产,尤以根深叶茂的林木为代表。还有宽衍险奥、气象万千的山势。这些表面物象,明眼人都不难看清。那么作者何以要如数家珍不惜饶舌呢?一层意思是以隆崇的终南山,暗寓对秦公尊严身份的褒扬,有以伟物兴伟人的奉承之意。另一层意思是让秦公好好思忖一下:你真的能像终南山一样的受人尊崇吗?你只有修德爱民,不负众望,才能与名山的地位相媲美。正如后世曹操《短歌行》诗所云:"山不厌高,水不厌深。周公吐哺,天下归心。"其寓戒于颂一石两鸟的用意非常含蓄巧妙。

(曹光甫)

黄　　鸟

交交黄鸟,①	交交黄鸟鸣声哀,
止于棘。②	枣树枝上停下来。
谁从穆公?③	是谁殉葬从穆公?
子车奄息。④	子车奄息命运乖。
维此奄息,	谁不赞许好奄息,

百夫之特。⑤　　百夫之中一俊才。
临其穴，　　　众人悼殉临墓穴，
惴惴其慄。⑥　　胆战心惊痛活埋。
彼苍者天，⑦　　苍天在上请开眼，
歼我良人！⑧　　坑杀好人该不该！
如可赎兮，　　　如若可赎代他死，
人百其身。⑨　　百人甘愿赴泉台。

交交黄鸟，　　　交交黄鸟鸣声哀，
止于桑。⑩　　　桑树枝上歇下来。
谁从穆公？　　　是谁殉葬伴穆公？
子车仲行。　　　子车仲行遭祸灾。
维此仲行，　　　谁不称美好仲行，
百夫之防。⑪　　百夫之中一干才。
临其穴，　　　众人悼殉临墓穴，
惴惴其慄。　　　胆战心惊痛活埋。
彼苍者天，　　　苍天在上请开眼，
歼我良人！　　　坑杀好人该不该！
如可赎兮，　　　如若可赎代他死，
人百其身。　　　百人甘愿化尘埃。

交交黄鸟，　　　交交黄鸟鸣声哀，
止于楚。⑫　　　荆树枝上落下来。
谁从穆公？　　　是谁殉葬陪穆公？
子车鍼虎。　　　子车鍼虎遭残害。
维此鍼虎，　　　谁不夸奖好鍼虎，
百夫之御。　　　百夫之中辅弼才。
临其穴，　　　众人悼殉临墓穴，
惴惴其慄。　　　胆战心惊痛活埋。

彼苍者天，	苍天在上请开眼，
歼我良人！	坑杀好人该不该！
如可赎兮，	如若可赎代他死，
人百其身。	百人甘愿葬蒿莱。

〔注〕　① 交交：鸟鸣声。马瑞辰《毛诗传笺通释》："交交，通作'咬咬'，鸟声也。"黄鸟：即黄雀。　② 棘：酸枣树。一种落叶乔木，枝上多刺，果小味酸。棘之言"急"，双关语。　③ 从：从死，即殉葬。穆公：春秋时秦国国君，姓嬴，名任好。　④ 子车：复姓。奄息：人名。下文子车仲行、子车鍼(qián)虎同此。　⑤ 特：杰出的人才。　⑥ "临其穴"二句：郑笺："谓秦人哀伤其死，临视其圹，皆为之悼慄。"　⑦ 彼苍者天：悲哀至极的呼号之语，犹今语"老天爷哪"。　⑧ 良人：好人。　⑨ 人百其身：犹言用一百人赎其一命。　⑩ 桑：桑树。桑之言"丧"，双关语。　⑪ 防：抵当。郑笺："防，犹当也。言此一人当百夫。"　⑫ 楚：荆树。楚之言"痛楚"，亦为双关。

　　《黄鸟》是讽刺秦穆公以人殉葬，痛悼"三良"的挽诗。

　　《左传·文公六年》载："秦伯任好卒(卒于周襄王三十一年，即公元前621年)，以子车氏之三子奄息、仲行、鍼虎为殉，皆秦之良也。国人哀之，为之赋《黄鸟》。"据此，不仅诗的本事有信史可征，作诗年代亦有据可考。《史记·秦本纪》亦载其事："缪(穆)公卒，从死者百七十七人。秦之良臣子舆(车)氏三人名曰奄息、仲行、鍼虎，亦在从死之中。秦人哀之，为作歌《黄鸟》之诗。"殉葬，是奴隶社会的一种恶习，被殉的不仅是奴隶，还有统治者生前最亲近的人，秦穆公以"三良"从死，就是一例。《黄鸟》一诗只哀悼"三良"之死而不及其余，由此可知，那174人均为奴隶无疑。

　　诗分三章。第一章悼惜奄息，分为三层来写。首二句用"交交黄鸟，止于棘"起兴，以黄鸟的悲鸣兴起子车奄息被殉之事。据马瑞辰《毛诗传笺通释》的解释，"棘"之言"急"，是语音相谐的双关语，给本诗渲染出一种紧迫、悲哀、凄苦的氛围，为全诗的主旨定下了哀伤的基调。中间四句，点明要以子车奄息殉葬穆公之事，并指出当权者所殉的是一位才智超群的"百夫之特"，从而表现秦人对奄息遭殉的无比悼惜。诗的后六句为第三层，写秦人为奄息临穴送殉的悲惨惶恐的情状。"惴惴其慄"一语，就充分描写了秦人目睹活埋惨象的惶恐情景。这惨绝人寰的景象，灭绝人性的行为，使目睹者发出愤怒的呼号，质问苍天为什么要"歼我良人"。这是对当权者的谴责，也是对时代的质询。如果可以赎回奄息的性命，即使用百人相替也是甘心情愿的啊！由此可见，秦人对"百夫之特"的奄息的悼惜之情了。第二章悼惜仲行，第三章悼惜鍼虎，重章叠句，结构与首章一样，只是更改数字而已。

　　本诗在艺术上的主要特点是双关语的运用,增强了凄惨悲凉气氛,渲染了以人为殉的惨象,从而控诉了人殉制的罪恶。清陈继揆《读诗臆补》评之为"恻怆悲号,哀辞之祖",诚然。

　　秦穆公用殉177人,而作者只痛悼"三良",那174个奴隶之死却只字未提,则此诗作者的身份地位不言而喻。殉葬的恶习,春秋时代各国都有,相沿成习,不以为非。《墨子·节葬》篇即云:"天子杀殉,众者数百,寡者数十;将军大夫杀殉,众者数十,寡者数人。"不过到了秦穆公的时代,人们已清醒地认识到人殉制度是一种极不人道的残暴行为,《黄鸟》一诗,就是一个证据。尽管本诗作者仅为"三良"遭遇大鸣不平,但仍然是历史的一大进步。

(秦惠民)

晨　风

鴥彼晨风,①	鹯鸟如箭疾飞行,
郁彼北林。②	飞入北边茂密林。
未见君子,	意中人儿未望见,
忧心钦钦。③	忧心忡忡情难平。
如何如何?	怎么办呵怎么办?
忘我实多!	你竟把我忘干净!
山有苞栎,④	山坡栎树真丛错,
隰有六驳。⑤	洼地梓榆真斑驳。
未见君子,	意中人儿未望见,
忧心靡乐。	忧心忡忡难快乐。
如何如何?	怎么办呵怎么办?
忘我实多!	你把我忘实在多!
山有苞棣,⑥	山坡长满那唐棣,
隰有树檖。⑦	洼地挺立那山梨。
未见君子,	意中人儿未望见,
忧心如醉。	忧心忡忡似醉迷。

如何如何?　　怎么办呵怎么办?
忘我实多!　　你已把我全忘记!

〔注〕①鴥(yù):鸟疾飞的样子。晨风:鸟名,即鹯鸟,属于鹞鹰一类的猛禽。②郁:郁郁葱葱,形容茂密。③钦钦:朱熹《诗集传》"忧而不忘之貌。"④苞:丛生的样子。栎(lì):树名。⑤隰(xí):低洼湿地。六驳(bó):木名,梓榆之属,因其树皮青白如驳而得名。駮即"驳"字。⑥棣:唐棣,也叫郁李,果实色红,如梨。⑦树:形容檖树直立的样子。檖(suì):山梨。

一个女子痴心地渴望着,等待着重新见到那位朝思暮想的"君子",她望穿秋水,等得心碎神伤。其实那位"君子",恐怕压根儿已将她忘个罄尽。这首诗的内容实有揶揄嘲弄这位"君子""二三其德"的况味。朱熹《诗集传》说本诗写妇女担心外出的丈夫已将她遗忘和抛弃,这比起《毛序》"刺秦康公弃其贤臣说"、朱谋㙔《诗故》"刺弃三良说"、何楷《诗经世本古义》"秦穆公悔过说"等,相对而言较为通达,可作参考。

全诗三章,章六句。首章用鹯鸟归林起兴,也兼有赋的成分。鸟倦飞而知返,还会回到自己的窝里,而人却忘了家,不想回来。这位女子望得情深意切。起首两句,很可能是杜甫《望岳》中名句"决眦入归鸟"所本。从眼前景切入心中情,又是暮色苍茫的黄昏,仍瞅不到意中的"君子",心底不免忧伤苦涩。再细细思量,越想越怕,怎么办呵怎么办?那人怕已忘了我!不假雕琢,明白如话的质朴语言,表达出真挚感情,使人如闻其声,如窥其心,这是《诗经》语言艺术的一大特色。从"忘我实多"可以揣测他们间有过许许多多花前月下、山盟海誓的情事,忘得多也就负得深,这位"君子"实在是无情无义的负心汉。不过诗还是表达得相当蕴藉的,细细咀嚼方能品味。五代冯延巳脍炙人口的《鹊踏枝》词"几日行云何处去?忘却归来,不道春将暮;百草千花寒食路,香车系在谁家树",当系从此诗翻出。

"山有……隰有……"是《诗经》常出现的起兴成句,用以比况物各得其宜。上古时代先民物质生活尚不丰富,四望多见山峦坑谷正是历史的必然。那颙望着的女子瞥见晨风鸟箭样掠过飞入北林后,余下所见就是山坡上有茂密栎树和洼地里有树皮青白相间的梓榆。三章则换了两种树:棣和檖。之所以换,其主要作用怕是在于换韵脚。万物各得其所,独有自己无所适从,那份惆怅和凄凉可想而知,心里自然不痛快。三章诗在表达"忧心"上是层层递进的。"钦钦"形容忧而不忘;"靡乐",不再有往事和现实的欢乐;"如醉",如痴如醉精神恍惚。再发展下去,也许就要精神崩溃了。全诗各章感情的递进轨迹相当清晰和真实可信。

朱熹为了自圆其说,《诗集传》还特意举了例证说:"此与《㷎㵡(yǎn yí)》之歌同意,盖秦俗也。"《㷎㵡歌》的本事是这样的:百里奚逃亡后当上了秦相,宴席时厅堂上乐声齐奏。有个洗衣女佣说自己懂得音乐,于是操琴抚弦而奏,并唱道:"百里奚,五羊皮。忆别时,烹伏雌,炊㷎㵡。今富贵,忘我为!"百里奚听后询问,方知是失散的妻子,于是夫妻团圆。朱熹用秦俗来证秦风,也颇有说服力。不过诗无达诂,见仁见智,也不必泥于一说。方玉润《诗经原始》说:"男女情与君臣义原本相通,诗既不露其旨,人固难以意测。"说得很圆通,让人自己去心领神会。高亨《诗经今注》云:"这是女子被男子抛弃后所作的诗。(也可能是臣见弃于君,士见弃于友,因作这首诗。)"这后面两个"也可能",补充得很有意思。《韩诗外传》和《说苑·奉使篇》载赵仓唐见魏文侯时引及此诗,还用来表达君父忘记臣子之意。因此,关于此诗的主题,还是有继续发掘的余地的。 (曹光甫)

无　衣

岂曰无衣?	谁说我们没衣穿?
与子同袍。①	与你同穿那长袍。
王于兴师,②	君王发兵去交战,
修我戈矛,	修整我那戈与矛,
与子同仇。③	杀敌与你同目标。

岂曰无衣?	谁说我们没衣穿?
与子同泽。④	与你同穿那内衣。
王于兴师,	君王发兵去交战,
修我矛戟,	修整我那矛与戟,
与子偕作。⑤	出发与你在一起。

岂曰无衣?	谁说我们没衣穿?
与子同裳。⑥	与你同穿那战裙。
王于兴师,	君王发兵去交战,
修我甲兵,⑦	修整甲胄与刀兵,
与子偕行。	杀敌与你共前进。

〔注〕 ①袍：长袍，即今之斗篷。 ②王：指周王，秦国出兵以周天子之命为号召。一说指秦君。 ③同仇：共同对敌。 ④泽(zé)：通"襗"，内衣，如今之汗衫。 ⑤作：起。 ⑥裳：下衣，此指战裙。 ⑦甲兵：铠甲与兵器。

　　这首诗充满了激昂慷慨、同仇敌忾的气氛，读之不禁受到强烈的感染。可是《毛诗序》却说："《无衣》，刺用兵也，秦人刺其君好攻战。"陈奂《诗毛氏传疏》也认为："此亦刺康公诗也。"《诗经》固然讲究美刺，但这里明明是美，却被说成刺。按其内容，当是一首爱国主义的战歌。据今人考证，周幽王十一年（秦襄公七年，公元前771年），周王室内讧，导致戎族入侵，攻进镐京，周王朝土地大部沦陷，秦国靠近王畿，与周王室休戚相关，遂奋起反抗。此诗似在这一背景下产生。

　　当时的秦国位于今甘肃东部及陕西一带。那里木深土厚，民性厚重质直。班固在《汉书·赵充国辛庆忌传赞》中说秦地"民俗修习战备，高上勇力，鞍马骑射。故秦诗曰：'王于兴诗，修我甲兵，与子偕行。'其风声气俗自古而然，今之歌谣慷慨风流犹存焉"。朱熹《诗集传》也说："秦人之俗，大抵尚气概，先勇力，忘生轻死，故其见于诗如此。"这首诗意气风发，豪情满怀，确实反映了秦地人民的尚武精神。在大敌当前、兵临城下之际，他们以大局为重，与周王室保持一致，一听"王于兴师"，他们就一呼百诺，紧跟出发，团结友爱，协同作战，表现出崇高无私的品质和英雄气概。

　　由于此诗旨在歌颂，也就是说以"美"为主，所以对秦军来说有巨大的鼓舞力量。据《左传》记载，鲁定公四年（前506年），吴国军队攻陷楚国的首府郢都，楚臣申包胥到秦国求援，"立依于庭墙而哭，日夜不绝声，勺饮不入口，七日，秦哀公为之赋《无衣》，九顿首而坐，秦师乃出"。于是一举击退了吴兵。可以想象，在秦王誓师的时候，此诗犹如一首誓词；对士兵们来说，则又似一首动员令。

　　如前所述，秦人尚武好勇，反映在这首诗中则以气概胜。诵读此诗，不禁为诗中火一般燃烧的激情所感染，那种慷慨激昂的英雄主义气概令人心驰神往。无怪乎吴闿生《诗义会通》评为"英壮迈往，非唐人出塞诸诗所及"。之所以造成这样的艺术效果，第一是每章开头都采用了问答式的句法。陈继揆《读诗臆补》说："开口便有吞吐六国之气，其笔锋凌厉，亦正如岳将军直捣黄龙。"一句"岂曰无衣"，似自责，似反问，洋溢着不可遏止的愤怒与愤慨。仿佛在人们复仇的心灵上点上一把火，于是无数战士同声响应："与子同袍！""与子同泽！""与子同裳！"第二是语言富有强烈的动作性："修我戈矛！""修我矛戟！""修我甲兵！"使人想象到战士们在磨刀擦枪、舞戈挥戟的热烈场面。这样的诗句，可以歌，可以舞，堪称激动人心的活剧。

诗共三章,采用了重叠复沓的形式。每一章句数、字数相等,但结构的相同并不意味简单的、机械的重复,而是不断递进,有所发展的。如首章结句"与子同仇",是情绪方面的,说的是我们有共同的敌人。二章结句"与子偕作",作是起的意思,这才是行动的开始。三章结句"与子偕行",行训往,表明诗中的战士们将奔赴前线共同杀敌了。这种重叠复沓的形式固然受到乐曲的限制,但与舞蹈的节奏起落与回环往复也是紧密结合的,而构成诗中主旋律的则是一股战斗的激情,激情的起伏跌宕自然形成乐曲的节奏与舞蹈动作,正所谓"长言之不足,故嗟叹。嗟叹之不足,故不知手之舞之足之蹈之也。"(《礼记·乐记》) (徐培均)

渭 阳

我送舅氏,	我送舅舅归国去,
曰至渭阳。①	转眼来到渭之阳。
何以赠之?	有何礼物赠与他?
路车乘黄。②	一辆大车四马黄。

我送舅氏,	我送舅舅归国去,
悠悠我思。	思绪悠悠想娘亲。
何以赠之?	用何礼物赠与他?
琼瑰玉佩。③	宝石玉佩表我心。

〔注〕 ① 曰:发语词。阳:水之北曰阳。 ② 路车:朱熹《诗集传》:"路车,诸侯之车也。" ③ 琼瑰:玉一类美石。

这是一首表达甥舅情谊的诗,《毛诗序》云:"《渭阳》,康公念母也。康公之母,晋献公之女。文公遭骊姬之难未返,而秦姬卒。穆公纳文公。康公时为太子,赠送文公于渭之阳,念母之不见也,我见舅氏,如母存焉。"这段关于诗本事的叙述,与诗意相吻合,基本上是可信的。《序》末句还有关于创作时间的叙述,曰"及其即位,思而作是诗也"。指代不明,故多有争讼,陈子展先生在《诗经直解》中细加辨析,以为此诗当作于晋文公由秦归国的周襄王十六年(前630),至迟不过次年。可备一说。

全诗两章,每章四句。

第一章开头两句"我送舅氏,曰至渭阳",在交代诗人和送别者的关系的同时,选择了一个极富美学意味和心理张力的场景:从秦都雍出发的诗人(秦康公)送舅氏重耳(晋文公)回国就国君之位,来到渭水之阳,即将分别。在这里有千言万语可说,但又无法尽说。单从送别路途之遥已可见舅甥情谊深厚,这深厚的情谊在临别的这一点上会以什么样的方式表现呢?泪眼凄迷显然是不合适的,这不仅仅是男儿有泪不轻弹的缘故,更因为重耳归国即位正是多年所望,是件大喜事儿,于是临别之时"何以赠之,路车乘黄"。这一辆大车四匹黄马大有深意,这里有送舅氏快快回国之意,也有无限祝福寄寓其间,更深一层的是,这表明了秦晋两国政治上的亲密关系。陈奂在《诗毛氏传疏》中说:"康公作诗时,穆公尚在。《坊记》:父母在,馈献不及车马。此赠车马,何也?……然则康公亦白穆公而行欤?"这段考证说明,车马之赠是康公之意也是穆公所许,它将赠送路车乘黄所隐含的政治外交意义揭示无遗。

第二章由惜别之情转向念母之思。康公之母秦姬生前曾盼望着她的弟弟重耳能够及早返回晋国,但这愿望却未能实现;今天当希望成为现实的时候,秦姬已经离开人世,所以诗人在送舅氏归国之时,岂能不由舅氏而念及其母,由希望实现时的高兴而转为怀念母亲的哀思?"我送舅氏,悠悠我思",两句既完成了章法上和情绪上的前后转换,更为这一首短诗增加了丰厚的蕴含。甥舅之情本源于母,而念母之思更加深了甥舅情感,孔颖达《毛诗正义》言:"'悠悠我思',念母也。因送舅氏而念母,为念母而作诗。"是也。既有此思,在考虑"何以赠之"的时候,便自然地想到"琼瑰玉佩"这些纯洁温润的玉器,这不仅是赞美舅氏的道德人品,也有愿舅舅不要忘记母亲曾有的深情厚意,当然也不要忘记秦国对他重返晋国即君位所作的诸多努力的更深一层非言语能尽的含义。

全诗虽然只有两章八句,但章法变换、情绪转移都有可圈点处。在形式上,两章结构相同,用韵有别,诗歌的整体气氛由高昂至抑郁均可找到形式上的依据,是妙手偶得,还是刻意为之,读者当细心品味。此诗对后世有很深的影响,陈继揆《读诗臆补》说此诗"为后世赠言之始",方玉润《诗经原始》说此诗"为后世送别之祖",刘玉汝《诗缵绪》指出本篇"送行而止述其送赠怀思之情,而不及其所事者,正得送别之体。《文选》中送别诗多如此,盖古意也"。

(戴元初)

权　舆

於我乎!①	唉我呀!
夏屋渠渠。②	曾是大碗饭菜很丰裕,
今也每食无余。	如今每顿吃完没剩余。
於嗟乎!	唉呀呀!

不承权舆。③ 现在哪能比当初。

於我乎！ 唉我呀！
每食四簋。④ 曾是每顿饭菜四大碗，
今也每食不饱。 如今每顿肚子填不满。
於嗟乎！ 唉呀呀！
不承权舆。 现在哪能比当年。

〔注〕 ①於：叹词。 ②夏屋：大的食器。夏，大；屋，通"握"，《尔雅》："握，具也。"渠渠：丰盛。《广雅》："渠渠，盛也。" ③承：继承。权舆：本指草木初发，引申为起始，见马瑞辰《毛诗传笺通释》。 ④簋（guǐ）：古代青铜或陶制圆形食器。毛传："四簋，黍稷稻粱。"朱熹《诗集传》："四簋，礼食之盛也。"

《权舆》一诗，通过礼饩今昔薄厚悬殊，刺秦君养士不终。魏源以为"《权舆》诗人其冯谖之流乎"（《诗古微》），所比甚为贴切。《毛诗序》云："《权舆》，刺康公也。忘先君之旧臣，与贤者有始而无终也。"虽有坐实之弊，亦不为误。

诗两章结构相同，在反复咏叹中见"低徊无限"（吴闿生《诗义会通》引旧评）之情，感慨秦康公不能礼待贤者。诗首句即以慨叹发语，让听者有"不提倒也罢了，提起两眼泪汪汪"的心理预设，作者以下提及的今昔强烈对比就显得自然而不突兀。过去的日子里大碗吃饭、大碗吃肉，而如今是每顿供应的饭菜都非常简约，几乎到了吃不饱的程度，前后待遇悬殊，让人难以承受。其实，饮食上的一点变化并不是最重要的，重要的是由此反映出的贤者在国君心目中的位置。嬴秦为求霸业，多有好养游士食客之君主（这一点可参见秦李斯所作《谏逐客书》），其中秦穆公便是较为突出的一位。他取由余于戎，获百里奚于宛，迎蹇叔于宋，求丕豹、公孙枝于晋，并且屡败犹用孟明，善马以养勇士，一时间四方游士，望风奔秦。及至穆公死，其子康公立，忘旧弃贤，使游侠之士生活水平急剧下降，诗人在此背景下，唱出这首嗟叹的歌，确实可以证史，"六经皆史"，由此可见。

诗的前后两章虽然相近，但些微变化间显示出歌唱者前后待遇的落差之大。第一章里提及的变化还只是从大碗饭食到每食无余，到第二章里已经从"每食四簋"到"每食不饱"了，于是作者一唱三叹，"於嗟乎！不承权舆"，这嗟叹声中充满了失望和希望：对遭受冷遇的现实的失望和对康公恢复先王礼贤下士之风的希望。从诗中我们无法看到诗作者慨叹之后待遇能否得到改变，但从歌"长铗归来乎，食无鱼"的战国齐孟尝君食客冯谖身上或可看到他的影子。

陈继揆《读诗臆补》云："秦上首功,简贤弃士。《权舆》一诗,其逐客坑儒之渐欤? 楚穆生因礼酒不设而去。唐明皇时,薛令之为东宫诗曰:'朝日上团圆,照见先生盘。盘中何所有? 苜蓿长阑干。饭涩匙难捥,羹稀箸易宽。'遂去。两贤其得诗人《权舆》之旨者!"他的这番话似乎可以使我们对《权舆》的意义与影响有更深的理解。

(戴元初)

陈　风

《诗经》类名。"国风"之一。共十篇。陈地民歌。周武王封舜之后人妫满于陈,都宛丘(今河南淮阳),是为胡公。其地包括今河南柘城、安徽亳州等地。诗约为东周以后的作品。《汉书·地理志下》:"妇人(指武王长女太姬,嫁胡公满)尊贵,好祭祀用巫,故俗好巫鬼。击鼓于宛丘之上,婆娑于枌树之下,有太姬歌舞遗风。"其诗反映了爱好歌舞、崇信鬼巫的民风,内容则多半涉及婚姻恋爱。

【诗歌解题】

宛　　丘　　　陈风

子之汤兮,①	你起舞热情奔放,
宛丘之上兮。②	在宛丘山坡之上。
洵有情兮,③	我诚然倾心恋慕,
而无望兮。	却不敢存有奢望。

坎其击鼓,④	你击鼓坎坎声传,
宛丘之下。	宛丘下欢舞翩然。
无冬无夏,	无论是寒冬炎夏,
值其鹭羽。⑤	持鹭羽舞姿美艳。

坎其击缶,⑥	你击缶坎坎声响,
宛丘之道。	欢舞在宛丘道上。
无冬无夏,	无论是寒冬炎夏,

值其鹭翿。⑦　　　　持鹭羽舞姿漂亮。

〔注〕①汤(dàng)：通"荡"，形容舞姿摇摆不停，热情奔放的样子。②宛丘：陈国丘名，在陈国都城东南。③洵：确实。④坎其：即"坎坎"，打击乐器发出的声响。⑤值：通"植"，持，或释为戴。⑥缶(fǒu)：瓦盆，上古时期也是一种打击乐器。⑦翿(dào)：即诗中所说的"鹭羽"，一种用鹭鸟羽毛制作的舞蹈道具和装饰品，其形如伞。

关于这首诗的主旨，主要有三说。一是刺陈幽公说。《毛诗序》、郑笺、孔疏、严粲《诗缉》皆以为"子者，斥幽公也"。陈幽公荒淫好色，游荡无度，其德行一无可观，为人所恶，故有诗刺之。二是刺陈好巫风说。郝懿行《诗问》、魏源《诗古微》皆持此说，以为陈之先太姬妇人尊贵，好巫觋祭祀歌舞，国民传其遗风，遂成习俗，此诗实刺陈国臣民之陋俗。三是情诗恋歌说，此为"五四"新文化运动兴起以后多数学者的看法。笔者取第三说，认为《宛丘》一诗表达了诗人对一位巫女舞蹈家的爱慕之情。因为刺诗之说缺乏必要的文本支持，从诗的文本中的一个"汤"(荡)字，并不能得出刺舞者放荡的结论，荡有摇摆之义，不正是写舞者热情奔放的舞姿？况且从文本语义的抒情性看，在保留原始宗教的某些狂热性、巫风炽盛而四季巫舞不断的陈国，诗的作者怀着热烈的情爱，表达他对一位巫女舞蹈家的恋慕，实在是非常合乎情理的。在同以巫祀著称的楚国，不也有男女相思的内容反映在《九歌》等楚辞作品中吗？

此诗三章，首章感情浓烈，开篇两句写诗人为巫女优美奔放的舞姿而陶醉，情随舞起，两个"兮"字，看似寻常，实深具叹美之意，流露出诗人不能自禁的爱恋之情。而巫女径直欢舞，似乎没有察觉那位观赏者心中涌动的情愫，这使诗人惆怅地发出了"洵有情兮，而无望兮"的慨叹，同是两个"兮"字，又可品味出他单相思难成好事而徒唤奈何的幽怨之意。第二、三章全用白描手法，无一句情语，但所描绘的巫舞场景，仍处处可感受到诗人情之所系。在欢腾热闹的鼓声、缶声中，巫女不断地旋舞着，从宛丘山上坡顶舞到山下道口，从寒冬舞到炎夏；空间改变了，时间改变了，她的舞蹈却没有什么改变，仍是那么神采飞扬，仍是那么热烈奔放，仍是那么深具难以抑制的野性之美；而同时——尽管诗中未明言但我们仍能充分想象到——诗人也一直在用满含深情的目光看着她欢舞，一直在心中默默地念叨：我多么爱你，你却不知道！他在对自己的爱情不可能成功有清醒认识的同时，仍然对她恋恋不舍，那份刻骨铭心的情感实在令人慨叹。

此诗在技法风格上颇有特色。戴君恩《读诗臆评》评曰："一之声曼，二、三之响切，真是流商变徵。"陈震《读诗识小录》评曰："先断后案，遂使下二章叙述处文情不尽，'汤'字包尽下二章，'无望'判尽下二章，上为下断，下又为上注，格法尽奇。"牛运震《诗志》评曰:"一头两脚,一曲两直,别格活调。"虽对诗旨的理解与我们不同,但所评确为探骊得珠之论。全诗一开始就以"汤"字凸显出的舞之欢快,与"无望"二字凸显出的爱之悲怆,互相映射,互相震激,令人回肠荡气,销魂凝魂。第一章将主要内容概括已尽,是为"头",是为"断",而其语势有似弦乐奏出的慢板,是为"曼声",是为"曲";第二、三章以"宛丘"二字与上绾连,再加渲染、铺张,是为"脚",是为"注",而其语势有似铜管乐奏出的快板,是为"切响",是为"直"。而人们读此诗时,虽然对诗人所流露的一腔痴情会有深切的感受,但更吸引他们注意力的,恐怕还是那无休无止、洋溢着生命的飞扬跃动感的欢舞。舞者那股不加矫饰、热烈奔放的激情,令处于现代社会高度物质化的机械生活中的读者体会到一种真正的活力。故笔者以为此诗特定的文化氛围使它有别于一般的《诗经》篇章而具有特殊的兴发感动力量。

不知怎的,在行文将要结束时,笔者联想起法国著名作曲家拉威尔的《波莱罗舞曲》,这首被美国音乐评论家爱德华·唐斯称为"使人一听就产生无以言状而又不可抗拒的兴奋之情"的乐曲,描绘的是舞剧中这样的一个场景:"一个女人独自在一张桌子上跳着舞,四周围观的男人们目不转睛地注视着她的动作。随着她的舞姿愈来愈热烈,他们的情绪也愈来愈高涨。男人们击掌顿脚,形成有节奏的伴奏。最后在转到C大调的那一刻(全曲的高潮),男人们一个个拔剑出鞘。"(《管弦乐名曲解说》)这虽是西方乐舞,但反映的文化内涵却与《宛丘》相似:将不可遏止的情感投射于生命的存在本质的外化形式——乐舞。这话说得似乎有点玄,但绝不是对读者毫无益处的废话。

(茹云鹤　罗华荣)

东门之枌

东门之枌,①	东门种的是白榆,
宛丘之栩。②	宛丘种的是柞树。
子仲之子,③	子仲家中好女儿,
婆娑其下。④	大树底下婆娑舞。

穀旦于差,⑤	良辰美景正当时,
南方之原。⑥	同往南方平原处。
不绩其麻,	搁下手中纺的麻,
市也婆娑。⑦	姑娘热情婆娑舞。

榖旦于逝，⑧	良辰佳会总前往，
越以鬷迈。⑨	屡次前往已相熟。
视尔如荍，⑩	看你好像荆葵花，
贻我握椒。⑪	送我花椒一大束。

〔注〕　① 枌（fén）：白榆。　② 栩（xǔ）：即"柔"，柞树。　③ 子：女儿。　④ 婆娑：回旋舞蹈貌。　⑤ 榖（gǔ）：善。旦：日。于：语助词，无义。差：组。　⑥ 原：高平地。　⑦ 市：汉王符《潜夫论》引作"女"，是。　⑧ 逝：往。　⑨ 越以：发语词，即"于以"。鬷（zōng）：常常。迈：往，去。　⑩ 荍（qiáo）：荆葵花。　⑪ 贻：送。握：一把。椒：花椒。

　　这是一首描写男女爱情的情歌，它反映了陈国当时尚存的一种社会风俗。朱熹《诗集传》曰："此男女聚会歌舞，而赋其事以相乐也。"

　　诗是以小伙子为第一人称口吻写的，姑娘是子仲家的女儿。陈国的郊野有一大片高平的土地，那里种着密密的白榆、柞树。在某一美妙的好时光，小伙姑娘便去那里幽会谈情，姑娘舞姿翩翩，小伙情歌宛转。幸福的爱情之花含苞而放。在小伙眼睛里，姑娘美如荆葵花；在姑娘心目中，小伙是她的希望和理想，要送他一束花椒以表白感情。

　　这里说的某一美妙的时光是一个很有意义的特别时间"榖旦"。对这一词汇的理解不仅可以帮助我们顺利解读本诗，而且还有助于我们了解久已隐去的古风及其原始含义，从而认识某些节庆的起源以及少数民族中至今尚存的某些特殊节日及其节日风俗。同样，诗的地点"南方之原"也不是一个普通的场所。

　　"榖旦于差，南方之原。""榖旦"，毛传云："榖，善也。"郑笺云："旦，明。于，日。差，择也。朝日善明，日相择矣。"王先谦《诗三家义集疏》云："榖旦，犹言良辰也。"朱熹《诗集传》云："差择善旦以会于南方之原。""南方之原"，于省吾《泽螺居诗经新证》解曰："谓南方高平之原。"

　　良辰吉日是祭祀狂欢日。上古的祭祀狂欢日有多种。比如农耕社会中作为时历标准并祈祷丰收的火把节、腊日节等远古年节；祭祀生殖神并乞求部族繁衍旺盛的上巳节等各种祭祀日。不同主题的祭祀狂欢日有不同的祭祀和狂欢内容，比如驱傩、寒食、男女短期的恢复自由性交等。据朱熹《诗集传》，陈国"好乐巫觋歌舞之事"，陈国的古风可以说是保存得比较好的。因此就有这样的"榖旦"。

　　前人曾经常指责所谓的"郑卫之风"，认为它们"淫"。今天在我们看来，所谓的"淫"无非是指这些"风"热情奔放，是男女欢歌狂舞的音乐。实际上，这又何止郑风、卫风。陈风从诗文内容上看就是非常"淫"的。《汉书·地理志》说："太姬妇人尊贵,好祭祀用巫。故俗好巫鬼,击鼓于宛丘之上,婆娑于枌树之下。有太姬歌舞遗风。"就本诗而言,其内容是关于男女情爱的,可以推断,这一"穀旦"是用来祭祀生殖神以乞求繁衍旺盛的祭祀狂欢日。

《礼记·夏小正》说二月"绥多女士"。绥,《诗经·卫风·有狐》毛传云:"绥绥,匹行貌。"二月中成双结对的男女特别多,所以也有"怀春"一词。这不仅仅反映出与季节变化相应的生理本能;更有意义的是,也反映出这个时节的文化习俗。《周礼·地官·媒氏》曰:"中春之月,令会男女。于是时也,奔者不禁。……司男女之无夫家者而会之。"《礼记·月令·仲春之月》:"玄鸟至,至之日,以大牢祠于高禖。"高禖是古代仲春二月祭祀的唯一神祇。宋代罗泌《路史·后纪二》云:"以其(指女娲)载媒,是以后世有国,是祀为皋禖之神。"注引《风俗通》云:"女娲祷祠神,祈而为女媒,因置昏姻。"可见,高禖是婚姻神、生殖神。

在祭祀生殖神的佳期里男女可以放开禁忌而自由恋爱乃至交合,因此这种时候情歌和乐舞便特别兴盛。这种佳期以后逐渐成为民间的固定节日。魏晋以前尤为流行的上巳节就是同性质的节日。从上巳节流行的流卵、流枣等习俗看,上巳节即是祭祀生殖神乞求生殖的节日。《太平寰宇记》卷七六曰:"四川横县玉华池,每三月上巳有求子者,漉得石即是男,瓦即是女,自古有验。"至今,壮族、侗族等少数民族仍流行的三月三即是古俗的遗存。壮族的三月三在宋代的《太平寰宇记》中就有记载。其时,青年男女盛装聚会并对歌数日。男女青年还抛绣球以互通情怀。布依族在同期也举办与壮族歌墟相当的跳花会,人们也常因期间的男女交谊活动而称"鹊桥会"。黎族更是直接把三月三称为谈爱日。可见,这样的节日至今仍保留着原始的择偶属性。(西方也同样有公历2月14日的圣瓦伦丁节,又称情人节。)而这种风俗,也正如恩格斯《家庭、私有制和国家的起源》所说,是"在一个短时期内重新恢复旧时的自由的性交关系"。当这样一种风俗被奉祀生殖神的祭祀仪式所吸纳固定后,便成为狂欢的节日。

举行狂欢有一定的地方,这也与祭祀仪式所要求的地点相关。祭祀中有庙祭和墓祭两种。庙祭有一些相应的建筑,如宫、台、京、观、堂、庙等,《诗》中的灵台、閟宫、上宫都是与上述祭祀狂欢相关的地方。墓祭则多在郊野旷原。溱洧、汉水、淇水等河边旷野也都是与上述祭祀狂欢相关的地方。历史上,燕之祖、齐之社稷、宋之桑木、楚之云梦是远比"南方之原"更为著名的祭祀狂欢地。（朱渊清）

衡　门

衡门之下,① 　　横木为门城东头,

可以栖迟。②	可以幽会一逗留。
泌之洋洋,③	洋洋流淌泌水边,
可以乐饥。④	解饥慰我相思愁。
岂其食鱼,	难道想要吃鲜鱼,
必河之鲂?⑤	定要鳊鱼才如愿?
岂其娶妻,	难道想要娶妻子,
必齐之姜?⑥	必得齐姜才开颜?
岂其食鱼,	难道想要吃鲜鱼,
必河之鲤?	定要鲤鱼才可取?
岂其娶妻,	难道想要娶妻子,
必宋之子?⑦	必得宋子才欢愉?

〔注〕 ① 衡门:衡,通"横",毛传:"衡门,横木为门,言浅陋也。"又闻一多《风诗类钞》曰:"东西为横,衡门疑陈城门名。" ② 栖迟:停歇,此指幽会。 ③ 泌:"泌"与"密"同,均为男女幽约之地,在山边曰密,在水边曰泌,故泌水为一般的河流,而非确指。 ④ 乐饥:隐语,《诗经》中常将性的欲望称为饥,乐饥指满足性的饥渴。闻一多《神话与诗·高唐神女传说之分析》:"其实称男女大欲不遂为'朝饥',或简称'饥',是古代的成语。" ⑤ 鲂(fáng):鳊鱼的古称。 ⑥ 姜:齐国的贵族姓氏。 ⑦ 子:宋国的贵族姓氏。

许多解诗者认为此诗乃隐者表述安贫乐道之词。如朱熹《诗集传》云:"此隐居自乐而无求者之词。言衡门虽浅陋,然亦可以游息;泌水虽不可饱,然亦可以玩乐而忘饥也。"姚际恒《诗经通论》云:"此贤者隐居甘贫而无求于外之诗。一章甘贫也,二三章无求也。唯能甘贫,故无求。唯能无求,故甘贫。"这一观点即使不像闻一多先生所言"未免太可笑了"(《说鱼》),至少也有些酸腐。盖因此论带有明显的儒道杂糅的思想痕迹,是深受儒道思想影响的后世文人以六经注我的产物。这一观点与上古民歌的创作实情格格不入,正如《康衢谣》《击壤歌》明显地属后世文人假托原始歌谣一样。让上古民歌谈安贫乐道未免有些滑稽。

倒是闻一多先生从民俗学角度考释本诗兴象,认为当属情诗的看法较为贴切。按闻先生意见,"衡门之下"乃男女幽会之所,与《静女》中的"俟我于城隅"如出一辙;泌水之岸,乃男欢女爱之地,"泌"与密同,在山曰密,在水曰泌,都"是行秘密之事的地方";"饥"亦非指腹饥,而是性之饥渴;更关键的是,"鱼"在上古是

"匹偶""情侣"的隐语,"食鱼"所暗示的恰是男女的"合欢或结配"(闻先生的观点见《说鱼》《高唐神女传说之分析》)。由是,则诗意已明:

夕阳已逝,月上柳梢,一双青年男女悄悄来到城门下密约幽会,一番卿卿我我的甜言蜜语之后,激情促使他们双双相拥,又来到郊外河边,伴着哗哗的流水,极尽男欢女爱。或许小伙儿被这难忘良宵所陶醉,竟发表了一段富有哲理的爱情名言:吃鱼何必一定要黄河中的鲂鲤,娶妻又何必非齐姜、宋子不可?只要是两情相悦,谁人不可以共度美好韶光?言外之意是,他与眼前的女子情感甚笃,非常满意,希望娶她为妻!本诗虽然短促,简单,但表现了上古陈地百姓自由、纯朴的情爱意识,正如民歌中唱的:"风过岭头水过基,男从女愿莫讲离。我俩有情吃水饱,无情吃肉也皱眉。"

本诗在章法上也较独特,先是叙事,由叙事引发议论。"兴"没有放在诗首,而是放在议论之前,且与所兴之事又共同构成旨意相同的议论,使议论充满了形象感而未流于枯燥,无疑加厚了诗意。

《陈风》中多为情诗,说明陈地人民非常善于歌唱爱情。因此,能在这片土地上诞生这样一首富有哲理的情歌,也就不足为奇了! (陈伟军)

东 门 之 池

东门之池,	东门外有护城河,
可以沤麻。①	可以浸麻可泡葛。
彼美淑姬,②	温柔美丽的姑娘,
可以晤歌。③	与她相会又唱歌。

东门之池,	东门外有护城河,
可以沤纻。④	泡浸纻麻许许多。
彼美淑姬,	温柔美丽的姑娘,
可以晤语。	与她倾谈情相和。

东门之池,	东门外有护城河,
可以沤菅。⑤	泡浸菅草一棵棵。
彼美淑姬,	温柔美丽的姑娘,
可以晤言。	与她叙话真快活。

〔注〕① 沤麻：泡浸大麻、纻麻，使麻皮与麻秆分离。麻皮用以纺织、编绳。下面沤纻，是同样的农事。　② 淑姬：善良的姑娘。一说淑当作"叔"，姬，姓也。　③ 晤歌：与下文"晤语""晤言"同，都是男女青年在沤麻、洗麻时相聚谈笑唱歌，增进感情。　④ 纻（zhù）：纻麻。　⑤ 菅（jiān）：菅草，为多年生草本植物，根及纤维都较柔韧，可以打绳子。

　　这是一首欢快的劳动对歌。可以想象，一群青年男女，在护城河里浸麻、洗麻、漂麻。大家在一起，一边干，一边说说笑笑，甚至高兴得唱起歌来。小伙子豪兴大发，对着爱恋的姑娘，大声地唱出这首《东门之池》，表达对姑娘的情意。这种场面，时至今日，还屡见不鲜。沤麻的水，是有相当强烈的臭味的。长久浸泡的麻，从水中捞出，洗去泡出的浆液，剥离麻皮，是一种相当艰苦的劳动。但是，在这艰苦的劳动中，能和自己钟爱的姑娘在一起，又说又唱，心情就大不同了。艰苦的劳动变成温馨的相聚，歌声充满欢乐之情。

　　全诗三章十二句，其实只是一个意思，一章已经把全部意思包容了。二、三章只是复沓。而复沓，相同或相近意义的字语反复吟唱，正是中国民歌传统的语言形式。这种反复吟唱，既表现劳动青年感情的纯朴强烈，又以复沓的手段加强诗歌的主题。这种方式，一直沿用到现代。前人评此诗为"平调深情"（牛运震《诗志》）、"愈淡愈妙"（吴闿生《诗义会通》引），良然。

　　大麻、纻麻经过揉洗梳理之后，得到比较长而耐磨的纤维，成为古时人们衣料的主要原料，织成麻布，裁制衣服。白色麻布制成的衣服，不加彩饰，叫深衣，是诸侯、大夫、士日常所穿。洗漂不白，保留麻色的粗麻布，就成劳动者的衣料了。因此，每年种植、浸洗、梳理大麻、纻麻，是春秋前后很长历史时期农村主要劳动内容之一。年年在护城河沤麻，年年有男女青年相聚劳动谈笑唱歌，《东门之池》这样的欢乐的歌声，也会年年飘扬在护城河上的。

　　旧说如《毛诗序》谓此诗"刺时也。疾其君之淫昏，而思贤女子以配君子也"，苏辙《诗集传》谓"陈君荒淫无度，而国人化之，皆不可告语。故其君子思得淑女，以化于内"，都将诗意与政治联系起来，不免穿凿附会。而理学家朱熹倒别具眼光，看出"此亦男女会遇之词，盖因其会遇之地，所见之物以起兴也"（《诗集传》）。

（陈　铭）

东 门 之 杨

东门之杨，	东门的大白杨呵，
其叶牂牂。①	叶儿正"牂牂"低唱。
昏以为期，②	约好在黄昏会面呵，

明星煌煌。③	直等到明星东上。
东门之杨,	东门的大白杨呵,
其叶肺肺。④	叶儿正"肺肺"嗟叹。
昏以为期,	约好在黄昏会面呵,
明星晢晢。⑤	直等到明星灿烂。

〔注〕 ① 牂(zāng)牂:叶大而茂盛貌,或以为象声词。 ② 昏:黄昏。期:约会之期。 ③ 明星:启明星,晨见东方。 ④ 肺(pèi)肺:义同"牂牂",叶大而盛貌,或曰象声词。 ⑤ 晢(zhé)晢:义同"煌煌",光亮貌。

倘若将"明星"视为夜晚升空的众多星辰,这首诗的情致便当是欢乐的:当黄昏将临,月儿尚未朗照,夜空上开放灿烂如花的第一朵明星时,约会的情人便要到来——这时的主人公,隐身在"牂牂""肺肺"的白杨树荫下,心中该漾动着几多期盼的喜悦!

但"明星"在古代实为"启明星"之专名,它在黄昏的时候隐于西天,直到黎明时分才灼灼升现东方。《郑风·女曰鸡鸣》所咏"子兴视夜,明星有烂",说的就是它凌晨升空的景象。明白了"明星"之特指,这首诗的基调便刹那间改观了:涌动在诗中的,再不是黄昏约会的喜悦,而只有终夜不见情人来会的焦灼和惆怅了。

我们实在很难判断,那在白杨树下踯躅的人儿,究竟是男、是女?但有一点可以肯定:他(或她)一定是早早吃罢晚饭,就喜滋滋来到城东门外赴约了。这约会在初恋者的心上,无疑既隐秘又新奇,其间涌动着的,当然还有几分羞涩、几分兴奋。陈国都城的"东门"外,又正是男女青年的聚会之处,那里有"丘"、有"池"、有"枌"(白榆),"陈风"中的爱情之歌《东门之池》《宛丘》《月出》《东门之枌》,大抵都产生于这块爱情圣地。

现在主人公的伫足之处,正有一排挺拔高耸的白杨。诗中描述它们"其叶牂牂""其叶肺肺",可见正当叶儿繁茂、清碧满树的夏令。当黄昏降临、星月在天的夜晚,乌蓝的天空撒下银白的光雾,白杨树下便该映漾出一片怎样摇曳多姿的树影。清风吹过,满树的叶儿便"牂牂""肺肺"作响。这情景在等候情人的主人公眼中,起初一定是异常美妙的。故诗之入笔,即从黄昏夏夜中的白杨写起,表现着一种如梦如幻的画境;再加上"牂牂""肺肺"的树声,听来简直就是心儿的浅唱低回。

但当主人公久待情人而不见的时候,诗情便出现了巨大的逆转。"昏以为期,明星煌煌""昏以为期,明星晢晢"——字面的景象似乎依然很美,那"煌煌""晢晢"的启明星,高高升起于青碧如洗的夜空,静谧的世界便全被这灿烂的星辰照耀了。然而,约会的时间明明是在黄昏,现在却已是斗转星移的清寂凌晨,连启明星都已闪耀在东天!情人却在哪儿呢?诗讲究含蓄,故句面上始终未出现不见情人的字眼。但那久待的焦灼,失望的懊恼,分明已充溢于字里行间。于是,"煌煌"闪烁的"明星",似也感受了"昏以为期"的失约,而变得焦灼不安了;就是那曾经唱着歌儿似的白杨树声,不也化成了一片歔欷和叹息?

朱熹分析此诗说:"此亦男女期会而有负约不至者,故因其所见以起兴也。"(《诗集传》)其实此诗运用的并非"兴"语,而是情景如画的"赋"法描摹。在终夜难耐的等待之中,借白杨树声和"煌煌"明星之景的点染,来烘托不见伊人的焦灼和惆怅,无一句情语,而懊恼、哀伤之情自现。这正是此诗情感抒写上的妙处。由于开笔一无征兆,直至结句方才暗示期会有失,更使诗中的景物描摹,带有了伴随情感逆转而改观的不同色彩,造成了似乐还哀的氛围递换、变化的效果。这样的表现,就尤其令人叹为观止了。

这样一首情诗,《毛诗序》却附会为"刺时之作",以为刺的是"昏姻失时,男女多违,亲迎女犹有不至者",未免太离谱,其为今人所不取,自然是理所当然。

(潘啸龙)

墓 门

墓门有棘,①	墓门前长着枣树,
斧以斯之。②	就操起斧子把它砍掉。
夫也不良,③	这个人是不良之徒,
国人知之。	国中的人无不知晓。
知而不已,	知道他居心险恶却不加制止,
谁昔然矣。④	很早以来就已这样糟糕。

墓门有梅,⑤	墓门前长着梅树,
有鸮萃止。⑥	猫头鹰聚集在树上。
夫也不良,	这个人是不良之徒,
歌以讯之。⑦	唱支歌儿把警钟敲响。

讯予不顾, 　　告诫的话充耳不闻,
颠倒思予。⑧　　栽了跟斗才想起我的歌唱。

〔注〕①墓门:墓道之门。一说陈国城门名。棘:酸枣树。　②斯:析,劈开,砍掉。③夫:彼,指作者讽刺的对象。　④谁昔:畴昔,从前。然:这样。　⑤梅:梅树。一说梅即棘,梅古文作"楳",与棘形近,遂致误。　⑥鸮(xiāo):猫头鹰,古人认为是恶鸟。萃:集,栖息。　⑦讯:借作"誶"(suì),斥责,告诫。　⑧颠倒:跌倒。

这是一首讽刺、斥责品行邪恶的统治者的诗。《毛诗序》指出:"《墓门》,刺陈佗也。"陈佗为春秋时代陈文公之子,文公死后,陈佗之兄桓公(名鲍)继位。据《左传·桓公五年》载:"陈侯鲍卒。再赴也(发了两次讣告)。于是陈乱,文公子佗杀大子免而代之,公(桓公)疾病而乱作。"陈佗在桓公病中杀太子免,桓公死后他又自立为君,陈国大乱,后来蔡国为陈国平乱,终于诛杀陈佗。据《诗序》,这首诗就是针对陈佗而发的。

但是,由于《毛诗序》中又有"陈佗无良师傅,以至于不义,恶加于万民焉"数语,郑笺孔疏曲为之说,遂生出了歧义。诗中的"夫",即彼,犹言那个人,就是指陈佗,但毛传却释为:"夫,傅相也。"郑笺则云:"陈佗之师傅不善,群臣皆知之","国人皆知其(按指师傅)有罪恶而不诛退,终致祸难。"孔疏进一步发挥道:"陈佗亡身不明,由希(稀)睹良师之教,故有此恶……故又戒之云:'汝之师傅不善,国内之人皆知之矣,何以不退去之乎?'欲其退恶傅就良师也。"经过这样的曲解,这首诗的矛头所向就从陈佗转到了他的师傅身上。孔疏一方面称陈佗之恶"由其师傅不良,故至于此",一方面又称"故作此诗以刺佗",明显地不能自圆其说。郑笺云:"不义者谓弑君而自立。"孔疏谓:"不义之大,莫大于弑君也。……陈佗弑君自立之事也。……陈佗所杀大子免,而谓之弑君者,以免为大子,其父卒,免当代父为君,陈佗杀之而取国,故以弑君言之。"既肯定陈佗为窃国弑君之元凶,罪莫大焉,而又归咎于师傅之不良,期望陈佗诛退恶师,悬崖勒马。这种荒谬的伦理逻辑只能暴露出笺疏作者为统治者开脱罪责的意图,统治者即使有弑逆之行,也要让别人为之承担罪责,这或许是温柔敦厚的诗教使然。胡承珙《毛诗后笺》指出:"若在桓公卒后,则佗已身为大逆,而尚鳃鳃然追咎于其傅之不良,纵罪魁而诛党恶,无此断狱之法。"可谓切中要害之论。

在宋代兴起的独立解经的疑古风气中,有些学者已经认识到传疏的曲解之处。苏辙在其《诗集传》中即已指出:"桓公之世,陈人知佗之不臣矣,而桓公不去,以及于乱。是以国人追咎桓公,以为智不及其后,故以《墓门》刺焉。夫,指陈佗也。佗之不良,国人莫不知之;知之而不去,昔者谁为此乎?"姚际恒称苏氏"可谓善说此诗矣"(《诗经通论》),吴闿生《诗意会通》也指出《毛诗序》"无良师傅云者","与诗'夫也不良'句初不相蒙,而拘者遂以'夫'为斥傅相,此陋儒之妄解","诗既刺佗,'夫也不良'自指佗言,岂有以斥师傅之理?子由正之,是矣"。在说诗者中也有不泥定此诗为刺陈佗者,如朱熹《诗集传》即称:"所谓'不良'之人,亦不知其何所指也。"崔述《读风偶识》也认为"以《墓门》为刺陈佗则绝不类","此必别有所刺之人,既失其传,而序遂强以佗当之耳"。

作为一首政治讽刺诗,此诗仅两章十二句,短小精悍,四字齐言的诗句斩截顿挫,传达出指斥告诫的口吻。两章的开头以动植物起兴,其象征意义耐人寻味,表现出诗人对恶势力的鄙夷、痛斥,但国家依然坏人当道,多行不义,故每章的四、五两句以"顶针"手法将诗意推进一层,转为感叹,忧国之意可感。此诗可谓在率直指斥中不乏含蓄深沉。

从先秦以来此诗就流传甚广,也产生了有关它的一些传说。如《楚辞·天问》云:"何繁鸟萃棘,而负子肆情?"王逸注云:"晋大夫解居甫聘吴,过陈之墓门,见妇人负其子,欲与之淫泆,肆其情欲。妇人则引《诗》刺之曰:'墓门有棘,有鸮萃止。'故曰'繁鸟萃棘'也。言墓门有棘,虽无人,棘上犹有鸮,女(汝)独不愧也?"又《列女传·陈辩女传》载:"辩女者,陈国采桑之女也。晋大夫解居甫使于宋,道陈,遇采桑之女,止而戏之曰:'女(汝)为我歌,我将舍女。'采桑之女乃为之歌曰:'墓门有棘,斧以斯之。夫也不良,国人知之。知而不已,谁昔然矣。'大夫又曰:'为我歌其二。'女曰:'墓门有梅,有鸮萃止。夫也不良,歌以讯止。讯予不顾,颠倒思予。'大夫曰:'其梅则有,其鸮安在?'女曰:'陈小国也,摄乎大国之间,因之以饥馑,加之以师旅,其人且亡,而况鸮乎?'大夫乃服而释之。"以上两则传说情节虽有异,但由此也可看出此诗在民间甚为流行,连劳动妇女也知道引用,或许此诗本就出自民间歌手。

(黄宝华)

防 有 鹊 巢

防有鹊巢,① 喜鹊搭窝在河堤,
邛有旨苕。② 紫云英草长坡地。
谁侜予美?③ 谁会蒙骗我的爱?
心焉忉忉。④ 担忧害怕藏心里。

中唐有甓,⑤ 瓦片铺在庭中路,

邛有旨鹝。⑥　绶草栽入丘上土。
谁侜予美？　谁会蒙骗我的爱？
心焉惕惕。⑦　担忧害怕心里苦。

〔注〕　① 防：河堤，堤防。　② 邛（qióng）：土丘。苕：紫云英，为水田中的绿肥，俗名草子。　③ 侜（zhōu）：欺骗。　④ 忉（dāo）忉：忧心的样子。　⑤ 唐：古时大厅堂前或宗庙前的大路。中唐，泛指庭院中的主要道路。甓（pì）：砖块、瓦片。　⑥ 鹝（yì）：借为"虉"，绶草，一般生长在阴湿处。　⑦ 惕惕：心中害怕、神色不安的样子。

　　把不协调的事物放在一起，引起危机的恐惧，是《防有鹊巢》一诗的情绪症结。不过，由于历代诠释各异，引申出许多有意思的观点。《毛序》说这首诗是"忧谗贼也。宣公多信谗，居子忧惧焉"。至于这位宣公是否信谗远贤，诗中并无实指。《毛诗序》仍然是一种揣想。朱熹则认为这是一首情诗，在《诗集传》中说是"男女之有私而忧或间（离间）之词"。朱熹的说法，抓住了诗歌情绪的焦点，又从"予美"二字引申，才得出情诗的结论。

　　我们细味原诗，觉得落实为政治性的信谗远贤之忧，或者感情性的背信弃爱之忧，都比较勉强。特别是政治性的揣测，更为虚幻。关键在"予美"二字。"予美"为"我所爱慕的"这个意思。在《诗经》中，美有美人、丈夫或妻子的意思，更有美丽、美好的意思。因为钟爱，觉得这个人（丈夫或妻子或情人）很美。所以，美字应该是一种感情亲爱的意思。如果这样理解可以接受，那么，"予美"的对象，就不一定是已经与作者定情相恋的人，但一定是作者明白地或暗暗地相恋之人。从全诗结构上看，被爱之人并不十分清楚自己被谁暗中爱上了，而第三者悄然而至。于是，作者暗中焦急：自己暗恋的人要被人抢去了呀！那是不合适的，不协调的！只有自己与这个人才是完美的一对。但是，这一切似乎都是在暗中进行的。暗暗的爱，暗暗的担忧，暗暗的感叹，于是，便出现了这首暗中担忧的歌。

　　从情绪上说，这首歌以猜测、推想、幻觉等不平常的心理活动，表达平常的爱慕之情。正因为作者爱之愈深，所以他也忧之愈切。有没有第三者来蒙骗所爱者的感情呢？并无实指，或者干脆没有。然而，作者不管有没有第三者，就公开了他的担忧，这正是爱得深也疑得广。这一微妙的爱情心理，通过作者第一人称手法的歌吟，表达得淋漓尽致。

　　在艺术手段上，大量的比喻是其特色。比喻中采用的是自然界不可能发生的现象，来比喻人世间也不可能出现的情变。喜鹊搭巢在树上，不可能搭到河堤上；紫云英是低湿植物，长不到高高的山坡上；铺路的是泥土、地砖，绝不是瓦片；绶草生长在水边，山坡上是栽不活的。这些自然现象本是常识，可是作者偏偏违反常识地凑在一起:"防有鹊巢""邛有旨苕""中唐有甓""邛有旨鹝",不可能的事物发生了。不过,自然规律不可违反,河堤上的喜鹊窝,山坡上的紫云英,等等,都是不长久的。这里,显示了比喻运用中的感情倾向性,意味着作者的担心,也许是多余的。"谁侜予美?"实在谁也不能横刀夺爱,真正的爱情是坚贞不移的。这就是作者在担忧悬念中寄托的坚定信念。

(陈　铭)

月　出

月出皎兮,① 多么皎洁的月光,
佼人僚兮,② 照见你娇美的脸庞,
舒窈纠兮。③ 你娴雅苗条的倩影,
劳心悄兮!④ 牵动我深情的愁肠!

月出皓兮,⑤ 多么素净的月光,
佼人懰兮,⑥ 照见你妩媚的脸庞,
舒懮受兮。 你娴雅婀娜的倩影,
劳心慅兮!⑦ 牵动我纷乱的愁肠!

月出照兮,⑧ 多么明朗的月光,
佼人燎兮,⑨ 照见你亮丽的脸庞,
舒夭绍兮。 你娴雅轻盈的倩影,
劳心惨兮!⑩ 牵动我焦盼的愁肠!

〔注〕　① 皎:毛传:"皎,月光也。"谓月光洁白明亮。　② 佼(jiǎo):同"姣",美好。"佼人"即美人。僚:同"嫽",娇美。　③ 舒:舒缓安闲。窈纠:与第二、三章的"懮(yǒu)受""夭绍",皆形容女子行走时体态的曲线美。　④ 劳心:忧心,思心。悄:深忧。　⑤ 皓:洁白明亮的样子。　⑥ 懰(liú):同"嫽",妩媚的样子。　⑦ 慅(sāo):心神不安。　⑧ 照:明亮的样子。　⑨ 燎:漂亮。　⑩ 惨:当作"懆"(cǎo),忧愁不安。

关于此诗的主题,《毛诗序》认为是讽刺陈国统治者"好色",朱熹《诗集传》谓"此亦男女相悦而相念之辞"。高亨《诗经今注》认为描绘"陈国统治者,杀害了一位英俊人物"。现在多认为是月下相思的爱情诗。

"江畔何人初见月?江月何年初照人?"(张若虚《春江花月夜》)如果我们把这里所说的"人"理解为审美的人,把这里所说的"月"理解为人的审美对象的月,那么是谁第一个用含情脉脉的审美的眼光观照月亮？是谁第一个在这冰冷的自然之物中发现了温情的诗意？是谁最先把它从"远在天边"拉到"近在眼前"，贴近人们的心灵？就作为审美意识的载体和结晶的文学作品来说，应是这首《月出》的作者。

每首诗都有自己的意境，自己的情调。中国古代咏月的诗篇真是积案盈箱，汗牛充栋，比如《古诗十九首》的"明月何皎皎""明月皎夜光"，初唐张若虚的《春江花月夜》，以及李白的《古朗月行》、杜甫的《闺中望月》，等等等等，不管它们如何变换着视角，变换着形式，变换着语言，但似乎都只是一种意境，一种情调，即迷离的意境，怅惘的情调。这种意境与情调，最早也可以追溯到《月出》。

是的，《月出》的意境是迷离的。清代方玉润《诗经原始》说它"从男意虚想，活现出一月下美人"。诗人思念他的情人，是从看到冉冉升起的皎月开始的。也许因为月儿总是孤独地悬在无垠的夜空，也许因为它普照一切，笼盖一切，所谓"隔千里兮共明月"（谢庄《月赋》），月下怀人的作品总给人以旷远的感觉。作者的心上人，此刻也许就近在咫尺，但在这朦胧的月光下，又似乎离得很远很远，真是"美人如花隔云端"（李白《长相思》）。诗人"虚想"着她此刻姣好的容颜，她月下踯躅的婀娜倩影，时而分明，时而迷茫，如梦，似幻……

《月出》的情调是惆怅的。全诗三章中，如果说各章前三句都是从对方设想，末后一句的"劳心悄兮""劳心慅兮""劳心惨兮"，则是直抒其情。这忧思，这愁肠，这纷乱如麻的方寸，都是在前三句的基础上产生，都由"佼人"月下的倩影诱发，充满可思而不可见的怅恨。其实这怅恨也已蕴含在前三句中：在这静谧的永夜，"佼人"为何月下独自地长久地徘徊，一任夜风拂面，一任夕露沾衣？难道不是也在苦苦地思念着自己？这真是"此时相望不相闻，愿逐月华流照君"（《春江花月夜》）！

与迷茫的意境和惆怅的情调相适应，《月出》的语言是柔婉缠绵的。通篇各句皆以感叹词"兮"收尾，这在《诗经》中并不多见。"兮"的声调柔婉、平和，连续运用，正与无边的月色、无尽的愁思相协调，使人觉得一唱三叹，余味无穷。另外，形容月色的"皎""皓""照"，形容容貌的"僚""㚻""燎"，形容体态的"窈纠""懮受""夭绍"，形容心情的"悄""慅""惨"，在古音韵中或属宵部韵或属幽部韵，而宵、幽韵可通，则此诗可谓一韵到底，犹如通篇的月色一样和谐。其中"窈纠""懮受""夭绍"俱为叠韵词，尤显缠绵婉约。其实，这些词意的细微差异现在已很难说清。后人连篇累牍的解释，坦率地说，未尝没有望文生义、强作解人之嫌，当然这也是不得已的事。如今我们应当而且只能根据全诗的意境和情调去心领神会。不过这也恰巧可以发挥我们的想象,填补时间的变迁所造成的意义空白。

望月怀人的迷离意境和伤感情调一经《月出》开端,后世的同类之作便源源不断,焦竑《焦氏笔乘》说:"《月出》见月怀人,能道意中事。太白《送祝八》'若见天涯思故人,浣溪石上窥明月',子美《梦太白》'落月满屋梁,犹疑见颜色',常建《宿王昌龄隐处》'松际露微月,清光犹为君',王昌龄《送冯六元二》'山月出华阴,开此河渚雾,清光比故人,豁然展心悟',此类甚多,大抵出自《陈风》也。"姚舜牧《重订诗经疑问》也说:"宋玉《神女赋》云:'其始进也,皎若明月舒其光',正用此诗也。"他们举出的例子,只是其中一部分罢了。而这些滥觞于《月出》的望月怀人诗赋作品,总能使我们受到感动与共鸣,这也正如月亮本身,终古常见,而光景常新。

(萧华荣)

株　林

胡为乎株林?①	为何去株邑之郊?
从夏南。②	只为把夏南寻找。
匪适株林?	不是到株邑之郊?
从夏南。③	只想把夏南寻找。
驾我乘马,④	驾大车赶起四马,
说于株野。⑤	停车在株邑之野。
乘我乘驹,⑥	驾轻车赶起四驹,
朝食于株。⑦	抵株邑早餐息歇。

〔注〕① 胡为:为什么。株:陈国邑名,在今河南西华县西南。林:郊野。　② 从:跟,与,此指找人。　③ 夏南:即夏姬之子夏徵舒(字子南)。　④ 乘(shèng)马:四匹马。古以一车四马为一乘。　⑤ 说(shuì):通"税",停车解马。株野:株邑之郊野。　⑥ 驹:马高五尺以上、六尺以下称"驹",大夫所乘;马高六尺以上称"马",诸侯国君所乘。此诗中"乘马"者指陈灵公,"乘驹"者指陈灵公之臣孔宁、仪行父。　⑦ 朝食:吃早饭。

上层统治者的政治腐败,往往又是与生活上的荒淫相伴而行的。这后一方面,当然也逃不过民众雪亮的眼睛。国风民歌中对这类秽行的揭露屡见不鲜,即是有力的证明。

《株林》堪称这类诗作中的杰作。由于它对陈灵公君臣狗彘之行的揭露,用了冷峻幽默的独特方式,给人们的印象也更为深刻。

诗中提到的"夏南",乃陈大夫御叔之子夏徵舒。他的母亲夏姬则是名闻遐迩的美妇,由此引得陈灵公及其大臣孔宁、仪行父的馋涎。据《左传·宣公九年》披露,陈灵公、孔、仪三人均与夏姬私通,甚至穿着她的"衵服"(妇人内衣),在朝廷上互相戏谑。第二年又去株邑饮酒作乐,陈灵公还当着夏姬之子嘲弄仪行父:"他长得真像你!"仪行父即也反唇相讥:"还是更像君王您呵!"惹得夏徵舒羞怒难忍,终于设伏于厩,将陈灵公射杀,酿成了一场臭名远扬的内乱。

此诗之开篇,大抵正当这班衣冠禽兽出行之际。辚辚的车马正喜滋滋驰向夏姬所居的株林,路边的百姓显然早知陈灵公君臣的隐秘,却故作不知地大声问道:"胡为乎株林(他们到株林干什么去)?"另一些百姓立即心领神会,却又故作神秘地应道:"从夏南(那是去找夏南的吧)!"问者即装作尚未领会其中奥妙,又逼问一句:"匪适株林(不是到株林去)?"应者笑在心里,却又像煞有介事地坚持道:"从夏南(只是去找夏南)!"明明知道陈灵公君臣所干丑事,却佯装不知接连探问,问得也未免太过仔细。明明知道他们此去找的是夏姬,却故为掩饰说找的是"夏南",答得也未免欲盖弥彰。发问既不知好歹,表现着一种似信还疑的狡黠;应对则极力挣扎,摹拟着作贼心虚的难堪。这样的讽刺笔墨,实在胜于义愤填膺的直揭。它的锋芒,简直能透入这班衣冠禽兽的灵魂!

到了二章,又换了一副笔墨。辚辚的车马,终于将路人可恶的问答摆脱;遥遥在望的株邑眼看就到,陈灵公君臣总算松了口气。"驾我乘马,说于株野"——这里摹拟的是堂堂国君的口吻,所以连驾车的马,也是颇可夸耀的四匹。到了"株野"就再不需要"从夏南"的伪装,想到马上就有美貌的夏姬相陪,陈灵公能不眉飞色舞地高唱:"说于株野!""说",一般均解为"停车解马",固为确诂。但若从陈灵公此刻的心情看,解为"悦"又何尝不可?"说(悦)于株野",也许更能传达这位放荡之君隐秘不宣的喜悦罢。"乘我乘驹,朝食于株"——大夫只能驾驹,这自然又是孔宁、仪行父的口吻了。对于陈灵公的隐秘之喜,两位大夫更是心领神会,所以马上笑眯眯凑趣道:"到株野还赶得上朝食解饥呢!""朝食"在当时常用作隐语,暗指男女间的性爱。那么,它正与"说于株野"一样,又语带双关,成为这班禽兽通淫夏姬的无耻自供了!寥寥四句,恰与首章的矢口否认遥相对应,使这桩欲盖弥彰的丑事,一下变得昭然若揭。妙在用的又是第一人称(我)的口吻,就不仅使这幕君臣通淫的得意唱和,带有了不知羞耻的自供意味;简直还能让读者窥见在车马抵达株邑之野时,君臣脸上所浮动的忘形淫笑……

这样的讽刺笔墨,实在是犀利的。所以连《毛序》在论及此诗时,也不免一改庄肃之态,而语带讥刺地书曰:"《株林》,刺灵公也。淫乎夏姬,驱驰而往,朝夕不

休息焉。"这最后一句,真可作"说于株野""朝食于株"的绝妙注脚! （潘啸龙）

泽　陂

彼泽之陂,① 　　那个池塘堤岸旁,
有蒲与荷。② 　　既长蒲草又长荷。
有美一人, 　　　有个健美的青年,
伤如之何。③ 　　使我思念没奈何。
寤寐无为, 　　　睡不着啊没办法,
涕泗滂沱。④ 　　心情激动泪流多。

彼泽之陂, 　　　那个池塘堤岸旁,
有蒲与蕳。⑤ 　　既长蒲草又长兰。
有美一人, 　　　有个健美的青年,
硕大且卷。⑥ 　　高大壮实头发鬈。
寤寐无为, 　　　睡不着啊没办法,
中心悁悁。⑦ 　　心中愁闷总怅然。

彼泽之陂, 　　　那个池塘堤岸旁,
有蒲菡萏。⑧ 　　既长蒲草又长莲。
有美一人, 　　　有个健美的青年,
硕大且俨。⑨ 　　高大壮实很威严。
寤寐无为, 　　　睡不着啊没办法,
辗转伏枕。 　　　枕上翻覆难安眠。

〔注〕① 泽陂(bēi):池塘堤岸。　② 蒲:香蒲,多年生草本植物,多生在河滩上。③ 伤:因思念而忧伤。按《尔雅》注引《鲁诗》作"阳",《尔雅·释诂》:"阳,予也。"　④ 涕泗:眼泪鼻涕。　⑤ 蕳(jiān):兰草。　⑥ 卷(quán):毛传:"卷,好貌。"马瑞辰《毛诗传笺通释》:"卷即婘之省借。……《广雅》:'婘,好也。'"朱熹《诗集传》:"卷,鬈发之美也。"本文取朱说。⑦ 悁(yuān)悁:忧伤愁闷的样子。　⑧ 菡萏(hàn dàn):莲花。　⑨ 俨:庄重威严。毛传:"俨,矜庄貌。"

这是一首水泽边女子思念一位小伙子的情歌。三章十八句,每章意思基本相同,都是叙述看见池塘边的香蒲、兰草、莲花,便想到自己恋慕的健美男青年,不禁心烦意乱,情迷神伤,晚上觉也睡不着,于是一腔愁闷,发而为歌,遂唱出此篇。诗意显豁,本不劳曲求,然而《毛诗序》乃云:"《泽陂》,刺时也。言灵公君臣淫于其国,男女相说,忧思感伤焉。"谓此诗刺陈灵公偕大夫孔宁、仪行父与夏姬通奸,导致国中淫风炽盛。按之文本,此说扞格难通,为今人所不取。至于说此诗为伤逝之作(姚际恒《诗经通论》)、忧忠臣孤立之作(刘沅《诗经恒解》),也都证据不足。

应该说,春秋战国时代,在爱情方面,女性还有很大的自由度。封建意识形态中伦常观念,还没有成为社会伦理的统治思想。特别在民间,男恋女,女恋男,发而为诗为歌,皆真挚动人,和日后理学家所理解的大不一样。《泽陂》是一首女子思恋男子的歌,见景生情,真率坦诚,全诗弥漫着一股清新的气息。

全诗三章,都用生于水泽边的植物香蒲、兰草、莲花起兴,蓬蓬勃勃的植物,波光潋滟的池水,呼唤着生命的旺盛发展。女子目睹心感,自然而然地想起所思恋的男子了。我们不知道,这两个青年,究竟是相恋相思,还是女方在单相思。但是,我们知道,这个女子强烈地爱上男方了。在她眼中心里,男子"硕大且卷""硕大且俨"。爱是感性的行为,男子身材高大强壮,神态庄重有威仪,这些可以捉摸的外形和品格,就成了女子择爱的具体的感性的条件。思念中的男子,与女子心目中的爱人是那样一致,所以女子自然真诚地赞美起男子来。不过,眼下女子还没有得到男子爱的允诺,还不知道男子会不会以爱来回报,因此,她睡不安,行不安,流泪伤心,希冀等待。细节的描述,把内心真挚的爱,衬托得多么强烈!

(陈 铭)

桧 风

《诗经》类名。"国风"之一。共四篇。桧(也作郐)国民歌。地在今河南中部(都城在今河南新密市东北)。国君姓妘,相传是祝融之后。始封者不知为谁。东周初年被郑武公所灭。诗当作于西周。一说"桧风"即"郑风"(见朱熹《诗集传》引苏氏说)。

羔 裘　　　　　桧 风

羔裘逍遥,①　　穿着羊羔皮袄去逍遥,

狐裘以朝。②	穿着狐皮袍子去坐朝。
岂不尔思,	怎不叫人为你费思虑,
劳心忉忉。③	忧心忡忡整日把心操。
羔裘翱翔,	穿着羊羔皮袄去游逛,
狐裘在堂。	穿着狐皮袍子去朝堂。
岂不尔思,	怎不叫人为你费思虑,
我心忧伤。	想起国家时时心忧伤。
羔裘如膏,④	羊羔皮袄色泽如脂膏,
日出有曜。⑤	太阳一照闪闪金光耀。
岂不尔思,	怎不叫人为你费思虑,
中心是悼。	心事沉沉无法全忘掉。

〔注〕 ① 逍遥:与下章"翱翔"同义,指到处游逛。 ② 朝:朝堂,群臣朝见君主之所。 ③ 忉(dāo)忉:忧虑的样子。 ④ 膏:油脂。 ⑤ 曜:同"耀",闪闪发光。

《羔裘》一诗的主旨,《毛诗序》曰:"大夫以道去其君也。国小而迫,君不用道。好洁其衣服,逍遥游燕,而不能自强于政治,故作是诗也。"验之于诗,庶几可信。桧为周初分封于溱洧之间的一个小国,在今河南省新密市东北,平王东迁后不久,即被郑武公所灭。从诗意推测,此诗当为桧国大臣因桧君治国不以其道被迫离去后所作。

全诗共分三章,每章四句。

诗首章"羔裘逍遥,狐裘以朝"两句看似叙述国君服饰,但言语间充满感情色彩。钱澄之分析说:"《论语》:'狐貉之厚以居'。则狐裘燕服也。逍遥而以羔裘,则法服为逍遥之具矣。视朝而以狐裘,是临御为亵媟之场矣。先言逍遥,后言以朝,是以逍遥为急务,而视朝在所缓矣。"(《田间诗学》)这段分析为我们更深一层地理解诗旨提供了门径。即便是大国之君,身处盛世,不以仪礼视朝,不以国事为务,犹为不可,更何况当时桧国"国小而迫",周边大国正虎视眈眈,存亡生死危在旦夕,处境如此而不自知,怎能不让人心存焦虑?"岂不尔思,劳心忉忉",这是身处末世的臣子深切而无奈的心痛感觉。

第二章诗意与第一章相同,但在回环往复中更让人感受到诗作者对国之将亡而桧君仍以逍遥游宴为急务的昏庸行为的幽远绵长之恨。

诗末章一改平铺直叙的路子，选取羔裘在日光照耀下柔润发亮犹如膏脂的细节性情景，扩展了读者的视觉感受空间，使诗人的心理感受有了感染读者的物象基础。在通常情况下，面对如此纯净而富有光泽的羔裘，人们会赞叹它的雍容华美和富丽堂皇之气，但在诗人为我们提供的独特的情景上下文中，如膏脂一样在日光下熠熠发亮的羔裘是这样的刺眼，令人过目之后便难以忘怀，这难以忘怀之中又无法抹去那份为国之将亡而产生的忧愤之情。"岂不尔思，中心是悼"，不为你费尽思虑，怎么会离君而去心中却时时闪现那如脂羔裘呢？思君便是思国，作为国之大夫，无法选择国之君主，只能"以道去其君"，但身可离去，思绪却无法一刀两断，这便是整首诗充满"劳心忉忉""我心忧伤""中心是悼"层层推进式的忧伤和愁苦的历史原因。

全诗没有风诗中常用的比兴手法，叙事也显得急切且繁复，但从这近乎祥林嫂式的絮叨中确实可以感受出诗作者的深切思虑。　　　　　（戴元初）

素　冠

庶见素冠兮，①　　　有幸见那人戴着白帽，
棘人栾栾兮，②　　　监禁中憔悴忍受煎熬，
劳心慱慱兮。③　　　在内心充满忧虑烦恼。

庶见素衣兮，　　　　有幸见那人穿着白衣，
我心伤悲兮，　　　　看到他我就悲伤难抑，
聊与子同归兮。　　　且与您归宿同在一起。

庶见素韠兮，④　　　有幸见那人穿白蔽膝，
我心蕴结兮，⑤　　　看到他我就愁思郁积，
聊与子如一兮。　　　且与您一样坚持正义。

〔注〕①庶：幸。　②棘人：罪人。棘，执囚之处。一说，瘦也。栾栾：拘束，不自由。一说，瘦瘠貌。　③慱（tuán）慱：忧苦不安。　④韠（bì）：即蔽膝，古代官服装饰，革制，缝在腹下膝上。　⑤蕴结：郁结，忧思不解。

旧说如《毛诗序》、郑笺、朱熹《诗集传》等多拘泥于"素冠""素衣"，以为此是凶服、孝服，谓诗写晚周礼崩乐坏，为人子者多不能守三年之丧，而诗中服"素衣"

者能尽孝道、遵丧礼。今人高亨沿袭此说,《诗经今注》云:"这是一首赞美孝子的诗。"其实在先秦时代,素衣素冠本是常服,非专指凶服,此点清人姚际恒辨之甚详,《诗经通论》云:"古人多素冠、素衣,不似今人以白为丧服而忌之也。古人丧服唯以麻之升数为重轻,不关于色也。"诗中"棘人",不是孝子,又是何人?"棘"是系囚之所,"棘人"就是囚犯、罪人。姚际恒云:"棘人,其人当罪之时,《易·坎》六爻曰:'系用徽缠,置于丛棘。'是也。"由此推测,这是一首痛惜贤臣遭受迫害、斥逐的诗。

首章写那位遭受迫害斥逐的贤臣,他头戴素冠,身体瘦瘠羸弱,忧心忡忡,由外在形貌而及内心活动,将人物形象逐渐展现出来,颇有屈子行吟泽畔,"形容枯槁,颜色憔悴"的意味,带有浓厚的悲剧气氛。第二、三两章,首句仍写"棘人"服饰,前章"素冠"与此"素衣""素韠"由上而下地描绘出"棘人"全身服饰,"素"字使人想见贤臣清白高洁的形象。第二句"我心伤悲"云云,直抒诗人情愫。第三句"同归""如一"云云,表明诗人的意愿,思想情感较之"伤悲""蕴结"又进了一层。全诗人物形象鲜明,诗人情感深厚,每句均以语气词"兮"字煞尾,悲音缭绕,不绝于耳。在险恶的政治环境中,当贤臣遭受迫害斥逐之时,诗人毫无避忌之心,明确表示自己的同情心和与之同归的态度,此种精神难能可贵,于世情友道颇有教益。则诗人亦为贞良之士,可知也。

此诗结构很有特色,对后世影响也较大。陈继揆《读诗臆补》指出:"三句成章,连句成韵,后人《大风歌》以下皆出于此。五古如《华山畿》'不能久长离,中夜忆欢时,抱被空中啼',七言如岑之敬《当炉曲》'明月二八照花新,当炉十五晚留宾,回眸百万横自陈',谢皋羽《送邓牧心》三句诗体,皆是。" (夏咸淳)

隰有苌楚

隰有苌楚,①	洼地有羊桃,
猗傩其枝。②	枝头迎风摆。
夭之沃沃,③	柔嫩又光润,
乐子之无知!	羡慕你无知好自在!

隰有苌楚,	洼地有羊桃,
猗傩其华。④	花艳枝婀娜。
夭之沃沃,	柔嫩又光润,

乐子之无家!⑤　　羡慕你无家好快乐!

　　　　隰有苌楚，　　洼地有羊桃，
　　　　猗傩其实。　　果随枝儿摇。
　　　　夭之沃沃，　　柔嫩又光润，
　　　　乐子之无室!　　羡慕你无室好逍遥!

〔注〕　①隰(xí)：低湿的地方。苌(cháng)楚：藤科植物,今称羊桃。　②猗傩(ē nuó)：同"婀娜",柔软的样子。　③夭：少,此指幼嫩。沃沃：润泽的样子。　④华：花。　⑤家：与下章"室"皆谓婚配。《左传·桓公十八年》："女有家,男有室。""无家""无室"指无家庭拖累。

关于这首诗主旨的说法,大体可分为三类：一是《毛诗序》,认为"疾恣也。国人疾其君之淫恣,而思无情欲者也"。郑笺、孔疏皆从其说,至宋又加进理学内容,所谓"此诗言人之喜怒未萌,则思欲未动。及其私欲一炽,则天理灭矣。故思以反其初而乐其未知好色之时也"(黄櫄《毛诗集解》)。至明何楷更坐实史事,他说"《隰有苌楚》,疾恣也。桧君之夫人与郑伯通,桧君弗禁,国人疾之。"(《诗经世本古义》)朱谋㙔《诗故》则说："伤桧之垂亡而君不悟也……亡国不知自谋也。"增添了"亡国"的内容。清刘沅《诗经恒解》又沿此说进而发挥,他说"盖国家将危,世臣旧族……无权挽救,目睹衰孱,知难免偕亡,转不如微贱者可留可去,保室家而忧危也"。二是朱熹《诗集传》首创之说,云："政烦赋重,人不堪其苦,叹其不如草木之无知而无忧也。"后世循其说甚众,如许谦、丰坊、姚际恒、方玉润等。姚、方二氏避开朱说"政烦赋重",而改为泛论,姚说："此篇为遭乱而贫窭,不能赡其妻子之诗。"(《诗经通论》)方说："伤乱离也……此必桧破民逃……莫不扶老携幼,挈妻抱子,相与号泣路歧,故有家不如无家之好,有知不如无知之安也。"(《诗经原始》)而当代学者则取朱说而强化了阶级内容,郭沫若说："做人的羡慕起草木的自由来","这种极端的厌世思想在当时非贵族不能有,所以这诗也是破落贵族的大作"(《中国古代社会研究》);有人又进而肯定"这是写当时劳动人民所受统治阶级的剥削和压迫的痛苦"。三是现代才出现的情诗说。闻一多说："《隰有苌楚》,幸女之未字人也。"(《风诗类钞》)李长之以为"这是爱慕一个未婚的男子的恋歌"(《诗经试译》),高亨也说"这是女子对男子表示爱情的短歌"(《诗经今注》)。不同的是闻视此诗为男词,李、高则作女词。当然,除以上三类说法外,还有别的一些说法,因其影响不大,兹一概从略。

比较以上三说,前一说臆测成分较多,颇有附会之嫌;后二说于训诂无窒碍,于诗意亦可通,不妨二说并存。这首诗如果只着眼文本,就诗论诗,内容并不复杂隐微,甚至可以说是较简明直露,诗中反复表达的,无非是羡慕羊桃生机盎然,无思虑、无室家之累,意明语晰,无可争议。至于诗人为何产生这一奇特的心理,则是见仁见智不一:或说是赋税苛重,或说是社会乱离,或说是遭遇悲惨,或说嗟老伤生……谁也无法坐实其事。不过,从本诗企羡草木无知无室的内容观之,诗人必然有着重大的不幸,受着痛苦折磨,才会有"人不如草木"之感。全诗三章,每章二、四句各换一字,重复诉述着一个意思,这是其感念之深的反映。首两句起兴,把羊桃的枝、花、实分解各属一章,这是《诗经》重叠形式之一种,即把同一事物分开说,合起来才是整体。诗人眼见洼地上羊桃藤柔美多姿,叶色光润,开花结果,生机蓬勃,不觉心有所动,联想到自己的遭际,心情一下子沉重起来。随之在诗人心中拉近了与羊桃的距离,人与物的界线突然仿佛消失了,三、四句脱口而出,既似是自语,又像是与羊桃对话。这与首两句侧重客观描写不同,第三句赞叹羊桃充满生机,渗透了主观情感;第四句更变换了人称,直呼羊桃为"子",以物为人,以人为物,人与物对话,人与物对比(这与一般拟人不同,因为首章末句诗人点明羊桃"无知")。羊桃不仅在诗人心中活了起来,而且诗人还自叹活得不如羊桃!不如在哪里?就在"知"与"家"上。我们知道,人作为万物之灵长全在于有"知";男女室家,夫妇之道,本是人伦之始,能享受天伦之乐,更是人生的一大幸事,而诗人却恰在这两方面作了彻底否定。所以第四句寥寥五个字中"真不知包含着诗人多少痛苦与愤慨"(拙著《诗经选注》)!其容量是很大的,清人陈震《读诗识小录》指出:"只说乐物之无此,则苦我之有此具见,此文家隐括掩映之妙。"诗中这一"人不如草木"之叹,对后世影响很大,但所见后世诗文中,多半偏重于人不如草木"长生"方面,如东晋陶渊明《归去来兮辞》:"木欣欣以向荣,泉涓涓而始流。善万物之得时,感吾生之行休。"唐元结《寿翁兴》:"借问多寿翁,何方自修育。唯云顺所然,忘情学草木。"宋姜夔《长亭怨慢》:"树若有情时,不会得青青如此。"就是其中的显例,然皆限于羡草木长生,其内涵之深厚似不如本诗。

(蒋立甫)

匪 风

匪风发兮,[①]	大风刮得呼呼响,
匪车偈兮。[②]	大车急驰尘飞扬。
顾瞻周道,[③]	一条大道抬眼望,

中心怛兮。④	令我心中真悲伤。
匪风飘兮,	大风刮起直打旋,
匪车嘌兮。⑤	大车飞驰如掣电。
顾瞻周道,	一条大道抬眼望,
中心吊兮。⑥	令我心中真凄惨。
谁能亨鱼?⑦	哪位将要煮鱼尝?
溉之釜鬵。⑧	请借锅子多帮忙。
谁将西归?	哪位将要回西方?
怀之好音。	请带好信到家乡。

〔注〕 ① 匪:通"彼"。发:犹"发发",风吹声。 ② 偈(jié):疾驰貌。 ③ 周道:大道。 ④ 怛(dá):痛苦,悲伤。 ⑤ 嘌(piào):通"剽",轻快貌。 ⑥ 吊:悲伤。 ⑦ 亨:通"烹"。 ⑧ 溉:旧说释洗。闻一多《风诗类钞》则以为溉通"摡","摡同乞,给予也"。釜(fǔ):锅子。鬵(xín):大锅。

诗人家住西方,而远游东土,久滞不归,因作是诗以寄思乡之情。《毛诗序》以为桧邦"国小政乱,忧及祸难,而思周道焉",郑笺曰:"周道,周之政令也。"孔疏曰:"上二章言周道之灭,念之而怛伤;下章思得贤人辅周兴道:皆是思周道之事。"朱熹《诗集传》云:"周室衰微,贤人忧叹而作此诗。言常时风发而车偈,则中心怛然。今非风发也,非车偈也,特顾瞻周道而思王室之陵迟,故中心为之怛然耳。"其说皆不足为训。

前两章字句略同,意思重复,写法也一样。前两句写所见之景,后两句直抒胸中忧思。诗人滞留东土,伫立大道旁,见车马急驰而过,触动思归之情。他的心也随急驰的车辆飞向西方,但是,车过之后,留下一条空荡荡的大道和他孤身一人,车去而人竟未去。风、车之急速,他人之已归去,与自己之滞留不得归,动与不动,形成多层对比。"顾瞻周道",描绘诗人彷徨无奈情状如在目前。这时诗人再也按捺不住满腔的忧伤,终于喷发出强烈的心声:"中心怛兮","中心吊兮"。其声如急管繁弦,反映诗人思归的急切心态。

第三章句法忽变,陡然一转,以"谁能"二句起兴,兴中有比,是在无可奈何的境地中发出的求援呼声,"谁将"二句,写诗人既不得归,只好托西归者捎信回家,是不得已而求其次。但这次着也未必能实现,"谁能""谁将"均是疑问希冀之词,还没有着落。诗人不说自己如何思乡殷切,羁旅愁苦,反以"好音"以慰亲友,情感至为深厚。陈震《读诗识小录》评曰:"意在笔先,神怆言外。"诚然。(夏咸淳)

> **曹 风**
>
> 《诗经》类名。"国风"之一。共四篇。曹国民歌。地在今山东省西南部的菏泽、定陶、曹县一带。周武王封其弟姬振铎于曹,都定陶(今山东定陶西北)。东周敬王时被宋国所灭。诗约作于春秋时。《史记·郑世家》说:"虢、郐之君贪而好利,百姓不附。"故诗多悲观失望之语。

蜉 蝣   曹 风

蜉蝣之羽,	蜉蝣的羽啊,
衣裳楚楚。	像穿着衣裳鲜明楚楚。
心之忧矣,	心里的忧伤啊,
于我归处?①	不知哪里是我的归处?
蜉蝣之翼,	蜉蝣的羽啊,
采采衣服,	像穿着衣衫修饰华丽。
心之忧矣,	心里的忧伤啊,
于我归息?	不知哪里是我的归息?
蜉蝣掘阅,②	蜉蝣多么光泽啊,
麻衣如雪。③	像穿着礼服洁白如雪。
心之忧矣,	心里的忧伤啊,
于我归说?④	不知哪里是我的归结?

〔注〕 ① 于我归处:犹言"于何归处"。"我""何"古音相近,可以通借。 ② 掘阅:容采泽悦。 ③ 麻衣:古朝服以麻制。 ④ 说(shuì):通"税",意为解脱、息止。

蜉蝣是一种渺小的昆虫,生长于水泽地带。幼虫期稍长,个别种类有活到两三年的。但化为成虫,即不饮不食,在空中飞舞交配,完成其物种的延续后便结束生命,一般都是朝生暮死。蜉蝣又是漂亮的小虫。它身体软弱,有一对相对其身体而言显得很大、完全是透明的翅膀,还有两条长长的尾须,飘舞在空中时,那姿态是纤巧而动人的。而且,蜉蝣喜欢在日落时分成群飞舞,繁殖盛时,死后坠落地面,能积成一厚层。因而,这小东西的死,会引人瞩目,乃至给人以惊心动魄之感。

二千多年前,敏感的诗人借这朝生暮死的小虫写出了脆弱的人生在消亡前的短暂美丽和对于终须面临的消亡的困惑。

说起来,是"人生百年"——或者往少说,通常也有几十年。但相比于人对生命的贪恋程度,这远远是不够的。而且,人作为自觉的生物,在其生存过程中就意识到死的阴影,于是人生短暂之感愈益强烈。当然,活着是美好的,而且人与其他一切生物不同,他们懂得以人的方式来装饰自己,懂得追求美的姿态。然而放在死亡的阴影下来看,短暂生命的装饰与姿态,实也是最大的无奈与最大的哀伤。于是,蜉蝣的朝生暮死的生命过程,它的弱小、美丽,以及它对自己鲜明的羽翼、鲜洁的容貌的炫耀,被诗人提取出来描画成人的上述生存状态的象征。

这诗的内容简单,结构更是单纯,却有很强的表现力。变化不多的诗句经过三个层次的反复以后给人的感染是浓重的:蜉蝣翅膀的小小美丽经这样处理,便有了一种不真实的艳光,那小虫的一生竟带上了铺张的华丽;但因这种描写之间相隔着对人生忧伤的深深感喟,所以对美的赞叹描画始终伴随着对消亡的无奈,那种昙花一现、浮生如梦的感觉就分外强烈。

这诗的情调自然是有点消沉的。但人一旦追问自己:"你是谁?你往哪里去?"深入骨髓的忧伤根本上是无法避免的。特别是在缺乏强有力的宗教的古代中国,由于不能对生死的问题给出令人心安的解答,人心格外容易被忧伤笼罩。但从另一个角度说,对死的忧伤、困惑、追问,归根结底是表现着对生的眷恋,这也是人心中最自然的要求。阮籍《咏怀诗》之七十一,写木槿花、蟋蟀、蟪蛄、蜉蝣这一系列短寿的生物在世间各自发出声音和光色,感叹说:"生命几何时,慷慨各努力。"但这也就是世界的基本面目。

《毛诗序》解说此诗,以为是讽刺曹昭公的奢侈,后人有赞同也有不赞同的。我们觉得,以蜉蝣来讽刺国君的奢侈,实在有点比拟不伦的感觉。不过从诗的内容来看,它所传达的是贵族阶层的情绪,应无疑问。从曹国的特定背景来看,一则其地多湖泊,适宜于蜉蝣生存,一则其国力单薄,处于大国的威逼之下,这里的士大夫也许因此对人生更多忧惧和伤感吧。

(骆玉明　顾　伊)

候 人

彼候人兮,①	那位候人小官哪,
何戈与祋。②	荷着戈扛着祋。
彼其之子,③	那些平庸官僚哪,
三百赤芾。④	却有三百副红皮裹腿。
维鹈在梁,⑤	鹈鹕停在水坝上,
不濡其翼。⑥	翅膀干干滴水不沾身。
彼其之子,	那些平庸官僚哪,
不称其服。⑦	与所穿的衣服不相称。
维鹈在梁,	鹈鹕停在水坝上,
不濡其咮。⑧	尖嘴也干干的不沾滴水。
彼其之子,	那些平庸官僚哪,
不遂其媾。⑨	不能始终如一忠于婚配。
荟兮蔚兮,⑩	天色阴沉昏暗,
南山朝隮。⑪	这是南山早上云升雾盖。
婉兮娈兮,⑫	年轻貌美的少女呀,
季女斯饥。⑬	是这样的饥饿难耐。

〔注〕① 候人:官名,是看守边境、迎送宾客和治理道路、掌管禁令的小官。 ② 何:通"荷",扛着。祋(duì):武器,殳的一种,竹制,长一丈二尺,有棱而无刃。 ③ 彼:他。其:语气词。之子:那人,那些人。 ④ 赤芾(fú):赤色的芾。芾,祭祀服饰,即用革制的蔽膝,上窄下宽,上端固定在腰部衣上,按官品不同而有不同的颜色。赤芾乘轩是大夫以上官爵的待遇。三百:可以指人数,即穿芾的有三百人;也可指芾的件数,即有三百件芾。 ⑤ 鹈(tí):即鹈鹕,水禽,体型较大,喙下有囊,食鱼为生。梁:伸向水中用于捕鱼的堤坝。 ⑥ 濡(rú):沾湿。 ⑦ 称:相称,相配。服:官服。 ⑧ 咮(zhòu):禽鸟的喙。 ⑨ 遂:终也,久也。媾:婚配,婚姻。 ⑩ 荟(huì)、蔚:云起蔽日,阴暗昏沉貌。 ⑪ 朝:早上。隮(jī):同"跻",升,登。 ⑫ 婉:年轻。娈(luán):貌美。 ⑬ 季女:少女。斯:这么。

这是一首对高才沉下僚、庸才居高位的现实进行讥刺的歌诗。

诗的第一章是用赋的手法,将两种不同的人两种不同的遭际进行了对比。前两句写"候人",后两句写"彼子"。

　　"候人"的形象是扛着戈扛着祋。显示出这位小吏,扛着武器,在道路上执勤的辛苦情貌。

　　"彼子"的形象是佩戴着三百赤芾。"彼其之子"郑笺解为"是子也",用现代汉语说,即"那个(些)人",或更轻蔑一些呼为"他那(他们那些)小子"。"三百赤芾"如作为三百副赤芾解,则极言其官位高、排场大、生活奢靡。如真是有三百副赤芾的人,则其人("彼子")不是一般的大官,而是统率大官的头头,即国君。《左传·僖公二十八年》记晋文公入曹云:"三月丙午入曹,数之,以其不用僖负羁而乘轩者三百人也。"杜预注曰:"轩,大夫车。言其无德居位者多。"乘轩、赤芾是同一级别的待遇,故言乘轩者三百,即三百赤芾也。而晋文入曹正是曹共公时,所以《毛序》说此诗是刺曹共公,因其"远君子而好近小人"。如以本章而言,刺共公之说较为贴切;但从下几章内容看,则又是指一般的权要显贵更为贯顺统一。

　　这四句没有作者的直接评语以明其爱憎,然爱憎之情已蕴于叙述之中。"何戈与祋",显出其职微官小、勤劳辛苦,寄予一片同情;"三百赤芾",则无功受禄位、无能得显贵,谴责、不满之情已溢于言表。本章可以说是全篇的总纲,下面诸章就在此基础上展开,进一步抒发感慨,以刺"彼子"为主。

　　第二、三章改用"比"法;前二句是比喻,后两句是主体,是正意所在处。

　　鹈鹕站在鱼梁上,只须颈一伸、喙一啄就可以吃到鱼,不必入水,不必沾湿翅膀。所以然者,是由于地位特殊,近水鱼梁乃可不劳而获。后两句直指"彼子",言其"不称其服"。服者,官阶的标志也。身服高品赤芾,享受种种特权,但无才无能,无功受禄,无劳显荣,与鹈鹕站在鱼梁上伸脖子吃鱼相类。

　　第三章再深一层:说鹈鹕不仅不沾湿翅膀,甚至连喙也可以不沾湿就可以吃到鱼。因为有的鱼有时会跃出水面,有的鱼会跳到坝上。这样站在坝上的鹈鹕就可连喙都不湿,轻易地攫取到鱼儿。而后两句写到"彼子"也深一层,不仅不劳而获,无功受禄,在男女婚姻上也毫不负责,违背社会公认的伦理准则,任意抛弃他的妻妾。

　　第二章"不称其服",从表里不一,才位不配上着笔讥刺;第三章"不遂其媾"则深入到内里,从品性上进行揭露谴责。

　　第四章又改用起兴手法。前两句以写景起兴——天色灰蒙阴暗,这是南山上朝云升腾。这句起兴与后面的叙事有着某种氛围或情绪上的联系:一个美貌的少女竟被遗弃在外受饥挨饿,如此惨象,目不忍睹,天地昏沉,向何处寻找光明!"季女斯饥"与"荟兮蔚兮"正相映相衬。"婉""娈"都是美的褒赞,与"斯饥"形成强烈的反差,引起人们的同情。反过来也对造成这悲剧、惨景的恶势力表示强烈的憎恶。有人认为这"季女"就是前边"候人"之女,被强占又被抛弃。就全篇上下贯连的角度看,似乎不能说一点道理也没有。

但对这第四章还有别解。王夫之《诗广传》云:"奚为荟蔚也?欻然而兴,欻然而止,初终不相践而面相欺也;欻然而合,欻然而离,情穷于达旦而不能固也;翳乎其相蔽而困我之视听也,棘乎其相偪而行相夺也。""奚以为婉娈也?词有切而不暴也,言色违而勿能舍也,约身自束而不逾分以相夺也。合则喜、离则忧,专一其依而唯恐不相获也。"这里把"荟""蔚""婉""娈"都作为人品的比喻语。"荟""蔚"是比忽兴、忽止,忽合、忽离,无坚定操守,专以蒙骗取得信任,巧取豪夺这类行为。"婉""娈"是比言辞急切而不凌弱,自我约束而去取不逾越本分,严于操守、感情专一这类行为。前者比昏君佞臣,后者比英主贤臣。所以最后又说:"有荟蔚之主,则必亲荟蔚之臣,才相近而弗论其情也。訾魏徵之妩媚,念褚遂良之依人,匪太宗才有大过人者,徵与遂良恶能与荟蔚之臣争一朝之饥饱哉!"这是将荟蔚婉娈当作"比"法去理解。这与《毛序》所说刺曹共公"远君子而好近小人"的观点是一致的,故可备一说。

这四章赋比兴手法全用上,由表及里,以形象显示内涵,同情候人、季女,憎恶无德而尊、无才而贵的当权官僚;对高才沉下僚、庸俗居高位的现实尽情地揭露谴责。陈震《读诗识小录》云:"三章逐渐说来,如造七级之塔,下一章则其千丝铁网八宝流苏也。"评论可以说很贴切。

(潘善祺)

鸤 鸠

鸤鸠在桑,①	布谷鸟在桑林筑巢,
其子七兮。	小鸟七个细心哺食。
淑人君子,②	品性善良的好君子,
其仪一兮。③	仪容端庄始终如一。
其仪一兮,	仪容端庄始终如一,
心如结兮。④	内心操守坚如磐石。
鸤鸠在桑,	布谷鸟在桑林筑巢,
其子在梅。	小鸟嬉戏梅树枝间。

淑人君子， 品性善良的好君子，
其带伊丝。⑤ 他的腰带白丝镶边。
其带伊丝， 他的腰带白丝镶边，
其弁伊骐。⑥ 玉饰皮帽花色新鲜。

鸤鸠在桑， 布谷鸟在桑林筑巢，
其子在棘。⑦ 小鸟嬉戏酸枣树上。
淑人君子， 品性善良的好君子，
其仪不忒。⑧ 仪容端庄从不走样。
其仪不忒， 仪容端庄从不走样，
正是四国。⑨ 各国有了模范形象。

鸤鸠在桑， 布谷鸟在桑林筑巢，
其子在榛。⑩ 小鸟翻飞栖息丛莽。
淑人君子， 品性善良的好君子，
正是国人。 百姓敬仰作为榜样。
正是国人， 百姓敬仰作为榜样，
胡不万年。⑪ 怎不祝他万寿无疆。

〔注〕①鸤鸠：布谷鸟。 ②淑人：善人。 ③仪：容颜仪态。 ④心如结：比喻用心专一。朱熹《诗集传》："如物之固结而不散也。" ⑤伊：是。 ⑥弁（biàn）：皮帽。骐（qí）：青黑色的马。一说通"璂"，古代皮帽上的玉制饰品。郑笺："骐当为璂，以玉为之。" ⑦棘：酸枣树。 ⑧忒（tè）：差错。 ⑨正：闻一多《风诗类钞》："正，法也，则也。正是四国，为此四国之法则。" ⑩榛（zhēn）：丛生的树，树丛。 ⑪胡：何。朱熹《诗集传》："胡不万年，愿其寿考之辞也。"

  本诗的主旨，历来有两种相反意见。《毛诗序》云："《鸤鸠》，刺不一也。在位无君子，用心之不一也。"朱熹《诗集传》则云："诗人美君子之用心平均专一。"方玉润《诗经原始》对于上二说基本同意朱熹说，而亦不废《诗序》说之一端，取调和态势。方氏云："诗中纯美无刺意"，"诗词宽博纯厚，有至德感人气象。外虽表其仪容，内实美其心德"，"回环讽咏，非开国贤君未足当此。"又云："后人因曹君失德而追怀其先公之德之纯以刺之。"第四章眉评亦云："全诗皆美，唯末句含讽刺意。"忽而"美"，忽而"刺"，自相矛盾，很难自圆其说。此诗从字面传达的信息来看,确实是颂扬"淑人君子"而无刺意。但文学作品由于欣赏理解角度不同,若说此诗反面文章正面做,那当然也可备一说。

诗四章,都以鸤鸠及其子起兴,实包含两层意思。一是鸤鸠即布谷鸟,该鸟仁慈,"布谷处处催春耕",裨益人间。又喂养众多小鸟,无偏无私,平均如一。《诗集传》谓:"(布谷鸟)饲子朝从上下,暮从下上。"就是这个意思。所以《左传·昭公十七年》载:"鸤鸠氏,司空也。"杜预注:"鸤鸠平均,故为司空,平水土。"二是"鸤鸠在桑",始终如一,操守不变,正以兴下文"淑人君子""其仪一兮""其仪不忒"的美德,与那些小鸟忽而在梅树,忽而在酸枣树,忽而在各种树上的游移不定形成鲜明对照。显然小鸟尚未成熟,故行动尚无一定之规。因此,各章的起兴既切题旨又含义深长。

各章起兴之后,即转入对"淑人君子"的颂扬。首章就仪表而言,"如一"谓始终如一地威仪棣棣,包括庄重、整饬等,而不是指老是同一单调服饰。关于这一点,《诗集传》引"陈氏曰"解说得很好:"君子动容貌斯远暴慢,正颜色斯近信,出辞气斯远鄙倍。其见于威仪动作之间者,有常度矣。"仪表从表面看仅是人的外包装,其实质则是人的心灵世界的外露,由表及里,首章也赞美了"淑人君子"充实坚贞稳如磐石的内心世界。次章举"仪"之一端,丝带、缀满五彩珠玉的皮帽,将"仪"之美具体化、形象化,让人举一反三,想象出"淑人君子"的华贵风采。

如果说一、二章是颂"仪"之体,则三、四章是颂"仪"之用,即内修外美的"淑人君子"对于安邦治国佑民睦邻的重要作用。三章的"其仪不忒"句起到承上启下的转折作用,文情可谓细密。四章的末句"胡不万年",则将整篇的颂扬推至巅峰,意谓这样贤明的君王,怎不祝他万寿无疆? 对于一个暴君昏主,人们是不会如此祝釐的。因此《诗集传》谓此句为"愿其寿考之词也",其实不错,反观方玉润谓此句"含讽刺意",似乎有点牵强。

(曹光甫)

下　　泉

冽彼下泉,①	地下涌出那冷泉,
浸彼苞稂。②	一丛童粱浸朽腐。
忾我寤叹,③	醒来叹息又叹息,
念彼周京。④	怀念周朝的京都。
冽彼下泉,	地下涌出那冷泉,

浸彼苞萧。⑤	一丛艾蒿浸凋零。
忾我寤叹，	醒来叹息又叹息，
念彼京周。	怀念周朝的京城。

冽彼下泉，	地下涌出那冷泉，
浸彼苞蓍。⑥	一丛蓍草浸烂死。
忾我寤叹，	醒来叹息又叹息，
念彼京师。	怀念周朝的京师。

芃芃黍苗，⑦	茂盛黍苗长势旺，
阴雨膏之。⑧	一场好雨滋润它。
四国有王，⑨	四方诸侯朝天子，
郇伯劳之。⑩	郇伯亲自慰劳他。

〔注〕① 冽：寒冷。下泉：地下涌出的泉水。　② 苞：丛生。稂(láng)：一种莠一类的野草。毛传："稂，童粱。非溉草，得水而病也。"也有人说稂是长穗而不饱实的禾。　③ 忾(kài)：叹息。寤：醒。　④ 周京：周朝的京都，天子所居，下文"京周""京师"同。　⑤ 萧：一种蒿类野生植物，即艾蒿。　⑥ 蓍(shī)：一种用于占卦的草，蒿属。　⑦ 芃(péng)芃：茂盛苗壮。毛传："芃芃，美貌。"　⑧ 膏：滋润，润泽。　⑨ 有王：郑笺："有王，谓朝聘于天子也。"　⑩ 郇(xún)伯：毛传："郇伯，郇侯也。"郑笺："郇侯，文王之子，为州伯，有治诸侯之功。"何楷《诗经世本古义》则据齐诗之说以为是指晋大夫荀跞。盖郇、荀音同相通假。兹从齐诗说。劳：慰劳。

《毛诗序》说："《下泉》，思治也。曹人疾共公侵刻下民，不得其所，忧而思明王贤伯也。"唐孔颖达疏申其意曰："此谓思上世明王贤伯治平之时。若有明王贤伯，则能督察诸侯，共公不敢暴虐，故思之也。上三章皆上二句疾共公侵刻下民，下二句言思古明王；卒章思古贤伯。"清姚际恒《诗经通论》亦取"思治说"，但又称："大《序》必谓共公时，无据。"而宋朱熹《诗集传》另发挥说："王室陵夷而小国困弊，故以寒泉下流而苞稂见伤为比，遂兴其忾然以念周京也。"其《诗序辨说》又道："曹无他事可考，《序》因《候人》而遂以为共公。然此乃天下之大势，非共公之罪也。"

此外，影响较大的有"伤周衰说"，清方玉润《诗经原始》云："此诗之作，所以念周衰伤晋霸也。使周而不衰，则'四国有王'，彼晋虽强，敢擅征伐？"刘沅《诗经恒解》云："周衰，大国侵陵，小国日削，王纲解而方伯无人，贤者伤之而作。"另又有"美晋大夫荀跞说",明何楷《诗经世本古义》据汉焦赣《易林·蛊之归妹》繇辞"下泉苞粮,十年无王;荀伯遇时,忧念周京",认为"《下泉》,曹人美荀跞纳周敬王也",清王先谦《诗三家义集疏》谓"何氏阐明齐(诗)说,深于诗义有神",从其说。今人程俊英《诗经译注》、高亨《诗经今注》亦从之。据《左传》记载,春秋末期的鲁昭公二十二年(前520),周景王死,王子猛立,是为悼王,王子朝因未被立为王而起兵,周王室遂发生内乱。于是晋文公派大夫荀跞率军迎悼王,攻王子朝。不久悼王死,王子匄被拥立即位,是为敬王。何楷说:"今考诗与《春秋》事相符合。焦氏所传确矣。"(同上)诚然如此。又《春秋》记周敬王居于狄泉,又名翟泉,在今洛阳东郊,有人认为即《下泉》一诗中之"下泉",如此说成立,又是"美晋大夫荀跞说"之一证。鉴于以上根据,并吸取《毛诗序》等说的合理成分,笔者同意高亨《诗经今注》的说法:"曹国人怀念东周王朝,慨叹王朝的战乱,因作这首诗。"

此诗的前三章,是《诗经》中典型的重章叠句结构,各章仅第二句末字"稂""萧""蓍"不同,第四句末二字"周京""京周""京师"不同,而这又恰好在换韵的位置,易字目的只是通过韵脚的变化使反复的咏唱不致过于单调,而三章的意思则是完全重复的,不存在递进、对比之类句法关系。第四章在最后忽然一转,这种转折不仅在语句意义上,而且在语句结构上都显得很突兀。因此古往今来,不乏对此特加注意的评论分析。有人大加赞赏,如清陈继揆《读诗臆补》说:"感时追忆,无限伤心,妙在前路绝不说出。读末章正如唐天宝乱后,说到贞观盛时,一似天上人,令人神驰,而不觉言之津津也。"牛运震《诗志》说:"末章忽说到京周盛时,正有无限忾想,笔意俯仰抑扬,甚妙。"也有人极表疑惑,如宋王柏《诗疑》说:"《下泉》四章,其末章全与上三章不类,乃与《小雅》中《黍苗》相似(按:《黍苗》首章句云:"芃芃黍苗,阴雨膏之。悠悠南行,召伯劳之。"),疑错简也。"今人向熹《诗经语言研究》也说:"《下泉》末章与前三章句法内容不相类,却与《黍苗》首章相似。除了编简错乱,把《黍苗》诗的一章误入《下泉》,很难说出别的理由。"持怀疑论者有一定道理,但除非今后在出土文物中发现错简之前的原有文句,否则这种怀疑本身仍将受人怀疑。何况检《国风》一百六十篇,就会发现虽然三章复沓叠咏的有不少,如《周南·樛木》《召南·鹊巢》《卫风·木瓜》《郑风·缁衣》等等,但三章复沓叠咏之后再加上句式不同的一章那样的结构并非一无所见(如《邶风·燕燕》即是)。语句部分重复在《国风》《雅颂》中也可以找出一些(如"女子有行,远父母兄弟"就见于《蝃𬟽》《泉水》《竹竿》三篇中),更不能据此径自说某句是某诗的错简。并且,此诗第四章的前两句与前三章的前两句相比较,"昔时苗黍,今则苞粮;昔时阴雨,今则冽泉"(清陈继揆《读诗臆补》),可谓"字字对照,直以神行"(清陈震《读诗识小录》),在内容上也是互有关联的。笔者以为,正是因为以寒泉浸野草喻周室内乱势衰的比兴加上慨叹缅怀周京直陈其事的赋法本身已具有很强烈的悲剧感,而三章复沓叠咏使这种悲剧感加强到了极点,所以末章雨过天青般的突然转折,就令人产生非常兴奋的欣慰之情,这样的艺术效果当然是独具魅力的。从这一点上说,完全有理由将《下泉》一诗置于《国风》的优秀篇章之列。

(惠渭舟)

豳 风

【诗歌解题】

《诗经》类名。"国风"之一。共七篇。豳地民歌。豳(也作邠)地在今陕西旬邑、彬县一带。周族祖先公刘由邰(今陕西武功西南)迁于豳。西周时封于何人已无可考。西周亡,豳归秦所有。诗均作于西周,是《国风》中年代最早的诗。周族重视农业,故《汉书·地理志下》说:"其民有先王遗风,好稼穑,务本业,故豳诗言农桑衣食之本甚备。"一说为周公之诗。朱熹《诗集传》:"武王崩,成王立,年幼不能莅阼。周公旦以冢宰摄政,乃述后稷、公刘之化,作诗一篇以戒成王,谓之'豳风'。而后人又取周公所作及凡为周公而作之诗以附焉。"今人又有疑其为鲁诗者。

七　月　　　　　　豳风

七月流火,①　　　　七月里大火星儿向西流,
九月授衣。②　　　　九月里妇女把衣授。
一之日觱发,③　　　十一月北风哗哗响,
二之日栗烈。④　　　十二月寒气冷飕飕。
无衣无褐,　　　　　粗布衣裳都没有,
何以卒岁?　　　　　残冬腊月怎能熬到头?
三之日于耜,⑤　　　正月里修好锄和耙,
四之日举趾。　　　　二月里举足到田头。
同我妇子,　　　　　老婆孩子莫忘记,
馌彼南亩,⑥　　　　晌午送饭村南头。
田畯至喜。⑦　　　　监工的田官乐悠悠。

七月流火，
九月授衣。
春日载阳，
有鸣仓庚。⑧
女执懿筐，⑨
遵彼微行，⑩
爰求柔桑。
春日迟迟，
采蘩祁祁。⑪
女心伤悲，
殆及公子同归。

七月流火，
八月萑苇。⑫
蚕月条桑，⑬
取彼斧斨。⑭
以伐远扬，⑮
猗彼女桑。⑯
七月鸣鵙，⑰
八月载绩。
载玄载黄，
我朱孔阳，⑱
为公子裳。

四月秀葽，⑲
五月鸣蜩。⑳
八月其获，
十月陨萚。㉑

七月里大火星儿向西流，
九月里妇女把衣授。
三春太阳暖洋洋，
黄莺儿欢唱在枝头。
姑娘们手挽深竹篮，
沿着小路向前走，
采下了片片桑叶嫩又柔。
春天太阳升起慢悠悠，
采蒿人多似水流。
姑娘不禁暗悲愁，
怕公子把人抢了走。

七月里大火星儿向西流，
八月里芦花满汀洲。
三月里桑树要整枝，
拿起刀锯和斧头。
除掉高枝与长条，
轻采柔桑片片收。
七月里伯劳对鸣，
八月里纺纱织布不停手。
染成黑色染成黄，
我染的大红颜色最艳秀，
为那公子制衣缝又绣。

四月里草药远志穗儿抽，
五月里知了声声叫不休。
八月里家家户户庆丰收，
十月里纷纷黄叶坠枝头。

一之日于貉,㉒	十一月里打狗獾,
取彼狐狸,	猎得狐狸取下皮,
为公子裘。	为那公子做轻裘。
二之日其同,	十二月农闲人欢聚,
载缵武功。㉓	继续练武耍戈矛。
言私其豵,㉔	留下小猪自家吃,
献豜于公。㉕	大猪公家去享受。

五月斯螽动股,㉖	五月里蚱蜢齐鸣两腿抖,
六月莎鸡振羽。㉗	六月里蝈蝈双翅颤悠悠。
七月在野,	七月里蟋蟀鸣郊野,
八月在宇,	八月里它在檐下唱不休。
九月在户,	九月里它怕冷进了屋,
十月蟋蟀入我床下。	十月里它躲到床下不再走。
穹窒熏鼠,㉘	家家清除垃圾熏老鼠,
塞向墐户。㉙	堵起北窗塞紧门缝防风透。
嗟我妇子,	干完关照妻和子:
曰为改岁,	不久新年逢岁首,
入此室处。	进入屋里歇个够。

六月食郁及薁,	六月里野李葡萄尝尝鲜,
七月亨葵及菽。	七月里烹煮葵菜烧大豆。
八月剥枣,	八月里齐把枣子打,
十月获稻。	十月里又将稻谷收。
为此春酒,	新米新谷酿春酒,
以介眉寿。	好给老爷去做寿。
七月食瓜,	七月里好瓜吃在口,
八月断壶,㉚	八月里葫芦摘在手,
九月叔苴。㉛	九月里苴麻种子留。

采荼薪樗，㉜	多采苦菜多砍柴，
食我农夫。	养活自己忙不够。

九月筑场圃，	九月里筑好打谷场，
十月纳禾稼。	十月里喜把庄稼收。
黍稷重穋，㉝	小米高粱和谷子，
禾麻菽麦。	粟麻小麦加大豆。
嗟我农夫，	唉呀我们种田人，
我稼既同，㉞	庄稼活儿没尽头，
入上执宫功。㉟	又为公家宫室修。
昼尔于茅，	白天野外割茅草，
宵尔索绹。㊱	夜里搓绳忙不休。
亟其乘屋，㊲	急忙上房盖屋顶，
其始播百谷。	春要播种到田畴。

二之日凿冰冲冲，㊳	腊月里凿冰咚咚响，
三之日纳于凌阴。㊴	正月里藏进冰窖冷飕飕。
四之日其蚤，㊵	二月里取出冰块行祭礼，
献羔祭韭。	韭菜羔羊供案头。
九月肃霜，㊶	九月霜降天气爽，
十月涤场。	十月里清扫场地把谷收。
朋酒斯飨，㊷	满斟美酒敬客人，
曰杀羔羊。	宰杀羔羊争献酬。
跻彼公堂，	登上公堂同聚会，
称彼兕觥，㊸	牛角杯儿举过头，
万寿无疆！	高声齐祝万年寿！

〔注〕 ① 流火：大火星自南方高处向偏西方向下行。　② 授衣：裁制冬衣。马瑞辰《毛诗传笺通释》："凡言'授衣'者，皆授使为之也。此诗授衣，亦授冬衣使为之。盖九月妇功成，丝麻之事已毕，始可为衣。非谓九月冬衣已成，遂以授人也。"　③ 觱(bì)发：寒风触物发出的声响。　④ 栗烈：凛冽、寒冷貌。　⑤ 耜(sì)：一种农具，形状像锹。　⑥ 馌(yè)：送饭。

⑦ 田畯：为领主监工的农官。 ⑧ 仓庚：黄莺。 ⑨ 懿筐：深深的筐子。 ⑩ 微行：小路。 ⑪ 蘩：白蒿，或云蘩可制蚕箔。祁祁：形容采蘩妇女众多的样子。 ⑫ 萑(huán)苇：荻草与芦苇。 ⑬ 条桑：修剪桑枝。 ⑭ 斨(qiāng)：方孔的斧。 ⑮ 远扬：长得特别高的桑枝。 ⑯ 女桑：嫩桑叶。 ⑰ 鸣鵙(jú)：鸟名，即伯劳。 ⑱ 孔阳：色彩极为鲜明。 ⑲ 秀：长穗。葽(yāo)：即远志，药用植物。 ⑳ 蜩(tiáo)：蝉。 ㉑ 陨萚(tuò)：落叶。 ㉒ 于貉(hè)：取貉。貉，似狐，今通称狗獾。 ㉓ 缵：继续。 ㉔ 豵(zōng)：小猪。 ㉕ 豜(jiān)：三岁大猪。 ㉖ 斯螽(zhōng)：即螽斯，昆虫名，翅摩擦发声，古人误以为腿摩擦发声。 ㉗ 莎鸡：即纺织娘，昆虫名。 ㉘ 穹窒：堵塞洞穴。 ㉙ 塞向：堵塞北窗。墐户：涂泥在竹木所制的门上塞缝，以御寒风。 ㉚ 壶：葫芦。 ㉛ 叔苴：拾取麻籽。 ㉜ 荼：苦菜。樗(chū)：苦椿树。 ㉝ 黍：小米。稷：高粱。重(chóng)：同"穜"，早种晚熟的谷。穋(lù)：同"稑"，晚种早熟的谷。 ㉞ 既同：已经收齐。 ㉟ 宫功：修建宫室。 ㊱ 索绹：搓草绳。 ㊲ 乘屋：覆盖屋顶。 ㊳ 冲冲：凿冰之声。 ㊴ 凌阴：藏冰的地窖。 ㊵ 蚤：同"早"，此指早朝，古代一种祭祀仪式。 ㊶ 肃霜：即"肃爽"，指天高气爽。 ㊷ 朋酒：指成双的两壶酒。 ㊸ 兕觥(gōng)：铜制的犀牛状酒杯。

《豳风·七月》是《诗经·国风》中最长的一首诗。《毛诗序》认为它的主题是"陈后稷、先公风化之所由，致王业之艰难"；陈奂《诗毛氏传疏》则认为是"周公遭管蔡之变而作"，两者时间相距甚远，似不可凭信。《汉书·地理志》云："昔后稷封斄，公刘处豳，太王徙岐，文王作酆，武王治镐，其民有先王遗风，好稼穑，务本业，故豳诗言农桑衣食之本甚备。"据此，本篇当作于西周初期，即公刘处豳时期。

豳地在今陕西旬邑、彬县一带，公刘时代周之先民还是一个农业部落。《七月》反映了这个部落一年四季的劳动生活，涉及衣食住行各个方面，它的作者当是部落中的成员，所以口吻酷肖，角度极准，从各个侧面展示了当时社会的风俗画，正如姚际恒《诗经通论》所说："鸟语虫鸣，草荣木实，似《月令》；妇子入室，茅绹升屋，似《风俗书》；流火寒风，似《五行志》；养老慈幼，跻堂称觥，似庠序礼；田官染职，狩猎藏冰，祭献执宫，似国家典制书。其中又有似采桑图、田家乐图、食谱、谷谱、酒经：一诗之中，无不具备，洵天下之至文也！"凡春耕、秋收、冬藏、采桑、染绩、缝衣、狩猎、建房、酿酒、劳役、宴飨，无所不写，"无体不备，有美必臻，晋唐后陶、谢、王、孟、韦、柳田家诸诗，从未臻此境界"（引同上）。这一评价，基本上符合诗中实际。

诗从七月写起，按农事活动的顺序，以平铺直叙的手法，逐月展开各个画面。必须注意的是诗中使用的是周历。周历以夏历（今之农历，一称阴历）的十一月为正月，七月、八月、九月、十月以及四、五、六月，皆与夏历相同。"一之日""二之日""三之日""四之日"，即夏历的十一月、十二月、一月、二月。"蚕月"，即夏历的三月。皮锡瑞《经学通论》云："此诗言月者皆夏正，言一、二、三、四之日皆周正，改其名不改其实。"戴震《毛郑诗考证》亦指出：周时虽改为周正(以农历十一月为正月岁首)，但民间农事仍沿用夏历。这些说法，都是我们理解此诗时序的重要依据。

　　首章以鸟瞰式的手法，概括了劳动者全年的生活，一下子把读者带进那个凄苦艰辛的岁月。同时它也为以后各章奠定了基调，提示了总纲。朱熹《诗集传》云："此章前段言衣之始，后段言食之始。二章至五章，终前段之意。六章至八章，终后段之意。"在结构上如此安排，确是相当严谨。所谓"衣之始""食之始"，实际上指农业社会中耕与织两大主要事项。这两项是贯穿全篇的主线。首章是说九月里妇女"桑麻之事已毕，始可为衣"。十一月以后便进入朔风凛冽的冬天，农夫们连粗布衣衫也没有一件，怎么能度过年关，故而发出"何以卒岁"的哀叹。可是春天一到，他们又整理农具到田里耕作。老婆孩子则到田头送饭，田官见他们劳动很卖力，不由得面露喜色。民间诗人以粗线条勾勒了一个框架，当时社会生活的整体风貌已呈现在读者面前。以后各章便从各个侧面、各个局部进行较为细致的刻画。

　　诗的二、三章情调逐渐昂扬，色调逐渐鲜明。明媚的春光照着田野，莺声呖呖。背着筐儿的妇女，结伴儿沿着田间小路去采桑。她们的劳动似乎很愉快，但心中不免怀有隐忧："女心伤悲，殆及公子同归。"首章"田畯至喜"，只是以轻轻的一笔点到了当时社会的阶级关系，这里便慢慢地加以展开。"公子"，论者多谓豳公之子。豳公占有大批土地和农奴，他的儿子们对农家美貌女子也享有与其"同归"的特权。这里似乎让我们看到汉乐府《秋胡行》和《陌上桑》的影子，虽然那是千年以后的事，但生活中的规律往往也会出现某些相似的地方。姑娘们的美貌使她们担心人身的不自由；姑娘们的灵巧和智慧，也使她们担心劳动果实为他人所占有："八月载绩，载玄载黄，我朱孔阳，为公子裳。"她们织出五颜六色的丝绸，都成了公子身上的衣裳。这又使我们想起了宋人张俞的《蚕妇》诗："遍身罗绮者，不是养蚕人。"

　　四、五两章虽从"衣之始"一条线发展而来，但亦有发展变化。"秀葽""鸣蜩"，带有起兴之意，下文重点写狩猎。他们打下的狐狸，要"为公子裘"；他们打下的大猪，要贡献给豳公，自己只能留下小的吃。这里再一次描写了当时的阶级关系。五章着重写昆虫以反映季节的变化，由蟋蟀依人写到寒之将至，笔墨工细，绘影绘声，饶有诗意。《诗集传》云："斯螽、莎鸡、蟋蟀，一物随时变化而异其名。动股，始跃而以股鸣也。振羽，能飞而以翅鸣也。"咏物之作，如此细腻，令人惊叹。"穹窒熏鼠"以下四句，写农家打扫室内，准备过冬，在结构上"亦以终首章前段御寒之意"。

六、七、八章,承"食之始"一条线而来,好像一组连续的电影镜头,表现了农家朴素而安详的生活:六、七月里他们"食郁(郁李)及薁"、"亨(烹)葵(葵菜)及菽(豆类)"。七、八月里,他们打枣子,割葫芦。十月里收下稻谷,酿制春酒,给老人祝寿。可是粮食刚刚进仓,又得给老爷们营造公房,与上面所写的自己的居室的破烂简陋适成鲜明对比。"筑场圃""纳禾稼",写一年农事的最后完成。正如《诗集传》引吕氏所云:"此章(第七章)终始农事,以极忧勤艰难之意。"

到了最后一章,也就是第八章,诗人用较愉快的笔调描写了这个村落宴饮称觞的盛况。一般论者以为农夫既这么辛苦,上头又有田官监督、公子剥削,到了年终,怎么有条件有资格"跻彼公堂,称彼兕觥"? 其实社会是复杂的,即使在封建社会的中期,农民年终时也相互邀饮,如宋代秦观《田居四首》所写:"田家重农隙,翁妪相邀迓。班坐酾酒醪,一行三四谢。"陆游《游山西村》诗也说:"莫笑农家腊酒浑,丰年留客足鸡豚。"《七月》所写上古社会的西周村落生活,农闲之时,举酒庆贺,也是情理中事。

中国古代诗歌一向以抒情诗为主,叙事诗较少。这首诗却以叙事为主,在叙事中写景抒情,形象鲜明,诗意浓郁。通过诗中人物娓娓动听的叙述,又真实地展示了当时的劳动场面、生活图景和各种人物的面貌,以及农夫与公家的相互关系,构成了西周早期社会一幅男耕女织的风俗画。《诗经》的表现手法有赋、比、兴三种,这首诗正是采用赋体,"敷陈其事""随物赋形",反映了生活的真实。我们仔细吟诵其中任何一章,都会有这样的感觉。

(徐培均)

鸱 鸮

鸱鸮鸱鸮,①	猫头鹰你这恶鸟,
既取我子,②	已经夺走了我的雏子,
无毁我室。③	再不能毁去我的窝巢。
恩斯勤斯,④	我含辛茹苦,
鬻子之闵斯!⑤	早已为养育雏子病了!
迨天之未阴雨,⑥	我趁着天未阴雨,
彻彼桑土,⑦	啄取那桑皮桑根,
绸缪牖户。⑧	将窗扇门户缚紧。

| 今女下民，⑨ | 现在你们树下的人， |
| 或敢侮予！⑩ | 还有谁敢将我欺凌！ |

予手拮据，⑪	我用拘挛的手爪，
予所捋荼；⑫	采捋茅草花；
予所蓄租，⑬	又蓄积干草垫底，
予口卒瘏，⑭	喙角也累得病啦，
曰予未有室家。⑮	只为了还未筑好的家。

予羽谯谯，⑯	我的翅羽稀落，
予尾翛翛；⑰	我的尾羽枯槁；
予室翘翘，⑱	我的巢儿垂危，
风雨所漂摇。	正在风雨中飘摇。
予维音哓哓！⑲	我只能惊恐地哀号！

〔注〕① 鸱鸮(chī xiāo)：猫头鹰。 ② 子：指幼鸟。 ③ 室：鸟窝。 ④ 恩：爱。《鲁诗》"恩"作"殷"，尽心之意。斯：语助词。 ⑤ 鬻(yù)：育。 闵：病。 ⑥ 迨(dài)：及。 ⑦ 彻：通"撤"，取。桑土：《韩诗》作"桑杜"，桑根。 ⑧ 绸缪(móu)：缠缚，密密缠绕。牖(yǒu)：窗。户：门。 ⑨ 女：汝。下民：下面的人。 ⑩ 或：有。 ⑪ 拮据：手病，此指鸟脚爪劳累。 ⑫ 捋(luō)：成把地摘取。荼：茅草花。 ⑬ 蓄：积蓄。租：通"苴"(jū)，草。 ⑭ 卒瘏(tú)：患病。卒通"悴"。 ⑮ 室家：指鸟窝。 ⑯ 谯(qiáo)谯：羽毛疏落貌。 ⑰ 翛(xiāo)翛：羽毛枯散无泽貌。 ⑱ 翘翘：危而不稳貌。 ⑲ 哓(xiāo)哓：惊恐的叫声。

寓言是一种借说故事以寄寓人生感慨或哲理的特殊表现方式。它的主角可以是现实中人，也可以是神话、传说中的虚幻人物，而更多的则是自然界的虫鱼鸟兽、花草木石。这种表现方式，在战国的诸子百家之说中曾被广为运用，使古代的说理散文由此增生了动人的艺术魅力，放射出奇异的哲理光彩。

但以寓言作诗，在先秦却不多见；只是到了汉代，才在乐府诗中成批涌现，一时蔚为奇观。倘要追溯它的源头，虽然可与战国诸子之作遥相接续，但其"天造草昧"的创制，恐怕还得首推这首在"诗三百篇"中也属凤毛麟角的《鸱鸮》。

这首诗的主角，是一头孤弱无助的母鸟。当它在诗中出场的时候，正是恶鸟"鸱鸮"刚刚洗劫了它的危巢，攫去了雏鸟在高空得意盘旋之际。诗之开笔"鸱鸮鸱鸮，既取我子，无毁我室"，即以突发的呼号，表现了母鸟目睹"飞"来横祸时的极度惊恐和哀伤。人们常说:"画为无声诗,诗为有声画。"此章的展开正是未见其影先闻其"声",在充斥诗行的怆然呼号中,幻化出母鸟飞归、子去巢破的惨淡画境。当母鸟仰对高天,发出凄厉呼号之际,你能体会到它此刻该怎样毛羽愤竖、哀怒交集?但鸱鸮之强梁,又岂是孤弱的母鸟所可惩治。怆怒的呼号追着鸱鸮之影远去,留下的便只有"恩斯勤斯,鬻子之闵斯"的伤心呜咽了。这呜咽传自寥廓无情的天底,传自风高巢危的树顶,而凝聚在两行短短的诗中,至今读来令人颤栗!

正如人们很少关注鸟兽的悲哀一样,人类也很少能了解它们在面对灾祸时的伟大、坚强。诗中的母鸟看似孤弱,却也一样富于生存的勇气和毅力。你看它刚还沉浸在丧子破巢的哀伤之中,即又在哀伤中抬起了刚毅的头颅:"迨天之未阴雨,彻彼桑土,绸缪牖户。"它要趁着天晴之际,赶快修复破巢。这第二章仍以母鸟自述的口吻展开,但因为带有叙事和描摹,你所读见的,便恍如镜头摇转式的特写画面:哀伤的母鸟急急忙忙,忽而飞落在桑树林间,啄剥着桑皮根须;忽而飞返树顶,口衔着韧须细细缠缚窠巢。"彻彼"叙其取物之不易,"绸缪"状其缚结之紧密。再配上"啾啾"啼鸣的几声"画外音",你便又听到了母鸟忙碌之后,所发出的既警惕又自豪的宣言:"今女下民,或敢侮予!"那是对饱经下民骚扰的往事的痛愤回顾,更是对缚扎紧密的鸟巢的骄傲自许,当然也包含着对时或欺凌鸟儿的"下民"的严正警告。倘若人类真能破解鸟语,是应该谨记这母鸟的警告,而对它的坚韧、顽强肃然起敬的了!

三、四两章宜作一节读。这是母鸟辛勤劳作后的痛定思痛,更是对无法把握自身命运的处境的凄凄泣诉。"予手拮据""予口卒瘏""予羽谯谯""予尾翛翛":遭受奇祸的母鸟终于重建了自己的巢窠,充满勇气地活了下来。但是,这坚强的生存,对于孤弱的母鸟来说,又付出了何等巨大的代价!它的鸟爪拘挛了,它的喙角累病了,至于羽毛、羽尾,也全失去了往日的细密和柔润,而变得稀疏、枯槁。这些怆楚的自怜之语,发之于面临奇灾大祸,而挣扎着修复鸟巢的万般艰辛之后,正如潮水之汹涌,表现着一种悲从中来的极大伤痛。然而更令母鸟恐惧的,还是挟带着自然威力的"风雨":鸱鸮的进犯纵然可以凭非凡的勇气抵御,但对这天地间之烈风疾雨,小小的母鸟却无回天之力了。"予室翘翘,风雨所漂摇,予维音哓哓!"诗之结句,正以一声声"哓哓"的鸣叫,穿透摇撼天地的风雨,喊出了不能掌握自身命运的母鸟之哀伤。

倘若仅从诗面上看,《鸱鸮》也堪称一首代鸟写悲的杰作:它写鸟像鸟,通篇用了母鸟的"语言",逼真地传写出了既丧爱雏、复遭巢破的鸟禽之伤痛,塑造了一只虽经灾变仍不折不挠重建"家室"的可敬母鸟的形象。如果鸟禽有知,亦当为诗人对它们生活情状描摹之精妙、心理情感体味之真切,而"啾啾"叹惋的罢? 然而这毕竟是一首"寓言诗",与其说是代鸟写悲,不如说是借鸟写人。那母鸟所受恶鸮的欺凌而丧子破巢的遭遇,以及在艰辛生存中面对不能把握自身命运的深深恐惧,不正是下层人民悲惨情状的形象写照? 由此反观全诗,则凶恶的"鸱鸮"、无情的"风雨",便全可在人世中显现其所象征的真实身份。而在母鸟那惨怛的呼号和凄怆的哀诉中,不正传达着久远以来受欺凌、受压迫人们的不尽痛愤?

旧说如《毛诗序》谓此诗乃"周公救乱"之作,方玉润《诗经原始》、魏源《诗古微》又以为乃"周公悔过以儆成王""周公戒成王"之作,虽也知诗用借喻手法,但坐实本事,反而扞格不通。

(潘啸龙)

东　山

我徂东山,①	自我远征东山东,
慆慆不归。②	回家愿望久成空。
我来自东,	如今我从东山回,
零雨其濛。	满天小雨雾蒙蒙。
我东曰归,	才说要从东山归,
我心西悲。	我心忧伤早西飞。
制彼裳衣,	家常衣服做一件,
勿士行枚。③	不再行军事衔枚。
蜎蜎者蠋,④	野蚕蜷蜷树上爬,
烝在桑野。⑤	田野桑林是它家。
敦彼独宿,⑥	露宿将身缩一团,
亦在车下。	睡在哪儿车底下。
我徂东山,	自我远征东山东,
慆慆不归。	回家愿望久成空。
我来自东,	如今我从东山回,
零雨其濛。	满天小雨雾蒙蒙。

果臝之实，⑦	栝楼藤上结了瓜，
亦施于宇。⑧	藤蔓爬到屋檐下。
伊威在室，⑨	屋内潮湿生地虱，
蟏蛸在户。⑩	蜘蛛结网当门挂。
町疃鹿场，⑪	鹿迹斑斑场上留，
熠耀宵行。⑫	磷火闪闪夜间流。
不可畏也，	家园荒凉不可怕，
伊可怀也。	越是如此越想家。

我徂东山，	自我远征东山东，
慆慆不归。	回家愿望久成空。
我来自东，	如今我从东山回，
零雨其濛。	满天小雨雾蒙蒙。
鹳鸣于垤，⑬	白鹳丘上轻叫唤，
妇叹于室。	我妻屋里把气叹。
洒扫穹窒，	洒扫房舍塞鼠洞，
我征聿至。⑭	盼我早早回家转。
有敦瓜苦，⑮	团团葫芦剖两半，
烝在栗薪。⑯	撂上柴堆没人管。
自我不见，	旧物置闲我不见，
于今三年。	算来到今已三年。

我徂东山，	自我远征东山东，
慆慆不归。	回家愿望久成空。
我来自东，	如今我从东山回，
零雨其濛。	满天小雨雾蒙蒙。
仓庚于飞，	当年黄莺正飞翔，
熠耀其羽。	黄莺毛羽有辉光。
之子于归，	那人过门做新娘，

皇驳其马。⑰	迎亲骏马白透黄。
亲结其缡,⑱	娘为女儿结佩巾,
九十其仪。⑲	婚仪繁缛多过场。
其新孔嘉,	新婚甭提有多美,
其旧如之何!	重逢又该美成什么样!

〔注〕① 徂(cú):往。东山:在今山东境内,周公伐奄驻军之地。② 慆(tāo)慆:久。③ 士:通"事"。行枚:行军时衔在口中以保证不出声的用具。 ④ 蜎(juān)蜎:幼虫蜷曲的样子。蠋(shǔ):一种野蚕。 ⑤ 烝(zhēng):久。 ⑥ 敦:团状。 ⑦ 果臝(luǒ):葫芦科植物,一名栝楼。臝,裸的异体字。 ⑧ 施(yí):移。 ⑨ 伊威:一种小虫,俗称土虱。 ⑩ 蟏蛸(xiāo shāo):一种蜘蛛。 ⑪ 町畽(tuǎn):兽迹。 ⑫ 熠耀:光明的样子。宵行:磷火。 ⑬ 垤(dié):小土丘。 ⑭ 聿:语气助词,有将要的意思。 ⑮ 瓜苦:犹言瓜瓠,瓠瓜,一种葫芦。古俗在婚礼上剖瓠瓜成两张瓢,夫妇各执一瓢盛酒漱口。 ⑯ 栗薪:犹言蓼薪,束薪。⑰ 皇:指马毛色黄白相杂。驳:指马毛色不纯。 ⑱ 亲:此指女方的母亲。结缡:将佩巾结在带子上,古代婚仪。 ⑲ 九十:言其多。

《毛诗序》说:"《东山》,周公东征(平武庚、管叔之乱)也。周公东征三年而归,劳归士。大夫美之,故作是诗也。"此说无确据。朱熹《诗集传》以为"此周公劳归士词,非大夫美之而作"。说"非大夫美之而作"是,但说"周公劳士之作"未必然。因为从诗的内容看,这实在是一首征人解甲还乡途中抒发思乡之情的诗,事或与周公东征相关,却不必是周公所作。

全诗四章,章首四句叠咏,文字全同,构成了全诗的主旋律。咏的是士卒在归来的途中,遇到淫雨天气,在写法上与《小雅·采薇》末章"昔我往矣,杨柳依依;今我来思,雨雪霏霏"相近。王夫之说"以乐景写哀,复以哀景写乐,一倍增其哀乐"(《姜斋诗话》),这里既是"以哀景写乐",又不全是。盖行者思家,在雨雪纷飞之际会备感凄迷,所以这几句也是情景交融,为每章后面几句的叙事准备了一个颇富感染力的背景。

每章的后四句,则是叙事性内容;大抵可分为前后两部分。

前两章写主人公还乡途中的悲喜交集,喜胜于悲的心情。诗人首先抓住着装的改变这一细节,写战士复员,解甲归田之喜,反映了人民对战争的厌倦,对和平生活的渴望。其次写归途餐风宿露,夜住晓行的辛苦。把诗中人比作桑林的野蚕,颇有意味:令读者感到他辛苦是辛苦,但也有摆脱羁勒,得其所哉的喜悦。(一说这几句是写回忆军中生活,虽也可通,总不如解为直叙归途中事顺理成章。)二章写途中想象家园荒芜、民生凋敝,倍增怀念之情。诗中所写的杂草丛生、野兽昆虫出没、磷火闪烁的景象,与汉乐府"十五从军征",及曹操《蒿里行》所写类似,可见战士家乡当时发生过较大规模的战乱,难怪在家乡越来越近时,诗中人的心境更加复杂。一方面是"近乡情更怯",另一方面则是"近乡情更'切'"!所以诗人一面写着可畏的景象,一面又说着"不可畏也,伊可怀也"那样自相矛盾的话。

后两章承上写主人公途中的想象,却是专写对妻子的怀思。有推想妻在家中的忧思("妇叹于室"),有回忆新婚的情景,也有对久别重逢的想象。诗中特别提到葫芦(瓜瓠),是因为古代婚俗:夫妇合卺时须剖瓠为瓢,彼此各执一瓢,盛酒漱口以成礼。这里言在物而意在人。末章进而回忆三年前举行婚礼的情景,写莺歌燕舞,迎亲的车马喜气洋洋,丈母娘为新娘子结上佩巾,把做媳妇的规矩叮咛又叮咛("亲结其缡,九十其仪")。这些快乐情景既与前文的"妇叹于室"形成对比,同时还暗示着主人公曾经有过"新婚别"的悲痛经历。回忆还会引起诗中人对重逢更强烈的渴望。俗话说"久别胜新婚",诗的结尾说:"其新孔嘉,其旧如之何?"既是想入非非的,又是合情合理的:因为在古代农业社会,人际关系较为单纯,夫妇关系实是最深挚的一种人际关系。战士在军中及归途更多地想到妻子,特别是"暮婚晨告别"的妻子,是再自然不过的事体。

此诗最大的艺术特色一是丰富的联想,它也许是国风中想象力最为丰富的一首诗,诗中有再现、追忆式的想象(如对新婚的回忆),也有幻想、推理式的想象(如对家园残破的想象),于"道途之远、岁月之久、风雨之凌犯、饥渴之困顿、裳衣之久而垢敝、室庐之久而荒废、室家之久而怨思"(朱善),皆有情貌无遗的描写。而放在章首的叠咏,则起到了咏叹的作用,这咏叹就像一根红线,将诗中所有片断的追忆和想象串联起来,使之成为浑融完美的艺术整体。　　　　　(周啸天)

破　斧

既破我斧,　　　　那些老爷既使我斧破折,
又缺我斨。①　　　又使我斨缺残。
周公东征,　　　　周公率军东征,
四国是皇。②　　　四国君主无不心惊胆战。
哀我人斯,③　　　周公哀怜我们这些平民,
亦孔之将。④　　　这是多么的仁贤。

既破我斧,　　　　那些老爷既使我斧破折,

又缺我锜。⑤	又使我锜缺残。
周公东征，	周公率军东征，
四国是吪。⑥	四国百姓深受教化感染。
哀我人斯，	周公哀怜我们这些平民，
亦孔之嘉。⑦	这是多么的良善。

既破我斧，	那些老爷既使我斧破折，
又缺我銶。⑧	又使我銶缺残。
周公东征，	周公率军东征，
四国是遒。⑨	四国家人重聚生活平安。
哀我人斯，	周公哀怜我们这些平民，
亦孔之休。⑩	这是莫大的恩典。

〔注〕 ①斨(qiāng)：斧的一种。斧孔椭圆，斨孔方。 ②皇：同"惶"，恐惧。毛传释为"匡"，《尔雅·释言》："匡，正也。" ③斯：语气词，相当于"啊"。 ④孔：很、甚、极，程度副词。将：大。 ⑤锜(qí)：凿子。一说是古代的一种锯。 ⑥吪(é)：教化。 ⑦嘉：善，美。 ⑧銶(qiú)：凿子。一说是独头斧。 ⑨遒(qiú)：毛传："固也。"郑笺："敛也。"一说是臣服。 ⑩休：美好。

这是一篇管、蔡、殷、奄四国之民对周公赞颂的歌。《毛诗序》："《破斧》，美周公也。周大夫以恶四国焉。"郑笺："恶四国者，恶其流言毁周公也。"

周武王灭纣，据有天下，封纣子武庚于殷，再封自己的弟弟姬鲜、姬度、姬处于管、蔡、霍以监视武庚。武王死，成王年幼，由周公辅政，武庚、管、蔡、徐、奄等国叛周。周公率兵东征，历时三年，平定叛乱。管、蔡、殷、奄四国之民因作此歌以赞美周公。

全诗三章，采用复沓形式，各章仅异数字。孔颖达疏曰："三章上二句恶四国，下四句美周公。"

第一章前两句以"既破""又缺"起始，斧、斨均为生产工具，人们赖以创造财富、维持生计。然这些工具均因为四国之君长年累月服劳役而致破致缺，家计亦因此而处于困苦之中，故尔怨恨深深！这里是以斧斨等工具的破缺来反映劳役之长之苦；以人们赖以生产劳动的必要条件的毁废，来反映生活之困。这是以点代面，以个别代全部，言事而寄慨的手法。

关于这两句，郑笺另有说法："既破毁我周公，又损伤我成王，以此二者为大罪。"以斧斨之破缺比作对周公、成王的流言毁谤,这似乎过分拘泥于史事而说得太玄远了。而将周公比斧,成王比斨,恐亦有失礼度。

人们生活在这么艰难困苦之中,终于有了转机,有了希望:周公率兵东征了。当时周京为镐,在今陕西境内,管蔡等四国在今河南一带,故云"东征"。

三、四两句是因果关系:由于周公东征,所以四国叛乱者惊惧恐慌。毛传释"皇"为匡,即四国乱政得到纠正,走上正道。亦通。政局有转机,全是周公的功劳,故这两句从国的角度美周公,亦是叙事中含抒情,是间接的赞颂。

第五句"哀我人斯",是省略了主语周公。周公对我人民如此哀怜体恤,故逼出第六句:这是很崇高很伟大呀!这是人民以自身的感受,从内心发出的歌赞声!是直接的赞颂。

第二、第三两章,结构与第一章完全相同,仅换几个字。"锜"不论解作凿或锯,"銶"不论解作凿还是独头斧,均为劳动生产的工具,其在诗中的作用亦与第一章的"斨"同。这头两句同样在"恶四国"。下四句亦是"美周公",仅换几个字。"吪",化也,即受教育,移风易俗。"遒",毛传解作固(坚固),郑笺解作敛(聚合)。孔颖达疏协调两说云:"遒训为聚亦坚固之义。"即"使四国之民心坚固也""四国之民于是敛聚不流散也"。流散之民回归,家人团聚,万民团结,国家自然强固。

综观全篇,这第四句的最后一字"皇""吪""遒"似非信手安排,而是有逐层递进,逐层深入的关系在。"皇",如解为惊恐,则只是乱政的动摇,还未真正改变;如释为匡正,那也只是治的开始,对人民来说这只是外部条件的变化。而"吪",受教育、受感化,这是深入到内部的变化。最后的"遒",团聚、强固,则已结出丰硕的果实了。

末二句"嘉""休"基本同义,亦如第一章,是对周公的德行发自内心的直接赞颂。

不过对此诗也有不同的理解,例如闻一多、程俊英就认为这是东征士卒庆幸得以生还之作。这样,对诗中一些词的解释也就与上面不同。如第一、二两句的斧、斨、锜、銶均指为武器。第五、六两句的"哀我人斯"的"人"则是指战士。因有的战士已战死沙场,活着的也都离乡背井与家人久不见面,这些都让人哀伤。这样的解释,与传统的"美周公"观点是大相径庭的,但也言之成理,可备一说。

(潘善祺)

伐　柯

伐柯如何?① 　　砍取斧柄怎么做?

匪斧不克。②	没有斧头做不好。
取妻如何,③	妻子怎样娶进门?
匪媒不得。	没有媒人办不到。
伐柯伐柯,	砍斧柄啊砍斧柄,
其则不远。④	有了原则难不倒。
我觏之子,⑤	遇见我的心上人,
笾豆有践。⑥	摆上礼器娶来了。

〔注〕① 伐柯:柯,斧头柄;伐柯,采伐作斧头柄的木料。 ② 匪:同"非"。 ③ 取:通"娶"。 ④ 则:原则、方法。此处指按一定方法才能砍伐到斧子柄。 ⑤ 觏(gòu):通"觏",遇见。 ⑥ 笾(biān)豆:笾,竹编礼器,盛果脯用的;豆,木制、金属制或陶制的器皿,盛放腌制食物、酱类。在古时家庭或社会举办盛大喜庆活动时,用笾豆等器皿,放满食品,整齐地排列于活动场所,叫做笾豆有践。这里指迎亲礼仪有条不紊。

《伐柯》一诗,从语义上分析,有两重意义,一是文本的表层语义,一是作为引申隐喻的深层语义。

从文本语义来说,《伐柯》以砍伐一支合适的斧头柄子作比喻,说男子找一个心目中的妻子,如斧头找一支合适的柄子一般,要有一定的方法程序,也要有媒人、迎亲礼等基本的安排。因此,这首诗实在是讲诗人见到一位中意的女子,就央告媒人去说项,终于姻缘得定,安排了隆重的迎亲礼,把女子娶了过来。心中的得意,情绪的兴奋,都凝聚在这首自得自悦的欢歌中。在古代诗歌中,常以谐音示意。"斧"字谐"夫"字,柄子配斧头,喻妻子配丈夫。诗中所说"匪媒不得""笾豆有践",也是具体地写出古时娶妻的过程:媒人两家介绍牵线,最后双方同意,办了隆重的迎亲礼仪,妻子过门来。这是中国古代喜庆民俗的场景,也表示中国人对婚姻大事的严肃重视。因为《伐柯》一诗说到娶妻要有媒妁之言,后人就把媒人也称为"伐柯",为人做媒叫做"作伐"。这些词汇的形成,反映了《伐柯》一诗的本义:这是一首迎亲的欢歌。

从引申隐喻义来说,重点落在"伐柯伐柯,其则不远"这两句诗上。这里的伐柯,已经不是丈夫找妻子那样狭义的比喻,而是广义地比喻两种事物的协调关系:砍伐树枝做斧头柄,有斧与柄的协调关系;做其他事情,也有两方面的协调关系。如何协调两方面的关系做到好的柄子配上好的斧头呢?"其则不远",那就是不能背离基本的原则方法。如果砍下的枝条歪七扭八,过粗或过细,都不能插进斧头眼中,成为适手的斧柄。砍取斧柄,要有一定的要求、原则、方法。那么,协调一件事物一种活动的双方,也是有一定的要求、原则、方法的。从具象的斧与柄的关系,上升到抽象的一体两面的关系,这个比喻就有了广泛的意蕴,启示了一个事物发展的共同规律:按一定原则才能协调。后人常用"伐柯伐柯,其则不远",来表示有原则的协调关系,来引指社会政治、经济、文化的活动,就是从广义的比喻性来理解这两句诗的。所以牛运震《诗志》评曰:"随手作兴体,变法入妙,'其则不远',另生一意便深。"据《毛诗序》说,这首诗是周大夫赞美周公之作。周公是西周最贤良的大臣,周的官员作诗赞他,当然不是真的写娶妻子的事,而是借以泛指军国大事的原则性与协调性了。可以说,《毛诗序》正是从《伐柯》诗的引申义上理解诗旨的。

(陈 铭)

九 罭

九罭之鱼,①　　　细眼渔网去捕捞,
鳟鲂。②　　　　　鳟鱼鲂鱼都打到。
我觏之子,③　　　路上遇见官老爷,
衮衣绣裳。④　　　锦绣礼服真美妙。

鸿飞遵渚,⑤　　　大雁高飞沿洲渚,
公归无所,　　　　老爷归去没处住,
於女信处。⑥　　　留您两夜在此宿。

鸿飞遵陆,⑦　　　大雁高飞沿河岸,
公归不复。　　　　老爷去了不回还,
於女信宿。⑧　　　留您在此住两晚。

是以有衮衣兮,⑨　　把您礼服保留啊,
无以我公归兮,⑩　　我的老爷别走啊,
无使我心悲兮!　　　不要让我悲愁啊!

〔注〕① 九罭(yù):网眼较小的渔网。九,虚数,表示网眼很多。 ② 鳟鲂(zūn fáng):鱼的两个种类,肉皆鲜美。 ③ 觏(gòu):碰见。 ④ 衮(gǔn):古时礼服,一般为君主或高级官员所穿。 ⑤ 遵渚:遵,沿着;渚,沙洲。 ⑥ 女(rǔ):汝,你。信处:再住一夜称信;处,住

宿。　⑦陆：水边的陆地。　⑧信宿：同"信处"，住两夜。　⑨是以：因此。有：持有、留下。　⑩无以：不要让。

《九罭》一诗，解说纷繁。有人认为，《九罭》是《伐柯》姐妹篇，都是赞美周公的；《毛诗序》云："《九罭》，美周公也。周大夫刺朝廷之不知也。"朱熹《诗集传》云："此亦周公居东之时，东人喜得见之。"这都是推测之辞。因为根据诗的文本，并不能落实到时、地、人，所以指实本事并不能令人信服。细味诗意，当如闻一多《风诗类钞》所说"这是燕饮时主人所赋留客的诗"。

留什么客呢？"衮衣绣裳"，穿着华丽礼服的大官。衮衣，在周代是君王或上公才能穿的礼服，后来也泛指高级官员的礼服了。显然，诗的作者地位比较低，遇到高级官员来访，十分高兴，打鱼设宴招待，请这位高级官员多住几天，好好玩一玩，更多聚谈。周代风习，宴会上主人客人都唱歌表情述怀，《九罭》大概是主人宴请高级官员宴会上唱的歌。

这首歌并不难理解，它基本上顺时间之序进行叙述。第一章的写法，是先果后因。"九罭之鱼，鳟鲂。"急急忙忙拿了细网眼的渔网去捕美味的鳟鱼、鲂鱼，是因为"我觏之子，衮衣绣裳"，那位穿着礼服的高级官员来了。用细眼网捕鱼，志在必得，大小鱼不漏网。只点明"鳟鲂"，专取美味，不顾其余。一开始就把主人殷勤、诚恳待客的心情诉说出来了。

第二章和第三章，基本上是语义反复。鸿雁留宿沙洲水边，第二天就飞走了，不会在原地住两夜的。诗人用这个自然现象，比喻那位因公出差到此的高级官员：在此地住一晚，明天就要走了。但是，人怎能与鸿雁相同。难得一聚，何必匆匆而别？"於女信处""於女信宿"，请您再住一晚吧！挽留的诚意与巧妙的比喻结合，情见乎辞。

最后一章直抒胸臆。"是以有衮衣兮，无以我公归兮"两句，用当时下层官员、百姓挽留高级官员的方式：把高级官员的礼服留下来，表达诚恳的挽留。这种风习，到后代演变成"留靴"：硬把离任官员的靴子留下，表示实在不愿让他离去。当然，一旦成习俗，真情实意便减弱，甚至只成为一种形式了。最后一句"无使我心悲兮！"正面点出全诗感情核心：因高级官员离去而悲伤。至此，感情的积累到了坦率暴露的结局，这是前面捕鱼、以雁喻人、请多住一晚等活动中流贯感情的积聚，到最后总爆发。由于这个感情总爆发，使读者回顾上文的言行，更感挽留客人的心情诚恳真实，并非虚饰之词。结构安排的层层推进，按时序的叙述，使这首诗取得较强烈的抒情效果。陈震《读诗识小录》评曰："方说我觏，旋说公归，一则以喜，一则以惧，心情摇荡，笔力跳脱。""喜惧交并之心，矞矞独出之笔,神光离合,乍阴乍阳,几于不可迹求。"牛运震《诗志》评曰:"'是以'二字,紧承'信处''信宿',老横之极,一气卷下,却自曲折缠绵。"对此诗的章法、句法、字法可谓深有会心。

(陈 铭)

狼 跋

狼跋其胡,①	老狼前行踩颈肉,
载疐其尾。②	后退绊尾又跌倒。
公孙硕肤,③	贵族公孙腹便便,
赤舄几几。④	脚蹬朱鞋光彩耀。
狼疐其尾,	老狼后退绊尾跌,
载跋其胡。	前行又将颈肉踩。
公孙硕肤,	贵族公孙腹便便,
德音不瑕。⑤	德行倒也真不坏。

〔注〕① 跋:踩。胡:颈下垂肉。 ② 载:则。疐(zhì):同"踬",跌倒。 ③ 公孙:诸侯之孙。硕肤:大腹便便貌。马瑞辰《毛诗传笺通释》:"硕肤者,心广体胖之象。" ④ 赤舄(xì):赤色鞋。几几:鲜明,毛传:"几几,绚貌。"朱熹《诗集传》又以为是"安重貌"。 ⑤ 瑕:疵病,过失。或谓瑕借为"嘉",不瑕即"不嘉"。

  从《毛诗序》到清代学者,大多认定此诗所说的"公孙"即"周公"。诗以"狼"之"进退有难",喻周公摄政"虽遭毁谤,然所以处之不失其常"(朱熹《诗集传》)。近人闻一多先生则以为,诗中的"公孙"究竟是豳公的几世孙,"我们是无法知道的",故只要将他看作是"某位贵族"即可(《匡斋尺牍》,下引同此)。

  至于这首诗的基调,《毛诗序》等旧说以为是"赞美",当代的研究者则多判为是对贵族"丑态"的"讽刺"。似乎都不像。主赞美者,着眼在"赤舄几几""德音不瑕",这不是颂赞又是什么? 但"狼跋其胡,载疐其尾"的比喻,却分明带着揶揄的口吻,与"赞美"并不协调。主讽刺者,着眼在喻比公孙的"狼",既凶残又狼狈,若非讽刺,怎会以此为喻?但《诗经》取譬,往往只注意局部之类似而不及全体。如以"虿"(蝎子)尾喻比妇女的卷发(《都人士》"卷发如虿"),以田犬的颈环喻比猎手虬髯(《卢令》"卢重锾,其人美且偲"),均为形容而无讥刺之意。故此诗以狼之进退形容公孙之态,亦非必含有憎恶、挖苦之意。闻一多先生指出,《狼跋》"对于公孙,是取着一种善意的调弄的态度",体味似更准确。

此诗二章，入笔均从老狼进退的可笑之态写起。但体味诗意，却须先得注意那位"公孙"的体态。诗中一再点示"公孙硕肤"。"肤"即"胪"，腹前肥者之谓；"硕胪"，则更胖大累赘了。一位肥硕的公孙，而穿着色彩鲜明的弯翘"赤舄"走路，那样子一定是非常可笑的。"舄"是一种皮质、丝饰、底中衬有木头的屦，形状与翘首的草鞋相仿。据闻一多考证，周人的衣、冠、裳（下衣）、履，在颜色搭配上有一定规矩。公孙既蹬"赤舄"，则其带以上的衣、冠必为玄青，带以下的韠、裳则为橙红，还有耳旁的"瑱"、腰间的"佩"，多为玉白。正如闻一多所描摹的，给公孙"想象上一套强烈的颜色……再加上些光怪陆离的副件（按：即瑱、佩之类）的装饰物，然后想象裹着这套'行头'的一具丰腴的躯体，搬着过重的累赘的肚子，一步一步摇过来了"——这便是诗中那位贵族"公孙"的雅态，能不令你见了忍俊不禁，而生发一种调侃、揶揄的喻比欲望么？

然后再体味"狼跋其胡，载疐其尾"的比喻，你便会忽如搔着痒处，而为此喻之惟妙惟肖绝倒了。我们的古人，大抵常与校猎、御射中的猎物打交道，对于肥壮老狼的奔突之态早就熟稔。所以《易林·震之恒》即有对此形态的绝妙描摹："老狼白胪（即"胪"），长尾大胡，前颠后踬，无有利得，岐人悦喜"。此诗对公孙的体态，即取了这样一只腹白肥大、"前颠后踬"的老狼作喻比物。闻一多对此二句亦有精彩的阐发："一只肥大的狼，走起路来，身子作跳板（seesaw）状，前后更迭的一起一伏，往前倾时，前脚差点踩着颈下垂着的胡，往后坐时，后脚又像要踏上拖地的尾巴——这样形容一个胖子走路时，笨重，艰难，身体摇动得厉害，而进展并未为之加速的一副模样，可谓得其神似了。"

本来，这样的调笑，对于公孙来说，也确有颇为不恭之嫌的。但此诗的分寸把握得也好，一边大笑着比划老狼前颠后踬的体态为喻，一边即又收起笑容补上一句："您那德性倒也没什么不好！""德音不瑕"句的跳出，由此化解了老狼之喻的揶揄分量，使之向着"开玩笑"的一端倾斜，而不至于被误解为讥刺。所以其所造成的整首诗的氛围，便带上了一种特有的幽默感。闻一多先生依据"德音"在《诗经》中的运用，多见于"表明男女关系"，而推测这是一位妻子，对体胖而性情"和易""滑稽"的贵族丈夫开玩笑的诗。虽说未必准到十分，似也不离八九了。

本文对此诗的鉴赏，多取闻一多之说。读者倘有兴趣，可直接阅读先生的《匡斋尺牍》，当能从中得到更多的启迪和乐趣。

(潘啸龙)

雅

小 雅

《诗经》类名。"雅"之一。大多是西周后期和东周初期之作品。共七十四篇。其作者多为统治阶层人物。其中有贵族宴会和祭祀时的乐歌,如《鹿鸣》《鱼丽》《常棣》等;也有表现对国家前途和人民命运关心的政治诗,如《北山》《十月之交》《正月》《小旻》等;还有表现诗人个人情感的抒情诗,如《采绿》《緜蛮》等。据后人考证,其中有些篇目乃民间歌谣。

鹿 鸣 小 雅

呦呦鹿鸣,①　　　　一群鹿儿呦呦叫,
食野之苹。②　　　　在那原野吃苹草。
我有嘉宾,　　　　　我有一批好宾客,
鼓瑟吹笙。　　　　　弹琴吹笙奏乐调。
吹笙鼓簧,③　　　　一吹笙管振簧片,
承筐是将。④　　　　捧筐献礼礼周到。
人之好我,　　　　　人们待我真友善,
示我周行。⑤　　　　指示大道乐遵照。

呦呦鹿鸣,　　　　　一群鹿儿呦呦叫,
食野之蒿。⑥　　　　在那原野吃蒿草。
我有嘉宾,　　　　　我有一批好宾客,
德音孔昭。⑦　　　　品德高尚又显耀。
视民不恌,⑧　　　　示人榜样不轻浮,
君子是则是效。⑨　　君子贤人纷纷来仿效。
我有旨酒,⑩　　　　我有美酒香而醇,

嘉宾式燕以敖。⑪	宴请佳宾嬉娱任逍遥。
呦呦鹿鸣，	一群鹿儿呦呦叫，
食野之芩。⑫	在那原野吃芩草。
我有嘉宾，	我有一批好宾客，
鼓瑟鼓琴。	弹瑟弹琴奏乐调。
鼓瑟鼓琴，	弹瑟弹琴奏乐调，
和乐且湛。⑬	快活尽兴同欢笑。
我有旨酒，	我有美酒香而醇，
以燕乐嘉宾之心。	宴请佳宾心中乐陶陶。

〔注〕 ① 呦(yōu)呦：鹿的叫声。朱熹《诗集传》："呦呦，声之和也。" ② 苹：藾蒿。陆玑《毛诗草木鸟兽虫鱼疏》："藾蒿，叶青色，茎似箸而轻脆，始生香，可生食。" ③ 簧：笙上的簧片。笙是用几根有簧片的竹管，一根吹气管装在斗子上做成的。 ④ 承筐：指奉上礼品。毛传："筐，筥属，所以行币帛也。"将：送，献。 ⑤ 周行(háng)：大道，引申为大道理。 ⑥ 蒿：又叫青蒿、香蒿，菊科植物。 ⑦ 德音：美好的品德声誉。孔：很。 ⑧ 视：同"示"。恌：同"佻"。 ⑨ 则：法则，楷模，此作动词。 ⑩ 旨：甘美。 ⑪ 式：语助词。燕：同"宴"。敖：同"遨"，嬉游。 ⑫ 芩(qín)：草名，蒿类植物。 ⑬ 湛：深厚，毛传："湛，乐之久。"一说为"媅"之假借，《说文》："媅，乐也。"

《鹿鸣》是古人在宴会上所唱的歌。朱熹《诗集传》云："此燕(宴)飨宾客之诗也。"又云"岂本为燕(宴)群臣嘉宾而作，其后乃推而用之乡人也与？"也就是说此诗原是君王宴请群臣时所唱，后来逐渐推广到民间，在乡人的宴会上也可唱。朱熹这一推测该是符合事实的，直到东汉末年曹操作《短歌行》，还引用了此诗首章前四句，表示了渴求贤才的愿望，说明千余年后此诗还有一定的影响。

诗共三章，每章八句，开头皆以鹿鸣起兴。在空旷的原野上，一群鹿儿悠闲地吃着野草，不时发出呦呦的鸣声，此起彼应，十分和谐悦耳。诗以此起兴，便营造了一个热烈而又和谐的氛围，如果是君臣之间的宴会，那种本已存在的拘谨和紧张的关系，马上就会宽松下来。故《诗集传》云："盖君臣之分，以严为主；朝廷之礼，以敬为主。然一于严敬，则情或不通，而无以尽其忠告之益，故先王因其饮食聚会，而制为燕飨之礼，以通上下之情；而其乐歌，又以鹿鸣起兴。"也就是说君臣之间限于一定的礼数，等级森严，形成思想上的隔阂。通过宴会，可以沟通感情，使君王能够听到群臣的心里话。而以鹿鸣起兴，则一开始便奠定了和谐愉悦的基调，给与会嘉宾以强烈的感染。

此诗自始至终洋溢着欢快的气氛,它把读者从"呦呦鹿鸣"的意境带进"鼓瑟吹笙"的音乐伴奏声中。《诗集传》云:"瑟笙,燕礼所用之乐也。"按照当时的礼仪,整个宴会上必须奏乐。《礼记·乡饮酒义》云:"工入升歌三终,主人献之。笙入三终,主人献之。间歌三终,合乐三终,工告乐备,遂出。……知其能和乐而不流也。"据陈澔注,乐工升堂,"歌《鹿鸣》《四牡》《皇皇者华》,每一篇而一终。三篇终,则主人酬以献工焉。"由此可知,整个宴会上是歌唱以上三首诗,而歌唱《鹿鸣》时又以笙乐相配,故诗云"鼓瑟吹笙"。乐谱虽早已失传,但从诗的语言看,此诗三章全是欢快的节奏,和悦的旋律,同曹操《短歌行》相比,曹诗开头有"人生苦短"之叹,后段有"忧从中来,不可断绝"之悲,唯有中间所引"鹿鸣"四句显得欢乐舒畅,可见《诗经》的作者对人生的领悟还没有曹操那么深刻。也许因为这是一首宴飨之乐,不容杂以一点哀音吧。

　　诗之首章写热烈欢快的音乐声中有人"承筐是将",献上竹筐所盛的礼物。献礼的人,在乡间宴会上是主人自己,说见上文所引《礼记》;在朝廷宴会上则为宰夫,《礼记·燕义》云:"设宾主饮酒之礼也,使宰夫为献。"足可为证。酒宴上献礼馈赠的古风,即使到了今天,在大宾馆的宴会上仍可见到。然后主人又向嘉宾致辞:"人之好我,示我周行。"也就是"承蒙诸位光临,示我以大道"一类的客气话。主人若是君王的话,那这两句的意思则是表示愿意听取群臣的忠告。诗之二章,则由主人(主要是君王)进一步表示祝辞,其大意则如《诗集传》所云:"言嘉宾之德音甚明,足以示民使不偷薄,而君子所当则效。"为什么祝酒之际要说出这样的话?分明是君主要求臣下做一个清正廉明的好官,以矫正偷薄的民风。如此看来,这样的宴会不徒为乐而已,它也带有一定的政治色彩。三章大部与首章重复,唯最后几句将欢乐气氛推向高潮。末句"燕乐嘉宾之心",则是卒章见志,将诗之主题深化。也就是说这次宴会,"非止养其体、娱其外而已",它不是一般的吃吃喝喝,满足口腹的需要,而是为了"安乐其心",使得参与宴会的群臣心悦诚服,自觉地为君王的统治服务。

　　通过《鹿鸣》这首诗的简单分析,我们对周代宴飨之礼——包括宾主关系、宴乐概况,可以有一个大概的了解。

(徐培均)

四　牡

四牡骓骓,①	四匹公马跑得累,
周道倭迟。②	道路悠远又迂回。
岂不怀归?	难道不想把家回?

王事靡盬,③ 官家差事没个完,
我心伤悲。 我的心里好伤悲。

四牡騑騑, 四四公马跑得疲,
啴啴骆马。④ 黑鬃白马直喘气。
岂不怀归? 难道不想把家回?
王事靡盬, 官家差事没个完,
不遑启处。⑤ 哪有时间家中息。

翩翩者鵻,⑥ 鹁鸪飞翔无拘束,
载飞载下, 忽高忽低多舒服,
集于苞栩。⑦ 累了停歇在柞树。
王事靡盬, 官家差事没个完,
不遑将父。⑧ 哪有时间养老父。

翩翩者鵻, 鹁鸪飞翔无拘束,
载飞载止, 飞飞停停真欢愉,
集于苞杞。⑨ 累了歇在枸杞树。
王事靡盬, 官家差事没个完,
不遑将母。 哪有时间养老母。

驾彼四骆, 四骆马车扬鞭赶,
载骤骎骎。⑩ 马蹄得得跑得欢。
岂不怀归? 难道不想把家回?
是用作歌, 将这编首歌儿唱,
将母来谂。⑪ 儿将母亲来思念。

〔注〕① 四牡:四匹公马。騑(fēi)騑:马不停地走而显得疲劳。《广雅》:"騑騑,疲也。行不止,则必疲。" ② 周道:大路。倭迟(wēi yí):亦作"逶迤",道路迂回遥远的样子。 ③ 靡:无。盬(gǔ):止息。 ④ 啴(tān)啴:喘息的样子。骆:黑鬃的白马。 ⑤ 启处:启,小跪。古人席地而坐,两膝跪着,臀部贴于足跟。启处,指在家安居休息。 ⑥ 鵻(zhuī):一种

短尾的鸟,也叫鹁鸠、鹁鸪、夫不。 ⑦苞:茂密。栩(xǔ):柞树。 ⑧将:奉养。 ⑨杞:枸杞树。 ⑩骎(qīn)骎:形容马走得很快。 ⑪谂(shěn):想念。

这是一首写某个公务缠身的小官吏驾驶四马快车奔走在漫长征途而思念故乡、思念父母的行役诗,与《诗经》中其他同类题材诗一起,是后世行役诗的滥觞。

全诗五章,基本上都采用赋的手法。首章为全诗定下了基调,在"王事靡盬"与"岂不怀归"一对矛盾中展现了人物"我心伤悲"的感情世界。以下各章内容都是对"伤悲"情绪的具体补充,全诗渗透着一种伤感色彩,这也是那个纷乱艰难时世氛围在文学作品中的投影吧。"四马骈骈,周道倭迟",马儿跑得快、跑得累,而道路又是那么曲折悠远,漫无尽头。风尘仆仆的小官吏知道马车跑得越快,离故乡和亲人就越远。他脑子里在想什么?想那神圣的"王事"差使么?不,他只在想一件事:"归"。却又用"岂不怀归"那样吞吐含蓄的反问句式来表达,表现了丰富细腻一言难尽的思想感情,非常耐人寻味。这"周道倭迟",不也正象征着漫长的人生旅途么?多少人南辕北辙地行走在人生旅途中而有"怀归"之想,而"王事靡盬"无情地鞭笞着他们无奈地违心地前进着。除了陶渊明式人物能毅然"归去来兮"外,谁也免不了会有"心中伤悲"的阴影掠过啊!诗的抒情韵味相当悠长。

全诗有三章写到马,因为马是载客的主体。有二章写到雏,是行途所见。路上所见必不少,单单拈出雏,自有一番良苦用心。雏又称夫不。《左传·昭公十七年》:"祝鸠氏,司徒也。"疏云:"祝鸠,夫不,孝,故为司徒。"马瑞辰《毛诗传笺通释》因云:"是知诗以雏取兴者,正取其为孝鸟,故以兴使臣之不遑将父、不遑将母,为雏之不若耳。"俞樾《群经平议·毛诗》:"夫不乃孝鸟,其载飞载下,或以恋其父母使然。"诗人见孝鸟而有感于自己不能在家"启处"(安居),更谈不上尽孝于父母,让孝鸟与客观上已成了不孝的人作对照,感喟良深。又鹁鸠非常逸豫闲暇,自由地飞上飞下,累了可以任意停歇,在柞树上行,在枸杞上也行,爱停哪里是哪里。可怜的四马呢?虽然是精心选拣出来毛色划一的华贵的骆马,但不得不终日拼命地跑,累了也得跑,累得气喘吁吁也还得跑。王家公事有规定期限,岂容半点差迟?在这里,雏的闲又与马的累形成鲜明有趣的对照。而写马的苦和累,其正意是衬托出人的疲劳烦恼。可见,诗中写马,写雏,都非泛笔,而有很深的匠心在。

从谋篇布局来看,首章"我心伤悲"是定调,二章"启处"是安居乐业尽孝的基础,三、四章写父、母,"父天母地"是古人的观念,次序不能移易。末章念母,是承四章而来,以母概父。全诗层次井然。末章结句"是用作歌,将母来谂",是篇末揭旨,道出不能尽孝的悲哀。手法与《小雅·四月》末两句"君子作歌,维以告哀"

相同。

尽管这首诗是发泄牢骚,不满"王事靡盬"之作,但也可被曲解成忠孝不能两全而勉力尽忠王事之作,所以统治者用此诗来慰劳使臣的风尘劳顿。《左传·襄公四年》载穆叔云:"《四牡》,君所以劳使臣也。"《毛序》也说此诗"劳使臣之来也"。所以《仪礼》中的燕礼、乡饮酒礼中也歌此诗。在笺释上,最典型的是毛传和郑笺。毛传云:"思归者,私恩也;靡盬者,公义也。"郑笺云:"无私恩,非孝子也;无公义,非忠臣也。"都将此诗的"怨"思化为"美"意,实有悖于原作的主旨。《诗经》中像这样被曲解的诗,数量还相当不少,读者当能领会甄别。 (曹光甫)

皇 皇 者 华

皇皇者华,①	灿烂的花枝,
于彼原隰。②	盛开在原野上。
駪駪征夫,③	衔着使命疾行的征夫,
每怀靡及。④	常怀思难以达成使命的地方。

我马维驹,	驾车有少壮的驹马,
六辔如濡。⑤	六辔润泽鲜妍。
载驰载驱,⑥	驰驱在奉使的征途上,
周爰咨诹。⑦	博访广询礼士尊贤。

我马维骐,⑧	驾车有青黑色的骐马,
六辔如丝。⑨	六辔闪着素丝一样的光彩。
载驰载驱,	驰驱在奉使的征途上,
周爰咨谋。⑩	广询博访不敢懈怠。

我马维骆,⑪	驾车有白身黑鬃的骆马,
六辔沃若。⑫	六辔柔润油亮。
载驰载驱,	驰驱在奉使的征途上,
周爰咨度。⑬	不辞辛劳广询博访。

我马维驷，⑭	驾车有杂色的驷马，
六辔既均。⑮	六辔调度得很均匀。
载驰载驱，	驰驱在奉使的征途上，
周爰咨询。⑯	不辞辛劳广泛地咨询。

〔注〕① 皇皇：犹言煌煌，形容光彩甚盛。 ② 原隰(xí)：原野上高平之处为原，低湿之处为隰。 ③ 駪(shēn)駪：众多疾行貌。《国语·晋语》引诗作"莘莘"，意为众多。征夫：这里指使臣及其属从。 ④ 靡及：不及，无及。 ⑤ 六辔：古代一车四马，马各二辔，其中两骖马的内辔，系在轼前不用，故称六辔。如濡：新鲜有光泽貌。 ⑥ 载：语助词。 ⑦ 周：遍。爰：于。咨诹(zōu)：商量；咨询。 ⑧ 骐：青黑色的马。 ⑨ 如丝：指辔缰有丝的光彩和韧度。 ⑩ 咨谋：与"咨诹"同义。 ⑪ 骆：白身黑鬣的马。 ⑫ 沃若：光泽盛貌。 ⑬ 咨度：与"咨诹"同义。 ⑭ 骃：杂色的马。 ⑮ 均：协调。 ⑯ 咨询：与"咨诹"同义。

《小雅·皇皇者华》诗，《左传》以为"君教使臣"之诗，历来无疑义。今按："君教使臣"乃此诗之原旨。使臣秉承国君之明命，重任在身，故必须以咨周善道，广询博访。上以宣国家之明德，下以辅助自己之不足，以期达成使命，因而"咨访"实为使臣之大务。而在出使之际，君之教使臣者，正在于广询博访。使臣在奉使途中，时刻不忘君之所教，时常懔懔于心，怀有"靡及"之感。更是忠于职守、忠于明命的表现。《皇皇者华》这首诗，正是从这两方面着笔歌咏的。

诗的首章，先阐明君教使臣之旨，诗人说："煌煌的花枝，已盛开在原隰之上了。彼奉使的征夫，已駪駪然奔驰于行道之中了。怀着国家的使命，宜常若有不及之感了。"诗意委婉而寄意深长，既以慰使臣行道的辛苦，又戒其必须忠于使命，常以"靡及"自警。从措辞来看，是婉而多风，而用意则是非常庄重。至于君教使臣之具体内容为何，则于诗的第二章至第五章中，用使臣口气，反复表达，以见使臣时刻不忘君之所教，时时以忠贞自守。

第二章原诗云："我马维驹，六辔如濡，载驰载驱，周爰咨诹。"前三句皆为使臣自道其出使在征途上的情况，第四句"周爰咨诹"，始表明"博访广询，多方求贤"之义，亦即"君教使臣"的主要内容，而为"每怀靡及"句中使臣所怀思的主旨。三章至五章的诗意，与二章全同，特因叶韵关系，在语词上作了改变："我马维驹，六辔如濡""我马维骆，六辔沃若""我马维骃，六辔既均"。此数语，皆以道使臣在奉使途中威仪之盛。因车有四马，故章次亦叠至四次。二章言"载驰载驱，周爰咨诹"，三章言"载驰载驱，周爰咨谋"，以及四章、五章之"周爰咨度"，"周爰咨询"，其意义皆为"遍于咨询"，亦即"广询博访"之义。由此表明使臣之在征途、无时无刻不以君命为念，则使臣之敬奉使命，可想而知。明此义，则知此诗中之"每怀靡及""周爰咨诹"两句,乃全诗关键所在。

综观此诗,倘使无首章"每怀靡及"之语,则二章以下之"周爰咨诹""周爰咨谋""周爰咨度"等语,意义皆不明显,亦不见有君教使臣之义。倘无二章以下"周爰咨诹"诸语之反复见意,则使臣奉命"每怀靡及"殷殷之意,更无由表现。故此诗艺术特点之一,是前后各章,互相辉映、照顾周密。特点之二是:诗的语言气象开朗,生动蓬勃。首章以"皇皇者华"起兴,落响超迈,命意笼罩全诗。二章以次,语词变动,错落有致,命义相近而不显其重复,语音协调,可诵性甚强。特点之三是用意恳切,不论君之教使臣,以至使臣对国家明命之反应,字里行间,都非常感人。君之使臣以敬,臣之受命以庄,这虽是古语,还是有借鉴意义的。《左传》云:"《皇皇者华》,君教使臣曰:'每怀靡及,诹、谋、度、询,必咨于周。'"可谓深得诗意。

(马祖熙)

常　　棣

常棣之华,①	常棣花开朵朵,
鄂不韡韡。②	花儿光灿鲜明。
凡今之人,	凡今天下之人,
莫如兄弟。	莫如兄弟更亲。

死丧之威,③	遭遇死亡威胁,
兄弟孔怀。④	兄弟最为关心。
原隰裒矣,⑤	丧命埋葬荒野,
兄弟求矣。	兄弟也会相寻。

脊令在原,⑥	鹡鸰困在原野,
兄弟急难。	兄弟赶来救难。
每有良朋,⑦	虽有良朋好友,
况也永叹。⑧	安慰徒有长叹。

兄弟阋于墙,⑨	兄弟墙内相争,
外御其务。⑩	同心抗御外侮。

每有良朋, 每有良朋好友,
烝也无戎。⑪ 遇难谁来帮助。

丧乱既平, 丧乱灾祸平息,
既安且宁。 生活安定宁静。
虽有兄弟, 此时同胞兄弟,
不如友生。⑫ 不如朋友相亲。

傧尔笾豆,⑬ 摆上佳肴满桌,
饮酒之饫。⑭ 宴饮意足心欢。
兄弟既具,⑮ 兄弟今日团聚,
和乐且孺。⑯ 祥和欢乐温暖。

妻子好合,⑰ 妻子情投意合,
如鼓瑟琴。 恰如琴瑟协奏。
兄弟既翕,⑱ 兄弟今日相会,
和乐且湛。⑲ 祥和欢乐敦厚。

宜尔室家,⑳ 全家安然相处,
乐尔妻帑。㉑ 妻儿快乐欢喜。
是究是图,㉒ 请你深思熟虑,
亶其然乎。㉓ 此话是否在理。

〔注〕①常棣:亦作棠棣、唐棣,即郁李,蔷薇科落叶灌木,花粉红色或白色,果实比李小,可食。 ②鄂:盛貌。不:语助词。韡(wěi)韡:鲜明貌。 ③威:通"畏"。 ④孔怀:最为思念、关怀。孔,很,最。 ⑤原隰(xí):原野。裒(póu):聚。 ⑥脊令:通作"鹡鸰",一种水鸟。 ⑦每:虽。 ⑧永:长。 ⑨阋(xì):争吵。 ⑩御:抵抗。务:通"侮"。 ⑪烝:终久。戎:帮助。 ⑫友生:友人。 ⑬傧(bīn):陈列。笾(biān)豆:祭祀或燕享时用来盛食物的器具。笾用竹制,豆用木制。 ⑭之:犹是。饫:满足。 ⑮具:同"俱",聚集。 ⑯孺:相亲。 ⑰好合:相亲相爱。 ⑱翕(xì):聚合。 ⑲湛:深厚。 ⑳宜:和顺。 ㉑帑(nú):通"孥",儿女。 ㉒究:深思。图:考虑。 ㉓亶(dǎn):信、确实。然:如此。

这是周人宴会兄弟时,歌唱兄弟亲情的诗。"凡今之人,莫如兄弟",为一篇主旨。不过诗篇对这一主题的阐发是多层次的：既有对"莫如兄弟"的歌唱；也有对"不如友生"的感叹；更有对"和乐且湛"的推崇和期望。

全诗八章，可分五层。首章为第一层，先兴比，后议论，开门见山，倡明主题。"常棣之华，鄂不韡韡"，兴中有比；而诗人以常棣之花喻比兄弟，是因常棣花开每两三朵彼此相依而生发联想。"凡今之人，莫如兄弟"，这寓议论于抒情的点题之笔，既是诗人对兄弟亲情的颂赞，也表现了华夏先民传统的人伦观念。上古先民的部族家庭，以血缘关系为基础。在他们看来，"兄弟者，分形连气之人也"（《颜氏家训·兄弟》）。因而，比之良朋、妻孥，他们更重兄弟亲情。钱锺书论及《常棣》时也指出："盖初民重'血族'之遗意也。就血胤论之，兄弟天伦也，夫妇则人伦耳；是以友于骨肉之亲当过于刑于室家之好。……观《小雅·常棣》，'兄弟'之先于'妻子'，较然可识"（《管锥编》）。这从文化人类学的角度，更深刻揭示了《常棣》主题的历史文化根源。

二、三、四章为第二层。诗人通过三个典型情境，对"莫如兄弟"之旨作了具体深入的申发。即：遭死丧则兄弟相收；遇急难则兄弟相救；御外侮则兄弟相助。这可能是历史传说的诗意概括，也可能是现实见闻的艺术集中。这三章在艺术表现上也颇有特点。毛先舒说："《常棣》，俗笔必先从和乐叙至急难，便乏味"（《诗辩坻》）。此篇则与之相反，事例的排列由"死丧""急难"到"外御"，从而由急而缓、由重而轻、由内而外，构成一个颇有层次的"倒金字塔"，具有强烈而深远的审美效果。其次，采用对比手法，把同一情境下"兄弟"和"良朋"的不同表现加以对照，更见出兄弟之情的诚笃深厚。"兄弟阋于墙，外御其务"，又更深一层：即使兄弟墙内口角，遇到外侮，也会不加思索一致对外。"阋于墙"与"外御其务"，两句之间没有过渡，情绪和行为的转变即在顷刻，有力表现出手足之情出于天然、发自深衷。由转折手法构成的这一典型情境，因表现了最无私的兄弟之情，成为流传至今的典故成语。

第五章自成一层。如果说，前面是诗人正面赞颂理想的兄弟之情，这一层则由正面理想反观当时的现实状况；即由赞叹"丧乱"时的"莫如兄弟"，转而叹惜"安宁"时的"不如友生"。"虽有兄弟，不如友生"，这叹惜是沉痛的，也是有史实根据的。西周初年，出现过周公的兄弟管叔和蔡叔的叛乱。据此，《诗序》似认为此诗为成王时周公所作，曰："《常棣》，燕兄弟也。闵管、蔡之失道，故作《常棣》"；西周末年，统治阶级内部骨肉相残、手足相害的事更频频发生。据此，《左氏春秋》的作者认为此诗为厉王时召穆公所作，《左传·僖公二十四年》："召穆公思周德之不类，故纠合宗族于成周，而作诗曰：'常棣之华……'云云。"《常棣》的作者，是周公抑或召穆公,尚难定论;但有一点可肯定,诗人的叹惋是有感而发的,且有警世规劝之意。不过,这是在宴饮的欢乐气氛中所唱之诗,因此,在短暂的低沉后,音调又转为欢快热烈。

六、七章为第四层,直接描写了举家宴饮时兄弟齐集,妻子好合,亲情和睦,琴瑟和谐的欢乐场面。第七章"妻子"与"兄弟"的对照,包含了诗意的递进:"妻子好合,如鼓瑟琴",而"兄弟既翕",则"和乐且湛"。诗人似明确表示,兄弟之情胜过夫妇之情;兄弟和,则室家安,兄弟和,则妻孥乐。末章承上而来,卒章显志。诗人直接告诫人们,要深思熟虑,牢记此理:只有"兄弟既翕",方能"宜尔室家,乐尔妻帑";兄弟和睦是家族和睦、家庭幸福的基础。明理规劝之意,更为明显。

《常棣》是《诗经》中的名篇杰作,它不仅是中国诗史上最先歌唱兄弟友爱的诗作,也是情理相融富于理趣的明理典范。陆时雍《诗镜总论》曰:"叙事议论,绝非诗家所需,以叙事则伤体,议论则费词也。然总贵不烦而至,如《常棣》不废议论,《公刘》不无叙事。"《常棣》的"不废议论,不烦而至",似可析而为二。一是真挚委曲,感人之至。开篇形象比兴,富于理趣;随之围绕"凡今之人,莫如兄弟"之旨,"丧乱"与"安宁"、"良朋"与"妻子",及历史与现实、正面与反面,寓理于事,多层次地唱叹阐论,既感人亦服人。全诗笔意曲折,音调也抑扬顿挫,前五章繁弦促节,多慷慨激昂之音,后三章轻拢慢撚,有洋洋盈耳之趣。委曲深至,一片真诚。二是主题恒久,深邃之至。兄弟友爱,手足亲情,这是人类的普遍情感,也是文学的永恒主题。《常棣》对这一主题作了诗意开拓,因而千古传唱,历久弥新。同时,"常棣之华""莫如兄弟""兄弟阋墙,外御其务",作为具有原型意义的意象、母题和典故,对后世"兄弟诗文"的创作产生了深刻的影响。而隋朝常得志的《兄弟论》,在新的背景下对《常棣》诗旨作了创造性的伸发,不妨互读。　　(陈文忠)

伐　木

伐木丁丁,①	咚咚作响伐木声,
鸟鸣嘤嘤。②	嘤嘤群鸟相和鸣。
出自幽谷,	鸟儿出自深谷里,
迁于乔木。	飞往高高大树顶。
嘤其鸣矣,	小鸟为何要鸣叫?
求其友声。	只是为了求知音。
相彼鸟矣,③	仔细端详那小鸟,

犹求友生。	尚且求友欲相亲。
矧伊人矣,④	何况我们这些人,
不求友生。	岂能不知重友情。
神之听之,⑤	天上神灵请聆听,
终和且平。⑥	赐我和乐与宁静。

伐木许许,⑦	伐木呼呼斧声急,
酾酒有藇。⑧	滤酒清纯无杂质。
既有肥羜,⑨	既有肥美羊羔在,
以速诸父。⑩	请来叔伯叙情谊。
宁适不来,⑪	即使他们没能来,
微我弗顾。⑫	不能说我缺诚意。
於粲洒埽,⑬	打扫房屋示隆重,
陈馈八簋。⑭	嘉肴八盘桌上齐。
既有肥牡,⑮	既有肥美公羊肉,
以速诸舅。⑯	请来舅亲聚一起。
宁适不来,	即使他们没能来,
微我有咎。⑰	不能说我有过失。

伐木于阪,	伐木就在山坡边,
酾酒有衍。⑱	滤酒清清快斟满。
笾豆有践,⑲	行行笾豆盛珍馐,
兄弟无远。	兄弟叙谈莫疏远。
民之失德,⑳	有人早已失美德,
乾餱以愆。㉑	一口干粮致埋怨。
有酒湑我,㉒	有酒滤清让我饮,
无酒酤我。㉓	没酒快买我兴酣。
坎坎鼓我,㉔	咚咚鼓声为我响,
蹲蹲舞我。㉕	翩翩舞姿令我欢。

| 迨我暇矣,㉖ | 等到我有闲暇时, |
| 饮此湑矣。 | 一定再把酒喝完。 |

〔注〕① 丁(zhēng)丁：砍树的声音。　② 嘤嘤：鸟叫的声音。　③ 相：审视,端详。 ④ 矧(shěn)：况且。伊：你。　⑤ 听之：听到此事。　⑥ 终……且……：既……又……。 ⑦ 许(hǔ)许：砍伐树木的声音。　⑧ 釃(shī)：过滤。有藇(xù)：即"藇藇",酒清澈透明的样子。　⑨ 羜(zhù)：小羊羔。　⑩ 速：邀请。　⑪ 宁：宁可。适：恰巧。　⑫ 微：非。弗顾：不顾念。　⑬ 於(wū)：叹词。粲：光明的样子。埽：同"扫"。　⑭ 陈：陈列。馈(kuì)：食物。簋(guǐ)：盛放食物用的圆形器皿。　⑮ 牡：雄畜。诗中指公羊。　⑯ 诸舅：异姓亲友。 ⑰ 咎：过错。　⑱ 有衍：即"衍衍",满溢的样子。　⑲ 笾(biān)豆：盛放食物用的两种器皿。践：陈列。　⑳ 民：人。　㉑ 乾餱(hóu)：干粮。愆：过错。　㉒ 湑(xǔ)：滤酒。　㉓ 酤：买酒。　㉔ 坎坎：鼓声。　㉕ 蹲蹲：舞姿。　㉖ 迨(dài)：等待。

《毛诗序》云："《伐木》,燕朋友故旧也。至天子至于庶人,未有不须友以成者。亲亲以睦,友贤不弃,不遗故旧,则民德归厚矣。"历代学者一般也都认为这是一首宴享诗。但诗的作者及创作年代则前人没有深考,我们认为：周厉王不听"防民之口,甚于防川"的劝谏,终于导致了国人暴动。同时也导致王室内部人心离散、亲友不睦,政治和社会状况极度混乱和动荡。周宣王即位初,立志图复兴大业。而欲举大事,必先顺人心。《伐木》一诗,正是宣王初立之时王族辅政大臣为安定人心、消除隔阂从而增进亲友情谊而做。作者很可能就是召伯虎(详见赵逵夫《论西周末年杰出诗人召伯虎》,收《诗经国际学术讨论会论文集》)。

在抒情方式之选择上,《伐木》的作者采用了一种先迂回后正面的表达方式。诗一开头,就以"丁丁"的伐木声和"嘤嘤"的鸟鸣声,令我们仿佛置身于一个远离尘世的仙境。在这里,时间仿佛停止,一切自在自为。只有这伐木之声和悦耳的鸟鸣在空旷的幽谷里回荡。一个孤独的伐木者,一个出谷迁乔去寻找知音的鸟儿,这两个意象在这仙境一般的氛围中被不断地进行视觉和听觉上的重叠和加强：声音使人联想到形象,形象又赋予声音特殊的内涵。从而最终幻化出一个远离现实政治的、借以寄托内心苦闷的超然之境。这一境界是诗人内心的人生理想在潜意识中迂回曲折的表露。同时也是厉王暴政下朝臣们心有余悸、不敢谈论政治而另寻寄托的普遍心态。现实毕竟是现实,随着这一比兴手法的完结,作为政治家的诗人终于强迫自己面对这冷酷的存在世界："相彼鸟矣,犹求友生。矧伊人矣,不求友生。"号召人们起来改变现实,叙亲情,笃友谊,一切从头开始。然后又申之以"神之听之,终和且平"。从人情天理处说起,避开政治而为政治,这就是诗人既体察人心,又深谙做诗劝诫之道的地方。

第二章,诗人批评了不顾情谊、互相猜忌的不良现象："既有肥羜","於粲洒埽,陈馈八簋",邀请"诸父""诸舅"而"不来",又于我"弗顾"。显然,这样的局面是不利于重振祖业的政治理想的。第三章作者为失去的友情和亲情而振臂高呼,他用饱经沧桑的笔调描绘着自己的希望和要求:普通人之间以诚相待绝不"乾餱以愆"。亲友之间相互理解("有酒湑我,无酒酤我")、信任,和睦快乐地相处。人和者政必通,最后,作者又是以一个超越于现实之上的境界结束全诗:在咚咚的鼓声伴奏下,人们载歌载舞、畅叙衷情……一派升平景象。这分明是作为政治家的诗人中兴周室之政治理想的艺术展示。

综观全诗,理想——现实——理想,三重境界的转换,既生动地表达了作者顺人心、笃友情的愿望,又造成了诗歌虚实相生的意境美。还给我们提供了一种以意境的营造为手段的构思方法。此诗对友情的歌颂给后世留下了极为深远的影响,以致"嘤鸣"一词常被人用做朋友间同气相求或意气相投的比喻。

(赵逵夫　韩高年)

天　保

天保定尔,	上天保佑你安定,
亦孔之固。①	江山稳固又太平。
俾尔单厚,②	给你待遇确宽厚,
何福不除。③	一切福分都赐尽。
俾尔多益,	使你得益多又多,
以莫不庶。④	没有东西不丰盛。
天保定尔,	上天保佑你安定,
俾尔戬穀。⑤	降你福禄与太平。
罄无不宜,⑥	一切称心又如愿,
受天百禄。	接受天赐数不清。
降尔遐福,	给你远处的福分,
维日不足。⑦	唯恐每天缺零星。
天保定尔,	上天保佑你安定,
以莫不兴。	没有事业不振兴。

如山如阜，⑧	上天恩情如山岭，
如冈如陵，	上天恩情如丘陵，
如川之方至，⑨	恩情如潮忽然至，
以莫不增。	一切增多真幸运。
吉蠲为饎，⑩	吉日沐浴备酒食，
是用孝享。⑪	用它将那上天祭。
禴祠烝尝，⑫	四季祭祀祖庙里，
于公先王。⑬	先公先王在一起。
君曰卜尔，⑭	神尸说要给你福，
万寿无疆。	江山万代无尽时。
神之吊矣，⑮	神灵受祭降下土，
诒尔多福。⑯	送给君王多福庆。
民之质矣，⑰	人民纯朴又善良，
日用饮食。	有吃有穿真高兴。
群黎百姓，	天下所有老百姓，
徧为尔德。⑱	受你感化有德行。
如月之恒，⑲	你像上弦月渐满，
如日之升，	又像太阳正东升，
如南山之寿，	你像南山寿无穷，
不骞不崩。⑳	江山万年不亏崩。
如松柏之茂，	你像松柏长茂盛，
无不尔或承。	子子孙孙相传承。

〔注〕 ① 孔：很。 ② 俾（bēi）：使。尔：你，即周宣王。单厚：确实很多。单，"亶"之假借，确实。 ③ 除：给予。 ④ 庶：众多。 ⑤ 戬（jiǎn）穀：幸福。 ⑥ 罄：所有。 ⑦ 维：通"惟"，惟恐。 ⑧ 阜（fù）：土山。 ⑨ 川之方至：河水涨潮。 ⑩ 吉：吉日。蠲（juān）：祭祀前沐浴斋戒使清洁。饎：祭祀用的酒食。 ⑪ 是用：即用是，用此。 ⑫ 禴（yuè）祠烝尝：一年四季在宗庙里举行的祭祀的名称。春祠，夏禴，秋尝，冬烝。 ⑬ 公：先公，周之远祖。

⑭卜:"畁"字之借,给予。君:祭祀中扮演先王的神尸。 ⑮吊:降临。 ⑯诒(yí):通"贻",送给。 ⑰质:质朴。 ⑱徧:遍。为:通"化",感化。 ⑲恒:"緪(gèng)"的假借,指月到上弦。 ⑳骞(qiān):因风雨剥蚀而亏损。

  《天保》是一首为君王祝愿和祈福的诗。《毛诗序》云:"《天保》,下报上也。君能下下以成其政,臣能归美以报其上焉。"更具体一些,"此诗乃是召公致政于宣王之时祝贺宣王亲政的诗"(详赵逵夫《论西周末年杰出诗人召伯虎》,见《诗经国际学术研讨会论文集》)。诗歌表达了作为宣王的抚养人、老师及臣子的召伯虎在宣王登基之初对新王的热情鼓励及殷切期望,即期望宣王登位后能励精图治,完成中兴大业,重振先祖雄风。实际上,也表达了召伯虎作为一个具有远见卓识的政治家的政治理想。

  全诗六章,第一章是说宣王受天命即位,地位稳固长久。语重心长地鼓励说:"天保定尔,亦孔之固"而且"俾尔单厚"。让宣王消除疑虑,树立起建功立业的信心。第二章又祝愿说王即位后,上天将竭尽所能保佑王室:"俾尔戬榖""罄无不宜""降尔遐福"。使王一切顺遂,赐给王众多的福分,还担心不够("维日不足")。第三章祝愿说王即位后,天也要保佑国家百业兴旺。此章中作者连用五个"如"字,极申上天对王的佑护与偏爱。诗从第四章起,先写选择吉利的日子,为王举行祭祀祖先的仪式,以期周之先公先王保佑新王("吉蠲为饎,是用孝享。……于公先王");次写祖先受祭而降临,将会带来国泰民安、天下归心的兴国之运("神之吊矣……日用饮食……徧为尔德")。末章又以四"如"字祝颂之,说王将长寿,国将强盛。全诗处处都渗透着对年轻君王的热情鼓励和殷殷期望,以及隐藏着的深沉的爱心。

  诗中所反映的祭祀仪式的规模,内容和举行地点均符合先秦时代新君登基之礼:登基前祭天(前三章向天祷告)、择吉祭祖,又在宗庙中举行。《尚书·周书·康王之诰》载在康王登基仪式之后,"太保暨芮伯……再拜稽首曰:'敢敬告天子,皇天改大邦殷之命,……克恤西土。惟新陟王毕协赏罚,戡定厥功,用敷遗后人休。今王敬之哉!'"而《天保》作者也总是说"天保定尔"、"俾尔单厚"之类。亦从天命说起,以期望告诫作终结("徧为尔德")。作者的口气、祝愿的方式与大体内容都是与《康王之诰》一致的,其身份也应是太保一类的人无疑。

  在表现方法上,作者恰如其分地使用了一些贴切新奇的比喻,"如山如阜,如冈如陵,如川之方至"及"如月之恒,如日之升,如南山之寿"等,既使得作者对新王的深切期望与美好祝愿得到了细致入微的体现,也使得全诗在语言风格上产生了融热情奔放于深刻含蓄之中的独特效果。   (赵逵夫 韩高年)

采 薇

采薇采薇，①	采薇菜啊采薇菜，
薇亦作止。②	薇菜芽已破土钻。
曰归曰归，③	说回家啊说回家，
岁亦莫止。④	一年已经过大半。
靡室靡家，⑤	没有家也没有室，
狁之故。⑥	只因狁来侵犯。
不遑启居，⑦	不能安坐与定居，
狁之故。	只因狁常为患。

采薇采薇，	采薇菜啊采薇菜，
薇亦柔止。	薇菜茎叶多柔嫩。
曰归曰归，	说回家啊说回家，
心亦忧止。	心中忧思多深沉。
忧心烈烈，⑧	忧心如火猛烈烧，
载饥载渴。⑨	又如饥渴实难忍。
我戍未定，⑩	驻守营地不固定，
靡使归聘。⑪	没人回乡通音问。

采薇采薇，	采薇菜啊采薇菜，
薇亦刚止。⑫	薇菜茎叶变粗硬。
曰归曰归，	说回家啊说回家，
岁亦阳止。⑬	今年阳月又已临。
王事靡盬，⑭	王室公事无休止，
不遑启处。	不能片刻享安静。
忧心孔疚，⑮	忧思在心真痛苦，
我行不来。⑯	我今远行难归省。

彼尔维何,⑰	那是什么花盛开?
维常之华。⑱	棠棣烂漫一丛丛。
彼路斯何,⑲	高大马车又谁乘?
君子之车。⑳	那是将帅所专用。
戎车既驾,㉑	驾驭兵车已起行,
四牡业业。㉒	四马壮硕气势雄。
岂敢定居,	不敢安居战事频,
一月三捷。	一月三次捷报送。

驾彼四牡,	驾起四马驱车行,
四牡骙骙。㉓	四马强壮神奕奕。
君子所依,㉔	将帅乘车作指挥,
小人所腓。㉕	士卒靠车作掩蔽。
四牡翼翼,㉖	四马步子多整齐,
象弭鱼服。㉗	弓饰象牙箙鱼皮。
岂不日戒,㉘	每天岂能不警戒?
玁狁孔棘。㉙	玁狁侵扰势紧急。

昔我往矣,	当初离家从军去,
杨柳依依。㉚	杨柳依依轻摇曳。
今我来思,㉛	如今返乡解甲归,
雨雪霏霏。㉜	雪花飘飘飞满野。
行道迟迟,	道路长远慢慢行,
载渴载饥。	又饥又渴愁肠结。
我心伤悲,	我的心中真悲伤,
莫知我哀。	谁知我有多凄切。

〔注〕①薇:豆科植物,今俗名称大巢菜,可食用。 ②作:生。止:语助词。 ③曰:说,或谓乃语助词,无义。 ④莫:"暮"的本字。岁暮,一年将尽之时。 ⑤靡:无。 ⑥猃狁(xiǎn yǔn):北方少数民族。到春秋时代称为狄,战国、秦、汉称匈奴。 ⑦不遑:没空。遑,闲暇。启:跪坐。居:安居。 ⑧烈烈:火势很大的样子,此处形容忧心如焚。 ⑨载:

语助词。⑩戍：驻守。定：安定。⑪使：传达消息的人。聘：探问。⑫刚：指薇菜由嫩而老，变得粗硬。⑬阳：阳月，指夏历四月以后。⑭盬（gǔ）：休止。⑮疚：痛苦。孔疚，非常痛苦。⑯来：回家。不来，不归。⑰尔："薾"的假借字，花盛开貌。维何：是什么。⑱常：常棣，棠棣。⑲路：同"辂"，高大的马车。⑳君子：指将帅。㉑戎车：兵车。㉒四牡：驾兵车的四匹雄马。业业：马高大貌。㉓骙（kuí）骙：马强壮貌。㉔依：乘。㉕小人：指士卒。腓（féi）："庇"的假借，隐蔽。㉖翼翼：行止整齐熟练貌。㉗象弭：象牙镶饰的弓。鱼服：鱼皮制成的箭袋。服，"箙"的假借。㉘日戒：每日警备。㉙棘：同"急"。㉚依依：柳枝随风飘拂貌。㉛思：语助词。㉜雨（yù）：作动词，下雪。霏霏：雪花纷飞貌。

寒冬，阴雨霏霏，雪花纷纷，一位解甲退役的征夫在返乡途中踽踽独行。道路崎岖，又饥又渴；但边关渐远，乡关渐近。此刻，他遥望家乡，抚今追昔，不禁思绪纷繁，百感交集。艰苦的军旅生活，激烈的战斗场面，无数次的登高望归情景，一幕幕在眼前重现。《采薇》，就是三千年前这样的一位久戍之卒，在归途中的追忆唱叹之作。其类归《小雅》，却颇似《国风》。

全诗六章，可分三层。既是归途中的追忆，故用倒叙手法写起。前三章为一层，追忆思归之情，叙述难归原因。这三章的前四句，以重章之叠词申意并循序渐进的方式，抒发思家盼归之情；而随着时间的一推再推，这种心情越发急切难忍。首句以采薇起兴，但兴中兼赋。因薇菜可食，戍卒正采薇充饥。所以这随手拈来的起兴之句，是口头语眼前景，反映了戍边士卒的生活苦况。边关士卒的"采薇"，与家乡女子的"采蘩""采桑"是不可同喻的。戍役不仅艰苦，而且漫长。"薇亦作止""柔止""刚止"，循序渐进，形象地刻画了薇菜从破土发芽，到幼苗柔嫩，再到茎叶老硬的生长过程，它同"岁亦莫止"和"岁亦阳止"一起，喻示了时间的流逝和戍役的漫长。岁初而暮，物换星移，"曰归曰归"，却久戍不归；这对时时有生命之虞的戍卒来说，怎能不"忧心烈烈"。那么，为什么戍役难归呢？后四句作了层层说明：远离家园，是因为猃狁之患；戍地不定，是因为战事频频；无暇休整，是因为王差无穷。其根本原因，则是"猃狁之故"。《汉书·匈奴传》说："（周）懿王时，王室遂衰，戎狄交侵，暴虐中国。中国被其苦。诗人始作，疾而歌之曰：'靡室靡家，猃狁之故'云云。"这可视为《采薇》之作的时代背景。对于猃狁之患，匹夫有戍役之责。这样，一方面是怀乡情结，另一方面是战斗意识。前三章的前后两层，同时交织着恋家思亲的个人情和为国赴难的责任感，这是两种互相矛盾又同样真实的思想感情。其实，这也构成了全诗的情感基调，只是思归的个人情和战斗的责任感，在不同的章节有不同的表现。

四、五章追述行军作战的紧张生活。写出了军容之壮，戒备之严，全篇气势为之一振。其情调,也由忧伤的思归之情转而为激昂的战斗之情。这两章同样四句一意,可分四层读。四章前四句,诗人自问自答,以"维常之华",兴起"君子之车",流露出军人特有的自豪之情。接着围绕战车描写了两个战斗场面:"戎车既驾,四牡业业。岂敢定居,一月三捷。"这概括地描写了威武的军容、高昂的士气和频繁的战斗;"驾彼四牡,四牡骙骙。君子所依,小人所腓。"这又进而具体描写了在战车的掩护和将帅的指挥下,士卒们紧随战车冲锋陷阵的场面。最后,由战斗场面又写到将士的装备:"四牡翼翼,象弭鱼服。"战马强壮而训练有素,武器精良而战无不胜。将士们天天严阵以待,只因为猃狁实在猖狂,"岂不日戒,猃狁孔棘",既反映了当时边关的形势,又再次说明了久戍难归的原因。《毛序》根据这两章对军旅生活的描写,认为《采薇》是"遣戍役"、劝将士之诗。这与诗意不符。从全诗表现的矛盾情感看,这位戍卒既恋家也识大局,似乎不乏国家兴亡匹夫有责的责任感。因此,在漫长的归途上追忆起昨日出生入死的战斗生活,是极自然的。

笼罩全篇的情感主调是悲伤的家园之思。或许是突然大作的霏霏雪花惊醒了戍卒,他从追忆中回到现实,随之陷入更深的悲伤之中。追昔抚今,痛定思痛,怎能不令"我心伤悲"呢?"昔我往矣,杨柳依依。今我来思,雨雪霏霏。"这是写景记时,更是抒情伤怀。个体生命在时间中存在,而在"今"与"昔"、"来"与"往"、"雨雪霏霏"与"杨柳依依"的情境变化中,戍卒深切体验到了生活的虚耗、生命的流逝及战争对生活价值的否定。绝世文情,千古常新。今人读此四句仍不禁怅触于怀,黯然神伤,也主要是体会到了诗境深层的生命流逝感。"行道迟迟,载渴载饥",加之归路漫漫,道途险阻,行囊匮乏,又饥又渴,这眼前的生活困境又加深了他的忧伤。"行道迟迟",似乎还包含了戍卒对父母妻孥的担忧。一别经年,"靡使归聘",生死存亡,两不可知,当此回归之际,必然会生发"近乡情更怯,不敢问来人"(唐李频《渡汉江》)的忧惧心理。然而,上述种种忧伤在这雨雪霏霏的旷野中,无人知道更无人安慰;"我心伤悲,莫知我哀",全诗在这孤独无助的悲叹中结束。综观全诗,《采薇》主导情致的典型意义,不是抒发遣戍役劝将士的战斗之情,而是将王朝与蛮族的战争冲突退隐为背景,将从属于国家军事行动的个人从战场上分离出来,通过归途的追述集中表现戍卒们久戍难归、忧心如焚的内心世界,从而表现周人对战争的厌恶和反感。《采薇》,似可称为千古厌战诗之祖。

在艺术上,"昔我往矣,杨柳依依。今我来思,雨雪霏霏",被称为《三百篇》中最佳诗句之一。自南朝谢玄以来,对它的评析已绵延成一部一千五百多年的阐释史。王夫之《姜斋诗话》的"以乐景写哀,以哀景写乐,一倍增其哀乐"和刘熙载

《艺概》的"雅人深致,正在借景言情",已成为诗家口头禅。而"昔往""今来"对举的句式,则屡为诗人追摹,如曹植的"始出严霜结,今来白露晞"(《情诗》),颜延之的"昔辞秋未素,今也岁载华"(《秋胡诗》之五),等等。

(陈文忠)

出　车

我出我车,	兵车派遣完毕,
于彼牧矣。①	待命在那牧地。
自天子所,	出自天子所居,
谓我来矣。	让我来到此地。
召彼仆夫,	召集驾车武士,
谓之载矣。	为我驾车前驱。
王事多难,	国家多事多难,
维其棘矣。②	战事十万火急。
我出我车,	兵车派遣完毕,
于彼郊矣。	集合誓师外郊。
设此旐矣,③	插下龟蛇大旗,
建彼旄矣。④	树立干旄大纛。
彼旟旐斯,⑤	鹰旗龟旗交错,
胡不旆旆?⑥	何不招展挥摇?
忧心悄悄,⑦	心忧能否歼敌,
仆夫况瘁。⑧	士兵行军辛劳。
王命南仲,	周王传令南仲,
往城于方。	前往朔方筑城。
出车彭彭,⑨	兵车战马众多,
旂旐央央。⑩	旗帜鲜明缤纷。
天子命我,	周王传令给我,
城彼朔方。	前往朔方筑城。
赫赫南仲,⑪	威仪不凡南仲,

| 猃狁于襄。⑫ | 扫荡猃狁获胜。 |

昔我往矣,	先前我去之时,
黍稷方华,⑬	麦苗青青夏初。
今我来思,⑭	今日凯旋归来,
雨雪载涂。⑮	大雪落满路途。
王事多难,	国家多灾多难,
不遑启居。⑯	闲居哪有功夫。
岂不怀归?	难道我不想家?
畏此简书。⑰	恐有紧急军书。

喓喓草虫,⑱	草虫咕咕鸣叫,
趯趯阜螽。⑲	蚱蜢蹦蹦跳跳。
未见君子,⑳	没见想念的人,
忧心忡忡。	内心忧思萦绕。
既见君子,	见到想念的人,
我心则降。㉑	心中郁闷全消。
赫赫南仲,	威风凛凛南仲,
薄伐西戎。㉒	将那西戎打跑。

春日迟迟,	春日缓行天宇,
卉木萋萋。㉓	花木丰茂葱郁。
仓庚喈喈,㉔	黄鹂唧唧歌唱,
采蘩祁祁。㉕	女子采蒿群聚。
执讯获丑,㉖	押着俘虏审讯,
薄言还归。㉗	高高兴兴回去。
赫赫南仲,	威风凛凛南仲,
猃狁于夷。㉘	猃狁全被驱除。

〔注〕 ① 牧:城郊以外的地方。 ② 棘:急。 ③ 旐(zhào):画有龟蛇图案的旗。

④ 建：竖立。旄(máo)：旗杆上装饰牦牛尾的旗子。　⑤ 旟(yú)：画有鹰隼图案的旗帜。　⑥ 旆(pèi)旆：旗帜飘扬的样子。　⑦ 悄悄：心情沉重的样子。　⑧ 况瘁：辛苦憔悴。　⑨ 彭彭：形容车马众多。　⑩ 旂(qí)：绘交龙图案的旗帜，带铃。央央：鲜明的样子。　⑪ 赫赫：威仪显赫的样子。　⑫ 襄：即"攘"，平息，扫除。　⑬ 方：正值。华：开花。诗中指黍稷抽穗。　⑭ 思：语助词。　⑮ 雨雪：下雪。涂：即"途"。　⑯ 遑：空闲。启居：安坐休息。　⑰ 简书：周王传令出征的文书。　⑱ 喓(yāo)喓：昆虫的叫声。　⑲ 趯(tì)趯：蹦蹦跳跳的样子。阜螽(zhōng)：蚱蜢。　⑳ 君子：指南仲等出征之人。　㉑ 我：作者设想的在家之人。降：安宁。　㉒ 薄：借为"搏"，打击。西戎：古代北方少数民族。　㉓ 萋萋：草木茂盛的样子。　㉔ 喈(jiē)喈：鸟叫声。　㉕ 蘩：白蒿。祁祁：众多的样子。　㉖ 执讯：捉住审讯。获丑：俘虏。　㉗ 薄：急。还：通"旋"，凯旋。　㉘ 玁狁(xiǎn yǔn)：北方的少数民族。夷：扫平。

"国之大事，在祀与戎"，因而战争也就很自然地成为诗人们歌咏的对象。《出车》一诗，正是通过对周宣王初年讨伐玁狁胜利的歌咏，满腔热情地颂扬了统帅南仲的英明和赫赫战功，表现了中兴君臣对建功立业的自信心。

和正面描写战争的诗篇所不同的是，《出车》的作者在材料的选择上，紧紧抓住了战前准备和凯旋而归这两个关键性的典型场景。高度概括地把一场历时较长、空间地点的转换较为频繁的战争浓缩在一首短短的诗里。

诗的前三章描写战前准备的情况，在细部刻画上均采用了画面的描绘与心理暗示相叠加的技法。第一章说"我出我车，于彼牧矣；自天子所，谓我来矣"，以"出车""到牧""传令""集合"四个在时空上逼近，时间上极具连贯性的动作，烘托出一个战前紧急动员的氛围。末二句又以"多难"和"棘"二词暗示出主帅和士卒们心理上的凝重和压抑。第二章则以苍穹下林立的"旐""旄""旟""旆"之"旆旆"，写军行至"郊"的凛然气势。末了又以"悄悄""况瘁"写在开赴前线的急行军中士兵们焦急紧张的心理。第三章以"出车彭彭、旂旐央央"再叙军容之盛。在正确地部署了战斗的同时，用"赫赫"及"襄"暗示出作者对赢得这场战争的自信。

这里所采用的描写技法，使前三章既有恢宏廓大的郊牧誓师、野外行军之壮观，又有细致入微的人物心理活动，做到了整体与细节、客观与主观的巧妙组合。

诗的后三章跨越了诗歌在叙事空间上的先天不足，略过战争的具体过程，直接描写凯旋归来的情景。在这一部分里诗人避实就虚，颇具戏剧性地运用了类似现代电影"蒙太奇"的手法，把读者的注意出人意料地从剑拔弩张的紧张气氛中拉向"黍稷方华"的初出征时，进而通过今昔对比（"昔我往矣""今我来思"）所产生的时空错位，和从"雨雪载涂"走到"春日迟迟"的漫长归途，引导着读者用想象去填补对战事的漫长与艰苦之认识。家中之人从"未见君子"之"忧心忡忡"到"既见"之喜悦安心的转变，更是施展想象，从另一侧面写出了人们对战事的关注与饱受其苦的心态。最后,很自然地引出对凯旋而归的由衷高兴和对主帅的赞美。从表面看,这种避实就虚的写法似乎是舍本逐末,但由于其中渗透了参战者从忧到喜的深刻而细微的心理变化,而使得这些看似"闲笔"的场景描写成为诗中人物心灵和情感的背景或外化,比正面的描写更感人、更细腻。

此外,诗人显然吸收了民歌成句入诗。语言上有质朴自然之气,意境中具情景交融之美。 （赵逵夫 韩高年）

杕 杜

有杕之杜,①	孤零零的赤棠,
有睆其实。②	枝头结满滚圆的果实。
王事靡盬,③	王事没有止息,
继嗣我日。④	要延续我孤独的时日。
日月阳止,⑤	光阴已临十月,
女心伤止,	女子伤心之极,
征夫遑止。⑥	远征的人想已闲逸。

有杕之杜,	孤零零的赤棠,
其叶萋萋。⑦	叶子正繁茂翠碧。
王事靡盬,	王事没有止息,
我心伤悲。	我心充满哀伤忧戚。
卉木萋止,	草木还那么萋萋,
女心悲止,	女子无限悲凄,
征夫归止。	远征的人哪该可以归里。

陟彼北山,⑧	登上那北山山顶,
言采其杞。⑨	且去采摘枸杞。
王事靡盬,	王事没有止息,
忧我父母。⑩	使我父母也忧愁不已。
檀车幝幝,⑪	檀木的役车已破,
四牡痯痯。⑫	拉车的四马已疲,

| 征夫不远。 | 远征的人该归来在即。 |

匪载匪来,⑬	一辆辆车子没载着你回归,
忧心孔疚。⑭	我忧心忡忡痛苦难耐。
期逝不至,⑮	预定时间已过你仍没到,
而多为恤。⑯	我的忧郁如山如海。
卜筮偕止,⑰	求卜问筮结果一致,
会言近止,⑱	都说你回家指日可待,
征夫迩止。⑲	远征的人离乡已近就要归来。

〔注〕 ① 有:句首语助词,无义。杕(dì):树木孤独貌。杜:一种果木,又名赤棠梨。② 睆(huǎn):果实圆浑貌。实:果实。 ③ 靡:没有。盬(gǔ):停止。 ④ 嗣:延长、延续。⑤ 阳:农历十月,十月又名阳月。止:句尾语气词。 ⑥ 遑:闲暇。一说忙。 ⑦ 萋萋:草木茂盛貌。 ⑧ 陟(zhì):登山。 ⑨ 言:语助词,无义。杞:即枸杞,落叶灌木,果实小而红,可食,可入药。 ⑩ 忧:此为使动用法,使父母忧。一说忧父母无人供养。 ⑪ 檀车:役车,一般是用檀木做的,一说是车轮用檀木做的。幝(chǎn)幝:破败貌。 ⑫ 牡:公马。痯(guǎn)痯:疲劳貌。 ⑬ 匪:非。载:车子载运。 ⑭ 孔:很,大。疚(jiù):病痛。 ⑮ 期:预先约定时间。逝:过去。 ⑯ 恤(xù):忧虑。 ⑰ 卜:以龟甲占吉凶。筮(shì):以蓍草算卦。偕:合。 ⑱ 会言:合言,都说。一说"会"为聚合(离人相聚),"言"为语助词,无义。⑲ 迩:近。

这是一首妻子思念长年在外服役的丈夫的歌,自《毛诗序》以来,古今没有什么异议。

诗分四章,每章七句。

第一章"有杕之杜,有睆其实"两句即以"兴"起首,是《诗经》中常用的手法之一。这以"兴"起的两句与后边的内容有着某种情绪的关联:孤立的赤棠,象征着夫妻分处,彼此孤零;但孤立的赤棠尚能结出圆滚滚的果实,而分离的夫妻却不能尽其天性。故不能不睹物而兴感!

第三句以下,则赋叙其事:由于王家之事没有止息,丈夫不能回家,我的孤独时日还要延续下去。现在已是十月,一年又将过去,作为妻子的我,怎不因之而忧伤!这四句是直叙心意,后一句则来一曲折,想象男方,现在应该是有空闲了,可以腾出身来回家了。前三句是分离的忧伤,后一句是空想会聚的希望。前后相衬,反映其盼望团聚之殷切。

"遑"有解为"忙"的,那么意义正好相反,征夫正在忙着,那么还不可能回家,则体现出主人公某种程度的失望与懊丧。怀念亲夫感情深沉则是相同的。

第二章与第一章结构相似，意义相近。前二句也是以"兴"起。第二句的"其叶萋萋"，第五句的"卉木萋止"，如果以为时间与前章靠近，则可理解为杜叶尚未黄落，草色青青尚在，颇有"有花堪折直须折，莫待无花空折枝"（唐无名氏《金缕衣》）的珍惜年华之意。可是现在，王事没有结束，丈夫难以归来，眼看光阴虚度，青春浪掷，怎不悲伤！如果以为时间与前章离得稍远，则可理解为一年已经过去，四季周始，春天又已来到。杜叶又现萋萋，草木又呈葱翠，她自不免睹物兴情，忧思不绝。这与"昔我往矣，杨柳依依"之以乐景写哀，同一手法。愁人眼中，哀景能兴哀，乐景也能兴哀！所以末句"征夫归止"，并非一般的盼望，而是站在望夫石上问天的哀号：征夫啊，归来罢！

第三章起改用赋体。开头两句写登北山、采枸杞。郑笺云："杞非常菜也，而升北山而采之，托有事以望君子。"孔颖达疏云："杞木本非食菜而升北山以采之者，是托有事以望汝也。"故此两句并非游离中心之句，而是深含怀亲望夫之情。

五、六、七三句，全为揣想之辞。"檀车"是檀木制作的役车，或者说是以檀木为轮的车。《魏风·伐檀》篇"坎坎伐檀""坎坎伐辐""坎坎伐轮"诸句可以印证。戍役时间那么久，想象所乘役车早已破旧，拉车的四马也已疲困，再也不能继续役作了。如以此为前提，则自然得出结论：征夫回家的日子不远了。有人认为"幝幝"与"啴啴"同义，是车声。这似乎听到了征夫归途中的车轮滚动的轧轧声，疲惫四马艰难奔跑的特特声。它同样反映出女方忧思劳瘁的情貌，不过想象中彼此的距离要比前说更近了。

第四章仍用赋体。第一句两个"匪"，是为了音节的需要，实际作用一个就行，即"匪载来"（车子没有载着你回来）。这是前章"檀车"三句的转折，前章以为"还远"，而实际则朝盼暮望就是不见载着你的车子到来。这四字与后来唐宋词中的"过尽千帆皆不是"（温庭筠《望江南》）、"误几回天际识归舟"（柳永《八声甘州》）同一意境。第二句则是前三章伤、悲、忧的心情的发展，伤得悲得忧得成了大病！第三句"期逝不至"是承应第一句"匪载匪来"，第四句"而多为恤"是承应第二句"忧心孔疚"。这四句集中写忧郁、失望。而五、六、七三句又是一次转折，在失望中又获得一丝亮意：求卜问筮，卜筮结论一致，都说"近了"。这给失望枯干的心灵注入一丝滋润，"征夫迩止"，这是获得片时的安慰，寄希望于明天。

全诗感情真挚、深切，爱意专一恒久，体现古代妇女高尚的人格和纯洁的情爱。当然也反映出长期的戍役给下民带来的痛苦。

对此诗主诉者是谁，说法颇不一致。《毛序》说："杕杜，劳还役也。"这是说全诗是戍役者的口吻,是男思女。不论是女思男还是男思女,在诠释时都会遇到一些麻烦。如说女思男,则一、二、三章的"我"就没有男思女的解释来得直接。如说男思女,则"女心伤止""女心悲止"的"女"又较别扭;而三、四两章以男方口吻去解释,更难圆其说。变通的办法是将写男的方面"继我时日""征夫遑止"等句作为女方的猜想,或者将写女的方面"女心伤止""女心悲止"等句以及三、四两章当作男方的猜想去理解以求前后统一。但两者相较,似还以女思男较为通畅,而第三、四两章传统上亦从女思男角度去理解。 　　　　(潘善祺)

鱼　丽

鱼丽于罶,①	鱼儿落进捕鱼篓,
鲿鲨。②	鲿鱼鲨鱼都鲜活。
君子有酒,	主人有酒宴宾客,
旨且多。	那酒甘美又盛多。

鱼丽于罶,	鱼儿落进捕鱼篓,
鲂鳢。③	鲂鱼鳢鱼嫩而肥。
君子有酒,	主人有酒宴宾客,
多且旨。	那酒盛多又甘美。

鱼丽于罶,	鱼儿落进捕鱼篓,
鰋鲤。④	鰋鱼鲤鱼一齐煮。
君子有酒,	主人有酒宴宾客,
旨且有。	那酒甘美又丰足。

| 物其多矣, | 食物丰盛实在妙。 |
| 维其嘉矣。 | 质量又是非常好。 |

| 物其旨矣, | 食物甘美任品味, |
| 维其偕矣。⑤ | 各种各类很齐备。 |

物其有矣，	食物应有尽有之，
维其时矣。⑥	供应也都很及时。

〔注〕 ①丽(lí)：同罹，意谓遭遇。《诗集传》："丽，历也。"用引申义。罶(liǔ)：捕鱼的工具，又称笱，用竹编成，编绳为底，鱼入而不能出。 ②鲿(cháng)：黄颊鱼。鲨：又名鯋，能吹沙的小鱼，似鲫而小。 ③鲂：鳊鱼。鳞细小而美味。鳢：俗称黑鱼。 ④鰋(yǎn)：俗称鲇鱼，体滑无鳞。 ⑤偕：齐全。 ⑥时：及时。

《小雅·鱼丽》，为周代燕飨宾客通用之乐歌。诗中盛赞宴享时酒肴之甘美盛多，以见丰年多稼，主人待客殷勤，宾主共同欢乐的情景。诗中所称的"君子"，是宾客对主人美称。

全诗六章，显示欢乐的气氛，在赞美酒肴丰富的同时，并于后三章进而赞美年丰物阜，故而在宴会当中，宾主得以尽情享受。诗的前三章，章四句，皆以"鱼丽"起兴，具体地歌赞主人酒宴的丰盛，礼遇的周到，可以说是全诗的主体部分。诗人从鱼和酒两方面着笔，并没有写宴会的全部情景。以鱼的品种众多，暗示其他肴馔的丰盛；以酒的既多且旨，表明宴席上宾主尽情欢乐的盛况。写鱼的品种众多，不厌其详，写饮酒的情况，就比较概括，这种写法，是经过精心选择的。在周代我国已进入农业社会，农业有了相当的发展，不仅广兴耕稼，而且许多鱼类，已成为人们常见的美食。捕鱼养鱼的方法也有了进步，在《诗经》里，提到鱼的篇章不少。《邶风·谷风》《齐风·敝笱》《豳风·九罭》，乃至《周颂·潜》《小雅·南有嘉鱼》《小雅·鱼藻》都有关于鱼的记载，特别是在《陈风·衡门》当中，有这样的诗句："岂其食鱼，必河之鲂；岂其娶妻，必齐之姜。"又说："岂其食鱼，必河之鲤，岂其娶妻，必宋之子。"用鲂、鲤两种鱼的嘉美和娶妻要娶"齐姜""宋子"，相提并论，可见人们对吃这两种鱼的青睐。在《周颂·潜》诗中，以"猗与漆沮，潜有多鱼"写养饲鱼类的情况，并且表明饲养的目的，是为了"以享以祀，以介景福"。可见养鱼之被重视。滋味鲜美的鱼类在宴席上，也就成人们乐于称道的美馔了。在本诗前三章中，每章并列两种鱼名："有鲿有鲨""有鲂有鳢""有鰋有鲤"，诗人不厌列举，并非纯用夸张语气，而是借鱼类之多，说明酒宴的隆重，并以表明其他肴馔也必然相应的丰富。诗人这种举一反三、以简驭繁的手法，是广为后人效法的。

说到酒，"酒"是丰年的象征，丰年酿酒，是先民历来的习惯。古代酿酒的原料，纯用粮食作物。在食用的五谷丰产之后，人们才用多余谷类，进行酒类的酿制。《诗经》中提到酒的名篇很多，《豳风·七月》中说："八月剥枣，十月获稻，为此春酒，以介眉寿。"《周颂·丰年》这篇，写得更具体。其诗云："丰年多黍多稌，亦有高廪,万亿及秭,为酒为醴……以洽百礼,降福孔皆。"诗中所称之秭,今称为稻(一说专指糯稻),稻黍俱得丰收,盈仓盈廪,"为酒为醴",才有条件。酒之为用,除了供祭祀昭告丰收之外,"以洽百礼"一句,概括了它的重大作用。因而宴会之中要欢饮旨酒,燕飨嘉宾,更以酒多且旨,以示丰年之欢乐。朱熹《诗集传》,据《仪礼》"乡饮酒"及"燕礼"皆歌《鱼丽》,称此诗为燕飨上下通用之乐,其义甚明。证以《小雅》中其他有关饮酒的诗篇,如《鹿鸣》(原为燕飨群臣嘉宾之诗,其后成为上下通用之乐)云:"我有旨酒,以燕乐嘉宾之心。""我有旨酒,嘉宾式燕以遨。"《颊弁》云:"乐酒今夕,君子维宴。"盖"酒以成礼""酒以尽欢",由来已久。《南有嘉鱼》诗亦称"君子有酒,嘉宾式燕以乐。"本诗前三章反复称道"君子有酒,旨且多""君子有酒,多且旨""君子有酒,旨且有",正是表明宾主在宴会中十分欢乐的情景。

　　诗的后三章,诗人紧扣前三章中三个重要词语"多、旨、有",进而赞美在丰年之后,不仅燕飨中酒肴既多且美,更推广到"美万物盛多"(《毛诗序》)这一更有普遍意义的主题。就诗的本身来说,这三章可称为副歌。有了这三章,歌赞丰年的诗意,乃更为深挚。诗人说:"物其多矣,维其嘉矣","物其旨矣,维其偕矣","物其有矣,维其时矣"。由物品之多,而赞美到物之嘉美;由物品之旨,而赞美到物之齐全;由物品之富有,而赞美其生产之及时。表明年丰物阜,既是大自然的赐予,更是人类勤劳创造的成果。而燕飨的欢乐,则是在丰年以后才能取得的生活中的享受。诗章语简而义赅,充分显示了物类繁多而时人富裕这样的现实。

　　《鱼丽》,作为一首乐歌,它的唱法,我们现在已不知其详,无从考证,但在语言运用方面,我们仍能得到一些启示。前三章章法相同,采用四、二、四、三的参差句式,在唱法上既有反复赞歌之美,又有参差不齐的音乐节奏,便于重唱合唱。诗中所称的"旨且多""多且旨""旨且有",在用意上虽无甚差别,但能产生一唱三叹的美感,使满座增欢。后三章着重在点明主题、渲染气氛,所以每章只有两句。在诗句的本身,其重音节落在"嘉、偕、时"等字词上,句末用"矣"字,使乐曲可以延长咏叹时间,起放慢节奏的作用。前后三章,互相辉映,其整体构思,颇见出诗人手法的高妙。

(马祖熙)

南 有 嘉 鱼

南有嘉鱼,	南国鱼儿美,
烝然罩罩。①	群游把尾摇。
君子有酒,	君子有好酒,

嘉宾式燕以乐。② 宴饮佳宾乐陶陶。

南有嘉鱼, 南国鱼儿美,
烝然汕汕。③ 群游随水流。
君子有酒, 君子有好酒,
嘉宾式燕以衎。④ 宴饮佳宾乐悠悠。

南有樛木,⑤ 南国树弯弯,
甘瓠累之。⑥ 葫芦藤蔓紧相缠。
君子有酒, 君子有好酒,
嘉宾式燕绥之。⑦ 宴饮嘉宾乐平安。

翩翩者鵻,⑧ 鹁鸠飞翩翩,
烝然来思。⑨ 群飞来这边。
君子有酒, 君子有好酒,
嘉宾式燕又思。⑩ 宴饮嘉宾频相劝。

〔注〕①烝(zhēng):众多。罩罩:《说文解字》引作"鲜鲜",义同"掉掉",游鱼摇尾貌。②式:语助词。燕:同"宴"。 ③汕汕:《说文解字》:"鱼游水貌。" ④衎(kàn):快乐。 ⑤樛(jiū):树木向下弯曲。 ⑥瓠(hù):葫芦。累:缠绕。 ⑦绥:安。 ⑧鵻(zhuī):鸟名,即鹁鸠,也叫鹁鸪,天将雨或初晴时常在树上咕咕地叫。 ⑨思:句尾助词,下同。 ⑩又:通"侑",劝酒。

本诗的主旨,毛诗、齐诗都认为是宴饮诗兼有求贤之意,《毛诗序》云:"《南有嘉鱼》,乐与贤也,大平之君子至诚,乐与贤者共之也。"也有人觉得还含有讽谏之意。我们认为,这是一首专叙宾主淳朴真挚之情的宴饮诗。诗意与《鱼丽》略同,正如方玉润《诗经原始》云:"彼专言肴酒之美,此兼叙绸缪之意。"

全诗四章,章四句。前两章均以游鱼起兴,用鱼、水象征宾主之间融洽的关系,宛转地表达出主人的深情厚谊,使全诗处于和睦、欢愉的气氛中。两章的开首两句用重章叠唱反复咏叹,加强这一氛围的形成。"南有嘉鱼,烝然罩罩""南有嘉鱼,烝然汕汕",鱼儿轻轻摆动鳍尾,往来翕忽,怡然自得。我们仿佛看见四面八方的宾客们聚集在厅堂,大排筵宴,席间觥筹交错,笑语盈盈。鱼乐,人亦乐,二者交相感应,一虚一实,宴饮时的欢乐场面与主宾绸缪之情顿现。短短数句,婉曲含蓄,意在言外,回味无穷。

若仅用一种事物来形容宾主无间的感情,读起来不免单调,也不厚重。故诗人在浓浓的酒香中,笔锋一扬,将我们的视线从水中引向陆地,为我们描绘了另一场景:枝叶扶疏的树木上缠绕着青青的葫芦藤,藤上缀满了大大小小的葫芦,风过处,宛如无数只铃铎在颤动。这里的树木象征着主人高贵的地位,端庄的气度;藤蔓紧紧缠绕着高大的树木,颇似亲朋挚友久别重逢后亲密无间、难舍难分的情态。对此良辰美景,又有琼浆佳肴,怎能不使人手之舞之、足之蹈之呢!

第四章作者用了"推镜头"的手法,缓缓地将一群翩飞的鹁鸠送入我们的眼帘,也把我们从神游的境界拉回酒席。你看,佳宾在祥和欢乐的气氛中酒兴愈浓,情致愈高,你斟我饮言笑晏晏。望着那群鹁鸠,听着咕咕的鸣叫声,也许有的客人已开始商量打猎的事情了。这就隐含着宴饮后的射礼。用笔曲折,别具匠心,情寓景中,淋漓尽致地表达了宾主之间和乐美好的感情。

诗是从水、陆、空三个角度来描绘宾客们初饮、宴中、酣饮时的形态。起初是营造气氛,随着酒筵的渐进,酒兴渐浓,宾客也渐趋热情奔放,人们的视线也随之渐高。在写作手法上,诗人运用了兴中有比、赋比结合的手法。在章法、句式上,不仅采用重章叠唱的手法,而且在每章诗最末一句添了两个虚词,延长了诗句,便于歌者深情缓唱、抒发感情,同时也使诗看起来不呆板,显得余味不绝。

此外,我们在欣赏这首诗时,应与《鱼丽》《南山有台》二诗结合起来。这三首诗是同一组宴饮诗;先歌《鱼丽》,赞佳肴之丰盛;次歌《南有嘉鱼》,叙宾主绸缪之情;最后歌《南山有台》,极尽祝颂之能事,敬祝宾客万寿无疆,子孙福泽延绵。

(伏俊连)

南 山 有 台

南山有台,①　　南山生柔莎,
北山有莱。②　　北山长嫩藜。
乐只君子,③　　君子真快乐,
邦家之基。　　　为国立根基。
乐只君子,　　　君子真快乐,
万寿无期。　　　万年寿无期。

南山有桑,　　　南山生绿桑,

北山有杨。　　北山长白杨。
乐只君子，　　君子真快乐，
邦家之光。　　为国争荣光。
乐只君子，　　君子真快乐，
万寿无疆。　　万年寿无疆。

南山有杞，④　南山生枸杞，
北山有李。　　北山长李树。
乐只君子，　　君子真快乐，
民之父母。　　人民好父母。
乐只君子，　　君子真快乐，
德音不已。⑤　美名必永驻。

南山有栲，⑥　南山生鸭椿，
北山有杻。⑦　北山长菩提。
乐只君子，　　君子真快乐，
遐不眉寿。⑧　高年寿眉齐。
乐只君子，　　君子真快乐，
德音是茂。⑨　美德充天地。

南山有枸，⑩　南山生枳椇，
北山有楰。⑪　北山长苦楸。
乐只君子，　　君子真快乐，
遐不黄耇？⑫　那能不长寿。
乐只君子，　　君子真快乐，
保艾尔后。⑬　子孙天保佑。

〔注〕①台：通"薹"，莎草，又名蓑衣草，可制蓑衣。　②莱：藜草，嫩叶可食。　③只：语助词。　④杞(qǐ)：枸杞。　⑤德音：好名誉。　⑥栲(kǎo)：树名，山樗，俗称鸭椿。　⑦杻(niǔ)：树名，檍树，俗称菩提树。　⑧遐：何。眉寿：高寿。眉有秀毛，是长寿之相。　⑨茂：美盛。　⑩枸(jǔ)：树名，即枳椇。　⑪楰(yú)：树名，即鼠梓，也叫苦楸。　⑫黄耇

(gǒu)：毛传："黄，黄发；耇，老。" ⑬ 保艾：保养。

这是一首颂德祝寿的宴饮诗。前人或以为"乐得贤"(《毛诗序》)，或以为"颂天子"(姚际恒《诗经通论》)，或以为"祝宾客"(方玉润《诗经原始》)，这些说法未免各有所偏。就此诗与《鱼丽》《南有嘉鱼》为燕享通用的乐歌来看，我们认为它是贵族宴饮聚会时颂德祝寿的乐歌。

全诗五章，章六句，每章开头均以南山、北山的草木起兴，民歌味十足。南山有台、有桑、有杞、有栲、有枸，北山有莱、有杨、有李、有杻、有楰，正如国家之拥有具备各种美德的君子贤人。兴中有比，富有象征意义。但是兴语的作用还有为章节起势和变化韵脚以求叶韵的作用。在本诗中，这两点表现得尤为明显。如果直说"乐只君子，邦家之基；乐只君子，万寿无期"等，则显得突兀和浅直，加上"南山有台，北山有莱"等后，诗顿时生色不少，含蓄而委婉，诗的韵律也由此而和谐自然。兴语之后，是表功祝寿。每章两次直呼"乐只君子"，可以见出祝者和被祝者之间的亲密关系。前三章"邦家之基""邦家之光""民之父母"三句，言简意赅，以极节省的笔墨为被颂者画像，从大处落笔，字字千金，为祝寿张本。表功不仅是颂德祝寿之所本，而且本身也是其中的必要部分。功表得是否得体，直接关系到诗的主旨。正因为前面的功表得得体而成功，后面的祝寿才显得有理而有力。四、五两章用"遐不眉寿""遐不黄耇"两个反诘句表达祝愿：这样的君子怎能不长眉秀出大有寿相呢！这样的君子怎能不头无白发延年益寿呢！这又是以前三章的表功祝寿为基础的。末了，颂者仍不忘加"保艾尔后"一句。重子嗣，是国人的传统，由祝福先辈而连及其后裔，是诗歌的高潮之处。

这首诗的内容虽单纯，但结构安排相当精巧，五章首尾呼应，回环往复，语意间隔粘连，逐层递进，具有很强的层次感与节奏感。选词用字，要言不烦，举重若轻，颇耐咀嚼，表现出歌词作者的匠心独运。作为宴享通用之乐歌，其娱乐、祝愿、歌颂、庆贺的综合功能是显而易见的。

(伏俊连)

蓼 萧

蓼彼萧斯，①	又高又长艾蒿，
零露湑兮。②	露珠滴滴凝聚。
既见君子，	已见周朝天子，
我心写兮。③	我心十分欢愉。
燕笑语兮，④	饮宴谈笑频频，

是以有誉处兮。⑤ 乐乐陶陶嬉娱。

蓼彼萧斯, 又高又长艾蒿,
零露瀼瀼。⑥ 露珠点点闪亮。
既见君子, 已见周朝天子,
为龙为光。⑦ 承受恩宠荣光。
其德不爽,⑧ 天子美德不变,
寿考不忘。 长寿永远安康。

蓼彼萧斯, 又高又长艾蒿,
零露泥泥。⑨ 露珠颗颗轻浥。
既见君子, 已见周朝天子,
孔燕岂弟。⑩ 非常安详恺悌。
宜兄宜弟, 兄弟亲爱和睦,
令德寿岂。 美德寿乐齐集。

蓼彼萧斯, 又高又长艾蒿,
零露浓浓。 露珠团团浓重。
既见君子, 已见周朝天子,
鞗革冲冲。⑪ 揽辔垂饰摆动。
和鸾雝雝,⑫ 銮铃声响叮当,
万福攸同。⑬ 万福聚于圣躬。

〔注〕①蓼(lù):长而大的样子。萧:艾蒿,一种有香气的植物。 ②零:滴落。湑(xǔ):叶子上沾着水珠。 ③写:舒畅。 ④燕:通"宴",宴饮。 ⑤誉处:安乐愉悦。朱熹《诗集传》引苏辙《诗集传》:"誉、豫通。凡诗之誉,皆言乐也。"处,安。 ⑥瀼(ráng)瀼:露水很多。 ⑦为龙为光:为被天子恩宠而荣幸。龙,古"宠"字。 ⑧爽:差。 ⑨泥泥:露水很重。 ⑩孔燕:非常安详。岂弟(kǎi tì):即"恺悌",和乐平易。 ⑪鞗(tiáo)革:当为"鋚勒"。鋚,马勒上的铜饰。勒,系马的辔头。冲冲:饰物下垂貌。 ⑫和鸾:鸾,借为"銮",和与銮均为铜铃,系在轼上的叫"和",系在衡上的叫"銮"。雝(yōng)雝:铜铃声。 ⑬攸同:所聚。

这是一首典型的祝颂诗,表达了诸侯朝见周天子时的尊崇、歌颂之意。

诗四章,全以萧艾含露起兴。萧艾,一种可供祭祀用的香草,诸侯朝见天子,"有与助祭祀之礼",故萧艾以喻诸侯。露水,常被用来比喻承受的恩泽。故本诗起兴以含蓄、形象的笔法巧妙地点明了诗旨所在:天子恩及四海,诸侯有幸承宠。如此,也奠定了全诗的情感基调:完全是一副诸侯感恩戴德、极尽颂赞的景仰口吻。

首章写初见天子的情景及感受。"既见君子,我心写兮",似是日日夜夜,朝思暮盼,今日终遂心愿后的表述。因为在诸侯看来,入朝面君,无疑是巨大的幸事,一个"写"字,形象地描画出诸侯无比兴奋、诚惶诚恐、激动得难以言表的感受。因此,当他们与天子共享宴乐之时,便争相倾吐心中的敬祝之情,完全沉浸在圣洁的朝圣之乐中。

二、三两章进一步描写君臣之谊,分别从诸侯与天子两方面落笔。对诸侯而言,无疑应感谢天子圣宠,"为龙为光",这当然是"其德不爽"的结果。故最后祝天子"寿考不忘";对天子而言,则是描写其和乐安详的圣容及与臣下如兄弟般的深情。可以说抓住了两个最有代表性的方面,恰如其分地刻画出了天子的风仪及修养。这样可亲可爱的天子,怎能不受到臣下的拥戴与崇敬?

末章借写天子离宴时车马的威仪进一步展示天子的不凡气度。看那威风凛凛的高头大马,听那叮当悦耳的铃声和鸣,威而不滥,乐而不乱,恰恰表明天子不仅能够泽及四海,而且可以威加四夷,因此,他才能够集万福于一身,不愧受命于天的真命天子!

全诗层次分明,抒写有致,章章推展,于叙事中杂以抒情,并带有明显的臣下语气,所以,无论内容或是形式,均体现出雅诗的典型风格。因表现的是诸侯对天子的祝颂之情,未免有些拘谨,有些溢美,比起健康活泼、擅长抒发真情实感的民间风诗来,在艺术与情感上,可取之处便少了许多!

最后顺便说一下,本篇《毛诗序》谓诗旨乃颂天子"泽及四海",以之为宴远国之君的乐歌,朱熹则以为此乃"燕诸侯之诗"(《诗序辨说》),"诸侯朝于天子,天子与之燕,以示慈惠,故歌此诗"(《诗集传》)。吴闿生《诗义会通》又说:"据词当是诸侯颂美天子之作。"本文取吴闿生说。

(陈伟军)

湛　露

湛湛露斯,①	浓浓的夜露呀,
匪阳不晞。②	不见朝阳决不蒸发。
厌厌夜饮,③	和乐的夜饮呀,

不醉无归！	不到大醉决不回家！

湛湛露斯，	浓浓的夜露呀，
在彼丰草。	沾在那繁茂芳草。
厌厌夜饮，	和乐的夜饮呀，
在宗载考。④	宗庙里洋溢着孝道。

湛湛露斯，	浓浓的夜露呀，
在彼杞棘。⑤	沾在那枸杞酸枣。
显允君子，⑥	坦荡诚信的君子，
莫不令德。⑦	无不具有美善德操。

其桐其椅，⑧	那些同类的梧桐山桐，
其实离离。⑨	一树比一树果实累累。
岂弟君子，⑩	这些和悦平易的君子，
莫不令仪。⑪	看上去无不风度优美。

〔注〕①湛湛：露清莹盛多。斯：语气词。 ②匪：通"非"。晞：干。 ③厌厌：一作"愔愔"，和悦的样子。 ④宗：宗庙。载：充满。考：通"孝"。 ⑤杞棘：枸杞和酸枣，皆灌木，又皆身有刺而果实甘酸可食。 ⑥显允：光明磊落而诚信忠厚。显，明，允，信。 ⑦令：善美。 ⑧桐：桐有多种，古多指梧桐。椅：山桐子木，梓树中有美丽花纹者。 ⑨离离：犹"累累"。 ⑩岂弟(kǎi tì)：同"恺悌"，和乐平易的样子。 ⑪仪：仪容，风范。

《湛露》属二《雅》中的宴饮诗。《毛诗序》："《湛露》，天子燕（宴）诸侯也"，又《左传·文公四年》："昔诸侯朝正于王，王宴乐之，于是乎赋《湛露》。"至于所宴饮之诸侯为同姓还是兼有异姓，前人尚有争议。从《小雅·六月》的《小序》有"《湛露》废则万国离矣"来看，似应兼同异姓而言；唯诗中明明有"在宗载考"，古"考""孝"多通用，而"宗"则不论解"宗庙"或"宗族"，总属同姓，可见诗本同姓贵族的宴饮诗，约春秋时已用为天子宴飨诸侯的乐章。还有一说是"考"指宫庙落成典礼中的"考祭"，因上下文缺乏照应，不可从。

《湛露》四章，每章四句，各章前两句均为起兴，且兴词紧扣下文事象：宴饮是在夜间举行的，而大宴必至夜深，夜深则户外露浓；宗庙外的环境，最外是萋萋的芳草，建筑物四围则遍植杞、棘等灌木，而近户则是扶疏的桐、梓一类乔木，树木上且挂满果实——现在,一切都笼罩在夜露之中……"白露""寒露"为农历(夏历)八、九月之节气,而从夜露甚浓又可知天气晴朗,或明月当空或繁星满天,户厅之外,弥漫着祥和的静谧之气;户厅之内,则杯觥交错,宾主尽欢,"君曰:'无不醉',宾及卿大夫皆兴,对曰:'诺,敢不醉!'"(《仪礼·燕礼》)内外动静映衬,是一幅绝妙的"清秋夜宴图"。

若就其深层意蕴而言,宗庙周围的丰草、杞棘和桐椅,也许依次暗示血缘的由疏及亲;然而更可能是隐喻宴饮者的品德风范:既然"载考"呼应"丰草","载"义为充盈,而"丰"指繁茂,那么"杞棘"之有刺而能结实难道与君子的既坦荡光明(显)又诚悫忠信(允)无涉。更不用说桐椅之实的"离离"——既累累繁盛又历历分明——与君子们一个个醉不失态风度依然优美如仪(与《宾之初筵》的狂醉可对看)的关系了。只是至此还没有说到最重要的意象"湛湛"之"露"究属何意。

前人大多理解湛露既然临于草树,则无疑象征着王之恩泽。若就二、三章而言,这也不差,只是以之揣摩首章,却不像了。我们认为露之湛湛其义蕴犹情之殷殷,热情得酒之催发则情意更烈,正好比湛露得朝阳则交汇蒸腾……

此诗章法结构之美既如陈奂所言"首章不言露之所在,二章三章不言阳,末章并不言露,皆互见其义",又如朱熹引曾氏曰:"前两章言厌厌夜饮,后两章言令德令仪。"后者需补充的是:在这两者之间,第三章兼有过渡性质(一、二承上,三、四启下)。雅诗的章法结构比风诗更为讲究,于此亦见一斑。

音韵的谐美也是本诗一大特点:除了隔句式押韵外,前两章以一、三句句头的"湛湛"与"厌厌"呼应,去和二、四句句尾的脚韵共构成回环之美;至后两章则改为顶真式谐音,表现为"杞棘"的准双声与"显允"的准叠韵勾连,而"离离"的双叠也与"岂弟"的叠韵勾连(作为过渡,三章"湛湛"与"显允"的尾音也和谐呼应)。

总之,《湛露》一诗,乍看平淡无奇,细品恰如橄榄,其味愈出愈永。

(范三畏)

彤　　弓

彤弓弨兮,①　　红漆雕弓弦松弛,
受言藏之。②　　赐予功臣庙中藏。
我有嘉宾,③　　我有这些好宾客,
中心贶之。④　　赞美他们在心上。
钟鼓既设,　　　钟鼓乐器陈列好,

一朝飨之。⑤　　终朝敬酒情意长。

彤弓弨兮，　　红漆雕弓弦松弛，
受言载之。⑥　　赐予功臣家中收。
我有嘉宾，　　我有这些好宾客，
中心喜之。　　喜欢他们在心头。
钟鼓既设，　　钟鼓乐器陈列好，
一朝右之。⑦　　终朝劝酒情意厚。

彤弓弨兮，　　红漆雕弓弦松弛，
受言櫜之。⑧　　赐予功臣插袋里。
我有嘉宾，　　我有这些好宾客，
中心好之。　　赏爱他们在心底。
钟鼓既设，　　钟鼓乐器陈列好，
一朝酬之。⑨　　终朝酬酒情意密。

〔注〕①彤弓：漆成红色的弓，天子用来赏赐有功诸侯。弨(chāo)：弓弦松弛貌。②言：句中助词。藏：珍藏于祖庙中。③嘉宾：有功诸侯。④中心：内心。贶(kuàng)：郑笺："贶者，欲加恩惠也。"马瑞辰《毛诗传笺通释》："贶古通作况，……《广韵》：'况，善也。''中心贶之'正谓中心善之。"⑤一朝：整个上午。飨(xiǎng)：用酒食款待宾客。⑥载：装在车上。⑦右：通"侑"，劝酒。⑧櫜(gāo)：装弓的袋，此处指装入弓袋。⑨酬：互相敬酒。

据古代的铜器铭文(如《宣侯矢簋》)及《左传》等书的记载，周天子用弓矢等物赏赐有功的诸侯，是西周到春秋时代的一种礼仪制度。《彤弓》这首诗就是对这种礼仪制度的形象反映。《毛诗序》说："《彤弓》，天子赐有功诸侯也。"可见《彤弓》一诗的主旨是歌颂周天子举行宴会，将彤弓赐予有功诸侯之事。

诗一开头没有从热烈而欢乐的宴会场面入手，而是直接切入有功诸侯接受赏赐的隆重仪式，将读者的注意力一下就集中在诗人所要突出描写的环节上。"彤弓弨兮，受言藏之。"短短两句既写出所赐彤弓的形状和受赏者对弓矢的珍惜，又间接表达了受赏者的无限感激之情。这样开头看起来有些突兀，然而正显示了诗人突出重点的匠心。"我有嘉宾，中心贶之"的"我"代指周天子。按照叙述逻辑，这两句本应居于开头两句之前，诗人安排在开头两句之后，补充说明事情的原委,不仅没有产生句子错位的混乱感觉,而且使全诗显得曲折有致。周天子把自己的臣下称为"嘉宾",对有功诸侯的宠爱之情溢于言表。"中心"二字含有真心诚意的意思,赏赐诸侯出于真心,可见天子的情真意切。"钟鼓既设,一朝飨之",从字面就可以看出宴会场面充满了热烈欢乐的气氛,表面看是周天子为有功诸侯庆功,实际上是歌颂周天子的文治武功。

第二、三章与第一章意思基本相同,只是在个别字词上作了一下调整,反复吟唱,个别字句的调整一方面避免了简单的重复,给读者造成一种一唱三叹的感觉,不断加强对读者情绪的感染,另一方面也强调了细节的变化。如周天子对有功诸侯开始是"中心贶之",继而"中心喜之",最后发展到"中心好之",主人的心理变化仅仅用个别不同的字的调整就衬托了出来。再如宴会场面从"一朝飨之"到"一朝右之"再到"一朝酬之",个别字词的变化既说明了文武百官循守礼法的秩序,又可以看出热烈的气氛不断升级。

全诗三章不涉比兴纯用赋法,语言简练而准确。虽是歌功颂德,却不显得呆板,叙述跌宕起伏使全诗透露了一丝灵气,给读者留下了深刻的感受。

(贾海生)

菁 菁 者 莪

菁菁者莪,①　　　莪蒿葱茏真繁茂,
在彼中阿。②　　　丛丛生长在山坳。
既见君子,　　　　已经见了那君子,
乐且有仪。③　　　快快乐乐好仪表。

菁菁者莪,　　　　莪蒿葱茏真繁茂,
在彼中沚。④　　　簇簇生长在小洲。
既见君子,　　　　已经见了那君子,
我心则喜。　　　　我的心里乐悠悠。

菁菁者莪,　　　　莪蒿葱茏真繁茂,
在彼中陵。　　　　蓬蓬生长在丘陵。
既见君子,　　　　已经见了那君子,
锡我百朋。⑤　　　心情胜过赐百朋。

泛泛杨舟， 杨木船儿在漂荡，
载沉载浮。 小舟上下随波浪。
既见君子， 已经见了那君子，
我心则休。⑥ 我的心里多欢畅。

〔注〕①菁(jīng)菁：草木茂盛。莪(é)：莪蒿，又名萝蒿，一种可吃的野草。 ②阿：大陵。 ③仪：仪容，气度。 ④沚(zhǐ)：水中小洲。 ⑤锡：同"赐"。朋：上古以贝壳为货币，十贝为朋。王国维《说珏朋》云："古制贝玉皆五枚为一系，二系一朋。" ⑥休：喜。

本诗的主旨，《毛诗序》说是"乐育才"，朱熹《诗集传》则批评《毛诗序》"全失诗意"，认为"此亦燕饮宾客之诗"。今人多以为是古代女子喜逢爱人之歌。我们认为，由于诗的境界的空泛性和意象的可塑性，对其内涵可以有不同的开掘和把握。《序》说流传二千多年，影响至巨。人们说起《菁莪》，无不想起"乐育才"。而批评《毛诗序》全失诗意的朱子，在其《白鹿洞赋》中，亦有"广'青衿'之疑问，乐《菁莪》之长育"的句子，此所谓习用典记，约定俗成者也。对诗的主题，不同的理解可以并存，似不必存此没彼。这首诗的主题，我们倾向于爱情说，证据之一是人们公认为《小雅》中典型描写男女相悦之情的《隰桑》篇，同《菁莪》不论章法、句式都非常相似；前三章中"既见君子"句式一般无二，第四章都变换声调，各自成章。

此诗前三章都以"菁菁者莪"起兴，也可以理解成记实，然不必过于拘泥，因"在彼中阿""在彼中沚""在彼中陵"的植物，除了"莪"，当然还有很多，举一概之而已。第一章，女子在莪蒿茂盛的山坳里，邂逅了一位性格开朗活泼、仪态落落大方、举止从容潇洒的男子，两人一见钟情，在女子内心深处引起了强烈震颤。第二章写两人又一次在水中沙洲上相遇，作者用一个"喜"字写怀春少女既惊又喜的微妙心理。第三章，两人见面的地点从绿荫覆盖的山坳、水光萦绕的小洲转到了阳光明媚的山丘上，暗示了两人关系的渐趋明朗化。"锡我百朋"一句，写女子见到爱人后不胜欣喜，高兴到胜过受赐百朋的程度。第四章笔锋一转，以"泛泛杨舟"起兴，象征两人在人生长河中同舟共济、同甘共苦的誓愿。不管生活有顺境，有逆境，只要时时有恋人相伴，女子永远觉得幸福。

这首诗虽然只有短短十六句，但把一个美妙动人的爱情故事表现得引人入胜。和《蒹葭》相比，我们觉得，《蒹葭》在水乡泽国的氛围中有一缕渺远空灵、柔婉缠绵的哀怨之情，把一腔执着、艰难寻求但始终无法实现的惆怅之情，寄托于一派清虚旷远、烟水濛濛的凄清秋色之中。而《菁莪》处处烘托着清朗明丽的山光和灵秀迷人的水色,青幽的山坡,静谧的水洲,另是一番情致。两首诗可谓珠联璧合,各有千秋。如此绝妙的天地里,一对有情人相遇相识、相偎相依,此情此景,真令人如饮醇醪,心神俱醉。

(伏俊连)

六 月

六月栖栖。① 六月出兵紧急,
戎车既饬。② 兵车已经备齐。
四牡骙骙,③ 马匹强壮威武,
载是常服。④ 人人穿起军衣。
狁孔炽,⑤ 狁来势凶猛,
我是用急。⑥ 我方边境告急。
王于出征, 周王命我出征,
以匡王国。⑦ 保卫国家莫辞。

比物四骊,⑧ 四匹黑马配好,
闲之维则。⑨ 进退训练有素。
维此六月, 正值盛夏六月,
既成我服。 做成我军军服。
我服既成, 我军军服已成,
于三十里。⑩ 行军一舍有余。
王于出征, 周王命我出征,
以佐天子。 辅佐天子稳固。

四牡脩广, 公马四匹高大,
其大有颙。⑪ 宽头大耳威风。
薄伐狁, 只为讨伐狁,
以奏肤公。⑫ 建立无上功勋。
有严有翼,⑬ 严整肃穆小心,
共武之服。⑭ 认真对待敌军。
共武之服, 认真对待敌军,

以定王国。	使我国家安定。

狁匪茹,⑮	狁来势不弱,
整居焦获。⑯	占据焦获驻防。
侵镐及方,⑰	又犯我镐与方,
至于泾阳。	不久就到泾阳。
织文鸟章,⑱	织有凤鸟纹样,
白旆央央。⑲	白色大旗明亮。
元戎十乘,⑳	我军兵车十乘,
以先启行。	先行冲锋扫荡。

戎车既安,	兵车已经驶稳,
如轾如轩。㉑	前后俯仰操纵。
四牡既佶,㉒	公马四匹整齐,
既佶且闲。㉓	整齐而且从容。
薄伐狁,	只为讨伐狁,
至于大原。㉔	进军太原猛攻。
文武吉甫,	文武双全吉甫,
万邦为宪。㉕	国家榜样英雄。

吉甫燕喜,	吉甫宴饮欢喜,
既多受祉。㉖	接受许多赏赐。
来归自镐,	从那镐京归来,
我行永久。	走了许多日子。
饮御诸友,㉗	设席招待朋友,
炰鳖脍鲤。㉘	蒸鳖脍鲤美食。
侯谁在矣,㉙	哪些朋友参加,
张仲孝友。㉚	忠孝张仲在此。

〔注〕 ① 栖栖:忙碌紧急的样子。 ② 饬(chì):整顿,整理。 ③ 骙(kuí)骙:马很强壮

的样子。④常服：军服。⑤孔：很。炽：势盛。⑥是用：是以，因此。⑦匡：扶助。⑧比物：把力气和毛色一致的马套在一起。⑨闲：训练。则：法则。⑩于：往。三十里：古代军行三十里为一舍。⑪颙(yōng)：大头大脑的样子。⑫奏：建立。肤公：公，通功。大功。⑬严：威严。翼：整齐。⑭共：通"恭"，严肃地对待。武之服：打仗的事。⑮匪：同"非"。茹：柔弱。⑯焦获：泽名，在今陕西泾阳县北。⑰镐：地名，通"鄗"，不是周朝的都城镐京。方：地名。⑱织文鸟章：指绘有凤鸟图案的旗帜。⑲央央：鲜明的样子。⑳元戎：大的战车。㉑轾(zhì)轩：车身前俯后仰。㉒佶(jí)：整齐。㉓闲：驯服的样子。㉔大原：即太原，地名，非今之山西太原。㉕宪：榜样。㉖祉(zhǐ)：福。㉗御：进献。㉘炰(páo)：蒸煮。脍鲤：切成细条的鲤鱼。㉙侯：语助词。㉚张仲：周宣王卿士。

《六月》一诗记叙的是周宣王北伐狁的事，但其目的是通过对这次战争胜利的描写，赞美宣王时的中兴功臣也即这次战争的主帅尹吉甫文韬武略、指挥若定的出众才能，和堪为万邦之宪的风范。姚际恒《诗经通论》说："此篇则系吉甫有功而归，燕饮诸友，诗人美之而作也。"

全诗六章，前四章主要叙述这次战争的起因、时间，以及周军在主帅指挥下所做的迅速勇猛的应变反应。诗一开首，作者就以追述的口吻，铺写在忙于农事的六月里战报传来时，刀出鞘、箭上弦、人喊马嘶的紧急气氛（"栖栖""孔炽""用急"）。二、三章作者转向对周军训练有素、应变迅速的赞叹。以"四骊"之"维则""修广""其大有颙"的强健，以"我服既成"的及时，"有严有翼，共武之服"的严明及"以奏肤公"的雄心，从侧面烘托出主将的治军有方。第四章作者以对比之法，先写"狁匪茹，整居焦获，侵镐及方，至于泾阳"的凶猛来势；次写车坚马快、旌旗招展的周军先头部队"元戎十乘，以先启行"的军威。一场恶战即将开始，至此，紧张的气氛达到了顶峰。第五章作者并没有被时空逻辑的局限所束缚，凌空纵笔，接连使用了三个"既"字（"戎车既安，如轾如轩。四牡既佶，既佶且闲"），描写我方军队以无坚不克之凛然气势将来犯之敌击退至靠近边界的太原。很自然地从战果辉煌的喜悦之中流露出对主帅的赞美和叹服。从紧张的战斗过渡到享受胜利的平和喜悦，文势为之一变。如飞瀑落山，又如河过险滩，浩荡而雄阔。最末一章，作者由对记忆的描绘转向眼前共庆凯旋的欢宴。"来归自镐"是将记忆与眼前之事联系起来，而"我行永久"说明作者也曾随军远征，定国安邦，与有荣焉。然而自己的光荣之获得，又与主帅的领导有关。可谓自豪与赞扬俱在其中。吴闿生《诗义会通》引旧评云："通篇俱摹写'文武'二字，至末始行点出。'吉甫燕喜'以下，余霞成绮，变卓荦为纡徐。末赞张仲，正为吉甫添豪。"分析可谓鞭辟入里。

从审美的角度统观全诗，这种以追忆开始，以现实作结的方法，使得原本平淡的描写平添了几分回味和余韵。同时,此诗在行文的节奏上,一、二、三章铺垫蓄势,第四章拔至高潮,第五章舒放通畅,第六章归于宁静祥和,也使诗歌产生了丰富变化的节奏感、灵动感。

(赵逵夫　韩高年)

采　芑

薄言采芑,①	采呀采呀采芑忙,
于彼新田,②	从那边的新田里,
于此菑亩。③	采到这边菑田旁。
方叔涖止,④	大将方叔来此地,
其车三千,	战车就有三千辆,
师干之试。⑤	士卒舞盾操练忙。
方叔率止,	方叔统帅自有方,
乘其四骐,⑥	驾起战车驱四马,
四骐翼翼。⑦	四马齐整气昂昂。
路车有奭,⑧	大车红漆作彩饰,
簟茀鱼服,⑨	竹席帷子鱼皮箱,
钩膺鞗革。⑩	牛皮胸带与马缰。
薄言采芑,	采呀采呀采芑忙,
于彼新田,	从那边的新田里,
于此中乡。⑪	采到村庄的中央。
方叔涖止,	大将方叔来此地,
其车三千,	战车就有三千辆,
旂旐央央。⑫	龙蛇大旗鲜又亮。
方叔率止,	方叔统帅自有方,
约𫐄错衡,⑬	车毂车衡皮饰装,
八鸾玱玱。⑭	八个马铃响叮当。
服其命服,⑮	朝廷礼服穿在身,
朱芾斯皇,⑯	红色蔽膝亮堂堂,

有玱葱珩。⑰	绿色佩玉玱玱响。
鴥彼飞隼，⑱	鹰隼振翅疾飞翔，
其飞戾天，⑲	迅猛直上抵云天，
亦集爰止。⑳	忽而落下栖树上。
方叔莅止，	大将方叔来此地，
其车三千，	战车就有三千辆，
师干之试。	士卒舞盾操练忙。
方叔率止，	方叔统帅自有方，
钲人伐鼓，㉑	鼓师击鼓传号令，
陈师鞠旅。㉒	摆阵训话军容壮。
显允方叔，㉓	威风凛凛我方叔，
伐鼓渊渊，㉔	击鼓咚咚阵容强，
振旅阗阗。㉕	整军退兵气势壮。
蠢尔蛮荆，	愚蠢无知那蛮荆，
大邦为雠。	与我大国结仇怨。
方叔元老，	想那方叔为元老，
克壮其犹。㉖	谋划一定很谨严。
方叔率止，	方叔统帅自有方，
执讯获丑。㉗	俘虏敌军必凯旋。
戎车啴啴，㉘	战车行进响隆隆，
啴啴焞焞，㉙	隆隆车声不间断，
如霆如雷。	如那雷霆响彻天。
显允方叔，	威风凛凛我方叔，
征伐猃狁，	曾征猃狁于北边，
蛮荆来威。㉚	也能以威服荆蛮。

〔注〕①薄言：句首语气词。芑(qǐ)：一种野菜。　②新田：毛传："田一岁曰菑，二岁曰新田，三岁曰畬。"　③菑(zī)亩：见注②。　④莅：临。止：语助词。　⑤干：盾。试：演

习。 ⑥骐：青底黑纹的马。 ⑦翼翼：整齐严谨的样子。 ⑧路车：大车。路，通"辂"。奭(shì)：红色的涂饰。 ⑨簟茀(diàn fú)：遮挡战车后部的竹席子。鱼服：鲨鱼皮装饰的车箱。 ⑩钩膺：带有铜制钩饰的马胸带。鞗(tiáo)革：皮革制成的马缰绳。 ⑪中乡：乡中。 ⑫旂旐(qí zhào)：画有龙和蛇图案的旗帜。 ⑬约軝(qí)：用皮革约束车轴露出车轮的部分。错衡：在战车扶手的横木上饰以花纹。 ⑭玱(qiāng)玱：象声词，金玉撞击声。 ⑮服：穿起。命服：礼服。 ⑯芾(fú)：通"韍"，皮制的蔽膝，类似围裙。 ⑰有玱：即"玱玱"。葱珩(héng)：翠绿色的佩玉。 ⑱鴥(yù)：鸟飞迅疾的样子。隼(sǔn)：一种猛禽。 ⑲戾：到达。 ⑳止：止息。 ㉑钲人：掌管击钲击鼓的官员。 ㉒陈：陈列。鞠：训告。 ㉓显允：高贵英伟。 ㉔渊渊：象声词，击鼓声。 ㉕振旅：整顿队伍，指收兵。阗(tián)阗：击鼓声。 ㉖克：能。壮：光大。犹：通"猷"，谋略。 ㉗执讯：捉住审讯。获丑：俘虏。 ㉘啴(tān)啴：兵车行走的声音。 ㉙焞(tūn)焞：车马众多的样子。 ㉚来：语助词。威：威服。"蛮荆来威"即"来威蛮荆"。

远去了，那亘古的旷野里回荡着的战鼓声；远去了，那历史的天幕上躁动着的赫赫军威。打开《诗经》艺术长廊之门，让我们欣赏《小雅·采芑》所描绘的周宣王卿士、大将方叔为威慑荆蛮而演军振旅的画面。从整体而言，此诗所描绘可分为两层。前三章为第一层，着重表现方叔指挥的这次军事演习的规模与声势，同时盛赞方叔治军的卓越才能。第四章为第二层，犹如一纸讨伐荆蛮的檄文，表达了以此众战、无城不破、无坚不摧的自信心和威慑力，也点明了这次演习的目的和用意。

诗的开首以"采芑"起兴，很自然地引出这次演习的地点："新田""菑亩"。紧接着一支浩浩荡荡的大军出现在旷野上。马蹄得得，敲不碎阵列中之肃穆严整；军旗猎猎，掩不住苍穹下之杀气腾腾。在这里，作者以一约数"三千"极言周军猛将如云、战车如潮的强大阵容，进而又将"镜头的焦距"拉近至队伍的前方，精心安排了一个主将出场的赫赫威仪。只见他，乘坐一辆红色的战车，花席为帘、鲛皮为服，四匹马训练有素、铜钩铁辔，在整个队伍里坐镇中央，高大威武而与众不同。真是未谋其面已威猛慑人。诗的第二章与上大体相同，以互文见义之法，主要通过色彩刻画（"旂旐央央"，"约軝错衡"），继续加强对演习队伍声势之描绘。在对方叔形象的刻画上则更逼近一步："服其命服"的方叔朱衣黄裳、佩玉鸣鸾、气度非凡。同时也点明他为王卿士的重要身份。第三章格调为之一变，以鹰隼的一飞冲天暗比方叔所率周军勇猛无敌和斗志昂扬。接下来作者又具体地描绘了周师在主帅的指挥下演习阵法的情形：雷霆般的战鼓声中，战车保持着进攻的阵形，在响彻云霄的喊杀声中向前冲去；演习结束，又是一阵鼓响，下达收兵的号令，队伍便井然有序地退出演习场，整顿完毕后，浩浩荡荡地返回营地。（"伐鼓渊渊，振旅阗阗"）。第四章辞色俱厉，以雄壮的气概直斥无端滋乱之荆蛮（"蠢尔蛮荆,大邦为仇")。告诫说,以方叔如此装备精良、训练有素之师旅讨伐荆蛮,定能以迅雷不及掩耳之势,摧敌之军,拔敌之城,俘敌之人,败之于谈笑挥手之间("方叔率止,执讯获丑")。

统观全诗,有两点值得注意。其一是此诗并非实写战争,而是写一次军事演习。这从诗中"师干之试"等处可证。吴闿生《诗义会通》云:"皆误以'蛮荆来威'为实有其事,不知乃作者虚拟颂祷词。"可谓得诗真义。其二,此诗从头至尾层层推进,专事渲染,纯以气势胜,正如清方玉润《诗经原始》所评:"振笔挥洒,词色俱厉,有泰山压卵之势。"

(赵逵夫　韩高年)

车　攻

我车既攻,①　　猎车修理已坚牢,
我马既同。②　　辕马选出都健矫。
四牡庞庞,③　　四匹骏马壮又高,
驾言徂东。④　　驾车向着东方跑。

田车既好,⑤　　猎车装备已完成,
四牡孔阜。⑥　　四匹骏马势威猛。
东有甫草,⑦　　东方甫田茂草长,
驾言行狩。　　驾车出猎快驰骋。

之子于苗,⑧　　天子夏猎在野郊,
选徒嚣嚣。⑨　　清点士卒声嘈嘈。
建旐设旄,⑩　　队伍前后旌旗飘,
薄狩于敖。⑪　　敖山打猎意气豪。

驾彼四牡,　　驾起四马行原野,
四牡奕奕。⑫　　四马从容又迅捷。
赤芾金舄,⑬　　红色蔽膝金黄鞋,
会同有绎。⑭　　会合诸侯有序列。

决拾既佽，⑮	扳指护臂已戴正，
弓矢既调。⑯	弓箭调配已相称。
射夫既同，⑰	射击比武有对手，
助我举柴。⑱	搬运猎物相帮衬。
四黄既驾，⑲	四匹黄马已起驾，
两骖不猗。⑳	两旁骖马无偏差。
不失其驰，㉑	驾车驰骋有章法，
舍矢如破。㉒	放箭中的技艺佳。
萧萧马鸣，㉓	凯旋萧萧驷马鸣，
悠悠旆旌。㉔	迎风悠扬飘旗旌。
徒御不惊，㉕	徒步拉车兵机警，
大庖不盈。㉖	猎毕厨房野味盈。
之子于征，	天子猎罢上归程，
有闻无声。	但见队伍不闻声。
允矣君子，㉗	勇武果敢真天子，
展也大成。㉘	确实成功有才能。

〔注〕①攻：修缮。 ②同：齐，指选择调配足力相当的健马驾车。 ③庞庞：马高大强壮貌。 ④言：句中语气词。徂(cú)：往。东：东都洛阳。 ⑤田车：猎车。 ⑥孔：甚。阜(fù)：高大肥硕有气势。 ⑦甫：通"圃"，地名，在今河南中牟西。 ⑧之子：那人，指天子。苗：毛传："夏猎曰苗。" ⑨选：通"算"，清点。嚣(áo)嚣：声音嘈杂。 ⑩旐(zhào)：绘有龟蛇图案的旗。旄：饰牦牛尾的旗。 ⑪薄：发语词。敖：山名，在今河南荥阳东北。 ⑫奕奕：马从容而迅捷貌。 ⑬赤芾(fú)：红色蔽膝。金舄(xì)：用铜装饰的鞋。舄，双层底的鞋。 ⑭会同：会合诸侯。是诸侯朝见天子的专称。此处指诸侯参加天子的狩猎活动。有绎：绎绎，连续不断而有次序的样子。 ⑮决：用象牙和兽骨制成的扳指，射箭拉弦所用。拾：皮制的护臂，射箭时缚在左臂上。佽(cì)："齐"之假借字，齐备之意。 ⑯调：相趁。 ⑰同：合耦，指比赛射箭的人找到对手。 ⑱举：取。柴(zǐ)：即"胔"，或作"骴"，堆积的动物尸体。 ⑲四黄：四匹黄色的马。 ⑳两骖：四匹马驾车时两边的马叫骖。猗(yǐ)：通"倚"，偏差。 ㉑驰：驰驱之法。 ㉒舍矢：放箭。如：而。破：射中。 ㉓萧萧：马长鸣声。 ㉔悠悠：旌旗轻轻飘动貌。 ㉕徒御：徒步拉车的士卒。不：语助词，无义，下句同。惊："警"之假借字，机警。 ㉖大庖(páo)：天子的厨房。 ㉗允：确实。君子：指天子。 ㉘展：诚。

这是一首叙述周宣王在东都会同诸侯举行田猎的诗。《毛诗序》云："宣王内修政事，外攘夷狄，复文、武之境土，修车马，备器械，复会诸侯于东都，因田猎而选车徒焉。"《墨子·明鬼篇》说："周宣王会诸侯而田于圃，车数万乘。"清胡承珙还援引史实对《序》说详加证明："成康之时，本有会诸侯于东都之事。《逸周书·王会解》首言成周之会。孔晁注云：王城既成，大会诸侯及四夷也。《竹书》成王二十五年大会诸侯于东都，四夷来宾，皆其明证。宣王中兴，重举是礼，故曰复会。"(《毛诗后笺》)古代天子举行田猎活动，常有军事训练和军事演习的作用。周宣王会同诸侯狩猎，当有政治军事的特殊目的。周王朝在厉王时期，社会动荡不安，各种礼仪制度遭到破坏，诸侯亦心离王室。宣王继位后，志在复兴王室，一面治乱修政，一面加强军事统治。宣王在东都会同诸侯田猎，一则和合诸侯，联络感情，二则向诸侯显示武力。方玉润对此有精辟的见解。《诗经原始》中说："盖此举重在会诸侯，而不重在事田猎。不过籍田猎以会诸侯，修复先王旧典耳。昔周公相成王，营洛邑为东都以朝诸侯。周室既衰，久废其礼。迨宣王始举行古制，非假狩猎不足以慑服列邦。故诗前后虽言猎事，其实归重'会同有绎'及'展也大成'二句。"

　　《诗经》中涉及田猎的诗篇有许多。描写场面之宏大，当首推此诗。全诗八章，艺术地再现了举行田猎会同诸侯的整个过程。第一章是全诗的总冒，写车马盛备，将往东方狩猎。战马精良，猎车牢固，队伍强壮，字里行间流露出自豪与自信。第二、三章点明狩猎地点是圃田和敖山。在那里人欢马叫，旌旗蔽日，显示了周王朝的强大声威。第四章专写诸侯来会。个个车马齐整，服饰华美，显示了宣王中兴、平定外患、消除内忧后国内稳定的政治状况。第五、六两章描述射猎的场面。诸侯及随从士卒均逞强献艺，驾车不失法度，射箭百发百中。暗示周王朝军队无坚不摧、所向披靡。第七章写田猎结束，硕果累累，大获成功，气氛由紧张而缓和。第八章写射猎结束整队收兵，称颂军纪严明。赞语作结，喜悦之情溢于言表。全诗结构完整，层次分明，按田猎过程依次道来，有条不紊，纹丝不乱。运用具有高度概括性和极富表现力的语言，生动传神地描写了射猎的场面及各种不同的景象，使读者如见其人，如闻其声。如写射猎，仅用四句十六字就绘声绘色地将大规模的场面呈现于读者眼前。"不失其驰，舍矢如破"凝练传神；"萧萧马鸣，悠悠旆旌"画出一幅队伍归来的景象，尤意境宏大而优美，真是充满了诗情画意。

　　《车攻》是《诗经》中的名篇，对后世产生了很大影响。《石鼓文》中的"吾车既工，吾马既同"显然是因袭本诗而来。方玉润《诗经原始》云："'马鸣'二语，写出大营严肃气象,是猎后光景。杜诗'落日照大旗,马鸣风萧萧'本此也。"可见一代诗圣杜甫也深受此诗的影响。

（贾海生）

吉　日

吉日维戊,①	戊日吉利好时辰,
既伯既祷。②	师神马祖都祭享。
田车既好,③	田车辚辚真漂亮,
四牡孔阜。④	四匹公马大又壮。
升彼大阜,⑤	驱车登上大山岗,
从其群丑。⑥	追逐群兽意气扬。

吉日庚午,	庚午吉日好时光,
既差我马。⑦	匹匹良马精挑选。
兽之所同,⑧	群兽惊慌聚一处,
麀鹿麌麌。⑨	雄鹿雌鹿满眼前。
漆沮之从,⑩	驱赶野兽到漆沮,
天子之所。⑪	天子猎场在此间。

瞻彼中原,⑫	极目远望原野中,
其祁孔有。⑬	地域辽阔群兽集。
儦儦俟俟,⑭	或是急奔或慢行,
或群或友。⑮	三五成群结伴嬉。
悉率左右,⑯	左面右面来围赶,
以燕天子。⑰	为让天子心欢喜。

既张我弓,	我的弓已拉满弦,
既挟我矢。	我的箭已握在手。
发彼小豝,⑱	射中那边小母猪,
殪此大兕。⑲	射死这边大野牛。

| 以御宾客，⑳ | 烹调猎物宴宾客， |
| 且以酌醴。㉑ | 举座欢呼且饮酒。 |

〔注〕①维：是。戊：古人以天干地支相配计日。以天干奇数为刚日，偶数为柔日。刚日宜外事，柔日宜内事。田猎为外事，故以刚之戊为吉日。朱熹《诗集传》："以下章推之，是日也其为戊辰与？" ②伯："祃"之假借。祃，师祭。祷："祷"之假借字。祷，马祭。 ③田车：猎车。田，同"畋"，打猎。 ④孔：很。阜：强壮高大。 ⑤阜：山岗。 ⑥从：追逐。群丑：指群兽。 ⑦差：选择。 ⑧同：聚集。 ⑨麀(yōu)：母鹿。虞(yú)麌：众多貌。 ⑩漆、沮(jǔ)：古代二水名，在今陕西境内。 ⑪所：处所，此指会猎场所。 ⑫中原：原中，指原野。 ⑬祁：原野辽阔。有：多，指野兽多。 ⑭儦(biāo)儦：疾行貌。俟(sì)俟：缓行貌。 ⑮群：兽三只在一起为群。友：兽两只在一起为友。 ⑯悉：尽，全。率：驱逐。 ⑰燕乐。 ⑱豝(bā)：母猪。 ⑲殪(yì)：射死。兕(sì)：大野牛，或谓乃犀牛。 ⑳御：进献食物。 ㉑醴(lǐ)：甜酒。

《毛诗序》说："《吉日》，美宣王田也。"后代的学者对此没有什么异议。陈奂《诗毛氏传疏》说："《车攻》会诸侯而田猎，《吉日》则专美宣王田也。一在东都，一在西都。"这个分析是正确的。

全诗四章，艺术地再现了周宣王田猎时选择吉日祭祀马祖、野外田猎、满载而归宴饮群臣的整个过程。

第一章写打猎前的准备情况。古代天子打猎是如同祭祀、会盟、宴享一样庄重而神圣的大事，是尚武精神的一种表现，仪式非常隆重。因此，事先选择良辰吉日祭祀马祖、整治田车就成为必不可少的程序。"升彼大阜，从其群丑"二句在这一章中是将然之辞，一切业已准备就绪，只等在正式打猎时登上大丘陵，追逐群兽。第二章写选择了良马正式出猎。祭祀马祖后的第三天是庚午日，依据占卜这天也是良辰吉日。选择了良马之后，周天子率领公卿来到打猎之地。那里群鹿聚集，虞人沿着漆、沮二水的岸边设围，将鹿群赶向天子守候的地方。第三章写随从驱赶群兽供天子射猎。眺望原野，广袤无垠，水草丰茂，野兽出入，三五成群，或跑或行。随从再次驱赶兽群供天子射猎取乐。第四章写天子射猎得胜返朝宴享群臣。随从将兽群赶到周天子的附近，周天子张弓挟矢，大显身手，一箭射中了一头猪，再一箭射中了一头野牛。表现出英姿勃发、勇武豪健的君主形象，实是对宣王形象化的颂扬。打猎结束，猎获物很多，天子高高兴兴用野味宴享群臣，全诗在欢快的气氛中结束。

通过上文的叙说，可以发现诗人按照事情的发展过程依次道来，有条不紊，是此诗最明显的一个特点。

另外，全诗大部分章节记叙田猎活动的准备过程以及随从驱赶野兽供天子射猎的情景,间及群兽的各种状态,以作烘托,具体写天子射猎只有四句:"既张我弓,既挟我矢。发彼小豝,殪此大兕。"这种点面结合的写法,既叙述了田猎的过程,描写了田猎的场面,透露了轻松的气氛;更突出了天子的形象,增强了天子的威严,使全诗有很强的感染力。

(贾海生)

鸿 雁

鸿雁于飞,①	鸿雁翩翩空中飞,
肃肃其羽。②	扇动双翅嗖嗖响。
之子于征,③	那人离家出远门,
劬劳于野。④	野外奔波苦尽尝。
爰及矜人,⑤	可怜都是穷苦人,
哀此鳏寡。⑥	鳏寡孤独心悲伤。

鸿雁于飞,	鸿雁翩翩空中飞,
集于中泽。	聚在沼泽的中央。
之子于垣,⑦	那人筑墙服苦役,
百堵皆作。⑧	先后筑起百堵墙。
虽则劬劳,	虽然辛苦又劳累,
其究安宅。⑨	不知安身在何方。

鸿雁于飞,	鸿雁翩翩空中飞,
哀鸣嗷嗷。⑩	阵阵哀鸣声嗷嗷。
维此哲人,⑪	惟有那些明白人,
谓我劬劳。	知我作歌唱辛劳。
维彼愚人,	惟有那些糊涂虫,
谓我宣骄。⑫	说我闲暇发牢骚。

〔注〕① 鸿雁:水鸟名,即大雁。或谓大者叫鸿,小者叫雁。 ② 肃肃:鸟飞时扇动翅膀的声音。 ③ 之子:那人,指服劳役的人。征:远行。 ④ 劬(qú)劳:勤劳辛苦。 ⑤ 爰:语助词。矜人:穷苦的人。 ⑥ 鳏(guān):老而无妻者。寡:老而无夫者。 ⑦ 于垣:筑墙。 ⑧ 堵:长、高各一丈的墙叫一堵。作:筑起。 ⑨ 究:终。宅:居住。 ⑩ 嗷嗷:鸿雁的哀鸣声。 ⑪ 哲人:通情达理的人。 ⑫ 宣骄:骄奢。

《鸿雁》一诗的主题,历来看法不一。《毛诗序》云:"美宣王也。万民离散,不安其居,而能劳来还定安集之,至于矜寡,无不得其所焉。"朱熹《诗集传》云:"流民以鸿雁哀鸣自比而作此歌也。"方玉润《诗经原始》云:"使者承命安集流民","费尽辛苦,民不能知,颇有烦言,感而作此。"细究诗意,朱熹之说近于诗情。《毛诗序》以为是赞美宣王能安置流民,是因为同《车攻》《吉日》《庭燎》等诗排在一起。

  这是一首"饥者歌其食,劳者歌其事"的现实主义诗作。具有国风民歌的特点。全诗三章,每章均以"鸿雁"起兴,并借以自喻。首章写流民被迫到野外去服劳役,连鳏寡之人也不能幸免,反映了受害者的广泛,揭露了统治者的残酷无情。振翅高飞的大雁勾起了流民颠沛流离无处安身的感叹,感叹中包含着对繁重徭役的深深哀怨。次章承接上章,具体描写流民服劳役筑墙的情景。鸿雁聚集泽中,象征着流民在工地上集体劳作,协同筑起很多堵高墙,然而自己却无安身之地。"虽则劬劳,其究安宅"的发问,道出了流民心中的不平和愤慨。末章写流民悲哀作歌,诉说悲惨的命运,反而遭到那些贵族富人的嘲弄和讥笑。大雁一声声的哀叫引起了流民凄苦的共鸣,他们就情不自禁地唱出了这首歌,表达了心中的怨愤。

  这首诗感情深沉,语言质朴,韵调谐畅,虽是一首抒情诗,但又兼有叙事、议论的成分。然而此诗最大的特点是比兴手法的运用,每章开头都以鸿雁起兴,不仅可以引起丰富的联想,而且兼有比义。鸿雁是一种候鸟,秋来南去,春来北迁,这与流民被迫在野外服劳役,四方奔走,居无定处的境况十分相似。鸿雁长途旅行中的鸣叫,声音凄厉,听起来十分悲苦,使人触景生情,平添愁绪。所以以之起兴,是再贴切不过的了。全诗三章根据所述内容的不同,或是兴而比,或是比而兴。一章以鸿雁振羽高飞兴流民远行的劬劳,二章以鸿雁集于泽中,兴流民聚集一处筑墙。这两章都是兴中有比,具有象征意味。第三章以鸿雁哀鸣自比而作此歌,是比中含兴。比兴意蕴的交融渗透,增强了诗歌的形象性和艺术表现力。由于本诗贴切的喻义,以后"哀鸿""鸿雁"即成了苦难流民的代名词。

  另外,此诗每章所写的具体内容虽各不相同,但却有内在的逻辑联系。首章写出行野外,次章写工地筑墙,末章表述哀怨。内容逐层展开,主题得到了升华。再加上"鸿雁""劬劳"等词在诗中反复出现,形成了重章叠唱的特点,有一唱三叹的韵味。

(贾海生)

庭　燎

夜如何其?① 　已是夜里什么时光?

夜未央。②	还是半夜不到天亮。
庭燎之光。③	庭中火炬熊熊闪光。
君子至止，	早朝诸侯开始来到，
鸾声将将。④	旗上銮铃叮当作响。
夜如何其？	已是夜里什么时分？
夜未艾。⑤	黎明之前夜色未尽。
庭燎晣晣。⑥	庭中火炬一片通明。
君子至止，	早朝诸侯陆续来到，
鸾声哕哕。⑦	旗上銮铃叮咚齐鸣。
夜如何其？	已是夜里什么时辰？
夜乡晨。⑧	夜色消退将近清晨。
庭燎有辉。⑨	庭中火炬光芒渐昏。
君子至止，	早朝诸侯已经来到，
言观其旂。⑩	抬头同看旗上龙纹。

〔注〕①其(jī)：语尾助词。 ②央：尽。 ③庭燎：宫廷中照亮的火炬。 ④鸾：也作"銮"，铃。此为旂上的铃。《尔雅·释天》："有铃曰旂。"将(qiāng)将：铃声。 ⑤艾：尽。 ⑥晣(zhì)晣：明亮。 ⑦哕(huì)哕：铃声。 ⑧乡(xiàng)：同"向"。 ⑨言：乃，爰。辉：较暗淡的光。 ⑩旂(qí)：上面画有交龙、竿顶有铃的旗，诸侯树旂。

关于这首诗的主题，《毛诗序》说："美宣王也。因以箴之。"齐诗、鲁诗也都以为是宣王中年怠政，姜后脱簪以谏，宣王改过而勤于政，因有此诗。郑玄笺云："诸侯将朝，宣王以夜未央之时问夜早晚。美者，美其能自勤以政事；因以箴者，王有鸡人之官，凡国事为期，则告之以时。"但作者是什么人，各家之说不一。方玉润《诗经原始》以为"王者自警急于视朝"，为宣王所自作。然而方氏未列出充分的理由，故信之者少。按此诗应为宣王所作。根据有三条，第一，诗凡三章，从时间说由深夜渐向天明，而三章中俱言"庭燎之光"，则应是居于朝廷者所作。如系大臣、诸侯所作，则就应按由家赴朝路途景象以时间先后为序加以描写。第二，诗中三言"君子至止"，也是以朝廷为立足点言之。第三，"夜如何其"为王问鸡人（掌报晓的人）之语，"夜未央"为由鸡人所告知道的结果。与《周礼·春官·鸡人》所载礼制一致。所以，以此诗为宣王所作较近诗情。

诗共三章,第一章写夜半之时不安于寝,急于视朝,看到外边已有亮光,知已燃起庭燎;又听到鸾声叮当,知诸侯已有入朝者。说明宣王中兴,政治稳定,百官、内侍皆不敢怠于事,诸侯公卿也谨于君臣大礼,严肃畏敬,及早入朝以待朝会;而宣王勤于政事、体贴臣下、重视朝仪的心情,也无形中见于言外。

第二章时间稍后,但黑夜尚未尽,庭燎之光一片通明,銮铃之声不断,诸侯正陆续来到。朱熹说:"哕哕,近而闻其徐行声有节也。"(《诗集传》)第三章写晨曦已见,天渐向明,庭燎已不显其明亮。朱熹说:"煇,火气也,天欲明而见其烟光相杂也。"(同上)按《说文》:"煇,光也。"段玉裁注:"析言之,则煇、光有别:朝旦为煇,日中为光。"又《礼记·玉藻》:"揖私朝,煇如也;登车则有光。"说清早由家别大夫之时天尚不太亮,至登车时已大亮。则"有煇"指不太亮的光。这一则可与《庄子·逍遥游》中所说"日月出矣,而爝火不息,其于光也,不亦难乎"相证,二则可知火炬即将燃尽,故光不如前之明亮。此时来朝诸侯和天子俱抬头看旂。郑玄笺云:"上二章闻鸾声尔。今夜向明,我见其旂,是朝之时也。朝礼别色始入。"观旂而识别其封爵官位。

昧爽视朝,本为定例,但昏庸之君往往有名无实。宣王勤于朝政,纲纪严肃,上下振作,造成中兴气象,由此诗即可看出。诗中虽未用比兴,也无多形容,但其白描的手法既捕捉到最具特点的情景,也细微地反映出诗人的心理活动和当时心情,实近于天籁。

此诗为唐代贾至《早朝大明宫》及杜甫、王维、岑参的和诗所效法。但贾至等人之作主要渲染宫廷的庄严华丽,朝仪的肃穆壮观,君王的尊严神圣及大臣的雍容闲雅,稍嫌铺张堆砌。此诗则着重表现了君王急于早朝的心情和对朝仪、诸侯的关切。"君子至止,言观其旂",写人写景结合在一起,颇能传神。两类诗都作于乱后新君刚刚即位之时,但就表现而言,《庭燎》较之唐诗更为真挚而简练,让人读后深觉言有尽而意无穷。

(赵逵夫)

沔 水

沔彼流水,①	漫漫水溢两岸流,
朝宗于海。②	倾注大海去不休。
鴥彼飞隼,③	天上游隼迅捷飞,
载飞载止。④	时而飞翔时停留。
嗟我兄弟,	可叹可悲我兄弟,

邦人诸友。⑤　还有乡亲与朋友。
莫肯念乱,⑥　没人想到止丧乱,
谁无父母?　　谁无父母任怀忧?

沔彼流水,　　漫漫流水两岸溢,
其流汤汤。⑦　水势浩荡奔腾急。
鴥彼飞隼,　　天上游隼迅捷飞,
载飞载扬。　　高高翱翔可任意。
念彼不迹,⑧　想到有人不循法,
载起载行。　　坐立不安独悲凄。
心之忧矣,　　心中愁苦无处诉,
不可弭忘。⑨　久久难忘积胸臆。

鴥彼飞隼,　　天上游隼迅捷飞,
率彼中陵。⑩　沿着山陵飞来回。
民之讹言,⑪　流言蜚语四处传,
宁莫之惩。⑫　无人制止和反对。
我友敬矣,⑬　告诫朋友应警惕,
谗言其兴。　　种种谣言正如沸。

〔注〕①沔(miǎn):流水满溢貌。　②朝宗:归往。本意是指诸侯朝见天子,(《周礼·春官大宗伯》:"春见曰朝,夏见曰宗。"),后来借指百川归海。　③鴥(yù):鸟疾飞貌。隼(sǔn):一类猛禽,我国常见的有游隼等。　④载:句首语助词。　⑤邦人:国人。　⑥念:"尼"之假借,止。　⑦汤(shāng)汤:义同"荡荡",水大流急貌。　⑧不迹:不循法度。　⑨弭(mǐ):止,消除。　⑩率:沿。中陵:陵中。陵,丘陵。　⑪讹言:谣言。　⑫惩:止。　⑬敬:同"警",警戒。

《沔水》一诗,《毛诗序》以为是"规宣王"之作,语甚概括,但未言所规者为何事。朱熹《诗集传》以为"此忧乱之诗"。就诗的内容来看,朱说近是。不过就诗论诗,可以感受到作者忧乱畏谗的感叹和沉痛的呼喊,而这正是对"分明乱世多谗,贤臣遭祸景象"(方玉润《诗经原始》)的高度艺术概括。故今人高亨《诗经今注》谓"这首诗似作于东周初年,平王东迁以后,王朝衰弱,诸侯不再拥护。镐京一带,危机四伏。作者忧之,因作此诗"。

全诗共分三章,第一章写诗人对当权者不制止祸乱深为叹息,指出祸乱发生,有父母的人会更加忧伤。第二章写诗人看到那些不法之徒为非作歹,便坐立不安,忧伤不止。第三章写无人止谗息乱,诗人心中愤慨不平,劝告友人应自警自持,防止为谗言所伤。一方面由于环境险恶,另一方面这是一首抒情诗,所以诗中对祸乱没有加以具体叙述,而只是反映了一种不安和忧虑的心情。忽而写丧乱不止忧及父母,忽而写忧丧畏谗,忽而劝朋友警戒。透过诗句使我们看到了诗人的形象。他生当乱世,却不随波逐流,具有强烈的忧患意识,关心国事,对丧乱忧心忡忡。动荡的社会让他不得安宁,与"不肯念乱"的当权者形成强烈的对比。他爱憎分明,既担心丧乱殃及父母,也担心兄弟朋友遭谗受害,对作乱之徒充满了憎恨。另外,比兴的表现手法在这首诗中也用得很有特点。每章开头四句(末章似脱两句)连用两组比兴句,这在《诗经》中很少见。首章以流水朝宗于海,飞鸟有所止息暗喻诗人的处境不如水和鸟。次章以流水浩荡、鸟飞不止写诗人忧心忡忡而坐立不安。末章以飞鸟沿丘陵高下飞翔写诗人不如飞鸟自由。诗中比兴的运用虽然大同小异,但决非简单的重复,而是各自有所侧重。不仅暗示了诗人所要表达的内容,有较明确的引发思路的作用,而且让人感到新鲜贴切,增加了诗的艺术表现力。吴闿生《诗义会通》引旧评曰:"暮鼓晨钟,发人深省。"今人程俊英就此评论说:"寺院钟鼓声,悠远深长,庄严肃穆,但同时又是周而复始,单调划一,在情调上同这首诗实在相去甚远,不知何以会有此比喻。此诗三章,初因乱不止而忧父母,继以国事不安而忧不止,终以忧谗畏讥而告诸友,笔端跳跃不停,无迹可寻,反映了作者因祸乱而心绪不宁的心理状态。如果要用一句话来形容它,还是《乐记》所谓'其哀心感者,其声噍以杀'来得恰当。"(《诗经注析》)这是很有见地的。

(贾海生)

鹤　鸣

鹤鸣于九皋,①　　幽幽沼泽仙鹤鸣,
声闻于野。　　　　声传四野真亮清。
鱼潜在渊,　　　　深深渊潭游鱼潜,
或在于渚。②　　　有时浮到渚边停。
乐彼之园,　　　　在那园中真快乐,
爰有树檀,　　　　檀树高高有浓荫,
其下维萚。③　　　下面恶木叶凋零。

它山之石，	他方山上有佳石，
可以为错。④	可以用来磨玉英。
鹤鸣于九皋，	幽幽沼泽仙鹤唳，
声闻于天。	声传天边很整齐。
鱼在于渚，	浅浅渚滩游鱼浮，
或潜在渊。	有时潜入渊潭嬉。
乐彼之园，	在那园中真快乐，
爰有树檀，	檀树高高枝叶密，
其下维穀。⑤	下面楮树矮又细。
它山之石，	他方山上有佳石，
可以攻玉。	可以用来琢玉器。

〔注〕①九皋：皋，沼泽地。九：虚数，言沼泽之多。 ②渚：水中小洲，此处当指水滩。 ③萚(tuò)：借为"檡(yì)"，酸枣一类的灌木。一说"萚"乃枯落的枝叶。 ④错：砺石，可以打磨玉器。 ⑤穀(gǔ)：树木名，即楮树。其树皮可作造纸原料。

　　此诗共二章，每章九句。前后两章共用了四个比喻，语言也相似，只是押韵不同。关于诗的主题，有几种不同的说法。《毛诗序》认为是"诲(周)宣王也"，郑笺补充说："诲，教也，教宣王求贤人之未仕者。"王先谦《诗三家义集疏》举例证明鲁诗、齐诗、韩诗都与毛诗观点一致。到了宋代朱熹《诗集传》则说："此诗之作，不可知其所由，然必陈善纳诲之辞也。"认为这是一篇意在劝人为善的作品。今人程俊英在《诗经译注》祖毛、郑旧说而加以发展，说："这是一首通篇用借喻的手法，抒发招致人才为国所用的主张的诗，亦可称为'招隐诗'。"笔者以为这种说法较易为今人所理解。

　　先谈朱熹的说法。他分析第一章说："盖鹤鸣于九皋，而声闻于野，言诚之不可揜(掩)也；鱼潜在渊，而或在于渚，言理之无定在也；园有树檀，而其下维萚，言爱当知其恶也；他山之石，而可以为错，言憎当知其善也。由是四者引而伸之，触类而长之，天下之理，其庶几乎？"他将诗中四个比喻，概括为四种思想：即诚、理、爱、憎。并认为从这四者引申出去，可以作为"天下之理"——即普遍真理。他的说法看起来很辩证，都是用发展的变化的观点分析问题，而且兼顾一个问题的两个方面；然而他却是用程朱理学来说诗，这一点从他对第二章的解释中看得更加清楚。

《诗集传》释第二章结句引程子曰:"玉之温润,天下之至美也。石之粗厉,天下之至恶也。然两玉相磨,不可以成器,以石磨之,然后玉之为器,得以成焉。犹君子之与小人处也,横逆侵加,然后修省畏避,动心忍性,增益预防,而义理生焉,道理成焉。"程子说诗与朱子说诗,如出一辙,皆为引申之词。"他山之石,可以攻玉",就字面而言,就是另一座山上的石头,可以用来磨制玉器,今人也常常引以为喻。然而是否为诗的本义呢,似乎很难说。

再谈今人程俊英关于此诗的解释。程先生在《诗经译注》中说:"诗中以鹤比隐居的贤人。""诗人以鱼在渊在渚,比贤人隐居或出仕。""园,花园。隐喻国家。""树檀,檀树,比贤人。""萚,枯落的枝叶,比小人。""它山之石,指别国的贤人。""毛传:'榖,恶木也。'喻小人。"她从"招隐诗"这一主题出发,将诗中所有比喻都一一与人事挂钩,虽不无牵强附会,倒也自成一说。

其实,就诗论诗,不妨认为这是一首即景抒情小诗。在广袤的荒野里,诗人听到鹤鸣之声,震动四野,高入云霄;然后看到游鱼一会儿潜入深渊,一会儿又跃上滩头。再向前看,只见一座园林,长着高大的檀树,檀树之下,堆着一层枯枝败叶。园林近旁,又有一座怪石嶙峋的山峰,诗人因而想到这山上的石头,可以取作磨砺器的工具。诗中从听觉写到视觉,写到心中所感所思,一条意脉贯串全篇,结构十分完整,从而形成一幅远古诗人漫游荒野的图画。这幅图画中有色有声,有情有景,因而也充满了诗意,读之不免令人产生思古之幽情。如此读诗,我们便会受到诗的艺术感染,产生无穷兴趣。若刻意求深,强作解人,未免有高深莫测之感。

(徐培均)

祈　父

祈父!①	司马!
予王之爪牙。	我是君王的卫兵。
胡转予于恤?②	为何让我去征戍?
靡所止居。③	没有住所不安定。
祈父!	司马!
予王之爪士。	我是君王的武士。
胡转予于恤?	为何让我去征戍?
靡所厎止。④	跑来跑去无休止。

祈父！	司马！
亶不聪。⑤	脑子的确不好使。
胡转予于恤？	为何让我去征戍？
有母之尸饔。⑥	家中老母没饭吃。

〔注〕①祈父：周代掌兵的官员，即大司马。②恤：忧愁。③靡所：没有处所。④厎(zhǐ)：停止。⑤亶(dǎn)：确实。聪：听觉灵敏。⑥尸：借为"失"。饔(yōng)：熟食。

《祈父》是周王朝的王都卫士(相当于后代的御林军)抒发内心不满情绪的诗。《毛诗序》说："《祈父》，刺宣王也。"郑笺补充说："刺其用祈父不得其人也。"朱熹《诗集传》引吕祖谦语说："越句践伐吴，有父母耆老而无昆弟者，皆遣归；魏公子无忌救赵，亦令独子无兄弟者归养。则古者有亲老而无兄弟，其当免征役，必有成法，故责司马之不聪"，"责司马者，不敢斥王也。"方玉润《诗经原始》径直说："禁旅责司马征调失常也。"按古制，保卫王室和都城的武士只负责都城的防务和治安，在一般情况下是不外调去征战的。但这里，掌管王朝军事的祈父——司马，却破例地调遣王都卫队去前线作战。致使卫士们心怀不满。从另一角度，我们亦看出当时战事不断，兵员严重短缺，致使民怨不绝。前人多以为此诗作于周宣王三十九年(公元前789)王师在千亩受挫于姜戎之时。

全诗三章，皆以质问的语气直抒内心的怨恨。风格上充分体现了武士心直口快、敢怒敢言的性格特征。没有温柔含蓄的比或兴，诗一开头便大呼"祈父"！继而厉声质问道："胡转予于恤？靡所止居"，为什么使我置身于险忧之境，害我背井离乡，饱受征战之苦？第二章与此同调，但复沓中武士的愤怒情绪似乎在一步步增加，几乎到了一触即发的地步。"且自古兵政，亦无有以禁卫戍边者"(方玉润《诗经原始》)。可你这司马，却为何不按规定行事，派我到忧苦危险的前线作战呢？作为军人，本不该畏惧退缩。在国难当头之际，当饮马边陲，枕戈待旦。可你这司马太糊涂了，就像耳朵聋了听不到士兵的呼声，不能体察我还有失去奉养的高堂老母。在第三章里，武士的质问变为对司马不能体察下情的斥责。同时也道出了自己怨恨的原因和他不能毅然从征的苦衷。"三呼而责之，末始露情。"(姚际恒《诗经通论》)

对于温柔敦厚的诗国传统来说，这首诗似乎有过分激烈、直露的嫌疑，但直抒胸臆，快人快语，亦不失为有特色者。

(赵逵夫　韩高年)

白　驹

皎皎白驹，①	马驹毛色白如雪，
食我场苗。②	吃我菜园嫩豆苗。
絷之维之，③	绊住马足拴缰绳，
以永今朝。④	尽情欢乐在今朝。
所谓伊人，⑤	心想贤人终来临，
于焉逍遥。⑥	在此作客乐逍遥。
皎皎白驹，	马驹毛色白如雪，
食我场藿。⑦	吃我菜园嫩豆叶。
絷之维之，	绊住马足拴缰绳，
以永今夕。	尽情欢乐在今夜。
所谓伊人，	心想贤人终来临，
于焉嘉客。	在此作客心意惬。
皎皎白驹，	马驹毛色白如雪，
贲然来思。⑧	风驰电掣飘然至。
尔公尔侯，⑨	应在朝堂为公侯，
逸豫无期。⑩	为何安乐无终期。
慎尔优游，⑪	优游度日宜谨慎，
勉尔遁思。⑫	避世隐遁太可惜。
皎皎白驹，	马驹毛色白如雪，
在彼空谷。⑬	空旷深谷留身影。
生刍一束，⑭	喂马一束青青草，
其人如玉。⑮	那人品德似琼英。
毋金玉尔音，⑯	音讯不要太自珍，
而有遐心。⑰	切莫疏远忘友情。

〔注〕① 皎皎：毛色洁白貌。 ② 场：菜园。 ③ 絷(zhí)：用绳子绊住马足。维：拴马的缰绳，此处意为维系，用作动词。 ④ 永：长。此处用如动词。 ⑤ 伊人：那人，指白驹的主人。 ⑥ 于焉：在此。 ⑦ 藿(huò)：豆叶。 ⑧ 贲(bēn)然：马放蹄急驰貌。贲，通"奔"。思：语助词。 ⑨ 尔：你，即"伊人"。公、侯：古爵位名，此处皆作动词，为公为侯之意。 ⑩ 逸豫：安乐。无期：没有终期。 ⑪ 慎：慎重。优游：义同"逍遥"。 ⑫ 勉："免"之假借字，打消之意。遁：避世。 ⑬ 空谷：深谷。空，"穹"之假借。 ⑭ 生刍(chú)：青草。 ⑮ 其人：亦即"伊人"。如玉：品德美好如玉。 ⑯ 金玉：此处皆用作意动词，珍惜之意。 ⑰ 遐心：疏远之心。

《白驹》一诗，《毛诗序》以为是大夫刺宣王不能留用贤者于朝廷。从诗本身看不出有这一层意思。朱熹《诗集传》说："为此诗者，以贤者之去而不可留。"出语较有回旋之余地。明清以后，有人认为殷人尚白，大夫乘白驹，为武王饯送箕子之诗；有人认为是王者欲留贤者不得，因而放归山林所赐之诗。然而汉魏时期，蔡邕《琴操》就说："《白驹》者，失朋友之所作也。"曹植《释思赋》也有："彼朋友之离别，犹求思乎白驹"之句。显然蔡、曹二人都认为这是一首有关朋友离别的诗。今人余冠英《诗经选》以为是留客惜别的诗，其说上承蔡、曹，较合诗意。

全诗四章分为两个层次。前三章为第一层，写客人未去主人挽留。古代留客的方式多种多样。《汉书·陈遵传》载有"投辖于井"的方式，当客人要走的时候，主人将客人车上的辖投于井中，使车不能行走，借此把客人留住。本诗描写的主人则是想方设法地把客人骑的马拴住，留马是为了留人，希望客人能在他家多逍遥一段时间，以延长欢乐时光。字里行间流露了主人殷勤好客的热情和真诚。主人不仅苦心挽留客人，而且还劝他谨慎考虑出游，放弃隐遁山林、独善其身、享乐避世的念头。在第三章里诗人采用间接描写的方法，对客人的形象作了刻画。客人的才能可以为公为侯，但生逢乱世，既不能匡辅朝廷又不肯依违，只好隐居山林。末章为第二层。写客人已去而相忆。主人再三挽留客人，得不到允诺，给主人留下了深深的遗憾。于是就希望客人能再回来，并和他保持音讯联系，不可因隐居就疏远了朋友。惜别和眷眷思念都溢于言表。

由上文所述可知，本诗形象鲜明，栩栩如生，给读者留下了深刻印象。刻画人物手法灵活多变，直接描写和间接描写交相使用，值得玩味。孙鑛评曰："写依依不忍舍之意，温然可念，风致最有余。"（陈子展《诗经直解》引）诚然。

(贾海生)

黄　鸟

黄鸟黄鸟，① 　　黄鸟黄鸟你听着，

无集于穀,② 不要聚在穀树上,
无啄我粟。 别把我的粟啄光。
此邦之人, 住在这个乡的人,
不我肯穀。③ 如今拒绝把我养。
言旋言归,④ 常常思念回家去,
复我邦族。⑤ 回到亲爱的故乡。

黄鸟黄鸟, 黄鸟黄鸟你听着,
无集于桑, 不要桑树枝上集,
无啄我粱。 不要啄我黄粱米。
此邦之人, 住在这个乡的人,
不可与明。⑥ 不可与他讲诚意。
言旋言归, 常常思念回家去,
复我诸兄。 与我兄弟在一起。

黄鸟黄鸟, 黄鸟黄鸟你听着,
无集于栩,⑦ 不要聚在柞树上,
无啄我黍。 别把我的黍啄光。
此邦之人, 住在这个乡的人,
不可与处, 不可与他相处长。
言旋言归, 常常思念回家去,
复我诸父。 回到我的父辈旁。

〔注〕 ①黄鸟:黄雀。 ②穀(gǔ):木名,即楮木。 ③穀(gǔ):养育。"不我肯穀"即"不肯穀我"。 ④言:语助词,无实义。旋:通"还",回归。 ⑤复:回去。邦:国。族:家族。 ⑥明:通"盟",讲信用。 ⑦栩(xǔ):柞树。

黄鸟呀黄鸟,你这贪得无厌的东西,你为什么吃光了我的粮食,还要跟我作对。你停在我家门前的树上,叫得人心烦。你这恶鸟!简直就像是这凄凉人世间心狠手辣、卑鄙无耻者的帮凶。我们怀着殷切的希望,从受尽盘剥和压榨、侮辱与欺凌,而又长养了我们的那片故土上出发,想努力忘掉那些尸位素餐的大人君子——硕鼠们的诈伪和欺骗,以及他们留在我们内心深处的痛苦与创伤。背井离乡来寻找原本以为存在着的没有压迫,诚实守信而又和平安宁的天国乐土。却哪里料到这全是一场虚幻而美丽的梦。天国理想之梦泡沫般被人世的凄风冷雨所吹散,满眼皆是。我们被迫承认一个现实:硕鼠为患家园,黄鸟做恶他乡。非但乐土天国无处可求,就连此邦之人,也是"不我肯穀""不可与明"(盟),甚至"不可与处"。我们这些"背井离乡的人在异乡遭受剥削压迫和欺凌,更增添了对邦族的怀念"(余冠英语),"言旋言归,复我邦族",还是返回故土吧!虽然不能逃避硕鼠、黄鸟、恶人,但或许还能在和亲人的依傍中寻求些许暖意,给这充满伤痛的心以解脱的慰藉和沉醉呢!

听着这来自远古的动人心魄、直冲云霄的愤怒悲恸的呼声,就连我们今天的人也禁不住为这位生活于乱离之世的诗人的不幸遭遇一掬同情之泪了。文学是活的社会生活与心灵体验的历史,《小雅·黄鸟》这首诗,正是春秋末叶社会政治腐败、经济衰退、世风日下之坏乱景象的一个极具典型意义的缩影。作者在这里所要表达的是一种不堪忍受剥削和压榨的愤怒和对世道人心的彻底绝望。

在立意方面,这首诗与《魏风·硕鼠》有异曲同工之妙:即以"啄我之粟"的黄鸟发端,类比起兴,以此影射"不可与处"的"此邦之人"。既含蓄生动,又表现了强烈的爱憎感情。

值得注意的是,此诗与《我行其野》,前人多以为出自同时,是周宣王末年礼崩乐坏、社会风气恶化的表现。王质《诗总闻》论《我行其野》说:"观此诗,然后知前诗(《黄鸟》)之所以不可与处者也。二诗当出一人。"此说虽未必,但也说明了二诗主题的相关性。旧说如《毛诗序》谓诗旨为"刺宣王",毛传云:"(周)宣王之末,天下室家离散,妃匹相去,有不以礼者",郑笺云:"刺其以阴礼(男女之礼)教亲而不至,联兄弟之不固。"今人多不取。而朱熹《诗集传》云:"民适异国不得其所,故作此诗。"差为得之。

(赵逵夫　韩高年)

我行其野

我行其野,	独自行走郊野,
蔽芾其樗。①	樗树枝叶婆娑。
昏姻之故,	因为婚姻关系,
言就尔居。②	才来同你生活。
尔不我畜,③	你不好好待我,
复我邦家。④	只好我回乡国。

我行其野，	独自行走郊野，
言采其蓫。⑤	采摘羊蹄野菜。
昏姻之故，	因为婚姻关系，
言就尔宿。⑥	日夜与你同在。
尔不我畜，	你不好好待我，
言归斯复。⑦	回乡我不再来。
我行其野，	独自行走郊野，
言采其葍。⑧	采摘葍草细茎。
不思旧姻，	不念结发妻子，
求尔新特。⑨	却把新欢找寻。
成不以富，⑩	诚非因为她富，
亦祇以异。⑪	恰是你已变心。

〔注〕 ① 蔽芾(fú)：树木枝叶茂盛的样子。樗(chū)：臭椿树。 ② 言：语助词，无实义。就：从。 ③ 畜：养活。 ④ 邦家：故乡。 ⑤ 蓫(zhú)：一种野菜，又名羊蹄菜，似萝卜，性滑，多食使人腹泻。 ⑥ 宿：居住。 ⑦ 斯：句中语助词。 ⑧ 葍(fú)：一种野草，花相连，根白色，可蒸食。 ⑨ 新特：新配偶。 ⑩ 成：借为"诚"，的确。 ⑪ 祇(zhī)：恰恰。

中国古代男尊女卑的伦理传统，导致了在家庭和婚姻中女子的被动地位，因而也造就了中国古代文学史上一个突出的文学母题——弃妇文学。《我行其野》就是写一个远嫁他乡的女子诉说她被丈夫遗弃之后的悲愤和痛伤。

和《氓》等其他同题材作品的大力渲染被弃前的生活场景所不同的是，《我行其野》的作者更多地表现目前，即此时此刻的情绪。作品开头，作者便把自己情感悲剧的抒写安排在一个似乎暗合其孤独凄凉境况的，生长着樗树和蓫草、葍草的岑寂原野上。以此点明以下所抒写的，只是在抒情主人公经历了被遗弃之变故的打击后，离开伤她心的人，在归家途中的心理活动。

此诗三章，每章前二句，都是同一个画面的重复或再现。它描绘出一个人在点缀着几棵樗树的原野上独行的情景。"我行其野，蔽芾其樗"从比例和透视关系上讲，无边的原野、凝滞不动的树草(蓫、葍)和渺小无助而又孤独的行人(作者)，给读者的是一种自然界的宏大与人类的渺小、原野的寂静和人心的焦虑的对立感。原野因人之渺小而愈显其大、愈显其宁静安谧，人因原野之宏大而愈显其小、愈显其躁动不安。抒情主人公被命运抛弃进而抗争无力的悲剧在这里被放大或具体化了。同时,印象的叠加,也引起人们对隐藏于画面背后之故事的强烈探究欲。

每章后四句,则是对上述画面之深层含义的具体阐释:因婚姻而与你聚首,但"尔不我畜",我只能独行于这归里的旷野上。这个阐释在全诗三章的反复咏唱中,随着人物情绪的波动有被深化的趋势。一、二章里,她仿佛还只是故作轻松的念叨:"尔不我畜,复我邦家。""尔不我畜,言归斯复。"试图把痛苦深埋在心底,强自宽解。但到第三章,她情感的火山终于爆发了,这难以平复的伤痛和无人可诉的委屈,和着苦涩的泪水,在这样一个爱恨交织的时刻,以这样一种爱恨难分的心理,流淌着怨恨:"不思旧姻,求尔新特。成不以富,亦祇以异。"至此,全诗也在这情绪发展的高潮戛然而止,留给读者的,只有无限的同情、惆怅和遗憾。

这首诗的另外一个突出特点是采用了象征、暗示的手法。用行遇"樗""蓫""葍"等恶木劣菜象征自己嫁给恶人,并以之起兴,暗示自己为人所弃的痛苦心情。融情于景,情景交织。孔疏引王肃云:"行遇恶木,言己适人遇恶人也。"前人早已注意到了这一点。

今人陈子展谓此篇与上篇《黄鸟》"皆似《国风》中歌谣形式之诗","龚橙《诗本谊》尝独指出《小雅》自《黄鸟》《我行其野》,至《谷风》《蓼莪》《都人士》《采绿》《隰桑》《绵蛮》《瓠叶》《渐渐之石》《苕之华》《何草不黄》,凡十二篇,皆为'西周民风',其说大都可信"(《诗经直解》)。诚然。旧说如毛传以为诗旨乃刺周宣王时"男女失道,以求外昏(婚),弃其旧姻而相怨",朱熹《诗集传》则谓:"民适异国,依其婚姻而不见收恤,故作此诗。"姑录之备参。

(赵逵夫 韩高年)

斯　干

秩秩斯干,①	涧水清清流不停,
幽幽南山。②	南山深幽多清静。
如竹苞矣,③	有那密集的竹丛,
如松茂矣。	有那茂盛的松林。
兄及弟矣,	哥哥弟弟在一起,
式相好矣,④	和睦相处情最亲,
无相犹矣。⑤	没有诈骗和欺凌。
似续妣祖,⑥	祖先事业得继承,

小雅·斯干

筑室百堵,⑦　　筑下房舍上百栋,
西南其户。⑧　　向西向南开大门。
爰居爰处,⑨　　在此生活与相处,
爰笑爰语。　　　说说笑笑真兴奋。

约之阁阁,⑩　　绳捆筑板声咯咯,
椓之橐橐。⑪　　大夯夯土响托托。
风雨攸除,⑫　　风风雨雨都挡住,
鸟鼠攸去,　　　野雀老鼠穿不破,
君子攸芋。⑬　　真是君子好住所。

如跂斯翼,⑭　　宫室如跂甚端正,
如矢斯棘,⑮　　檐角如箭有方棱,
如鸟斯革,⑯　　又像大鸟展双翼,
如翚斯飞,⑰　　又像锦鸡正飞腾,
君子攸跻。⑱　　君子踏阶可上登。

殖殖其庭,⑲　　庭院宽广平又平,
有觉其楹。⑳　　高大笔直有柱楹。
哙哙其正,㉑　　正殿大厅宽又亮,
哕哕其冥,㉒　　殿后幽室也光明,
君子攸宁。　　　君子住处确安宁。

下莞上簟,㉓　　下铺蒲席上铺簟,
乃安斯寝。㉔　　这里睡觉真安恬。
乃寝乃兴,㉕　　早早睡下早早起,
乃占我梦。㉖　　来将我梦细解诠。
吉梦维何?　　　做的好梦是什么?
维熊维罴,㉗　　是熊是罴梦中见,

| 维虺维蛇。㉘ | 有虺有蛇一同现。 |

大人占之，㉙	卜官前来解我梦，
维熊维罴，	有熊有罴是何意，
男子之祥；㉚	预示男婴要降生；
维虺维蛇，	有虺有蛇是何意，
女子之祥。	产下女婴吉兆呈。

乃生男子，㉛	如若生了个儿郎，
载寝之床。㉜	就要让他睡床上。
载衣之裳，㉝	给他穿上好衣裳，
载弄之璋。㉞	让他玩弄白玉璋。
其泣喤喤，㉟	他的哭声多洪亮，
朱芾斯皇，㊱	红色蔽膝真鲜亮，
室家君王。㊲	将来准是诸侯王。

乃生女子，	如若生了个姑娘，
载寝之地。	就要让她睡地上。
载衣之裼，㊳	把她裹在襁褓中，
载弄之瓦。㊴	给她玩弄纺锤棒。
无非无仪，㊵	长大端庄又无邪，
唯酒食是议，㊶	料理家务你该忙，
无父母诒罹。㊷	莫使父母颜面丧。

〔注〕①秩秩：涧水清清流淌的样子。斯：语助词，犹"之"。干：通"涧"，山间流水。②幽幽：深远的样子。南山：指西周镐京南边的终南山。 ③如：例举之词，犹言"有××有××"。苞：竹木稠密丛生的样子。 ④式：语助词，无实义。好：友好和睦。 ⑤犹：其诈。 ⑥似：同"嗣"。嗣续，犹言"继承"。妣祖：先妣、先祖，统指祖先。 ⑦堵：一面墙为一堵，一堵面积方丈。 ⑧户：门。 ⑨爰：于是。 ⑩约：用绳索捆扎。阁阁：捆扎筑板的声音；一说将筑板捆扎牢固的样子。 ⑪椓（zhuó）：用杵捣土，犹今之打夯。橐（tuó）橐：捣土的声音。古代筑墙为板筑法，按照土墙长度和宽度的要求，先在土墙两侧及两端设立木板，用绳索捆扎牢固，然后再往木板空槽中填土，并用木夯夯实夯牢。筑好一层，木板如法上移，再

筑第二层、第三层,至今西北农村仍在沿用。所用之土,必须是湿润而具黏性的土质。 ⑫ 攸:乃。 ⑬ 芋:鲁诗作"宇",居住。 ⑭ 跂(qǐ):踮起脚跟站立。 翼:端庄肃敬的样子。 ⑮ 棘:借作"翮",此指箭羽翎。 ⑯ 革:借作"翱",翅膀。 ⑰ 翚(huī):野鸡。 ⑱ 跻(jī):登。 ⑲ 殖殖:平正的样子。 庭:庭院。 ⑳ 有:语助词,无实义。 觉:高大而直立的样子。 ㉑ 楹:殿堂前大厦下的柱子。 ㉒ 哙(kuài)哙:同"快快",宽敞明亮的样子。 正:向阳的正厅。 ㉓ 哕(huì)哕:同"煟煟",光明的样子。 冥:指厅后幽深的地方。 ㉔ 莞(guān):蒲草,可用来编席,此指蒲席。 簟(diàn):竹席。 ㉔ 寝:睡觉。 ㉕ 兴:起床。 ㉖ 我:指殿寝的主人,此为诗人代主人的自称。 ㉗ 罴(pí):一种野兽,似熊而大。 ㉘ 虺(huī):一种毒蛇,颈细头大,身有花纹。 ㉙ 大人:即太卜,周代掌占卜的官员。 ㉚ 祥:吉祥的征兆。古人认为熊罴是阳物,故为生男之兆。虺蛇为阴物,故为生女之兆。 ㉛ 乃:如果。 ㉜ 载:则、就。 ㉝ 衣:穿衣。 裳:下裙,此指衣服。 ㉞ 璋:玉器。 ㉟ 喤喤:哭声洪亮的样子。 ㊱ 朱芾(fú):用熟治的兽皮所做的红色蔽膝,为诸侯、天子所服。 ㊲ 室家:指946,周家、周王朝。 君王:指诸侯、天子。 ㊳ 裼(tì):婴儿用的褓衣。 ㊴ 瓦:陶制的纺线锤。 ㊵ 非:错误。 仪:读作"俄",邪僻。 ㊶ 议:谋虑、操持。古人认为女人主内,只负责办理酒食之事,即所谓"主中馈"。 ㊷ 诒(yí):同"贻",给予。 罹(lí):忧愁。

　　这是一首祝贺西周奴隶主贵族宫室落成的歌辞。《毛诗序》说:"《斯干》,宣王考室也。"郑笺说:"考,成也。……宣王于是筑宫室群寝,既成而衅之,歌《斯干》之诗以落之,此之谓之成室。"清陈奂《诗毛氏传疏》说得更清楚。他说:"厉王奔彘,周室大坏,宣王即位,复承文武之业,故云考室焉。"似乎通过歌颂宫室的落成,也歌颂了宣王的中兴。但是,宫室是否是宣王时所建,此诗是否是歌颂宣王。历来的解诗家又有不同的意见。有谓是武王营镐,有谓是成王营洛。更有不确指何时者,宋朱熹《诗集传》就说:"此筑室既成,而燕饮以落之,因歌其事。"清方玉润《诗经原始》也批驳了武王、成王、宣王诸说,而仅说:"《斯干》,公族考室也。"看来,传、笺"宣王成室"之说,史无左证,朱、方之说还是比较客观的。

　　那么,此诗是"衅之"之辞呢?还是"落之"之歌?或"燕饮"时所唱?各家又争论不休。衅,《说文》云:"血祭也。"就是郑笺所说的"宗庙成则又祭先祖",是以牲血涂抹宫室而祭祀祖先的一种仪式;"落之",唐人孔颖达的《毛诗正义》又作"乐之"。落是落成,乐是欢庆,看来是一首庆祝宫室落成典礼时所奏的歌曲的歌辞。当然,举行落成典礼,内有祭祖、血祀的仪轨也是可能的。因此,我们说这是一首西周奴隶主贵族在举行宫室落成典礼时所唱的歌辞,是没有多大问题的。

　　全诗九章,一、六、八、九四章七句,二、三、四、五、七五章五句,句式参差错落,自然活脱,使人没有板滞、臃肿之感,在雅颂篇章中是颇具特色的。

　　就诗的内容来看,全诗可分两大部分。一至五章,主要就宫室本身加以描绘和赞美;六至九章,则主要是对宫室主人的祝愿和歌颂。

　　第一章先写宫室之形胜和主人兄弟之间的和睦友爱。它面山临水,松竹环抱,形势幽雅,位置优越,再加兄弟们和睦友爱,更是好上加好了。其中,"如竹苞矣,如松茂矣"二句,既赞美了环境的优美,又暗喻了主人的品格高洁,语意双关,内涵深厚,可见作者的艺术用心。接着第二章说明,主人建筑宫室,是由于"似续妣祖",亦即继承祖先的功业,因而家人居住此处,就会更加快乐无间。言下之意,他们的创举,也会造福于子孙后代。这是理解本诗旨意的关键和纲领,此后各章的诗意,也是基于这种思想意识而生发出来的。以下三章,皆就建筑宫室一事本身描述,或远写,或近写,皆极状宫室之壮美。三章"约之阁阁,椓之橐橐",既写建筑宫室时艰苦而热闹的劳动场面,又写宫室建筑得是那么坚固、严密。捆扎筑板时,绳索"阁阁"发响;夯实房基时,木杵"橐橐"作声,可谓绘形绘声,生动形象。正因为宫室建筑得坚固而紧密,所以"风雨攸除,鸟鼠攸去",主人"居、处"自然也就安乐了。四章连用四比喻,极写宫室气势的宏大和形势的壮美,可说是博喻赋形,对宫室外形进行了精雕细刻的描绘,表现了作者的丰富想象力。如果说,四章仅写宫室外形,那么第五章就具体描绘宫室本身的情状了。"殖殖其庭",室前的庭院那么平整;"有觉其楹",前厦下的楹柱又那么耸直;"哙哙其正",正厅是宽敞明亮的;"哕哕其冥",后室也是光明的。这样的宫室,主人居住其中自然十分舒适安宁。

由此可见,作者在描绘宫室本身时,是由大略至具体、由远视到近观、由室外到室内,一层深似一层、逐步推进展现的。它先写环境,再写建筑因由,再写建筑情景,再写宫室外形,再写宫室本身,犹如摄影机一样,随着观察点和镜头焦距的推移,而把客观景象有层次、有重点地摄入,使读者对这座宫室有了一个完整而具体的认识。更突出的是,每章都是由物到人,更显示出它人物互映的艺术表现力。

本诗后四章是对宫室主人的赞美和祝愿。六章先说主人入居此室之后将会寝安梦美。所梦"维熊维罴,维虺维蛇",既为本章祝祷的中心辞语,又为以下四章铺垫、张本。七章先总写"大人"所占美梦的吉兆,即预示将有贵男贤女降生。八章专说喜得贵男,九章专说幸有贤女。层次井然有序。当然,这些祝辞未免有些阿谀、有些俗气,但对宫室主人说些恭维的吉利话,也是情理中事。

从第八、九章所述来看,作者男尊女卑的思想是很严重的。生男,"载寝之床,载衣之裳,载弄之璋",而且预祝他将来为"室家君王";生女,"载寝之地,载衣之裼,载弄之瓦",而且只祝愿她将来"无非无仪,唯酒食是议,无父母诒罹"。显然,男尊女卑,对待方式不同,对他们的期望也不一样。这应该是时代风尚和时代意识的反映,对我们也有认识价值。

总观全诗,以描述宫室建筑为中心,把叙事、写景、抒情交织在一起,都能做到具体生动,层次分明,虽然其思想价值不大,但在雅颂诸篇中,它还是比较优秀的作品。

(霍旭东)

无　　羊

谁谓尔无羊?①	是谁说你没有羊?
三百维群。②	一群就有三百只。
谁谓尔无牛?	是谁说你没有牛?
九十其犉。③	七尺高的有九十。
尔羊来思,④	你的羊群到来时,
其角濈濈。⑤	只见羊角齐簇集。
尔牛来思,	你的牛群到来时,
其耳湿湿。⑥	只见牛耳摆动急。

或降于阿,⑦	有的奔跑下高丘,
或饮于池,	有的池边作小饮,
或寝或讹。⑧	有的睡着有的醒。
尔牧来思,⑨	你到这里来放牧,
何蓑何笠,⑩	披戴蓑衣与斗笠,
或负其餱。⑪	有时背着干粮饼。
三十维物,⑫	牛羊毛色三十种,
尔牲则具。⑬	牺牲足够祀神灵。

尔牧来思,	你到这里来放牧,
以薪以蒸,⑭	边伐细柴与粗薪,
以雌以雄。⑮	边猎雌雄天上禽。
尔羊来思,	你的羊群到来时,
矜矜兢兢,⑯	羊儿小心紧随行,
不骞不崩。⑰	不走失也不散群。
麾之以肱,⑱	只要轻轻一挥手,

毕来既升。⑲	全都跃登满坡顶。
牧人乃梦，	牧人悠悠做个梦，
众维鱼矣，⑳	梦里蝗虫化作鱼，
旐维旟矣。㉑	旗画龟蛇变为鹰。
大人占之：㉒	请来太卜占此梦：
众维鱼矣，	蝗虫化鱼是吉兆，
实维丰年；	预示来年丰收庆；
旐维旟矣，	龟蛇变鹰是佳征，
室家溱溱。㉓	预示家庭添人丁。

〔注〕①尔：指放牧牛羊者。 ②三百：与下"九十"均为虚指，形容牛羊众多。维：为。 ③犉(chún)：大牛，牛生七尺曰"犉"。 ④思：语助词。 ⑤濈(jí)濈：一作"戢戢"，群角聚集貌。 ⑥湿(qì)湿：通"騽"，耳动貌。 ⑦阿：丘陵。 ⑧讹(é)：同"吪"，动，醒。 ⑨牧：放牧。 ⑩何：同"荷"，负，戴。蓑(suō)：草制雨衣。 ⑪餱(hóu)：干粮。 ⑫物：毛色。 ⑬牲：牺牲，用以祭祀的牲畜。具：备。 ⑭以：取。薪：粗柴。蒸：细柴。 ⑮以雌以雄：此句言猎取飞禽。 ⑯矜矜：小心翼翼。兢兢：谨慎紧随貌，指羊怕失群。 ⑰骞(qiān)：损失，此指走失。崩：散乱。 ⑱麾：挥。肱(gōng)：手臂。 ⑲毕：全。既：尽。升：登。 ⑳众：借为"螽"，蝗虫。古人以为蝗虫可化为鱼，旱则为蝗，风调雨顺则化鱼。 ㉑旐(zhào)：画龟蛇的旗，人口少的郊县所建。旟(yú)：画鸟隼的旗，人口众多的州所建。 ㉒大人：太卜之类官。占：占梦，解说梦之吉凶。 ㉓溱(zhēn)溱：同"蓁蓁"，众盛貌。

　　这是一首歌咏牛羊蕃盛的诗，旧说似无异议。至于《毛诗序》指实其当"宣王"中兴之时的"考牧"之作，则又未必。诗之作者大抵为熟悉放牧生活的文士，诗中的"尔"，则是为贵族放牧牛羊的劳动者。全诗描述纯用"赋"法，却体物入微，图画难足，达到了极高的艺术境界。

　　第一章描述所牧牛羊之众多，开章劈空两问，问得突兀。前人常指"尔"为"牛羊的所有者"，显然不妥："所有者"既有牛羊，竟还会有"谁"疑其"无羊"，岂非怪事！倘指为奴隶主放牧的奴隶，则问得不仅合理，还带有了诙谐的调侃意味。奴隶只管放牧，牛羊原本就不属于他。但诗人一眼看到那么多牛羊，就情不自禁高兴地与牧人扯趣："谁说你没有羊哪？看看，这一群就是三百！"岂不极为自然。劈空两问，问得突兀，却又诙谐有情，将诗人乍一见到众多牛羊的惊奇、赞赏之情，表现得极为传神。

　　许许多多牛羊集聚在一起，该有何等气象？倘若运用"羊来如云""牛聚如潮"来比拟,当也算得形象了。但此诗作者显然不满足于此类平庸的比喻,他巧妙地选择了牛羊身上最富特征的耳、角,以"濈濈""湿湿"稍一勾勒,那(羊)众角簇立、(牛)群耳耸动的奇妙景象,便逼真地展现在了读者眼前。这样一种全不借助比兴,而能够"状难写之景如在目前"(梅尧臣语)的直赋笔墨,无疑是高超的!

　　第二、三章集中描摹放牧中牛羊的动静之态和牧人的娴熟技艺,堪称全诗写得最精工的篇章。"或降"四句写散布四近的牛羊何其自得:有的在山坡缓缓"散步",有的下水涧俯首饮水,有的躺卧草间似乎睡着了,但那耳朵的陡然耸动、嘴角的细咀慢嚼,不分明告诉你它们正醒着么?此刻的牧人又在干些什么?哦,他正肩披蓑衣、头顶斗笠,或砍伐着柴薪,或猎取着飞禽哩!一时间蓝天、青树、绿草、白云,山上、池边、羊牛、牧人,织成了一幅多么清丽的放牧图景!图景是色彩缤纷的,诗中用的却纯是白描,而且运笔变化无端:先分写牛羊、牧人,节奏舒徐,轻笔点染,表现着一种悠长的抒情韵味。方玉润《诗经原始》叹其"人物并处,两相习自不觉两相忘",正真切领略了诗境之幽静和谐。待到"麾之以肱,毕来既升"两句,笔走墨移间,披蓑戴笠的牧人和悠然在野的牛羊,霎时汇合在了一起。画面由静变动,节奏由缓而骤,牧人的臂肘一挥,满野满坡的牛羊,便全都争先恐后奔聚身边,紧随着牧人升登高处。真是物随人欲、挥斥自如,放牧者那娴熟的牧技和畜群的训习有素,只以"麾之"二语尽收笔底。难怪清人王士禛要盛推其描摹"字字写生,恐史道硕、戴嵩画手擅场,未能如此尽妍极态"(《渔洋诗话》);方玉润要惊叹"其体物入微处,有画手所不能到"了!

　　全诗至此,已将放牧中的诗情画意写尽,又该如何收尾?还是从牛羊身上落笔吗?不。此诗收尾之奇,正在于全然撇开牛羊,而为放牧者安排了一个出人意外的"梦"境:在众多牛羊的"哞""哔"之中,牧人忽然梦见,数不清的蝗子,恍惚间全化作了欢蹦乱跳的鱼群;而飘扬于远处城头的"龟蛇"之旗("旐"旗),又转眼间变成了"鸟隼"飞舞的"旟"旗——诗人写梦,笔下正是这样迷离恍惚,令人读去,果真是个飘忽、断续的"梦"!接着的"大人占之"几句,我们无妨将它读作画外音:"众维鱼矣,实维丰年;旐维旟矣,室家溱溱!"随着占梦者欣喜的解说,充塞画面的鱼群和旐旗,即又幻化成漫山遍野的牛羊(这不正是放牧者的"丰收"年景?);村村落落,到处传来婴儿降生的呱呱喜讯(这不正是"室家"添丁的兴旺气象?)。诗境由实变虚、由近而远,终于在占梦之语中淡出、定格,只留下牧人梦卧时仰对的空阔蓝天,而引发读者的无限遐想……这由实化虚的梦境收束,又正有梅尧臣所说"含不尽之意于言外"之妙。沈德潜《说诗晬语》评曰:"《无羊》考牧,可等正大事,而忽然幻出占梦……人物富庶,俱于梦中得之。恍恍惚惚,怪怪奇综观全诗，读者当能体会：作诗不借比兴而全用赋法，只要体物入微、逼真传神，一样能创造高妙的诗境。此诗不仅描摹精妙，而且笔底蕴情，在展现放牧牛羊的动人景象时，又强烈地透露着诗人的惊异、赞美之情，表现着美好的展望和祈愿。一位美学家说："使情趣与意象融化到恰到好处，便是达到最高理想的艺术。"我们不必说《无羊》就一定达到了这种"理想"境界，但也已与此境界相去不远。

（潘啸龙）

节 南 山

节彼南山，①	那嵯峨终南山上，
维石岩岩。②	巨石高峻而耸巅。
赫赫师尹，③	权势显赫的太师史尹，
民具尔瞻。④	民众都唯你俩是看。
忧心如惔，⑤	忧国之心如火炎炎，
不敢戏谈。	谁也不敢随口乱谈。
国既卒斩，⑥	国脉眼看已全然斩断，
何用不监！⑦	为何平时竟不予察监！
节彼南山，	那嵯峨终南山上，
有实其猗。⑧	丘陵地多么广阔。
赫赫师尹，	权势显赫的太师史尹，
不平谓何？	执政不平究竟为何？
天方荐瘥，⑨	苍天正又一次降下饥疫，
丧乱弘多。	死丧和祸乱实在太多。
民言无嘉，	民众言论中不再有好话，
憯莫惩嗟！⑩	你们竟还不惩戒自我！
尹氏大师，	你们史尹和太师二人，
维周之氐。⑪	原该是咱周室的柱石。
秉国之均，⑫	掌握了国枢的钧轮，

四方是维，	四方诸侯靠你们维系，
天子是毗，⑬	大周天子靠你们辅佐，
俾民不迷。	也使人民踏实心不迷。
不吊昊天，⑭	老天爷实在太不良善，
不宜空我师。⑮	不该断绝人民的生机。

弗躬弗亲，	处事不诚心不亲自办理，
庶民弗信。	百姓对你们就不相信。
弗问弗仕，	不咨询耆旧不晋用少俊，
勿罔君子？	岂不是欺罔了君子正人？
式夷式已，⑯	施政应当平等应当躬亲，
无小人殆；⑰	不应该与那些小人接近；
琐琐姻亚，⑱	瓜葛不断的裙带姻亲，
则无朊仕！⑲	不应该偏袒而委以重任！

昊天不佣，⑳	老天爷真是不光明，
降此鞠讻。㉑	降下如此的大祸乱。
昊天不惠，㉒	老天爷实在不聪慧，
降此大戾。㉓	降下如此的大灾难。
君子如届，㉔	君子执政如临渊履冰，
俾民心阕。㉕	才能使民众心安。
君子如夷，	君子执政如碗水持平，
恶怒是违。	憎恶忿怒才能被弃捐。

不吊昊天，	老天爷实在太不良善，
乱靡有定。	祸乱从此再无法平定。
式月斯生，㉖	一月连着一月竞相发生，
俾民不宁。	使庶民从此无法安宁。
忧心如酲，	忧国之心如醉酒般难受，

谁秉国成?㉗	有谁能掌好权平理朝政?
不自为政,	如不能躬亲去施政,
卒劳百姓。㉘	悴劳的仍是众百姓。
驾彼四牡,㉙	驾上那四匹久羁的公马,
四牡项领。㉚	这四马都有肥大的脖颈。
我瞻四方,	我举目四望到处是祸乱,
蹙蹙靡所骋。㉛	局促狭小无处可以驰骋。
方茂尔恶,㉜	当你们之间恶感正烈,
相尔矛矣。㉝	你们彼此就倾轧不歇。
既夷既怿,㉞	既已怒火平息回嗔作喜,
如相酬矣。	又像宾主般互相酬酢。
昊天不平,	老天以灾祸显示不平,
我王不宁。	我王天子也不得康宁。
不惩其心,	太师史尹不自惩邪心,
覆怨其正。㉟	反而怨怒人们对其规正。
家父作诵,㊱	我家父作此一篇诗诵,
以究王讻。	以追究王朝祸乱的元凶。
式讹尔心,㊲	该改变改变你们的邪心,
以畜万邦。㊳	以求德被四方万邦齐同。

〔注〕①节:通"巀"。长言之则为巀嶭(jié niè),亦即嵯峨。 ②岩岩:山崖高峻的样子。 ③师尹:大(太)师和史尹。大师,西周掌军事大权的长官;史尹,西周文职大臣,卿士之首。 ④具:通"俱"。 ⑤惔(tán):"炎"的误字,火烧。 ⑥卒:终,全。 ⑦何用:何以何因。 ⑧有实:实实,广大的样子。《诗经》中形容词、副词以"有"作词头者,相当于该词之重叠词。猗:同"阿",山阿,大的丘陵。 ⑨荐:再次发生饥馑。瘥(cuó):疫病。 ⑩憯(cǎn):曾,乃。 ⑪氐:借为"榰",屋柱的石礅。 ⑫均:通"钧",制陶器的模具下端的转车盘。 ⑬毗:犹"裨",辅助。 ⑭吊:通"叔",借为"淑",善。昊天:犹言皇天。 ⑮空:穷师:众民。 ⑯式:应,当。夷:平。已:依全诗前后及此处文义,今理校为"己",义为以身作

则。　⑰殆：及，接近。　⑱琐琐：互相连结成串。姻亚：统指襟带关系。姻，儿女亲家；亚，通"娅"，姐妹之夫的互称。　⑲怃(wǔ)仕：厚任，高官厚禄，今世所谓"肥缺"。　⑳佣：通"融"，明。　㉑鞫讻：极乱。讻，祸乱，昏乱。　㉒惠：通"慧"。　㉓戾：暴戾，灾难。　㉔届：临。　㉕阕：息。　㉖式月斯生：应月乃生。　㉗成：平。　㉘卒：通"悴"。　㉙牡：公牛，引申为雄性禽兽，此指公马。　㉚项领：肥大的脖颈。　㉛蹙蹙：局促的样子。　㉜茂：盛。恶：憎恶。　㉝矛：通"务""敄"，义为侮。　㉞怿(yì)：悦。　㉟覆：反。正：规劝纠正。　㊱家父：本诗作者，周大夫。诵：诗。　㊲讻：改变。　㊳畜：养。

本诗亦简称《节》。关于其时代背景和作年，历来有宣王时(三家诗)、幽王时(《毛诗序》)、平王时(韦昭)和桓王时(欧阳修)诸说，但诗既以(终)南山起兴，则不应写的是周室东迁后事。考虑到宣王时虽用兵频繁，但毕竟号称"中兴"，与诗中描写的势臣跋扈、政权腐朽之情事不合，因此其事当在幽王时代。又《小雅·节南山之什》的前五篇哀怨忧愤，非经历国亡家破之大惨痛者不能发。《节》既有天再降饥馑、瘟疫、四方不宁及"国既卒斩"，《正月》又有"赫赫宗周，褒姒灭之"，《雨无正》也有"降丧饥馑，斩伐四国"和"宗周既灭"等，因而可知诸诗大致作于东、西周之交，幽王末平王初。至于《节》所指责的对象则是幽王及其权臣。前人屡辩诗旨是"刺王"还是"刺尹"，甚为无谓。总因古代君臣名分颇严，论者又往往横亘一"诗可以怨"或一"《小雅》怨诽而不乱"之念于胸中，因之便有不同的"先入为主"之念在作怪。今就诗论诗，直刺师尹，颇为鲜明；而一再怨望"昊天"，又显然借以指责天子。

关于师尹，自毛传以来皆解作"大师尹氏"，至王国维始辨析其为二人，即首掌军职的大师和首掌文职的史尹。观《大雅·常武》中大师"整六师"、尹氏及其属"戒师旅"，则大师统军而尹氏监军，对照《节》诗首章，"忧心如惔，不敢戏谈"正合于军国主义背景，显然偏于责师；而"国既卒斩，何用不监"，乃监察司之失职，显然偏于斥尹。

全诗十章，共分三部分。首二章以南山起兴，以象征二权臣。以山之险要象征其权之枢要，又以山之不平联系到二臣秉政不平。结合篇末"昊天不平，我王不宁"的呼应来看，天怒人怨，总由师尹秉政不平使然，故"不平"二字为全篇眼目。只是第二部分却一再将不平(不夷)与不己(不自为政)并提而责难，推思其义，全诗是指斥师尹失政在不能持平(夷)，而要持平则又须事必躬亲(己)，因而全诗结构是起于夷(平)终于夷(平)而介于己。

首章点出"不敢戏谈"以致"国既卒斩"；二章点出昊天再降饥疫以致"丧乱弘多"，民众无法存活，从而"不敢戏谈"之高压失控，遂而"民言无嘉"。一章言人祸，二章言天灾，由时间及顺序暗示天灾实人祸所致，人间暴戾上干天怒所致，此即第一部分的要害。

从第三到第六共四章为第二部分。在上两章铺垫的基础上,三章进一步点明师尹之害人害天,天再施报于人,人民双重遭殃。"诗可以怨",怨而至天,亦已极矣!

四、五两章句式排比,结构整齐而又不乏疏宕之美。四章围绕"夷""已"二字正反展开,既为师尹说法,更为一切秉政者说法,三十二字可铭于座右,可镌于通衢。五章"昊天不佣(融)""昊天不惠(慧)"二解是"刺","君子如届(临、己)""君子如夷(平)"二解是"美",也是对师尹说法。两章排比、对比之势,酣畅淋漓,一气呵成,诗人的责怨之情也推到了高潮。

六章承上启下,由怒转叹。

统观第二部分四个章节,结构颇为讲究:五、六章既以"昊天不佣""昊天不惠"和"不吊昊天"以上应第三章的"不吊昊天",又以"君子如届(临、己)"、"君子如夷"和"谁秉国成(平、夷)"、"不自为政(不己)"以上应第四章的"式夷式已",可见此部分是以怨天和尤人双向展开而又并拢合承,甚耐玩味。

第七、八、九、十章为第三部分。变每章八句为四句,于音乐为变奏,于诗情为由怨怒转悲叹。唯七、八两章疑有错简而当易位:前"方茂尔恶"章言师党与尹党既相倾轧又相勾结,以见朝政难革;后"驾彼四牡"章言无奈之下只有往奔四国避乱(或求诸侯勤王),然而四方亦不可往,"蹙蹙靡所骋"。既然宗周与四国皆被师尹扰乱,国已不国,今日上干天怒,下危人主,尽管师尹不自责己而反怨怒匡正,我身为大夫,也只有勇作诗"诵","以究王讻",成此一篇檄文,为来者垂诫了!

(范三畏)

正　月

正月繁霜,① 　　四月时节繁霜降,
我心忧伤。 　　　霜降失时心忧伤。
民之讹言,② 　　民心已乱谣言起,
亦孔之将。③ 　　谣言传播遍四方。
念我独兮, 　　　独我一人愁当世,
忧心京京。④ 　　忧思不去萦绕长。
哀我小心, 　　　可怜担惊又受怕,
癙忧以痒。⑤ 　　忧思成疾病难当。

父母生我，	父母生我不逢时，
胡俾我瘉？⑥	为何令我遭祸殃？
不自我先，	苦难不早也不晚，
不自我后。	此时恰落我头上。
好言自口，	好话既都嘴里说，
莠言自口。⑦	坏话也全口中讲。
忧心愈愈，	忧心忡忡不合时，
是以有侮。	因此受辱遭中伤。
忧心惸惸，⑧	郁郁不乐心里忧，
念我无禄。⑨	想我没福能消受。
民之无辜，	平民百姓无罪过，
并其臣仆。	也成奴仆居末流。
哀我人斯，	可悲我们若亡国，
于何从禄？	利禄功名哪里求？
瞻乌爰止，⑩	看那乌鸦将止息，
于谁之屋？	飞落谁家屋檐头？
瞻彼中林，	远望树林成一片，
侯薪侯蒸。⑪	粗细只能当柴烧。
民今方殆，	百姓正在危难中，
视天梦梦。	上天昏睡不知道。
既克有定，	如果天命已确定，
靡人弗胜。	没人抗拒能奏效。
有皇上帝，	上帝皇皇最英明，
伊谁云憎？	究竟恨谁请相告？
谓山盖卑，⑫	人说山丘多么低，
为冈为陵。	实为高峰与峻岭。

民之讹言，	民间谣言纷纷起，
宁莫之惩。⑬	不去制止那能行。
召彼故老，	但见老臣受征召，
讯之占梦。⑭	请他占梦来问讯。
具曰予圣，⑮	都说自己最灵验，
谁知乌之雌雄？	乌鸦雌雄谁分清？
谓天盖高，	人说天空多么高，
不敢不局。⑯	我却怕撞把腰弯。
谓地盖厚，	人说大地多么厚，
不敢不蹐。⑰	我却怕陷把脚踮。
维号斯言，	高声呼叫这些话，
有伦有脊。⑱	有条有理不瞎编。
哀今之人，	令我悲哀今世人，
胡为虺蜴！⑲	为何像蛇毒牙尖！
瞻彼阪田，⑳	请看山坡田地里，
有菀其特。㉑	禾苗特出长得茂。
天之扤我，㉒	上天这样折磨我，
如不我克。	唯恐把我打不倒。
彼求我则，㉓	当初朝廷来求我，
如不我得。	唯恐推辞不应召。
执我仇仇，㉔	得到我后很慢待，
亦不我力。㉕	不再重用与倚靠。
心之忧矣，	心中忧愁深又长，
如或结之。	好像绳结不能解。
今兹之正，	当今政治真难说，
胡然厉矣？	为何越来越暴烈？

燎之方扬,㉖ 大火熊熊烧起时,
宁或威之?㉗ 难道有谁能扑灭?
赫赫宗周,㉘ 辉煌显赫周王朝,
褒姒威之。 褒姒竟然将它灭。

终其永怀,㉙ 忧伤满怀常惨惨,
又窘阴雨。 又遇天阴雨绵绵。
其车既载, 车箱已经装载满,
乃弃尔辅。㉚ 竟然抽去车挡板。
载输尔载,㉛ 等到货物掉下来,
将伯助予。㉜ 大哥帮忙才叫唤。

无弃尔辅, 车上箱板不要扔,
员于尔辐。㉝ 加固辐条牢又安。
屡顾尔仆,㉞ 轴上伏兔勤检查,
不输尔载。 装载货物莫丢散。
终逾绝险, 这样终能渡艰险,
曾是不意。㉟ 莫将此事等闲看。

鱼在于沼, 池沼之中鱼成群,
亦匪克乐。 并非快乐能安宁。
潜虽伏矣, 即使深藏不敢动,
亦孔之炤。㊱ 水清照样看得真。
忧心惨惨,㊲ 愁思满怀长戚戚,
念国之为虐。 忧虑国家多虐政。

彼有旨酒, 他有美酒醇又香,
又有佳肴。 山珍海味任品尝。
洽比其邻, 四邻五党多融洽,

昏姻孔云。㊳　　姻亲裙带联结广。
念我独兮，　　想我孤独只一身，
忧心慇慇。㊴　　郁郁不乐心忧伤。

佌佌彼有屋，㊵　　卑鄙小人居好屋，
蔌蔌方有谷。㊶　　庸劣之徒享米禄。
民今之无禄，　　今世黎民太不幸，
天夭是椓。㊷　　老天降灾伤无辜。
哿矣富人，㊸　　富贵人家多欢乐，
哀此惸独。　　可怜这里却孤独。

〔注〕 ① 正月：正阳之月，夏历四月。 ② 讹(é)言：谣言。 ③ 孔：很。将：大。 ④ 京京：忧愁深长。 ⑤ 癙(shǔ)：幽闷。痒：病。 ⑥ 俾：使。瘉(yù)：病，指灾祸、患难。 ⑦ 莠(yòu)言：坏话。 ⑧惸(qióng)：忧郁不快。 ⑨ 无禄：不幸。 ⑩ 乌：周家受命之征兆。此下二句言周朝天命将坠。 ⑪ 侯：维，语助词。薪、蒸：木柴。 ⑫ 盖：通“盍”，何。 ⑬ 惩：警戒，制止。 ⑭ 讯：问。 ⑮ 具：通“俱”，都。 ⑯ 局：弯曲。 ⑰ 蹐(jí)：轻步走路。 ⑱ 伦、脊：条理，道理。毛传：“伦，道；脊，理也。” ⑲ 虺蜴(huǐ yì)：毒蛇与蜥蜴，古人把无毒的蜥蜴也视为毒虫。 ⑳ 阪(bǎn)田：山坡上的田。 ㉑ 有菀(wǎn)：菀菀，茂盛。 ㉒ 抓(wù)：动摇。 ㉓ 则：语尾助词，通“哉”。 ㉔ 执：执持，指得到。仇(qiú)仇：慢怠。 ㉕ 力：用力。 ㉖ 燎：放火焚烧草木。扬：盛。 ㉗ 宁：岂。或：有人。威(miè)：即“灭”。 ㉘ 宗周：西周。 ㉙ 终：既。怀：忧伤。 ㉚ 辅：车两侧的挡板。 ㉛ 载输尔载：前一个“载”，虚词，及至。后一个“载”，所载的货物。输，丢掉。 ㉜ 将：请。伯：排行大的人，等于说老大哥。 ㉝ 员：毛传：“益也。”指加固。 ㉞ 仆：通“镤”，也叫伏兔，像伏兔一样附在车轴上固定车轴的东西。 ㉟ 曾：竟。不意：不留意。 ㊱ 炤(zhāo)：易见。 ㊲ 惨惨：忧愁不安。 ㊳ 云：亲近，和乐。 ㊴ 慇(yīn)慇：忧愁的样子。 ㊵ 佌(cǐ)佌：比喻小人卑微。 ㊶ 蔌(sù)蔌：鄙陋。 ㊷ 椓(zhuó)：打击。 ㊸ 哿(gě)：欢乐。

这是一首政治怨刺诗，当作于西周将亡之时，诗中言“赫赫宗周，褒姒灭之”是预料之词。《毛诗序》云：“《正月》，大夫刺幽王也。”清方玉润《诗经原始》分析说：“此必天下大乱，镐京亦亡在旦夕，其君若臣尚纵饮宣淫，不知忧惧，所谓燕雀处堂自以为乐，一朝突决栋焚，而怡然不知祸之将及也。故诗人愤极而为是诗，亦欲救之无可救药时矣。若乃骊烽举，故宫黍，明眸皓齿污游魂，贵戚权寮归焦土，尚何昏姻之洽比？尚何富人之独哿？以此决之，《正月》之为幽王诗必矣。”其论甚为精辟。

这首诗的抒情主人公具有政治远见，也有能力。故统治阶级当权者开始极表需要他("彼求我则,如不我得"),但得到之后又不重用("执我仇仇,亦不我力")。他担忧国家的前途,同情广大人民的苦难遭遇,反而遭到小人的排挤和中伤("忧心愈愈,是以有侮")。他是一个忧国忧民而又不见容于世的孤独的士大夫知识分子形象。诗的抒情主人公面对霜降异时、谣言四起的现实,想到国家危在旦夕,百姓无辜受害,而自己又无力回天,一方面哀叹生不逢时("父母生我,胡俾我瘉?不自我先,不自我后"),一方面对于一会儿这么说,一会儿那么说("好言自口,莠言自口"),反复无常、扰乱天下的当权者表示了极大的愤慨。他最终身心交瘁,积郁成疾("癙忧以痒")。诗人生动、细致、准确地记录了两千多年前生于乱世的正直的知识分子心灵的颤动,在以后感动过无数的人,和《诗经》中的其他一些政治诗一起为中华民族知识分子忧国忧民文学的传统奠定了基础。

  诗中还表现了三种人的心态。第一种是末世昏君。此诗没有明确指出周幽王,而是用暗示的方法让人们想到幽王。"天"在古代常用来象征君王,诗中说"民今方殆,视天梦梦",就是很严厉地指责周幽王面对百姓危殆、社稷不保的现实毫不觉悟,却只顾占卜解梦("召彼故老,讯之占梦")。"赫赫宗周,褒姒灭之"二句,矛头直指最高统治者。杜甫《丽人行》《哀江头》《自京赴奉先县咏怀五百字》等诗都直接揭露当朝天子,当是受此类诗影响。此诗批评最高当权者亲小人("瞻彼中林,侯薪侯蒸"),远贤臣("乃弃尔辅"),行虐政("念国之为虐")。指出如果国家真正颠覆,再求救于人,则悔之无及("载输尔载,将伯助予")。这样的末世昏君前有桀、纣,后有胡亥、杨广,历史上不绝如缕。所以其揭露是有意义的。第二种是得志的小人。他们巧言令色,嫉贤妒能("好言自口,莠言自口"),结党营私,朋比为奸("洽比其邻,昏姻孔云"),心肠毒如蛇蝎("胡为虺蜴"),但却能得到君王的宠幸与重用,享有高官厚禄,诗人对这种蠹害国家的蟊贼表示了极大的憎恨与厌恶。第三种人是广大人民。他们承受着层层的剥削和压迫,在暴政之下没有平平安安的生活,而只有形形色色的灾难("民今无禄,天夭是椓"),而且动辄得咎,只能谨小慎微,忍气吞声("不敢不局""不敢不蹐")。诗人对广大人民寄予了深切的同情。"民之无辜,并其臣仆",表现了无比的沉痛。昏君施行虐政,百姓是最直接的受害者,上天惩罚昏君,百姓也要无辜受过。"兴,百姓苦;亡,百姓苦。"(张养浩《山坡羊·潼关怀古》)此诗正道出了乱世人民的不幸。

  《正月》等诗对伟大爱国诗人屈原的影响是很明显的。将此诗与《离骚》对照来读,可以看出它们都是黑暗社会现实下抒发愤世之情的产物,也都运用了比喻象征手法。比如:《正月》中以驾车喻治国,以秀苗特出喻贤臣,以林中薪木喻小人;《离骚》中以骑马喻治国("乘骐骥以驰骋兮,来吾导夫先路"),以美人香草喻贤者,以恶鸟臭木喻小人,其设喻之意相近。这是以往学者们所忽略了的。

全诗四言中杂以五言,便于表现激烈的情感,又显得错落有致。全诗以诗人忧伤、孤独、愤懑的情绪为主线,首尾贯串,一气呵成,感情充沛。其中有很多形象的比喻,如以鱼在浅池终不免遭殃,喻乱世之人不论如何躲藏,也躲不过亡国之祸。还运用了对比手法,如诗的最后两章说,得势之人有酒有菜,有屋有禄,朋党往来,其乐融融;黎民百姓穷苦无依,备受天灾人祸之苦。"哿矣富人,哀此惸独"正像杜甫的"朱门酒肉臭,路有冻死骨"一样,表现了诗人的极大愤慨。

(赵逵夫　白满霞)

十月之交

十月之交,①	九月底来十月初,
朔月辛卯。②	十月初一辛卯日。
日有食之,	天上日食忽发生,
亦孔之丑。	这真是件大丑事。
彼月而微,	月亮昏暗无颜色,
此日而微。	太阳惨淡光芒失。
今此下民,	如今天下众黎民,
亦孔之哀。	非常哀痛难抑制。
日月告凶,	日食月食示凶兆,
不用其行。③	运行常规不遵照。
四国无政,④	全因天下没善政,
不用其良。	空有贤才用不了。
彼月而食,	平时月食也曾有,
则维其常。⑤	习以为常心不扰。
此日而食,	现在日食又出现,
于何不臧!⑥	叹息此事为凶耗。
烨烨震电,⑦	雷电轰鸣又闪亮,
不宁不令。⑧	天不安来地不宁。

百川沸腾,⑨　　　　江河条条如沸腾,
山冢崒崩。⑩　　　　山峰座座尽坍崩。
高岸为谷,　　　　　高岸竟然成深谷,
深谷为陵。　　　　　深谷却又变高峰。
哀今之人,　　　　　可叹当世执政者,
胡憯莫惩。⑪　　　　不修善政止灾凶。

皇父卿士,⑫　　　　皇父显要为卿士,
番维司徒。⑬　　　　番氏官职是司徒。
家伯维宰,⑭　　　　冢宰之职家伯掌,
仲允膳夫。⑮　　　　仲允御前做膳夫。
棸子内史,⑯　　　　内史棸子管人事,
蹶维趣马。⑰　　　　蹶氏身居趣马职。
楀维师氏,⑱　　　　楀氏掌教官师氏,
艳妻煽方处。⑲　　　美妻惑王势正炽。

抑此皇父,⑳　　　　叹息一声这皇父,
岂曰不时?㉑　　　　难道真不识时务?
胡为我作,㉒　　　　为何调我去服役,
不即我谋?　　　　　事先一点不告诉?
彻我墙屋,㉓　　　　拆我墙来毁我屋,
田卒汙莱。㉔　　　　田被水淹终荒芜。
曰"予不戕,㉕　　　　还说"不是我残暴,
礼则然矣"。　　　　礼法如此不合糊"。

皇父孔圣,　　　　　皇父实在很圣明,
作都于向。㉖　　　　远建向都避灾殃。
择三有事,㉗　　　　选择亲信作三卿,
亶侯多藏。㉘　　　　真是富豪多珍藏。

不慭遗一老，㉙	不愿留下一老臣，
俾守我王。	让他守卫我君王。
择有车马，	有车马人被挑走，
以居徂向。㉚	迁往新居地在向。
黾勉从事，㉛	尽心竭力做公事，
不敢告劳。	辛苦劳烦不敢言。
无罪无辜，	本来无错更无罪，
谗口嚣嚣。㉜	众口喧嚣将我谗。
下民之孽，㉝	黎民百姓受灾难，
匪降自天。	灾难并非降自天。
噂沓背憎，㉞	当面聚欢背后恨，
职竞由人。㉟	罪责应由小人担。
悠悠我里，㊱	绵绵愁思长又长，
亦孔之痗。㊲	劳心伤神病恹恹。
四方有羡，	天下之人多欢欣，
我独居忧。	独我忧深心不安。
民莫不逸，	众人全都享安逸，
我独不敢休。	唯我劳苦不敢闲。
天命不彻，㊳	只要周朝天命在，
我不敢效我友自逸。	不敢效友苟偷安。

〔注〕 ①交：日月交会，指晦朔之间。 ②朔月：月朔，初一。 ③行(háng)：轨道，规律，法则。 ④四国：泛指天下。 ⑤则：犹。 ⑥于：读作"吁"，感叹词。于何：多么。臧：善。 ⑦烨(yè)烨：雷电闪耀。震：雷。 ⑧宁、令：皆指安宁。 ⑨川：江河。 ⑩冢：山顶。崒：通"碎"，崩坏。 ⑪胡憯(cǎn)：怎么。莫惩：不制止。 ⑫皇父：周幽王时的卿士。卿士：官名，总管周王朝政事，为百官之长。 ⑬番：姓。司徒：六卿之一，掌管土地人口。 ⑭家伯：人名，周幽王的宠臣。宰：冢宰，六卿之一，"掌建六邦之典"。 ⑮仲允：人名。膳夫：掌管周王饮食的官。 ⑯聚(zōu)子：姓聚的人。内史：掌管周王的法令和对诸侯封赏策命的官。 ⑰蹶(guì)：姓。趣马：养马的官。 ⑱楀(jǔ)：姓。师氏：掌管贵族子弟教育的官。 ⑲艳妻：指周幽王的宠妃褒姒。煽(shàn)：炽热。 ⑳抑：通"噫"，感叹词。

㉑不时:不按时,合时,此处"时"主要指农时。 ㉒我作:作我,役使我。 ㉓彻:拆毁。 ㉔卒:尽,都。汙:积水。莱:荒芜。 ㉕戕(qiāng):残害。 ㉖向:王先谦认为是今河南济源县南向城。 ㉗三有事:三有司,即三卿。 ㉘亶(dǎn):信,确实。侯:助词,维。 ㉙慭(yìn):愿意,肯。 ㉚徂:到,去。"以居徂向"即"徂向以居"。 ㉛黾(mǐn)勉:努力。 ㉜嚻(áo)嚻:众多的样子。 ㉝孽:灾害。 ㉞噂(zǔn):聚汇。沓:语多貌。噂沓,聚在一起说话。背憎:背后互相憎恨。 ㉟职:主要。 ㊱里:"悝"之假借,忧愁。 ㊲痗(mèi):病。 ㊳彻:毁灭。

《十月之交》是周幽王时的一个朝廷小官,因为不满于当政者皇父诸人在其位不谋其政,不管社稷安危,只顾中饱私囊的行为而作的一首政治怨刺诗。《毛诗序》认为此诗作于幽王时,郑玄认为作于厉王时。阮元在《揅经室集》中对郑玄之说多有驳辨。据天文学家考订,此诗中记载的日食发生在周幽王六年十月一日(公元前776年9月6日),这是世界上最早的日食记录。则此诗应作于幽王六年。

诗共八章,可分为三部分。第一部分(前三章),将日食、月食、强烈地震同朝廷用人不善联系起来,抒发自己深沉的悲痛与忧虑。诗人不理解日食、月食、地震发生的原因,认为它们是上天对人类的警告,所以开篇先说十月初一这天发生了日食。"日者,君象也",夏末老百姓即以日喻君。日而无光,在古人是以为预示着有关君国的大灾殃。诗人将此事放在篇首叙出,使人震惊。第二章将国家政治颓败、所用非人同日食联系起来议论,第三章又连带叙出前不久发生的强烈地震。诗人关于这些极度反常的自然现象的描述,表现了他对国家前途的无比担忧和恐惧。诗中写的地震有史实记载,《国语·周语》:"幽王二年,西周三川皆震。""是岁三川竭,岐山崩。"诗中"百川沸腾,山冢崒崩;高岸为谷,深谷为陵"具有特征性的大特写使两千多年后的人读起来,仍然感到惊心动魄!诗人的如椽巨笔为我们描绘了一幅历史上少有的巨大的灾变图。

此诗犹如一首悲愤的乐曲,第一部分节奏强烈,写出了诗人所见到的上天震怒的状况,在震惊与恐惧中又缠绕着诗人无限的忧伤。他不明白当今执政者为何不行善政制止天灾,这就很自然地过渡到诗的第二部分(中三章):回顾与揭露当今执政者的无数罪行。诗中开列了皇父诸党的清单,把他们钉在历史的耻辱柱上。这些人从里到外把持朝政,欺上瞒下。皇父卿士,不想怎样把国家治理好,而是强抓丁役,搜括民财,扰民害民,并且还把这种行为说成是合乎礼法的。他把聪明才智全用在维护自己和家族利益上;他看到国家岌岌可危,毫无悔罪之心,也没有一点责任感,自己远远迁于向邑,而且带去了许多贵族豪富,甚至不给周王留下一个有用的老臣。用这样的人当权,国家焉有不亡之理!然而,是谁重用了这些人呢?诗人用"艳妻煽方处"一句含蓄地指出了居于幕后的周幽王。

第三部分(后二章)写诗人在天灾人祸面前的立身态度。他虽然清醒地看到了周朝的严重危机,但他不逃身远害,仍然兢兢业业、尽职尽公。在忠直与邪恶两类臣子中,诗人是属于忠直的一类;在统治阶级内部斗争中,诗人又是属于失败的一类。所以,在一定程度上,诗人的命运同国家的命运是一致的。在诗中,诗人哀叹个人的不幸,哀叹政治的腐败、黑暗与不公,实际上也就是在哀叹着国家的命运。所以说,这一部分同前两部分是有联系的。诗人从三个角度有力地表现了忧国这个主题。

全诗从天昏地暗和山川翻覆这可怕的灾异,说到朝廷的坏人专权和国家的岌岌可危,然后说到面对此等情况个人在去从上的选择,叫人感到诗人"知其不可为而为之"的悲壮情怀,开屈原"伏清白以死直"精神之先河。这是一首内容充实又情感迸发的政治抒情诗。它同《诗经》中的其他政治抒情诗都对伟大爱国诗人屈原有不可否认的影响,但这首诗在创作手法上是现实主义的。由于诗人对朝廷的情况了如指掌,由于诗人难以抑制的悲愤,又由于诗人写之于日食这个在当时人看来十分重大的灾异之后,所以诗中有不少实录,直书了一些事实。从这个角度来说,它又是一首史诗,在这方面它对杜甫的《自京赴奉先县咏怀五百字》等作品有着深刻的影响。

本诗的语言基本上是直言抒写,喷涌而出,但有的地方也采用反语和冷峻的讽刺,如"艳妻煽方处""皇父孔圣"。有的语言表现力很强,如说皇父等人强霸百姓田产时,用"予不戕,礼则然矣"充分表现了他们的强词夺理、蛮横霸道。

(赵逵夫 白满霞)

雨 无 正

浩浩昊天,①	浩浩苍天广大无边,
不骏其德。②	你的恩德太不长远。
降丧饥馑,	降下那些丧乱饥馑,
斩伐四国。③	四方百姓都被害惨。
昊天疾威,④	皇天皇天太过暴虐,
弗虑弗图。	思虑图谋总不周全。
舍彼有罪,	放掉那些真正罪人,
既伏其辜。⑤	尽把他们罪过隐瞒。

若此无罪,	而像这些无罪好人,
沦胥以铺。⑥	反而陷入痛苦无限。
周宗既灭,⑦	周室如今破灭惨遭,
靡所止戾。⑧	人们到处流落奔逃。
正大夫离居,⑨	正官大夫早已离散,
莫知我勚。⑩	有谁知道我的苦劳。
三事大夫,⑪	三事大夫虽然还在,
莫肯夙夜。	哪个日夜肯把心操。
邦君诸侯,⑫	封国国君各方诸侯,
莫肯朝夕。⑬	早晨朝见晚上都跑。
庶曰式臧,⑭	希望他们改过迁善,
覆出为恶。⑮	谁知恶事反都做到。
如何昊天,	皇天皇天该怎么办?
辟言不信。⑯	恨王不听正确意见。
如彼行迈,⑰	就像路上乱跑的人,
则靡所臻。⑱	不知他要走到哪边。
凡百君子,	所有君子众卿大夫,
各敬尔身。⑲	各自谨慎小心一点。
胡不相畏,⑳	为何互相不知戒惧?
不畏于天?	竟敢不畏天命尊严?
戎成不退,	战祸已起排除无望,
饥成不遂。㉑	天降饥馑总难消亡。
曾我暬御,㉒	为何我这小小侍臣,
憯憯日瘁?㉓	天天这么劳苦忧伤?
凡百君子,	所有君子众卿大夫,
莫肯用讯。㉔	都不肯去劝谏我王。

听言则答,㉕	顺耳的话爱听可说,
谮言则退。㉖	批评的话遭斥难讲。

哀哉不能言,	可悲可哀忠言难进,
匪舌是出,㉗	并非是我舌拙嘴笨,
维躬是瘁。㉘	实在身心憔悴多病。
哿矣能言,㉙	能说会道实在快乐,
巧言如流,	口若悬河巧言逢迎,
俾躬处休。㉚	享受福禄身处佳境。

维曰于仕,㉛	如今要说出仕做官,
孔棘且殆。㉜	实在非常艰难危险。
云不可使,	若说这事不能去做,
得罪于天子;	得罪天子多多不便;
亦云可使,	若说这事可以办好,
怨及朋友。	又会遭到朋友埋怨。

谓尔迁于王都,㉝	我劝你们迁到王都,
曰予未有室家。	你们却说没有家住。
鼠思泣血,㉞	只有悲伤泪中带血,
无言不疾。㉟	没有话不遭到恨妒。
昔尔出居,	当初你们各自出走,
谁从作尔室?㊱	谁跟你们去建房屋?

〔注〕 ①浩浩:广大的样子。昊(hào)天:犹言"皇天"。 ②骏:长,美。 ③斩伐:犹言"残害"。四国:四方诸侯之国,犹言"天下四方"。 ④疾威:暴虐。 ⑤既:尽。伏:隐匿、隐藏。辜:罪。 ⑥沦胥:沉没、陷入。铺:同"痡",病苦。 ⑦周宗:即"宗周",指西周王朝。 ⑧靡所:没处。止戾(lì):安定、定居。 ⑨正大夫:长官大夫,即上大夫。 ⑩勩(yì):劳苦。 ⑪三事大夫:指三公,即太师、太傅、太保。 ⑫邦君:封国的君主。 ⑬莫肯朝夕:郑笺:"不肯晨夜朝暮省王也。"马瑞辰《毛诗传笺通释》:"谓朝朝于君而不夕见也。" ⑭庶:庶几,表希望。式:语首助词。臧:好,善。 ⑮覆:反。 ⑯辟言:正言,合乎法度的话。 ⑰行迈:出走、远行。 ⑱臻:至。所臻,所要到达的地方。 ⑲敬:谨慎。 ⑳胡

何。㉑遂：通"坠"，消亡。㉒曾：何。㉓䁽(xiè)御：侍御，国王左右亲近之臣。㉓憯(cǎn)憯：忧伤。瘁：劳苦、憔悴。㉔讯：读为"谇"，谏诤。㉕听言：顺耳之言。答：应。㉖谮(zèn)言：诋毁的话，此指批评。㉗出：读为"拙"，笨拙。㉘躬：亲身。瘁：病。或谓憔悴。㉙哿(gě)：欢乐。能言：指能说会道的人。㉚休：美好。㉛维：句首助词。于仕：去做官。㉜孔：很。棘：比喻艰难。殆：危险。㉝尔：指上言正大夫、三事大夫等人。㉞鼠：通"癙"，忧伤。㉟疾：通"嫉"，嫉恨。㊱从：随。作：营造。

《毛诗序》说："《雨无正》，大夫刺幽王也。雨，自上下也。众多如雨，而非所以为政也。"可是，从全篇诗句中，并无"雨多"之意，也无"政多如雨"之言，因而历朝历代很多人都怀疑诗题与诗意不合。有人疑为"雨无止"；有人疑为"周无正"（正，同"政"）；更有人说韩诗有《雨无极》篇，首二句为"雨无其极，伤我稼穑"，毛诗脱（参看朱熹《诗集传》、高亨《诗经今注》、袁梅《诗经译注》等）。朱熹说，脱两句的说法，"似有理，然第一、二章本皆十句，今遽增之，则长短不齐，非诗之例"（《诗集传》）。因此，各执一说，莫衷一是。笔者看来，还是姚际恒《诗经通论》中说得好："此篇名《雨无正》不可考，或误，不必强论。"所以，只好存疑了。

《毛诗序》说是"大夫刺幽王"是对的。诗中说"曾我䁽御，憯憯日瘁"，看来这位作者，这位大夫，应是周幽王的近侍之臣。周幽王昏聩荒淫，朝政混乱腐败，是历史上有名的。他信用虢石父等佞臣，加重了剥削，再加地震及旱灾，使人民流离失所，灾难重重；他宠爱褒姒，废除了申后和太子宜臼，结果引起了申侯的极端不满。在周王朝饥馑混乱之际，申侯联合犬戎等外族势力，一举杀周幽王于骊山之下，攻陷了镐京，消灭了西周王朝。西周王畿之地，也遂为犬戎等族所侵占。宜臼在申、鲁、许等国的拥立下，嗣立为王。迫于无奈，由秦国护送，东迁于洛邑（今河南洛阳），又由晋、郑等国的夹辅而立国。这就是东周的始君周平王。这位作者，亲身经历西周的陷落和东周的建立，看到政事荒怠、社会混乱的现实，既埋怨老天爷的"弗虑弗图"和周幽王的是非不分、善恶不辨，又埋怨那些"正大夫、三事大夫、邦君诸侯"们自私自利、不勤王事并且嫉恨忠于国家、勤于王事的好人，所以自己面对离乱黑暗的政局，只有"鼠思泣血"，直陈时弊。

全诗七章。一、二章章十句，三、四章章八句，五、六、七章章六句，共五十四句，能于参差错落中见整饬。

诗的第一章首先以无限感慨、无限忧伤的语气，埋怨天命靡常："不骏其德"，致使丧乱、饥馑和灾难都一起降在人间。但是，真正有罪的人，依然逍遥自在，而广大无罪的人，却蒙受了无限的苦难。这里，表面是埋怨昊天，实际上是借以讽刺幽王。接着，第二章就直接揭示了残酷的现实问题："周宗既灭，靡所止戾。"可是在这国家破灭、人民丧亡之际，一些王公大臣、公卿大夫们，逃跑的逃跑，躲避的躲避,不仅不能为扶倾救危效力,反而乘机做出各种恶劣的行径。因而,第三章作者就进一步揭示出了造成这次灾祸的根本原因:国王"辟言不信",一天天胡作非为,不知要把国家引向何处;而"凡百君子"又"不畏于天",反而助纣为虐,做出了一系列既不自重又肆无忌惮的坏事。第四章,作者又以沉痛的语言指出:战祸不息,饥荒不止,国事日非,不仅百官"莫肯用讯",国王也只能听进顺耳的话而拒绝批评,只有他这位侍御小臣在为危难当头的国事而"僭僭日瘁"了。第五章,作者再次申诉自己处境的艰难。由于国王"听言则答,谮言则退",致使自己"哀哉不能言",而那些能说会道之徒则口若悬河。自己"维躬是瘁",而他们却"俾躬处休"。不是自己拙口笨舌,而是国王是非不分、忠奸不辨的行为使自己无法谏诤了。对比鲜明,感情更加深沉。因此,在第六章里,作者又进一步说明了目前"于仕"的困难和危殆。仕而直道,将得罪天子;仕而枉道,又见怨于朋友。左右为难,忧心如焚。最后一章,作者指出:要劝那些达官贵人迁向王朝的新都吧,他们又以"未有家室"为借口而加以拒绝,加以嫉恨,致使自己无法说话,而只有"鼠思泣血"。其实,他们在国家危难之际,外地虽然没有家室,不照样纷纷逃离了吗?

　　由此可见,这是一首抒情诗。作者面对国破世危的局面,思前想后,感愤万端。既埋怨天命靡常,又揭露国王信谗拒谏、是非不分。执事大臣或苟且偷安,或花言巧语,致使天灾人祸,一起降临人间。面对昏君乱世,他忧国忧时,苦恼悲哀,虽想要勤于国事,救危扶倾,而又处境孤危,不知所措。因此只有忧伤、悲痛,怨天尤人,无可奈何。真可谓处饥馑、危亡、离乱之世,心有救乱济世之志,而行无救乱济世之力,所以只有揭示现实真相,以发泄他满腔的忧愤罢了。其感情是深沉的、真挚的。这是时代的呐喊和哀怨,因而对我们进一步认识那个时代的历史和那个时代的思想感情,也是有意义的。

　　作者在抒发他那复杂而深厚的思想感情时,通篇采用了直接叙述的方式来表达,少打比喻,不绕弯子,语言质朴,感情真实,层层揭示,反复咏叹,时而夹杂一些议论,颇有一种哀而怨、质而雅的艺术之美,值得我们细细玩味。

　　　　　　　　　　　　　　　　　　　　　　　　　　(霍旭东)

小　　旻

旻天疾威,①	苍天苍天太暴虐,
敷于下土。②	灾难降临我国界。
谋犹回遹,③	朝廷策谋真僻邪,
何日斯沮。④	不知何时能止歇。

谋臧不从,⑤	善谋良策难听从,
不臧覆用。⑥	歪门邪道反不绝。
我视谋犹,	我看朝廷的谋划,
亦孔之邛。⑦	确是弊病太多些。
潝潝訿訿,⑧	小人叽喳攻异己,
亦孔之哀。	是非不分我悲凄。
谋之其臧,	若有什么好谋略,
则具是违。⑨	他们全都不肯依。
谋之不臧,	若有什么坏计策,
则具是依。⑩	他们全都会同意。
我视谋犹,	我看朝廷的谋划,
伊于胡底。⑪	不知弄到何境地。
我龟既厌,⑫	占卜灵龟已厌倦,
不告我犹。⑬	谋划再不向我谈。
谋夫孔多,	谋臣策士实在多,
是用不集。⑭	就是没有好意见。
发言盈庭,	议论纷纷满庭中,
谁敢执其咎!⑮	指出弊病有谁敢!
如匪行迈谋,⑯	就像谋划要远行,
是用不得于道。	真到路上没效验。
哀哉为犹,	如此谋划我悲痛,
匪先民是程,⑰	古圣先贤不效法,
匪大犹是经。⑱	常规大道不遵从。
维迩言是听,⑲	近僻之言王爱听,
维迩言是争。⑳	肤浅之见纷聚讼。
如彼筑室于道谋,	就像宫室建路上,

是用不溃于成。㉑	当然不会获成功。
国虽靡止，㉒	国家虽然没法度，
或圣或否。	人有聪明有糊涂。
民虽靡膴，㉓	人民虽然不富足，
或哲或谋，	还有明哲有善谋，
或肃或艾。㉔	有能治国有严肃。
如彼泉流，	就像长流那泉水，
无沦胥以败！㉕	不让衰败与陈腐！
不敢暴虎，㉖	不敢空手打虎去，
不敢冯河。㉗	不敢徒步过河行。
人知其一，	人们只知这危险，
莫知其他。㉘	不知其他灾祸临。
战战兢兢，	面对政局我战兢，
如临深渊，	就像面临深深渊，
如履薄冰。	就像脚踏薄薄冰。

〔注〕① 旻(mín)天：秋天，此指苍天、皇天。疾威：暴虐。 ② 敷：布施。下土：人间。 ③ 谋犹：谋划、策谋。犹、谋为同义词。回遹(yù)：邪僻。 ④ 斯：犹"乃"，才。沮：停止。 ⑤ 臧：善、好。从：听从、采用。 ⑥ 覆：反，反而。 ⑦ 孔：很。邛(qióng)：毛病、错误。 ⑧ 潝(xì)潝：小人党同而相和的样子。訾(zǐ)訾：小人伐异而相毁的样子。 ⑨ 具：同"俱"，都。 ⑩ 依：依从。 ⑪ 伊：推。于：往、到。胡：何。底：至，指至于乱。 ⑫ 龟：指占卜用的灵龟。厌：厌恶。 ⑬ 犹：策谋。 ⑭ 用：犹"以"。集：成就。 ⑮ 咎：罪过。 ⑯ 匪：彼。行迈谋：关于如何走路的谋划。 ⑰ 匪：非。先民：古人，指古贤者。程：效法。 ⑱ 大犹：大道、常规。经：经营、遵循。 ⑲ 维：同"唯"，只有。迩言：近言，指谗佞近习的肤浅言论。 ⑳ 争：争辩、争论。 ㉑ 溃：通"遂"，顺利、成功。 ㉒ 靡：没有。止：礼。靡止，犹言没有礼法、没有法度。 ㉓ 膴(wǔ)：肥。靡膴，犹言不富足、尚贫困。 ㉔ 艾：有治理国家才能的人。 ㉕ 无：通"勿"。沦胥：沉没。败：败亡。 ㉖ 暴(bó)虎：空手打虎。 ㉗ 冯(píng)河：徒步渡河。 ㉘ 其他：指种种丧国亡家的祸患。

《毛诗序》说："《小旻》，大夫刺幽王也。"郑笺又订正说："当为刺厉王。"朱熹《诗集传》不明言讽刺何王，只说"大夫以王惑于邪谋，不能断以从善而作此诗"。综观全诗，作者应该是西周王朝末期的一位官吏，至于是讽刺幽王还是厉王，诗无明证,只好用"最高统治者"统而言之。不论是幽王还是厉王,他们都骄奢腐朽,昏愦无道,善恶不辨,是非不分,听信邪僻之言,重用奸佞之臣,不知覆灭之祸,已积薪待燃。作者以讽刺、揭露最高统治者重用邪僻而致使"犹谋回遹"为中心,通过揭露、感叹、批判和比喻等表达方式,一气呵成,词完意足,鲜明地表达了他愤恨朝政黑暗腐败而又忧国忧时的思想感情。

全诗六章,前三章章八句,后三章章七句。

第一章突兀起句,以怨天的口气发端,指出当前王朝政治的灾难是"谋犹回遹",昏庸的国王是非不辨、善恶不分,结果"谋臧不从,不臧覆用",表现出作者对国家命运的愤慨和忧虑。第二章进一步指出,所以造成这种政治上的混乱局面,是由于一些掌权者叽叽喳喳、党同伐异。他们"谋之其臧,则具是违;谋之不臧,则具是依",因而诗人再次发出感叹:这样下去,不知国家要弄到什么地步!从而加深了第一章内容的表述。第三章,作者用"我龟既厌"这一典型的事例再次表示对王朝政治、国家命运的深切忧虑,并指出,朝廷上虽然"谋夫孔多""发言盈庭",但都是矢不中的、不着边际的空谈。接着第四章又进一步说明,当前王朝的政令策谋,上不遵古圣先贤,下不合固有规范,而国王还偏听偏信、不加考究,就使王朝的策谋更加脱离实际了。第五章作者又以谏劝的口气说,国家各种人才都有,国王要择善而从,不要使他们流散、消亡。这实是对周王发出了警告。最后一章,作者再次表达了自己忧虑国事的深沉心情,其中"战战兢兢"三句,生动形象,寓意鲜明,写出了自己焦虑万状的心态,广为后世所引用,早已成为著名的成语。

由上述内容,我们认为,与其说这是一首政治讽刺诗,不如说它是一首政治抒情诗更确切些。当然,政治讽刺也是一种政治抒情。作者以"谋犹回遹"为本诗中心议题,以对国事的忧虑为主线,以感叹的语气贯穿始终,从中把叙述、揭露、讽刺和议论有机地结合在一起来表述,从而形成了本诗主题明确、内容丰富和感情深厚的显著特色。从谋划的正邪、决策的当否,能看到政治的弊端以至国家的命运,表现了作者具有比较敏锐的政治洞察力,并忧心忡忡,如临深渊、如履薄冰地为国事操心,表现了作者具有比较深厚的爱国感情,这些也就是本诗思想价值之所在。

(霍旭东)

小　宛

| 宛彼鸣鸠,① | 小小斑鸠不住鸣, |
| 翰飞戾天。② | 展翅高飞破苍旻。 |

我心忧伤，	忧伤充满我内心，
念昔先人。③	怀念祖先倍感亲。
明发不寐，④	直到天明没入睡，
有怀二人。⑤	想着父母在世情。

人之齐圣，⑥	聪明智慧那种人，
饮酒温克。⑦	饮酒也能见沉稳。
彼昏不知，	可是那些糊涂蛋，
壹醉日富。⑧	聚众滥饮日日甚。
各敬尔仪，	请各自重慎举止，
天命不又。⑨	否则天不佑你们。

中原有菽，⑩	田野长满那豆菜，
庶民采之。	众人一起去采摘。
螟蛉有子，⑪	螟蛉如若生幼子，
蜾蠃负之。⑫	蜾蠃会把它背来。
教诲尔子，⑬	你们有儿我教育，
式穀似之。⑭	继承祖先好风采。

题彼脊令，⑮	看那小小的鹡鸰，
载飞载鸣。⑯	边翻飞呀边欢鸣。
我日斯迈，⑰	天天在外我奔波，
而月斯征。⑱	月月在外我远行。
夙兴夜寐，	起早贪黑不停歇，
毋忝尔所生。⑲	不辱父母的英名。

交交桑扈，⑳	小青雀叫叽叽叽，
率场啄粟。㉑	沿着谷场啄小米。
哀我填寡，㉒	自怜贫病更无依，

宜岸宜狱。㉓	连遇诉讼真可气。
握粟出卜，	抓把米去占一卦，
自何能榖？	看我何时能吉利？
温温恭人，㉔	温和恭谨那些人，
如集于木。	就像聚集在树顶。
惴惴小心，㉕	担心害怕真警惕，
如临于谷。	就像深谷脚边近。
战战兢兢，	心惊胆战太不安，
如履薄冰。	就像踩上薄薄冰。

〔注〕①宛：小的样子。鸠：鸟名，似山鹊而小，短尾，俗名斑鸠。②翰飞：高飞。戾：至。戾天，犹说"摩天"。③先人：死去的祖先。④明发：天亮。⑤有：同"又"。⑥齐圣：极其聪明智慧的人。⑦温克：善于克制自己以保持温和、恭敬的仪态。⑧壹：聚。壹饮，犹言"群饮"（见孔广森《经学卮言》）。富：盛，甚。⑨又：通"佑"，保佑。⑩中原：原中，田野之中。菽：豆。⑪螟蛉：螟蛾的幼虫。⑫蜾蠃(guǒ luǒ)：一种黑色的细腰土蜂，常捕捉螟蛉入巢，以养育其幼虫，古人误以为是代螟蛉哺养幼虫，故称养子为蜾蠃义子。负：背。⑬尔：你，你们，此指作者的兄弟。⑭式：句首语气词。榖：善。似：借作"嗣"，继承。⑮题(dì)：通"睇"，看。脊令：鸟名，通作"鹡鸰"，形似小鸡，常在水边捕食昆虫。⑯载：则，且。⑰斯：乃，则。迈：远行、行役。⑱征：远行。⑲忝(tiǎn)：辱没。所生：指父母。⑳交交：鸟鸣声。一说是往来翻飞的样子。桑扈：鸟名，似鸽而小，青色，颈有花纹，俗名青雀。㉑率：循、沿着。场：打谷场。㉒填(diān)：通"瘨"，病。寡：贫。宜：犹"乃"。㉓岸：诉讼。毛传："岸，讼也。"马瑞辰《毛诗传笺通释》谓与"犴"通，犴，狱也。㉔温温：和柔的样子。恭人：谦逊谨慎的人。㉕惴(zhuì)惴：恐惧而警戒的样子。

《毛诗序》说："《小宛》，大夫刺幽王也。"郑笺又订正说："亦当为厉王。"但从诗的内容来看，看不出和幽王或厉王有多大的关系，讽刺的意味也不突出。朱熹的《诗集传》就不同意他们的说法，认为"说者必欲为刺王之言，故其说穿凿破碎，无理尤甚"。他说这是一首"大夫遭时之乱，而兄弟相戒以免祸之诗"。朱熹看出前人解说的破绽而提出新说，这是可贵的。但细玩诗意，他仍没有理清作者与所述内容的关系，而后世的众多解诗者又多是在毛、郑、朱诸说之上修修补补，致使长期以来人们对这首诗没有真正搞清读懂。从诗篇所述的内容来看，作者可能是西周王朝的一个下级官吏。父母在世时，对他有良好的教育，家庭生活似乎还很富裕。可是父母去世之后，他的兄弟们违背了父母的教诲，一个个嗜酒如命、不务正业，致使家道衰败，甚至连自己的孩子也都弃养了。作者恪守着父母的教海,终日为国事或家事操劳奔波,力图维系着家门的传统。但由于受到社会上各种邪恶势力的威逼和迫害,已力不从心。他贫病交加,并连遭诉讼,所以忧伤满怀,以至"惴惴小心""战战兢兢"地生活着,盼望有朝一日时来运转,家道复兴。在他"宜岸宜狱"之时,更是耿耿难眠、百感交集,既怀念死去的父母,又怨恨"壹醉日富"的兄弟,思前想后,感慨万端,因而写出了这首忧伤交织的抒情诗。它虽然不是什么"刺王"之作,但却反映了混乱、黑暗的社会生活的一个侧面,对我们还是有认识意义的。

全诗六章,章六句,而怀念父母的思想感情却或明或暗地贯穿于全诗中。首章直述怀念祖先、父母之情,这是疾痛惨怛的集中表现,也暗含着今不如昔的深切感慨。二章感伤兄弟们的纵酒,既有斥责,也有劝诫,暗示他们违背了父母的教育。三章言代兄弟们扶养幼子,教育他们长大继承祖业家风。四章述自己操劳奔波,以慰藉父母在天之灵。五章说明自己贫病交加,又吃了官司,表现出对命运难卜的焦虑。最后一章,总括了自己诚惶诚恐、艰难度日的心情。各章重点突出,语意恳切;全诗组织严密,层次分明。即使从语言的使用上来看,质朴而又整饬,在雅颂作品中是颇为别具一格的。

作者在表达自己的思想、抒发自己的感情时,虽然是以诉说为主,但并不是平铺直叙、直来直往,而是采取了意味深长的比兴手法,使读者感到作者的每章诗意都是在因物起兴、借景寄情。第一章以斑鸠的鸣叫、翰飞、戾天来反衬他处境的艰难和内心的忧伤,第二章以"齐圣"之人的"饮酒温克"来对比自己兄弟的"彼昏不知,壹醉日富",第三章以"中原有菽,庶民采之;螟蛉有子,蜾蠃负之"来比喻自己代养兄弟们的幼子,第四章以鹡鸰的"载飞载鸣"来映衬自己"夙兴夜寐"地"斯迈""斯征",第五章以"交交桑扈,率场啄粟"来象征自己"填寡"而又"岸狱"的心态和心情,都写得那么生动形象,贴切真实,耐人咀嚼和回味。至于第六章连用三个"如"字,更把自己"惴惴小心""战战兢兢"的心境描绘得形神兼备,真切感人。作者的感情是沉重的,但表现得却十分活脱、鲜明和生动,这在雅颂作品中也是别具特色的。

总之,《小宛》在内容主题上是今人比较难于索解的,但在艺术技巧上,却是比较优秀的。

(霍旭东)

小 弁

| 弁彼鸒斯,① | 那些雅乌多快活, |
| 归飞提提。② | 安闲翻飞向巢窠。 |

民莫不穀,③ 　　人们生活都美好,
我独于罹。④ 　　独独是我遇灾祸。
何辜于天?⑤ 　　我对苍天有何罪?
我罪伊何? 　　　我的罪名是什么?
心之忧矣, 　　　忧伤充满我心中,
云如之何?⑥ 　　对此我又能如何?

踧踧周道,⑦ 　　平平坦坦那大道,
鞫为茂草。⑧ 　　到处长满青青草。
我心忧伤, 　　　深深忧伤在我心,
惄焉如捣。⑨ 　　忧伤如同棒杵捣。
假寐永叹,⑩ 　　和衣而卧哀声叹,
维忧用老。⑪ 　　忧伤使我容颜老。
心之忧矣, 　　　忧伤充满我心中,
疢如疾首。⑫ 　　头疼心烦真焦躁。

维桑与梓,⑬ 　　看到桑树梓树林,
必恭敬止。⑭ 　　恭敬顿生敬爱心。
靡瞻匪父,⑮ 　　无时不尊我父亲,
靡依匪母。⑯ 　　无时不恋我母亲。
不属于毛,⑰ 　　不连皮裘外面毛,
不离于里。⑱ 　　不附皮裘内里衬。
天之生我, 　　　老天如今生下我,
我辰安在?⑲ 　　哪里有我好时运?

菀彼柳斯,⑳ 　　株株柳树真茂密,
鸣蜩嘒嘒。㉑ 　　上面蝉鸣声声急。
有漼者渊,㉒ 　　深不见底一潭水,
萑苇淠淠。㉓ 　　周围芦苇真密集。

譬彼舟流，
不知所届。㉔
心之忧矣，
不遑假寐。

鹿斯之奔，
维足伎伎。㉕
雉之朝雊，㉖
尚求其雌。
譬彼坏木，㉗
疾用无枝。㉘
心之忧矣，
宁莫之知？㉙

相彼投兔，㉚
尚或先之。㉛
行有死人，㉜
尚或墐之。㉝
君子秉心，㉞
维其忍之？㉟
心之忧矣，
涕既陨之。㊱

君子信谗，
如或酬之。㊲
君子不惠，
不舒究之。㊳
伐木掎矣，㊴
析薪扡矣。㊵

我像漂流的小舟，
不知漂流到哪里。
忧伤充满我心中，
没空打盹思不息。

看那野鹿快奔跑，
扬起四蹄真轻巧。
听那野鸡早晨叫，
雄鸟尚且求雌鸟。
我就像那有病树，
病得长不出枝条。
忧伤充满在心中，
难道就没人知道？

看那野兔入罗网，
尚且有人把它放。
路上遇到了死人，
尚且有人把他葬。
父亲大人的居心，
为何残忍这模样？
忧伤充满我心中，
使我眼泪落千行。

父亲大人信谗言，
就像任人把酒劝。
父亲大人不慈爱，
思考事情不周全。
伐树得用绳牵引，
砍柴刀顺纹理间。

舍彼有罪,	放过真正有罪人,
予之佗矣。㊶	罪加我身任意编。
莫高匪山,	不高就不是山峦,
莫浚匪泉。㊷	不深就不是水泉。
君子无易由言,㊸	君子不能轻发言,
耳属于垣。㊹	有人耳朵贴墙边。
无逝我梁,㊺	不要把我鱼梁拆,
无发我笱。㊻	不要把我鱼笱扳。
我躬不阅,㊼	我身已经无处容,
遑恤我后!㊽	后事哪有空挂念!

〔注〕① 弁(pán):通"般"、通"昇",快乐。鹭(yù):鸟名,形似乌鸦,小如鸽,腹下白,喜群飞,鸣声"呀呀",又名雅乌。斯:语气词,犹"啊"、"呀"。② 提(shí)提:借作"辊辊",群鸟安闲翻飞的样子。③ 穀:美好。④ 雁:忧愁。⑤ 辜:罪过。⑥ 云:句首语气词。⑦ 踧(dí)踧:平坦的状态。周道:大道、大路。⑧ 鞫(jū):阻塞、允塞。⑨ 怒(nì):忧伤。⑩ 假寐:不脱衣帽而卧。永叹:长叹。⑪ 用:犹"而"。⑫ 疢(chèn):病,指内心忧痛烦热。疾首:头疼。如:犹"而"。⑬ 桑梓:古代桑、梓多植于住宅附近,后代遂为故乡的代称,见之自然思乡怀亲。⑭ 止:语气词。⑮ 靡:不。匪:不是。"靡……匪……"句,用两个否定副词表示更加肯定的意思。瞻:尊敬、敬仰。⑯ 依:依恋。⑰ 属:连属。毛:犹表,古代裘衣毛在外。此两句毛、里,以裘为喻,指裘衣的里表。⑱ 离:附着。⑲ 辰:时运。⑳ 菀:茂密的样子。㉑ 蜩(tiáo):蝉。嘒嘒:蝉鸣的声音。㉒ 漼(cuǐ):水深的样子。渊:深水潭。㉓ 萑(huán)苇:芦苇。淠(pèi)淠:茂盛的样子。㉔ 届:到、止。㉕ 维:犹"其"。伎(qí)伎:鹿急跑的样子。㉖ 雉(zhì):野鸡。雊(gòu):雉鸣。㉗ 坏木:有病的树。㉘ 疾:病。用:犹"而"。㉙ 宁:犹"乃"、犹"岂",竟然、难道。㉚ 相:看。投兔:入网的兔子。㉛ 先:开、放,见马瑞辰《毛诗传笺通释》。㉜ 行:路。㉝ 墐(jìn):掩埋。㉞ 秉心:犹言居心、用心。㉟ 维:犹"何"。忍:残忍。㊱ 陨:落。㊲ 酬:劝酒。㊳ 舒:缓慢。究:追究、考察。㊴ 掎(yǐ):牵引。此句说,伐木要用绳子牵引着,把它慢慢放倒。㊵ 析薪:劈柴。扡(chǐ):顺着纹理劈开。㊶ 佗(tuó):加。㊷ 浚:深。㊸ 由:于。㊹ 属:连接。垣:墙。㊺ 逝:借为"折",拆毁。梁:拦水捕鱼的堤坝,亦称鱼梁。㊻ 发:打开。笱(gǒu):捕鱼用的竹笼。㊼ 躬:自身。阅:被收容。㊽ 遑:暇。恤:忧虑。

这是一首充满着忧愤情绪的哀怨诗。从诗本身所表述的内容来看,当是诗人的父亲听信了谗言,把他放逐,致使他幽怨哀伤、瘨瘝不安、怨天尤父、零泪悲怀。《毛诗序》说:"《小弁》,刺幽王也,太子之傅作焉。"毛传还补充说:"幽王娶申女,生太子宜臼,又说(悦)褒姒,生子伯服,立以为后,而放宜臼,将杀之。"对于这一历史史实,司马迁《史记·周本纪》记述得更为翔实。但此诗是宜臼自作,还是宜臼之傅所作,各家又有不同说法。宋人朱熹在《诗集传》中说:"幽王娶于申,生太子宜臼,后得褒姒而惑之,生子伯服,信其谗,黜申后,逐宜臼,而宜臼作此诗以自怨也。序以为太子傅述太子之情以为是诗,不知其何所据也。"可是,他在注《孟子》时,又反赵岐注而认为是"太子傅之作",并在《诗序辨说》中说:"此诗明为放子之作无疑,但未有以见其必为宜臼耳。"可见,他也是首鼠两端、举棋不定的。三家诗又与上述诸说大相径庭,提出了新说。王先谦在《诗三家义集疏》中说:"鲁说曰:《小弁》,……伯奇之诗。……(尹)吉甫娶后妻,生子曰伯邦,乃潛伯奇于吉甫,放之于野。伯奇清朝履霜,自伤无罪见逐,乃援琴而鼓之(指《履霜操》一诗)。宣王出游,吉甫从之。伯奇乃作歌,以言感之于宣王。王闻之,曰:此孝子之辞也。吉甫乃求伯奇于野而感悟,乃射杀后妻。"孟子解此诗时,曾说"《小弁》之怨,亲亲也。亲亲,仁也(《孟子·告子下》)",赵岐注《孟子》,又据鲁诗说而定为伯奇之作。因此后世的学者,有持毛说者,有持鲁说者,持此者非彼,持彼者非此,致使读者也莫衷一是。我们认为,还是余冠英在《诗经选》中说得好:"这些传说未可全信,但作为参考,对于辞意的了解是有帮助的。"至于还有人说这是一篇"弃妇之词"(袁梅《诗经译注》),更只能"姑备一说"了。

全诗八章,章八句。首章以呼天自诉总起,先言"我独于罹"的忧伤和悲痛。作者以"弁彼鸒斯,归飞提提"的景象为反衬,以"民莫不穀,我独于罹"为对比,以"心之忧矣,云如之何"为感叹,充分揭示他内心沉重的忧怨之情。他无罪被逐,只有对天呼喊:"何辜于天?我罪伊何?"第二章就他放逐在外的所见景象,抒发自己内心的伤感。平坦大道上生满了杂乱的茂草,象征他平静的生活突然产生了祸端。他愤怼悲伤,"怒焉如捣",卧不能寐,"疾如疾首",并容颜早衰,诗句形象地展示出他忧怨交织的心情。第三章叙述他孝敬父母而反被父母放逐的悲哀。他虽然面对父母所栽的桑梓"必恭敬止",对父母怀有恭敬孝顺之心,但和父母的关系是"不属于毛,不罹于里",所以只有无奈地归咎于上天:"天之生我,我辰安在?"语言极其沉痛。第四、五两章又以在外所见,叙述自己苦无归依、心灰意懒的痛苦心情。"菀彼柳斯,鸣蜩嘒嘒;有漼者渊,萑苇淠淠",一片欣欣向荣的景象,而自己却"譬彼舟流,不知所届";"鹿斯之奔,维足伎伎;雉之朝雊,尚求其雌",多么欢畅而富有生机,而自己却"譬彼坏木,疾用无枝"。他孤苦一身,漂荡无依,其内心的痛苦忧伤,别人是无法理解的,更见逐子失亲的悲痛。第六章埋怨父亲残忍,不念亲子之情。他说,野兔投网还有人放走它,人死于道路还有人埋葬他,而父亲忍心放逐自己,只有使自己"涕既陨之"了。第七章指责父亲,揭示出了被逐的原因。他指出,"君子信谗",不仅"不舒究之",反而"如或酬之",结果颠倒了是非、曲直,"舍彼有罪,予之佗矣"。于是,诗人的内心也由"忧"进而"怨"了起来。最后一章,进一步叙述自己被逐后的谨慎、小心而警戒的心情。他感到他的灾祸背景就像山泉那样高深难测,因而警惕自己"无易由言"。因为"耳属于垣",会随时让坏人抓住把柄、进谗陷害。但这四句,又有些痛定思痛的意味,既求告人们不要再去触犯他,又心灰意懒地感到后事难卜、前途渺茫。这四句亦见于《邶风·谷风》,可能是当时习用之辞,是自己特殊境遇中复杂心情的比拟说法。由此可见,这首诗以"忧怨"为基调,对自己被逐后的悲痛心情,反复倾吐,进行了多角度、多层次的表述和揭示,感情沉重,言辞恳切,致使忧怨哀伤之情充满纸上,对读者具有较强的艺术感染力。

作者在抒发自己的思想感情时,采取了多样的艺术手法,或正面描述,或反面衬托,或即眼前之景以兴内心之情,或以客观事物的状态以比喻自己的处境。赋、比、兴交互使用,泣诉、忧思结合,内容丰富,感情深厚,给人以具体、形象的感受。

在组织结构上,其布局也是精巧的。方玉润《诗经原始》说它"整中有散,正中寄奇","离奇变幻,令人莫测",确实颇堪玩味。 （霍旭东）

巧　言

悠悠昊天,①	高高远远那苍天,
曰父母且。②	如同人之父与母。
无罪无辜,	没有罪也没有过,
乱如此怃。③	竟遇大祸难免除。
昊天已威,④	苍天已经大发威,
予慎无罪。⑤	但我确实没错处。
昊天泰怃,⑥	苍天不察太疏忽,
予慎无辜。	但我确实是无辜。
乱之初生,	祸乱当初刚生时,
僭始既涵。⑦	谗言已经受宽容。
乱之又生,	祸乱再次发生时,

君子信谗。	君子居然也听从。
君子如怒,⑧	君子闻谗如怒责,
乱庶遄沮;⑨	祸乱速止不严重;
君子如祉,⑩	君子如能任贤明,
乱庶遄已。	祸乱难成早已终。
君子屡盟,⑪	君子屡次立新盟,
乱是用长。	祸乱因此便增长。
君子信盗,	君子相信那盗贼,
乱是用暴。⑫	祸乱因此势暴狂。
盗言孔甘,⑬	盗贼谗人话甜蜜,
乱是用餤。⑭	祸乱因此得滋养。
匪其止共,⑮	谗人那能尽职守,
维王之邛。⑯	只能为王酿灾殃。
奕奕寝庙,⑰	巍然宫室与宗庙,
君子作之。	君子将它来建起。
秩秩大猷,⑱	典章制度有条理,
圣人莫之。⑲	圣人将它来订立。
他人有心,⑳	他人有心想谗毁,
予忖度之。	我能揣测能料及。
躍躍毚兔,㉑	蹦跳窜行那狡兔,
遇犬获之。	遇上猎狗被击毙。
荏染柔木,㉒	娇柔袅娜好树木,
君子树之。	君子自己所栽培。
往来行言,㉓	往来流传那谣言,
心焉数之。	心中辨别识真伪。
蛇蛇硕言,㉔	夸夸其谈说大话,

出自口矣。	口中吐出力不费。
巧言如簧,㉕	巧言动听如鼓簧,
颜之厚矣。	厚颜无耻行为卑。
彼何人斯?	究竟那是何等人?
居河之麋。㉖	居住河岸水草边。
无拳无勇,㉗	没有勇力与勇气,
职为乱阶。㉘	只为祸乱造机缘。
既微且尰,㉙	腿上生疮脚浮肿,
尔勇伊何?	你的勇气哪里见?
为犹将多,㉚	诡计总有那么多,
尔居徒几何?㉛	你的同伙剩几员?

[注] ① 昊天:老天,苍天。 ② 且(jū):语尾助词。 ③ 怃(hū):大。 ④ 威:暴虐、威怒。 ⑤ 慎:确实。 ⑥ 泰怃(hū):太糊涂。泰,通太,怃,急慢、疏忽。 ⑦ 僭(jiàn):通"谮",谗言。涵:容纳。 ⑧ 怒:怒责谗人。 ⑨ 庶:几乎。 遄沮(chuán jǔ):迅速终止。 ⑩ 祉:福,此指任用贤人以致福。 ⑪ 盟:与谗人结盟。 ⑫ 盗:盗贼,借指谗人。 ⑬ 孔甘:很好听,很甜。 ⑭ 餤(tán):原意为进食,引申为增多。 ⑮ 止共:尽职尽责。止,做到。共,通"恭",忠于职责。 ⑯ 卭(qióng):病。 ⑰ 奕奕:高大貌。寝:宫室。庙:宗庙。 ⑱ 秩秩大猷:多而有条理的典章制度。 ⑲ 莫:制定。 ⑳ 他人有心:谗人有心破坏。 ㉑ 躍(tì)躍:跳跃的样子。毚(chán):狡猾。 ㉒ 荏(rěn)染:柔弱貌。马瑞辰《毛诗传笺通释》谓"柔即善也,非泛言柔弱之木"。 ㉓ 行言:轻浮之言。 ㉔ 蛇蛇硕言:夸夸其谈的大话。蛇蛇,"詑詑"之假借;詑,欺。 ㉕ 巧言如簧:说话像奏乐一样好听。簧,笙类乐器的簧片。 ㉖ 麋:通"湄",水边。 ㉗ 拳:勇。 ㉘ 职:主要。乱阶:逐渐引出祸乱的一连串事件。阶,阶梯,此为比喻义。 ㉙ 微:通"癓",小腿生疮。尰(zhǒng):借为"瘇",脚肿。 ㉚ 犹:通"猷",指诡计。 ㉛ 居:语助词。徒:党徒。

此诗主题在于忧谗忧谤,同时揭露了谗言惑国的卑鄙行径。《毛诗序》云:"《巧言》,刺幽王也。大夫伤于谗,故作是诗也。"

作者显然饱受谗言之苦,全诗写得情感异常激愤,通篇直抒胸臆,毫无遮拦。起调便是令人痛彻心扉的呼喊:"悠悠昊天,曰父母且。无罪无辜,乱如此怃。"随即又是苍白而带有绝望的申辩:"昊天已威,予慎无罪!昊天泰怃,予慎无辜!"情急愤急之下,作者竟无法用实情加以洗刷,只是面对苍天,反复地空喊,这正是蒙受奇冤而又无处申雪者的典型表现。

二、三两章,情感稍缓,作者痛定思痛后对谗言所起,乱之所生进行了深刻的反省与揭露。在作者看来,进谗者固然可怕、可恶,但谗言乱政的根源不在进谗者而在信谗者,因为谗言总要通过信谗者起作用。谗言如同鸦片,人人皆知其毒性,但它又总能给人带来眼前的虚幻的快感。因此,如果不防患于未然,一旦沾染,便渐渐使人产生依赖感,最终为其所害,到时悔之晚矣!作者在第四章中的描述实际上说明了一个道理:天子的独特处境、地位使其天生地缺乏这种免疫力。故与其说刺小人,毋宁说在刺君子。可谓深刻至极!此二章句句如刀,刀刀见血,将"君子信谗"的过程及结局解剖得丝丝入扣,筋骨毕现。"盗言孔甘,乱是用餤"无疑是送给后世当政者的一副清醒剂。吴师道云:"前三章刺听谗者,后三章刺谗人。"(见《传说汇纂》)盖因听谗者比之进谗者责任更大,故先刺之。看来,愤激的情感并未使作者丧失理智!

四、五两章,形同漫画,又活画出进谗者阴险、虚伪的丑陋面目。他们总是为一己之利,而置社稷、民众于不顾,处心积虑,暗使阴谋,欲置贤良之士于死地而后快。但险恶的内心表现出来的却是花言巧语、卑躬温顺,在天子面前,或"蛇蛇硕言",或"巧言如簧"。作者的描绘入木三分,揭下了进谗者那张赖以立身的画皮,令人有"颜之厚矣"终不敌笔锋之利矣的快感。

末章具体指明进谗者为何人。因指刺对象的明晰而使诗人的情感再次走向剧烈,以至于按捺不住,直咒其"既微且尰",可见作者对进谗者的恨之入骨。那"居河之麋"的交代,使读者极易联想起躲在水边"含沙射影"的鬼蜮。然而,无论小人如何猖獗,就如上章所言"躍躍毚兔",最终会"遇犬获之"。因为小人的鼠目寸光,使他们在获得个人利益的同时,往往也将自己送上了绝路。从这个角度看,作者不仅深刻地揭露了进谗者的丑恶,也清醒地看到了进谗者的可耻下场。

本诗虽是从个人遭谗入手,但并未落入狭窄的个人恩怨之争,而是上升到谗言误国、谗言惑政的高度加以批判,因此,不仅感情充沛,而且带有了普遍的历史意义与价值,这正是本诗能引起后人共鸣的关键之处!

(陈伟军)

何 人 斯

彼何人斯?①	那究竟是什么人?
其心孔艰。②	他的心难测浅深。
胡逝我梁,③	为何去看我鱼梁,
不入我门?	却不进入我家门?
伊谁云从,④	现在还有谁跟他,

维暴之云!⑤	只有他那暴虐心!
二人从行,⑥	二人同行妻随夫,
谁为此祸?	究竟是谁惹此祸?
胡逝我梁,	为何去看我鱼梁,
不入唁我?⑦	却不进门慰问我?
始者不如今,⑧	原先可不像现在,
云不我可!⑨	竟骂我不是好货!
彼何人斯?	那究竟是什么人,
胡逝我陈?⑩	为何堂前来往行?
我闻其声,	我只听见他声音,
不见其身。	却总不见他形影。
不愧于人?	你在人前不惭愧?
不畏于天?	连上天也不畏敬?
彼何人斯?	那究竟是什么人?
其为飘风。	简直像那飘风转。
胡不自北?	为何来时不自北?
胡不自南?	为何来时不自南?
胡逝我梁?	为何去看我鱼梁?
祇搅我心。	只是搅得我心乱。
尔之安行,	慢条斯理你出行,
亦不遑舍。⑪	竟然没空住一晚。
尔之亟行,⑫	急急忙忙你要走,
遑脂尔车。⑬	油车却还有空闲。
壹者之来,⑭	为了你这来一次,
云何其盱!⑮	多少天我眼望穿!

尔还而入，	归家你入我房来，
我心易也。⑯	我的心儿就欢跳。
还而不入，	归家你不入我房，
否难知也。⑰	原因又有谁知道。
壹者之来，	为了盼你来一次，
俾我祇也。⑱	简直把我忧病了。
伯氏吹埙，⑲	长兄吹奏那陶埙，
仲氏吹篪。⑳	小弟吹奏那竹篪。
及尔如贯，㉑	我与你心相连贯，
谅不我知？㉒	能不相亲又相知？
出此三物，㉓	我愿神前供三牲，
以诅尔斯。㉔	诅咒你竟背盟誓。
为鬼为蜮，	倘若真是那鬼蜮，
则不可得。	行径也就难猜测。
有靦面目，㉕	可你却是有头脸，
视人罔极。㉖	行为表现没准则。
作此好歌，㉗	我只能作这好歌，
以极反侧。㉘	揎过不眠长反侧。

〔注〕①斯：语助词。 ②孔：甚，很。艰：此指用心险恶难测。 ③梁：拦水捕鱼的坝堰。 ④伊：其。从：跟随。 ⑤暴：粗暴、暴虐。 ⑥二人：主人公与"彼"人。 ⑦唁：慰问。 ⑧如：像。 ⑨可：通"哿"，嘉、好。 ⑩陈：堂下至门的路。 ⑪遑：空闲。舍：止息。 ⑫亟：急。 ⑬脂：以油脂涂车；或曰通"支"，以轫木支车轮使止住。 ⑭壹：同"一"。 ⑮盱(xū)：忧、病，或曰望也。 ⑯易：悦。 ⑰否：不。 ⑱俾：使。祇：病，或曰安也。 ⑲伯氏：兄。埙(xūn)：古陶制吹奏乐器，卵形中空，有吹孔。 ⑳仲：弟。篪(chí)：古竹制乐器，如笛，有八孔。 ㉑及：与。贯：为绳贯串之物。 ㉒谅：诚。知：交好，相契。 ㉓三物：猪、犬、鸡。 ㉔诅：盟诅。古时订盟，杀牲歃血，告誓神明，若有违背，令神明降祸。 ㉕靦(miǎn)：露面见人之状。 ㉖视：示。罔极：没有准则，指其心多变难测。 ㉗好歌：善良、交好的歌。 ㉘极：尽。反侧：在床上翻来覆去睡不着。

对这首诗的内容，笔者愿提供一个新解。

旧说多从《毛诗序》之说,以为这当是"苏公刺暴公"之作。因为暴公为周天子卿士"而潜苏公,故苏公作是诗以绝之"。那么,它该是一首上层同僚间的政治绝交诗了。

但从诗中内容看,似与苏、暴纠葛毫无联系。此诗一再出现"胡逝我梁"之语。"梁"为古代筑堰捕鱼之所,《邶风·谷风》即有"毋逝我梁,毋发我笱"之诉,表明此乃家庭主妇执掌的职守,主人公当为女子,与"苏公"又有何涉? 至于"伊谁云从? 维暴之云",也与《卫风·氓》之指斥丈夫"言既遂矣,至于暴矣"相似,说的是只有粗暴之性与彼相随,又岂可望文生义,拉"暴公"来加以附会? 诗中又有"尔还而入,我心易也;还而不入,否难知也"之语,点明所斥对象与"我"同住一处,"我"家亦即彼"尔"之家,因此他可以"还"归,还能在庭中"脂车"。倘是指谗毁苏公的"暴公",则称他的来访为"还",每"还"必得"入"我室中,简直可笑了。所以断此诗写的是苏、暴二公的政治纠葛,多有不通;而从主人公的女子口吻,断其为指斥丈夫狂暴薄幸、弃妻不顾之作,似更恰当。

这样,我们在《诗经·小雅》中,又结识了一位地位虽有不同,但命运却与《卫风·氓》之主人公相似的可怜弃妇。她当初也许曾有过海誓山盟、夫妇相爱的短暂幸福。但随着秋来春往,珠黄色衰,"其心孔艰"(心思难测正如"氓"之"二三其德"、其心"罔极")的丈夫,待她便"始者不如今",粗暴取代了温柔,热恋化作了冷漠! 丈夫回到家中,想到的只是上河梁去取鱼虾享用,而对操劳在室的妻子,则连"入"房中慰问一下的兴致都没有。他总是匆匆而来,又匆匆而去(大抵早已有了"外遇"罢)。说他事忙吧,他却能在庭中慢条斯理地油他的车;说他没事吧,却连"遑舍"(止息的闲暇)一夜的功夫都没有。好容易盼得他回来一次,却只给妻子留下暴虐相待的伤痛! 想到命运之绳曾将自己和丈夫贯串在一起("及尔如贯"),相互间理应亲如"埙""篪"相和的"伯""仲"(古时常以兄弟相亲喻夫妻相谐);而今,丈夫竟连起码的夫妇之礼都不顾了,怎能不激得女主人公悲愤难平?在长夜焦灼的"反侧"之中,她终于发出了愤切的诅咒:"为鬼为蜮,则不可得。有靦面目,视人罔极"——你真正是枉然生了一张人脸,心思的险恶莫测,简直胜过鬼蜮呵!

从诗之结语"作此好歌(因为歌意涉及男女之情,故称),以极反侧"看,此歌显然作于女主人公长夜难眠的"反侧"之际。诗虽也带有相当的叙事成分,但脉络并不清晰。在充满疑云的反复诘问中,展出"彼"人的飘忽身影,又穿插进回忆中的种种生活片断,使全诗的结构显得似断非断、散乱飘忽。如果要找一个适当的词汇来说明此诗的表现特点,那就是两个字——"梦幻"。而这,大抵正与女主人公作歌时的"反侧"难眠状况有关。从诗中透露的消息可知,那位薄情丈夫对女主人公的冷遇,无疑已天长日久。每当她望眼欲穿盼其归来时,丈夫却总是迟迟不归;就是归来,也形迹诡秘、形同飘风,出没于庭院、鱼梁之际,只顾着自身的享受,极少有入房与妻子叙叙的诚意。一对往日的燕尔夫妻,竟变得如同陌路之人!这些景象,当然会深深烙在女主人公脑际而难以抹去。因此,当她辗转反侧之际、神思恍惚之中,往事今情便可能全化作散乱的片断,梦幻般地涌现在眼前。此诗正适应了这一特定背景,采用叠章和问句、跳荡不定和迅速转换的意象,表现了女主人公似忆似梦间的疑惑与惊诧、痛愤和哀伤。进入女主人公梦思中的对象,明明是她丈夫,她却似乎不认识他,开篇即以"彼何人斯"相询,正绝妙地传达了这种神思恍惚中的迷乱之感。后文的"胡逝我梁,不入唁我""我闻其声,不见其身",更以扑朔迷离之辞,表现了唯有幻梦才带有的视听和思虑特点。女主人公刚想细细审视,幻境却又一变,车影、语声竟化作一团"飘风",忽东忽西地卷向鱼梁去了;但转眼间,她又似乎看到,丈夫分明还在庭中,正如往日那样悠然自得地"脂车"呢!梦境的飘忽变幻,伴随着女主人公神思恍惚间的疑惑、惊惧、失望和愤懑,一起化作诗行涌现,便产生了这首奇妙、独特的弃妇歌。　　(潘啸龙)

巷　伯

萋兮斐兮,① 　　五彩丝啊色缤纷,
成是贝锦。② 　　织成一张贝纹锦。
彼谮人者, 　　嚼舌头的害人精,
亦已大甚! 　　坏事做绝太过分!

哆兮侈兮,③ 　　臭嘴一张何其大,
成是南箕。④ 　　好比夜空簸箕星。
彼谮人者, 　　嚼舌头的害人精,
谁适与谋? 　　是谁教你昧良心?

缉缉翩翩,⑤ 　　嘁嘁喳喳来又去,
谋欲谮人。 　　一心想把人来坑。
慎尔言也, 　　劝你说话负点责,
谓尔不信。 　　不然往后没人听。

捷捷幡幡，⑥　　　喳喳喊喊去又来，
欲谋谮言。　　　一心造谣又说谎。
岂不尔受，　　　并非没人来上当，
既其女迁。⑦　　总有一天要现相。
骄人好好，⑧　　捣鬼的人竟得逞，
劳人草草。⑨　　受害的人却瞽腾。
苍天苍天！　　　苍天苍天你在上！
视彼骄人，　　　管管那些害人精，
矜此劳人！　　　可怜可怜受害人！

彼谮人者，　　　嚼舌头的害人精，
谁适与谋？　　　是谁教你昧良心？
取彼谮人，　　　抓住长舌害人精，
投畀豺虎。　　　丢给荒山豺虎吞。
豺虎不食，　　　如果豺虎不肯吞，
投畀有北。⑩　　丢到北极喂野人。
有北不受，　　　如果北极也不要，
投畀有昊。⑪　　还交老天来严惩。

杨园之道，　　　一条小路通杨园，
猗于亩丘。⑫　　小路越过山坡顶。
寺人孟子，⑬　　刑余之人名孟子，
作为此诗。　　　编首歌子为宽心。
凡百君子，　　　过往君子慢慢行，
敬而听之！　　　请君为我倾耳听！

〔注〕①萋、斐(fěi)：都是文采相错的样子。　②贝锦：织有贝纹图案的锦缎。　③哆(chǐ)：张口。侈：大。　④南箕：星宿名，共四星，连接成梯形，如簸箕状。　⑤缉缉：耳语声。翩翩：往来迅速的样子。　⑥捷捷：犹"缉缉"。幡幡：犹"翩翩"。　⑦女：同"汝"。　⑧骄人：指进谗者。　⑨劳人：指被谗者。草草：陈奂《诗毛氏传疏》："草读为慅，假借字

也。" ⑩畀(bì)：与。有北：北方苦寒之地。 ⑪有昊：苍天。 ⑫猗：在……之上。亩丘：丘名。 ⑬寺人：阉人,宦官。

这是一首怒斥造谣诬陷者的诗。《毛诗序》云："《巷伯》，刺幽王也，寺人伤于谗，故作是诗也。巷伯，奄官兮(也)。"诗题中的"巷"字，指宫中小道。"巷伯"即"寺人"、宦官，也就是诗作者本人。这位孟子，显然是一位遭受过政治诬陷而蒙冤受屈的人，在诗中他是把自己摆了进去的。

造谣之所以有效，乃在于谣言总是披着一层美丽的外衣。恰如英国思想家培根所说："诗人们把谣言描写成了一个怪物。他们形容它的时候，其措辞一部分是美秀而文雅，一部分是严肃而深沉的。他们说，你看它有多少羽毛；羽毛下有多少只眼睛；它有多少条舌头，多少种声音；它能竖起多少只耳朵来！"古人称造谣诬陷别人为"罗织罪名"，何谓"罗织"？本诗一开始说："萋兮斐兮，成是贝锦"，就是"罗织"二字最形象的说明。花言巧语，织成的这张贝纹的罗锦，是多么容易迷惑人啊，特别是对不长脑壳的国君！

造谣之可怕，还在于它是背后的动作，是暗箭伤人。当事人无法及时知道，当然也无法一一辩驳。待其知道，为时已晚。诗中二、三、四章，对造谣者的摇唇鼓舌，喊喊喳喳，上蹿下跳，左右舆论的丑恶嘴脸，作了极形象的勾勒，说他们"哆兮侈兮，成是南箕""缉缉翩翩，谋欲谮人""捷捷幡幡，谋欲谮言"。作者对之极表愤慨："彼谮人者，谁适与谋？"正告他们道："慎尔言也，谓尔不信！""岂不尔受？既其女迁！"

造谣之可恨，在于以口舌杀人，杀了人还不犯死罪。作为受害者的诗人，为此对那些谮人发出强烈的诅咒，祈求上苍对他们进行正义的惩罚。诗人不仅投以憎恨，而且投以极大的厌恶："取彼谮人，投畀豺虎！豺虎不食，投畀有北！有北不受，投畀有昊！"正是所谓"愤怒出诗人"。有人将它与俄国诗人莱蒙托夫《逃亡者》一诗中鄙夷叛徒的诗句比较："野兽不啃他的骨头，雨水也不洗他的创伤"，认为它们都是写天怒人怨、物我同憎的绝妙好辞，都是对那些罪大恶极、不可救药者的无情鞭挞，都是快心露骨之语，甚是。

在诗的结尾处，郑而重之地留下了作诗人的名字，从而使这首诗成为《诗经》中少数有主名的作品之一。这种做法表明，此诗原有极为痛切的本事，是有感而发之作。它应该有一个较详的序文，自叙作者遭遇，然后缀以此诗，自抒激愤之情，可以题为"巷伯诗并序"或"巷伯序并诗"的。也许是后来的选诗者删去或丢失了这序文，仅剩下了抒情的即诗的部分。

作者孟子，很可能是一位因遭受谗言获罪，受了宫刑，作了宦官，与西汉大史学家司马迁异代同悲的正直人士。东汉班固就曾在《司马迁传赞》里称惨遭宫刑的司马迁是"《小雅·巷伯》之伦"。他或许也感受过与司马迁同样的心情:"祸莫惨于欲利,悲莫痛于伤心,行莫丑于辱先,诟莫大于宫刑。刑余之人,无所比数,非一也,所从来远矣。"(《报任少卿书》)无怪乎他是如此痛心疾首,无怪乎诗中对诬陷者是如此切齿愤恨,也无怪乎此诗能引起世世代代蒙冤受屈者极为强烈的共鸣!

(周啸天)

谷　风

习习谷风,①　　谷口呼呼刮大风,
维风及雨。②　　大风夹带阵阵雨。
将恐将惧,③　　当年担惊受怕时,
维予与女。④　　唯我帮你分忧虑。
将安将乐,　　　如今富裕又安乐,
女转弃予。⑤　　你却弃我掉头去。

习习谷风,　　　谷口呼呼刮大风,
维风及颓。⑥　　大风旋转不停息。
将恐将惧,　　　当年担惊受怕时,
寘予于怀。⑦　　你搂我在怀抱里。
将安将乐,　　　如今富裕又安乐,
弃予如遗。⑧　　将我抛开全忘记。

习习谷风,　　　谷口呼呼风不停,
维山崔嵬。⑨　　刮过巍巍高山岭。
无草不死,　　　刮得百草全枯死,
无木不萎。　　　刮得树木都凋零。
忘我大德,　　　我的好处你全忘,
思我小怨。　　　专门记我小毛病。

〔注〕①习习:大风声。②维:是。③将:方,正当。④与:助。女:同"汝",你。⑤转:反而。⑥颓:自上而下的旋风。⑦寘:同"置"。⑧遗:遗忘。⑨崔

嵬(wéi)：山高峻的样子。

　　这首诗的主题，旧说大体相同，《毛诗序》说："《谷风》，刺幽王也。天下俗薄，朋友道绝焉。"朱熹《诗集传》也说："此朋友相怨之诗，故言'习习谷风'，则'维风及雨'矣，'将恐将惧'之时，则'维予与女'矣，奈何'将安将乐'而'女转弃予'哉，""'习习谷风，维山崔嵬'，则风之所被者广矣，然犹无不死之草，无不萎之木，况于朋友，岂可以忘大德而思小怨乎？"但他没有将伤友道之绝与刺周幽王硬拉到一起。方玉润《诗经原始》认同朱熹的观点，并力驳《毛诗序》"刺幽王"之说穿凿空泛。从本诗的内容考察，我们认为这该是一首被遗弃的妇女所作的诗歌。今人高亨的《诗经今注》、程俊英的《诗经译注》等均取此说。陈子展《诗经直解》虽仍取旧说，但又说："此诗风格绝类《国风》，盖以合乐入于《小雅》。《邶·谷风》，弃妇之词。或疑《小雅·谷风》亦为弃妇之词。母题同，内容往往同，此歌谣常例。《后汉·阴皇后纪》，光武诏书云：'吾微贱之时，娶于阴氏。因将兵征伐，遂各别离。幸得安全，俱脱虎口。……(《小雅》曰：)"将恐将惧，维予与女。将安将乐，女转弃予。"风人之戒，可不慎乎！'此可证此诗早在后汉之初，已有人视为弃妇之词矣。"

　　诗中的女主人公被丈夫遗弃，她满腔幽怨地回忆旧日家境贫困时，她辛勤操劳，帮助丈夫克服困难，丈夫对她也体贴疼爱；但后来生活安定富裕了，丈夫就变了心，忘恩负义地将她一脚踢开。因此她唱出这首诗遣责那只可共患难、不能同安乐的负心丈夫。

　　诗歌用风雨起兴，这手法与《邶风》中的那篇《谷风》如出一辙，两诗的主题也完全相同，这大概是在风雨交加的时候最容易触发人们的凄苦之情。被丈夫遗弃的妇女，面对凄风苦雨，更会增添无穷的伤怀愁绪，发出"秋风秋雨愁煞人"的哀叹。

　　本诗语言凄恻而又委婉，只是娓娓地叙述被遗弃前后的事实，不加遣责骂詈的词句，而责备的意思已充分表露，所谓"怨而不怒"，说明主人公是一位性格善良懦弱的劳动妇女。这也反映了几千年以前，妇女就处在被压迫的屈辱境地，没有独立的人格和地位。

　　前人评此诗说："道情事实切，以浅境妙。末两句道出受病根由，正是诗骨。"（陈子展《诗经直解》引孙鑛语）　　　　　　　　　　　　　　　（汪贤度）

蓼莪

蓼蓼者莪，① 　　看那莪蒿长得高，

匪莪伊蒿。②	却非莪蒿是散蒿。
哀哀父母，	可怜我的爹与妈，
生我劬劳！③	抚养我大太辛劳！
蓼蓼者莪，	看那莪蒿相依偎，
匪莪伊蔚。④	却非莪蒿只是蔚。
哀哀父母，	可怜我的爹与妈，
生我劳瘁！	抚养我大太劳累！
瓶之罄矣，⑤	汲水瓶儿空了底，
维罍之耻。⑥	装水坛子真羞耻。
鲜民之生，⑦	孤独活着没意思，
不如死之久矣。	不如早点就去死。
无父何怙？⑧	没有亲爹何所靠？
无母何恃？	没有亲妈何所恃？
出则衔恤，⑨	出门行走心含悲，
入则靡至。	入门茫然不知止。
父兮生我，	爹爹呀你生下我，
母兮鞠我。⑩	妈妈呀你喂养我，
拊我畜我，⑪	你们护我疼爱我，
长我育我，	养我长大培育我，
顾我复我，⑫	想我不愿离开我，
出入腹我。⑬	出入家门怀抱我。
欲报之德，	想报爹妈大恩德，
昊天罔极！⑭	老天降祸难预测！
南山烈烈，⑮	南山高峻难逾越，
飘风发发。⑯	飙风凄厉令人怯。

民莫不穀,⑰	大家没有不幸事,
我独何害？	独我为何遭此劫？
南山律律,⑱	南山高峻难迈过,
飘风弗弗。⑲	飙风凄厉人哆嗦。
民莫不穀,	大家没有不幸事,
我独不卒!⑳	不能终养独是我!

〔注〕①蓼(lù)蓼：长又大的样子。莪(é)：一种草，即莪蒿。李时珍《本草纲目》："莪抱根丛生，俗谓之抱娘蒿。"②匪：同"非"。伊：是。③劬(qú)劳：与下章"劳瘁"皆劳累之意。④蔚(wèi)：一种草，即牡蒿。⑤瓶：汲水器具。罄(qìng)：尽。⑥罍(lěi)：盛水器具。⑦鲜(xiǎn)：指寡、孤。民：人。⑧怙(hù)：依靠。⑨衔恤：含忧。⑩鞠：养。⑪拊：通"抚"。畜：抚爱。⑫顾：顾念。复：返回，指不忍离去。⑬腹：指怀抱。⑭昊(hào)天：广大的天。罔：无。极：准则。⑮烈烈：通"颲颲"，山风大的样子。⑯飘风：同"飙风"。发发：读如"拨拨"，风声。⑰穀(gǔ)：善。⑱律律：同"烈烈"。⑲弗弗：同"发发"。⑳卒：终，指养老送终。

《毛诗序》说本诗"刺幽王也，民人劳苦，孝子不得终养尔"，只有最后一句是中的之言，至于"刺幽王，民人劳苦"云云，正如欧阳修所说"非诗人本意"(《诗本义》)，诗人所抒发的只是不能终养父母的痛极之情。

本诗六章，似是悼念父母的祭歌，分三层意思：首两章是第一层，写父母生养我辛苦劳累。头两句以比引出，诗人见蒿与蔚，却错认我，于是心有所动，遂以为比。莪香美可食用，并且环根丛生，故又名抱娘蒿，喻人成材且孝顺；而蒿与蔚，皆散生，蒿粗恶不可食用，蔚既不能食用又结子，故称牡蒿，蒿、蔚喻不成材且不能尽孝。诗人有感于此，借以自责不成材又不能终养尽孝。后两句承此思言及父母养大自己不易，费心劳力，吃尽苦头。朱熹于此指出："言昔谓之莪，而今非莪也，特蒿而已。以比父母生我以为美材，可赖以终其身，而今乃不得其养以死。于是乃言父母生我之劬劳而重自哀伤也。"(《诗集传》)中间两章是第二层，写儿子失去双亲的痛苦和父母对儿子的深爱。第三章头两句以瓶喻父母，以罍喻子。因瓶从罍中汲水，瓶空是罍无储水可汲，所以为耻，用以比喻子无以赡养父母，没有尽到应有的孝心而感到羞耻。句中设喻是取瓶罍相资之意，非取大小之义。"鲜民"以下六句诉述失去父母后的孤身生活与感情折磨。汉乐府诗《孤儿行》说"居生不乐，不如早去从地下黄泉"，那是受到兄嫂虐待产生的想法，而本诗悲叹孤苦伶仃，无所依傍，痛不欲生，完全是出于对父母的亲情。诗人与父母相依为命,失去父母,没有了家庭的温暖,以至于有家好像无家。曹粹中说:"以无怙恃,故谓之鲜民。孝子出必告,反必面,今出而无所告,故衔恤。上堂入室而不见,故靡至也。"(转引自戴震《毛诗补传》)理解颇有参考价值。第四章前六句——叙述父母对"我"的养育抚爱,这是把首两章说的"劬劳""劳瘁"具体化。诗人一连用了生、鞠、拊、畜、长、育、顾、复、腹九个动词和九个"我"字,语拙情真,言直意切,絮絮叨叨,不厌其烦,声促调急,确如哭诉一般,如果借现代京剧唱词"声声泪,字字血"来形容,那是最恰切不过了。姚际恒说:"勾人眼泪全在此无数'我'字。"(《诗经通论》)这章最后两句,诗人因不得奉养父母,报大恩于万一,痛极而归咎于天,责其变化无常,夺去父母生命,致使"我"欲报不能!后两章第三层正承此而来,抒写遭遇不幸。头两句诗人以眼见的南山艰危难越,耳闻的飙风呼啸扑来起兴,创造了困厄危艰、肃杀悲凉的气氛,象征自己遭遇父母双亡的巨痛与凄凉,也是诗人悲怆伤痛心情的外化。四个人声字重叠:烈烈、发发、律律、弗弗,加重了哀思,读来如鸣咽一般。后两句是无可奈何的怨嗟,方玉润说:"以众衬己,见己之抱恨独深。"(《诗经原始》)

  赋比兴交替使用是本诗写作一大特色,丰坊《诗说》云:"是诗前三章皆先比而后赋也;四章赋也;五、六章皆兴也。"后两章也应该说是"先兴后赋"。三种表现方法灵活运用,前后呼应,抒情起伏跌宕,回旋往复,传达孤子哀伤情思,可谓珠落玉盘,运转自如,艺术感染力强烈。《晋书·孝友传》载王裒因痛父无罪处死,隐居教授,"及读《诗》至'哀哀父母,生我劬劳',未尝不三复流涕,门人受业者并废《蓼莪》之篇";又《齐书·高逸传》载顾欢在天台山授徒,因"早孤,每读《诗》至'哀哀父母',辄执书恸泣,学者由是废《蓼莪》",类似记载尚有,不必枚举。子女赡养父母,孝敬父母,本是我们中华民族的美德之一,实际也应该是人类社会的道德义务,而本诗则是以充沛情感表现这一美德最早的文学作品,对后世影响极大,不仅在诗文赋中常有引用,甚至在朝廷下的诏书中也屡屡言及。《诗经》这部典籍对我们民族心理、民族精神形成的影响由此可见一斑。(蒋立甫)

大　东

有饛簋飧,①	簋里熟食满荡荡,
有捄棘匕。②	枣木勺儿弯又长。
周道如砥,③	大路平坦如磨石,
其直如矢。	笔直好像箭杆样。

君子所履,④	贵人路上常来往,
小人所视。	小民只能瞪眼望。
睠言顾之,⑤	转过头来心悲伤,
潸焉出涕。⑥	眼泪汪汪湿衣裳。

小东大东,⑦	东方远近诸小国,
杼柚其空。⑧	织机布帛空荡荡。
纠纠葛屦,⑨	葛麻草鞋缠又绑,
可以履霜?⑩	怎么能够踏冰霜?
佻佻公子,⑪	得意洋洋那公子,
行彼周行。⑫	满载车辆大路上。
既往既来,	来了去又去了来,
使我心疚。	教我心痛如断肠。

有冽氿泉,⑬	泉水横流清又冷,
无浸获薪。⑭	砍下柴来莫被浸。
契契寤叹,⑮	忧愁难睡长叹息,
哀我惮人。⑯	可怜我们痛苦人。
薪是获薪,	砍下树枝当烧柴,
尚可载也。	还要装车往回运。
哀我惮人,	可怜我们病苦人,
亦可息也。	应该休息总不能。

东人之子,	东方各国的子弟,
职劳不来。⑰	辛苦服役没人问。
西人之子,⑱	周人公子哥儿们,
粲粲衣服。	衣服华丽多鲜新。
舟人之子,⑲	就是船夫的子弟,
熊罴是裘。⑳	熊罴皮袍穿在身。

小雅·大东

私人之子,㉑　　　那些家奴的孩子,
百僚是试。㉒　　　个个当差在衙门。

或以其酒,　　　　有人饮用香醇酒,
不以其浆。㉓　　　有人喝不上米浆。
鞙鞙佩璲,㉔　　　圆圆宝玉佩身上,
不以其长。㉕　　　不是才德有专长。
维天有汉,㉖　　　看那天上的银河,
监亦有光。㉗　　　照耀灿灿闪亮光。
跂彼织女,㉘　　　鼎足三颗织女星,
终日七襄。㉙　　　一天七次移动忙。

虽则七襄,　　　　纵然织女移动忙,
不成报章。㉚　　　没有织出好纹章。
睆彼牵牛,㉛　　　牵牛三星亮闪闪,
不以服箱。㉜　　　不能拉车难载箱。
东有启明,　　　　金星在东叫启明,
西有长庚。㉝　　　金星在西叫长庚。
有捄天毕,㉞　　　天毕八星柄弯长,
载施之行。㉟　　　把网张在大路上。

维南有箕,㊱　　　南天有那簸箕星,
不可以簸扬。　　　不能簸米不扬糠。
维北有斗,㊲　　　往北有那南斗星,
不可以挹酒浆。㊳　不能用它舀酒浆。
维南有箕,　　　　南天有那簸箕星,
载翕其舌。㊴　　　吐出舌头口大张。
维北有斗,　　　　往北有那南斗星,
西柄之揭。㊵　　　在西举柄向东方。

〔注〕 ① 饛(méng)：食物满器貌。簋(guǐ)：古代一种圆口、圈足、有盖、有座的食器，青铜制或陶制，供统治阶级的人使用。飧(sūn)：熟食，晚饭。 ② 捄(qiú)：曲而长貌。棘匕：酸枣木做的勺匙。 ③ 周道：大路。砥：磨刀石，用以形容道路平坦。 ④ 君子：统治阶级的人，与下句的"小人"相对。小人指被统治的民众。 ⑤ 睠(juàn)言：同"睠然"，眷恋回顾貌。 ⑥ 潸(shān)：流泪貌。 ⑦ 小东大东：西周时代以镐京为中心，统称东方各诸侯国为东国，以远近分，近者为小东，远者为大东。 ⑧ 杼柚(zhù zhóu)：杼，织机之梭；柚，同"轴"，织机之大轴；合称指织布机。 ⑨ 纠纠：缠结貌。葛屦：葛，葛草，茎皮可制葛布；屦，鞋。 ⑩ 可：通"何"（用俞樾说）。 ⑪ 佻(tiāo)佻：豫逸轻狂貌。 ⑫ 周行(háng)：同"周道"，行，道路。 ⑬ 氿(guǐ)泉：泉流受阻溢而自旁侧流出的泉水，狭而长。 ⑭ 获薪：砍下的薪柴。王安石《诗经分类诠释》认为"获"为"檴"的假借，即榆木，如《诗经》诸篇中《凯风》《东山》《车辖》诸篇之棘薪、栗薪、樵薪。 ⑮ 契契：忧结貌。寤叹：不寐而叹。 ⑯ 惮：同"瘅"，疲苦成病。 ⑰ 职劳：从事劳役。来："勑"的借字，慰勉。或为"赉"的借字，赏赐。均通。 ⑱ 西人：周人。 ⑲ 舟人：郑笺："舟，当作周。"一说认为舟楫之人，周人中之低贱者。 ⑳ 熊罴之裘：用熊皮、马熊皮为料之的皮袍。一说，郑笺谓"裘当作求"，本句意即狩求取熊罴。二说均通。 ㉑ 私人：家奴。 ㉒ 百僚：犹云百隶、百仆。 ㉓ 浆：米浆。 ㉔ 鞙(juān)鞙：形容玉圆（或长）之貌。璲(suì)：贵族佩带上镶的宝玉。 ㉕ 不以其长：以，因。长，善。郑笺："佩之鞙鞙然，居其官职，非其才之所长也，徒美其佩而无其德，刺其素餐。" ㉖ 汉：银河。 ㉗ 监：同"鉴"，照。 ㉘ 跂(qí)：同"歧"，分叉状。织女：三星组成的星座名，呈三角形，位于银河北侧。 ㉙ 七襄：七次移易位置。古人一天分十二时辰，白日卯时至酉时共七个时辰，织女星座每一个时辰移动一次。 ㉚ 报章：报，复，指织机的梭子引线往复织作；章，经纬成理。不成报章，即织不成布帛。 ㉛ 睆(huǎn)：明亮貌。牵牛：三颗星组成的星座名，又名河鼓星，俗名牛郎星，在银河南侧。 ㉜ 服箱：驾车运载。服，负载；箱，车斗。 ㉝ 启明、长庚：金星（又名太白星）晨在东方，叫启明，夕在西方，叫长庚。 ㉞ 天毕：毕星，八星组成的星座，状如捕兔的毕网，网小而柄长，手持之捕兔。 ㉟ 施：张。 ㊱ 箕：俗称簸箕星，四星联成的星座，形如簸箕，距离较远的两星之间是箕口。 ㊲ 牛：南斗星座，位置在箕星之北。 ㊳ 挹。 ㊴ 歙：吸引。歙其舌，吸着舌头。箕星底狭口大，好像向内吸舌若吞噬之状。 ㊵ 西柄之揭：南斗星座呈斗形有柄，天体运行，其柄常在西方。揭，举起。本句形容西方执柄举向东方。

西周初年，"三监"叛乱，殷商后裔武庚联合东方旧属国奄（今山东曲阜）、蒲姑（今山东博兴）及徐夷、淮夷起兵反周。周公东征，经过三年战争，诛武庚，黜"三监"，攻灭奄等十七国。继而，迁殷顽，封建姬姓大国（鲁、齐、卫、燕）监视东方各小国，实行分区经营。距镐京较近的各小国统称小东，较远的各小国统称大东。为加强控制，从镐京到东方各国修筑一条战略公路，据《逸周书》："辟开修道，五里有郊，十里有井，二十里有舍。"即所谓"周道"，或称"周行"，从西方向东方运输军队和军用物资，运回西方的贡赋和征敛的财富。对东方各小国来说，这如同一条吸血管。这首诗所描写的，正是西周统治者通过这条"周道"给被征服的东方人民带来的压榨、劳役、困苦、怨愤和沉痛的叹息。

《毛诗序》曰:"《大东》,刺乱也。东国困于役而伤于财,谭大夫作是诗以告病。"历代传笺疏注说解,基本上没有大的出入,肯定这是被征服的东方诸侯国臣民怨刺周王朝统治的诗歌作品。

　　《序》说明作者是谭国大夫,而姓氏、经历和生活年代无从稽考。谭国在今山东济南市东南,对照《鲁颂》"遂荒大东",那一带地区当属大东。从诗义看,他是东方旧国的大夫,因诗中的思想和情绪,绝对不可能产生于姬姓各大封国的当权派。他对"西人"的对立情绪,正反映了征服者的周王朝与被征服的东方旧国统治阶级的矛盾;他的地位下降,使他发出同情人民的不平之鸣,从而也反映了西周统治阶级与被征服国人民的矛盾。有人说这是一首民歌,这个论断是不对的,这是士大夫创作的用雅乐演唱的歌诗,不是用土乐演唱的民歌。

　　这首诗写作的时间,据《左传·庄公十年》所记"齐师灭谭",即在公元前684年,齐国因为谭国对它"失礼"而出兵灭亡这个小国,时在东周初期,它只能写在谭国灭亡之前。诗的历史背景还是周王朝统治力量强大的时候,东周时王室已经衰微。姚际恒《诗经通论》说西周最后一代"幽王之时,号令犹行于诸侯,故东国诸侯之民愁怨如此。若东迁之后,则不能尔矣"。姚氏以为最迟当在幽王时代,这已难考证,我们只能肯定创作在西周时代。

　　这是一篇长诗。全诗结构严密,层次清晰,前后呼应。通篇运用对比和暗喻,由现实的人间,而虚幻的星空,展开东方人民遭受沉痛压榨的困苦图景和诗人忧愤抗争的激情。思路递进而奇崛,意蕴丰富而深厚。

　　首章写"食"。由"有饛簋飧"联想到与如砥如矢的周道的关系,从"君子"和"小人"的不同境遇,抒写了诗人的悲伤。朱熹对这一章解说曰:"今乃顾之而出涕者,则以东方之赋役,莫不由是而西输于周也。"(《诗集传》)这个解释一言中的。

　　二章写"衣"。姚际恒《诗经通论》曰:"杼柚其空,惟此一语实写正旨。"织布机上的布帛全被征敛一空,寒霜上小民穿着破草鞋,而公子们还在经过那吸血管似的周道来榨取。这样的揭露相当深刻。

　　三章写劳役。以薪柴为喻,通过烧柴不能水浸,隐喻疲病的人民应该休养生息。严粲《诗缉》解曰:"获薪以供爨,必曝而干之,然后可用,若浸之寒冽之泉,则湿腐而不可爨矣;喻民当抚恤之,然后可用,若困之以暴虐之政,则劳悴而不能胜矣。"

　　四章写待遇不公平。"东人之子,职劳不来",而"西人之子,粲粲衣服";连周人中身份低贱的也"熊罴是裘",家奴的子弟都"百僚是试"。通过这样典型的形象对照,反映了西周统治者与被征服的东方人民不平等的社会经济政治地位的悬殊。

五章是全诗前后的过渡,前半继续写不公平的社会现象,郑笺云:"佩之鞘鞘然,居其官职,非其才之长也。徒美其佩而无其德,刺其素餐。"下半就自然地把视野转向上天,姚际恒《诗经通论》曰:"维天有汉,监亦有光。此二句不必有义。盖是时方中夜,仰天感叹,适见天河烂然有光,即所见以抒写其悲哀也。"下面两句也是仰天所视有感,"跂其织布,终日七襄",正是呼应二章的"杼柚其空",并引出下章的"不成报章"。这一章承前启后,过渡自然。

六章面向灿灿星空驰骋想象。诗人怨织女织不成布帛,怨牵牛不能拉车运输,朝启明,夕长庚,有名无实,讥笑毕星在大路上张网,徒劳无功。整个运转的天体都不能为小民解决困苦。

七章对星座的意象描写更深一层。王先谦《诗三家义集疏》分析道:"下四句与上四句虽同言箕斗,自分两义。上刺虚位,下刺敛民也。"簸箕星不能簸米扬糠,南斗星不能舀酒浆,都是徒具虚名,而且簸箕星张开大口,吐着长舌,斗星由西举柄向东。如欧阳修《诗本义》所释:"箕斗非徒不可用而已,箕张其舌,反若有所噬;斗西其柄,反若有所挹取于东。"这样的"怨天",正是怨现实,揭露所谓"天"是为周王朝服务压榨东方小民的。这个结尾更深化了主题。

象征、隐喻、鲜明的对比、丰富而奇幻的想象交错运用,是本诗艺术手法的特色。吴闿生《诗义会通》评论曰:"文情俶诡奇幻,不可方物,在《风》《雅》中为别词,开辞赋之先声。后半措词运笔,极似《离骚》,实三代之奇文也。"吴氏说的"俶诡奇幻",就是驰骋无羁的想象,奇特的比喻,创造丰富的奇崛的形象,从人间飞到星空,又从星空飞到人间,把现实世界和幻想世界相结合,把现实主义描写与浪漫主义想象融合为有机的整体。吴氏说的"开辞赋之先声",正是指出这种艺术手法对屈原赋的深刻影响。

(夏传才)

四　月

四月维夏,①	四月已经是夏天,
六月徂暑。②	六月酷暑就将完。
先祖匪人,③	祖先不是别家人,
胡宁忍予?④	怎忍让我受熬煎?

秋日凄凄,　　秋日有风风凄凄,
百卉俱腓。⑤　百草凋零百花稀。
乱离瘼矣,⑥　颠沛流离痛苦深,
爰其适归?⑦　何时才能回家里?

冬日烈烈,⑧　冬日寒气真凛冽,
飘风发发。⑨　狂风呼啸肤欲裂。
民莫不穀,⑩　没有一家不快活,
我独何害!⑪　独我遭灾多悲切!

山有嘉卉,　　好树好花满山隈,
侯栗侯梅。⑫　既有栗树也有梅。
废为残贼,⑬　大受破坏与残害,
莫知其尤。⑭　不知那是谁的罪。

相彼泉水,⑮　看那山间泉水横,
载清载浊。⑯　一会清来一会浑。
我日构祸,⑰　我却天天遇祸患,
曷云能穀?⑱　哪能做个有福人?

滔滔江汉,⑲　长江汉水浪滔滔,
南国之纪。⑳　统领南方诸河道。
尽瘁以仕,㉑　鞠躬尽瘁来办事,
宁莫我有。㉒　可是没人说我好。

匪鹑匪鸢,㉓　为人不如鹰和雕,
翰飞戾天。㉔　振翅高飞上云霄。
匪鳣匪鲔,㉕　为人不如鲤和鲟,
潜逃于渊。　　潜入深渊把命逃。

山有蕨薇，㉖	蕨菜薇菜长山里，
隰有杞㯫。㉗	杞树㯫树长洼地。
君子作歌，	我今作首歌儿唱，
维以告哀。	满腔悲哀诉说起。

〔注〕①四月：指夏历（即今农历）四月。下句"六月"同。 ②徂（cú）：往。徂暑，意谓盛暑即将过去。 ③匪人：不是他人。 ④胡宁：为什么。忍予：忍心让我（受苦）。 ⑤卉（huì）：草的总名。腓（féi）：此系"痱"的假借字，（草木）枯萎或病。 ⑥瘼（mò）：病、痛苦。 ⑦爰：何。适：往、去。归：归宿。 ⑧烈烈：即"冽冽"，严寒的样子。 ⑨飘风：疾风。发发：状狂风呼啸的象声词。 ⑩穀（gǔ）：善、好。 ⑪何：通"荷"，承受。 ⑫侯：有。 ⑬废：大。残贼：残害。 ⑭尤：错，罪过。 ⑮相：看。 ⑯载：又。 ⑰构："遘"的假借字，遇。 ⑱曷：何。云：语助词。 ⑲江汉：长江、汉水。 ⑳南国：指南方各河流。纪：朱熹《诗集传》："纪，纲纪也，谓经带包络之也。" ㉑尽瘁：尽心尽力以致憔悴。仕：任职。 ㉒有：通"友"，友爱，相亲。 ㉓鹑（tuán）：雕。鸢（yuān）：老鹰。 ㉔翰（hàn）飞：高飞。戾（lì）：至。 ㉕鳣（zhān）：大鲤鱼。鲔（wěi）：鲟鱼。 ㉖蕨薇：两种野菜。 ㉗杞：枸杞。㯫（yí）：赤栜。

从此诗"卒章显志"的末两句"君子作歌，维以告哀"来看，诗人系为抒发强烈悲愤之情而作。后世屈原《九章·惜诵》："惜诵以致愍兮，发愤以抒情。"其情实与《四月》一脉相通。那么，诗人为什么要"告哀"，告什么哀呢？我们可从前面七章找答案。

前三章是"哀"的内容。二章的"乱离瘼矣，爰其适归"是哀的集中表现，诗人颠沛流离，遭贬谪，被窜逐，无家可归，贫病交加，仓皇狼狈，犹如丧家之犬。

流亡或流放的本身已够悲惨，而主观心境与客观环境更加深了这种悲哀的程度。从首章"先祖匪人，胡宁忍予？"呼天抢地声中，可见诗人怨愤之深。他不是平民，更不是拾荒流浪汉，而是勋戚贵族的后裔。现在遭受莫大苦难，先祖在天之灵怎么会忍心看我受罪而不加荫庇？逝世的先人当然无辜，诗人的用意自然是指斥活着的当道者刻薄寡恩，对功臣后裔尚且未加眷顾，更何况他人。这使人想起屈原《离骚》的首句："帝高阳之苗裔兮（我是古帝高阳氏的后裔）。"用自己先祖的高贵，表示对楚怀王流放、迫害自己的不满，两者用意如出一辙。

在客观环境上，一是写经历时间之长，从"四月维夏"到"冬日烈烈"，整整三个季度。从京城流放到目的地，需长途跋涉九个月，道途之凄怆艰辛，流放地的僻远蛮荒可想而知。二是写各季的自然环境，四月到六月是炎蒸伏天，酷热溽暑尽在不言中。"徂暑"，好不容易熬过了暑天，盼望能熬出头，却不知路还远着呢！接着是秋天，"百卉俱腓"，一派萧瑟恻怆景象；再接着是冬天，"飘风发发"，狂风怒吼,严寒凛冽。人们蜷缩在家里,或围炉取暖,或饮酒作乐,他却要在天寒地冻刺骨寒风中跋涉前进,那真是够悲哀的。用心境、环境烘托和加深对"哀"的表现,这种艺术手法运用得很成功。顺便说一句,诗的第三章与《小雅·蓼莪》第五章几乎全同,这种句段互相移用的现象在《诗经》中并不罕见,原因可能是诗在当时非常流行,如同民歌民谣一样被广泛传诵吟唱,因而其中某些切景切情的句段会不期而然地被撷取移用,天衣无缝,如同己出。

后四章是"哀"的缘由。前面三章给人迁徙动荡之感,四章起季节与地域都已相对静止,着重抒发诗人的心理活动,这是一种痛定思痛的反思。四章点出莫名其妙地受谗毁中伤,方玉润《诗经原始》说此章"获罪之冤,实为残贼人所挤。'废'字乃全篇眼目。"因为"废",哀才接踵而至。五章追思遭"废"的缘故,当是不肯同流合污吧。泉水有清有浊,自己不能和光同尘,所以一天天遭祸、倒霉。屈原有一篇《渔父》,写他志尚高洁不同流俗而遭放逐,游于江潭。渔父对他"举世皆浊己独清"的品格进行批评劝导,屈子不为所动,渔父鼓枻而去,唱道:"沧浪之水清兮,可以濯吾缨;沧浪之水浊兮,可以濯吾足。"其意境颇与此章相通。

诗人在流放地安顿后,在周围漫步,附近有山,山上有栗树梅树,山间还有潺潺流泉,山下则是波浪滔滔的长江、汉水,这就明确点出了放逐的地域在南国。长江汉水有条不紊地容纳统领着南方诸水系,而朝廷却纲纪弛败,忠奸莫辨,鞠躬尽瘁却不被信任重用。五章表明自己清白无辜,也包含着"虽九死其犹未悔"的决心。后世大诗人杜甫也继承了这种忠君爱国情操,他的《江汉》诗说:"江汉思归客,乾坤一腐儒。"古往今来,这种耿直倔强的"腐儒"真不少啊!

七章继续写所见所思。雕鹰振翅在高空中翱翔,鲤和鲔在深水中潜游。它们能避开猎人的矰缴和渔夫的钓钩,全身远祸。诗人见了不禁神往,叹息道:可惜我不能像雕鹰鲤鲔那样,逃避那人间的桎梏与祸害。诗人脱离现实的向往与追求,也正反映了现实的黑暗与残暴。全诗以一己为代表,在暴露现实方面有相当深度与广度,不愧是现实主义的力作。

这首诗脉络清晰,层次井然。在写法上,大抵前两句言景,后两句抒情,景和情能丝丝入扣,融为一体,把"告哀"的主旨表现得真挚深沉,很值得借鉴。

关于此诗的性质,前人众说纷纭,莫衷一是,其中以方玉润说最为痛快通达,《诗经原始》道:"此诗明明逐臣南迁之词,而诸家所解,或主遭乱,或主行役,或主构祸,或主思祭,皆未尝即全诗而一诵之也。"统观全诗,其实不错。这首诗也可视作是迁谪诗的鼻祖,为后世迁客逐臣开辟了一方诗的新领地,屈原、杜甫等大诗人,都在一定程度上受到它的影响。

(曹光甫)

北　山

陟彼北山，	爬上高高的北山，
言采其杞。①	去采山上枸杞子。
偕偕士子，②	体格健壮的士子，
朝夕从事。	从早到晚要办事。
王事靡盬，③	王的差事没个完，
忧我父母。	忧我父母失奉侍。

溥天之下，④	普天之下每寸泥，
莫非王土。	没有不是王的地。
率土之滨，⑤	四海之内每个人，
莫非王臣。	没有不是王的臣。
大夫不均，	大夫分派总不公，
我从事独贤。⑥	我的差事多又重。

四牡彭彭，⑦	四马驾车奔驰狂，
王事傍傍。⑧	王事总是急又忙。
嘉我未老，	夸我年龄正相当，
鲜我方将。⑨	赞我身强力又壮。
旅力方刚，⑩	体质强健气血刚，
经营四方。⑪	派我操劳走四方。

或燕燕居息，⑫	有人安逸家中坐，
或尽瘁事国。⑬	有人尽心为王国。
或息偃在床，⑭	有人床榻仰面躺，
或不已于行。⑮	有人赶路急星火。

| 或不知叫号，⑯ | 有人征发不应召， |

或惨惨劬劳，⑰	有人苦累心烦恼。
或栖迟偃仰，⑱	有人游乐睡大觉，
或王事鞅掌。⑲	有人王事长操劳。
或湛乐饮酒，⑳	有人享乐贪杯盏，
或惨惨畏咎。㉑	有人惶惶怕责难。
或出入风议，㉒	有人溜达闲扯淡，
或靡事不为。㉓	有人百事都得干。

〔注〕① 言：语助词。杞：枸杞，落叶灌木，果实入药，有滋补功用。② 偕偕：健壮貌。士：周王朝或诸侯国的低级官员。周时官员分卿、大夫、士三等，士的职级最低，士子是这些低级官员的通名。③ 靡盬（gǔ）：无休止。④ 溥（pǔ）：古本作"普"。⑤ 率土之滨：四海之内。古人以为中国大陆四周环海，自四面海滨之内的土地是中国领土。《尔雅》："率，自也。"⑥ 贤：多。劳。马瑞辰《毛诗传笺通释》："贤之本义为多……事多者必劳，故贤为多，即为劳。"⑦ 牡：公马。周时用四马驾车。彭彭：形容马奔走不息。⑧ 傍傍：急急忙忙。⑨ 鲜（xiǎn）：称赞。郑笺："嘉、鲜，皆善也。"方将：正壮。⑩ 旅力：体力。旅通"膂"。⑪ 经营：规划治理，此处指操劳办事。⑫ 燕燕：安闲自得貌。居息：家中休息。⑬ 尽瘁：尽心竭力。⑭ 息偃：躺着休息。偃，仰卧。⑮ 不已：不止。行（háng）：道路。⑯ 叫号：毛传："叫呼号召。"吴闿生《诗义会通》："呼召也，不知上有征发呼召乎。"⑰ 惨惨：又作"懆懆"，忧虑不安貌。劬（qú）劳：辛勤劳苦。⑱ 栖迟：休息游乐。⑲ 鞅掌：事多繁忙。钱澄之《田间诗学》："鞅掌，即指勤于驰驱，掌不离鞅，犹盲身不离鞍马耳。"⑳ 湛（dān）：同"耽"，沉湎。㉑ 畏咎：怕出差错获罪招祸。㉒ 风议：放言高论。傅恒等《诗义折中》："或出入风议，则己不任劳，而转持劳者之短长。"㉓ 靡事不为：无事不作。《诗义折中》："勤劳王事之外，又畏风议之口而周旋弥缝之也。"

《毛诗序》曰："《北山》，大夫刺幽王也。役使不均，己劳于从事而不得养其父母也。"《诗》三家和唐、宋疏传均无异辞。这个题解，袭自孟子的诗说，《孟子·万章上》论此诗诗义是"劳于王事而不得养父母也"。这样说并无大误，诗的内容确是作者劳于王事而发出的不平之鸣，但"不得养父母"的内容只有第一章中的一句，全诗的主要内容是怨刺役使不均；"大夫不均，我从事独贤"，是诗的眼目，这才是诗的主题所在。作者的身份，孟子没有指明，因为作者已自称"士子"。汉、唐诸家却提高了作者身份，连宋人也谓"大夫行役而作"（朱熹《诗集传》），显然不合。清姚际恒《诗经通论》还作者以本来身份，才明确地说："此为为士者所作以怨大夫也，故曰'偕偕士子'，曰'大夫不均'，有明文矣。"这就吻合诗义，使诠释通达。

周代社会和政权是按严密的宗法制度组织的，王和诸侯的官员，分为卿、大夫、士三等，等级森严，上下尊卑的地位不可逾越，完全按照血缘关系的远近亲疏规定地位的尊卑。士属于最低的阶层，在统治阶级内部处于最受役使和压抑的地位。《诗经》中有不少诗篇描写这个阶层的辛劳和痛楚，抒发他们的苦闷和不满，从而在客观上暴露了统治阶级内部上下关系的深刻矛盾，反映了宗法等级社会的不平等性及其隐患。《北山》这篇诗着重通过对劳役不均的怨刺，揭露了统治阶级上层的腐朽和下层的怨愤，是怨刺诗中突出的篇章。

诗的前三章陈述士的工作繁重、朝夕勤劳、四方奔波，发出"大夫不均，我从事独贤"的怨愤。钟惺《诗评》曰："'独贤'字不必深解，'嘉我未老'三句，似为'独贤'二字下一注脚，笔端之妙如此。"妙是妙在这三句典型地勾画了大夫役使下属的手腕，他又是赞扬，又是夸奖："你正年龄相当，你的身体这么棒，真是前程不可限量，你多出几趟差，多做些贡献！"活现了统治者驭下的嘴脸。

后三章广泛运用对比手法，十二句接连铺陈十二种现象，每两种现象是一个对比，通过六个对比，描写了大夫和士这两个对立的形象。大夫成天安闲舒适，在家里高枕无忧，饮酒享乐睡大觉，什么征发号召不闻不问，吃饱睡足闲磕牙，自己不干，谁干却去挑谁的错，说谁的闲话。士却被这样的大夫役使，他尽心竭力，奔走不息，辛苦劳累，忙忙碌碌，什么事都得去干，还成天提心吊胆，生怕出了差错，被上司治罪。这样两种对立的形象，用比较的方式对列出来，就使好与坏、善与恶、美与丑在比较中得到鉴别，从而暴露了不合理的等级社会的不平等事实及其不合理性。在对比之后全诗戛然而止，没有评论，也没有抒发感慨。姚际恒《诗经通论》评论曰："'或'字作十二叠，甚奇；末句无收结，尤奇。"通过鲜明的对比，读者可以自然地得出结论，多让读者去体味涵咏，不必直写。所以，吴闿生《诗义会通》评论这是"妙笔"。

唐韩愈的著名长篇五言古诗《南山》，其中有两段，一段连用十九个以"或"字起句的句子，另一段连用三十个以"或"字起句的句子，都是两句一对比。很明显，韩愈借鉴了《北山》的这种手法。但是，韩愈的诗未免过于铺陈繁富，如沈德潜所批评："然情不深而侈其辞，只是汉赋体段。"比较而言，韩愈诗不如《北山》情切而明晰。

第五章首句"或不知叫号"，现代学者多释为"呼叫号哭"，译释为"人间烦恼"（余冠英）、"悲号"（金启华）、"人叫号"（袁梅）、"放声大哭"和"民间疾苦"（程俊英）等等，多是说这位大夫听不到人民痛苦的怨诉或号哭。这样来译释，多少感到突兀、牵强，不很圆融。"叫号"一词在这里应如何诠释呢？毛传解为："叫呼号召。"孔疏解为:"叫号,连绵字……叫呼号召四字同义也。"傅恒等《诗义折中》解为:"耳不闻征发之声。"吴闿生《诗义会通》解为:"叫号,呼召也,不知上有征发呼召。"近人陈子展《诗经直解》解为:"不知道有号召。"这些解释比较接近原义。照这样解释,诗中这位悠然自适、贪杯耽乐的大夫,根本不闻不问朝廷的征发呼召,除了吃喝玩乐睡大觉,就是闲聊扯淡。这个形象是比较丰满的。《诗经》的注疏遗产很丰富,有些旧注并没有错,不必曲为新说。

  这篇诗在封建社会起到了讽谏作用。《后汉书·杨赐传》记杨赐针对时弊上疏曰:"而今所序用无佗德,有形埶者,旬日累迁,守真之徒,历载不转,劳逸无别,善恶同流,《北山》之诗,所为训作。"等级森严、任人唯亲的宗法等级制度,必然造成如《北山》诗中所描写的上层的腐败和下层的怨愤,统治阶级这种内部矛盾的进一步尖锐化,必将是内部的涣散、解体以至灭亡。所以,清高宗敕撰的《诗义折中》也强调说,劳逸不均就是"逸之无妨"和"劳而无功",因此就会上层腐败,下层撂挑子,这是关系国家存亡之"大害"。诗中暴露的一些现象,在今天的现实中又何尝不存在呢?

(夏传才)

无 将 大 车

无将大车,①	不要去推那大车,
祇自尘兮。	推着它只会蒙上一身灰尘。
无思百忧,	不要去寻思种种烦恼,
祇自疧兮。②	想着它只会惹来百病缠身。
无将大车,	不要去推那大车,
维尘冥冥。③	推着它会扬起灰尘天昏地暝。
无思百忧,	不要去寻思种种忧愁,
不出于颎。④	想着它便会难以自拔心神不宁。
无将大车,	不要去推那大车,
维尘雝兮。⑤	推着它尘埃滚滚蔽日遮天。
无思百忧,	不要去寻思种种悲伤,
祇自重兮。⑥	想着它就会心事加重疾病缠绵。

〔注〕①将：扶进，此指推车。大车：平地载运之车，此指牛车。 ②疧(qí)：病痛。 ③冥冥：昏暗，此处形容尘土迷蒙的样子。 ④颎(jiǒng)：通"耿"，心绪不宁，心事重重。不出于颎，犹言不能摆脱烦躁不安的心境。 ⑤雝(yōng)：通"壅"，引申为遮蔽。 ⑥重：通"肿"，一说借为"恫"，病痛，病累。

揣摩此诗，可以看出这是一位感时伤乱者唱出的自我排遣之歌。全诗三章，每章均以推车起兴。人帮着推车前进，只会让扬起的灰尘洒满一身，辨不清天地四方。诗人由此兴起了"无思百忧"的感叹：心里老是想着世上的种种烦恼，只会使自己百病缠身，不得安宁。言外之意就是，人生在世不必劳思焦虑、忧怀百事，聊且旷达逍遥可矣。

诗的字面意义颇为明豁，问题在于歌者是一位什么身份的人，其所忧又是什么。对于诗歌的这一文本，读者自可作出各种不同的解读，因而历来就有"诗无达诂"之说。朱熹认为："此亦行役劳苦而忧思者之作。"(《诗集传》)语颇笼统含混。今人高亨解此诗为："劳动者推着大车，想起自己的忧患，唱出这个歌。"(《诗经今注》)陈子展称："《无将大车》当是推挽大车者所作。此亦劳者歌其事之一例"，"愚谓不如以诗还诸歌谣，视为劳者直赋其事之为确也。"(《诗经直解》)

按照以上说法，此诗为劳者直歌其事之作，则全诗当纯用赋体，直陈其事。但通观此诗，每章的首二句为兴体是无疑的，故姚际恒云："此诗以'将大车'而起尘兴'思百忧'而自病，故戒其'无'。观上下同用'无'字及'祇自'字可见。他篇若此甚多。此尤兴体之最明者。"(《诗经通论》)朱熹在《诗集传》中既揭出每章的首二句为"兴"体，又将诗意理解为行役者自歌其事，显然是自相矛盾，故姚氏抓住此点攻朱说最能切中其失。姚氏云："观三章'无思百忧'三句，并无行役之意，是必以'将大车'为行役，甚可笑。且若是，则为赋，何云兴乎？"姚氏概括此诗主题为："此贤者伤乱世，忧思百出；既而欲暂已，虑其甚病，无聊之至也。"方玉润《诗经原始》云："此诗人感时伤乱，搔首茫茫，百忧并集，既又知其徒忧无益，祇以自病，故作此旷达聊以自遣之词，亦极无聊时也。"姚、方二氏之论最能抓住此诗主题的实质。歌者当是一位士大夫，面对时世的混乱、政局的动荡，他忧心忡忡，转侧不宁，也许他的忧思不为统治者所理解，他的谏言不仅不被采纳，反而给自己招来了麻烦，因而发出了追悔之词、自遣之叹，但是从中我们仍能感受到他的忧世伤时之心。我们有理由推测，诗人选用推车为比兴乃有深意存焉。古人以乘舆指天子、诸侯，其来尚矣，那么以推车喻为国效力、服事君王也是情理中事。今人程俊英则说："这位诗人，可能是已经沦为劳动者的士。"(《诗经译注》)显然这是因诗人以"大车"起兴而作出的推断，也可备一说。

另一种对此诗的理解则由求之过深而走向穿凿附会，这就是从毛传到郑笺、孔疏的那种解释。《诗序》将此诗的主题概括为："周大夫悔将小人。幽王之时，小人众多，贤者与之从事，反见谮害，自悔与小人并。""将"在此处意谓推举、奖掖。郑笺释曰："鄙事者，贱者之所为也，君子为之，不堪其劳，以喻大夫而进举小人，适自作忧累，故悔之。"孔疏进一步分析："无将大车"云云乃"以兴后之君子无得扶进此小人，适自忧累于己。小人居职，百事不干，己之所举，必助忧之，故又戒后人。"

如上文所分析，此诗当为士大夫因忧国之心不被君王接纳而发出的牢骚怨叹，而传笺的作者却以偷梁换柱之法将矛头指向了所谓"小人"，似乎种种烦恼怨愤都是"小人"引起的。这样一来，也就可以体现出所谓温柔敦厚的诗教了。孔疏曾云："足明时政昏昧，朝多小人，亦所以刺王也。"可谓一语泄漏了天机。孔氏不得不承认此诗有刺君王之意，但他却竭力说明诗人主要是针对小人，"刺王"只是顺带及之，且意在言外。考《荀子·大略篇》有言："君人者，不可以不慎取臣；匹夫者，不可以不慎取友……以友观人焉所疑。取友善人，不可不慎，是德之基也。诗曰：'无将大车，维尘冥冥。'言无与小人处也。"又《韩诗外传》卷七讨论"树人"问题，述简主（赵简子）之语："由此观之，在所树也。今子之所树，非其人也。故君子先择而后种也。"接着即引此诗"无将大车，惟尘冥冥"之语作证。又《易林·井之大有》亦称："大舆多尘，小人伤贤。"可见此说由来已久，流传甚广。南宋戴溪即已提出异议，他在《续吕氏家塾读诗记》中称此诗"非'悔将小人'也"，"下云'无思百忧'，意未尝及小人。力微而挽重，徒以尘自障，而无益于行，犹忧思心劳而无益于事也。世既乱矣，不能挽而回之，如蚍蜉之撼大树也，徒自损伤而已尔。"姚际恒在《诗经通论》中指出："自《小序》误作比意，因大车用'将'字，遂曰'大夫悔将小人'，甚迂。"这些都是突破传笺陈说的真知灼见。

此诗采用重章复叠的形式，在反复咏唱中宣泄内心的情感，语言朴实真切，颇具民歌风味，因而虽列于《小雅》，却类似于《风》诗。全诗三章却又非单调的重复，而是通过用词的变化展现诗意的递进和情感的加深。如每章的起兴用"尘""冥""雝"三字逐步展现大车扬尘的情景，由掀起尘土到昏昧暗淡，最后达于遮天蔽日，诗人的烦忧也表现得愈加深沉浓烈。诗人以一种否定的口吻规劝世人，同时也是一种自我遣怀，在旷达的背后是追悔和怨嗟，这样写比正面的抒愤更深婉。读者当可细加体味。

（黄宝华）

小　　明

| 明明上天， | 高高在上那朗朗青天， |

照临下土。	照耀大地又俯察人间。
我征徂西,①	我为公事奔走往西行,
至于艽野。②	所到的地域荒凉僻远。
二月初吉,③	周正二月某吉日起程,
载离寒暑。④	迄今历经酷暑与严寒。
心之忧矣,	心里充满了忧伤悲哀,
其毒大苦。⑤	深受折磨我痛苦不堪。
念彼共人,⑥	想到那恭谨尽职的人,
涕零如雨。	禁不住潸潸泪如涌泉。
岂不怀归?	难道我不想回归家园?
畏此罪罟。⑦	只怕将法令之网触犯。

昔我往矣,	想当初我刚踏上征途,
日月方除。⑧	那时候正逢旧岁将除。
曷云其还?⑨	什么日子才能够回去?
岁聿云莫。⑩	眼看年将终归期仍无。
念我独兮,	顾念到自己形单影只,
我事孔庶。⑪	差事却多得数不胜数。
心之忧矣,	心里充满了忧伤悲哀,
惮我不暇。⑫	我疲于奔命无暇自顾。
念彼共人,	想到那恭谨尽职的人,
睠睠怀顾。⑬	我无限眷念朝夜思慕。
岂不怀归?	难道我不想回归家园?
畏此谴怒。	只怕上司的责罚恼怒。

昔我往矣,	想当初我刚踏上征途,
日月方奥。⑭	正值由寒转暖的气候。
曷云其还?	什么日子才能够回去?
政事愈蹙。⑮	公务却越加繁忙急骤。

小雅·小明　　　　　　　　　　　　　　　　　　　　诗经 〔449〕

岁聿云莫，　　　　眼看将年终时日无多，
采萧获菽。⑯　　　人们正忙着采蒿收豆。
心之忧矣，　　　　心里充满了忧伤悲哀，
自诒伊戚。⑰　　　我自讨苦吃自作自受。
念彼共人，　　　　想到那恭谨尽职的人，
兴言出宿。⑱　　　我辗转难眠思念不休。
岂不怀归？　　　　难道我不想回归家园？
畏此反覆。⑲　　　只怕世事翻覆祸当头。

嗟尔君子，　　　　长叹息你们这些君子，
无恒安处。⑳　　　莫贪图安逸坐享福分。
靖共尔位，㉑　　　应恭谨从事忠于职守，
正直是与。㉒　　　交正直之士亲近贤人。
神之听之，　　　　神灵就会听到这一切，
式穀以女。㉓　　　从而赐你们福祉鸿运。

嗟尔君子，　　　　长叹息你们这些君子，
无恒安息。　　　　莫贪图安逸碌碌无为。
靖共尔位，　　　　应恭谨从事忠于职守，
好是正直。　　　　与正直之士亲近伴随。
神之听之，　　　　神灵就会听到这一切，
介尔景福。㉔　　　从而赐你们洪福祥瑞。

〔注〕①征：行，此指行役。徂：往，前往。　②艽(qiú)野：荒远的边地。　③二月：指周正二月，即夏正之十二月。初吉：上旬的吉日。　④载：乃，则。离：经历。　⑤毒：痛苦，苦难。　⑥共：通"恭"，此指恭谨尽心。　⑦罪罟(gǔ)：指法网。罟，网；罪，捕鱼竹网。二字并列，犹云网罟。　⑧除：除旧，指旧岁辞去、新年将到。　⑨曷：何，何时。云：语助词。其：将。还：回去。　⑩聿云：二字均语助词。莫：古"暮"字。岁暮即年终。　⑪孔庶：很多。⑫惮：通"瘅"，劳苦。不暇：不得闲暇。　⑬睠睠：即"眷眷"，恋慕。　⑭奥(yù)："燠"之假借，温暖。　⑮蹙：急促，紧迫。　⑯萧：艾蒿。菽：豆类。　⑰诒：通"贻"，遗留。伊：此，这。戚：忧伤，痛苦。　⑱兴言：犹"薄言"，语首助词。一说"兴"意谓起来，"言"即焉。出宿：不能安睡。一说到外面去过夜。　⑲反覆：指不测之祸。　⑳恒：常。安处：安居，安逸享

乐。 ㉑靖：敬。共：通"恭"，奉，履行。位：职位，职责。 ㉒与：亲近，友好。一说通"举"，行为，举止。 ㉓式：乃，则。穀(gǔ)：善，此指福。以：与。女：汝。 ㉔介：借为"匄"(丐)，给予。景福：犹言大福。

《诗经》中有些篇章索解不易，以致歧见纷错，本篇就是一例。

《毛诗序》称此诗的主题为"大夫悔仕于乱世也"，寻绎诗意，此诗当是一位长期奔波在外的官吏自诉情怀的作品。他长年行役，久不得归，事务缠身，忧心忡忡，诗中披露出他的复杂心情，千载之下，使人犹闻其叹息怨嗟之声。

全诗共分五章。一、二、三章的前八句都是自述其行役之苦、心怀之忧。对这八句的理解，各家基本上无甚异词。接下来则是反复咏唱"念彼共人"，对"共人"的理解也就歧见纷呈了。"共"即古"恭"字，所谓"恭人"即恭谨之人，具体何指，诸家见仁见智，各抒己说。一种意见认为"共人"是指隐居不仕者。吕祖谦《吕氏家塾读诗记》引丘氏曰："'共人'谓温恭之人，隐居不仕者也。贤者久不得归，于是悔仕，进退既难，恐不免于祸，念彼不仕之友闲居自乐，欲似之而不得，故涕零如雨也。"戴溪《续吕氏家塾读诗记》云："当时必有温共静退之人劝大夫以不仕者，不从其言，故悔恨至涕泣，睠睠怀顾，欲出宿而从之也。"朱熹则释为："共人，僚友之处者也……大夫以二月西征，至于岁莫而未得归，故呼天而诉之，复念其僚友之处者，且自言其畏罪而不敢归也。"(《诗集传》)朱熹的说法颇为含混。所谓"僚友"，既可理解为同僚中的朋友，也可看作是同僚与友人并提；而所谓"处"，既可解作隐居不仕，也可释为居留在朝。今人高亨则解共人为"恭敬的人，此指作者的妻"(《诗经今注》)。吴闿生则解为："'念彼共人'者，念古之劳臣贤士以自证而自慰也"(《诗义会通》)。

此诗的难解之处在于后二章的诗意似与前三章断为两截，难以贯通。后二章中"靖共尔位"的"共"亦当作"恭"解，那么这一句就是克尽职守之意。如果将前面的"共人"理解为忠于职守的同僚，那么后面敦劝"靖共尔位"似属多余。如果将"共人"理解为隐居不仕者，那么前面既已表示了悔仕乱世、向往归隐之意，后面又勉以恭谨尽职，显然自相矛盾；而且既然是退隐之士，哪里又有职可守呢。历来的注解都试图解决这些矛盾，使之能自圆其说。较有代表性的一种说法是后二章为"自相劳苦之辞"。《吕氏家塾读诗记》引欧阳修说云："'嗟尔君子，无恒安处'，乃是大夫自相劳苦之辞，云：无苟偷安，使靖共尔位之职。"吕祖谦申此说曰："上三章唱悔仕乱世，厌于劳役，欲安处休息而不可得，故每章有怀归之叹，至是知不可去矣，则与其同列自相劳苦曰：嗟尔君子，无恒欲安处也。苟静恭于位，惟正直之道是与，则神将佑之矣，何必去哉！"戴溪之说与吕氏同，谓"前三章念共人而悔仕,后二章勉君子以安位","始悔仕于乱世,终不忍去其君,可以为贤矣"(《续吕氏家塾读诗记》)。这样的解释也许颇合于怨而不怨、温柔敦厚的诗教,但将后二章看作既是自勉又是互相劝慰之词,实在是很牵强的,"自勉"云云只能是解诗者的曲为之说,因为此处说话的对象"君子"明明是第二人称的"尔"。

其实此诗与《四月》《北山》等诗表达了类似的情感,即感慨征战久役、劳逸不均。所谓"共人"应该是与诗人一样效命王室、忠于职守的人,因而想到他们,就会油然而生一种同病相怜、眷然怀恋之情,"涕零如雨""睠睠怀顾"就是这种情绪的体现。"兴言出宿"则表现诗人在怨艾之后仍起身踏上征途。"念彼共人"的复叠之词展示出诗人情感演变的轨迹:虽然忧伤孤独,疲于奔命,但对王事还是不敢懈怠,有"彼共人"作为榜样,他也只能席不暇暖,奔走四方。有了这样的铺垫,下面转入对"君子"的劝勉也就顺理成章了。揣摩诗意,这四、五两章当是诗人对在上者的劝诫。"君子"显然不是指一般人,而是那些身居高位的统治者。"嗟尔君子,无恒安处"实在有着无穷的感喟,在这声声敦劝中不难体会到诗人的怨嗟。"无恒安处"的言外无疑意味着这些"君子"的安居逸乐,它和诗人的奔波劳碌、不遑宁处正好形成了鲜明的对比。诗人劝勉这些"君子"勤政尽职,正说明他们未能像"共人"那般一心为社稷黎民操劳。"神之听之"的声声祝愿中难道没有告诫的弦外之音在回响?

这首诗采用赋体手法,不借助比兴,而是直诉胸臆,将叙事与抒情融为一体,娓娓道来,真切感人。诗中既多侧面地表现了诗人的内心世界,又展示了他心理变化的轨迹,纵横交织,反复咏唱,细腻婉转。可以说这首诗与《北山》诗同样表现了不满上层统治者的怨情,但它不像《北山》那样尖锐刻露、对比鲜明,它的措辞较为委婉。

(黄宝华)

鼓　　钟

鼓钟将将,①	敲起钟声音铿锵,
淮水汤汤,②	淮河水浩浩荡荡,
忧心且伤。	我的心忧愁而又悲伤。
淑人君子,③	那善人君子啊,
怀允不忘。④	想起他叫人怎么能忘。

| 鼓钟喈喈,⑤ | 敲起钟声音和谐, |

淮水湝湝，⑥	淮河水滔滔不歇，
忧心且悲。	我的心忧愁而又悲切。
淑人君子，	那善人君子啊，
其德不回。⑦	他的品行正直无邪。

鼓钟伐鼛，⑧	敲起钟擂起鼓点，
淮有三洲，⑨	乐声回荡在淮上三洲，
忧心且妯。⑩	我的心悲哀而又难受。
淑人君子，	那善人君子啊，
其德不犹。⑪	他的德行将永垂千秋。

鼓钟钦钦，⑫	敲起钟声音清脆，
鼓瑟鼓琴，	又鼓瑟来又弹琴，
笙磬同音。	再加笙磬一起和谐奏鸣。
以雅以南，⑬	演奏起雅乐和南乐，
以籥不僭。⑭	吹籥歌舞合拍分明。

〔注〕　① 鼓：敲击。将将：同"锵锵"，象声词。　② 汤(shāng)汤：大水涌流貌，犹荡荡。　③ 淑：善。　④ 怀：思念。允：信，确实。一说为语助词。　⑤ 喈(jiē)喈：声音和谐。　⑥ 湝(jiē)湝：水流貌。　⑦ 回：邪。　⑧ 伐：敲击。鼛(gāo)：一种大鼓。　⑨ 三洲：淮河上的三个小岛。　⑩ 妯(chōu)：因悲伤而动容，心绪不宁。　⑪ 犹：已。王引之《经义述闻》："'其德不犹'，言久而弥笃，无有已时也。"一说假借为"訧"，缺点、毛病。　⑫ 钦钦：象声词。　⑬ 以：为，作，指演奏、表演。雅：原为乐器名，状如漆桶，两头蒙以羊皮。引申为乐调名，指天子之乐，或周王畿之乐调，即正乐。南：原为乐器名，形似钟。引申为乐调名，或说指南方江汉地区的乐调。　⑭ 籥(yuè)：乐器名，似排箫。古代羽舞时边吹籥，边持翟羽舞蹈。僭(jiàn)：超越本分，此训乱。不僭，犹言按部就班，和谐合拍。

　　这是一首描写聆听音乐、怀念善人君子的诗。前三章写耳闻钟鼓铿锵，面对滔滔流泻的淮水，不禁悲从中来，忧思萦怀，于是想到了"淑人君子"，对他的美德懿行心向往之。卒章描写钟鼓齐鸣，琴瑟和谐的美妙乐境。如果透过字面上的这些意思来探究其深层的含义，则会令人感到无从索解，因而朱熹在《诗集传》中也只能说："此诗之义未详"，"此诗之义有不可知者"。

　　《毛诗序》称此诗"刺幽王也"。毛传云："幽王用乐，不与德比，会诸侯于上，鼓其淫乐以示诸侯，贤者为之忧伤。"其实诗中所写的音乐皆是雅音正声，与

"淫乐"(如郑卫桑间濮上之音)沾不上边,因而郑笺释为:"为之忧伤者,'嘉乐不野合,牺象不出门'(按语出《左传·定公十年》)。今乃于淮水之上作先王之乐,失礼尤甚。"郑氏是以奏乐地点之不合于礼来解释贤者闻乐忧伤的原因的。其实好的音乐未必不能在外演奏,譬如《庄子·天运》中写到"(黄)帝张咸池之乐于洞庭之野",就是一例。王安石则称:"幽王鼓钟淮水之上,为流连之乐,久而忘反(返),故人忧伤。'淑人君子,怀允不忘'者,伤今而思古也。"(吕祖谦《吕氏家塾读诗记》引)苏辙《诗集传》则发挥毛传"幽王用乐,不与德比"之说,云:"言幽王之不德,岂其乐非古欤?乐则是,而人则非也。"意谓乐乃正声嘉乐,而幽王之德无以配之。

接下来的问题是,此诗是不是"刺幽王"。孔疏引郑玄说曰:"郑于《中候·握河纪》注云:'昭王时,《鼓钟》之诗所为作者。'"孔氏称:"郑时未见毛诗,依三家为说也。"郑氏之说或以为出自韩诗,或以为出自齐诗,其立说的根据就是因为《左传》有昭王南征的记载。此说后人多从之,但也难以成为定论。方玉润《诗经原始》云:"此诗循文案义,自是作乐淮上,然不知其为何时、何代、何王、何事。小序漫谓刺幽王,已属臆断。欧阳氏云:旁考《诗》《书》《史记》,皆无幽王东巡之事。《书》曰'徐夷并兴',盖自成王时徐戎及淮夷已皆不为周臣;宣王时尝遣将征之,亦不自往。初无幽王东至淮徐之事。然则不得作乐于淮上矣。当阙其所未详。"这是较为客观持平的议论。而汪梧凤《诗学女为》引《竹书纪年》所载幽王十年春王及诸侯盟于太室,秋王师伐申事及《左传》所载楚灵会于申,说明幽王有东巡之事,且淮水出南阳胎簪山,其地与申、太室均豫川地,以此认定《鼓钟》为写幽王事之诗。由此众说纷纭,可见这实在是一笔纠缠不清的历史旧账。

如果撇开这些陈说,将此诗的主题泛泛地理解为"在奏乐的场合中,思念君子而悲伤"(高亨《诗经今注》),则又过于空洞。事实上诗人是有感而发的,这种感慨折射出他对国运、时代的忧思。从诗的卒章来看,他所听到的显然不是一般的音乐,而是"雅""南"之类的周朝之乐,这些音乐与周朝的辉煌历史联系在一起。诗人身处国运衰微的末世,听到这种盛世之音,自然会感慨今昔,悲从中来,从而会有追慕昔贤之叹。方玉润云:"玩其词意,极为叹美周乐之盛,不禁有怀在昔淑人君子,德不可忘,而至于忧心且伤也。此非淮徐诗人重观周乐、以志欣慕之作,而谁作哉?"(《诗经原始》)方氏之论是言之成理的。

(黄宝华)

楚茨

楚楚者茨,① 田野里生长簇簇蒺藜,

言抽其棘。②	去清除这些带刺荆棘。
自昔何为？	为什么自古就这样做？
我蓺黍稷。③	因为要种植高粱小米。
我黍与与，④	我们的小米长得茂盛，
我稷翼翼。⑤	高粱在地里排得整齐。
我仓既盈，	粮食堆满我们的谷仓，
我庾维亿。⑥	囤里也装得严实紧密。
以为酒食，	用它们做成美酒佳肴，
以享以祀。⑦	作对列祖列宗的献祭。
以妥以侑，⑧	请他们前来享用祭品，
以介景福。⑨	赐我们宏福无与伦比。
济济跄跄，⑩	我们步趋有节神端庄，
絜尔牛羊，⑪	把那些牛羊涮洗清爽，
以往烝尝。⑫	拿去奉献冬烝和秋尝。
或剥或亨，⑬	有人宰割又有人烹煮，
或肆或将。⑭	有人分盛有人捧献上。
祝祭于祊，⑮	司仪先祭于庙门之内，
祀事孔明。⑯	那仪式隆重而又辉煌。
先祖是皇，⑰	祖宗大驾光临来享用，
神保是飨。⑱	神灵将它们一一品尝。
孝孙有庆，⑲	孝孙一定能获得福分，
报以介福，⑳	赐予的福分宏大无量，
万寿无疆！	赖神灵保佑万寿无疆！
执爨踖踖，㉑	掌膳的厨师谨慎麻利，
为俎孔硕，㉒	盛肉的铜器硕大无比，
或燔或炙。㉓	有人烧肉又有人烤炙。
君妇莫莫，㉔	主妇怀敬畏举止有仪，

为豆孔庶,㉕	盘盏中食品多么丰盛,
为宾为客。	席上则是那宾客济济。
献酬交错,㉖	主客间敬酒酬答来往,
礼仪卒度,㉗	举动合规矩彬彬有礼,
笑语卒获。㉘	谈笑有分寸合乎时宜。
神保是格,㉙	祖宗的神祇大驾光临,
报以介福,	赐福回报子孙的心意,
万寿攸酢!㉚	万寿无疆宏福与天齐!

我孔熯矣,㉛	祭祀中我们极其恭谨,
式礼莫愆。㉜	因而礼仪周全没毛病。
工祝致告,㉝	于是司仪向大家致辞,
徂赉孝孙。㉞	赐福给主祭孝子贤孙。
苾芬孝祀,㉟	上供的祭品美味芬芳,
神嗜饮食,	神灵很喜欢又吃又饮,
卜尔百福。㊱	要赐给你众多的福分。
如幾如式,㊲	祭祀遵法度按期举行,
既齐既稷,㊳	态度恭敬而举止敏捷,
既匡既敕,㊴	庄严隆重又小心谨慎。
永锡尔极,㊵	因而永赐你极大福分,
时万时亿!㊶	成万成亿绵长无穷尽!

礼仪既备,	各项仪式都已经完成,
钟鼓既戒。㊷	钟鼓之乐正准备奏鸣。
孝孙徂位,㊸	孝孙也回到原来位置,
工祝致告:	司仪致辞向大家宣称:
神具醉止。㊹	神灵都已喝得醉醺醺。
皇尸载起,㊺	皇尸起身离开那神位,
鼓钟送尸,	把钟鼓敲起送走皇尸,

神保聿归。㊻	祖宗神祇于是转回程。
诸宰君妇,㊼	那边众厨师和主妇们,
废彻不迟。㊽	很快地撤去肴馔祭品。
诸父兄弟,㊾	在场的诸位父老兄弟,
备言燕私。㊿	一起来参加家族宴饮。
乐具入奏,51	乐队移后堂演奏曲调,
以绥后禄。52	大伙享用祭后的酒肴。
尔肴既将,53	这些酒菜味道实在好,
莫怨具庆。	感谢神赐福莫再烦恼。
既醉既饱,	大家都吃得酒足饭饱,
小大稽首。54	叩头致谢有老老少少。
神嗜饮食,	神灵爱吃这美味佳肴,
使君寿考。55	他们能让您长寿不老。
孔惠孔时,56	祭祀十分顺利而圆满,
维其尽之。57	赖主人尽心恪守孝道。
子子孙孙,	愿子孙们莫荒废此礼,
勿替引之!58	永远继承将福寿永葆!

〔注〕① 楚楚:植物丛生貌。茨:蒺藜,草本植物,有刺。 ② 言:爰,于是。抽:除去,拔除。棘:刺,指蒺藜。 ③ 蓺(yì):即"艺",种植。 ④ 与与:茂盛貌。 ⑤ 翼翼:整齐貌。 ⑥ 庾(yǔ):露天粮囤,以草席围成圆形。维:是,一训已。亿:形容多。一说亿犹"盈",满。 ⑦ 享:飨,上供,祭献。 ⑧ 妥:安坐。侑:劝进酒食。 ⑨ 介:借为匄(丐),求。景福:大福。 ⑩ 济济:严肃恭敬貌。跄(qiāng)跄:步趋有节貌。 ⑪ 絜(jié):同"洁",洗清。 ⑫ 烝:冬祭名。尝:秋祭名。 ⑬ 剥:宰割支解。亨(pēng):同"烹",烧煮。 ⑭ 肆:陈列,指将祭肉盛于鼎俎中。将:捧着献上。 ⑮ 祝:太祝,司祭礼的人。祊(bēng):设祭的地方,在宗庙门内。 ⑯ 孔:很。明:备,指仪式完备。 ⑰ 皇:往。 ⑱ 神保:神灵,指祖先之灵。一说指神之巫。飨:享受祭祀。 ⑲ 孝孙:主祭之人。庆:福。 ⑳ 介福:大福。 ㉑ 执:执掌。爨(cuàn):炊,烧菜煮饭。踖(jí)踖:恭谨敏捷貌。 ㉒ 俎:祭祀时盛牲肉的体制礼器。硕:大。 ㉓ 燔(fán):烧肉。炙:烤肉。 ㉔ 君妇:主妇,此指天子、诸侯之妻。莫莫:恭谨。莫一说借为"懋",勉也。 ㉕ 豆:食器,形状为高脚盘。庶:众,多,此指豆内食品繁多。 ㉖ 献:主人劝客饮酒。酬:宾客向主人回敬。 ㉗ 卒:尽,完全。度:法度。 ㉘ 获:得时,恰到好处。一说借为"矱",规矩。 ㉙ 神保:神灵,神的美称。格:至,来到。 ㉚ 攸:乃。酢:报。 ㉛ 熯(nǎn):通"戁",敬惧。 ㉜ 式:发语词。愆(qiān):过失,差错

㉝工祝：太祝。致告：代神致辞，以告祭者。㉞徂：往，一说通“且”。赉(lài)：赐予。㉟苾(bì)：浓香。孝祀：犹享祀，指神享受祭祀。㊱卜：给予，赐予。㊲如：合。幾(jī)：借为期。式：法，制度。㊳齐(zhāi)：通“斋”，庄敬。稷：疾，敏捷。㊴匡：正，端正。敕：通“饬”，严整。㊵锡：赐。极：至，指最大的福气。㊶时：是，一说训或。㊷戒：备，一说训告。㊸徂位：指孝孙回到原位。㊹具：俱，皆。止：语气词。㊺皇尸：代表神祇受祭的人。皇：大，赞美之词。载：则，就。㊻聿：乃。㊼宰：膳夫，厨师。㊽废：去。彻：通“撤”。废彻谓撤去祭品。不迟：不慢。㊾诸父：伯父、叔父等长辈。兄弟：同姓之叔伯兄弟。㊿备：尽，完全。言：语中助词。燕：通“宴”。燕私，祭祀之后在后殿宴饮同姓亲属。(51)具：俱。入奏：进入后殿演奏。祭在宗庙前殿，祭后到后面的寝殿举行家族秘宴。(52)绥：安，此指安享。后禄：祭后的口福。禄，福，此指饮食口福。祭后所余之酒肉被认为神所赐之福，故称福酒、胙肉。(53)将：美好。(54)小大：指尊卑长幼的各种人。稽首：跪拜礼，双膝跪下，叩头至地，一种最恭敬的礼节。(55)考：老。寿考，长寿。(56)惠：顺利。时：善，好。(57)尽之：尽其礼仪，指主人完全遵守祭祀礼节。(58)替：废。引：延长。引之，长行此祭祀祖先之礼仪。

这是一首祭祖祀神的乐歌。它描写了祭祀的全过程，从祭前的准备一直写到祭后的宴乐，详细展现了周代祭祀的仪制风貌。但《毛诗序》却称此诗：“刺幽王也。政烦赋重，田莱多荒，饥馑降丧，民卒流亡，祭祀不飨，故君子思古焉。”读过此诗，再回观《毛诗序》，不难看出它的牵强附会。朱熹在《诗序辨说》里就已指出：“自此至《车舝》凡十篇，似出一手，辞气和平，称述详雅，无风刺之意。《序》以在变雅中，故皆以为伤今思古之作。《诗》固有如此者，然不应十篇相属，绝无一言以见其为衰世之意也。”朱熹的这段议论甚为中肯合理，故得到了后世不少学者的赞同。如黄中松《诗疑辨证》说：“古人身居衰季，遐想郅隆，恨不生于其时，而反复咏歌，固无聊寄托之词也。然追慕之下，必多感慨；词气之间，时露悲伤。而十诗典洽和畅，毫无怨怼之情，何以变欣慰为愤懑，易颂美为刺讥乎？故就诗论诗，朱传得之者盖十八九矣。”

至于祭祀者的身份，朱熹则以为是卿大夫，他在《诗集传》中指出：“此诗述公卿有田禄者力于农事，以奉其宗庙之祭。”后世学者多不同意朱熹之说，以为祭祀者当为周王。如范家相《诗渖》云：“按《左传》引‘我疆我理’二句，明云先王疆理天下物土之宜，而布其利，则非公卿可知。《周礼·钟师》云：尸出入奏《肆夏》。又《左传》：金奏《肆夏》之三。诗曰：‘鼓钟送尸’。是金奏《肆夏》也，公卿焉得用之？《郊特牲》曰：大夫之奏《肆夏》，由赵文子始也。如以为公卿大夫之诗，则仍是衰世之音矣。”胡承珙《毛诗后笺》云：“《集传》公卿之说，不独初祭求神、鼓钟送尸非公卿所有；即如絜牛骍牡之牲、君妇诸宰之号、奏寝之乐、燕毛之礼、千仓万箱之入、四方八蜡之祭，皆非公卿所宜有也。”以上诸说均可谓言之有据。

不过,今人论诗者也并不泥定此诗为写周王祭祀。郭沫若在《青铜时代》中论及此诗时说:"这首诗,在年代上比较更晚,祭神的仪节和《少牢馈食礼》相近。彼礼,郑玄云'诸侯之卿大夫祭其祖祢于庙之礼',虽不一定就是这样,但足见其礼节之晚。主祭者的'孝孙'可能是周王,可能是那一国的诸侯,也可能是卿大夫。在春秋末年鲁之三家已用'雍彻',季氏已用'八佾舞于庭',天子诸侯卿大夫的仪式并没有什么区别了。"(《由周代农事诗论到周代社会》)又陈子展云:"我们以为《楚茨》《信南山》《甫田》《大田》可能是西周初年王室也就是大奴隶主一家举行宗庙方社田祖等祭祀所用的诗乐。诗里称我,我孝孙,像是周王自称;诗里称尔,尔孝孙,像是诗人称周王。我以为此诗非孝孙自作,当是史巫尸祝之流所作。"(《雅颂选译》)

全诗共分六章。第一章写祭祀的前奏。人们清除掉田地里的蒺藜荆棘,种下了黍稷,如今获得了丰收。丰盛的粮食堆满了仓囤,酿成了酒,做成了饭,就可用来献神祭祖、祈求宏福了。第二章进入对祭祀活动的描写。人们步履整肃,仪态端庄,先将牛羊涮洗干净,宰剥烹饪,然后盛在鼎俎中奉献给神灵。祖宗都来享用祭品,并降福给后人。第三章进一步展示祭祀的场景。掌厨的恭谨敏捷,或烧或烤,主妇们勤勉侍奉,主宾间敬酒酬酢。整个仪式井然有序,笑语融融,恰到好处。二、三两章着力形容祭典之盛,降福之多。第四章写司仪的"工祝"代表神祇致辞:祭品丰美芬芳,神灵爱尝;祭祀按期举行,合乎法度,庄严隆重,因而要赐给你们亿万福禄。第五章写仪式完成,钟鼓齐奏,主祭人回归原位,司仪宣告神已有醉意,代神受祭的"皇尸"也起身引退。钟鼓声中送走了皇尸和神灵,撤去祭品,同姓之亲遂相聚宴饮,共叙天伦之乐。末章写私宴之欢,作为祭祀的尾声。在乐队伴奏下,大家享受祭后的美味佳肴,酒足饭饱之后,老少大小一起叩头祝福。

读这首诗,可以想见我们的先民在祭祀祖先时的那种热烈庄严的气氛,祭后家族欢聚宴饮的融洽欢欣的场面。诗人运用细腻翔实的笔触将这一幅幅画面描绘出来,使人有身历其境之感。全诗结构严谨,风格典雅,由序曲到乐章的展开,到尾声,宛如一首庄严的交响乐。陈子展《诗经直解》引孙鑛云:"气格闳丽,结构严密。写祀事如仪注、庄敬诚孝之意俨然。有境有态,而精语险句,更层见错出,极情文条理之妙。读此便觉三闾《九歌》微疏微佻。"孙氏此评颇为精切,陈氏指出:"此正道出《雅》《颂》与巫音《九歌》不同处。"

作为一首记载古代祭祀活动全过程的诗,它对于古代文化,尤其是文化人类学的研究有着重要的文献价值。它向我们昭示了人类进入农耕社会之后的祭祖活动的真实情景与特有风貌。例如"尸"在祭祀活动中的作用就是很耐人寻味的。诗中写到的"皇尸"就是这一礼仪制度的反映。"尸"是用同姓或异姓的卿大夫扮为祖先神灵化身的人,他代表神祇接受祭享并传达神意,赐福保佑行祭者。《白虎通·祭祀》云:"祭所以有尸者何?鬼神听之无声,视之无形。升自阼阶,俯视榱桷,俯视几筵,其器存,其人亡。虚无寂寞,思慕哀伤,无所写泄,故坐尸而食之,毁损其馈,欣然若亲之饱,尸醉若神之醉矣。"《通典》称:"自周以前,天地宗庙社稷一切祭享,凡皆立尸。秦汉以降,中华则无矣。"这些论述都有助于我们理解"尸"的来龙去脉。"尸"的问题只是我们所举出的一端,本诗以及其他诗篇中所传达的文化人类学的讯息是丰富的,需要我们去作进一步的发掘。 (黄宝华)

信 南 山

信彼南山,①	终南山山势绵延不断,
维禹甸之。②	这里是大禹所辟地盘。
畇畇原隰,③	成片的原野平展整齐,
曾孙田之。④	后代子孙们在此垦田。
我疆我理,⑤	划分地界又开掘沟渠,
南东其亩。⑥	田陇纵横向四方伸展。

上天同云,⑦	冬日的阴云密布天上,
雨雪雰雰。⑧	那雪花坠落纷纷扬扬。
益之以霢霂,⑨	再加上细雨溟溟濛濛,
既优既渥,⑩	那水分如此丰沛足量,
既霑既足,⑪	滋润大地并霶霈四方,
生我百谷。	让我们庄稼蓬勃生长。

疆埸翼翼,⑫	田地的疆界齐齐整整,
黍稷彧彧。⑬	小米高粱多茁壮茂盛。
曾孙之穑,⑭	子孙们如今获得丰收,
以为酒食。	酒食用谷物制作而成。
畀我尸宾,⑮	可奉献神尸款待宾朋,

寿考万年。	愿神灵保佑赐我长生。
中田有庐,⑯	大田中间有居住房屋,
疆场有瓜。	田埂边长着瓜果菜蔬。
是剥是菹,⑰	削皮切块腌渍成咸菜,
献之皇祖。⑱	去奉献给伟大的先祖。
曾孙寿考,	他们的后代福寿无疆,
受天之祜。⑲	都是依赖上天的佑护。
祭以清酒,	祭坛上满杯清酒倾倒,
从以骍牡,⑳	再供奉公牛色红如枣,
享于祖考。	先祖灵前将祭品献好。
执其鸾刀,㉑	操起缀有金铃的鸾刀,
以启其毛,	剥开牺牲公牛的皮毛,
取其血膋。㉒	取出它的鲜血和脂膏。
是烝是享,	于是进行冬祭献祭品,
苾苾芬芬。㉓	它们散发出阵阵芳馨。
祀事孔明,	仪式庄重而有条不紊,
先祖是皇。	列祖列宗们欣然驾临。
报以介福,	愿赐以宏福万寿无疆,
万寿无疆。	以此回报子孙的孝心。

〔注〕 ① 信(shēn):即"伸",延伸。南山:即终南山,在陕西西安南。 ② 维:是。禹:大禹。甸:治理。 ③ 畇(yún):平整田地。畇畇,土地经垦辟后的平展整齐貌。原隰:泛指全部田地。原,广平或高平之地;隰(xí),低湿之地。 ④ 曾孙:后代子孙。朱熹《诗集传》:"曾,重也。自曾祖以至无穷,皆得称之也。"相当于《楚茨》中所称"孝孙",故又作为主祭者之代称。田:垦治田地。 ⑤ 疆:田界,此处用作动词,划田界。理:田中的沟陇,此处亦用作动词。疆指划定大的田界,理则细分其地亩。 ⑥ 南东:用作动词,指将田陇开辟成南北向或东西向。 ⑦ 上天:冬季的天空。《尔雅·释天》:"冬日上天。"同云:天空布满阴云,浑然一色。 ⑧ 雨雪:下雪,"雨"作动词,降落。雰雰:纷纷。 ⑨ 益:加上。霢霂(mài mù):小雨。 ⑩ 优:充足。渥:湿润。 ⑪ 霑:沾湿。 ⑫ 场(yì):田界。翼翼:整齐貌。 ⑬ 或(yù)或:同"郁郁",茂盛貌。 ⑭ 穑:收获庄稼。 ⑮ 畀(bì):给予。 ⑯ 庐:房屋,一说"芦"之假

借,即芦菔,今称萝卜。 ⑰菹(zū):腌菜。 ⑱皇祖:先祖之美称。 ⑲祜(hù):福。 ⑳骍(xīn):赤黄色(栗色)的马或牛。牡:雄性兽,此指公牛。 ㉑鸾刀:带铃的刀。 ㉒膋(liáo):脂膏,此指牛油。 ㉓苾(bì):浓香。

  这首诗与上篇《楚茨》同属周王室祭祖祈福的乐歌。但二者也有不同。《楚茨》言"以往烝尝",乃兼写秋冬二祭;而此篇单言"是烝是享",则仅写岁末之冬祭,而且它侧重于对农业生产的描绘,表现出周代作为一个农耕社会的文化特色。烝祭是一年的农事完毕以后的最后一次祭典,周人以农立国,奉播植百谷的农神后稷为始祖,那么在这年终的祭歌中着力歌唱农事,也就是很自然的事了。《毛诗序》称:"《信南山》,刺幽王也。不能修成王之业,疆理天下,以奉禹功,故君子思古焉。"此序与《楚茨》的诗序一样,都属牵强附会之说。姚际恒评此诗曰:"上篇(按指《楚茨》)铺叙闳整,叙事详密;此篇则稍略而加以跌荡,多闲情别致,格调又自不同。"(《诗经通论》)概括颇当。

  此诗对于研究古代的井田制也有参考价值。井田之制因其年代久远,难以稽考,后世众说纷纭,莫衷一是,此诗则可为我们提供若干讯息。诗首章言:"信彼南山,维禹甸之。"南山指终南山,诗人显然是在描述周代的京畿地区。在诗人看来,这畿内的大片土地就是当年大禹治水时开辟出来的。毛传训"甸"为治,而郑笺则落实为:"禹治而丘甸之。""丘甸"即指田地划分中的两个等级。《周礼·地官·小司徒》云:"乃经土地而井牧其田野:九夫为井,四井为邑,四邑为丘,四丘为甸,四甸为县,四县为都,以任地事而令贡赋。"因而郑笺等于坐实井田制起源于夏代。孔疏承郑笺之说,谓"是则三王之初而有井甸田里之法也","是则丘甸之法,禹之所为"。尽管有的学者认为大禹治水"未及丘甸其田也。且井邑丘甸出调法,虞夏之制未有闻焉"(孔疏引孙毓说),但郑、孔之说也不无参考意义。

  首章末二句云:"我疆我理,南东其亩。"也值得注意。疆理田土也是古代井田制的一个重要方面。《孟子·滕文公上》云:"夫仁政必自经界始。经界不正,井地不均,谷禄不平,是故暴君污吏必慢其经界。经界既正,分田制禄可坐而定也。"可见古人对经理田界是非常重视的。毛传释此诗云:"疆,画经界也。理,分地理也。"有的学者解释得更为具体,如王安石说:"疆者,为之大界;理者,衡从(横纵)其沟涂。"(《吕氏家塾读诗记》引)吕氏又引长乐刘氏说云:"疆谓有夫、有畛、有涂、有道、有路,以经界之也。理谓有遂、有沟、有洫、有浍、有川,以疏导之也。"刘氏之说当是依据《周礼·地官·遂人》"凡治野,夫间有遂,遂上有径。十夫有沟,沟上有畛。百夫有洫,洫上有涂。千夫有浍,浍上有道。万夫有川,川上有路,以达于畿"。这里所谓"南东其亩"也与井田制有关。此句指顺应地形、水势而治田,南指其田陇为南北向者,东则为东西向者,此即《齐风·南山》所云"衡从其亩"。郑笺释曰:"'衡'即训为横。韩诗云:东西耕曰'横'。'从'……韩诗作'由',云:南北耕曰'由'。"《左传·成公二年》载:晋郤克伐齐,齐顷公使上卿国佐求和于晋营,晋人要求"使齐之封内尽东其亩",也就是使齐国的陇亩全部改为东西向,这样晋国一旦向齐国进兵,就可长驱直入。国佐回答晋人说:"先王疆理天下物土之宜,而布其利,故《诗》曰:'我疆我理,南东其亩。'今吾子疆理诸侯,而曰尽东其亩而已,唯吾子戎车是利,无顾土宜,其无乃非先王之命也乎?"国佐引本篇为据,说明先王当初定田土之疆界是根据不同的地势因地制宜的,既有南北向,也有东西向的田陇,如今晋国为了军事上的便利而强令齐国改变田陇的走向,是违反了先王之道。此事又见诸其他典籍,但情节上有些出入。如《韩非子·外储说右上》云:"晋文公伐卫,东其亩。"《吕氏春秋·简选》云:"晋文公东卫之亩。"郭沫若引成公二年事云:"这也正好是井田的一种证明。因为亩道系以国都为中心,故有南北纵走与东西横贯的两种大道。南北纵走的是南亩,东西横贯的就是东亩。《诗》上所说的'我疆我理,南东其亩',就是这个事实。……这些资料好像与井田制并无直接关系,而其实它们正是绝好的证明。"(《十批判书·古代研究的自我批评》)

本诗第四章中的"中田有庐",说者也以为与井田有关。《吕氏家塾读诗记》引邱氏说云:"公田百亩内,除二十亩为八家治田之庐。"又引董氏曰:"井九百亩,其中为公田,八家每家庐舍二亩半。"按《孟子·公孙丑上》述井田云:"方里而井,井凡百亩,其中为公田。八家皆私百亩,同养公田。"《穀梁传·宣公十五年》称:"古者三百步为一里,名曰井田。井田者九百亩,公田居一","古者公田为居,井灶葱韭尽取焉"。范宁注:"此除公田八十亩,余八百二十亩。故井田之法,八家共一井八百亩。除二十亩,家合二亩半为庐舍","八家共居"。《韩诗外传》载:"古者八家而井田。方里为一井。……八家为邻,家得百亩。余夫各得二十五亩。家为公田十亩,余二十亩共为庐舍,各得二亩半。八家相保,出入更守,疾病相忧,患难相救,有无相贷,饮食相招,嫁娶相谋,渔猎分得,仁恩施行,足以其民和亲而相好。《诗》曰:'中田有庐,疆场有瓜。'"以上诸说大同小异,有一点是共同的,即公田中有八家共居的庐舍二十亩。说诗者多从其说,但笺疏别有所解。郑笺云:"中田,田中也。农人作庐焉以便其田事。"孔疏云:"古者宅在都邑,田于外野,农时则出而就田,须有庐舍,于田中种谷,于畔上种瓜,所以便地也。"按笺疏之说,田中的庐舍成了农民在地里干活时的临时住所了。到了郭沫若,干脆推翻旧说,以为庐与瓜为对文,庐也当为植物,故庐为芦之假借,正如"南山有台,北山有莱","七月食瓜,八月断壶",台、莱、瓜、壶均为植物一样。郭氏别出心裁,也可聊备一说(参见《由周代农事诗论到周代社会》)。

(黄宝华)

甫 田

倬彼甫田,①	那片田地多么宽广,
岁取十千。②	每年能收千万担粮。
我取其陈,	我拿出其中的陈谷,
食我农人。	来把我的农夫供养。
自古有年,③	遇上古来少见的好年成,
今适南亩。④	快去南亩走一趟。
或耘或耔,⑤	只见有的锄草有的培土,
黍稷薿薿。⑥	密麻麻的小米和高粱。
攸介攸止,⑦	等到长大成熟后,
烝我髦士。⑧	田官向我来献上。
以我齐明,⑨	为我备好祭祀用的谷物,
与我牺羊,⑩	还有那毛色纯一的羔羊,
以社以方。⑪	请土地和四方神灵来分享。
我田既臧,⑫	我的庄稼既获丰收,
农夫之庆。	就是农夫的喜庆和报偿。
琴瑟击鼓,	大家弹起琴瑟敲起鼓,
以御田祖,⑬	迎来神农表述愿望,
以祈甘雨,⑭	祈求上苍普降甘霖,
以介我稷黍,	使我的作物丰茂茁壮,
以穀我士女。⑮	让老爷小姐们温饱永昌。
曾孙来止,⑯	曾孙兴致勃勃地来到田间,
以其妇子,	带着妻子和儿女,
馌彼南亩。⑰	把饭菜亲自送到南亩旁。

田畯至喜,⑱	田官见了格外高兴,
攘其左右,	特意叫来左右农人,
尝其旨否。⑲	一起把滋味细细品尝。
禾易长亩,⑳	壮实的禾谷覆盖着长陇,
终善且有。㉑	长得又好又多丰收在望。
曾孙不怒,	曾孙见了非常满意,
农夫克敏。㉒	不时将农夫的勤勉夸奖。
曾孙之稼,	曾孙的庄稼堆得高高,
如茨如梁。㉓	就像屋顶和桥梁。
曾孙之庾,㉔	曾孙的粮仓装得满满,
如坻如京。㉕	就像小丘和山冈。
乃求千斯仓,	快快筑起谷囤千座,
乃求万斯箱。㉖	快快造好车马万辆。
黍稷稻粱,	把收下的谷物全都装上,
农夫之庆。	农夫们相互庆贺喜气洋洋。
报以介福,㉗	这是神灵回报曾孙的大福,
万寿无疆。	祝愿他长命百岁万寿无疆。

〔注〕① 倬(zhuō):广阔。甫:大。 ② 十千:言其多。 ③ 有年:丰收年。 ④ 适:去,至。 ⑤ 耘:锄草。耔:培土。 ⑥ 黍稷:谷类作物。薿(nǐ)薿:茂盛的样子。 ⑦ 攸:乃,就。介:长大。止:至。 ⑧ 烝:进呈。髦士:英俊人士。 ⑨ 齐(zī)明:即粢盛,祭祀用的谷物。 ⑩ 牺:祭祀用的纯毛牲口。 ⑪ 以:用作。社:祭土地神。方:祭四方神。 ⑫ 臧:好,此指丰收。 ⑬ 御(yà):同"迓",迎接。田祖:指神农氏。 ⑭ 祈:祈祷求告。 ⑮ 穀:养活。士女:贵族男女。 ⑯ 曾孙:周王自称,相对神灵和祖先而言。止:语助词。 ⑰ 馌(yè):送饭。 ⑱ 田畯:农官。 ⑲ 旨:美味。 ⑳ 易:治理。 ㉑ 终:既。有:富足。 ㉒ 克:能。敏:勤快。 ㉓ 茨:茅屋顶。梁:桥梁。 ㉔ 庾:粮仓。 ㉕ 坻(chí):小丘。京:冈峦。 ㉖ 箱:车箱。 ㉗ 介福:大福。

此诗之作,《毛诗序》说:"刺幽王也。君子伤今思古焉。"郑玄笺说:"刺者刺其仓廪空虚,政烦赋重,农人失职。"宋人朱熹首先对此说表示异议,他认为"此诗述公卿有田禄者,力于农事,以奉方社田祖之祭"(《诗集传》)。现从诗的内容来看,朱熹的看法比较符合实际;但诗中自称"曾孙",按周代君王对祖先和神灵的称呼习惯,则作者当是君王本人,或者至少是代君王而作。因此,我们觉得这应是周王祭祀方(四方之神)社(土地神)田祖(农神)的祈年乐歌。

乐歌共分四章。第一章首述大田农事。这是一片广袤肥沃的农田,每年都能收获上万担米粮。靠着储存在仓内的谷物,养活了世世代代在这片土地上辛勤劳作的农人,并取得了自古以来年复一年的好收成。这天土地的拥有者兴致勃勃地来到南亩巡视,只见那里的农人有的在锄草,有的在为禾苗培土,田里的小米和高粱已密密麻麻地长满了。他心里一高兴,眼前仿佛出现了庄稼成熟后由田官献上时的情景。这一章铺述事实,在整首乐歌中为以下几章的展开祭祀作铺垫。

第二章即写为了祈盼丰收,虔诚地举行了祭神仪式。周王派人取来祭祀用的碗盆,恭恭敬敬地装上了精选的谷物,又让人供上肥美的牛羊,开始了对土地神和四方神的隆重祭祀。农人们也因田里的庄稼长得异常的好,个个喜笑颜开地弹起了琴瑟,敲起了鼓,共同迎接农神的光临。大家都在心中默默地祈祷:但求上天普降甘霖,使地里的庄稼能得到丰厚的收获,让男男女女丰衣足食。从这章的描写中,我们可以想见远古时代的先民,对于土地是怀着怎样一种崇敬的心情;而那种古老的祭祀仪式,也反映出当时民风的粗犷和热烈。

第三章进一步写主祭者,也就是周王在仪式之后的亲自督耕。和他一起来到田间的,还有他的妻子儿女。他们为辛勤劳作的农人带来了亲手做的饭菜。正在地里察看的田官见了欣喜异常,连忙叫来身边的农人,一起来尝尝饭菜的滋味。周王这时望着眼前丰收在望的景象,脸上也露出了舒心的微笑,不断称赞农人的辛劳勤勉。与前章相比,这章的内容颇有生活气息;周王的馌田,亦为后来历代帝王劝农所效法,被称为德政。

末章则专记丰收景象及对周王的美好祝愿。到了收获的季节,地里的庄稼果然获得了前所未有的大丰收。不但场院上的粮食堆积如屋,而且仓中的谷物也装得满满的,就像一座座小山冈。于是农人们为赶造粮仓和车辆而奔走忙碌,大家都在为丰收而庆贺,心中感激神灵的赐福,祝愿周王万寿无疆。这一章的特点是充满了丰收后的喜悦,让人不觉沉醉在一种满足和欢乐之中。

以往的研究总认为《小雅》多刺幽、厉,而思文、武,这一般来说没有问题;但是对这首《甫田》诗来说,则显然有些牵强。我们今天从中读到的,分明是上古时代先民对于农业的重视,在"民以食为天"的国度里对与农业相关的神灵的无限崇拜;而其中夹杂对农事和王者馌田的描写,正反映了农业古国的原始风貌。因此这首乐歌的价值,与其说是在文学方面,倒不如说更多地体现在史学方面。　　(曹明纲)

大　田

大田多稼,①
既种既戒,②
既备乃事。③
以我覃耜,④
俶载南亩。⑤
播厥百谷,⑥
既庭且硕,⑦
曾孙是若。⑧

大田宽广作物多,
选了种籽修家伙,
事前准备都完妥。
掮起我那锋快犁,
开始田里干农活。
播下黍稷诸谷物,
苗儿挺拔又壮苗,
曾孙称心好快活。

既方既皁,⑨
既坚既好,
不稂不莠。⑩
去其螟螣,⑪
及其蟊贼,⑫
无害我田稚。⑬
田祖有神,⑭
秉畀炎火。⑮

庄稼抽穗已结实,
籽粒饱满长势好,
没有空穗和杂草。
害虫螟螣全除掉,
蟊虫贼虫逃不了,
不许伤害我嫩苗。
多亏农神来保佑,
投进大火将虫烧。

有渰萋萋,⑯
兴雨祁祁。⑰
雨我公田,⑱
遂及我私。⑲
彼有不获稚,⑳
此有不敛穧;㉑
彼有遗秉,㉒
此有滞穗,㉓
伊寡妇之利。㉔

凉风凄凄云满天,
小雨飘下细绵绵。
雨点落在公田里,
同时洒到我私田。
那儿谷嫩不曾割,
这儿几株漏田间;
那儿掉下一束禾,
这儿散穗三五点,
照顾寡妇任她捡。

小雅·大田

曾孙来止，　　　曾孙视察已来临，
以其妇子。　　　碰上农妇孩子们。
馌彼南亩，㉕　　他们送饭到田头，
田畯至喜。㉖　　田畯看见好开心。
来方禋祀，㉗　　曾孙来到正祭神，
以其骍黑，㉘　　黄牛黑猪案上陈，
与其黍稷。　　　小米高粱配嘉珍。
以享以祀，　　　献上祭品行祭礼，
以介景福。㉙　　祈求大福赐苍生。

(程俊英译)

〔注〕① 大田：面积广阔的农田。稼：种庄稼。② 既：已经。种：指选种籽。戒：同"械"。此指修理农业器械。③ 乃事：这些事。④ 覃(yǎn)：通"剡"，锋利。耜(sì)：古代一种似锹的农具。⑤ 俶(chù)载：开始从事。⑥ 厥：其。⑦ 庭：通"挺"，挺拔。硕：大。⑧ 曾孙是若：顺了曾孙的愿望。曾孙，周王对他的祖先和其他的神，都自称曾孙。若，顺。⑨ 方：通"房"，指谷粒已生嫩壳，但还没有合满。皁(zào)：指谷壳已经结成，但还未坚实。⑩ 稂(láng)：指穗粒空瘪的禾。莠(yǒu)：田间似禾的杂草，也称狗尾巴草。⑪ 螟(míng)：吃禾心的害虫。螣(tè)：吃禾叶的青虫。⑫ 蟊(máo)：吃禾根的虫。贼：吃禾节的虫。⑬ 稚：幼禾。⑭ 田祖：农神。⑮ 秉：执持。畀：给予。炎火：大火。⑯ 有渰(yǎn)：即"渰渰"，阴云密布的样子。⑰ 祁祁：徐徐。⑱ 公田：公家的田。古代井田制，井田九区，中间百亩为公田，周围八区，八家各百亩为私田。八家共养公田，公田收获归农奴主所有。⑲ 私：私田。⑳ 稚：低小的穗。㉑ 穧(jì)：已割而未收的禾把。㉒ 秉：把，捆扎成束的禾把。㉓ 滞：遗留。㉔ 伊：是。㉕ 馌(yè)：送饭。南亩：泛指农田。㉖ 田畯(jùn)：周代农官，掌管监督农奴的农事工作。㉗ 禋(yīn)祀：升烟以祭，古代祭天的典礼。也泛指祭祀。㉘ 骍(xīn)：赤色牛。黑：指黑色的猪羊。㉙ 介："丐"的假借，祈求。景福：大福。

此诗与前篇《甫田》是姊妹篇，同是周王祭祀田祖等神祇的祈年诗。《甫田》写周王巡视春耕生产，因"省耕"而祈求粮食生产有"千斯仓""万斯箱"的丰收；《大田》写周王督察秋季收获，因"省敛"而祈求今后更大的福祉。春耕秋敛，前呼后应，两篇合起来为我们提供了西周农业生产方式、生产关系等相当真实具体和丰富的历史资料，是《诗经》中不可多得的重要的农事诗。这两篇在写法上也各有侧重，互为补充，诚如方玉润《诗经原始》末章眉评所云："前篇详于察与省，而略于耕；此篇详于敛与耕，而略于省与察。"

全诗四章，其中第三章最重要也最精彩，其他各章如众星之拱月，绿叶之衬花。第三章实写丰收，前二章起铺垫作用，末章是祭祀套话式的余波。

农业丰收是从天而降神赐的么？不是。诗首章追叙了对春耕的高度重视与精心准备。起句"大田多稼"虽是平淡的直赋其事，然而画面雄阔，涵盖了下文春耕夏耘秋收种种繁复场景，为之提供了纵情挥写的大舞台，气势不凡。由此可窥见当时绝非是一家一户的小农经济，而是井田制下的原始大生产耕作。第二句"既种既戒"，实是抓住了农业生产的"牛鼻子"，即选择良种与修缮农具。有了良种，播种的"百谷"才能"既庭且硕"；而工欲善其事，必先利其器，所以农奴以"覃耜"去犁田，才能收到事半功倍之效。"覃耜"只是"既戒"工作的举隅，其他可以想见。除了选种与修具外，还需有其他一系列次要的准备工作，诗用"既备乃事"一笔带过，笔墨精简，疏而不漏。用三个"既"字表示准备工作完成，干脆利落，要言不烦。末句冒出"曾孙是若"，好像很突兀，其实有非常紧密的内在联系。"曾孙"是当时政治、经济舞台的主角，也是本篇的核心人物，农奴一切卖力的活动都是为了顺应"曾孙"的欢心。春耕开局不错，谁最愉悦呢？当然是主角"曾孙"。这句客观上明确无误地展示了当时社会的主奴关系。从全篇看，第四章曾孙将出场巡视和主祭，这里先提一句作伏笔，也起到了贯通全篇血脉的作用，所谓着一子而满盘皆活。

次章追叙夏耘，即田间管理，主要写除杂草与去虫害。播种后倘让作物自生自灭，那秋收就很渺茫，因此必须加强管理，而且要贯穿百谷成长的全过程。"既方既皁，既坚既好。"四个"既"像电影中的慢镜头特写，将作物阶段性生长的典型画面作了逐步推进的忠实记录，很有农业科学性，不谙农事的人是很难如此简练精确表述的。而"不稂不莠"却是关键句，即除尽了稂莠，才使粮食长势旺盛，这是略去了种种艰辛劳动过程而提炼出来的重要经验。另一条经验是灭虫。百谷有螟螣蟊贼以及蝗虫等许多天敌，如果不加清除，"田稚"难保，也许会导致粮食颗粒无收。怎么除虫呢？主要用火攻。让害虫在"炎火"中葬身。由于虫害在一定程度上不像除草那样可以完全由人工加以控制，所以先民又搬出了被称作"田祖"的农神，祈求田祖的神灵将虫害去尽。虽然带有迷信色彩，反映了当时生产力的低下，但也表现了农夫们的迫切愿望。《诗经》中此处提到的除虫方法，后世继续奉行沿用，典型例子是唐代姚崇驱蝗。开元四年(716)，山东蝗虫大起，姚崇奏道："《毛诗》云：'秉彼蟊贼，以付炎火。'……蝗既解飞，夜必赴火。夜中设火，火边掘坑，且焚且瘗，除之可尽。"(《旧唐书·姚崇传》)于是遣使分道杀蝗，终于扑灭虫害，保住庄稼。这不明显是受了《大田》诗的启发吗？

如果说上二章写的是尽人事，那么天时对于农业也至关重要，所以第三章前四句就写了风调雨顺情况。阴云弥漫,细雨绵绵,真是好雨知时节,"随风潜入夜,润物细无声",公田、私田都有充沛雨水。外界景观与内心感受打成一片,农夫的喜悦在这四句中表现得淋漓尽致,从"公田""私田"的先后关系中,展现了社会矛盾缓和时期农夫们的忠悃厚道心情,在特定历史条件下,那是非常真率自然的。

三章其余五句写丰产丰收。若从正面写,谷穗金黄一片,农夫挥汗如雨干得热火朝天,肩挑车载沉甸甸,大囤小囤满满装,也可以写得沸沸扬扬,动人心目,但那毕竟是寻常蹊径,易于雷同俗套。此诗之妙在于侧写,在于烘托,在于细节描写,不写收,而写不收,从不收中反映丰收,构思之妙,令人拍案叫绝。你看,有长得欠壮实故意不割的,有割了来不及捆束的,有已捆束而来不及装载的,还有许多飘洒散落在各处的谷穗。这些镜头你闭目想象一下,是丰收还是歉收?还会有什么疑问?至于怎么个丰收法,那就由读者各自去驰骋想象吧。该实的地方却留下一片空白,让人自行补充,这才是炉火纯青的艺术妙谛。对于此点,历代论者均赞赏不已。姚际恒《诗经通论》说:"'彼有不获稚'至末,极形其粟之多也,即上篇千仓万箱之意,而别以妙笔出之。"方玉润《诗经原始》说:"凡文正面难于著笔,须从旁煊染,或闲处衬托,则愈闲愈妙,愈淡愈奇。……此篇省敛,本欲形容稼穑之多,若从正面描摹,不过千仓万箱等语,有何意味?且与上篇犯复,尤难出色。……诗只从遗穗说起,而正穗之多自见。……事极琐碎,情极闲淡,诗偏尽情曲绘,刻摹无遗,娓娓不倦,无非为多稼穑一语设色生光。所谓愈淡愈奇,愈闲愈妙,善于烘托法耳。"都是深谙个中三昧之论。

三章的末句"伊寡妇之利",又使诗的意境得到升华。大田里散落漏收那么多粮食,是不是农夫们偷懒和不珍惜呢?如果没有这末句,人们或会有此疑问,也或会作如是想。有了脱颖而出的此句,人们才恍然意识到农夫们故意不收割殆尽是有良苦用心的。为了让鳏寡孤独无依无靠者糊口活命,又免于他们沿街挨户乞讨的窘辱,农人有意留下一小部分丰收果实让他们自行去采拾,那种细腻熨帖,那种宅心仁厚,体现了中华民族自古有拯溺帮困的恻隐之心,那是一种宽广胸怀和崇高美德,至今读来仍令人感动不已。此诗中的"寡妇",比之唐代杜荀鹤诗中写到兵荒马乱时世的"山中寡妇"那"时挑野菜和根煮,旋斫生柴带叶烧"的境况来,真是幸运多多。关于此句,还引发过一场怎样理解本诗主旨的论辩。《毛诗序》谓此诗"刺幽王也。言矜寡不能自存焉"。而朱熹《诗序辨说》则驳道:"此序专以'寡妇之利'一句生说。"两者孰是孰非?应当说,寡妇之拾穗,也确实反映了贫民生活的无保障,从侧面反映了社会的黑暗不公,说诗有"刺"的含意也并不太离谱。但从诗的整体意向而言,无疑是"美"的成分居多,即赞美农夫通过辛勤劳动而喜得丰收。《毛序》以偏概全,朱子所驳也属平允。

  田间劳动大军正在收割捆载,忙得不亦乐乎。田头还有农官"田畯"在第一线指挥督察。后方有妇女孩子提筐来送饭食。整个画面一片繁忙热闹景象。这时最高统治者"曾孙"来了,其热气腾腾场面顿时达于沸点,至少从田畯的"至喜"表情上能让人领悟到这一点。第四章实写曾孙省敛,与首章春耕时"曾孙是若"相呼应。更与上篇《甫田》描写"省耕"时情景密合无间,是一模一样的四句。这大约是当时颂扬王权的套话吧。接着是曾孙祭祀田祖,祭祀四方神,牺牲粢盛恭敬袛奉,肃穆虔诚,为黎民为国祚祈福求佑。王权与神权互相依傍而彼此更为尊崇显赫,这大约也是曾孙省敛时所能做的最正儿八经的事吧。其实这都是歌功颂德的冠冕堂皇话,无甚精义,后世捧场诗文的层出不穷,其源头也可追溯到《诗经》上。正可谓"成也萧何,败也萧何"了。

  此诗在艺术上造诣颇深。诗主要运用白描手法,为后世勾勒了一幅上古时代农业生产方面的民情风俗画卷。其中的人物,如农人、妇子、寡妇、田畯、曾孙,虽着墨无多,但各有各的身份动作,给人以真实感受。凡此均体现出诗作的艺术魅力,给人无穷回味。

(曹光甫)

瞻 彼 洛 矣

瞻彼洛矣,	瞻望那奔流的洛水,
维水泱泱。①	水波浩浩茫茫。
君子至止,②	天子莅临到这地方,
福禄如茨。③	福禄如积厚且长。
韎韐有奭,④	皮蔽膝闪着赤色的光,
以作六师。⑤	发动六军讲武忙。
瞻彼洛矣,	瞻望那奔流的洛水,
维水泱泱。	水波浩浩汤汤。
君子至止,	天子莅临到这地方,
鞞琫有珌。⑥	刀鞘玉饰真堂皇。
君子万年,	天子万岁福泽长,
保其家室。	保我家室卫我疆。

小雅·瞻彼洛矣

瞻彼洛矣，	瞻望那奔流的洛水，
维水泱泱。①	水势浩浩波茫茫。
君子至止，	天子莅临到这地方，
福禄既同。⑦	福禄聚集群情畅。
君子万年，	天子万岁寿无疆，
保其家邦。	保我家乡卫我邦。

〔注〕 ① 泱（yāng）泱：水势盛大的样子。 ② 止：语助词。 ③ 茨：聚集。如茨，形容其多。 ④ 韎韐（mèi gé）：用茜草染成黄赤色的革制品，如今之蔽膝。朱熹《诗集传》以为"韎韐"即《周礼》所谓韦弁，兵事之服也。奭（shì）：赤色貌。 ⑤ 作：起也。六师：六军，古时天子六军。 ⑥ 鞞（bǐ）：刀鞘。琫（běng）：刀鞘口围的玉饰。珌（bì）：刀鞘末端的玉饰。 ⑦ 同：聚集。

这首诗的主旨，《毛诗序》以为"刺幽王也，思古明王能爵命诸侯，赏善罚恶也。"今按：此诗并无刺意，亦无"赏善罚恶"之义，毛说不通。朱熹《诗集传》则就诗义论诗，以为"此天子会诸侯于东都以讲武事，而诸侯美天子之诗，天子御戎服而起六师也"。朱说能得诗旨，今从之。

全诗三章，用赋体写成，但亦含比义。诸侯既临此会，赞美天子能整军经武，保卫邦家，使周室有中兴气象。疑此诗为周宣王时代之诗。宣王曾用方叔、召虎、仲山甫、尹吉甫等，北伐猃狁，南征荆蛮、淮夷、徐戎，诸侯听命，武功甚盛。可见平时必以讲武为务，在其会诸侯于东都讲武之际，诗人以诗美之。

首章起笔雍容大方，"瞻彼洛矣，维水泱泱"，两句点明天子会诸侯讲武的地点，乃在周的东都——洛阳（洛阳因在洛水之阳而得名）。且以洛水之既深且广，暗喻天子睿智圣明，亦如洛水之长流，深广有度。接着以"君子至止，福禄如茨"两句，表明天子之莅临洛水，会合诸侯，讲习武事，乃天子勤于大政的表现。昔人以"国之大事，在祀与戎"（见《左传·成公十三年》），天子能亲临戎政，御军服以起六师，故能"福禄如茨"（"如茨"言其众多），使天下皆受其赐。此章后两句"韎韐有奭，以作六师"，补足前意，"韎韐"为皮革制成的军事之服，意如今之皮蔽膝。"以作六师"，犹言发动六军讲习武事。明示天子此会的目的，在于习武练兵。故天子亲御戎服，以示其隆重。

二章旨在加深赞美。起二句同首章。"君子至止，鞞琫有珌"，鞞为剑鞘，琫珌分指剑鞘上下端之玉饰，表明天子讲武视师时，军容整肃，天子亲佩宝剑，剑鞘也装饰得非常堂皇，威仪崇隆。故而诗人以"君子万年，保其家室"，作欢呼性的赞颂。

三章句型,基本上与二章相同,但意义有别。"君子至止,福禄既同"两句,既与首章之"福禄如茨"相应,兼以示天子在讲武检阅六师之后,赏赐有加,使与会的诸侯及军旅,皆能得到鼓励,众心归向,一片欢欣,紧接着在"君子万年,保其家邦"的欢呼声中,结束全诗。而"保其家邦"的意义,较之前章的"保其家室",更进一层,深刻地表明此次讲习武事的主要目的。 (马祖熙)

裳裳者华

裳裳者华,①	花儿朵朵在盛开,
其叶湑兮。②	叶儿繁茂长势旺。
我觏之子,③	我遇见了那个人,
我心写兮。④	我的心啊真舒畅。
我心写兮,	我的心啊真舒畅,
是以有誉处兮。⑤	于是有了安乐的地方。
裳裳者华,	花儿朵朵在盛开,
芸其黄矣。⑥	鲜亮艳丽黄又黄。
我觏之子,	我遇见了那个人,
维其有章矣。⑦	他的服饰有文章。
维其有章矣,	他的服饰有文章,
是以有庆矣。	于是有了喜庆的排场。
裳裳者华,	花儿朵朵在盛开,
或黄或白。	有黄有白多娇艳。
我觏之子,	我遇见了那个人,
乘其四骆。⑧	四匹黑鬣白马驾在前。
乘其四骆,	四匹黑鬣白马驾在前,
六辔沃若。⑨	六根缰绳光滑又柔软。
左之左之,	要向左啊就向左,
君子宜之。	君子应付很适宜。

右之右之，	要向右啊就向右，
君子有之。	君子发挥有余地。
维其有之，	因他发挥有余地，
是以似之。⑩	所以后嗣能承继。

〔注〕① 裳裳：犹"堂堂"，旺盛鲜艳的样子。华：花。 ② 湑(xǔ)：茂盛的样子。 ③ 觏(gòu)：遇见。 ④ 写：通"泻"，心情舒畅。 ⑤ 誉：通"豫"，安乐。 ⑥ 芸：色彩浓艳。 ⑦ 章：纹章，服饰文采。 ⑧ 骆：黑鬣白马。 ⑨ 沃若：光滑柔软的样子。 ⑩ 似：嗣，继承祖宗功业。

《裳裳者华》，《毛诗序》以为"刺幽王也。古之仕者世禄。小人在位，则谗谄并进，弃贤者之类，绝功臣之世焉"。就诗本文言之，稍嫌迂曲。朱熹《诗集传》以为此系天子美诸侯之辞，用以应答那首天子会诸侯于东都讲武时诸侯美天子所作的《瞻彼洛矣》，验之于诗，此说可通，然犹嫌坐实。从整首诗轻快而略带跳跃感的节奏中可以看出，诗作者对所遇对象充满了赞美和怜爱之意。从这个意义上说，不妨将这首诗宽泛地理解为对相悦者的歌颂赞美之诗。

全诗共四章，每章四句。

诗前三章是结构相似的重调，每章的前两句写花起兴，从"其叶湑兮"到"芸其黄矣"再到"或黄或白"，将花繁叶茂的盛景充分地表露出来，也由此烘托出抒情主人公心中的无比欢娱。而"我"所遇的"之子"又是什么样子呢？在首章，诗人只写了自己的主观心理感受"我心写兮"，"是以有誉处兮"，心中烦忧尽泻，充满欢乐。是什么样的人使得"我"如此欢悦？诗第二章给"之子"一个特写镜头，这个镜头没有对准他的面部，也没有对准他的眼睛，而是对准其服饰："维其有章矣。"这样的叙述中渗透着赞美之情，因为服饰之美在先秦时期是身份和地位的外在表现。至此，诗人仍觉不足，又将目光转向全景，在第三章写"之子"的车马之盛，"乘其四骆，六辔沃若"，何其风光，何等气派！如此一层一层推进，在形象的跳跃式叙述中显示出欢快的激情。诗若就此打住，便显得情感过于浅直，而且缺少了雅诗中应有的那份平和与理性，于是诗第四章从节奏和用韵两方面都变得舒缓起来，"左之左之，君子宜之；右之右之，君子有之"，从左右两方面写君子无所不宜的品性和才能，有了这方面的歌唱，使得前面三章的赞美有了理性依据。"维其有之，是以似之"，两句总括全篇，赞美君子表里如一、德容兼美的风貌，以平和安详作结。方玉润《诗经原始》谓"末章似歌非歌，似谣非谣，理莹笔妙，自是名言，足垂不朽"，极是。

整首诗以花起兴，赞颂人物之美，节奏变化有致，结构收束得当，读来兴味盎

然,且无阿谀之感,确是一首轻松欢快又不失稳当的雅诗。　　　　　（戴元初）

桑扈

交交桑扈,①	青雀叫得悦耳动听,
有莺其羽。②	羽毛光洁色彩分明。
君子乐胥,③	大人君子各位快乐,
受天之祜。④	受天保佑得享福荫。

交交桑扈,	可爱的青雀真灵巧,
有莺其领。	颈间的羽色好美妙。
君子乐胥,	衮衮诸公同欢共乐,
万邦之屏。⑤	保卫家国要把你们依靠。

之屏之翰,⑥	作为国家的屏障和支柱,
百辟为宪。⑦	诸侯都把你们当成言行的法度。
不戢不难,⑧	克制自己遵守必要的礼节,
受福不那。⑨	就能享受不尽的洪福。

兕觥其觩,⑩	在弯弯的牛角杯中,
旨酒思柔。⑪	酌满的美酒色清香浓。
彼交匪敖,⑫	贤者交往从不倨傲,
万福来求。⑬	万福来聚天下从风。

〔注〕① 交交：鸟鸣声。桑扈：鸟名,即青雀。② 莺：有文采的样子。③ 君子：此指群臣。胥：语助词。④ 祜(hù)：福禄。⑤ 万邦：各诸侯国。屏：屏障。⑥ 之：是。翰："幹"的假借,支柱。⑦ 百辟：各国诸侯。宪：法度。⑧ 不：语助词,下同。戢(jí)：克制。难(nuó)：通"傩",守礼节。⑨ 那(nuó)：多。⑩ 兕觥(sì gōng)：牛角酒杯。觩(qiú)：弯曲的样子。⑪ 旨酒：美酒。思：语助词。柔：指酒性温和。⑫ 彼：指贤者。匪敖：不傲慢。敖,通"傲"。⑬ 求：同"逑",集聚。

　　与《小雅》中的多数作品都被指为刺诗一样,这首诗也被《毛诗序》认为是"刺幽王"之作。孔颖达疏据毛序郑笺说："以其时君臣上下升降举动皆无先王礼法威仪之文焉,故陈当有礼文以刺之。"但从诗的本身来看,似乎仅为周王会宴诸侯时助兴的一首乐歌,而与讽刺无关。

乐歌的首两章均以"交交桑扈"起兴,这是《诗经》作品常见的一种表现手法。它的作用在于以一种浅近的自然物象,引出全诗所要记叙的事件或抒发的感情。在起兴的物象和表达的内容之间尽管没有什么必然的直接联系,但两者往往会在某一方面具有内在的通融性,从而使人在不可言传中获得联想和意会的妙趣。如这首诗起兴中欢然鸣叫的青雀,光彩明亮的羽毛,就为以下陈述宴饮营造了一种明快欢乐的气氛,仿佛自然界的青雀与宴饮者之间存在着一种相互作用的心理感应。这种表现手法的运用,大大加强了作品的生动性。

从内容来看,这首助兴的劝饮乐歌还真有点政治色彩。它上来便指出君子的快乐,是来自上天所赐的福禄;接着又强调君子也就是与会诸侯对于国家的重要性。前两章的述写在先扬中已暗伏后抑的因素,所以后两章即在此基础上向与饮者提出"不戢不难"和"彼交匪敖"的要求。应该说这种劝说是很尖锐也很严厉的,但由于前面"之屏之翰,百辟为宪"的铺垫,和后面"万福来求"的激励,使之显得从容不迫、合情合理,所以也就更具有理性和感情的说服力。

另外,对于"兕觥其觩,旨酒思柔"两句也应予以注意。它的表面作用显然是点出饮酒,在全诗中立一基点,我们也据以认为它是周王宴饮诸侯时所奏的乐歌;但在第四章的前面,它的特殊地位又对以下的"匪敖",起着一种隐喻的显示。它似乎是在告诉人们:正和性柔能使酒美一样,人不傲才能福禄不断。这种隐喻,是很有深意的。

(曹明纲)

鸳　　鸯

鸳鸯于飞,①	鸳鸯双双轻飞翔,
毕之罗之。②	遭遇大小罗与网。
君子万年,	好人万年寿而康,
福禄宜之。③	福禄一同来安享。
鸳鸯在梁,④	鸳鸯相偎在鱼梁,
戢其左翼。⑤	喙儿插进左翅膀。
君子万年,	好人万年寿而康,
宜其遐福。⑥	一生幸福绵绵长。

乘马在厩,⑦	拉车辕马在马房,
摧之秣之。⑧	每天喂草喂杂粮。
君子万年,	好人万年寿而康,
福禄艾之。⑨	福禄把他来滋养。

乘马在厩,	拉车辕马在马槽,
秣之摧之。	每天喂粮喂饲草。
君子万年,	好人万年寿而康,
福禄绥之。⑩	福禄齐享永相保。

〔注〕① 鸳鸯：鸭科水鸟名。古人以此鸟雌雄双居，永不分离，故称之为"匹鸟"。② 毕：长柄的小网。罗：无柄的捕鸟网。 ③ 宜：《说文解字》："宜，所安也。"引申为享。④ 梁：筑在河湖池中拦鱼的水坝。 ⑤ 戢(jí)：插。 ⑥ 遐：远。 ⑦ 乘(shèng)：四匹马拉的车子。乘马引申为拉车的马。厩：马棚。 ⑧ 摧(cuò)：铡草喂马。郑笺："今莝字也。"《说文解字》："莝，斩刍也。"秣(mò)：用粮食喂马。 ⑨ 艾：养。 ⑩ 绥：安。

　　本诗出于《诗·小雅·甫田之什》。对本诗旨义的解释历代主要有两种说法，一是以《毛诗序》为代表，以为"刺幽王也。思古明王交于万物有道，自奉养有节焉。"孔颖达疏进一步解释说："前二章鸳鸯为兴，言交于万物有道奉一物以例余也。后二章又以乌秣之式兴奉养有节。"一是以明代人何楷为代表，谓"以《白华》之诗证之，其第七章曰：'鸳鸯在梁，戢其左翼，之子无良，二三其德。'是诗亦有'在梁'二语，词旨昭然。诗人追美其初昏(婚)。凡诗言'于飞'者六，其以雌雄连言者，惟'凤凰于飞'及此'鸳鸯于飞'耳。《乘马》二章，皆咏亲迎之事而因以致其祷颂之意。《汉广》之诗曰：'之子于归，言秣其马'亦同。"(《诗经世本古义》)清人姚际恒、方玉润也都赞同何说，认为是一首祝贺新婚的诗。相比而言，这一说法更为通达，因为鸳鸯作为匹鸟的文化底蕴与"交于万物有道"没有任何合理的关联。而解作贺婚诗，前二章赞美男女双方才貌匹配，爱情忠贞；后二章祝福其生活富足美满，无疑更切近诗旨。

　　此诗一、二章以鸳鸯匹鸟兴夫妇爱慕之情。描绘了一对五彩缤纷的鸳鸯，扑动着羽毛绚丽的翅膀，双双飞翔在辽阔的天空，雌雄相伴，两情相依，情有独钟，心有所许，多么美妙的时刻，多么美好的图画！在遭到捕猎的危险时刻，仍然成双成对，忠贞不渝，并不是大难临头各自飞。从同甘到共苦两种境遇的转变，进一步展现了鸳鸯高洁的品格，挖掘了鸳鸯的典型的独特的禀性，较好地运用了象征的艺术手法,为后面对人物的抒写做了充分的准备。在第二章中,诗人抓住鸳鸯小憩时的一个细节,描摹入微,观察至细。芳草萋萋的小坝上,一对鸳鸯相依相偎,红艳的嘴巴插入左边的翅膀,闭目养神,恬静悠闲,如一幅明丽淡雅的江南水墨风景图,满含着对美好生活的深深眷恋与无限追求。这二章一动一静,描摹毕肖,既是对今后婚姻生活的象征性写照,也是对婚姻的主观要求和美好希望。生活之中,欢乐与痛苦必然并存,既有甜蜜的欣悦,也有凄苦的哀愁,但只要双方心心相印、相濡以沫,苦乐之中就都有幸福在,又何所惧呢!诗人以鸳鸯比喻夫妻,贴切自然,易于引起欣赏者的共鸣,其形象逐渐积淀为中国传统文化的一种原型,为后世所普遍接受。

　　诗的第三、四章以摧秾乘马,兴结婚亲迎之礼,充满了对婚后生活的美好憧憬。抓住亲迎所用的厩中肥马这一典型细节,引发人对婚礼情景的丰富联想:隆重、热烈、喜庆;并且厩有肥马也反映着生活的富足。这都含蓄地暗示了婚姻美好的客观条件:男女般配,郎才女貌,感情专一,家产丰裕;反映了诗人的婚姻价值观念,也是对理想人生、美好人生的由衷礼赞。

(胡长青)

頍弁

有頍者弁,①	鹿皮礼帽真漂亮,
实维伊何?②	为何将它戴头顶?
尔酒既旨,	你的酒浆都甘醇,
尔殽既嘉。③	你的肴馔是珍品。
岂伊异人?	来的哪里有外人?
兄弟非他。	都是兄弟非别人。
茑与女萝,④	茑草女萝蔓儿长,
施于松柏。	依附松柏悄攀援。
未见君子,	未曾见到君子面,
忧心弈弈。⑤	忧心忡忡神不安。
既见君子,	如今见到君子面,
庶几说怿。⑥	荣幸相聚真喜欢。
有頍者弁,	鹿皮礼帽真漂亮,
实维何期?⑦	何事将它戴头顶?

尔酒既旨，　　你的酒浆都甘醇，
尔殽既时。⑧　　你的肴馔是佳品。
岂伊异人？　　来的哪里有外人？
兄弟俱来。　　兄弟都来亲更亲。
茑与女萝，　　茑草女萝蔓儿长，
施于松上。　　依附松枝悄缠绕。
未见君子，　　未曾见到君子来，
忧心恹恹。⑨　　忧思绵绵生烦恼。
既见君子，　　如今见到君子面，
庶几有臧。⑩　　满怀喜悦心境好。

有頍者弁，　　鹿皮礼帽真漂亮，
实维在首。　　端端正正戴头顶。
尔酒既旨，　　你的酒浆都甘醇，
尔殽既阜。　　你的肴馔真丰盛。
岂伊异人？　　来的哪里有外人？
兄弟甥舅。　　兄弟甥舅是姻亲。
如彼雨雪，⑪　　如同雪花飘眼前，
先集维霰。⑫　　冰珠阵阵坠满天。
死丧无日，⑬　　死亡日子难逆料，
无几相见。⑭　　时间无多难相见。
乐酒今夕，　　今夜开怀应畅饮，
君子维宴。　　君子行乐惟欢宴。

[注]　① 頍(kuǐ)：毛传："弁貌。"《释名》："頍，倾也。著之倾近前也。"弁(biàn)：皮弁，用白鹿皮制成的圆顶礼帽。　② 实维伊何：是为伊何。实，犹"是"。维，语助词。伊，当作"繄"，犹"是"。　③ 殽(yáo)：同"肴"，荤菜。　④ 茑(niǎo)、女萝：都是善于攀缘的蔓生植物。　⑤ 弈弈：心神不安貌。　⑥ 说怿(yuè yì)：欢欣喜悦。说，通"悦"。　⑦ 何期：犹言"伊何"。期，通"其"，语助词。　⑧ 时：善也，物得其时则善。　⑨ 恹(bǐng)恹：忧愁貌。　⑩ 臧：善。　⑪ 雨(yù)雪：下雪。　⑫ 霰(xiàn)：雪珠。　⑬ 无日：不知哪一天。　⑭ 无几：没有多久。

　　这首诗的主题，《毛诗序》以为是"诸公刺幽王也"，朱熹《诗集传》以为是

"燕兄弟亲戚之诗"。从字面看，此诗写一个贵族请他的兄弟、姻亲来宴饮作乐，赴宴者作了这首诗，表示对这位贵族的攀附。诗中一方面表现了赴宴者的阿谀奉承，同时展示了贵族们醉生梦死的生活和没落低沉的情绪。说是"刺幽王"，不是没有道理。全诗以赴宴者的口气写成，不仅描写了宴席的丰盛，也写出了贵族间彼此依附的关系。在表面热闹的气氛中，笼罩着一种悲观失望、及时行乐的情绪。这正是西周末年国家政治和奴隶主贵族走向衰亡的表现。

　　三章诗开端都写贵族们一个个戴着华贵的圆顶皮帽赴宴。一、二章中的"实维伊何""实维何期"，用了设问句，提人警醒，渲染了宴会前的盛况和气氛，而且表现了赴宴者精心打扮、兴高采烈的心情。第三章改用"实维在首"，写出贵族打扮起来后自我欣赏、顾影陶醉的情态。接下来，写宴会的丰盛："尔酒既旨，尔肴既嘉""尔酒既旨，尔肴既时""尔酒既旨，尔肴既阜"，三章中只各变了一个字，反复陈述美酒佳肴的醇香、丰盛。然后是赴宴者对同主人亲密关系的陈述，对主人的赞扬、奉承、讨好：来的都是兄弟、甥舅，根本没有外人；主人是松柏一样的高树大枝，而自己只是攀附其上的蔓生植物；没有见到主人时心里是如何的忧愁不安，见到主人后心里是如何的欢欣异常。有人说，第二章结末的"庶几有臧"还包含有希望得到厚赐之意，那么贵族们的庸俗厚颜更表露了出来。前文所谓"未见君子，忧心弈弈；既见君子，庶几说怿"，其真实含义，很值得回味。第三章"如彼雨雪，先集维霰"后，不再是前两章内容的重复。他们由今日的欢聚，想到了日后的结局。他们觉得人生如霰似雪，不知何时就会消亡。在暂时的欢乐中，不自禁地流露出一种黯淡低落的情绪。表现出一种及时行乐、消极颓废的心态，充满悲观丧气的音调。从这首诗来看，由于社会的动乱，他们虽然饮酒作乐，但仍感到自己命运的岌岌可危、朝不保夕，正表露出所谓末世之音。有学者认为这首诗与《雅》诗中的某些揭露贵族腐朽和社会弊端的讽喻诗并不是一回事。所谓讽喻诗，乃是有政治远见和正义感的贵族文人，对社会问题所作的有意揭露，是感时抒愤之作。而这首诗却是一首沉湎于享乐生活的宴饮作乐之歌。所以，朱熹所谓"燕兄弟亲戚之诗"，是此诗作者之本义；而《诗序》的讽刺之说，则是读者所感受领悟到的诗义。作者未必然，读者未必不然，诗的形象所蕴含的意义，确乎大于作诗者的主观思想。这首诗在艺术技巧上也有一定的特点。如诗的开头，三章皆用问答句来表达。三章中间为了强调与主人关系的密切，采用了反问句式。从而使诗歌在表现上较为灵活，加深了读者的印象。另外，诗中还用了女萝攀缘松柏、人生短暂如雪如霰等比喻，增加了形象性。

（伏俊连）

车　舝

间关车之舝兮，①	车轮转动车辖响，
思娈季女逝兮。②	妩媚少女要出阁。
匪饥匪渴，③	不再饥渴慰我心，
德音来括。④	有德淑女来会合。
虽无好友，	虽然没有好朋友，
式燕且喜。⑤	宴饮相庆自快乐。
依彼平林，⑥	丛林茂密满平野，
有集维鷮。⑦	长尾锦鸡栖树上。
辰彼硕女，⑧	那位女娃健又美，
令德来教。	德行良好有教养。
式燕且誉，⑨	宴饮相庆真愉悦，
好尔无射。⑩	爱意不绝情绵长。
虽无旨酒，	虽然没有那好酒，
式饮庶几。⑪	但愿你能喝一盏。
虽无嘉肴，	虽然没有那好菜，
式食庶几。	但愿你能吃一点。
虽无德与女，	虽然德行难配你，
式歌且舞。	且来欢歌舞翩跹。
陟彼高冈，	登上高高那山冈，
析其柞薪。	柞枝劈来当柴烧。
析其柞薪，	柞枝劈来当柴烧，
其叶湑兮。⑫	柞叶茂盛满树梢。
鲜我觏尔，⑬	此时我能接到你，
我心写兮。⑭	心中烦恼全消掉。

高山仰止，	巍峨高山要仰视，
景行行止。⑮	平坦大道能纵驰。
四牡骓骓，⑯	驾起四马快快行，
六辔如琴。	挽缰如调琴弦丝。
觏尔新昏，	今遇新婚好娘子，
以慰我心。	满怀欣慰称美事。

〔注〕①间关：车行时发出的声响。舝(xiá)：同"辖"，车轴头的铁键。②娈：妩媚可爱。季女：少女。逝：往，指出嫁。③饥、渴：《诗经》多以饥渴隐喻男女性事。④括：犹"佸"，会合。⑤式：发语词。燕：通"宴"，宴饮。⑥依：茂盛的样子。⑦鷮(jiāo)：长尾野鸡。⑧辰：通"珍"，美好。或训为善，亦通。⑨誉：通"豫"，安乐。⑩无斁(yì)：不厌。亦可作"无教"。⑪庶几：此犹言"一些"。⑫湑(xǔ)：茂盛。⑬鲜：犹"斯"，此时。觏(gòu)：遇合。⑭写：通"泻"，宣泄。指欢悦、舒畅。⑮景行：大路。⑯骓(fēi)骓：马行不止貌。

  这首诗的主题，影响较大者有二说。《毛诗序》云："《车舝》，大夫刺幽王也。褒姒嫉妒，无道，并进谗巧败国，德泽不加于民。周人思得贤女以配君子，故作是诗也。"邹肇敏驳之云："思得娈女以间其宠，则是张仪倾郑袖，陈平绐阏氏之计耳。以嬖易嬖，其何能淑？且赋《白华》者安在？岂真以不贤见黜？诗不讽王复故后，而讽以别选新昏，无论艳妻骄扇，宠不再移，其为倍义而伤教，亦已甚矣。"（姚际恒《诗经通义》引）邹氏的批评可谓激切有力。但自《楚茨》到本篇共十篇，《诗序》皆以为刺幽王，恐怕也是有所本的。《诗序》之意，不过以为此篇亦《关雎》歌后妃之德之类，为借古讽今之作。邹氏抓住"周人思得贤女以配君子"一句大作文章，也非通达之论。朱熹《诗集传》则说："此宴乐新昏之诗。"方玉润《诗经原始》以道学家之眼光，驳朱熹之说曰："夫乐新昏，则德音燕誉无非贤淑，而高山景行，亦属闺门。试思女子无仪是式，而何德音之可誉？闺门以贞静是修，更何仰止之堪思？"方氏以当时的价值观规范数千年前人们的思想感情，故扞格难入。诚哉，知人论世之难也！然则朱熹之说，确为不刊之论，所以今人多从之。

  全诗五章，皆以男子的口吻写娶妻途中的喜乐及对佳偶的思慕之情。首章写娶妻启程。诗从娶亲的车声中开始。随着"间关"的车声，朝思暮想的少女就出嫁了。这其中流露出诗人积蓄已久的欣喜若狂之情。然而诗人又天真地声明："匪饥匪渴，德音来括。"高兴的原因绝非因为性爱的饥渴即将满足，而是对女子美德的崇慕，真可谓好德胜于好色了。这当然是恋人"此地无银三百两"而已，所以下文又禁不住一往情深地说："虽无好友，式燕且喜。"次章写婚车越过平林。

由林莽中成双成对的野鸡,想到了车中的"硕女",再加上她美好的教养和品德,更使诗人情怀激荡,信誓旦旦:"式燕且誉,好尔无射",我爱你终生不渝!第三章继续是男子对女子情真意切的倾诉:我家虽没有美酒佳肴,我也没有崇高的品德,但却有一颗与你相亲相爱的心。这些朴实无华的语言,冲口而出,感人至深。第四章写婚车进入高山,这里有茂盛的柞树。"陟彼高冈,析其柞薪。析其柞薪,其叶湑兮。""析薪如之何?匪斧不克;取妻如之何?匪媒不得",这是当时的谚语,所以诗人由"析薪"想到了娶妻。而柔嫩鲜艳的绿叶,是美丽可爱新妇的最好比喻;由《七月》"桑之未落,其叶沃若"一句,可以确信"其叶湑兮"是写新妇的光彩照人的。这里诗人融咏物与比兴为一体,巧妙地表现了对新妇的喜爱。最后两句更是直抒情怀:"鲜我觏尔,我心写兮。"今天和你结为伴侣,我心里真是舒服极了。尾章写婚车越过高山,进入大路。诗人仰望高山,远眺大路,面对佳偶,情满胸怀,诗句自肺腑流出:"高山仰止,景行行止。"这是叙事、写景,但更多的则是比喻。新妇那美丽的形体和坚贞的德行,不正像高山大路一样令人敬仰和向往吗?诗句意蕴丰厚,气宇轩昂,因而成为表达一种仰慕之情的最好意象,遂成千古名句。接下两句"四牡骓骓,六辔如琴",不仅与首章"间关"二句相呼应,形成回环之势,而且那如琴弦的六辔更是包含着诗人对婚后美好和谐生活的丰富想象。最后两句,又直抒胸臆,情结全篇。

  这首诗在艺术上的主要特色,首先是结构上的跌宕。方玉润说:"前后两章实赋,一往迎,一归来。二、四两章皆写思慕之怀,却用兴体。中间忽易流利之笔,三层反跌作势,全诗章法皆见。"(同上)其次是抒情手法的多样,或直诉情怀,一泻方快;或以景写情,亦景亦情;或比兴烘托,意境全出。总之,它是《雅》诗中优秀的抒情诗篇。

(伏俊连)

青　蝇

营营青蝇,①	嗡嗡营营飞舞的苍蝇,
止于樊。②	停在篱笆上吮舐不停。
岂弟君子,③	和蔼可亲的君子啊,
无信谗言。④	切莫把害人的谗言听信。

| 营营青蝇, | 嗡嗡营营飞舞的苍蝇, |
| 止于棘。⑤ | 停在酸枣树上吮舐不停。 |

| 谗人罔极,⑥ | 谗害人的话儿没有标准, |
| 交乱四国。⑦ | 把四方邻国搅得纷乱不平。 |

营营青蝇,	嗡嗡营营飞舞的苍蝇,
止于榛。⑧	停在榛树丛中吮舐不停。
谗人罔极,	谗害人的话儿没有标准,
构我二人。⑨	弄得你我二人反目不亲。

〔注〕①营营:象声词,拟苍蝇飞舞声。 ②止:停下。樊:篱笆。 ③岂弟(kǎi tì):同"恺悌",平和有礼。 ④谗言:挑拨离间的坏话。 ⑤棘:酸枣树。 ⑥罔极:没有标准。 ⑦交:都。乱:搅乱、破坏。 ⑧榛:榛树,一种灌木。 ⑨构:播弄、陷害。

这是《小雅》中一首著名的谴责诗。它的鲜明特色是借物取喻形象生动,劝说斥责感情痛切。

首先,把专进谗言的人比作苍蝇,这是十分贴切的。苍蝇作为一种令人厌恶的昆虫,具有追臭逐腐、散播病菌、嗡嗡乱叫等习性,而这些习性与人间专找缝隙进谗言害人者如出一辙。因此用苍蝇来喻指进谗者,这本身已是一个极大的成功;更遑论此诗三章均以"营营青蝇"取喻起兴,把它四处飞舞、不停播乱的特性表现得淋漓尽致。所以这三章前两句仅以更换末一字的形式重复出现,似拙实巧,令人不由对苍蝇产生一种挥之不去的厌恶感。"樊""棘""榛"三字一义,其实都指篱笆而言,但每一次变化,又不仅仅是单纯的同义反复,而是隐含了对苍蝇见缝就叮、不弃不舍的深刻揭露。

其次,这三章诗的后两句也逐章递进,层层见意。第一章是规劝正人君子不要去听信谗言,语言直白如话,是全诗的作旨。第二章列出谗言的第一个危害,那就是搅乱四邻各国间的关系,即所谓祸国殃民。第三章指出谗言的第二个危害,那就是挑拨人际关系,使朋友知己互生嫌隙,反目成仇。而这两种祸害,全在于"谗人罔极",即进谗者为人处世没有一定的准则,阳奉阴违有之,出尔反尔有之,翻云覆雨、颠倒黑白亦有之。

所以从全诗来看,它的特点既包括取喻确切传神,同时也包括对谗言的危害和根源的深刻揭示。而两者相辅相成,共同使"无信谗言"的规劝和警示显得充分有力,从而大大增强了诗的讽刺、谴责的力度。正因为此,后来"青蝇"就成了谗言或进谗佞人的代称。王充《论衡·商虫》所谓"谗言伤善,青蝇污白"、陈子昂《宴胡楚真禁所》诗"青蝇一相点,白璧遂成冤"、李白《鞠歌行》"楚国青蝇何太多,连城白璧遭谗毁"等,皆其例,可见其艺术生命力之强。

那么诗中所谴责的"谗人"、所告诫的"君子"是什么人呢?作者又是谁呢?《毛诗序》云:"《青蝇》,大夫刺幽王也。"则"君子"当指周幽王。魏源《诗古微》云:"《易林》云:'患生妇人。''恭子离居。'夫幽王听谗,莫大于废后放子。而此曰'患生妇人',则明指褒姒矣,'恭子离居',用申生恭世子事,明指宜臼矣。故曰,'谗人罔极,构我二人',谓王与母后也。'谗人罔极,交乱四国',谓戎、缯、申、吕也。"以为本篇乃刺幽王听信谗言而废后放子之作。则"谗人"当指褒姒。又王先谦《诗三家义集疏》据《易林·豫之困》"青蝇集藩,君子信谗;害贤伤忠,患生妇人"说明齐诗以此诗为"幽王信褒姒之谗而害忠贤"之作,又云:"三家诗以此合下篇皆卫武公所作,……愚案:卫武公王朝卿士,诗又为幽王信谗而刺之,所以列于《小雅》。"则诗的作者是卫武公。不过,这些说法并非确凿无疑,姑且录之存参。

(曹明纲)

宾之初筵

宾之初筵,①	宾客来到初入席,
左右秩秩。②	主客列坐分东西。
笾豆有楚,③	食器放置很整齐,
殽核维旅。④	鱼肉瓜果摆那里。
酒既和旨,⑤	既然好酒甘又醇,
饮酒孔偕。⑥	满座宾客快喝起。
钟鼓既设,	钟鼓已经架设好,
举醻逸逸。⑦	举杯敬酒不停息。
大侯既抗,⑧	大靶已经张挂好,
弓矢斯张。	整顿弓箭尽射礼。
射夫既同,⑨	射手已经集合好,
献尔发功。⑩	请献你们妙射技。
发彼有的,⑪	发箭射中那靶心,
以祈尔爵。⑫	你饮罚酒我暗喜。
籥舞笙鼓,⑬	持籥欢舞笙鼓奏,

乐既和奏。	音乐和谐声调柔。
烝衎烈祖，⑭	进献乐舞娱祖宗，
以洽百礼。⑮	礼数周到情意厚。
百礼即至，	各种礼节都已尽，
有壬有林。⑯	隆重丰富说不够。
锡尔纯嘏，⑰	神灵爱你赐洪福，
子孙其湛。⑱	子孙安享乐悠悠。
其湛曰乐，	和乐欢快喜气扬，
各奏尔能。⑲	各显本领莫保守。
宾载手仇，⑳	宾客选人互较量，
室人入又。㉑	主人又入陪在后。
酌彼康爵，㉒	斟酒装满那空杯，
以奏尔时。㉓	献给中的那射手。

宾之初筵，	宾客来齐初开宴，
温温其恭。	温良恭谨堪赞叹。
其未醉止，㉔	他们还没喝醉时，
威仪反反。㉕	威严庄重自非凡。
曰既醉止，㉖	他们都已喝醉时，
威仪幡幡。㉗	威严庄重全不见。
舍其坐迁，㉘	离开座位乱跑动，
屡舞僊僊。㉙	左摇右晃舞蹁跹。
其未醉止，	他们还没喝醉时，
威仪抑抑。㉚	庄重威严皆可观。
曰既醉止，	他们都已喝醉时，
威仪怭怭。㉛	庄重威严尽荡然。
是曰既醉，	因为大醉现丑态，
不知其秩。㉜	不知规矩全紊乱。

宾既醉止，	宾客已经醉满堂，
载号载呶。㉝	又叫喊来又吵嚷。
乱我笾豆，	把我食器全弄乱，
屡舞僛僛。㉞	左摇右晃舞踉跄。
是曰既醉，	因为大醉现丑态，
不知其邮。㉟	不知过错真荒唐。
侧弁之俄，㊱	皮帽歪斜在头顶，
屡舞傞傞。㊲	左摇右晃舞癫狂。
既醉而出，	如果醉了便离席，
并受其福。	主客托福两无伤。
醉而不出，	如果醉了不退出，
是谓伐德。㊳	这叫败德留坏样。
饮酒孔嘉，	喝酒原为大好事，
维其令仪。㊴	只是仪态要端庄。

凡此饮酒，	所有这种喝酒人，
或醉或否。	一些醉倒一些醒。
既立之监，㊵	已设酒监来督察，
或佐之史。㊶	又设酒史来戒警。
彼醉不臧，㊷	那些醉的虽不好，
不醉反耻。	不醉反而愧在心。
式勿从谓，㊸	莫再跟着去劝酒，
无俾大怠。㊹	莫使轻慢太任性。
匪言勿言，㊺	不该发问别开言，
匪由勿语。㊻	不合法道别出声。
由醉之言，	依着醉后说胡话，
俾出童羖。㊼	没角公羊哪里寻。
三爵不识，㊽	不懂饮礼限三杯，
矧敢多又？㊾	怎敢劝他再满斟？

〔注〕① 初筵：宾客初入席时。筵，铺在地上的竹席。　② 左右：席位东西，主人在东，客人在西。秩秩：有序之貌。　③ 笾(biān)豆：古代食器礼器。笾，竹制，盛瓜果干脯等；豆，木制或陶制，也有铜制的，盛鱼肉蓝酱等，供宴会祭祀用。有楚：即"楚楚"，陈列之貌。　④ 肴核：肴为豆中所装的食品，核为笾中所装的食品。旅：陈放。　⑤ 和旨：醇和甜美。　⑥ 孔：很。偕：通"皆"，遍。　⑦ 酬(chóu)：同"酬"。举酬，举杯。逸逸：义同"绎绎"，连续不断。　⑧ 大侯：射箭用的大靶子，用虎、熊、豹三种皮制成。一般的侯也有用布制的。抗：高挂。　⑨ 射夫：射手。　⑩ 发功：发箭射击的功夫。　⑪ 有：语助词。的：侯的中心，即靶心，也常指靶子。　⑫ 祈：求。尔爵：爵同"酬"，饮酒尽也。尔爵，据郑玄笺"我以求尔爵女(汝)"，则经文"以祈尔爵"为倒文，"盖但言求爵女，则己之求不饮自可于言外得之"（马瑞辰《毛诗传笺通释》），也就是求射中而让别人饮罚酒之意。　⑬ 籥(yuè)舞：执籥而舞。籥是一种竹制管乐器，据考形如排箫。　⑭ 烝：进。衎(kàn)：娱乐。　⑮ 洽：使和洽，指配合。　⑯ 有壬：即"壬壬"，礼大之貌。有林：即"林林"，礼多之貌。　⑰ 锡：赐。纯嘏(gǔ)：大福。　⑱ 湛(dān)：和乐。　⑲ 奏：进献。　⑳ 载：则，便。手：取，择。仇：匹，指对手。　㉑ 室人：主人。入又：又入，指主人亦随宾客入射以耦宾，即耦射。　㉒ 康爵：空杯。　㉓ 时：射中的宾客。　㉔ 止：语气助词。　㉕ 反反：谨慎凝重。　㉖ 曰：语助词。　㉗ 幡幡：轻浮无威仪之貌。　㉘ 舍：放弃。坐：同"座"，座位。　㉙ 僛(qiān)僛：同"跹跹"，飞舞貌。　㉚ 抑抑：意思与前文"反反"大致相同而有所递进，见注㉕。　㉛ 怭(bì)怭：意思与前文"幡幡"大致相同而有所递进，见注㉗。　㉜ 秩：常规。　㉝ 号：大声乱叫。呶(náo)：喧哗不止。　㉞ 傲(qī)傲：身体歪斜倾倒之貌。　㉟ 邮：通"尤"，过失。　㊱ 弁(biàn)：皮帽。俄：倾斜不正。　㊲ 傞(suō)傞：醉舞不止貌。　㊳ 伐德：败德。　㊴ 令仪：美好的仪表礼节。　㊵ 监：酒监，宴会上监督礼仪的官。　㊶ 史：酒史，记录饮酒时言行的官员。燕饮之礼必设监，不一定设史。　㊷ 臧：好。　㊸ 式：发语词。勿从谓：马瑞辰《毛诗传笺通释》："《尔雅·释诂》：'谓，勤也。'勤为勤劳之勤，亦为相劝勉之勤。'勿从谓'者，勿从而劝勤之，使更饮也。"　㊹ 俾：使。大怠：太轻慢失礼。　㊺ 匪言：指不该问话。　㊻ 匪由：指不合法道的话。　㊼ 童羖(gǔ)：没角的公山羊。　㊽ 三爵：《礼记·玉藻》："君子之饮酒也，受一爵而色洒如也，二爵而言言斯，礼已三爵而油油，以退。"孔颖达疏引《春秋传》："臣侍君宴，过三爵，非礼也。"　㊾ 矧(shěn)：何况。又："侑"之假借，劝酒。

这是《小雅》中篇幅之长仅次于《节南山之什·正月》和《谷风之什·楚茨》的一首诗。《毛诗序》云："《宾之初筵》，卫武公刺时也。（周）幽王荒废，媟近小人，饮酒无度，天下化之，君臣上下沉湎淫液。武公既入，而作是诗也。"(郑玄笺："淫液者，饮食时情态也。武公入者，入为王卿士。")《后汉书·孔融传》李贤注引韩诗云："卫武公饮酒悔过也。"朱熹《诗集传》引此作《韩诗序》》又《易林·大壮之家人》云："举觞饮酒，未得至口。侧弁醉谑，拔剑斫怒。武公作悔。"则齐诗之说与韩诗同。宋朱熹以为"按此诗义，与《大雅·抑》戒相类，必武公自悔之作。当从韩（诗）义"（《诗集传》）。方玉润《诗经原始》则以为"二说实相通"，谓幽王时国政荒废，君臣沉湎于酒，武公入为王卿士，难免与宴，见其非礼，未敢直谏，"只好作悔用以自警，使王闻之，或以稍正其失"；今人陈子展《诗经直解》从之，极是。

读本诗，第一个印象是章法结构非常严谨。这不仅是指它全部五章每章均十四句，且都是标准的四字句；更是指它章节之间内在组织上的精妙。诗内容大致可分三大部分。第一部分两章写合乎礼制的酒宴，第二部分两章写违背礼制的酒宴，两者同以"宾之初筵"一句起头，而所描述的喝酒场面却大相径庭，暴露出理想状态与现实境况的尖锐矛盾。第三部分为末章，是总结性的言辞，连用"不""勿""无""匪""矧敢"等表示否定义的词集中凸显否定意蕴。各部分之间起承转合脉络极其分明。第二个印象是诗人的写作技巧非常高明。诗人之意实在"刺"，前两章却用"美"为"刺"作映衬，使丑恶的事物在与美好的事物对比中更显出其丑恶，欲抑先扬，跌宕有致。而诗人的"刺"即使是在最重要的第三、第四两章中，也并不剑拔弩张，疾言厉色，只是反复直陈醉酒之态以为警诫，除了烂醉后手舞足蹈的姿势不惜重言之以外，"载号载呶""乱我笾豆""侧弁之俄"写醉汉吵吵嚷嚷、弄乱东西、衣冠不整，也都抓住了特征。并且，诗人还善于通过"既醉而出，并受其福"之类的委婉语、"由醉之言，俾出童羖"之类的戏谑语，来作"绵里针"式的点染。借形象说话，实招就是高招。当然，笔者无意说此诗没有正面的说理成分，末章就主要是说理，但毕竟使读者对酗酒的害处深感悚惕的还是那些描写醉态的句子。

　　诗人技巧上的高明之处，在具体的修辞上，也得到充分的表现，除了消极修辞外，积极修辞更是丰富多彩。"左右秩秩""举醻逸逸""温温其恭""威仪反反""威仪幡幡""屡舞僊僊""威仪抑抑""威仪怭怭""屡舞僛僛""屡舞傞傞"，这是叠字修辞格的运用，频度之高，在整部《诗经》中似乎也不多见，那种奇佳的摹态效果，令人叹服。"笾豆有楚，肴核维旅""既立之监，又佐之史"，则是非常标准的对偶修辞格。"宾之初筵""其未醉止""曰既醉止""是曰既醉"等句都同章或隔章、邻章重复一次，是重复修辞格，而由其重复所产生的效应则不同。如上文所说"宾之初筵"的重复意在引出对比。但"其未醉止""曰既醉止"的重复，则既与从"威仪反反""威仪幡幡"到"威仪抑抑""威仪怭怭"的递进紧扣，又有"其未醉止"一组重复与"曰既醉止"一组重复的两层对比，从中更可见出结构的精整。而"是曰既醉"的隔章重复，所起作用是将第三、第四这最重要的两章直接串联起来。还有一种《诗经》中经常出现的修辞格——顶针，此诗也有两例，即"以洽百礼"之后接以"百礼即至"，"子孙其湛"之后接以"其湛曰乐"。这两个顶针修辞在同章中仅隔两句，相距很近，显然也是诗人为加重语气而作的刻意安排。另外，"钟鼓既设，举醻逸逸；大侯既抗，弓矢斯张；射夫既同，献尔发功"，这一段又是排比句，且两句一换韵，有很强的节奏感。

中国灿烂的饮食文化中,酒文化和茶文化大约是最引人注目的,其悠久的历史、丰富的内涵几乎可说是华夏文明的一个具体而微的缩影。酒文化如此发达,酒文学在中国的肇始自然也很早。陈子展《诗经直解》说:"关于酒文学,《周书·酒诰》之笔,《宾之初筵》之诗,自是古典杰作。厥后扬雄《酒箴》、刘伶《酒德颂》、杜甫《饮中八仙歌》,虽是小品短篇,亦皆名作。但论艺术性与思想性兼而有之,仍推《宾之初筵》为首创杰作。"此可谓不刊之论。至于此诗在后世的社会影响,从明黄榆《双槐岁钞》所录汪广洋《奉旨讲宾之初筵叙》文中讲的一件事很可以得到证明。据汪广洋说,明太祖朱元璋在听了他讲解《宾之初筵》一诗后,大为感动,命令缮写几十本颁赐朝中文武官员,让他们悬挂于府第的厅堂上,以为警戒。陈子展在转述此事后,认为朱元璋"厥后大戮功臣,纵酒败度,亦当是一种口实"(同上),则《宾之初筵》一诗的影响亦大矣。——自然,这与此诗的文学价值已没什么关系了。

(王 焰)

鱼 藻

鱼在在藻, 鱼在哪儿在水藻,
有颁其首。① 肥肥大大头儿摆。
王在在镐,② 王在哪儿在京镐,
岂乐饮酒。③ 欢饮美酒真自在。

鱼在在藻, 鱼在哪儿在水藻,
有莘其尾。④ 悠悠长长尾巴摇。
王在在镐, 王在哪儿在京镐,
饮酒乐岂。 欢饮美酒真逍遥。

鱼在在藻, 鱼在哪儿在水藻,
依于其蒲。⑤ 贴着蒲草多安详。
王在在镐, 王在哪儿在京镐,
有那其居。⑥ 所居安乐好地方。

〔注〕① 颁(fén):头大的样子。 ② 镐:西周都城,在今陕西西安。 ③ 岂(kǎi)乐:欢乐。 ④ 莘(shēn):尾巴长的样子。 ⑤ 蒲:多年生草本植物,叶长而尖,多长在河滩上。 ⑥ 那(nuó):安闲的样子。

这是一首赞美君贤民乐的诗歌。《毛诗序》以为"刺幽王也。言万物失其性,王居镐京,将不能以自乐,故君子思古之武王焉",显然是以用为意,于诗本文无稽。

诵读诗文,朴实中寓新奇,无论是语言技巧还是结构方式甚或是总体风格都与民谣相近,陈子展以为"全篇以问答为之,自问自答,口讲指画,颇似民谣风格"(《诗经直解》),可谓贴切之论。以此反观诗原文,那种根植于民间的新鲜活泼和摇曳多姿的诗风在雅诗中独显风韵。

全诗共分三章,每章四句。每章前两句以"鱼在在藻"起兴,出语奇崛。一句四字而"在"字两见,颇具特点,对它的理解是正确诠释全诗的关键。若以冬烘之论视之,以为是凑足音节之举,不但在用法上显得笨拙,而且不合《诗经》语体。吴闿生《诗义会通》将"鱼在在藻"释为"鱼何在,在乎藻",这样两个"在"字实为自问自答,全诗节奏以此为基调,欢快跳跃,收放有度。三章中每章第二句对鱼的形态描写,酷似现代电影中的镜头语言,"有颁其首""有莘其尾"是自得其乐的鱼所具典型特征的特写镜头,"依于其蒲"则是鱼在藻中摇头摆尾,得其所需的全景式展示。三章并提,由特写至全景,构成了一组极具情节性和象征意味的鱼藻情趣图。而诗的每章后两句则是写王,"王在在镐"结构方式与"鱼在在藻"一致,其意蕴也很相似,"岂乐饮酒""饮酒乐岂",形式上只是语序颠倒,实则暗含活动顺序和因果。春秋时代,酒是富足后的奢侈品,因而也是欢乐的象征。若无"岂乐"的心绪怎么会去"饮酒"呢?而在酒过三巡之后,那欢乐的气氛在酒香弥漫中显得更为浓烈。宴饮之景、欢乐之情跃然纸上。第三章的"有那其居"既是对大王居所的无限赞叹,也是对前两章因果关系上的照应。从视觉效果上看,也正是点和面、局部和全景的关系,与观鱼的空间转换一致,这样整首诗比兴和铺排和谐无间,浑然一体。

通观全诗,"鱼"和"王","藻"和"镐"在意象和结构上严格对应,起兴之意然。但若止于此,则了无新意。先贤以为此诗"以在藻依蒲为鱼之得所,兴武王之时民亦得所"(郑笺)。虽然武王之说无以确证,但此说为我们揭示了鱼藻的另一层映射关系。诗人歌咏鱼得其所之乐,实则借喻百姓安居乐业的和谐气氛。正是有了这一层借喻关系,全诗在欢快热烈的语言中充分展现了君民同乐的主题。因此,从形式和内容结合的完美程度来考察,这首诗在雅诗中是较优秀之作。

(戴元初)

采　菽

采菽采菽,① 采大豆呀采大豆,

筐之筥之。②	用筐用筥里面盛。
君子来朝，	诸侯君子来朝见，
何锡予之？	王用什么将他赠？
虽无予之，	纵没什么将他赠，
路车乘马；③	路车驷马给他乘。
又何予之，	还用什么将他赠？
玄衮及黼。④	龙袍绣衣已制成。
觱沸槛泉，⑤	翻腾喷涌泉水边，
言采其芹。	我去采下水中芹。
君子来朝，	诸侯君子来朝见，
言观其旂。	看那旗帜渐渐近。
其旂淠淠，⑥	他们旗帜猎猎扬，
鸾声嘒嘒。⑦	鸾铃传来真动听。
载骖载驷，	三马四马驾大车，
君子所届。⑧	远方诸侯已来临。
赤芾在股，⑨	红色护膝大腿上，
邪幅在下。⑩	裹腿在下斜着绑。
彼交匪纾，⑪	不致急慢不骄狂，
天子所予。	天子因此有赐赏。
乐只君子，⑫	诸侯君子真快乐，
天子命之。	天子策命颁给他。
乐只君子，	诸侯君子真快乐，
福禄申之。⑬	又有福禄赐予他。
维柞之枝，	柞树枝条一丛丛，
其叶蓬蓬。	它的叶子密密浓。
乐只君子，	诸侯君子真快乐，

殿天子之邦。⑭	镇邦定国天子重。
乐只君子,	诸侯君子真快乐,
万福攸同。	万种福分来聚拢。
平平左右,⑮	左右属国善治理,
亦是率从。	于是他们都顺从。

泛泛柏舟,	杨木船儿水中漂,
绋纚维之。⑯	索缆系住不会跑。
乐只君子,	诸侯君子真快乐,
天子葵之。⑰	天子量才用以道。
乐只君子,	诸侯君子真快乐,
福禄膍之。⑱	福禄厚赐好关照。
优哉游哉,⑲	从容不迫很自在,
亦是戾矣。⑳	生活安定多逍遥。

〔注〕① 菽(shū):大豆。 ② 筥(jǔ):亦筐也,方者为筐,圆者为筥。 ③ 路车:即辂车,古时天子或诸侯所乘。 ④ 玄衮(gǔn):古代上公礼服,毛传:"玄衮,卷龙也。"黼(fǔ):黑白相间的花纹。 ⑤ 觱(bì)沸:泉水涌出的样子。槛泉:正向上涌出之泉。 ⑥ 淠(pèi)淠:旗帜飘动。 ⑦ 鸾:一种铃。嘒(huì)嘒:铃声有节奏。 ⑧ 届:到。 ⑨ 芾(fú):蔽膝。 ⑩ 邪幅:裹腿。 ⑪ 彼交:不急不躁。彼,通"匪"。交,通"绞",急。纾:怠慢。 ⑫ 只:语助词。 ⑬ 申:重复。 ⑭ 殿:镇抚。 ⑮ 平平:治理。 ⑯ 绋(fú):粗大的绳索。纚(lí):系。 ⑰ 葵:借为"揆",度量。 ⑱ 膍(pí):厚赐。 ⑲ 优哉游哉:悠闲自得的样子。 ⑳ 戾(lì):安定。

  从诗中所述礼命之隆、职掌之重可以看出这是一首诸侯来朝之诗,《毛诗序》所谓"刺幽王也,侮慢诸侯。诸侯来朝,不能锡命以礼数征会之,而无信义,君子见微而思古焉",显然是"反经为义","于经无所当"(孔疏)。至于以为此诗成于康王即位抑或宣王中兴之时,虽可备一说,亦皆无实证。从诗作者的语气来看,此诗当是大夫美诸侯之作。

  全诗共分五章。

  第一章是诸侯上朝之前,身为大夫的作者对周天子可能准备的礼物的猜测。"采菽采菽,筐之筥之",诗人以采菽者连连采菽,用筐用筥盛取不停起兴,整首欢快、热烈、隆重的气氛从此定下了基调,读者的情绪也随之进入这一特定场景。

"君子来朝,何锡予之?"诸侯来朝,天子会以什么样的礼物赐予他? 诗人显然是见过大场面的公卿大夫,按照常规,"虽无予之,路车乘马;又何予之? 玄衮及黼",四句无疑而问,复沓申述,两次自问自答,进一步渲染气氛,让人感到即将来朝的诸侯声势之隆。

如果说第一章是诗人虚拟的盛况,那么从第二章开始便进入实景的描绘了。

第二章是诗人见到的诸侯来朝之时极为壮观的场面。开始两句"觱沸槛泉,言采其芹",用自下而出的槛泉旁必有芹菜可采兴君子来朝之时也有仪从可观,是起兴,也是设喻,黄焯说"槛泉采芹,既为即事之兴,亦即譬喻之兴"(《诗疏平议》),是也。"君子来朝,言观其旂",威仪之现,首先在于队列之前的旗帜,"其旂淠淠,鸾声嘒嘒",远远见到风中旗帜猎猎,更有响声中节的鸾铃之声由远及近,"载骖载驷,君子所届",或驷马或骖乘都井然前行,来朝的诸侯已到眼前。

第三章全用赋法,铺排诗人近观诸侯朝见天子时的情景。"赤芾在股,邪幅在下。"赤色的护膝,裹腿的斜布是合乎礼仪的装饰,"彼交匪纾"完全是一付雍容典雅的仪态。既有如此声威,进退又合礼仪,天子当然是赏赐有加。"乐只君子,天子命之;乐只君子,福禄申之",四句是诗人所见,也是诗人切合时地的恭维话,并以此引发以下两章。

第四章是诗作者对来朝诸侯卓著功勋的颂扬。"维柞之枝,其叶蓬蓬"是起兴,用柞枝蓬蓬兴天子拥有天下的繁盛局面和诸侯的非凡功绩。"乐只君子,殿天子之邦","平平左右,亦是率从",从天子邦国的镇抚到邻邦属国的治理,竭尽铺排之能事,以此表达对来朝诸侯的无限赞美之情。

最后一章是大夫美诸侯之辞。前两句"泛泛柏舟,绋缅维之",以大缆绳系住杨木船起兴,并让人联想到诸侯和天子之间的关系是依赖相互间的利益紧紧维系在一起的,诸侯为天子定国安邦,天子则给诸侯以丰厚的奖赏。"乐只君子,天子葵之;乐只君子,福禄膍之";是其所创功勋的自然结果。"优哉游哉,亦是戾矣",两句对诸侯安居优游之态充满艳羡。

全诗虽时有比兴,但总体上还是用的赋法。从未见君子之思,到远见君子之至,近见君子之仪和最后对君子功绩和福禄的颂扬,可概见赋体端倪。整首诗为我们再现了一幅春秋时代诸侯朝见天子时的历史画卷,"诗,可以观",信矣。

(戴元初)

角　弓

骍骍角弓,①　　角弓精心调整好,

翩其反矣。② 弦弛便向反面转。
兄弟昏姻，③ 兄弟婚姻一家人，
无胥远矣。④ 不要相互太疏远。

尔之远矣， 你和兄弟太疏远，
民胥然矣。⑤ 百姓都会跟着干。
尔之教矣， 你是这样去教导，
民胥效矣。 百姓都会跟着跑。

此令兄弟，⑥ 彼此和睦亲兄弟，
绰绰有裕。⑦ 感情深厚少怨怒。
不令兄弟， 彼此不和亲兄弟，
交相为瘉。⑧ 相互残害全不顾。

民之无良， 有些人心不善良，
相怨一方。 相互怨恨另一方。
受爵不让， 接受爵禄不谦让，
至于己斯亡。⑨ 轮到自己道理忘。

老马反为驹， 老马当作马驹使，
不顾其后。 不念后果会如何。
如食宜饇，⑩ 如给饭吃要吃饱，
如酌孔取。⑪ 酌酒最好量适合。

毋教猱升木，⑫ 不教猴子会爬树，
如涂涂附。⑬ 好比泥上沾泥土。
君子有徽猷，⑭ 君子如果有美德，
小人与属。⑮ 小人自然来依附。

雨雪瀌瀌,⑯	雪花落下满天飘,
见晛曰消。⑰	一见阳光全融销。
莫肯下遗,⑱	小人不肯示谦恭,
式居娄骄。⑲	反而屡屡要骄傲。

雨雪浮浮,⑳	雪花落下飘悠悠,
见晛曰流。	一见阳光化水流。
如蛮如髦,㉑	小人无礼貌粗野,
我是用忧。	我心因此多烦忧。

〔注〕 ① 骍(xīn)骍:弦和弓调和的样子。 ② 翩:此指反过来弯曲的样子。 ③ 昏姻:指异姓兄弟。 ④ 胥:相。 ⑤ 胥:皆。 ⑥ 令:善。 ⑦ 绰绰:宽裕舒缓的样子。裕:宽大。 ⑧ 瘉(yù):病,此指残害。 ⑨ 亡:通"忘"。 ⑩ 饇(yù):饱。 ⑪ 孔:恰如其分。 ⑫ 猱(náo):猿类,善攀援。 ⑬ 涂:泥土。附:沾着。 ⑭ 徽:美。猷:道。 ⑮ 与:从,属,依附。 ⑯ 瀌(biāo)瀌:下雪很盛的样子。 ⑰ 晛(xiàn):日气。 ⑱ 遗:通"隤",柔顺的样子。 ⑲ 式:用,因也。娄:借为"屡"。 ⑳ 浮浮:与"瀌瀌"义同。 ㉑ 蛮、髦:南蛮与夷髦,古代对西南少数民族的称呼。

关于《角弓》的主题,《毛诗序》已说得相当明白:"《角弓》,父兄刺幽王也。不亲九族而好谗佞,骨肉相怨,故作是诗也。"虽然诗中所刺,是否确指幽王难以认定,但为王室父兄刺王好近小人,不亲九族,而骨肉相怨的作品是可信的。从社会分析的角度看,这首诗反映的实际上是远自父系氏族社会沿袭而来的一种宗法思想,也就是以宗族为纽带而相互依存结为政治经济势力的思想。虽然在诗的第一章提及兄弟昏姻,好像是将同姓兄弟与异姓兄弟并说,以至于何楷以为这首诗是"刺幽王宠任昏姻而疏远兄弟之诗"(《诗经世本古义》)。但从诗第三章两提兄弟不及昏姻可见诗的重点是落在同姓兄弟上的。

全诗共八章,取喻多奇,因而给人"光怪陆离,眩人耳目"的感觉,仔细诵读,方可发现各章之间确有内在脉络流动,且有机交融,浑然一体。

首章"骍骍角弓,翩其反矣",是用角弓不可松弛暗喻兄弟之间不可疏远。"兄弟昏姻"已如前所述,是同类连及,并无确指,着重点是同宗兄弟。"兄弟昏姻,无胥远矣",为全诗主题句,以下各章,多方申述,皆以此为本。

第二章叙说疏远王室父兄的危害。"尔之远矣,民胥然矣;尔之教矣,民胥效矣",四句皆以语气词煞尾,父兄口气,语重心长。作为君王而与自家兄弟疏远,结果必然是上行下效,民风丕变,教化不存。

第三章用兄弟之间善与不善的两种不同结果增强说服的效果,和善的兄弟相互平安相处,泰然自得,不和的兄弟相互残害,不能自保。如果说这一章还是因说理的需要而作的正反两方面的假设,那么第四章则是通过现实中已成为风气的责人不责己的小人做法直言王行不善的社会恶果。"民之无良,相怨一方;受爵不让,至于己斯亡",不善良的兄弟间只知相互怨怒,不顾礼仪道德,为争爵禄地位各不相让,涉及一己小利便忘了大德。所以钟惺云:"'相怨一方',说尽千古人情。'受爵不让'是相怨之根。故'老马'以下皆承此意。"(《评点诗经》)

第五、六两章以奇特的比喻、切直的口吻从正反两方面劝诱周王,只有自身行为合乎礼仪,才能引导小民相亲为善。"老马反为驹,不顾其后",取譬新奇,以物喻人,指责小人不知忧老而颠倒常情的乖戾荒唐,一个"反"字凸显出强烈的感情色彩。"如食宜饇,如酌孔取",正面教导养老之道。第六章更是新意新语竞出。"毋教猱升木,如涂涂附";用猿猴不用教也会上树,泥巴涂在泥上自然粘牢比喻小人本性无德,善于攀附,如果上行不正,其行必有过之。后两句"君子有徽猷,小人与属",又是正面劝诫,如果周王有美德,小民也会改变恶习,相亲为善的。此意与后世所谓"君子之德风,小人之德草",正相一致。

诗的最后两章以雪花见日而消融,反喻小人之骄横而无所节制和不可理喻。"莫肯下遗,式居娄骄"和"如蛮如髦"说的是小人,却暗指周王无道。有鉴于此,诗人不禁长叹"我是用忧",此"忧"非为自身忧,也非为小人忧,而是为国家为天下而深怀忧患。

全诗因是父兄口吻,所以"少微婉,多切直"(陈子展《诗经直解》引孙鑛语),少了一些通常意义上的诗味。又正因为是父兄口吻,全诗以气贯通,或取譬,或直言,都在光怪陆离中显示出一种酣畅,一种奔涌的激情。孙鑛所给的"风骨自高奇"的评价可谓知音之论。

(戴元初)

菀　柳

有菀者柳,①	一株柳树很茂盛,
不尚息焉。②	不要依傍去休息。
上帝甚蹈,③	上帝心思反覆多,
无自昵焉。④	不要和他太亲密。
俾予靖之,⑤	当初让我谋国政,
后予极焉。⑥	而后受罚遭排挤。

有菀者柳,	一株柳树很茂盛,
不尚愒焉。⑦	不要依傍寻阴凉。
上帝甚蹈,	上帝心思反覆多,
无自瘵焉。⑧	不要自己找祸殃。
俾予靖之,	当初让我谋国政,
后予迈焉。⑨	如今放逐到远方。
有鸟高飞,	鸟儿尽力往高飞,
亦傅于天。⑩	还要依附在青天。
彼人之心,	那人心狠不可测,
于何其臻?	走到何处是极限?
曷予靖之,	为何要我谋国政,
居以凶矜?⑪	反又突兀遭凶险?

〔注〕①菀(yù):树木茂盛。 ②尚:庶几。 ③蹈:动,变化无常。 ④昵(nì):亲近。 ⑤靖:谋。 ⑥极:同"殛",惩罚。 ⑦愒(qì):休息。 ⑧瘵(zhài):病。 ⑨迈:行,指放逐。 ⑩傅:至。 ⑪矜:危。

《菀柳》是一首揭露王者暴虐无常,诸侯皆不敢朝见的诗。《毛诗序》谓"刺幽王也。暴虐无亲,而刑罚不中,诸侯皆不欲朝,言王者之不可朝事也",说亦不为误。唯刺幽王说无据,历来争讼不已。魏源以诗证诗,以为此为刺厉王之诗,"试质诸《大雅》刺厉王幽王之诗则了然矣。厉王暴虐刚恶……幽王童昏柔恶……故刺厉王诗皆欲其收辑人心;刺幽王诗皆欲其辨佞远色","征以厉王诸诗,一则曰'上帝板板',再则曰'荡荡上帝'。与此《菀柳篇》上帝甚神(蹈),皆监谤时不敢斥言托讽之同文也"。(《诗古微》)可备一说。

全诗共分三章,每章六句。

第一章开头以"有菀者柳,不尚息焉"这个略显突兀的比拟句传达诗人强烈的愤懑之情,同时也让读者产生追究缘由的欲望:为什么茂密繁盛的柳树下,诗人却劝诫人们不要去憩息呢? 诗人言在此而意在彼,接下来的两句述说缘由:"上帝甚蹈,无自昵焉。"大王虽然如同大树,可以乘凉,可是他暴虐无常,不可亲近,否则自招祸殃。"俾予靖之,后予极焉",当初大王请我一起谋国事,如今莫名其妙受责罚。这是诗人现身说法,把与暴君共事的种种险恶表述无遗。整章诗或比拟,或劝诫,或直白,但都以"焉"字结句,呼告语气中传递着诗人的无限感慨和怨恨。

第二章诗意与第一章相似,在反复咏叹中进一步强化了诗人所要表达的思想感情。诗人不可遏制的怨怒之气喷薄而出,却又不是尽情宣泄而后快,比拟中有双关,呼告中有托讽,虽是直言却用曲笔,以弦外之音感动读者,使议论中多了一点诗味。

第三章在前两章感情积蓄的基础上,由劝诫性的诉说转向声泪俱下的控诉,整章一气呵成,"有鸟高飞,亦傅于天",再高飞的鸟也以天为依附。"彼人之心,于何其臻?"为什么难以预测彼人之心可能到达的极限呢?"曷予靖之,居以凶矜?"为什么当初用我谋国事,现在又让我遭凶恶?诗中鸟儿高飞是平和的比拟,逆向的起兴。从平淡中切入,渐入情境,最后以反诘句"曷予靖之,居以凶矜"作结,单刀直入,让人眼前凸现出一位正在质问"甚蹈"的"上帝"的受难诗人形象,诗人怀才不遇的悲愤、疾恶如仇的性情和命途多舛的遭遇都化作这句"诗眼",给读者以震撼心魄的力量。

(戴元初)

都 人 士

彼都人士,	那些京都的人士,
狐裘黄黄。	狐皮袍子亮黄黄。
其容不改,	他们容貌不曾改,
出言有章。	说出话来像文章。
行归于周,	行为遵循西周礼,
万民所望。	正是万民所希望。

彼都人士,	那些京都的人士,
台笠缁撮。①	头上草笠青布冠。
彼君子女,	那些贵族妇女们,
绸直如发。②	密直头发垂两边。
我不见兮,	如今我都见不到,
我心不说。③	心里不快难开颜。

彼都人士,	那些京都的人士,
充耳琇实。④	玉石坠子耳边加。

彼君子女，	那些贵族妇女们，
谓之尹吉。⑤	姓尹姓吉名气大。
我不见兮，	如今我都见不到，
我心苑结。⑥	心中不快好牵挂。

彼都人士，	那些京都的人士，
垂带而厉。⑦	衣带下垂两边飘。
彼君子女，	那些贵族妇女们，
卷发如虿。⑧	卷发如蝎向上翘。
我不见兮，	如今我都见不到，
言从之迈。	但愿跟随一起跑。

匪伊垂之，	不是他要把带垂，
带则有余。	衣带本该有余长。
匪伊卷之，	不是她要把发卷，
发则有旟。⑨	头发本该向上扬。
我不见兮，	如今我都见不到，
云何盱矣。⑩	为之四顾心忧伤。

〔注〕 ① 缁撮：青布冠。　② 绸：通"稠"。如发：她们的头发。如发，犹言"乃发"，乃犹"其"。　③ 说(yuè)：同"悦"。　④ 琇(xiù)：一种宝石。　⑤ 尹吉：当时的两个大姓，犹晋时称王谢。　⑥ 苑(yùn)：一本作"菀"，郁结。　⑦ 厉：带之垂者。　⑧ 虿(chài)：蝎类的一种。长尾曰虿，短尾曰蝎。　⑨ 旟(yú)：上扬。　⑩ 盱(xū)：忧。

《都人士》是一首伤离乱之作，《毛诗序》言："周人刺衣服无常也。古者长民，衣服不贰，从容有常，以齐其民，则民德归壹。伤今不复见古人也。"诗旨已明，朱熹《诗集传》申述云："乱离之后，人不复见昔日都邑之盛，人物仪容之美，而作此诗以叹惜之也。"由诗观之，概为平王东迁，周人思昔日繁盛，悼古伤今之作。

诗五章，每章六句。全诗皆用赋法，平淡的叙述中寄寓着浓烈的感情内容。

第一章开头便以"彼都人士"仿佛是称呼又像是叙述的句子面对读者，同时交代了时间、地点、人物。一个"彼"字，浸透了诗人的物换之慨，星移之叹。读着这样的诗句，脑海中立即会浮现出这样一幅画面：一位饱经乱离之苦的老人正在用略显苍老的声音告诉后人:"那个时候的京都人士啊……""狐裘黄黄"是衣着,"其容不改"是容止,"出言有章"是言语,无论哪个方面都雍容典雅,合乎礼仪。那个时候的京都人士是如此可观可赏,言外之意便是今天见到的这些人物,皆不可同日而语了。"行归于周,万民所望",重新回到昔日的周都是人心所向,而人们更为向往的是民生的安定,礼仪的复归和时代的昌隆。

虽然"彼都人士"衣着、容止和言语都有可赞叹之处,但最为直观且可视作礼仪标志的则是衣服之美,因此以下各章多层次不厌其详地描写昔日京都人士服饰的华美有节,仪容的典雅可观。

第二、三两章叙说的是彼时彼地具有典型性的男女贵族人物的形象,草笠和青布冠是男子的典型头饰,而密密直直的头发则是女子的典型特征。耳朵上的宝石饰物更是不失贵族气派。要问他们是何许人,是当时的名门望族尹氏和吉氏。今天这一切都不可得见,怎不令人忧郁愁懑呢?

愈是忧郁愁懑愈是难以忘怀昔日的人物典章,那个时候他们衣带下垂两边飘荡,卷发上翘如蝎尾上冲,都不是随心所欲,而是合乎当时审美眼光和礼仪制度的精心设计。

当然,从表现手法方面看,全诗无一笔描写今日人物形容,而是处处落笔于昔日京都男女的衣饰仪态之美,让读者在回忆和想象中产生强烈的对比感,准确而深沉地传递出诗人不胜今昔盛衰的主观感受。这是其艺术上的成功处。

诗人用如此多的篇幅渲染昔日都城男女的仪容之美,意在体现周王朝当年的繁荣昌盛,但从社会发展的角度看,它正反映出社会生产力发展之后,在新旧制度的转换过程中,社会的政治、经济、文化和思想观念的巨大变革。所谓昔日的"仪容之美",今日的"礼崩乐坏"都是不能适应时代变迁和社会发展的旧式人物不可避免的历史悲哀。

(戴元初)

采　　绿

终朝采绿,①	整天在外采荩草,
不盈一匊。②	还是不满两手抱。
予发曲局,	头发弯曲成卷毛,
薄言归沐。	我要回家洗沐好。
终朝采蓝,	整天在外采蓼蓝,

不盈一襜。③	衣兜还是装不满。
五日为期,	五月之日是约期,
六日不詹。④	六月之日不回还。
之子于狩,	这人外出去狩猎,
言韔其弓。⑤	我就为他套好弓。
之子于钓,	这人外出去垂钓,
言纶之绳。	我就为他理丝绳。
其钓维何？	他所钓的是什么？
维鲂及鱮。	鳊鱼鲢鱼真不错。
维鲂及鱮,	鳊鱼鲢鱼真不错,
薄言观者。⑥	钓来竟有这么多。

〔注〕 ①绿：通"菉"，草名，即荩草，又名王刍。染黄用的草。 ②匊(jū)：同"掬"，两手合捧。 ③襜(chān)：毛传："衣蔽前谓之襜,"即今俗称之围裙。 ④詹：至也。 ⑤韔(chàng)：弓袋,此处用作动词。 ⑥观：多。段玉裁《说文解字注》："此引申之义,物多而后可观,故曰：观,多也。"

《采绿》一诗,《毛诗序》以为"刺怨旷也。幽王之时多怨旷者也"。序说言过简而意难明,故陈启源《毛诗稽古编》阐述说："《叙》云刺怨旷也,盖谓刺时之多怨旷耳。征役过时,王政之失,故复申言之云,幽王之时多怨旷者也","征役频兴,室家暌隔,民生愁困,谁实使然？"此诗被编入《小雅·鱼藻之什》,从诗教角度观之,《序》说实不误。然就诗而论,还是把它看作"君子于役,过期不归,妇女怨思之作"(陈子展《诗经直解》)更为贴切些。

诗一、二两章是实写,但从实实在在的事件记述中,人们能够见到诗的主人公心理活动的微妙变化。"终朝采绿,不盈一匊",很显然,采绿者手在采菉,心已不知飞越几重山水,心手既不相应,自然采菉难满一掬。那么所思所念是什么呢？诗人并未直白,而是转言"予发曲局,薄言归沐",卷曲不整的头发当然不是因为没有"膏沐",而是"谁适为容"？现在又要去梳洗,是因为君子随时都可能出现在面前。何以见得？诗第二章"五日为期,六日不詹"交代了原因,"五日""六日"郑笺解为"五月之日""六月之日"是比较合适的。既然约定五月之日就回家,在其后的每一天女主人公当然要无心于采菉,留心于归沐了。但"五日为期,六

"日不詹"还不仅仅是交代了女主人公反常行为的原因,同时把她心中一股浓浓的怨思传递给了读者。然而在"终朝采绿"这样难捱的时间里,女主人公的心中也有甜蜜的联想,观下文可知。

三、四两章是虚写,诗中并没有出现归、回、还、返等字眼,但尽显归来之意。第三章写君子渔猎,妇人相随,犹如后人所谓"你耕地来我织布"一样极具田园风味,夫倡妇随之乐于此可见。龚橙《诗本谊》以为这是《小雅》中"西周民风"之一,确是探骊得珠之论。第四章承上一章之"钓"言,所钓鱼之多,实赞君子无穷的男性魅力,此可以闻一多先生"《国风》中凡言鱼,皆两性间互称其对方之廋语"(《诗经通义》)证之。更何况"言钓则狩可例见"(孙鑛语),"只承钓言,大有言不尽意之妙"(姚际恒《诗经通义》)。

总体上说,诗一、二两章以实极写幽怨神理,刻画情思细致入微,三、四两章以虚极言倡随之乐,更显出别离之苦。前为景中情,后为情中景,妇人幽怨深思之情栩栩如在目前。此诗可与《周南·卷耳》篇并读,两篇都有虚实对比之妙,但一是通过角色转换式的设身处地以对方写自身相思之苦,一是通过时空转换式的倡随之乐写现时一言难尽的幽怨之情。在对比中或可明《风》《雅》之别非诗旨之别,亦非表现手法之别,实乃诗教之别也。

(戴元初)

黍　苗

芃芃黍苗,① 　　黍苗生长很苗壮,
阴雨膏之。 　　好雨及时来滋养。
悠悠南行, 　　众人南行路途遥,
召伯劳之。 　　召伯慰劳心舒畅。

我任我辇,② 　　我挽辇来你肩扛,
我车我牛。 　　我扶车来你牵牛。
我行既集,③ 　　出行任务已完成,
盖云归哉。④ 　　何不今日回家走。

我徒我御, 　　我驾御车你步行,
我师我旅。 　　我身在师你在旅。
我行既集, 　　出行任务已完成,

盖云归处。④	何不今日回家去。
肃肃谢功,⑤	快速严整修谢邑,
召伯营之。	召伯苦心来经营。
烈烈征师,⑥	威武师旅去施工,
召伯成之。	召伯经心来组成。
原隰既平,⑦	高田低地已修平,
泉流既清。	井泉河流已疏清。
召伯有成,	召伯治谢大功成,
王心则宁。	宣王心里得安宁。

〔注〕①芃(péng)芃:草木繁盛的样子。 ②辇:人推挽的车子。 ③集:完成。 ④盖(hé):同"盍",何不。 ⑤肃肃:严正的样子。功:工程。 ⑥烈烈:威武的样子。 ⑦原:高平之地。隰(xí):低湿之地。

《黍苗》是宣王时徒役赞美召穆公(即召伯)营治谢邑之功的作品,诗意自明。《毛诗序》说它是"刺幽王也。不能膏泽天下,卿士不能行召伯之职焉"。前人多有辩驳,朱子直言:"此宣王时美召穆公之诗,非刺幽王也。"(《诗序辨说》)可谓干净利落。

本诗是纪实性作品,要对作品有较为深刻的理解,须知如下史实:宣王是在其父厉王出奔并死于彘(今山西霍县),整个周王朝处于内外交困的情况下即位的,"宣王即位,二相辅之修政,法文武成康之遗风,诸侯复宗周。"(《史记·周本纪》)在其执政的四十七年中,宣王"内修政事,外攘夷狄,复文武之境土",史称中兴。作为一代中兴贤君,周宣王重用了一批贤能之人,如仲山甫、尹吉甫、方叔等,《黍苗》诗中所赞美的召穆公召虎也是当时一位文武双全的贤才。诗中所述召伯营谢的事发生在宣王鼎盛时期。为了有效地加强对南方各族的攻守控制,宣王便封其母舅申伯于谢(在今河南唐县,与湖北枣阳近),并命召伯虎带领徒役之众前往经营谢邑。在营建任务圆满完成的时候,随行者唱出了这首诗歌。《诗经·大雅》中还收录了一首宣王的大臣尹吉甫作的《崧高》,也是叙述申伯迁居封地谢邑的事,可见当时申伯封谢确实是件大事,读者可参照阅读。

全诗共分五章,每章四句。

第一章以"芃芃黍苗，阴雨膏之"起兴，言召伯抚慰南行众徒役之事。召伯如前所言，他是宣王时的贤臣，曾在"国人暴动"时以子替死保住了时为太子后为宣王的姬静性命，与宣王关系非同一般。他还曾率军战胜淮夷，建立奇功，《诗经》中多有吟唱，《大雅·江汉》有"江汉之浒，王命召虎。式辟四方，彻我疆土"的句子。经营谢地这样的要冲重邑，非文治武功卓著的召伯谁可担当此任？！诗首两句兴中寓比，言南行众人得召伯抚慰如黍苗得时雨滋润一般。正因为如此，谢邑的营建才会那样迅捷而有序。首章用了两句（也是全诗仅有的两句）兴句开头，使得这首记录召伯营谢之功的诗作多了几许轻松的抒情味。车辇南行路途之遥远、跋涉之艰辛是可以想象的，但有召伯之劳，还有什么让人不胜劳苦的呢？

第二、三两章反复吟唱，既写建筑谢城的辛劳和勤恳，又写工程完毕之后远离故土的役夫和兵卒无限思乡之情。"我任我辇，我车我牛"，在短句中同一格式反复出现，急促中反映出当时役夫紧张艰辛、分工严密且合作有序的劳动过程；"我徒我御，我师我旅"以同样的节奏叙述兵卒在营建谢邑中规模宏大也同样辛苦的劳作场面。这两部分看似徒役在谢邑完工之后对劳动过程的美好回忆，实际上也是对召伯经营谢邑这样的庞大工程安排有方的热情赞美。这两章后两句言："我行既集，盖云归哉。""我行既集，盖云归处。"是长期离家劳作的征役者思乡情绪真实而自然的流露。但尽管思乡之情非常急切，语气中却没有丝毫怨怒之气，确实是与全诗赞美召伯的欢快情绪相和谐的。

第四章是承接二、三两章所作的进一步发挥，言召伯营治谢邑之功。谢邑得以快速度高质量地建成，完全是召伯苦心经营的结果。"肃肃谢功，召伯营之"两句照应第二章，不过第二章是铺排，这两句是颂辞，重心有所不同。"烈烈征师，召伯成之"，颂扬召伯将规模甚众情绪热烈的劳动大军有序地组织起来营建谢城的卓越的组织才能，这两句与第三章相照应。由此观之，此诗在结构安排上颇具匠心，严整的对应，反映出雅诗的雅正特点，与风诗不同。

诗最后一章言召伯营治谢邑任务的完成对于周王朝的重大意义。"原隰既平，泉流既清"，是说召伯经营谢邑绝非仅修城池而已，还为谢邑营造了必要的生存环境。修治田地，清理河道只是末节，但连这些都已安排到位，还会有什么疏漏呢？这个时候，谢邑作为周王朝挟控南方诸国的重镇已建成，周宣王心中当然舒坦多了。"召伯有成，王心则宁"，于篇末点题，为全诗睛目。在用韵上，末章一改前面几章隔句押韵的规律，句句押韵，且用耕部阳声韵，使节奏和语气顿时变得舒缓起来，极具颂歌意味。

（戴元初）

隰　桑

隰桑有阿,①	洼地桑树多婀娜,
其叶有难。②	叶儿茂盛掩枝柯。
既见君子,③	我看见了那人儿,
其乐如何!	快乐滋味无法说!

隰桑有阿,	洼地桑树多婀娜,
其叶有沃。④	枝柔叶嫩舞婆娑。
既见君子,	我看见了那人儿,
云何不乐!	如何叫我不快乐!

隰桑有阿,	洼地桑树多婀娜,
其叶有幽。⑤	叶儿浓密黑黝黝。
既见君子,	我看见了那人儿,
德音孔胶。⑥	情话绵绵说不够。

心乎爱矣,	心里对他爱恋着呀,
遐不谓矣!⑦	何不情意向他说呀!
中心藏之,	心中把他深藏起,
何日忘之?	哪天对他能忘记?

〔注〕 ① 隰(xí):低湿的地方。阿(ē):通"婀",美。　② 难(nuó):通"娜",盛。　③ 君子:指所爱者。　④ 沃:柔美。　⑤ 幽:通"黝",青黑色。　⑥ 德音:善言,此指情话。孔胶:很缠绵。　⑦ 遐:何。谓:告诉。

　　这首是《小雅》中少有的几篇爱情诗之一,但是因为封建时代的学者囿于"雅"的缘故,从未有人当作写男女情事的诗来读,连最敢突破旧说的朱熹、姚际恒、方玉润诸人也不例外,他们与《诗序》不同,不视为"刺诗",而认为是"喜见君子之诗",已稍接近诗意,其中尤其是朱熹,解说本诗末章时,已引《楚辞·九歌·山鬼》的句子对照,他说:"楚辞所谓'思公子兮未敢言',意盖如此。爱之根于中深,故发之迟而有之久也。"(《诗集传》)似乎已触及情诗内容。近人多不取旧说,除个别人认为"是写臣子恩宠于王侯,感恩图报之歌"外,一般都理解为爱情诗,且作为女词。

全诗前三章叠唱,从歌曲看,是一个调子的重复,从诗的抒情说,则是重章互足,意思有所补充。首章头两句"阿难"本是联绵词,字或作"阿傩""阿那""婀娜"。这里将"阿""难"拆开用,其义略有差别,如注所释。二、三章"难"换作"沃""幽",除变韵外,还描写了桑叶的柔美与颜色。第三章的第四句对前两章意思的丰富更明显。前三章的头两句是起兴,诗人眼见洼地上桑林枝叶茂盛,浓翠欲滴,婀娜多姿,美极了!这不正是青春美的象征吗?何况桑林浓荫之下,是少女少男幽会的最佳场所。诗人触景生情,想到她心爱的人,竟按捺不住心头的一阵狂喜,一阵冲动,前三章后两句写的就是这一想象中的情绪。她设想,如果见着自己心爱的人,那种快乐无法说,接着又补明——这怎能叫自己不快乐!她愈想愈出神,也愈入迷,竟如醉如痴,似梦还醒,已完全沉浸在情人会面的欢乐之中,仿佛耳际听到他软语款款,情话绵绵。这甜蜜的轻声耳语,如胶似漆的恋情,叫她难以自已。前三章诗人所表现的如火一样炽热的爱情,显得是如此纯真、大胆、坦露,然而这只是她心里所设想的幽会场景,并非所经历的事实如此。所以当诗人从痴想中清醒过来,重新面对现实,她就一下子变得怯弱羞涩起来,第四章所诉述的就是这一爱情苦恼和心理矛盾。本来她深爱着心上人,但又不敢向对方表白自己的爱,她反问自己:既然心里如此爱着他,何不向他和盘托出呢?她也许多次下过决心,一再自我鼓励,但是终于缺乏这种勇气,每当话到嘴边却又咽了回去,至今仍是无可奈何地把"爱"深深藏在心底,然而这已萌芽了的爱情种子自会顽强生长。"何日忘之"正透露着这一爱情信息。我们相信总有那一天,这颗爱情种子定会像"隰桑"一样,枝盛叶茂,适时绽开美丽的爱情之花,结出幸福的爱情之果。"中心藏之,何日忘之"两句叙情一波三折,具有极大概括力,是千古传颂的名句。

(蒋立甫)

白　华

白华菅兮,①	开白花的菅草呀,
白茅束兮。	白茅把它捆成束呀。
之子之远,	这个人儿远离去,
俾我独兮。	使我空房守孤独呀。

英英白云， 天上朵朵白云飘，
露彼菅茅。 甘露普降惠菅茅。
天步艰难，② 怨我命运太艰难，
之子不犹。③ 这人无德又无道。

滮池北流，④ 滮水缓缓向北流，
浸彼稻田。 灌溉稻子满地头。
啸歌伤怀， 长啸高歌伤心怀，
念彼硕人。 那个美人让人忧。

樵彼桑薪， 砍那桑枝作柴烧，
卬烘于煁。⑤ 放入灶堂火焰高。
维彼硕人， 想起那个大美人，
实劳我心。 痛心疾首受煎熬。

鼓钟于宫， 宫内敲钟钟声沉，
声闻于外。 声音必定外面闻。
念子懆懆，⑥ 想起你来心难安，
视我迈迈。⑦ 你看见我却忿忿。

有鹙在梁，⑧ 秃鹙就在鱼梁顶，
有鹤在林。 白鹤就在深树林。
维彼硕人， 想起那个大美人，
实劳我心。 实在煎熬我的心。

鸳鸯在梁， 鱼梁上面鸳鸯站，
戢其左翼。 嘴巴插在左翅间。
之子无良， 这个人儿没良心，
二三其德。 三心二意让人厌。

有扁斯石，	扁平石块来垫脚，
履之卑兮。	踏在上面人不高呀。
之子之远，	这个人儿远离去，
俾我疷兮。⑨	使我忧愁病难消呀。

〔注〕 ① 菅(jiān)：多年生草本植物，又名芦苇。 ② 天步：天运，命运。 ③ 犹：借为"媨"，好。不犹，不良。 ④ 滮(biāo)：水名，在今陕西西安市北。 ⑤ 卬(áng)：我。煁(shén)：越冬烘火之行灶。 ⑥ 懆(cǎo)懆：愁苦不安。 ⑦ 迈迈：不高兴。 ⑧ 鹙(qiū)：水鸟名，头与颈均无毛，似鹤，又称秃鹙。梁：鱼梁，拦鱼的水坝。 ⑨ 疷(qí)：因忧愁而得病。

《白华》是《诗经》中为数颇多的弃妇诗中的一首，从诗中语气来看，主人公应是一位贵族妇女。《毛诗序》说："白华，周人刺幽后也。幽王娶申女以为后，又得褒姒而黜申后。故下国化之，以妾为妻，以孽代宗，而王弗能治，周人为之作是诗也。"朱熹《诗序辨说》云："此事有据，《序》盖得之。"并认为此为申后自作。这是颇可征信的。从《诗经》保存的众多弃妇诗可以看出，无论在民间还是在上层，婚姻中的女性都处于极不平等的地位，如果遇人不良，被遗弃的命运就在所难免。《邶风·谷风》《卫风·氓》《小雅·我行其野》以及本诗从不同角度多方位地表现了这样的史实。当然，从人类学的角度考察，刚从原始父系氏族社会进化而来的阶级社会里，一切旧道德都在社会巨变中接受着考验，男女地位也是这样，正如恩格斯在《家庭、私有制和国家的起源》中所指出的那样："最初的阶级压迫是同男性对女性的奴役同时发生的。"正因为如此，《诗经》中的弃妇诗比后代同类题材的诗歌具有更为深沉的心灵震撼力和历史认识意义。

全诗共八章，章章转换比兴之义，言外之意，弦外之音，都有可玩味之处。

第一章以菅草和白茅相束起兴，映射夫妇之间相亲相爱正是人间常理。其中的菅草白华和茅草之白有象征纯洁与和谐的爱情意义，与《召南·野有死麕》中的"白茅包之""白茅纯束"相参证，可见"白茅"在当时是一个常用的带有象征意义的意象。本来常理不言自明，可是现在偏偏是"之子之远，俾我独兮"。一正一反，奠定全诗凄婉而让人心寒的悲剧基调。

第二章以白云普降甘露滋润那些菅草和茅草，反兴丈夫违背常理，不能与妻子休戚与共。虽然从字面上看是白云甘露对菅草茅草的滋润与命运之神对被弃女主人公的不公平之间存在着直接的对应和映射关系，但实际上看似怨天实为尤人，矛头所向实际是这不遵天理的负心丈夫。

诗的第三章以北流的滮池灌溉稻田，反向对应无情丈夫对妻子的薄情寡义。此章虽然在起兴方法上与前两章一样，以物喻人，以天道常理反兴人情乖戾，故郑笺解释曰:"池水之泽,浸润稻田使之生殖,喻王无恩于申后,滮池之不如也。"但是紧接着长歌当哭的女主人公话锋一转,由"之子"转向"硕人"。关于"硕人",前人如孔颖达疏引王肃、孙毓说,以为硕人指申后,朱熹《诗集传》以为硕人指幽王。揆诸原诗,以下提及硕人的两章都以物不得其所为喻,暗指人所处位置不当。郑玄笺解"硕人"为"妖大之人,谓褒姒",与诗意合。话锋既转,下一章的感叹就显得自然而贴切了。

第四章承前三章反兴之意,以桑薪不得其用,兴女主人公美德不被丈夫欣赏,反遭遗弃的命运。故王先谦云:"诗人每以薪喻昏姻,桑又女工最贵之木也。以桑而樵之为薪,徒供行灶烘燎之用,其贵贱颠倒甚矣。"(《诗三家义集疏》)与自身命运相反,"维彼硕人",想起那个"妖大之人"现在却媚惑丈夫取代了自己的位置,这一切实在是煎熬人心的事情。

第五章以钟声闻于外,兴申后被废之事必然国人皆知。俗语"没有不透风的墙",此之谓也。自己已经被废,心却念念不忘,于是有了"念子懆懆"的弃妇;既已弃之,必先厌之,于是有了"视我迈迈"的无情丈夫。对比中弃妇的善良和顺、丈夫的轻薄无情显得更为鲜明。

第六章诗意与第四章相近,以鹤鹜失所兴后妾易位。同时鹤的洁白柔顺和鹜的贪婪险恶与申后和褒姒之间存在着隐喻关系。"妖大之人"的媚惑实在是女主人公被弃的一个重要原因,难怪她一次次地"维彼硕人,实劳我心"。想起那个妖冶之人就不能不心情沉痛了。

第七章以总是偶居不离的鸳鸯相亲相爱,适得其所,反兴无情无德的丈夫不能与自己白头偕老的悖德举动。这一章要与第四、五、六章连起来读才会更深一层地理解弃妇的怨恨。她实际上是在说,虽然那个妖冶的女人很有诱惑力,如果你做丈夫的考虑天理人情而不是"二三其德",怎么会有今天的结果呢?

诗最后一章以扁石被踩的低下地位兴申后被黜之后的悲苦命运。被遗弃的妇人不能不考虑自己的命运,"之子之远,俾我疷兮"。面对茫然不知的前途,能不忧思成疾吗?朱熹《诗集传》以为"扁然而卑之石,则履之者亦卑矣。如妾之贱,则宠之者亦贱矣。是以之子之远,而俾我疷也"。此说可备一解。

最后需要指出的是,诗的首章以咏叹始,三句以"兮"煞尾,末章以咏叹终,亦以"兮"字结句。中间各章语气急促,大有将心中苦痛一口气宣泄干净的气势。缓急之间,颇有章法,诵读之时有余音绕梁之感。读者不可不细察焉。

(戴元初)

緜蛮

緜蛮黄鸟,① 羽毛亮密小黄雀,
止于丘阿。② 停在弯弯山坡上。
道之云远, 路途悠悠太遥远,
我劳如何。 跋涉劳苦累得慌。
饮之食之, 给他水喝给饭吃,
教之诲之。 循循诱导明道理。
命彼后车,③ 让那副车稍停留,
谓之载之。 叫他坐上别心急。

緜蛮黄鸟, 羽毛亮密小黄雀,
止于丘隅。 停在山坡角落间。
岂敢惮行, 不是担心路途遥,
畏不能趋。④ 只怕慢走路难赶。
饮之食之, 给他水喝给饭吃,
教之诲之。 循循诱导明道理。
命彼后车, 让那副车稍停留,
谓之载之。 叫他坐上别心急。

緜蛮黄鸟, 羽毛亮密小黄雀,
止于丘侧。 停在山坡那一边。
岂敢惮行, 不是担心路途遥,
畏不能极。⑤ 只怕终点到达难。
饮之食之, 给他水喝给饭吃,
教之诲之。 循循诱导明道理。
命彼后车, 让那副车稍停留,
谓之载之。 叫他坐上别心急。

〔注〕①緜蛮:文采繁密的样子。緜,同"绵"。 ②丘阿(ē):山坡凹陷处。 ③后车:诸侯出行时的从车,又叫副车。 ④趋:快走。 ⑤极:至。

《绵蛮》一诗从起兴的手法、复沓咏叹的形式上看，颇似民间歌谣，故清人龚橙在其《诗本谊》中把它划入风类。其所次于雅诗之列者，诗教之意也。所以《毛诗序》曰："《绵蛮》，微臣刺乱也。大臣不用仁心，遗忘微贱，不肯饮食教载之，故作是诗也。"从社会功用言之，不为误也。然细察诗原文，《诗序》所言与诗本文略有扞格。今人陈子展谓"全诗三章只是一个意思，反复咏叹。先自言其劳困之事，鸟犹得其所止，我行之艰，至于畏不能极，可以人而不如鸟乎？后托为在上者之言，实为幻想，徒自道其愿望。饮之食之，望其周恤也；教之诲之，望其指示也；谓之载之，望其提携也"（《诗经直解》）。诗旨已明，今细析之。

全诗共分三章。每章八句，又分为明显的两个部分。前面四句以羽毛细密的小黄雀随意止息，自由自在地停在"丘阿、丘隅、丘侧"反兴作为行役者的诗人在长途跋涉，身疲力乏，不能快走的时候，为了不误行期仍要艰难行进的事实。第二、三两章两用"畏"字，表现出主人公心情沉重却力不从心的尴尬甚至有点狼狈的处境。

每章的后四句为另一部分。行役者在极端困顿的情况下，当然希望能有人周恤他，指示他，提携他，然而眼前是一片空白，所能见者，唯绵蛮黄鸟而已。以此观之，《诗序》所言"刺"实在是有文本作支撑的。心存渴望而不得见，就难免产生幻觉或曰希望，这是每章后一部分所由起。陷入困境的行役者耳边突然响起一个遥远的声音："让他免于饥渴之苦、奔走之累和精神崩溃吧。给他吃给他喝，给他教诲给他车坐。"这是谁的声音？这是贤大夫的声音。本来大夫该体恤下情，有怜悯之心，可身当乱世的微臣是无缘见到这样的贤大夫了。三章后半部分完全相同，反复咏叹中更显不得体恤的行役者无限凄苦之情。

整体上说，这是一首颇具音乐特质的声乐作品，诗每章的前半部分组合在一起便构成了一个完整的叙事结构，节奏舒缓，情绪低沉甚至显得有点压抑，准确地传递出行役者的愁苦心绪。而每章的后半部分，形式相同，节奏明显地变得轻快起来，情绪也显得十分高昂，表现出一种乐观向上的气氛。这后半部分可视作这部声乐作品的副歌部分，它使作品主题得到进一步升华。如果当年孔夫子弦歌之的《诗经》乐谱今天还能见到的话，这首歌按谱唱起来定然十分美妙。

（戴元初）

瓠　叶

幡幡瓠叶，①　　随风飘动瓠瓜叶，
采之亨之。②　　把它采来细烹饪。

| 君子有酒， | 君子家中有淡酒， |
| 酌言尝之。 | 斟满一杯请客品。 |

有兔斯首，③	白头野兔正鲜嫩，
炮之燔之。④	烤它煨它味道美。
君子有酒，	君子家中有淡酒，
酌言献之。	斟满敬客喝一杯。

有兔斯首，	白头野兔正鲜嫩，
燔之炙之。⑤	烤它熏它成佳肴
君子有酒，	君子家中有淡酒，
酌言酢之。⑥	斟满回敬礼节到。

有兔斯首，	白头野兔正鲜嫩，
燔之炮之。	煨它烤它成美味。
君子有酒，	君子家中有淡酒，
酌言酬之。	斟满劝饮又一杯。

〔注〕 ① 幡(fān)幡：翩翩，反复翻动的样子。瓠(hù)：葫芦科植物的总称。 ② 亨(pēng)：同"烹"。 ③ 斯首：白头，兔小者头白。 ④ 炮(páo)：将带毛的动物裹上泥放在火上烧。燔(fán)：用火烤熟。 ⑤ 炙：将肉类在火上熏烤使熟。 ⑥ 酢(zuò)：回敬酒。

《瓠叶》是一首表达主人在宴饮宾客时自谦之意的诗。《毛诗序》云："大夫刺幽王也。上弃礼而不能行，虽有牲牢饔饩不肯用也，故思古之人不以微薄废礼焉。"显然缺少文本依据，过于迂曲。从毛传、郑笺来看，当是庶人燕饮朋友之诗。

全诗共分四章，形式上全用赋法，颇具雅诗特点，然诗中反复咏叹者多，渲染描绘者寡，又与风诗相近，故龚橙《诗本谊》谓此《小雅》"西周民风"之一。

诗首章取瓠叶这一典型意象，极言其宴席上菜肴的粗陋和简约，瓠叶味苦，则所食非美味佳肴可知，但主人并没有以微薄而废礼，而是情真意挚地"采之亨之"，并取酒相待，请客人一同品尝。诗中多用代词，加快了节奏，情绪显得欢快跳跃，而首章"亨""尝"押韵，属阳部，更为全诗定下了一个热烈高昂的基调。

诗后三章以白头小兔为叙赋对象，从另一面极言菜肴简陋。"一物而三举之者,以礼有献酢酬故也,酒三行而肴惟一兔首,益以见其约矣。"(《传说汇纂》引张彩语)《诗经》时代,关于荤菜,有"六牲"之说,即豕、牛、羊、鸡、鱼、雁(见《礼记·内则》),在正式宴请客人的场合,据礼当备"六牲",而兔子是不登大雅之堂的,就如同北方谚语所谓"狗肉端不上台面"一样。明了这一点,便可看出同是宴饮之诗,《伐木》有"肥羜""肥牡",《鱼丽》有"鲿、鲨""鲂鳢""鳢鲤",和《瓠叶》中仅有"瓠叶""兔首"相比,厚薄奢简尽显。正如第一章所叙述的那样,主人并没有因小兔之微薄而废燕饮之礼,而是或炮或燔或炙,变化烹调手段,使单调而粗简的原料变成诱人的佳肴,复以酒献客、酢客、酬客,礼至且意切,在你来我往的觥筹交错中,可以看出主宾之间确实"有不任欣喜之状"(陈延杰《诗序解》)。

　　从诗歌的表现手法和艺术感染力来看,《瓠叶》确实算不上雅诗中的上品,但它却具有一定的历史认识价值,在这首诗中,读者既可以看到中华民族悠久的饮食文化传统,也可以看到礼仪之邦所独有的尚礼民风和谦虚美德。基于这一点,《瓠叶》诗还是值得一读的。

(戴元初)

渐 渐 之 石

渐渐之石,①	巉巉石崖壁,
维其高矣。②	矗立多么高呀。
山川悠远,	山遥水又远,
维其劳矣。	跋涉真辛劳呀。
武人东征,③	将士向东进,
不皇朝矣。④	出发无暇等破晓呀。
渐渐之石,	巉巉石崖壁,
维其卒矣。⑤	矗立多么陡呀。
山川悠远,	山遥水又远,
曷其没矣。⑥	何处是尽头呀。
武人东征,	将士向东进,
不皇出矣。⑦	深入无暇顾退走呀。
有豕白蹢,⑧	有猪是白蹄,

烝涉波矣。⑨	成群蹚水波呀。
月离于毕,⑩	月亮近毕星,
俾滂沱矣。⑪	就怕雨滂沱呀。
武人东征,	将士向东进,
不皇他矣。	无暇他顾快通过呀。

〔注〕①渐渐:借为"巉(chán)巉",险峭的样子。 ②维其:犹"何其"。 ③武人:将士。 ④皇:同"遑",闲暇。 ⑤卒:借为"崒",高而险。 ⑥曷:何。没:尽。 ⑦不皇出:朱熹《诗集传》:"谓但知深入不暇谋出也。" ⑧蹢(dí):蹄。 ⑨烝:众。 ⑩离:借作"丽",依附,此指靠近。毕:星宿名。 ⑪俾:使。滂沱:水深的样子。

《毛诗序》以为"《渐渐之石》,下国刺幽王也。戎狄叛之,荆舒不至,乃命将率东征,役久病于外,故作是诗也"。这里认定了三个问题:一、定本篇是诸侯国所作;二、定为刺幽王而作;三、为东征荆舒因役久而作,荆舒,即楚及其属国群舒。因周幽王时代无东征楚役的记载,故论者多不取序刺幽王与征楚的说法,而就诗论诗不确指其人其事,朱熹说:"将帅出征,经历险远,不堪劳苦而作此诗也。"(《诗集传》)其说颇有代表性。

本诗情调酷似风诗,可能是下级军官所作,自述东征劳苦,似是途中之作,重在叙述行军艰难而紧张,看不出《序》所言"役久"的意思。全诗三章,以赋叙事抒情,头两章叠唱,意思相仿,诗人在急行军途中,迎面映入眼的是陡崖峭壁,挡住队伍的去路,忍不住惊呼道"维其高矣""维其卒矣"。头两句写所见,中间两句写所感,叹惋山川遥远,跋涉攀援,步步维艰,疲劳不堪,多么盼望抵达目的地啊,然而至今"山川悠远",何日才能走到呢? 最后两句点题,交代急行军。"武人东征"一句贯穿全诗,三章都有,点明抒情主体与事件。首章"不皇朝矣"句,说明行军紧急,起早摸黑,天不亮就上路。马瑞辰以为"不遑朝者,甚言其东征急迫,不暇至朝也"(《毛诗传笺通释》),甚确;次章"不皇出矣"句蕴藏着更多难言的痛苦,行军紧迫,不断深入,谁有暇顾及以后能否脱险呢! 也就是说至此生命已全置之度外。

第三章诗人笔锋一转,突然伸向天空,描写星空气象,与首章"朝矣"句相应,暗示是夜晚行军。朱熹说前四句"豕涉波,月离毕,将雨之验也"(同前)。这可能是诗人引用已有的气象民谚。近人闻一多指出:"豕涉波与月离毕并举,似涉波之豕亦属天象,《述异记》曰:'夜半天汉中有黑气相连,俗谓之黑猪渡河,雨候也。'《御览》一〇引黄子发《相雨书》曰:'四方北斗中无云,惟河中有云,三枚枚连,如浴猪狶,三日大雨.'与《诗》之传说吻合,是其证验。《史记·天官书》曰:'奎为封豕,为沟渎.'《正义》曰:'奎……一曰天豕,亦曰封豕,主沟渎……荧惑星守之,则有水之忧,连以三年.'《易林·履之豫》诗曰:'封豕沟渎,水潦空谷,客止舍宿,泥涂至腹.'此与《诗》所言亦极相似,是《诗》所谓豕白蹢者,即星中之天豕,明矣。"(《周易义证类纂》)依闻说,天豕为二十八宿之一的奎星,奎由十六颗星组成,故云"烝涉波",烝,众也。杨慎《古今谚》中"谚语有文理"条亦云:"天河中有黑云,谓之黑猪渡河,主雨。"可与此相参证。"月离毕"说的是月亮靠近毕宿,古人亦视为雨兆,《尚书·洪范》曰:"月之从星,则以风雨",此星即指毕星。应劭《风俗通义》云:"雨师者,毕星也",其下即引本诗"月离"两句为证。《晋书·天文志》亦云"月行入毕多雨"。所以本章前四句是引气象民谚,预兆将有滂沱大雨。俾,使也,点明尚未发生,姚际恒《诗经通论》引姚炳说"将雨、既雨,诸说纷如",实则诗本谓"将雨",非"既雨",其意甚明。正因为诗人担心遭遇滂沱大雨,行军难上加难,一心一意只想加速行进,无暇旁骛,故云"不皇他矣"。三章末句意思递进,旅途苦情、忧虑一层深过一层。

(蒋立甫)

苕 之 华

苕之华,①	凌霄花开放,
芸其黄矣。②	望去一片黄呀。
心之忧矣,	心里正忧愁呀,
维其伤矣!③	更有多悲伤呀!

苕之华,	凌霄花缤纷,
其叶青青。	枝上叶青青。
知我如此,	知道我这样,
不如无生。	不如不降生。

牂羊坟首,④	母羊身瘦头特大,
三星在罶。⑤	星光静静照罶下。
人可以食,	若说人也可以吃,
鲜可以饱。⑥	太少还不够塞牙。

[注] ① 苕(tiáo)：植物名，又叫凌霄或紫葳，夏季开花。华：同"花"。 ② 芸(yún)其芸然，一片黄色的样子。 ③ 维其：何其。 ④ 牂(zāng)羊：母羊。坟：大。 ⑤ 罶(liǔ)：捕鱼的竹器。 ⑥ 鲜(xiǎn)：少。

《毛诗序》说："《苕之华》，大夫闵时也。幽王之时，西戎、东夷交侵中国，师旅并起，因之以饥馑，君子闵周室之将亡，伤己逢之，故作是诗也。"从诗本身看，所写只是灾年人民无食，难以存活，诗人面对如此现实，痛感逢此饥荒，不如不出生为好。《易林·中孚之讼》曰："牂羊羵首，君子不饱。年饥孔荒，士民危殆。"这是齐诗的理解，较毛说直截了当，符合本义，没有毛序附加的臆测（即所谓"闵时"、"闵周室之将亡"云云）。至于作者，也很难说是"大夫"，从诗"歌其食"的内容推测，有可能是饥民，或是一位了解人民、同情人民的下层士人。

全诗三章，前两章开头两句互文见义，说苕华盛开，一片黄色，叶子青青，沃若葱茏。这两句诗人以所见苕的花、叶起兴，苕叶青花黄，充满生机，而荒年的人民呢？却难以为生。诗人由联想导入感慨，两章诗的结尾两句即是所感。诗人痛心身处荒年，人们在饥饿中挣扎，九死一生，难有活路，反不如苕一类植物，活得自在，生命旺盛。为此，他心里忧伤不已，竟至于觉得最大的遗憾就是降生到这个世界上来。天地之下，本以人为贵，今反而羡慕无知觉的植物，乃至说出"不如无生"的话，实在悲哉痛哉！愤极恨极！

前两章尽管诗人感情激切，难以压抑的忧愤，几如烈火喷射而出，但是这一忧愤产生的原因，还是隐含在比兴之中，到第三章才加以揭示。"牂羊"两句确如清方玉润所说"造语甚奇"（《诗经原始》）。正因为"奇"，所以旧说纷纭，多不得要领，唯朱熹解释最洽诗义，他说："羊瘠则首大也，罶中无鱼而水静，但见三星之光而已。言饥馑之余，百物凋耗如此。"（《诗集传》）这是诗人诉说忧愤的原因，意思是说：荒年无物可食，宰母羊吧，可是它瘦弱得只剩下一个大头；打鱼吧，水中捕鱼的竹器中只有星光不见鱼。这里为什么举此二物？清王照圆分析说："举一羊而陆物之萧索可知，举一鱼而水物之凋耗可想。"（《诗说》）最后两句"人可以食，鲜可以饱"是最沉痛的呼号，人吃人，同类相残，本已惨绝人寰，可是本诗却说，即使人可以吃，而剩下的人已经很少了，而且还可以想见，吃草的羊都已瘦得无肉可吃，何况饥饿已久的人呢？不消说个个枯瘦如柴，就是把这为数不多的人全吃了，也难以饱肚子的。说得何等毛骨悚然，把惨景更推进了一步，较之唐人所写的"是岁江南旱，衢州人食人"（白居易《轻肥》）的诗句更加触目惊心，不忍卒读。对于这两句话王照圆还特地记下她闻见的一段事实，加以印证，其文说："东省乙巳、丙午三年，数百里赤地不毛，人皆相食。鬻男卖女者，廉其价不得售，率枕藉而死。目亲睹,读此诗为之太息弥日。"并自注云:"巳、午间,山左人相食。默人与其兄鹤岚先生谈诗及此篇,乃曰:'人可以食',食人也;'鲜可以饱',人瘦也。此言绝痛,附记于此。"可见,本诗所反映的周代残酷的社会现实与人民苦难,在长期封建社会里是具有普遍性的,这充分显示了《诗经》现实主义精神的力量。　　　(蒋立甫)

何 草 不 黄

何草不黄,	什么草儿不枯黄,
何日不行。①	什么日子不奔忙。
何人不将,②	什么人哪不从征,
经营四方。	往来经营走四方。

何草不玄,③	什么草儿不黑腐,
何人不矜。④	什么人哪似鳏夫。
哀我征夫,	可悲我等出征者,
独为匪民。	不被当人如尘土。

匪兕匪虎,⑤	既非野牛又非虎,
率彼旷野。⑥	穿行旷野不停步。
哀我征夫,	可悲我等出征者,
朝夕不暇。	白天黑夜都忙碌。

有芃者狐,⑦	野地狐狸毛蓬松,
率彼幽草。	往来出没深草丛。
有栈之车,⑧	役车高高载征人,
行彼周道。⑨	驰行在那大路中。

〔**注**〕① 行:出行。此指行军,出征。　② 将:出征。　③ 玄:发黑腐烂。　④ 矜(guān):通"鳏",无妻者。征夫离家,等于无妻。　⑤ 兕(sì):野牛。　⑥ 率:沿着。　⑦ 芃(péng):兽毛蓬松。　⑧ 栈:役车高高的样子。　⑨ 周道:大道。

关于此诗主旨,《毛诗序》云:"下国刺幽王也。四夷交侵,中国皆叛,用兵不息,视民如禽兽。君子忧之,故作是诗也。"宋朱熹《诗集传》云:"周室将亡,征役不息,行者苦之,故作是诗。"近人陈子展《诗经直解》云:"《何草不黄》,征役不息,征夫愁怨之作。"皆不误。

全诗以一征人口吻凄凄惨惨道来,别有一份无奈中的苦楚。一、二两章以"何草不黄""何草不玄"比兴征人无日不在行役之中,似乎"经营四方"已是征夫的宿定命运。既然草木注定要黄、要玄,那么征人也就注定要走下去。统帅者丝毫没有想到,草黄草玄乃物之必然本性,而人却不是为行役而生于世,人非草木,缘何以草木视之?而一句"何人不将",又把这一人为的宿命扩展到整个社会。可见,本诗所写绝不是"念吾一身,飘然旷野"的个人悲剧,而是"碛里征人三十万"(唐李益《从军北征》)的社会悲剧。这是一轮旷日持久而又殃及全民的大兵役,家与国在征人眼里只是连天的衰草与无息的奔波。

因此,三、四两章作者发出了久压心底的怨怼:我们不是野牛、老虎,更不是那越林穿莽的狐狸,为何却与这些野兽一样长年在旷野、幽草中度日?难道我们生来就与野兽同命?别忘了,我们也是人!

不过,怨终归是怨,命如草芥、生同禽兽的征夫们并没有改变自己命运的能力,他们注定要在征途中结束自己的一生。他们之所以过着非人的行役生活是因为在统治者眼中他们根本就不是人,而是一群战争的工具而已。所以,怨的结局仍然是"有栈之车,行彼周道"。

这种毫无希望、无从改变的痛苦泣诉,深得风诗之旨,最大限度地展示了征人的悲苦,故清方玉润慨道:"盖怨之至也!周衰至此,其亡岂能久待?编诗者以此奠《小雅》之终,亦《易》卦纯阴之象。"(《诗经原始》)一首如泣如诉的征人小诗,后人看到的却是周室的灭亡,这也许是"用兵不息"者万万没有想到的吧!

本诗的后两章很善于借景寄情,方玉润云:"纯是一种阴幽荒凉景象,写来可畏。所谓亡国之音哀以思,诗境至此,穷仄极矣。"(同上)诚哉斯言。　　(陈伟军)

大　雅

【诗歌解题】《诗经》类名。"雅"之一。多为反映西周王室重大措施或事件、歌颂后稷以至武王功业的作品。共三十一篇。大多出自西周王室贵族之手。其中有抨击时弊的政治诗,如《板》《荡》《抑》等;也有颇具史诗规模的叙事诗,如《生民》《公刘》《緜》《皇矣》《大明》等;还有祭祀诗和宴飨诗,如《行苇》《既醉》等。诗中既宣扬宗法、天命等观念,也保存了许多珍贵的周初史料。

文　王　　　　　大　雅

文王在上，① 　　文王神灵升上天，
於昭于天。② 　　在天上光明显耀。
周虽旧邦，③ 　　周虽是古老的邦国，
其命维新。④ 　　承受天命建立新王朝。
有周不显，⑤ 　　这周朝光辉荣耀，
帝命不时。⑥ 　　上帝的意旨完全遵照。
文王陟降，⑦ 　　文王神灵升降天庭，
在帝左右。⑧ 　　在上帝身边多么崇高。

亹亹文王，⑨ 　　勤勉进取的文王，
令闻不已。⑩ 　　美名永远传扬人间。
陈锡哉周，⑪ 　　上帝厚赐他兴起周邦，
侯文王孙子。⑫ 　　也赏赐子孙宏福无边。
文王孙子， 　　文王的子孙后裔，
本支百世。⑬ 　　世世代代蕃衍绵延。
凡周之士，⑭ 　　凡周朝继承爵禄的卿士，
不显亦世。⑮ 　　累世都光荣尊显。

世之不显， 　　累世都光荣尊显，
厥犹翼翼。⑯ 　　深谋远虑恭谨辛勤。
思皇多士，⑰ 　　贤良优秀的众多人才，
生此王国。 　　在这个王国降生。
王国克生，⑱ 　　王国得以成长发展，
维周之桢。⑲ 　　他们是周朝栋梁之臣。
济济多士，⑳ 　　众多人才济济一堂，
文王以宁。 　　文王可以放心安宁。

穆穆文王,㉑	文王的风度庄重而恭敬,
於缉熙敬止。㉒	行事光明正大又谨慎。
假哉天命,㉓	伟大的天命所决定,
有商孙子。㉔	商的子孙成了周的属臣。
商之孙子,	商的那些子孙后代,
其丽不亿。㉕	人数众多算不清。
上帝既命,	上帝既已降下意旨,
侯于周服。㉖	就臣服周朝顺应天命。

侯于周服,	商的子孙臣服周朝,
天命靡常。㉗	可见天命无常会改变。
殷士肤敏,㉘	归顺的殷贵族服役勤敏,
祼将于京。㉙	在京师祭飨作陪伴。
厥作祼将,	他们在祼礼上服役,
常服黼冔。㉚	身穿祭服头戴殷冕。
王之荩臣,㉛	为王献身的忠臣,
无念尔祖。㉜	要感念你的祖先。

无念尔祖,	感念你祖先的意旨,
聿修厥德。㉝	修养自身的德行。
永言配命,㉞	长久地顺应天命,
自求多福。	才能求得多种福分。
殷之未丧师,㉟	商没有失去民心时,
克配上帝。㊱	也能与天意相称。
宜鉴于殷,	应该以殷为戒鉴,
骏命不易。㊲	天命不是不会变更。

命之不易,	天命不是不会改变,
无遏尔躬。㊳	你自身不要自绝于天。

大雅·文王

宣昭义问,㊴　　传布显扬美好的名声,
有虞殷自天。㊵　依据天意审慎恭虔。
上天之载,㊶　　上天行事总是这样,
无声无臭。㊷　　没声音没气味可辨。
仪刑文王,㊸　　效法文王的好榜样,
万邦作孚。㊹　　天下万国信服永远。

〔注〕①文王:姬姓,名昌,周王朝的缔造者。　②於:叹词,犹"呜"、"啊"。昭:光明显耀。　③旧邦:邦,犹"国"。周在氏族社会本是姬姓部落,后与姜姓联合为部落联盟,在西北发展。周立国从尧舜时代的后稷算起。　④命:天命,即天帝的意旨。古时奴隶制和封建制国家的君主宣扬自身承受天命来统治天下。周本来是西北一个小国,曾臣服于商王朝,文王使周发展强大,独立称王,奠定灭商的基础,遗命其子姬发(武王)伐商,建立新兴的王朝。　⑤有周:这周王朝。有,指示性冠词。不(pī)同"丕",大。　⑥时:是。　⑦陟降:上行曰陟,下行曰降。　⑧左右:犹言身旁。　⑨亹(wěi)亹:勤勉不倦貌。　⑩令闻:美好的名声。不已:无尽。　⑪陈锡:陈,犹"重";锡,赏赐。哉:"载"的假借,初、始。　⑫侯:乃。孙子:子孙。　⑬本支:以树木的本枝比喻子孙蕃衍。　⑭士:这里指统治周朝享受世禄的公侯卿士百官。　⑮亦世:犹"奕世",即累世。　⑯厥:其。犹:同"猷",谋划。翼翼:恭谨勤勉貌。　⑰思:语首助词。皇:美、盛。　⑱克:能。　⑲桢(zhēn):支柱、骨干。王宗石《诗经分类诠释》据《校勘记》谓"桢"字唐石经初刻"桢",后改为"祯","祯",吉祥福庆之意。此说亦通。　⑳济济:有盛多、整齐美好、庄敬诸义。　㉑穆穆:庄重恭敬貌。　㉒缉熙:光明。敬止:敬之,严肃谨慎。止犹"之"。　㉓假:大。　㉔有:得有。　㉕其丽不亿:其数极多。丽,数;不,语助词;亿,周制十万为亿,这里只是概数,极言其多。　㉖周服:服周。　㉗靡常:无常。　㉘殷士肤敏:殷士,归降的殷商贵族。肤,繁体作"膚",《说文》曰:"膚,籀文臚。"有陈礼时陈序礼器之意。肤敏,即勤敏地陈序礼器。　㉙祼(guàn):古代一种祭礼,在神主前面铺白茅,把酒浇茅上,像神在饮酒。将:行。　㉚常服:祭事规定的服装。黼(fǔ):古代有黑白相间花纹的衣服。　㉛𩒼(xǔ):殷冕。　㉜荩(jìn)臣:忠臣。　㉝无:语助词,无义。　㉞聿:发语助词。　㉞永言:久长。言同"焉",语助词。配命:与天命相合。配,比配,相称。　㉟丧师:指丧失民心。丧,亡、失;师,众、众庶。　㊱克配上帝:可以与上帝之意相称。　㊲骏命:大命,也即天命。骏,大。　㊳遏:止、绝。尔躬:你身。　㊴宣昭:宣明传布。义问:美好的名声。义,善;问,通"闻"。　㊵有:又。虞:审察、推度。殷:于省吾《泽螺居诗经新证》谓为"依"之借字。　㊶载:行事。　㊷臭(xiù):味。　㊸仪刑:效法。刑,同"型",模范,仪法,模式。　㊹孚:信服。

　　这篇诗是《大雅》的首篇,歌颂周王朝的奠基者文王姬昌。朱熹《诗集传》据《吕氏春秋·古乐》篇为本诗解题曰:"周人追述文王之德,明国家所以受命而代殷者,皆由于此,以戒成王。"这指明本诗创作在西周初年,作者是周公。后世说诗,多从此说。余培林《诗经正诂》说:"观诗中文字,恳切叮咛,谆谆告诫,……其说是也。至此诗之旨,四字可以尽之,曰:'敬天法祖。'"此论可谓简明得当。

《诗经》中有多篇歌颂文王的诗,而序次以本篇为首,因为它的作者是西周王朝的政治代表人物、被颂扬为"圣人"的周公,诗的内容表达了重大的政治主题,对西周统治阶级具有现实的和长远的重要政治意义。

歌颂文王,是《雅》《颂》的基本主题之一。这是因为文王是周人崇敬的祖先,伟大的民族英雄,周王国的缔造者。姬昌积五十年的艰苦奋斗,使僻处于西北的一个农业小国,逐渐发展为与殷商王朝抗衡的新兴强国,他奠定了新王朝的基础;他又是联合被侵略被压迫的各民族,结成统一战线,反抗殷商王朝暴虐统治的政治联盟的领袖;他组织的军事力量和政治力量,在他生前已经完成对殷王朝的三面包围,完成了灭商的决战准备;他采取比较开明的政策,以代天行道、反对暴政实行"仁德"为旗帜,适合当时各民族各阶级反对暴虐统治与奴隶要求解放的时代潮流,因而得到各族人民的拥护。他死后三年,武王继承他的遗志,运用他组织的力量,抬着他的木主伐商,一战成功,推翻了殷商奴隶主政权,建立了比较开明的周王朝。文王是当之无愧的周王国国父,对他的歌颂,自然成为许多诗篇的共同主题。每个时代都曾产生自己时代的颂歌,歌颂自己时代深受爱戴的政治领袖,歌颂为自己的民族、阶级、国家建立功业的英雄,歌颂文王的诗篇,就是在上述现实基础上理所当然的历史产物。

如同每个时代的颂歌都体现它们产生时的时代精神,文王颂歌也打上奴隶制向封建制过渡时期的时代烙印。诗篇歌颂他是天之子,具有非凡的人格和智慧,是道德的楷模,天意的化身,赐予人民光明和幸福的恩主,显然是把他神圣化、偶像化了。

这篇诗与其他的文王颂歌有相同之处,也有不同之处。除了歌颂之外,作者还以深谋远虑、富有政治经验的政治家的识见,向时王和全宗族的既得利益者提出敬天法祖、以殷为鉴的告诫,以求得周王朝的长治久安。

全诗七章,每章八句。第一章言文王得天命兴国,建立新王朝是天帝意旨。第二章言文王兴国福泽子孙宗亲,子孙百代得享福禄荣耀。第三章言王朝人才众多得以世代继承传统。第四章言因德行而承天命兴周代殷,天命所系,殷人臣服。第五章言天命无常,曾拥有天下的殷商贵族已成为服役者。第六章言以殷为鉴,敬天修德,才能天命不变,永保多福。第七章言效法文王的德行和勤勉,就可以得天福佑,长治久安。

很明显,贯穿全诗始终的是从殷商继承下来,又经过重大改造的天命论思想。天命论本来是殷商奴隶主的政治哲学,即"君权神授",统治者的权力是天帝赐予的,奉行天的旨意实行在人间的统治,统治者所做的一切都是天意,天意不远不会改变。周王朝推翻殷商的统治,也借用天命,作为自己建立统治的理论根据,而吸取殷商亡国的经验教训,提出"天命无常""唯德是从",上天只选择有德的人来统治天下,统治者失德,便会被革去天命,而另以有德者来代替,文王就是以德而代殷兴周的。所以文王的子孙要以殷为鉴,敬畏上帝,效法文王的德行,才能永保天命。这是本诗的中心思想。

全诗没有空发议论,而是通过对文王功业和德行的歌颂,以事实为依据,动之以情,晓之以理。如歌颂文王福泽百世,启发对文王恩德的感戴之情,弦外之音就是:如果没有文王创立的王朝,哪里有你们今日和后世的荣显?作者又以殷商的亡国为鉴戒,殷商人口比原来的周国多得多,却因丧失民心而失败,再用殷贵族沦为周朝的服役者这一事实,引起警诫。全诗恳切叮咛,谆谆教导,有劝勉,有鼓励,有启发,有引导,理正情深,表现了老政治家对后生晚辈的苦口婆心。在文王颂歌中,这是思想深刻、艺术表现也较为成功的一篇。

全诗七章,每章八句,五十六句中除三句五言外,均为四言,章句结构整齐。每章换韵,韵律和谐。最突出之处,是诗中成功地运用了连珠顶真的修辞技巧:前章与后章的词句相连锁,后章的起句承接前章的末句,或全句相重,或后半句相重,这样,语句蝉联,诗义贯串,宛如一体。这篇诗的蝉联,除了结构紧凑,还起换韵作用,如姚际恒《诗经通论》所说:"每四句承上语作转韵,委委属属,连成一片。曹植《赠白马王彪诗》本此。"方玉润《诗经原始》还说:"曹诗只起相承,此则中间换韵亦相承不断,诗格尤奇。"

(夏传才)

大　明

明明在下,①	皇天伟大光辉照人间,
赫赫在上。②	光采卓异显现于上天。
天难忱斯,③	天命无常难测又难信,
不易维王。④	一个国王做好也很难。
天位殷適,⑤	天命嫡子帝辛居王位,
使不挟四方。⑥	终又让他失国丧威严。
挚仲氏任,⑦	太任是挚国任家姑娘,
自彼殷商。⑧	也可以算是来自殷商。
来嫁于周,	她远嫁来到我们周原,

曰嫔于京。⑨　　　在京都做了王季新娘。
乃及王季，⑩　　　就是太任和王季一起，
维德之行。⑪　　　推行德政有着好主张。

大任有身，⑫　　　太任怀孕将要生儿郎，
生此文王。⑬　　　生下这位就是周文王。
维此文王，　　　　这位伟大英明的君主，
小心翼翼。⑭　　　小心翼翼恭敬而谦让。
昭事上帝，⑮　　　勤勉努力侍奉那上帝，
聿怀多福。⑯　　　带给我们无数的福祥。
厥德不回，⑰　　　他的德行光明又磊落，
以受方国。⑱　　　因此承受祖业做国王。

天监在下，⑲　　　上帝在天明察人世间，
有命既集。　　　　文王身上天命集中现。
文王初载，⑳　　　就在他还年轻的时候，
天作之合。㉑　　　皇天给他缔结好姻缘。
在洽之阳，㉒　　　文王迎亲到洽水北面，
在渭之涘。㉓　　　就在那儿渭水河岸边。

文王嘉止，㉔　　　文王筹备婚礼喜洋洋，
大邦有子。㉕　　　殷商有位美丽的姑娘。
大邦有子，　　　　殷商这位美丽的姑娘，
俔天之妹。㉖　　　长得就像那天仙一样。
文定厥祥，㉗　　　卜辞表明婚姻很吉祥，
亲迎于渭。　　　　文王亲迎来到渭水旁。
造舟为梁，㉘　　　造船相连作桥渡河去，
不显其光。㉙　　　婚礼隆重显得很荣光。

有命自天，	上帝有命正从天而降，
命此文王。	天命降给这位周文王。
于周于京，	在周原之地京都之中，
缵女维莘。㉚	又娶来莘国姒家姑娘。
长子维行，㉛	长子虽然早早已离世，
笃生武王。㉜	幸还生有伟大的武王。
保右命尔，㉝	皇天保佑命令周武王，
燮伐大商。㉞	前去袭击讨伐那殷商。
殷商之旅，	殷商调来大批的兵将，
其会如林。㉟	军旗就像那树林一样。
矢于牧野，㊱	我主武王誓师在牧野，
"维予侯兴。㊲	他说："只有我们最兴旺。
上帝临女，㊳	上帝监视你们众将士，
无贰尔心！"㊴	不要有什么二心妄想！"
牧野洋洋，	牧野地势广阔无边垠，
檀车煌煌，㊵	檀木战车光彩又鲜明，
驷𫘧彭彭。㊶	驾车驷马健壮真雄骏。
维师尚父，㊷	还有太师尚父姜太公，
时维鹰扬。㊸	就好像是展翅飞雄鹰。
凉彼武王，㊹	他辅佐着伟大的武王，
肆伐大商，㊺	袭击殷商讨伐那帝辛，
会朝清明。㊻	一到黎明就天下清平。

〔注〕 ① 明明：光彩夺目的样子。在下：指人间。 ② 赫赫：明亮显著的样子。在上：指天上。 ③ 忱：信任。斯：句末助词。 ④ 维：犹"为"。 ⑤ 位：同"立"。適(dí)：借作"嫡"，嫡子。殷嫡，指纣王。《史记·殷本纪》："帝乙长子曰微子启。启母贱，不得嗣。少子辛，辛母正后，辛为嗣。帝乙崩，子辛立，是为帝辛，天下谓之纣。" ⑥ 挟：控制、占有。四方：天下。 ⑦ 挚：古诸侯国名，故址在今河南汝南一带，任姓。仲：指次女。挚仲，即太任，王季之妻，文王之母。 ⑧ 自：来自。挚国之后裔，为殷商的臣子，故说太任"自彼殷商"。 ⑨ 嫔，妇，指做媳妇。京：周京。周部族后稷十三世孙古公亶父(周太王)自豳迁于岐(今陕西岐山一

带),其地名周。其子王季(季历)于此地建都城。 ⑩ 乃:就。及:与。 ⑪ 维德之行:犹曰“维德是行”,只做有德行的事情。 ⑫ 大:同“太”。有身:有孕。 ⑬ 文王:姬昌,殷纣时为西伯(西方诸侯),又称西伯昌,为周武王姬发之父,父子共举灭纣大业。 ⑭ 翼翼:恭敬谨慎的样子。 ⑮ 昭:借作“劭”,勤勉。事:服侍、侍奉。 ⑯ 聿:犹“乃”,就。怀:徕,招来。 ⑰ 厥:犹“其”,他、他的。回:邪僻。 ⑱ 受:承受、享有。方:大。此言文王做了周国国主。 ⑲ 监:明察。在下:指文王的德业。 ⑳ 初载:初始,指年轻时。 ㉑ 作:成。合:婚配。 ㉒ 洽(hé):水名,源出陕西合阳县,东南流入黄河,现称金水河。阳:河北面。 ㉓ 渭:水名,黄河最大的支流,源于甘肃渭源县,经陕西,于潼关流入黄河。涘(sì):水边。 ㉔ 嘉:美好,高兴。止:语末助词。一说止为“礼”,嘉止,即嘉礼,指婚礼。 ㉕ 大邦:指殷商。子:未嫁的女子。传说殷商帝乙(纣父)曾将妹妹嫁给了周文王。 ㉖ 伣(qiàn):如,好比。天之妹:天上的美女。 ㉗ 文:占卜的文辞。 ㉘ 梁:桥。此指连船为浮桥,以便渡渭水迎亲。 ㉙ 不:通“丕”,大。光:荣光,荣耀。 ㉚ 缵:续。莘(shēn):国名,在今陕西合阳县一带,姒姓。文王又娶莘国之女,故称太姒。 ㉛ 长子:指伯邑考。行:离去,指死亡。伯邑考早年为殷纣王杀害。 ㉜ 笃:发语词,释见马瑞辰《毛诗传笺通释》。 ㉝ 保右:即“保佑”。命:命令。尔:犹“之”,指武王姬发。 ㉞ 燮:读为“袭”。袭伐,即袭击讨伐。 ㉟ 会(kuài):借作“旝”,军旗。其会如林,极言殷商军队之多。 ㊱ 矢:同“誓”,誓师。牧野:地名,在今河南淇县一带,距商都朝歌七十余里。 ㊲ 予:我、我们,作者自指周王朝。侯:乃、才。兴:兴盛、胜利。 ㊳ 临:监临。女:同“汝”,指周武王率领的将士。 ㊴ 无:同“勿”。贰:同“二”。 ㊵ 檀车:用檀木造的兵车。 ㊶ 驷騵(yuán):四匹赤毛白腹的驾辕骏马。彭彭:强壮有力的样子。 ㊷ 师:官名,又称太师。尚父:指姜太公。姜太公,周朝东海人,本姓姜,其先封于吕,因姓吕。名尚,字子牙。年老隐钓于渭水之上,文王访得,载与俱归,立为师,又号太公望,辅佐文王、武王灭纣。 ㊸ 时:是。鹰扬:如雄鹰飞扬,言其奋发勇猛。 ㊹ 凉:辅佐。 ㊺ 肆伐:意同前文之“燮伐”。 ㊻ 会朝:黎明。

这是一首具有史诗性质的颂诗,当是周王朝贵族为歌颂自己祖先的功德、为宣扬自己王朝的开国历史而作。它与《大雅》中的《生民》《公刘》《緜》《皇矣》《文王》诸篇相联缀,俨然形成一组开国史诗。从始祖后稷诞生、经营农业,公刘迁豳,太王(古公亶父)迁岐,王季继续发展,文王伐密、伐崇,直到武王克商灭纣,可以说是把每个重大的历史事件都写到了,所以研究者多把它们看作一组周国史诗,只是《诗经》的编者没有把它们按世次编辑在一起,而打乱次序分编在各处。本篇先写王季受天命、娶太任、生文王,再写文王娶太姒、生武王,最后写到武王在姜太公辅佐下一举灭殷的史实,是上述一组开国史诗中的有机组成部分,可算是这组史诗的最后一篇。《毛诗序》说:“《大明》,文王有明德,故天复命武王也。”意思当然是对的,但说得抽象了些。朱熹《诗集传》说:“此亦周公戒成王之诗。”说它和《文王》那篇一样,“追述文王之德,明周家所以受命而代商者,皆由于此,以戒成王。”这又太拘泥了。从哪里可以看出是周公所作?又从哪里可以看出有警诫成王的意思?总观这组六篇诗文,不过是周王朝统治者为歌颂祖先功德、追述开国历史的显赫罢了。

全诗八章。历代各家的分章稍有不同,这里是根据诗意确立的。第一、二、四、七章章六句,第三、五、六、八章章八句。排列起来,颇有参差错落之美。

首章先从赞叹皇天伟大、天命难测说起,以引出殷命将亡、周命将兴,是全诗的总纲。次章即歌颂王季娶了太任,推行德政。三章写文王降生,承受天命,因而"以受方国"。四章又说文王"天作之合",得配佳偶。五章即写他于渭水之滨迎娶殷商帝乙之妹。六章说文王又娶太姒,生下武王。武王受天命而"燮伐大商",与首章遥相照应。七章写武王伐纣的牧野之战,敌军虽盛,而武王斗志更坚。最后一章写牧野之战的盛大,武王在姜尚辅佐之下一举灭殷。全诗时序井然,层次清楚,俨然是王季、文王、武王三代的发展史。

诗篇以"天命所佑"为中心思想,以王季、文王、武王三代相继为基本线索,集中突现了周部族这三代祖先的盛德。其中,武王灭商,是本诗最集中、最突出要表现的重大历史事件,写王季、太任、文王、太姒,不过是说明周家奕世积功累仁,天命所佑,所以武王才克商代殷而立天下。所以,诗人著笔,历述婚媾,皆天作之合,圣德相配。武王克商,也是上应天命、中承祖德、下合四方的。因此,尽管诗意变幻不已,其中心意旨是非常清楚的。全诗虽然笼罩着祀神的宗教气氛和君权神授的神学色彩,其内在的历史真实性一面,对我们还是有认识价值的。

这是一首叙事诗,但它并不平铺直叙地叙事。其中,既有情势的烘托,也有景象的渲染。文王两次迎亲的描述,生动具体;牧野之战的描绘,更显得有声有色。"牧野洋洋,檀车煌煌,驷騵彭彭"一连三个排比句子,真可谓把战争的威严、紧迫的气势给和盘托出了。"殷商之旅,其会如林",虽然写出了敌军之盛,但相比之下,武王的三句誓师,更显得坚强和有力。"维师尚父,时维鹰扬",虽然仅仅描写了一句,也似乎让人看到了姜太公的雄武英姿。至于它有详有略、前呼后应的表现手法,更使本篇避免了平铺、呆板和单调,给人以跌宕起伏、气势恢宏而重点突出的感觉。这些,在艺术上都是可取的。诗中的"小心翼翼""天作之合"等句也早已成为著名的成语,在现代汉语中仍有很强的活力。 (霍旭东)

绵

绵绵瓜瓞,①	大瓜小瓜瓜蔓长,
民之初生,	周人最早得发祥,
自土沮漆。②	本在沮水漆水旁。
古公亶父,	太王古公亶父来,

陶复陶穴,③ 率民挖窖又开窑,
未有家室。 还没筑屋建厅堂。

古公亶父, 太王古公亶父来,
来朝走马。 清早出行赶起马。
率西水浒,④ 沿着河岸直向西,
至于岐下。 来到岐山山脚下。
爰及姜女, 接着娶了姜氏女,
聿来胥宇。⑤ 共察山水和住地。

周原膴膴,⑥ 周原土地真肥沃,
堇荼如饴。⑦ 苦菜甜如麦芽糖。
爰始爰谋, 开始谋划和商量,
爰契我龟。⑧ 再刻龟甲看卜象。
曰止曰时,⑨ 兆示定居好地方,
筑室于兹。 在此修屋造住房。

迺慰迺止,⑩ 于是在此安家邦,
迺左迺右, 于是四处劳作忙,
迺疆迺理,⑪ 于是划疆又治理,
迺宣迺亩。⑫ 于是开渠又垦荒。
自西徂东,⑬ 打从东面到西面,
周爰执事。⑭ 要管杂事一样样。

乃召司空,⑮ 先召司空定工程,
乃召司徒,⑯ 再召司徒定力役,
俾立室家。 房屋宫室使建立。
其绳则直, 准绳拉得正又直,
缩版以载,⑰ 捆牢木板来打夯,

作庙翼翼。⑱	筑庙动作好整齐。
捄之陾陾,⑲	铲土入筐腾腾腾,
度之薨薨。⑳	投土上墙轰轰轰。
筑之登登,	齐声打夯登登登,
削屡冯冯。㉑	削平凸墙嘭嘭嘭。
百堵皆兴,	成百道墙一时起,
鼛鼓弗胜。㉒	人声赛过打鼓声。
迺立皋门,㉓	于是建起郭城门,
皋门有伉。㉔	郭门高耸入云霄。
迺立应门,㉕	于是立起王宫门,
应门将将。㉖	正门雄伟气势豪。
迺立冢土,㉗	于是修筑起大社,
戎丑攸行。㉘	正当防戎那大道。
肆不殄厥愠,㉙	既不断绝对敌愤,
亦不陨厥问。	邻国也不失聘问。
柞棫拔矣,㉚	柞栎白桜都拔去,
行道兑矣。㉛	道路畅通又宽正。
混夷駾矣,㉜	昆夷奔逃不敢来,
维其喙矣。㉝	疲弊困乏势不振。
虞芮质厥成,㉞	虞芮两国争执平,
文王蹶厥生。㉟	文王启发感其性。
予曰有疏附,㊱	我说有臣疏化亲,
予曰有先后,㊲	我说有臣辅佐灵。
予曰有奔奏,㊳	我说有臣善奔走,
予曰有御侮。	我说有臣御敌侵。

〔注〕① 緜：同"绵"。瓞(dié)：小瓜。 ② 土：居住。沮(jū)漆：古二水名，均在今陕西省境内。 ③ 陶：通"掏"，挖掘。复：通"窝"，窑洞。 ④ 率：沿着。 ⑤ 聿(yù)：发语词。胥：视察。宇：住地。 ⑥ 朊(wǔ)朊：肥沃的样子。 ⑦ 堇(jǐn)：旱芹。荼(tú)：苦菜。饴：麦芽糖。 ⑧ 契：锲，指刻龟甲占卜。 ⑨ 曰：语助词。时：适宜。 ⑩ 迺：同"乃"。《诗经》各篇通用"乃"，惟此篇与《公刘》"迺""乃"杂用。慰：安定。 ⑪ 疆：划分疆界。理：治理土地。 ⑫ 宣：疏通沟渠。亩：整治田垄。 ⑬ 徂：往，去。 ⑭ 周：遍。 ⑮ 司空：管工程的官。 ⑯ 司徒：管土地和力役的官。 ⑰ 缩：捆绑。载：通"栽"，筑墙的长板。 ⑱ 翼翼：动作整齐。 ⑲ 捄(jiū)：盛土于筐。陾(réng)陾：众多貌。 ⑳ 度：填土于筑板内。薨(hōng)薨：填土声。 ㉑ 屡：通"娄"，土墙隆起的部分。冯(píng)冯：削平墙面的声音。 ㉒ 鼛(gāo)：大鼓，长一丈二尺。弗胜：指鼓声盖不过人声。 ㉓ 皋门：王都的郭门。 ㉔ 伉：通"亢"，高大貌。应门：王宫的正门。 ㉖ 将(qiāng)将：庄严雄伟的样子。 ㉗ 冢土：即大社，祭祀社神的地方。冢，大；土，通"社"。 ㉘ 戎：指昆夷，北方的游牧民族。犬戎：对边远民族的蔑称。攸：所。 ㉙ 肆：于是。殄(tiǎn)：断绝。 ㉚ 柞(zuò)：栎树。棫(yù)：白桵，与柞茡丛生灌木。 ㉛ 兑(duì)：通"达"，通畅。 ㉜ 混夷：即昆夷。駾(tuì)：突逃。 ㉝ 喙(huì)：通"瘁""瘵"，疲劳困倦。 ㉞ 虞：古国名，在今山西平陆。芮：古国名，在今陕西大荔。质：评断。成：平。 ㉟ 蹶(guì)：感动。生：通"性"。 ㊱ 疏附：指能使疏者亲之臣。 ㊲ 先后：指君王前后辅佐之臣。 ㊳ 奔奏：指四方奔走宣扬君德之臣。

《大雅·緜》以热情洋溢的语言追述了周王族十三世祖古公亶父自邠迁岐，定居渭河平原，振兴周族的光荣业绩。

作为农业民族，土地是其根本。能否占有并支配广阔丰美的土地，关系到整个民族的兴衰。周人历史上著名的五次迁徙，抛开社会政治、军事历史的因素，最根本的原因在于对肥沃丰饶土地的追求。方玉润云："故地利之美者地足以王，是则《緜》诗之旨耳。"(《诗经原始》)是说得不错的。

全诗共九章。首章以"緜緜瓜瓞"起兴，开首八字简洁地概括了周人延绵不绝、生生不息的漫长历史。以下至第八章，全叙太王率族迁岐、建设周原的情况。正是太王迁岐的重大决策和文王的仁德，才奠定了周人灭商建国的基础，如《鲁颂·閟宫》所言："后稷之孙，实维大王。居岐之阳，实始翦商。至于文武，缵大王之绪。"篇末便自然而然带出文王平虞芮之讼的事，显示出其蒸蒸日上的景象。

周人早先所居的邠地，人们"陶复陶穴，未有室家"，农业的落后和强悍游牧民族昆夷的侵扰，促使古公亶父举族迁移。《孟子·梁惠王下》记载狄人入侵，意在掠地，古公亶父事之以皮币、珠玉、犬马，均不得免，乃"去邠，踰梁山，邑于岐山之下居焉"。邠人以其仁而"从之者如归市"。全诗以迁岐为中心展开铺排描绘，疏密有致。长长的迁徙过程浓缩在短短的四句中："古公亶父，来朝走马。率西水浒，至于岐下。"而"爰及姜女"一句，看似随笔带出，实则画龙点睛。姜女是当地平原民族姜族的长女，周与姜联姻，意味着古公亶父被承认为周原的占有者和统治者。同时,此句又为后文在渭水平原上的种种生活劳动的刻画,做了铺垫。

在"堇荼如饴"的辽阔平原上,周人怀着满腔喜悦和对新生活的憧憬投入了劳动,他们刻龟占卜,商议谋划。诗人以浓彩重墨描绘农耕、建筑的同时,融入了深沉朴质的感情。他们一面"迺慰迺止,迺左迺右,迺疆迺理,迺宣迺亩",欢天喜地安家定宅,封疆划界,开渠垦荒,一面"筑室于兹"。与落后的邠地相比,平原文明的标志便是建造房屋。走出地穴窑洞,在地面上修屋筑室,是一个质的飞跃,是周人安居乐业的开始,是周族初兴的象征,也正是古公亶父迁岐的伟大功业。对建筑的描摹刻画,正是对古公亶父的热情歌颂,故而诗中最精彩生动的描写正集于此:"陾陾""薨薨""登登""冯冯"四组拟声词,以声音的嘈杂响亮表现了种种劳动场面,烘托了劳动的气氛。洪大的鼓声被淹没在铲土声、填土声、打夯声和笑语声中,真是朝气蓬勃、热火朝天。"百堵皆兴",既是对施工规模的自豪,也暗示了周民族的蓬勃发展。"皋门有伉""应门将将",既是对自己建筑技术的夸耀,又显示了周人的自强自立、不可侵犯的精神。由此歌颂武功文略便是水到渠成:"柞棫拔矣,行道兑矣。混夷駾矣,维其喙矣。"表现了日益强大的周族对昆夷的蔑视和胜利后的自豪感。文王平虞芮之讼,突出表现其睿智与文德。结尾四个"予曰",一气呵成,"收笔奇肆,亦饶姿态"(《诗经原始》),既是诗人内心激情一泻而出的倾诉,又是对文王德化的赞美,更是对古公亶父文韬武略的追忆,与首句"緜緜瓜瓞"遥相呼应,相映成趣。王夫之赞叹其写情传势,"如群川之涐(jiàn)流也,如春华之暄发也,如风之吹万而各以籁鸣也"(《诗广传》)。

诗章以时间为经,以地点为纬,景随情迁,情缘景发,浑然丰满,情景一体,充满了浓郁的生活气息。自邠至岐,从起行、定宅、治田、建屋、筑庙到文王服虞芮、受天命,莫不洋溢着周人对生活的激情、对生命的热爱、对祖先的崇敬。结构变幻,开合承启不着痕迹,略处点到即止,详处工笔刻画,错落有致。读之使人如闻其声,如临其境。

(赵逵夫　王晓鹍)

棫　朴

芃芃棫朴,①	棫树朴树多茂盛,
薪之槱之。②	砍作木柴祭天神。
济济辟王,③	周王气度美无伦,
左右趣之。④	群臣簇拥左右跟。

济济辟王，	周王气度美无伦，
左右奉璋。⑤	左右群臣璋瓒捧。
奉璋峨峨，⑥	手捧璋瓒仪容壮，
髦士攸宜。⑦	国士得体是贤俊。
淠彼泾舟，⑧	船行泾河波声碎，
烝徒楫之。⑨	众人举桨齐划水。
周王于迈，⑩	周王出发去远征，
六师及之。⑪	六军前进紧相随。
倬彼云汉，⑫	宽广银河漫无边，
为章于天。⑬	光带灿烂贯高天。
周王寿考，⑭	万寿无疆我周王，
遐不作人。⑮	培养人材谋虑全。
追琢其章，⑯	琢磨良材刻纹花，
金玉其相。⑰	如金如玉品质佳。
勉勉我王，⑱	勤勉不已我周王，
纲纪四方。⑲	统治天下理国家。

〔注〕① 芃(péng)芃：植物茂盛貌。棫(yù)朴：棫，白桵；朴，枹木，二者均为灌木名。② 槱(yǒu)：聚积木柴以备燃烧。 ③ 济(jǐ)济：美好貌。或音 qí，庄敬貌。辟(bì)王：君王。④ 趣(qū)：趋向，归向。 ⑤ 奉：通"捧"。璋：即"璋瓒"，祭祀时盛酒的玉器。 ⑥ 峨峨：盛装壮美的样子。 ⑦ 髦士：俊士，优秀之士。攸：所。宜：适合。 ⑧ 淠(pì)：船行貌。泾：泾河。 ⑨ 烝徒：众人。楫之：举桨划船。 ⑩ 于迈：于征，出征。 ⑪ 师：军队，二千五百人为一师。 ⑫ 倬(zhuō)：大。云汉：银河。 ⑬ 章：文章，文采。 ⑭ 寿考：长寿。 ⑮ 遐：通"何"。作人：培育、造就人。 ⑯ 追(duī)：通"雕"。 ⑰ 相：内质，质地。 ⑱ 勉勉：勤勉不已。 ⑲ 纲纪：治理，管理。

本诗是《大雅》的第四篇，与前三篇一样，也是赞美周王的作品。但赞美的究竟是哪一位，却不像前三篇那样具体有所指，只是因为诗中提到"周王寿考"，而传说周文王活了九十七岁，所以历来认为非文王莫属。

至于本诗的主旨，就不那么一致了，主要有两种意见。《毛诗序》云："文王能官人也。""官人"语出《尚书·皋陶谟》:"知人则哲,能官人。"意谓善于选取人才并授以适当官职。而姚际恒《诗经通论》则曰:"此言文王能作士也。小序谓'文王能官人',差些,盖袭《左传》释《卷耳》之说。""作士"一语直接取自本诗的"遐不作人",孔颖达疏:"作人者,变旧造新之辞。"朱熹《诗集传》:"作人,谓变化鼓舞之也。"概而言之,即为培育造就人才及鼓舞振作人心。其实这两种意见并无大异,小序着眼的是前三章,故得出"官人"的结论,姚氏着眼的是后二章,故得出"作士"的结论。"官人"也罢,"作士"也罢,都离不开周王的盛德,所以《诗集传》曰:"此诗前三章言文王之德,为人所归。后二章言文王之德,有以振作纲纪天下之人,而人归之。"

全诗五章,每章四句,除第二章外,其余四章均以兴为发端,这在《大雅》中是罕见的。

首章以"棫朴"起兴。毛传释曰:"山木茂盛,万民得而薪之;贤人众多,国家得用蕃兴。"此是将棫朴喻贤人。而《诗集传》释曰:"芃芃棫朴,则薪之槱之矣;济济辟王,则左右趣之矣。"意为灌木茂盛,则为人所乐用,君王美好,则为人所乐从。此是将棫朴喻君王。毛传释兴,每每孤立地就兴论兴,所以兴与下文的关系往往显得牵强附会。朱熹释兴,总是将起兴句与被兴句有机地联系起来,符合其"先言他物以引起所咏之词"的兴的定义。就本章而言,朱熹的解释似更为合理。

首章是总述,总述周王有德,众士所归。而士分文、武,故二、三篇又分而述之,以补足深化首章之意。

二章四句皆为赋。前两句"济济辟王,左右奉璋"承上两句"济济辟王,左右趣之"而来,而又启出下两句:"奉璋峨峨,髦士攸宜。""璋"有二解,一为"牙璋",发兵所用;一为"璋瓒",祭祀所用。马瑞辰《毛诗传笺通释》云:"此诗下章言六师及之,则上言奉璋,当是发兵之事。故传惟言半圭曰璋,不以为祭祀所用之璋瓒耳。"据此,本章则与下章一样,均与武士有关。但马瑞辰注意了下章的"六师"而疏忽了本章的"髦士"。"髦士"在《诗经》中凡二见,另一为《小雅·甫田》中的"攸介攸止,烝我髦士"。《甫田》的髦士肯定为文士(多以为是田畯,即农官),故本诗恐亦不例外。所以璋还是训"璋瓒"为好。方玉润《诗经原始》云:"及其归心也,莫大乎承祭与征伐。文王承祭,'奉璋峨峨',无非'髦士攸宜',则其作文德之士也可知。"此言能得其实。

三章以"泾舟"起兴。朱熹《诗集传》以为舟中之人自觉划动船桨实喻六师之众自觉跟随周王出征,云:"言'淠彼泾舟',则舟中之人无不楫之。'周王于迈',则六师之众追而及之。盖众归其德,不令而从也。"方玉润《诗经原始》亦云:"文王征伐,六师扈从,有似烝徒楫舟,则其作武勇之士也又可见。"齐诗根据本章末两句"周王于迈,六师及之"而断定本诗是言文王伐崇之事,后人多有从之者。其实以诗证史可信,以史证诗难信,况且把诗中所言一一坐实并无多大意义,所以还是把本章看作泛言为好。

如果说前三章是以众望所归来烘托周王的话,那么后两章则转为直接的歌颂了。

四章以"云汉"起兴。郑笺曰:"云汉之在天,其为文章,譬犹天子为法度于天下。"姚际恒《诗经通义》云:"此章言文王法天之文章,以兴文治而作人材也。"方玉润《诗经原始》云:"(四章)以天文喻人文,光焰何止万丈长耶!"显然,诸家多认为"云汉"乃喻周王。末句"遐不作人(何不培养人)"虽是问句,实则是肯定周王能培育人。严粲《诗缉》云:"董氏曰:'遐不作人,甚言其作也。'"类似的用法还见于《小雅·南山有台》"乐只君子,遐不眉寿""乐只君子,遐不黄耇"。

末章的兴义较难理解。朱熹在《诗集传》中曰:"追之琢之,则所以美其文者至矣。金之玉之,则所以美其质者至矣。勉勉我王,则所以纲纪乎四方者至矣。"他还在《诗传遗说》中补充道:"功夫细密处,又在此一章,如曰'勉勉我王,纲纪四方',四方都便在他线索内牵著都动。"他答人问"勉勉即是纯一不已否?"又曰:"然。如'追琢其章,金玉其相',是那工夫到后,文章真个是盛美,资质真个是坚实。"二者合而言之,也就是说:精雕细刻到极致,是最美的外表,纯金碧玉到极致,是最好的质地,周王勤勉至极,有如雕琢的文采和金玉的质地,是天下最好的管理者。如此释诗,似太迂曲,所以很多人并不把前两句视作兴,他们认为,"追琢其章""金玉其相"的"其"指的就是周王,意谓周王既有美好的装饰,又有优秀的内质,而又勤勉不已,所以能治理好四方。汪龙《毛诗异义》谓本章"言文王圣德,纲纪四方,无不治理,又总著政教之美,官人之效。经之设文,盖有次第矣"。他的分析是很中肯的。

(翁其斌)

旱　麓

瞻彼旱麓,①　　瞻望那边旱山山底,
榛楛济济。②　　榛树楛树多么茂密。
岂弟君子,③　　和乐平易好个君子,
干禄岂弟。④　　求福就凭和乐平易。

瑟彼玉瓒，⑤　　　圭瓒酒器鲜明细腻，
黄流在中。⑥　　　金勺之中鬯酒满溢。
岂弟君子，　　　　和乐平易好个君子，
福禄攸降。⑦　　　天降福禄令人欢喜。

鸢飞戾天，⑧　　　老鹰展翅飞上蓝天，
鱼跃于渊。　　　　鱼儿摇尾跃在深渊。
岂弟君子，　　　　和乐平易好个君子，
遐不作人。⑨　　　怎会不去培养青年。

清酒既载，　　　　清醇甜酒已经满斟，
骍牡既备。⑩　　　红色公牛备作牺牲。
以享以祀，　　　　用它上供用它祭祀，
以介景福。⑪　　　用它求取大的福分。

瑟彼柞棫，⑫　　　柞树棫树那么茂盛，
民所燎矣。⑬　　　百姓砍来焚烧祭神。
岂弟君子，　　　　和乐平易好个君子，
神所劳矣。⑭　　　神灵要来把你慰问。

莫莫葛藟，⑮　　　葛藤一片到处长满，
施于条枚。⑯　　　蔓延缠绕树枝树干。
岂弟君子，　　　　和乐平易好个君子，
求福不回。⑰　　　求福有道不邪不奸。

〔注〕　①旱麓：旱山山脚。旱，山名，据考证在今陕西省南郑县附近。　②榛楛(hù)：两种灌木名。济济：众多的样子。　③岂弟(kǎi tì)：即"恺悌"，和乐平易。君子：指周文王。　④干：求。　⑤瑟：光色鲜明的样子。玉瓒：圭瓒，天子祭祀时用的酒器。玉圭做柄，柄的一端是勺，用以舀秬鬯。　⑥黄流：黄，用黄金制成或镶金的酒勺；流，用黑黍和郁金草酿造配制的酒，用于祭祀，即秬鬯。　⑦攸：所。　⑧鸢(yuān)：鹫鸟名，即老鹰。戾(lì)：到，至。　⑨遐：通"胡"，何。作：作成，作养。　⑩骍(xīn)牡：红色的公牛。　⑪介：求。景：大。　⑫瑟：众多的样子，与第二章的"瑟"字不同义。　⑬燎：焚烧，此指燔柴祭天。　⑭劳：慰

劳。或释为保佑。 ⑮莫莫：同"漠漠"，众多而没有边际的样子。葛藟(léi)：葛藤。 ⑯施(yì)：伸展绵延。条枚：树枝和树干。 ⑰回：奸回，邪僻。

《大雅》全都是西周的作品，它们主要是应用于诸侯朝聘、贵族宴飨等典礼的乐歌，除了周厉王、周幽王时期的几篇刺诗外，基本内容是歌功颂德。《旱麓》一诗是《大雅》的第五篇，与下一篇《思齐》、上一篇《棫朴》，都是赞颂周文王的乐歌。

关于诗的主旨，《毛诗序》云："《旱麓》，受祖也。周之先祖世修后稷、公刘之业，大王、王季申以百福干禄焉。"三家诗义同。什么叫受祖呢？唐孔颖达疏云："言文王受其祖之功业。"这样的解释似乎不能令人满意。清魏源《诗古微》说是"祭祖受福"，差为得之。而宋朱熹《诗集传》以为本诗内容是"咏歌文王之德"，其《诗序辨说》又谓《序》大误，其曰'百福干禄'者，尤不成文理"。清方玉润《诗经原始》则既斥《毛序》所说为"梦呓"，又不满《诗集传》"语殊泛泛"，认为"此盖祭祀受福而言也"，"上篇(指《棫朴》)言作人(《棫朴》第四章有'周王寿考，遐不作人'之句)，于祭祀见一端；此篇言祭祀，而作人亦见其极盛"。其实方氏之说可谓《毛序》"受祖说"的别解，只是他对"受祖"的理解与孔颖达相同，所以对《毛序》有所误解而大加非难。笔者认为《毛序》不误，但若以诠解的圆通程度论，不妨从今人程俊英《诗经译注》之说，将其视为一首"歌颂周文王祭祖得福，知道培养人才的诗"。

本诗全篇共六章，每章四句，以"岂弟君子"一句作为贯穿全篇的气脉。首章前两句以旱山山脚茂密的榛树楛树起兴，也带有比意。毛传解曰："言阴阳和，山薮殖，故君子得以干禄乐易。"郑玄笺云："林木茂盛者，得山云雨之润泽也。喻周邦之民独丰乐者，被其君德教。"他们从君与民两方面申说，讲得都很透辟。后两句"岂弟君子，干禄岂弟"，如郑玄笺所说，意为君主"以有乐易之德施于民，故其求禄亦得乐易"，也就是说，因和乐平易而得福，得福而更和乐平易。前事之因适为后事之果，语有深意。

第二章起开始触及"祭祖受福"的主题。"瑟彼玉瓒，黄流在中"两句，玉之白与酒之黄，互相映衬，色彩明丽，由文字而产生的视觉效果极佳，姚际恒评之为"华语"(同上)，当然是确切不移的。第三章从祭祀现场宕出一笔，忽然写起了飞鸢与跃鱼，章法结构显得摇曳多姿。"鸢飞戾天，鱼跃在渊"，表层语义极其明晰，但深层语义则不易索解。郑玄笺云："(鸢)飞而至天，喻恶人远去，不为民害也；鱼跳跃于渊中，喻民喜得所。"但在注《礼记·中庸》所引这两句诗时，他竟又说："言圣人之德，至于天则鸢飞戾天，至于地则鱼跃于渊，是其明著于天地也。"王先谦《诗三家义集疏》讥之为"随文解释"，极是。但王氏书中认可的代表《鲁诗》说的汉王符《潜夫论·德化》所作的解释"君子修其乐易之德,上及飞鸟,下及渊鱼,罔不欢忻悦豫,又况士庶而不仁者乎"(释下面的"遐不作人"之"人"为"仁"),似乎也没有说到点子上。因为既然王氏认为《棫朴》"遐不作人"一句中的"作人"是"作养人材"的意思,那么本诗中的"遐不作人"句自然说的也是培养人才之事,不当另释"人"为"仁"。笔者在此愿进一解,以求证于今世治《诗》者。"鸢飞戾天,鱼跃在渊",实际上说的是"海阔凭鱼跃,天高任鸟飞"的意思,象征优秀的人才能够充分发挥他们的才智。因此下面两句接下去写"岂弟君子,遐不作人",也就是说和乐平易的君主怎么会不培养新人让他们发扬光大祖辈的德业呢?

　　第四章在第三章宕出一笔后收回,继续写祭祀的现场,"清酒既载"与第二章的"黄流在中"断而复接,决不是寻常闲笔。这儿写的是祭祀时的"缩酒"仪式,即斟酒于圭瓒,铺白茅于神位前,浇酒于茅上,酒渗入茅中,如神饮之。接下去的"骍牡既备"一句,写祭祀时宰杀作牺牲的牡牛献飨神灵。有牛的祭祀称"太牢",只有猪、羊的祭祀称"少牢",以太牢作祭,礼仪很隆重。第五章接写燔柴祭天之礼,人们将柞树棫树枝条砍下堆在祭台上作柴火,将玉帛、牺牲放在柴堆上焚烧,缕缕烟气升腾天空,象征与天上神灵的沟通,将世人对神灵虔诚的崇敬之意、祈求之愿上达。对于这样的君民,昊天上帝与祖宗先王在天之灵自然会有"所劳矣",自然会赐以"景福"。

　　于是最后一章,在第一章、第三章之后三用比兴,以生长茂密的葛藤在树枝树干上蔓延不绝比喻上天将永久地赐福给周邦之君民。葛藟之"莫莫"与榛楛之"济济",一尾一首两用叠字词,也有呼应之妙。至于最后一句"求福不回",解作求福"不违背先祖之道"(郑玄笺),或解作"求福不以邪道"(高诱注《吕氏春秋·知分》所引此诗),笔者以为已无关宏旨,不妨两存其说。　　　　　(茹云鹤　何润香)

思　齐

思齐大任,①	雍容端庄是太任,
文王之母。	周文王的好母亲。
思媚周姜,②	贤淑美好是太姜,
京室之妇。③	王室之妇居周京。
大姒嗣徽音,④	太姒美誉能继承,
则百斯男。⑤	多生男儿家门兴。

惠于宗公,⑥　　　文王孝敬顺祖宗,
神罔时怨,⑦　　　祖宗神灵无所怨,
神罔时恫。⑧　　　祖宗神灵无所痛。
刑于寡妻,⑨　　　示范嫡妻作典型,
至于兄弟,　　　　示范兄弟也相同,
以御于家邦。⑩　　治理家国都亨通。

雝雝在宫,⑪　　　在家庭中真和睦,
肃肃在庙。⑫　　　在宗庙里真恭敬。
不显亦临,⑬　　　暗处亦有神监临,
无射亦保。⑭　　　修身不倦保安宁。

肆戎疾不殄,⑮　　如今西戎不为患,
烈假不瑕。⑯　　　病魔亦不害人民。
不闻亦式,⑰　　　未闻之事亦合度,
不谏亦入。⑱　　　虽无谏者亦兼听。

肆成人有德,　　　如今成人有德行,
小子有造。⑲　　　后生小子有造就。
古之人无斁,⑳　　文王育人勤不倦,
誉髦斯士。㉑　　　士子载誉皆俊秀。

〔注〕①思:发语词,无义。齐(zhāi):通"斋",端庄貌。大任:即太任,王季之妻,文王之母。　②媚:美好。周姜:即太姜,古公亶父之妻,王季之母,文王之祖母。　③京室:王室。　④大姒:即太姒,文王之妻。嗣:继承,继续。徽音:美誉。　⑤百斯男:众多男儿。百,虚指,泛言其多。斯,语助词,无义。　⑥惠:孝敬。宗公:宗庙里的先公,即祖先。　⑦神:此处指祖先之神。罔:无。时:所。　⑧恫(tōng):哀痛。　⑨刑:同"型",典型,典范。寡妻:嫡妻。　⑩御:治理。　⑪雝(yōng)雝:和洽貌。宫:家。　⑫肃肃:恭敬貌。庙:宗庙。　⑬不显:不明,幽隐之处。临:临视。　⑭无射(yì):即"无斁",不厌倦。"射"为古"斁"字。保:保持。　⑮肆:所以。戎疾:西戎之患。殄:残害,灭绝。　⑯烈假:指害人的疾病。瑕,与"殄"义同。　⑰式:适合。　⑱入:接受,采纳。　⑲小子:儿童。造:造就,培育。　⑳古之人:指文王。无斁(yì):无厌,无倦。　㉑誉:美名,声誉。髦:俊,优秀。

《思齐》全诗二十四句,毛传将其分为五章,前两章每章六句,后三章每章四句。郑玄作笺,将其改为四章,每章均为六句。相比较而言,毛传的划分更为合理,故后代大多从之。

首章六句,赞美了三位女性,即"周室三母":文王祖母周姜(太姜)、文王生母大任(太任)和文王妻子大姒(太姒)。但其叙述顺序却并非按世系进行,而是先母亲,再祖母,后妻子。孙鑛对此分析道:"本重在太姒,却从太任发端,又逆推上及太姜,然后以'嗣徽音'实之,极有波折。若顺下,便味短。"(陈子展《诗经直解》引)说本章"重在太姒"似可商榷,但言其"极有波折"尚可一听。马瑞辰对此亦曰:"按'思齐'四句平列。首二句言大任,次二句言大姜。末二句'大姒嗣徽音',乃言大姒兼嗣大姜大任之德耳。古人行文自有错综,不必以思媚周姜为大任思爱大姜配大王之礼也。"(《毛诗传笺通释》)

《毛诗序》谓本诗主旨是"文王所以圣也",孔颖达疏曰:"作《思齐》诗者,言文王所以得圣由其贤母所生。文王自天性当圣,圣亦由母大贤,故歌咏其母,言文王之圣有所以而然也。"欧阳修亦曰:"文王所以圣者,世有贤妃之助。"(《诗本义》)按此之意,文王是由于得到其母其妻之助而圣,所以本诗赞美"文王所以圣"即是赞美周室三母。但整首诗只有首章言及周室三母,其余四章片言未提,正如严粲所云:"谓文王之所以得圣由其贤母所生,止是首章之意耳。"(《诗缉》)毛传和郑笺显然是将首章之意作为全诗之旨了。其实本诗赞美的对象还是文王,赞美的是"文王之圣",而非"文王之所以圣"。首章只是全诗的引子,全诗的发端,重心还在以下四章。

二章六句,包含两层意思。前三句承上而来,言文王孝敬祖先,故祖神无怨无痛,保佑文王。后三句言文王以身作则于妻子,使妻子也像自己那样为德所化;然后又作表率于兄弟,使兄弟也为德所化;最后再推及到家族邦国中去。这三句颇有"修身、齐家、治国、平天下"的意味。毛传将本章第四句"刑于寡妻"的"刑"训作"法",郑玄笺曰:"文王以礼法接待其妻,至于宗族。"除本诗外,"刑"在《诗经》中还出现五次,共有两种解释:一为名词的"法",一为动词的"效法"。本诗的"刑"是动词,所以还是解释"效法"为好,况且郑玄所说的"礼法"是后起的概念,恐非文王时就有。"刑于寡妻"即"效法于寡妻",也就是"被寡妻所效法",所以"刑"逐渐又引申为"型",即典型、模范,本诗用的就是这个意思。

从第三章开始,每章由六句转为四句。第三章的前两句承上章的后三句而来,以文王在家庭与在宗庙为典型环境,言其处处以身作则,为人表率。后两句"不显亦临,无射亦保"进一步深化主题。"不显"一词在《诗经》中还有十一见,其中十处作"丕显"(即很显明)解,唯有《大雅·抑》"无曰不显,莫予云觏"作"昏暗、不明亮"解,意即:莫说因为这里光线昏暗而无人能看见我。朱熹《诗集传》释曰:"无曰此非显明之处,而莫予见也。当知鬼神之妙,无物不体,其至于是,有不可得而测者。"本诗的"不显"亦是这个意思。《诗集传》释本句曰:"不显,幽隐之处也……(文王)虽居幽隐,亦常若有临之者。"也就是说本句意谓:文王即使身处幽隐之处,亦是小心翼翼,而不为所欲为,因为他觉得再幽隐的地方也有神灵的眼睛在注视着。此处甚有后代"慎独"的意味。第四句的"无射"在《诗经》中凡三见,其他二处均作"无斁"解,此处恐亦不例外。"无斁"是无厌不倦之意。"无射亦保"的"保"即《大雅·烝民》"既明且哲,以保其身"的"保",全句谓文王孜孜不倦地保持美好的节操。

如果说第三章言文王"修身"的话,那么最后两章就是"治国"了,所以方玉润说:"末二章承上'家邦'推广言之。"(《诗经原始》)第四章的前两句"肆戎疾不殄,烈假不瑕",谓文王好善修德,所以天下太平,外无西戎之患,内无病灾之忧。诸家有关"瑕""殄"二字的解释五花八门,繁不胜繁。其实这二字意义相近,《尚书·康诰》有"不汝瑕殄","瑕""殄"并称,孔安国传曰:"我不汝罪过,不绝亡汝。"可见二字均有伤害、灭绝之义。第四章后两句"不闻亦式,不谏亦入"各家的解释亦是五花八门,越说越糊涂,还是《诗集传》说得最简单明了:"虽事之无所前闻者,而亦无不合于法度。虽无谏诤之者,而亦未尝不入于善。"

最后一章不难理解,主要讲文王勤于培养人才,只是最后一句"誉髦斯士"稍有争议。高亨《诗经今注》说:"'誉髦斯士',当作'誉斯髦士','斯髦'二字传写误倒。《小雅·甫田》:'烝我髦士。'《大雅·棫朴》:'髦士攸宜。'都是髦士连文,可证。"其实不必这样推断。"誉"是好的意思,"髦"是俊的意思,在此均用作动词,"誉髦斯士"就是"以斯士为誉髦"。

薛瑄说:"《思齐》一诗,修身、齐家、治国、平天下之道备焉。"(见《传说汇纂》)确实,它反映出传统道德在文王身上的完满体现。

(翁其斌)

皇　　矣

皇矣上帝,① 　　上帝伟大而又辉煌,
临下有赫。② 　　洞察人间慧目明亮。
监观四方, 　　　监察观照天地四方,
求民之莫。③ 　　发现民间疾苦灾殃。

维此二国，④	就是殷商这个国家，
其政不获。⑤	它的政令不符民望。
维彼四国，⑥	想到天下四方之国，
爰究爰度。⑦	于是认真研究思量。
上帝耆之，⑧	上帝经过一番考察，
憎其式廓。⑨	憎恶殷商统治状况。
乃眷西顾，⑩	怀着宠爱向西张望，
此维与宅。⑪	就把岐山赐予周王。
作之屏之，⑫	砍伐山林清理杂树，
其菑其翳。⑬	去掉直立横卧枯木。
修之平之，⑭	将它修齐将它剪平，
其灌其栵。⑮	灌木丛丛枝杈簇簇。
启之辟之，⑯	将它挖去将它芟去，
其柽其椐。⑰	柽木棵棵椐木株株。
攘之剔之，⑱	将它排除将它剔除，
其檿其柘。⑲	山桑黄桑杂生四处。
帝迁明德，⑳	上帝迁来明德君主，
串夷载路。㉑	彻底打败犬戎部族。
天立厥配，㉒	皇天给他选择佳偶，
受命既固。㉓	受命于天国家稳固。
帝省其山，㉔	上帝省视周地岐山，
柞棫斯拔，㉕	柞树棫树都已砍完，
松柏斯兑。㉖	苍松翠柏栽种山间。
帝作邦作对，㉗	上帝为周兴邦开疆，
自大伯王季。㉘	太伯王季始将功建。
维此王季，	就是这位祖先王季，
因心则友。㉙	顺从父亲友爱体现。

则友其兄,㉚　　　友爱他的两位兄长,
则笃其庆。㉛　　致使福庆不断增添。
载锡之光,㉜　　上帝赐他无限荣光,
受禄无丧,　　　承受福禄永不消减,
奄有四方。㉝　　天下四方我周占全。

维此王季,　　　就是这位王季祖宗,
帝度其心,　　　上帝审度他的心胸,
貊其德音。㉞　　将他美名传布称颂。
其德克明,　　　他的品德清明端正,
克明克类,㉟　　是非类别分清眼中,
克长克君。㊱　　师长国君一身兼容。
王此大邦,㊲　　统领如此泱泱大国,
克顺克比。㊳　　万民亲附百姓顺从。
比于文王,�439　　到了文王依然如此,
其德靡悔。㊵　　他的德行永远光荣。
既受帝祉,　　　已经接受上帝赐福,
施于孙子。㊶　　延及子孙受福无穷。

帝谓文王:　　　上帝对着文王说道:
"无然畔援,㊷　"不要徘徊不要动摇,
无然歆羡,㊸　　也不要去非分妄想,
诞先登于岸。"㊹渡河要先登岸才好。"
密人不恭,㊺　　密国人不恭敬顺从,
敢距大邦,　　　对抗大国实在狂傲,
侵阮阻共。㊻　　侵阮伐共气焰甚嚣。
王赫斯怒,㊼　　文王对此勃然大怒,
爰整其旅,㊽　　整顿军队奋勇进剿,
以按徂旅。㊾　　痛击敌人猖狂侵扰。

以笃于周祜，(50)	大大增加周国洪福，
以对于天下。(51)	天下四方安乐陶陶。
依其在京，(52)	密人凭着地势高险，
侵自阮疆，	出自阮国侵我边疆，
陟我高冈。(53)	登临我国高山之上。
“无矢我陵，(54)	“不要陈兵在那丘陵，
我陵我阿；(55)	那是我国丘陵山冈；
无饮我泉，	不要饮用那边泉水，
我泉我池。”	那是我国山泉池塘。”
度其鲜原，(56)	文王审察那片山野，
居岐之阳，(57)	占据岐山南边地方，
在渭之将。(58)	就在那儿渭水之旁。
万邦之方，(59)	他是万国效法榜样，
下民之王。	他是人民优秀国王。
帝谓文王：	上帝告知我周文王：
“予怀明德，	“你的德行我很欣赏。
不大声以色，(60)	不要看重疾言厉色，
不长夏以革。(61)	莫将刑具兵革依仗。
不识不知，	你要做到不声不响，
顺帝之则。”(62)	上帝意旨遵循莫忘。”
帝谓文王：	上帝还对文王说道：
“询尔仇方，(63)	“要与盟国咨询商量，
同尔兄弟。(64)	联合同姓兄弟之邦。
以尔钩援，(65)	用你那些爬城钩援，
与尔临冲，(66)	和你那些攻城车辆，
以伐崇墉。”(67)	讨伐攻破崇国城墙。”

临冲闲闲，⑱	临车冲车轰隆出动，
崇墉言言。⑲	崇国城墙坚固高耸。
执讯连连，⑳	抓来俘虏成群结队，
攸馘安安。㉑	割取敌耳安详从容。
是类是祃，㉒	祭祀天神求得胜利，
是致是附，㉓	招降崇国安抚民众，
四方以无侮。	四方不敢侵我国中。
临冲茀茀，㉔	临车冲车多么强盛，
崇墉仡仡。㉕	哪怕崇国城墙高耸。
是伐是肆，㉖	坚决打击坚决进攻，
是绝是忽，㉗	把那顽敌斩杀一空，
四方以无拂。㉘	四方不敢抗我威风。

〔注〕① 皇：光辉、伟大。 ② 临：监视。下：下界、人间。赫：显著。 ③ 莫：通"瘼"，疾苦。 ④ 二国：有谓指夏、殷，有谓指崞、邰，皆不确。马瑞辰《毛诗传笺通释》引或说："古文上作二，与一二之二相似，二国当为上国之误。"此说是，上国系指殷商。 ⑤ 政：政令。获：得。不得，不得民心。 ⑥ 四国：天下四方。 ⑦ 爰：就。究：研究。度(duó)：图谋。 ⑧ 耆：读为"稽"，考察。 ⑨ 式：语助词。式廓：犹言"规模"。 ⑩ 眷：思慕、宠爱。西顾：回头向西看。西，指岐周之地。 ⑪ 此：指岐周之地。宅：安居。 ⑫ 作：借作"柞"，砍伐树木。屏(bǐng)：除去。 ⑬ 菑(zī)：指直立而死的树木。翳：通"殪"，指死而仆倒的树木。 ⑭ 修：修剪。平：铲平。 ⑮ 灌：丛生的树木。栵(lì)：斩而复生的枝杈。 ⑯ 启：开辟。辟：排除。 ⑰ 柽(chēng)：木名，俗名西河柳。椐(jū)：木名，俗名灵寿木。 ⑱ 攘：排除。剔：剔除。 ⑲ 檿(yǎn)：木名，俗名山桑。柘(zhè)：木名，俗名黄桑。以上皆为倒装句式。 ⑳ 帝：上帝。明德：明德之人，指太王古公亶父。 ㉑ 串夷：即昆夷，亦即犬戎。载：则。路：借作"露"，败。太王原居邠，因犬戎侵扰，迁于岐，打败了犬戎。 ㉒ 厥：其。配：配偶。太王之妻为太姜。 ㉓ 既：犹"而"。固：坚固、稳固。 ㉔ 省(xǐng)：察看。山：指岐山，在今陕西省。 ㉕ 柞、棫：两种树名。斯：犹"乃"。拔：拔除。 ㉖ 兑(duì)：直立。 ㉗ 作：兴建。邦：国。对：疆界。 ㉘ 大伯：即太伯，太王长子。次子虞仲，三子季历。太王爱王季，太伯、虞仲为让位于季历，逃至南方，另建吴国。太王死后，季历为君，是为王季。 ㉙ 因心：姚际恒《诗经通论》："因心者，王季因口太王之心也，故受太伯之让而不辞，则是能友矣。"友：友爱兄弟。 ㉚ 则：犹"能"。 ㉛ 笃：厚益，增益。庆：吉庆，福庆。载：则。 ㉜ 锡：同"赐"。光：荣光。丧：丧失。 ㉝ 奄：全，尽。 ㉞ 貊(mò)：《左传·昭公二十八年》及《礼记·乐记》皆引作"莫"。莫，传布。 ㉟ 克：能。明：明察是非。类：分辨善恶。 ㊱ 长：师长。君：国君。 ㊲ 王(wàng)：称王，统治。 ㊳ 顺：使民顺从。比：使民亲附。 ㊴ 比于：及至。 ㊵ 悔：借为"晦"，不明。 ㊶ 施(yì)：延续。 ㊷ 畔援：犹"盘桓"，徘徊不进的样子。 ㊸ 歆羡：犹言"觊觎"，非分的希望和企图。 ㊹ 诞：发语词。先登于岸：喻占据有利形势。 ㊺ 密：古

国名,在今甘肃灵台一带。㊻阮:古国名,在今甘肃泾川一带,当时为周之属国。阻:往,至。共(gōng):古国名,在今甘肃泾川北,亦为周之属国。 ㊼赫:勃然大怒的样子。斯:犹"而"。㊽旅:军队。 ㊾按:遏止。徂旅:此指前来侵阮、侵共的密国军队。 ㊿笃:厚益、巩固。祜(hù):福。 51对:安定。 52依:凭借。京:高丘。 53陟:登。 54矢:借作"施",陈设。此指陈兵。 55阿:大的丘陵。 56鲜(xiǎn):犹"巘",小山。 57阳:山南边。 58将:旁边。 59方:准则,榜样。 60大:注重。以:犹"与"。 61长:挟,依恃。夏:夏楚,刑具。革:兵甲,指战争。 62顺:顺应。则:法则。 63仇:同伴。方:方国。仇方,与国、盟国。 64兄弟:指同姓国家。 65钩援:古代攻城的兵器。以钩钩入城墙,牵钩绳攀援而登。 66临、冲:两种军车名。临车上有望楼,用以瞭望敌人,也可居高临下地攻城。冲车则从墙下直冲城墙。 67崇:古国名,在今陕西西安、户县一带,殷末崇侯虎即崇国国君,《尚书大传》有"文王六年伐崇"的记载。墉:城墙。 68闲闲:摇动的样子。 69言言:高大的样子。 70讯:读为"奚",俘虏。连连:接连不断的状态。 71攸:所。馘(guó):古代战争时将所杀之敌割取左耳以计数献功,称"馘",也称"获"。安安:安闲从容的样子。 72是:乃,于是。类:通"禷",出征时祭天。祃(mà):师祭,至所征之地举行的祭祀;或谓祭马神。 73致:招致。附:安抚。 74茀茀:强盛的样子。 75仡(yì)仡:高崇的样子。 76肆:通"袭"。 77忽:灭绝。 78拂:违背,抗拒。

这也是一首颂诗,是周部族多篇开国史诗之一。它先写西周为天命所归及古公亶父(太王)经营岐山、打退昆夷的情况,再写王季的继续发展和他的德行,最后重点描述了文王伐密、灭崇的事迹和武功。这些事件,是周部族得以发展、得以灭商建国的重大事件,太王、王季、文王,都是周王朝的"开国元勋",对周部族的发展和周王朝的建立,作出了卓越的贡献,所以作者极力地赞美他们,歌颂他们,字里行间充溢着深厚的爱部族、爱祖先的思想感情。《毛序》说:"《皇矣》,美周也。天监代殷莫若周,周世世修德莫若文王。"全诗八章,有四章叙写了文王,当然是以文王的功业为重点的。但谓诗意乃"周世世修德莫若文王"还是值得推究的。朱熹《诗集传》说:"此诗叙太王、太伯、王季之德,以及文王伐密伐崇之事也。"比较客观和全面,比较准确地掌握住了本篇诗歌的主题。

全诗八章,章十二句。内容丰富,气魄宏大。前四章重点写太王,后四章写文王,俨然是一部周部族的周原创业史。

首章先从周太王得天眷顾、迁岐立国写起。周人原先是一个游牧民族,居于今陕西、甘肃接境一带。传说从后稷开始,做了帝尧的农师,始以农桑为业,并初步建国,以邰(今陕西武功一带)为都(见《大雅·生民》)。到了第四代公刘之时,又举族迁往豳(邠)地(今陕西旬邑一带),行地宜,务耕种,开荒定居,部族更加兴旺和发展(见《大雅·公刘》)。第十三代(依《史记·周本纪》)为古公亶父(即周太王),因受戎狄之侵、昆夷之扰,又迁居于岐山下之周原(今陕西岐山一带),开荒垦田,营建宫室,修造城郭,革除戎俗,发展农业,使周部族日益强大(见《大雅·緜》）。本章说是天命所使，当然是夸张的说法。但尊天和尊祖的契合，正是周人"君权神授"思想的表现。

第二章具体描述了太王在周原开辟与经营的情景。连用四组排比语句，选用八个动词，罗列了八种植物，极其生动形象地表现太王创业的艰辛和气魄的豪迈。最后还点明：太王赶走了昆夷，娶了佳偶（指太姜），使国家更加强大。

第三章又写太王立业，王季继承，既合天命，又扩大了周部族的福祉，并进一步"奄有四方"。其中，特别强调"帝作封作对，自大伯王季"。太王有三子：太伯、虞仲和季历（即王季）。太王爱季历，太伯、虞仲相让，因此王季的继立，是应天命、顺父心、友兄弟的表现。写太伯是虚，写王季是实。但"夹写太伯，从王季一面写友爱，而太伯之德自见"（方玉润《诗经原始》），既是夹叙法，亦是推原法，作者的艺术用心，是值得深入体味的。

第四章集中描述了王季的德音。说他"克明克类，克长克君；王比大邦，克顺克比"，充分表现了他的圣明睿智，为王至宜。其中，用"帝度其心，貊其德音"，以突出其尊贵的地位和煊赫的名声；而"比于文王，其德靡悔"，既说明了王季的德泽流长，又为以下各章写文王而做了自然的过渡。

《皇矣》在《大雅·文王之什》，当然重点是在歌颂和赞美文王。因而本诗从第五章起，就集中描述文王的功业了。

第五章先写上帝对文王的教导："无然畔援，无然歆羡，诞先登于岸。"即要文王勇往直前，面对现实，先占据有利的形势。虽不言密人侵入和文王怎么去做，但其紧张的气氛已充分显示了出来。接着作者指出"密人不恭，敢距大邦"，一场激烈的战争势在难免了。密人"侵阮阻共"，意欲侵略周国，文王当机立断，"爰整其旅，以按徂旅"，并强调，这是"笃于周祜""对于天下"的正义行动。

第六章写双方的战斗形势进一步发展。密人"侵自阮疆，陟我高冈"，已经入境内了。文王对密人发出了严重的警告，并在"岐之阳""渭之将"安扎营寨，严正对敌。写出情况十分严峻，使读者如临其境。

第七章写战前的情景，主要是上帝对文王的教导，要他"不大声以色，不长夏以革"，就是不要疾言厉色，而要从容镇定；不要光凭武器硬拼，而要注意策略。要"顺帝之则""询尔仇方，同尔兄弟"，即按照上帝意志，联合起同盟和兄弟之国，然后再"以尔钩援，与尔临冲"，去进攻崇国的城池。崇国当时也是周国的强敌。上言密，此言崇，实兼而有之，互文见义。

最后一章是写伐密灭崇战争具体情景。周国用它"闲闲""茀茀"的临车、冲车，攻破了崇国"言言""仡仡"的城墙，"是伐是肆"，"执讯""攸馘"，"是致是附"

"是绝是忽",取得了彻底的胜利,从而"四方无以拂",四方邦国再没有敢抗拒周国的了。

由此可见,《皇矣》在叙述这段历史过程时是有顺序、有重点地描述的。全诗中,既有历史过程的叙述,又有历史人物的塑造,还有战争场面的描绘,内容繁富,规模宏阔,笔力遒劲,条理分明。所叙述的内容,虽然时间的跨度很大,但由于作者精心的结构和安排,读者读起来,却又感觉是那么紧密和完整。特别是夸张词语、重叠词语、人物语言和排比句式的交错使用,章次、语气的自然舒缓,更增强本诗的生动性、形象性和艺术感染力。孙鑛说,这样的诗篇"有精语为之骨,有浓语为之色,可谓兼终始条理,此便是后世歌行所祖。以二体论之,此尤近行"(陈子展《诗经直解》引),是有一定道理的。 (霍旭东)

灵　台

经始灵台,①	开始规划筑灵台,
经之营之。	经营设计善安排。
庶民攻之,②	百姓出力共兴建,
不日成之。	没花几天成功快。
经始勿亟,③	开始规划莫着急,
庶民子来。④	百姓如子都会来。
王在灵囿,⑤	君王在那大园林,
麀鹿攸伏。⑥	母鹿懒懒伏树荫。
麀鹿濯濯,⑦	母鹿肥壮毛皮好,
白鸟翯翯。⑧	白鸟羽翼真洁净。
王在灵沼,⑨	君王在那大池沼,
於牣鱼跃。⑩	啊呀满池鱼窜蹦。
虡业维枞,⑪	钟架横板崇牙配,
贲鼓维镛。⑫	大鼓大钟都齐备。
於论鼓钟,⑬	啊呀钟鼓节奏美,
於乐辟廱。⑭	啊呀离宫乐不归。

於论鼓钟， 啊呀钟鼓节奏美，
於乐辟廱。 啊呀离宫乐不归。
鼍鼓逢逢，⑮ 敲起鼍鼓声蓬蓬，
矇瞍奏公。⑯ 瞽师奏歌有乐队。

〔注〕 ① 经始：开始计划营建。灵台：古台名，故址在今陕西西安西北。 ② 攻：建造。 ③ 亟：同"急"。 ④ 子来：像儿子似的一起赶来。 ⑤ 灵囿：古代帝王畜养禽兽的园林名。 ⑥ 麀(yōu)鹿：母鹿。 ⑦ 濯濯：肥壮貌。 ⑧ 翯(hè)翯：洁白貌。 ⑨ 灵沼：池沼名。 ⑩ 於(wū)：叹美声。牣(rèn)：满。 ⑪ 虡(jù)：悬钟的木架。业：装在虡上的横板。枞(cōng)：崇牙，即虡上的载钉，用以悬钟。 ⑫ 贲(fén)：借为"鼖"，大鼓。 ⑬ 论：通"伦"，有次序。 ⑭ 辟廱(bì yōng)：离宫名。与作学校解的"辟廱"不同，见戴震《毛郑诗考证》。 ⑮ 鼍(tuó)：即扬子鳄，一种爬行动物，其皮制鼓甚佳。逢(péng)逢：鼓声。 ⑯ 矇瞍：古代对盲人的两种称呼。当时乐官乐工常由盲人担任。公：读为"颂"，歌。或谓通"功"，奏功、成功。

去过上海豫园的游客，都知道进入园门看到的第一座建筑叫三穗堂，但对那里面高高悬挂着的一块匾额上写着的"灵台经始"四字，却没多少人懂得其含义。要知道这是什么意思，就必然要说到《诗·大雅·灵台》这一篇。

《毛诗序》说："《灵台》，民始附也。文王受命，而民乐其有灵德以及鸟兽昆虫焉。"似乎是借百姓为周王建造灵台、辟廱来说明文王有德使人民乐于归附。其实，《孟子·梁惠王》云："文王以民力为台为沼，而民欢乐之，谓其台曰灵台，谓其沼曰灵沼，乐其有麋鹿鱼鳖。古之人与民偕乐，故能乐也。"已将《灵台》的诗旨解说得很清楚。自然这是从当时作者的一面来说，如果从今天读者的一面来说，我们会同意这样的题解："这是一首记述周文王建成灵台和游赏奏乐的诗。"(程俊英《诗经译注》)

本篇共四章，第一、二两章章六句，第三、四两章章四句。(按：毛诗分五章，章四句，不甚合理，兹从鲁诗)第一章写建造灵台。灵台自然是台，但究竟是什么台，今所流行的各家注译本中多不作解释。按郑玄笺云："天子有灵台者所以观祲象，察气之妖祥也。"陈子展《诗经直解》也说："据孔疏，此灵台似是以观天文之雏形天文台，非以观四时施化之时台(气象台)，亦非以观鸟兽鱼鳖之囿台(囿中看台)也。"这一章通过"经之""营之""攻之""成之"连用动词带同一代词宾语的句式，使得文气很连贯紧凑，显示出百姓乐于为王效命的热情，一如方玉润《诗经原始》说："民情踊跃，于兴作自见之。"而第五句"经始勿亟"与第一句"经始灵台"在章内也形成呼应之势。

第二章写灵囿、灵沼。"翯翯"，鲁诗作"皜皜"，即"皓皓"。笔者颇疑此处文句倒乙,"白鸟翯翯"一句似应在"於牣鱼跃"一句之后。因为第一,"白鸟"有人说是白鹭,有人说是白鹤,总之是水鸟,不应该在"王在灵沼"句领出对池沼中动物的描写之前出现。第二,孙鑛说:"鹿善惊,今乃伏;鱼沉水,今乃跃,总是形容其自得不畏人之意。"(陈子展《诗经直解》引)姚际恒也说:"鹿本骇而伏,鱼本潜而跃,皆言其自得而无畏人之意,写物理入妙。"(《诗经通论》)这表明鹿伏与鱼跃应是对称的,则"於牣鱼跃"一句当为此章的第五句。第三,"麀鹿濯濯"与"白鸟翯翯"两句都有叠字形容词,既然"麀鹿濯濯"(有叠字词)句由"王在灵囿"句引出,则"白鸟翯翯"句须由"王在灵沼"句领起,且当与"麀鹿濯濯"句位置相对应,这样章句结构才匀称均衡。(这样的解释从文词上说较合语义逻辑,然在叶韵上似亦有不圆通之处,而且上古诗文写于人类语言文字发展史的早期,体格并不像后世那么纯熟,句式错杂不齐,也是常事,因此,笔者的见解未必正确,仅供参考而已)但不管有无倒乙,本章写鹿、写鸟、写鱼,都简洁生动,充满活力,不亚于《国风》《小雅》中的名篇。

  第三章、第四章写辟廱。辟廱,一般也可写作辟雍,毛传解为"水旋丘如璧","以节观者";郑笺解为"筑土雝(壅)水之外,圆如璧,四方来观者均也"。戴震《毛郑诗考证》则说:"此诗灵台、灵沼、灵囿与辟廱连称,抑亦文王之离宫乎?闲燕则游止肄乐于此,不必以为太学,于诗辞前后尤协矣。"按验文本,释"辟廱"(即"辟雍")为君主游憩赏乐的离宫显然较释之为学校可信,当从戴说。离宫辟雍那儿又有什么燕游之乐呢?取代观赏鹿鸟鱼儿之野趣的,是聆听钟鼓音乐之兴味。连用四个"於"字表示感叹赞美之意,特别引人注目。而第三章后两句与第四章前两句的完全重复,实是顶针修辞格的特例,将那种游乐的欢快气氛渲染得十分浓烈。

  说到这里,我们可以回到开头的话题,揭开"灵台经始"匾额为什么会出现在豫园三穗堂之谜。既然《灵台》一诗写了园林游赏,那么"灵台"一词就与园林结下了缘,所以豫园中也就有了这块匾额。由此也可见《诗经》对后世的巨大文化影响。

(茹云鹤 何润香)

下 武

下武维周,①	后能继前惟周邦,
世有哲王。②	世代有王都圣明。
三后在天,③	三位先王灵在天,
王配于京。④	武王配天居镐京。

王配于京，	武王配天居镐京，
世德作求。⑤	德行能够匹先祖。
永言配命，⑥	上应天命真长久，
成王之孚。⑦	成王也令人信服。
成王之孚，	成王也令人信服，
下土之式。⑧	足为人间好榜样。
永言孝思，⑨	孝顺祖宗德泽长，
孝思维则。⑩	德泽长久法先王。
媚兹一人，⑪	爱戴天子这一人，
应侯顺德。⑫	能将美德来承应。
永言孝思，	孝顺祖宗德泽长，
昭哉嗣服。⑬	光明显耀好后进。
昭兹来许，⑭	光明显耀好后进，
绳其祖武。⑮	遵循祖先的足迹。
於万斯年，⑯	长啊长达千万年，
受天之祜。⑰	天赐洪福享受起。
受天之祜，	天赐洪福享受起，
四方来贺。	四方诸侯来祝贺。
於万斯年，	长啊长达千万年，
不遐有佐。⑱	那愁没人来辅佐。

〔注〕① 下武：在后继承。下，后；武，继承。 ② 世：代。哲王：贤明智慧的君主。 ③ 三后：指周的三位先王太王、王季、文王。后，君王。 ④ 王：此指武王。配：指上应天命。 ⑤ 求：通"逑"，匹配。马瑞辰《毛诗传笺通释》："按'求'当读为'逑'。逑，匹也，配也。……言王所以配于京者，由其可与世德配合耳。" ⑥ 言：语助词。命：天命。 ⑦ 孚：使人信服。 ⑧ 下土：下界土地，也就是人间。式：榜样，范式。 ⑨ 孝思：孝顺先人之思，此系以孝代指所有的美德，举一以概之。王引之《经义述闻》："孝者美德之通称，非谓孝弟之孝。" ⑩ 则：法则。此谓以先王为法则。 ⑪ 媚：爱戴。一人：指周天子。 ⑫ 应侯顺德：吴闿生《诗义会

通》:"侯,乃也;应,当也。'应侯顺德',犹云应乃懿德。"而《水经注》等书认为应侯是武王之子,封于应(地在今河南宝丰西南)。 ⑬昭:光明,显耀。嗣服:后进,指成王。马瑞辰《毛诗传笺通释》:"《广雅·释诂》:'服,进,行也。'……《仪礼·特牲·馈食礼》注:'嗣,主人将为后者。'……是知嗣服即后进也。" ⑭兹:同"哉"。马瑞辰《毛诗传笺通释》:"兹、哉古同声通用。"来许:同"后进"。马瑞辰《毛诗传笺通释》:"谢沈书引诗'昭哉来御'是也,……许、御声义同,故通用。……'昭哉来许'犹上章'昭哉嗣服'也。" ⑮绳:承。武:足迹。祖武,指祖先的德业。 ⑯於(wū):感叹之词。斯:语助词。 ⑰祜(hù):福。 ⑱不遐:马瑞辰《毛诗传笺通释》:"'不遐'即'遐不'之倒文。凡《诗》言遐不者,遐、胡一声之转,犹云胡不也。"

《毛诗序》云:"《下武》,继文也,武王有圣德,复受天命,能昭先人之功焉。"郑笺云:"继文王之业而成之。"陈奂《诗毛氏传疏》补充说明:"文,文德也。文王以上,世有文德,武王继之,是之谓继文。"宋代自吕祖谦、朱熹以后,释《下武》另有说法,如严粲《诗缉》、戴溪《续吕氏家塾读诗记》,或以为下武乃不尚武,有偃武之意,或以为下武即世修文德,以武为下。清代的经学家解此诗,陈启源《毛诗稽古编》、戴震《诗经补注》、胡承珙《毛诗后笺》等均坚守毛、郑之说,而翁方纲《诗附记》、桂馥《札朴》等则赞同宋儒之说。笔者以为,按验诗歌文本,毛、郑之说不误,"不尚武"、"以武为下"云云,过于迂远,不可信。今人陈子展《诗经直展》说:"《下武》,康王即位,诸侯来贺,歌颂先世太王、王季、成王之德,并及康王善继善述之孝而作。此诗如非史臣之笔,则为贺者之辞。"其说出自陆奎勋《陆堂诗学》。陆氏以《尚书》等经文印证本诗,谓"'下武维周',犹《长发》之'濬哲维商'也","周公之戒成王者曰'永言配命,自求多福',故继言之曰'永言配命,成王之孚'也","'昭哉嗣服',即《顾命》所云'命汝嗣训,临君周邦'也;'绳其祖武',即所云'答扬文武之光训'也;'四方来贺',即《康王诰》所云'诸侯皆布乘黄朱,奉圭兼币'也;'不遐有佐'即所云'太保率西方诸侯入应门左,毕公率东方诸侯入应门右'也"。陈氏以为其所析"以经证经","不为无据"。今从陆、陈之说。

《下武》的篇章结构非常整饬严谨,层层递进,有条不紊。第一章先说周朝世代有明主,接着赞颂太王、王季、文王与武王,第二章上二句赞颂武王,下二句赞颂成王,第三章赞颂成王能效法先人,第四、第五章赞颂康王能继承祖德,第六章以四方诸侯来贺作结,将美先王贺今王的主旨发挥得淋漓尽致。在修辞上,本篇特别精于使用顶针辞格,将顶针格的效用发挥到了极致。第一、第二章以"王配于京"顶针勾连,第二、第三章以"成王之孚"顶针勾连,第五、第六章以"受天之祜"顶针勾连,而第四章的末句"昭哉嗣服"与第五章的首句"昭兹来许"意思相同,结构也相同,可视为准顶针勾连。《大雅》的第一篇《文王》也善于使用顶针修辞,但比起《下武》那样精工的格式,显然不及远矣。而且本篇以顶针格串联的前三章组成的赞颂先王的述旧意群,与同以顶针格(或准顶针格)串联的后三章组成的赞颂今王的述新意群,又通过第三、第四章各自的第三句"永言孝思"可以上下维系。这种刻意经营的巧妙结构,几乎是空前绝后的,其韵律节奏流美谐婉,有效地避免了因庙堂文学歌功颂德文字的刻板而造成的审美负效应,使读者面对这一表现《大雅》《周颂》中常见的歌颂周先王、今王内容的文本,仍能产生一定的审美快感。英国文艺理论家克莱夫·贝尔(Clive Bell)在他的《艺术》一书中提出了"艺术即有意味的形式"这一著名的论断,确实,形式在文学艺术作品中的重要性决不容低估,有时候,形式本身就是美。读完《下武》,我们可能很快就忘了诗中"哲王""世德""配命""顺德"之类赞颂之词,但对它章法结构的形式美则将记忆犹新。

(王 焰)

文王有声

文王有声, 　　文王有着好声望,
遹骏有声。① 　　如雷贯耳大名享。
遹求厥宁, 　　但求天下能安宁,
遹观厥成。 　　终见功成国运昌。
文王烝哉!② 　　文王真个是明王。

文王受命, 　　受命于天我文王,
有此武功。 　　有这武功气势旺。
既伐于崇,③ 　　举兵攻克那崇国,
作邑于丰。④ 　　又建丰邑真漂亮。
文王烝哉! 　　文王真个是明王!

筑城伊淢,⑤ 　　挖好城壕筑城墙,
作丰伊匹。 　　作邑般配实在棒。
匪棘其欲,⑥ 　　不贪私欲品行正,
遹追来孝。 　　用心尽孝为周邦。
王后烝哉!⑦ 　　君王真个是明王!

王公伊濯，⑧	文王功绩自昭彰，
维丰之垣。	犹如丰邑那垣墙。
四方攸同，	四方诸侯来依附，
王后维翰。⑨	君王主干是栋梁。
王后烝哉！	君王真个是明王！
丰水东注，	丰水奔流向东方，
维禹之绩。	大禹功绩不可忘。
四方攸同，	四方诸侯来依附，
皇王维辟。⑩	大王树立好榜样。
皇王烝哉！	大王真个是明王！
镐京辟廱，⑪	落成离宫镐京旁，
自西自东，	在西方又在东方，
自南自北，	在南面又在北面，
无思不服。⑫	没人不服我周邦。
皇王烝哉！	大王真个是明王。
考卜维王，	占卜我王求吉祥，
宅是镐京。⑬	定都镐京好地方。
维龟正之，	依靠神龟定工程，
武王成之。	武王完成堪颂扬。
武王烝哉！	武王真个是明王！
丰水有芑，⑭	丰水边上杞柳壮，
武王岂不仕？⑮	武王任重岂不忙？
诒厥孙谋，	留下治国好策略，
以燕翼子。⑯	庇荫子孙把福享。
武王烝哉！	武王真个是明王！

〔注〕① 遹(yù)：陈奂《诗毛氏传疏》："全诗多言'曰''聿'，唯此篇四言'遹'，遹即曰、聿，为发语之词。《说文》……引诗'欥求厥宁'。从欠曰，会意，是发声。当以欥为正字，曰、聿、遹三字皆假借字。" ② 烝(zhēng)：《尔雅》释"烝"为"君"。又陆德明《经典释文》引韩诗云："烝，美也。"可知此诗中八用"烝"字皆为叹美君主之词。 ③ 于崇："于"本作"邘"，古邘国，故地在今河南沁阳。崇为古崇国，故地在今陕西户县，周文王曾讨伐崇侯虎。 ④ 丰：故地在今陕西西安沣水西岸。 ⑤ 淢(xù)：假借为"洫"，即护城河。 ⑥ 棘(jí)：陆德明《经典释文》作"亟"，《礼记》引作"革"。按段玉裁《古十七部谐声表》，棘、亟、革同在第一部，是其音义通，此处皆为"急"义。 ⑦ 王后：第三、四章之"王后"同指周文王。有人将其释为"周武王"，误。 ⑧ 公：同"功"。濯：本义是洗涤，引申有"光大"义。 ⑨ 翰：桢干，主干。 ⑩ 皇王：第五、六章之"皇王"皆指周武王。辟(bì)：陈奂《诗毛氏传疏》认为当依《经典释文》别义释为"法"。 ⑪ 镐(hào)：周武王建立的西周国都，故地在今陕西西安沣水以东的昆明池北岸。辟廱(bì yōng)：西周王朝所建天子行礼奏乐的离宫。 ⑫ 无思不服：王引之《经传释词》云："'无思不服'，无不服也。思，语助耳。" ⑬ 宅：刘熙《释名》释"宅"为"择"，指择吉祥之地营建宫室。"宅"是毛声字，与"择"古音同部，故可相通。 ⑭ 芑(qǐ)：同"杞"。芑、杞都是己声字，古音同部，故杞为本字，芑是假借字，应释为杞柳。 ⑮ 仕：毛传释"仕"为"事"，古通用。 ⑯ "诒厥"二句：陈奂《诗毛氏传疏》云："诒，遗也。上言谋，下言燕翼，上言孙，下言子，皆互文以就韵耳。言武王之谋遗子孙也。"

  关于这首诗的写作时代，因诗中所写皆周文王、周武王之事，故东汉郑玄的《诗谱》误以为是文王、武王时之诗。朱熹《诗集传》则将它断为成王、周公以后之诗。《史记·周本纪》谓周武王死后，"太子诵代立，是为成王。成王少，周初定天下，周公恐诸侯畔(叛)周，公乃摄行政当国。周公行政七年，成王长，周公反政成王，北面就群臣之位。兴正礼乐，度制于是改，而民和睦，颂声兴。成王既崩，太子钊遂立，是为康王。康王即位，遍告诸侯，宣告以文、武之业以申之，作《康诰》。故成、康之际，天下安宁，刑错(措)四十余年不用。"《大雅·文王之声》所言皆追述周文王、武王先后迁丰、迁镐京之事，又最后一章点出"诒厥孙谋，以燕翼子"，这"子孙"当是周成王、周康王，所以笔者把此诗产生的时代确定在成、康之际。

  这首诗的主旨，前人多有阐述，而清代学者方玉润的《诗经原始》最能道出诗人的良苦用心。他说："此诗专以迁都定鼎为言。文王之迁丰也，'匪棘其欲'，盖'求厥宁'，以'追来孝'耳；然已兆宅镐之先声。武王之迁镐也，岂徒继伐，盖建辟廱以贻孙谋耳，又无非成作丰之素志。故文、武对举，并言文之心即武之心，武之事实文之事。自有日进于大之势，更有事不容已之机。文、武亦顺乎天心之自然而已，夫岂有私意于其间哉？《序》云'继伐'，固非诗人意旨；即《集传》所谓'此诗言文王迁丰，武王迁镐之事'，又何待言？盖诗人命意必有所在。《大雅》之咏文武多矣，未有以丰、镐并题者。兹特题之，则必以建置宏谋为缵承大计。说者当从此究心以求两圣心心相印处，乃得此诗要旨。不然，泛言继伐，与诗无涉；即呆说丰、镐,于事又何益耶?"

从方玉润的分析中,已经透露出西周开国君主文王、武王的业绩所起的继往开来的作用。在周族的漫长艰苦历程中,最早是周始祖后稷被封于有邰(在今陕西武功),至十代孙公刘由有邰迁到豳(在今陕西邠县),到了周文王的祖父古公亶父(即周太王)又从豳迁到岐山(在今陕西岐山),都是具有里程碑意义的。在文王、武王父子两代,文王继承前代的功业,当了"西伯",伐犬戎,伐密须,伐耆国,伐邗,伐崇,由岐山迁都于丰,其势力发展到足可与殷纣王分庭抗礼的地步,为灭殷奠定了坚实的基础;周武王秉承父志,又进一步扩展势力,再建都于镐京,终于完成了灭殷的统一大业。西周王朝建立之后,周武王的子孙面临的是如何巩固基业的问题。《文王有声》末章说:"丰水有芑,武王岂不仕?诒厥孙谋,以燕翼子。"正点明了这个要害问题,可谓是画龙点睛之笔。

这首诗在艺术表现上也有它的特色,可供借鉴:

(一)按时间先后顺序谋篇布局。周文王、周武王同是西周开国的君主,但他们是父子两代,一前一后不容含混,因之全诗共八章,前四章写周文王迁丰,后四章写周武王营建镐京,读之次序井然。诗题《文王有声》是套用《诗经》的惯例,用诗的开头第一句,但也很好体现出周武王的功业是由其父周文王奠定基础的。

(二)同写迁都之事,文王迁丰、武王迁镐,却又各有侧重。"言文王者,偏曰伐崇'武功',言武王者,偏曰'镐京辟廱',武中寓文,文中有武。不独两圣兼资之妙,抑亦文章幻化之奇,则更变中之变矣!"(方玉润语)

(三)叙事与抒情结合,使全诗成为歌功颂德的杰作。前四章写周文王迁都于丰,有"既伐于崇,作邑于丰""筑城伊淢,作丰伊匹""王公伊濯,维丰之垣"等诗句,叙事中寓抒情。后四章写周武王迁镐京,有"丰水东注,维禹之绩""镐京辟廱,自西自东,自南自北,无思不服""考卜维王,宅是镐京;维龟正之,武王成之"等诗句,也是叙事中寓抒情。特别是全诗八章,每章五句的最后一句皆以单句赞词煞尾,赞美周文王是"文王烝哉""文王烝哉""王后烝哉""王后烝哉",赞美周武王是"皇王烝哉""皇王烝哉""武王烝哉""武王烝哉",使感情抒发得更强烈,可谓别开生面。

(四)巧妙运用比兴手法,加强诗的形象感染力。如第四章"王公伊濯,维丰之垣;四方攸同,王后维翰"四句,是以丰邑城垣之坚固象征周文王的屏障之牢固。第八章"丰水有芑,武王岂不仕"二句,是以丰水岸边杞柳之繁茂象征周武王能培植人才、使用人才。

(五)全诗用韵也富于变化。每章的前四句用韵,或者是句句用韵,如第一章声、声、宁、成叶耕部韵;或者是隔句用韵,如第二章功、丰叶东部韵,第四章垣、翰叶元部韵,第五章绩、辟叶锡部韵,第八章仕、子叶之部韵;或者是两句一换韵,如第三章减、匹叶质部韵,欲、孝叶幽部韵,第六章麃、东叶东部韵,北、服叶职部韵,第七章王、京叶阳部韵,正、成叶耕部韵。又每章最后一句以"哉"字结尾,是使用遥韵。

(蓝开祥)

生 民

厥初生民,①	当初先民生下来,
时维姜嫄。②	是因姜嫄能产子。
生民如何?	如何生下先民来?
克禋克祀,③	祷告神灵祭天帝,
以弗无子。④	祈求生子免无嗣。
履帝武敏歆,⑤	踩着上帝足趾印,
攸介攸止。⑥	神灵佑护总吉利。
载震载夙,⑦	胎儿时动时静止,
载生载育,	一朝生下勤养育,
时维后稷。	孩子就是周后稷。

诞弥厥月,⑧	怀胎十月产期满,
先生如达。⑨	头胎分娩很顺当。
不坼不副,⑩	产门不破也不裂,
无菑无害,⑪	安全无患体健康,
以赫厥灵。	已然显出大灵光。
上帝不宁,⑫	上帝心中告安慰,
不康禋祀,⑬	全心全意来祭享,
居然生子。	庆幸果然生儿郎。

诞寘之隘巷,⑭	新生婴儿弃小巷,
牛羊腓字之。⑮	爱护喂养牛羊至。
诞寘之平林,⑯	再将婴儿扔林中,

会伐平林。⑰　　遇上樵夫被救起。
诞寘之寒冰，　　又置婴儿寒冰上，
鸟覆翼之。⑱　　大鸟暖他覆翅翼。
鸟乃去矣，　　大鸟终于飞去了，
后稷呱矣。⑲　　后稷这才哇哇啼。
实覃实訏，⑳　　哭声又长又洪亮，
厥声载路。㉑　　声满道路强有力。

诞实匍匐，㉒　　后稷很会四处爬，
克岐克嶷，㉓　　又懂事来又聪明，
以就口食。㉔　　觅食吃饱有本领。
蓺之荏菽，㉕　　不久就能种大豆，
荏菽旆旆。㉖　　大豆一片茁壮生。
禾役穟穟，㉗　　种了禾粟嫩苗青，
麻麦幪幪，㉘　　麻麦长得多旺盛，
瓜瓞唪唪。㉙　　瓜儿累累果实成。

诞后稷之穑，㉚　　后稷耕田又种地，
有相之道。㉛　　辨明土质有法道。
茀厥丰草，㉜　　茂密杂草全除去，
种之黄茂。㉝　　挑选嘉禾播种好。
实方实苞，㉞　　不久吐芽出新苗，
实种实褎，㉟　　禾苗细细往上冒，
实发实秀；㊱　　拔节抽穗又结实；
实坚实好，㊲　　谷粒饱满质量高，
实颖实栗，㊳　　禾穗沉沉收成好，
即有邰家室。㊴　　颐养家室是个宝。

诞降嘉种：㊵　　上天关怀赐良种：

维秬维秠，㊶	秬子秠子既都见，
维穈维芑。㊷	红米白米也都全。
恒之秬秠，㊸	秬子秠子遍地生，
是获是亩。㊹	收割堆垛忙得欢。
恒之穈芑，	红米白米遍地生，
是任是负，㊺	扛着背着运仓满，
以归肇祀。㊻	忙完农活祭祖先。
诞我祀如何？	祭祀先祖怎个样？
或舂或揄，㊼	有舂谷也有舀米，
或簸或蹂。㊽	有簸粮也有筛糠。
释之叟叟，㊾	沙沙淘米声音闹，
烝之浮浮。㊿	蒸饭喷香热气扬。
载谋载惟，(51)	筹备祭祀来谋划，
取萧祭脂。(52)	香蒿牛脂燃芬芳。
取羝以軷，(53)	大肥公羊剥了皮，
载燔载烈。(54)	又烧又烤供神享。
以兴嗣岁。(55)	祈求来年更丰穰。
卬盛于豆，(56)	祭品装在碗盘中，
于豆于登，(57)	木碗瓦盆派用场，
其香始升。	香气升腾满厅堂。
上帝居歆，(58)	上帝因此来受享，
胡臭亶时。(59)	饭菜滋味实在香。
后稷肇祀，	后稷始创祭享礼，
庶无罪悔，	祈神佑护祸莫降，
以迄于今。	至今仍是这个样。

〔注〕 ① 厥初：其初。 ② 时：是。姜嫄(yuán)：传说中有邰氏之女，周始祖后稷之母。 ③ 克：能。禋(yīn)：祭天的一种礼仪，先烧柴升烟，再加牲体及玉帛于柴上焚烧。 ④ 弗

"祓"的假借,除灾求福的祭祀。 ⑤履:践踏。帝:上帝。武:足迹。敏:通"拇",大拇指。歆(xīn):心有所感的样子。 ⑥攸:语助词。介:通"祄",神保佑。止:通"祉",神降福。 ⑦载震载夙(sù):或震或肃,指十月怀胎。 ⑧诞:迫,到了。弥:满。 ⑨先生:头生,第一胎。如:而。达:滑利。 ⑩坼(chè):裂开。副(pì):破裂。 ⑪菑(zāi):同"灾"。 ⑫不:丕。不宁,丕宁,大宁。 ⑬不康:丕康。丕,大。 ⑭寘(zhì):弃置。 ⑮腓(féi):庇护。字:哺育。 ⑯平林:大林,森林。 ⑰会:恰好。 ⑱鸟覆翼之:大鸟张翼覆盖他。 ⑲呱(gū):小儿哭声。 ⑳实:是。覃(tán):长。讦(xū):大。 ㉑载:充满。 ㉒匍匐:伏地爬行。 ㉓岐:知意。嶷:识。 ㉔就:趋往。口食:生活资料。 ㉕蓺(yì):同"艺",种植。荏菽:大豆。 ㉖旆(pèi)旆:草木茂盛。 ㉗役:通"颖"。颖,禾苗之末。穟(suì)穟:禾穗丰硕下垂的样子。 ㉘幪(měng)幪:茂密的样子。 ㉙唪(dié):小瓜。唪(běng)唪:果实累累的样子。 ㉚穑(sè):耕种。 ㉛有相之道:有相地之宜的能力。 ㉜茀(fú):拂,拔除。 ㉝黄茂:指黍、稷。孔颖达疏:"谷之黄色者,惟黍、稷耳。黍、稷,谷之善者,故云嘉谷也。" ㉞实:是。方:同"放"。萌芽始出地面。苞:苗丛生。 ㉟种:禾芽始出。褎(yòu):禾苗渐渐长高。 ㊱发:发茎。秀:秀穗。 ㊲坚:谷粒灌浆饱满。 ㊳颖:禾穗末稍下垂。栗,栗栗,形容收获众多貌。 ㊴邰:当读作"颐",养。谷物丰茂,足以养家室之意。 ㊵降:赐与。 ㊶秬(jù):黑黍。秠(pǐ):黍的一种,一个黍壳中含有两粒黍米。 ㊷穈(mén):赤苗,红米。芑(qǐ):白苗,白米。 ㊸恒:遍。 ㊹亩:堆在田里。 ㊺任:挑起。负:背起。 ㊻肇:开始。祀:祭祀。 ㊼揄(yóu):舀,从臼中取出舂好之米。 ㊽簸:扬米去糠。蹂:以手搓剩余的谷皮。 ㊾释:淘米。叟叟:淘米的声音。 ㊿烝:同"蒸"。浮浮:热气上升貌。 ㊿+1 惟:考虑。 ㊿+2 萧:香蒿。脂:牛油。 ㊿+3 羝(dī):公羊。羳:读为"拔"。即剥去羊皮。 ㊿+4 燔(fán):将肉放在火里烧炙。烈:将肉贯穿起来架在火上烤。 ㊿+5 嗣岁:来年。 ㊿+6 卬(áng):仰,举。豆:古代一种高脚容器。 ㊿+7 登:瓦制容器。 ㊿+8 居歆:为歆,应该前来享受。 ㊿+9 胡臭亶(xiù dǎn)时:为什么香气诚然如此好。臭,香气。亶,诚然,确实;时,善,好。

中国传统诗歌源远流长,但以叙事为主的史诗却一向不发达,因此《诗经》中为数不多的几篇具有史诗性质的作品,便受到今人的充分关注。《大雅》中的《生民》一篇,就是这样的作品。

《毛诗序》说:"《生民》,尊祖也。后稷生于姜嫄,文武之功起于后稷,故推以配天焉。"它是一首周人叙述其民族始祖后稷事迹以祭祀之的长诗,带有浓重的传说成分,而对农业生产的详细描写,也反映出当时农业已同畜牧业分离而完成了第一次社会大分工的事实。

诗共八章,每章或十句或八句,按十字句章与八字句章前后交替的方式构成全篇,除首尾两章外,各章皆以"诞"字领起,格式严谨。从表现手法上看,它纯用赋法,不假比兴,叙述生动详明,纪实性很强。然而从它的内容看,尽管后面几章写后稷从事农业生产富有浓郁的生活气息,却仍不能脱去前面几章写后稷的身世所显出的神奇荒幻气氛,这无形中也使其艺术魅力大大增强。

诗的第一章写姜嫄神奇的受孕。这章最关键的一句话是"履帝武敏歆",对这句话的解释众说纷纭,历来是笺注《诗经》的学者最感兴趣的问题之一。毛传把这句话纳入古代的高禖(古代帝王为求子所祀的禖神)祭祀仪式中去解释,云:"后稷之母(姜嫄)配高辛氏帝(帝喾)焉。……古者必立郊禖焉,玄鸟至之日,以大牢祠于郊禖,天子亲往,后妃率九嫔御,乃礼天子所御,带以弓韣,授以弓矢于郊禖之前。"也就是说高辛氏之帝率领其妃姜嫄向生殖之神高禖祈子,姜嫄踏着高辛氏的足印,亦步亦趋,施行了一道传统仪式,便感觉怀了孕,求子而得子。唐代孔颖达的疏也执此说。但汉代郑玄的笺与毛传之说不同,他主张姜嫄是踩了天帝的足迹而怀孕生子的。云:"姜嫄之生后稷如何乎?乃禋祀上帝于郊禖,以祓除其无子之疾,而得其福也。帝,上帝也;敏,拇也。……祀郊禖之时,时则有大神之迹,姜嫄履之,足不能满履其拇指之处,心体歆歆然,其左右所止住,如有人道感己者也。于是遂有身。"这样的解释表明君王的神圣裔传来自天帝,显然是一个神话。然在后世,郑玄的解释遭到了王充、洪迈、王夫之等人的否定。现代学者闻一多对这一问题写有《姜嫄履大人迹考》专文,认为这则神话反映的事实真相,"只是耕时与人野合而有身,后人讳言野合,则曰履人之迹,更欲神异其事,乃曰履帝迹耳"。他采纳了毛传关于高禖仪式的说法,并对之作了文化人类学的解释:"上云禋祀,下云履迹,是履迹乃祭祀仪式之一部分,疑即一种象征的舞蹈。所谓'帝',实即代表上帝之神尸。神尸舞于前,姜嫄尾随其后,践神尸之迹而舞,其事可乐,故曰'履帝武敏歆',犹言与尸伴舞而心甚悦喜也。'攸介攸止','介',林义光读为'愒',息也,至确。盖舞毕而相携止息于幽闭之处,因而有孕也。"笔者以为闻一多的见解是可取的,并想补充这么两点意见:一、足迹无非是象征,因此像王夫之等人那样力图在虚幻和事实之间架桥似乎是徒劳的。二、象征的意义是通过仪式的摹仿来完成的,舞蹈之类都是摹仿仪式,而语言本身也可以完成象征的意义,如最初起源于祭仪的颂诗;正是由于语言的这种表现能力的扩张,神话才超越了现实,诗歌乃具有神奇的魅力。

诗的第二章、第三章写后稷的诞生与屡弃不死的灵异。后稷名弃,据《史记·周本纪》的解释,正是因为他在婴幼时曾屡遭遗弃,才得此名。本篇对他三次遭弃又三次获救的经过情形叙述十分细致。第一次,后稷被扔在小巷里,结果是牛羊跑来用乳汁喂养了他。第二次,后稷被扔进了大树林,结果正巧有樵夫来砍柴,将他救出。第三次后稷被扔在了寒冰之上,结果天上飞来只大鸟,用温暖的羽翼覆盖他、温暖他。初生的婴儿经历了如此大的磨难,终于哇哇哭出了声,声音洪亮有力,回荡在整条大路上,预示着他将来会创造辉煌的业绩。那么,后稷为什么遭弃呢？对于这一弃子之谜，历代经史学家有许多解释。贱弃说在鲁诗中就已产生，刘向《列女传》和郑玄笺都执此说。另一较早的说法是遗腹说，首先由马融提出。此后，苏洵持难产说，朱熹持易生说，王夫之持避乱说，臧琳持早产说，胡承珙持速孕说。另外又有晚生说、怪胎说、不哭说、假死说、阴谋说等等。近世学者则多从民俗学角度出发，各倡轻男说、杀长说、宜弟说、触忌说、犯禁说等。我们认为，英雄幼时蒙难是世界性的传说故事母题，一连串的被弃与获救实际上是仪式性的行为。古代各民族中常有通过弃置而对初生婴儿体质作考验或磨炼的习俗，这种做法名为"暴露法"（lnfant exposure），弃子传说则是这种习俗遗迹的反映，弃子神话正是为了说明一个民族的建国始祖的神圣性而创造的，诞生是担负神圣使命的英雄（具有神性）最初所必经的通过仪式，他必须在生命开始时便接受这一考验。而所有的弃子神话传说都有这么一个原型模式：一、婴幼期被遗弃，二、被援救并成长为杰出人物，三、被弃和获救都有神奇灵异性。本诗第三章中的弃子故事，自然也不例外。这一章除了叙事神奇外，笔法也可圈可点，对此前人也有所会心，孙鑛说："不说人收，却只说鸟去，固蕴藉有致。"俞樾说："初不言其弃之由，而卒曰'后稷呱矣'，盖设其文于前，而著其义于后，此正古人文字之奇。"（均见陈子展《诗经直解》引）

　　诗的第四至第六章写后稷有开发农业生产技术的特殊禀赋，他自幼就表现出这种超卓不凡的才能，他因有功于农业而受封于邰，他种的农作物品种多、产量高、质量好，丰收之后便创立祀典。这几章包含了丰富的上古农业生产史料，其中讲到的农作物有荏菽、麻、麦子、瓜、秬、秠、穈、芑等。对植物生长周期的观察也很细致，发芽、出苗、抽穗、结实，一一都有描述。而对除杂草和播良种的重视，尤其引人注意。这说明周民族已经开始成为以农耕为主要生产方式的民族。甲骨文中，"周"字写作"田"，田是田地，四点像田中密植的农作物，可见周民族的命名是与农业密切相关的。据史载，弃因善于经营农业，被帝尧举为农师，帝舜时他又被封到邰地。弃号后稷，后是君王的意思，稷则是一种著名的农作物名。周人以稷为始祖，以稷为谷神，以社稷并称作为国家的象征，这一切都表明周民族与稷这种农作物的紧密联系。那么稷具体究竟是哪一种谷物呢？唐宋人多以为即穄，是黍的一种，清代经学家、小学家则普遍认为就是高粱，这几乎已成定论。今人又有新说，认为它是禾的别名，也就是粟，去种皮则称小米。这几章修辞手法的多样化，使本来容易显得枯燥乏味的内容也变得跌宕有致，不流于率易。修辞格有叠字、排比等，以高密度的使用率见其特色，尤以"实……实……"格式的五句连用，最富表现力。

诗的最后两章,承第五章末句"以归肇祀"而来,写后稷祭祀天神,祈求上天永远赐福,而上帝感念其德行业绩,不断保佑他并将福泽延及到他的子子孙孙。诗中所述的祭祀场面很值得注意,它着重描写粮食祭品而没有提到酒(虽然也是用粮食制成),这大约也表明后稷所处的尧舜时代酒还没有发明吧?据《战国策·魏策》记载:"昔者帝女令仪狄作酒而美,进之禹。禹饮而甘之,遂疏仪狄,绝旨酒,曰:后世必有以酒亡其国者。"则中国酒的发明在夏代,本诗的叙述当可作为一个重要的旁证。而烧香蒿和动物油脂这一细节,恐怕也是后稷所创祀典的特殊之处。"上帝居歆"云云,则反映出当时可能有人扮的神尸来享用祭品,可供研究上古礼制参考。全诗末尾的感叹之词,是称道后稷开创祭祀之仪得使天帝永远佑护周民族,正因后稷创业成功才使他有丰硕的成果可以作为祭享的供品,一结赞颂的对象仍落实在后稷身上,而他确也是当之无愧的。　　　　(朱渊清)

行　苇

敦彼行苇,①	芦苇丛生长一块,
牛羊勿践履。	别让牛羊把它踩。
方苞方体,②	芦苇初茂长成形,
维叶泥泥。③	叶儿润泽有光彩。
戚戚兄弟,④	同胞兄弟最亲密,
莫远具尔。⑤	不要疏远要友爱。
或肆之筵,⑥	铺设竹席来请客,
或授之几。⑦	端上茶几面前摆。

肆筵设席,　　　　铺席开宴上菜肴,
授几有缉御。⑧　　轮流上桌一道道。
或献或酢,⑨　　　主宾酬酢共畅饮,
洗爵奠斝。⑩　　　洗杯捧盏兴致高。
醓醢以荐,⑪　　　送上肉酱请客尝,
或燔或炙。　　　　烧肉烤肉滋味好。
嘉殽脾臄,⑫　　　牛胃牛舌也煮食,
或歌或咢。⑬　　　唱歌击鼓人欢笑。

大雅·行苇

敦弓既坚,⑭	雕弓拽满势坚劲,
四镞既钧;⑮	四支利箭合标准;
舍矢既均,⑯	发箭一射中靶心,
序宾以贤。⑰	较量射技座次分。
敦弓既句,⑱	雕弓张开弦紧绷,
既挟四镞。	利箭四支手持定。
四镞如树,⑲	四箭竖立靶子上,
序宾以不侮。⑳	排列客位不慢轻。
曾孙维主,㉑	宴会主人是曾孙,
酒醴维醹;㉒	供应美酒味香醇。
酌以大斗,㉓	斟满大杯来献上,
以祈黄耇。㉔	祷祝高寿贺老人。
黄耇台背,㉕	龙钟体态行蹒跚,
以引以翼。㉖	扶他帮他侍者仁。
寿考维祺,㉗	长命吉祥是人瑞,
以介景福。㉘	请神赐送大福分。

〔注〕① 敦(tuán)彼:草丛生之貌。行:道路。 ② 方苞:始茂。体:成形。 ③ 泥泥:叶润泽貌。 ④ 戚戚:亲热。 ⑤ 远:疏远。具:通"俱"。尔:通"迩",近。 ⑥ 肆:陈设。筵:竹席。 ⑦ 几:矮脚的桌案。 ⑧ 缉御:相继有人侍候。缉,继续。 ⑨ 献:主人对客敬酒。酢(zuò):客人拿酒回敬。 ⑩ 洗爵:周时礼制,主人敬酒,取几上之杯先洗一下,再斟酒献客,客人回敬主人,也是如此操作。爵,古酒器,青铜制,有流、柱、鋬和三足。奠斚(jiǎ):周时礼制,主人敬的酒客人饮毕,则置杯于几上;客人回敬主人,主人饮毕也须这样做。奠,置。斚,古酒器,青铜制,圆口,有鋬和三足。 ⑪ 醓(tǎn):多汁的肉酱。醢(hǎi):肉酱。荐:进献。 ⑫ 脾:通"膍",牛胃,俗称牛百叶。臄(jué):牛舌。 ⑬ 咢(è):只打鼓不伴唱。 ⑭ 敦弓:雕弓。 ⑮ 镞(hóu):一种箭,金属箭头,鸟羽箭尾。钧:合乎标准。 ⑯ 舍矢:放箭。均:射中。 ⑰ 序宾:安排宾客在宴席上的座位次序。贤:此指射技的高低。 ⑱ 句(gōu):借为"彀",张弓。 ⑲ 树:竖立,指箭射在靶子上像树立着一样。 ⑳ 侮:轻侮,怠慢。 ㉑ 曾孙:戴震《诗学女为》:"古者適(嫡)孙则曰曾孙。《(尚)书》曰'有道曾孙',《考工记》曰'曾孙诸侯'是也。此燕族人故称曾孙,明祖之曾孙以与同祖之人燕(宴)于此也。"此指宴会的主人。 ㉒ 醴(lǐ):甜酒。醹(rú):酒味醇厚。 ㉓ 斗:古酒器。 ㉔ 黄耇(gǒu):年高长寿。 ㉕ 台背:或谓背有老斑如鲐鱼,或谓背驼,总之都是老态龙钟的样子。台,同"鲐"。 ㉖ 引:牵引。此指搀扶。翼:扶持帮助。 ㉗ 寿考:长寿。祺:吉祥。 ㉘ 介:借为"匄",乞

求。景福：大福。

《毛诗序》云："《行苇》，忠厚也。周家忠厚，仁及草木，故能内睦九族，外尊事黄耇，养老乞言，以成其福禄焉。"此为汉古文经学之说。王先谦《诗三家义集疏》引刘向《列女传·晋弓工妻》"君闻昔者公刘之行，羊牛践葭苇，恻然为民痛之，恩及草木，仁著于天下"，王符《潜夫论·德化》"公刘厚德，恩及草木、牛羊六畜，仁不忍践履生草，则又况于民萌而有不化者乎"、《边议》"公刘仁德，广被行苇，况含血之人，已同类乎"，班彪《北征赋》"慕公刘之遗德，及行苇之不伤"，赵晔《吴越春秋》"公刘慈仁，行不履生草，运车以避葭苇"，说明汉鲁诗（见刘、王书）、齐诗（见班赋）、韩说（见赵书）三家今文经学之说以此为专写公刘仁德之诗。但汉经今文之说也常有附会处，未必可从。胡承珙《毛诗后笺》云："案此诗章首即言亲戚兄弟，自是王与族燕之礼，与凡燕群臣国宾者不同。然所言献酢之仪，肴馔之物，音乐之事，皆与《仪礼·燕礼》有合。则其因燕（宴）而射，亦如《燕礼》所云，若射则大射正为司射，是也。至末言以祈黄耇，则又如《文王世子》所谓公与父兄齿者，此其与凡燕有别者也。然则此诗只是族燕一事，而射与养老连类及之。《序》以睦族为内，养老为外，盖由养九族之老而推广言之，以见周家忠厚之至耳。"辨析颇有理，今从胡说，以此诗为周王室与族人饮宴之作。

全诗分章，各家之说不同。毛诗分七章，第一、二章每章六句，第三至第七章每章四句；郑玄笺分八章，每章四句；朱熹《诗集传》分四章，每章八句，并说："毛首章以四句兴二句，不成文理，二章又不协韵；郑首章有起兴而无所兴。皆误。"今从朱说。

第一章先从路旁芦苇起兴。芦苇初放新芽，柔嫩润泽，使人不忍心听任牛羊去践踏它。仁者之心，施及草木，那么兄弟骨肉之间的相亲相爱，更是天经地义的了。这就使得这首描写家族宴会的诗，一开始就洋溢着融洽欢乐的气氛。

第二章正面描写宴会。先写摆筵、设席、授几，侍者忙忙碌碌，场面极其盛大。次写主人献酒，客人回敬，洗杯捧盏，极尽殷勤。再写菜肴丰盛，美味无比。"醓""醢""脾""臄"云云，可考见古代食物的品种搭配，"燔""炙"云云，也可见早期烹调方法的特征。最后写唱歌击鼓，气氛热烈。

第三章写比射，为宴会上一项重要活动。和第二章的多方铺排、节奏舒缓不同，这一章对比射过程作了两次描绘，节奏显得明快。两次描绘都是先写开弓，次写搭箭，再写一发中的，但所用词句有所变化。场面描绘之后写主人"序宾以贤""序宾以不侮"，表明主人对胜利者固然优礼有加，对失利者也毫不怠慢，这就使得与会者心情都很舒畅。

第四章仍是写宴会,重在表明对长者的尊敬之意。先写主人满斟美酒,以敬长者,再写主人祝福长者长命百岁,中间插以长者老态龙钟、侍者小心搀扶的描绘,显得灵动而不板滞。方玉润《诗经原始》评道:"老者不射,酌大斗饮之,座中乃不寂寞。"

　　本篇写宴会、比射,既有大的场面描绘,又有小的细节点染,转换自然,层次清晰。修辞手法丰富多彩,有叠字,如形容苇叶之润泽,则用"泥泥",形容兄弟之亲热,则用"戚戚",贴切生动;有排比,如"敦弓既坚,四镞既钧,舍矢既均",显得极有气势。这些对于增强诗的艺术效果,都起到了很好的作用。　　（赵山林）

既　醉

既醉以酒,　　　　甘醇美酒喝个醉,
既饱以德。　　　　你的恩德我饱受。
君子万年,　　　　祝你主人万年寿,
介尔景福。①　　　天赐洪福永享有。

既醉以酒,　　　　甘醇美酒喝个醉,
尔肴既将。②　　　你的佳肴我细品。
君子万年,　　　　祝你主人寿不尽,
介尔昭明。③　　　天赐成功大光明。

昭明有融,④　　　幸福光明乐融融,
高朗令终。⑤　　　德高望重得善终。
令终有俶,⑥　　　善终自然当善始,
公尸嘉告。⑦　　　神主良言愿赠送。

其告维何?　　　　神主良言什么样?
笾豆静嘉。⑧　　　祭品丰美放盘里。
朋友攸摄,⑨　　　宾朋纷纷来助祭,
摄以威仪。　　　　增光添彩重礼仪。

威仪孔时,⑩	隆重礼仪很合适,
君子有孝子。	主人尽孝得孝子。
孝子不匮,⑪	孝子永远不会少,
永锡尔类。⑫	上天赐你好后嗣。

其类维何?	赐你后嗣什么样?
室室之壸。⑬	善理家业有良方。
君子万年,	祝你主人寿绵长,
永锡祚胤。⑭	天赐福分后代享。

其胤维何?	传到后代什么样?
天被尔禄。⑮	上天给你添厚禄。
君子万年,	祝你主人长生福,
景命有仆。⑯	自有天命多奴仆。

其仆维何?	奴仆众多什么样?
釐尔女士。⑰	天赐男女更美满。
釐尔女士,	天赐男女更美满,
从以孙子。⑱	子孙不绝代代传。

〔注〕 ①介:借为"丐",施予。景福:大福。 ②将:美。 ③昭明:光明。 ④有融:融融,盛长之貌。 ⑤令终:好的结果。 ⑥俶(chù):始。 ⑦公尸:古代祭祀时以人装扮成祖先接受祭祀,这人就称"尸",祖先为君主诸侯,则称"公尸"。嘉告:好话,指祭祀时祝官代表尸为主祭者致嘏辞(赐福之辞)。 ⑧笾(biān)豆:两种古代食器、礼器,笾竹制,豆陶制或青铜制。静:善。 ⑨攸摄:所助,所辅。摄,辅助。 ⑩孔时:很好。 ⑪匮(kuì):亏,竭。 ⑫锡(cì):同"赐"。类:属类。 ⑬壸(kǔn):宫中之道,引申为齐家。 ⑭祚(zuò):福。胤(yìn):后嗣。 ⑮被:加。 ⑯景命:大命,天命。仆:附。 ⑰釐(lí):赐。女士:女男。又郑笺释为"女而有士行者"。 ⑱从以:随之以。孙子:"子孙"的倒文。

《毛诗序》云:"《既醉》,大(太)平也。醉酒饱德,人有士君子之行焉。"三家诗无异义。宋严粲《诗缉》云:"此诗成王祭毕而燕(宴)臣也。太平无事,而后君臣可以燕饮相乐,故曰太平也。讲师言醉酒饱德,止章首二语;又言人有士君子之行,非诗意矣。"对《毛诗序》之说认同前半部分而否定后半部分。朱熹《诗集传》

则说此诗系"父兄所以答《行苇》之诗,言享其饮食恩意之厚,而愿其受福如此也",但其说实臆测之辞,不可信。今人程俊英《诗经译注》谓"这是周王祭祀祖先,祝官代表神主对主祭者周王的祝辞",高亨《诗经今注》谓"这首诗当是祝官致嘏辞后所唱的歌,可以称为嘏歌",嘏歌是一种特定的祝辞,故程、高二说实际上相同,兹从之。

诗以"既"字领起,用的虽是赋法,但并不平直,相反,其突兀的笔致深堪咀嚼,方玉润《诗经原始》评曰"起得飘忽",颇为中肯。而"既醉以酒",表明神主已享受了祭品;"既饱以德",表明神主已感受到主祭者周王的一片诚心,更为下文祝官代表神主致辞祝福作了充分的铺垫。享受了主祭者献上的丰盛的美酒佳肴,对他的拳拳之意怎能无动于衷?因此,神主代表神愿意赐给献祭人各种福分,自然是顺理成章之事。

诗的前两章,讲的都是享受了酒食祭品的神主的心满意足之情,他深感主祭者礼数周到,便预祝他万年长寿,能永远获得神所赐的幸福光明。而第三章末二句"令终有俶,公尸嘉告",直接点出公尸,说明下文均为神主具体的祝福之辞,诚如陈子展所云,"为一篇承上启下之关键"。如果把此诗比为一篇小说,则前两章用的是第一人称叙述法,而后五章用的是第三人称叙述法,第三章则是两者的过渡。"其告维何""其类维何""其胤维何""其仆维何"云云,等于现代汉语"他的……是什么?他的……是……"这样的结构。这五章中,除第三章是答谢献祭人的隆重礼节外,其余四章都是祝福的具体内容。从尽孝、治家、多仆几个方面娓娓道来,显出神意之确凿无疑。诗的中心词不外"德""福"二字,主祭者周王有德行,他的献祭充分体现了他的德行,因此神就必然要降福于他。方玉润《诗经原始》指出:"首二章福德双题,三章单承德字,四章以下皆言福,盖借嘏词以传神意耳。然非有是德何以膺是福?"其说不为无据。而神主所宣布的将赐之福,在诗中主要是属于家庭方面而不是属于军国方面的,颇显示出此诗颂祷的倾向性,对一般读者来说这似乎也更有亲切感。

从诗的艺术手法看,善于运用半顶针修辞格是本篇的一个特色。《诗经》中运用顶针修辞手法屡见不鲜,但像本篇这样上文尾句与下文起句相互绾结,而重复只在上句的末一字与下句的第二字那样的修辞方法(我们姑称之为半顶针修辞),却是并不多见的。其实,接第三章"公尸嘉告"句的第四章"其告维何"句、接第五章"永锡尔类"句的第六章"其类维何"句、接第六章"永锡祚胤"句的第七章"其胤维何"句、接第七章"景命有仆"句的第八章"其仆维何"句,若改为"嘉告维何""尔类维何""祚胤维何""有仆维何",也完全可以,这样各章之间便以纯粹的顶针格相贯连。但本篇的作者却蹊径别出,不取上下章衔接文字完全重复的纯顶针格,而仍收"蝉联而下,次序分明"(方玉润《诗经原始》)之效,并别具曲折灵动之势,实在令人拍案叫绝。这章与章的半顶针衔接又与各章章内的纯顶针修辞(如"高朗令终"与"令终有俶"、"朋友攸摄"与"摄以威仪"、"君子有孝子"与"孝子不匮")连成一片,读来真有"大珠小珠落玉盘"之感。由此可见,我们对《大雅》的表现力也不可太轻视呢!

(王 焰)

凫鹥

凫鹥在泾,①	野鸭沙鸥在河水,
公尸来燕来宁。②	公侯之尸入宴心宽慰。
尔酒既清,	你的酒浆真清冽,
尔肴既馨。	你的菜肴真香美。
公尸燕饮,	公侯之尸来宴饮,
福禄来成。	福禄双全永伴随。
凫鹥在沙,	野鸭沙鸥在河滩,
公尸来燕来宜。③	公侯之尸入宴心畅欢。
尔酒既多,	你的美酒量真多,
尔肴既嘉。	你的佳肴味真鲜。
公尸燕饮,	公侯之尸来宴饮,
福禄来为。④	福禄双全永增添。
凫鹥在渚,⑤	野鸭沙鸥在河渚,
公尸来燕来处。⑥	公侯之尸入宴心安舒。
尔酒既湑,⑦	你的酒浆滤得清,
尔肴伊脯。⑧	你的肉脯煮得酥。
公尸燕饮,	公侯之尸来宴饮,
福禄来下。	福禄齐降永佑助。
凫鹥在潨,⑨	野鸭沙鸥在河汊,

公尸来燕来宗。⑩　　公侯之尸入宴心欢洽。
既燕于宗，⑪　　　　设宴酬尸到宗庙，
福禄攸降。　　　　　福禄所降就在那。
公尸燕饮，　　　　　公侯之尸来宴饮，
福禄来崇。⑫　　　　福禄不绝临你家。

凫鹥在亹，⑬　　　　野鸭沙鸥在峡口，
公尸来止熏熏。⑭　　公侯之尸入宴乐悠悠。
旨酒欣欣，⑮　　　　美酒斟酌味芳醇，
燔炙芬芬。　　　　　肥肉烧烤香浓厚。
公尸燕饮，　　　　　公侯之尸来宴饮，
无有后艰。　　　　　永无祸殃在今后。

〔注〕① 凫(fú)：野鸭。鹥(yī)：沙鸥。泾：直流之水。　② 尸：神主，见上篇《既醉》注⑦。燕：宴。　③ 宜：顺。　④ 为：施，加。　⑤ 渚(zhǔ)：河流湖泊中的沙洲。　⑥ 处：安乐。　⑦ 湑(xū)：过滤。　⑧ 伊：语助词。脯：肉干。　⑨ 潀(cóng)：水流会合之处。　⑩ 宗：借为"悰"，快乐。　⑪ 宗：宗庙，祭祀祖先的庙。　⑫ 崇：高，此作动词，加高，增加。　⑬ 亹(mén)：对峙如门的山峡口。　⑭ 熏熏：同"薰薰"，香味四传。俞樾《古书疑义举例》以为当与下句之"欣欣"互易，谓"古书多口授，误倒其文耳"。　⑮ 旨：甘美。

本诗是《大雅·生民之什》的第四篇。关于此诗的主旨，《毛诗序》在解《生民之什》的第一篇《生民》为"尊祖也"，解第二篇《行苇》为"忠厚也"，解第三篇《既醉》为"大平也"之后，解此篇为"守成也"，云："大平之君子能持盈守成，神祇祖考安乐之也。"孔颖达疏云："《凫鹥》诗者，言保守成功不使失坠也。致太平之君子成王，能执持其盈满，守掌其成功，则神祇祖考皆安宁而爱乐之矣。故作此诗以歌其事也。"似未为探本之言。宋范处义《诗补传》云："《既醉》《凫鹥》皆祭毕燕饮之诗，故皆言公尸，然《既醉》乃诗人托公尸告嘏以祷颂，《凫鹥》则诗人专美公尸之燕饮。"清胡承珙《毛诗后笺》云："《既醉》为正祭后燕饮之诗，《凫鹥》为事尸日燕饮之诗。"差为近之。今人程俊英《诗经译注》说："这是周王祭祀祖先的第二天，为酬谢公尸请其赴宴（古称'宾尸'）时所唱的诗。"高亨《诗经今注》也说："周代贵族在祭祀祖先的次日，为了酬谢尸的辛劳，摆下酒食，请尸来吃，这叫做'宾尸'，这首诗正是行宾尸之礼所唱的歌。"程、高之说皆从范、胡之说变化而来，而更妥帖圆通，兹从之。

诗分五章,章四句,除每章的第二句为六言外,其余均为四言句。其结构有如音乐中的装饰变奏曲:将一个结构完整的主题进行一系列的变奏,而保持主题的旋律。就诗而言,此歌主题旋律便是:野鸭沙鸥在水泽畔欢快地嬉戏觅食,公尸来到宗庙接受宾尸之礼就像野鸭沙鸥自得其所那样恬适愉悦,献给公尸的酒清醇甘甜,献给公尸的食香酥鲜美,有劳公尸沟通献祭的人们与受祭的神灵,人们答谢你,祈求神灵将福禄赐给你,并继续将福禄赐给我们!首句的"在泾""在沙""在渚""在潨""在亹",其实都是在水边,郑笺分别解释为"水鸟而居水中,犹人为公尸之在宗庙也,故以喻焉","水鸟以居水中为常,今出在水旁,喻祭四方百物之尸也","水中之有渚,犹平地之有丘也,喻祭地之尸也","潨,水外之高者也,有瘗埋之象,喻祭社稷山川之尸也","亹之言门也,燕七祀之尸于门户之外,故以喻焉",虽对每章以"凫鹥"起兴而带有比意看得很透,但却误将装饰变奏看作主题变奏,其说不免穿凿附会。我们觉得,每章的章首比兴,只是喻公尸在适合他所呆的地方接受宾尸之礼而已,用词的变换,只是音节上的修饰,别无深意。以下写酒之美,用了"清""多""湑""欣欣"等词,写肴之美,用了"馨""嘉""芬芬"等词,从不同角度强化祭品的品质优良,借物寄意,由物见人,充分显示出主人宴请的虔诚。正因为主人虔诚,所以公尸也显得特别高兴,诗中反复渲染公尸"来燕来宁""来燕来宜""来燕来处""来燕来宗""来止熏熏",正说明了这一点,语异而义同,多次装饰变奏更突出了主旋律。因为公尸高兴,神灵也会不断降福给主人,这就是诗中反复强调的"福禄来成""福禄来为""福禄来下""福禄攸降""福禄来崇"。只有诗的末句"无有后艰",虽是祝词,却提出了预防灾害祸殃的问题。从这个意义上说,前引《毛序》"大平之君子能持盈守成,神祇祖考安乐之也"的发挥倒是值得注意的。居安必须思危,这一点至今能给人以很大的启发。孙鑛评曰:"满篇欢宴福禄,而以'无有后艰'收,可见古人兢兢戒慎意。"(陈子展《诗经直解》引)这并不是泛泛之言。

(赵山林)

假　　乐

假乐君子,①	君王冠礼行嘉乐,
显显令德。②	昭明您的好美德。
宜民宜人,	德合庶民与群臣,
受禄于天。	所得福禄皆天成。
保右命之,	保佑辅佐受天命,

自天申之。③	上天常常关照您。
干禄百福,④	千重厚禄百重福,
子孙千亿。	子孙千亿无穷数。
穆穆皇皇,⑤	您既端庄又坦荡,
宜君宜王。	应理天下称君王。
不愆不忘,⑥	从不犯错不迷狂,
率由旧章。⑦	遵循先祖旧典章。
威仪抑抑,⑧	容仪庄美令人敬,
德音秩秩。⑨	文教言谈条理明。
无怨无恶,	不怀私怨与私恶,
率由群匹。⑩	诚恳遵从众贤臣。
受福无疆,	所得福禄无穷尽,
四方之纲。	四方以您为准绳。
之纲之纪,	天下以您为标准,
燕及朋友。⑪	您设筵席酬友朋。
百辟卿士,⑫	众位诸侯与百官,
媚于天子。⑬	爱戴天子有忠心。
不解于位,⑭	从不懈怠在王位,
民之攸塈。⑮	您使人民得安宁。

〔注〕 ① 假:通"嘉",美好。乐(yuè):音乐。 ② 令德:美德。 ③ 申:重复。 ④ 干:"千"之误。 ⑤ 穆穆:肃敬。皇皇:光明。 ⑥ 愆(qiān):过失。忘:糊涂。 ⑦ 率:循。由:从。 ⑧ 抑抑:通"懿懿",庄美的样子。 ⑨ 秩秩:有条不紊的样子。 ⑩ 群匹:众臣。 ⑪ 燕:安。 ⑫ 百辟(bì):众诸侯。 ⑬ 媚:爱。 ⑭ 解(xiè):通"懈",怠慢。 ⑮ 塈(xì):借为"愒",安宁。

这是一首为周宣王行冠礼(成年礼)所作的冠词。

王闿运《诗经补笺》说:"假,嘉,嘉礼也,盖冠词。"但他将此事归之于成王。实则此为宣王时作品,所以应是宣王行冠礼之词。周厉王被国人赶走,周定公、召伯虎乃与共伯和暂主朝政。太子静由召伯虎抚养。共和十四年(前828),太子静即位,即宣王。他"修政,法文、武、成、康之遗风,诸侯复宗周"(《史记·周本纪》)。文武群臣,尤其周、召二公,把匡复周室的重任寄托在宣王身上。所以宣王的冠礼自然而然地便成为周室至关重大,举足轻重的事。本诗便是当时行冠礼时所采用的冠词。看来可能是召伯虎所作。通观《假乐》,除了对宣王无以复加的赞美之外,也深蕴着殷切的希望。所以魏源说:"《假乐》,美宣王之德也。宣王能顺天地,祚子孙千亿,卿士多贤,皆得获天佑所致也。"(《诗古微》)是与诗的主题、情调相符合的。

全诗仅四章,表现了周朝宗室,特别是急切希望振兴周王朝的中兴大臣对一个年轻君主的深厚感情和殷切期望。"假(嘉)乐"点出诗的主题或用途。"显显令德",开门见山地赞扬了受冠礼者的德行品格。以下称赞他能尊民意顺民心,皇天授命,赐以福禄。这一章看似平实,但在当时周王朝内忧外患摇摇欲坠的情况下,表达对宣王的无限期待和信赖,实言近而旨远,语浅而情深。第二章顺势而下,承上歌颂宣王德荫子孙,受禄千亿,落笔于他能"不愆不忘",一丝不苟地遵循文、武、成、康的典章制度,能够听从大臣们的建议劝谏。这些话里包含着极其深刻的教训:夷王、厉王因为违背了这两点使宗周几乎灭亡。其代价不可谓不大。因为本诗是举行冠礼的仪礼用诗,有着它现实的要求,故而第三章便转锋回笔,热烈地歌颂年轻的宣王有着美好的仪容、高尚的品德,能"受福无疆"成为天下臣民、四方诸侯的"纲纪"。末章紧接前文之辞,以写实的手笔勾勒了行冠礼的活动场景。宣王礼待诸侯,宴饮群臣,其情融融,其意洽洽。"百辟卿士"没有一个不爱戴他、不亲近他的。"不解于位,民之攸墍"。使国民能安居乐业,不再流离失所,这不是对一个明君的最主要的要求吗? 短短的一首诗,围绕着"德、章、纲、位"赞美了年轻有为,能为天下纲纪的宣王,于有限的词句内包容了无限的真情,美溢于辞,其味无穷。

过去不少学者认为这首诗"无非奉上美诗","近谀","全篇捧场,毫无足观",似未能弄清诗的主旨和特定的创作背景。

(赵逵夫 王晓鹏)

公 刘

笃公刘,①	忠厚我祖好公刘,
匪居匪康。②	不图安康和享受。
迺埸迺疆,③	划分疆界治田畴,
迺积迺仓,④	仓里粮食堆得厚,

迺裹餱粮。⑤	包起干粮备远游。
于橐于囊，⑥	大袋小袋都装满，
思辑用光。⑦	大家团结光荣久。
弓矢斯张，⑧	佩起弓箭执戈矛，
干戈戚扬，⑨	盾牌刀斧都拿好，
爰方启行。	向着前方开步走。
笃公刘，	忠厚我祖好公刘，
于胥斯原。⑩	察看豳地谋虑周。
既庶既繁，⑪	百姓众多紧跟随，
既顺迺宣，⑫	民心归顺舒畅透，
而无永叹。	没有叹息不烦忧。
陟则在巘，⑬	忽登山顶远远望，
复降在原。	忽下平原细细瞅。
何以舟之？⑭	身上佩带什么宝？
维玉及瑶，	美玉琼瑶般般有，
鞞琫容刀。⑮	鞘口玉饰光彩柔。
笃公刘，	忠厚我祖好公刘，
逝彼百泉，⑯	沿着溪泉岸边走，
瞻彼溥原。⑰	广阔原野漫凝眸。
迺陟南冈，	登上高冈放眼量，
乃觏于京。⑱	京师美景一望收。
京师之野，⑲	京师四野多肥沃，
于时处处，⑳	在此建都美无俦，
于时庐旅，㉑	快快去把宫室修。
于时言言，	又说又笑喜洋洋，
于时语语。	又笑又说乐悠悠。

笃公刘，	忠厚我祖好公刘，
于京斯依。	定都京师立鸿猷。
跄跄济济，㉒	群臣侍从威仪盛，
俾筵俾几。㉓	赴宴入席错觥筹。
既登乃依，	宾主依次安排定，
乃造其曹。㉔	先祭猪神求保佑。
执豕于牢，㉕	圈里抓猪做佳肴，
酌之用匏。㉖	且用瓢儿酌美酒。
食之饮之，	酒醉饭饱情绪好，
君之宗之。㉗	推选公刘为领袖。

笃公刘，	忠厚我祖好公刘，
既溥既长，	又宽又长辟地头，
既景迺冈。㉘	丈量平原和山丘。
相其阴阳，㉙	山南山北测一周，
观其流泉。	勘明水源与水流。
其军三单，㉚	组织军队分三班，
度其隰原，㉛	勘察低地开深沟，
彻田为粮。㉜	开荒种粮治田畴。
度其夕阳，㉝	再到西山仔细看，
豳居允荒。㉞	豳地广大真非旧。

笃公刘，	忠厚我祖好公刘，
于豳斯馆。	豳地筑宫环境幽。
涉渭为乱，㉟	横渡渭水驾木舟，
取厉取锻。㊱	砺石锻石任取求。
止基迺理，㊲	块块基地治理好，
爰众爰有。㊳	民康物阜笑语稠。
夹其皇涧，㊴	皇涧两岸人住下，

溯其过涧。㊵　　　面向过涧豁远眸。
止旅迺密，㊶　　　移民定居人稠密，
芮鞫之即。㊷　　　河之两岸再往就。

〔注〕①笃：诚实忠厚。　②匪居匪康：朱熹《诗集传》："居，安；康，宁也。"匪，不。句谓不贪图居处的安宁。　③埸(yì)：田界。迺，同"乃"。　④积：露天堆粮之处，后亦称"庾"。仓：仓库。　⑤餱粮：干粮。　⑥于橐于囊：指装入口袋。有底曰囊，无底曰橐。　⑦思辑：谓和睦团结。思，发语辞。用光：以为荣光。　⑧斯：发语辞。张：准备，犹今语张罗。　⑨干：盾牌。戚：斧。扬：大斧，亦名钺。　⑩胥：视察。斯原：这里的原野。　⑪庶、繁：人口众多。朱熹《诗集传》："庶繁，谓言之者众也。"　⑫顺：谓民心归顺。宣：舒畅。　⑬陟：攀登。巘(yǎn)：小山。　⑭舟：佩带。　⑮鞞(bǐ)：刀鞘。琫(běng)：刀鞘口上的玉饰。　⑯逝：往。　⑰溥(pǔ)：广大。　⑱觏：察看。京：高丘。一释作酾之地名。　⑲京师：朱熹《诗集传》："京师，高山而众居也。董氏曰：'所谓京师者，盖起于此。'其后世因以所都为京师也。"　⑳于时：于是。时，通"是"。处处：居住。　㉑庐旅：此二字古通用，即"旅旅"，寄居之意。见马瑞辰《毛诗传笺通释》。此指宾旅馆舍。　㉒跄跄济济：朱熹《诗集传》："群臣有威仪貌。"案，跄跄，形容走路有节奏；济济，从容端庄貌。　㉓俾筵俾几：俾，使。筵，铺在地上坐的席子。几，放在席子上的小桌。古人席地而坐，故云。　㉔乃造其曹：造，三家诗作告。曹，通"槽"，祭猪神。朱熹《诗集传》："曹，群牧之处也。"亦可通。　㉕牢：猪圈。　㉖酌：指斟酒。匏：葫芦，此指剖成的瓢，古称匏爵。　㉗君之：指当君主。宗之：指当族主。　㉘既景迺冈：朱熹《诗集传》："景，考日景以正四方也。冈，登高以望也。"按，景通"影"。　㉙相其阴阳：相，视察。阴阳，指山之南北。南曰阳，北曰阴。　㉚三单(shàn)：单，通"禅"，意为轮流值班。三单，谓分军为三，以一军服役，他军轮换。毛传："三单，相袭也。"亦此意。　㉛度：测量。隰(xí)原：低平之地。　㉜彻田：周人管理田亩的制度。朱熹《诗集传》："彻，通也。一井之田九百亩，八家皆私百亩，同养公田，耕则通力而作，收则计亩而分也。周之彻法自此始。"　㉝夕阳：《尔雅·释山》："山西曰夕阳。"　㉞允荒：确实广大。　㉟渭：渭水，源出今甘肃渭源县北鸟鼠山，东南流至清水县，入今陕西省境，横贯渭河平原，东流至潼关，入黄河。乱：横流而渡。　㊱厉：通"砺"，磨刀石。锻：打铁，此指打铁用的石锤。　㊲止基迺理：《诗集传》："止，居；基，定也；理，疆理也。"一释止为既，基为基地，理为治理，意较显豁。　㊳爰众爰有：谓人多且富有。　㊴皇涧：豳地水名。　㊵过涧：亦水名，"过"读平声。　㊶止旅迺密：指前来定居的人口日渐稠密。　㊷芮鞫(ruì jū)：朱熹《诗集传》："芮，水名，出吴山西北，东入泾。《周礼·职方》作汭。鞫，水外也。"以上几句谓皇涧、过涧既定，又向芮水流域发展。

　　此篇上承《生民》，下接《緜》，构成了周人史诗的一个系列。《生民》写周人始祖在邰(故址在今陕西武功县境内)从事农业生产，此篇写公刘由邰迁豳(在今陕西旬邑和彬县一带)开疆创业，而《緜》诗则写古公亶父自豳迁居岐下(在今陕西岐县)，以及文王继承遗烈，使周之基业得到进一步发展。

　　公刘，陆德明《经典释文》引《尚书大传》云："公，爵；刘，名也。"后世多合而称之曰公刘。大约在夏桀之时，后稷的儿子不窋(zhuò)失其职守，自窜于戎狄。不窑生了鞠陶,鞠陶生了公刘。公刘回邰,恢复了后稷所从事的农业,人民逐渐富裕。"乃相土地之宜,而立国于豳之谷焉"(见《豳风》朱熹《集传》)。这首诗就着重记载了公刘迁豳以后开创基业的史实。

诗共六章,每章六句,均以"笃公刘"发端,从这赞叹的语气来看,必是周之后人所作。《诗集传》谓:"旧说召康公以成王将莅政,当戒以民事,故咏公刘之事以告之曰:'厚者,公刘之于民也!'"若是成王时召康公所作,则约在公元前十一世纪前后,可见公刘的故事在周人中已流传好几代,至此时方整理成文。

诗之首章写公刘出发前的准备。他在邰地划分疆界,领导人民勤劳耕作,将丰收的粮食装进仓库,制成干粮,又一袋一袋包装起来。接着又挽弓带箭,拿起干戈斧钺各种武器,然后浩浩荡荡向豳地进发。以下各章写到达豳地以后的各种举措,他先是到原野上进行勘察,有时登上山顶,有时走在平原,有时察看泉水,有时测量土地。然后开始规划哪里种植,哪里建房,哪里养殖,哪里采石……一切安顿好了,便设宴庆贺,推举首领。首领既定,又组织军队,进行防卫。诗篇将公刘开拓疆土、建立邦国的过程,描绘得清清楚楚,仿佛将读者带进远古时代,观看了一幅先民勤劳朴实的生活图景。

整篇之中,突出地塑造了公刘这位人物形象。他深谋远虑,具有开拓进取的精神。他在邰地从事农业本可以安居乐业,但他"匪居匪康",不敢安居,仍然相土地之宜,率领人民开辟环境更好的豳地。作为部落之长,他很有组织才能,精通领导艺术。出发之前,他进行了精心的准备,必待兵精粮足而后启行。既到之后,不辞劳苦,勘察地形,规划建设,事无巨细,莫不躬亲。诗云:"陟则在巘,复降在原。何以舟之?维玉及瑶,鞞琫容刀。"吕祖谦评此节曰:"以如是之佩服,而亲如是之劳苦,斯其所以为厚于民也欤!"(《诗集传》引)他身上佩带着美玉宝石和闪闪发光的刀鞘,登山涉水,亲临第一线,这样具有光辉形象的领导者,自然得到群众的拥护,也自然会得到后世学者的赞扬。

诗中不仅写了作为部落之长的公刘,而且也写了民众,写了公刘与民众之间齐心协力、患难与共的关系。诗云:"思辑用光。"又云:"既庶既繁,既顺迺宣,而无永叹。"是说他们思想上团结一致,行动上紧紧相随,人人心情舒畅,没有一个在困难面前唉声叹气。"于时处处,于时庐旅,于时言言,于时语语",诗人用了一组排比句,讴歌了人们在定居以后七嘴八舌、谈笑风生的生动场面。

看来在公刘的时代,似乎既有一定的组织纪律,也有一定的民主自由。诗云:"跄跄济济,俾筵俾几。既登乃依,乃造其曹。执豕于牢,酌之用匏。食之饮之,君之宗之。"在欢庆的宴会上,人们依次入座,共享丰盛的酒肴。在酒足饭饱之际,人们共同推举首领,这中间似可窥见先民政治生活的一个缩影。吕祖谦评此章云:"既飨燕(宴)而定经制,以整属其民,上则皆统于君,下则各统于宗。盖古者建国立宗,其事相须。"(《诗集传》引)这话有一定道理,但他不免从封建宗法制度出发去看待那时的社会,忽视了诗中所固有的活泼舒畅的自由气氛。

此诗的特点是在行动中展示当时的社会风貌,在具体场景中刻画人物形象。无论是"弓矢斯张,干戈戚扬"的行进行列,无论是"既溥既长,既景迺冈,相其阴阳"的勘察情景,都将人与景结合起来描写,因而景中有人,栩栩如生。微感不足的是写勘察的地方较多,二、三、五、六四节虽各有侧重,然重复之处亦在所难免。这大概是由于当时部落的生活还比较单纯,其他无甚可写所致吧? 然而在那个时代能有这样的史诗,确也难能可贵。 (徐培均)

泂 酌

泂酌彼行潦,①	远舀路边积水潭,
挹彼注兹,②	把这水缸都装满,
可以餴饎。③	可以蒸菜也蒸饭。
岂弟君子,④	君子品德真高尚,
民之父母。	好比百姓父母般。

泂酌彼行潦,	远舀路边积水坑,
挹彼注兹,	舀来倒进我水缸,
可以濯罍。⑤	可把酒壶洗清爽。
岂弟君子,	君子品德真高尚,
民之攸归。⑥	百姓归附心向往。

泂酌彼行潦,	远舀路边积水注,
挹彼注兹,	舀进水瓮抱回家,
可以濯溉。⑦	可以洗涤和抹擦。
岂弟君子,	君子品德真高尚,
民之攸塈。⑧	百姓归附爱戴他。

(程俊英译)

大雅·泂酌

[注] ① 泂(jiǒng):远。行潦(lǎo):路边的积水。 ② 挹(yì):舀出。注:灌入。 ③ 饙(fēn):蒸。餴(chì):旧训酒食,非。马瑞辰《毛诗传笺通释》云:"宜读如饎人之饎。《周官》(《周礼》)大郑注:'饎人,主炊官也。'《仪礼》郑注:'炊黍稷为饎。'是也。"今从其说。 ④ 岂弟(kǎi tì):即"恺悌",本义为和乐平易,据《吕氏春秋·不屈》所载惠子"诗曰:'恺悌君子,民之父母。'恺者,大也;悌者,长也。君子之德长且大者,则为民父母"数语,则在此特训为恩德深长广大。 ⑤ 罍(léi):古酒器,似壶而大。 ⑥ 攸:所。归:归附。 ⑦ 溉:洗。或谓通"概",一种盛酒漆器。王引之《经义述闻》:"'溉'当读为'概'。概,漆尊也。" ⑧ 塈(xì):毛传:"塈,息也。"马瑞辰《毛诗传笺通释》:"按:《方言》:'息,归也。''民之攸塈'谓民之所息,即谓民之所归。"

对这首诗主旨的解说,各家之见颇有差异。《毛诗序》云:"《泂酌》,召康公戒成王也。言皇天亲有德,飨有道也。"扬雄《博士箴》(《艺文类聚·职官部》引)云:"公刘挹行潦而浊乱斯清,官操其业,士执其经。"陈乔樅《鲁诗遗说考》以之为鲁诗之说。王先谦《诗三家义集疏》云:"三家以诗为公刘作,盖以戎狄浊乱之区而公刘居之,譬如行潦可谓浊矣,公刘挹而注之,则浊者不浊,清者自清。由公刘居豳之后,别田而养,立学以教,法度简易,人民相安,故亲之如父母。……其详则不得而闻矣。"其详既不得闻,三家诗之说的正误也就难以稽考了。而《毛诗序》之说,似乎更觉缥缈,此诗的文本自然有劝勉之意,但却很难讲有什么告诫之意。至于陈子展《诗经直解》所说"当是奴隶被迫自远地汲水者所作,此非奴才诗人之歌颂,而似奴隶歌手之讽刺",似更迂远。相比较而言,程俊英《诗经译注》所说"这是歌颂统治者能得民心的诗,具体指谁,史无确证",高亨《诗经今注》所说"这是一首为周王或诸侯颂德的诗,集中歌颂他能爱人民,得到人民的拥护",还是比较圆通的,今从之。

诗分三章,均从远处流潦之水起兴。流潦之水本来浑浊,且又处于远方,本来很容易被人弃之不用,但如能"挹彼注兹",舀过来倒进自己的水缸,就可以用来蒸煮食物,洗濯酒器,成为有用之物。这正如远土之民,只要君王施以仁义,便自然可以使他们感恩戴德,心悦诚服地前来归附。这里的关键是君王要有高尚敦厚的品德,真正成为"民之父母"。对此,方玉润有如下发挥:"此等诗总是欲在上之人当以父母斯民为心,盖必在上者有慈祥岂弟之念,而后在下者有亲附来止之诚。曰'攸归'者,为民所归往也;曰'攸塈'者,为民所安息也。使君子不以'父母'自居,外视其赤子,则小民又岂如赤子相依,乐从夫'父母'?故词若褒美而意实劝戒。"(《诗经原始》)他说的"劝"意是可以感受到的,但他说的"戒"意是否真的存在于诗的文本中,令人怀疑,但从接受美学角度说,他的这种创造性"误读"还是很有意思的。

此诗借日常生活中常见的事物起兴,且重章叠句,反复歌咏,正如方玉润所指出:"其体近乎风,匪独不类《大雅》,且并不似《小雅》之发扬蹈厉,剀切直陈者。"(《诗经原始》)由此也可以看出《国风》对《大雅》艺术上的影响。 (赵山林)

卷　　阿

有卷者阿,① 　　曲折丘陵风光好,
飘风自南。② 　　旋风南来声怒号。
岂弟君子,③ 　　和气近人的君子,
来游来歌, 　　到此遨游歌载道,
以矢其音。④ 　　大家献诗兴致高。

伴奂尔游矣,⑤ 　　江山如画任你游,
优游尔休矣。⑥ 　　悠闲自得且暂休。
岂弟君子, 　　和气近人的君子,
俾尔弥尔性,⑦ 　　终生辛劳何所求,
似先公酋矣。⑧ 　　继承祖业功千秋。

尔土宇昄章,⑨ 　　你的版图和封疆,
亦孔之厚矣。⑩ 　　一望无际遍海内。
岂弟君子, 　　和气近人的君子,
俾尔弥尔性, 　　终生辛劳有作为,
百神尔主矣。⑪ 　　主祭百神最相配。

尔受命长矣, 　　你受天命长又久,
茀禄尔康矣。⑫ 　　福禄安康样样有。
岂弟君子, 　　和气近人的君子,
俾尔弥尔性, 　　终生辛劳百年寿,
纯嘏尔常矣。⑬ 　　天赐洪福永享受。

有冯有翼,⑭ 　　贤才良士辅佐你,

有孝有德，	品德崇高有权威，
以引以翼。⑮	匡扶相济功绩伟。
岂弟君子，	和气近人的君子，
四方为则。⑯	垂范天下万民随。

颙颙卬卬，⑰	贤臣肃敬志高昂，
如圭如璋，⑱	品德纯洁如圭璋，
令闻令望。⑲	名声威望传四方。
岂弟君子，	和气近人的君子，
四方为纲。	天下诸侯好榜样。

凤皇于飞，	高高青天凤凰飞，
翙翙其羽，⑳	百鸟展翅紧相随，
亦集爰止。㉑	凤停树上百鸟陪。
蔼蔼王多吉士，㉒	周王身边贤士萃，
维君子使，	任您驱使献智慧，
媚于天子。㉓	爱戴天子不敢违。

凤皇于飞，	青天高高凤凰飞，
翙翙其羽，	百鸟纷纷紧相随，
亦傅于天。㉔	直上晴空迎朝晖。
蔼蔼王多吉人，	周王身边贤士萃，
维君子命，	听您命令不辞累，
媚于庶人。	爱护人民行无亏。

凤皇鸣矣，	凤凰鸣叫示吉祥，
于彼高冈。	停在那边高山冈。
梧桐生矣，	高冈上面生梧桐，
于彼朝阳。㉕	面向东方迎朝阳。

菶菶萋萋，㉖	枝叶茂盛郁苍苍，
雝雝喈喈。㉗	凤凰和鸣声悠扬。
君子之车，	迎送贤臣马车备，
既庶且多。㉘	车子既多又华美。
君子之马，	迎送贤臣有好马，
既闲且驰。㉙	奔腾熟练快如飞。
矢诗不多，㉚	贤臣献诗真不少，
维以遂歌。㉛	为答周王唱歌会。

(程俊英译)

〔注〕① 有卷(quán)：卷卷。卷，卷曲。阿：大丘陵。　② 飘风：旋风。　③ 岂弟(kǎi tì)：即"恺悌"，和乐平易。　④ 矢：陈，此指发出。　⑤ 伴奂：据郑玄笺："伴奂，自纵弛之意也。"则"伴奂"当即"泮涣"，无拘无束之貌。或谓读为"盘桓"，非。　⑥ 优游：从容自得之貌。　⑦ 俾：使。尔：指周天子。弥：终，尽。性：同"生"，生命。　⑧ 似：同"嗣"，继承。首：同"猷"，谋划。　⑨ 皈(bǎn)章：版图。　⑩ 孔：很。　⑪ 主：主祭。　⑫ 茀：通"福"。　⑬ 纯嘏(gǔ)：大福。　⑭ 冯(píng)：辅。翼：助。　⑮ 引：牵挽。　⑯ 则：标准。　⑰ 颙(yōng)颙：庄重恭敬。卬(áng)卬：气概轩昂。　⑱ 圭：古代玉制礼器，长条形，上端尖。璋：也是古代玉制礼器，长条形，上端作斜锐角。　⑲ 令：美好。闻：声誉。　⑳ 翙(huì)翙：鸟展翅振动之声。　㉑ 爰：而。　㉒ 蔼蔼：众多貌。吉士：贤良之士。　㉓ 媚：爱戴。　㉔ 傅：至。　㉕ 朝阳：指山的东面，因其早上为太阳所照，故称。　㉖ 菶(běng)菶：草木茂盛貌。　㉗ 雝(yōng)雝喈(jiē)喈：鸟鸣声。　㉘ 庶：众。　㉙ 闲：娴熟。　㉚ 不多：很多。不，读为"丕"，大。　㉛ 遂：对。

　　这首是周王出游卷阿，诗人所陈赞美之歌。《毛诗序》说，此诗为"召康公戒成王也"。朱熹《诗集传》认为是"(召康)公从成王游歌于卷阿之上，因王之歌而作此以为戒"。其说似可从。

　　第一章发端总叙，以领起全诗。《汲冢纪年》："成王三十三年，游于卷阿，召康公从。"本诗所记，当即为此次出游。"有卷者阿"言出游之地，"飘风自南"言出游之时，"岂弟君子"言出游之人，"来游来歌，以矢其音"二句则并游、歌而叙之。这段记叙简约而又全面，所以前人称其"是一段卷阿游宴小记"(方玉润《诗经原始》)。

　　第二、三、四章，称颂周室版图广大，疆域辽阔，周王恩泽，遍于海内，周王膺受天命，既长且久，福禄安康，样样齐备，因而能够尽情娱游，闲暇自得。这些称颂归结到一点，便是那重复了三次的"俾尔弥尔性"，即祝周王长命百岁，以便继承祖宗功业,成为百神的祭主,永远享受天赐洪福。

第五、六章,称颂周王有贤才良士尽心辅佐,因而能够威望卓著,声名远扬,成为天下四方的准则与楷模。这两章是承第二、三、四章而来。第二、三、四章主要说的是周王德性的内在作用,这两章主要说的是周王德性的外在影响,二者相辅相成,相得益彰。

第七、八、九章,以凤凰比周王,以百鸟比贤臣。诗人以凤凰展翅高飞,百鸟紧紧相随,比喻贤臣对周王的拥戴,即所谓"媚于天子"。(所谓"媚于庶人",不过是一种陪衬。)然后又以高冈梧桐郁郁苍苍,朝阳鸣凤宛转悠扬,渲染出一种君臣相得的和谐气氛。方玉润评得好:"盖自凤鸣于岐,而周才日盛。即此一游,一时扈从贤臣,无非才德具备,与吉光瑞羽,互相辉映,故物瑞人材,双美并咏,君顾之而君乐,民望之而民喜,有不期然而然者。故又曰'媚于天子''媚于庶人'也。然犹未足以形容其盛也。九章复即凤凰之集于梧桐,向朝阳而鸣高者虚写一番。则'奉奉萋萋''雝雝喈喈'之象,自足以想见其'跄跄济济'之盛焉。"(《诗经原始》)

第十章回过头来,描写出游时车马,仍扣紧君臣相得之意。末二句写群臣献诗,盛况空前,与首章之"来游来歌,以矢其音"呼应作结。

本篇是对周王歌功颂德的诗篇,思想上带有局限性。但称颂中带有劝诫之意,所以仍有可取之处。从艺术上来说,全篇规模宏大,结构完整,赋笔之外,兼用比兴,如以"如圭如璋"比贤臣之"颙颙卬卬",以凤凰百鸟比喻"王多吉士""王多吉人",都很贴切自然,给读者留下了鲜明的印象,同时也对后世产生了广泛的影响。

(赵山林)

民　劳

民亦劳止,①	百姓也已够辛苦,
汔可小康。②	应该可以稍安康。
惠此中国,③	抚爱王畿众百姓,
以绥四方。④	安定四方诸侯邦。
无纵诡随,⑤	不要听从欺诈语,
以谨无良。⑥	谨慎提防不善良。
式遏寇虐,⑦	遏止暴虐与掠夺,
憯不畏明。⑧	怎不畏惧天朗朗。

| 柔远能迩,⑨ | 安抚远地使亲近, |
| 以定我王。 | 我王心定福安享。 |

民亦劳止,	百姓也已够辛苦,
汔可小休。	应该可以稍休息。
惠此中国,	抚爱王畿众百姓,
以民为逑。⑩	百姓安乐聚一起。
无纵诡随,	不要听从欺诈语,
以谨惽怓。⑪	谨慎提防喧争事。
式遏寇虐,	遏止暴虐与掠夺,
无俾民忧。	不使百姓太忧急。
无弃尔劳,⑫	不要抛弃旧功劳,
以为王休。⑬	来为王家谋利益。

民亦劳止,	百姓也已够辛苦,
汔可小息。	应该可以稍喘息。
惠此京师,	抚爱京师老百姓,
以绥四国。	安定四方诸侯地。
无纵诡随,	不要听从欺诈语,
以谨罔极。⑭	谨慎提防无法纪。
式遏寇虐,	遏止暴虐与掠夺,
无俾作慝。⑮	不使作恶太得意。
敬慎威仪,	恭敬庄重保威仪,
以近有德。	亲近仁人与志士。

民亦劳止,	百姓也已够辛苦,
汔可小愒。⑯	应该可以稍安宁。
惠此中国,	抚爱王畿众百姓,
俾民忧泄。	使我百姓除心病。

无纵诡随，	不要听从欺诈语，
以谨丑厉。⑰	谨慎提防有奸佞。
式遏寇虐，	遏止暴虐与掠夺，
无俾正败。⑱	不使政事败难成。
戎虽小子，⑲	您虽是个年轻人，
而式弘大。⑳	作用却大要认清。

民亦劳止，	百姓也已够辛苦，
汔可小安。	应该可以稍安定。
惠此中国，	抚爱王畿众百姓，
国无有残。	国无残酷无酸辛。
无纵诡随，	不要听从欺诈语，
以谨缱绻。㉑	谨慎提防内乱生。
式遏寇虐，	遏止暴虐与掠夺，
无俾正反。㉒	不使颠倒我国政。
王欲玉女，㉓	爱你大王如美玉，
是用大谏。㉔	因此大声来谏诤。

〔注〕①止：语气词。　②汔(qì)：庶几。康：安康，安居。　③惠：爱。中国：周王朝直接统治的地区，也就是"王畿"，相对于四方诸侯国而言。　④绥：安。　⑤纵：放纵。诡随：诡诈欺骗。　⑥谨：指谨慎提防。　⑦式：发语词。寇虐：残害掠夺。　⑧憯(cǎn)：曾，乃。　⑨柔：爱抚。能：亲善。　⑩逑：聚合。　⑪惛怓(hūn náo)：喧嚷争吵。　⑫尔：指在位者。劳：劳绩，功劳。　⑬休：美，此指利益。　⑭罔极：没有准则，没有法纪。　⑮慝(tè)：恶。　⑯愒(qì)：休息。　⑰丑厉：恶人。　⑱正：通"政"。　⑲戎：你，指在位者。小子：年轻人。　⑳式：作用。　㉑缱绻(qiǎn quǎn)：固结不解，指统治者内部纠纷。　㉒正反：政治颠倒。　㉓玉女(rǔ)：爱汝。玉，此作动词，像爱玉那样地宝爱；女，汝。　㉔是用：是以，因此。

《民劳》一诗，《毛诗序》以为"召穆公刺厉王也"，郑笺云："厉王，成王七世孙也，时赋敛重数，徭役繁多，人民劳苦，轻为奸宄，强陵弱，众暴寡，作寇害，故穆公刺之。"朱熹《诗集传》则以为"乃同列相戒之词耳，未必专为刺王而发"。严粲《诗缉》也说："旧说以此诗'戎虽小子'及《板》诗'小子'皆指王。小子，非君臣之辞，今不从。二诗皆戒责同僚，故称小子耳。"朱熹等宋代经学家每不从汉儒之说，自立新义,时有创见,但涉及君臣关系问题,却反而比汉儒保守。其实,正如范处义《诗补传》所说:"古者君臣相尔女(汝),本示亲爱。小子,则年少之通称。故周之《颂》《诗》《诰》《命》,皆屡称'小子',不以为嫌。是诗及《板》《抑》以厉王为'小子',意其及位不久,年尚少,已昏乱如此。故《抑》又谓'未知臧否',则其年少可知矣。穆公谓王虽小子,而用事甚广,不可忽也。"朱、严之说实不足为训,《毛诗序》无误。

本篇共五章,每章十句,均为标准的四言句,句式整齐,结构谨严。各章互相比较一下,可以发现,第一句皆同,第二句仅末字互相不同,第三句除第三章外余四章皆同,第四句皆不同,第五句皆同,第六句后两字不同,第七句皆同,第八句、第九句皆不同,第十句除第四章、第五章外余三章第一字均为"以"。这样的句式结构,具有明显的重章叠句趋势,本是《国风》中常见的一种基本格式,但在《大雅》中居然也有板有眼地出现,确实令人有些奇怪。不过说怪也没什么好怪,《大雅》虽以赋为主,但它与《国风》在艺术手法上还是有一定联系的,《凫鹥》《泂酌》两篇不也是复沓式结构吗?只是《民劳》一诗篇幅要长得多,五章反复申说,意味尤为深长,令人咀嚼不尽。

诗一开头,就说人民已经很劳苦了,庶几可以稍稍休息了。姚际恒评曰:"开口说民劳,便已凄楚;'汔可小康',亦安于时运而不敢过望之辞。曰'可'者,又见唯此时可为,他日恐将不及也,亦危之之词。"(《诗经通论》)很能抓住要害。接着'惠此中国,以绥四方',是说要以京畿为重,抚爱国中百姓,使四境得以安定;"无纵诡随,以谨无良",是说不要受那些奸狡诡诈之徒的欺骗,听信他们的坏话。第二、三、四、五章的"以为民述""以绥四国""俾民忧泄""国无有残"与"以谨惛怓""以谨罔极""以谨丑厉""以谨缱绻",也是围绕恤民、保京、防奸、止乱几个方面不惜重言。陈子展说:"盖诗人已豫见厉王溃灭,故不觉其言之丁宁而沉痛也。"《诗经直解》)诚然。至于为什么每章都有"无纵诡随"一句放在"式遏寇虐"一句前面,钟惺是这样解释的:"未有不媚王而能虐民者,此等机局,宜参透之。"(《评点诗经》)但比他更早,严粲就这样分析过:"无良、惛怓、罔极、丑厉、缱绻,皆极小人之情状,而总之以诡随。盖小人之媚君子,其始皆以诡随入之,其终无所不至,孔子所谓佞人殆也。"(《诗缉》)其实,说穿了,抨击小人蒙蔽君主而作恶,无非是刺国王不明无能的一个障眼法。不便直斥君主,便拿君主周围的小人开刀,自古皆然。确实,有了昏君小人才能作大恶,"极小人之情状"还不是给周厉王一个镜子让他照照自己?

(王焰)

板

上帝板板，① 上帝昏乱背离常道，
下民卒瘅。② 下民受苦多病辛劳。
出话不然，③ 说出话儿太不像样，
为犹不远。④ 作出决策没有依靠。
靡圣管管，⑤ 无视圣贤刚愎自用，
不实于亶。⑥ 不讲诚信是非混淆。
犹之未远， 执政行事太没远见，
是用大谏。⑦ 所以要用诗来劝告。

天之方难， 天下正值多灾多难，
无然宪宪。⑧ 不要这样作乐寻欢。
天之方蹶，⑨ 天下恰逢祸患骚乱，
无然泄泄。⑩ 不要如此一派胡言。
辞之辑矣，⑪ 政令如果协调和缓，
民之洽矣。⑫ 百姓便能融洽自安。
辞之怿矣，⑬ 政令一旦坠败涣散，
民之莫矣。⑭ 人民自然遭受苦难。

我虽异事， 我与你虽各司其职，
及尔同寮。⑮ 但也与你同僚共事。
我即尔谋， 我来和你一起商议，
听我嚣嚣。⑯ 不听忠言还要嫌弃。
我言维服，⑰ 我言切合治国实际，
勿以为笑。 切莫当作笑话儿戏。
先民有言， 古人有话不应忘记，
询于刍荛。⑱ 请教樵夫大有裨益。

天之方虐,	天下近来正闹灾荒,
无然谑谑。⑲	不要纵乐一味放荡。
老夫灌灌,⑳	老人忠心诚意满腔,
小子蹻蹻。㉑	小子如此傲慢轻狂。
匪我言耄,㉒	不要说我老来乖张,
尔用忧谑。	被你当作昏愦荒唐。
多将熇熇,㉓	多行不义事难收场,
不可救药。	不可救药病入膏肓。

天之方懠,㉔	老天近来已经震怒,
无为夸毗。㉕	曲意顺从于事无补。
威仪卒迷,㉖	君臣礼仪都很混乱,
善人载尸。㉗	好人如尸没法一诉。
民之方殿屎,㉘	人民正在呻吟受苦,
则莫我敢葵。㉙	我今怎敢别有他顾。
丧乱蔑资,㉚	国家动乱资财匮乏,
曾莫惠我师。㉛	怎能将我百姓安抚。

天之牖民,㉜	天对万民诱导教化,
如埙如篪。㉝	像吹埙篪那样和洽。
如璋如圭,㉞	又如璋圭相配相称,
如取如携。	时时携取把它佩挂。
携无曰益,㉟	随时相携没有阻碍,
牖民孔易。	因势利导不出偏差。
民之多辟,㊱	民间今多邪僻之事,
无自立辟。㊲	徒劳无益枉自立法。

| 价人维蕃,㊳ | 好人就像篱笆簇拥, |
| 大师维垣。㊴ | 民众好比围墙高耸。 |

大邦维屏，⁴⁰	大国犹如屏障挡风，
大宗维翰。⁴¹	同族宛似栋梁架空。
怀德维宁，	有德便能安定从容，
宗子维城。⁴²	宗子就可自处城中。
无俾城坏，	莫让城墙毁坏无用，
无独斯畏。	莫要孤立忧心忡忡。

敬天之怒，	敬畏天的发怒警告，
无敢戏豫。⁴³	怎么再敢荒嬉逍遥。
敬天之渝，⁴⁴	看重天的变化示意，
无敢驰驱。⁴⁵	怎么再敢任性桀傲。
昊天曰明，⁴⁶	上天意志明白可鉴，
及尔出王。⁴⁷	与你一起来往同道。
昊天曰旦，	上天惩戒无时不在，
及尔游衍。⁴⁸	伴你一起出入游遨。

〔注〕① 板板：反，指违背常道。 ② 卒瘅(cuì dàn)：劳累多病。卒通"瘁"。 ③ 不然：不对，不合理。 ④ 犹：通"猷"，谋划。 ⑤ 靡圣：不把圣贤放在眼里。管管：任意放纵。 ⑥ 亶(dǎn)：诚信。 ⑦ 大谏：郑重劝诫。 ⑧ 无然：不要这样。宪宪：欢欣喜悦的样子。 ⑨ 蹶：动乱。 ⑩ 泄(yì)泄：通"呭呭"，妄加议论。 ⑪ 辞：指政令。辑：调和。 ⑫ 洽：融洽，和睦。 ⑬ 怿：通"殬"，败坏。 ⑭ 莫：通"瘼"，疾苦。 ⑮ 及：与。同寮：同事。寮，同"僚"。 ⑯ 嚣(áo)嚣：同"聱聱"，不接受意见的样子。 ⑰ 维：是。服：用。 ⑱ 询：征求、请教。刍：草。荛(ráo)：柴。此指樵夫。 ⑲ 谑谑：嬉笑的样子。 ⑳ 灌灌：款款，诚恳的样子。 ㉑ 蹻(jué)蹻：傲慢的样子。 ㉒ 匪：非，不要。耄：八十为耄。此指昏愦。 ㉓ 将：行，做。熇(hè)熇：火势炽烈的样子，此指一发而不可收拾。 ㉔ 忦(qí)：愤怒。 ㉕ 夸毗：卑躬屈膝、诌媚曲从。毛传："夸毗，体柔人也。"孔疏引李巡曰："屈己卑身，求得于人，曰体柔。"马瑞辰《毛诗传笺通释》："《玉篇》《广韵》皆作骻骳。《尔雅》与籧篨、戚施同释，三者皆连绵字。" ㉖ 威仪：指君臣间的礼节。卒：尽。迷：混乱。 ㉗ 载：则。尸：祭祀时由人扮成的神尸，终祭不言。 ㉘ 殿屎(xī)：毛传："呻吟也。"陆德明《经典释文》："殿，《说文》作唸：屎，《说文》作㖧。" ㉙ 葵：通"揆"，猜测。 ㉚ 蔑：无。资：财产。 ㉛ 惠：施恩。师：此指民众。 ㉜ 牖：通"诱"，诱导。 ㉝ 埙(xūn)：古陶制椭圆形吹奏乐器。篪(chí)：古竹制管乐器。 ㉞ 璋、圭：朝廷用玉制礼器。 ㉟ 益(ài)：通"隘"，阻碍。 ㊱ 辟：通"僻"，邪僻。 ㊲ 立辟(bì)：制定法律。辟，法。 ㊳ 价：同"介"，善。维：是。藩：篱笆。 ㊴ 大师：大众。垣：墙。 ㊵ 大邦：指诸侯大国。屏：屏障。 ㊶ 大宗：指与周同姓的宗族。翰：骨干，栋梁。 ㊷ 宗子：周王的嫡子。 ㊸ 戏豫：游戏娱乐。 ㊹ 渝：改变。 ㊺ 驰驱：指任意放

纵。 ㊻昊天：上天。明：光明。 ㊼王(wǎng)：通"往"。 ㊽游衍：游荡。

这首诗据《毛诗序》记载，是凡伯"刺厉王"之作。西周从夷王起，即衰落不振。厉王执政，朝纲大坏，民不堪命。《国语》曾记邵公谏厉王弭谤一事，就是对其暴虐无道的真实反映。正如邵公所言，尽管当时厉王在国内对敢言者采取了监视和屠杀的严厉手段，但"防民之口，甚于防川"，人们还是用种种不同的形式来宣泄心中的不满，这首相传为凡伯（郑笺说他是"周公之胤"，"入为卿士"；魏源《古诗源》说他就是《汲冢纪年》中的"共伯和"）所作的讽刺诗，便是一个最好的证明。

与后代一些讽喻诗"卒章显其志"的特点相反，作者开宗明义，一开始就用简练的语言，明确说出作诗劝谏的目的和原因。首二句以"上帝"对"下民"，前者昏乱违背常道，后者辛苦劳累多灾多难，因果关系十分明显。这是一个高度概括，以下全诗的分章述写，可以说都是围绕这两句展开的。

对于"上帝"（指周厉王）的"板板"，作者在诗中作了一系列的揭露和谴责。先是"出话不然，为犹不远。靡圣管管，不实于亶"，不但说话、决策没有依据，而且无视圣贤，不讲信用；接着是在"天之方难""方蹶""方虐"和"方㥯"时，一味地"宪宪""泄泄""谑谑"和"夸毗"，面临大乱的天下，还要纵情作乐、放荡胡言和无所作为；然后又是以"蹻蹻"之态，听不进忠言劝谏，既把老臣的直言当作儿戏，又使国人缄口不言，简直到了"不可救药"的地步。

对于"下民"的"卒瘅"，作者则倾注了极大的关心和同情。他劝说厉王改变政令，协调关系，使人民摆脱苦难，融洽自安（"辞之辑矣，民之洽矣。辞之怿矣，民之莫矣"）；他为了解民于水火，大胆进言，甘冒风险（"民之方殿屎，则莫我敢葵。丧乱蔑资，曾莫惠我师"）；同时，他又不厌其烦地向厉王陈述"天之牖民"之道，强调对国人的疏导要像吹奏埙篪那样和谐，对民众的提携要像佩带璋圭那样留心；最后他还意味深长地把人民比作国家的城墙，提醒厉王好自为之，不要使城墙毁于一旦，自己无地自容。

作为谴责和同情的汇聚和结合，作者对厉王的暴虐无道采取了劝说和警告的双重手法。属于劝说的，有"无然"三句，"无敢"两句，"无为""无自""无俾""无独""勿以""匪我"各一句，可谓苦口婆心，反复叮咛，意在劝善，不厌其烦；属于警告的，则有"多将熇熇，不可救药""昊天曰明，及尔出王。昊天曰旦，及尔游衍"等句，晓以利害，悬戒惩恶。这种劝说和警告的并用兼施，使全诗在言事说理方面显得更为全面透彻，同时也表现了作者忧国忧民的一片拳拳之心，忠贞可鉴。

在这首诗中，最可注意的有两点：一是作者的民本思想。他不仅把民众比作国家的城墙,而且提出了惠师牖民的主张,这和邵公之谏在某种意义上说是相通的,具有积极的进步作用。二是以周朝传统的敬天思想,来警诫厉王的"戏豫"和"驰驱"的大不敬,从而加强了讽喻劝谏的力度。如果不是冥顽不化的亡国之君,对此是应当有所触动的。

至于全词多用正言直说,也使其更具后代谏书的作用,作者心胸之坦荡、感情之激切于此可见一斑。而叠字的多处运用、比喻对照的生动工整等,又使它保持了诗歌的艺术性。这首《板》与另一首《荡》同以讽刺厉王著称后世,以至"板荡"成了形容政局混乱、社会动荡的专用词,其影响之大,不难想见。 （曹明纲）

荡

荡荡上帝,①	上帝骄纵又放荡,
下民之辟。②	他是下民的君王。
疾威上帝,③	上帝贪心又暴虐,
其命多辟。④	政令邪僻太反常。
天生烝民,⑤	上天生养众百姓,
其命匪谌。⑥	政令无信尽撒谎。
靡不有初,	万事开头讲得好,
鲜克有终。⑦	很少能有好收场。

文王曰咨,⑧　　　　　文王开口叹声长,
咨女殷商!⑨　　　　　叹你殷商末代王!
曾是强御,⑩　　　　　多少凶暴强横贼,
曾是掊克,⑪　　　　　敲骨吸髓又贪赃,
曾是在位,　　　　　　窃据高位享厚禄,
曾是在服。⑫　　　　　有权有势太猖狂。
天降滔德,⑬　　　　　天降这些不法臣,
女兴是力。⑭　　　　　助长国王逞强梁。

文王曰咨,　　　　　　文王开口叹声长,
咨女殷商!　　　　　　叹你殷商末代王!

而秉义类，⑮	你任善良以职位，
彊御多怼。⑯	凶暴奸臣心怏怏。
流言以对，	面进谗言来诽谤，
寇攘式内。⑰	强横窃据朝廷上。
侯作侯祝，⑱	诅咒贤臣害忠良，
靡届靡究。⑲	没完没了造祸殃。
文王曰咨，	文王开口叹声长，
咨女殷商！	叹你殷商末代王！
女炰烋于中国，⑳	跋扈天下太狂妄，
敛怨以为德。	却把恶人当忠良。
不明尔德，	知人之明你没有，
时无背无侧。㉑	不知叛臣结朋党。
尔德不明，	知人之明你没有，
以无陪无卿。㉒	不知公卿谁能当。
文王曰咨，	文王开口叹声长，
咨女殷商！	叹你殷商末代王！
天不湎尔以酒，㉓	上天未让你酗酒，
不义从式。㉔	也未让你用匪帮。
既愆尔止，㉕	礼节举止全不顾，
靡明靡晦。	没日没夜灌黄汤。
式号式呼，㉖	狂呼乱叫不像样，
俾昼作夜。	日夜颠倒政事荒。
文王曰咨，	文王开口叹声长，
咨女殷商！	叹你殷商末代王！
如蜩如螗，㉗	百姓悲叹如蝉鸣，
如沸如羹。	恰如落进沸水汤。

小大近丧，㉘	大小事儿都不济，
人尚乎由行。㉙	你却还是老模样。
内奰于中国，㉚	全国人民怒气生，
覃及鬼方。㉛	怒火蔓延到远方。
文王曰咨，	文王开口叹声长，
咨女殷商！	叹你殷商末代王！
匪上帝不时，㉜	不是上帝心不好，
殷不用旧。	是你不守旧规章。
虽无老成人，	虽然身边没老臣，
尚有典刑。㉝	还有成法可依傍。
曾是莫听，	这样不听人劝告，
大命以倾。	命将转移国将亡。
文王曰咨，	文王开口叹声长，
咨女殷商！	叹你殷商末代王！
人亦有言：	古人有话不可忘：
"颠沛之揭，㉞	"大树拔倒根出土，
枝叶未有害，	枝叶虽然暂不伤，
本实先拨。"㉟	树根已坏难久长。"
殷鉴不远，	殷商镜子并不远，
在夏后之世。㊱	应知夏桀啥下场。

(程俊英译)

〔注〕①荡荡：放荡不守法制的样子。 ②辟(bì)：君王。 ③疾威：暴虐。 ④辟：邪僻。 ⑤烝：众。 ⑥谌(chén)：诚。 ⑦鲜(xiǎn)：少。克：能。 ⑧咨：感叹声。 ⑨女(rǔ)：汝。 ⑩曾是：怎么这样。彊御：强横凶暴。 ⑪掊(póu)克：聚敛，搜括。 ⑫服：任。 ⑬滔：通"慆"，放纵不法。 ⑭兴：助长。力：勤，努力。 ⑮而：尔，你。秉：把持，此指任用。义类：善类。 ⑯怼(duì)：怨恨。 ⑰寇攘：像盗寇一样掠取。式内：在朝廷内。 ⑱侯：于是。作、祝：诅咒。 ⑲届：尽。究：穷。 ⑳炰烋(páo xiāo)：同"咆哮"。 ㉑无背无侧：不知有人背叛、反侧。 ㉒陪：指辅佐之臣。 ㉓湎(miǎn)：沉湎，沉迷。 ㉔从：听从。式：任用。 ㉕愆(qiān)：过错。止：容止。 ㉖式：语助词。 ㉗蜩

(tiáo)：蜩。螗：又叫蝘,一种蝉。 ㉘丧：败亡。 ㉙由行：学老样。 ㉚愍(bì)：愤怒。 ㉛覃：延及。鬼方：指远方。 ㉜时：善。 ㉝典刑：同"典型",指旧的典章法规。 ㉞颠沛：跌仆,此指树木倒下。揭：举,此指树根翻出。 ㉟本：根。拨：败。 ㊱后：君主。

比较熟悉中国古典文学的读者,大约都读过南朝宋谢灵运《拟魏太子〈邺中集〉·王粲》诗和唐太宗李世民《赐萧瑀》诗,相信对他们诗中"幽厉昔崩乱,桓灵今板荡""疾风知劲草,板荡识诚臣"诸句不会陌生。《板》《荡》本是《诗经·大雅》中的诗篇,为何在后世被屡屡连在一起用以代指政局混乱或社会动荡呢?这当然与两诗的内容有关。

《板》诗是刺周厉王无道之作,赏析另见他文,而《荡》诗也是刺厉王之作。《毛诗序》云:"《荡》,召穆公伤周室大坏也。厉王无道,天下荡然无纲纪文章,故作是诗也。"三家诗无异义。朱熹《诗序辨说》云:"苏氏(苏辙)曰,《荡》之名篇以首句有'荡荡上帝'耳。《序》说云云,非本义也。"今人陈子展《诗经直解》以为此"宋儒异说不可从",极是。也有人怀疑此诗为武王载文王木主伐殷纣,借遵文王声讨纣罪的檄文,与《尚书》的《泰誓》《牧誓》诸篇类似,只是有韵罢了。这也如陈子展所说"此想当然耳,实未有据"。兹从《毛诗序》之说。

诗共八章,每章八句。第一章开篇即揭出"荡"字,作为全篇的纲领。"荡荡上帝",用的是呼告语气:败坏法度的上帝啊!下面第三句"疾威上帝"也是呼告体,而"疾威"二字则是"荡"的具体表现,是全诗纲领的实化,以下各章就围绕着"疾威"做文章。应当注意的是,全篇八章中,惟这一章起头不用"文王曰咨"。对此,孔颖达疏解释说:"上帝者,天之别名,天无所坏,不得与'荡荡'共文,故知上帝以托君王,言其不敢斥王,故托之于上帝也。其实称帝亦斥王。此下诸章皆言'文王曰咨',此独不然者,欲以'荡荡'之言为下章总目,且见实非殷商之事,故于章首不言文王,以起发其意也。"他的意见诚然是很有说服力的。

第一章以后各章,都是假托周文王慨叹殷纣王无道之词。第二章连用四个"曾是(怎么那样)",极有气势,谴责的力度很大。姚际恒《诗经通论》评曰:"'曾是'字,怪之之词,如见。"可谓一语破的。孙鑛则对这四句的体式特别有所会心,说:"明是'彊御在位,掊克在服',乃分作四句,各唤以'曾是'字,以肆其态。然四句两意双叠,固是一种调法。"(陈子展《诗经直解》引)他的细致分析,虽是评点八股文的手段,却也很有眼光。第三章在第二章明斥纣王暗责厉王重用贪暴之臣后,指出这样做的恶果必然是贤良遭摈,祸乱横生。第四章刺王刚愎自用,恣意妄为,内无美德,外无良臣,必将招致国之大难。"不明尔德""尔德不明",颠倒其词反复诉说,"无……无"句式的两次重叠,都是作者的精心安排,使语势更为沉重,《大雅》语言的艺术性往往就在这样的体式中反映出来。第五章刺王纵酒败德。史载商纣王作酒池肉林,为长夜之饮,周初鉴于商纣好酒淫乐造成的危害,曾下过禁酒令,这就是《尚书》中的《酒诰》。然而,前车之覆,后车不鉴,厉王根本没有接受历史教训,作者对此怎能不痛心疾首。"俾昼作夜"一句,慨乎言之,令人想起唐李白《乌栖曲》"东方渐高(皜)奈乐何"讽刺宫廷宴饮狂欢的名句。第六章痛陈前面所说纣王各种败德乱政的行为导致国内形势一片混乱,借古喻今,指出对厉王的怨怒已向外蔓延至荒远之国。从章法上说,它既上接第四、五章,又承应第三章,说明祸患由国内而及国外,局面已是十分危险紧急了。第七章作者对殷纣王的错误再从另一面申说,以作总结。前面借指斥殷纣王告诫厉王不该重用恶人、小人,这儿责备他不用"旧",这个"旧"应该既指旧章程也指善于把握旧章程的老臣,所以"殷不用旧"与第四章的"无背无侧""无陪无卿"是一脉相承的。而"虽无老成人,尚有典刑(型)",是说王既不能重用熟悉旧章程的"老成人",那就该自己好好掌握这行之有效的先王之道,但他自己的德行又不足以使他做到这一点,因此国家"大命以倾"的灾难必然降临,这也是与第四章"不明尔德""尔德不明"一脉相承的。作者这种借殷商之亡而发出的警告决不是危言耸听,没过多久,公元前841年国人暴动,厉王被赶出镐京,过了十三年,他在彘地凄凉死去。厉王在那时要后悔可就来不及了。最后一章,借谚语"颠沛之揭,枝叶未有害,本实先拨"告诫厉王应当亡羊补牢,不要大祸临头还瞢腾不觉。这在旁人看来自然是很有说服力的,可惜厉王却不会听取。诗的末两句"殷鉴不远,在夏后(王)之世",出于《尚书·召诰》:"我不可不监(鉴)于有夏,亦不可不监(鉴)于有殷。"实际上也就是:"周鉴不远,在殷后(王)之世。"国家覆亡的教训并不远,对于商来说,是夏桀,对于周来说,就是殷纣,两句语重心长、寓意深刻,有如晨钟暮鼓,可以振聋发聩。只是厉王根本不把这当一回事。或许他也明白这道理,但却绝不会感觉到自己所作所为实与殷纣、夏桀无异。知行背离,这大约也是历史的悲剧不断重演的一个原因吧。

清钱澄之《田间诗学》云:"托为文王叹纣之词。言出于祖先,虽不肖子孙不敢以为非也;过指夫前代,虽至暴之主不得以为谤也。其斯为言之无罪,而听之足以戒乎?"陆奎勋《陆堂诗学》云:"'文王曰咨,咨女殷商',初无一语显斥厉王,结撰之奇,在《雅》诗亦不多觏。"魏源《诗序集义》云:"幽(王)厉(王)之恶莫大于用小人。幽王所用皆佞幸,柔恶之人;厉王所用皆彊御掊克,刚恶之人。四章'炰烋'、'敛怨',刺荣公(厉王宠信的臣子)专利于内,'掊克'之臣也;六章'内奰外罩',刺虢公长父(也是厉王宠信的臣子)主兵于外,'彊御'之臣也。厉恶类纣,故屡托殷商以陈刺。"诸人的分析当可以使我们对作者遭时之乱、处境之危、构思之巧、结撰之奇加深体会。　　　　　　　　　　　　　　　（史卫文）

抑

抑抑威仪，①　　　　　仪表堂堂礼彬彬，
维德之隅。②　　　　　为人品德很端正。
人亦有言：　　　　　　古人有句老俗话：
"靡哲不愚。"　　　　　"智者有时也愚笨。"
庶人之愚，　　　　　　常人如果不聪明，
亦职维疾。③　　　　　那是本身有毛病。
哲人之愚，　　　　　　智者如果不聪明，
亦维斯戾。④　　　　　那就反常令人惊。

无竞维人，⑤　　　　　有了贤人国强盛，
四方其训之。⑥　　　　四方诸侯来归诚。
有觉德行，⑦　　　　　君子德行正又直，
四国顺之。　　　　　　诸侯顺从庆升平。
訏谟定命，⑧　　　　　建国大计定方针，
远犹辰告。⑨　　　　　长远国策告群臣。
敬慎威仪，　　　　　　举止行为要谨慎，
维民之则。　　　　　　人民以此为标准。

其在于今，　　　　　　如今天下乱纷纷，
兴迷乱于政。　　　　　国政混乱不堪论。
颠覆厥德，　　　　　　你的德行已败坏，
荒湛于酒。⑩　　　　　沉湎酒色醉醺醺。
女虽湛乐从，⑪　　　　只知吃喝和玩乐，
弗念厥绍。⑫　　　　　继承帝业不关心。
罔敷求先王，⑬　　　　先王治道不广求，

克共明刑。⑭	怎能明法利众民。
肆皇天弗尚,⑮	皇天不肯来保佑,
如彼泉流,	好比泉水空自流,
无沦胥以亡。⑯	君臣相率一齐休。
夙兴夜寐,	应该起早又睡晚,
洒埽廷内,	里外洒扫除尘垢,
维民之章。⑰	为民表率要带头。
修尔车马,	整治你的车和马,
弓矢戎兵,⑱	弓箭武器认真修,
用戒戎作,⑲	防备一旦战事起,
用逷蛮方。⑳	征服国外众蛮酋。
质尔人民,㉑	安定你的老百姓,
谨尔侯度,㉒	谨守法度莫任性,
用戒不虞。㉓	以防祸事突然生。
慎尔出话,	说话开口要谨慎,
敬尔威仪,	行为举止要端正,
无不柔嘉。	处处温和又可敬。
白圭之玷,	白玉上面有污点,
尚可磨也;	尚可琢磨除干净;
斯言之玷,	开口说话出毛病,
不可为也。	再要挽回也不成。
无易由言,㉔	不要随口把话吐,
无曰"苟矣,	莫道"说话可马虎,
莫扪朕舌",㉕	没人把我舌头捂",
言不可逝矣。㉖	一言既出难弥补。
无言不雠,㉗	没有出言无反应,

无德不报。	施德总能得福禄。
惠于朋友,	朋友群臣要爱护,
庶民小子。	百姓子弟多安抚。
子孙绳绳,㉘	子子孙孙要谨慎,
万民靡不承。㉙	人民没有不顺服。
视尔友君子,㉚	看你招待贵族们,
辑柔尔颜,㉛	和颜悦色笑盈盈,
不遐有愆。㉜	小心过失莫发生。
相在尔室,㉝	看你独自处室内,
尚不愧于屋漏。㉞	做事无愧于神明。
无曰"不显,	休道"室内光线暗,
莫予云觏"。㉟	没人能把我看清"。
神之格思,㊱	神明来去难预测,
不可度思,㊲	不知何时忽降临,
矧可射思。㊳	怎可厌倦自遭惩。
辟尔为德,㊴	修明德行养情操,
俾臧俾嘉。	使它高尚更美好。
淑慎尔止,㊵	举止谨慎行为美,
不愆于仪。	仪容端正有礼貌。
不僭不贼,㊶	不犯过错不害人,
鲜不为则。㊷	很少不被人仿效。
投我以桃,	人家送我一篮桃,
报之以李。	我把李子来相报。
彼童而角,㊸	胡说羊羔头生角,
实虹小子。㊹	实是乱你周王朝。
荏染柔木,㊺	又坚又韧好木料,

言缗之丝。㊻　　　制作琴瑟丝弦调。
温温恭人，　　　温和谨慎老好人，
维德之基。　　　根基深厚品德高。
其维哲人，　　　如果你是明智人，
告之话言，㊼　　古代名言来奉告，
顺德之行。　　　马上实行当作宝。
其维愚人，　　　如果你是糊涂虫，
覆谓我僭，　　　反说我错不讨好，
民各有心。　　　人心各异难诱导。

於乎小子，㊽　　可叹少爷太年轻，
未知臧否。㊾　　不知好歹与重轻。
匪手携之，㊿　　非但挽你互谈心，
言示之事。㉛　　也曾教你办事情。
匪面命之，㉜　　非但当面教导你，
言提其耳。　　　还拎你耳要你听。
借曰未知，㉝　　假使说你不懂事，
亦既抱子。　　　也已抱子有儿婴。
民之靡盈，㉞　　人们虽然有缺点，
谁夙知而莫成？㉟　谁会早慧却晚成？

昊天孔昭，　　　苍天在上最明白，
我生靡乐。　　　我这一生没愉快。
视尔梦梦，㊱　　看你那种糊涂样，
我心惨惨。　　　我心烦闷又悲哀。
诲尔谆谆，　　　反复耐心教导你，
听我藐藐。㊲　　你既不听也不睬。
匪用为教，　　　不知教你为你好，
覆用为虐。㊳　　反当笑话来编排。

借曰未知,	如果说你不懂事,
亦聿既耄。⑤⑨	怎会骂我是老迈。
於乎小子,	叹你少爷年幼王,
告尔旧止,	听我告你旧典章,
听用我谋,	你若听用我主张,
庶无大悔。⑥⓪	不致大错太荒唐。
天方艰难,	上天正把灾难降,
曰丧厥国。⑥①	只怕国家要灭亡。
取譬不远,	让我就近打比方,
昊天不忒。⑥②	上天赏罚不冤枉。
回遹其德,⑥③	如果邪僻性不改,
俾民大棘。⑥④	黎民百姓要遭殃。

(程俊英译)

〔注〕①抑抑：缜密。 ②隅：角，借指品行方正。 ③职：主。 ④戾：乖谬。 ⑤无：发语词。竞：强盛。维人：由于(贤)人。 ⑥训：顺从。 ⑦觉：通"梏"，大。 ⑧訏(xū)谟：大谋。命：政令。 ⑨犹：同"猷"，谋略。辰：按时。 ⑩荒湛(dān)：沉迷。湛，同"耽"。 ⑪女：汝。虽：惟。从：通"纵"，放纵。 ⑫绍：继承。 ⑬罔：不。敷：广。求：指求先王之道。 ⑭克：能。共：通"拱"，执行，推行。刑：法。 ⑮肆：于是。尚：佑助。 ⑯沦胥：相率。 ⑰章：模范，准则。 ⑱戎兵：武器。 ⑲用：以。作：起。 ⑳逷(tì)：通"剔"，治服。蛮方：边远地区的民族部落。 ㉑质：安定。 ㉒侯：语助词。 ㉓不虞：不测。 ㉔易：轻易，轻率。由：于。 ㉕扪：按住。朕：我，秦时始作为皇帝专用的自称。 ㉖逝：追。 ㉗雠：答。 ㉘绳绳：谨慎的样子。 ㉙承：接受。 ㉚友：指招待。 ㉛辑：和。 ㉜退：何。愆(qiān)：过错。 ㉝相：察看。 ㉞屋漏：屋顶漏则见天光，暗中之事全现，喻神明监察。 ㉟云：语助词。觏(gòu)：遇见，此指看见。 ㊱格：至。思：语助词。 ㊲度(duó)：推测，估计。 ㊳矧(shěn)：况且。射(yì)：通"斁"，厌。 ㊴辟：修明，一说训法。 ㊵淑：美好。止：举止行为。 ㊶僭(jiàn)：超越本分。贼：残害。 ㊷鲜(xiǎn)：少。则：法则。 ㊸童：雏，幼小。此指没角的小羊羔。 ㊹虹：同"讧"，溃乱。 ㊺荏染：坚韧。 ㊻言：语助词。缗(mín)：给乐器安上弦。 ㊼话言：陈奂《诗毛氏传疏》："话，当为'诂'字之误也。《(经典)释文》引《说文》作'告之诂言'，云：'诂，故言也。'是陆(陆德明)所见《说文》，据诗作'诂言'，可据以订正。"诂言，老古话。 ㊽於(wū)呼：叹词。 ㊾臧否(pǐ)：好恶。 ㊿匪(fēi)：非。 ㉛示：指示。 ㉜面命：当面开导。 ㉝借曰：假如说。 ㉞盈：完满。 ㉟莫(mù)：同"暮"，晚。 ㊱梦(méng)梦：同"瞢瞢"，昏而不明。 ㊲藐藐：轻视的样子。 ㊳虐："谑"的假借，戏谑。 ㊴聿：语助词。耄：年老。 ㊵庶：庶几。 ㊶曰：语助词。 ㊷忒(tè)：偏差。 ㊸回遹(yù)：邪僻。 ㊹棘：通"急"。

《毛诗序》曰:"《抑》,卫武公刺厉王,亦以自警也。"但古人对此多有争议。《国语·楚语》曰:"昔卫武公年数九十有五矣,犹箴儆于国曰:自卿以下至于师长士,苟在朝者,无谓我老耄而舍我,必恭恪于朝,朝夕以交戒我。闻一二之言,必诵志而纳之,以训道我。在舆有旅贲之规,位宁有官师之典,倚几有诵训之谏,居寝有暬御之箴,临事有瞽史之道,宴居有师工之诵。史不失书,矇不失诵,以训御之。于是乎作《懿戒》以自儆也。"三国吴韦昭注:"昭谓《懿》诗,《大雅·抑》之篇也,懿读曰抑。"是以此诗为卫武公自儆之诗,而非刺诗。宋朱熹《诗集传》也持此观点,云:"卫武公作此诗,使人日诵于其侧以自警。"而清姚际恒《诗经通论》驳《毛诗序》道:"刺王则刺王,自警则自警,未有两事可夹杂为文者。"近人亦多以为此系刺诗而非自儆之诗。其实《毛诗序》之说并无大误,只是措辞有些欠妥,如说成"卫武公藉自警以刺王",就圆通无碍了。因为自儆与刺王两事看似无关,实则"乃诗人之狡猾手法,恰当赅括在奴隶制社会诗人首创主文谲谏技巧之中"(陈子展《诗经直解》)。

至于所刺的周王是否如《毛诗序》所说是周厉王,宋代以来学者对此考辨已详。宋戴埴《鼠璞》说:"武公之自警在于耄年,去厉王之世几九十载,谓诗为刺厉王,深所未晓。"清阎若璩《潜丘劄记》说:"卫武公以宣王十六年己丑即位,上距厉王流彘之年已三十载,安有刺厉王之诗?或曰追刺,尤非。虐君见在,始得出词,其人已逝,即当杜口,是也;《序》云刺厉王,非也。"他们都指出《抑》不可能是刺厉王。清魏源《诗古微》进一步分析说:"《抑》,卫武公作于为平王卿士之时,距幽(王)没三十余载,距厉(王)没八十余载。'尔'、'女'、'小子',皆武公自儆之词,而刺王室在其中矣。'修尔车马,弓矢戎兵',冀复镐京之旧,而慨平王不能也。"魏氏认为此诗所刺的周王不是厉王也不是幽王,而是平王,我们觉得他的意见是正确的。

周平王就是周幽王的儿子宜臼,幽王昏庸残暴,宠爱褒姒,最后被来犯的西戎军队杀死在骊山。幽王死后,宜臼被拥立为王。平王二年(前770),晋文侯、郑武公、卫武公、秦襄公等以武力护送平王到洛邑,东周从此开始。其时周室衰微,诸侯坐大。平王施政不当,《王风》的《君子于役》《扬之水》就是刺平王使"君子行役无期度","不抚其民,而远屯戍于母家(申国)"之作。而本诗作者卫武公则是周的元老,经历了厉王、宣王、幽王、平王四朝。厉王流放,宣王中兴,幽王覆灭,他都是目击者,平王在位时,他已八九十岁,看到自己扶持的平王品行败坏,政治黑暗,不禁忧愤不已,写下了这首《抑》诗。

诗的前四章为第一部分。首章先从哲与愚的关系说起。《诗经》的艺术手法,通常说起来主要有赋比兴三种,此处用的是赋法,也就是直陈,但这种直陈却非较常见的叙事而是说理。"靡哲不愚",看来是古人的格言,千虑一失,聪明人也会有失误,因此聪明人也要谨慎小心。普通人的愚蠢,是他们天生的缺陷;而聪明人的愚蠢,则显得违背常规,令人不解。在卫武公眼中,显然周平王不是一个傻瓜,但现在却偏生变得这么不明事理,眼看要将周王朝引向万劫不复的深渊。卫武公多么希望厉王能够做到"抑抑威仪,维德之隅"啊,可惜现实令人失望。于是接下去作者便开始从正反两方面来作规劝讽谏。

　　第二章卫武公很有针对性地指出求贤与立德的重要性。求贤则能安邦治国,"訏谟定命,远犹辰告"二句便是求贤的效用,立德则能内外悦服,"敬慎威仪,维民之则"二句,便是立德的结果。第三章转入痛切的批评,"兴迷乱于政""颠覆厥德""荒湛于酒""虽(惟)湛乐从(纵)""弗念厥绍""罔敷求先王",一下子列举了平王的六条罪状,可谓触目惊心,仿佛是交响乐中由曲调和缓的弦乐一下子进到了音响强烈的铜管乐,痛之深亦见爱之深。第四章"首三句有挽回皇天之意,亦明其为王言之"(陈子展《诗经直解》),再转回正面告诫,要求执政者(从自儆角度说是卫武公,从刺王角度说是周平王)早起晚睡勤于政事,整顿国防随时准备抵御外寇。"用戒戎作,用遏蛮方"两句,显然对幽王覆灭的隐痛记忆犹新,故将军事部署作为提请平王注意的重大问题。

　　第五章至第八章,是诗的第二部分,进一步说明什么是应当做的,什么是不应当做的,作者特别在对待臣民的礼节态度,出言的谨慎不苟这两点上不惜翻来覆去诉说,这实际上也是第二章求贤、立德两大要务的进一步体现。后来孔子所谓的"仁恕"之心,以及传统格言的"敏于事而慎于言"的道理,已经在此得到了相当充分的阐发,从这一点上说,卫武公可称得上是一个伦理家、哲学家。在具体的修辞上,作者在纯粹的说理句中,不时注意插入形象性的语句,使文气不致过于板滞,可谓深有匠心。如第五章的"白圭之玷,尚可磨也",是对比中的形象,第六章的"莫扪朕舌,言不可逝矣",是动作中的形象,第七章的"相在尔室,尚不愧于屋漏"与第八章的"投我以桃,报之以李",是比喻中的形象,而"彼童而角,实虹小子"以无角公羊自夸有角的巧喻刺平王之昏聩,尤为神来之笔,清马瑞辰《毛诗传笺通释》以之与《小雅·宾之初筵》"由醉之言,俾出童羖"句相提并论,说此诗"是无角者而言其有角",《宾之初筵》是"有角者而欲其无角","二者相参,足见诗人寓言之妙"。

　　第九章至末章是诗的第三部分。在反复申述哪些该做哪些不该做之后,卫武公便恳切地告诫平王应该认真听取自己的箴规,否则就将有亡国之祸。"荏染柔木,言缗之丝"为诗中惟一用兴法的两句,兴又兼比,拿有韧性的木料才能制作好琴,而上等的制琴木料还应配上柔顺的丝弦作比方,说明"温温恭人,维德之基"的道理,可谓语重心长。而作为对比的"其维愚人"、"其维哲人"几句的弦外之音,无非是这样的意思:大王啊,您听我的话就是明主,您不听我的话就是昏君,您可要三思啊! 其言潜气内转,柔中带刚。下面第十章"匪手携之,言示之事;匪面命之,言提其耳",用两个递进式复句叙述,已是后世扇面对的雏形,极其鲜明地表现出一个功勋卓著的老臣恨铁不成钢的忧愤。而第十一章连用四组叠字词,更增强了这种忧愤的烈度。于是末章作者再一次用"於乎小子"的呼告语气作最后的警告,将全诗的箴刺推向高潮。"取譬不远,昊天不忒",就如《大雅·荡》的结尾"殷鉴不远,在夏后之世"一样,是痛心疾首的悲叹。今天的读者面对这样的忧愤之词,仍觉惊心动魄,不知当时周平王读此诗会有什么反应? 但不管效果如何,此诗"千古箴铭之祖"(吴闿生《诗义会通》)的地位当是无法动摇的。并且,除了从文学角度说《抑》自有其审美价值外,从语言学角度说,它又是一座成语的矿藏,"夙兴夜寐""白圭之玷""舌不可扪""投桃报李""耳提面命""谆谆告戒"等成语,都出自本篇。

(史卫文)

桑　柔

菀彼桑柔,①	茂密柔嫩青青桑,
其下侯旬。②	下有浓荫好地方。
捋采其刘,③	桑叶采尽枝干秃,
瘼此下民。④	百姓受害难遮凉。
不殄心忧,⑤	愁思不绝心烦忧,
仓兄填兮。⑥	失意凄凉久惆怅。
倬彼昊天,⑦	老天光明高在上,
宁不我矜。⑧	怎不怜悯我惊惶。
四牡骙骙,⑨	四马驾车好强壮,
旟旐有翩。⑩	旌旗迎风乱飘扬。
乱生不夷,⑪	社会动乱不太平,
靡国不泯。⑫	举国不宁人心慌。
民靡有黎,⑬	百姓受难少壮丁,

具祸以烬。⑭　　　如受火灾尽遭殃。
於乎有哀，　　　　长长声声心悲哀，
国步斯频。⑮　　　国运艰难太动荡。

国步蔑资，⑯　　　国运艰难无钱粮，
天不我将。⑰　　　老天不肯来扶将。
靡所止疑，⑱　　　没有归宿无处住，
云徂何往？⑲　　　哪儿定居可前往？
君子实维，⑳　　　君子总是在思索，
秉心无竞。㉑　　　持心不争意志强。
谁生厉阶？㉒　　　如此祸根谁引出？
至今为梗。㉓　　　至今为害把人伤。

忧心殷殷，㉔　　　心中忧愁真恻怆，
念我土宇。㉕　　　思念故居和家乡。
我生不辰，　　　　生不逢时我真惨，
逢天僤怒。㉖　　　遇上老天怒气旺。
自西徂东，　　　　从那西边到东边，
靡所定处。　　　　无处安身最凄凉。
多我觏痻，㉗　　　遭遇灾祸受苦多，
孔棘我圉。㉘　　　外患紧急在边疆。

为谋为毖，㉙　　　谨慎谋划觅良方，
乱况斯削。㉚　　　才能消除混乱状。
告尔忧恤，㉛　　　告诉你要体恤人，
诲尔序爵。㉜　　　告诉你要用贤良。
谁能执热，㉝　　　谁在解救炎热时，
逝不以濯？㉞　　　不用冷水来冲凉？
其何能淑，㉟　　　小人治国没好事，

载胥及溺。㊱	大家受溺遭灭亡。

如彼遡风，㊲	好像就在逆风闯，
亦孔之僾。㊳	呼吸困难口难张。
民有肃心，㊴	百姓本有肃敬心，
荓云不逮。㊵	但却无处献力量。
好是稼穑，㊶	重视农业生产事，
力民代食。㊷	百姓辛苦代耕养。
稼穑维宝，	耕种收获国之宝，
代食维好。	代耕之民最善良。

天降丧乱，	天降祸乱与死亡，
灭我立王。㊸	要灭我们所立王。
降此蟊贼，㊹	生出害虫食根节，
稼穑卒痒。㊺	各种庄稼都遭殃。
哀恫中国，㊻	哀痛我们国中人，
具赘卒荒。㊼	连绵土地受灾荒。
靡有旅力，㊽	没有人来献力量，
以念穹苍。㊾	哪能虔诚感上苍。

维此惠君，㊿	顺应人心好君王，
民人所瞻。	百姓爱戴都瞻仰。
秉心宣犹，㉛	操心国政善谋划，
考慎其相。㉜	考察慎选那辅相。
维彼不顺，	不顺人心坏君王，
自独俾臧。㉝	独让自己把福享。
自有肺肠，	有那一副怪肺肠，
俾民卒狂。	让那国民都发狂。

瞻彼中林，	看那丛林苍莽莽，
甡甡其鹿。[54]	鹿群嬉戏多欢畅。
朋友已谮，[55]	同僚朋友却相谗，
不胥以穀。[56]	没有诚心不善良。
人亦有言，	人们也有这些话，
进退维谷。[57]	进退两难真悲凉。
维此圣人，	惟这圣人眼明亮，
瞻言百里。	目光远大百里望。
维彼愚人，	那种愚人真可笑，
覆狂以喜。[58]	独自高兴太狂妄。
匪言不能，[59]	不是我们不能说，
胡斯畏忌。[60]	为何顾忌心惶惶？
维此良人，	惟有这人心善良，
弗求弗迪。[61]	无所求取没欲望。
维彼忍心，	但是那人太忍心，
是顾是复。	变化反复总无常。
民之贪乱，	百姓如今似好乱，
宁为荼毒。[62]	实因恶政苦难当。
大风有隧，[63]	大风疾吹呼呼响，
有空大谷。	长长山谷真空旷。
维此良人，	想这好人多善良，
作为式穀。	所作所为都高尚。
维彼不顺。	想那坏人不顺理，
征以中垢，[64]	行为污秽真肮脏。
大风有隧，	大风疾吹呼呼响，

贪人败类。⑥⑤	贪利败类有一帮。
听言则对,⑥⑥	好听的话就回答,
诵言如醉。⑥⑦	听到诤言装醉样。
匪用其良,	贤良之士不肯用,
覆俾我悖。⑥⑧	反而视我为悖狂。
嗟尔朋友,	朋友你啊可嗟伤,
予岂不知而作。⑥⑨	岂不知你装模样。
如彼飞虫, ⑦⑩	好比那些高飞鸟,
时亦弋获。	有时被射也落网。
既之阴女, ⑦①	我已熟悉你底细,
反予来赫。⑦②	反来威吓真愚妄。
民之罔极, ⑦③	没有准则民扰攘,
职凉善背。⑦④	因你背理善欺罔。
为民不利,	尽做不利人民事,
如云不克。⑦⑤	好像还嫌不理想。
民之回遹, ⑦⑥	百姓要走邪僻路,
职竞用力。⑦⑦	因你施暴太横强。
民之未戾,⑦⑧	百姓不安很恐慌,
职盗为寇。	执政为盗掠夺忙。
凉曰不可,⑦⑨	诚恳劝告不听从,
覆背善詈。	背后反骂我荒唐。
虽曰匪予,⑧⑩	虽然遭受你诽谤,
既作尔歌。⑧①	终究我要作歌唱。

〔注〕①菀(wǎn):茂盛的样子。 ②侯:维。旬:树荫遍布。 ③刘:剥落稀疏,句意谓桑叶被采后,稀疏无叶。 ④瘦:病、害。 ⑤殄(tiǎn):断绝。 ⑥仓兄(chuàng huǎng):同"怆怳"。填:久。 ⑦倬(zhuō):光明。 ⑧宁:何。不我矜:"不矜我"的倒文。矜,怜。 ⑨骙(kuí)骙:形容马强壮。 ⑩旟旐(yú zhào):画有鹰隼、龟蛇的旗。有翩:翩

翩,翻飞的样子。 ⑪ 夷:平。 ⑫ 泯:乱。 ⑬ 黎:众。 ⑭ 具:通“俱”。 ⑮ 频:危急。 ⑯ 蔑:无。资:财。 ⑰ 将:扶助。“不我将”为“不将我”之倒文。 ⑱ 疑:同“凝”。止疑,停息。 ⑲ 云:发语词。徂:往。 ⑳ 维:借为“惟”,思。 ㉑ 秉心:存心。无竞:无争。 ㉒ 厉阶:祸端。 ㉓ 梗:灾害。 ㉔ 慇(yīn)慇:心痛的样子。 ㉕ 土宇:土地、房屋。 ㉖ 倬(dàn):大。 ㉗ 觏:遇。痻(mín):灾难。 ㉘ 棘:通“急”。圉(yù):边疆。 ㉙ 毖:谨慎。 ㉚ 斯:乃。削:减少。 ㉛ 尔:指周厉王及当时执政大臣。 ㉜ 序:次序。爵:官爵。 ㉝ 执热:救热。 ㉞ 逝:发语词。濯:洗。 ㉟ 淑:善。 ㊱ 载:乃。胥:皆。 ㊲ 遡:逆。 ㊳ 僾(ài):呼吸不畅的样子。 ㊴ 肃:肃敬。 ㊵ 荓(pīng):使。不逮:不及。 ㊶ 稼穑:这里指农业劳动。 ㊷ 力民:使人民出力劳动。代食:指官吏靠劳动者奉养。 ㊸ 灭我王立:意谓灭我所立之王,指周厉王被国人流放于彘的事。 ㊹ 蟊贼:蟊为食苗根的害虫,贼为吃苗节的害虫。 ㊺ 卒:完全。痒:病。 ㊻ 恫(tōng):痛。 ㊼ 赘:通“缀”,连属。 ㊽ 旅力:膂力。旅,同“膂”。 ㊾ 念:感动。 ㊿ 惠君:惠,顺。顺理的君主,称惠君。 (51) 宣犹:宣,明;犹,通“猷”。 (52) 考慎:慎重考察。相:辅佐大臣。 (53) 臧:善。 (54) 甡(shēn)甡:同“莘莘”,众多的样子。 (55) 谮:通“僭”,相欺而不相信任。 (56) 胥:相。穀:善。 (57) 维:是。谷:穷。进退维谷,谓进退皆穷。 (58) 覆:反而。 (59) 匪言不能:即“匪不能言”。 (60) 胡:何。斯:这样。 (61) 迪:进。 (62) 宁:乃。荼毒:毒害。 (63) 有隧:隧隧,形容大风疾速吹动。一说训隧为道,谓风前进有其通道。 (64) 征:往。中垢:指宫廷秽闻。中,指宫内。 (65) 贪人:贪财枉法的小人,指荣夷公之流。《史记·周本纪》:“厉王即位三十年,好利,近荣夷公,芮良夫谏不听,卒以荣公为卿士。” (66) 听言:顺从心意的话。 (67) 诵言:忠告的言语。 (68) 悖:违理。 (69) 予:芮良夫自称。 (70) 飞虫:指飞鸟。 (71) 既:已经。阴:通“谙”,熟悉。 (72) 赫:通“吓”。 (73) 罔极:无法则。 (74) 职:主张。凉:凉薄。背:背叛。 (75) 云:句中助词。克:胜。 (76) 回遹:邪僻。 (77) 用力:指用暴力。 (78) 戾:善。 (79) 凉:通“谅”。凉言,谅直之言。 (80) 虽曰匪予:曰,句中助词。匪,同“诽”,诽谤。 (81) 既:终。

《桑柔》为西周之诗。《毛诗序》云:“芮伯刺厉王也。”毛说可信。《史记·周本纪》载厉王事云:“厉王即位三十年,好利,近荣夷公,芮良夫谏,厉王不听,卒用荣公为卿士用事。王行暴虐侈傲,三十四年王益严,国人莫敢言,道路以目。三年,乃相与畔袭厉王,王出奔彘。”王符《潜夫论·遏利篇》引鲁诗说云:“昔周厉王好专利,芮良夫谏而不入,退赋《桑柔》之诗以讽,言是大风也,必将有遂,是贪民也,必将败其类。王又不悟,故遂流王于彘。”芮良夫即芮伯。芮是国名,伯爵,姬姓,良夫其名也。据此,则此诗之作,在荣公为卿士后,去流彘之年,当不甚远。厉王奔彘在其三十七年,则《桑柔》诗,必不作于此年以后。此诗刺厉王,责执政之臣,执政为谁?即荣夷公也。芮伯与荣夷公为同时人,即诗中所指之同僚。全诗意旨明朗,实为西周时代史诗之一也。

全诗十六章,前八章章八句,刺厉王失政,好利而暴虐,以致民不聊生,故激起民怨。后八章章六句责同僚,然亦道出厉王用人不当,用人不当亦厉王之过失。故毛传总言为刺厉王。

首章以桑为比,桑本茂密,荫蔽甚广,因摘采至尽而剥落稀疏。比喻百姓下民,受剥夺之深,不胜其苦,故诗人哀民困已深,呼天而诉曰:"倬彼昊天,宁不我矜。"意谓高明在上的苍天啊,怎么不给我百姓以怜悯呢!诗意严肃,为全诗之主旨。

次章至第四章,述祸乱之本,乃是缘于征役不息,民无安居之所。"四牡骙骙,旟旐有翩",谓下民已苦于征役,故见王室之车马旌旗,而痛心疾首曰:"乱生不夷,靡国不泯。民靡有黎,具祸以烬。"意思是说:乱子不平息国家就要灭亡,现在民间黑发的丁壮已少,好比受了火灾很多人都成为灰烬了。国以民为本,民瘼深重,而国危矣。诗人对此情况,更大声疾呼云:"於乎有哀,国步斯频!""国步"指国运,"频",危蹙也。感叹国运危蹙,必无长久之理,必致蹈危亡之祸。三章感叹民穷财尽,而天不助我,人民无处可以安身,不知往何处为好,因而引起君子的深思。君子本无欲无求,扪心自问没有争权夺利之心,但念及国家前途,不免发出谁实为此祸根,至今仍为民之病害的浩叹。四章感慨"我生不辰,逢天僤怒"。"我生不辰",谓生不逢时,"僤怒",谓震怒。诗人之言如此,可见内心殷忧之深。他从人民的角度出发,痛感人民想安居,而从西到东,没有能安居的处所。人民怀念故土故居,而故土故居都因征役不息不能免于祸乱。人民既受多种灾难的侵袭,更担心外患侵凌,御侮极为迫切。天怒民怨,而国王不恤民瘼,不思改变国家的政治,因此诗人忧心如捣,为盼国王一悟而不可得深怀忧愤。仅此四章,已可见暴政害民,深重到何等程度。

五章至八章,是诗人申述为国之道,再进忠言。五章首二句"为谋为毖,乱况斯削",是说谋虑周到,做事慎重,祸乱的情况就可以削减。继言"告尔忧恤,诲尔序爵";是以老臣的口气,诫教国王:必须忧恤国事,慎于授官拜爵,选用贤能。解救国家之急难,有如解救炎热。解救炎热,要用凉水,好比解救国家危难,必须任用贤良。诗人用"谁能执热,逝不以濯"等语,谆谆告诫,陈述利害,可谓语重心长,譬喻也很确当。六章七章,从爱护人民的观点出发,表明百姓都很善良,他们勤于稼穑,以耕种养活"力民代食"的人("力民代食"指官府役使人民劳动,取其收获养活自己)。因此官府要体恤民情,爱护人民,是为政的首要大事。六章"如彼遡风,亦孔之僾",是说国王为政,不得人心,人民就如向着逆风,感到窒息丧气。人民虽有进取之心,但征役过重,剥夺过多,他们必然会产生难于效力之感。七章叙天降灾害,祸乱频仍,执政者只知聚敛,没有顾念人民认真救灾。由于为政昏乱,所以人民倍感痛苦。在诗中,诗人用人民的口气,警示国王,一则曰:人怨则天怨,天降丧乱,将灭我所立之王;再则曰:降此蟊贼之虫,庄稼都受到虫害而失收,天灾正是天之惩戒。下曰"哀恫中国,具赘卒荒",则是感念人民受灾痛苦,连绵的土地,都受灾荒芜,而执政者昏乱,没有领导人民合力救灾,因而也不能感念上天减轻灾难。

诗的第八章再从用人的角度出发,言人君有顺理有不顺理,用人有当有不当。贤明的国君明于治道,顺情达理能认真考虑选用他的辅相。不顺理的君王,则与之相反自以为是,把小人当作善良,因此使得人民迷惑而致发狂。

以上八章是诗的前半,也是诗的主体,总说国家产生祸乱的原因,是由于厉王好货暴政,不恤民瘼,不能用贤,不知纳谏,以致民怨沸腾,而诗人有"谁生厉阶,至今为梗"之悲慨。

后八章责同僚之执政者,不以善道规范自己,缺乏远见,只知逢迎君王,加速了国家的危亡,更引起人民的怨恨。诗人感慨小人当权,也是厉王的过失,因而作成此诗,希望引起鉴戒。

第九章以"瞻彼中林,甡甡其鹿"两句起兴。鹿之为物,性喜群居,相亲相善。"甡甡",意同"莘莘",众多之貌,今同僚朋友,反而相潜,不能以善道相助,岂非不如中林之鹿?故诗人感慨"上无明君,下有恶俗"(朱熹《诗集传》)而有"进退维谷"之叹。(按:"进退维谷","谷"有两种解说,毛传:"谷,穷也。"今从之。《晏子春秋》中,叔向问晏子一节,引诗"进退维谷",谓"处两难善全之事而处之皆善也",训谷为"穀";穀,善也,与毛说不同,录以备考。)

第十章、十一章,用对比手法,指责执政者缺乏远见,他们阿谀取容,自鸣得意,他们存有畏忌之心,能进言而不进言,反复瞻顾,于是贤者避退,不肖者进,于是人民惨遭荼毒而造成变乱。诗人指出执政者倘为圣明之人,必能高瞻远瞩,明见百里,倘若执政者是愚人,他们目光短浅,倒行逆施,做了坏事,反而狂妄欣喜。这是祸乱之由。诗人又说:"维此良人,弗求弗迪。维彼忍心,是顾是复。"表明贤者不求名不争位,忍心之不肖者,则与之相反,多方钻营,唯名利是图;国事如斯而国王不察,亲小人,远贤人,于是百姓难忍荼毒,祸乱生矣。

第十二章、十三章以"大风有隧"起兴,先言大风之行,必有其隧;君子与小人之行也是各有其道。大风行于空谷之中,君子所行的是善道,小人不顺于理,则行于污垢之中。次言大风之行,既有其隧。贪人之行,亦必败其类。征之事实,无有或爽。盖厉王此时,用贪人荣夷公为政,荣公好专利,厉王悦之。芮良夫谏不听,反遭忌恨。故诗中有"听言则对,诵言如醉,匪用其良,覆俾我悖"之语。可知厉王对于阿谀奉承他的话语,就听得进,进行对答,而听到忠谏之言就不予理睬。不用善良的人,反以进献忠言的人为狂悖,国家怎能不危亡呢?

第十四章慨叹同僚朋友,专利敛财,虐民为政,不思幡然悔改,反而对尽忠的诗人进行威吓,所以诗人再作告诫。诗人说:"嗟尔朋友,予岂不知而作,如彼飞虫,时亦弋获。"意思是说:可叹你们这些同僚,我难道不知你们的所作所为?你们对国家有极大的危害,好比那些飞鸟,有时候也会被人捕获,国家动乱危亡,你们也不会有好的下场。诗人如此警诫,可谓声情俱厉。可惜此辈小人,无动于衷,所以诗人在此章的结尾,以"既之阴女,反予来赫"作结,再次警告这些人说:我已熟悉你们的底细,你们对我也无所施其威吓了。

在第十五章中,诗人继第九至十四章指责执政臣僚诸种劣迹之后,更缕陈人民之所以激成暴乱的原因,实为执政者之咎,执政者贪利敛财,推行暴政,导致民怨沸腾,民无安居之所,痛苦无处诉说,在这种情况下,自然怨恨官府,走邪僻之路。此章诗云:"民之罔极,职凉善背。"指出人民之所以失去是非准则,是因为官府执政者推行苛政违背道理。"民之回遹,职竞用力"。指出人民之所以走向邪僻,是由于官府执政者尚力而不尚德。不仅如此,诗中还指出,执政者做对人民不利的事,唯恐不得其胜(意谓极其残酷)。遣责极为严正。诗人忧国之热忱,同情人民之深切,于此可见。宜乎《诗集传》解此章云:"言民之所以贪乱而不知止者,专由此人名为直谅而实善背,又为民所不利之事,如恐不胜而力为之也。又言民之所以邪僻者,亦由此辈专竞用力而然也,(诗人)反复言之所以深恶之也。"《集传》所称此人此辈,即指助厉王为虐之荣夷公等,小人当权,加速国家之危亡,诚足引为鉴戒。

末章承前,言民之所以未得安定,是由于执政者以盗寇的手段,对他们进行掠夺,所以他们也不得不为盗为寇。上为盗寇之行,民心岂能安定?诗人又以"凉曰不可,覆背善詈"两句,表示我虽忠告你们,却又不被你们接受,反而在背后诅咒我。最后归结到作诗的缘由:"虽曰匪予,既作尔歌。"尽管你们诽谤我,我还是为你们作了这首歌,以促成你们的省悟。

综观史实,评价此诗,很有典型意义。周厉王贪而好利,任用荣夷公等小人,不恤人民疾苦,拒绝忠谏,导致周室危亡,这一史实,后世多引为鉴戒。芮良夫就当时情况,作为诗篇,希冀厉王及其用事诸臣能有所省悟,可谓苦心孤诣,可惜厉王不察,终至激成民变,被流放于彘。所以这首诗对当时有重大意义,对后世更有深远的影响,民犹水也,国犹舟也,水能载舟,亦能覆舟,可见得民心的世代,必然昌盛;失却民心,必然灭亡,千古一辙,读《桑柔》之诗,足以引起深思。

从诗的语言来看,全诗语言朴直而多变化,直陈己意,不事雕饰而寄意深长。其中许多用语,至今还被引用,还具有活力。如"倬彼昊天,宁不我矜",此呼天之词也。"乱生不夷,靡国不泯",此忧时之词也。"谁生厉阶,至今为梗",此愤世之词也。"谁能执热,逝不以濯",此善譬之词也。"人亦有言,进退维谷",此言处世之词也。古代语词,虽至西周,尚未发展到完美的程度,所以诗中多用通假字来满足表意的需要,有些词语,甚至解说纷纭,难有确意,但根据诗的主旨,仔细思考,还是可以顺理成章,得到合情合理的解说的,因为文字本是逐步发展起来的,从诗中我们可以看出诗人高度的操纵文字能力。

从表现手法来看,这首长诗,运用了比喻、借喻、暗喻、反诘、衬托、夸张、对比、反比、感叹等多种手法。章法完整,主题突出,主次分明,在古代诗歌中,是一首不可多得的宏篇大作。

(马祖熙)

云 汉

倬彼云汉,①	看那银河多么高远,
昭回于天。②	白光闪亮回旋在天。
王曰於乎,③	周王"唉唉"发出叹息,
何辜今之人!④	现今人们有何罪愆!
天降丧乱,	老天降下死丧祸乱,
饥馑荐臻。⑤	饥饿灾荒接二连三。
靡神不举,⑥	没有神灵不曾祭奠,
靡爱斯牲。⑦	奉献牺牲毫不吝悭。
圭璧既卒,⑧	礼神圭璧全都用完,
宁莫我听。⑨	神灵还是不听我言!

旱既大甚,	旱情已经非常严重,
蕴隆虫虫。⑩	暑气郁盛大地熏蒸。
不殄禋祀,⑪	接连不断举行祭祀,
自郊徂宫。⑫	祭天处所远在郊宫。
上下奠瘗,⑬	祀天祭地奠埋祭品,
靡神不宗。⑭	天地诸神无不敬奉。
后稷不克,	后稷恐怕难救周民,
上帝不临。	上帝不理受难众生。

耗斁下土,⑮　　　天灾这般为害人间,
宁丁我躬。⑯　　　大难恰恰落在我身。

旱既大甚,　　　　旱情已经非常严重,
则不可推。　　　　想要推开没有可能。
兢兢业业,　　　　整天小心战战兢兢,
如霆如雷。　　　　正如头上落下雷霆。
周余黎民,⑰　　　周地余下那些百姓,
靡有孑遗。⑱　　　现在几乎一无所剩。
昊天上帝,　　　　渺渺苍天高高上帝,
则不我遗。⑲　　　竟然没有东西赐赠。
胡不相畏,　　　　怎不感到忧愁惶恐,
先祖于摧。⑳　　　人死失祭先祖受损。

旱既大甚,　　　　旱情已经非常严重,
则不可沮。　　　　没有办法可以止住。
赫赫炎炎,　　　　赤日炎炎热气腾腾,
云我无所。㉑　　　哪里还有遮荫之处。
大命近止,㉒　　　死亡之期已经临近,
靡瞻靡顾。　　　　无暇前瞻无暇后顾。
群公先正,㉓　　　诸侯公卿众位神灵,
则不我助。　　　　不肯显灵前来佑助。
父母先祖,　　　　父母先祖神灵在天,
胡宁忍予!㉔　　　为何忍心看我受苦!

旱既大甚,　　　　旱情已经非常严重,
涤涤山川。㉕　　　山秃河干草木枯槁。
旱魃为虐,㉖　　　眼看旱魔逞凶肆虐,
如惔如焚。㉗　　　遍地好像大火焚烧。

我心惮暑,㉘	暑热难当令我心畏,
忧心如熏。㉙	忧心忡忡如受煎熬。
群公先正,	诸侯公卿众位神灵,
则不我闻。㉚	哪管我在悲痛呼号。
昊天上帝,	渺渺苍天高高上帝,
宁俾我遯！㉛	难道迫我离此出逃！
旱既大甚,	旱情已经非常严重,
黾勉畏去。㉜	勉力祷请祈求上苍。
胡宁瘨我以旱？㉝	为何害我降以大旱？
憯不知其故。㉞	不知缘故费煞思量。
祈年孔夙,㉟	祈年之礼举行很早,
方社不莫。㊱	也未迟延祭社祭方。
昊天上帝,	渺渺苍天高高上帝,
则不我虞。㊲	竟然对我不肯相帮。
敬恭明神,	一向恭敬诸位神明,
宜无悔怒。	不该恨我怒气难当。
旱既大甚,	旱情已经非常严重,
散无友纪。㊳	饥荒离散乱我纪纲。
鞫哉庶正,㊴	各位官长智穷力竭,
疚哉冢宰。㊵	宰相忧苦无法可想。
趣马师氏,㊶	趣马师氏一起出动,
膳夫左右。㊷	膳夫百官助祭帮忙。
靡人不周,	没有一人不愿周济,
无不能止。	可是不能止住灾荒。
瞻卬昊天,㊸	仰望苍天晴朗无云,
云如何里！㊹	怎样止旱令我忧伤。

瞻卬昊天，	仰望苍天晴朗无云，
有嘒其星。㊺	微光闪闪满天星辰。
大夫君子，	公卿大夫众位君子，
昭假无赢。㊻	祷告上苍心要虔诚。
大命近止，	死亡之期已经临近，
无弃尔成。㊼	继续祈祷坚持不停。
何求为我，	禳旱祈雨非为自我，
以戾庶正。㊽	全为安定众官之心。
瞻卬昊天，	仰望苍天默默祈祷，
曷惠其宁？㊾	何时才能赐我安宁？

〔注〕①倬(zhuō)：大。云汉：银河。 ②昭：光。回：转。 ③於(wū)乎：即"呜呼"，叹词。 ④辜：罪。 ⑤荐：重，再。臻：至。荐臻，犹今言频仍。 ⑥靡：无，不。举：祭。 ⑦爱：吝惜，舍不得。牲：祭祀用的牛羊豕等。 ⑧圭、璧：均是古玉器。周人祭祀用玉器，祭天神则焚玉，祭山神则埋玉，祭水神则沉玉，祭人鬼则藏玉。 ⑨宁：乃。莫我听：即莫听我。 ⑩蕴隆：谓暑气郁积而隆盛。虫虫：热气熏蒸的样子。 ⑪殄(tiǎn)：断绝。禋(yīn)祀：祭天神的典礼。以玉帛及牺牲加于柴上焚之，使升烟，以祀天神。本指祀昊天上帝，引申之则凡祀日月星辰等天神，统称禋祀。 ⑫宫：祭天之坛。 ⑬莫：陈列祭品。瘞(yì)：指把祭品埋在地下以祭地神。 ⑭宗：尊敬。 ⑮斁(dù)：败坏。 ⑯丁：当，遭逢。 ⑰黎：众。 ⑱孑遗：遗留，剩余。 ⑲遗(wèi)：赠。 ⑳于：助词。摧：灭。 ㉑云：古"雲"字，有庇荫义。 ㉒大命：此谓死亡之命，即死亡之期。 ㉓群公：犹百辟，先世诸侯之神。正：长。先正，谓先世卿士之神。 ㉔忍：忍心，残忍。 ㉕涤涤：光秃无草木的样子。 ㉖旱魃：古代传说中的旱神。 ㉗惔(tán)：火烧。 ㉘惮：畏。 ㉙熏：灼。 ㉚闻(wèn)：通"问"，恤问。 ㉛遯(dùn)：今作"遁"，逃。 ㉜黾(mǐn)勉：勉力为之，谓尽力事神，急于祷请。 ㉝瘨(diān)：病。 ㉞憯(cǎn)：曾。 ㉟祈年：指"孟春祈谷于上帝，孟冬祈来年于天宗"之祭礼。孔夙(sù)：很早。 ㊱方：祭四方之神。社：祭土神。莫(mù)：古"暮"字，晚。 ㊲虞：助。 ㊳友：通"有"。纪：纪纲，法度。 ㊴鞫(jū)：穷，与"通"相对。庶正：众官之长。 ㊵疚：忧苦。冢宰：周代官名，为百官之长，相当后世的宰相。 ㊶趣马：掌管国王马匹的官。师氏：官名，主管教导国王和贵族的子弟。 ㊷膳夫：主管国王、后妃饮食的官。左右：左右之大夫、士诸官。 ㊸卬(yǎng)：通"仰"。 ㊹里：犹"已"，训"止"。 ㊺嘒(huì)：微小而众多的样子。 ㊻昭：祷。假：借为"嘏(gǔ)"，告。无赢：犹言无爽，即无差忒。 ㊼成：功。 ㊽戾：定。 ㊾曷：何，何时。惠：赐。

这是一首写周宣王忧旱的诗。是所谓"宣王变《大雅》"的第一篇（其他五篇是《崧高》《烝民》《韩奕》《江汉》和《常武》）。通过比较详尽的叙写，具体深入地反映了西周末期那场大旱的严重，抒发了宣王为旱灾而愁苦的心情。宣王时发生的这场旱灾在汉、晋人的著作中虽有记载，但大都是据此诗而来，零星简略，不仅此诗具体、全面、深入。所以,这首诗具有极高的史料价值。诗的作者,《毛诗序》说是仍叔,仍叔其人,《春秋》有载,然上距周宣王时已一百二十年左右,因此,他作此诗的可能性不大。本来,《毛诗序》所确定的作者,可信程度都不大,兼之时代久远,史料阙佚,我们就很难确考诗的作者究竟为谁,但从诗的内容看,这首诗很可能是宣王自作,以叙写他畏旱之甚及盼雨心切。

全诗八章,每章十句。一、二两章写祭神祈雨。正是需雨的时节,然而日日骄阳似火,禾稼死亡,田地龟裂,人畜缺水。这当儿,人们是多么盼望老天降落一场甘霖啊!可是仰望苍穹,毫无雨征(古人常夜间观天象以察云雨)。"倬彼云汉,昭回于天",星河灿烂,晴空万里,夕夕如此。内心焦灼的诗人于是发出了"何辜今之人!天降丧乱,饥馑荐臻"的慨叹。无神不祭,无牲不用,礼神的玉器也用尽了,然而神灵们却不闻不问,毫无佑助之意。这苍天啊,好像真的是把降雨的事儿抛在脑后,彻底忘掉了;或许人们得罪了他,他在有意地惩罚人们。三、四两章写大旱的不可解除,主要表达了畏旱之情。"旱既大甚,则不可推","旱既大甚,则不可沮",凶暴狂猛的旱灾如洪水猛兽,无法推开,无法阻拦,使"周余黎民,靡有孑遗",造成了无法收拾的严重局面。再继续下去,将国祚难永。然而"群公先正,则不我助。父母先祖,胡宁忍予!"群公先正,我常雩祭以祈谷实,现在却不助我以兴云雨;至于父母先祖,尤一体之所亲,一气之所感,为什么也忍心看我遭此祸而不救呢?朱熹《诗集传》说:"群公先正,但言其不见助,至父母先祖则以恩望之矣,所谓垂涕泣而道之也。"五章写旱魃继续肆虐。山原秃而河湖干,这里已经变成了一块让人无法生存下去的土地。"昊天上帝,宁俾我遯",老天似乎是要迫使人们离开此地,他是不想让人安居了。六章述失望痛苦之余的反思。也不是祭神不及,也不是对众神不恭敬,细细思量,确实没有什么罪愆,那又为何降灾加害呢?七章叙君臣上下因忧旱而困窘憔悴。末章周王著力鞭策,希望臣子们"无弃尔成",继续祈祷上苍。最后仰天长号,以亟求天赐安宁作结。

统观全诗,作者对这次持久难弭的灾祸从旱象、旱情、造成的惨重损失及所引起的心理恐慌等方面作了充分的描写。这场大旱就是死亡之神的降临,可以摧毁一切,消灭人类。在那个生产力水平还很低的时代,它会造成怎样的人间灾难,是不难想象的。这首诗在写宣王忧旱的同时,也写了他的事天之敬及事神之诚。在人们抵御自然灾害的能力还极其有限的西周末期,面对无法战胜的灾害,对虚无缥缈的上帝和神灵产生敬畏乞求心理,也是不难理解的。我们自然不能以现代科学主义的观念和标准来苛责古人。

这首诗在艺术上值得称道的有两点:一是摹景生动;二是夸饰手法的运用。

"倬彼云汉,昭回于天",夜晴则天河明,此方旱之象。"昭回于天"又暗示出仰望之久。久旱而望甘霖者,己所渴望见者无,己所不愿见者现,其心情的痛苦无奈可想而知。毫无雨征,还得继续受此大旱之苦,于是又顺理成章地推出"王曰於乎,何辜今之人!天降丧乱,饥馑荐臻"四句。所以开篇这摹景之句不仅写出了方旱之象,同时也表达了诗人的心情,并生发出下文,是独具匠心、富有艺术魅力的诗句,因而孙鑛称赞这首诗的起首"最有风味"(陈子展《诗经直解》引)。"旱既大甚,涤涤山川。旱魃为虐,如惔如焚。"这场大旱使周地变成了不毛之地,无水之区。山空川涸,禾焦草枯,畜毙人死,大地就像用火烧燎过一样,没一点生气,没一点活力。"涤涤山川""如惔如焚"可谓写尽旱魔肆虐之情状,同时也传达出诗人面对这种毁灭性灾害的痛苦、焦灼之情。王夫之《姜斋诗话》云:"情、景名为二,而实不可离,神于诗者,妙合无垠。巧者则情中景,景中情。"这几句诗虽然称不上"妙合无垠",但做到景中含情、景中寓情却是很明显的。

诗中"周余黎民,靡有孑遗"二句早在战国时代就被孟子认为是夸饰之辞的典范,备受后世批评家的关注。汉代王充《论衡·艺增篇》曰:"夫旱甚则有之矣,言无孑遗一人,增之也。"又曰:"言'靡有孑遗',增益其文,欲言旱甚也。"可见这两句是用夸张的艺术手法,以突出遭旱损失的惨重。南朝梁刘勰《文心雕龙·夸饰》说:"虽诗书雅言,风格训世,事必宜广,文亦过焉。是以言峻则'嵩高极天',论狭则'河不容舠',说多则'子孙千亿',称少则'民靡孑遗'。……辞虽已甚,其义无害也。……并意深褒赞,故义成矫饰。"他指出夸张的修辞虽然言过其实,但因为能通过形象的夸张来传难写之意、达难显之情,所以在文学作品中有它存在的必然性和合理性。确实,"靡有孑遗"四字,所述虽非事实,但却突出了旱情的严重,是反映真实,并且凸显了真实的传神之笔。

(伏麒鹏)

崧 高

崧高维岳,①	巍峨四岳是大山,
骏极于天。②	高高耸峙入云天。
维岳降神,③	神明灵气降四岳,
生甫及申。④	甫侯申伯生人间。
维申及甫,	申伯甫侯大贤人,
维周之翰。⑤	辅佐王室国桢幹。
四国于蕃,⑥	藩国以他为屏蔽,

四方于宣。⑦　　天下以他为墙垣。

亹亹申伯,⑧　　申伯勤勉能力强,
王缵之事。⑨　　王委重任理南疆。
于邑于谢,⑩　　分封于谢建新邑,
南国是式。⑪　　南方藩国有榜样。
王命召伯,⑫　　周王下令给召伯,
定申伯之宅。⑬　申伯新居来丈量。
登是南邦,⑭　　申伯升为南国长,
世执其功。⑮　　子孙继承福祚享。

王命申伯,　　　周王下令给申伯,
式是南邦。　　　要树表率于南国。
因是谢人,⑯　　依靠谢地众百姓,
以作尔庸。⑰　　修筑封地新城郭。
王命召伯,　　　周王下令给召伯,
彻申伯土田。⑱　申伯田界重划过。
王命傅御,⑲　　周王下令给傅御,
迁其私人。⑳　　迁去家臣同生活。

申伯之功,　　　申伯建邑大工程,
召伯是营,　　　全靠召伯苦经营,
有俶其城。㉑　　墙垣厚实是坚城。
寝庙既成,㉒　　宗庙也已修筑好,
既成藐藐。㉓　　富丽堂皇面貌新。
王锡申伯,㉔　　周王有物赐申伯,
四牡蹻蹻,㉕　　四马驾车真健劲,
钩膺濯濯。㉖　　带饰樊膺闪闪明。

王遣申伯,㉗	周王赏赉给申伯,
路车乘马。㉘	大车驷马物品多。
我图尔居,㉙	我已考虑你居处,
莫如南土。	不如南方最适合。
锡尔介圭,㉚	郑重赐你大玉圭,
以作尔宝。	镇国之宝永不磨。
往近王舅,㉛	尊贵王舅请前往,
南土是保。㉜	回到南方安邦国。

申伯信迈,㉝	申伯出发果动身,
王饯于郿。㉞	周王郿地来饯行。
申伯还南,	申伯如今回南国,
谢于诚归。㉟	去往谢邑即启程。
王命召伯,	周王下令给召伯,
彻申伯土疆。	去把申伯疆界定。
以峙其粻,㊱	路上粮草要备足,
式遄其行。㊲	保证供给快驰骋。

申伯番番,㊳	申伯勇武有豪情,
既入于谢,	前往谢邑入新城,
徒御啴啴。㊴	步卒车骑军容盛。
周邦咸喜,	周邦人民皆欢喜,
戎有良翰。㊵	国有栋梁得安宁。
不显申伯,㊶	尊贵显赫贤申伯,
王之元舅,㊷	周王元舅封疆臣,
文武是宪。㊸	文武双全人崇敬。

申伯之德,	申伯德高望又隆,
柔惠且直。㊹	品端行直温且恭。

揉此万邦，㊺	安抚万邦功劳大，
闻于四国。	誉满四海人赞颂。
吉甫作诵，㊻	吉甫创作这首诗，
其诗孔硕。㊼	篇幅既长情亦重。
其风肆好，㊽	曲调典雅音节美，
以赠申伯。	赠送申伯纪大功。

〔注〕① 崧(sōng)：又作"嵩"，山高而大。维：是。岳：特别高大的山。毛传："岳，四岳也。东岳岱，南岳衡，西岳华，北岳恒。" ② 骏：大。极：至。 ③ 维：发语词。 ④ 甫：国名，此指甫侯。其封地在今河南省南阳市西。申：国名，此指申伯。其封地在今河南南阳北。 ⑤ 翰："幹"之假借，今字作"干"，筑墙时树立两旁以障土之木柱。 ⑥ 于：犹"为"。蕃：即"藩"，藩篱，屏障。 ⑦ 宣："垣"之假借。 ⑧ 亹(wěi)亹：勤勉貌。 ⑨ 缵："践"之借，任用。 ⑩ 前一"于"字：为，建。谢：地名，在今河南唐河南。 ⑪ 式：法。 ⑫ 召伯：召虎，亦称召穆公，周宣王大臣。 ⑬ 定：确定。 ⑭ 登：升。 ⑮ 执：守持。功：事业。 ⑯ 因：依靠。 ⑰ 庸：通"墉"，城墙。 ⑱ 彻：治理。此指划定地界。 ⑲ 傅御：诸侯之臣，治事之官，为家臣之长。 ⑳ 私人：傅御之家臣。 ㉑ 俶(chù)：厚貌。 ㉒ 寝庙：周代宗庙的建筑有庙和寝两部分，合称寝庙。 ㉓ 翼翼：美貌。 ㉔ 锡(cì)：同"赐"。 ㉕ 牡：公马。蹻(jué)蹻：强壮勇武貌。 ㉖ 钩膺：即"樊缨"，马颈腹上的带饰。濯濯：光泽鲜明貌。 ㉗ 遣：赠送。 ㉘ 路车：诸侯乘坐的一种大型马车。路，同"辂"。乘马：四匹马。四马一车为一乘。 ㉙ 图：图谋，谋虑。 ㉚ 介：亦作"玠"，大。圭：古代玉制的礼器。诸侯执此以朝见周王。 ㉛ 迋(jì)：语助词。 ㉜ 保：保有。 ㉝ 信：真。迈：行。 ㉞ 饯：备酒食送行。郿(méi)：古地名，在今陕西眉县东渭水北岸。当时宣王在岐周，郿在岐周东南，申伯封国之谢又在郿之东南，故宣王为申伯在岐周之郊郿地饯行。 ㉟ 谢于诚归：即"诚归于谢"。 ㊱ 峙：本作"偫"，或作"庤"，又作"畤"，储备。糇(zhāng)：米粮。 ㊲ 遄(chuán)：速。 ㊳ 番(bō)番：勇武貌。 ㊴ 徒：徒行之士兵。御：御车之士兵。啴(chǎn)啴：众盛貌。 ㊵ 戎：汝，你。或训"大"。 ㊶ 不(pī)：通"丕"，大。显：显赫。 ㊷ 元舅：长舅。 ㊸ 宪：法式，模范。 ㊹ 柔惠：温顺恭谨。 ㊺ 揉：即"柔"，安。 ㊻ 吉甫：尹吉甫，周宣王大臣。诵：同"颂"，颂赞之诗。 ㊼ 其：是，此。孔硕：指篇幅很长。孔，很；硕，大。 ㊽ 风：曲调。肆好：极好。

这首诗，《毛诗序》以为是尹吉甫美宣王，但吴闓生却认为是讥刺。他在《诗义会通》中说："案《崧高》《烝民》二诗，微指略同。皆讥宣王疏远贤臣，不能引以自辅，语虽褒美，而意指具在言外，所以为微文深意。《序》皆未能发其义。《烝民》语意较显，汉儒犹有知之者，此篇则喻者益少。然二篇笔意相似，惟此为弥隐耳。先大夫曰：迭称王命，所以深著王之远贤。郑笺云：'申伯忠臣，不欲离王室。'最得其旨。殆三家遗说，郑偶采及之，非毛义也。'不显申伯'三句，先大夫曰：'深惜其远去也。'"我们以为这首诗是尹吉甫赠给在王室为卿士而又出为方伯的申伯的。其旨意是歌颂申伯辅佐周室、镇抚南方侯国的功劳。同时也写了宣王对申伯的优渥封赠及不同寻常的礼遇。西周末期,其南方有荆蛮、申、吕、应、邓、陈、蔡、随、唐等侯国。由于王室卑微,这其中一些渐渐强大起来的诸侯并不怎么顺从王室,叛乱时有发生,所以派谁去统领侯国,安抚南方,对当时的周王室来说,就是迫在眉睫的头等大事了。申国为周初所封,西周末年依然强大,在众侯国中有一定的威望。申伯入朝为卿士,在朝中有很高威信。鉴于当时的形势,再加上申伯是王室贵戚(宣王元舅),故宣王改大其邑,派他去做南方方伯。所以,宣王分封申伯于谢,有其政治目的,完全是以巩固周王室的统治为出发点的。清人李黼平《毛诗䌷义》曰:"自共和时,荆楚渐张,故召穆公有追荆至洛之役。宣王时,势当又炽,南方诸侯必有畔而从之者,故加申伯为侯伯,以为连属之监,一时控制之宜,抚绥之略,皆于此诗见焉。"尹吉甫为什么对分封申伯于谢之事加以郑重叙写,周王为什么在分封时反复叮咛、殷勤眷注,为什么京师之人看到申伯启程欢欣鼓舞,知道了上述情况,我们就不难明白其中的原因了。

　　从布局谋篇及结构上看,这首诗有明确的线索,一定的顺序。全诗八章。首章叙申伯降生之异,总叙其在周朝的地位和诸侯中的作用。次章叙周王派召伯去谢地相定申伯之宅。三章分述宣王对申伯、召伯及傅御之命。四章写召伯建成谢邑及寝庙。五章为周王期待申伯为天子效命的临别赠言。六章叙宣王在郿地为申伯饯行。七章叙申伯启程时的盛况。末章述申伯荣归封地,不负重望,给各国诸侯们作出了榜样,并点明此诗作意。可以看出,作者是以王命为线索,以申伯受封之事为中心,基本按照事件发展的经过来进行叙写的。但由于要表示宣王对申伯的宠眷倚重,故诗中又每事申言,不厌句义重复,可以说这是《崧高》一诗的显著特征。严粲《诗缉》说:"此诗多申复之词,既曰'王命召伯,定申伯之宅',又曰'申伯之功,召伯是营'。既曰'南国是式',又曰'式是南邦'。既曰'于邑于谢',又曰'因是谢人,以作尔庸'。既曰'王命召伯,彻申伯土田',又曰'王命召伯,彻申伯土疆'。既曰'谢于诚归',又曰'既入于谢'。既曰'登是南邦,世执其功',又曰'南土是保'。既曰'四牡蹻蹻,钩膺濯濯',又曰'路车乘马'。此诗每事申言之,写丁宁郑重之意,自是一体,难以一一穿凿分别也。""王命召伯,彻申伯土疆"两句,孔颖达疏曰:"此复云'王命召伯'者,召伯营谢既成,遣使报王,王知城郭既了,又复命以此事。"顾广誉《学诗详说》评曰:"此以辞害意也。只是一时一事,此乃溯原申伯之归谢所由得遄行耳。《集传》谓:'召伯之营谢也,则已894其税赋,积其馈粮,使庐市有止宿之委积,故能使申伯无留行也。'盖举其国中之峙粻,而在道固不待言矣。"正因为孔颖达不视王命为"一体",强加分别,附会穿凿,所以招致顾氏之讥。

这首诗的起首二句"崧高维岳,骏极于天"为后人所激赏。方玉润说:"起笔峥嵘,与岳势竞隆。"又曰:"发端严重庄凝,有泰山岩岩气象。中兴贤佐,天子懿亲,非此手笔不足以称题。""后世杜甫呈献巨篇,专学此种。"(《诗经原始》)既指出起句的艺术特征,又点明了它的用意和深远影响。读此二句,首先让我们联想起的倒不是杜甫的"呈献巨篇",而是其《咏怀古迹》第一首的开头两句"群山万壑赴荆门,生长明妃尚有村"及其评语。有人说这二句:"发端突兀,是七律中第一等起句,谓山水逶迤,钟灵毓秀,始产一明妃。说得窈窕红颜,惊天动地。"又有人说:"从地灵说入,多少郑重。"《崧高》的作者在诗里是要努力把申伯塑造成"资兼文武,望重屏藩,论德则柔惠堪嘉,论功则蕃宣足式"的盖世英雄,所以以此二句发端,就显得称题切旨,可谓气势雄伟,出手不凡。杜诗与此机杼正同,波澜不二。后世诗中除老杜这一联外,能具此神理而堪与之比肩者实寥寥无几。　　(伏麒鹏)

烝　民

天生烝民,①	老天生下这些人,
有物有则。	有着形体有法则。
民之秉彝,②	人的常性与生来,
好是懿德。	追求善美是其德。
天监有周,	上天临视周王朝,
昭假于下。③	昭明之德施于下。
保兹天子,	保佑这位周天子,
生仲山甫。④	有仲山甫辅佐他。
仲山甫之德,	仲山甫贤良具美德,
柔嘉维则。	温和善良有原则。
令仪令色,	仪态端庄好面色,
小心翼翼。	小心翼翼真负责。
古训是式,⑤	遵从古训不出格,
威仪是力。	勉力做事合礼节。
天子是若,⑥	天子选他做大臣,
明命使赋。⑦	颁布王命管施政。

王命仲山甫，　　周王命令仲山甫，
式是百辟。⑧　　要做诸侯的典范。
缵戎祖考，⑨　　继承祖业要宏扬，
王躬是保。　　　辅佐天子振朝纲。
出纳王命，⑩　　出令受命你执掌，
王之喉舌。　　　天子喉舌责任重。
赋政于外，⑪　　发布政令告畿外，
四方爰发。⑫　　四方听命都遵从。

肃肃王命，　　　严肃对待王命令，
仲山甫将之。⑬　仲山甫全力来推行。
邦国若否，⑭　　国内政事好与坏，
仲山甫明之。　　仲山甫心里明如镜。
既明且哲，　　　既明事理又聪慧，
以保其身。　　　善于应付保自身。
夙夜匪解，⑮　　早早晚晚不懈怠，
以事一人。⑯　　侍奉周王献忠诚。

人亦有言：　　　有句老话这样说：
"柔则茹之，⑰　"柔软东西吃下肚，
刚则吐之。"　　刚硬东西往外吐。"
维仲山甫，　　　与众不同仲山甫，
柔亦不茹，　　　柔软东西他不吃，
刚亦不吐。　　　刚硬东西偏下肚。
不侮矜寡，⑱　　鳏夫寡妇他不欺，
不畏强御。⑲　　碰着强暴狠打击。

人亦有言：　　　有句老话这样说：
"德𨏳如毛，⑳　"德行如同毛羽轻，

民鲜克举之。"	很少有人能高举。"
我仪图之,㉑	我细揣摩又核计,
维仲山甫举之,	能举起唯有仲山甫,
爱莫助之。	别人爱他难相助。
衮职有阙,㉒	天子龙袍有破缺,
维仲山甫补之。	独有仲山甫能弥补。
仲山甫出祖,㉓	仲山甫出行祭路神,
四牡业业。㉔	四匹公马力强劲。
征夫捷捷,㉕	车载使臣匆匆行,
每怀靡及。	常念王命未完成。
四牡彭彭,	四马奋蹄彭彭响,
八鸾锵锵。	八只鸾铃声锵锵。
王命仲山甫,	周王命令仲山甫,
城彼东方。	督修齐城赴东疆。
四牡骙骙,㉖	四匹公马蹄不停,
八鸾喈喈。㉗	八只鸾铃响叮叮。
仲山甫徂齐,	仲山甫赴齐去得急,
式遄其归。㉘	早日完工回朝廷。
吉甫作诵,㉙	吉甫作歌赠穆仲,
穆如清风。	乐声和美如清风。
仲山甫永怀,㉚	仲山甫临行顾虑多,
以慰其心。	宽慰其心好建功。

〔注〕①蒸:众。物、则:严粲《诗缉》谓"天生蒸民具形而有物,禀性而有则"。 ②秉彝:遵循常理、常性。懿:美。 ③假:至。 ④仲山甫:人名,樊侯,为宣王卿士,字穆仲。 ⑤式:用,效法。 ⑥若:选择。见《说文解字》段玉裁注。 ⑦赋:颁布。 ⑧辟:君,此指诸侯。 ⑨缵(zuǎn):继承。戎:你。王躬:指周王。 ⑩出纳:指受命与传令。 ⑪外:郑笺谓"以布政于畿外"。 ⑫爰发:乃行。 ⑬将:行。 ⑭若否:好坏。 ⑮解(xiè):通"懈"。 ⑯一人:指周天子。 ⑰茹:吃。 ⑱矜:老而无妻。 ⑲强御:强悍。 ⑳輶(yóu):轻。 ㉑仪图:揣度。 ㉒衮(gǔn):绣龙图案的王服。职:犹"适",即偶然。

阙：缺。㉓祖：祭路神。㉔业业：马高大的样子。㉕捷捷：马行迅疾的样子。㉖骙(kuí)骙：此处义同"彭彭"。拟声词。㉗喈(jiē)喈：象声词，铃声。㉘徂：往。遄(chuán)：速。㉙吉甫：尹吉甫，宣王大臣。穆：和美。㉚永：长。怀：思。

　　这首诗《毛诗序》谓"尹吉甫美宣王也，任贤使能，周室中兴焉"；因诗中直接颂扬的是仲山甫，而不是周宣王，故朱熹《诗集传》认为是"宣王命樊侯仲山甫筑城于齐，而尹吉甫作诗送之"；清人郝敬既不赞同毛说，也不以朱说为然，他提出本诗合《春秋》微言大义之旨，仲山甫具才德位望，为辅弼重臣，宜常在王之左右，城齐之役，不劳相烦，诗言"衮职有阙"、"式遄其归"，实有规讽之意。《序》谓"美"，郝谓"讽"，二说视角不同，自然见解相反，然也有共同点，那就是皆着眼于本诗的言外之意，非诗中的基本内容。见仁见智，各有所取，此姑且不论，如果就诗说诗，当以朱熹说为胜。

　　本诗首章起句不凡，方玉润《诗经原始》评曰："工于发端"，"高浑有势"。开头四句郑重提出"人性"这一命题，哲理意味甚浓。前人多认为这是最早的"性善论"，故孟子在《告子章》中引此四句与孔子的阐释作为论"性善"的理论依据。但我们从全诗考察，似乎诗人并不是倡导什么"性善论"，他只不过是借天赋予人以善性，为下文歌颂仲山甫张本。戴震《诗补传》指出："诗美仲山甫德之纯粹而克全，故推本性善以言之。"第一章颂扬仲山甫应天运而生，非一般人物可比，总领全诗。接下去二至六章便不遗余力赞美仲山甫的德才与政绩：首先说他有德，遵从古训，深得天子的信赖；其次说他能继承祖先事业，成为诸侯典范，是天子的忠实代言人；再次说他洞悉国事，明哲忠贞，勤政报效周王；继而说他个性刚直，不畏强暴，不欺弱者；进而回应前几章，说他德高望重，关键靠自己修养，不断积累，因而成了朝廷补衮之臣。诗人对仲山甫推崇备至，极意美化，塑造了一位德才兼备、身负重任、忠于职守、攸关国运的名臣形象。七、八两章才转到正题，写仲山甫奉王命出赴东方督修齐城，尹吉甫临别作诗相赠，安慰行者，祝愿其功成早归。全诗基调虽是对仲山甫个人的颂扬与惜别，但透过诗中关于仲山甫行事与心理的叙述，从中大体能体察到处于西周衰世的贵族，对中兴事业艰难的认识与隐忧，以及对力挽狂澜的辅弼大臣的崇敬与呼唤。不难理解，本诗对仲山甫的种种赞美，是真实的、现实的，然而也不排除其中有某些理想化的成分，包含着诗人所代表的这一阶层的期盼。有人斥本篇为"谀词"，似乎过苛。

　　本诗主要以赋叙事，开篇以说理领起；中间夹叙夹议，突出仲山甫之德才与政绩；最后偏重描写与抒情，以热烈的送别场面作结，点出赠别的主题。全诗章法整饬，表达灵活，为后世送别诗之祖。在《诗经》中本篇说理成分比较浓厚，在诗歌发展史上留下重要的一笔,姚际恒《诗经通论》评开头四句说:"《三百篇》说理始此,盖在宣王之世矣。"后世"以理为诗"当溯源于此。本诗语言也很有特色,尽管多用说理、议论,却不迂腐呆滞,这除了诗人的激情之外,还在于语言运用独具匠心,诗人多以民间俗语入诗,如表现仲山甫扶弱锄强的性格特征、赞美仲山甫重视修身立德,都是反用俗语来衬托,这比直说简洁、形象,又有理趣,说理中注进了诗味,故姚际恒称此为"奇语"(同上)。诗中一些形象生动、富有哲理的语言,有的经后人使用或提炼,至今仍活在人们口头,如"小心翼翼""明哲保身""爱莫能助""穆如清风"等。善用虚词与叠字词本是《诗经》的语言特点,本篇独特之处是"之"字的运用,全诗十二个"之"字,用于句尾的有九个,其中第六章连用五个"之"字收句,娓娓道来,委婉有致,起到了特有的抒情效果,姚际恒指出"多用'之'字,见缠绵之态"(同上)。第七、八两章连用"业业""捷捷""锵锵""彭彭""骙骙""啴啴"等叠字词,铺叙送行场面的壮观和行动的迅捷,绘声绘色,增强了诗的形象性与节奏感。本诗押韵复杂,除五、六两章用一韵外,其余各章皆用两韵,韵脚也变化不定,如第一章则、德为韵,下、甫为韵;而第二章德、则、色、翼、式、力为韵,若、赋为韵;第三章考、保为韵,舌、发为韵;几乎无规则可循,后五章也是如此,译诗尽可能保留原貌。

(蒋立甫)

韩 奕

奕奕梁山,① 巍巍梁山多高峻,
维禹甸之。② 大禹曾经治理它,
有倬其道。③ 交通大道开辟成。
韩侯受命,④ 韩侯来京受册命,
王亲命之:⑤ 周王亲自来宣布:
缵戎祖考,⑥ 继承你的先祖业,
无废朕命。⑦ 切莫辜负委重任。
夙夜匪解,⑧ 日日夜夜不懈怠,
虔共尔位,⑨ 在职恭虔又谨慎,
朕命不易。 册命自然不变更。
榦不庭方,⑩ 整治不朝诸方国,
以佐戎辟。⑪ 辅佐君王显才能。

四牡奕奕,⑫ 四匹公马高又壮,
孔脩且张。⑬ 体态雄壮又修长。
韩侯入觐,⑭ 韩侯入朝拜天子,
以其介圭,⑮ 手持介圭到殿堂,
入觐于王。 恭行觐礼拜周王。
王锡韩侯,⑯ 周王赏赐给韩侯,
淑旂绥章;⑰ 交龙日月旗漂亮;
簟茀错衡,⑱ 竹蓬车子雕纹章,
玄衮赤舄,⑲ 黑色龙袍红色鞋,
钩膺镂钖;⑳ 马饰繁缨金铃装;
鞹鞃浅幭,㉑ 车轼蒙皮是虎皮,
鞗革金厄。㉒ 辔头挽具闪金光。

韩侯出祖,㉓ 韩侯祖祭出发行,
止宿于屠。㉔ 首先住宿在杜陵。
显父饯之,㉕ 显父设宴来饯行,
清酒百壶。 备酒百壶甜又清。
其殽维何? 用的酒肴是什么?
炰鳖鲜鱼。㉖ 炖鳖蒸鱼味鲜新。
其蔌维何?㉗ 用的蔬菜是什么?
维笋及蒲。㉘ 嫩笋嫩蒲香喷喷。
其赠维何? 赠的礼物是什么?
乘马路车。㉙ 四马大车好威风。
笾豆有且,㉚ 盘盘碗碗摆满桌,
侯氏燕胥。㉛ 侯爷吃得喜盈盈。

韩侯取妻,㉜ 韩侯娶妻办喜事,
汾王之甥,㉝ 大王外甥作新娘,
蹶父之子。㉞ 蹶父长女嫁新郎。

韩侯迎止,㉟ 韩侯出发去迎亲,
于蹶之里。 来到蹶地的里巷。
百两彭彭,㊱ 百辆车队闹攘攘,
八鸾锵锵,㊲ 串串鸾铃响叮当,
不显其光。㊳ 婚礼显耀好荣光。
诸娣从之,㊴ 众多姑娘作陪嫁,
祁祁如云。㊵ 犹如云霞铺天上。
韩侯顾之,㊶ 韩侯行过曲顾礼,
烂其盈门。㊷ 满门光彩真辉煌。

蹶父孔武,㊸ 蹶父强健很勇武,
靡国不到。㊹ 足迹踏遍万方土。
为韩姞相攸,㊺ 他为女儿找婆家,
莫如韩乐。 找到韩国最心舒。
孔乐韩土, 身在韩地很快乐,
川泽訏訏。㊻ 川泽遍布水源足。
鲂鱮甫甫,㊼ 鳊鱼鲢鱼肥又大,
麀鹿噳噳。㊽ 母鹿小鹿聚一处。
有熊有罴, 有熊有罴在山林,
有猫有虎。 还有山猫与猛虎。
庆既令居,㊾ 喜庆有个好地方,
韩姞燕誉。㊿ 韩姞心里好欢愉。

溥彼韩城,(51) 扩建韩城高又大,
燕师所完。(52) 燕国征役来筑成。
以先祖受命, 依循先祖所受命,
因时百蛮。(53) 管辖所有蛮夷人。
王锡韩侯, 王对韩侯加赏赐,
其追其貊。(54) 追族貊族听号令。

奄受北国,㊺	北方各国都管辖,
因以其伯。㊻	作为诸侯的首领。
实墉实壑,㊼	筑起城墙挖壕沟,
实亩实籍;㊽	划分田亩税章定;
献其貔皮,㊾	珍贵貔皮作贡献,
赤豹黄黑。	赤豹黄黑也送京。

〔注〕①奕奕:高大貌。梁山:宣王时韩国境内山名。所在地诸说不一。郑笺据《汉书·地理志》谓"梁山在夏阳西北";马瑞辰《毛诗传笺通释》引《潜夫论》谓:"昔周宣王亦有韩城,其国也近燕,故《诗》曰'溥彼韩城,燕师所完'",又引王肃云:"涿郡方城县有韩侯城",又引《水经注》云:"方城今为顺天府固安县,在府西南百二十里。"按《大清一统志》:"韩城在固安县西南;《县志》今名韩侯营,在县东南十八里。"细审诗义,今人多从此说。据现行政区划,当在北京市通县之西,固安县之东北。 ②维:发语助词。甸:治。传说大禹治水开辟九州。 ③倬(zhuō):长远。 ④韩侯:姬姓,周王近宗贵族,诸侯国韩国国君。历史上周朝封建的韩国有两个,始封国君都是周武王的儿子。一在今陕西韩城县南,世袭到春秋时并入晋国。一在今河北固安县东北,与燕国接近,即本诗中的燕国。受命:接受册命。周制,封建诸侯爵位有等,其国城、土地、兵力因之有差别。周宣王为加强北方防务,增强韩国作为屏障的作用,提高其爵位,以便重修韩城,增加常备军,发挥政治和军事作用。 ⑤王:周宣王,西周一个比较有作为的国王,力图振兴趋于没落的周王朝。 ⑥缵:继承。戎:你。祖考:先祖。 ⑦朕:周王自称。 ⑧夙夜:早晚。匪解:非懈。 ⑨虔共(gōng):敬诚恭谨。共,通"恭"。 ⑩榦:同"幹",安定。一说,同"干",纠正。均通。不庭方:不来朝觐的方国诸侯。周制,方国诸侯应定期朝觐天子纳贡,不来朝廷朝觐,称为不庭,被作为对周不忠顺的罪状,应予讨伐。 ⑪辟:君位。 ⑫牡:公马。 ⑬孔脩:很长。 ⑭入觐(jìn):入朝朝见天子。 ⑮介圭:玉器,天子圭一尺二寸,诸侯圭九寸以下。按周礼,王册封诸侯赐予介圭作为镇国宝器,诸侯入觐时须手执介圭作觐礼之贽信。这是觐礼礼仪之一。 ⑯锡:同"赐",赏赐。 ⑰淑旂:色彩鲜艳绘有交龙、日月图案的旗子。绥章:指旗上图案花纹优美。 ⑱簟茀:竹编车篷。错衡:饰有交错花纹的车前横木。 ⑲玄衮:黑色龙袍,周朝王公贵族的礼服。赤舄(xì):红鞋。 ⑳钩膺:又称繁缨,束在马腰部的革制装饰品。镂钖(yáng):马额上的金属制装饰品。 ㉑鞹鞃(kuò hóng):包皮革的车轼横木。浅:浅毛虎皮。幭(miè):覆盖。 ㉒鞗(tiáo)革:马辔头。厄:通"轭"。 ㉓出祖:出行之前祭路神。 ㉔屠:地名,可能是岐山东北的杜陵。 ㉕显父:周宣王的卿士。父,是对男子的美称。 ㉖炰鳖:烹煮鳖肉。 ㉗蔌:蔬。 ㉘笋:笋。 ㉙乘马:一乘车四匹马。路车:辂车,贵族用大车。 ㉚笾(biān)豆:饮食用具,笾是盛果脯的高脚竹器,豆是盛食物的高脚、盘状陶器。 ㉛燕胥:燕乐,燕通"宴"。 ㉜取妻:同"娶妻"。 ㉝汾王:郑笺:"厉王流于彘,彘在汾水之上,故时人因以号之。"马瑞辰《毛诗传笺通释》以为"汾者坟之假借,故训为大,传泛言大王,但以为美称耳,未尝专指厉王"。俞樾《群经平议》以为"此汾王疑即西戎之王……西戎之君称王者多矣。汾即《考工记》之妢胡,汾王者,妢胡之王也。韩侯娶汾王之甥,……当时借此为服西戎之策,后世和亲之议,此其滥觞也。诗人张大其事而歌咏之,盖亦如此"。此说史无明据,故未取,仍依毛传但云大王。

㉞ 蹶父：周的卿士，姞姓，以封地蹶为氏。㉟ 迎止：迎亲。止，同“之”。周时婚礼新郎去女家亲迎新娘。㊱ 百两：百辆。彭彭：盛多貌。㊲ 鸾：通“銮”，挂在马镳上的铃，每车四马八銮。㊳ 不(pī)显：不，通“丕”，大；丕显，非常显耀。㊴ 诸娣从之：娣，女弟，即妹。周代婚制，诸侯嫡长女出嫁，诸妹诸侄随从出嫁为妾媵。㊵ 祁祁：盛多貌。㊶ 顾：回头看；或谓“顾”为“曲顾”之礼。㊷ 烂：光彩明耀。㊸ 孔武：很勇武。孔，甚。㊹ 靡：没有。㊺ 韩姞(jí)：即蹶父之女，姞姓，嫁韩侯为妻，故称韩姞。相攸：观察合适的地方。相，视；攸，所。㊻ 讦(xū)讦：广大貌。㊼ 鲂鲊：两种鱼名，今名鳊、鲢。甫甫：大貌。㊽ 麀(yōu)：母鹿。噳(yǔ)噳：鹿多群聚貌。㊾ 令居：美好居所。㊿ 燕誉：安乐高兴。(51) 溥(pǔ)：广大。韩城：韩国都城。(52) 燕师：燕国的人众。周制，各诸侯国都城建筑面积、城垣高度等规格及其常备军人数，据爵位高低而定。韩侯受命为北地方伯，故扩建韩城。韩城与燕国相近，故从燕国征发人众前来筑城。当时工程都向各地征役。燕国，姬姓诸侯，召公奭长子始封，在今北京市大兴县北。(53) 时：犹“司”，掌管、统辖。百蛮：古时对异族土著部落统称蛮、夷，百是概数，言其多。(54) 追(duī)、貊(mò)：北方两个少数民族。(55) 奄：完全。(56) 伯：诸侯之长。(57) 实：是，乃。墉：城墙，此作动词。壑：壕沟，此作动词。(58) 亩：田亩，此作动词，指划分田亩。籍：征收赋税，正税法。(59) 貔(pí)：一种猛兽名。

《韩奕》是历代重视的《大雅》名篇之一。《毛诗序》云：“《韩奕》，尹吉甫美宣王也，能锡命诸侯。”但按验文本，可知诗的内容主要是叙述年轻的韩侯入朝受封、觐见、迎亲、归国和归国后的活动，全诗的主人公是韩侯，赞美周宣王“能锡命诸侯”并非诗的主旨。至于说诗的创作年代在周宣王时，则是可信的，与史实相合。是否尹吉甫所作，尚难断定。

西周王朝后期内忧外患，渐趋衰落，经过厉王时代的社会和政治大动乱，宣王力图振兴，调整统治集团内部关系，实行某些开明政策；东伐淮夷、北伐猃狁以御外侮；迁申侯于谢邑镇守南方要冲，派仲山甫督修齐城捍卫东方，封韩侯扩建韩城加强北方防务，一时号称“中兴”。本诗所记述的韩侯受封入觐，是宣王时代重要的政治活动。

全诗六章，章十二句，为整齐的四言体，每章内容各有重点，按人物的活动依次叙述，脉络连贯，层次清楚。

首章从大禹开通九州，韩城有大道直通京师起笔，表明北方本属王朝疆域。通过周王亲自宣布册命和册命的内容，说明受封的韩侯应担负的重要政治任务以及周王所寄予的重大期望；任务和期望的根本之点，是作为王朝的屏障安定北方。

第二章叙述韩侯觐见和周王给予赏赐，而这一切都依据礼法进行。呈介圭为贽表明韩侯的合法地位，周王的赏赐表示韩侯受到的优宠。周代以“礼”治国，“礼”就是法律和制度，按制度，周代贵族服饰车乘的质料、颜色、图案、式样、大小规格都有规定，不能僭越。周王赏赐的交龙日月图案的黑龙袍、红色木底高靴、特定规格的精美车辆，都是诸侯方伯使用的。由周王赏赐，类似后世的“授衔”和公布享受何种等级的待遇,它表明受赐者地位、权利的提高:年轻的韩侯一跃而为蒙受周王优宠、肩负重任的荣显人物。

第三章叙述韩侯离京时由朝廷卿士饯行的盛况。出行祖祭是礼制,大臣衔命出京,例由朝廷派卿士在郊外饯行,这也是礼制。祖祭后出行,祭礼用清酒,所以饯行也"清酒百壶",这仍是礼制。一切依礼制进行,又极尽宴席之丰盛。这些描写继续反映韩侯政治地位的重要及其享受的尊荣。

第四章叙述韩侯迎亲。这一章铺陈女方高贵的出身家世和富贵繁华的迎亲场面,烘托出热烈的喜庆气氛,再现了贵族婚礼的铺张场景和风习,也表现了主人公的荣贵显耀。

第五章重点叙述韩国土地富庶,河流湖泊密布,盛产水产品和珍贵毛皮。这些叙述从蹶父选婿引起,以韩姞满意作结,虽然叙述重点转移,却与上章紧紧钩连,不显突兀,收过渡自然之妙。

第六章叙述韩侯归国,成为北方诸侯方伯,建韩城,施行政,统治百国,作王朝屏障,并贡献朝廷,与首章册命遥相呼应。

全诗的主题是颂扬韩侯,颂扬他接受王国重要政治使命,肩负作为王国屏障安定北方的重任,表现周王的优宠和倚重,公卿对他的尊慕和礼敬,诗中渲染的他的富贵荣华以及他的权威,都与他的政治地位密切联系。没有他的政治地位和作用,一切都无从谈起。所以,这是一篇歌颂接受国家重任的大臣的颂歌。其中,饯宴、迎亲的场景描写,是诗中的插部,用以烘托主人公的高贵荣显,并使全诗波澜迭兴,有张有弛,有明有暗,有庄有雅,相映成趣。

本诗颂美一个荣显的诸侯,却没有溢美之辞,而只是叙述事实,铺陈事物,或正面描述,或侧面烘托,落笔庄重大方,不涉谄谀,也不作空泛议论,这在颂诗中是突出的。

全诗六章,各章重点突出,但前后钩连,结成一体;内容相对集中,而前后照应,首尾呼应,无割裂枝蔓之累,其结构亦可资借鉴。

此诗的语言风格也变化多姿。首章叙述周王册命,其语言如《尚书》用语般典重古奥;第二章叙述周王赏赐,铺陈华丽,以见恩宠之隆;第三章以下间用叠词、口语,描写有声有色,写得生动活泼。一诗之中,语言风格三易,即俗谓"到什么山上唱什么歌",所以吴闿生《诗义会通》评论说:"雄峻奇伟,高华典丽,兼而有之,在三百篇中,亦为杰出之作。"

(夏传才)

江　汉

| 江汉浮浮, | 长江汉水波涛滚滚, |

武夫滔滔。①	出征将士意气风发。
匪安匪游，②	不为安逸不为游乐，
淮夷来求。③	要对淮夷进行讨伐。
既出我车，	前路已经出动兵车，
既设我旟。④	树起彩旗迎风如画。
匪安匪舒，	不为安逸不为舒适，
淮夷来铺。⑤	镇抚淮夷到此驻扎。
江汉汤汤，⑥	长江汉水浩浩荡荡，
武夫洸洸。⑦	出征将士威武雄壮。
经营四方，	将士奔波平定四方，
告成于王。	战事成功上告我王。
四方既平，	四方叛国均已平定，
王国庶定。⑧	但愿周朝安定盛昌。
时靡有争，	从此没有纷争战斗，
王心载宁。⑨	我王之心宁静安详。
江汉之浒，⑩	长江汉水二水之滨，
王命召虎：	王向召虎颁布命令：
"式辟四方，⑪	"开辟新的四方国土，
彻我疆土。⑫	料理划定疆土地境。
匪疚匪棘，⑬	不是扰民不是过急，
王国来极。⑭	要以王朝政教为准。
于疆于理，⑮	经营边疆料理天下，
至于南海。"	领土直至南海之滨。"
王命召虎，	我王册命下臣召虎，
来旬来宣：⑯	巡视南方政令宣诵：
"文武受命，	"文王武王受命天下，

召公维翰。⑰	你祖召公实为梁栋。
无曰予小子,⑱	莫说为了我的缘故,
召公是似。⑲	你要继承召公传统。
肇敏戎公,⑳	全力尽心建立大功,
用锡尔祉。㉑	因此赐你福禄无穷。
"釐尔圭瓒,㉒	"赐你圭瓒以玉为柄,
秬鬯一卣。㉓	黑黍香酒再赐一卣。
告于文人,㉔	秉告文德昭著先祖,
锡山土田。	还要赐你山川田畴。
于周受命,㉕	去到岐周进行册封,
自召祖命。"㉖	援例康公仪式如旧。"
虎拜稽首,㉗	下臣召虎叩头伏地:
"天子万年!"	"大周天子万年长寿!"
虎拜稽首,	下臣召虎叩头伏地,
对扬王休。㉘	报答颂扬天子美意。
作召公考,㉙	作成纪念康公铜簋,
"天子万寿!"	"敬颂天子万寿无期!"
明明天子,㉚	勤勤勉勉大周天子,
令闻不已。㉛	美名流播永无止息。
矢其文德,㉜	施行文治广被德政,
洽此四国。	和洽当今四周之地。

〔注〕 ①上句当作"滔滔",下句当作"浮浮"。浮浮:众强的样子。 ②匪:同"非"。 ③来:语助词,含有"是"的意义。求:通"纠",诛求,讨伐。 ④旟(yú):画有鸟隼的旗。 ⑤铺:止,驻扎。 ⑥汤(shāng)汤:水势大的样子。 ⑦洸(guāng)洸:威武的样子。 ⑧庶:庶几。 ⑨载:则。 ⑩浒(hǔ):水边。 ⑪式:发语词。辟:开辟。 ⑫彻:治。 ⑬疚(jiù):病,害。棘:"急"的假借。 ⑭极:准则。 ⑮于:意义虚泛的助词,其词义取决于后面所带之词。 ⑯旬:"巡"的假借。 ⑰召(shào)公:召公奭,文王之子,封于召。为召伯虎的太祖。谥康公。维:是。翰:桢幹。 ⑱予小子:宣王自称。 ⑲似:"嗣"的假借。 ⑳肇敏:图谋。戎:大。公:通"功",事。 ㉑用:以。锡:赐。祉(zhǐ):福禄。 ㉒釐

(lài)：" 赉"的假借,赏赐。圭瓒(zàn)：用玉作柄的酒勺。 ㉓秬(jù)：黑黍。鬯(chàng)：一种香草,即郁金,姜科,多年生。卣(yǒu)：带柄的酒壶。 ㉔文人：有文德的人。 ㉕周：岐周,周人发祥地。 ㉖自：用。召祖：召氏之祖,指召康公。 ㉗稽(qǐ)首：古时礼节,跪下拱手磕头,手、头都触地。 ㉘对：报答。扬：颂扬。休：美,此处指美好的赏赐册命。 ㉙考："簋(guǐ)"的假借。簋,一种古铜制食器。 ㉚明明：勉勉。 ㉛令闻：美好的声誉。 ㉜矢："施"的假借。

《江汉》一诗,《毛诗序》以为尹吉甫所作。今人以其无据多不相信。细读诗本文,实为召伯虎所作。其第一章诗人自称"我",显然为第一人称手法写成;而第三章云："江汉之浒,王命召虎。"说到周王之命,又自称"召虎"。第四、五、六章也有"王命召虎""虎拜稽首"等语。一般如果自称为"我",而同周天子联系起来则称"召虎""虎",则可以肯定作者为召伯虎。此诗同传世的周代青铜器召伯虎簋上的铭文一样,都是记叙召伯虎平淮夷归来周王赏赐之事。

据《后汉书·东夷传》,周厉王之时因为政治昏乱,东方的淮夷入寇,虢仲征之,未能取胜。宣王之时,首先消除玁狁之患,然后宣王亲征,平定淮夷之乱。宣王驻于江汉之滨,命召伯虎率军征之。召伯虎取胜归来,宣王大加赏赐,召伯虎因而作铜簋以纪其功事,并作此诗,以颂其祖召康公之德与天子之英明。

淮夷在淮北,以徐国为主,故平淮夷也即《常武》所说之征徐国。因为此次伐淮夷,宣王亲征,驻于江汉之滨,召公的受命、誓师、率师出征俱在此,所以诗的前二章均以"江汉"为喻,借长江、汉水的宽阔水势,喻周天子大军浩浩荡荡的气势。也同样因为天子亲征,故曰"匪安匪游,淮夷来求","匪安匪舒,淮夷来铺"。意思是天子到此不是为了游乐,而是为了平定叛国。这几句前人未能明其深意,故或以为作为一个受命出征的大臣这样说有些多余。关于开头二句,王引之、陈奂都以为当作"江汉滔滔,武夫浮浮","浮浮"为众强之貌。这样与《风俗通义》引作"江汉陶陶"及《小雅·四月》"滔滔江汉"之语皆相合,其说颇为有理。

此诗着重颂扬宣王之德,不在纪事,故关于淮夷战事未作具体描述。伐淮夷在尹吉甫和南仲伐玁狁之后,故诗中以"经营四方"一句,概括南征北讨之事而带过。盖因与淮夷作战为召伯之事,召伯不能自己夸耀自己的武功。以下由"告成于王"引起对赏赐仪式特别是宣王册命之词的记述。由"式辟四方,彻我疆土;匪疚匪棘,王国来极;于疆于理,至于南海"可以看出一个打算有所作为的英明君主的雄才大略。由"文武受命,召公维翰;无曰予小子,召公是似",又见其对朝廷老臣说话时恰如其分的谦虚和鼓励的语气,通过表彰召康公的业绩来表彰召伯虎,并激励他再建大功。第五、六章写宣王对召伯虎赏赐规格之高和召伯虎的感戴之情。全诗以"矢其文德,洽此四国"作结,表现出中兴君臣的共同愿望。

诗中有些句子看似语意相似,其实却表现了不同的意思。如第一章"匪安匪游,淮夷来求"等,出于召伯之口,是说:宣王不求安乐,而勤劳于国事。第三章"匪疚匪棘,王国来极",出于宣王之口,则是说:不是要给百姓造成骚扰,也不是急于事功,四方都必须以王朝政令为准,这是大事。第二章"四方既平,王国庶定;时靡有争,王心载宁",同样表现了臣子对天子的体贴。而第三章"式辟四方,彻我疆土",则出之周王之口,体现着"溥天之下,莫非王土"的观念。

召伯虎救过太子静(宣王)的命,又扶其继位,辅佐宣王化解宗族矛盾,和合诸侯,平定外患,其功盖世。然而,正因为这样,他更要注重君臣之礼,以身作则地维护周朝统治阶级的宗法制度。这首诗就表现了老功臣的这样一种意识。前人评此诗"意深笔曲,高词媲皇典","通篇极典则,极古雅,极生动。退之《平淮西碑》祖此而词意不及"。吴闿生《诗义会通》评此诗说:"以美武功为主,而无一字铺张威烈。后半专叙王命及召公对扬之词。雍容揄扬,令人意远。"虽不无溢美,但也确实看到了此诗的特色。

(赵逵夫)

常　武

赫赫明明,①	多么威严多严明,
王命卿士。②	王对卿士下命令。
南仲大祖,③	太祖庙堂召南仲,
大师皇父:④	太师皇父在其中:
"整我六师,⑤	"速速整顿我六军,
以脩我戎。⑥	备战习武任务重。
既敬既戒,⑦	布防警戒切莫松,
惠此南国。"⑧	救助南方惩元凶。"
王谓尹氏,⑨	王诏尹氏传下令,
命程伯休父,⑩	告谕程伯休父依令行,
左右陈行,⑪	士卒左右列成队,
戒我师旅。	告诫全军申军令。
率彼淮浦,⑫	沿那淮岸急行军,
省此徐土。⑬	巡视徐国察隐情。

不留不处,⑭　　　诛其祸首安人民,
三事就绪。⑮　　　三司就职工作勤。

赫赫业业,⑯　　　多么威严多伟大,
有严天子,⑰　　　神圣天子亲出征,
王舒保作。⑱　　　从容镇定向前进。
匪绍匪游,⑲　　　不快不慢按兵法,
徐方绎骚。⑳　　　徐方慌张乱阵营。
震惊徐方,　　　　王师神威震徐方,
如雷如霆,㉑　　　雷霆万钧压头顶,
徐方震惊。　　　　徐方骚动大震惊。

王奋厥武,㉒　　　周王奋威用武力,
如震如怒。　　　　如天动怒雷声起。
进厥虎臣,㉓　　　前锋部队如猛虎,
阚如虓虎。㉔　　　虎怒吼声震大地。
铺敦淮濆,㉕　　　大军屯聚淮水边,
仍执丑虏。㉖　　　擒获顽敌向前逼。
截彼淮浦,㉗　　　切断淮水沿岸路,
王师之所。㉘　　　王师驻此扫顽敌。

王旅啴啴,㉙　　　王师强大兵马众,
如飞如翰,㉚　　　迅捷如鸟掠长空,
如江如汉。　　　　势如江汉水汹涌。
如山之苞,㉛　　　如山之基难动摇,
如川之流。　　　　如川之流滚滔滔。
绵绵翼翼,㉜　　　军营绵绵排列齐,
不测不克,　　　　战无不胜难知底,
濯征徐国。㉝　　　大力征讨定淮夷。

王犹允塞,㉞	王的谋略无不中,
徐方既来。	徐国投降来归从。
徐方既同,	徐国臣服成一统,
天子之功。	胜利应是天子功。
四方既平,	四方叛逆已平定,
徐方来庭。㉟	徐国入觐来王庭。
徐方不回,㊱	徐国改邪已归正,
王曰还归。	王命班师返京城。

〔注〕① 赫赫:威严的样子。明明:明智的样子。 ② 卿士:周朝廷执政大臣。 ③ 南仲:人名,宣王主事大臣。大祖:指太祖庙。 ④ 大师:职掌军政的大臣。皇父:人名,周宣王太师。 ⑤ 整:治。六师:六军。周制,王建六军,一军一万二千五百人。 ⑥ 脩我戎:整顿我的军备。脩,习;戎,武。 ⑦ 敬:借作"儆"。 ⑧ 惠:爱。 ⑨ 尹氏:掌卿士之官。 ⑩ 程伯休父:人名,宣王时大司马。 ⑪ 陈行:列队。 ⑫ 率:循。 ⑬ 省:察视。徐土:指徐国,故址在今安徽泗县。 ⑭ 不:二"不"字皆语助词,无义。留:古"刘"字,杀。处:安。 ⑮ 三事:三司,指军中三事大夫。事与"司"通。绪:业。姚际恒《诗经通论》:"谓分主六军之三事大夫,无一不尽职以就绪也。" ⑯ 业业:高大的样子。 ⑰ 有严:严严,神圣的样子。 ⑱ 舒:舒徐。保:安。作:起。 ⑲ 绍:戴震《诗经补注》:"如'夭绍'之绍,急也。"游:优游,与"绍"对文,指缓。 ⑳ 绎:络绎。骚:骚动。严粲《诗缉》:"王乃舒徐而安行,依于军法日行三十里,进兵不急,人自畏威,徐方之人,皆络绎骚动矣。" ㉑ 霆:炸雷。 ㉒ 奋厥武:奋发用武。 ㉓ 虎臣:猛如虎的武士。 ㉔ 阚(hǎn)如:阚然,虎怒的样子。虓(xiāo):虎啸。 ㉕ 铺:韩诗作"敷",大。敦:屯聚。濆(fén):高岸。 ㉖ 仍:就。丑虏:对敌军的蔑称。 ㉗ 截:断绝。 ㉘ 所:处。 ㉙ 啴(tān)啴:人多势众的样子。 ㉚ 翰:指鸷鸟。 ㉛ 苞:指根基。 ㉜ 翼翼:整齐的样子。 ㉝ 濯:大。 ㉞ 犹:通"猷",谋略。允:诚。塞:实,指谋略不落空。 ㉟ 来庭:来王庭,指朝觐。 ㊱ 回:违。

本诗题目特别,《诗经》大多是取首句语词为题,有的虽不是首句,但亦是诗中的语词,而"常武"一词不见于该诗,故说诗者议论纷纭。《毛诗序》谓其意是"有常德以立武事,因以为戒然";朱熹《诗序辨说》申此说"盖有二义:有常德以立武则可,以武为常则不可,此所以有美而有戒也",对此,姚际恒《诗经通论》驳道:"诗中极美王之武功,无戒其黩武意。毛、郑亦无戒王之说。然则作《序》者其腐儒之见明矣。"王质《诗总闻》谓"自南仲以来,累世著武,故曰常武";方玉润《诗经原始》以为"常武"是乐名,他说:"武王克商,乐曰《大武》,宣王中兴,诗曰《常武》,盖诗即乐也。"近人或以为古常、尚通用,"常武"即尚武,与诗旨正合。按:《序》与朱说明显牵强附会,姚批驳极是。王质误会南仲为文王时人,故有此说,亦不足取。惟后二说较为合理,可供参考。

本诗为宣王时之作无疑,有诗中两个人物为证:一是南仲,同见于《出车》,亦见《鄦惠鼎》(称"司徒南中"),《汉书·人物表》与《后汉书·庞参传》所载《马融上书》都认定南仲是宣王时人。同时,王国维《观堂集林·鬼方昆夷玁狁考》据《出车》说"赫赫南仲,玁狁于襄",而"周时用兵玁狁事,其见于书器者,大抵在宣王之世,而宣王以后即不见有玁狁事";又据《鄦惠鼎》与宣王时《召伯虎敦》文字相类,断定南仲必为宣王时人。另一是程伯休父,《国语·楚语下》云重黎"其在周,程伯休父其后也。当宣时失其官守,而为司马氏"。

本诗赞美周宣王率兵亲征徐国,平定叛乱,取得重大的胜利。诗人的叙述基本按照事件的发展:首章写宣王委任将帅并部署战备任务;第二章通过尹氏向程伯休父下达作战计划。这两章着重记述史实,一一交代重要人物,虽然极为简括,但却把形势、任务、目标乃至进军路线都说清楚了。这自然是最高统帅宣王的杰作,诗人以最简洁的笔法,表现了宣王胸有成竹、指挥若定的气魄与指挥才能。第三章写进军。诗人先从"我方"着笔:天子亲征,沉稳从容,战士行军,不紧不慢,充满一种胜券在握的坚定信心。而敌方呢?在诗人笔下则是另一番景象:徐方阵营骚动、震恐,以致如五雷轰顶,仓皇失措。一镇定,一惊慌,两相对照,显示出王师强大的力量,未战已先声夺人。第四章写王师进击徐夷。诗人以天怒雷震,比喻周王奋发用武;以猛虎怒吼,比喻官兵勇敢,极力突出王师惊天动地的气势。以此击徐,无异泰山压顶,自然战无不胜,攻无不克。看:王师迅疾深入淮河腹地,切断了徐淮的联系,还俘获了大批叛军,进而扎营于此,为剿灭敌人作准备。全章八句,前用比,后用赋,寥寥几笔便勾勒出了进军的形势,充分显示出王师的压倒优势。第五章写王师的无比声威。诗人满怀激情,借助精巧选词,串联比喻、排句,饱蘸笔墨,歌唱王师。这是全诗最精彩的部分,朱熹有一段绝好的分析,他说:"如飞如翰,疾也;如江如汉,众也;如山,不可动也;如川,不可御也。绵绵,不可绝也;翼翼,不可乱也。不测,不可知也;不克,不可胜也。"(《诗集传》)第六章写王师凯旋,归功天子。诗人先颂扬天子计谋允当,再说胜利是"天子之功",然后写到王下令"还归",叙述次第井然。"王曰还归"回应篇首"王命卿士",一反映今日胜利的踌躇满志;一表现昔日大敌当前的凝重心境,前后鲜明对照,首尾相连,结构完善。本章造句颇奇特,双句、单句"徐方"二字交替使用,姚际恒《诗经通论》评曰:"八句'徐方'二字一上一下,绝奇之调。"方玉润《诗经原始》评曰:"'徐方'二字回环互用,奇绝快绝!"诗人反复提出"徐方",正见出对这次平徐胜利的特别重视与喜悦。徐为淮夷大国,屡与朝廷抗衡,今已降服来朝,自然极为可喜可贺,要津津乐道;同时又是天子亲征,诗人怎能不张大其功,宣扬徐方"既来""既同""来庭""不回"。可见连用四个"徐方"既是内容使然,又是抒情志感的需要,并非故意造奇。朱熹曾与上篇《江汉》比较说:"前篇召公帅师以出,归告成功,故备载其褒赏之词;此篇王实亲行,故于卒章反复其辞,以归功于天子。"(《诗集传》)他的见解实高于姚、方,既知其然又知其所以然。

中国古代叙事诗不很发达,但如《常武》一诗,尽管在细节的叙述上精详远不及古希腊罗马的史诗,却也神完气足,其叙事虚写与实写的巧妙结合,尤为一大特色,从诗歌艺术上说,即使与古希腊罗马史诗相比,似也不遑多让。

(蒋立甫)

瞻卬

瞻卬昊天,①	仰望上天晦阴阴,
则不我惠。②	对我不肯赐恩情。
孔填不宁,③	世间很久不安宁,
降此大厉。④	天降责罚大祸临。
邦靡有定,	国家没有安定时,
士民其瘵。⑤	士人平民都因病。
蟊贼蟊疾,⑥	害虫疯狂食禾稼,
靡有夷届。⑦	不会满足哪肯停。
罪罟不收,⑧	刑网布下不收起,
靡有夷瘳。⑨	如病不愈苦难尽。
人有土田,	别人拥有好田亩,
女反有之。	你却侵犯去占有。
人有民人,	别人拥有众奴隶,
女覆夺之。⑩	你却强夺一起收。
此宜无罪,	这人本来没有罪,
女反收之。	你反拘捕将他囚。
彼宜有罪,	那人应该判有罪,
女覆说之。⑪	你却让他得自由。

哲夫成城，⑫	智慧男子创业能，
哲妇倾城。	有才女子乱国政。
懿厥哲妇，⑬	那个聪明女人啊，
为枭为鸱。⑭	像猫头鹰发怪声。
妇有长舌，	她有长舌善逞辩，
维厉之阶。⑮	产生邪恶埋祸根。
乱匪降自天，	大乱非是从天降，
生自妇人。	生自工谗此妇人。
匪教匪诲，⑯	劝谏国王听不进，
时维妇寺。⑰	妇人内侍言必信。
鞫人忮忒，⑱	不断害人变化多，
谮始竟背。⑲	谗言首尾相矛盾。
岂曰不极？⑳	难道凶狠还不够？
伊胡为慝！㉑	为何作恶太不仁！
如贾三倍，㉒	如同奸商逐厚利，
君子是识。㉓	入朝执政哪能成。
妇无公事，㉔	妇人不做分内事，
休其蚕织。	放弃纺织养蚕功。
天何以刺？㉕	上天为何责我王？
何神不富？㉖	神灵为何福不降？
舍尔介狄，㉗	深谋远虑全抛弃，
维予胥忌。㉘	恨我只因忌忠良。
不吊不祥，㉙	人们遭难不恤问，
威仪不类。㉚	威仪不修乱朝纲。
人之云亡，㉛	贤人君子离朝堂，
邦国殄瘁。㉜	邦国危难将覆亡。

天之降罔，㉝	上天无情降罗网，
维其优矣。㉞	牢不可破难躲藏。
人之云亡，	贤人君子离朝堂，
心之忧矣。	我心实在太忧伤。
天之降罔，	上天无情降罗网，
维其几矣。㉟	已近王身国将亡。
人之云亡，	贤人君子离朝堂，
心之悲矣。	我心实在太悲凉。

觱沸槛泉，㊱	泉水喷涌流不止，
维其深矣。	深深源头总在此。
心之忧矣，	我心实在太忧伤，
宁自今矣。	难道只是从今始。
不自我先，	恶政不在我身前，
不自我后。	也不在我身后施。
藐藐昊天，㊲	苍茫上天自高远，
无不克巩。㊳	万物都得受控制。
无忝皇祖，㊴	莫让祖宗受耻辱，
式救尔后。㊵	悔改才能救后嗣。

〔注〕① 卬(yǎng)：通"仰"。　② 惠：爱。　③ 填(chén)：通"尘"，长久。　④ 厉：祸患。　⑤ 士民：士人与平民。瘵(zhài)：病。　⑥ 蟊(máo)：伤害禾稼的虫子。贼、疾：害。　⑦ 夷：平。届：至，极。　⑧ 罟(gǔ)：网。罪罟，刑罪之法网。　⑨ 瘳(chōu)：病愈。　⑩ 覆：反。　⑪ 说(tuō)：通"脱"。　⑫ 哲：智。　⑬ 懿：通"噫"，叹词。　⑭ 枭(xiāo)：传说长大后食母的恶鸟。鸱(chī)：恶声之鸟，即猫头鹰。　⑮ 阶：阶梯，此训"因由"。　⑯ 匪：不可。教诲：教导。　⑰ 时：犹"是"。维：犹"为"。寺：昵近，寺人，内侍。　⑱ 鞫(jū)：穷尽。忮(zhì)：害。忒(tè)：变。　⑲ 谮(zèn)：进谗言。竟：终。背：违背，自相矛盾。　⑳ 极：狠。　㉑ 伊：语助词。慝(tè)：恶，错。　㉒ 贾(gǔ)：商人。三倍：指得三倍的利润。　㉓ 君子：指在朝执政者。识(zhí)：通"职"。　㉔ 公事：即功事，指妇女所从事的纺织蚕桑之事。　㉕ 刺：指责，责备。　㉖ 富：福祐。　㉗ 介：大。狄(tì)：同"逖"，远。　㉘ 胥(xū)：通"斯"，是。忌：怨恨。　㉙ 吊：慰问，抚恤。　㉚ 类：善。　㉛ 云：语助词。　㉜ 殄(tiǎn)瘁：两字皆训"病"。　㉝ 罔：同"网"。　㉞ 优：厚。　㉟ 几(jī)：近。　㊱ 觱(bì)沸：泉水上涌的样子。槛："滥"的假借，泛滥。　㊲ 藐藐：高远貌。　㊳ 巩：固，指约束控制。　㊴ 忝(tiǎn)：辱。　㊵ 式：用。

这是一首尖锐讽刺和严正痛斥昏庸荒淫的周幽王宠幸褒姒,斥逐贤良,败坏纪纲,倒行逆施以致政乱民病,天怒神怨,国运濒危的诗。言辞凄楚激越,既表现了诗人忧国悯时的情怀,又抒发了他疾恶如仇的愤慨。

　　关于诗的作者,《毛诗序》说:"凡伯刺幽王大坏也。"方玉润《诗经原始》说:"此刺幽王嬖褒姒以致乱之诗。而《序》谓凡伯作。则未有考。曹氏粹中曰'凡伯作《板》诗,在厉王末,至幽王大坏时,七十余年矣,决非一人,犹家父也。'然亦不必辩。"郑振铎说:"有心的老成人,见世乱,欲匡救之而不能,便皆将忧乱之心,悲愤之情,一发之于诗。……《板》是警告,《瞻卬》与《召旻》则直接破口痛骂了。"(《插图本中国文学史》)其实,诗的作者究竟是谁,无关宏旨。就诗本身推论,我们认为这首诗出自一位心地正直、关心国事,但又受到排挤、极不得志的西周宗室或朝廷官员之手。

　　全诗七章。首章总言祸乱。天降灾祸,时局艰困,国运危殆,生灵涂炭。"天",既指自然界的天,亦指人间社会的"天"——高高在上的统治者。"蟊贼蟊疾,靡有夷届;罪罟不收,靡有夷瘳",害人虫不亡,则人民的灾难就永远不会有结束之期。"蟊贼"喻指幽王、褒姒之流,"罪罟"实指他们多设科条以陷人之事。只此四句已说尽幽王时乱象。二章形容政刑颠倒之状,承首章"蟊贼""罪罟"生发,通过两个"反"字,两个"覆"字,揭露了统治者黩货淫刑的罪状。三章言致祸之由,认为女宠是祸乱的根源。四章写褒姒无中生有,陷人于罪,斥责她干预朝政,祸国殃民。五章申诉幽王听信褒姒谗言,不虑国政,忌恨贤臣,致使人亡国瘁。"舍尔介狄,维予胥忌;不吊不祥,威仪不类",忌恨贤能,任用小人;谏言难进,妇言是听;骄佚怠惰,威仪不谨。这就是幽王的所作所为! 六章哀贤人之亡,抒发忧时忧国之情,言辞剀切。末章自伤生逢乱世的不幸,希望幽王改悔,以劝诫作结。

　　《瞻卬》塑造了一位疾恶如仇、悯时忧国的诗人形象。他对统治者的种种倒行逆施作了无情的揭露和严正的批判;对贤人之亡、国运濒危,又深感惋惜,痛心疾首。他气愤填膺,言辞尖锐,指出了幽王的昏愦偏听、黩货乱刑、听信妇言、斥逐贤臣;指出了褒姒的狡黠邪恶、诡计多端、造谣毁谤、出尔反尔。对他们罪恶行径所作的揭露,诚如方玉润所说,是"穷形尽相,不遗余力"(《诗经原始》)。诗人深忧的根本原因非个人不幸,而是"人之云亡,邦国殄瘁"。方玉润说:"诗之尤为痛切者,在'人之云亡,邦国殄瘁'二语,……夫贤人君子,国之栋梁;耆旧老成,邦之元气。今元气已损,栋梁将倾,此何如时耶? 盖诗必有所指,如箕子、比干之死与奴,故曰:人之云亡,而邦国殄瘁也。倘使其人无足重轻,虽曰云亡,又何足殄人邦国也耶？惜无可考耳。然而痛矣。"(同上)贤臣或丧亡,或杀戮,或贬黜,或隐逸,或逃亡,国脉将绝,诗人怎能不忧心如焚！"鸾鸟凤皇,日以远兮。燕雀乌鹊,巢堂坛兮。露申辛夷,死林薄兮。腥臊并御,芳不得薄兮。阴阳易位,时不当兮。"(《楚辞·九章·涉江》)伟大的爱国诗人屈原的象征性讽喻与这位诗人所唱叹的内容何其相似乃尔！诗的五、六两章,对诗人形象的塑造起着举足轻重的作用。诗人难以压抑的悲愤之情一如火山熔岩喷薄而出。"天何以刺,何神不富"对苍天的劈头诘问;"舍尔介狄,维予胥忌;不吊不祥,威仪不类"对统治者恶行的胪列;"人之云亡,邦国殄瘁"对危急局面的揭示,都使我们强烈地感受到诗人对祸国殃民者的切齿痛恨。与末章合观,三句"人之云亡",悲叹,惋惜,怅惘,不可名状。两句"心之忧矣",一句"心之悲矣",反复重言,长吁短叹,忧心忡忡,凄切之情,言之惨然。凄楚的音节,回环往复、催人泪下的咏叹,表现了一片孤臣孽子之心,读之,如闻其声,如见其人。"瞻卬昊天,则不我惠""舍尔介狄,维予胥忌"的个人遭逢,"不自我先,不自我后"的身世悲叹,"人之云亡,邦国殄瘁"的家国之慨,在这首诗中又浑然相融,既扩展了诗歌反映的层面,使这首诗具有社会的、史诗的性质,又使人物形象更加鲜明,更加感人。

  《瞻卬》一诗的设辞造句,亦颇具特色,表现了作者高度的语言修养及艺术素养。反问、感叹、排比、比喻等多种修辞手法的运用,使描绘的对象形神毕现,使作者的感情得以淋漓尽致地抒发。反问加强了质问的力量,表达了诗人的无限愤慨;感叹或感时而悲,或因事而怒;排比列数罪行,一气说出,倾吐无余,又正反互用,形成强烈对比;语助词的运用恰到好处,虚处生神。更值得一提的是诗中比喻的运用,不但绘形,且能达情,独具匠心。"蟊贼蟊疾,靡有夷届",把祸国殃民的幽王、褒姒之流比为吃农作物的害虫,既表现了诗人对他们的无比愤恨,也表达了当时正直善良的人们的共同心声。为了突出褒姒长舌善谗、邪恶凶狠的本质,诗人以枭、鸱为喻,深中要害,确切而不可移易,憎恨厌恶之情溢于言表,有极其鲜明的倾向性。"觱沸槛泉,维其深矣",以极其平常、人所习见的泛泉兴喻"心之忧矣,宁自今矣"的深广忧患,可以说再也形象不过。它使我们仿佛看到诗人的忧端就如这汩汩清泉,源远流长,绵绵无尽,永不中断。而诗人又以感叹出之,低徊悲怆,凄恻动人,具有极强烈的艺术魅力。

  《诗经》三百篇的基本创作手法是赋、比、兴,它深刻地影响了后来历代的诗歌创作。特别是比、兴的手法,被后世诗人们继承并发扬光大,使我国的古典诗歌绽出了一朵又一朵的奇葩。《瞻卬》一诗比、兴手法的运用有其独到之处,值得今天的诗歌创作者借鉴。

(伏麒鹏)

召　旻

旻天疾威,①　　　老天暴虐难提防,
天笃降丧。②　　　接二连三降灾荒。
瘨我饥馑,③　　　饥馑遍地灾情重,
民卒流亡。　　　十室九空尽流亡。
我居圉卒荒。④　　国土荒芜生榛莽。

天降罪罟,⑤　　　天降罪网真严重,
蟊贼内讧。　　　蟊贼相争起内讧。
昏椓靡共,⑥　　　谗言乱政职不供,
溃溃回遹,⑦　　　昏愦邪僻肆逞凶,
实靖夷我邦。⑧　　想把国家来断送。

皋皋訿訿,⑨　　　欺诈攻击心藏奸,
曾不知其玷。　　　却不自知有污点。
兢兢业业,　　　君子兢兢又业业,
孔填不宁,⑩　　　对此早就心不安,
我位孔贬。⑪　　　可惜职位太低贱。

如彼岁旱,　　　好比干旱年头到,
草不溃茂,⑫　　　地里百草不丰茂,
如彼栖苴。⑬　　像那枯草歪又倒。
我相此邦,⑭　　　看看国家这个样,
无不溃止。⑮　　崩溃灭亡免不了。

维昔之富不如时,⑯　昔日富裕今日穷,
维今之疚不如兹。⑰　时弊莫如此地凶。
彼疏斯粺,⑱　　　人吃粗粮他白米,

胡不自替?⑲	何不退后居朝中?
职兄斯引。⑳	情况越来越严重。
池之竭矣,	池水枯竭非一天,
不云自频?㉑	岂不开始在边沿?
泉之竭矣,	泉水枯竭源头断,
不云自中?	岂不开始在中间?
溥斯害矣,㉒	这场祸害太普遍,
职兄斯弘,㉓	这种情况在发展,
不烖我躬?㉔	难道我不受灾难?
昔先王受命,㉕	先王受命昔为君,
有如召公。㉖	有像召公辅佐臣。
日辟国百里,	当初日辟百里地,
今也日蹙国百里。㉗	如今国土日受损。
於乎哀哉!㉘	可叹可悲真痛心!
维今之人,	不知如今满朝人,
不尚有旧?	是否还有旧忠臣?

(程俊英译)

〔注〕① 旻(mín)天:《尔雅·释天》:"秋为旻天。"此泛指天。疾威:暴虐。 ② 笃:厚,重。 ③ 瘨(diān):灾病。 ④ 居:国中。圉(yǔ):边境。 ⑤ 罪罟(gǔ):罪网。 ⑥ 昏椓(zhuó):昏,乱,椓,通"诼",谗毁。靡共:不供职。共,通"供"。 ⑦ 溃溃:昏乱。回通(yù):邪僻。 ⑧ 靖夷:想毁灭。靖,图谋,夷,平。 ⑨ 皋皋:通"譽譽",欺诈。訿(zǐ)訿:谗毁。 ⑩ 孔:很。填(chén):长久。 ⑪ 贬:指职位低。 ⑫ 溃:毛传:"遂也。"马瑞辰《毛诗传笺通释》:"遂者草之畅达,与'茂'义相成。" ⑬ 苴(chá):枯草。 ⑭ 相:察看。 ⑮ 止:语气词。 ⑯ 时:是,此,指今时。 ⑰ 疚:贫病。 ⑱ 疏:程瑶田《九谷考》以为即稷,高梁。粺(bài):精米。 ⑲ 替:废,退。 ⑳ 职:主。兄(kuàng):"况"的假借。斯:语助词。引:延长。 ㉑ 频(bīn):滨。 ㉒ 溥(pǔ)同"普",普遍。 ㉓ 弘:大。 ㉔ 烖(zāi):同"灾"。 ㉕ 先王:指武王、成王。 ㉖ 召(shào)公:召公奭,周武王、成王时的大臣。 ㉗ 蹙(cù):收缩。 ㉘ 於(wū)平:同"呜呼"。

《召旻》是《大雅》的最后一篇,它的主题,《毛诗序》以为是"凡伯刺幽王大坏也",与前一篇《瞻卬》的解题一字不异。这种情况在《毛诗序》中并不多见,说明

《召旻》与《瞻卬》的内容是有关联的。从诗的开头看,我们多少也能发现一些共同点,《瞻卬》首两句是"瞻卬昊天,则不我惠",仰望茫茫上空,慨叹老天没有恩情,《召旻》首两句是"昊天疾威,天笃降丧",悲呼老天暴虐难当,不断降下灾祸,两者语气十分相似,只是《召旻》的口吻更激切一些。周幽王宠幸褒姒,斥逐忠良,致使国家濒于灭亡,所以诗人作《瞻卬》一诗刺之;周幽王又任用奸佞,败坏朝纲,这与宠幸褒姒一样对国家造成极大危害,所以诗人再作《召旻》一诗刺之。说来有趣,孔子"惟女子与小人为难养也"(《论语·阳货》)一语的意思,在成于西周末的《瞻卬》《召旻》二诗中已有了表述。孔子传说是《诗经》三百篇的厘定者,他说这番话,除了有感而发,恐怕与《诗经》中这两篇也不无干系。——当然,这只是笔者的臆测,谈起此事只在于提请读者注意古代对女子与小人的看法的历史渊源。

本篇共七章,句式基本为四字句,但也有三字句、五字句、六字句乃至七字句穿插其间。首章一开始就责天,责天实际上并不是简单的指斥。因为周人的天命观已有天人感应的色彩,国家的最高统治者天子的所作所为会影响天的意志,天子政治清明,自然风调雨顺,天子昏庸暴虐,天就会降下各种自然灾害;所以"天笃降丧"必然是天子缺德的结果。这样,百姓受饥馑荼毒,流离失所,即使在边僻之地也遭灾荒的惨象马上就攫住了读者的心,使之受到强烈的震撼,为受难的民众而悲悯,并由此去思索上天为何降罪于世人。

第二章逐渐进入主题。"天降罪罟"义同上章的"天笃降丧",变易其词反复陈说老天不仁,当然仍是意在斥王。这一句与前一篇《瞻卬》的"天之降罔(网)"也是同义的,这多少也可见出两章内容上的相关性。然"蟊贼内讧",钩心斗角,败坏朝纲,是昏王纵容的结果,已与上章所说天降之灾带来饥馑流亡全然不同,这也可见"天降罪罟"实在的意思应是"王施恶政"。"昏椓靡共,溃溃回遹"二句,所用的语词虽然今人不很熟悉,但在当时却是很有生命力的词汇。痛斥奸佞小人乱糟糟地互相谗毁伤害,不认真供职,昏愦邪僻尽做坏事,已经是咬牙切齿的愤恨,但这还不够,于是最后再加上一句:"实靖夷我邦"——这是要把我们好好一个国家给葬送掉啊!读到此处,我们仿佛可以看到诗人的心在淌血。

在上章不遗余力地痛斥奸人之后,第三章诗人从另一个角度继续进行抨击,并感叹自己职位太低无法遏制他们的气焰。上章有带叠字词的"溃溃回遹"句,这章更进一步又用了两个双叠字词组"皋皋訿訿""兢兢业业",一毁一誉,对比鲜明,不啻有天壤之别。"曾不知其玷",问那些小人怎么会不知道他们的缺点?可谓明知故问，是在上一章强弓硬弩般的正面进攻之后转为匕首短剑般的旁敲侧击，虽方式不同，但照样刺得很深。而"我位孔贬"又糅入了诗人的身世之感，这种身世之感不是单纯的位卑权微之叹，而是与伤幽王宠信奸人败坏政事的家国之恨密不可分的。身为士大夫，哪怕是地位最低的那一层次，也有尽心竭力讽谏规劝君王改恶从善的责任与义务，这虽尚不如后来顾炎武所标举的"天下兴亡，匹夫有责"的精神境界那么高，却也不乏时代的光辉了。

第四章的描写又回应第一章，以天灾喻人祸。引人注意的是两个"如彼……"句式，一般来说，下一个"如彼……"句之后，应该也有说明性的文字，但这儿"草不溃茂"既是上承"如彼岁旱"的说明性文字，又是下应"如彼栖苴"的说明性文字。也就是说，照例是"如彼岁旱，草不溃茂；如彼栖苴，草不溃茂"的完整句式缩掉了一句，但此种缩略并不影响语义，反而使文势更具跌宕之致，这恐怕也不是诗人有意为之，而是他的妙手偶得。本章末两句"我相此邦，无不溃止"，诗人说：我看这个国家，没有不灭亡的道理！这种写出来的预言恰恰反映出诗人心理上的反预言，痛陈国家必遭灭亡正是为了避免这种灭亡。但历史告诉人们：指出灭亡的趋势并不能使昏君暴君停止倒行逆施，他们对国家形势的觉悟只可能是在遭遇灭亡之后，但遭遇灭亡便是终结，觉悟便也毫无意义；忠臣义士的劝谏对此种历史过程向来是无能为力的，他们的所作所为，无非是为历史中黯淡的一幕幕抹上一丝悲壮的色彩罢了。

第五章诗人作起了今昔对比，前面两句，是颇工整的对偶，这两句也有人点作四句，"不如时""不如兹"单独成句，亦可。"富"与"疚"的反差令人伤心，更令人对黑暗现实产生强烈的憎恨，于是诗人再一次针砭那些得势的小人，"彼疏斯粺，胡不自替"，斥责别人吃粗粮他们吃细粮，却尽干坏事，不肯退位让贤。这两句令人想起《魏风·硕鼠》的名句："彼君子兮，不素餐兮。"

第六章开头四句也是对偶，是全诗仅有的比兴句（"如彼岁旱"、"如彼栖苴"当然也可视为用了"比"的手法，可是也不妨解为天灾之实象，虽有"如"字而无"比"意），陈奂《诗毛氏传疏》以为"池竭喻王政之乱由外无贤臣，泉竭喻王政之乱由内无贤妃"，可备一说。这数句用意一如《大雅·荡》末章"颠沛之揭，枝叶未有害，本实先拨"（大树推倒横在地，枝叶暂时没损伤，但是根断终枯死）数句，告诫幽王当悬崖勒马，迷途知返，否则小祸积大祸，小难变大难，国家终将覆亡。"职兄斯弘"句与上章末句"职兄斯引"仅一字不同而意义完全一样，不惜重言之，正见诗人希望幽王认识局势的严重性的迫切心情。而"不烖我躬"绝不是诗人担心自己遭殃的一念之私。诗人反问：灾难普遍，难道我不受影响？意在向王示警：

大难一起,覆巢之下岂有完卵?您大王也将身受其害,快清醒清醒吧!改弦更张现在还来得及。

于是,末章怀念起本朝的前代功臣,希望像当初召公那样的贤明而有才干的人物能出来匡正幽王之失,挽狂澜于既倒,而这又是与本篇斥责奸佞小人的主题是互为表里的。这一章中,昔日"辟国百里"与今日"蹙国百里"的对比极具夸张性,但也最真实地反映了今昔形势的巨大差异,读之令人有惊心动魂之感。最后两句"维今之人,不尚有旧",出以问句,问当时之世是否还有赤胆忠心的老臣故旧,显然是诗人由失望而濒于绝望之际,迸发全部力量在寄托那最后的一丝希望。这一问,低徊掩抑,言近旨远,极具魅力。后世许多诗词作品以问句作结以求取得特殊的艺术效果,实滥觞于《诗经》中此类句法。

孙鑛评此诗:"音调凄恻,语皆自哀苦中出,匆匆若不经意,而自有一种奇峭,与他篇风格又别。淡烟古树入画固妙,却正于触处收得,正不必具全景。"(陈子展《诗经直解》引)他看出了诗人其心苦、其词迫而导致全诗各章意思若断若连,但全诗"不经意"中自有"奇峭"的特色。他的意见我们觉得还是很可取的。但这样一篇好诗的作者凡伯到底是怎样的人,古代学者却聚讼纷纭。笔者以为当从李超孙《诗氏族考》之说,认《大雅·板》之凡伯与《瞻卬》《召旻》之凡伯为两人,后者为前者世袭爵位的后裔。最后,谈一谈本篇何以取名为《召旻》,今人程俊英《诗经译注》本篇的题解说:"比较合理的说法是最后一章提到召公,所以取名'召旻',以别于《小旻》(《小雅》中的一篇)。"这种看法比《毛诗序》解"旻"为"闵(悯)"要圆通,我们似乎没什么理由表示反对。

(史卫文)

颂

周 颂

【诗歌解题】《诗经》类名。"颂"之一。为西周王朝祭祀宗庙的诗歌。共三十一篇。多为西周初年的作品。因祭祀的对象包括祖先、天地、农神等,故作品有浓厚的宗教气氛,如《毛诗序》所说"美盛德之形容,以其成功,告于神明者也"。作品的形式板滞,语言典重,内容多歌颂周王朝祖先的功德。有些作品反映了当时农业生产的情况和规模,是较重要的社会经济史料。

清庙 周颂

於穆清庙，①	啊庄严而清静的宗庙，
肃雝显相！②	助祭的公卿多么庄重显耀！
济济多士，③	济济一堂的众多官吏，
秉文之德； ④	都秉承着文王的德操；
对越在天，⑤	为颂扬文王的在天之灵，
骏奔走在庙。⑥	敏捷地在庙中奔跑操劳。
不显不承，⑦	文王的盛德实在显赫美好，
无射于人斯！⑧	他永远不被人们忘掉！

〔注〕 ① 於(wū)：赞叹词，犹如今天的"啊"。穆：庄严、壮美。清庙：清静的宗庙。② 肃雝(yōng)：庄重而和顺的样子。显：高贵显赫。相：助祭的人，此指助祭的公卿诸侯。③ 济济：众多。多士：指祭祀时承担各种职事的官吏。 ④ 秉：秉承，操持。文之德：周文王的德行。 ⑤ 对越：犹"对扬"，对是报答，扬是颂扬。在天：指周文王的在天之灵。 ⑥ 骏：敏捷、迅速。 ⑦ 不(pī)：通"丕"，大。承(zhēng)：借为"烝"，美盛。 ⑧ 射(yì)：借为"斁"，厌弃。斯：语气词。

《清庙》是《周颂》的第一篇，即所谓"颂之始"。"诗"有"四始"，是司马迁在《史记·孔子世家》中具体提出来的。他说："古者，诗三千余篇，及至孔子，去其重，取可施于礼义，上采契、后稷，中述殷、周之盛，至幽、厉之缺，始于衽席，故曰：'《关雎》之乱，以为《风》始，《鹿鸣》为《小雅》始，《文王》为《大雅》始，《清庙》为《颂》始。'"他的话不一定可靠，而"四始"云云，据说又是来自鲁诗之说。而作为毛诗学说思想体系的《毛诗序》，却又仅仅把风、小雅、大雅和颂四种诗类作为"四始"。其实，自古以来虽然都讲"四始"，而他们的说法又是众说纷纭、让人莫衷一是的。他们重视"四始"，实际代表了他们对整部《诗经》编辑思想体系的根本看法。按照毛诗的观点，整部《诗经》，都是反映和表现王道教化的，所以郑玄笺说："'始'者，王道兴衰之所由。"因此，每类诗的第一篇，当然就具有特殊的意义了。

根据毛诗的解释，司马迁所说的四篇"始诗"都是赞"文王之道"、颂"文王之德"的。周文王姬昌，在殷商末期为西伯，在位五十年，"遵后稷、公刘之业，则古公、公季之法，笃仁、敬老、慈少"，"阴行善"，招贤纳士，致使吕尚、鬻熊、辛甲等贤士来归，并先后伐犬戎、密须、黎国、邗及崇侯虎，自岐下徙都于丰，作丰邑，奠定了周部族进一步壮大的雄厚的基础。(见《史记·周本纪》)他在世时，虽然没有实现灭殷立周、统一中原的宏愿，但他的"善理国政"，却使周部族向外显示了信誉和声威,为他儿子周武王姬发的伐纣兴国铺平了道路。所以,在周人心目中,他始终是一位威德普被、神圣而不可超越的开国贤君。《诗经》中很多诗篇歌颂、赞美他,是符合历史真实的。

《毛诗序》说:"颂者,美盛德之形容,以其成功告于神明者也。"《清庙》作为"颂之始",除了是赞美周文王功德的颂歌之外,也就几乎成了西周王朝举行盛大祭祀以至其他重大活动通用的舞曲。《礼记·明堂位》:"季夏六月,以禘礼祀周公于太庙,升歌《清庙》。"《礼记·祭统》:"夫人尝禘,升歌《清庙》,……此天子之乐也。"《礼记·孔子燕居》:"大飨,……两君相见,升歌《清庙》。"《礼记·文王世子》:"天子视学,登歌《清庙》。"可见,它的意义已不只是歌颂和祭祀周文王本人了。所以孔颖达疏说:"《礼记》每云升歌《清庙》,然则祭祀宗庙之盛,歌文王之德,莫重于《清庙》,故为《周颂》之始。"

然而,这篇"颂始",到底是叙写的什么内容,历代的《诗经》学者的看法并不是一致的。《毛诗序》说:"《清庙》,祀文王也。周公既成洛邑,朝诸侯,率以祀文王也。"鲁诗更直接说是"周公咏文王之德而作《清庙》,建为颂首。"(见王先谦《诗三家义集疏》引)而《尚书·洛诰》则说:"禋于文王、武王。"以为是合祭周文王、周武王时用的歌舞辞,是周人"追祖文王而宗武王"的表现。可是郑玄笺提出清庙乃"祭有清明之德者之庙也",文王只是"天德清明"的象征而已。于是也就有人认为《清庙》只是"周王祭祀宗庙祖先所唱的乐歌"(高亨《诗经今注》),并不一定是专指文王。不过,从"四始"的特点来看,说是祭祀文王的乐歌,还是比较有道理的。至于是周公所作呢,还是周武王、周成王,甚至周昭王时所作,还是作于周成王五年或七年,等等,一是史无佐证,二是诗无明言,所以也都只好存而不论了。

全诗只有八句,不分章,又无韵。开头两句只写宗庙的庄严、清静和助祭公卿的庄重、显赫,中间的四句也只写其他与祭官吏们为了秉承文王的德操,为了报答、颂扬文王的在天之灵而在宗庙里奔跑忙碌。直到最后两句才颂扬文王的盛德显赫、美好,使后人永远铭记。全诗并非具体细致而是抽象简括地歌颂、赞美文王。而本诗的特点,或者说它的艺术手法也正在这里。诗篇的作者,可谓匠心独运,专门采用侧面描述和侧面衬托的手法,使笔墨集中在助祭者、与祭者身上做文章。他们的态度和行动,是"肃雝"的,是"骏奔走"的,是"秉文之德"的,而又虔诚地"对越在天",于是通过他们,使文王之德得到了更生动、更具体的表现。这种表现方法,比起正面的述说,反而显得更精要、更高明一些。

一般说来,《大雅》《颂》中的语言大都比较板滞、臃肿或枯燥,缺乏鲜明、生动的个性和强烈的感情色彩。而此篇,由于作者具体写了人,写了助祭者和与祭者,所以语言虽少而内容反使人感到既丰富又含蓄,字里行间也充溢着比较真切的感情。清方玉润《诗经原始》中说:"愚谓此正善于形容文王之德也。使从正面描写,虽千言万语,何能穷尽? 文章虚实之妙,不于此可悟哉?"这应该说是独具只眼之论。

(霍旭东)

维 天 之 命

维天之命,①	是那上天天命所归,
於穆不已。②	多么庄严啊没有止息。
於穆不显,③	多么庄严啊光辉显耀,
文王之德之纯。	文王的品德纯正无比。
假以溢我,④	美好的东西让我安宁,
我其收之。	我接受恩惠自当牢记。
骏惠我文王,⑤	顺着我文王路线方针,
曾孙笃之。⑥	后代执行一心一意。

〔注〕① 维:语助词。 ② 於(wū):叹词,表示赞美。穆:庄严粹美。 ③ 不(pī):借为"丕",大。 ④ 假:通"嘉",美好。溢:马瑞辰《毛诗传笺通释》:"《尔雅·释诂》:'溢、慎、谧,静也。'……诗言'溢我',即慎我也,慎我即静我也,静我即安我。" ⑤ 骏惠:郑笺训为"大顺",马瑞辰《毛诗传笺通释》"惠,顺也;骏当为驯之假借,驯亦顺也。骏惠二字平列,皆为顺"。 ⑥ 曾孙:孙以下后代均称曾孙。郑笺:"曾,犹重也。"笃:指笃行,行事一心一意。笃,厚。

《维天之命》是《周颂》的第二篇,无韵,篇幅不长,充满了恭敬之意、颂扬之辞。诗为祭祀周文王之作(《毛诗序》所谓"大平告文王也"),因文本中有"文王之德之纯""骏惠我文王"等句可证,古今并无异议,但对成诗之时,则汉儒、清儒之说有分歧。郑玄笺云:"'告大平'者,居摄五年之末也。文王受命,不卒而崩,今天下太平,故承其意而告之,明六年制礼作乐。"他认为此诗作于周公摄政五年之冬。而陈奂《诗毛氏传疏》则云:"《书·雒诰》大传云:'周公摄政,六年制礼作乐,七年致政。'《维天之命》,制礼也;《维清》,作乐也;《烈文》,致政也。三诗类列,正与大传节次合。然则《维天之命》当作于六年之末矣。《雒诰》周公曰:'王肇称殷礼,祀于新邑,咸秩无文。'郑注云:'周公制礼乐既成,不使成王即用周礼,仍令用殷礼者,欲待明年即政,告神受职,然后班行周礼,班讫始得用周礼,故告神且用殷礼也。'郑谓周礼行于七年致政之后,是也。而笺以告太平为礼未成时,在居摄五年之末,则未是。诗云:'我其收之。'又云:'曾孙笃之。'自在制礼后语矣。"揆他考证,郑玄之说有误,此诗当作于周公居摄六年之末,即公元前1110年。今人陈子展《诗经直解》认为陈奂之说较郑笺"为有据也",兹从其说。

此诗内容大致可分为两部分,前一部分四句说文王上应天命,品德纯美;后一部分四句说文王德业泽被后代,后代当遵其遗教,发扬光大。读者稍加注意,便会发现前后两部分在结构上有所不同。前一部分有一个逆挽,也就是说,今传文句将原该是"维天之命,於穆不已;文王之德之纯,於乎不显"的平行结构在句子的排列组合上作了小小的变化。语义丝毫未变,但效果却很不一样,两个"於"字的叠合,更显出叹美庄敬之意。而后一部分没有用感叹词,作者便任句式按正常逻辑排列,平铺直叙,波澜不惊,在唱出重音——赞颂文王——之后,以轻声顺势自然收束,表示出顺应文王之遗教便是对文王最好的告慰,这样一种真心诚意的对天祈愿与自我告诫。

从诗的句式看,此诗中第四句"文王之德之纯"与第七句"骏惠我文王"完全可以压缩成"文王德纯""骏惠文王"这样的句式,如此则八句均为四言,整齐划一。《周颂》中不是没有这样纯用四言句的诗章,如《臣工》《噫嘻》等即是。因为《周颂》中多无韵之诗,可能会有人将这种句式参差与匀整的不同与有无韵脚联系起来,以为有韵之诗句式以匀整为尚,无韵之诗句式以参差为尚;这样看的话未免太绝对,上举《臣工》《噫嘻》等无韵(江永《古韵标准》谓《臣工》"韵不分明",语尚含糊)之诗也是齐言句式,就很难以此解释之。笔者以为《颂》诗的句式参差与否,除了语言表达上的需要外,恐怕更多的是合乐的需要。据郑觐文《中国音乐史》说:"《颂》律与《雅》律之配置不同,《雅》为周旋律,《颂》为交旋律。"而阮元《释颂》强调《颂》之舞容而谓其全为舞诗。据此,则《颂》诗的音乐大约因切合舞蹈的需要而旋律变化多一些,句式参差与匀整正反映出其旋律的差异。这样的理解是否正确,笔者不敢妄断,谨以之求质于治中国古代音乐史者。

至于说此诗的内容,实在并没有什么特别之处,颂扬文王德配上天,对其美德顶礼膜拜,正是周公摄政制礼,确定祭祀文王的规格仪轨之后,创作祭舞祭歌的必然主题。而因其言词古直,情意朴素,尚无矫揉造作之弊,今人读来并不致于像读后世千篇一律的祭祀歌辞那样产生反感。

(茹云鹤 赵荔红)

维　　清

维清缉熙,①	多么清明又是多么荣光,
文王之典。②	因为文王有着征伐良方。
肇禋,③	自从开始出师祭天,

迄用有成，④　　至今成功全靠师法文王，
维周之祯。⑤　　真是我周王朝大吉大祥。

〔注〕①维：语助词。　②典：法。　③肇：开始。禋(yīn)：祭天。　④迄：至。⑤祯：吉祥。

　　这是《诗经》中最简短的篇章之一。作为一首与《国风》一类抒情诗意境迥然不同的《颂》诗，光看原诗十八字的文本，对诗意的理解肯定不会太深，这就有必要通过阅读一些距原诗创作时代比我们近得多的汉代学者的阐说以及朴学鼎盛时期的清代学者的考证来了解诗歌的创作背景和主题思想。

　　按《毛诗序》云："《维清》，奏象舞也。"郑笺云："《象舞》，象用兵时刺伐之舞，武王制焉。"蔡邕《独断》云："《维清》一章五句，奏《象武（武、舞古通）》之所歌也。"董仲舒《春秋繁露》云："武王受命作《象乐》，继文以奉天。"汉儒之说如此。清陈奂《诗毛氏传疏》考云："《象》，文王乐，象文王之武功曰《象》，象武王之武功曰《武》。《象》有舞，故云《象舞》。……胡承珙《（毛诗）后笺》云：'郑谓武王所制者，武王之作象舞，其时似但有舞耳。考古人制乐，声容固宜兼备，然亦有徒歌徒舞者，《三百篇》皆可歌，不必皆有舞。则武王制象舞时，殆未必有诗。成王、周公乃作《维清》以为《象舞》之节，歌以奏之。'案胡氏说诗周公作，是矣。襄二十九年《左传》，吴公子札观周乐，见舞《象》箾《南》籥者，……此《象》谓舞，不谓诗也。《礼记·文王世子、明堂位、祭统、仲尼燕居》，皆言下管《象》，……此《象》谓诗，不谓舞也。制《象舞》在武王时，周公乃作《维清》，以节下管之乐，故《维清》亦名《象》。"据此，可知《维清》一诗文句虽简单，但在《周颂》中地位却较重要：它是歌颂文王武功的祭祀乐舞的歌辞，通过模仿（所谓"象"）其外在的征战姿态来表现其内在的武烈精神。按《雅》《颂》之诗，称扬文王多以文德，赞美其武功，那就显得意义非同一般了。

　　诗首句感叹当时天下清平光明，无败乱秽浊之政，次句道出这一局面的形成，正是因为文王有征伐的良法。据《尚书大传》等记载，文王七年五伐，击破或消灭了邘、密须、畎夷、耆、崇，翦除了商纣的枝党，为武王克纣打下了坚实的基础。武王沿用文王之法而得天下，推本溯源，自然对"文王之典"无限尊崇。下面第三句"肇禋"，郑笺解为："文王受命，始祭天而枝伐也。""枝伐"，即讨伐纣的枝党（如崇国）以削弱其势力。郑说有《尚书中候》《春秋繁露》等书证，"肇禋"即始创出师祭天之典，自确凿无疑。《大雅·皇矣》叙文王伐崇，有"是类是祃"之句，"类"是出师前祭天，"祃"是在出征之地祭天，与本篇的"肇禋"显然也是一回事，可以彼此互证。最后两句,"迄用有成"直承"肇禋",表明"文王造此征伐之法,至今用之而有成功"(郑笺);又以"用"字带出用文王之法,暗应"文王之典"。"维周之祯"则与第一句"维清缉熙"首尾呼应,用虚字"维"引出赞叹感慨之辞,再次强调"征伐之法,乃周家得天下之吉祥"(同上)。作者这样的文字处理,未必是刻意为之,而在结构上自有回环吞吐的天然妙趣。戴震《诗经补注》谓其"辞弥少而意旨极深远",显然对此诗小而巧的结构却有着较大的语义容量深有会心。

这样的一首古诗,因其内容感情距当代读者的生活过于遥远,在接受过程中要产生审美快感,是比较困难的,但通过上文的分析,当能使读者对此诗有比较确切的理解。如果此诗的乐舞能够复原,那么,欣赏这一武舞,观看一下打扮成周文王之师的舞蹈家表演攻战之状,感受一下其武烈精神,应是一大艺术享受。

(茹云鹤 赵荔红)

烈　文

烈文辟公,①	文德武功兼备的诸侯,
锡兹祉福。②	以赐福享受助祭殊荣。
惠我无疆,	我蒙受你们无边恩惠,
子孙保之。	子孙万代将受用无穷。
无封靡于尔邦,③	你们治国不要造罪孽,
维王其崇之。④	便会受到我王的尊崇。
念兹戎功,⑤	思念先辈创建的功业,
继序其皇之。⑥	继承发扬无愧列祖列宗。
无竞维人,⑦	与人无争与世无争,
四方其训之。⑧	四方悦服竞相遵从。
不显维德,⑨	先王之德光耀天下,
百辟其刑之。⑩	诸侯效法蔚然成风。
於乎前王不忘。⑪	牢记先王楷模万世传颂。

〔注〕① 烈:光明。文:文德。辟公:诸侯。　② 锡(cì):赐。兹:此。祉(zhǐ):福。　③ 封:大。靡:累,罪恶。　④ 崇:尊重。　⑤ 戎:大。　⑥ 序:通"叙",业。皇:美。　⑦ 竞:争。维:于。　⑧ 训:导。　⑨ 不(pī):通"丕",大。　⑩ 百辟:众诸侯。刑:通"型",效法。　⑪ 前王:指周文王、周武王。

周武王革命得到了广泛的支持,"是时诸侯不期而会盟津者八百",武王在

《尚书·牧誓》中罗列所率讨伐纣王大军的各部为"我友邦冢君、御事、司徒、司空、亚旅、师氏、千夫长、百夫长及庸、蜀、羌、髳、微、卢、彭、濮人",其中除了自己的部下之外,便是赶来助战的八百诸侯。

灭纣之后,周室所采取的一个巩固政权的重要措施便是分封诸侯:"武王既胜殷,邦诸侯,班宗彝,作分器。"(《尚书·洪范》后附亡书序)孔颖达《尚书正义》对此的解释是:"武王既已胜殷,制邦国以封有功者为诸侯;既封为国君,乃班赋宗庙彝器以赐之。"

在武王革命中助战的诸侯受到分封,同时也享有周王室祭祀先王时助祭的政治待遇,《烈文》便是这种情况的一个记录。《毛诗序》说:"《烈文》,成王即政,诸侯助祭也。"即政,当是周公还政于成王,成王正式掌权之时。武王灭商后二年去世,即位的成王年幼,由叔父周公摄政,平定了管叔、蔡叔、武庚的叛乱,七年后还政于成王。此时成王虽年齿渐长,但毕竟缺少政治经验,对于他驾驭诸侯的能力,周公不免怀有隐忧,有人之所以认为《烈文》是周公所作,也许就因为此诗对诸侯具有安抚与约束的双重作用。

《烈文》一章十三句可按安抚与约束之意分为两层:一、前四句;二、后九句。前四句是以赞扬诸侯的赫赫功绩来达到安抚的目的。这种赞扬可以说臻于极至:不仅赐予周王福祉,而且使王室世世代代受益无穷。助祭的诸侯都是周王室的功臣,被邀来助祭本身就是一种殊荣,而祭祀时周王肯定其功绩,感谢其为建立、巩固周政权所作的努力,使诸侯在祭坛前如英雄受勋,荣耀非常,对周王室的感激之情便油然而生。

但是,周王为君临四海的天子,对诸侯仅有安抚,只让诸侯怀感激之情是不够的,他还必须对诸侯加以约束,使诸侯生敬畏之心。后九句以"无"领起,这个"无"通"毋",释"不要",为具强烈感情色彩的祈使词,使文气从赞扬急转为指令,文意则由安抚转为约束。七句中用了两个这样的"无",以断然的语气,训戒诸侯必须遵从;"百辟其刑之",更是必须效法先王的明确训令;而"前王不忘",似乎只是训戒诸侯不要忘记先王之德,却又隐含不要忘记先王曾伐灭了不可一世的商纣,成王也在周公的辅佐下平定了管叔、蔡叔、武庚的叛乱,即不要忘记周王室具有扫荡摧毁一切敌对势力的雄威。

后九句的指令、训戒,具有一个非常重要的作用,即正名。《左传·昭公七年》:"天子经略,诸侯正封,古之制也。封略之内,何非君土?食土之毛,谁非君臣?故《诗》曰:'普天之下,莫非王土;率土之滨,莫非王臣。'"这里所正的君臣名分,与《烈文》所表达的完全一致。后者虽然没有点出"君臣"二字,含义却更加深刻:诸侯的功绩再大,也不过是尽臣子的本分而已,并且仍要一如既往这么做下去;周王的号令诸侯,乃是行君临天下的威权,并将绵延至子孙万代。

《烈文》的巧妙构思可说是天衣无缝:前四句的赞扬,使后九句的训戒变得乐于接受;后四句的正君臣名分,表明诸侯已建的功业只不过是效忠周王室的一个开端。如果要寻找行文简洁、构思巧妙、含义深刻的作品,阅读《周颂》中《烈文》这样的短篇,我们大致不会失望。

(李祚唐)

天 作

天作高山,①	高耸的岐山自然天成,
大王荒之。②	创业的大王苦心经营。
彼作矣,③	荒山变成了良田沃野,
文王康之。④	文王来继承欣欣向荣。
彼徂矣,⑤	他率领民众云集岐山,
岐有夷之行,⑥	阔步行进在康庄大道,
子孙保之。	为子孙创造锦绣前程。

〔注〕①高山:指岐山,在今陕西岐山东北。 ②大王:即太王古公亶父,周文王的祖父。荒:扩大,治理。 ③彼:指大王。作:治理。 ④康:安。 ⑤彼:指文王。徂:往。 ⑥夷:平坦易通。行(háng):道路。

对于周人来说,岐山是一圣地:"周之兴也,鸑鷟(即凤凰)鸣于岐山。"(《国语·周语》)周人一系传至古公亶父,居于豳地,"薰育戎狄攻之,欲得财物,予之;已复攻,欲得地与民。民皆怒,欲战。古公曰:'有民立君,将以利之。今戎狄所为攻战,以吾地与民。民之在我与其在彼何异?民欲以我故战,杀人父子而君之,予不忍为。'乃与私属去豳,度漆、沮。豳人举国扶老携弱,尽复归古公于岐下。及他旁国闻古公仁,亦多归之。"(《史记·周本纪》)古公之前,后稷、公刘二位也是功勋卓著,《国语》之所以取岐山为周人兴起的圣地,似是极度推崇古公之仁,从上引文可见,古公不仅仁爱本族,而且推仁爱于一再侵犯于己的异族,自然更是难能可贵,因而也更具备后世儒家所定的圣人品格。

《天作》是周颂中少有的提及具体地点的作品(另一篇是《潜》),它写出了岐山。《毛诗序》说它是"祀先王先公",朱熹《诗集传》则指为"祭大王之诗",都认为祭祀的对象是人。姚际恒《诗经通论》引季明德语,认为是"岐山之祭",即《天作》的祭祀对象是岐山。其实,岐山是古公至文王历代周主开创经营的根据地,其后的伐商灭纣便是在此积蓄了力量。《天作》这首诗,应该既是祭圣地,同时又是祭开创经营圣地的贤明君主的。由于岐山之业为古公开创,而文王后来由此迁都于丰,故《天作》应是在岐山对古公至文王历代君主进行祭祀的诗。至于行祭之人,则非文王的继承人武王莫属。

"天作高山",强调上天赐予岐山这块圣地。周人重视天赐,视为吉祥,连婚娶亦是如此:"文王初载,天作之合。"(《大雅·大明》)天赐岐山之后,在这根据地上积蓄力量尚须人为,诗中便主要写这一过程。之所以仅取大王、文王二人,主要是因为他们确实是岐山九世周主最杰出的代表。灭商虽然完成于武王,但文王之时已显示出周将代商的必然趋势,纣王囚文王于羑里,只能延缓而无法阻遏这一历史发展。岐山圣地经营到文王之世,已为武王积蓄了足以灭商的雄厚实力,包括姜尚这样足以辅成伟业的贤臣。"岐有夷之行",分明是先王开创的一条通向胜利之路。

将对圣地、圣人的歌颂融为一体,着力描写积蓄力量的进程,揭示历史发展的必然趋势,《天作》一诗,便如大河滔滔,飞流直泻,既显庄严,又富气势。短短七句,有如此艺术效果,可见诗歌作者的非凡手笔。 (李祚唐)

昊天有成命

昊天有成命,①	苍天有定命,
二后受之。②	文、武二王接受之。
成王不敢康,③	成王不敢图安乐,
夙夜基命宥密。④	朝夕谋政宽又静。
於缉熙,⑤	啊,多么光明,
单厥心,⑥	殚尽其衷心,
肆其靖之。⑦	巩固天下安定天下。

〔注〕①昊天:苍天。成命:既定的天命。 ②二后:二王,指周文王与周武王。 ③成王:武王子,名诵。康:安乐,安宁。 ④夙夜:日夜,朝夕。基:谋划。命:政令。宥(yòu)密:宽仁宁静。 ⑤於(wū):叹词,有赞美之意。缉熙:光明。 ⑥单:通"殚",竭尽。厥:其,指成王。 ⑦肆:巩固。靖:安定。

本篇无韵,只有七句,是《诗经》中最短的篇章之一,但诗题却是《诗经》中最长的。

关于本篇的主旨,最初都认为是祭祀成王的。朱熹《诗集传》援引《国语》曰:

《国语》叔向引此诗而言曰:'是道成王之德也。'"贾谊《新书·礼容下》亦云:"文王有大德而功未就,武王有大功而治未成,成王承嗣,仁以临民,故称昊天焉。"均可证。但《毛诗序》却认为是祭祀天地的:"《昊天有成命》,郊祀天地也。"《毛诗序》之所以会得出这个结论,一是因为其坚认《周颂》无成王之后的作品,所以不可能是祭成王;二是因为其判定诗的主旨往往只根据诗的发端,而不是根据诗的整体。《毛诗序》的这个结论与本篇的诗意显然牴牾,因为整首诗七句中有五句赞美成王,只有一句涉及天,所以尽管毛诗长时间占据了诗学的主导地位,尽管郑玄、孔颖达诸儒煞费苦心地为其补苴罅漏,它还是不断地被后人责难。朱熹《诗集传》曰:"此诗多道成王之德,疑祀成王诗也。"姚际恒《诗经通论》曰:"小序谓'郊祀天地',妄也。《诗》言天者多矣,何独此为郊祀天地乎?郊祀天地,不但于成王无与,即武王亦非配天地,而言'二后',何耶?"方玉润《诗经原始》曰:"序谓'郊祀天地',不知何所取义。诗唯首句及天,'二后'下皆言文、武受命,及成王之德。曰'不敢康',曰'宥密',曰'缉熙',而终之以'单厥心',所以上基天命,缵成王业,而能安靖天下者于是乎在。于天地毫不相涉,天下岂有此等祭天地文乎?"现代学者亦多摒弃《毛诗序》的观点,而恢复其"祭祀成王"的本来面目。

祭成王不从祭主入手,却上溯到文、武二王,再追溯到昊天,似乎有些离题。其实这并不难解释,成王受命于文、武二王,文、武二王又受命于天,所以从天入手,以示成王与文、武二王一脉相承,得天之真命。首二句是全诗的引子,其作用犹如赋比兴中的兴,后五句才是全诗的主体。成王是西周第二代天子,声望仅次于文、武二王,与其子康王齐名,史称"成康之治"。《史记·周本纪》曰:"成、康之际,天下安宁,刑措四十余年不用。"天下之所以安宁,是因为"成王不敢康",此与《离骚》所说的"夏康娱以自纵"正相对照。"夙夜基命宥密"伸足"不敢康"之意,一正一反,相得益彰。按此句最难理解。《礼记·孔子闲居》有:"孔子曰:'夙夜其命宥密,无声之乐也。'"郑玄注:"其,读为基。基,谋也。密,静也。言君夙夜谋为政教以安民,则民乐之。"陈子展《诗经直解》谓"此句旧解唯此郑注较为明确",本文即用郑注;《尔雅·释诂》亦曰:"基,谋也。"正与郑注同义。第五句的"缉熙"是联绵词,不应分解,《大雅·文王》有"於缉熙敬止",《周颂·维清》有"维清缉熙",《周颂·载见》有"俾缉熙于纯嘏",都作光明解,本文亦依之。最后一句的"其"等于"之","肆其靖之"等于"肆之靖之",也就是"巩固它安定它"的意思。文王、武王开创的周朝在成王时得以巩固、安定,这就是祭主一生的功绩。

(翁其斌)

我 将

我将我享,①　　　我把祭品献上,
维羊维牛,　　　　有牛又有羊,
维天其右之!②　　保佑我们吧,上苍!
仪式刑文王之典,③　各种典章我都效法文王,
日靖四方。④　　　盼着早日平定四方。
伊嘏文王,⑤　　　伟大的文王,
既右飨之。⑥　　　请尽情地享用祭品。
我其夙夜,　　　　我日日夜夜,
畏天之威,　　　　敬畏上天的威命,
于时保之。⑦　　　保佑我大功告成。

〔注〕①我:周武王自称。将:捧。享:献祭品。 ②右:通"佑",保佑。 ③仪式:法度。刑:通"型",效法。典:典章,法则。 ④靖:平定。 ⑤伊:语助词。嘏(jiǎ):大,伟大。 ⑥既:尽。右:助。朱熹《诗集传》则以为神灵"降而在祭牛羊之右"。飨(xiǎng):享用祭品。 ⑦于时:于是。

据文献记载,夏、商、周三代建国统一天下之初,都创作过一套盛大隆重的乐舞,纪念开国立朝的功业,用以向上帝和祖先汇报,树立新朝的威信,并勉励后嗣子孙。夏禹治水成功作《大夏》,商汤统一天下之后作《大濩》,周武王灭殷之后作《大武》。这些乐舞,就成为三代最崇高而尊贵的礼乐仪式。

周朝的《大武》相传为周公所作,由六场歌舞组成,歌舞开始前还有一段击鼓等待的序曲。歌舞的六场叫做"六成",从音乐的角度叫做"六章"。舞蹈表演者有六十四人,分为八行,每行八人,叫做"八佾"。《大武》的六成再现了西周建国过程中的六大事件,组合成为一个以周代商平定天下的完整过程。因为西周立朝是武力征服的结果,所以《大武》就主要是表演和再现战争场面的武舞。据《礼记·乐记》的记载,孔子对《大武》六成所表现的历史事件做了如下的说明:"且夫《武》始而北出;再成而灭商;三成而南;四成而南国是疆;五成而分,周公左、召公右;六成复缀,以崇(高亨《周代大武乐考释》连下读作"复缀以崇天子")。"郑玄对这段记述做了具体解释:"始奏象观兵于盟津时也,再奏象克殷时也,三奏象克殷有余力也,四奏象南方荆蛮之国侵畔者服也,五奏象周公、召公分职而治也,六奏象兵还振旅也。"根据郑玄对孔子之言的解释,则《大武》六成当一分为二,前三成

是再现武王灭商的功业的,后三成是再现周公平乱和周召二公治理天下,达到天下太平的功业的。这正与《吕氏春秋·古乐》中所述大体一致:"武王即位,以六师伐殷,六师未至,以锐兵克之于牧野,归乃荐俘馘于京太室,乃命周公为作《大武》。成王立,殷民反,王命周公践伐之。商人服象,为虐于东夷,周公遂以师逐之,至于江南。乃为《三象》,以嘉其德。"

《大武》原作于武王伐纣成功告庙之时,当时只有三成。《逸周书·世俘》中也有记载,武王班师回镐京之四月辛亥,"荐俘、殷王鼎,武王乃翼,矢珪矢宪,告天宗上帝。"第四天,"甲寅,谒(告)我(伐)殷于牧野,王佩赤白旂,籥人奏《武》,王入进《萬》,献《明明》三终。"故王国维《说勺舞象舞》一文推测,《大武》之六成是原先的三成和《三象》合并的,这六成可以分开来表演,还可以独立表演,于是名称也就随之而不同。这一推测大约是正确的。

《大武》的乐曲早已失传,虽有零星的资料,但终难具体描述。然其舞蹈形式则留下了一些粗略的记录,可以作大概的描绘。第一场,在经过一番擂鼓之后,为首的舞者扮演武王,头戴冕冠出场,手持干戚,山立不动。其余六十多位舞者扮武士陆续上场,长时间咏叹后退场。这一场舞蹈动作是表示武王率兵北渡盟津,等待诸侯会师,八百诸侯会合之后,急于作战,而周武王以为伐纣的时机尚不成熟,经过商讨终于罢兵的事实。第二场主演者扮姜太公,率众舞者手持干戈,奋臂击刺,猛烈顿足。他们一击一刺,做四次重复,表示武王命太公率敢死队闯犯敌阵进行挑战,武王率大军进攻,迅速获胜,威振中原。第三场众舞者由面向北转而向南,表示周师凯旋返回镐京。第四场开始时,众舞者混乱争斗,扮周、召二公的舞者出而制止,于是众舞者皆左膝跪地,表示成王即位之后,东方和南方发生叛乱,周、召二公率兵平乱的事实。第五场,众舞者分成左右两大部分,周公在左、召公在右,振动铃铎,鼓励众舞者前进,表示成王命周公镇守东南,命召公镇守西北。第六场,众舞者恢复第一场的位置,作阅兵庆典和尊崇天子成王的动作,表示周公平乱以后,庆祝天下太平,各地诸侯尊崇周天子。

按传统说法,《诗经》是配乐舞的歌词,即诗乐舞三位一体。王国维曾怀疑这一说法,但他撰《周大武乐章考》研究《大武》的歌辞时还是按这一原则进行的,即认为《大武》六成有诗六篇。据《毛诗序》"《武》,奏《大武》也"、"《酌》,告成《大武》也"的说明,与《大武》有关的诗为《武》、《酌》,又据《左传·宣公十二年》"楚子曰:'……武王克商,作《颂》曰:……又作《武》,其卒章曰:'耆定尔功。'其三曰:'铺时绎思,我徂惟求定。'其六曰:'绥万邦,屡丰年。'"数语,提及《大武》中诗有《武》《赉》《桓》。这样,六篇就确定了四篇。王国维又根据《周颂》末四篇的排列顺序,认为《般》诗为其中一篇。又据《礼记·祭统》"舞莫重于《武宿夜》"一语，推断还有一篇诗，其中有"宿夜"一词，"宿夜"即"夙夜"，他认为《昊天有成命》即《武宿夜》，当为《大武》之第一篇歌诗，以下依次为《武》《酌》《桓》《赉》《般》。后经冯沅君、陆侃如，尤其是高亨的详细考辨，断定《大武》第一篇当为《我将》（详见高亨《周代大武乐考释》一文），并重新排列了后四成歌诗的次序。于是，《大武》六成的六篇诗的排列次序确定为：《我将》《武》《赉》《般》《酌》《桓》。现以高亨的排列次序为依据，分别于各诗之下简析之。

《我将》是《大武》一成的歌诗。其舞蹈表现周武王观兵于盟津的历史事件，据《史记·周本纪》记载，周武王出发前曾往毕地文王墓上举行过祭祀。他这次出兵伐纣，是以文王为号召，自称"太子发"，军中载着文王的牌位，用以召集诸侯会师。所以这首诗原来盖为出兵前祭祀文王的祷词，后来伐纣成功，又将该诗确定为《大武》一成的歌诗。《毛诗序》曰："《我将》，祀文王于明堂也。"盖《大武》之六篇诗，周代常单独使用，故于明堂祀文王亦可用该诗。

《我将》诗始言奉献牺牲于天帝，祈求天帝保佑。据《乐记》，《大武》一成象征武王出征，周人出征，必先祭祀天帝，求得天帝的保佑，此诗的首三句说的就是这事。次言继承文王之遗志，以求"日靖四方"，也就是统一并安定天下。文王时代，伐犬戎，伐密须，伐耆，伐邘，伐崇，文王殁后，武王欲完成文王未竟事业，伐纣克商，追思文王创业之功，深觉当遵循文王行之有效的种种法典。末言夙夜"畏天之威"，是说自己日夜不忘天帝和文王之命，希望得到他们的帮助，早日安定天下。对武王而言，天命和文王之典是一致的，文王的遗志也就是"天威"（天命之威）。这就是该诗把祭祀文王和祷告上天合而为一的缘故。全诗自始至终，都用第一人称的口气，即周武王出兵之前向父亲的神灵和上帝陈述出兵的目的，并祈求保佑。其语言质朴，充满敬畏之情。

（汤　斌　杨晓斌）

时　迈

时迈其邦，	现今众多的诸侯邦国，
昊天其子之，	皇天都看作是自己的儿子，
实右序有周。①	实在能保佑、顺应大周王朝。
薄言震之，	如若武王向他们施威，
莫不震叠。②	他们没有不震惊慑服。
怀柔百神，	武王能安抚天地众神，

及河乔岳。③　　　　以至黄河和高山。
允王维后，　　　　武王作为我们的君王，
明昭有周。④　　　　实在能发扬光大大周功业。
式序在位，　　　　他接替文王登上王位，
载戢干戈，　　　　就收藏了兵器，
载櫜弓矢。⑤　　　　并把弓箭收入皮囊。
我求懿德，　　　　我们谋求治国的美德，
肆于时夏。⑥　　　　武王就施美德于天下四方。
允王保之！⑦　　　　武王实在能保持天命啊！

〔注〕①时：犹言"现时""今世"。迈：林义光《诗经通解》读为"万"，众多。邦：国。此指武王克商后封建的诸侯邦国。昊天：苍天，皇天。子之：视诸侯邦国为自己的儿子。实：实在，的确。右：同"佑"，保佑。序：顺，顺应。有周：即周王朝。有，名词字头，无实义。　②薄言：犹言"薄然""薄焉"，发语词，有急迫之意。震：威严。此指武王以武力威胁、施威。之：指各诸侯邦国。震叠：即"震慑"，震惊慑服。叠，通"慴"，恐惧、畏服。　③怀柔：安抚。百神：泛指天地山川之众神。及：指祭及。河：黄河，此指河神。乔岳：高山，此指山神。　④允：诚然。王：指周武王。维：犹"为"。后：君。明昭：犹"昭明"，显著，此为发扬光大的意思。　⑤式：发语词，无实义。序：顺序，依次。载：犹"则"。戢（jí）：收藏。干戈：古代兵器。干，盾。櫜（gāo）：古代盛衣甲或弓箭的皮囊。此两句指周武王偃武修文，不再用兵。　⑥我：周人自谓。懿：美。懿德，指文治教化。肆：施，施行。时：犹"是"，此。夏：中国。指周王朝所统治的天下。　⑦保：指保持天命、保持先祖的功业。

　　颂诗皆为庙堂乐曲，所谓"美盛德之形容，以其成功告于神明者也"（《毛诗序》）。本篇也不例外。

　　《毛诗序》说："《时迈》，巡守告祭柴望也。"何谓巡守？郑玄笺说："武王既定天下，时出行其邦国，谓巡守也。"何谓柴望？即柴祭、望祭。柴祭即燔柴以祭天地，望祭即遥望而祭山川。因此，孔颖达疏认为是"武王巡守告祭天之乐歌"，朱熹《诗集传》认为是"巡守而朝会祭告之乐歌"。今人高亨更具体地说是"周王望祭山川时所唱的乐歌"（《诗经今注》）。其他古今说诗者，虽有小异，而无大的不同。但细审诗意，乃歌颂克商后武王封建诸侯，威震四方，安抚百神，偃武修文，从而发扬光大大周祖先功业诸事，应为宗庙祭祀先祖时歌颂周武王的乐歌。

　　《左传·宣公十二年》说："武王克商，作《颂》曰：'载戢干戈，……允王保之。'"《国语·周语上》上也说："是故周文公（即周公姬旦）之《颂》曰：'载戢干戈，……允王保之。'"说是周武王克商建周、平定天下之后周公所作，也大体是可信的。全诗仅称武王为"王"、为"君"，没用谥号"武"字，并说"允王维后""式序在位"等等,显然是武王在世时的颂辞。

全诗十五句,毛诗、朱熹《诗集传》皆不分章。明何楷《诗经世本古义》分为两章,以"明昭有周"起为第二章,清姚际恒《诗经通论》因之。但细审诗意,前半颂武王之武功,后赞武王之文治,语意连贯。如若分章,"不惟章法长短不齐,文气亦觉紧缓不顺"(方玉润《诗经原始》),所以还是从旧说以不分为好。

周武王姬发在祖先及父王姬昌所开创的周部族基业的基础上,在吕尚(姜子牙)、周公旦的辅佐下,联合周围众多部族,伐殷兴周,并于牧野一战,取得了彻底的胜利。然后又大封诸侯,以屏藩西周王朝。其功业,是彪炳千秋的。《诗经》中有许多篇章歌颂和赞美了他,也是符合历史真实的。

本诗采用"赋"的手法进行铺叙。开头即说周武王封建的诸侯各国,不仅得到了皇天的承认,而且皇天也把他们当作自己的儿子一样看待,而他们的作用就是"右序有周"。"皇天无亲,唯德是辅",这就首先说明武王得到了天命。其次又说武王不仅能威慑四方,而且能安抚百神,所以他的继立,"明昭有周",是能发扬光大有周先祖的光辉功业的。接着又写武王平定殷纣、兴立大周、封建诸侯之后,戢干戈、櫜弓矢,偃武修文,并以赞叹的口气说:我们谋求治国的美德,武王就把这美德施行于天下四方了。最后一句,总赞武王能保持天命,保持祖德,与首句遥相呼应。可见,本诗从头到尾,语意参差、语气连贯,而皆起伏错落有致,字里行间充溢着作者深挚而敬慕的感情。它以天命和周武王的联系作为全诗的主线,重点歌颂了周武王的武功和文德,层次清晰,结构紧密,在大多臃肿板滞的雅颂诗篇中,不失是一篇较为优秀的作品。陈子展《诗经直解》中曾引明人孙鑛的评语说:"首二句甚壮、甚快,俨然坐明堂、朝万国气象。下分两节,一宣威,一布德,皆以'有周'起,……整然有度,遣词最古而腴。"这是符合本诗写作特点的。

(霍旭东)

执 竞

执竞武王,①	勇猛强悍数武王,
无竞维烈。②	功业无人可比上。
不显成康,③	成康二王真显赫,
上帝是皇。④	上天赞赏命为长。
自彼成康,	从那成康时代起,
奄有四方,⑤	拥有天下占四方,

斤斤其明。⑥	英明善察好眼光。
钟鼓喤喤,⑦	敲钟打鼓声洪亮,
磬筦将将。⑧	击磬吹管乐悠扬。
降福穰穰,⑨	天降多福帝所赐,
降福简简。⑩	帝赐大福从天降。
威仪反反,⑪	仪态慎重又大方,
既醉既饱,	酒足量呀饭饱肠,
福禄来反。⑫	福禄回馈来双双。

〔注〕 ① 执:借为"鸷",猛。竞:借为"勍(qíng)",强。 ② 竞:争。维:是。烈:功绩。 ③ 不(pī):通"丕",大。成:周成王。康:周康王,成王子。 ④ 上帝:指上天,与西方所言的上帝不同。皇:美好。 ⑤ 奄:覆盖。 ⑥ 斤斤:明察。 ⑦ 喤(huáng)喤:声音洪亮和谐。 ⑧ 磬(qìng):一种石制打击乐器。筦(guǎn):同"管",管乐器。将(qiāng)将:声音盛多。 ⑨ 穰(ráng)穰:众多。 ⑩ 简简:大的意思。 ⑪ 威仪:祭祀时的礼节仪式。反反:谨重。 ⑫ 反:同"返",回归,报答。

　　本诗为《周颂·清庙之什》第九篇。关于诗的旨义,前人有两种解释,《毛诗序》和三家诗都以为是祭祀武王的诗,而宋人欧阳修、朱熹则以为是合祭武王、成王、康王的诗。考察诗的内容,在赞颂武王的同时,也涉及到了成王、康王,因此以为此诗单纯地祭祀武王,恐怕失之偏颇。

　　本诗前七句叙述了武王、成王、康王的功业,赞颂了他们开国拓疆的丰功伟绩,祈求他们保佑后代子孙福寿安康,永远昌盛。在祖先的神主面前,祭者不由追忆起武王创业开国的艰难,眼前浮现出几代祖先英武睿智的形象:击灭商纣,开邦立国的武王,东征西讨,开拓疆土的成王、康王。既有对祖先的缅怀、崇敬、赞美,也是吹捧祖先、炫耀门庭、沾沾自喜的一种心理反映。

　　接着本诗又以四件典型的乐器,采用虚实结合的手法,渲染、烘托了祭祀场所的环境氛围:钟声哨哨,鼓响咚咚,磬音嘹亮,管乐悠扬,一派其乐融融的升平景象。通过这四种乐器奏出的音乐,触发了人们丰富的联想:在平坦广阔的大地上,矗立着巍峨的祖庙群(天子九庙),像天上诸神的圣殿,高屋深墙,宫阙衔连;在祭祀的内堂,分列着各个祖先的神主,前面的供台上陈列着各种精心准备的祭品,或牛或羊或豕或粢盛或秬鬯,令人不禁肃然起敬。两旁直立着许多随祭的臣仆,屏神静气,主祭者周王一丝不苟地行着祭祀大礼。钟鼓齐鸣,乐声和谐,吟诵的祭辞,虽然平直简约,但是在祭祖这一特定的场所,抚今忆昔,浮想联翩,仍可体味出理性的文字后面掩藏的那一缕幽思。

本诗在文学技巧上运用了赋的艺术手法,"铺陈其事而直言之"(朱熹语),叙说简明,直道其事,以简古的语言为祖先歌功颂德,祈求福庇。诗意虽然略显浅易,但因是与古乐相合而诵,又在"穆清""肃雍"的庙堂使用,有着超出单纯文字所表达的功能,即特定的环境氛围、特定的心理感受会产生特殊的欣赏效果。远古诗歌,研究者多以为是诗、乐、舞三者合一的,颂诗也是如此,不单是具有文学性一个方面,因此要全面、准确地把握其内涵、风神,就不能只局限于文字上的表面理解,而应以文字为契机,从庙堂文化这个大范围的角度进行整体的品味、把握,结合对音乐、舞蹈、建筑艺术特点的联想,作全方位的审美观照,才能领会包括本诗在内的颂诗那种庄严、高贵、古穆、雍容的艺术内涵。因为颂诗的功用在于"美盛德之形容,以其成功告于神明"(《毛诗序》),这一目的决定了它的形式、内容、语言风格的特点,也决定了它的使用范围仅仅是王公贵族,也就是说颂诗的审美趣味与它的使用价值是相互统一,互为因果的。

此诗是昭王时代的祭歌,比起早一些的颂诗,在用韵方面,有了明显的进步,音调抑扬铿锵,尤其是"喤喤""将将""穰穰""简简""反反"等叠字词的连续使用,语气舒缓深长、庄严肃穆,给人一种身临其境的感觉,体现出庙堂文化深厚的底蕴。

颂诗的实用性、针对性较强,现代研究者对它的文学价值多有贬斥。固然颂诗是仅供统治阶级玩赏的庙堂文学,缺乏文学意味;但它那种古穆肃雍的艺术风格对后世仪式化的官方文学产生了相当深远的影响,这是不容忽视的事实。

(胡长青)

思　文

思文后稷,①	追思先祖后稷的功德,
克配彼天。②	丝毫无愧于配享上天。
立我烝民,③	养育了我们亿万民众,
莫匪尔极。④	无比恩惠谁不铭刻心田?
贻我来牟,⑤	留给我们优良麦种,
帝命率育。⑥	天命用以保证百族绵延。
无此疆尔界,	农耕不必分彼此疆界,
陈常于时夏。⑦	全国推广农政共建乐园。

〔注〕① 文:文德,即治理国家、发展经济的功德。后稷:周人始祖,姓姬氏,名弃,号后

稷。舜时为农官。 ②克：能够。配：配享，即一同受祭祀。 ③立：通"粒"，米食。此处用如动词，养育的意思。烝民：众民。 ④极：极致，此指无量功德。 ⑤贻：遗留。来：小麦。牟：大麦。 ⑥率：用。 ⑦陈：遍布。常：常规，此指农政。时：此。夏：中国。

周颂中祭祀先王之作，大都篇幅简短。如《维清》祭祀文王，只有短短五句；本篇祭祀后稷，也不过八句。究其原因，便是周朝历代先王的丰功伟绩，已家喻户晓，深入人心，无须赘述。就本篇而论，后稷的传奇性经历和"诞降嘉种"、"是获是亩"赐民百谷的无量功德，在同属《诗经》的《生民》中便有详尽的叙述与颂扬。《生民》即使未能创作于《思文》之前，而它的富有神话色彩的内容则必然早就广泛流传于民间。

周颂（包括《思文》）都是西周早期的作品，在这一特定历史时期，对周代先王的颂扬尤为热烈。周武王以"戎车三百两，虎贲三百人"，在牧野伐灭"俾暴虐于百姓，以奸宄于商邑"（《尚书·牧誓》）的纣王，建立起西周王朝，救万民于水火。王室为光宗耀祖，百姓为感激解放，这就造成了对新政权、自然也包括对新政权先王们热情讴歌的盛况。

《思文》篇幅之简短，恰恰反映当时政治之清明、国势之强盛，这与鲁颂中冗长不堪且有媚上之讥的《閟宫》的可悲创作背景适成强烈对照。

或许正是基于上述原因，历代众多学者形成了《思文》为周公所作的强有力的共识。诗篇是盛朝的颂歌，作者是盛朝的大圣人，这一共识的形成也极自然。《诗经》中的多篇作者都归之于周公，此处不具论，而《思文》一篇却未必如是。

孔疏引用《国语》，说"周文公（即周公旦）之为颂曰'思文'"，其实不确。《国语·周语上》载芮良夫所说的一段话中，原文是："故颂曰：'思文后稷，克配彼天。立我烝民，莫匪尔极。'"并未言是周公所作。到了韦昭注中，才成为"言周公思有文德者后稷，其功乃能配于天"。但是韦注本意只是说《思文》的内容乃反映周公所"思"，并非即指为周公所作，应当不难分辨。看来，是孔疏将《国语》原文与注文误融为一体，牵涉周公，并认定《思文》出自周公之手。这一误认，影响大而深远，以致成为后世诸多学者的共识，虽无伤大雅，总不免让人感到一丝遗憾。说无伤大雅，是因为《思文》确实也体现了周公的思想。周公辅佐文王、武王、成王三世，于强国、灭商、平乱，功勋卓著，而重农保民又是其一贯坚持的政治原则。可见，就理解《思文》的意旨而言，确实可以、而且应该联系周公；但是，就此认定周公为作者，终究不可取。要确认周公为《思文》的作者，还必须有早于或至少与《国语》同时的确凿证据，因为现有的确认不过是基于《国语》的不可靠的误认。《诗经》中凡无确凿充分证据而定为周公所作者，均可作如是观。

据《毛诗序》所言,《思文》是"后稷配天"的乐歌。后稷之所以"克配于天",在《生民》序中说得再明白不过:"后稷生于姜嫄,文、武之功起于后稷,故推以配天也。""后稷配天"的祭祀称为郊,即祭上帝于南郊的祭典。古人祭天(亦即上帝)往往以先王配享,因为人王被视为天子,在配享中便实现了天人之间的沟通,王权乃天授进一步确认,于是原本空泛的祭天便有了巩固政权内容的具体落实,而成为具有重大意义的政治活动。这种天人沟通的努力,今天看来虽然过于原始、刻板,但在古代,尤其是政治相对清明、经济发展顺利的时期,其统一思想、凝聚人心的作用却不可低估。试想,祭祀的程序随着乐歌(这里是《思文》)曲调缓缓进行(据王国维《说周颂》),简短的歌辞一再回环重复,气氛是何等庄严,人们会感觉置身于神奇力量的控制之中,参与盛典的自豪荣幸和肩负上天使命的虔诚在此间密切融合。

正因为如此,后稷开创农事、养育万民的功德也是在上帝授意下完成的:"帝命率育。"从创作结构上看,"天""帝"之间是一种紧扣和呼应;就创作意旨而言,又是天人沟通印象的有意识加深。在"人定胜天"观念形成之后,天人沟通、天人感应的思想仍然绵延不绝,并且时时占据着正统地位,何况在其形成之前?在《思文》产生的当时,天人沟通应该具有甚至不需要任何艺术手段(自然不是说《思文》毫无艺术性)就具有的强烈的感染力量。

西周当时已经是君临天下的政权,"无此疆尔界,陈常于时夏"自然是这种权威的宣告,但又是秉承天命子育万民的一种怀柔。昌盛的、向上的政权不会在立威的同时忘记立德,西周政权也保持着这种明智。

(李祚唐)

臣 工

嗟嗟臣工,①	喂,喂,群臣百官,
敬尔在公。②	你们勤谨地从事公务。
王厘尔成,③	王赐给你们成法,
来咨来茹。④	你们要商量研究调度。
嗟嗟保介,⑤	喂,喂,田官,
维莫之春,⑥	正是暮春时节,
亦又何求?⑦	还有什么事要筹划?
如何新畲。⑧	该考虑怎样整治新田畲田了。
於皇来牟,⑨	啊,多茂盛的麦子,

将受厥明。⑩	看来将要获得好收成。
明昭上帝,⑪	光明伟大的上帝,
迄用康年。⑫	终于赐给丰年。
命我众人,⑬	命令我的农人们,
庤乃钱镈,⑭	收藏好你们的锹和锄,
奄观铚艾。⑮	我要去视察开镰收割。

〔注〕 ① 嗟:发语语气词,嗟嗟,重言以加重语气。臣工:群臣百官。 ② 敬尔:尔敬。尔,第二人称代词,敬,勤谨。在公:为公家工作。 ③ 厘:通"赉(lài)",赐。成:指成法,朱熹《诗集传》:"成,成法也,……言王有成法来赐女,女当来咨度也。" ④ 咨:询问、商量。茹:调度。 ⑤ 保介:田官。陈奂《诗毛氏传疏》:"为诸侯藉田时皆所率耕之人也。"郭沫若《由周代农事诗论到周代社会》谓"就是后来的田畯,也就是田官。介者界之省,保介者,保护田界之人。"一说为农官之副,一说为披甲卫士,不取。 ⑥ 莫(mù):古"暮"字,莫之春即暮春,是麦将成熟之时。 ⑦ 又:有。求:需求。 ⑧ 新畬(yú):耕种二年的田叫新,耕种三年的田叫畬。 ⑨ 於(wū):叹词,相当于"啊"。皇:美盛。来牟:麦子。 ⑩ 厥明:厥,其,指代将熟之麦;明,成,刘瑾《诗传通释》:"古以年丰谷熟为成。" ⑪ 明昭:明明,谓明智而洞察。 ⑫ 迄用:终于。康年:丰年。 ⑬ 众人:庶民们,指农人。 ⑭ 庤(zhì):储备。钱(jiǎn):农具名,掘土用,若后世之锹。镈(bó):农具名,除草用,若后世之锄。 ⑮ 奄观:尽观,即视察之意。铚艾(zhì yì):铚,农具名,一种短小的镰刀;艾,"刈"的借字,古代一种艾草的大剪刀。铚、艾二字在这里转作动词,指收割作物。

《周颂》是宗庙祭祀乐歌,"以其成功告于神明",其中有十篇编为一卷,以这篇《臣工》为首,标明为《臣工之什》。这一篇和另几篇是农事诗(或与农副业生产有关的诗)。

这篇诗传说是周成王时代的作品。从诗的本文来看,确是周王的口气。全诗十五句,前四句训勉群臣勤谨工作,研究调度执行已经颁赐的有关农业生产的成法。下四句是训示农官(保介):暮春时节,麦子快熟了,要赶紧筹划如何在麦收后整治各类田地。再接下四句是称赞今年麦子茂盛,能获得丰收,感谢上帝赐给丰年。最后三句说:命令我的农人们准备麦收,我要去视察收割。全诗脉络清楚,诗义很明白,确是一首歌颂周王关心农业生产,训勉群臣勤恳工作,贯彻执行国家发展农业的政策,感谢上天赐予丰收的乐歌。

全诗反映出周王重视发展农业生产,以农业为立国之本。周族是一个农业民族,依靠在当时处于先进地位的农业而兴国,建立王朝之后,进一步采取解放生产力和推广农业技术等措施,大力发展农业生产,以之作为基本国策。周朝制度,周王直接拥有大片土地,由农奴耕种,称为"藉田"。每年春季,周王率群臣百官亲耕藉田,举行所谓"藉田礼",表示以身作则。"藉田礼"中也祈祷神明,演唱乐歌。据西周文献,周王朝在立国之初就制定土地分配、土地管理、耕作制度的具体法规,如品种改良、土壤改良、水利建设以及轮种等耕作技术都包括在内。这一套法规,就是诗中所说的"成(法)"。当时鼓励开垦土地,又注重土壤改良,把田地分等级,耕二年称"新田",三年称"畲"。为保持和提高土壤肥力,朝廷规定了因地制宜的整治方法,如轮作、深翻、平整、灌溉、施肥等等,即诗中所说的"如何新畲",周王要求臣民按颁布的成法去做。周朝重祭祀,祭礼众多,不但在开耕之前要向神明祈祷,而且在收获之后也向神明致谢,这篇诗中面对即将到来的丰收,自然也要向神明献祭,感谢"明昭上帝,迄用康年"。当时的周王不但春耕去"藉田",收割也去省视,末三句就是写这一内容。周王说:锹、锄暂时用不着了,要收好,准备镰刀割麦子吧。他对农业生产很熟悉,指示比较具体,这进一步反映了国家对农业的重视。

本诗究竟产生在怎样的具体环境,历来解说就很不一致了。有人说是"藉田礼"之歌,驳者以为诗中所指暮春麦熟,不是"藉田礼"举行的春耕时节;有人说是"庙祭"之歌,驳者以为诗中并无祭事;有人说是庙祭后周王对助祭诸侯说的话,驳者以为诗中明明是对臣工的训勉。诸家成篇累牍的解说,颇多分歧,但是,这并不影响我们对本诗基本内容的理解。所以,有的学者如今只说这是"赞颂周王省耕、劳群臣、祈丰年的乐歌"(袁梅《诗经译注》)。具体细节,留待历史考据学家去研究吧。

本诗的"王",可信是成王。它编入《臣工之什》之首,下一篇《噫嘻》首句即直称"噫嘻成王";因为这一篇用成王的口气,作为成王的训示,所以放在前面,它们都是歌颂成王的。殷商后王把歌颂先王省耕和祈祷神明的诗,配合乐舞,作为宗庙乐歌在一定的礼仪上演唱,也是为了追念先王的功业,继承先王重视农业生产的思想,继续贯彻执行以农立国的基本国策。所以,本诗和其他几篇农事诗都被编入《周颂》。从本诗的形式来看,全诗十五句,不分章,不用韵,与《周颂》其他作品相类,确是宗庙乐歌。

又:本诗的历代训诂也多歧义,主要是第三句的"成"字和第五句的"保介"一词。"成"字有释为"成绩"者,则句意为"王对你们的成绩给予赏赐",亦通,但窃意仍以《诗集传》等书所释"成法"于上下文义更为圆通顺畅。"保介"一词,有人释为"执甲之士",即周王左右卫士,有成篇的考据,窃意终觉迂曲求深,未若释为"农官"更合情合理。当然古代官制官名时有变化,对这些细节问题,不妨求大同,存小异。

(夏传才)

噫 嘻

噫嘻成王,①	成王轻声感叹作祈告,
既昭假尔。②	我已招请过先公先王。
率时农夫,③	我将率领这众多农夫,
播厥百谷。	去播种那些百谷杂粮。
骏发尔私,④	田官们推动你们的耜,
终三十里。⑤	在一终三十里田野上。
亦服尔耕,⑥	大力配合你们的耕作,
十千维耦。⑦	万人耦耕结成五千双。

〔注〕① 噫嘻:感叹声,"声轻则噫嘻,声重则呜呼",兼有神圣的意味。成王:周成王。② 昭假(gé):犹招请。昭,通"招";假,通"格"、"徦",义为至。尔:语助词。 ③ 时:通"是",此。 ④ 骏:通"畯",田官。私:一种农具"耜(耛)"的形误。 ⑤ 终:井田制的土地单位之一。每终占地一千平方里,纵横各长约三十一点六里,取整数称三十里。 ⑥ 服:配合。⑦ 耦:两人各持一耜并肩共耕。一终千井,一井八家,共八千家,取整数称十千,结对约五千耦。

  本诗的时代和主题,历来争议较大,主要是因对"成王"和"昭假"的不同理解而造成的。关于"成王",毛传认为是"成是王事",郑笺认为是"能成周王之功",后人因而认为诗"作于康王之世"(何楷);但大多数人认为成王是生号而非死谥(马瑞辰、王先谦、王国维、郭沫若)。我们采用后一说。关于"昭假",有人认为只能用于神灵(王先谦),因而昭假的对象是上帝或先公先王,诗系向他们祈谷(《毛序》以来旧说);但也有人认为昭假也可用于生人,诗为成王藉田典礼时昭告臣民之辞(袁梅、王宗石)。我们经过《诗经》与出土西周青铜器铭文中"昭假(邵各)"用法的比勘,发现昭假确实是用于神灵的,但"祈谷和藉田典礼时昭于上帝"和招请先公先王应不矛盾,因为"藉田之谷,众神皆用,独言帝藉者,举尊言之"(《周礼》贾公彦疏)。近人也有主张诗虽写成王藉田,但口气却是成王的近臣向农官传达再由农官向农奴发令(孙作云、郭沫若、高亨)。以上看法还涉及对三个"尔"字的理解,兹不细赘。

  根据《国语·周语》等记载,藉田典礼分为两部分:首先是王在立春或立春后之"元日"(吉日)行祼鬯(灌香酒祭神)祈谷之礼,然后率官员农夫至王之"藉田"行藉田礼,象征性地做亲耕劝农之举。诗篇即叙述了成王祭毕上帝及先公先王后,亲率官、农播种百谷,并通过训示田官来勉励农夫努力耕田,共同劳作的情景。

全诗八句,分为四、四两层。前四句是成王向臣民庄严宣告自己已招请祈告了上帝先公先王,得到了他们的准许,以举行此藉田亲耕之礼;后四句则直接训示田官勉励农夫全面耕作。诗虽短而气魄宏大。从第三句起全用对偶,后四句句法尤奇,似乎不对而实为"错综扇面对",若将其加以调整,便能分明看出:

骏发尔私,亦服尔耕;

终三十里,维十千耦。

则加点之字,隔句成对;不加点之字,相邻成对。此种对偶法,即使在后世诗歌最发达的唐宋时代,也是既颇少见,又难有如此诗所见之自然。

需要略加讨论的还有"骏"字。上文由"终"字比勘,"骏"当是名词。又以金文对照,"凡典籍中的'骏'字,金文均作'畯'"(于省吾);"畯,……契文、金文均从田从允,允、夋之异在足之有无,实一字也"(李孝定)。可见诗中"骏"字,实指田畯即农官,为"畯"字之通假无疑。

总之,《噫嘻》一诗,既由其具体地反映周初的农业生产和典礼实况,从而具有较高的史料价值;又以其突出的"错综扇面对"的修辞结构技巧,而具有较重要的文学价值。

(范三畏)

振　　鹭

振鹭于飞,①	一群白鹭冲天起,
于彼西雝。②	西边泽畔任意翔。
我客戾止,③	我有嘉宾来助祭,
亦有斯容。	也是洁白好衣裳。
在彼无恶,④	在那宋地没人厌,
在此无斁。⑤	在这周地受称扬。
庶几夙夜,⑥	谨慎勤勉日复夜,
以永终誉。⑦	美名荣誉永辉煌。

〔注〕① 振:群飞之状。　② 雝(yōng):水泽。　③ 戾(lì):到。止:语助词。　④ 恶:恶感。　⑤ 斁(yì):厌弃。　⑥ 庶几:差不多,此表希望。　⑦ 永:长。终誉:恒久的荣誉。

《振鹭》一诗,《毛诗序》所作的题解是:"二王之后来助祭也。"二王之后又是指谁呢?郑笺云:"二王,夏、殷也;其后,杞、宋也。"武王伐纣灭商后,周王朝求夏禹之后,得东楼公,封于杞地,是为夏之后;又封纣王之子武庚于殷墟,成王初年武庚反叛被诛，乃改封纣王庶兄微子于宋地（今河南商丘），是为殷之后。汉匡衡曾说："王者存二王之后，所以尊其先王而存三统也。"（《汉书》）所谓"存三统"，即"使郊天以天子礼，祭其始祖受命之王，自行其正朔服色"（孔疏引郑《驳异义》）。也就是说，让夏、商二代先王之后立国杞、宋，能够奉祀先祖，保有尊严。这是上古时代的一种政治策略，目的在于怀远柔迩，协和万邦，确保王朝天子的统治。毛序郑笺之说久无异议，到了明代，季明德、邹肇敏、何楷等人开始反对《毛诗序》的"二王之后"说，清姚际恒《诗经通义》更提出三点理由对《序》说质疑：首先，周有三恪即虞、夏、商三王之后陈、杞、宋助祭，此不应只指二王之后；其次，诗中但言"我客"而不言"二客"，似表明助祭者并非二人，再次，商人尚白，诗中之鹭正是白羽之鸟，与商人所尚之色相合。因此他认为此诗写的是一王之后即殷商之后微子来朝助祭之事，是周人对微子的赞美之词。他的说法并没有得到公认，不过笔者倾向于接受此说。

全诗共八句，不分章，按诗意来分有四个层次。首二句"振鹭于飞，于彼西雝"，是以飞翔在天空的白鹭起兴，引出下文"亦有斯容"的描写。商人尚白，且是鸟图腾民族，通体羽色纯白的鹭鸟当被商人视为高洁神圣之物，它飞翔时优美的动势，栖止时从容的神态，今人且不免赞赏备至，何况是刚从原始自然神崇拜时代发展过来不久的商周人，它岂不正是外在的美好仪表与内在的高尚精神完美统一的象征？

于是，三、四两句"我客戾止，亦有斯容"，周人将朝周助祭的微子与被商人珍视的白鹭相比，对他大加赞美。据《史记·殷本纪》记载，商纣淫乱不止，"微子数谏不听，乃与大师、少师谋，遂去"，因此孔子称赞他是殷"三仁"之一。在他被周王朝封到宋国后，对外尊周天子为天下共主，对内广施仁德，得到殷商遗民的拥戴，他的德行堪受称扬，自属当然。至于微子的风度仪容，虽说史无明文说他怎样潇洒俊美，但肯定是十分出色的，否则"亦有斯容"之句便有落空之嫌。

下面五、六两句"在彼无恶，在此无斁"，是夸誉微子在宋国内外都有较融洽的人际关系。"在彼无恶"，是指微子在宋国之内受到殷民的拥护；"在此无斁"，是指微子朝周时受到热烈欢迎。这两句实际说明两个问题：微子作为被周所灭的殷商之后，在胜利者周天子面前，能够表现出不卑不馁的气度确实难能可贵；而作为胜利者的周王朝君臣，在微子面前，能够表现出不亢不骄的气度，对昔日的敌国之后以礼相待，善加照顾，也体现出一种恢宏博大的泱泱大国之风。

七、八两句"庶几夙夜，以永终誉"，许多解家都理解为对微子一人而言。笔者认为这两句应是对双方而言的。即作为失败者的后裔要坚持这种不卑不馁的精神，使亡国之族得到新生；而作为胜利者的周室君臣，也要永远保持这种不亢不骄的气度，团结各邦各族，消释历史积怨，彼此和睦相处，共同发展，才能"以永终誉"。这样的理解或许已脱离文本的表层语义，但"作者未必然，读者何必不然"（谭献《复堂词话》），就读者的审美接受而言，正不妨作如是观，而笔者亦深信这当与此文本的深层语义相吻合。

（秦惠民）

丰　年

丰年多黍多稌，①	丰收年谷物车载斗量，
亦有高廪，②	谷场边有高耸的粮仓，
万亿及秭。③	亿万斛粮食好好储藏。
为酒为醴，④	酿成美酒千杯万觞，
烝畀祖妣。⑤	在祖先的灵前献上。
以洽百礼，⑥	各种祭典一一隆重举行，
降福孔皆。⑦	齐天洪福在万户普降。

〔注〕①黍：小米。稌（tú）：稻。　②廪：粮仓。　③亿：周代以十万为亿。秭（zǐ）：数词，十亿。　④醴（lǐ）：甜酒。　⑤烝：献。畀（bì）：给予。祖妣：男女祖先。　⑥洽：配合。百礼：各种礼仪。　⑦孔：很。皆：普遍。

我国古代称国家为社稷，社是土神，稷是谷神，可见当时农业的重要地位。人民的生存依赖农业生产，政权的稳固也要以农业生产为保障。上古的西周，绝对是以农业为基础的社会，农业的收成在当时必然是朝野上下最为关注的头等大事。由于生产力发展的限制，当时农业基本上还是靠天收成，《小雅·大田》所述"雨我公田，遂及我私"的喜悦以及《甫田》描写"琴瑟击鼓，以御田祖，以祈甘雨，以介我稷黍，以穀我士女"的迫切心情，便是最好不过的证明。并非每年都能获得丰收，因此，遇上好年成，自然要大肆庆祝歌颂。《丰年》应当是遇上好年成举行庆祝祭祀的颂歌。

诗序云："《丰年》，秋冬报也。"报，据郑玄的笺释，就是尝（秋祭）和烝（冬祭）。丰收在秋天，秋后至冬天举行一系列的庆祝活动（"以洽百礼"），是很自然的。不过，这种活动（庆祝祭祀）恐怕不会是定于每年秋冬举行的，前面已经说过，当时不可能每年都获丰收，而此诗题为《丰年》，若在歉收乃至灾荒之年大唱颂歌，岂非滑稽的自我嘲弄？

诗的开头很有特色。它描写丰收，纯以静态：许许多多的粮食谷物（黍、稃),贮藏粮食的高大仓廪,再加上抽象的难以计算的数字(万、亿、秭)。这些静态汇成一片壮观的丰收景象,自然是为显示西周王朝国势的强盛,而透过静态,读者不难想象静观后面亿万农夫长年辛劳的动态。寓动于静之中,写来笔墨十分经济,又给读者留下思想驰骋的广阔天地。不过,在周王室看来,来之不易的丰收既是人事,更是天意,所谓"谋事在人,成事在天",丰收归根结底是上天的恩赐,所以诗的后半部分就是感谢上天。

因丰收而致谢,以丰收的果实祭祀最为恰当,故而诗中写道:"为酒为醴(用丰收的粮食制成),烝畀祖妣。"祭享"祖妣",是通过先祖之灵实现天人之沟通。也由于丰收,祭品丰盛,能够"以洽百礼",面面俱到。"降福孔皆"既是对神灵已赐恩泽的赞颂,也是对神灵进一步普遍赐福的祈求。身处难以驾驭大自然、难以主宰自己命运的时代,人们祈求神灵保佑的愿望尤其强烈,《丰年》既着眼于现在,更着眼于未来,与其说是周人善于深谋远虑,不如说是他们深感缺乏主宰自己命运能力的无奈。

"万亿及秭。为酒为醴,烝畀祖妣。以洽百礼"四句,在周颂的另一篇作品《载芟》中也一字不易地出现,其情况与颂诗中某些重复出现的套话有所不同。在《丰年》中,前两句是实写丰收与祭品(用丰收果实制成),后两句则是祭祀的实写;《载芟》中用此四句,却是对于丰年的祈求和向往。看来,《载芟》是把《丰年》中所写的现实移植为理想,这恰恰可以反映当时丰年的难逢。 (李祚唐)

有 瞽

有瞽有瞽,①	双目失明的乐师组成乐队,
在周之庭。	王室祭祖时应召来宗庙。
设业设虡,②	摆设起悬挂钟鼓的乐架,
崇牙树羽。③	上面装饰着五彩的羽毛。
应田县鼓,④	小鼓大鼓一律各就各位,
鞉磬柷圉。⑤	鞉磬柷敔安放得井井有条。
既备乃奏,⑥	一切就绪便开始演奏,
箫管备举。⑦	箫管齐鸣一片乐音缭绕。
喤喤厥声,⑧	众乐交响发声洪亮,
肃雝和鸣,⑨	肃穆舒缓和谐美妙,
先祖是听。	先祖神灵听了兴致高。

我客戾止，⑩	诸位宾客应邀光临，
永观厥成。⑪	长久地欣赏这乐曲一套。

〔注〕① 瞽(gǔ)：盲人。这里指周代的盲人乐师。　② 业：悬挂乐器的横木上的大板，为锯齿状。虡(jù)：悬挂乐器的直木架，上有业。　③ 崇牙：业上用以挂乐器的木钉。树羽：用五彩羽毛做崇牙的装饰。　④ 应：小鼓。田：大鼓。县(xuán)："悬"的本字。　⑤ 鞉(táo)：一种立鼓。一说为一柄两耳的摇鼓。磬(qìng)：玉石制的板状打击乐器。柷(zhù)：木制的打击乐器，状如漆桶。音乐开始时击柷。圉(yǔ)：即"敔"，打击乐器，状如伏虎，背上有锯齿。以木尺刮之发声，用以止乐。　⑥ 备：安排就绪。　⑦ 箫管：竹制吹奏乐器。　⑧ 喤(huáng)喤：乐声大而和谐。　⑨ 肃雝(yōng)：肃穆舒缓。　⑩ 戾(lì)：到达。　⑪ 永：长。成：一曲奏完。

　　在先秦时代的政治生活中，乐具有特殊重要的地位，而且往往与礼密切相关联。《礼记·乐记》云："乐者，天地之和也；礼者，天地之序也。和，故百物皆化；序，故群物皆别。乐由天作，礼由地制，过制则乱，过作则暴。明于天地，然后能兴礼乐也。"《有瞽》是描写作乐的篇章，《毛诗序》认为是"始作乐而合乎祖"，郑笺以"王者治定制礼，功成作乐"释之，正反映了礼乐并重的传统观念。

　　周代有选用先天性盲人担任乐官的制度，据《周礼·春官·序官》记载，其中的演奏人员有"瞽矇，上瞽四十人，中瞽百人，下瞽百有六十人"，计三百人；另有"眡瞭三百人"，贾公彦疏说"眡瞭，目明者，以其扶工"，即是在乐队中配备视力正常的人做盲人乐师的助手。可见，当时王室乐队的规模相当庞大。《有瞽》描写的正是王室乐队演奏的壮观场面。

　　"有瞽有瞽，在周之庭"，说明在宗庙上奏乐的主体是瞽；而"设业设虡"、安置乐器的则当是担任瞽的辅佐的眡瞭。乐器则列举了应、田、鞉、磬、柷、圉、箫管，与《周礼·春官》所载"瞽矇掌播鼗、柷、敔、埙、箫管、弦歌"基本相符，其中柷为起乐、圉(敔)为止乐之器，以首尾涵盖，表示这次演奏动用了全套乐器而"八音克谐"（《尚书·舜典》），"喤喤厥声，肃雝和鸣"，其音乐自然十分美妙。

　　周颂三十一篇，都是乐诗，但直接描写奏乐场面的诗作惟《执竞》与此篇。《执竞》一诗，"钟鼓喤喤，磬筦将将，降福穰穰，降福简简"，虽也写了作乐，但也落实于祭祀降福的具体内容。惟有《有瞽》几乎纯写作乐，最后三句写到"先祖"、"我客"，也是点出其"听"与"观"，仍归结到乐的本身，可见这乐便是《有瞽》所要表达的全部，而这乐所包含的意义，在场的人（周王与客）、王室祖先神灵都很明了，无须再加任何文字说明。因此，《有瞽》所写的作乐当为一种定期举行的仪式。《礼记·月令》："季春之月……是月之末，择吉日，大合乐，天子乃率三公、九卿、诸侯、大夫亲往视之。"高亨《诗经今注》认为这即是《有瞽》所描写的作乐。从作乐的场面及其定期举行来看,大致两相符合,但也有不尽一致之处。其一,高氏说"大合乐于宗庙是把各种乐器会合一起奏给祖先听,为祖先开个盛大的音乐会",而《礼记·月令》郑玄注则说"大合乐以助阳达物风化天下也,其礼亡,今天子以大射、郡国以乡射礼代之",目的一空泛、一具体;其二,高氏说"周王和群臣也来听",《礼记·月令》则言天子率群臣往视,音乐会的主办者便有所不同了。另外,高氏说"据《礼记·月令》,每年三月举行一次",《月令》原文是"季春之月",按周历建子,以十一月为岁首,"季春之月"便不是"三月"了。看来,要确指《有瞽》作乐是哪一种仪式,还有待进一步考证。

  从《有瞽》这一纯写作乐过程的诗篇,我们不仅得悉周王朝音乐成就的辉煌,而且对周人"乐由天作"因而可以之沟通人神的虔诚观念也有了更深刻的了解。

(李祚唐)

潜

猗与漆沮,①	漆水和沮水景色秀美,
潜有多鱼。②	蕴藏着富饶的渔业资源。
有鳣有鲔,③	鳣鱼鲔鱼不计其数,
鲦鲿鰋鲤。④	鲦鲿鰋鲤也群出波间。
以享以祀,	捕来鲜鱼恭敬奉祀,
以介景福。⑤	祈求祖先赐福绵延。

〔注〕① 猗与:赞美之词。漆沮:两条河流名,均在今陕西省。 ② 潜:通"槮(sǎn)",放在水中供鱼栖止的柴堆。 ③ 鳣(zhān):大鲤鱼。鲔(wěi):鲟鱼。 ④ 鲦(tiáo):白条鱼。鲿(cháng):黄颊鱼。鰋(yǎn):鲇鱼。 ⑤ 介:助。景:大。

  漆、沮二水是周王朝发展史上一个重要的印记。据《史记·周本纪》载,公刘"自漆、沮渡渭,取材用,行者有资,居者有畜积,民赖其庆。百姓怀之,多徙而保归矣。周道之兴自此始。"周颂中的作品很少提及具体地名,而提及具体地名即与祭祀对象有关,如《天作》言"天作高山",高山即岐山,是大王(即古公亶父)率民迁居之所,《诗集传》认为"此祭大王之诗"(大王亦曾渡漆、沮,但在公刘之后,所以以岐山为标志)。与《潜》不同的是,《天作》点明了"大王荒之"。《潜》诗中没有写出公刘,但公刘是周道由之而兴的关键人物,他在漆沮的经历当是周人熟知的典故,《潜》的祭祀对象必然是公刘,无须点出而自明。由此亦可知,周人赞美漆沮,不仅是基于二水的美丽富饶,更是带着强烈自豪的主观色彩。

《潜》是专用鱼类为供品的祭祀诗,照《毛诗序》的说法,《潜》所写的祭祀按时间分有两种,供奉鱼的品种亦不同:"季冬荐鱼,春献鲔也。"关于鱼的品种,孔疏的解释是:"冬则众鱼皆可荐,故总称鱼;春唯献鲔而已,故特言鲔。"从字面看似乎可通,但经不起仔细推敲。比如,"总称鱼"的鱼是否包括鲔,就字面即颇难断定。其实,"春献鲔"是因为鲔在春夏间从海溯河而上产卵,其时方可捕得,冬天无法以"鲔"为荐,"总称鱼"的鱼自然不能包括了。

从鱼的数量之多("潜有多鱼")、品种之繁("有鳣有鲔,鲦鲿鰋鲤")以及人们对鱼类品种的熟知,可以看出当时渔业的卓有成效。潜置于水底,这种再简单不过的柴草堆作用却不可小觑,正是它们吸引了鱼类大军的聚集。这种原始而有效的养鱼方法也许就出自公刘时代,《周本纪》中写及公刘"行地宜",以潜养鱼可能正是因地制宜的创造性生产措施。祭祀诗离不开歌功颂德,《潜》明写了对漆、沮二水风景资源的歌颂,对公刘功德的歌颂则潜藏于字里行间,如同潜的设置,荡漾着透出波纹的韵味。

"以(鱼)享以(鱼)祀,以介景福"是饮水思源、祈求福佑的祭祀行动。如果将鱼换成其他的祭品,祭祀的意蕴就会大受损害,而诗作一气呵成的效果也便丧失无遗。在这首诗中,鱼实在是必然贯穿到底的。最后一句虽然没有写出鱼,但鱼依然存在,因为"鱼"与"余"谐音,《潜》诗所写的祭祀季冬一次,隔年之春又一次,均用鱼,这使我们有理由推断:时至今日仍然广泛流传的"年年有鱼(余)"年画,民间除夕席上对鱼不动筷而让它完整地留进新年的习俗,和《潜》所描写的祭祀竟是一脉相承!《潜》应当被视为民俗史上一条重要资料,它的末句所祈之福就是"余"。

《潜》篇幅简短,却罗列了六种鱼名;漆、沮二水具体写出,却让祭祀对象公刘隐名;写王室的祭祀活动,却也与民间风俗息息相关。这些,都显示了作者调动艺术手法的匠心,使本来在《诗经》里相对枯燥的颂诗中的一首能够进入形象生动、意蕴丰富、趣味盎然的作品行列。

(李祚唐)

雝

有来雝雝,①	一路行进和睦虔诚,
至止肃肃。②	到达此地恭敬祭享。
相维辟公,③	各国诸侯相助祭祀,
天子穆穆。④	天子居中盛美端庄。

於荐广牡，⑤	赞叹声中献上大雄牲，
相予肆祀。⑥	助我祭祀陈列在庙堂。
假哉皇考，⑦	伟大先父的在天之灵，
绥予孝子。⑧	保佑我孝子安定下方。
宣哲维人，⑨	人臣贤能如众星拱月，
文武维后。⑩	君主英明更举世无双。
燕及皇天，⑪	安定朝邦能德感天庭，
克昌厥后。⑫	今世盛明更子孙永昌。
绥我眉寿，⑬	安我心赐予年寿绵绵，
介以繁祉。⑭	又助我享受吉福无疆。
既右烈考，⑮	求保佑先父灵前长歌，
亦右文母。⑯	求保佑先母灵前高唱。

〔注〕① 有：语助词。雝(yōng)雝：和睦。 ② 肃肃：恭敬。 ③ 相：助祭的人。维：是。辟公：诸侯。 ④ 穆穆：庄重盛美。 ⑤ 於(wū)：赞叹声。荐：进献。广：大。牡：雄性牲口。 ⑥ 相：助。予：周天子自称。肆：陈列。 ⑦ 假：大。皇考：对已故父亲的美称。 ⑧ 绥：安，用如使动。 ⑨ 宣哲：明智。 ⑩ 后：君主。 ⑪ 燕：安。 ⑫ 克：能。厥：其。 ⑬ 绥：赐。眉寿：长寿。 ⑭ 介：助。繁祉：多福。 ⑮ 右：佑，此指受到保佑。烈考：先父。 ⑯ 文母：有文德的母亲。

  周王室虽然还不能如后世中央集权王朝那样对全国进行牢固有效的控制，但周王毕竟身为天子，"溥天之下，莫非王土；率土之滨，莫非王臣"(《小雅·北山》)，诸侯们还是要对之尽臣下的职责；实质性者如发生兵事时的勤王，礼仪性者如祭祀时的助祭。这首诗的开头写的便是诸侯助祭的情况。

  因后世有肃穆一词，往往容易导致诗中"肃肃""穆穆"属同义或近义的误会。其实两词含义用来颇有区别。"肃肃"是说助祭诸侯态度之恭敬，不仅是对祭祀对象——当时周天子的已故祖先，而且是对居祭祀中心地位的周天子本人；"穆穆"则既表周天子祭祀的端庄态度，又表其形态的盛美与威严。这样理解，二词分别用于助祭者(诸侯)、主祭者(天子)，方可谓恰如其分。而那些丰盛的祭品(广牡)，或为天子自备，或为诸侯所献，在庄严的颂乐声中，由诸侯协助天子陈列供奉。一个祭典，既有丰盛的祭品，又囊括了当时的政治要人，可见其极为隆重。

  《毛诗序》说，《雝》是"禘大祖(即后稷)"，但诗中明言所祭为"皇考""烈考"，其说难通。朱熹《诗集传》认为"皇考"指文王，"孝子"是武王，其说近是。以武王之威德功勋,召诸侯或诸侯主动来助祭,不仅不难,而且势在必然。不过,这种有诸侯相助祭祀皇考的典仪虽然始自武王,武王之后也会沿用,如成王祭武王、康王祭成王都会采用《雝》所描写的诸侯助祭形式。这种形式,既表现周天子在诸侯中的权威,也表现诸侯的臣服,成为周王室政权巩固的标志。周王室自然乐于定期显示这一标志。至于后来周王室力量衰落,渐渐失去对诸侯的控制,乃至诸侯纷纷萌生觊觎九鼎之心,恐怕这种标志的显示便难乎为继了。

"假哉皇考"以下八句,是祈求已故父王保佑之辞,其中有两点值得注意。一是"宣哲维人,文武维后",即臣贤君明,有此条件,自可国定邦安,政权巩固,使先人之灵放心无虞。二是"克昌厥后",这与《烈文》《天作》中的"子孙保之"意义相似,对照钟鼎文中频频出现的"子子孙孙永保用"及后世秦始皇的希望其后代"万世而为君",我们不能不对上古(后世亦同)国君强烈追求己姓政权的绵延留下深刻印象。与这一点相比,"燕及皇天"(即使是虔诚的)和"眉寿""繁祉"只能是陪衬而已。

这首诗是父母同祭的,因此说"既右烈考,亦右文母",但"文母"的陪衬地位也很明显,这又是父系社会的必然现象。以这样内容的两句结尾是周颂中唯一之例,透露出《雝》是祭祀后撤去祭品的乐歌的信息,并为诸多《诗经》注疏、研究者所公认。按理说,每一祭典都有撤去祭品这一程序,撤祭诗不会仅此一首,既然现在《诗经》只收录了《雝》,可见《诗经》的整理删定者(旧说为孔子)认为它是其中最出色的一篇。

(李祚唐)

载　　见

载见辟王,①	诸侯开始朝见周王,
曰求厥章。②	请求赐予法度典章。
龙旂阳阳,③	龙旗展示鲜明图案,
和铃央央。④	车上和铃叮当作响。
鞗革有鸧,⑤	缰绳装饰金光灿灿,
休有烈光。⑥	整个队伍威武雄壮。
率见昭考,⑦	率领诸侯祭祀先王,
以孝以享。⑧	手持祭品虔诚奉享。
以介眉寿,	祈求赐我年寿绵绵,
永言保之,⑨	神灵保佑地久天长,

思皇多祜。⑩	皇天多福无边无疆。
烈文辟公，⑪	诸侯贤德大孚众望，
绥以多福，	安邦定国如意吉祥，
俾缉熙于纯嘏。⑫	辅佐君王前程辉煌。

〔注〕①载：始。辟王：君王。 ②曰：发语词。章：法度。 ③旂(qí)：画有交龙的旗，旗竿头系铃。阳阳：鲜明。 ④和：挂在车轼(扶手横木)前的铃。铃：挂在旂上的铃。央央：铃声和谐。 ⑤鞗(tiáo)革：马缰绳。鸧(qiāng)：鸧鸧，金饰貌。 ⑥休：美。 ⑦昭考：此处指周武王。 ⑧孝、享：均献祭义。 ⑨言：语助词。 ⑩思：发语词。皇：天。祜(hù)：福。 ⑪烈文：辉煌而有文德。 ⑫俾：使。缉熙：光明。纯嘏(gǔ)：大福。

　　和上一篇《雝》相同，《载见》也是写助祭的，只是祭祀对象和描写重点有所不同。

　　《载见》的祭祀对象是武王，《毛诗序》谓"始见乎武王之庙也"，朱熹《诗集传》亦云"昭考，武王也"，后世诸家于此无异辞。按周时庙制，太祖居中，左昭右穆，文王为穆，则武王为昭，故称昭考。因此，"载见辟王"的辟王便是成王。"载"训始，助祭诸侯的朝见则在成王即位之时。成王是由周公辅佐即位的，只是名义或形式上的君主，实权则掌握在摄政的周公之手，诸侯助祭的隆重仪式当亦是周公一手策划安排，其用意自然是让成王牢记先王遗训，继承并光大先王遗业。周公极尽摄政之职，时时注意对成王的规劝乃至管教，《尚书》中的一篇《无逸》便是明证。诸侯"曰求厥章"，恐怕年幼的成王也无法应付，只能由周公作出权威性的答复。旧说《周礼》为周公所作，法度典章他当了然于胸。如此看来，《载见》的祭祀对象与《雝》不同，祭祀时的背景也大不一样。《诗经传说汇纂》所说"一以显耆定之大烈弥光，一以彰万国之欢心如一"的祭祀目的，便道出了成王新即位的时局特点与急务。

　　和《雝》所描写的"肃肃""穆穆"的神态不同，《载见》重点在于描写助祭诸侯来朝的队伍，朱熹评之曰"赋"也。诗中"龙旂阳阳"四句，确实具有赋的铺叙特点：鲜明的旗帜飘扬，铃声连续不断响成一片，马匹也装饰得金碧辉煌，热烈隆重的气氛，浩大磅礴的气势，有声有色；八方汇集，分明是对周王室权威的臣服与敬意。周颂中的许多祭祀诗，是只求道出目的，不惜屡用套语，丝毫不考虑文学性的，而《载见》却安排了极为生动的铺叙，在一般说来枯燥乏味的颂诗中令人刮目相看。这也足以说明，在有助于实现政治目的的情况下，统治者不仅不排斥，而且会充分调动积极的文学手段。

　　诗的后半部分，奉献祭品，祈求福佑，纯属祭祀诗的惯用套路，本无须赘辞，但其中"烈文辟公"一句颇值得注意。为何在诗的结尾用诸侯压轴?这又使我们想起成王的新即位,而且是年幼的君王即位。古代归根结蒂是人治社会;就臣子而言,先王驾驭得了我,我服先王,但未必即如服先王一般无二地服你新主;就新主而言,也可能会一朝天子一朝臣。因此,在最高统治者更换之时,臣下的离心与疑虑往往是同时并存,且成为政局动荡的因素。诗中赞扬诸侯,委以辅佐重任,寄以厚望,便是打消诸侯的疑虑,防止其离心,达到稳定政局的目的。可见,《载见》始以诸侯、结以诸侯,助祭诸侯在诗中成了着墨最多的主人公,实在并非出于偶然。

(李祚唐)

有　客

有客有客,①	有客远来到我家,
亦白其马。②	白色骏马身下跨。
有萋有且,③	随从人员众且多,
敦琢其旅。④	个个盛服来随驾。
有客宿宿,⑤	客人头夜宿宾馆,
有客信信。⑥	两夜三夜再住下。
言授之絷,⑦	真想取出绳索来,
以絷其马。	留客拴住他的马。
薄言追之,⑧	客人告别我送行,
左右绥之。⑨	群臣一同慰劳他。
既有淫威,⑩	客人今已受厚待,
降福孔夷。⑪	老天赐福将更大。

〔注〕① 客:指宋微子。周既灭商,封微子于宋,以祀其先王,微子来朝祖庙,周以客礼待之,故称为客。《左传·僖公二十四年》:"皇武子曰:宋先代之后也,于周为客。"可证。② 亦:语助词,殷商尚白,故来朝作客也乘白马。　③ 有萋有且(jū):即"萋萋且且",此指随从众多。　④ 敦琢:意为雕琢,引申为选择。旅:通"侣",指伴随微子的宋大夫。　⑤ 宿:一宿曰宿。　⑥ 信:再宿曰信。或谓宿宿为再宿,信信为再信,亦可通。　⑦ 言:语助词。絷(zhí):绳索。　⑧ 薄言:语助词。追:饯行送别。　⑨ 左右:指王之左右臣子。　⑩ 淫:盛,大。威:德。淫威,意谓大德,引申为厚待。　⑪ 孔:很。夷:大。

《周颂·有客》,是宋微子来朝周,周王设宴饯行时所唱的乐歌。近人说诗,多主此说,可信。《毛诗序》云:"有客,微子来见祖庙也。"此诗主旨,古今文说相同。盖谓微子来朝,助祭周之祖庙,周王于祖庙中礼见之也。诗作于周成王之时。

全诗一章,共十二句,可分三小节:一节四句,言客之至;二节四句,言客之留;三节四句,言客之去。礼仪周到,言简而意赅。

今按:微子名启,商纣王同母之庶兄,当殷之世,受封于微而爵为子,"微"为殷畿内国名。及武王克商,改封微子于宋。其时纣子武庚尚在,故微子不得为殷后,及武庚叛周,周公辅成王诛之,于是封微子于宋,进爵为公,命为殷后,以奉汤祀。微子朝周,周以客礼待之,诗称"有客",盖以美微子,以示殷虽灭亡,汤祀不绝故也。

诗第一节首二句云:"有客有客,亦白其马。"写微子朝周时所乘的是白色之马。因宋为先代之后,于周为客,故不以臣礼待之,如古史所称舜受尧禅,待尧子丹朱以宾礼,称为"虞宾",用意相同。殷人尚白,微子来朝乘白色之马,这也是不忘其先代的表现,这一细节,说明在周代受封之宋国,还能保持殷代制度,故微子来朝助祭于祖庙,谓之"周宾"可也。"有萋有且,敦琢其旅",写微子来朝时,随从之众。"萋萋""且且",形容众多,"敦琢",意为雕琢,有选择美好之意,两句表明微子来朝时,其众多随从都是经过选择的品德无瑕的人。这一小节写得很庄重,写客人之来,从乘马、随从等具体情节来表现,以示客至之欢欣,可谓得体。

第二小节四句,写客人的停留。"有客宿宿,有客信信。"一宿曰宿,再宿曰信,叠用"宿宿信信",表示住了好几天。客人停留多日,可见主人待客甚厚,礼遇甚隆。"言授之絷,以絷其马",表明主人多方殷殷留客。诗句中"言"为语助词,诗经中常见,"授之絷",意为给他绳索,"絷"是名词。下句"以絷其马",是说,用绳子拴住他的马,絷是动词。两句写留客之意甚坚,甚至想用绳索拴住客人的马。这和后来汉代陈遵留客,把客人的车辖投入井中的用意,极为相似。把客人的马用绳索拴住,不让他走,用笔之妙也恰到好处。

最后一小节四句写客人临去,主人为之饯行。其诗曰:"薄言追之,左右绥之。""追"字,意为饯行,也可以解为追送。"薄言",习用语助词。"左右",指周王左右群臣。在饯行的过程中,周的群臣,也参加慰送,可见礼仪周到。下二句云:'既有淫威,降福孔夷'。"淫"有"大"意,"威"者德也。大德,含厚待之义。言微子朝周,既已受到大德的厚待,上天所降给他的福祉,也必然更大,以此作颂歌之结语,既以表示周代对殷商后裔的宽宏,亦以勉慰微子,安于"虞宾"之位,将来必能得到更多的礼遇也。

读此诗后,笔者窃有所感:在中国历史上,汤伐桀,武王伐纣,皆以吊民伐罪为号召,对于被灭亡的前代,并不断其禋祀。如武王克商,封微子于宋,待以客礼。至成王时,武庚叛诛,微子进爵为公,以奉汤祀,与周并存者数百年,保留兴灭国、继绝世的古义。迨至炎汉以后,改朝换代时,对前代王室之子孙,多半杀尽灭绝,元之代宋,清之代明,杀戮尤为惨酷,幸免者寥寥。其得以免于诛戮,得有客礼相待者,仅有民国之于逊清,盖以政权既归民国,帝王专制不复存在,故满清得以保存其宗族,享受民国之福祉。至于其他朝代,当其兴也,诛夷前代之子孙,使无噍类;及其亡也,其子孙宗族,亦受他人之屠戮。故周世宗愿世世毋生帝王家,而明崇祯帝更有对爱女悲呼"若何为生我家"之痛也。读《有客》之诗,不禁为之兴慨。

(马祖熙)

武

於皇武王,①	光耀啊,周武王,
无竞维烈。②	他的功业举世无双。
允文文王,③	确实有文德啊,周文王,
克开厥后。④	能把后代的基业开创。
嗣武受之,⑤	继承者是武王,
胜殷遏刘,⑥	止住残杀战胜殷商,
耆定尔功。⑦	完成大业功绩辉煌。

〔注〕① 於(wū):叹词。皇:光耀。 ② 竞:争,比。烈:功业。 ③ 允:信然。文:文德。 ④ 克:能。厥:其,指周文王。 ⑤ 嗣:后嗣。武:指周武王。 ⑥ 遏:制止。刘:杀戮。 ⑦ 耆(zhǐ):致,做到。尔:指武王。

据《左传·宣公十二年》记载:武王克商,作《武》,"其卒章曰'耆定尔功'",又据《礼记·乐记》记载,孔子曾说《大武》"再成而灭商",可知《武》是《大武》乐舞二成的歌诗。《武》之乐舞,表现的正是武王牧野克商的历史事实。史载武王十一年二月,周武王率兵伐商,进至商国都城朝歌南郊之牧野,纣王发大军相抗。周师大将军吕尚领先锋武士挑战,殷军前部倒戈而自攻其后,武王大军乘机掩杀过去。纣王大败逃回朝歌,登鹿台自焚,殷商灭亡,周武王成为天下最高君主。毫无疑问,这一战争的胜利成功是周代最大的业绩,周武王为周代政权的建立立下了最高的功勋。所以《武》诗一开头,就以最高亢最雄浑的歌喉对周武王做出了赞颂:"於皇武王! 无竞维烈。"我们知道,殷商末年,纣王荒淫暴虐,厚赋税以盘剥国人,造炮烙酷刑以镇压异己,嬖爱妇人妲己,宠信佞臣费中、恶来,醢九侯脯鄂侯,囚西伯(即周文王),微子数谏不听而亡去,比干强谏而被剖心,箕子佯狂为奴亦遭囚。纣王的倒行逆施,令百姓怨愤,令诸侯寒心。因此,周武王伐商,是一场反抗暴政的正义战争,是符合民意、顺应历史潮流的壮举,它必然得到上至贵族下至平民的普遍拥护与欢迎、响应。此篇《颂》诗对周武王完成克商大业的赞美,尽管是站在周王朝统治者立场上的,但无疑也是同时代民众心声的反映,令人感到真实可信,不像后世郊庙歌词虚应故事的陈词滥调那么惹人厌烦。

  在唱出开头两句颂歌后,诗人笔调一转,饮水思源,怀念起为克商大业打下坚实基础的周文王来。文王(即西伯)被纣王囚禁羑里,因其臣闳夭等人献宝物给纣王而得赦免,他出来后献洛西之地请求纣王废除炮烙之刑,伐崇戡黎,建立丰邑,修德行善,礼贤下士,深得人心,诸侯多叛纣而往归之。他为武王的成功铺平了道路,使灭商立周成为水到渠成之事,其功德怎能令人忘怀!"允文"云云,真是情见乎词。

  诗的最后三句,直陈武王继承文王遗志伐商除暴的功绩,将第二句"无竞维烈"留下的悬念揭出,在诗歌的语言运用上深有一波三折之效,使原本呆板的《颂》诗因此显得吞吐从容,涌动着一种高远宏大的气势。可以说,此诗是歌功颂德之作中的上品。

  当然,《颂》诗的本质决定了它必定具有一定的夸饰成分。武王伐商,诗中声称是为了"遏刘",即代表天意制止暴君的残杀,拯民于水火。但战争是残酷的,所谓"圣人号兵者为凶器"(《六韬》)是也,牧野之战,《尚书·武成》有"流血飘杵"的记载,《逸周书·世俘》亦有"馘魔亿有十万七千七百七十有九"的说法。所以崇尚仁义的孔子不免对之感到有些遗憾,说:"《武》,尽美矣,未尽善也。"(《论语·八佾》)他老先生的话也不能说没有道理。(汤 斌 杨晓斌)

闵予小子

闵予小子,①	可怜我这三尺童,
遭家不造,②	新遭父丧真悲痛,
嬛嬛在疚。③	孤独无援忧忡忡。
於乎皇考,④	感叹先父真伟大,
永世克孝。⑤	终生尽孝有高风。
念兹皇祖,⑥	念我先祖兴大业,
陟降庭止。⑦	任贤黜佞国运隆。

周颂·闵予小子

维予小子，	我今年幼已即位，
夙夜敬止。	日夜勤政求成功。
於乎皇王，⑧	先王灵前发誓言，
继序思不忘。⑨	继承遗志铭心胸。

〔注〕 ①闵：通"悯"，怜悯，郑笺说是"悼伤之言"。予小子：成王自称。 ②不造：不善，指遭凶丧。 ③嬛(qióng)嬛：同"茕茕"，孤独无依靠。疚：忧伤。 ④於(wū)乎：同"呜呼"，表感叹。皇考：指武王。 ⑤克：能。 ⑥皇祖：指文王。 ⑦陟降：升降。止：语气词。 ⑧皇王：兼指文王、武王。 ⑨序：绪，事业。

成王继位之时，年龄幼小，可以说，除了高贵的身份之外，他在政治上是一无所有。幼小的成王不可能明白自己的处境，而为之辅政的周公对此则有清醒的认识。因此，尽管《闵予小子》看似成王以第一人称而作的自述，其实真正的作者应是辅政的周公。

《闵予小子》是"嗣王(即成王)朝于庙"(《毛诗序》)之诗。嗣王朝庙，通常是向祖先神灵祷告，表白心迹，祈求保佑，同时也有对臣民的宣导作用。鉴于成王的特殊境遇，这篇告庙之辞应有特殊的设计。

开头三句，将成王的艰难处境如实叙述，和盘托出，并强调其"嬛嬛在疚"，无依无靠。国君需要群臣，嗣王更需要群臣的支持，成王这样年幼的嗣王则尤其需要群臣的全力辅佐。强调成王的孤独无援，于示弱示困示艰难之中，隐含了驱使、鞭策群臣效力嗣王的底蕴，这一点在下面即逐步显示出来。

第四句的"皇考"指周武王。武王一生业绩辉煌卓著，诗中却一字不提，只说他"永世克孝"。为人子当尽孝；为人臣则当尽忠，其理一致，为什么不直陈其言呢？盖因在危难、困窘之际寻求援助，明令不如感化，当时周王室群臣均为武王旧臣，点出武王克尽孝道，感化之效即生。

第六句的"皇祖"指周文王，而"陟降"一语，当重在"陟"，因为成王嗣位时在朝的文王旧臣，都是文王擢拔的贤能之士，他们在文王去世之后，辅佐武王成就了灭商的伟业，此时又该辅佐成王来继业守成了。

周公是经历文、武、成三世的老臣，"自文王在时，旦为子孝，笃仁，异于群子"，又"佐武王，作《牧誓》，破殷"(《史记·鲁周公世家》)，一些三世老臣如姜尚等，都长期与他共事，上述对文王、武王赞颂之语，出自他口中，自有非同寻常的号召与约束力量，穆王时太仆正伯冏作《冏命》，所说"昔在文武，聪明齐圣，小大之臣，咸怀忠良"，正可见周公的威严。

周公在其子伯禽受封于鲁后曾训戒伯禽要尊贤，说："我，文王之子，武王之弟,成王之叔父,我于天下亦不贱矣。然我一沐三握发,一饭三吐哺,起以待士,犹恐失天下之贤人。"(《史记·鲁周公世家》)他知道自己的身份"不贱",当然知道成王的身份更为高贵。成王为文王之孙,武王之子,血统至尊,这也几乎就是他继位时全部的政治资本,周公对此不能不充分地加以利用,以期对文王、武王感恩戴德的群臣对成王也俯首听命。因此"继序"一语出现于《闵予小子》的末句,绝非偶然,它强调成王继承的是文王、武王开创的大业,而"思不忘"对成王固然是必须兑现的誓言,对于文王、武王的旧臣,则是理所当然应尽的天职。

　　《闵予小子》隐含着对文王、武王旧臣效忠嗣王的要求,而在这方面,周公又是以身作则、堪称楷模的。他并没有忘记对儿子伯禽的教育与指导,用今天的话说是公私兼顾的,可他的主要精力一直集中于辅佐成王,他的主要政治业绩也在于此。这方面,《诗经》《尚书》中的许多篇章留下了可信的记录,孔子也一再表示对他的尊崇与景仰。周公与成王虽然一为臣一为君,一为辅相一为天子,但是,要了解成王时政事,却往往先要了解周公。《六经》皆史,读本篇亦可窥周初政事之一斑。

(李祚唐)

访　　落

访予落止,①	即位之初国事商,
率时昭考。②	路线政策依父王。
於乎悠哉,③	先王之道太精深,
朕未有艾。④	阅历未丰心惶惶。
将予就之,⑤	纵有群臣来相助,
继犹判涣。⑥	犹恐闪失欠妥当。
维予小子,	登位年轻缺经验,
未堪家多难。	家国多难真着忙。
绍庭上下,⑦	惟遵先王的庭训,
陟降厥家。⑧	任贤黜佞肃朝纲。
休矣皇考,⑨	父王英明又伟大,
以明保其身。⑩	佑我勉我身安康。

〔注〕①访:谋,商讨。落:始。止:语气词。　②率:遵循。时:是,这。昭考:指武王。　③悠:远。　④艾:郑笺:"艾,数也。我于未有数。言远不可及也。"马瑞辰《毛诗传笺通释》:"《尔雅·释诂》:'艾,历也。''历,数也。'……历当读为阅历之历,笺释'未有艾'为未

有数,犹有未有历也。" ⑤将:助。就:接近,趋向。 ⑥判涣:分散。 ⑦绍:继。 ⑧陟降:提升和贬谪。厥家:指群臣百官。 ⑨休:美。皇考:指武王。 ⑩明:勉。

周武王为太子时,因文王被商纣王囚于羑里,得以直接掌权,处理朝政,控制大局,在实践中积累了丰富的治国经验,后又协助回归的文王征服西方诸侯,攻伐征战,亦老到内行。文王去世,武王即位,无惊无险,不仅局势平稳,而且国力迅速增强,一举完成灭纣革命,乃是水到渠成。

成王即位的情况则大不相同。武王于克殷后二年去世,留下巨大的权力真空,尚处孩提时期的成王根本无法填补,因此由武王之弟周公摄政辅佐。摄政只不过是通向新王正式治国的过渡,在这一过渡时期,周公不仅要日理万机,处理朝政,而且要逐步树立起新王即成王的天子权威,《访落》便反映出这种树立权威的努力。

《访落》创作时间,应是在武王去世、成王即位之时。《毛诗序》云:"《访落》,嗣王谋于庙也。"这个朝先王之庙、谋于群臣之举,郑玄笺认为是在"成王始即政"时。孔颖达疏对这一时间所作的界定更为明确:"此'未堪家多难',文与《小毖》正同,但郑以此篇在居摄之前,《小毖》在致政之后。"由于"成王始即政"可以有两种理解:一是在继武王位之时,一是在周公摄政结束还政之时。郑笺用"始即政"是一个含混的时间概念,因此孔疏的明确界定十分必要。后世出现了因含混而生的歧解。如朱熹《诗集传》在《闵予小子》篇末云:"此成王除丧朝庙所作,疑后世遂以为嗣王朝庙之乐。后三篇(指《访落》《敬之》《小毖》)放此。"周时对亡父行"三年之丧"(期限为二十五个月)礼,然则朱熹所说已不是"始即政"之际。还有学者认为《访落》作于周公还政之后,释"家多难"为管叔、蔡叔、武庚和淮夷之难,其理解与诗的原义大相径庭。可见,细读郑笺、孔疏以明确《访落》作时,于准确理解诗义至关重要。

新王权威的树立,关键在于诸侯的态度。先王在世,诸侯臣服;然先王去世,新王即位,以前臣服的诸侯未必全都视新王如先王。成王始即政,对诸侯的控制自然比不上武王时牢固,原先稳定的政治局面变得不那么稳定而处处隐藏着随时可能爆发的危机。这也十分自然。帝王的更替,特别是幼弱的帝王取代成熟强大的帝王,给诸侯提供了权力再分配的机会,局势不稳的根源即在于此。使诸侯回到自己的牢固控制中来,便成为周王室必须面对的课题。当时周王室的象征是成王,而实际的掌权者则是摄政的周公,从这个意义上说,《访落》所体现的正是周公的思想,不过用成王的口气表达而已。

在《访落》中,成王诉说自己年幼,缺少治国经验,请求诸侯辅助,既陈实情,又表诚意。当然,只有这些是远远不够的,对于诸侯,更需要的是施以震慑。诗中两提成王("昭考""皇考"),两提遵循武王之道,震慑即由此施出。

参与朝庙的诸侯均是受武王之封而得爵位的。身受恩惠,当报以忠诚,这是道义上的震慑;武王虽逝,他所建立的国家机器(包括强大的军队)仍在,这是力量上的震慑。

最有力的震慑是诗中表达的遵循武王之道的决心。如果说"率时昭考"还嫌泛泛,"绍庭上下,陟降厥家"就十分具体了。武王在伐纣前所作准备有一条"立赏罚以记其功"(《史记·周本纪》)与诗中"上下""陟降"相似,惟成王所处时局更为严峻,他所采取的措施也会更为严厉。舜即位后曾"流共工于幽州,放驩兜于崇山,窜三苗于三危,殛鲧于羽山,四罪而天下咸服"(《尚书·舜典》),这是成王可以效法,并可由辅佐他的周公实施的。

《访落》其实是一篇周王室决心巩固政权的宣言,是对武王之灵的宣誓,又是对诸侯的政策交代,真诚而不乏严厉,严厉而不失风度,周公也借此扯满了摄政的风帆。

(李祚唐)

敬 之

敬之敬之,①	警戒警戒要记牢,
天维显思,②	苍天在上理昭昭,
命不易哉。③	天命不改有常道。
无曰高高在上,	休说苍天高在上,
陟降厥士,	佞人贤士,下野上朝,
日监在兹。④	时时刻刻,明察秋毫。
维予小子,	我虽年幼初登基,
不聪敬止。	聪明戒心尚缺少。
日就月将,⑤	日久月长勤学习,
学有缉熙于光明。⑥	日积月累得深造。
佛时仔肩,⑦	任重道远我所乐,
示我显德行。⑧	光明美德作先导。

〔注〕 ① 敬:通"儆",警戒。 ② 显:明白。思:语气词。 ③ 易:变更。 ④ 日:每天。监:察。兹:此。 ⑤ 就:久。将:长。 ⑥ 缉熙:积累光亮,喻掌握知识渐广渐深。马瑞辰《毛诗传笺通释》:"《说文》:'缉,绩也。'绩之言积。缉熙,当谓渐积广大以至于光明。"

⑦佛(bì)："弼"之假借,大。时：是。仔肩：责任。郑笺："仔肩,任也。" ⑧显：美好。

《毛诗序》、《诗集传》都把《闵予小子》《访落》《敬之》《小毖》看成组诗。小序认为依次表达"嗣王朝于庙""嗣王谋于庙""群臣进戒嗣王""嗣王求助",似乎是按预定写作计划一气呵成;《诗集传》则认为"此(《闵予小子》)成王除丧朝庙所作,疑后世遂以为嗣王朝庙之乐。后三篇放此";均说此四篇完成于一时。这四篇确为内容乃至人物都相关的一组诗,但并非作于一时:前两篇当作于武王去世、成王即位之初;《小毖》作于周公归政之后;《敬之》则应作于二者之间的某一个时期,此时成王已有了在周公辅佐下执政的一段经历,正处于自冲动走向成熟的过渡途中。

《毛诗序》说《敬之》是"群臣进戒嗣王"之作,不仅与诗中"维予小子"的成王自称不合,也与全诗文意相悖。无论从字面还是从诗意看,《敬之》的主动者都不是群臣,而是嗣王即成王。诗序之所以说"群臣进戒嗣王",或许是出于成王在周公辅佐下平定叛乱、克绍基业而又有所巩固发展的考虑,其善意用心无可厚非,却并不合乎实情。

前面已经说过,此时的成王,已逐步走向成熟,他在《敬之》中要表达的有两层意思:对群臣的告戒和严格的自律。

首六句为第一层。成王利用天命告戒群臣,由于他的天子身份,因而很自然地具有居高临下的威势。"天维显"、"命不易",形式上为纯客观的叙述,目的则在于强调周王室是顺承天命的正统,群臣必须牢记这点并对之拥戴服从。对群臣的告戒在"无曰"以下三句中表达得更为明显,其中"陟降"只能是由周王室施加于群臣的举措,而"日监在兹"与其说是苍天的明察秋毫(本诗的译文如此,是出于文从字顺的考虑),不如说是强调周王室对群臣不轨行为的了如指掌,其震慑的意旨不言而喻。

后六句为第二层。年幼的成王,面对年龄较长的群臣,往往采取一种谦恭的姿态,这里表达严于律己的意愿更是如此。成王自称"小子",承认自己还很缺乏能力、经验,表示要好好学习,日积月累,以达到政治上的成熟,负起承继大业的重任。但是,群臣却不能因此而对成王这位年幼的君主轻略忽视,甚至可以玩之于股掌,成王并没有放弃对群臣"陟降"(此处偏重于"降")的权力,也没有丝毫减弱国家机器"日监在兹"功能的打算,更重要的是,成王的律己,是在以坚强的决心加速自己的成熟即政治上的老练,进而加强对群臣的控制。年幼而不谙朝政的成王,群臣对之或许有私心可逞(但还会存有对摄政周公的顾忌);而逐渐成熟的成王,决心掌握治国本领而努力学习的成王,群臣对之便只能恭顺和服从,并随时存有伴君如伴虎的恐惧。诗中的律己也就产生了精心设计的震慑。

《闵予小子》《访落》《敬之》《小毖》这一组诗,诗中由"闵予小子""维予小子"到"予"述及的成王自称,可以体现成王执政的阶段性,也可看出成王政治上的成长和执政信心的逐步确立。这一组内容相关而连贯的诗,虽然不是有预先确定的创作计划,但其连续的编排则应是由删诗的孔子确定的。《尚书》中自《金縢》以下诸篇,叙及周公、成王,与这一组诗具有相同的时代背景,对照阅读,可增进理解;《史记》中的《周本纪》与《鲁周公世家》有关部分,也可参照阅读。如果只读《诗经》的注解,虽然也能读懂原文,但恐怕难以得到深刻的、立体化的印象。

(李祚唐)

小　毖

予其惩,①	我必须深刻地吸取教训,
而毖后患:②	使其成为免除后患的信条:
莫予荓蜂,③	不再轻忽小草和细蜂,
自求辛螫。④	受毒被螫才知是自寻烦恼;
肇允彼桃虫,⑤	不再听信小巧柔顺的鹪鹩,
拚飞维鸟;⑥	它转眼便化为凶恶的大鸟;
未堪家多难,⑦	国家多变故已不堪重负,
予又集于蓼。⑧	我似乎又陷入苦涩的丛草。

〔注〕①惩:警戒。 ②毖:谨慎。 ③荓(pīng)蜂:小草和细蜂。 ④螫(shì):毒虫刺人。 ⑤肇:开始。允:诚,信。桃虫:鸟名,即鹪鹩。 ⑥拚:翻飞。 ⑦多难:指武庚、管叔、蔡叔之乱。 ⑧蓼(liǎo):草名,生于水边,味辛辣苦涩。

《诗经》的篇名,大多是取于本篇的成句、成词。周颂中只有《酌》《赉》《般》的篇名不在本篇文字之内;而《小毖》却又特别,"毖"取于本篇,"小"则取自篇外。《小毖》的题意,方玉润《诗经原始》以为即是"大戒",颇见其新,但如果说从"小者大之源"(《后汉书·陈忠传》)的角度而言方说尚勉强可通,那么,戒之意已在"惩"中表示而不题篇名为"小惩"就非方氏新说所能解释。就题目而言,《小毖》应是小心谨慎之意。

《小毖》篇名中点出了"毖",诗中却除前两句"惩""毖"并叙外,其余六句则纯然强调"惩"。

"莫予荓蜂"句中"荓蜂"的训释,对于诗意及结构的认识颇关重要。孔疏释为"掣曳",朱熹《诗集传》释"荓"为"使",均属未得确解,以致串释三、四两句时虽曲意迎合,仍殊觉难以圆通。其实,"荓蜂"是指微小的草和蜂,易于忽视,却能对人施于"辛螫"之害,与五、六两句"桃虫"化为大鸟形成并列的生动比喻,文辞既畅,比喻之义亦显。

"未堪家多难"一句,与《访落》完全相同,但因后者作于周公摄政前,而本篇作于周公归政后,所以同一诗句含义便有差别。《访落》中此句是说国家处于多事之秋,政局因武王去世而动荡不安,自己(成王)年幼并缺少经验而难以控制;《小毖》中则是指已经发生并被平定的管叔、蔡叔、武庚之乱。关于这点,分析《访落》时已作交代,可以参阅。

由于创作时间有先后之别,《访落》可以说是周公代表成王所发表的政策宣言,而《小毖》则信乎为成王自己的声音。其时,成王年齿已长,政治上渐趋成熟,亲自执政的愿望也日益强烈。不过,在《小毖》中,成王这种强烈的愿望,并非以豪言壮语,而是通过深刻反省予以表达,其体现便是前面所说的着重强调"惩"。

《小毖》的主旨在于惩前毖后。惩前的大力度,正说明反省之深刻,记取教训之牢,以见毖后决心之大。惩前是条件,毖后是目的,诗中毖后的目的虽然没有丝毫的展示,却已隐含在惩前的条件的充分描述之中。在诗中,我们可以体会到成王深刻的反省:自己曾为表面现象蒙蔽而受害,曾面临小人图穷而匕现的威胁,也曾经历过难以摆脱的危机。但这何尝又不由此而受到启发,进而深思:此时的成王,已经顺利度过危机,解除了威胁,而更重要的是,他已成熟,并将保持政治上的清醒,决心为巩固政权而行天子之威令。

《小毖》隐威令于自省,寓毖后于惩前,其实正是对群臣的震慑,但含而不露,符合君临海内的天子身份,其笔墨之经济,也显示出创作匠心。"惩前毖后"这一成语即由《小毖》而来,当我们使用它时,如果想到《小毖》,想到成王,并想到成王即位后一段特殊的经历,将能体会到它字面外的深层含义。理解、使用成语最好溯其源,这也是应该认识的一个规律。

(李祚唐)

载　芟

载芟载柞,①	又除草来又砍树,
其耕泽泽。②	田头翻耕松土壤。
千耦其耘,③	千对农人在耕地,
徂隰徂畛。④	洼地坡田都前往。

侯主侯伯，⑤	家主带着长子来，
侯亚侯旅，⑥	子弟晚辈也到场，
侯彊侯以，⑦	有壮汉也有雇工，
有嗿其馌。⑧	地头吃饭声音响。
思媚其妇，⑨	妇女温柔又娇媚，
有依其士。⑩	小伙子们真强壮。
有略其耜，⑪	耜的尖刃多锋利，
俶载南亩。⑫	南面那田先耕上。
播厥百谷，	播撒百谷的种子，
实函斯活。⑬	颗粒饱满生机旺。
驿驿其达，⑭	小芽纷纷拱出土，
有厌其杰。⑮	长出苗儿好漂亮。
厌厌其苗，	禾苗越长越茂盛，
緜緜其麃。⑯	谷穗下垂长又长。
载获济济，	收获谷物真是多，
有实其积，	露天堆满打谷场，
万亿及秭。⑰	成万成亿难计量。
为酒为醴，⑱	酿造清酒与甜酒，
烝畀祖妣，⑲	进献先祖先妣尝，
以洽百礼。⑳	完成百礼供祭飨。
有飶其香，㉑	祭献食品喷喷香，
邦家之光。	是我邦家有荣光。
有椒其馨，	献祭椒酒香喷喷，
胡考之宁。㉓	祝福老人常安康。
匪且有且，㉔	不是现在才这样，
匪今斯今，	不是今年才这样，
振古如兹。㉕	万古都有这景象。

〔注〕 ① 载芟(shān)载柞(zuò)：芟，割除杂草；柞，砍除树木。载……载……，连词，又……又……。 ② 泽泽：通"释释"，土解。 ③ 千耦：耦，二人并耕；千，概数，言其多。耘

除田间杂草。 ④ 徂(cú)：往。隰(xí)：低湿地。畛(zhěn)：高坡田。 ⑤ 侯：语词，犹"维"。主：家长，古代一国或一家之长均称主。伯：长子。 ⑥ 亚：叔、仲诸子。旅：幼小子弟辈。 ⑦ 彊：同"强"，强壮者。以：雇工。 ⑧ 喷(tǎn)：众人饮食声。有喷，喷喷。馌(yè)：送给田间耕作者的饮食。 ⑨ 思：语助词。媚：美。 ⑩ 依：壮盛。士：毛传训"子弟也"，朱熹《诗集传》训"夫也"。 ⑪ 有略：略略。略，锋利。耜(sì)：古代农具名，用于耕作翻土，西周时用青铜制成锋利的尖刃，是后世犁铧的前身。 ⑫ 俶(chù)：始。载：读作"菑"，用农具把草翻埋到地下。南亩：向阳的田地。实：种子。函：含。斯：乃。活：活生生。 ⑭ 驿驿：《尔雅》作"绎绎"，朱熹《诗集传》训"苗生貌"。达：出土。 ⑮ 厌：美好。杰：特出之苗。 ⑯ 麃(biāo)：借为"穮"，谷物的穗。 ⑰ 亿：十万。秭(zǐ)：一万亿。 ⑱ 醴(lǐ)：甜酒。 ⑲ 烝：进。畀(bì)：给予。祖妣：祖父、祖母以上的祖先。 ⑳ 洽：合。以洽百礼，谓合于各种礼仪的需用。 ㉑ 有飶(bì)：飶飶，飶通"苾"，芬芳。 ㉒ 椒：以椒浸制的酒。 ㉓ 胡考：长寿，指老人。 ㉔ 匪(fēi)：非。且：此。上"且"字谓此时，下"且"字谓此事。 ㉕ 振古：终古。

这篇诗是周王在秋收后用新谷祭祀宗庙时所唱的乐歌。它创作的时代，从诗的内容、在《周颂》中的编排及其艺术风格来看，当在成王之后，晚于《臣工》《噫嘻》等篇。全诗三十一句，不分章，但有韵，是《周颂》中最长的一篇，也是几篇有韵诗中用韵较密的一篇。它的内容记述了西周前期农业生产的一些情况，也是历来被历史学家重视的篇章。它为研究西周社会形态，了解农业生产力的发展，提供了可信的资料，在现代，它的历史文献价值，要超过文学价值。

全诗虽未分段，其叙事自成段落，层次清楚，依次叙述以下内容。

首四句写开垦。描写了有的割草，有的刨树根，一片片土壤翻掘松散，"千耦其耘"，遍布低洼地、高坡田，呈现热烈的春耕大生产景象。"千耦其耘"的"耘"字，单释为除田间杂草，与"耕"合用则泛指农田作业。开垦时重在耕（翻掘土壤），这里是为了用韵，略为"耘"，实即"千耦其耕"。所谓"耦耕"，是上古一种耕作方式，即二人合作翻掘土壤。如何并力，可有几种形式，如挖掘树根，宜对面合作；开沟挖垅，不妨并肩；盖使用耒耜翻地，必须一推一拉。这里言"千耦"，是言极多，从低洼地到高坡田，遍布田野，开垦面积多，出动的劳动力多，这只可能是有组织、有领导的集体性质的大生产。

第五至第十句写参加春耕的人，男女老少全出动，强弱劳力都上场，漂亮的妇女，健壮的小伙，在田间吃饭狼吞虎咽，展现出一幅生动的画面。据文献所载，周王是全部土地的所有者（"溥天之下，莫非王土"），但他只直接拥有一大片土地，以封建形式将土地分封下去，他取贡赋，并有权随时收回土地。所以被分封者只有较长期的、较固定的使用权，各土地领主又以同等形式分给下属，这样可以层层分下去，而以家庭为基本单位。当时的家庭实际是家族，以家长为首,众兄弟、子孙多代同居,这种土地分配和家庭结构形式,在诗中都反映了出来。

第十一至第十四句写播种。锋利的耒耜,从向阳的田地开播,种子覆土成活。"啊!多么锋利的耒耜!""播下百谷就出芽!"在这赞叹声中饱含着欢欣,反映出金属(青铜)农具的使用和农业技术的进步,促进了生产力的发展。

第十五至第十八句写禾苗生长和田间管理。"驿驿其达","厌厌其苗",也是赞叹中饱含喜悦;"緜緜其麃",表示精心管理,努力促进作物生长,表现了生产的热情。

接下去三句写收获。作者用了夸张的手法,以"万亿及秭"形容露天堆积的谷物广大无边,表现丰收的喜悦。"万亿及秭"一句是全诗的转折处,此句以上是写农事,从开垦叙述到收获;此句以下则转入祭祀和祈祷,可以说是诗的第二部分。

第二部分前四句写制酒祭祀,是全诗的思想中心,表明发展生产是为烝祖妣、洽百礼、光邦国、养耆老。用我们现在的话说,就是报答祖先,光大家国,保障和提高人民生活。这也是周代发展生产的根本政策。周代制酒主要用于祭祀和百礼,不提倡平时饮酒。末尾三句是祈祷之辞,向神祈祷年年丰收。《毛诗序》云:"《载芟》,春藉田而祈社稷也。"后人多以此篇为不限于藉田祀神之用,与《丰年》诗大致相同,亦可为秋冬祀神之诗。

全诗叙述有层次、有重点,初言垦,继言人,言种,言苗,言收,层层铺叙,上下衔接;至"万亿及秭"而承上启下,笔锋转势,言祭,言祷。在叙述中多用描写、咏叹,时或运用叠字、排比、对偶,押韵而七转韵,都使全诗的行文显得生动活泼,这在《周颂》中是相当突出的。对诗中所反映的农政思想,龙起涛《诗经本事》有一段评析文字很有参考价值,兹录于下:"此篇春耕夏耘,备言田家之苦;秋获冬藏,极言田家之勤。至于烝祖妣,洽百礼,供宾客,养耆老,于慰劳休息之中,有坚强不息之神焉,有合众齐力之道焉,有蟠结不解之势焉。是以起于陇亩之中,蔚开邦家之基;以一隅而取天下,其本固也,此之谓农战。"(朱守亮《诗经评释》引)

(夏传才)

良　　耜

畟畟良耜,①　　犁头入土真锋利,
俶载南亩。②　　先到南面去耕地。

播厥百谷，	百谷种子播田头，
实函斯活。③	粒粒孕育富生机。
或来瞻女，④	有人送饭来看你，
载筐及筥，⑤	挑着方筐和圆篓，
其饟伊黍。⑥	里面装的是黍米。
其笠伊纠，⑦	头戴手编草斗笠，
其镈斯赵，⑧	手持锄头来翻土，
以薅荼蓼。⑨	除草田畦得清理。
荼蓼朽止，⑩	野草腐烂作肥料，
黍稷茂止。	庄稼生长真茂密。
获之挃挃，⑪	挥镰收割响声齐，
积之栗栗。⑫	打下谷子高堆起。
其崇如墉，⑬	看那高处似城墙，
其比如栉，⑭	看那两旁似梳齿，
以开百室。⑮	粮仓成百开不闭。
百室盈止，	各个粮仓都装满，
妇子宁止。	妇女儿童心神怡。
杀时犉牡，⑯	杀头黑唇大黄牛，
有捄其角。⑰	弯弯双角真美丽。
以似以续，⑱	不断祭祀后续前，
续古之人。	继承古人的礼仪。

〔注〕 ① 畟(cè)畟：形容耒耜(sì)(古代一种像犁的农具)的锋刃快速入土的样子。② 俶(chù)：开始。载："菑(zī)"的假借。载是"弋声"字，菑是"甾声"字，古音同部，故可相通。菑，初耕一年的土地。南亩：古时将东西向的耕地叫东亩，南北向的叫南亩。 ③ 实：百谷的种子。函：含。指种子播下之后孕育发芽。斯：乃。 ④ 瞻：马瑞辰《毛诗传笺通释》认为当读同"赡给之赡"。瞻、赡都是"詹声"字，古音同部，故可相通。女：读同"汝"，指耕地者。 ⑤ 筐：方筐。筥(jǔ)：圆筐。 ⑥ 饟(xiǎng)：此指所送的饭食。 ⑦ 纠：指用草绳编织而成。 ⑧ 镈(bó)：古代锄田去草的农具。赵：当依《考工记》郑注及《集韵》作"挷"。马瑞辰《毛诗传笺通释》认为"挷"之言"擉"，故有"刺"义。此当以"挷(又写作"趯")"为本字，"赵(趙)"是假借字。 ⑨ 薅(hāo)：去掉田中杂草。荼蓼(tú liǎo)：两种野草名。 ⑩ 止：语助词。⑪ 挃(zhì)挃：形容收割庄稼的摩擦声。 ⑫ 栗栗：形容收割的庄稼堆积之多。 ⑬ 崇：高。

墉(yōng)：高高的城墙。　⑭比：排列，此言其广度。栉(zhì)：梳子。　⑮百室：指众多的粮仓。　⑯犉(rún)：黄毛黑唇的牛。　⑰捄(qiú)：同"觓"，形容牛角很长。　⑱姒(sì)：通"嗣"，继续。

　　《周颂》中的《良耜》与前一篇《载芟》，是《诗经》中的农事诗的代表作。《毛诗序》云："《载芟》，春藉田而祈社稷也。""《良耜》，秋报社稷也。"一前一后相映成趣，堪称是姊妹篇。

　　《良耜》是在西周初期也就是成、康时期农业大发展的背景下产生的，诗的价值显而易见。众所周知，周人的祖先后稷、公刘、古公亶父（即周太王）历来形成了一种重农的传统；再经过周文王、周武王父子两代人的努力，终于结束了殷王朝的腐朽统治，建立了以"敬天保民"为号召的西周王朝，从而在一定程度上解放了生产力，提高了奴隶从事大规模农业生产的积极性。《良耜》正是当时这种农业大发展的真实写照。在此诗中，我们已经可以看到当时的农奴所使用的耒耜的犁头及"镈（锄草农具）"是用金属制作的，这也是了不起的进步。在艺术表现上，这首诗的最大特色是"诗中有画"。

　　全诗一章到底，共二十三句，可分为三层：第一层，从开头到"黍稷茂止"十二句，是追写春耕夏耘的情景；第二层，从"获之挃挃"到"妇子宁止"七句，写眼前秋天大丰收的情景；第三层，最后四句，写秋冬报赛祭祀的情景。

　　诗一开头展示在我们面前的是一幅春耕夏耘的画面：当春日到来的时候，男农奴们手扶耒耜在南亩深翻土地，尖利的犁头发出了快速前进的嚓嚓声。接着又把各种农作物的种子撒入土中，让它孕育、发芽、生长。在他们劳动到饥饿之时，家中的妇女、孩子挑着方筐圆筐，给他们送来了香气腾腾的黄米饭。炎夏耘苗之时，烈日当空，农奴们头戴用草绳编织的斗笠，除草的锄头刺入土中，把荼、蓼等杂草统统锄掉。荼、蓼腐烂变成了肥料，大片大片绿油油的黍、稷长势喜人。这里写了劳动场面，写了劳动与送饭的人们，还刻画了头戴斗笠的人物形象，真是人在画图中。

　　在秋天大丰收的时候，展示的是另一种欢快的画面：收割庄稼的镰刀声此起彼伏，如同音乐的节奏一般，各种谷物很快就堆积成山，从高处看像高高的城墙，从两边看像密密的梳齿，于是上百个粮仓一字儿排开收粮入库。个个粮仓都装满了粮食，妇人孩子喜气洋洋。"民以食为天"，有了粮食心不慌，才能过上安稳的日子。这可说是"田家乐图"吧！

　　另外，这首诗用韵或不用韵，依据内容的需要而作灵活处理，也是它的一大特色。"畟畟良耜，俶载南亩"，开头两句都用韵，"耜""亩"叶之部韵。接着"播厥百谷,实函斯活"两句,却是无韵句。"或来瞻女,载筐及筥,其饟伊黍"三句描写妇女、孩子到田间送饭,句句用韵,"女""筥""黍"叶鱼部韵,节奏明快。"其笠伊纠,其镈斯赵,以薅荼蓼。荼蓼朽止,黍稷茂止。"这五句写夏日耘苗的情景,句句用韵,"纠""赵""蓼""朽""茂"是幽宵合韵,节奏也明快。"获之挃挃,积之栗栗。其崇如墉,其比如栉,以开百室。百室盈止,妇子宁止。"这七句描写秋天农业大丰收情景,除"其崇如墉"一句不用韵外,其余句句用韵,"挃""栗""栉""室"叶质部韵,"盈""宁"叶耕部韵,同样节奏明快。最后四句,除中间两句"角""续"叶屋部韵外,其余两句均无韵。

(蓝开祥)

丝　衣

丝衣其𫄨,①	祭服洁白多明秀,
载弁俅俅。②	戴冠样式第一流。
自堂徂基,③	从庙堂里到门内,
自羊徂牛。	祭牲用羊又用牛。
鼐鼎及鼒,④	大鼎中鼎与小鼎,
兕觥其觩。⑤	兕角酒杯弯一头。
旨酒思柔。⑥	美酒香醇味和柔。
不吴不敖,⑦	不喧哗也不傲慢,
胡考之休。⑧	保佑大家都长寿。

〔注〕① 丝衣:祭服。𫄨(fóu):洁白鲜明貌。　② 载:借为"戴"。弁(biàn):一种冠帽。俅(qiú)俅:形容冠饰美丽的样子。　③ 堂:庙堂。徂:往,到。基:通"畿",门内、门限。　④ 鼐(nài):大鼎。鼒(zī):小鼎。　⑤ 兕觥(sì gōng):盛酒器。觩(qiú):形容兕觥弯曲的样子。　⑥ 旨酒:美酒。思:语助词,无义。柔:指酒味柔和。　⑦ 吴:大声说话,喧哗。敖:通"傲",傲慢。　⑧ 胡考:即寿考,长寿之意。休:福。

《毛诗序》谓本篇主旨是"绎"。"绎"即"绎祭",语出《春秋·宣公八年》:"壬午,犹绎。"周代的祭祀有时进行两天,首日是正祭,次日即绎祭,也就是《穀梁传》所说的"绎者,祭之旦日之享宾也"。本诗未有"绎祭"字样,《毛诗序》显然是推测;但从诗的内容看,这个推测还是有根据的,所以尽管有人责难,但一般还是为后人所接受。

首二句言祭祀之穿戴。穿的是丝衣,戴的是爵弁。丝衣一般称作纯衣,《仪礼·士冠礼》:"爵弁,服纁裳、纯衣、缁带、韎韐。"郑玄注:"纯衣,丝衣也。"弁即爵弁,"其色赤而微黑"(《仪礼·士冠礼》郑玄注),与白色的丝衣配合,成为祭祀的专用服饰。《礼记·檀弓上》曰:"天子之哭诸侯也,爵弁绖紂衣。"《毛诗序》可能就是根据这两句诗而断定本篇与祭祀有关。"俅俅"毛传训为"恭顺貌",而《说文解字》曰:"俅,冠饰貌。"《尔雅》亦曰:"俅俅,服也。"马瑞辰《毛诗传笺通释》云:"上文紑为衣貌,则俅俅宜从《尔雅》、《说文》训为冠服貌矣。"马瑞辰的意思是首句的"紑"既为丝衣的修饰语,则二句的"俅俅"与之相应当为弁的修饰语,故训为冠饰貌,而不训恭顺貌。

三、四句言祭祀之准备。"自堂徂基"点明祭祀场所。"基"通"畿",指庙门内。这个地方又称作"祊"(bēng)。《礼记·礼器》:"设祭于堂,为祊乎外。"郑玄注:"祊祭,明日之绎祭也。谓之祊者,于庙门之旁,因名焉。"王夫之《张子正蒙注·王禘》:"求之或于室,或于祊也。于室者,正祭;于祊,绎祭。"这是正祭与绎祭区别之所在。《毛诗序》或许就是据此推断本篇是"绎"。羊、牛是用作祭祀的牺牲,《小雅》有一篇《楚茨》,描写得更具体:"絜(洁)尔牛羊,以往烝(冬祭)尝(秋祭)。或剥或亨(烹),或肆(摆出)或将(端进)。祝(太祝)祭于祊,祀事孔明。"刘向《说苑·尊贤》云:"诗曰:'自堂徂基,自羊徂牛。'言以内及外,以小及大也。"

五、六句言祭祀之器具。鼎是古代的炊具,又是祭祀时盛熟牲的器具,此处无疑用作后者。鼐和鼒其实也是鼎,只是大小不同。鼐最大,用以盛牛,《说文解字》:"鼐,鼎之绝大者。"段玉裁注:"绝大谓函牛之鼎也。"鼎次之,用以盛羊,鼒最小,用以盛豕。陈奂《诗毛氏传疏》曰:"上句'堂''基''羊''牛'以内外小大作俪耦,至本句变文。"也就是说,由上句的从小及大,变为本句的从大及小。"兕觥"又称爵,《诗毛氏传疏》:"兕觥为献酬宾客之爵,绎祭行旅酬(祭礼完毕后众人聚在一起宴饮称为'旅酬'),故设兕觥焉。"

最后三句言祭后宴饮,也就是"旅酬"。这里突出的是宴饮时的气氛,不吵不闹,合乎礼仪。《小雅·桑扈》最后一章:"兕觥其觩,旨酒思柔。彼(通'匪')交(傲)匪敖,万福来求(聚)。"与这三句正可互相印证。 (翁其斌)

酌

於铄王师,① 王师美哉多英勇,
遵养时晦。② 率领他们荡晦冥。
时纯熙矣,③ 天下大放光明时,
是用大介。④ 伟大辅佐便降临。

我龙受之,⑤	我今有幸享太平,
蹻蹻王之造。⑥	朝中武将骁且劲。
载用有嗣,⑦	现将职务来任命,
实维尔公允师。⑧	周公召公作领军。

〔注〕① 於(wū):叹词。铄(shuò):美,辉煌。王师:王朝的军队。 ② 遵:率领。养:攻取。晦:晦暝,黑暗。 ③ 纯:大。熙:光明。 ④ 是用:是以,因此。介:助。 ⑤ 龙:借为"宠"。荣,荣幸。 ⑥ 蹻(jué)蹻:勇武之貌。造:借为"曹",众。指兵将。 ⑦ 载:乃。用:以。有嗣:有司,官之通称。 ⑧ 实:是。公:指周公、召公。允(tǒng):借为"统"。统领。

《酌》是《大武》五成的歌诗,《毛诗序》云:"《酌》,告成《大武》也。"(关于《大武》的详细介绍,可参看前面《我将》一篇的赏析文字。)《大武》五成的乐舞表现的是周公平定东南叛乱回镐京以后,成王命周公、召公分职而治天下的史实。当时天下虽然稳定,但仍不能令人放心,所以成王任命周公治左、召公治右,周公负责镇守东南、召公镇守西北,即所谓"戎狄是膺,荆舒是惩"(《诗经·鲁颂·閟宫》)。楚先祖熊绎此时受封于丹阳(今秭归附近),为子爵,盖亦有协助镇守江南的用意。就《酌》诗的内容而言,前五句是成王歌颂王师的战绩,并对统兵出征的统帅表示感激之情,也就是感激和歌颂周公。后三句是成王任命周公、召公分职而治天下。当然,这时仍是周公摄政,但任命之事则不能不以成王的名义,告庙仪式的主人公也不能不是成王。故该诗的主人公表面上是成王,而实际上还是周公。《酌》向来多被认为是周公的乐舞(如郑笺云:"周公居摄六年,制礼作乐,归政成王,乃后祭于庙而奏之。"),也可证实这一点。前人或以为此诗是颂武王伐殷的,但武王并无"周公左召公右"的任命,而且诗中的"晦"也是泛指,不一定特指殷纣王,故不从。诗名为"酌",《毛序》以为是"斟酌"之意(即"斟酌文武之道"),云:"言能酌先祖之道以养天下也。"恐不妥。"酌"亦可作汋、礿、勺等,就是以勺舀酒灌祭祖先神灵,说明该诗是灌祭祖先时所唱的歌。以歌诗而言则曰《酌》,以乐舞而言则曰《勺》,《仪礼》《礼记》皆言舞《勺》,《勺》即《酌》。郑觐文《中国音乐史》云:"(《礼记》)《内则》曰:'十三舞《勺》。'又:'成童舞《勺》舞《象》。'……《勺》为武舞,其诗为《酌》之章。按诗歌之节以为舞,列为学校普通教科,故曰成童则舞《勺》舞《象》。"可见《酌》作为乐舞,在当时是与《象》舞一样颇具代表性的。它可以作为《大武》的一成与其他五成合起来表演,就像现代舞剧中的一场,也可以单独表演。具体的舞蹈动作,在《我将》一篇对《大武》作全面介绍的赏析文字中已有描述,在此不赘。

此诗文句古奥,今人读来多不解其妙。若拈出孙鑛"始如处女,敌人开户;后如脱兔,敌不及拒"(陈子展《诗经直解》引,原为《孙子》中语)的评语以为启发,恐怕读者对其前半部分弦乐柔板般的从容与后半部分铜管乐进行曲般的激昂就会有一定的感悟。欣赏《颂》诗,所当留意之处,就在这如斑驳的古鼎彝纹饰的字句后所涵蕴的文化张力。

(汤　斌　杨晓斌)

桓

绥万邦,①	万国和睦,
娄丰年,②	连年丰收,
天命匪解。③	全靠上天降福祥。
桓桓武王,④	威风凛凛的武王,
保有厥士,⑤	拥有英勇的兵将,
于以四方,⑥	安抚了天下四方,
克定厥家。⑦	周室安定兴旺。
於昭于天,⑧	啊,功德昭著于上苍,
皇以间之。⑨	请皇天监察我周室家邦。

〔注〕　①绥:和。万邦:指天下各诸侯国。　②娄(lǚ):同"屡"。　③匪解(fēi xiè):非懈,不懈怠。　④桓桓:威武的样子。　⑤保:拥有。士:指武士。　⑥于:往。以:有。有四方,即征服四方之国而拥有天下。　⑦克:能。家:周室,周王宗室。　⑧於(wū):叹词。昭:光明,显耀。　⑨皇:皇天。间(jiàn):通"瞯",监察。

据《左传·宣公十二年》"楚子曰:'武王克商,作《颂》曰:……又作《武》,……其六曰:"绥万邦,屡丰年。"'"可知《桓》是乐舞《大武》六成(第六场)的歌诗(关于《大武》的详细介绍,见前面《我将》一诗的赏析文字)。据《礼记·乐记》,孔子对《大武》六成所表现的历史事件作有如下说明:"始而北出;再成而灭商;三成而南;四成而南国是疆;五成而分,周公左,召公右;六成复缀,以崇天子(按,旧读"崇"下断句,非)。"郑玄注解"六成"为"六奏象兵还振旅也"。而《毛诗序》云:"《桓》,讲武类祃也。桓,武志也。"孔颖达疏云:"《桓》诗者,讲武类祃之乐歌也,武王将欲伐殷,陈列六军,讲习武事,又为类祭于上帝,为祃祭于所征之地,治兵祭神,然后克纣,至周公、成王大平之时,诗人追述其事,而为此歌焉。"则所述与《礼记》所引孔子之言不合。按谥法辟土服远曰桓,本篇文字又有"于以四方,克定厥家"之句,表明周王朝已经统有四方,则毛序孔疏谓此诗为武王伐殷讲武类祃之乐歌与原诗文本不合。今按:《大武》六成的乐舞表现的是周公带成王东伐奄国之后,回到镐京,大会四方诸侯及远国使者,举行阅兵仪式,即所谓"兵还振旅",以扬天子之威的史实,《桓》诗即为举行阅兵仪式前的祷词。

诗的前三句,是以"绥万邦,娄丰年"来证明天命是完全支持周朝的。"娄丰年"在农耕社会对赢得民心起着举足轻重的作用,百姓对能致物阜年丰的王朝总会表示拥护;而获得农业丰收,在上古时代离不开风调雨顺的自然条件,"娄丰年"便理所当然地成为天意的象征。中间四句歌颂英勇的武王和全体将士,并告诉全体诸侯,武王的将士有能力征服天下、保卫周室。叠字词"桓桓"领出整段文字,有威武雄壮的气势,而"于以四方"云云,与首句"绥万邦"上下绾合,一强调国泰民安,一强调征服统治,而都有周室君临天下的自豪感。最后两句是祷告上苍、让天帝来作证,以加强肯定,同时也是对第三句"天命匪解"的呼应。诗的核心就是扬军威以震慑诸侯,从而达到树立周天子崇高权威的目的,其内容正与《尚书·周书·多方》一致。诗名为《桓》,"桓"即威武之貌,正点明了主题。诗的语言雍容典雅,威严而出之以和平,呈现出一种欢乐的氛围,涌动着新王朝的蓬勃朝气。

(汤 斌 杨晓斌)

赉①

文王既勤止,②	文王勤勉一生,
我应受之。③	我一定将他的德业继承。
敷时绎思,④	诸侯们要牢记,
我徂维求定。⑤	我前往只求天下太平。
时周之命,⑥	你们接受周朝的命令,
於绎思。⑦	啊,快好好地思忖。

〔注〕① 赉(lài):赐予。 ② 既:尽。止:语气助词。 ③ 我:周武王自称。 ④ 敷(pǔ)时:普世,指天下所有诸侯。时:世。绎:寻绎,思考。思:语气助词。 ⑤ 徂:往。 ⑥ 时:通"侍",承受。 ⑦ 於(wū):感叹词。

据《左传·宣公十二年》"楚子曰:'……武王克商,作《颂》曰:……又作《武》,……其三曰:'铺时绎思,我徂维求定。'"可知《赉》是乐舞《大武》三成(第三场)的歌诗。《大武》三成是表现武王伐纣胜利后,班师回到镐京,举行告庙和庆贺活动,同时进行赏赐功臣财宝重器和分封诸侯等事宜的一场乐舞。封建诸侯是西周初年巩固天子统治的重大政治举措。据《史记》记载,武王在朝歌已封商纣之子武庚和武王之弟管叔、蔡叔,即所谓"三监",借以镇压殷国顽民,防止他们反叛。回到镐京以后,又大规模进行分封活动。封建分为三个系列:一为以前历代圣王的后嗣,如尧、舜、禹之后;二为功臣谋士,如吕尚;三为宗室同姓,如召公、周公。据晋代皇甫谧统计,当时分封诸侯国四百人,兄弟之国十五人,同姓之国四十人。《赉》就是武王在告庙仪式上对所封诸侯的训诫之辞。故《毛诗序》云:"《赉》,大封于庙也。"

  诗首先指出父亲文王的勤于政事的品行,表示自己一定以身作则。接着指出天下平定是他所追求的大目标,为了达到这一目标,告诫所有诸侯们都必须牢记文王的品德,不可荒淫懈怠。这首诗共六句,五言、四言、三言相间,但是有韵:止、之、思押韵,定、命押韵。好像是有韵的散文。《大武》六成中,这是唯一通篇押韵的诗。该诗语气诚恳,表现了武王深远的忧虑和惓惓之意,所以在短短的六句中竟反复地告诫诸侯们"绎思"。孙鑛评为:"古淡无比,'於绎思'三字以叹勉,含味最长。"(陈子展《诗经直解》引)这首诗的标题为《赉》,而诗中并无"赉"字,估计原为《大武》三成的乐曲名。

(汤 斌 杨晓斌)

般①

於皇时周,②	啊辉煌的周朝,
陟其高山,③	登上那巍峨的山顶,
隋山乔岳,④	眼前是丘陵峰峦,
允犹翕河。⑤	沇水沇水郃水与黄河共流。
敷天之下,⑥	普天之下,
裒时之对,⑦	所有周的封国疆土,
时周之命。⑧	都服从周朝的命令。

〔注〕① 般(pán):般乐,即盛大的快乐。 ② 皇:伟大。时:是,此。 ③ 陟(zhì):登高。 ④ 隋(duò):低矮狭长的山。乔:高。岳:高大的山。 ⑤ 允:通"沇",沇水为古济水的上游。犹:通"沇",沇水在雍州境内。翕:通"郃(hé)";郃水又作郃水,流经陕西郃阳东注于黄河。河:黄河。 ⑥ 敷:遍。 ⑦ 裒(póu):包聚。时:世。对:封国,疆土。 ⑧ 时周之命:见前《赉》注⑥。

  近现代学者一般认为《般》是《大武》中的一个乐章的歌辞。(关于《大武》的详细介绍,见《我将》篇赏析文字)《大武》六成对应六诗,据《毛诗序》"《武》,奏《大武》也"、"《酌》,告成《大武》也"的说明及《左传·宣公十二年》所记楚王之言"武王克商,……又作《武》,其卒章曰:'耆定尔功。'其三曰:'铺时绎思,我徂维求定。'其六曰:'绥万邦,屡丰年。'"则可确定四篇,另两篇,王国维认为其中一篇即本篇《般》,他并且认为它当是《大武》六成的歌诗,说:"《酌》《桓》《赉》《般》四篇,次在《颂》末,又皆取诗之义以名篇,前三篇既为《武》(指《大武》乐舞,非《周颂》中之《武》篇)诗,则后一篇亦宜然,……至其次第,则《毛诗》与楚乐歌不同,楚以《赉》为第三,《桓》为第六,毛则六篇分居三处,其次则《凤夜》(王氏认为即《昊天有成命》)第一、《武》第二、《酌》第三、《桓》第四、《赉》第五、《般》第六,此殆古之次第,……与《乐记》所纪舞次相合。……《般》云:'於皇时周,陟其高山。'则与'六成复缀以崇'(《乐记》中语,全段见《我将》篇赏文)之事相合,是毛诗次第与《乐记》同,恐是周初旧第,胜楚乐歌之次第(《左传》所引《大武》之次第)远矣。"(《周大武乐章考》)但高亨认为王氏之见过于相信毛诗篇次,他确定《般》是《大武》四成的歌诗,指出从诗中所述,表明"周朝广大的疆土,有小山大山,有小河大河,普天之下包括当时的边疆,都遵奉周朝的命令,很明显是中国统一的景象,是征服南国后的景象",既然"诗的内容和《大武》舞第四场所象征的故事如此相符合,那末《般》篇是《大武》舞第四场所唱,是《大武》诗的第四章,也是很明显的"(《周代大武乐考释》)。兹从高氏之说,确定《般》是《大武》四成的歌诗。《大武》四成的舞蹈是表现周公东征平乱、至于江南的事迹的。武王崩后周公摄政期间,东南先后发生过好几次大规模的叛乱。据《史记》记载,先有管叔、蔡叔与武庚的作乱,后有淮夷之乱,却没有周公征讨江南叛乱的记载。不过《鲁颂·閟宫》中有"戎狄是膺,荆舒是惩"之句。孟子认为这原是周公说的话、做的事(见《孟子·滕文公上、下》),这正与《吕氏春秋·古乐》中所述相合。看来周公征讨过江南叛乱当为事实。《般》诗就其内容而言,当为天子巡狩时祭祀山河之辞。而所谓巡狩,本来就包括镇压叛乱在内。诗中声称普天之下的疆土都归周室所有,无疑是针对叛乱不服者而发的。所以这首诗当为周公平乱结束时所作。因为诗题名为《般》,"般"为般乐,即盛大的快乐。平乱之后,天下太平,远方邦国悉来朝贺,自然要痛痛快快地大乐一番了。那么,该诗原来大概是周公经过数年平乱之后,在班师回朝的路途中祭祀山川的祷辞。后来又成为《大武》四成的歌诗,用以表现平乱成功。这首诗和《武》一样,是四言七句,语言虽然非常简练,但是用了"高""乔""敷""裒"等表示空间之大的字眼,用了最能体现空间感的山峰河流来实化这种象征、隐喻周室伟大的空间之大,便具有一种雄浑的气魄,体现了圣王天下一统的恢宏之势。

(汤 斌 杨晓斌)

鲁　颂

【诗歌解题】《诗经》类名。"颂"之一。为春秋前期鲁国用于朝廷、宗庙的诗歌。共四篇。大抵作于公元前七世纪。关于作者,古文经学派认为是史克,而今文经学派认为是奚斯。内容为歌颂鲁僖公。清方玉润评为"褒美失实……开西汉扬马先声"(《诗经原始》)。

驷

鲁　颂

驷驷牡马,① 　　高大健壮的公马,
在坰之野。② 　　放牧在遥远的原野上。
薄言驷者,③ 　　高大健壮那些马,
有骊有皇,④ 　　有黑身白胯有白底带黄,
有骊有黄,⑤ 　　有一色纯黑有黄中带赤,
以车彭彭。⑥ 　　驾车蹄声阵阵响。
思无疆, 　　　　鲁君深思又熟虑,
思马斯臧。⑦ 　　养的马儿多肥壮。

驷驷牡马, 　　　高大健壮的公马,
在坰之野。 　　　放牧在遥远的原野上。
薄言驷者, 　　　高大健壮那些马,
有骓有駓,⑧ 　　有苍白杂色有白色间黄,
有骍有骐,⑨ 　　有赤而兼黄有青黑杂色,
以车伾伾。⑩ 　　驾车有力奔前方。
思无期, 　　　　鲁君思谋永不止,
思马斯才。 　　　养的马儿都好样。

驷驷牡马, 　　　高大健壮的公马,
在坰之野。 　　　放牧在遥远的原野上。
薄言驷者, 　　　高大健壮那些马,

有骓有骆,⑪	有青毛鳞斑有黑身白鬃,
有骝有雒,⑫	有赤身黑鬃有黑身白鬃,
以车绎绎。⑬	驾车跑来多快当。
思无斁,⑭	鲁君谋虑无懈怠,
思马斯作。	养的马儿神气旺。
駉駉牡马,	高大健壮的公马,
在坰之野。	放牧在遥远的原野上。
薄言駉者,	高大健壮那些马,
有骃有騢,⑮	有浅黑带白有赤白相杂,
有驔有鱼,⑯	有黑身黄脊有眼圈纯白,
以车祛祛。⑰	驾车驰骋真健强。
思无邪,	鲁君思虑总正确,
思马斯徂。	养的马儿跑远方。

〔注〕① 駉(jiōng)駉:马健壮貌。 ② 坰(jiōng):野外。 ③ 薄言:语助词。 ④ 骄(yù):黑身白胯的马。皇:鲁诗作"骅",黄白杂色的马。 ⑤ 骊(lí):纯黑色的马。黄:黄赤色的马。 ⑥ 以车:用马驾车。彭彭:马奔跑发出的声响。 ⑦ 思:语助词。臧:好。 ⑧ 骓(zhuī):苍白杂色的马。駓(pī):白色间黄的马。 ⑨ 骍(xīn):赤黄色的马。骐:青黑色相间的马。 ⑩ 伾(pī)伾:有力的样子。 ⑪ 骓(tuó):青色而有鳞状斑纹的马。骆:黑身白鬃的马。 ⑫ 骝(liú):赤身黑鬃的马。雒(luò):黑身白鬃的马。 ⑬ 绎绎:跑得很快的样子。 ⑭ 斁(yì):厌倦。 ⑮ 骃(yīn):浅黑间杂白色的马。騢(xiá):赤白杂色的马。 ⑯ 驔(diàn):黑身黄脊的马。鱼:两眼长两圈白毛的马。 ⑰ 祛(qū)祛:强健的样子。

《毛诗序》云:"《駉》,颂僖公也。僖公能遵伯禽之法,俭以足用,宽以爱民,务农重谷,牧于坰野,鲁人尊之,于是季孙行父请命于周,而史克作是颂。"郑笺云:"季孙行父,季文子也。史克,鲁史也。"孔疏云:"文公六年(前 621),行父始见于经(《春秋》),十八年,史克名始见于《传》(《左传》)。此诗之作,当在文公之世。天子巡守,采诸国之诗,观其善恶,以为黜陟。周尊鲁若王者,巡守述职,不陈其诗,虽鲁人有作,周室不采。故王道既衰,变《风》皆作,鲁独无之。至臣颂君功,亦乐使周室闻之,是以行父请焉。"序说之事实固如朱熹《诗序辨说》所称"皆无可考",但谓之"凿矣",则亦过甚其辞。据诗意,显然此篇系鲁人歌颂鲁君注重牧业,国以富强之作。朱谋玮说:"鲁政多矣,独举考牧一事,军国之所重也。"(《传说汇纂》引)此言能得其实。诗的作者古文经学家说是史克,今文经学家则说是奚斯。王先谦《诗三家义集疏》云:"史克作颂,惟见《毛序》,他无可证。三家诗说皆以《鲁颂》为奚斯作,……汉人承用皆属奚斯……,史克见《左传》在文公十八年,至宣公世尚存,见《国语》,奚斯见闵(湣)公二年(前660),故文公二年《传》已引《閟宫》之诗。不应季孙行父请命于周之前,已有史克先奚斯作颂。"他指出的历史事实固然不错,但从年代上只可断定史克不能作《閟宫》,说此篇《駉》亦非其所作,则缺乏说服力。笔者以为《毛诗序》之说较有条理,在现有文献不足证伪的情况下,不妨暂从毛说。

本诗重点是写马,通过写马来赞颂鲁国的国君鲁僖公。诗分四章,可能与古代一车四马的驾车制度有关。有人说"《礼》:诸侯六闲,马四种,有良马,有戎马,有田马,有驽马","作者因马有四种,故每章各言其一"(孔颖达疏);也有人说每章各写马的一种品性,第一章是写"马之德",第二章是写"马之力",第三章是写"马精神",第四章是写"马志向"(方玉润《诗经原始》),这却不免让人感到穿凿附会,四章中各种各样毛色的马都有,难道说"骊"一定是良马、"驹"一定是劣马?"彭彭""伾伾""绎绎""祛祛"与"臧""才""作""徂"这些形容词(或动词)也看不出与德、力、精神、志向有特定的对应关系。从结构上看,它每章除了第四、五两句"有……有……"句式各具不同内容外,也就第六句末二字和第七、八两句末一字不同,是典型的重章叠句体式,而各章所更易之字,也不像《国风》中的一些篇章那样相互间有递进或联贯关系,而像《国风》中的另一些篇章那样,联章复沓只是为了取得一唱三叹、余音不绝的歌咏艺术效果。

从诗的表现手法看,此篇尽管用的是赋法而没有比兴成分,但写来跌宕有致,马的形象既生动传神,对鲁君的颂美也点到即止,没有过分的张扬,一切都温而不火,流畅自然,这在《颂》诗中实不多见。全诗先将直接歌咏的对象群马置于广阔无边的原野这一环境背景,且冠以"駉駉"这一表形态的叠字形容词,这样篇首就鼓荡着一种矫健强悍的气势。接着,"薄言駉者"一句略按,往下介绍马的品种,马的品种繁多正可作"思无疆(期、斁、邪)"一句的注脚,为下文的赞颂作了有效的铺垫。"以车"云云,又以带叠字形容词的句子咏马之善于驾车疾驰,与上文的"駉駉牡马"句相呼应,而句中"马"字不出现,叠字词前后位置不同,又见出章法上的变化。最后,由写马转为赞美鲁君,但赞美鲁君仍紧扣住咏马,结尾一丝不苟。从以上分析可以看出,全篇的脉络很分明,作者的写作技巧很纯熟。不妨说这是现存最早的专咏马的咏物诗,后世咏马之诗大致也是这样从马的形体(这在本篇中主要是通过写马的毛色表现出来)、马的动势、马与人的关系这几方面落笔的。作为咏物诗的雏形,它已显得相当完美。这样一首具有《国风》风格的诗,为何不在《国风》中?一些读者会有此疑问。鲁诗不称《风》而称《颂》,前引孔颖达疏实际上已作了说明,原因是鲁为周公长子伯禽的封国,周室重视周公的功绩,尊鲁若王,天子巡守采诸国之诗以观风,遂不及鲁诗。

从诗的历史文化意义上说,本篇以牧业的兴盛作为治国有方的一大业绩,反映出那个时代对马政的重视。据文献记载,在周代的"六艺"中,就专门有"御"(驾马车)这一艺,周穆王也有驾八骏邀游天下四方的传说。春秋中期,车战仍是战争的主要手段,一辆兵车需四匹马牵引,因此国家军事力量的强弱,必然与马匹数量密切相关,大国号称"千乘之国",良有以也。"国之大事,在祀与戎"(《左传·成公十三年》),马政于是成为军国要务,各国诸侯都十分重视养马,这在《诗经》中也有所反映,如《鄘风·定之方中》就赞扬卫文公"秉心塞渊,䯄牝三千",而《鲁颂》更是篇篇写到马,《駉》自不待言,《有駜》则诗题就是马肥壮之貌,《泮水》有"其马蹻蹻"句、《閟宫》有"公车千乘"句。在本篇中,写到不同毛色的马的品种有十六种之多,可见驯马养马这一业的发达。而考之典籍,以毛色定名的马还远不止这些。语言学家们认为:某一民族语言中哪一属类事物的名词特别多,就反映出此民族在该方面的知识特别丰富,与该类名词有关的科学技术特别发达。中国上古时期牲畜命名的多样化,正反映了畜牧业的高度发达,也是我们中华民族可以为之骄傲的事。——当然,这已谈得有些远了。 (朱渊清)

有　　駜

有駜有駜,①	真高大呀真肥壮,
駜彼乘黄。②	拉车四匹马毛黄。
夙夜在公,③	早晚都在官府里,
在公明明。④	在那办事多繁忙。
振振鹭,⑤	白鹭一群向上翥,
鹭于下。	渐收羽翼身下俯。
鼓咽咽,⑥	鼓声咚咚响不停,
醉言舞。	趁着醉意都起舞。
于胥乐兮!⑦	一起乐啊心神舒!

| 有駜有駜, | 真肥壮呀真高大, |

驳彼乘牡。⑧	拉车四匹是公马。
夙夜在公，	早晚都在官府里，
在公饮酒。	在那饮酒喜交加。
振振鹭，	白鹭一群向上飞，
鹭于飞。	渐展翅膀任来回。
鼓咽咽，	鼓声咚咚响不停，
醉言归。	趁着醉兴把家归。
于胥乐兮！	乐在一起真快慰！

有驳有驳，	肥壮高大令人赞，
驳彼乘䮲。⑨	拉车四匹铁骢健。
夙夜在公，	早晚都在官府里，
在公载燕。⑩	在官府里设酒宴。
自今以始，	从今开始享太平，
岁其有。⑪	年年都有好收成。
君子有穀，⑫	君子有福又有禄，
诒孙子。⑬	福泽世代留子孙。
于胥乐兮！	乐在一起真高兴！

〔注〕 ① 驳(bì)：马肥壮貌。 ② 乘(shèng)黄：四匹黄马。古者一车四马曰乘。 ③ 公：官府。 ④ 明明：通"勉勉"，努力貌。 ⑤ 振振鹭：朱熹《诗集传》："振振，群飞貌。鹭，鹭羽，舞者所持，或坐或伏，如鹭之下也。" ⑥ 咽咽：不停的鼓声。 ⑦ 于：通"吁"，感叹词。胥：相。 ⑧ 牡：公马。 ⑨ 䮲(xuān)：青骊马，又名铁骢。 ⑩ 载：则。燕：通"宴"。 ⑪ 岁其有：毛传："岁其有丰年也。" ⑫ 穀：义含双关，字面指五谷，兼有福善之意。 ⑬ 诒(yí)：同"贻"，留。

此诗叙写鲁僖公君臣在祈年以后的燕饮活动，当作于与齐桓、宋桓伐楚以后，结合《闷宫》一篇可知也。

诗一开始便写马，马极肥壮，都为黄色，其"乘"字指出了这些是驾车的马。周代的礼制非常严格，不同的身份地位在礼器的使用方面也有差别。身份本是抽象的名称，它们由具体的物质享受来体现，在出行时，最引人注目的当然是车驾了。本诗接着转向庙堂，"夙夜在公"的"公"，当作官府讲，与"退食自公"的"公"同。不过，这里的官府不同于一般的官府，而是僖公祭祀祈年之处，亦即下诗中的"泮宫""閟宫"。祈年为郊祭,在国都以外,故首二句反复咏马。然后才写到乘车马的人,从早到晚忙忙碌碌,揭开诗歌的主要部分,即宴饮部分。在宴会上,舞伎手持鹭羽,扇动羽毛,如鹭鸟一样,有时群飞而起,有时翩然下落,给宴会制造气氛。与宴的人们在饮酒观舞,不绝的鼓声震撼着他们的内心,优美翻飞的舞姿调动他们的情绪,酒酣耳热,他们不禁也手舞足蹈起来。忘记了平日的礼数、戒备、拘谨,都在舞蹈,摅发各自内心的快乐,相互感染,没有语言,但一举一动都在和对方进行心灵深处的交流。这时,诗人也为眼前的情景所感动,而发出由衷的希望:"呵,大伙一起快乐呀!"

第二章的形式和首章基本一致,只是个别字有所变化,一是描写得更具体细致,指出马为牡马,大伙在官府中所忙碌的是饮酒跳舞;二是写出时间变化,"鹭于飞"是舞者持鹭羽散去,舞宴结束,故而饮宴者也带着醉意而返回。

第三章揭出郊祀之事。骍为青骊,与前言乘黄不同,疑为鲁公所乘,以乘骍推出鲁公,显出其与群臣不同。群臣的欢乐是君主所赐,故曰:"在公载燕。"饮宴不是一种孤立行为,既是欢娱群臣,更是祭祀,朱熹说:"凡庙之制,前庙以奉神,后寝以藏衣冠,祭于庙而燕于寝,故于此将燕,而祭时之乐,皆入奏于寝也。且于祭既受禄矣,故以燕为将受后禄而绥之也。"正指出这种联系。下面四句是诗人的祈祷,希望从今以后,有好的收成,并把这福泽传之子孙。穀,兼含福善之意,诗人不仅希望鲁君把收获的粮食传给后代,更希望鲁国福泽绵长,享祚长久。《史记·鲁周公世家》载"成王乃命鲁得郊,祭文王",郊祭对于鲁国显示出在诸侯中的崇高地位,故诗人极力赞扬,每章以"于胥乐兮"为结束。

魏源《诗古微·鲁颂答问》曰:"《春秋》之书郊、书禘,皆自僖公始,则其僭亦自僖公始。"言僭不必恰当,《春秋》书禘始于僖公亦未必准确,但僖公时诚有郊禘,《閟宫》诗明显歌颂僖公作郊庙,那么郊祀重修在僖公时,诗人所以大加歌颂就容易理解了。

(郭令原)

泮　　水

思乐泮水,①	泮水令人真愉快,
薄采其芹。②	来此采摘水芹菜。
鲁侯戾止,③	鲁侯莅临有威仪,
言观其旂。④	看那龙旗多气派。
其旂茷茷,⑤	旗帜飘扬猎猎舞,

鸾声哕哕。⑥　　鸾铃和鸣声声在。
无小无大，　　　随从不分官大小，
从公于迈。⑦　　跟着鲁公真光彩。

思乐泮水，　　　令人高兴泮水好，
薄采其藻。⑧　　来此采摘水中藻。
鲁侯戾止，⑨　　鲁侯莅临有威仪，
其马蹻蹻。⑩　　他的马儿真健矫。
其马蹻蹻，　　　他的马儿真健矫，
其音昭昭。⑪　　他的声音亮又高。
载色载笑，⑫　　面容和蔼又带笑，
匪怒伊教。⑬　　并非生气是宣教。

思乐泮水，　　　泮水令人乐无忧，
薄采其茆。⑭　　采摘莼菜轻伸手。
鲁侯戾止，　　　鲁侯莅临有威仪，
在泮饮酒。　　　泮水边上饮美酒。
既饮旨酒，⑮　　饮完香甜的美酒，
永锡难老。⑯　　让人永远不老朽。
顺彼长道，⑰　　代代相传遵正道，
屈此群丑。⑱　　征服敌寇那群丑。

穆穆鲁侯，⑲　　举止肃穆的鲁侯，
敬明其德。⑳　　小心修德真仁厚。
敬慎威仪，　　　注意威仪要谨慎，
维民之则。　　　为民作则是元首。
允文允武，　　　文治武功两齐备，
昭假烈祖。㉑　　在天先祖榜样有。
靡有不孝，㉒　　效法他们事事顺，

自求伊祜。㉓	求得上天长庇佑。
明明鲁侯，㉔	鲁侯治国真勤勉，
克明其德。	善于修养功德圆。
既作泮宫，	已将泮宫兴建成，
淮夷攸服。㉕	征服淮夷也如愿。
矫矫虎臣，㉖	勇壮如虎将帅臣，
在泮献馘。㉗	斩获敌耳泮宫献。
淑问如皋陶，㉘	善于讯问如皋陶，
在泮献囚。	擒送敌囚泮宫前。
济济多士，	齐心协力众兵将，
克广德心。	鲁侯仁德能发扬。
桓桓于征，㉙	大军出征雄赳赳，
狄彼东南。㉚	东南敌人要扫荡。
烝烝皇皇，㉛	气势雄壮真浩大，
不吴不扬。㉜	不嘈杂也不喧嚷。
不告于讻，㉝	不为邀功相争吵，
在泮献功。	泮宫中把功劳上。
角弓其觩，㉞	兽角镶嵌饰弓梢，
束矢其搜。㉟	束束利箭捆扎牢。
戎车孔博，㊱	作战兵车很宽大，
徒御无斁。㊲	徒步驾车不疲劳。
既克淮夷，	已经战胜那淮夷，
孔淑不逆。㊳	甘心顺从不敢闹。
式固尔犹，㊴	因为坚持好谋略，
淮夷卒获。㊵	淮夷终于被击倒。

翩彼飞鸮，[41]	翩翩而飞猫头鹰，
集于泮林。	泮水边上栖树林。
食我桑椹，	吃了我们的桑椹，
怀我好音。[42]	回报我们好声音。
憬彼淮夷，[43]	觉悟过来那淮夷，
来献其琛。[44]	前来贡献多珍品。
元龟象齿，[45]	内有巨龟和象牙，
大赂南金。[46]	内有美玉和黄金。

〔注〕① 泮(pàn)水：水名。戴震《毛郑诗考证》："泮水出曲阜县治，西流至兖州府城，东入泗。《通典》云：'兖州泗水县有泮水。'是也。" ② 薄：语助词，无义。芹：水中的一种植物，即水芹菜。 ③ 戾：临。止：语尾助词。 ④ 言：语助词，无义。旂(qí)：绘有龙形图案的旗帜。 ⑤ 茷(pèi)茷：飘扬貌。 ⑥ 鸾：通"銮"，古代的车铃。哕(huì)哕：铃和鸣声。 ⑦ 公：鲁公，亦指诗中的鲁侯。迈：行走。 ⑧ 藻：水中植物名。 ⑨ 戾：至。止：语气助词。 ⑩ 蹻(jué)蹻：马强壮貌。 ⑪ 昭昭：指声音洪亮。 ⑫ 色：指容颜和蔼。 ⑬ 伊：语助词，无义。 ⑭ 茆(mǎo)：即今言莼菜。 ⑮ 旨酒：美酒。 ⑯ 锡：同"赐"。此句相当于"万寿无疆"意。 ⑰ 道：指礼仪制度等。 ⑱ 丑：恶，指淮夷。 ⑲ 穆穆：举止庄重貌。 ⑳ 敬：努力。 ㉑ 昭假：犹"登遐"，升天。烈：同"列"，列祖，指周公旦、鲁公伯禽。 ㉒ 孝：同"效"。 ㉓ 祜(hù)：福。 ㉔ 明明：同"勉勉"。 ㉕ 淮夷：淮水流域不受周王室控制的民族。攸：乃。 ㉖ 矫矫：勇武貌。 ㉗ 馘(guó)：古代为计算杀敌人数以论功行赏而割下的敌尸左耳。 ㉘ 淑：善。皋陶(yáo)：相传尧时负责刑狱的官。 ㉙ 桓桓：威武貌。 ㉚ 狄：同"剔"，除。 ㉛ 烝烝皇皇：众多盛大貌。 ㉜ 吴：喧哗。扬：高声。 ㉝ 讻(xiōng)：讼，指因争功而产生的互诉。 ㉞ 角弓：两端镶有兽角的弓。觩(qiú)：弯曲貌。 ㉟ 束矢：五十支一捆的箭。搜：多。 ㊱ 孔：很。博：宽大。 ㊲ 徒：徒步行走，指步兵。御：驾驭马车，指战车上的武士。 斁(yì)：厌倦。 ㊳ 淑：顺。逆：违。此句指鲁国军队。 ㊴ 式：语助词，无义。固：坚定。犹：借为"猷"，谋。 ㊵ 获：克。 ㊶ 鸮(xiāo)：鸟名，即猫头鹰，古人认为是恶鸟。 ㊷ 怀：归，此处为回答意。 ㊸ 憬(jǐng)：觉悟。 ㊹ 琛(chēn)：珍宝。 ㊺ 元龟：大龟。象齿：象牙。 ㊻ 赂：通"璐"，美玉，说见俞樾《群经评议》。

此诗的主题，《毛诗序》曰："颂僖公能修泮宫也。"朱熹《诗集传》曰："此饮于泮宫而颂祷之辞也。"方玉润《诗经原始》曰："受俘泮宫也。"笔者以为此诗写受俘泮宫，颂美僖公能修文德。

古代治兵，有受俘之礼，《左传·隐公五年》："三年而治兵，入而振旅，归而饮至，以数军实。"又《春秋·襄公十三年》："公至自伐郑。"《左传》："以饮至之礼，伐还告庙也。"此诗正是围绕饮至，歌颂鲁侯的。诗中泮宫，历来说者不一，清人戴震《毛郑诗考证》所说近是：

鲁有泮水，作宫其上，故它国绝不闻有泮宫，独鲁有之。泮宫也者，其鲁人于此祀后稷乎？鲁有文王庙，称周庙，而郊祀后稷，因作宫于都南泮水上，尤非诸侯庙制所及。宫即水为名，称泮宫。《采蘩》篇传云："宫，庙也。"是宫与庙异名同实。《礼器》曰："鲁人将有事于上帝，必先有事于頖宫。"郑注云："告后稷也。告之者，将以配天。"然则诗曰："从公于迈"，曰："昭假烈祖，靡不有孝"，明在国都之外，祀后稷地，曰"献馘"、"献囚"、"献功"，盖鲁于祀后稷之时，亦就之赏有功也。

不过，笔者认为不是"于祀后稷之时，亦就之赏有功"，而是在泮宫行受俘之礼，兼有祀祖之事。再者，泮宫即是《閟宫》中的閟宫和新庙，此不具论。

诗前三章叙述鲁侯前往泮水的情况，每章以"思乐泮水"起句，作者强调由于鲁侯光临而产生的快乐心情。"采芹""采藻""采茆"是为祭祀作准备，芹、藻、茆皆用于祭祀，《周礼·天官·醢人》："朝事之豆，其实……茆菹麋臡……加豆之实，芹菹兔醢……"《召南·采蘋》也有采藻用于"宗室牖下"，皆为明证。第一章没有正面写鲁侯，写的是旗帜飘扬，鸾声起伏，随从者众多，为烘托鲁侯出现而制造的一种热闹的气氛和尊严的声势。第二章直接写鲁侯来临的情况，他的乘马非常健壮，他的声音非常嘹亮，他的面容和蔼而带微笑，他不是生气而是在教导自己的臣民，从服乘、态度体现出君主的特别身份。第三章突出"在泮饮酒"，并以歌颂鲁侯的功德，一方面祝福他"永锡难老"，万寿无疆；另一方面则说明这是凯旋饮至，表明鲁侯征服淮夷的功绩。

第四、五两章颂美鲁侯的德性。前一章主要写文治。鲁侯举止庄重，神情肃穆，因此成为臣民仰望的准则。因为是"告庙"，诗人对庙貌而想先人，鲁国的先祖周公旦、鲁公伯禽既有文治又有武功，僖公凯旋饮至，正是对先祖的继承，是效法前人的结果。后一章主要写武功。作泮宫本属文治，却是成就武功的保证，鲁侯虽不必亲上战场，因为修明德性，恢复旧制，所以使将士们在战争中赢得了胜利。他们在泮水献上斩获的敌人左耳，并能精细详明地审讯敌人，献上活捉的俘虏。

第六、七两章写征伐淮夷的鲁国军队。前一章是写出征获胜，武士能发扬推广鲁侯的仁德之心，尽管战争是残酷的，但在鲁人看来，这是对敌人的驯化，是符合仁德的。回到泮水，将士献功，没有人为争功而冲突，写的是武功，但文治自在其中。后一章写军队获胜后情况，武器极精，师徒甚众，虽克敌有功，但士无骄悍，又纪律严明，不为暴虐，"孔淑不逆"，所以败者怀德，淮夷卒获。

最后一章写淮夷——被征服者，以鸮为兴，引出下文。鸮，即猫头鹰，为恶鸟，比喻恶人，但它飞落泮林，食我桑葚，怀我好音。所以淮夷感悟，前来归顺，贡献珍宝。

淮夷生活在当时的淮水一带,不受周王朝所封,对周王朝诸侯造成威胁,所以,各诸侯国曾多次征伐,《左传·僖公十三年》载僖公与齐、宋、陈、卫、郑、许、曹"会于咸,淮夷病杞故"。又十六年与齐、宋、陈、卫、郑、许、邢、曹"会于淮,谋鄫,且东略也"。这几次战役,虽然战功不大,但鲁是个积弱之国,能累次出师,争伯中原,所以鲁人寄望僖公,肆情歌颂。

孙鑛评此诗云:"大体宏赡,然造语却入细,叙事甚精核有致。前三章近《风》,后五章近《雅》。"(陈子展《诗经直解》引)就艺术上说确乎如此;但刘瑾谓此诗"言不无过实,要当为颂祷之溢辞也"(吴闿生《诗义会通》引),刘勰《文心雕龙》中的《夸饰》篇特将末章首四句"翩彼飞鸮,集于泮林;食我桑葚,怀我好音"作为修辞夸饰的例证之一,说明本篇的夸耀很有些过当,读者当不以文害辞、不以辞害意。 （郭令原）

閟宫

閟宫有侐,①	宫庙深闭真是静谧,
实实枚枚。②	殿堂阔大结构紧密。
赫赫姜嫄,③	名声赫赫圣母姜嫄,
其德不回。④	她的德性端正专一。
上帝是依,⑤	上帝给她特别福泽,
无灾无害。	痛苦灾害没有经历。
弥月不迟,⑥	怀胎满月而不延迟,
是生后稷,⑦	于是生出始祖后稷。
降之百福。⑧	上帝赐他许多福气。
黍稷重穋,⑨	降下糜子谷子种稷,
稙穉菽麦。⑩	还有豆麦各种谷米。
奄有下国,⑪	荫庇普天之下邦国,
俾民稼穑。⑫	让那人民学习农艺。
有稷有黍,	种下谷子糜子满野,
有稻有秬。⑬	种下水稻黑秬遍地。
奄有下土,	拥有天下这片沃土,
缵禹之绪。⑭	将那大禹余绪承继。

后稷之孙，	后稷那位后代嫡孙，
实维太王。⑮	正是我们先君太王。
居岐之阳，⑯	他迁居到岐山山阳，
实始翦商。⑰	从此开始翦灭殷商。
至于文武，⑱	发展及至文王武王，
缵太王之绪。	来将太王传统发扬。
致天之届，⑲	接受天命实行征伐，
于牧之野。⑳	殷郊牧野摆开战场。
无贰无虞，㉑	不要分心不要犯错，
上帝临女。㉒	上帝监督保你吉祥。
敦商之旅，㉓	治服敌方殷商军队，
克咸厥功。㉔	能够完成大功一项。
王曰："叔父，㉕	于是成王说道："叔父，
建尔元子，㉖	您诸子中择立其长，
俾侯于鲁。	封于鲁地快快前往。
大启尔宇，㉗	要去努力扩土开疆，
为周室辅。"	作为周室藩辅屏障。"
乃命鲁公，	因此命其号为鲁公，
俾侯于东，	封为诸侯王畿之东。
锡之山川，㉘	赐他大片山川田地，
土田附庸。㉙	并把小国作为附庸。
周公之孙，	他是周公后代嫡孙，
庄公之子。㉚	他是庄公之子僖公。
龙旂承祀，㉛	载着龙旗前去祭祀，
六辔耳耳。㉜	六缰柔软手中轻控。
春秋匪解，㉝	春秋两祭都不懈怠，
享祀不忒。㉞	献享祀祖一心庄重。
皇皇后帝，	上帝在天辉煌英明，

皇祖后稷。	始祖后稷伟大光荣。
享以骍牺，㉟	神位前供赤色全牛，
是享是宜，㊱	敬请前来吃喝享用，
降福既多。	降下吉祥幸福重重。
周公皇祖，㊲	这位伟大先祖周公，
亦其福女。	让你享福大有神通。
秋而载尝，㊳	秋天祭祀命名为尝，
夏而楅衡。㊴	夏天给牛设置栏杆。
白牡骍刚，㊵	雄牛色白小牛色红，
牺尊将将。㊶	献祭酒尊碰击锵锵。
毛炰胾羹，㊷	烧烤小猪熬煮肉汤，
笾豆大房。㊸	盛入笾豆装满大房。
万舞洋洋，㊹	万舞规模浩浩荡荡，
孝孙有庆。	孝孙总有吉庆祯祥。
俾尔炽而昌，	让你炽盛而又兴旺，
俾尔寿而臧。㊺	让你长寿无灾无恙。
保彼东方，	保卫王朝东方国土，
鲁邦是常。㊻	鲁国实为诸侯之长。
不亏不崩，	山不缺损也不崩溃，
不震不腾。	水不震激也不动荡。
三寿作朋，㊼	有上中下三寿比并，
如冈如陵。	犹如巍峨峰峦山冈。
公车千乘，	鲁公战车有一千乘，
朱英绿縢，㊽	矛饰红缨弓扎绿绳，
二矛重弓。㊾	两矛两弓以备交锋。
公徒三万，㊿	鲁公步兵有三万人，
贝胄朱綅，㉛	头盔镶贝红线缀缝，

烝徒增增。[52] 众多军队一层一层。
戎狄是膺，[53] 戎族狄族我将痛击，
荆舒是惩，[54] 楚国徐国我将严惩，
则莫我敢承。[55] 没人胆敢与我抗衡。

俾尔昌而炽，让你兴旺而又炽盛，
俾尔寿而富。让你长寿富贵同在。
黄发台背，[56] 白发变黄背有鱼纹，
寿胥与试。[57] 寿命都能长如泰岱。
俾尔昌而大，让你康健而又强壮，
俾尔耆而艾。[58] 让你高寿年至耆艾。
万有千岁，[59] 过了万岁再加千岁，
眉寿无有害。[60] 活到高寿不受损害。

泰山岩岩，[61] 泰山真是高大森严，
鲁邦所詹。[62] 鲁国视为境内天险。
奄有龟蒙，[63] 拥有两山龟山蒙山，
遂荒大东。[64] 疆土直到东方极边。
至于海邦，延伸已接海畔附庸，
淮夷来同。[65] 淮夷都来盟会谒见。
莫不率从，他们无不相率服从，
鲁侯之功。这是鲁侯功业所建。

保有凫绎，[66] 据有两山那凫那绎，
遂荒徐宅。[67] 抚定徐戎旧居之地。
至于海邦，延伸直到海边小邦，
淮夷蛮貊。[68] 要将淮夷蛮貊治理。
及彼南夷，[69] 那些南方蛮夷之族，
莫不率从。他们无不听命服气。

鲁颂·閟宫

| 莫敢不诺,⑦⓪ | 没人敢不唯唯诺诺, |
| 鲁国是若。⑦① | 顺从鲁侯岂敢叛逆。 |

天锡公纯嘏,⑦②　　上天赐给鲁公洪福,
眉寿保鲁。　　　　让他高寿保卫鲁域。
居常与许,⑦③　　　常许二地又有居处,
复周公之宇。　　　恢复周公原有疆宇。
鲁侯燕喜,⑦④　　　鲁侯设宴让人欢喜,
令妻寿母。⑦⑤　　　既有贤妻又有老母。
宜大夫庶士,⑦⑥　　协调众士与卿大夫,
邦国是有。　　　　国家遂能保有其土。
既多受祉,⑦⑦　　　已经获得许多福祉,
黄发儿齿。⑦⑧　　　白发变黄乳齿再出。

徂来之松,⑦⑨　　　徂徕山上青松郁郁,
新甫之柏。⑧⓪　　　新甫山上翠柏葱葱。
是断是度,⑧①　　　将它截断将它砍斫,
是寻是尺。　　　　丈量尺寸留下待用。
松桷有舄,⑧②　　　松木方椽又粗又大,
路寝孔硕,⑧③　　　寝殿宽敞气势恢宏,
新庙奕奕。⑧④　　　新修庙堂光彩融融。
奚斯所作,⑧⑤　　　大夫奚斯写成此诗,
孔曼且硕,⑧⑥　　　篇幅漫长蕴涵甚丰,
万民是若。⑧⑦　　　此心此意万民顺从。

〔注〕① 閟(bì):闭。恤(xù):清静貌。　② 实实:广大貌。枚枚:细密貌。　③ 姜嫄:周始祖后稷之母。　④ 回:邪。　⑤ 依:助。　⑥ 弥月:满月,指怀胎十月。　⑦ 后稷:周之始祖,名弃。后,帝。稷,农官之名。弃曾为尧农官,故曰后稷。　⑧ 百:言其多。　⑨ 黍:糜子。稷:谷子。重穋(tóng lù):两种谷物,通"穜稑",先种后熟曰"穜",后种先熟曰"稑"。　⑩ 稙稚(zhí zhì):两种谷物,早种者曰"稙",晚种者曰"稚"。菽:豆类作物。　⑪ 奄:包括。　⑫ 俾:使。稼穑:指务农,"稼"为播种,"穑"为收获。　⑬ 秬(jù):黑黍。　⑭ 缵(zuǎn):继绪:业绩。　⑮ 太王:周之远祖古公亶父。　⑯ 岐:山名,在今陕西。阳:山南。　⑰ 翦:

灭。 ⑱文武：周文王、周武王。 ⑲届：诛讨。 ⑳牧野：地名，殷都之郊，在今河南淇县西南。 ㉑贰：二心。虞：误。 ㉒临：监临。 ㉓敦：治服。旅：军队。 ㉔咸：成、备。 ㉕叔父：指周公旦，周公为武王之弟，成王叔父。王，指成王，武王之子。 ㉖元子：长子。 ㉗启：开辟。 ㉘锡：音义并同"赐"。 ㉙附庸：指诸侯国的附属小国。 ㉚周公之孙、庄公之子：均指鲁僖公。 ㉛承祀：主持祭祀。 ㉜辔：御马的嚼子和缰绳。古代四马驾车，辕内两服马共两条缰绳，辕外两骖马各两条缰绳，故曰六辔。耳耳：和顺貌。 ㉝解：通"懈"。 ㉞享：祭献。忒：变。 ㉟骍(xīn)：赤色。牺：纯色牺牲。 ㊱宜：肴，享用。 ㊲周公皇祖：即皇祖周公，此倒句协韵。 ㊳尝：秋季祭祀之名。 ㊴楅衡(bì hēng)：防止牛抵触用的横木。古代祭祀用牲牛必须是没有任何损伤的，秋祭用的牲牛要在夏天设以楅衡，防止触折牛角。 ㊵牡：公牛。刚：通"犅"，小牛。牺尊：酒尊的一种，形为牺牛，凿背以容酒，故名。将将：音义并同"锵锵"。 ㊷毛炰(páo)：带毛涂泥燔烧，此是烧小猪。胾(zì)：大块的肉。羹：指大羹，不加调料的肉汤。 ㊸笾(biān)：竹制的献祭容器。豆：木制的献祭容器。大房：大的盛肉容器，亦名夏屋。 ㊹万舞：舞名，常用于祭祀活动。洋洋：盛大貌。 ㊺臧：善。 ㊻常：长。 ㊼三寿作朋：古代常用的祝寿语。三寿，《养生经》："上寿百二十，中寿百年，下寿八十。"朋，并。 ㊽朱英：矛上用以装饰的红缨。绿縢：将两张弓捆扎在一起的绿绳。縢(téng)：绳。 ㊾二矛：古代每辆兵车上有两支矛，一长一短，用于不同距离的交锋。重弓：古代每辆兵车上有两张弓，一张常用，一张备用。 ㊿徒：步兵。 ㈤贝：贝壳，用于装饰头盔。胄：头盔。綅(qīn)：线，用于编缀固定贝壳。 ㈥烝：众。增增：多貌。 ㈦戎狄：指西方和北方在周王室控制以外的两个民族。膺：击。 ㈧荆：楚国的别名。舒：国名，在今安徽庐江。 ㈨承：抵抗。 ㈩黄发台背：皆高寿的象征。人老则白发变黄，故曰黄发。台，同"鲐"，鲐鱼背有黑纹，老人背有老人斑，如鲐鱼之纹，故云。 ㈦寿胥与试：意为"寿皆如岱"。胥，皆。试，通"岱"。说见王宗石《诗经分类诠释》。 ㈧耇，艾：皆指年老。 ㈨有：通"又"。 ㈩眉寿：指高寿。 ㈦岩岩：山高貌。 ㈧詹：至。陈奂《诗毛氏传疏》："言所至境也。" ㈨龟、蒙：二山名。 ㈩荒：同"抚"，有。大东：指最东的地方。 ㈦淮夷：淮水流域不受周王室控制的民族。同：会盟。 ㈧保：安。凫、绎：二山名。凫山在今山东邹县西南，绎山在今邹县东南。 ㈨徐：国名。宅：居处。 ㈩蛮貊(mò)：泛指北方一些周王室控制外的民族。 ㈦南夷：泛指南方一些周王室控制外的民族。 ㈧诺：应诺。 ㈨若：顺从。 ㈩公：鲁公。纯：大。嘏(gǔ)：福。 ㈦常、许：鲁国二地名，毛传谓为"鲁南鄙北鄙"。 ㈧燕：通"宴"。 ㈨令：善。 ㈩宜：适宜。 ㈦祉：福。 ㈧儿齿：高寿的象征。老人牙落后又生新牙，谓之儿齿。 ㈨徂来：也作徂徕，山名，在今山东泰安东南。 ㈩新甫：山名，在今山东新泰西北。 ㈦度：通"剫"，伐木。寻、尺：皆度量单位，此作动词用。 ㈧桷(jué)：方椽。舄(xì)：大貌。 ㈨路寝：指庙堂后面的寝殿。孔：很。 ㈩新庙：指閟宫。奕奕：美好貌。 ㈦奚斯：鲁大夫。 ㈧曼：长。 ㈨若：顺。

　　此诗以鲁僖公作閟宫为素材，广泛歌颂僖公的文治武功，表达诗人希望鲁国恢复其在周初时尊长地位的强烈愿望。

　　閟宫，亦即诗中提到的"新庙"，是列祖列宗所在之处，也是国家的重要场所。《左传·成公二年》："祀，国之大事也。"祭祀固然各国都有，但在极为注重礼制的周王朝，诸侯国由于地位不同，宗庙祭祀都有一定的区别，不能和周王室相同，否则,就是僭越。然而鲁国却是一个例外,《礼记·明堂位》曰:"成王以周公为有勋劳于天下,是以封周公于曲阜,地方七百里,革车千乘,命鲁公世世祀周公以天子之礼乐……祀帝于郊,配以后稷,天子之礼。"这是鲁人引为自豪的。诗中所叙祭祀,则正指此事。诗一、二、三章叙述了周的发生、发展、壮大以及鲁国的建立,并不是纯粹介绍民族历史,赞美所有先祖的功德,而是突出两位受祀的祖先后稷和周公,以说明祭祀他们的原因。至于诗中提到的其他人,则只是陪衬而已。后稷是周民族的初祖,为姜嫄所生,其出生有一些神话色彩,《大雅·生民》记载较为详细。诗写到这些是因为姜嫄有端正的德性,但主要的却是体现后稷的不凡与神异,和《生民》诗的用意一致。后稷的发展农业,固是上天赐之百福,更和他个人受命于天分不开。以下叙述太王、文王、武王,重点在于灭商,太王"居岐之阳,实始翦商",而文王、武王"缵太王之绪","敦商之旅,克咸厥功",发展线索极为清楚。关于周公功绩,诗中没有明载,但"(成)王曰:叔父,建尔元子,俾侯于鲁,大启尔宇,为周室辅。"分明见出周公于建周有大功劳。《史记·鲁周公世家》载:"周公佐武王作《牧誓》,破殷,入商宫,已杀纣,周公把大钺,召公把小钺,以夹辅武王,衅社,告纣罪于天及殷民。"周公在灭殷中起到了重要作用,但他是文王之子、武王之弟,虽位极人臣,却不能和天子并提,故诗人用比较隐晦的方法突出了周公的功绩。第三章末诗人写道:"皇皇后帝,皇祖后稷。"又说:"周公皇祖。"诗意就豁然明朗了。"周公皇祖"之"皇祖",郑玄以为伯禽,朱熹谓为群公,皆误。明指周公,倒文以协韵耳。

建国之初,鲁国是诸侯中第一等大国,土地之大,实力之强,在诸侯中罕有所匹,故伯禽时,曾有过赫赫武功,《史记·鲁周公世家》:"伯禽即位之后,有管、蔡等反也,淮夷、徐戎亦并兴反。于是伯禽率师伐之于肹,作《肸誓》,……遂平徐戎,定鲁。"在定鲁的过程中当还有许多武功,但载籍残缺,事已不传,只能是想象了。伯禽治鲁,更重文治,颇略武功,所以鲁积弱凌夷,到僖公时代,由于内忧外患,在诸侯中的威信日益下降,连僖公本人也只能靠齐国的势力返回鲁国。不过,僖公即位之后,确也做了一些事情,除礼制上恢复祭后稷、周公以天子之礼外,也频繁地参加诸侯盟会,对外用兵,以逐渐提高和恢复其应有的威望,仅以《春秋》经传来看,僖公四年:会齐侯、宋公、陈侯、卫侯、郑伯、许男、曹伯侵蔡,伐楚;僖公十三年:会齐侯、宋公、陈侯、卫侯、郑伯、许男、曹伯于咸,淮夷病杞故;僖公十六年:会齐侯、宋公、陈侯、卫侯、郑伯、许男、邢侯、曹伯于淮。而《泮水》诗中更有"在泮献功"之事。诗人对此都进行讴歌,叙述鲁公军队攻无不克,战无不胜。"戎狄是膺"是北部边境平安,不受侵扰,"荆舒是惩"则指僖公从齐侯伐楚之事。"泰山岩岩"以下,写鲁国疆域广大,淮夷、徐宅、蛮貊、南夷,莫不率从,莫敢不诺。因为此时鲁国对淮夷用兵最多,成绩最大,故诗人一再言之。大致鲁国在以后的发展中,初封的土地或有损失,而此时又有所收复,故诗曰:"居常与许,复周公之宇。"从全诗看,诗人着重从祭祀和武事两方面反映出鲁国光复旧业的成就,而又统一在僖公新修的闷宫上,闷宫之祭本是周王室对鲁国的特殊礼遇,同时诗人又认为鲁国的种种成功也来自那些受祀先祖在天之灵的庇佑,这样,诗的末章又描写作庙情况,和"闷宫有侐"前后呼应,使全诗成为一个完整的结构。

《闷宫》是《诗经》三百篇中最长的一篇,全诗分十章(《毛诗》原分八章,朱熹《诗集传》分九章),三章章十七句,一章章十六句,一章章九句,三章章八句,二章章十句,共一百二十句。各章之间,意义相互连贯,前后叙述僖公作庙,并以奚斯作颂结束全诗。中间写祖先功德、僖公祀祖、僖公武功及家人群臣情况,同时穿插了对僖公福寿的反复祝颂,而其中六个"俾尔"句型分置三处,使本来恢宏的气势更起伏跌宕,如钱江潮水一浪高过一浪。在语言方面,极铺张扬厉之能事,叙事细密,写秋尝则"秋而载尝,夏而楅衡。白牡骍刚,牺尊将将,毛炰胾羹,笾豆大房"。各种祭品,各种容器,一一陈列,以显出其规模之盛大。写鲁公军旅则"公车千乘,朱英绿縢,二矛重弓。公徒三万,贝胄朱綅,烝徒增增。"威武的戎装,精良的武器,体现军队无坚不摧的士气。此外,"戎狄是膺,荆舒是惩"、"徂来之松,新甫之柏"等以繁密的语言组成排比整齐的句子,也为增加诗歌气势起到推助作用。方玉润《诗经原始》中指出该诗对于汉代辞赋的影响,他说:"盖诗中变格,早开西汉扬(雄)、(司)马(相如)先声,固知其非全无关系也。"这是很有眼力的。但是,在诗中诗人表达的是周公后裔们对于僖公光复旧物所产生的共鸣,是对于再现过去辉煌的向往,这是一个衰落宗族特定时期的真实感情,作为鲁国诗人代表的作者抒发了这种感情,它既是充沛的又是复杂的,只有鸿篇巨制才能容纳得下,只有细致的描写和深透的论说才能尽情倾吐。《文心雕龙》曰:"诗人篇什,为情而造文;辞人赋颂,为文而造情。"这就是《闷宫》和扬、马辞赋的本质区别,也是方氏未曾注意到的。

(郭令原)

商 颂

【诗歌解题】

《诗经》类名。"颂"之一。共五篇。《毛序》认为五篇皆用于祭祀,但现代学者认为其中《长发》《殷武》叙殷之起源和宋伐楚事,与祭祀无涉,疑为祝颂而作。关于作者,古文经学派认为是商代人,而今文经学派则认为是宋国的正考父。近人多从后说,认为是公元前八至前七世纪时人。王国维《古史新证》:"《商颂》五篇,疑亦宗周时宋人所作也。"也有人对此另作考证,认为《商颂》是商诗。内容多是对殷代先公先王的颂赞。

那　　商颂

猗与那与,①	好盛美啊好繁富,
置我鞉鼓。②	在我堂上放立鼓。
奏鼓简简,③	敲起鼓来响咚咚,
衎我烈祖。④	令我祖宗多欢愉。
汤孙奏假,⑤	商汤之孙正祭祀,
绥我思成。⑥	赐我成功祈先祖。
鞉鼓渊渊,⑦	打起立鼓蓬蓬响,
嘒嘒管声。⑧	吹奏管乐声呜呜。
既和且平,	曲调和谐音清平,
依我磬声。⑨	磬声节乐有起伏。
於赫汤孙,⑩	商汤之孙真显赫,
穆穆厥声。⑪	音乐和美又庄肃。
庸鼓有斁,⑫	钟鼓洪亮一齐鸣,
万舞有奕。⑬	场面盛大看万舞。
我有嘉客,	我有助祭好宾客,
亦不夷怿。⑭	无不欢欣在一处。
自古在昔,	在那遥远的古代,
先民有作。⑮	先民行止有法度。
温恭朝夕,	早晚温文又恭敬,
执事有恪。⑯	祭神祈福见诚笃。
顾予烝尝,⑰	敬请先祖纳祭品,
汤孙之将。⑱	商汤子孙天佑助。

〔注〕 ① 猗与那与：犹"婀欤娜欤",形容乐队美盛之貌。与,同"欤",叹词。 ② 置：植,竖立。鞉(táo)鼓：一种立鼓。 ③ 简简：象声词,鼓声。 ④ 衎(kàn)：欢乐。烈祖：有功烈的祖先。 ⑤ 汤孙：商汤之孙。奏假：奏,"奉"的假借；假,"格"的假借。奉格,祭享。 ⑥ 绥：赠予,赐予。思：语助词。成：成功。 ⑦ 渊渊：象声词,鼓声。 ⑧ 嘒(huì)嘒：象声词,吹管的乐声。管：一种竹制吹奏乐器。 ⑨ 磬：一种玉制打击乐器。 ⑩ 於(wū)：叹词。赫：显赫。 ⑪ 穆穆：和美庄肃。 ⑫ 庸：同"镛",大钟。有斁(yì)：即"斁斁",乐声盛大貌。 ⑬ 万舞：舞名。有奕：即"奕奕",舞蹈场面盛大之貌。 ⑭ 亦不夷怿(yì)：意为不亦夷怿,

即不是很快乐吗。夷怿,怡悦。 ⑮作:指行止。 ⑯执事:行事。有恪(kè):即"恪恪",恭敬诚笃貌。 ⑰顾:光顾。烝尝:冬祭为烝,秋祭为尝。 ⑱将:佑助。

《那》是《商颂》的第一篇,同《商颂》中的其他几篇一样,都是殷商后代祭祀先祖的颂歌。关于其成诗年代,有两种说法。一说认为成于商代,另一说则认为成于东周宋时。后一说以《史记》的记载最有代表性,其《宋微子世家》云:"襄公之时,修行仁义,欲为盟主,其大夫正考父美之,故追道契、汤、高宗、殷所以兴,作《商颂》。"他的说法反映的是齐、鲁、韩三家诗的观点。而《毛诗序》云:"《那》,祀成汤也。微子至于戴公,其间礼乐废坏,有正考甫者,得《商颂》十二篇于周之大师,以《那》为首。"认为正考父只是得到殷商亡佚的十二篇颂诗,作了一番整理工作而已,后经孔子删定为今存的五篇。汉代商诗说、宋诗说两说并存,宋诗说占上风。其后欧阳修《诗本义》、朱熹《诗集传》等宋学名著均取商诗说。清代有代表性的《诗经》学著作,如姚际恒《诗经通论》、马瑞辰《毛诗传笺通释》、陈奂《诗毛氏传疏》、方玉润《诗经原始》等都主商诗说,但近代今文经学家魏源、皮锡瑞、王先谦都持宋诗说。至王国维作《说商颂》,引殷墟甲骨卜辞为证,说明《商颂》非商代作品之后,宋诗说几成定论。20 世纪 80 年代以来,对这个问题的研究又有一批新的成果,商诗说重新得到重视。笔者倾向于商诗说,同意持商诗说的张松如先生《商颂研究》的意见:"细详(《那》)诗义,似是一组祭歌的序曲,所谓《商颂》十二,以《那》为首。诗中设有专祀成汤的内容,却描述了商时祭祀的情形和场面,大约是祭祀包括成汤在内的烈祖时的迎神曲。"

与《颂》诗中的大多数篇章不同,《那》主要表现的是祭祀祖先时的音乐舞蹈活动,以乐舞的盛大来表示对先祖的尊崇,以此求取祖先之神的庇护佑助。郑觐文《中国音乐史》云:"《那》祀成汤,按此为祭祀用乐之始。"先秦诗史,基本上是音乐文学史,而我们今天从音乐文学史的研究角度看,可以说《那》具有比其他《诗经》作品更重要的意义,因为此诗不但本身就是配合乐舞的歌辞,而且其文字内容恰恰又是描写这些乐舞情景的。诗中所叙述的作为祭祀仪式的乐舞,按照先奏鼓乐,再奏管乐,再击磬节乐,再钟鼓齐鸣,高唱颂歌跳起万舞这样的顺序进行;最后,主祭者献祭而礼成。按《礼记·郊特牲》云:"殷人尚声,臭味未成,涤荡其声,乐三阕,然后出迎牲。声音之号,所以诰告于天地之间也。"此诗的描写,与《礼记》的记载是相吻合的。

诗首句便用两嗟叹之词,下文又有相当多的描绘乐声的叠字词"简简""渊渊""嘒嘒""穆穆",加上作用类似叠字词的其他几个形容词"有斁""有奕""有恪",使其在语言音节上也很有乐感,这当是本篇成功的关键。虽然它不像后世的诗歌在起承转合的内部结构上那么讲究安排照应,但是其一气浑成的体势,仍使它具有相当的审美价值。孙鑛说:"商尚质,然构文却工甚,如此篇何等工妙!其工处正如大辂。"(陈子展《诗经直解》引)他所谓的"工妙",我们应当从诗的整体上去理解,这样才能正确把握其艺术性;所谓"大辂",应是一辆完整的车子,而不是零碎的一辕一轴。

六经皆史,从以诗证史的视角说,本诗是研究音乐舞蹈史的好资料。诗中出现的乐器有四种:鞉鼓、管、磬、镛,分属中国古代乐器八音分类法的革、竹、石、金四大类,出现的舞蹈有一种:万舞。《诗经》各篇对鼓声的摹仿是极其生动的,可以使我们从中初步领略原始音乐的力度、节奏和音色。如《小雅·伐木》的"坎坎伐鼓",《小雅·鼓钟》的"鼓钟将将""鼓钟喈喈",《大雅·灵台》的"鼍鼓逢逢",《周颂·执竞》的"钟鼓喤喤",《周颂·有駜》的"鼓咽咽",本篇的"奏鼓简简""鞉鼓渊渊",这些摹声的双音叠字词,前一字发重音,后一字读轻声,通过强——弱次序体现了鼓声的力度,又通过乐音时值的组织体现了长短的节奏。从传世实物和考古发掘看,鼓有铜面和兽皮面两大种类,"逢逢""简简""渊渊"应是对兽皮鼓声的摹仿,"将将""喈喈""喤喤"则应是对金属鼓声或钟鼓合声的摹仿,它们形象地再现了或深沉或明亮的不同音色。从这一点上说,《诗经》中描绘乐声的叠字词是唐代白居易《琵琶行》"大弦嘈嘈如急雨,小弦切切如私语;嘈嘈切切错杂弹,大珠小珠落玉盘"这类描写的滥觞。《那》一诗中所用之鼓为鞉鼓,据文献记载,鞉鼓有两种类型,一种大型的竖立设置,名为楹或立鼓;一种小型的类似今日之拨浪鼓,较晚起。《那》中之鞉鼓当为立鼓,按《释名·释乐器》云:"鞉,导也,所以导乐作也。"可知其作用是在祭祀歌舞开始时兴乐起舞。而祭祀时跳的万舞,又见于《邶风·简兮》《鲁颂·闷宫》。从《简兮》的描写中可以看出,万舞包括武舞(男舞)和文舞(女舞)两部分,男舞者孔武有力,手执驭马的绳索,女舞者容光焕发,手执排箫和雉鸟羽翎。笔者以为万舞是一种具有生殖崇拜内涵的舞蹈。按"萬(万)"与"蠆"字相通,《说文解字》释"蠆"为毒虫,又称"蚳",是一种有毒的蛙,则"万舞"一名当关联于蛙的崇拜。而据现代学者研究,蛙在上古信仰中是孕育和繁殖力的象征。本诗所描写的万舞是在鼓声中进行的,中国西南地区出土的古代铜鼓上铸的正是青蛙的形象,这些塑像常呈雌雄交媾状或母蛙负子状以表现生殖崇拜内涵,并且《简兮》所描述的"左手执籥,右手秉翟"的万舞形象也常见于铜鼓腰部的界格上,这些都是万舞的原始信仰意义的明证。自然,这个话题距离文本本身的文学鉴赏已远,那么,在此就当它是正式曲目之后的附加小品吧。

(朱渊清)

烈　　祖

嗟嗟烈祖，①	赞叹伟大我先祖，
有秩斯祜。②	大吉大利有洪福。
申锡无疆，③	永无休止赏赐厚，
及尔斯所。④	至今恩泽仍丰足。
既载清酤，⑤	祭祖清酒杯中注，
赉我思成。⑥	佑我事业得成功。
亦有和羹，	再把肉羹调制好，
既戒既平。⑦	五味平和最适中。
鬷假无言，⑧	众人祷告不出声，
时靡有争。	没有争执很庄重。
绥我眉寿，⑨	赐我平安得长寿，
黄耇无疆。⑩	长寿无终保安康。
约軧错衡，⑪	车衡车轴金革镶，
八鸾鸧鸧。⑫	鸾铃八个鸣铿锵。
以假以享，⑬	来到宗庙祭祖上，
我受命溥将。⑭	我受天命自浩荡。
自天降康，	平安康宁从天降，
丰年穰穰。	丰收之年满囤粮。
来假来飨，	先祖之灵请尚飨，
降福无疆。	赐我大福绵绵长。
顾予烝尝，⑮	秋冬两祭都登场，
汤孙之将。⑯	成汤子孙永祭享。

〔注〕① 烈祖：功业显赫的祖先，此指商朝开国的君王成汤。　② 有秩斯祜：马瑞辰《毛诗传笺通释》云："有秩即形容福之大貌。秩、戴双声。《说文》：'戴，大也。'秩即戴之假借。"祜，福。　③ 申：再三。锡：同"赐"。段玉裁《说文解字注》："经典多假锡为赐字。凡言赐予者，即赐之假借也。"　④ 及尔斯所：陈奂《诗毛氏传疏》云："及尔斯所，犹云'以迄于今'也。"　⑤ 清酤：清酒。　⑥ 赉(lài)：赐予。思：语助词。　⑦ 戒：齐备。　⑧ 鬷(zōng)假：集合大众祈祷。　⑨ 绥：安抚。眉寿：高寿。　⑩ 黄耇(gǒu)：义同"眉寿"。朱熹《诗集传》云："黄，老人发白复黄也。耇，老人面冻梨色。"　⑪ 约軧(qí)错衡：用皮革缠绕车毂两端并涂上红色，车辕

前端的横木用金涂装饰。错,金涂。 ⑫鸾:通"銮",一种饰于马车上的铃。鸧(qiāng)鸧:同"锵锵",象声词。 ⑬假(gé):同"格",至也。享:祭。 ⑭溥(pǔ):大。将:王引之《经义述闻》释为"长"。 ⑮顾:光顾,光临。指先祖之灵光临。烝尝:冬祭叫"烝",秋祭叫"尝"。 ⑯汤孙:指商汤王的后代子孙。将:奉祀。

现存《商颂》五首诗,包括这首《烈祖》,究竟作于何时?有人认为它是商朝的作品,有人则认为是微子启受周之封立国于宋(今河南商丘)的作品(汉代微子启又避讳写作微子开,是殷纣王的庶兄)。笔者认为这些诗初作于殷朝,后在流传于宋国的长时间中很可能又作了加工润色。

《毛诗序》云:"《烈祖》,祀中宗也。"经历代学者研究,比较一致的看法认为是"祀成汤"之诗。

清人姚际恒《诗经通论》的评论是"《小序》谓'祀中宗',本无据,第取别于上篇,又以下篇而及之耳。然此与上篇末皆云'汤孙之将',疑同为祀成汤,故《集传》云然。然一祭两诗,何所分别?辅氏广曰:'《那》与《烈祖》皆祀成汤之乐,然《那》诗则专言乐声,至《烈祖》则及于酒馔焉。商人尚声,岂始作乐之时则歌《那》,既祭而后歌《烈祖》欤?'此说似有文理。"

方玉润《诗经原始》进一步申说:"周制,大享先王凡九献;商制虽无考,要亦大略相同。每献有乐则有歌,纵不能尽皆有歌,其一献降神、四献、五献酌醴荐熟,以及九献祭毕,诸大节目,均不能无辞。特诗难悉载,且多残阙耳。前诗专言声,当一献降神之曲;此诗兼言清酤和羹,其五献荐熟之章欤?不然何以一诗专言声,一诗则兼言酒与馔耶?此可以知其各有专用,同为一祭之乐,无疑也。"

这首诗的功利目的非常明显,就是通过祭祀烈祖,祈求"绥我眉寿""降福无疆"。它是典型的宫廷祭歌(又叫"庙堂乐歌")。

全诗一章二十二句,分四层铺写祭祀烈祖的盛况。开头四句是第一层,首先点明了祭祀烈祖的原由,就在于他洪福齐天,并能给子孙"申锡(赐)无疆";"嗟嗟"一词的运用,可谓崇拜得五体投地。接下八句,写主祭者献"清酤"、献"和羹",作"无言"、无争的祷告,是为了"绥我眉寿,黄耇无疆"。这种祭祀场面的铺叙,表现了祭祀隆重肃穆的气氛,反映出主祭者恭敬虔诚的心态。再接下去八句,写助祭者所坐车马的奢豪华丽,以此衬托出主祭者身份的尊贵,将祈求获福的祭祀场面再次推向高潮。结尾两句祝词,点明了举行时祭的是"汤孙"。首尾相应,不失为一首结构完整的诗篇。

此诗在语言运用上同其他《颂》诗一样,讲究典雅庄重,但由此也产生弊端,难免有些刻板乏味(当然也有好的句子,如"约軧错衡,八鸾鸧鸧"等)。在韵律安排上,此诗倒很有特色,三换韵脚,先用鱼部韵,再用耕部韵,最后是用阳部韵。押阳部韵的句子特多,从"黄耇无疆"到"汤孙之将"的下半部分十一句,连用"疆""衡""鸧""享""将""康""穰""享""疆""尝""将"十一个阳部韵,读起来音调非常铿锵和谐,其音节美显然远胜于文句美。后世句句用韵的"柏梁体"诗恐怕也是滥觞于此。

(蓝开祥)

玄 鸟

天命玄鸟,①	天帝发令给神燕,
降而生商,	生契建商降人间,
宅殷土芒芒。②	住在殷地广又宽。
古帝命武汤,③	当时天帝命成汤,
正域彼四方。④	征伐天下安四边。
方命厥后,⑤	昭告部落各首领,
奄有九有。⑥	九州土地商占遍。
商之先后,⑦	商朝先王后继前,
受命不殆,⑧	承受天命不怠慢,
在武丁孙子。⑨	裔孙武丁最称贤。
武丁孙子,	武丁确是好后代,
武王靡不胜。⑩	成汤遗业能承担。
龙旂十乘,⑪	龙旗大车有十乘,
大糦是承。⑫	贡献粮食常载满。
邦畿千里,⑬	千里国土真辽阔,
维民所止,⑭	百姓居处得平安,
肇域彼四海。⑮	四海疆域至极远。
四海来假,⑯	四夷小国来朝拜,
来假祁祁。⑰	车水马龙各争先。
景员维河,⑱	景山外围大河流,
殷受命咸宜,⑲	殷受天命人称善,
百禄是何。⑳	百样福禄都占全。

〔注〕①玄鸟:黑色燕子。传说有娀氏之女简狄吞燕卵而怀孕生契,契建商。②宅:居住。芒芒:同"茫茫"。③古:从前。帝:天帝,上帝。武汤:即成汤,汤号曰武。④正(zhēng):同"征"。⑤方:遍,普。后:君主,此指各部落的酋长首领。⑥奄:包括。九有:九州。传说禹划天下为九州。《尔雅·释地》:"两河间曰冀州,河南曰豫州,河西曰雍州,汉南曰荆州,江南曰扬州,济南曰兖州,济东曰徐州,燕曰幽州,齐曰营州。"⑦先后:先王。⑧命:天命。殆:通"怠",懈怠。⑨武丁:即殷高宗,汤的后代。⑩武王:即武汤,成汤。胜:胜任。⑪旂(qí):古时一种旗帜,上画龙形,竿头系铜铃。乘(shèng):四马一车为乘。⑫糦:同"饎",酒食。⑬邦畿:封畿,疆界。⑭止:居住。⑮肇域四海:始拥有四海之疆域。四海,《尔雅》以"九夷、八狄、七戎、六蛮"为"四海"。或释"肇"为"兆",兆域,即疆域。⑯来假(gé):来朝。⑰祁祁:纷杂众多之貌。⑱景:景山,在今河南商丘,古称亳,为商之都城所在。⑲咸宜:谓人们都认为适宜。⑳何(hè):通"荷",承担。

  本诗是祭祀殷高宗武丁的颂歌。《毛诗序》云:"《玄鸟》,祀高宗也。"郑笺云:"祀当为祫。祫,合也。高宗,殷王武丁,中宗玄孙之孙也。有雊雉之异,又惧而修德,殷道复兴,故亦表显之,号为高宗云。崩而始合祭于契之庙,歌是诗焉。"郑玄的意思是《毛序》所说的"祀"是合祀,而他所讲到的"雊雉之异",据《史记·殷本纪》记载,是这么一回事:"帝武丁祭成汤,明日有飞雉登鼎耳而呴(雊)。武丁惧。祖己曰:'王勿忧,先修政事。'"

  据今人的研究,商是以鸟为图腾的民族,"雊雉之异"的传说与"天命玄鸟,降而生商"的神话不无相关。而"天命玄鸟,降而生商"则是关于商的起源的最珍贵的早期文献资料。传说中商的祖先契是其母有娀氏之女吞下燕卵之后生下的。《史记·殷本纪》:"殷契,母曰简狄,有娀氏之女。……三人行浴,见玄鸟堕其卵,简狄取吞之,因孕生契。"上古典籍中对此传说有相当多的记载。《楚辞·离骚》:"望瑶台之偃蹇兮,见有娀之佚女。……凤鸟既受诒兮,恐高辛之先我。"《楚辞·天问》:"简狄在台,喾何宜? 玄鸟致诒,如何喜?"《吕氏春秋·音初》:"有娀氏有二佚女,为之成之台,饮食必以鼓。帝令燕往视之,鸣若嗌嗌。二女爱而争搏之,覆以玉筐。少选,发而视之,燕遗二卵北飞,遂不反。"此外如《太平御览》卷八二引《尚书中候》,《史记·三代世表》褚少孙补引《诗含神雾》等纬书也记录了这同一传说。更有意思的是:传世的晚商青铜器《玄鸟妇壶》上有"玄鸟妇"三字合书的铭文,其含义表明作此壶者系以玄鸟为图腾的妇人。玄鸟是商部族的崇拜图腾,"天命玄鸟"的传说正是原始商部族的起源神话。从文化人类学角度审视这一神话,我们发现它作为一种原型,有其典型意义。有关鸟卵生子的传说长期流传于东北地区,如《论衡·吉验》:"北夷橐离国王侍婢有娠。王欲杀之。婢对曰:'有气大如鸡子,从天而下,我故有娠。'"《清太祖武皇帝实录》:"长白山,……有神鹊衔一朱果置佛古伦衣上,……其果入腹,既感而成孕。"高丽李奎极《李相国文集》中亦有鸟卵生子的传说,与《魏书·高句丽传》所记之事略同。而据傅斯年考证,商部族正是发迹于东北渤海地区。

由此可见,所谓的"雏雉之异"是为了显示高宗武丁的中兴而造出的神话,它正基筑于商民族的玄鸟图腾信仰。商至盘庚而迁殷,发展兴旺,政局稳定。盘庚死后,传位二弟小辛,小辛不幸三年而亡,又传位三弟小乙,小乙即位十年而亡。其时殷道又衰,小乙之子武丁立,用傅说为相,伐鬼方、大彭、豕韦,修政立德,终使国家大治。诗云:"龙旂十乘,大糦是乘。"郑玄笺曰:"交龙为旗,高宗之孙子有武功,有王德于天下者,无所不胜服。乃有诸侯建龙旗者十乘,奉承黍稷而进之者,亦言得诸侯之欢心。十乘者,由二王后,八州之大国与?"中原部族建立联盟后,统以龙为标志,"龙以建旗"。商族在东北兴起后,南下黄河流域,进而控制诸夏。高宗武丁时,中原各部族以车载稻米进贡。诗云:"四海来假,来假祁祁",则不但是中原诸夏部族,即使是氐、羌等四边民族也纷纷进贡朝见。武丁功业之隆,于此可见。

从文学角度看,本诗成功地应用了对比、顶真、叠字等修辞手法,结构严谨,脉络清晰,其成熟性令人惊奇。先写神圣的祖先诞生和伟大的商汤立国,目的是衬托武丁中兴的大业,以先王的不朽功业与武丁之中兴事业相比并,更显出武丁中兴事业之盛美。"宅殷土芒芒"毕竟虚空,不及"邦畿千里"之实在;"正域彼四方"只是商汤征伐四方事业的开始,而武丁时却是"肇域彼四海",四夷来归,疆域至广。这看似重复的语句,却有根本上的差别,其妙用令人啧啧叹赏。诗中"武丁孙子",重复一遍形成转折,这是颂歌转折的关键,把中心转到了"武丁"身上,并表明了武丁是伟大的商汤后裔,中心开花,承上启下,结构上极其整饬。最后几句中,"四海来假,来假祁祁"顶针与叠字修辞并用,以补充说明四方朝贡觐见之众多,渲染武丁中兴事业之成功,也有曲终奏雅、画龙点睛之效。此外全诗善以数字作点染,"四方""九有""十乘""千里""四海""百禄"云云,各尽其妙。

本篇为祭祀颂诗,整诗写商的"受天命"治国,写得渊源古老,神性庄严,气势雄壮。由此来设想这一祭祀场面的话,当是何等的声势浩大,音调洪亮。

(史为文)

长　发

濬哲维商,①	英明睿智大商始祖,
长发其祥。②	永久兴发福泽祯祥。
洪水芒芒,③	上古时候洪水茫茫,

禹敷下土方。④	大禹平治天下四方。
外大国是疆，⑤	远方之国均为疆土，
幅陨既长。⑥	幅员广阔而又绵长。
有娀方将，⑦	有娀氏女青春年少，
帝立子生商。⑧	上帝让她生子立商。

玄王桓拨，⑨	玄王商契威武刚毅，
受小国是达，⑩	接受小国认真治理，
受大国是达。	成为大国政令通利。
率履不越，⑪	遵循礼法没有失误，
遂视既发。⑫	巡视民情处置适宜。
相土烈烈，⑬	先祖相土武功烈烈，
海外有截。⑭	四海之外顺服齐一。

帝命不违，	先祖听从上帝意旨，
至于汤齐。⑮	到成汤时最合天心。
汤降不迟，	成汤降生适逢其时，
圣敬日跻。⑯	明哲圣德日益增进。
昭假迟迟，⑰	久久不息祷告神明，
上帝是祗，⑱	敬奉上帝一片至诚，
帝命式于九围。⑲	上帝命他九州执政。

受小球大球，⑳	接受宝玉小球大球，
为下国缀旒。㉑	作为诸侯方国表率。
何天之休，㉒	承受上天所降福佑，
不竞不絿，㉓	既不争竞也不急求，
不刚不柔。	既不太刚也不太柔。
敷政优优，㉔	施政温和而且宽厚，
百禄是遒。㉕	千百福禄归王所有。

受小共大共,㉖	接受大小拱璧珍宝,
为下国骏厖。㉗	作为诸侯方国依靠。
何天之龙,㉘	承受上天所赐恩宠,
敷奏其勇。㉙	显示他的勇武英豪。
不震不动,㉚	既不震恐也不动摇,
不戁不竦,㉛	既不惧怯也不惊扰,
百禄是总。㉜	千百福禄都会来到。
武王载旆,㉝	武王兴师扬旗亲征,
有虔秉钺。㉞	威风凛凛手持斧钺。
如火烈烈,	进军如同熊熊火焰,
则莫我敢曷。㉟	没有敌人敢于阻截。
苞有三蘖,㊱	一棵树干生三树杈,
莫遂莫达。㊲	不能再长其他枝叶。
九有有截,㊳	天下九州归于一统,
韦顾既伐,㊴	首先讨伐韦国顾国,
昆吾夏桀。㊵	再去灭掉昆吾夏桀。
昔在中叶,㊶	还在以前国家中世,
有震且业。㊷	汤有威力又有业绩。
允也天子,㊸	他确实是上天之子,
降于卿士。㊹	天降卿士作为辅弼。
实维阿衡,㊺	他也就是贤相伊尹,
实左右商王。㊻	实为商王左膀右臂。

〔注〕 ① 濬哲:明智。濬,"睿"的假借。商:指商的始祖。 ② 发:兴发。 ③ 芒芒:茫茫,水盛貌。 ④ 敷:治。下土方:"下土四方"的省文。 ⑤ 外大国:外谓邦畿之外,大国指远方诸侯国。疆:疆土。句意为远方的方国都归入疆土。 ⑥ 辐陨:幅员。长:广。 ⑦ 有娀(sōng):古国名。这里指有娀氏之女,古时妇女系姓,姓氏无考,以国号称之。《说文》:"娀,帝高辛之妃,偰母号也。"将:壮,大。 ⑧ 帝立子生商:《商颂·玄鸟》:"天命玄鸟,降而生汤。"有娀氏之女生契,契被奉为商的始祖。 ⑨ 玄王:商契。契生前只是东方的一个国君,由

小渐大,并未称王,下传十世至太乙(汤)建立商王朝,追尊契为王。根据"玄鸟生商"的神话,称为玄王。桓拨:威武刚毅。 ⑩达:开,通。受小国、大国是达,二句疏释多歧,兹取郑笺"玄王广大其政治,始尧封之商为小国,舜之末年乃益其地为大国,皆能达其教令"之说。 ⑪率履:遵循礼法。履,"礼"的假借。 ⑫遂视既发:视,巡视;发,施。旧解多歧,兹取朱熹《诗集传》"言契能循礼不过越,遂视其民,则既发以应之矣"之说。 ⑬相土:人名,契的孙子。契生昭明,昭明生相土,是商的先王先公之一。烈烈:威武貌。 ⑭海外:四海之外,泛言边远之地。有截:截截,整齐划一。 ⑮汤:成汤,帝号天乙,商王朝的建立者,他以武力推翻夏桀的统治,建立商王朝。齐:齐一,一样。 ⑯跻:升。 ⑰昭假(gé):向神祷告,表明诚敬之心。迟迟:久久不息。 ⑱祗:敬。 ⑲式:法,执法。九围:九州。 ⑳球:一说球为玉器,小者尺二寸,大者三尺;一说通"捄",训"法"。兹取前一说。 ㉑下国:下面的诸侯方国。缀旒(liú):表率、法则。 ㉒何:同"荷",承受。休:"庥"的假借,庇荫。 ㉓绿(qiú):急。 ㉔优优:温和宽厚。 ㉕道:聚。 ㉖共:历代训释不一,一说通"珙",璧;一说通"拱",法,一说通"供",为祭器或祭物,均可通。 ㉗骏厖(páng):骏,大。余培林引《诗经世本古义》:"《说文》云:石大也。'为下国骏厖'者,下国诸侯恃汤以安,如依赖于磐石然。" ㉘龙:"宠"的假借,恩宠。 ㉙敷奏:施展。 ㉚不震不动:郑笺"不可惊惮也。" ㉛戁(nǎn)、竦:恐惧。 ㉜总:聚。 ㉝武王:成汤之号。载:始。旆(pèi):旌旗,此作动词。 ㉞有虔:威武貌。秉钺:执持长柄大斧。钺是青铜制大斧,国王近卫军的兵器,国王亲征秉钺。《史记·殷本纪》:"汤自把钺以伐昆吾,遂伐桀。"即本诗所写。 ㉟曷(è):通"遏"。 ㊱苞有三蘖(niè):苞,本,指树干;蘖,旁生的枝桠嫩芽。朱熹《诗集传》:"言一本生三蘖也,本则夏桀,蘖则韦也,顾也,昆吾也,皆桀之党也。" ㊲遂:草木生长之称。达:苗生出土之称。 ㊳九有:九州。 ㊴韦:国名,在今河南滑县东,夏桀之与国。顾:国名,在今山东鄄城东北,夏桀之与国。 ㊵昆吾:国名,夏桀之与国,与韦、顾、昆吾共为夏王朝东部屏障。据史实,成汤先将韦、顾、昆吾分割包围,先歼灭左边的韦,再歼灭右边的顾,然后两面夹击昆吾,最后伐孤立之桀,决战于鸣条(今河南封丘县东)之野,消灭了夏桀的主力。 ㊶中叶:中世。商朝立国从契始,到十世成汤建立王朝,从开国历史年代说正值中世。 ㊷震:威力。业:功业。 ㊸允:信然。 ㊹降:天降。 ㊺实维:是为。阿衡:即伊尹,辅佐成汤征服天下建立商王朝的大臣。他原来是一个奴隶,成汤发现他的才干,破格重用。 ㊻左右:在王左右辅佐。

这是殷商后王祭祀成汤及其列祖,并以伊尹从祀的乐歌。

全诗七章,每章句数不等,其结构形式与《诗经》大多数篇章整齐的四言体等句分章不同。有韵,又与《周颂》各篇大多无韵不同。其内容以歌颂成汤为主并追述先王功业,并兼及功臣,也与其他祭颂之诗不同。

第一章追述商国立国历史悠久,商契受天命出生立国,所以商国一直蒙承天赐的吉祥。第二章歌颂商契建国施政使国家发展兴盛,以及先祖相土开拓疆土的武功。下章即转入歌颂成汤。第三章歌颂成汤继承和发展先祖功业,明德敬天,因而受天命而为九州之主。第四章歌颂成汤奉行天意温厚施政,刚柔适中,为诸侯表率,因得天赐百禄。第五章歌颂成汤的强大武力可以保障天下的安宁,为诸侯所依靠,因得天赐百禄。第六章歌颂成汤讨伐夏桀及其从国而平定天下。

第七章歌颂成汤是上天之子,上帝降赐伊尹辅佐他建立功业。

全诗从头到尾贯穿着殷商统治阶级的天命论思想:"君权天授",他们是天帝的嫡裔,他们立国、开辟疆土、征伐异族、占有九州而统治各族人民,都是奉行上天的意旨,得到天的庇佑;他们建立的新王朝的统治权以及所有的福禄——权力、财富和显赫的荣耀,都得之于天,因为他们是天子及其嫡裔。统治阶级的这种意识形态,是他们建立统治的理论基础。诗中歌颂武功,即暴力掠夺和扩张,如"相土烈烈,海外有截","如火烈烈,则莫我敢曷","敷奏其勇","百禄是总"……统治权和享受的百禄,都来自运用本身强大力量进行的战争。崇尚勇武和战争,为侵略、镇压、掠夺和统治披上"天意"的伪装,正是殷商天命论的实质。

诗中塑造了商王朝创造者成汤的形象。他继续祖业而积极进取,开创新王朝基业。他恭诚敬天,"帝命不违",奉行天意,"上帝是祗",因而获得天佑,"百禄是遒",是忠诚的天之子;他英武威严,战无不克,"武王载旆,有虔秉钺",冲锋敌阵,其气势"如火烈烈,则莫我敢曷",既蔑视敌人,英勇无畏,又能采取正确的战略,从而征服天下,是智勇双全的英雄;他又是贤明的执政者,"不竞不绿,不刚不柔","圣敬日跻,昭假迟迟",励精图治,选贤与能,作诸侯的表率,是诸侯的依靠。《孟子·离娄下》也谈到商汤此人:"汤执中,立贤无方。""执中",即指汤"不竞不绿,不刚不柔"而言,是执政的必备品格;"立贤无方",即"不拘一格"任用人才,指重用伊尹而言,传说伊尹本是奴隶,汤发现了他的才干,予以信任和重用,在伊尹辅佐下汤得以完成大业。诗中歌颂的成汤的这些品格,正是古代奴隶主贵族阶级的理想品格。对于汤,周代的政治家和思想家也是赞扬的,因为他的品格也是周代统治者的理想品格;不过,他们吸取殷商覆亡的教训,把殷商的天命论加以发展和改造,提出"天命无常,唯德是从",认为天命不是永久不变的,上帝是道德神,仁德爱民才能获得和保持天命不变,因而突出执政者的道德,同时对理想人格也加以丰富和发挥,推动历史前进一大步。这些内容,我们从《周颂》和《大雅》都可以体会到。

全诗具有史诗的因素,叙述的事件以殷商的史实为基础,同时像各民族上古的史诗一样,吸取了上古的许多神话传说素材,但又根据殷商统治阶级的功利及其意识形态,对神话传说有所取舍和改造。

诗的结构形式并不整齐。在得以保存下来的五篇《商颂》中,这是章句和句式最不整齐的一篇。这些祭祀乐歌显然经过春秋时代殷商后裔宋国人的整理改定,用作宋国的宗庙乐歌,可能限于流传的蓝本不全,或资料不足,有所减略或增益,因而全诗叙事和各章内容详略不等。近人也有怀疑本诗有因错简而章次颠倒之处,如张松如《商颂绎释》,就将第四、五两章移为最后两章。事关文献原貌,未成公认的定论之前,兹仍其旧。

本诗的叙述并不平直板滞,善于运用一些形象的语言,描写较为生动。韵律也较为整齐,除全诗末两句外,句句用韵,每章换韵。在句式上,多用对句,或上下句相对,或双句相对,或章句相对,行文变化多姿,使语言整齐匀称,内容凝练集中,有较强的节律感,当是中国后世诗词对仗的滥觞。　　　　　(夏传才)

殷　　武

挞彼殷武,①	殷王武丁神勇英武,
奋伐荆楚。②	是他兴师讨伐荆楚。
罙入其阻,③	王师深入敌方险阻,
裒荆之旅。④	众多楚兵全被俘虏。
有截其所,	扫荡荆楚统治领土,
汤孙之绪。⑤	成汤子孙功业建树。
维女荆楚,⑥	你这偏僻之地荆楚,
居国南乡。⑦	长久居住中国南方。
昔有成汤,	从前成汤建立殷商,
自彼氐羌,⑧	那些远方民族氐羌,
莫敢不来享,	没人胆敢不来献享,
莫敢不来王,	没人胆敢不来朝王。
曰商是常。⑨	殷王实为天下之长。
天命多辟,⑩	上帝命令诸侯注意,
设都于禹之绩。⑪	建都大禹治水之地。
岁事来辟,⑫	每年按时来朝来祭,
勿予祸適,⑬	不受责备不受鄙夷,
稼穑匪解。⑭	好好去把农业管理。
天命降监,	上帝命令殷王监视,

下民有严。⑮	下方人民恭谨从事。
不僭不滥，⑯	赏不越级罚不滥施，
不敢怠遑。	人人不敢怠慢度日。
命于下国，	君王命令下达诸侯，
封建厥福。⑰	四方封国有福享受。

商邑翼翼，⑱	殷商都城富丽堂皇，
四方之极。⑲	它是天下四方榜样。
赫赫厥声，	武丁有着赫赫声名，
濯濯厥灵。⑳	他的威灵光辉鲜明。
寿考且宁，	既享长寿又得康宁，
以保我后生。㉑	是他保佑我们后人。

陟彼景山，㉒	登上那座景山山巅，
松柏丸丸。㉓	松树柏树挺拔参天。
是断是迁，	把它砍断把它远搬，
方斲是虔。㉔	削枝刨皮加工完善。
松桷有梴，㉕	长长松木制成方椽，
旅楹有闲，㉖	楹柱排列粗壮溜圆，
寝成孔安。㉗	寝庙落成神灵安恬。

〔注〕 ① 挞(tà)：勇武貌。殷武：即殷高宗武丁。他是殷朝的一位中兴之主，曾任用贤人傅说(yuè)为相，并不断对西北的舌方、土方、鬼方、羌、周族等用兵，在位五十九年。 ② 荆楚：即荆州之楚国。《史记·楚世家》："吴回生陆终。陆终生子六人，其长曰昆吾；二曰参胡；三曰彭祖；四曰会人；五曰曹姓；六曰季连，芈姓，楚其后也。昆吾氏，夏之时尝为侯伯，桀之时汤灭之。彭祖氏，殷之时尝为侯伯，殷之末世灭彭祖氏。季连生附沮，附沮生穴熊。其后中微，或在中国，或在蛮夷，弗能纪其世。周文王之时，季连之苗裔曰鬻熊。鬻熊子事文王，蚤(早)卒。其子曰熊丽。熊丽生熊狂，熊狂生熊绎。熊绎当周成王之时，举文、武勤劳之后嗣，而封熊绎于楚蛮，封以子男之田，姓芈氏，居丹阳。" ③ 罙(shēn)：同"深"。古深字本作"罙"，隶变作"罙"。 ④ 裒(póu)："捊"之别体，通"俘"，俘获。 ⑤ 汤孙：此处指商汤的后代子孙武丁。绪：功业。 ⑥ 女(rǔ)：同"汝"。 ⑦ 乡(xiàng)：通"嚮"，今简作"向"。 ⑧ 自彼氐羌：自，犹"虽"；氐、羌，散居在今西北陕西、甘肃、青海一带的边远民族。 ⑨ 常：长。"常"是"尚声"字，与"长"字古音同部，故可释为"长"。 ⑩ 多辟(bì)：众多诸侯国君。 ⑪ 绩：通"迹"。 ⑫ 来辟：犹

言"来王"、"来朝"。⑬祸適:读同"过谪",义为谴责。⑭解(xiè):同"懈"。⑮严(yǎn):同"俨",敬谨。⑯不僭(jiàn)不滥:毛传:"赏不僭、刑不滥也。"⑰封:毛传:"大也。"⑱商邑:指商朝的国都西亳。《史记·殷本纪》正义:"汤自南亳迁西亳,仲丁迁隞,河亶甲居相,祖乙居耿,盘庚渡河,南居西亳,是五迁也。"殷高宗武丁是盘庚之后的中兴之主,其时建都西亳,在今河南偃师。翼翼:都城盛大貌。⑲极:准则。⑳濯濯:形容威灵光辉鲜明。㉑后生:犹言后代子孙。㉒景山:陈奂《诗毛氏传疏》:"考今河南偃师县有缑氏城,县南二十里有景山,即此诗之景山也。"㉓丸丸:形容松柏条直挺拔。㉔方:是。斲(zhuó):砍、削。虔:马瑞辰《毛诗传笺通释》:"虔当读如虔刘之虔。"虔刘,砍削。㉕桷(jué):方形的椽子。梴(chān):木长貌。㉖旅:当依毛传释为"陈列"。有闲:闲闲,大貌。㉗寝:此指为殷高宗所建的寝庙。古时的寝庙分两部分,后面停放牌位和先人遗物的地方叫"寝",前面祭礼的地方叫"庙"。孔:很。

《殷武》一诗,是《商颂》的最后一篇,也是《诗经》三百零五篇的最后一篇,《毛诗序》所作题解为"祀高宗也",谓其为商人祭祀歌颂殷高宗武丁之诗。但魏源本三家诗之说,云:"春秋僖四年,公会齐侯、宋公伐楚,此诗与《鲁颂》'荆舒是惩',皆侈召陵攘楚之伐,同时同事同词,故宋襄公作颂以美其父(桓公)。"(《诗古微》)王先谦《诗三家义集疏》以为"魏说为此诗定论,毛序之伪,不足辨也"。然吴闿生《诗义会通》云:"考《商颂》五篇,皆盛德之事,非宋之所宜有,且其诗有'邦畿千里,惟民所止,命于下国,封建厥福'等语,此复非诸侯之事,是序说无可疑者。"方玉润《诗经原始》也指出:"或疑商时无楚,……殊不知《禹贡》荆及衡阳为荆州,楚即南荆也。……又况《易》称'高宗伐鬼方,三年克之',与此诗'深入其阻'者合。鬼方,楚属国也。"其辨甚核,当从之。

殷高宗作为成汤之后的一代中兴之主,《史记·殷本纪》载有他的业绩:"帝武丁即位,思复兴殷,而未得其佐。三年不言,政事决定于冢宰,以观国风。武丁夜梦得圣人,名曰说。以梦所见视群臣百吏,皆非也。于是逎(乃)使百工营求之野,得说于傅险(亦作傅岩)中。是时说为胥靡,筑于傅险。见于武丁,武丁曰:'是也。'得而与之语,果圣人,举以为相,殷国大治。故遂以傅险姓之,号曰傅说。帝武丁祭成汤,明日,有飞雉登鼎耳而呴,武丁惧。祖己曰:'王勿忧,先修政事。'武丁修政行德,天下咸驩(欢),殷道复兴。"

这首《殷武》诗的主旨,就在于通过高宗寝庙落成举行的祭典,极力颂扬殷高宗继承成汤的事业所建树的中兴业绩。

全诗共六章,一、四、五章章六句,二、六章章七句,三章五句。前五章写殷高宗武丁中兴之事,最后一章写高宗寝庙落成的情景。

这首诗歌在艺术表现上的突出特色,是各章都有它描写的侧重点。第一章言武丁伐楚之功。"挞彼殷武,奋伐荆楚"二句,表现了武丁对楚用兵的勇猛神速。"罙（深）入其阻，裒荆之旅"，写出武丁的军队是在突破险阻中取得节节胜利。"有截其所，汤孙之绪"，特别点明武丁之所以能征服荆楚之地，那是因为他是成汤的后世子孙，理应有所作为。第二章写武丁对荆楚的训诫。"维女（汝）荆楚，居国南鄉（向）"二句，从荆楚所处的地理位置，指出它理应俯首听命。"昔有成汤，自彼氐羌，莫敢不来享，莫敢不来王，曰商是常。"这是以成汤征服氐、羌的先例来告诫荆楚归服，可谓是"刚柔并举"。第三章只有五句，可能有脱文，是写四方诸侯来朝。说殷武丁秉承"天命"统治诸侯，因之诸侯入国朝见天子、在封地勤治农事，都是他们应尽的职守。第四章，进一步申述武丁是受"天命"的中兴之主，人民百姓只能安分守己，按商朝的政令行动。第五章，写商朝的国都西亳地处中心地带的盛况，这里曾是中兴之主殷武丁运筹帷幄、决胜千里的地方，故特别用"商邑翼翼，四方之极"两句诗来渲染它，而武丁在位长达五十九年，说他"赫赫厥声，濯濯厥灵"，并不过分。末章描写修建高宗寝庙的情景，用"陟彼景山，松柏丸丸"两句诗作比兴，不但形象生动，而且有象征意义，象征殷武丁的中兴业绩垂之不朽。

　　这首诗在用韵上也有其特色。第一章句句用韵，"武""楚""阻""旅""所""绪"同叶鱼部韵；第二章除"维女荆楚"一句不用韵，其余句句用韵，"鄉""汤""羌""享""王""常"同叶阳部韵；第三章句句用韵，"辟""绩""辟""適（谪）""解（懈）"是锡支通韵；第四章句句用韵，前后换韵，"监""严""滥""遑"是谈阳合韵，"国""福"叶职部韵；第五章句句用韵，前后换韵，"翼""极"叶职部韵，"声""灵""宁""生"叶耕部韵；最后一章句句用韵，"山""丸""迁""虔""梴""闲""安"叶元部韵。由于末章用元韵一韵到底，颇能渲染出宗庙落成的喜庆气氛。　　　　（蓝开祥）

楚辞

屈原

（约前340—约前278）。战国楚诗人。名平，字原；又自云名正则，字灵均。故里屈邑，在丹阳秭归（今湖北秭归）。战国时楚国贵族。初辅佐怀王，任左徒、三闾大夫。学识渊博，主张内修法度，举贤授能；对外东联齐国，西抗强秦。后遭到贵族子兰、靳尚等人的谗害而被疏远去职。顷襄王时被放逐，长期流浪沅湘流域。后因楚国的政治更加腐败，首都郢亦为秦兵攻破，他既无力挽救楚国的危亡，又深感政治理想无法实现，投汨罗江而死。所作《离骚》自述身世、志趣，指斥统治集团昏庸腐朽，感叹抱负未申，报国无门；《九章》亦多揭露现实的黑暗与混乱，并抒发怀归之情。两者均突出表现了他对楚国国事的深切忧念和为理想而献身的精神。《天问》对有关自然现象、社会历史等方面的许多传统观念，提出了怀疑和质问，体现出独立思考、大胆探索的精神。《九歌》则是优美的祭神乐歌。他在楚国地方文艺的基础上，创造出骚体这一新形式，以华美的语言、丰富的想象，融化神话传说，抒发热烈的感情，塑造出鲜明的形象。如《离骚》等更具有宏大的篇制，与《诗经》形成显著区别，对后世影响很大。屈原是我国第一位富有个性的浪漫主义大诗人。其传世作品，都保存在刘向辑集的《楚辞》中。又《汉书·艺文志》著录《屈原赋》二十五篇，其书久佚，篇目与《楚辞》有无出入，已不可详考。

离 骚

《楚辞》篇名。战国楚人屈原作。"离骚"，旧解释为遭忧，也有解作离愁的；近人或解释为牢骚。全篇以自述身世、遭遇、心志为中心。前半篇反复倾诉其对楚国命运的关怀，表达了他要求革新政治的愿望，和坚持理想、虽逢灾厄也绝不与邪恶势力妥协的意志；后半篇通过神游天上、追求理想的实现和失败后欲以身殉的陈述，反映出他热爱楚国的思想感情。作品运用美人香草的比喻、大量的神话传说和丰富的想象，形成绚烂的文采和宏伟的结构，对后世文学有深远影响。

离 骚　　　　　屈　原

帝高阳之苗裔兮，①　　我是古帝高阳氏的后裔，
朕皇考曰伯庸。②　　　屈氏的太祖叫做伯庸。

摄提贞于孟陬兮,③	岁星在摄提格的建寅之月,
惟庚寅吾以降。	当庚寅的一天我便降生。
皇览揆余初度兮,④	太祖根据我初生时的气度,
肇锡余以嘉名。⑤	通过卦辞赐给我嘉美的大名。
名余曰正则兮,	赐给我的名为"正则",
字余曰灵均。	赐给我的字为"灵均"。
纷吾既有此内美兮,⑥	我已经具有这样多内在的美德,
又重之以脩能。⑦	我还要培养优异的才能。
扈江离与辟芷兮,⑧	披上了江蓠和系结起的白芷,
纫秋兰以为佩。	又编织起秋兰佩带在身。
汩余若将不及兮,⑨	时光像流水总是追赶不上,
恐年岁之不吾与。⑩	我怕这年岁不能将我等待。
朝搴阰之木兰兮,⑪	早上到山坡上摘了木兰花,
夕揽洲之宿莽。⑫	黄昏时又到洲渚把宿莽采。
日月忽其不淹兮,⑬	太阳月亮不停运行忙忙碌碌,
春与秋其代序。	春天秋天循环往复互相替代。
惟草木之零落兮,	想到草木也有凋零之时,
恐美人之迟暮。	便担心美人年衰老迈。
不抚壮而弃秽兮,	不趁着盛壮之年抛弃恶德,
何不改此度?	君王啊为什么不改变态度?
乘骐骥以驰骋兮,	乘着骏马尽情地奔驰,
来吾导夫先路!	来吧我愿做向导在前开路!
昔三后之纯粹兮,⑭	当初楚三王德行纯洁精粹,
固众芳之所在。	本来就拥有很多贤俊之士。

杂申椒与菌桂兮，	夹杂着香草申椒和菌桂，
岂惟纫夫蕙茝？	难道仅仅是联缀蕙草白芷？
彼尧舜之耿介兮，	圣王尧舜那么光明耿直，
既遵道而得路。	遵循着正道找到治国途径。
何桀纣之猖披兮，	昏君桀纣如此放纵败德，
夫唯捷径以窘步。	只想走捷径弄得步履窘困。
惟夫党人之偷乐兮，	那些结党营私者贪图享乐，
路幽昧以险隘。	政治昏暗前途充满危险。
岂余身之惮殃兮，⑮	我难道害怕自身遭受灾殃，
恐皇舆之败绩。⑯	担心的是社稷覆亡不远。
忽奔走以先后兮，	我匆匆奔走在君王前后，
及前王之踵武。	为赶上圣明先王的步伐。
荃不察余之中情兮，⑰	君王不体察我的一片忠心，
反信谗而齌怒。⑱	反而听信谗言怒气大发。
余固知謇謇之为患兮，⑲	我本知正直敢言会惹祸端，
忍而不能舍也。	但忍下心来不能放弃。
指九天以为正兮，	指着九重天宇为作明证，
夫唯灵脩之故也。⑳	确实是为君王我才如此。
初既与余成言兮，㉑	当初已经同我有所约定，
后悔遁而有他。	后来又反悔另有主张。
余既不难夫离别兮，	离开朝廷我并不感到为难，
伤灵脩之数化。㉒	伤心的是君王反复无常。
余既滋兰之九畹兮，㉓	我已播种了九畹秋兰，
又树蕙之百亩。	又栽上了百亩香蕙。

畦留夷与揭车兮,㉔
杂杜衡与芳芷。㉕

畦垄上种留夷和揭车,
还套种杜衡芷草点缀。

冀枝叶之峻茂兮,㉖
愿俟时乎吾将刈。㉗
虽萎绝其亦何伤兮,
哀众芳之芜秽!

希望这些香草枝叶茂盛,
愿等到收获时我来割取。
即使枯萎了也没什么可怕,
痛心的是众香草一片荒芜!

众皆竞进以贪婪兮,
凭不猒乎求索。㉘
羌内恕己以量人兮,㉙
各兴心而嫉妒。

小人们竞相钻营十分贪婪,
索求财物名位总不满足。
他们放纵自己而苛求他人,
个个动着坏心思满怀嫉妒。

忽驰骛以追逐兮,
非余心之所急。
老冉冉其将至兮,
恐脩名之不立。

急急忙忙奔走追逐私利,
这不是我心中着急的事情。
老迈之年渐渐地逼近,
我深恐此生难留下美名。

朝饮木兰之坠露兮,
夕餐秋菊之落英。
苟余情其信姱以练要兮,㉚
长颔颔亦何伤!㉛

早上饮了木兰坠下的露水,
晚上吃着秋菊落下的花瓣。
只要我的情感确实美好专一,
长期面黄肌瘦也不必伤叹!

擥木根以结茝兮,㉜
贯薜荔之落蕊。㉝
矫菌桂以纫蕙兮,㉞
索胡绳之𫄧𫄧。㉟

采了木兰的根须绾结白芷,
用薜荔来贯穿落下的花蕊。
弄直了菌桂联缀香蕙,
将胡绳草搓成条索垂垂。

謇吾法夫前脩兮,㊱

我效法前代的那些贤人,

非世俗之所服。㊲
虽不周于今之人兮，㊳
愿依彭咸之遗则。㊴

这不是世俗之人所愿做。
虽然不合于当今庸人的看法，
愿依照彭咸遗留的准则。

长太息以掩涕兮，㊵
哀民生之多艰。
余虽好修姱以鞿羁兮，㊶
謇朝谇而夕替。㊷

我长长叹息不断地拭泪，
哀伤人生的路途如此艰难。
我只是喜好美洁能自我约束，
却早上直谏晚上就被斥贬。

既替余以蕙纕兮，㊸
又申之以揽茝。㊹
亦余心之所善兮，
虽九死其犹未悔！

我因为佩带蕙草而被解职，
又因为采摘白芷而被加罪。
但只要是我所向往喜欢的，
即使死去九次也不会后悔！

怨灵修之浩荡兮，㊺
终不察夫民心。
众女嫉余之娥眉兮，㊻
谣诼谓余以善淫。㊼

怨君王太放荡邪僻，
始终不知考察民心。
一群坏女人嫉妒我的妩媚，
竟造谣中伤说我好淫。

固时俗之工巧兮，㊽
偭规矩而改错。㊾
背绳墨以追曲兮，㊿
竞周容以为度。(51)

时俗本就喜欢投机取巧，
规矩既违背措施又变更。
离开准绳墨斗追求邪曲，
以苟合取容作为处世标准。

忳郁邑余侘傺兮，(52)
吾独穷困乎此时也。
宁溘死以流亡兮，(53)
余不忍为此态也！

愤懑抑郁我失神而立，
唯独我现在如此穷困。
宁肯忽然死去让灵魂飘泊，
我不忍做出丑态苟且偷生！

鸷鸟之不群兮,⑤④	性情专一的雎鸠不合于群,
自前世而固然。	在以前的时代就是如此。
何方圜之能周兮,⑤⑤	方的圆的怎么能够吻合,
夫孰异道而相安?	志趣不同哪会相安无事?
屈心而抑志兮,	内心委屈强自压抑情志,
忍尤而攘诟。⑤⑥	忍受罪名而遭小人侮辱。
伏清白以死直兮,⑤⑦	保持清白为正道而死,
固前圣之所厚。⑤⑧	正是为前代圣贤所推许。
悔相道之不察兮,⑤⑨	后悔当初把路看得不仔细,
延伫乎吾将反。⑥⓪	引颈远望我要马上回返。
回朕车以复路兮,	调转我的车头折向旧路,
及行迷之未远。	趁着迷失方向还不太远。
步余马于兰皋兮,⑥①	解辔放我的马在兰皋散步,
驰椒丘且焉止息。⑥②	又在椒丘奔驰后休息一阵。
进不入以离尤兮,⑥③	想迈进难以前行反而获罪,
退将复修吾初服。	只有重理我当初衣服而退隐。
制芰荷以为衣兮,⑥④	裁剪荷叶制成绿色的上衣,
集芙蓉以为裳。	缝缀荷花再把它制成下裳。
不吾知其亦已兮,	没有人了解我也毫不在乎,
苟余情其信芳。⑥⑤	只要我内心情感确实芬芳。
高余冠之岌岌兮,⑥⑥	让我的切云冠高高耸起,
长余佩之陆离。⑥⑦	让我的佩饰长长垂地。
芳与泽其杂糅兮,⑥⑧	内在芳香与外表光泽糅合,
唯昭质其犹未亏。	只有我光明的品质没有毁弃。

忽反顾以游目兮， 将往观乎四荒。 佩缤纷其繁饰兮， 芳菲菲其弥章。⑩	忽然回过头来纵目眺望， 决定去四方荒远之地探察。 佩饰五彩缤纷花样繁多， 香气更新鲜浓烈向周围散发。
民生各有所乐兮， 余独好修以为常。 虽体解吾犹未变兮， 岂余心之可惩！⑩	人生各有所喜好的事情， 我只是爱好修洁习以为常。 即使肢体分解也不会更改， 难道我的心会因受打击而变样！
女媭之婵媛兮，⑪ 申申其詈予。⑫ 曰："鲧婞直以亡身兮，⑬ 终然殀乎羽之野。⑭	姐姐女媭气喘吁吁地长叹， 一遍又一遍将我骂詈。 她说："鲧刚直而忘却自身， 终于早死在羽山的野地。
"汝何博謇而好修兮，⑮ 纷独有此姱节？⑯ 薋菉葹以盈室兮，⑰ 判独离而不服。⑱	"你为何处处直言喜好修洁， 独有那许多美好的佩饰？ 生乌和枲耳堆积满屋， 你却坚决离去不愿佩戴一试。
"众不可户说兮， 孰云察余之中情？⑲ 世并举而好朋兮，⑳ 夫何茕独而不予听？"㉑	"庸人不能挨家挨户去劝导， 谁会认真体察我的衷情？ 世人都起而结党营私， 你为何保持独立我劝都不听？"
"依前圣以节中兮，㉒ 喟凭心而历兹。㉓ 济沅湘以南征兮，㉔ 就重华而陈辞。㉕	我依从前代圣人来作评判， 喟叹愤懑如今遭此忧患。 渡过沅水湘水更向南行， 到帝舜重华的灵前献言。

"启《九辩》与《九歌》兮,⁸⁶　　夏后启制作了《九辩》、《九歌》之曲,
　夏康娱以自纵。⁸⁷　　　　　　从此国人享受逸乐荒淫放纵。
　不顾难以图后兮,　　　　　　不考虑困难图谋久远,
　五子用失乎家巷。⁸⁸　　　　　五个儿子因此闹起内讧。

"羿淫游以佚畋兮,⁸⁹　　　　　后羿沉湎游荡迷恋田猎,
　又好射夫封狐。⁹⁰　　　　　　还喜欢射杀那硕大的野狐。
　固乱流其鲜终兮,⁹¹　　　　　政治昏乱固然少有好下场,
　浞又贪夫厥家。⁹²　　　　　　何况寒浞又贪他的妻室家属。

"浇身被服强圉兮,⁹³　　　　　寒浞之子浇身披着坚甲,
　纵欲而不忍。　　　　　　　　却纵欲过度不能抑制自我。
　日康娱而自忘兮,　　　　　　天天寻欢作乐忘乎所以,
　厥首用夫颠陨。⁹⁴　　　　　　他的脑袋因而被人砍落。

"夏桀之常违兮,⁹⁵　　　　　　夏桀行事常常违背正道,
　乃遂焉而逢殃。⁹⁶　　　　　　于是遭到杀身灭国的祸殃。
　后辛之菹醢兮,⁹⁷　　　　　　殷纣王的酷刑把人剁成肉酱,
　殷宗用而不长。⁹⁸　　　　　　商朝的宗祀因此也难以久长。

"汤禹俨而祗敬兮,⁹⁹　　　　　商汤夏禹处世谨慎恭敬,
　周论道而莫差。¹⁰⁰　　　　　　周文王武王讲道义没有差错。
　举贤而授能兮,¹⁰¹　　　　　　推举贤者而任用才士,
　循绳墨而不颇。¹⁰²　　　　　　遵循法度一点也不偏颇。

"皇天无私阿兮,¹⁰³　　　　　　皇天公正不会有什么私好,
　览民德焉错辅。¹⁰⁴　　　　　　见人民拥戴谁就给谁辅助。
　夫维圣哲以茂行兮,¹⁰⁵　　　　那圣明智慧有盛德的人,
　苟得用此下土。¹⁰⁶　　　　　　才能够享有天下疆土。

"瞻前而顾后兮,	往前看往后看认真观察,
相观民之计极。⑩	省视治理百姓的政策标准。
夫孰非义而可用兮,	哪位国君不义而能统治天下,
孰非善而可服?⑩	哪位国君不善而能使人归顺?

"阽余身而危死兮,⑩ 即便把我置于濒死的境地,
览余初其犹未悔。 我也毫不后悔当初的志向。
不量凿而正枘兮,⑩ 不度量圆孔硬塞进方榫,
固前脩以菹醢。" 所以前代贤人被剁成肉酱。"

曾歔欷余郁邑兮,⑪ 我一次次悲叹抑郁惆怅,
哀朕时之不当。⑫ 痛惜自己没有遇上好时辰。
揽茹蕙以掩涕兮,⑬ 拿起柔软的蕙草擦拭眼泪,
沾余襟之浪浪。⑭ 伤心的泪水沾湿了我的衣襟。

跪敷衽以陈辞兮,⑮ 跪着铺正了衣襟开始诉说,
耿吾既得此中正。⑯ 光明昭彰我已得中正之道。
驷玉虬以桀鹥兮,⑰ 驾起四条玉龙乘着鹥鸟之车,
溘埃风余上征。⑱ 忽然风卷飞尘我便冉冉升高。

朝发轫于苍梧兮,⑲ 清早在苍梧山下发车起程,
夕余至乎县圃。⑳ 傍晚我便到了昆仑山的悬圃。
欲少留此灵琐兮,㉑ 打算在神灵所聚的泽薮稍留,
日忽忽其将暮。 而太阳很快下落时已近暮。

吾令羲和弭节兮,㉒ 我命令羲和慢速按节而行,
望崦嵫而勿迫。㉓ 遥望崦嵫山不要急于靠近。
路曼曼其脩远兮,㉔ 道路十分漫长十分遥远,
吾将上下而求索。 我将上上下下去求索探寻。

饮余马于咸池兮,⑫㊄	让我的马在日浴处咸池饮水,
总余辔乎扶桑。⑫㊅	把我的车辔系上神木扶桑。
折若木以拂日兮,⑫㊆	折下若木的树枝遮蔽阳光,
聊逍遥以相羊。⑫㊇	姑且逍遥自在从容游逛。

前望舒使先驱兮,⑫㊈	让月御望舒开路先行,
后飞廉使奔属。⑬㊀	让风神飞廉奔走跟随。
鸾皇为余先戒兮,	鸾凰为我在前面警戒,
雷师告余以未具。	雷师告诉我哪些还没具备。

吾令凤鸟飞腾兮,	我命令凤鸟高高飞腾,
继之以日夜。	白天黑夜都不中断休歇。
飘风屯其相离兮,⑬㊁	旋风聚起气团紧紧相连,
帅云霓而来御。⑬㊂	率领云霞虹霓前来迎接。

纷总总其离合兮,⑬㊃	纷乱杂沓它们时聚时散,
斑陆离其上下。⑬㊄	色彩斑斓它们或上或下。
吾令帝阍开关兮,⑬㊅	我命令天帝的门官打开天门,
倚阊阖而望予。⑬㊆	他倚靠天门看着我装聋作哑。

时暧暧其将罢兮,⑬㊇	此时日光黯淡白天将要过去,
结幽兰而延伫。	绾结幽兰久久地伫立。
世溷浊而不分兮,⑬㊈	世道混浊是非善恶不分,
好蔽美而嫉妒。	喜欢抹杀美德对人满怀妒忌。

朝吾将济于白水兮,	清早我将渡过昆仑山下白水,
登阆风而绁马。⑬㊈	再登上阆风把马缰系住。
忽反顾以流涕兮,	忽然回头观望便痛哭流涕,
哀高丘之无女。⑭㊀	哀伤这高丘之上并无神女。

溘吾游此春宫兮，	匆匆又漫游东方青羊之宫，
折琼枝以继佩。	折了琼树枝条加长佩饰。
及荣华之未落兮，⑭	趁着开放的花朵还没凋谢，
相下女之可诒。⑭	物色可接受馈赠的人间女子。

吾令丰隆椉云兮，⑭	我命令云神丰隆驾起云朵，
求宓妃之所在。⑭	去寻找洛神宓妃的踪迹。
解佩纕以结言兮，	解下佩带表示交结的欢言，
吾令謇脩以为理。⑭	我让钟鼓之乐来传情达意。

纷总总其离合兮，	介绍人忙碌奔波来来去去，
忽纬繣其难迁。⑭	忽觉难以说动对方太执拗。
夕归次于穷石兮，⑭	晚上她到穷石之地歇息，
朝濯发乎洧盘。⑭	早上她在洧盘之水洗头。

保厥美以骄傲兮，	仗着她的美貌而十分骄傲，
日康娱以淫游。	成天寻欢作乐恣意嬉游。
虽信美而无礼兮，	虽然她确实美丽但过于无礼，
来违弃而改求。	因此我丢开她转而他求。

览相观于四极兮，⑭	到四方极远之地浏览观察，
周流乎天余乃下。⑭	在天巡行一周我便下降落地。
望瑶台之偃蹇兮，⑭	远望玉饰的高台挺拔耸立，
见有娀之佚女。⑭	看见有娀氏的美女简狄。

吾令鸩鸟为媒兮，⑭	我命令鸩鸟作媒去传话，
鸩告余以不好。	鸩鸟却告诉我说她不好。
雄鸠之鸣逝兮，	雄鸠鸣叫着飞向远处，
余犹恶其佻巧。	我又讨厌它浅薄轻佻。

心犹豫而狐疑兮，	心中犹豫而疑惑不定，
欲自适而不可。	想自己前往又觉得不够稳妥。
凤皇既受诒兮，⑭	凤凰已接受聘礼去转送，
恐高辛之先我。⑮	我担心高辛氏会抢先联络。
欲远集而无所止兮，⑯	想去远方居住又无处安身，
聊浮游以逍遥。	姑且游荡一番逍遥徬徨。
及少康之未家兮，⑰	趁着少康还没有结婚成家，
留有虞之二姚。⑱	留有有虞氏两个姚姓姑娘。
理弱而媒拙兮，	信使能力差媒人又笨拙，
恐导言之不固。	我担心他们传话不牢靠可信。
世溷浊而嫉贤兮，	世道混浊嫉妒贤能之士，
好蔽美而称恶。	喜好掩盖美德而宣扬恶行。
闺中既以邃远兮，⑲	闺房幽深迂远难以通达，
哲王又不寤。	明哲的君王又没有觉悟清醒。
怀朕情而不发兮，	怀着我的衷情不能抒发，
余焉能忍与此终古！⑳	我怎能长久忍受这种环境！
索藑茅以筳篿兮，㉑	取来藑茅和截好的八段竹子，
命灵氛为余占之。㉒	让神巫灵氛为我起课占卜。
曰："两美其必合兮，㉓	占辞说："两美定能完满结合，
孰信脩而慕之？㉔	谁诚然美好而不受人恋慕？
思九州之博大兮，㉕	想想九州之地如此广大，
岂唯是其有女？"㉖	难道美女就只生在这里？"
曰："勉远逝而无狐疑兮，㉗	又说："远远离去不要怀疑，
孰求美而释女？㉘	谁会寻求美男而放过了你？

"何所独无芳草兮,　　　　　　　"什么地方没有芬芳的青草,
尔何怀乎故宇?⑯　　　　　　　为什么你定要依恋故居?
世幽昧以眩曜兮,⑰　　　　　　世道黑暗使得人心惑乱,
孰云察余之善恶?　　　　　　　谁察识我们分清善人恶徒?

"民好恶其不同兮,　　　　　　　"世人的喜好厌恶各不相同,
惟此党人其独异。　　　　　　　这些结党营私者特别奇怪。
户服艾以盈要兮,⑰　　　　　　家家户户腰里系满艾蒿,
谓幽兰其不可佩。　　　　　　　反倒说幽兰不可以佩戴。

"览察草木其犹未得兮,　　　　　"观察草木尚且不辨香臭,
岂珵美之能当?⑰　　　　　　　识别美玉又怎能精审恰当?
苏粪壤以充帏兮,⑰　　　　　　取了粪土来充填香囊,
谓申椒其不芳。"　　　　　　　反倒说申椒并没有芳香。"

欲从灵氛之吉占兮,　　　　　　想听从灵氛吉祥的占卜,
心犹豫而狐疑。　　　　　　　　又心怀犹豫而疑虑不决。
巫咸将夕降兮,⑭　　　　　　　巫咸将要在黄昏时降神,
怀椒糈而要之。⑮　　　　　　　我怀揣花椒和精米去迎接。

百神翳其备降兮,⑯　　　　　　遮天蔽日天神一齐降临,
九疑缤其并迎。⑰　　　　　　　九疑山山神也纷纷共迎。
皇剡剡其扬灵兮,⑱　　　　　　辉煌煊赫那些神祇显灵,
告余以吉故。⑲　　　　　　　　告诉我往日的吉祥事情。

曰:"勉陞降以上下兮,　　　　　他说:"要上天下地努力探察,
求榘矱之所同。⑱　　　　　　　把德行准则相同的人寻找。
汤禹严而求合兮,⑱　　　　　　商汤夏禹严谨地追求合道,
挚咎繇而能调。⑱　　　　　　　伊尹皋陶因而能与之协调。

"苟中情其好脩兮,
又何必用夫行媒?⑱
说操筑于傅岩兮,⑱
武丁用而不疑。

"吕望之鼓刀兮,⑱
遭周文而得举。
宁戚之讴歌兮,⑱
齐桓闻以该辅。⑱

"及年岁之未晏兮,⑱
时亦犹其未央。⑱
恐鹈鴂之先鸣兮,⑲
使夫百草为之不芳。"

何琼佩之偃蹇兮,⑲
众薆然而蔽之。⑲
惟此党人之不谅兮,⑲
恐嫉妒而折之。

时缤纷其变易兮,
又何可以淹留?
兰芷变而不芳兮,
荃蕙化而为茅。

何昔日之芳草兮,
今直为此萧艾也?⑲
岂其有他故兮?
莫好脩之害也。

"如果内心确实喜好贤能,
又何必任用作中介的媒人?
傅说当初在傅岩下筑墙,
殷高宗武丁重用他没有疑心。

"姜太公吕望当初拍刀屠牛,
遇到周文王被举为心腹大臣。
宁戚作商贩敲着牛角唱歌,
齐桓公听了授官职让他辅政。

"要趁着年岁还不算太晚,
时间也还没有完全过尽。
怕的是杜鹃鸟先已叫起,
使那百草顿然失去芳馨。"

身佩的宝玉多么屈曲美好,
众人却遮上来把它掩盖。
这些结党营私者没有诚信,
怕他们心生嫉妒把它折坏。

时世纷乱不断发生变故,
又怎么能在这里长久停靠?
兰芷都蜕变而不再芬芳,
荃蕙都化成了一片茅草。

为什么昔日的芳草啊,
今天都变成了贱草萧艾?
难道会有其他什么原因?
总是没人喜好修洁的危害。

| 离骚 | 楚辞 |

余以兰为可恃兮,
羌无实而容长。⑲
委厥美以从俗兮,⑯
苟得列乎众芳。⑰

我本以为兰可以依靠,
结果是华而不实外秀内空。
遗弃了它的美质追随流俗,
还苟且得以列入众芳之中。

椒专佞以慢慆兮,⑱
榝又欲充夫佩帏。⑲
既干进而务入兮,⑳
又何芳之能祗!㉑

椒专为佞邪而傲慢无礼,
榝又企图填满那个香囊。
既然拼命钻营以求得逞,
又怎么能够散发芬芳!

固时俗之流从兮,㉒
又孰能无变化?
览椒兰其若兹兮,㉓
又况揭车与江离。

固然时俗都是随波逐流,
又有什么会没有转变消退?
看看椒与兰都是那样,
又何况揭车与江离之辈。

惟兹佩之可贵兮,
委厥美而历兹。
芳菲菲而难亏兮,
芬至今犹未沬。㉔

想来只有我的玉佩最可贵,
任其美质历经这种种患难。
香喷喷的气息难以亏损,
清香一片到如今仍未消减。

和调度以自娱兮,㉕
聊浮游而求女。
及余饰之方壮兮,㉖
周流观乎上下。

调整玉佩銮铃的声响自娱,
姑且漫游闲荡寻求好女。
趁着我的佩饰正繁盛艳丽,
上下巡回察看地面天宇。

灵氛既告余以吉占兮,
历吉日乎吾将行。㉗
折琼枝以为羞兮,㉘
精琼爢以为粮。㉙

灵氛早已告诉我占得吉卦,
我选择吉日将出发前往。
折下玉树的枝条作佳肴,
又精舂了玉屑来作干粮。

为余驾飞龙兮,　　　　　　为我驾起飞腾的长龙,
杂瑶象以为车。　　　　　　杂用美玉象牙制作乘轩。
何离心之可同兮,　　　　　哪有心志不同者可以共处,
吾将远逝以自疏。　　　　　我将远去自行与之疏远。

邅吾道夫昆仑兮,⑩　　　　我转道走向那昆仑山,
路脩远以周流。　　　　　　路途长远迂曲难行。
扬云霓之晻蔼兮,⑪　　　　举起云霓作旗帜遮天蔽日,
鸣玉鸾之啾啾。⑫　　　　　玉銮铃振动宛如凤鸣。

朝发轫于天津兮,　　　　　早上从天河渡口发车启程,
夕余至乎西极。　　　　　　晚上我到了西面极远之地。
凤皇翼其承旂兮,⑬　　　　凤凰伸展双翅上接云旗,
高翱翔之翼翼。⑭　　　　　高高飞翔起来肃穆整齐。

忽吾行此流沙兮,⑮　　　　忽然我行进来到流沙地带,
遵赤水而容与。⑯　　　　　沿着赤水河岸盘桓踟蹰。
麾蛟龙使梁津兮,⑰　　　　指挥蛟龙在渡口架起桥梁,
诏西皇使涉予。⑱　　　　　通告西方上帝让我摆渡。

路脩远以多艰兮,　　　　　路途长远充满艰难险阻,
腾众车使径待。⑲　　　　　传告众车抄小路等候在前。
路不周以左转兮,⑳　　　　经过不周山就向左转弯,
指西海以为期。㉑　　　　　指着西海约好会面时间。

屯余车其千乘兮,㉒　　　　会聚了我的成千辆车子,
齐玉轪而并驰。㉓　　　　　对齐了车毂同时驰骋向前。
驾八龙之婉婉兮,㉔　　　　驾驭八条长龙蜿蜒而行,
载云旗之委蛇。㉕　　　　　载着云霞之旗招展舒卷。

抑志而弭节兮,	控制住心情放慢速度,
神高驰之邈邈。㉖	神思却高高飞驰十分悠远。
奏《九歌》而舞《韶》兮,㉗	奏起《九歌》跳起《韶》舞,
聊假日以媮乐。㉘	姑且借此时光愉乐一番。
陟陞皇之赫戏兮,㉙	升起皇祖的赫赫灵光,
忽临睨夫旧乡。㉚	猛然瞥见那楚都故乡鄢郢。
仆夫悲余马怀兮,	仆人悲怆我的马也怀恋,
蜷局顾而不行。㉛	屈身回望再也不肯前行。
乱曰:	尾声唱道:
已矣哉!	算了吧!
国无人莫我知兮,	国家缺少忠良没人理解我,
又何怀乎故都。㉜	又何必深深地怀恋故都。
既莫足与为美政兮,	既然不足以一起推行美政,
吾将从彭咸之所居!	我将追随彭咸去他的居处!

〔注〕① 高阳:楚之远祖,即祝融吴回。苗裔:远末子孙。 ② 朕:我。皇考:太祖。伯庸:屈氏始封君,西周末年楚君熊渠的长子,被封为句亶王,在甲水边上。屈氏即芈氏。 ③ 摄提:摄提格的省称。木星(岁星)绕日一周约十二年,以十二地支来表示,寅年名摄提格。贞:正当。孟陬(zōu):夏历正月。 ④ 皇:皇考。览:观察。揆:揣测。 ⑤ 肇(zhào):借作"兆",卦兆。锡:赐。 ⑥ 纷:盛多的样子。 ⑦ 修:同"修",美好。 ⑧ 扈:披。江离:即江蓠,一种香草。辟:系结。为"絣"字之借。芷:白芷,一种香草。 ⑨ 汨(yù):水流急的样子,这里形容流逝的时光。 ⑩ 与:等待。 ⑪ 搴(qiān):摘。陂(pí):山坡。 ⑫ 揽:采。宿莽:一种可以杀虫蠹的植物,叶含香气。楚人名草曰"莽",此草终冬不死,故名。即今水莽草。 ⑬ 淹:停留。 ⑭ 三后:即楚三王。西周末年楚君熊渠封其三子为王:长子庸为句亶王,为屈氏之祖;仲子红为鄂王,为楚王族;少子执疵为越章王。当时楚国空前强大。 ⑮ 惮(dàn)殃:害怕灾祸。 ⑯ 皇舆:君王的舆辇,这里比喻国家。败绩:作战时战车倾覆,也指战争失败。 ⑰ 荃(quán):香草名,喻君。 ⑱ 齌(jì)怒:暴怒。 ⑲ 固:本来。謇(jiǎn)謇:忠直敢言的样子。 ⑳ 灵修:楚人对君王的美称。 ㉑ 成言:彼此约定。 ㉒ 数(shuò):屡次。 ㉓ 畹(wǎn):楚人地亩单位,一畹等于三十亩。 ㉔ 畦(qí):田垄。留夷、揭车:皆香草名。 ㉕ 杜衡:香草名。 ㉖ 冀:希望。 ㉗ 俟(sì):等待。刈(yì):收割。 ㉘ 凭:饱满。厭:同"厌",满足。 ㉙ 羌:楚人发语词,表反问和转折语气。恕己以量人:宽恕自己而苛求他人。 ㉚ 苟:假如。姱(kuā):美。练要:精诚专一。 ㉛ 颜颔(kǎn hàn):食不饱而面黄肌瘦的样子。 ㉜ 擥:同"揽",采摘。 ㉝ 贯:贯穿。薜荔:一种蔓生香草。之:此处同

"其"。　㉞ 菌桂、蕙：皆香草。　㉟ 索：搓为绳。胡绳：即结缕，一种香草，蔓状，如绳索，故名。纚(xǐ)纚：本义为多毛的样子。　㊱ 謇(jiǎn)：发语词。法：效法。前脩：前代贤人。　㊲ 服：佩，用。　㊳ 周：合。　㊴ 彭咸：楚先贤。其人"处有为，出不苟"，不与世俗同流合污。　㊵ 太息：叹息。掩：拭。涕：泪。　㊶ 虽：借作"唯"。羁鞿(jī jī)：自我约束。　㊷ 谇(suì)：进谏。替：解职。　㊸ 纕(xiāng)：佩带。　㊹ 申：重，加上。　㊺ 浩荡：志意放荡的样子。　㊻ 娥眉：细长的眉，谓如蚕蛾之眉(触角)。此处喻美好的容貌。　㊼ 谣诼(zhuó)：谗毁。　㊽ 工：善于。　㊾ 偭(miàn)：面对着。规：画圆的工具。矩：画方的工具。错：措施，设置。　㊿ 绳墨：准绳与墨斗。　51 周容：苟合以取容。　52 忳(tún)：愤懑。郁邑：心情抑郁不伸的样子。侘傺(chà chì)：失神而立。　53 溘(kè)：忽然。　54 鸷鸟：即挚鸟，指雎鸠，以其性专一，雌雄挚而有别。　55 圜(yuán)：同"圆"。　56 尤：过错。攘(rǎng)：取。诟(gòu)：辱。　57 伏：同"服"，引申为保持。死直：为正直而死。　58 厚：看重。　59 相：察看。察：仔细看。　60 延伫(zhù)：引颈而望。　61 皋：水湾边。　62 焉：于是。　63 进：指进入朝廷。不入：未能进去。离：通"罹"。遭受。　64 制：裁制衣服。芰(jì)：菱。　65 苟：诚，果真。信：确实。　66 岌(jí)岌：高耸的样子。　67 陆离：长的样子。　68 杂糅(róu)：交混。　69 章：同"彰"，明显。　70 惩：受戒而止。　71 女媭(xū)：传说为屈原姊。婵媛(chán yuán)：喘息，情绪激动。即"啴咺"掸援"。　72 申申：反复地。詈(lì)：骂。　73 鲧(gǔn)：同"鮌"，远古传说中人物，尧臣，禹父。婞(xìng)直：刚直。亡：一本作"忘"。殀(yǎo)：早死。羽：羽山。　75 博謇：在各种事上都说实话。　76 纷：多。节："饰"字之误。　77 薋(cí)：聚积。菉葹(lù shī)：菉，生丝，葹，枲耳。皆普通的草。　78 判：判然，分得清清楚楚。离：弃去。服：佩戴。　79 孰：谁。云：还。中情：内心。　80 举：起。朋：朋党。　81 茕(qióng)：孤独。　82 节中：折中，评判。　83 喟：叹息。凭心：愤懑。历：逢。　84 济：渡。沅湘：二水名，在今湖南省。征：行。　85 重华：舜的号。陈(chén)辞：陈辞。　86 启：禹之子，夏代君主。九辩、九歌：皆乐章名。此处"辩""歌"皆用为动词。　87 夏：夏朝。康娱：逸乐。　88 五子：启的五个儿子。据《竹书纪年》，启放其季子武观，后武观以西河叛，则五子内讧起。此句"失"当作"夫"，其下"乎"字为衍文，盖为注"夫"字之义者，当删。巷：借为"讧"。家讧，内讧。　89 羿：相传为有穷国君，夏太康时因夏乱而夺取夏政权。淫：过甚。佚：放纵。畋(tián)：打猎。　90 封狐：大狐。　91 乱流：邪乱。鲜(xiǎn)：少。终：善终。　92 浞(zhuó)：寒浞，本为羿相，怂恿羿放纵游乐畋猎，又拉拢羿周围的人，愚弄其民，杀了后羿。贪：强取。家：妻室。　93 浇(ào)：寒浞之子，很有武力。强围(yù)：坚甲。　94 厥：其。　95 夏桀(jié)：夏朝最后一王。　96 遂焉：终于。　97 后辛：殷纣王之名，商朝最后一王。葅醢(zū hǎi)：剁成肉酱。纣王曾对臣下用此酷刑。　98 宗：宗祀。用：因。　99 汤：商汤，商代开国之君。禹：夏启的父亲，为夏朝的建立奠定了基础。俨(yǎn)：严肃。祗(zhī)敬：恭敬谨慎。　100 周：指周初的文王、武王等。　101 举：选拔。授能：把职务交给有能力的人。　102 绳墨：喻法度。颇：偏差。　103 阿(ē)：偏袒。　104 错：通"措"，设置，给予。　105 维：通"唯"。哲：聪慧的人。　106 苟：庶几，或许。用：享。下土：天下。　107 相(xiàng)观：观察。计：谋虑。极：终极。计极指谋虑之最终归向。　108 服：同"用"的意思一样。享有，拥有。　109 怗(diàn)：近边欲坠的意思。危死：几乎死。　110 量：度量。凿(zuò)：器物上安插榫头的孔眼。正：修改。枘(ruì)：榫头。　111 曾(céng)：一次次。歔欷(xū xī)：抽泣。　112 当：值。不当，没遇上。　113 揽：持着。茹：柔。　114 沾：浸湿。浪(láng)浪：滚滚。　115 敷：铺。衽(rèn)：衣襟。　116 耿：光明。　117 驷(sì)：驾车的四匹马。这里用为动词。玉：白色。虬

(qiú)：龙。椉：同“乘”。鹥(yī)：一种群飞的鸟，身五彩。　⑱ 溘(kè)：突然。埃风：卷着尘埃的风。　⑲ 轫(rèn)：停车时抵住车轮的木头。发车时将它撤去叫发轫。苍梧：即九疑山，在今湖南宁远。舜葬此。　⑳ 县圃：神话中地名，在昆仑山中层。县，同“悬”。　㉑ 琐：“薮(sǒu)”字之借，指草泽。灵薮，神仙所聚泽圃之地。　㉒ 羲(xī)和：神话中给太阳驾车者。弭(mǐ)节：按节徐步。节，以竹竿和羽毛制成的信节，路途通信之用。　㉓ 崦嵫(yān zī)：神话中山名，日入之处。迫：近。　㉔ 曼曼：通“漫漫”。路很长的样子。修：长。　㉕ 饮(yìn)：使喝水。咸池：神话中日浴之处。　㉖ 总：绾结在一起。辔(pèi)：缰绳。扶桑：神话中长在东方日出处的一种树。　㉗ 若木：神话中长在昆仑最西面日入处的一种树。拂：遮蔽。㉘ 相羊：徜徉，随意徘徊。　㉙ 望舒：为月神驾车者。　㉚ 飞廉：风神。属(zhǔ)：跟随。㉛ 屯：聚合。离(lì)：通“丽”，附丽，靠拢。　㉜ 御(yà)：通“迓”，迎接。　㉝ 纷总总：多而纷乱的样子。离合：忽聚忽散。　㉞ 斑：色彩驳杂的样子。陆离：参差。　㉟ 阍(hūn)：守门人。关：门闩。　㊱ 阊阖(chāng hé)：天门。　㊲ 暧暧：日光昏暗的样子。罢：完了。㊳ 溷(hùn)浊：混乱污浊。　㊴ 阆(làng)风：神话中地名，在昆仑山上。緤(xiè)：系住。㊵ 女：神女，喻理想的人物，知音。　㊶ 荣华：花。　㊷ 下女：下界女子，相对于高丘而言。诒：同“贻”，赠送。　㊸ 丰隆：雷神。　㊹ 宓(fú)妃：神话中人名，伏羲氏之女，洛水之神。㊺ 蹇脩：声乐。徒鼓钟谓之脩(修)，徒鼓磬谓之蹇。此用章炳麟之说，见《菿汉闲话》。理：媒。　㊻ 纬繣(huà)：本义为乖戾，此训执拗。难迁：难以说动。　㊼ 次：住宿。穷石：山名，在今甘肃张掖。　㊽ 洧(wěi)盘：神话中水名，出崦嵫山。　㊾ 四级：四方的尽头。　㊿ 周流：遍行。　(151) 瑶台：玉台。偃蹇：夭矫上伸样子。　(152) 有娀(sōng)：传说中古部族名。佚：美。有娀氏美女简狄住在高台上，成帝喾之妃，生契，为商人之祖。　(153) 鸩(zhèn)：鸟名，羽有毒。　(154) 诒：此处指礼物、聘礼。　(155) 高辛：高辛氏，指帝喾。　(156) 集：栖止。　(157) 少康：夏后相之子。相被过、浇杀死，相妻逃至有仍生少康。少康又逃到有虞，娶了国君的两个女儿，借助有虞的力量恢复了夏朝。　(158) 二姚：有虞氏二女。有虞姚姓。　(159) 闺：女子居处。指上述诸女而言。以：通“已”，甚。　(160) 终古：永久。　(161) 索：讨取。藑(qióng)茅：一种可用来占卜的草。以：与。筳篿(tíng zhuān)：用来占卜的竹片。　(162) 灵氛：古代神巫。　(163) 此“曰”与下一“曰”之后皆卦辞。重加“曰”字表强调。　(164) 慕：“莫念”二字之误。“念之”与上“占之”押韵。　(165) 九州：古代中国分为九州，后以“九州”指全中国。　(166) 是：此。指楚国。(167) 勉：努力。　(168) 释：放。　(169) 故宇：旧居。　(170) 眩曜：日光强烈。此处指眼光迷乱。(171) 服：佩。艾：艾草。要(yāo)：通“腰”。　(172) 珵(chéng)：美玉。　(173) 苏：取。目(yǐ)：同“以”。帏(wéi)：佩带的香囊。　(174) 巫咸：上古神巫。　(175) 糈(xǔ)：精米。要(yāo)：拦截。这里是迎候之意。　(176) 翳(yì)：遮蔽。备：都。　(177) 九疑：指九疑山的神。　(178) 皇剡(yǎn)剡：闪光的样子。　(179) 吉故：吉利的故事。　(180) 榘(jù)：同“矩”，画方的器具。矱(huò)：尺度。矩矱喻准则、法度。　(181) 严：严肃恭谨。　(182) 挚：伊尹名，商汤的贤相。　咎繇(gāo yáo)：即皋陶，夏禹的贤臣。调：谐调。　(183) 行媒：作媒的使者。　(184) 说(yuè)：傅说，殷高宗时贤相。筑：打土墙用的捣土工具。　(185) 吕望：姜太公，本姓吕，名尚。曾被称为太公望。鼓：鸣。　(186) 宁戚：春秋时卫人，曾在齐东门外作小商，齐桓公夜出，值宁戚喂牛，扣角而歌其怀才不遇，桓公与之交谈后，任用为相。　(187) 该：备，充当。该辅，备位于辅佐大臣之列。(188) 及：趁着。晏：晚。　(189) 央：尽。　(190) 鹈鴂(tí jué)：鸟名，即杜鹃，鸣于春末夏初，正是落花时节。　(191) 琼佩：琼玉的佩饰。偃蹇：屈曲样子。　(192) 薆(ài)：隐蔽的样子。　(193) 谅：信实。　(194) 萧：青蒿。　(195) 羌：乃。容：外表。长：好。　(196) 委：丢弃。　(197) 苟：苟且。

⑱慢慆(tāo)：傲慢。 ⑲樧(shā)：亚落叶乔木,果实为裂果。又名食茱萸。佩帏：香囊。 ⑳干：求。务：致力。 ㉑祇(zhī)：振。 ㉒流从：一作"从流"。 ㉓兹：此,指以上所述忧患。 ㉔沫(mèi)：通"昧",暗淡。 ㉕和：调节使和谐。调(diào)：佩玉发出的声响。度：行进的节奏,由车上銮铃的声响显示之。 ㉖壮：盛。 ㉗历：选择。 ㉘羞：肉干。 ㉙精：舂,捣米粟。糜(mí)：同糜,烂；碎。粻(zhāng)：粮。 ㉚邅(zhān)：转。 ㉛扬：举。云霓：云霓作的旗,即下文"云旗"。晻蔼(yǎn ǎi)：因云霓之旗遮蔽而光线变暗的样子。 ㉜鸾：通"銮",安在车上或挂在马镳上的铃铛。 ㉝翼：展翅。 ㉞翼翼：整齐的样子。 ㉟流沙：指西方沙漠之地,在昆仑以东。因沙漠随风而动,故称。 ㊱赤水：神话中水名,源于昆仑山东南。容与：徘徊不进。 ㊲麾(huī)：指挥。梁：桥。此处用为动词,架桥。津：渡口。 ㊳诏：命令。西皇：主西方之神。涉：渡过。此处为使动用法。 ㊴腾：传告。径：捷径。此处指抄小路。 ㊵不周：神话中山名。 ㊶西海：传说中西方之海。期：约定。此处指约定的地点。 ㊷屯：聚集。 ㊸䡯(dài)：车毂端的帽盖。 ㊹婉(wǎn)婉：同"蜿蜒",龙马前后相连,蜿蜒而行的样子。 ㊺委蛇(wēi yí)：卷曲飘动的样子。 ㊻邈(miǎo)邈：高远的样子。 ㊼韶：即《九韶》,传说为虞舜时的乐舞。 ㊽假：借。媮：同"愉"。 ㊾陟陞：升。皇：皇祖,先祖。赫戏：光耀。 ㊿临：居高临下。睨(nì)：斜视。旧乡：指郢郡。 ⓛ蜷(quán)局：屈曲。 ⓜ故都：指郢都。

宋代著名史学家、词人宋祁说："《离骚》为词赋之祖,后人为之,如至方不能加矩,至圆不能过规。"这就是说,《离骚》不仅开辟了一个广阔的文学领域,而且是中国诗赋方面永远不可企及的典范。

《离骚》作于楚怀王二十四、二十五年(前305、前304)屈原被放汉北后的两三年中。汉北其地即汉水在郢都以东折而东流一段的北面,现今天门、应城、京山、云梦县地,即汉北云梦。怀王十六年屈原因草拟宪令、主张变法和主张联齐抗秦,被内外反对力量合伙陷害,而去左徒之职。后来楚国接连在丹阳、蓝田大败于秦,才将屈原招回朝廷,任命其出使齐国。至怀王二十四年秦楚合婚,二十五年秦楚盟于黄棘,秦归还楚国上庸之地,屈原被放汉北。

汉北其地西北距楚故都鄢郢(今湖北宜城)不远。《离骚》当是屈原到鄢郢拜谒了先王之庙及公卿祠堂后所写。诗开头追述楚之远祖及屈氏太祖,末尾言"临睨旧乡"而不忍离去,中间又写到灵氛占卜、巫咸降神等情节,都和这个特定的创作环境有关。

《离骚》是一首充满激情的政治抒情诗,是一首现实主义与浪漫主义相结合的艺术杰作。诗中的一些片断情节反映着当时的历史事实(如"初既与余成言兮,后悔遁而有他。……伤灵脩之数化"即指怀王在政治外交上和对屈原态度上的几次反复)。但表现上完全采用了浪漫主义的方法：不仅运用了神话、传说材料,也大量运用了比兴手法,以花草、禽鸟寄托情意,"以情为里,以物为表,抑郁沉怨"(刘师培《论文杂记》)。而诗人采用的比喻象征中对喻体的调遣,又基于传统文化的底蕴，因而总给人以言有尽而意无穷之感。

由于诗人无比的忧愤和难以压抑的激情，全诗如大河之奔流，浩浩汤汤，不见端绪。但是，细心玩味，无论诗情意境的设想，还是外部结构，都体现了诗人不凡的艺术匠心。

从构思上说，诗中写了两个世界：现实世界和由天界、神灵、往古人物以及人格化了的日、月、风、雷、鸾凤、鸟雀所组成的超现实世界。这超现实的虚幻世界是对现实世界表现上的一个补充。在人间见不到君王，到了天界也同样见不到天帝；在人间是"众皆竞进以贪婪"，找不到同志，到天上求女也同样一事无成。这同《聊斋志异》中《席方平》篇写阴间的作用有些相似。只是《席方平》中主人公是经过由人到鬼的变化才到另一个世界，而《离骚》中则是自由来往于天地之间。这种构思更适宜于表现抒情诗瞬息变化的激情。诗人设想的天界是在高空和传说中的神山昆仑之上，这是与从原始社会开始形成的一般意识和原型神话相一致的，所以显得十分自然，比起后世文学作品中通过死、梦、成仙到另一个世界的处理办法更具有神话的色彩，而没有宗教迷信的味道。诗人所展现的背景是广阔的，雄伟的，瑰丽的。其意境之美、之壮、之悲，是前无古人的。特别地，诗人用了龙马的形象，作为由人间到天界，由天界到人间的工具。《尚书中候》佚文中说，帝尧继位，"龙马衔甲"。我国古代传说中的动物龙的原型之一即是神化的骏马。《周礼》中说"马八尺以上为龙"，《吕氏春秋》说"马之美者，青龙之匹，遗风之乘"。在人间为马，一升空即为龙。本来只是地面与高空之分，而由于神骏变化所起的暗示作用，则高空便成了天界。诗人借助自己由人间到天上，由天上到人间的情节变化，形成了这首长诗内部结构上的大开大阖。诗中所写片断的情节只是作为情感的载体，用以外化思想的斗争与情绪变化。然而这些情节却十分有效地避免了长篇抒情诗易流于空泛的弊病。

从外部结构言之，全诗分三大部分和一个礼辞。第一部分从开头至"虽体解吾犹未变兮，岂余心之可惩"，自叙生平，并回顾了诗人在为现实崇高的政治理想不断自我完善、不断同环境斗争的心灵历程，以及惨遭失败后的情绪变化。这是他的思想处于最激烈的动荡之时的真实流露。从"女嬃之婵媛兮，申申其詈予"至"怀朕情而不发兮，余焉能忍与此终古"为第二部分。其中写女嬃对他的指责说明连亲人也不理解他，他的孤独是无与伦比的。由此引发出向重华陈辞的情节。这是由现实社会向幻想世界的一个过渡（重华为已死一千余年的古圣贤，故向他陈辞便显得"虚"；但诗人又设想是在其葬处苍梧之地，故又有些"实"）。然后是巡行天上。入天宫而不能，便上下求女，表现了诗人在政治上的努力挣扎与不断追求的顽强精神。从"索藑茅以筳篿兮"至"仆夫悲余马怀兮,蜷局顾而不行"为第三部分,表现了诗人在去留问题上的思想斗争,表现了对祖国的深厚感情,读之令人悲怆!末尾一小节为礼辞。"既莫足以为美政兮,吾将从彭咸之所居",虽文字不多,但表明诗人的爱国之情是与他的美政理想联系在一起的。这是全诗到高潮之后的画龙点睛之笔,用以收束全诗,使诗的主题进一步深化,使诗中表现的如长江大河的奔涌情感,显示出更为明确的流向。诗的第一部分用接近于现实主义的手法展现了诗人所处的环境和自己的历程,而后两部分则以色彩缤纷、波谲云诡的描写把读者带入一个幻想的境界,常常展现出无比广阔、无比神奇的场面。如果只有第一部分,虽然不能不说是一首饱含血泪的杰作,但还不能成为像目前这样的浪漫主义的不朽之作;而如只有后两部分而没有第一部分,那么诗的政治思想的底蕴就会单薄一些,其主题之表现也不会像现在这样既含蓄,又明确;既朦胧,又深刻。

《离骚》为我们塑造了一个高大的抒情主人公形象。首先,他有着突出的外部形象的特征。"高余冠之岌岌兮,长余佩之陆离。""长顑颔亦何伤。"很多屈原的画像即使不写上"屈原"二字,人们也可以一眼认出是屈原,就是因为都依据了诗中这种具有特征性的描写。其次,他具有鲜明的思想性格。第一,他是一位进步的政治改革家,主张法治("循绳墨而不颇"),主张举贤授能。第二,他主张美政,重视人民的利益和人民的作用("皇天无私阿兮,览民德焉错辅"),反对统治者的荒淫暴虐和臣子的追逐私利(陈辞一段可见)。第三,他追求真理,坚强不屈("亦余心之所善兮,虽九死其犹未悔","虽体解吾犹未变兮,岂余心之可惩")。这个形象,是中华民族精神的集中体现,两千多年来给了无数仁人志士以品格与行为的示范,也给了他们以力量。

《离骚》的语言是相当美的。首先,大量运用了比喻象征的手法。如以采摘香草喻加强自身修养,佩戴香草喻保持修洁等。但诗人的表现手段却比一般的比喻高明得多。如"制芰荷以为衣兮,集芙蓉以为裳。不吾知其亦已兮,苟余情其信芳",第四句中的"芳"自然由"芰荷""芙蓉"而来,是照应前二句的,但它又是用来形容"情"的。所以虽然没有用"如""似""若"之类字眼,也未加说明,却喻意自明。其次,运用了不少香花、香草的名称来象征性地表现政治的、思想意识方面的比较抽象的概念,不仅使作品含蓄,长于韵味,而且从直觉上增加了作品的色彩美。再次,全诗以四句为一节,每节中又由两个用"兮"字连接的若连若断的上下句组成,加上固定的偶句韵,使全诗一直在回环往复的旋律中进行,具有很强的节奏感。最后,运用了对偶的修辞手法,如"夕归次于穷石兮,朝濯发乎洧盘";"苏粪壤以充帏兮,谓申椒其不芳";"惟兹佩之可贵兮,委厥美而历兹"等,将"兮"字去掉,对偶之工与唐宋律诗对仗无异。

《离骚》不仅是中国文学的奇珍,也是世界文学的瑰宝。

(赵逵夫)

【诗歌解题】

九 歌

《楚辞》的一组篇名。"九歌"本古乐曲名。"九"字概言其多,并非实指,亦有学者以为"九"乃吴语之"鬼"字。王逸、朱熹以为屈原放逐江南时仿民间祭歌加工而成。为一组祭祀鬼神的乐歌。共十一篇,依次为《东皇太一》《云中君》《湘君》《湘夫人》《大司命》《少司命》《东君》《河伯》《山鬼》《国殇》《礼魂》。清陈本礼谓:"《九歌》之乐,有男巫歌者,有女巫歌者;有巫觋并舞而歌者;有一巫倡而众巫和者。"(《楚辞精义》)内容多涉及男女恋情而富宗教色彩。

九歌·东皇太一

屈 原

吉日兮辰良,①	吉祥日子好时辰,
穆将愉兮上皇。②	恭敬肃穆娱上皇。
抚长剑兮玉珥,③	手抚长剑玉为环,
璆锵鸣兮琳琅。④	佩玉铿锵声清亮。
瑶席兮玉瑱,⑤	华贵坐席玉镇边,
盍将把兮琼芳。⑥	满把香花吐芬芳。
蕙肴蒸兮兰藉,⑦	蕙草裹肉兰为垫,
奠桂酒兮椒浆。⑧	祭奠美酒飘桂香。
扬枹兮拊鼓,⑨	高举鼓槌把鼓敲,
疏缓节兮安歌,⑩	节拍疏缓歌声响,
陈竽瑟兮浩倡。⑪	竽瑟齐奏乐音强。
灵偃蹇兮姣服,⑫	群巫娇舞服饰美,

芳菲菲兮满堂。⑬	香气四溢香满堂。
五音兮繁会，⑭	众音齐会响四方，
君欣欣兮乐康。⑮	上皇欢欣乐安康。

〔注〕① 吉日：吉祥的日子。辰良：即良辰。　② 穆：恭敬肃穆。愉：同"娱"，此处指娱神，使神灵愉快、欢乐。上皇：即东皇太一。　③ 珥(ěr)：指剑柄上端像两耳突出的饰品。　④ 璆(qiú)：形容玉石相悬击的样子。锵：象声词，此处指佩玉相碰撞而发出的声响。琳琅：琳、琅皆美玉名，此处指各种色彩鲜明的美玉。　⑤ 瑶席：珍贵华美的席垫。瑶，美玉。玉瑱(zhèn)：瑱同"镇"，用玉做的压席器物。　⑥ 盍(hé)：同"合"，聚集在一起。琼芳：指赤玉般美丽的花朵。琼，赤色玉。　⑦ 蕙：香草名，兰科植物。肴蒸：大块的肉。藉：垫底用的东西。　⑧ 椒浆：用有香味的椒浸泡的美酒。　⑨ 枹(fú)：鼓槌。拊(fù)：敲击。　⑩ 安歌：歌声徐缓安详。　⑪ 陈：此处指乐器声大作。浩倡：倡同"唱"；浩倡指大声唱，气势浩荡。　⑫ 灵：楚人称神、巫为灵，这里指以歌舞娱神的群巫。偃蹇：指舞姿优美的样子。姣服：美丽的服饰。　⑬ 芳菲菲：香气浓郁的样子。　⑭ 五音：指宫、商、角、徵、羽五种音调。繁会：众音汇成一片，指齐奏。　⑮ 君：此处指东皇太一。

　　作为《九歌》的开首篇，《东皇太一》在全诗中有着特殊的地位与意义。虽然自东汉王逸以来，历代注家对东皇太一是天神的说法，并无歧异之见，然而它究竟是什么神，却诸说不一。《文选》唐五臣注云："太一，星名，天之尊神，祠在楚东，以配东帝，故云东皇。"认为东皇太一是东帝；洪兴祖《楚辞补注》与朱熹《楚辞集注》皆承袭其说，何焯《义门读书记》与马其昶《屈赋微》则认为是战神；闻一多又以为是伏羲；还有以为太乙、齐国上帝的，不一而足。

　　其实，"太一"在屈原时代并不是神，它在"东皇太一"中不可能充当神的称谓；而"东皇"，由于先秦时代的东——春对应等关系，表明了它乃是春神的指称。在没有更确凿材料发现之前，"东皇太一"应是春神的说法可以成立。至于"太一"，在这里的含义是始而又始，象征起始与开端。

　　诗一开首，先交待祭祀的时日——因是祭春神，故时日当在春天。选择春日的吉良时辰，人们准备恭恭敬敬地祭祀上皇——春神——东皇太一，让其愉悦地降临人世，给人间带来万物复苏、生命繁衍、生机勃发的新气象。主持祭祀的主祭者抚摸长剑上的玉珥，整饬好服饰，恭候春神降临。开头四句，简洁而又明了地写出了祭祀的时间与祭祀者们对春神的恭敬与虔诚。

　　继而描述了祭祀所必备的祭品：瑶席，玉瑱，欢迎春神的楚地芳草以及款待春神的佳肴美酒。这一切，配合着繁音急鼓、曼舞浩唱，告诉人们，春神将要降临了。整个祭祀气氛开始进入高潮。

　　末尾四句，是全诗的尾声，也是祭祀的高潮——春神于此时降临了。"偃蹇兮姣服"——是春神美妙动人的舞姿与外表,"芳菲菲兮满堂"——是春神带来的春的气息与氛围。欢迎祈盼的人们于是钟鼓齐奏、笙箫齐鸣,使欢乐气氛达到最高潮。末句"君欣欣兮乐康",既是春神安康欣喜神态的直接描绘,也是祭祀的人们对春神降临所表露的欣喜心态。

全诗篇幅虽短,却层次清晰,描写生动,气氛热烈,给人一种既庄重又欢快的感觉,充分表达了人们对春神的敬重、欢迎与祈望,希望春神多多赐福人间,给人类的生命繁衍、农作物生长带来福音。

屈原以不同于《九歌》他篇的写法,在短小精悍的篇幅中,生动展现了祭神的整个过程和场面,给人留下了极其深刻的印象。　　　　　　　　　　　(徐志啸)

九歌·云中君　　　　　屈　原

浴兰汤兮沐芳,①	用兰汤沐浴带上一身芳香,
华采衣兮若英。②	让衣服鲜艳多彩像花朵一样。
灵连蜷兮既留,③	灵子盘旋起舞神灵仍然附身,
烂昭昭兮未央。④	他身上不断地放出闪闪神光。
蹇将憺兮寿宫,⑤	我将在寿宫逗留安乐宴享,
与日月兮齐光。	与太阳和月亮一样放射光芒。
龙驾兮帝服,⑥	乘驾龙车上插五方之帝的旌旗,
聊翱游兮周章。⑦	姑且在人间遨游观览四方。
灵皇皇兮既降,⑧	辉煌的云神已经降临,
猋远举兮云中。⑨	突然间像旋风一样升向云中。
览冀州兮有馀,⑩	俯览中原我目光及于九州之外,
横四海兮焉穷。⑪	横行四海我的踪迹无尽无穷。
思夫君兮太息,⑫	思念你云神啊我只有叹息,
极劳心兮忡忡!⑬	无比的愁思真让人忧心忡忡!

〔注〕①兰汤:兰草浸入其中而带有香味的热水。此下四句为祭巫所唱。②华:使之华丽。英:花朵。③灵:灵子,有神灵附身的巫觋。连蜷(quán):屈曲。此处指舞蹈时身体婀娜摆动的姿态。既留:已经留下来。④烂:分散的光。昭昭:小光(闻一多《九歌解诂》)。央:尽。⑤蹇(jiǎn):梗阻,停留。憺(dàn):安。寿宫:供神之处。此下四句扮云中君的巫

所唱。　⑥服：章服，指车驾上所树旌旗。　⑦周章：周游。　⑧灵：此处指云中君。此下二句祭巫所唱。　⑨猋(biāo)：龙卷风。此处用为形容词。举：起。　⑩览：看。冀州：古九州之一，此处代指中原大地，中国。此下二句云中君所唱。　⑪横：横布或横行。　⑫太息：叹息。此下二句祭巫所唱。　⑬劳心：忧心，伤心。忡(chōng)忡：忧愁的样子。

《云中君》是祭祀云神的歌舞辞。王逸《楚辞章句》题解说："云中君，云神丰隆也。一曰屏翳。"江陵天星观一号墓出土战国祭祀竹简有"云君"，显然是"云中君"的简称，可证云中君就是云神。或以为月神、雷神、云梦泽之神、云中郡神、高禖女神等，俱不可从。

《云中君》这篇诗是以主祭的巫同扮云神的巫（灵子）对唱的形式，来颂扬云神，表现对云神的思慕之情。凭什么肯定是对唱的形式呢？首先，诗中说："灵皇皇兮既降"，"灵"指神。又说："灵连蜷兮既留。"《楚辞考异》曰："一本灵下有子字。"王逸注："楚人名巫为灵子。"《广雅·释诂三》之说同。则此"灵子"或"灵"指云神或云神附身的巫。那么，诗中两处说到"灵"的部分，一处称说"君"的句子，都是祭巫所唱。而诗中"蹇将憺兮寿宫"以下四句和"览冀州兮有馀"二句非祭巫所应言，则又是云中君的唱词无疑。其次，《九歌》中另外四篇祭天神之诗，除《东皇太一》兼有迎神的作用，另当别论外，其余《东君》《大司命》《少司命》也都是对唱的形式。

《九歌》的祭祀歌舞是在夜间借助于篝火或竹明、松明、灯光进行的，所以表现出一种神秘和恍惚迷离的气氛。

《云中君》一篇按韵可分为两章，每一章都是对唱。开头四句先是祭巫唱，说她用香汤洗浴了身子，穿上花团锦簇的衣服来迎神。灵子翩翩起舞，神灵尚未离去，身上隐隐放出神光。这是表现祭祀的虔诚和祭祀场面的。

"蹇将憺兮寿宫"以下四句为云中君（充作云中君的灵子）所唱，表现出神的尊贵、排场与威严。由于群巫迎神、礼神、颂神，神乃安乐畅意、精神焕发、神采飞扬。"与日月兮齐光"六字，准确地道出了云的特征；就天空中而言，能同日月并列的唯有星和云，但星是在晴朗而没有日光时方能看见，如同时也没有月亮，则更见其明亮。惟云，是借日光而生辉，云团映日，放出银光，早晚霞光，散而成绮，所以说"与日月兮齐光"。这两句，上句是说明"神"的身份，下一句更表明"云神"的身份。"龙驾兮帝服"，是说出行至人间受享。"聊翱游兮周章"则表示不负人们祈祷祭祀之意，愿为了解下情。古人以为雨是云下的，云师有下雨的职责。故《周礼·大宗伯》有雨师而无云师，《九歌》有云师而无雨师。屏翳或以为云师，或以为雨师，也是这个原因。"屏"是遮蔽的意思。"翳"，《离骚》王逸注："蔽也。"

《广雅·释诂二》:"障也。"则"屏翳"之名实表示了同"览冀州兮有馀,横四海兮焉穷"一样的意思。周宣王祈雨之诗名曰《云汉》,贾谊悯旱之赋题曰《旱云》,俱可以看出古人对云和云神的看法。

祭巫唱"灵皇皇兮既降,猋远举兮云中",乃是说祭享结束之后云中君远离而去。"皇皇"是神附在巫身上的标志。神灵降临结束之后,则如狂飙一般上升而去。这里是表现云神的威严与不凡。"览冀州兮有馀,横四海兮焉穷",则是云神升到高空后因眼底所见而言,表现了云高覆九州、广被四海的特征。末尾二句,是祭巫表示对神灵离去的惆怅与思念,表现出对云神的依赖情绪。祭云神是为了下雨,希望云行雨施,风调雨顺。所以云神一离去,人们便怅然若失。《旱云赋》写云开始之时积聚给沓,互相连接,"若飞扬之纵横","正帷布而雷动",结果却"终风解而霰散兮,陵迟而堵溃。或深潜而闭藏兮,争离而并逝。廓荡荡其若涤兮,日照照而无秽"。风吹云散,希望完全落空。赋的末尾说:"思念白云,肠如结兮。……白云何怨,奈何人兮!"表现了同《云中君》极相近的情感。由此可以看出,《云中君》对神的思念,只是表现人对云、对雨的乞盼之情。

此篇无论人的唱词、神的唱词,都从不同角度表现出云神的特征,表现出人对云神的乞盼、思念,与神对人礼敬的报答。一往深情,溢于言表。　　(赵逵夫)

九歌·湘君① 屈　原

君不行兮夷犹,②	湘君啊你犹豫不走,
蹇谁留兮中洲?③	因谁停留在水中的沙洲?
美要眇兮宜修,④	为你打扮好美丽的容颜,
沛吾乘兮桂舟。⑤	我在急流中驾起桂舟。
令沅湘兮无波,⑥	下令沅湘风平浪静,
使江水兮安流。	还让江水缓缓而流。
望夫君兮未来,⑦	盼望你来你却没来,
吹参差兮谁思?⑧	吹起排箫为谁思情悠悠?
驾飞龙兮北征,⑨	驾起龙船向北远行,
邅吾道兮洞庭。⑩	转道去了优美的洞庭。
薜荔柏兮蕙绸,⑪	用薜荔作帘蕙草作帐,
荪桡兮兰旌。⑫	用香荪为桨木兰为旌。

望涔阳兮极浦，⑬	眺望涔阳遥远的水边，
横大江兮扬灵。⑭	大江也挡不住飞扬的心灵。
扬灵兮未极，⑮	飞扬的心灵无处安止，
女婵媛兮为余太息。⑯	多情的侍女为我发出叹声。
横流涕兮潺湲，⑰	眼泪纵横滚滚而下，
隐思君兮陫侧。⑱	想起你啊悱恻伤神。
桂櫂兮兰枻，⑲	玉桂制长桨木兰作短楫，
斲冰兮积雪。⑳	划开水波似凿冰堆雪。
采薜荔兮水中。	想在水中把薜荔摘取，
搴芙蓉兮木末。㉑	想在树梢把荷花采撷。
心不同兮媒劳，㉒	两心不相同空劳媒人，
恩不甚兮轻绝。㉓	相爱不深感情便容易断绝。
石濑兮浅浅，㉔	清水在石滩上湍急地流淌，
飞龙兮翩翩。㉕	龙船掠过水面轻盈迅捷。
交不忠兮怨长，㉖	不忠诚的交往使怨恨深长，
期不信兮告余以不闲。㉗	不守信却对我说没空赴约。
鼂骋骛兮江皋，㉘	早晨在江边匆匆赶路，
夕弭节兮北渚。㉙	傍晚把车停靠在北岸。
鸟次兮屋上，㉚	鸟儿栖息在屋檐之上，
水周兮堂下。㉛	水儿回旋在华堂之前。
捐余玦兮江中，㉜	把我的玉环抛向江中，
遗余佩兮醴浦。㉝	把我的佩饰留在澧水畔。
采芳洲兮杜若，㉞	在流芳的沙洲采来杜若，
将以遗兮下女。㉟	想把它送给陪侍的女伴。
时不可兮再得，	流失的时光不能再得，
聊逍遥兮容与。㊱	暂且放慢脚步逍遥盘桓。

〔注〕①湘君：湘水之神，男性。一说即在巡视南方时死于苍梧的舜。 ②君：指湘君。

夷犹:迟疑不决。 ③謇(jiǎn):发语词。洲:水中陆地。 ④要眇:美好的样子。宜修:恰到好处的修饰。 ⑤沛:水大而急。桂舟:桂木制成的船。 ⑥沅、湘:沅水和湘水,都在湖南。无波:不起波浪。 ⑦夫:语助词。 ⑧参差:高低错落不齐。此指排箫,相传为舜所造。 ⑨飞龙:雕有龙形的船只。北征:北行。 ⑩邅(zhān):转变。洞庭:洞庭湖。 ⑪薜荔(pì lì):蔓生香草。柏(bó):通"箔",帘子。蕙:香草名。绸:通"裯",帷帐。 ⑫荪:香草,即石菖蒲。桡(ráo):短桨。兰:兰草。旌:旗杆顶上的饰物。 ⑬涔(cén)阳:在涔水北岸,洞庭湖西北。极浦:遥远的水边。 ⑭横:横渡。扬灵:显扬精诚。一说谓灵借作"艫",扬艫,即扬舲,扬帆前进。 ⑮极:至,到达。 ⑯女:侍女。婵媛(chán yuán):眷念多情的样子。 ⑰横:横溢。潺湲(yuán):缓慢流动的样子。 ⑱陫侧:即"悱恻",内心悲痛的样子。 ⑲櫂(zhào):同"棹",长桨。枻(yì):短桨。 ⑳斲(zhuó):砍。 ㉑搴(qiān):拔取。芙蓉:荷花。木末:树梢。 ㉒媒:媒人。劳:徒劳。 ㉓甚:深厚。轻绝:轻易断绝。 ㉔石濑:石上急流。浅(jiān)浅:水流湍急的样子。 ㉕翩翩:轻盈快疾的样子。 ㉖交:交往。 ㉗期:相约。不闲:没有空闲。 ㉘鼂(zhāo):同"朝",早晨。骋骛(wù):急行。皋:水旁高地。 ㉙弭(mǐ):停止。节:策,马鞭。渚:水边。 ㉚次:止息。 ㉛周:周流。 ㉜捐:抛弃。玦:环形玉佩。 ㉝遗(yí):留下。佩:佩饰。醴(lǐ):澧水,在湖南,流入洞庭湖。 ㉞芳洲:水中的芳草地。杜若:香草名。 ㉟遗(wèi):赠予。下女:指身边侍女。 ㊱聊:暂且。容与:舒缓放松的样子。

在屈原根据楚地民间祭神曲创作的《九歌》中,《湘君》和《湘夫人》是两首最富生活情趣和浪漫色彩的作品。人们在欣赏和赞叹它们独特的南国风情和动人的艺术魅力时,却对湘君和湘夫人的实际身份迷惑不解,进行了长时间的探讨、争论。

从有关的先秦古籍来看,尽管《楚辞》的《远游》篇中提到"二女"和"湘灵",《山海经·中山经》中说"洞庭之山……帝之二女居之,是常游于江渊",但都没有像后来的注释把湘君指为南巡道死的舜、把湘夫人说成追赶他而溺死湘水的二妃娥皇和女英的迹象。最初把两者结合在一起的是《史记·秦始皇本纪》。书中记载秦始皇巡游至湘山(即今洞庭湖君山)时,"上问博士曰:'湘君何神?'博士对曰:'闻之,尧女,舜之妻,而葬此。'"后来刘向的《列女传》也说舜"二妃死于江、湘之间,俗谓之湘君"。这就明确指出湘君就是舜的两个妃子,但未涉及湘夫人。到了东汉王逸为《楚辞》作注时,鉴于二妃是女性,只适合于湘夫人,于是便把湘君另指为"湘水之神"。对于这种解释,唐代韩愈并不满意,他在《黄陵庙碑》中认为湘君是娥皇,因为是正妃故得称"君";女英是次妃,因称"夫人"。以后宋代洪兴祖《楚辞补注》、朱熹《楚辞集注》皆从其说。这一说法的优点在于把湘君和湘夫人分属两人,虽避免了以湘夫人兼指二妃的麻烦,但仍没有解决两人的性别差异,从而为诠释作品中显而易见的男女相恋之情留下了困难。有鉴于此,明末清初的王夫之在《楚辞通释》中采取了比较通脱的说法,即把湘君说成是湘水之神,把湘夫人说成是他的配偶,而不再拘泥于按舜与二妃的传说一一指实。应该说这样的理解,比较符合作品的实际,因而也比较可取。

虽然舜和二妃的传说给探求湘君和湘夫人的本事带来了不少难以自圆的穿凿附会,但是如果把这一传说在屈原创作《九歌》时已广为流传、传说与创作的地域完全吻合、《湘夫人》中又有"帝子"的字样很容易使人联想到尧之二女等等因素考虑在内,则传说的某些因子如舜与二妃飘泊山川、会合无由等,为作品所借鉴和吸取也并不是没有可能的。因此既注意到传说对作品可能产生的影响,又不拘泥于传说的具体人事,应该成为我们理解和欣赏这两篇作品的基点。

由此出发,不难看出作为祭神歌曲,《湘君》和《湘夫人》是一个前后相连的整体,甚至可以看作同一乐章的两个部分。这不仅是因为两篇作品都以"北渚"相同的地点暗中衔接,而且还由于它们的末段,内容和语意几乎完全相同,以至被认为是祭祀时歌咏者的合唱(见姜亮夫《屈原赋校注》)。

这首《湘君》由女神的扮演者演唱,表达了因男神未能如约前来而产生的失望、怀疑、哀伤、埋怨的复杂感情。第一段写美丽的湘夫人在作了一番精心的打扮后,乘着小船兴致勃勃地来到与湘君约会的地点,可是却不见湘君前来,于是在失望中抑郁地吹起了哀怨的排箫。首二句以问句出之,一上来就用心中的怀疑揭出爱而不见的事实,为整首歌的抒情作了明确的铺垫。以下二句说为了这次约会,她曾进行了认真的准备,把本已姣好的姿容修饰得恰到好处,然后才驾舟而来。这说明她十分看重这个见面的机会,内心对湘君充满了爱恋。正是在这种心理的支配下,她甚至虔诚地祈祷沅湘的江水风平浪静,能使湘君顺利赴约。然而久望之下,仍不见他到来,便只能吹起声声幽咽的排箫,来倾吐对湘君的无限思念。这一段的描述,让人看到了一幅望断秋水的佳人图。

第二段接写湘君久等不至,湘夫人便驾着轻舟向北往洞庭湖去寻找,忙碌地奔波在湖中江岸,结果依然不见湘君的踪影。作品在这里把对湘夫人四出寻找的行程和她的内心感受紧密地结合在一起。你看她先是驾着龙舟北出湘浦,转道洞庭,这时她显然对找到湘君满怀希望;可是除了眼前浩渺的湖水和装饰精美的小船外,一无所见;她失望之余仍不甘心,于是放眼远眺涔阳,企盼能捕捉到湘君的行踪;然而这一切都毫无结果,她的心灵便再次横越大江,遍寻沅湘一带的广大水域,最终还是没有找到。如此深情的企盼和如此执着的追求,使得身边的侍女也为她叹息起来。正是旁人的这种叹息,深深地触动和刺激了湘夫人,把翻滚在她内心的感情波澜一下子推向了汹涌澎湃的高潮,使她止不住泪水纵横,一想起湘君的失约就心中阵阵作痛。

第三段主要是失望至极的怨恨之情的直接宣泄。首二句写湘夫人经多方努力不见湘君之后,仍漫无目的地泛舟水中,那如划开冰雪的船桨虽然还在摆动,但给人的感觉只是她行动的迟缓沉重和机械重复。接着用在水中摘采薜荔和树上收取芙蓉的比喻,既总结以上追求不过是一种徒劳而已,同时也为后面对湘君"心不同""恩不甚""交不忠""期不信"的一连串斥责和埋怨起兴。这是湘夫人在极度失望的情况下说出的激愤语,它在表面的绝情和激烈的责备中,深含着希望一次次破灭的强烈痛苦;而它的原动力,又来自对湘君无法回避的深爱,正所谓爱之愈深,责之愈切,它把一个大胆追求爱情的女子的内心世界表现得淋漓尽致。

第四段可分二层。前四句为第一层,补叙出湘夫人浮湖横江从早到晚的时间,并再次强调当她兜了一大圈仍回到约会地"北渚"时,还是没有见到湘君。从"捐余玦"至末为第二层,也是整首乐曲的卒章。把玉环抛入江中,把佩饰留在岸边,是湘夫人在过激情绪支配下做出的过激行动。以常理推测,这玉环和佩饰当是湘君给她的定情之物。现在他既然不念前情,一再失约,那么这些代表爱慕和忠贞的信物又留着何用,不如把它们抛弃算了。这一举动,也是上述四个"不"字的必然结果。读到这里,人们同情惋惜之余,还不免多有遗憾。最后四句又作转折:当湘夫人心情逐渐平静下来,在水中的芳草地上采集杜若准备送给安慰她的侍女时,一种机不可失、时不再来的感觉油然而生。于是她决定"风物长宜放眼量",从长计议,松弛一下绷紧的心弦,慢慢等待。这样的结尾使整个故事和全首歌曲都余音袅袅,并与篇首的疑问遥相呼应,同样给人留下了想象的悬念。

(曹明纲)

九歌·湘夫人①   屈　原

帝子降兮北渚,②	美丽的公主快降临北岸,
目眇眇兮愁予。③	我已忧愁满怀望眼欲穿。
嫋嫋兮秋风,④	凉爽的秋风阵阵吹来,
洞庭波兮木叶下。⑤	洞庭湖波浪翻涌树叶飘旋。
登白薠兮骋望,⑥	登上长着白薠的高地远望,
与佳期兮夕张。⑦	与她定好约会准备晚宴。
鸟何萃兮蘋中,⑧	为何鸟儿聚集在水草间,
罾何为兮木上?⑨	为何鱼网悬挂在大树颠?

沅有茝兮醴有兰，⑩	沅水有白芷澧水有幽兰，
思公子兮未敢言。⑪	眷念公主却不敢明言。
荒忽兮远望，⑫	放眼展望一片空阔苍茫，
观流水兮潺湲。⑬	只见清澈的流水潺潺。
麋何食兮庭中，⑭	为何山林中的麋鹿觅食庭院，
蛟何为兮水裔？⑮	为何深渊里的蛟龙搁浅水边？
朝驰余马兮江皋，⑯	早晨我骑马在江边奔驰，
夕济兮西澨。⑰	傍晚就渡水到了西岸。
闻佳人兮召予，	好像听到美人把我召唤，
将腾驾兮偕逝。⑱	多想立刻驾车与她一起向前。
筑室兮水中，	在水中建座别致的宫室，
葺之兮荷盖。⑲	上面用荷叶覆盖遮掩。
荪壁兮紫坛，⑳	用香荪抹墙紫贝装饰中庭，
匊芳椒兮成堂。㉑	厅堂上把香椒粉撒满。
桂栋兮兰橑，㉒	用玉桂作梁木兰为椽，
辛夷楣兮药房。㉓	辛夷制成门楣白芷点缀房间。
罔薛荔兮为帷，㉔	编织好薛荔做个帐子，
擗蕙櫋兮既张。㉕	再把蕙草张挂在屋檐。
白玉兮为镇，㉖	拿来白玉镇压坐席，
疏石兰兮为芳。㉗	摆开石兰芳香四散。
芷葺兮荷屋，㉘	白芷修葺的荷叶屋顶，
缭之兮杜衡。㉙	有杜衡草缠绕四边。
合百草兮实庭，㉚	汇集百草摆满整个庭院，
建芳馨兮庑门。㉛	让门廊之间香气弥漫。
九嶷缤兮并迎，㉜	九嶷山的众神一起相迎，
灵之来兮如云。㉝	神灵的到来就像云朵满天。
捐余袂兮江中，㉞	把我的夹袄投入湘江之中，

遗余褋兮醴浦。㉟	把我的单衣留在澧水之滨。
搴汀洲兮杜若,㊱	在水中的绿洲采来杜若,
将以遗兮远者。㊲	要把它送给远方的恋人。
时不可兮骤得,㊳	欢乐的时光难以马上得到,
聊逍遥兮容与。	暂且放慢步子松弛心神。

〔注〕① 湘夫人:湘水之神,女性。一说即舜二妃娥皇和女英。 ② 帝子:犹天帝之子。因舜妃是帝尧之女,故称。 ③ 眇眇:望而不见的样子。愁予:使我发愁。 ④ 嫋(niǎo)嫋:绵长不绝的样子。 ⑤ 洞庭:洞庭湖。 ⑥ 登:此字据《楚辞补注》引一本补。白薠(fán):一种近水生的秋草。或谓乃"蘋"之误。骋望:放眼远眺。 ⑦ 佳期:与佳人的约会。张:陈设。 ⑧ 何:此字据《楚辞补注》引一本补。萃:集聚。蘋:水草名。 ⑨ 罾(zēng):鱼网。 ⑩ 沅、醴:沅水和澧水,均在湖南。醴,《楚辞补注》引一本作澧,下同。茝(zhǐ):即白芷,一种香草。 ⑪ 公子:指湘夫人。 ⑫ 荒忽:犹"恍惚",迷糊不清的样子。 ⑬ 潺湲:水缓慢流动的样子。 ⑭ 麋:一种似鹿而大的动物,俗称"四不像"。 ⑮ 蛟:传说中的龙类动物。裔:边沿。 ⑯ 皋:水边高地。 ⑰ 济:渡。澨(shì):水边。 ⑱ 腾驾:驾着马车奔驰。偕逝:同往。 ⑲ 葺:编结覆盖。盖:指屋顶。 ⑳ 荪:香草名。紫:紫贝。坛:中庭,楚地方言。 ㉑ 罢:古"播"字。椒:花椒,多用于除虫去味。成:借作"盛"。 ㉒ 桂栋:屋梁。橑(lǎo):屋椽。 辛夷:香木名。楣:门上横梁。药:即白芷。 ㉔ 罔:同"网",编结。薜荔:一种蔓生香草。帷:幕帐。 ㉕ 擗(pǐ):掰开。櫋(mián):檐间木。 ㉖ 镇:镇压坐席之物。 ㉗ 疏:分列。石兰:香草名。 ㉘ 芷:白芷。荷屋:荷叶覆顶的房屋。 ㉙ 缭:缠绕。杜衡:香草名。 ㉚ 合:会集。实:充实。 ㉛ 馨:远传的香气。庑:走廊。 ㉜ 九嶷:湖南九嶷山,即传说中舜的葬地。缤:众多纷杂的样子。 ㉝ 灵:神灵。如云:形容众多。 ㉞ 袂(mèi):扬雄《方言》释为"复襦",也就是夹袄。高亨《诗经今注》以为系"袟"的传写之误,作佩囊解。 ㉟ 遗:丢下。褋(dié):单衣。 ㊱ 搴(qiān):摘取。汀洲:水中或水边平地。杜若:香草名。 ㊲ 以(yǐ):同"以"。遗(wèi):赠送。 ㊳ 骤:骤然,立即。

  作为《湘君》的姊妹篇,《湘夫人》由男神的扮演者演唱,表达了赴约的湘君来到约会地北渚,却不见湘夫人的惆怅和迷惘。

  如果把这两首祭神曲联系起来看,那么这首《湘夫人》所写的情事,正发生在湘夫人久等湘君不至而北出湘浦、转道洞庭之时。因此当晚到的湘君抵达约会地北渚时,自然难以见到他的心上人了。作品即由此落笔,与《湘君》的情节紧密配合。

  首句"帝子降兮北渚"较为费解。"帝子"历来解作天帝之女,后又附会作尧之二女,但毫无疑问是指湘水女神。一般都把这句说成是帝子已降临北渚,即由《湘君》中的"夕弭节兮北渚"而来;但这样便与整篇所写湘君盼她前来而不见的内容扞格难合。于是有人把这句解释成湘君的邀请语(见詹安泰《屈原》),这样文意就比较顺畅了。

歌辞的第一段写湘君带着虔诚的期盼,久久徘徊在洞庭湖的山岸,渴望湘夫人的到来。这是一个环境气氛都十分耐人寻味的画面:凉爽的秋风不断吹来,洞庭湖中水波泛起,岸上树叶飘落。望断秋水、不见伊人的湘君搔首蹰躇,一会儿登临送目,一会儿张罗陈设,可是事与愿违,直到黄昏时分仍不见湘夫人前来。这种情形经以"鸟何萃兮蘋中,罾何为兮木上"的反常现象作比兴,就更突出了充溢于人物内心的失望和困惑,大有所求不得、徒劳无益的意味。而其中"嫋嫋兮秋风,洞庭波兮木叶下"更是写景的名句,对渲染气氛和心境都极有效果,因而深得后代诗人的赏识。

第二段在此基础上,进一步深化湘君的渴望之情。以水边泽畔的香草兴起对伊人的默默思念,又以流水的缓缓而流暗示远望中时光的流逝,是先秦诗歌典型的艺术手法,其好处在于人物相感、情景合一,具有很强的感染力。以下麋食中庭和蛟滞水边又是两个反常现象,与前文对鸟和网的描写同样属于带有隐喻性的比兴,再次强调爱而不见的事愿相违。接着与湘夫人一样,他在久等不至的焦虑中,也从早到晚骑马去寻找,其结果则与湘夫人稍有不同:他在急切的求觅中,忽然产生了听到佳人召唤、并与她一起乘车而去的幻觉。于是作品有了以下最富想象力和浪漫色彩的一笔。

第三段纯粹是湘君幻想中与湘夫人如愿相会的情景。这是一个令人目不暇接、眼花缭乱的神奇世界:建在水中央的庭堂都用奇花异草香木构筑修饰,其色彩之缤纷、香味之浓烈,堪称无与伦比。作品在这里一口气罗列了荷、荪、椒、桂、兰、辛夷、药、薜荔、蕙、石兰、芷、杜衡等十多种植物,来极力表现相会处的华美艳丽。其目的,则全在于以流光溢彩的外部环境来烘托和反映充溢于人物内心的欢乐和幸福。因此当九嶷山的众神来把湘君的恋人接走时,他才恍然大悟,从这如梦幻般的美境中惊醒,重新陷入相思的痛苦之中。

最后一段与《湘君》结尾不仅句数相同,而且句式也完全一样。湘君在绝望之余,也像湘夫人那样情绪激动,向江中和岸边抛弃了对方的赠礼,但表面的决绝却无法抑制内心的相恋。他最终同样恢复了平静,打算在耐心的等待和期盼中,走完相恋相思这段好事多磨的心理历程。他在汀洲上采来芳香的杜若,准备把它赠送给远来的湘夫人。

综上所述,《湘君》和《湘夫人》是由一次约会在时间上的误差而引出的两个悲剧,但合起来又是一幕两情相悦、忠贞不渝的喜剧。说它们是悲剧,是因为赴约的双方都错过了相会的时间,彼此都因相思不见而难以自拔,心灵和感情遭受了长时间痛苦的煎熬;说它们是喜剧,是由于男女双方的相恋真诚深挚,尽管稍有挫折，但都没有放弃追求和期盼，所以圆满结局的出现只是时间问题。当他们在耐心平静的相互等待之后终于相见时，这场因先来后到而产生的误会和烦恼必然会在顷刻间烟消云散，迎接他们的将是湘君在幻觉中所感受的那种欢乐和幸福。

  这两篇作品一写女子的爱慕，一写男子的相思，所取角度不同，所抒情意却同样缠绵悱恻；加之作品对民间情歌直白的抒情方式的吸取和对传统比兴手法的运用，更加强了它们的艺术感染力。因此尽管这种热烈大胆、真诚执着的爱情被包裹在宗教仪式的外壳中，但它本身所具有强大的生命内核，却经久不息地释放出无限的能量，让历代的读者和作者都能从中不断获取不畏艰难、不息地追求理想和爱情的巨大动力。这可从无数篇后代作品都深受其影响的历史中，得到最好的印证。

（曹明纲）

九歌·大司命

屈　原

广开兮天门，①	大大地打开天宫的大门，
纷吾乘兮玄云。②	我乘驾起一团团连接的黑云。
令飘风兮先驱，③	命令旋风在前面开路，
使冻雨兮洒尘。④	指使暴雨洗净空中的飞尘。
君回翔兮㠯下，⑤	少司命你在空中盘旋降临，
逾空桑兮从女。⑥	我越过空桑山将你紧跟。
纷总总兮九州，⑦	密麻麻九州的黎民子姓，
何寿夭兮在予。⑧	谁长寿谁夭亡全由我定。
高飞兮安翔，	我安闲地高高飞翔，
乘清气兮御阴阳。⑨	乘着清明之气驾御阴阳。
吾与君兮齐速，⑩	我与你恭谨地在前趋走，
导帝之兮九坑。⑪	引天帝直到达九冈山上。
灵衣兮被被，⑫	云彩的衣裳长长地飘动，
玉佩兮陆离。⑬	腰间的玉佩叮叮当当。

壹阴兮壹阳，⑭	凭借着万物阴阳生成之理，
众莫知兮余所为。	谁也不知道我的作为职掌。
折疏麻兮瑶华，⑮	折下茎断丝连的疏麻白花，
将以遗兮离居。⑯	将它赠给离居者聊表思念。
老冉冉兮既极，⑰	老暮之年已渐渐地来到，
不寖近兮愈疏。⑱	不能再亲近反而更加疏远。
乘龙兮辚辚，⑲	驾起龙来云车隆隆，
高驰兮冲天。⑳	高高地奔驰冲向天空。
结桂枝兮延伫，㉑	我编结着桂树枝条远望，
羌愈思兮愁人。㉒	为什么越思念越忧心忡忡。
愁人兮奈何，	令人忧愁的思绪摆脱不清，
愿若今兮无亏。㉓	但愿像今天这样不失礼敬。
固人命兮有当，㉔	人的寿命本来就各有短长，
孰离合兮可为？㉕	谁又能消除悲欢离合之恨？

〔注〕①广开：大开。天门：上帝所居紫微宫门。按，以下四节为扮大司命的神尸所唱。②纷：多。吾：大司命自谓。玄云：黑云。乘玄云即以玄云为车，犹云乘云车。汉《郊祀歌》："灵之车，结玄云。" ③飘风：大旋风。 ④冻(dòng)雨：暴雨。 ⑤君：指少司命。祭祀女巫以少司命的口吻迎神、娱神。目：同"以"。 ⑥空桑：山名。据《吕氏春秋》所载，有侁氏女得婴儿于空桑，即后来之伊尹。其地在赵代间。空桑同主管婴儿之少司命有关，故大司命这样说。女(rǔ)：汝。 ⑦纷总总：众多的样子。指九州之人。 ⑧寿：长寿。夭：早亡。予：我。 ⑨清气：天空中的元气，也称作"精气"。阴阳：阴阳二气。此处兼及阴阳变化而言。⑩吾：大司命自谓。君：指少司命。齐：原作"斋"，朱熹《楚辞集注》作"齐"，今据改。齐速，严肃地快步走，也叫"趋"。为恭谨之貌。 ⑪导：引导。之：到。帝：天帝。九坑(gāng)：当即《左传·昭公十一年》说的冈山。楚人曾祭天于冈山。"坑"同"阬"，一本作"阮"，即古"冈"字。⑫灵：《北堂书钞》等所引作"云"，二字繁体同为雨字头，相近致误。云衣，以云霞为衣。被被：衣长的样子。 ⑬陆离：长的样子。 ⑭壹阴兮壹阳：指万物生成之理。《周易·系辞上》："阴阳不测之谓神。"正义："天下万物，皆由阴阳。或生或成，本其所由之理，不可测量之谓神也。" ⑮疏麻：升麻（王逸称为"神麻"，神、升声近）。麻的秆茎折而皮连，有藕断丝连之意。按，此下三节为女巫以少司命口吻娱神所唱。 ⑯遗(wèi)：赠。离居：本来亲近而现在分离的人。 ⑰冉冉：渐渐地。极：至。 ⑱寖(jìn)：同"浸"，渐。 ⑲辚(lín)辚：车声。

⑳驰(chí)：同"驰"。　㉑延伫："伫"借为"眝"。延眝，远望。　㉒羌：何为。　㉓若今：像今天一样。亏：亏损。　㉔固：本来。当：当然，本来的样子。　㉕孰：谁。为：作为，起作用。

《大司命》是祭大司命之神的歌舞辞。王夫之《楚辞通释》说："大司命统司人之生死，而少司命则司人子嗣之有无。以其所司者婴稚，故曰少；大，则统摄之辞也。"其说甚是。篇中大司命唱词曰"何寿夭兮在予"，已说得明明白白。"大司命"、"司命"早见于金文、楚简。《齐侯壶》："辞誓于大辞(司)命，用两璧、两壶、八鼎。"江陵望山一号墓出土竹简上有"大水、句(后)土、司命"；江陵天星观一号墓出土竹简上有"司命""司祸""地宇""云君""大水""东城夫人"等，皆楚人所祀。

《大司命》和《少司命》都表现出恋爱的意思。人类在进入男权社会以后，除个别由原始社会遗留下来的神（如女娲、西王母），及同妇女有直接关系的神祇（如送子娘娘）之外，其余都是男性的。所以，按常情大司命是男性神。诗中大司命唱词中表现出的那种威灵显赫、声震八荒的气概，也证明是男性神。司子嗣的少司命则是女性神（详下篇）。清陈本礼《屈辞精义》云："前《湘君》《湘夫人》两篇章法蝉递而下，分为两篇，合之实为一篇也。此篇《大司命》《少司命》两篇并序，则合传之体也。"则大司命、少司命应是一对，相互间有爱恋之情。在儒生和礼官看来，神是庄严神圣的，广大人民群众却只能根据自己的生活去设想神。所以朱熹《楚辞辩证上》云："楚俗祠祭之歌，今不可得而闻矣。然计其间，或以阴巫下阳鬼，或以阳主接阴鬼，则其辞之亵慢淫荒，当有不可道者。"《集注》在《湘君》篇下题解云："此篇盖为男主事阴神之词，故其情意曲折尤多。"《大司命》篇中的对唱，是充当大司命的灵子同娱神的女巫的对唱，而女巫则是以少司命的口吻来表情达意的，只是当时神灵不附身而已（这只是就人的意念而言）。

此诗第一节四句为扮大司命的巫所唱，一看便知。其自称"吾"，与第三节"吾与君兮齐速"一致，则第三节也应是大司命所唱。此句中称对方为"君"，则第二节（有"君回翔兮以下"）也应是大司命所唱。同时，这几节中"纷总总兮九州，何寿夭兮在予"，"高飞兮安翔，乘清气兮御阴阳"也与第一节大司命所表现出的呼风唤雨、声势夺人的气概一致。同此，第四节说"壹阴兮壹阳，众莫知兮余所为"，也只能出于大司命之口。大司命动辄"吾""予""余"自称，体现出大权在握、唯我独尊的意识。"折疏麻兮愈疏"以下三节，则完全表现对大司命的怀念，愁怀无限，情绪与前四节完全不同。这三节便是女巫以少司命口吻所唱。

这首诗表现大司命的气派简直无与伦比。他要到人间，不是让一般地打开天门，而是"广开天门"；他以龙为马，以云为车，命旋风在前开路，让暴雨澄清旷宇,俨然主宰一切的天帝。大司命在天宫的地位未必很高,但对人间来说掌握着每个人的生死寿夭,则权力可谓大矣。所以,即使在天宫中的班次居于末尾,当他要到人间来时,也可以摆出最大的排场,显出最大的威严。东皇太一虽然至高无上,但楚人祭祀时只是虚虚一过,名义上敬东皇太一,实际上是迎接众位天神、地祇、人鬼。人们是根据现实生活来想象神、创造神、对待神的。大司命的气壮,也就可以不言而喻。

对于大司命的描写,其服饰、乘驾、精神、职责、作为,都写到。尤其是用了第一人称的手法表现出一个执掌人类生死大权的尊神的内心世界,从中很可以看出中国古代漫长的专制制度社会的投影。作为一个抒情主人公形象,即使不是很可爱的,但却是具有典型意义的。事实上,他能够接受祭祀而到人间来,也还是体现了一种重民、亲民的思想;而作为一个执法者,也是应该有阳刚之气的。

后三节女巫以少司命的口吻表示对大司命的怀念。如不是以神的身份,便不会说"离居"。其中离别的幽怨,无法摆脱的愁绪,也多少地体现了男权社会中广大妇女普遍的心理状况。"折疏麻兮瑶华,将以遗兮离居。"为什么要折疏麻呢?闻一多《九歌解诂》说:"盖疏麻是隐语,借花草中的疏字以暗示行将分散之意。"闻说或者是也。但折麻的原因主要因为麻秆折断后皮仍连在一起,故以"折麻"喻藕断丝连之意。后世谢灵运《从斤竹涧越岭西行》"折麻心莫展",《南楼中望所迟客诗》"瑶华未敢折",都是由此处化出,表现久别后一时不能见到的愁情。所以说,折疏麻之瑶华相赠,有身虽离而思念不绝之意。

"乘龙"两句,是说大司命离开祭堂而去。云为车而龙为马,正所谓"云从龙,风从虎",同诗开头表现的大司命形象一致。神将离去,故女巫以少司命的口吻表现出恋恋的情绪。离别是不可避免的,只希望以后常常像今晚一样不亏见面亲切之意。你大司命是主宰人的寿命的,人的寿命本来就有定数,但天地间的悲欢离合谁又能管得了呢?这里问出了一个千百年来无数男男女女的多情人都永远不得答案的问题。这首诗中,真是凝聚了人类情感经历中最深刻的内容。

(赵逵夫)

九歌·少司命　　屈　原

秋兰兮麋芜,①	秋天的兰草和细叶芎䓖,
罗生兮堂下。	遍布在堂下的庭院之中。
绿叶兮素华,②	嫩绿叶子夹着洁白小花,
芳菲菲兮袭予。③	喷喷的香气扑向面孔。

夫人自有兮美子,④　　　　人们自有他们的好儿好女,
荪何㠯兮愁苦?⑤　　　　你为什么那样地忧心忡忡?

秋兰兮青青,⑥　　　　　一片片秋兰青翠茂盛,
绿叶兮紫茎。　　　　　　嫩绿叶片中伸出着花的紫茎。
满堂兮美人,⑦　　　　　满堂上都是迎神的美人,
忽独与余兮目成。⑧　　　忽然间都与我致意传情。

入不言兮出不辞,　　　　我来时无语出门也不告辞,
乘回风兮载云旗。　　　　驾起旋风树起云霞的旗帜。
悲莫悲兮生别离,　　　　悲伤莫过于活生生的离别,
乐莫乐兮新相知。　　　　快乐莫过于新结了好相识。

荷衣兮蕙带,　　　　　　穿起荷花衣系上蕙草带,
儵而来兮忽而逝。⑨　　　我忽然前来又忽然远离。
夕宿兮帝郊,　　　　　　日暮时在天帝的郊野住宿,
君谁须兮云之际?⑩　　　你等待谁久久停留在云际?

与女沐兮咸池,⑪　　　　同你到日浴之地咸池洗头,
晞女发兮阳之阿。⑫　　　到日出之处把头发晾干。
望美人兮未来,⑬　　　　远望美人啊仍然没有来到,
临风怳兮浩歌。⑭　　　　我迎风高唱恍惚幽怨。

孔盖兮翠旌,⑮　　　　　孔雀翎制车盖翠鸟羽饰旌旗,
登九天兮抚彗星。⑯　　　你升上九天抚持彗星。
竦长剑兮拥幼艾,⑰　　　一手直握长剑一手横抱儿童,
荪独宜兮为民正!　　　　只有你最适合为人作主持正!

〔注〕① 秋兰:古所谓兰草,叶茎皆香。秋天开淡紫色小花,香气更浓。古人以为生子之祥。麋芜:即"蘼芜",细叶芎藭。叶似芹,丛生,七、八月开白花。根茎可入药,治妇人无子。以下六句为男巫以大司命口吻迎神所唱。　② 华:原作"枝",《楚辞考异》引一本作"华"。王逸

《楚辞章句》释此句为"吐叶垂华",则本作"华",今据改。 ③袭:指香气扑人。予:我,男巫以大司命口吻自谓。 ④夫:发语词,兼有远指作用。 ⑤曰:同"以"。荪:溪荪,石菖蒲,一种香草。古人用以指君王等尊贵者。诗中指少司命。何以:因何。 ⑥青青:借为"菁菁"。茂盛貌。以下三节为少司命所唱。 ⑦美人:指祈神求子的妇女。 ⑧忽:很快地。余:我,少司命自谓。目成:用目光传情,达成默契。 ⑨儵(shū):同"倏",迅疾的样子。逝:离去。 ⑩君:少司命指称大司命。须:等待。因大司命受祭结束后升上云端等待,故少司命这样问。 ⑪此句上原有"与女游兮九河,冲风至兮水扬波",王逸无注。《考异》云:"古本无此二句。"按:"与女"二句与《河伯》中二句重复,当是由《河伯》所窜入,今删。女(rǔ):汝。咸池:神话中天池,太阳在此沐浴。以下二节为男巫以大司命口吻所唱。 ⑫晞(xī):晒干。阳之阿(ē):即阳谷,也作旸谷,神话中日所出处。 ⑬美人:此处为大司命称少司命。大司命在云端,少司命尚在人间受祭,所以大司命这样说。 ⑭怳(huǎng):神思恍惚惆怅的样子。浩歌:放歌,高歌。 ⑮孔盖:孔雀毛作的车盖。旍(jīng):同"旌"。翠旍,翠鸟羽毛装饰的旌旗。 ⑯九天:古代传说天有九重。此处指天之高处。抚:持。 ⑰竦(sǒng):肃立。此处指笔直地拿着。拥:抱着。幼艾:儿童,即《礼记·月令》所说"养幼少"的"幼少"。

　　《少司命》是祭祀少司命神的歌舞辞。少司命是主管人间子嗣的神;因为是主管儿童的,所以称作"少司命"。宋罗愿说:"少司命主人子孙者也。"(《尔雅翼》)王夫之从其说。王夫之并说古代"弗(祓)无子者祀高禖。大司命、少司命皆楚俗为之名而祀之"(《楚辞通释》)。则少司命乃由高禖演变而来,是女神。《礼记·月令》仲春之月:"玄鸟至。至之日,以太牢(牛羊猪三牲)祠于高禖。天子亲往。后妃帅九嫔御,乃礼天子所御,带以弓韣,授以弓矢,于高禖之前。"郑玄注:"天子所御,谓今有娠者。……带以弓韣,授以弓矢,求男之祥也。"正义云:"祭高禖既毕,祝官乃礼接天子所御幸有娠之人,……乃属带此所御之人以弓韣,又授之以弓矢于高禖之前。"可见,古之高禖,即求子之神。实质上,高禖管生,司命管死,故在齐楚民间以司命为"大司命",而以高禖为"少司命"。高禖的来源,郑注说是"玄鸟遗卵,娀简狄吞之而生契,后王以为媒官,嘉祥而立其祠焉。变媒言禖,神之也"。就中国而言,燕于春天由南来巢于人家,时天气已暖,便于洗浴,且春暖花开,人的兴致较高,故怀孕者多。则高禖本来就是司子嗣之神。

　　本篇是少司命(充作少司命的灵子)与男巫(以大司命的口吻)对唱。其末云:"荪独宜兮为民正",则末一节为男巫之唱词。那么,第一节(有"荪何以兮愁苦"句)也应为男巫所唱。由歌词内容看,二、三、四节为少司命唱词,五、六节也是男巫以大司命口吻所唱。

　　因为本篇演唱同前一篇是连接的,少司命、大司命已在场,故再没有下神、迎神的话,但此一篇的宾主关系与上一篇相反。上一篇后半是女巫以少司命口吻所唱,故此篇开头是男巫以大司命口吻唱出,来赞颂少司命。从情绪的承接来说,前篇少司命反复表现出愁苦的心情,故此篇开头大司命说:"夫人自有兮美子,荪何以兮愁苦?"

"秋兰兮麋芜,罗生兮堂下",一方面是对少司命这个爱护生命的女神的烘托,另一方面也暗示此祭祀为的是求子嗣。《尔雅翼》云:"兰为国香,人服媚之,古以为生子之祥。而蘪芜之根主妇人无子。故《少司命》引之。"《政和证类本草》也说芎藭根茎可以入药,治"妇女血闭无子"。所以说,这两句不仅更突出了诗的主题,也反映了一个古老的风俗。

少司命一开始就赞叹的也是兰草,同样暗示了生子的喜兆。"满堂兮美人,忽独与余兮目成",是说来参加迎神祭祀的妇女很多,都希望有好儿好女,对她投出乞盼的目光,她也回以会意的一瞥。她愿意满足所有人的良好愿望。她同这些人既已"目成",也就没有愁苦了。她看了祭堂上人的虔诚和礼敬,心领神受,"入不言"而"出不辞",满意而去。她乘着旋风,上面插着云彩的旗帜。对于她又认识了很多知相,感到十分快活;而对于同这些人又将分离,感到悲伤。这是将人的感情与神相通,体现出女神的多情。下面一节则是女神说自己的服饰和离开祭堂的情形。"荷衣兮蕙带"同大司命的"云衣兮被被,玉佩兮陆离"比起来,带有女性的特征。"夕宿兮帝郊"是说自己离开后将去的地方。《礼记·月令》孔颖达正义引《郑志》,简狄被以为禖官嘉祥之后,"祀之以配帝,谓之高禖"。则由之转化而来的少司命宿于帝郊,也是有原因的。"君谁须兮云之际"是反过来回问大司命的话。

第五、六节都是男巫以大司命的口吻所唱,先是回答少司命的问话:"我等待你,要陪你到咸池去洗头,在阳阿之地晒发。因为一直等你不来,所以在云端怳然而立,临风高歌。"第六节描述了少司命升上天空后的情况,描绘出一个保护儿童的光辉形象:她一手笔直地持着长剑,一手抱着儿童。她不仅是送子之神,也是保护儿童之神。"荪独宜兮为民正!"事实上唱出了广大人民群众对少司命的崇敬与爱戴。

《大司命》和《少司命》塑造了两个形象:威严的大司命和温柔多情的少司命。一个体现出阳刚之美,一个体现出阴柔之美。但他们的形象又不是单一的,图案化的:大司命在威严的下面,也体现了对于女性的关切、赞扬与爱护,而少司命在多情善感的背后,具有刚毅而凛然不可犯的一面。她虽是一个一往深情的女性,在保护儿童的方面却是一个不可干犯的女神。

这两首诗都是一方面用人物自白、倾吐内心的方式展示其精神世界,另一方面用对方眼中所见来刻画,由对方的赞颂从旁表现的办法,既变换角度,又内外结合,互相映衬。可以说,两首诗中的每一段唱词,都是既写"他",又写"我"。这两首诗也都采取了抒情与描写相结合的手法,所以辞采华丽,又韵味深长。

(赵逵夫)

九歌·东君 屈原

暾将出兮东方,①
照吾槛兮扶桑。②
抚余马兮安驱,
夜皎皎兮既明。③

温煦明亮的光辉将出东方,
照着我的栏杆和神木扶桑。
轻轻抚着我的马安详行走,
从皎皎月夜直到天色明亮。

驾龙辀兮乘雷,④
载云旗兮委蛇。⑤
长太息兮将上,
心低徊兮顾怀。⑥
羌声色兮娱人,⑦
观者憺兮忘归。⑧

驾着龙车借着那雷声轰响,
载着如旗的云彩舒卷飘扬。
长长叹息着我将飞升上天,
我的内心又充满眷念彷徨。
声与色之美足以使我快乐,
观看者安于此景回还皆忘。

絚瑟兮交鼓,⑨
箫钟兮瑶簴。⑩
鸣篪兮吹竽,⑪
思灵保兮贤姱。⑫
翾飞兮翠曾,⑬
展诗兮会舞。⑭
应律兮合节,
灵之来兮蔽日。⑮

调紧瑟弦交互把那大鼓敲,
敲起乐钟使钟磬木架动摇。
鸣奏起横篪又吹起那竖竽,
更想起那美好的巫者灵保。
起舞就像小翠鸟轻盈飞举,
陈诗而唱随着歌声齐舞蹈。
合着音律配着节拍真和谐,
众神灵也遮天蔽日全驾到。

青云衣兮白霓裳,
举长矢兮射天狼。⑯
操余弧兮反沦降,⑰
援北斗兮酌桂浆。⑱

把青云当上衣白霓作下裳,
举起长箭射那贪残的天狼。
我抓起天弓阻止灾祸下降,
拿过北斗斟满了桂花酒浆。

撰余辔兮高驼翔,⑲	轻轻拉着缰绳在高空翱翔,
杳冥冥兮以东行。⑳	在幽暗的黑夜又奔向东方。

〔注〕① 暾(tūn):朱熹《诗集注》:"温和而明盛。" ② 槛:栏杆。扶桑:神木名,生于日出之处。《说文解字》:"榑桑(即扶桑),神木,日所出也。" ③ 皎皎:同"皎皎"。 ④ 辀(zhōu):车辕,这里指车子。龙辀即龙车。 ⑤ 委蛇(wēi yí):一般写作"逶迤",曲折斜行。这里形容如旗的云彩的飘动舒卷。 ⑥ 低佪(huái):流连徘徊。佪,同"徊"。顾怀:回望眷怀。 ⑦ 羌:发语词。 ⑧ 憺(dàn):安,这里是安乐于此的意思。 ⑨ 縆(gèng):紧,急。 ⑩ 箫:借作"搉",击。瑶:借为"摇"。簴(jù):悬钟的木架。 ⑪ 篪(chí):同"箎",竹制管乐器,横吹。 ⑫ 灵保:神巫。贤姱(kuā):美好。 ⑬ 翾(xuān):小飞轻扬的样子。翠:翠鸟。曾:借为"翻",飞举。 ⑭ 展诗:赋呈或吟唱诗歌。会舞:合舞。 ⑮ 灵:神。 ⑯ 天狼:星名,《晋书·天文志》言主侵略。旧注以为隐喻虎狼之秦。 ⑰ 弧:《晋书·天文志》:"弧九星,在狼东南,天弓也。主备盗贼。"反沦降:姜亮夫《屈原赋校注》释为"一反其(天狼)没沦下降之灾"。 ⑱ 援:引。北斗:北斗七星。 ⑲ 撰:持。驰(chí):通"驰"。一本作"驰",一本无此字。 ⑳ 杳(yǎo)冥冥:深邃而幽暗之状。

《东君》一诗的祭祀对象是什么神,古无异辞,都说是日神。洪兴祖《楚辞补注》云:"《博雅》曰:'朱明、耀灵、东君,日也。'《汉书·郊祀志》有东君。"朱熹《楚辞集注》云:"此日神也。《礼》曰:'天子朝日于东门之外。'"戴震《屈原赋注》云:"《礼记·祭义篇》曰:'祭日于坛。'又曰:'祭日于东。'《祭法篇》曰:'王宫,祭日也。'此歌备陈歌舞之事,盖举迎日典礼赋之。"近代王闿运始有异说,其《楚辞释》云:"东君,句芒之神。旧以为礼日,文中言云蔽日则非。"他根据诗中"灵之来兮蔽日"一句,以为神与日明明非一,故否定诗之所祀为日神,而以之为木神也即东方之神句芒。其实"灵之来兮蔽日"一句正如《湘夫人》中的"灵之来兮如云"一句,表现的神灵并非篇中所祀之神,而是一群其他的神,《湘夫人》中是九嶷山众神,本篇则是东君的随从之神,故可以"蔽日""如云"形容其多。泥定"灵"为神灵则必系所祀之神,显然是主观臆测,为今人之所不取,自属当然。况且,正如今人陈子展《楚辞直解》所说:"倘若以为东君定是东方之神,那么,为什么四方之神,或五方之帝,只祭其一呢?"

祭祀日神之诗,自然充满对光明之源太阳的崇拜与歌颂。这种崇拜与歌颂,是古今中外永恒的主题,万物生长靠太阳,对太阳的崇拜和歌颂自然是最虔诚又是最热烈的。在《九歌》描写祭祀的场面中,这一篇写得最热闹。

本篇一开头,就先刻意描写一轮喷薄而出的红日那温煦明亮的光辉,就如昏暗的剧场突然拉开帷幕,展现出一个鲜丽明艳的大背景,把整个气氛渲染得十分浓烈。旭日欲出,自然先照亮日神东君所住的日出之处,也就自然引出日神。东君是伟大的,他所驾驭的太阳把光和热带给人类,是那样的慷慨无私,自然有那从容不迫的姿态。所以他总是不激不厉,安详地驾着太阳车缓缓而行,履行他一天的神圣职责。

那么,当阳光普照大地,日神给人类带来的一切又有何等意义呢?作者并未转而叙述大地山川的反映,仍围绕主题描写了一个日神行天的壮丽场面。这里的龙和上文的马实际上是同一物。飞龙也好,天马也罢,都是上天的神灵,故屈赋中常互称。天马行空,自非凡马可比。这里的雷声,实际上是龙车滚滚驶过的声音。而天上片片绚丽云彩的伴随,就如龙车上插着万杆旌旗,又是何等的显赫。这种场面,只能从后世描写天子浩浩荡荡的出行中去体会了。

至此,作者笔锋一转,让东君发出长长的叹息。他叹息什么呢?因为他将回到栖息之所,而不能长久陶醉在给人类带来光明带来一切的荣耀中,所以他只有眷念,只有彷徨。但那行天时轰响的龙车(声)和委蛇的云旗(色)确实给他以快意,就连观者也因之乐而忘返。

提及观者,又自然地引出一个极其隆重热烈迎祭日神的场面。人们弹起琴瑟,敲起钟鼓,吹起篪竽,翩翩起舞。于是,东君的官属们也为人们这虔诚之心所感,遮天蔽日纷纷而下。

东君的司职很明确,就是为人类带来光明。然而这里描写的东君与众不同,他并不是趁着暮色悄悄地回返,而是继续为人类的和平幸福而工作着。他要举起长箭去射那贪婪成性欲霸他方的天狼星,操起天弓以防灾祸降到人间,然后以北斗为壶觞,斟满美酒,洒向大地,为人类赐福,然后驾着龙车继续行进。这里的一个"高"字,再次把东君那从容不迫伟大而无敌的气度生动地表现了出来。戴震《屈原赋注》认为天狼星在秦之分野,故"举长矢兮射天狼"有"报秦之心",反映出对秦国的敌忾,联系历史事实,此论自非无稽之谈。

诗中没有缱绻的儿女之情,有的只是崇高的博爱;没有浓郁的芳香,有的只是炽热的情怀,这与人类对日神东君的崇敬和礼赞的主题是相一致的。

结合祭祀仪式上的乐舞表演情况来看,可以判断第一、第二章是扮神之巫所唱,第三章是迎神之巫所唱,第四章又是扮神之巫所唱。而各章歌辞之间的联接承转,又极其自然,在轮唱中烘托出日神的尊贵、雍容、威严、英武,那高亢宏亮的声乐正恰如其分地演绎出光明之神的灿烂辉煌。

(王宏理)

九歌·河伯 屈 原

与女游兮九河,① 我和你河伯游在九河之上,

九歌·河伯

冲风起兮横波。②	大风吹起河面上掀动波浪。
乘水车兮荷盖，	随你乘着荷叶作盖的水车，
驾两龙兮骖螭。③	以双龙为驾螭龙套在两旁。
登昆仑兮四望，④	登上河源昆仑向四处张望，
心飞扬兮浩荡。	心绪随着浩荡的黄河飞扬。
日将暮兮怅忘归，	但恨天色已晚而忘了归去，
惟极浦兮寤怀。⑤	惟河水尽处令我寤寐怀想。
鱼鳞屋兮龙堂，	鱼鳞盖屋顶堂上画着蛟龙，
紫贝阙兮朱宫。	紫贝砌城阙朱红涂满宫室。
灵何为兮水中？⑥	河伯你为什么住在这水中？
乘白鼋兮逐文鱼，⑦	乘着大白鼋鲤鱼跟随身旁，
与女游兮河之渚，⑧	随你河伯一起游弋在河上，
流澌纷兮将来下。⑨	浩浩河水缓缓地往东流淌。
子交手兮东行，⑩	你握手道别将要远行东方，
送美人兮南浦。⑪	我送你送到这向阳的河旁。
波滔滔兮来迎，	波浪滔滔而来迎接我河伯，
鱼邻邻兮媵予。⑫	为我送行的鱼儿排列成行。

〔注〕① 女(rǔ)：汝，你。九河：黄河的总名，前人说是黄河到兖州境即分九道，故称九河。 ② 冲风：隧风，大风。横波：聚起波浪，扬波。 ③ 骖螭(cān chī)：四匹马拉车时两旁的马叫"骖"。螭，《说文解字》："若龙而黄，北方谓之地蝼。""或曰无角曰螭。"据文意当指后者，那么"骖螭"即以螭为骖了。 ④ 昆仑：山名，黄河的发源地。今作昆仑。 ⑤ 极浦：水边尽头。寤怀：寤寐怀想，形容思念之极。 ⑥ 灵：神灵，这里指河伯。 ⑦ 鼋(yuán)：大鳖。逐：追随，跟从。文鱼：有斑纹的鲤鱼。 ⑧ 渚(zhǔ)：水边。《国语·越下》："鼋龟鱼鳖之与处，而鼋鼍之与同者。"下注："水边亦曰渚。"这里泛指水，"渚"当为押韵。 ⑨ 流澌(sī)：古代成语，意思就是流水。《楚辞·七谏·沉江》"赴湘沅之流澌兮"等可证。 ⑩ 交手：古人将分别，则相执手表示不忍分离。 ⑪ 南浦：向阳的岸边。美人：指河伯。 ⑫ 邻邻：一本作"鳞鳞"，如鱼鳞般密集排列的样子。媵(yìng)：原指随嫁或陪嫁的人，这里指护送陪伴。

河伯即黄河之神,河神是尊贵的地祇,商周以来一直列入祀典的主要对象,而楚国虽一向十分重视祭祀活动,但早先似乎只祭祀楚国境内的江汉等河。《左传·哀公六年》曾记载这么一件事:"(楚)昭王有疾,卜曰:'河为祟。'王弗祭。大夫请祭诸郊。王曰:'三代命祀,祭不越望,江、汉、雎、章,楚之望也。祸福之至,不是过也。不穀虽不德,河非所获罪也。'遂弗祭。"可知春秋时代楚昭王因为黄河不在楚国地望之内,所以不肯祭河伯。而据顾观光《七国地理考》、程恩泽《国策地名考》的考证,战国时楚国的势力范围已达到黄河流域的南侧,故陈子展以为这时"楚国王室祭祀河伯,已经不算违犯'三代命祀,祭不越望'的什么大道理,也就是不违反他们的先代昭王的遗教了"(《楚辞直解》)。不过,也有学者如姜亮夫认为《庄子·秋水》以及《外篇》诸篇皆言河伯事,"则南楚传河伯之事最丰盛,不得以不祀河为说"(《屈原赋校注》)。总之,不论楚祀河伯起于何时,在屈原的时代,确有此事,当可无疑。

今人多以为《九歌》各篇中表现人神恋爱的内容颇多,郭沫若认为本篇的内容是"男性的河神和女性的洛神讲恋爱"(《屈原赋今译》),河洛之神相爱虽有来历,但《九歌》的主旨是祭神,是在歌颂天神地祇人鬼,河神是黄河的代表,那么黄河作为中华民族的摇篮,为什么不可表现其伟大呢?况且,诗的文本中又没有"隐思君兮陫侧"(《湘君》)、"思公子兮未敢言"(《湘夫人》)、"思公子兮徒离忧"(《山鬼》)之类明白显示相思的言辞可作直接的证据,因此,本诗不妨理解为是主祭者随着河神对黄河所作的一番巡礼。

此诗一开头,就以开阔的视野,通过主祭者的眼睛对黄河(河神)的伟大雄壮进行了描述。大风起兮,波浪翻腾,气势非凡。河神遨游黄河,驾着水车,车顶覆盖着荷叶。驾车的是神异的飞龙,两龙为驾,螭龙为骖,是何等的威赫。

河伯驾驭龙车,溯流而上,一直飞到黄河的发源地昆仑山。来到昆仑,登高一望,面对浩浩荡荡的黄河,不禁心胸开张,意气昂扬。所遗憾的是天色将晚还忘了归去。昆仑虽是作者故乡(帝高阳的发祥地),但他所怀念的家却是在遥远的河上。看到这里,我们自然会联想到屈原认宗亲的思想,这种思想贯穿着他的全部作品,贯穿着他对楚国楚君和楚国人民的精诚之爱。他愁思未解时,往往想到故乡(昆仑)。河伯看到故乡后就很悲伤,悲伤之后还是得回到家里(对屈原来说就是郢都)。这种情愫既在《离骚》《远游》等篇中都有明显的流露,那么在本诗中应是又一次表现。

那么河伯的家又是怎样呢?是锦鳞披盖的华屋,是雕绘蛟龙的大堂,紫贝堆砌的城阙,朱红涂饰的宫殿。河伯既是河中之神,居于水下本是极自然的。居所如此的华美,却为何还要发问呢?对此,过去一些解说有点勉强,联系上文,也许就不难理解了。

但内心的矛盾对于有着博大胸怀的河伯来说毕竟是次要的一面,所以接下来仍乘着白色的灵物大鳖,边上跟随着有斑纹的鲤鱼(按:长沙子弹库楚墓出土的帛画中有神人驾龙车,鲤鱼在旁边游动的画面),在河上畅游,看到的是浩荡的黄河之水缓缓而来,这一幕场景显得宏大而深沉。

最后,当河伯欲再往东行时,他和主祭者握手道别,主祭者送他(按:"美人"在屈赋中多指贤人或所怀念者)到面南的水边分手处。河伯巡视于黄河下游,那波涛滚滚而来,热烈地欢迎河伯的莅临,那成群结队排列成行的鱼儿伴随着河伯,为他护驾。这里的人物关系转换很明确,主祭者告别后,波浪欢迎、鱼儿随从的对象只是河伯。末一个"予"字,不仅点出了主人公,而这样的安排或许也暗示了楚国人民对作者的感情。

(王宏理)

九歌·山鬼　　　　　屈　原

若有人兮山之阿,①	好像有人在那山隈经过,
被薜荔兮带女罗。②	是我身披薜荔腰束女萝。
既含睇兮又宜笑,③	含情注视巧笑多么优美,
子慕予兮善窈窕。	你会羡慕我的姿态婀娜。
乘赤豹兮从文狸,④	驾乘赤豹后面跟着花狸,
辛夷车兮结桂旗。⑤	辛夷木车桂花扎起彩旗。
被石兰兮带杜衡,⑥	是我身披石兰腰束杜衡,
折芳馨兮遗所思。⑦	折枝鲜花赠你聊表相思。
余处幽篁兮终不见天,⑧	我在幽深竹林不见天日,
路险难兮独后来。	道路艰险难行独自来迟。
表独立兮山之上,⑨	孤身一人伫立高高山巅,
云容容兮而在下。⑩	云雾溶溶脚下浮动舒卷。
杳冥冥兮羌昼晦,⑪	白昼昏昏暗暗如同黑夜,
东风飘兮神灵雨。⑫	东风飘旋神灵降下雨点。

留灵修兮憺忘归,⑬	等待神女怡然忘却归去,
岁既晏兮孰华予?⑭	年渐老谁让我永如花艳?
采三秀兮于山间,⑮	在山间采摘益寿的芝草,
石磊磊兮葛蔓蔓。	岩石磊磊葛藤四处盘绕。
怨公子兮怅忘归,⑯	抱怨神女怅然忘却归去,
君思我兮不得闲。	你想我吗难道没空来到。
山中人兮芳杜若,⑰	山中人儿就像芬芳杜若,
饮石泉兮荫松柏,	石泉口中饮松柏头上遮,
君思我兮然疑作。⑱	你想我吗心中信疑交错。
靁填填兮雨冥冥,⑲	雷声滚滚雨势溟溟濛濛,
猨啾啾兮又夜鸣。⑳	猿鸣啾啾穿透夜幕沉沉。
风飒飒兮木萧萧,	风吹飕飕落叶萧萧坠落,
思公子兮徒离忧。㉑	思念女神徒然烦恼横生。

〔注〕 ① 山之阿:山隈。 ② 被(pī):披。薜荔(bì lì):一种蔓生木本植物。女罗:女萝,一种蔓生植物。毛传:"女萝,菟丝也。"《广雅·释草》:"女萝,松萝也。"但现代植物学家认为菟丝与女萝完全不同,今从李时珍《本草纲目》之说,以女萝为松萝,地衣门低等植物。 ③ 含睇(dì):微视。宜笑:微露牙齿的优美笑貌。 ④ 从:跟从。文:花纹。 ⑤ 辛夷:一种小乔木,即木兰,也叫木笔。 ⑥ 石兰:一种香草。杜衡:一种香草。 ⑦ 遗(wèi):赠。 ⑧ 余:我。篁:竹。 ⑨ 表:独立突出之貌。 ⑩ 容容:即"溶溶",水或烟气流动之貌。 ⑪ 杳冥冥:又幽深又昏暗。羌:语助词。 ⑫ 神灵雨:神灵降下雨水。 ⑬ 灵修:指神女。憺(dàn):安乐。 ⑭ 晏:晚。华予:让我像花一样美丽。华,花。 ⑮ 三秀:芝草,一年开三次花,传说服食了能延年益寿。 ⑯ 公子:也指神女。 ⑰ 杜若:一种香草。 ⑱ 然疑作:信疑交加。然,相信;作,起。 ⑲ 靁:同"雷"。填填:雷声。 ⑳ 猨:同"猿"。 ㉑ 离:遭受。

读这首诗先得注意两点:一是"山鬼"究竟是女神还是男神?宋元以前的楚辞家多据《国语》《左传》所说,定山鬼为"木石之怪""魑魅魍魉",而视之为男性山怪。但元明时期的画家,却依诗中的描摹,颇有绘作"窈窕"动人的女神的。清人顾成天《九歌解》首倡山鬼为"巫山神女"之说,又经游国恩、郭沫若的阐发,"山鬼"当为"女鬼"或"女神"的意见,遂被广泛接受。本文的品赏即以此说为据,想来与诗中所述山鬼的形象也更为接近。郭沫若等以此诗"采三秀兮于(於)山间"，"于"不该与"兮"相重，而断定"于山"为"巫山"，山鬼为"巫山神女"。其实，这种句式在本诗即有，如"云容容兮而在下"，"兮"与"而"亦不妨相重。则"于"不必读作"於"（巫）.此山鬼自是民间传说的女山神，而无证据必为"巫山神女"。二是自苏雪林提出《九歌》表现"人神恋爱"之说以后，大多数研究家均以"山鬼"与"公子"的失恋解说此诗，笔者却以为不妥。按先秦及汉代的祭祀礼俗，巫者降神必须先将自己装扮得与神灵相貌、服饰相似，神灵才肯"附身"受祭。《史记·封禅书》记齐人少翁语曰："上（指武帝）即欲与神通，宫室、被服（即环境、装扮）非象神，神物不至。"荆楚民间迎"紫姑"神，亦须"作其形（紫姑形貌）迎之"（《荆楚岁时记》）。都证明了巫风迎神、降神的这一特点。但由于山鬼属于"山川之神"，古人采取的是"遥望而致其祭品"的"望祀"方式，故山鬼是不降临祭祀现场的。本诗即按照这一特点，以装扮成山鬼模样的女巫，入山接迎神灵而不遇的情状，来表现世人虔诚迎神以求福佑的思恋之情。诗中的"君""公子""灵修"，均指山鬼；"余""我""予"等第一人称，则指入山迎神的女巫。说明了这两点，读者对这首轻灵缠绵的诗作，也许可品味到一种不同于"人神恋爱"说的文化内涵和情韵了。

你看，此诗一开头，那打扮成山鬼模样的女巫，就正喜滋滋飘行在接迎神灵的山隈间。我们从诗人对巫者装束的精妙描摹，便可知道楚人传说中的山鬼该是怎样倩丽，"若有人兮山之阿"，是一个远镜头。诗人下一"若"字，状貌她在山隈间忽隐忽现的身影，开笔即给人以缥缈神奇之感。镜头拉近，便是一位身披薜荔、腰束女萝、清新鲜翠的女郎，那正是山林神女所独具的风采！此刻，她一双眼波正微微流转，蕴含着脉脉深情；嫣然一笑，齿白唇红，更使笑靥生辉！"既含睇兮又宜笑"，着力处只在描摹其眼神和笑意，却比《诗经·卫风·硕人》"手如柔荑，肤如凝脂，领如蝤蛴"之类铺排，显得更觉轻灵传神。女巫如此装扮，本意在引得神灵附身，故接着便是一句"子（指神灵）慕予兮善窈窕"——我这样美好，可要把你羡慕死了；口吻也是按传说的山鬼性格设计的，开口便是不假掩饰的自夸自赞，一下显露了活泼、爽朗的意态。这是通过女巫的装扮和口吻为山鬼画像，应该说已极精妙了。诗人却还嫌气氛冷清了些，所以又将镜头推开，色彩浓烈地渲染她的车驾随从："乘赤豹兮从文狸，辛夷车兮结桂旗……"这真是一次堂皇、欢快的迎神之旅！火红的豹子，毛色斑斓的花狸，还有开着笔尖状花朵的辛夷、芬芳四溢的桂枝，诗人用它们充当迎神女巫的车仗，既切合所迎神灵的环境、身份，又将她手撷花枝、笑吟吟前行的气氛，映衬得格外欢快和热烈。

自"余处幽篁兮终不见天"以下，情节出现了曲折，诗情也由此从欢快的顶峰跌落。满怀喜悦的女巫，只因山高路险耽误了时间，竟没能接到山鬼姑娘（这当然是按"望祀"而神灵不临现场的礼俗构思的)！她懊恼、哀愁,同时又怀着一线希冀,开始在山林间寻找。诗中正是运用不断转换的画面,生动地表现了女巫的这一寻找过程及其微妙心理:她忽而登上高山之巅俯瞰深林,但溶溶升腾的山雾,却遮蔽了她焦急顾盼的视野;她忽而行走在幽暗的林丛,但古木森森,昏暗如夜;那山间的飘风、飞洒的阵雨,似乎全为神灵所催发,可山鬼姑娘就是不露面。人们祭祀山灵,无非是想求得她的福佑。现在见不到神灵,还有谁能使我(巫者代表的世人)青春长驻呢? 为了宽慰年华不再的失落之感,她便在山间采食灵芝("三秀"),以求延年益寿。这些描述,写的虽是巫者寻找神灵时的思虑,表达的则正是世人共有的愿望和人生惆怅。诗人还特别妙于展示巫者迎神的心理:"怨公子兮怅忘归",分明对神灵生出了哀怨;"君思我兮不得闲",转眼却又怨意全消,反去为山鬼姑娘的不临辩解起来。"山中人兮芳杜若",字面上与开头的"子慕予兮善窈窕"相仿,似还在自夸自赞,但放在此处,则又隐隐透露了不遇神灵的自怜和自惜。"君思我兮然疑作",对山鬼不临既思念又疑惑的,明明是巫者自己;但开口诉说之时,却又推说是神灵。这些诗句所展示的主人公心理,均表现得复杂而又微妙。

到了此诗结尾一节,神灵的不临已成定局,诗中由此出现了哀婉啸叹的变徵之音。"靁填填兮雨冥冥"三句,将雷鸣猿啼、风声雨声交织在一起,展现了一幅极为凄凉的山林夜景。诗人在此处似乎运用了反衬手法:他愈是渲染雷鸣啼猿之夜声,便愈加见出山鬼所处山林的幽深和静寂。正是在这凄风苦雨的无边静寂中,诗人的收笔则是一句突然迸发的哀切呼告之语:"思公子兮徒离忧!"这是发自迎神女巫心头的痛切呼号——她开初曾那样喜悦地拈着花枝,乘着赤豹,沿着曲曲山隈走来;至此,却带着多少哀怨和愁思,在风雨中凄凄离去,终于隐没在一片雷鸣和猿啼声中。大抵古人"以哀音为美",料想神灵必也喜好悲切的哀音。在祭祀中愈是表现出人生的哀思和悱恻,便愈能引得神灵的垂悯和呵护。不知山鬼姑娘听到这首祭歌,是否也能怦然心动,而赐给世人以企盼的福佑?

(潘啸龙)

九歌·国殇[①]

屈 原

操吴戈兮被犀甲,	手执吴戈锐呵身披犀甲坚,
车错毂兮短兵接。[②]	在车毂交错中与敌人开战。
旌蔽日兮敌若云,	旌旗蔽日呵敌寇蜂拥如云,
矢交坠兮士争先。	箭雨纷坠呵将士奋勇向前。
凌余阵兮躐余行,[③]	敌寇凌犯我军阵呵践踏队列,

左骖殪兮右刃伤。④	左骖倒毙呵右骖伤于刀剑。
霾两轮兮絷四马，⑤	埋定车轮呵拉住战马，
援玉枹兮击鸣鼓。⑥	拿过玉槌呵擂动鼓点。
天时怼兮威灵怒，⑦	战气萧杀呵苍天含怒，
严杀尽兮弃原壄。⑧	被残杀的将士呵散弃荒原。
出不入兮往不反，	既已出征呵就没想过要回返，
平原忽兮路超远。⑨	家山邈远呵去路漫漫。
带长剑兮挟秦弓，	带上长剑呵操起秦弓，
首身离兮心不惩。⑩	纵使首身异处呵无悔无怨。
诚既勇兮又以武，⑪	真是英勇无畏呵武艺超凡，
终刚强兮不可凌。	你永远刚强呵不可凌犯。
身既死兮神以灵，⑫	既已身死呵将成神显灵，
子魂魄兮为鬼雄。⑬	你是鬼中的英雄呵魂魄毅然。

〔注〕① 国殇：指为国而战死的将士。戴震《屈原赋注》："殇之义二：男女未冠（男二十岁）笄（女十五岁）而死者，谓之殇；在外而死者，谓之殇。殇之言伤也。国殇，死国事，则以别于二者之殇也。" ② 错：交错。毂(gǔ)：车轮中间横贯车轴的部件。古时常以之代指车轮。短兵：短兵器。 ③ 凌：侵犯。阵：军阵，阵地。躐(liè)：践踏。行：行列。 ④ 骖：驾在车两旁的马。殪(yì)：死，杀死。刃伤：被刀剑砍伤。 ⑤ 霾(mái)：同"埋"。絷(zhí)：用绳子拴住。 ⑥ 枹(fú)：鼓槌。 ⑦ 天时：犹言天象。怼(duì)：怨愤。威灵：神灵。 ⑧ 严杀：犹言"肃杀"，指战场上的肃杀之气。壄：古"野"字。 ⑨ 忽：同"㫚"，《广雅》："㫚，远也。" ⑩ 心不惩：心不悔。 ⑪ 勇：指精神上的气势。武：指孔武有力。 ⑫ 神以灵：指为国捐躯的将士死后成神，神灵显赫。意谓他们精神不死。 ⑬ 此句一作"魂魄毅兮为鬼雄"，意较佳。

　　《国殇》是屈原为祭祀神鬼所作的一组乐歌——《九歌》中的一首，内容是追悼和礼赞为国捐躯的楚国将士的亡灵。

　　乐歌分为两节，先是描写在一场短兵相接的战斗中，楚国将士奋死抗敌的壮烈场面，继而颂悼他们为国捐躯的高尚志节。由第一节"旌蔽日兮敌若云"一句可知，这是一场敌众我寡的殊死战斗。当敌人来势汹汹，冲乱楚军的战阵，欲长驱直入时，楚军将士仍个个奋勇争先。但见战阵中有一辆主战车冲出，这辆原有四匹马拉的大车，虽左外侧的骖马已中箭倒毙，右外侧的骖马也被砍伤，但他的主人，楚军统帅仍毫无惧色，他将战车的两个轮子埋进土里，笼住马缰，反而举槌擂响了进军的战鼓。一时战气萧杀，引得苍天也跟着威怒起来。待杀气散尽，战场上只留下一具具尸体,静卧荒野。

作者描写场面、渲染气氛的本领是十分高强的。不过十句,已将一场殊死恶战,状写得栩栩如生,极富感染力。底下,则以饱含情感的笔触,讴歌死难将士。有感于他们自披上战甲一日起,便不再想全身而返,此一刻他们紧握兵器,安详地,心无怨悔地躺在那里,他简直不能抑制自己的情绪奔迸。他对这些将士满怀敬爱,正如他常用美人香草指代美好的人事一样,在本篇中,他也同样用一切美好的事物,来修饰笔下的人物。这批神勇的将士,操的是吴地出产的以锋利闻名的戈、秦地出产的以强劲闻名的弓,披的是犀牛皮制的盔甲,拿的是有玉嵌饰的鼓槌,他们生是人杰,死为鬼雄,气贯长虹,英名永存。

依现存史料,我们尚不能指实这次战争发生的具体时地,敌对一方为谁。但当日楚国始终面临七国中实力最强的秦国的威胁,自怀王当政以来,楚国与强秦有过数次较大规模的战争,并且大多数是楚国抵御秦军入侵的卫国战争。从这一基本史实出发,说本篇是写楚军抗击强秦入侵,大概没有问题。而在这种抒写中,作者那热爱家国的炽烈情感,表现得淋漓尽致。

楚国灭亡后,楚地流传过这样一句话:"楚虽三户,亡秦必楚。"屈原此作在颂悼阵亡将士的同时,也隐隐表达了对洗雪国耻的渴望,对正义事业必胜的信念,从此意义上说,他的思想是与楚国广大人民息息相通的。作为中华民族贡献给人类的第一位伟大诗人,他所写的决不仅仅是个人的些许悲欢,那受诬陷被排挤,乃至流亡沅湘的坎壈遭际;他奉献给人的是那颗热烈得近乎偏执的爱国之心。他是楚国人民的喉管,他所写的《国殇》,包括其他一系列作品,道出了楚国人民热爱家国的心声。

本篇在艺术表现上与作者其他作品有些区别,乃至与《九歌》中其他乐歌也不尽一致。它不是一篇想象奇特、辞采瑰丽的华章,然其"通篇直赋其事"(戴震《屈原赋注》),挟深挚炽烈的情感,以促迫的节奏、开张扬厉的抒写,传达出了与所反映的人事一致的凛然亢直之美,一种阳刚之美,在楚辞体作品中独树一帜,读罢实在让人有气壮神旺之感。

(汪涌豪)

九歌·礼魂　　　　屈原

成礼兮会鼓,①　　祀礼已完毕紧紧敲起大鼓,
传芭兮代舞,②　　传递手中花更相交替而舞,
姱女倡兮容与。③　姣美的女子唱得从容自如。
春兰兮秋菊,　　　春天供以兰秋天又供以菊,

| 长无绝兮终古。 | 长此以往不断绝直到终古。 |

〔注〕　①成礼：指祭祀之礼完毕。会鼓：急疾击鼓，鼓点密集。　②芭(pā)：通"葩"，花。代：交互，更替。　③姱(kuā)：美好。倡：同"唱"。容与：舒缓。

对本篇的理解，从题目到内容一直分歧较大。王逸《楚辞章句》云："言祠祀九(十)神，皆先斋戒，成其礼敬，乃传歌作乐，急疾击鼓，以称神意也。"今人陈子展以为"这像是说《礼魂》是为祭祀十神成礼之后，又传歌作乐，以娱乐众神而作，不是为祭祀任何一神而作"(《楚辞解题》)。明汪瑗《楚辞集解》、清张诗《屈子贯》则宣称此篇是"前十篇之乱辞也"。清王夫之《楚辞通释》又认为："此章乃前十祀之所通用，而言终古无绝，则送神之曲也。"清吴世尚《楚辞疏》、王邦采《九歌笺略》、王闿运《楚辞释》也持同样的观点，目前学术界一般认同此说。而姜亮夫《屈赋校注》又解"礼"为祀，解"魂"为"气之神也，即神灵之本名，故以之概九(十)神也"，"九祀既毕，合诸巫而乐舞，盖乐中之合奏也，……以总告诸神灵之前"。其说可从。

本篇以简洁的文字生动描绘出一个热烈而隆重的大合乐送神场面。一开始，先点出是"成礼"，使它和《九歌》各篇发生了联系。祀礼完成后，于是响起密集的鼓点，于是一边把花朵互相传递，一边更番交替地跳起舞。美貌女郎唱起歌，歌声舒徐和缓，从容不迫。这正是一个祭众神已毕时简短而又热烈的娱神场面。而春天供以兰，秋天供以菊，人们多么希望美好的生活能月月如此，岁岁如此。于是，大家从春供到秋，以时令之花把美好的愿望总告于众神灵，并许以长此不绝以至终古的供奉之愿，表达人们敬神事神的虔诚之心。

在"成礼"的鼓声中，我们仿佛看到《东皇太一》中"扬枹兮拊鼓"、《东君》中"緪瑟兮交鼓"、《国殇》中"援玉枹兮击鸣鼓"诸种或庄肃或雍容或悲壮的场面。而面对令人眼花缭乱的传花轮舞，我们无疑又会联想起《东皇太一》中"灵偃蹇兮姣服，芳菲菲兮满堂"、《云中君》中"灵连蜷兮既留，烂昭昭兮未央"、《东君》中"翾飞兮翠曾，展诗兮会舞"那流芬溢彩的神巫之舞。"姱女"的歌唱情景，自然也有《东皇太一》中"疏缓节兮安歌，陈竽瑟兮浩倡"、《少司命》中"临风怳兮浩歌"的叠影；而那"容与"之态，风神卓绝，不也宛然可见《湘君》、《湘夫人》中"聊逍遥兮容与"的湘水配偶神的身姿吗？"长无绝"的"春兰与秋菊"，则是对绿色植物所象征的生命力的讴歌。"蕙肴""兰藉""桂酒""椒浆""兰汤""桂舟""薜荔柏(箔)""蕙绸""荪桡""兰旌""桂櫂""兰枻""荷盖""荪壁""紫坛""桂栋""兰橑""辛夷楣""药房""蕙櫋""荷衣""蕙带""辛夷车""桂旗""杜若""芙蓉""白薠""蘋""茝""石兰""杜衡""疏麻""瑶华""糜芜""女罗""幽篁""松柏"，《九歌》中神灵的生活物品与生活环境充满各种芳美植物的郁郁生气,突出表现了对美好事物的憧憬和对生生不息的生命的礼赞。从这个意义上说,"春兰与秋菊,长无绝兮终古"正可以作为《九歌》祀神祈福的主旋律。

(王宏理)

【诗歌解题】

天　问

《楚辞》篇名。战国楚人屈原作。是对"天"的质问。或说系"援天命以发问"。全篇多用四字句,由一百七十多个问题组成,包括自然现象、神话传说、历史人物等方面,反映出深刻的探索精神,并保存许多神话传说的资料。王逸以为屈原放逐后,悲愤郁结,看到神庙壁画,遂就其所画内容设问,书于壁上,而成此篇。后人对此说表示怀疑。

天　问　　屈　原

曰:遂古之初,①	请问远古开始之时,
谁传道之?②	谁将此态流传导引?
上下未形,③	天地尚未成形之前,
何由考之?④	又从哪里得以产生?
冥昭瞢闇,⑤	明暗不分浑沌一片,
谁能极之?⑥	谁能探究根本原因?
冯翼惟像,⑦	迷迷濛濛这种现象,
何以识之?	怎么识别将它认清?
明明闇闇,⑧	白天光明夜晚黑暗,
惟时何为?⑨	究竟它是为何而然?
阴阳三合,⑩	阴阳参合而生宇宙,
何本何化?⑪	哪是本体哪是演变?
圜则九重,⑫	天的体制传为九重,

孰营度之？⑬	有谁曾去环绕量度？
惟兹何功，⑭	这是多么大的工程，
孰初作之？	是谁开始把它建筑？
斡维焉系？⑮	天体轴绳系在哪里？
天极焉加？⑯	天极不动设在哪里？
八柱何当？⑰	八柱撑天对着何方？
东南何亏？⑱	东南为何缺损不齐？
九天之际，⑲	平面上的九天边际，
安放安属？⑳	抵达何处联属何方？
隅隈多有，㉑	边边相交隅角很多，
谁知其数？	又有谁能知其数量？
天何所沓？㉒	天在哪里与地交会？
十二焉分？	黄道怎样十二等分？
日月安属？	日月天体如何连属？
列星安陈？	众星在天如何置陈？
出自汤谷，㉓	太阳是从旸谷出来，
次于蒙汜，㉔	止宿则在蒙汜之地。
自明及晦，	打从天亮直到天黑，
所行几里？	所走之路究竟几里？
夜光何德，㉕	月亮有着什么德行，
死则又育？㉖	竟能死了又再重生？
厥利维何，㉗	月中黑点那是何物，
而顾菟在腹？㉘	是否兔子腹中藏身？

女岐无合,㉙	神女女岐没有配偶,
夫焉取九子?	为何能够产下九子?
伯强何处?㉚	伯强之神居于何处?
惠气安在?㉛	天地瑞气又在哪里?

何阖而晦?㉜	天门关闭为何天黑?
何开而明?	天门开启为何天亮?
角宿未旦,㉝	东方角宿还没放光,
曜灵安藏?㉞	太阳又在哪里匿藏?

不任汩鸿,㉟	鲧既不能胜任治水,
师何曰尚之?㊱	众人为何将他推举?
佥曰何忧,㊲	都说没有什么担忧,
何不课而行之?㊳	为何不让试着做去?

鸱龟曳衔,㊴	鸱龟相助或曳或衔,
鲧何听焉?㊵	鲧有什么神圣德行?
顺欲成功,㊶	治理川谷也见功劳,
帝何刑焉?㊷	尧帝为何对他施刑?

永遏在羽山,㊸	将鲧长久禁闭羽山,
夫何三年不施?㊹	为何三年还不放他?
伯禹愎鲧,㊺	大禹从鲧腹中生出,
夫何以变化?	治水方法怎样变化?

纂就前绪,㊻	接手先人未竟事业,
遂成考功。㊼	终使父亲遗志成功。
何续初继业,㊽	为何继承前任遗绪,
而厥谋不同?	他的谋略却不相同?

洪泉极深,⁴⁹	洪水如渊深不见底,
何以窴之?⁵⁰	怎样才能将它填塞?
地方九则,⁵¹	天下土地肥瘠九等,
何以坟之?⁵²	怎样才能划分明白?
应龙何画?⁵³	应龙如何以尾画地?
河海何历?	河海如何流通顺利?
鲧何所营?⁵⁴	鲧是什么使他意乱?
禹何所成?	禹是什么使他事成?
康回冯怒,⁵⁵	水神共工勃然大怒,
墬何故以东南倾?⁵⁶	东南大地为何侧倾?
九州安错?⁵⁷	九州大地如何安置?
川谷何洿?⁵⁸	河流山谷怎样疏浚?
东流不溢,	东流之水总不满溢,
孰知其故?	谁知这是什么原因?
东西南北,	东西南北四方土地,
其修孰多?⁵⁹	哪边更长哪边更多?
南北顺堕,⁶⁰	南北顺量比较狭长,
其衍几何?⁶¹	长出地方又有几何?
昆仑县圃,⁶²	昆仑山上玄圃仙境,
其尻安在?⁶³	它的尾部又在哪里?
增城九重,⁶⁴	山中还有增城九重,
其高几里?	它的高度又有几里?
四方之门,⁶⁵	昆仑山的四面门户,

其谁从焉？	什么人物由此出入？
西北辟启，	西北两面大门敞开，
何气通焉？	什么气息通过此处？
日安不到？	太阳光辉哪儿不到？
烛龙何照？⑯	烛龙又能照耀何方？
羲和之未扬，⑰	羲和还没御日出行，
若华何光？⑱	若木之花为何放光？
何所冬暖？⑲	什么地方冬日长暖？
何所夏寒？	什么地方夏日长寒？
焉有石林？	哪儿又有岩石成林？
何兽能言？	什么野兽会发人言？
焉有虬龙，⑳	哪儿有着独角虬龙，
负熊以游？㉑	以熊为妇游牝从容？
雄虺九首，㉒	雄的虺蛇九个头颅，
儵忽焉在？㉓	来去迅捷生在何处？
何所不死？	不死之国哪里可找？
长人何守？㉔	长寿之人持何神术？
靡蓱九衢，㉕	萍草蔓延根茎盘错，
枲华安居？㉖	枲麻长在哪儿开花？
一蛇吞象，	一条长蛇吞下大象，
厥大何如？	它的身子又有多大？
黑水玄趾，	黑水之地玄趾之民，
三危安在？㉗	还有三危都在哪里？
延年不死，	延年益寿得以不死，

寿何所止？	生命久长几时终止？
鲮鱼何所？⑦⑧	奇形鲮鱼生于何方？
鬿堆焉处？⑦⑨	怪鸟鬿堆长在哪里？
羿焉彃日？⑧⓪	后羿怎样射下九日？
乌焉解羽？⑧①	日中之乌如何解体？
禹之力献功，⑧②	大禹尽力成其圣功，
降省下土四方。⑧③	降临省视天下四方。
焉得彼嵞山女，⑧④	哪儿得来涂山之女，
而通之于台桑？⑧⑤	与她结合就在台桑？
闵妃匹合，⑧⑥	爱涂山女与之匹配，
厥身是继，⑧⑦	得到继嗣儿子出生。
胡维嗜不同味，⑧⑧	为何嗜欲与人同味，
而快鼌饱？⑧⑨	求欢饱享一朝之情？
启代益作后，⑨⓪	启代伯益作了国君，
卒然离蠥。⑨①	终究还是遇上灾祸。
何启惟忧，⑨②	为何启会遭此忧患，
而能拘是达？⑨③	身受拘囚又能逃脱？
皆归躬鞠，⑨④	都是勤谨鞠躬尽瘁，
而无害厥躬。⑨⑤	没有损害他们自身。
何后益作革，⑨⑥	为何伯益福祚终结，
而禹播降？⑨⑦	禹的后嗣繁荣昌盛？
启棘宾商，⑨⑧	夏启做梦上天作客，
《九辩》《九歌》。	得到《九辩》《九歌》乐曲。

何勤子屠母,⁹⁹	为何贤子竟伤母命,
而死分竟地?⁰⁰	使她支解满地尸骨?

帝降夷羿,⁰¹	帝尧派遣夷羿降临,
革孽夏民,⁰²	消除忧患安慰夏民。
胡躲夫河伯,⁰³	为何箭射那个河伯,
而妻彼雒嫔?⁰⁴	夺取他的妻子洛嫔?

冯珧利决,⁰⁵	持着宝弓套着扳指,
封豨是射。⁰⁶	把那巨大野猪射死。
何献蒸肉之膏,⁰⁷	为何献上蒸祭肥肉,
而后帝不若?⁰⁸	天帝心中并不舒适?

浞娶纯狐,⁰⁹	寒浞要娶纯狐氏女,
眩妻爰谋,¹⁰	羿妻合伙把羿谋杀。
何羿之射革,¹¹	为何羿能射穿皮革,
而交吞揆之?¹²	其妻与浞能消灭他?

阻穷西征,¹³	西行之路遇阻受困,
岩何越焉?	山岩重重怎么越过?
化为黄熊,¹⁴	鲧的身子化为黄熊,
巫何活焉?	巫师如何使他复活?

咸播秬黍,¹⁵	地上都已播种黑黍,
莆雚是营。¹⁶	芦苇水滩也已经营。
何由并投,¹⁷	为何遭逐同于四凶,
而鲧疾脩盈?¹⁸	难道鲧真恶贯满盈?

白蜺婴茀,¹⁹	白虹披身作为衣饰,

胡为此堂?⑳	为何常仪这么堂皇?
安得夫良药,	哪儿得到不死之药,
不能固臧?㉑	却又不能长久保藏?
天式纵横,㉒	天的法式有纵有横,
阳离爰死。㉓	阳气离散就会死亡。
大鸟何鸣,㉔	大鸟金乌多么肥壮,
夫焉丧厥体?	为何竟会体解命丧?
蓱号起雨,㉕	雨师屏翳号呼下雨,
何以兴之?	他怎样使雨势兴盛?
撰体协胁,㉖	有着驯良柔顺体质,
鹿何膺之?㉗	鹿身风神如何响应?
鳌戴山抃,㉘	巨鳌背负神山舞动,
何以安之?	神山怎样稳定不移?
释舟陵行,㉙	舍弃舟船行走陆地,
何以迁之?	龙伯巨人怎样迁徙?
惟浇在户,㉚	想那浇在家居之时,
何求于嫂?㉛	对他嫂嫂有何要求?
何少康逐犬,㉜	为何少康驱赶猎犬,
而颠陨厥首?㉝	遇浇就能将他斩首?
女歧缝裳,㉞	女艾借着缝补衣服,
而馆同爰止。㉟	与浇同住一个房间。
何颠易厥首,㊱	为何少康取浇首级,
而亲以逢殆?㊲	浇虽力大仍然遇难?

汤谋易旅,⑬⑧	少康策划整顿部下,
何以厚之?	他是如何厚待众人?
覆舟斟寻,⑬⑨	讨伐斟寻倾覆其船,
何道取之?	他用什么方法取胜?

桀伐蒙山,⑭⓪	夏桀出兵讨伐蒙山,
何所得焉?	所得之物又是什么?
妹嬉何肆,⑭①	妹喜怎样恣肆淫虐?
汤何殛焉?⑭②	商汤怎样将桀诛杀?

舜闵在家,⑭③	舜在家里非常仁孝,
父何以鳏?⑭④	父亲为何让他独身?
尧不姚告,⑭⑤	尧不告诉舜父瞽瞍,
二女何亲?⑭⑥	二妃如何与舜成亲?

厥萌在初,⑭⑦	起初刚有淫奢萌芽,
何所亿焉?⑭⑧	怎么就能预料结局?
璜台十成,⑭⑨	纣王建造十层玉台,
谁所极焉?⑮⓪	谁使他到如此地步?

登立为帝,	承受天命登位称帝,
孰道尚之?⑮①	什么道理受人敬仰?
女娲有体,⑮②	女娲有着特殊形体,
孰制匠之?⑮③	是谁将她造成这样?

舜服厥弟,⑮④	舜帝友爱他的弟弟,
终然为害。⑮⑤	弟弟还是对他加害。
何肆犬体,⑮⑥	为何放肆如同猪狗?
而厥身不危败?	其身并不危险失败?

吴获迄古,⑮⑦	吴国得以长久存在,
南岳是止。⑮⑧	江南山川民众栖止。
孰期去斯,⑮⑨	谁能想到此中缘故,
得两男子?⑯⓪	全因得到两个男子?

缘鹄饰玉,⑯①	饰鹄饰玉铜鼎调羹,
后帝是飨。⑯②	美食拿来献飨君王。
何承谋夏桀,	为何承用伊尹之谋,
终以灭丧?	汤能伐桀使他灭亡?

帝乃降观,⑯③	商汤降临巡视四方,
下逢伊挚。⑯④	在外遇到贤臣伊尹。
何条放致罚,⑯⑤	为何桀在鸣条受罚,
而黎服大说?⑯⑥	黎民百姓十分高兴?

简狄在台,⑯⑦	简狄住在瑶台之上,
喾何宜?⑯⑧	帝喾怎会对她中意?
玄鸟致贻,⑯⑨	玄鸟高飞送来聘礼,
女何喜?⑰⓪	简狄为何那么欢喜?

该秉季德,⑰①	王亥秉承王季之德,
厥父是臧。	受到他的父亲褒奖。
胡终弊于有扈,⑰②	为何终遭有易之难,
牧夫牛羊?	当他在此放牧牛羊?

干协时舞,⑰③	王亥持盾跳起武舞,
何以怀之?	为何就有女子爱他?
平胁曼肤,⑰④	有易女子体态丰腴,
何以肥之?⑰⑤	为何王亥能够配她?

有扈牧竖,⑯	有易国的放牧小子,
云何而逢?	又在哪里撞破私情?
击床先出,⑰	凶器击床王亥已出,
其命何从?	如何得以保存性命?

恒秉季德,⑱	王恒秉承王季之德,
焉得夫朴牛?⑲	哪里得到大牛满栏?
何往营班禄,⑳	为何去求有易赐禄,
不但还来?	却不能够安然回返?

昏微遵迹,㉑	上甲微能追随祖迹,
有狄不宁。㉒	有易国就不得安宁。
何繁鸟萃棘,㉓	为何众鸟集于树丛,
负子肆情?㉔	他会与其子妇偷情?

眩弟并淫,㉕	弟弟昏乱共为淫虐,
危害厥兄。	因此危害他的兄长。
何变化以作诈,	为何善变狡诈多端,
后嗣而逢长?㉖	他的后代反而盛昌?

成汤东巡,㉗	成汤出巡东方之地,
有莘爰极。㉘	到达有莘氏的国土。
何乞彼小臣,㉙	为何求得小臣伊尹,
而吉妃是得,㉚	还能再得妃子贤淑?

水滨之木,	水边那株空桑木上,
得彼小子。	拾到那个小儿伊尹。
夫何恶之,	为何又会产生恶感,
媵有莘之妇?㉛	把他作为陪嫁礼品?

汤出重泉,⑲	汤从囚地重泉出来,
夫何辠尤?⑱	究竟他有什么大罪?
不胜心伐帝,⑭	难忍耻辱起而伐桀,
夫谁使挑之?	是谁挑起这场是非?

会鼌争盟,⑮	诸侯前来朝会请盟,
何践吾期?⑯	为何都能守约如期?
苍鸟群飞,⑰	苍鹰威武成群高飞,
孰使萃之?	谁使它们聚在一起?

到击纣躬,⑱	整顿队伍攻击商纣,
叔旦不嘉。⑲	周公姬旦却不同意。
何亲揆发,⑳	为何亲自为武王谋,
足周之命以咨嗟?㉑	奠定周朝又发叹息?

授殷天下,	天将天下授予殷商,
其位安施?	纣的王位如何施设?
反成乃亡,	成功之道违反则亡,
其罪伊何?	他的罪过又是什么?

争遣伐器,㉒	诸侯踊跃拿起武器,
何以行之?	武王如何动员他们?
并驱击翼,㉓	军队并进击敌两翼,
何以将之?㉔	他又如何指挥大兵?

昭后成游,㉕	昭王盛治兵车出游,
南土爰底,㉖	到达南方远地才止。
厥利惟何,	最后得到什么好处,
逢彼白雉?㉗	难道只是遇见白雉?

穆王巧梅,[208]
夫何为周流?[209]
环理天下,[210]
夫何索求?

穆王御马巧施鞭策,
为何他要周游四方?
他的足迹环绕天下,
有些什么要求愿望?

妖夫曳衒,[211]
何号于市?
周幽谁诛?
焉得夫褒姒?[212]

妖人夫妇牵引叫卖,
为何他们呼号街市?
幽王究竟杀的是谁?
哪里得来这个褒姒?

天命反侧,[213]
何罚何佑?
齐桓九会,[214]
卒然身杀。

天命从来反复无常,
何者受惩何者得佑?
齐国桓公九合诸侯,
最终受困身死尸朽。

彼王纣之躬,[215]
孰使乱惑?
何恶辅弼,
谗谄是服?[216]

那个殷商纣王自身,
是谁使他狂暴昏乱?
为何厌恶忠良辅佐,
喜欢听信小人谗谄?

比干何逆,[217]
而抑沉之?[218]
雷开阿顺,[219]
而赐封之?

比干有何悖逆之处,
为何对他贬抑打击?
雷开惯于阿谀奉承,
为何给他赏赐封地?

何圣人之一德,[220]
卒其异方?[221]
梅伯受醢,[222]
箕子详狂。[223]

为何圣人品德相同,
处事方法最终相异?
梅伯受刑剁成肉酱,
箕子装疯消极避世。

稷惟元子,㉔	后稷原是嫡出长子,
帝何竺之?㉕	帝喾为何毒害翻脸?
投之于冰上,	将他扔在寒冰之上,
鸟何燠之?㉖	鸟儿为何覆翼送暖?

何冯弓挟矢,㉗	为何长大仗弓持箭,
殊能将之?㉘	善治农业怀有奇能?
既惊帝切激,	出生既已惊动上帝,
何逢长之?	为何后嗣繁荣昌盛?

伯昌号衰,㉙	西伯姬昌号令衰世,
秉鞭作牧。㉚	执鞭来作雍州牧伯。
何令彻彼岐社,㉛	为何武王令治周社,
命有殷国?㉜	承受天命享有殷国?

迁藏就岐,㉝	带着宝藏迁居岐山,
何能依?	如何能使百姓依从?
殷有惑妇,㉞	殷纣已受妲己迷惑,
何所讥?㉟	劝谏之言又有何用?

受赐兹醢,㊱	纣王赐他儿子肉酱,
西伯上告。	西伯姬昌向天诉求。
何亲就上帝罚,	为何纣王亲受天罚,
殷之命以不救?	殷商命运仍难挽救?

师望在肆,㊲	太公吕望人在肉店,
昌何识?	姬昌为何就能认识?
鼓刀扬声,	听到挥刀振动发声,
后何喜?㊳	文王为何那么欢喜?

武发杀殷,[239]	武王姬发诛纣灭商,
何所悒?	为何抑郁不能久忍?
载尸集战,[240]	抬着文王木主会战,
何所急?	为何充满焦急之情?
伯林雉经,[241]	纣王烧柴上吊自焚,
维其何故?	这样去死究竟何故?
何感天抑墬,[242]	为何武王惊天动地,
夫谁畏惧?	假托神灵却怀畏惧?
皇天集命,	上帝既降天命于殷,
惟何戒之?	为何不再劝戒明白?
受礼天下,[243]	纣王既已统治天下,
又使至代之?	为何又被他人取代?
初汤臣挚,[244]	初把伊尹视作小臣,
后兹承辅。	后来用作辅政宰相。
何卒官汤,[245]	为何最终上追成汤,
尊食宗绪?[246]	受到尊敬宗庙配享?
勋阖梦生,[247]	阖庐有功寿梦之孙,
少离散亡。[248]	少年遭受离散之苦。
何壮武厉,[249]	为何壮年奋厉勇武,
能流厥严?[250]	能使他的威严远布?
彭铿斟雉,[251]	彭祖烹调雉鸡之羹,
帝何飨?[252]	为何帝尧喜欢品尝?
受寿永多,[253]	得享高寿年岁太多,
夫何久长?	为何竟有那么久长?

中央共牧,㉕④	大地中央共同治民,
后何怒?	列国君主为何发怒?
蠭蛾微命,㉕⑤	蜂蛾生命原本微贱,
力何固?	自卫力量为何牢固?
惊女采薇,㉕⑥	惊于女言不再采薇,
鹿何祐?	白鹿为何庇佑夷齐?
北至回水,㉕⑦	北行来到回水之地,
萃何喜?㉕⑧	一起饿死有何可喜?
兄有噬犬,㉕⑨	哥哥有着善咬猛犬,
弟何欲?㉖⓪	弟弟又打什么主意?
易之以百两,㉖①	一百辆车换一条狗,
卒无禄。㉖②	最终不成反失禄米。
薄暮雷电,㉖③	傍晚时分雷鸣电闪,
归何忧?	想要归去有何忧愁?
厥严不奉,㉖④	国家庄严不复存在,
帝何求?	对着上帝有何祈求?
伏匿穴处,	伏身藏匿洞穴之中,
爰何云?	还有什么事情要讲?
荆勋作师,㉖⑤	楚国勋旧军中殉国,
夫何长?	国势如何能够久长?
悟过改更,	悔悟过失改正错误,
我又何言?	我又有何言词可陈?
吴光争国,㉖⑥	吴王阖庐与楚争国,
久余是胜!㉖⑦	我们久已被他战胜!

何环穿自闾社丘陵,[268]	环绕穿越里社丘陵,
爰出子文?[269]	为何生出令尹子文?
吾告堵敖,[270]	我曾告诉贤者堵敖,
以不长。	楚国将衰不能久长。
何试上自予,[271]	为何自赞告诫君主,
忠名弥彰?	忠义之名欲更显扬?

〔注〕① 遂：通"邃"。遂古，太古。初：始。　② 道：通"导"，传道，流转导引。　③ 上下：天地。形：成形。　④ 考：成。一说考察。　⑤ 冥昭：晦明，黑暗与光亮。瞢(méng)闇：谓昼夜未分，混沌不明的样子。　⑥ 极：究极，从根本上去了解、说明。　⑦ 冯(píng)翼：浑沌貌，空蒙貌。　⑧ 明明闇闇：指昼夜晦明。　⑨ 时：是，此。为：谓。　⑩ 三：读为"参"。三合，参合。　⑪ 本：宇宙的本体。化：宇宙的变化。　⑫ 圜：同"圆"，指天。则：体制。　⑬ 营度：环而量度。　⑭ 功：同"工"，工程。　⑮ 斡(guǎn)：指天体旋转的轴。维：系物的大绳。　⑯ 天极：即北辰，北极。　⑰ 八柱：支撑天的八座山。何当：对着哪儿。当，对。　⑱ 亏：缺损。　⑲ 九天：此指天的中央和八方(从一个平面上而言)。际：边。　⑳ 放：至。属：连属。　㉑ 隅：角落。隈：弯曲。　㉒ 查：交会。　㉓ 汤谷：即旸谷，日出的地方。　㉔ 次：住宿。蒙：水名。汜(sì)：水边。　㉕ 夜光：指月亮。　㉖ 育：生。　㉗ 厥：其，指夜光。利：借为"黧(lí)"，黑色。指月中黑影。　㉘ 顾菟：即"顾兔"，传说中月中之兔。闻一多《古典新义》谓即蟾蜍之异名。　㉙ 女岐：当为月神常仪。王逸注但称其为"神女"。合：匹配。　㉚ 伯强：神名，疑为北海之神禺强。王逸注则谓之为"大厉疫鬼"。　㉛ 惠气：祥瑞惠和之气。　㉜ 阖(hé)：关闭。　㉝ 角宿(xiù)：星宿名。二十八宿之一，东方苍龙七宿的第一宿，有星两颗，属室女座。　㉞ 曜(yào)灵：太阳。　㉟ 汩(gǔ)：治理。鸿：即"洪"，指洪水。　㊱ 师：众人。曰：同"以"。尚：上，推举。　㊲ 佥：皆，都。　㊳ 课：试。　㊴ 鸱(chī)：猫头鹰。　㊵ 鲧(gǔn)：即鲧。听：当读为"圣"，圣德。此句与前句上下倒装，言鲧有何圣德，而鸱龟之属，或曳或衔，佐其治水。　㊶ 顺欲：疑为"川""谷"两字的形衍。　㊷ 刑：施刑。　㊸ 永遏：长久囚系。　㊹ 施：舍，通作"弛"。　㊺ 愎：一作"腹"，似为后字之误。腹鲧，从父亲鲧的肚子里生出来。　㊻ 纂：同"缵"，继承。绪：事业。　㊼ 考：禹之父鲧已死，故称考。　㊽ 续初继业：指继承父亲的事业。　㊾ 泉：渊。　㊿ 窴(tián)：同"填"。　51 九则：以土地的美恶九等定则。　52 坟：分。　53 应龙：有翼的龙。据说夏禹治水时，有应龙以尾画地，泄导水流，水泉即流通。此句与下句原作"河海应龙，何尽何历"，从一本改。按：此处疑有夺误或错简。因《天问》韵例皆以四句为则，全篇无例外，独此二句与下文"焉有"二句不入韵。　54 营：通"营"，惑乱。　55 康回：水神共工名。共工与颛顼争为帝，怒而触不周山，天柱折，地维绝，因此天倾西北，地不满东南。冯怒：盛怒，大怒。　56 墬："地"的古字。　57 错：同"措"，置。　58 洿(wū)：挖水池。　59 修：长。　60 隳(tuǒ)：同"椭"，此指狭长。　61 衍：余，余数。　62 县(xuán)圃：传说中神仙所居之地，在昆仑山上。　63 尻：同"居"。戴震《屈原赋注》以为是"尻"的错字。尻(kāo)：尾。　64 增城：古代神话传说中的地名。《淮南子·墬形训》："据昆仑墟以至地，中有增城九重，其高万一千里百一十四步二尺六寸。"　65 四方之门：谓昆仑之

门。 ⑯烛龙：传说中的神龙。人面蛇身，能把日光照不到的地方照亮。 ⑰羲和：神话传说中御车载日的神。扬：指扬鞭东行。 ⑱若华：若木的花。若木，神话传说中的树。 ⑲所：处。 ⑳虬龙：传说中的一种龙，无角。此处当从朱熹《楚辞集注》作"龙虬"，与下句叶韵。 ㉑负：借为"媍"，即"妇"。游：游牝，指与熊交媾。鲧有化为黄熊入于羽渊之说，疑此为鲧生禹说一事之分化。 ㉒雄虺（huǐ）：传说中的大毒蛇。《楚辞·招魂》："雄虺九首，往来儵忽，吞人以益其心些。" ㉓儵（shū）忽：倏忽，叠韵联绵词，疾急的样子。 ㉔长人：此指长寿之人。守：操持，指长寿之人所持养生之术。 ㉕麇萍（píng）：蔓延而生的萍草。麇，曼。萍，水中浮萍。衢："欋"之借字，树根盘错，此指水草根叶纠缠。 ㉖枲（xǐ）：麻的别名。华：即"花"。 ㉗黑水、玄趾、三危：皆西南地名。玄趾，即交趾，玄交形近而误。 ㉘鲮鱼：传说中的一种怪鱼，即《山海经》中所说的陵鱼，人面人手鱼身，见则风涛起。 ㉙魌（qí）：义同"魁"。堆：即鵻，雀也。魌堆，即大雀。《山海经》说它状如鸡而白首，鼠足，食人。 ㉚羿（yì）：尧时人，善射。䍩（bì）：与射同义。 ㉛乌：乌鸦。指日中之金乌，也是日的代称。解羽：羽毛脱落。此谓羿射九日之事。 ㉜献功：圣功。《尔雅·释言》："献，圣也。" ㉝降省（xǐng）：降临省视。 ㉞禽：同"涂"。涂山，古国名。禹娶涂山之女，生启。 ㉟通：通婚。台桑：地名。 ㊱闵：同"悯"，爱怜。妃：匹配，谓禹之配偶涂山之女。 ㊲厥身是继：指涂山氏怀了禹的儿子。 ㊳嗜不：王叔师注谓二字当作"嗜欲"，可从。嗜欲同味，指所好与众人一样。 ㊴朝（zhāo）：朝。饱：当为"食"之误。朝食，是古代人关于男女交媾的隐语。 ㊵启：禹的儿子。益：伯益，禹的大臣。后：君。按：此句谓禹死后益立为君，启与益争帝，终代益而立。 ㊶离：遭。蠥（niè）：忧，难。 ㊷惟：读如"罹"。惟忧，犹罹忧，遭难。 ㊸能：乃。拘：谓启为益所拘。拘，囚禁。达：通利，指启在囚禁中脱身。 ㊹躬鞠（jū）：当作"鞠躬"，意为敬谨。躬，"射"的异字，系"躬"之误。鞠，一本作鞠，是。 ㊺害：恶。无害厥躬，言其身无恶。 ㊻作：读如"祚"，福祚。革：革除。 ㊼播：读如"藩"，藩衍，指后嗣而言。降：大。 ㊽棘：朱熹《楚辞集注》谓当作"梦"。商：朱熹《楚辞集注》谓当作"天"。启棘宾商，即启梦见上天做了天帝的客人。 ㊾勤：笃厚。勤子，犹贤子。屠母：传说启破母腹而生，故云。 ㊿死：同"屍"（今简为"尸"）。竟地：遍地，满地。 ㊶帝：指帝尧。夷羿（yì）：诸侯名，擅长射箭。 ㊷革：革除。孽：忧。革孽夏民，革除夏民的忧患。 ㊸胡：何。河伯：黄河水神。 ㊹雒嫔：有洛氏之女，河伯妻。 ㊺冯（píng）：持。珧（yáo）：宝弓。决：用象骨做成的套在大拇指上钩弦发箭的工具。 ㊻封狶（xī）：大野猪。 ㊼蒸肉：祭祀之肉。蒸，蒸祭。膏：肥美之肉。 ㊽后帝：指天帝。若：顺。不若，心中不顺畅。 ㊾浞（zhuó）：寒浞，羿之臣。纯狐：纯狐氏，羿妻。 ㊿眩妻：即纯狐氏之女名，羿之妻。王逸注谓眩妻乃眩惑其妻，非。 ㊶躬革：传说羿能射穿七层皮革。躬，同"射"。 ㊷而：通"耐"。耐古音同"能"，此处即借为能。吞揆：吞灭。 ㊸阻穷：喻困厄于穷苦不毛之地，指鲧被困羽山三年之事。 ㊹黄熊：指鲧死后化为黄熊之事。《左传·昭公七年》："昔尧殛鲧于羽山，其神化为黄熊，以入于羽渊。"或谓熊当作"能"，即三足鳖。 ㊺咸：皆。秬（jù）黍：黑黍。 ㊻莆䕺（guàn）：芦苇一类的植物。 ㊼并投：一起被放逐，指鲧与共工、驩兜、三苗三凶一起被放逐。 ㊽疾：恶。修盈：指罪恶之多。 ㊾蜺：同"霓"，虹的一种，也称副虹，色较淡。婴茀（fú）：妇首饰。 ㊿堂：堂皇，盛美。 ㊶不：上据文例当补一"而"字。此句王逸注云："言崔文子学仙于王子侨，子侨化为白蜺，……持药与崔文子，崔文子惊怪引戈击蜺，中之，因堕其药。俯而视之，王之侨之尸也。"其说似难以征信。 ㊷式：法式。纵横：犹经纬。 ㊸阳离：经纬天式之阳气离绝。爰：乃。 ㊹大鸟：日中金乌。鸣：当为"鸣"之误，指日乌之肥大。 ㊺蓱（píng）：即蓱翳，多作屏翳，古代传说中的雨师名。号：呼。 ⑫撰：柔顺。协：合，与"撰"义近。 ⑫鹿：指风神，风神飞廉传说为鹿身。膺：承。 ⑫鳌：海中大龟。抃(biàn)：拍手，此指舞动。王逸注引《列仙传》云："有巨灵之鳌，背负蓬莱之山而抃舞，戏沧海之中。" ⑫释：舍弃。陵行：在陆地上行走。 ⑩浇：寒浞的儿子，相传其力极大。 ⑬嫂：浇的嫂子，即女歧。 ⑬少康：夏朝国君相的儿子，寒浞使浇杀相，少康逃奔有虞，虞妻以二女。后来少康打猎放狗追逐野兽，遂袭杀浇。 ⑬颠陨：掉下。厥首：其头，指浇的头。 ⑭女歧：即女艾，也作汝艾。《左传·哀公元年》："昔有过浇……灭夏后相。……(少康)有田一成，有众一旅，……以收夏众，……使女艾谍浇，……遂灭过、戈，复禹之绩。" ⑮止：止宿。 ⑯颠易：砍断。 ⑰殆：危险。 ⑱汤：为"康"字之误，指少康事。易：治。旅：众。 ⑲斟寻：古国名。《竹书纪年》："帝相二十七年，浇伐斟寻，大战于潍，覆其舟，灭之。" ⑭桀：夏代最末一位国君，是历史上著名的昏暴之君。蒙山：古国名。 ⑭妹嬉：通作"妺(mò)喜"，桀宠爱的女子，伐蒙山所得。肆：放荡。 ⑭殛(jí)：诛罚。 ⑭闵：同"悯"，爱，此指孝。 ⑭鲧(guān)：同"鲧"。 ⑭姚：舜的姓氏，这里指舜父瞽叟。 ⑭二女：指尧二女娥皇、女英，她们是舜的妃子。 ⑭萌：萌芽。 ⑭亿：借为"臆"，预料，测度。 ⑭璜：玉石。十成：十重。 ⑮极：至。 ⑮道：道理。尚：尊崇。 ⑮女娲：神话传说中上古女帝王。人头蛇身，一天之中能变化七十种样子。 ⑮制匠：制作。 ⑮服：善事。 ⑮终然：最后，终于。 ⑮肆：放纵。犬体：一本作"犬豕"。 ⑮吴：南方的一个诸侯国。周的祖先古公亶父的长子太伯、次子仲雍为了让弟弟季历继位，就跑到南方，开创了吴国。迄古：终古。 ⑮南岳：会稽山，此不必实指。 ⑮期：期望。去：为"夫"之误。 ⑯两男子：指太伯、仲雍两贤人。 ⑯缘鹄、饰玉：皆指鼎器之饰。 ⑯飨(xiǎng)：拿酒食招待。 ⑯帝：指成汤。 ⑯伊挚：汤贤臣，伊尹之名。 ⑯条：鸣条，地名。条放，被流放到鸣条。 ⑯黎服：黎民。说(yuè)：即"悦"。 ⑯简狄：有娀氏女，帝喾妃。台：坛。 ⑯喾(kù)：上古帝王，高辛氏。 ⑯玄鸟：燕子。传说简狄吞下玄鸟之卵而生商之始祖契。 ⑰女：指简狄。 ⑰该、季：皆人名，商的两个祖先。该，即王亥。季，该父。秉：承。 ⑰毙：通"毙"，死。有扈：当为"有易"之误，有易，古国名。《山海经·大荒东经》："(王亥)托于有易，河伯仆牛。有易杀王亥，取仆牛。" ⑰干：盾牌。协：合。时：是，此。舞：指以干戚为道具的武舞，是古人表示英武雄壮的一种舞。 ⑰平胁曼肤：体态丰腴的样子。 ⑰肥："婔"的借字，即妃，匹配。 ⑰坚：蔑称，小子。 ⑰击床：传说王亥被人袭击于床笫之间。 ⑰恒：王亥弟，季子。 ⑰朴牛：大牛。 ⑱营：营求。班禄：颁赐爵禄。 ⑱昏微：即上甲微，王亥的儿子。遵迹：遵顺先人的旧迹。 ⑱有狄：也即"有易"。"狄"、"易"古通。 ⑱繁鸟：众鸟。 ⑱负子肆情："负"疑为"娠"字。此似言上甲微有淫行，及于子妇。 ⑱眩弟：昏乱的弟弟。 ⑱逢：隆盛。 ⑱成汤：殷商的开国君主。 ⑱有莘(shēn)：古国名，在今河南开封市陈留镇。爰：乃。极：到。 ⑱乞：求。小臣：指伊尹，本为有莘国的媵臣。 ⑲吉妃：贤妃，指有莘氏的女儿。 ⑲媵(yìng)：陪嫁。 ⑲重泉：桀囚禁汤的地方。 ⑲辠：古"罪"字。辠尤，罪过。 ⑲不胜心：心中不能忍耐。 ⑲会晁(zhāo)：即朝会。争盟：当从一本作"请盟"。请，告。盟，誓。 ⑲践吾期：如约守期。 ⑲苍鸟：苍鹰。 ⑲到：当从一本作"列"，整列。 ⑲叔旦：即周公旦，武王之弟，名旦。嘉：嘉许。按：武王始至孟津，八百诸侯皆至，曰："纣可伐也。"白鱼跃入王舟，群臣皆曰："休哉！"周公曰："虽休勿休。"故有此问。 ⑳揆：测度，指周公为武王谋。发：周武王之名。此二句据朱熹《楚辞集注》将"足"字下属。 ㉑咨嗟：指管叔蔡叔传播流言谓周公谋反，周公因而叹息。 ㉒伐器：攻伐之器。此句指周武王东征四国事。 ㉓并驱：并驾齐驱。击翼：击敌两翼。

㉔ 将:率领。 ㉕ 昭:指周昭王。成:当为"盛"。 ㉖ 底:至。王逸注:"言昭王背成王之制而出游,南至于楚,楚人沉之,而遂不还也。" ㉗ 白雉:《初学记》引《竹书纪年》:"昭王十九年,天大曀,雉兔皆震,丧六师于汉。"此言昭王南游之利,所得不过逢迎雉兔,而终遭天曀,师丧身死。 ㉘ 梜:读如"枚",枚即策,马鞭。 ㉙ 周流:周游。 ㉚ 理:读为"履"。 ㉛ 曳衔:即曳衔,《说文》:"衔,行且卖也。"指夫妻互相牵引沿街叫卖。王逸注:"昔周幽王前世,有童谣曰:'檿弧箕服,实亡周国。'后有夫妇卖是器,以为妖怪,执而曳戮之于市也。" ㉜ 褒姒:周幽王之后。 ㉝ 反侧:反复无常。 ㉞ 齐桓:齐桓公,春秋五霸之一,曾九合诸侯,朱熹谓其晚年"任竖刁、易牙,诸子相攻,死不得敛,虫流出尸,与见杀无异"(《楚辞集注》)。 ㉟ 王纣:商纣王,商的末代君主。 ㊱ 谄谀:谄佞小人。服:用。 ㊲ 比干:纣王之叔父。屡谏,纣怒,剖其心。 ㊳ 抑沉:遭贬抑不受重用。 ㊴ 雷开:纣时奸臣。阿顺:阿谀媚顺。 ㊵ 圣人:指下文之梅伯、箕子。 ㊶ 卒:终。其:乃。方:方法。 ㊷ 梅伯:纣之诸侯,因直言敢谏被纣所杀。醢(hǎi):剁成肉酱。 ㊸ 箕子:纣的臣子。详(yáng)狂:佯狂,装疯。详,"佯"之假借。 ㊹ 稷:后稷,名弃,帝喾长子,周的始祖。元子:嫡妻生的大儿子。 ㊺ 竺:通"毒","竺"、"毒"古通。 ㊻ 燠(yù):温暖。 ㊼ 冯(píng):持。 ㊽ 殊能:特殊的才能,指后稷的农业才能。将:持。 ㊾ 伯昌:即周文王,为西伯,名昌。号衰:号令于衰世。 ㊿ 秉:执。牧:一州之长。 ㉛ 彻:治。岐:地名,即今陕西岐山县,周人建国于此。社:祭土地神的庙。 ㉜ 命有:承受天命而享有。 ㉝ 迁:迁徙。藏:宝藏。就岐:来到岐地。 ㉞ 惑妇:指妲己。 ㉟ 讯:谏。 ㊱ 受:纣之名。兹:读如"孳",即子的假借字。兹醢,指纣烹文王子伯邑考并赐肉文王。 ㊲ 师望:姜太公吕望。曾为太师,故称。在肆:王夫之《楚辞通释》:"相传太公隐于屠肆,文王往问焉。"肆,店铺。 ㊳ 后:君,当指周文王。 ㊴ 武发:周武王姬发。 ㊵ 载尸:载文王木主。集战:会战。 ㊶ 伯:当为"燔"之音讹,焚烧也。指纣自焚于火中。雉经:上吊。 ㊷ 感天抑墜:指周武王载尸集战感天动地。 ㊸ 受:纣之名。礼:理。 ㊹ 挚:商汤时的贤臣伊尹。 ㊺ 官:疑为"追"字之讹。 ㊻ 尊食:受到尊敬享受庙食。宗绪:宗庙。 ㊼ 阖:吴王阖庐。梦:吴王寿梦,阖庐的祖父。生:王夫之《楚辞通释》:"生与'姓'同,孙也。" ㊽ 散亡:指阖庐初不得立,流亡在外。 ㊾ 壮:壮ース。武厉:英武勇猛。 ㊿ 流:行。严:"庄"之借字。 ㉛ 彭铿:即彭祖,传说中寿命长达八百岁的人。斟雉:用野鸡作羹。 ㉜ 帝:指帝尧。 ㉝ 永:长。 ㉞ 共牧:共同治理。 ㉟ 螽:同"蜂"。 ㊱ 惊女:此句与下句问伯夷、叔齐隐首阳山之事。刘峻《辨命论》云:"夷、齐毕淑媛之言。"注:"夷、齐采薇,有女子谓之曰:'子义不食周粟,此亦周之草木也。'因饿首阳,弃薇不食,白鹿乳之。" ㊲ 回水:指首阳山下河曲之水。 ㊳ 萃:聚集,指伯夷、叔齐两兄弟在一起。 ㊴ 兄:指春秋时秦国君主秦景公。 ㊵ 弟:指秦景公之弟鍼。 ㊶ 两:同"辆"。百辆,百辆马车。 ㊷ 禄:爵禄,禄米。秦景公不肯给其弟鍼猛犬,鍼用百辆车去换,秦景公仍然不肯,后鍼逃奔晋国,失去爵禄。 ㊸ 薄暮:傍晚。 ㊹ 厥严不奉:家国的庄严已不存在。厥,指代国家。 ㊺ 荆勋作师:楚国的勋旧都殉国死于军中。作,当从一本作"徇",徇通"殉"。 ㊻ 吴光:吴国公子光。争国:指吴公子光杀王僚争得吴国王位。 ㊼ 久余是胜:指吴公子光夺取吴国王位之后,连年作战,屡败楚师。余,我,指楚国。 ㊽ 间:间里。社:里社。古者二十五家为里,里各立社。 ㊾ 子文:楚国令尹子文。此二句谓楚人斗伯比和邓国的女子私通而生子文之事。 ㊿ 堵敖:楚国的贤者。 ㉛ 试:一作"诚",当从之。上:君主。自予:犹自许。

《天问》是屈原所作楚辞中的一篇"奇"文:说它奇,不仅由于艺术的表现形式不同于屈原的其他作品,更主要的是从作品的构思到作品所表现出来的作者思想的"奇"——奇绝的内容显示出作者惊人的艺术才华,表现出诗人非凡的学识和超卓的想象力!

何谓"天问"?王逸《楚辞章句》说:"何不言'问天'?天尊不可问,故曰'天问'。"又据传屈原被逐,忧心愁惨,徬徨山泽,过楚先王之庙及公卿祠堂,看到壁上有天地、山川、神灵、古代贤圣、怪物等故事,因而"呵壁问天",这种说法虽有一定历史文献的记载及文物可作参考,但未必就是屈原写《天问》的真实起因。《天问》中,问天地、日月、山川、灵异之外,它所涉及的人事,大多有当时的现实意义。因此,屈原所提出的问题不会是仅仅根据庙堂壁画,而是有他主观上的选择并经他精心结撰的。从全文的先后次序来看,先天地自然后三代史实,而以楚国的贤君愚臣作为结尾,这里显著地表明了作者自己的思想动机与创作意图,因此,这篇包含着作者深层思想结晶的《天问》,不可能是他"呵壁问天"的即兴之作。

《天问》是屈原思想学说的集粹,所问都是上古传说中不甚可解的怪事、大事,"天地万象之理,存亡兴废之端,贤凶善恶之报,神奇鬼怪之说",他似乎是要求得一个解答,找出一个因果。而这些问题也都是春秋、战国以来的许多学人所探究的问题,在诸子百家的文章里,几乎都已讨论到。屈子的《天问》则以惝恍迷离的文句,用疑问的语气说出来以成此钜制,这就是屈子所以为诗人而不是"诸子"的缘由。而"天"字的意思,战国时代含义已颇广泛。大体说来,凡一切远于人、高于人、古于人,人所不能了解,不能施为的事与物,都可用"天"来统摄之。对物质界说,又有本始、本质、本原的意思。《易·系词》中说:"法象莫大乎天地。"《天问》的天,也颇有指一切法象的意味,与道家的"道"字,《易经》的"易"字,都是各家用以代表这些"法象"的名词,屈原为楚之宗室重臣,有丰富的学识和经历,以非凡才智作此奇文,颇有整齐百家、是正杂说之意,《天问》的光辉和价值也就很清楚地呈现于读者面前了!

从全诗的结构及内容来看,全诗372句1 553字,是一首以四字句为基本格式的长诗,对天文、地理、历史、哲学等许多方面提出了170多个(一说150多个)问题,这些问题有许多是在他那个时代尚未解决而他有怀疑的,也有明知故问的,对许多历史问题的提问,往往表现出作者的思想感情、政治见解和对历史的总结、褒贬;对自然所提的问题,表现的是作者对宇宙的探索精神,对传说的怀疑,从而也看出作者比同时代人进步的宇宙观、认识论。《天问》以新奇的艺术手法表现精深的内容,使之成为世界文库中绝无仅有的奇作。

全诗总体看来大致可分两大部分。每部分中又可分为若干小节。

从篇首至"曜灵安藏",这部分屈子问的是天,宇宙生成是万事万物的先决,这便成了屈原问难之始,其中从"遂古之初"至"何以识之"问的是天体的情况,"明明闇闇"四句讲宇宙阴阳变化的现象。第二小节自"圜则九重"到"曜灵安藏"则是对日月星辰提问:它们何以不会坠落?太阳每日要走多少路,月亮何以有阴晴圆缺?以及有关日月的一些传说的疑问。从"不任汩鸿"起问的地事,从禹治水过渡到"九州安错……何气通焉"说的是古传说中关于地球的一些情况,而"日安不到"以下六句则就地球上所看到的日的现象发问。第三节从"焉有石林"到"乌焉解羽"一节多为二句一问,都是当时民间传说中的怪事。

以上《天问》的第一大部分,大体是就自然界的事物发问,并联想到与自然有关的一些神话与历史传说,文章富有变化,联想丰富而有情致,除少数可能有错简外(如"河海应龙"二句或为错简,或有失误),不能以后人习惯的文章结构之法去看它,而认为是"与上下文不属",杂乱而无章法。

从"禹之力献功"起,对大量的神话故事和历史传说与史实提出了问题,这些各种各样的人事问题构成了《天问》的第二大部分。

女岐、鲧、禹、共工、后羿、启、浞、简狄、后稷、伊尹……屈子对这些传说中的事和人,一一提出了许多问题,在对这些人与神的传说的怀疑中,往往表现着诗人的情感、爱憎。尤其是关于鲧禹的传说,表现了作者极大的不平之情,他对鲧治水有大功而遭极刑深表同情,在他看来,鲧之死不是如儒家所认为的是治水失败之故,而是由于他为人正直而遭到了帝的疑忌,这种"问",实际上表现了诗人对自己在政治斗争中所遭遇到的不平待遇的愤懑,《天问》的思想光辉就应当是这样来理解的。

自"天命反侧"起则进一步涉及商周以后的历史故事和人物诸如舜、桀、汤、纣、比干、梅伯、文王、武王、师望、昭王、穆王、幽王、褒姒直到齐桓公、吴王阖庐、令尹子文……屈原提出的好多问题,充分表现了作者对历史政治的正邪、善恶、成败、兴亡的看法,这些叙述可以看成是这位"博闻强志"的大诗人对历史的总结,比《离骚》更进一步,更直截了当地阐明了自己的政治主张,而对楚国政治现实的抨击,也是希望君主能举贤任能,接受历史教训,重新治理好国家的一种变幻了的表现手法。

《天问》的艺术表现手法主要是以四字为句,以问的形式从一个问题联想到另一个问题。细细读去还是可以理清脉络,弄明主脑的。《天问》在语言运用上与屈赋的其他篇章不尽相同,通篇不用"兮"字,也没有"些""只"之类的语尾助词。句式以四言为主,间杂以三、五、六、七言。大致四句为一节,每节一韵,节奏、音韵自然协调。有一句一问、二句一问、三句一问、四句一问等多种形式。又用"何""胡""焉""几""谁""孰""安"等疑问词交替使用,富于变化,因而尽管通篇发问,读来却圆转活脱而不呆板,参差错落而有风致,所以前人评论说:"或长言,或短语,或错综,或对偶,或一事而累累反覆,或数事而熔成一片,其文或峭险,或澹宕,或佶倔,或流利,诸法备尽,可谓极文章之变态。"(俞樾《评点楚辞》引孙鑛语)这构成了《天问》独特的艺术风格,当然它表现的是屈原的学术思想,问的是实实在在的问题。因此在修辞手法上,自然没有像《离骚》《九歌》《九章》那样绮丽而富于浪漫色彩,但正如清贺裳《骚筏》所评"其词与意,虽不如诸篇之曲折变化,自然是宇宙间一种奇文"。

《天问》问世之后,摹拟的作品为数不少。晋傅玄有《拟天问》,梁江淹有《遂古篇》,唐杨炯有《浑天问》、柳宗元有《天对》,明方孝孺有《杂问》、王廷相有《答天问》,清李雯也有《天问》……可见其对后世文学创作思想的深远影响。但摹拟之作大多既缺乏思想价值也缺乏文学价值。

总之《天问》是中国文学史上极具特色而有很特殊意义的文学杰作,在中国文学史和世界文学史上都有它相当高的价值与地位。 (姜亮夫 姜昆武)

【诗歌解题】

九 章

《楚辞》的一组篇名。汉王逸以为屈原作。但后人多有不同意见。包括《惜诵》《涉江》《哀郢》《抽思》《怀沙》《思美人》《惜往日》《橘颂》《悲回风》共九篇。其名王逸训"章"为"著也,明也,言己所陈忠信之道甚著明也"(《楚辞章句》),朱熹认为乃"后人辑之,得其九章,合为一卷"(《楚辞集注》)。一般认为此九篇诗歌非出于一时一地,故思想内容、艺术风格多有不同。

九章·惜诵 屈 原

惜诵以致愍兮,① 　　怀着悼惜进谏表达忧悯之忱,
发愤以抒情。　　　　发愤抒发我的一腔衷情。
所作忠而言之兮,② 　如果我所说的不是出于忠诚,
指苍天以为正。　　　可以指着苍天来为我作证。

令五帝以析中兮,③	令五方之帝辨析刑书条文,
戒六神与嚮服。④	告六宗之神对证控罪之词。
俾山川以备御兮,⑤	使山川之神备用陪审,
命咎繇使听直。⑥	命皋陶作法官裁决曲直。
竭忠诚以事君兮,	竭尽忠诚以服务于国君,
反离群而赘肬。⑦	反而遭受摈弃被视为赘疣。
忘儇媚以背众兮,⑧	忘了儇薄谄媚而与众人相背,
待明君其知之。	等待着明君可能的知己之求。
言与行其可迹兮,	我的一言一行都有迹可循,
情与貌其不变。	内情与外貌也难以改变。
故相臣莫若君兮,	观察臣下没有比国君清楚的,
所以证之不远。	因为他的证验真切不远。
吾谊先君而后身兮,⑨	我的道义是先思君而后思己,
羌众人之所仇。⑩	结果遭到众人的怨恨。
专惟君而无他兮,⑪	专心思君而没有其他杂念,
又众兆之所雠。⑫	还是被众人视为仇人。
壹心而不豫兮,⑬	一心一意没有犹豫,
羌不可保也。⑭	遂至不能明哲保身。
疾君亲而无他兮,⑮	急切亲近国君没有其他念头,
有招祸之道也。	这又成了招惹祸患的缘由。
思君其莫我忠兮,	思君没有谁比得上我的忠贞,
忽忘身之贱贫。	轻忽了忘却自身现已贱贫。
事君而不贰兮,⑯	服务于国君决无二心,
迷不知宠之门。⑰	但暗昧不知道取宠的门径。

忠何罪以遭罚兮？	忠心耿耿何以有罪受罚？
亦非余心之所志。⑱	这本不是我心中所认得清。
行不群以巅越兮，⑲	行为不合流俗因而颠蹶，
又众兆之所咍。⑳	又惹众人的嘲笑讥讽。
纷逢尤以离谤兮，㉑	纷纷不断地遭受责难诽谤，
謇不可释。㉒	巧言加罪令人无法解释冤屈。
情沉抑而不达兮，㉓	情绪低沉压抑不能上达，
又蔽而莫之白。㉔	又受人蒙蔽而无处表白陈述。
心郁邑余侘傺兮，㉕	心中愁闷我失意徬徨，
又莫察余之中情。	又没有人察知我的胸中之情。
固烦言不可结诒兮，㉖	纷烦的言语固然不能封寄，
愿陈志而无路。	愿意陈说心志却无路可寻。
退静默而莫余知兮，	退隐时静默无言没人知道，
进号呼又莫吾闻。	前进时号叫呼喊没人听见。
申侘傺之烦惑兮，	再加以失意的烦乱迷惑，
中闷瞀之忳忳。㉗	心中郁闷昏沉十分悯然。
昔余梦登天兮，	过去我曾梦见上了天庭，
魂中道而无杭。㉘	我的灵魂行至半路无法前进。
吾使厉神占之兮，㉙	我使主杀罚的厉神占梦，
曰："有志极而无旁。"㉚	占词说："你有中正之道而无偏颇之行。"
"终危独以离异兮？"	"结果是危险独立遭遇异样？"
曰："君可思而不可恃。	他说："国君可思念而不可仰仗。
故众口其铄金兮，㉛	所以众口诋毁会把金子熔化，
初若是其逢殆。㉜	你只不过这样而遭到了祸殃。

"惩于羹而吹齑兮,㉝ 何不变此志也? 欲释阶而登天兮,㉞ 犹有曩之态也。㉟	"受了滚汤的烫见凉菜要吹气, 你为什么不改变你的主意? 想找个梯子爬到天上去, 这仍是旧的想法老的脾气。
"众骇遽以离心兮,㊱ 又何以为此伴也?㊲ 同极而异路兮, 又何以为此援也?	"众人惊骇你的作为与你离心, 又怎样对待这些跋扈之人? 事君的目的相同方法却大异, 又怎样应付这些跋扈之臣?
晋申生之孝子兮,㊳ 父信谗而不好。㊴ 行婞直而不豫兮,㊵ 鲧功用而不就。"㊶	晋太子申生本来非常孝顺, 父亲听信谗言就对他不喜欢。 行为刚直而不能宽和, 鲧治水的功业就没法完满。"
吾闻作忠以造怨兮,㊷ 忽谓之过言。㊸ 九折臂而成医兮,㊹ 吾至今而知其信然。	我曾听说做忠臣要招来嫉怨, 心怀轻忽以为言过其实。 九次手臂骨折自己也成良医, 我如今才知道确有此事。
矰弋机而在上兮,㊺ 罻罗张而在下。㊻ 设张辟以娱君兮,㊼ 愿侧身而无所。㊽	他们把短箭装好对着天空, 他们把网子张开对着地头。 设置圈套来欺骗国君, 愿侧身远避也无处可投。
欲儃佪以干傺兮,㊾ 恐重患而离尤。㊿ 欲高飞而远集兮,㉛ 君罔谓女何之?㉜	想留连徘徊一下以求进用, 恐怕增加祸患有罪要受。 想高高飞去远远栖止, 国君岂不又会说你为何要走?

欲横奔而失路兮,㉝	想放足奔行不管迷失道路,
坚志而不忍。	但志向坚定不忍违背初衷。
背膺牉以交痛兮,㉞	好似背与胸被剖开前后都疼,
心郁结而纡轸。㉟	内心郁结而隐隐作痛。
梼木兰以矫蕙兮,㊱	舂细木兰并揉碎蕙草,
糳申椒以为粮。㊲	又精磨大椒充当食粮。
播江离与滋菊兮,㊳	播种江离培植菊花,
愿春日以为糗芳。㊴	愿到了春日作干粮喷喷香。
恐情质之不信兮,㊵	恐怕情之所钟终不见信,
故重著以自明。㊶	所以要郑重申说表明己意。
矫兹媚以私处兮,㊷	举示了这些美德而守正独处,
愿曾思而远身。㊸	愿反复思量引身远离。

〔注〕① 惜诵:以悼惜的心情来陈述自己因直言进谏而遭谗被疏的事实。惜,悼惜。诵,进谏。愍:忧患。 ② 所作忠:古誓词,当从一本作"所非忠"。 ③ 五帝:五方天神。析(xī):同"析",辨析。中:刑书。 ④ 六神:六宗之神,谓日、月、星、水旱、四时、寒暑的神。与:同"以"。嚮服:对证有无罪状,嚮,同"向"。 ⑤ 山川:名山大川之神。备御:备用,指陪审。 ⑥ 咎繇(gāo yáo):即"皋陶",舜的法官。听直:听其罪罚之当值。 ⑦ 赘肬(yóu):身上多余的肉。 ⑧ 儇(xuān):轻佻。 ⑨ 谊:与"义"同。 ⑩ 羌:乃。 ⑪ 惟:思。 ⑫ 众兆:众庶兆民。 ⑬ 豫:犹豫。 ⑭ 羌:乃。不可保:不得自保。 ⑮ 疾:急切,极力。 ⑯ 不贰:专一。 ⑰ 宠之门:邀宠之门。 ⑱ 志:知。 ⑲ 颠越:颠蹶。 ⑳ 咍(hāi):嗤笑。 ㉑ 纷:盛。逢尤:姜亮夫《屈原赋校注》释为蜂涌。离谤:遭到诽谤。离,遭遇。 ㉒ 謇(jiǎn):巧辩之言。 ㉓ 沉抑:沉冈、压抑。 ㉔ 白:表露。 ㉕ 郁邑:同"郁悒",愁冈。侘傺(chà chì):失意。 ㉖ 烦言:纷烦之言。结诒(yí):封寄。 ㉗ 冈瞀(mào):即冈瞀,心绪烦冈。忳(tún)忳:烦冈的样子。 ㉘ 无杭:当为"方沆"之误,即徬徨。 ㉙ 厉神:灵神,为人们占梦的灵巫。 ㉚ 志极:中正之道。旁:指偏颇之行。 ㉛ 众口铄金:众人的言论能够熔化金属。喻众口同声可混淆视听。 ㉜ 若是:如此。殆:危险。 ㉝ 惩:戒。羹:滚汤。齑(jī):切成细末的菜,是冷食品。 ㉞ 释:姜亮夫《屈原赋校注》释为"置"。 ㉟ 曩(nǎng):往昔。 ㊱ 骇遽:惊惧。 ㊲ 伴:姜亮夫《屈原赋校注》谓与下文"又何以为此援也"之"援"为叠韵联绵字,分作两韵字用,为古诗用韵之一法。伴援,犹"畔援",义为跋扈。 ㊳ 申生:晋献公的太子。 ㊴ 信谗:晋献公听信后妻骊姬谗言,申生被迫自杀。好:爱。 ㊵ 婞(xìng)直:刚直。豫:逸豫,引申为宽和。 ㊶ 鲧(gǔn):即"鲧",禹的父亲。功用而不就:指鲧因为治水不成,被舜所杀。 ㊷ 作忠:作忠臣。造怨:招来嫉怨。 ㊸ 忽:忽略。过言:过

甚其辞的言论。　㊹九折臂：古成语云："九折臂而成良医。"或云："三折肱知为良医。"三、九皆虚数，非实指，意为经验多了，可成良医。　㊺矰弋(zēng yì)：带绳线发射的箭。机：弩机，此处作动词用，指张机待发。　㊻罻(wèi)罗：捕鸟的网。张：张设。　㊼张辟(bì)：亦作"机臂"，捕捉鸟兽的工具，一说为弩身。娭：通"虞"，欺骗。　㊽侧身：侧身远避。　㊾僝佪(chán huái)：徘徊。干傺：干进、求进。　㊿重患：增加祸患。离：遭。尤：过。　㊿集：止集。　㊿罔谓：无谓，岂不会说。之：往。　㊿横奔而失路：放开脚步奔行而迷失道路。　㊿膺：胸。胖(pàn)：分。　㊿纡：萦绕。轸(zhěn)：痛。　㊿梼：当从一本作"搗"。矫：揉。　㊿鑿(zuò)：舂。　㊿滋：通"蒔"，即栽、种。　㊿糗(qiǔ)：干粮。　㊿情质：姜亮夫《屈原赋校注》谓犹今言情之所衷。　㊿重：郑重。　㊿矫：即"挢"，举。媚：好。私处：自处。　㊿曾思：反复思量。远身：隐身远去。

　　关于"惜诵"二字，历来有着各种不同的解释。王逸《楚辞章句》说："惜，贪也；诵，论也。""言己贪忠信之道，可以安君，论之于心，诵之于口，至于身以疲病，而不能忘。"洪兴祖《楚辞补注》说："惜诵者，惜其君而诵之也。"朱熹《楚辞集注》说："惜者，爱而有忍之意。诵，言也。""言始者爱惜其言，忍而不发，以致极有忧悠之心。"王夫之《楚辞通释》说："惜，爱也。诵，诵读古训以致谏也。"林云铭《楚辞灯》说："惜，痛也，即《惜往日》之惜。不在位而犹进谏，比之矇诵，故曰诵。""言痛己因进谏而遇罚，自致其忧也。"蒋骥《山带阁注楚辞》说："惜，痛也。诵，公言之也。""盖原于怀王见疏之后，复乘间自陈，而益被谗致困，故深自痛惜，而发愤为此篇以白其情也。"戴震《屈原赋注》说："诵者，言前事之称。惜诵，悼惜而诵言之也。"姜亮夫《屈原赋校注》赞同林云铭的说法。游国恩《楚辞论文集》则认为"《惜诵》是喜欢谏诤的意思"，释"惜"为爱好，以"诵"为谏诤。

　　笔者认为自王逸以来的各家说法，都有一定的合理的成分，但哪一种解释更加接近屈原原来的意思呢？按此篇与《离骚》意旨相近，当是受谗被疏之后的作品。因此，篇名之"惜"字以戴震的解释为近，而"诵"字，则以林云铭等人的说法为好，合起来解释，"惜诵"就是以痛惜的心情，来称述自己因直言进谏而遭谗被疏之事。

　　关于本篇的写作时期，历来有两种意见：一认为作于怀王时期，二认为作于顷襄王时期。大部分学者同意第一种意见，而王夫之《楚辞通释》、郭沫若《屈原研究》持第二种意见。从作品内容看，本篇不如《离骚》那么沉痛，也看不出已遭放逐的迹象，汪瑗《楚辞集解》认为"大抵此篇作于谗人交构，楚王造怒之际，故多危惧之词，然尚未放逐也"。这一说法比较符合实际情况。至于具体的作时，蒋骥《山带阁注楚辞》认为作于"初失位"时，亦即怀王十六年(前313)左右。夏大霖《屈骚心印》、游国恩《楚辞概论》等均同，林云铭则认为作于怀王十七年，姜亮夫《屈原赋校注》认为"其三十岁初放时之作"，陆侃如《屈原评传》认为作于怀王二十四年。从当时的时代背景来分析，怀王十六年是楚国政治的转折点，从这一年后，楚国开始走下坡路，屈原也遭谗被疏，所以，本篇作于怀王十六、十七年是有可能的。

《惜诵》是《九章》的第一篇，叙述自己在政治上遭受打击的始末，和自己对待现实的态度，基本内容与《离骚》前半篇大致相似，故有"小离骚"之称。

全篇可划分为五段。

从开头至"命咎繇使听直"为第一段，讲述自己写本篇作品的起因，那是因为有人在楚王面前进了谗言，说自己不忠于楚国及其国君，楚王乃发雷霆之怒，疏远了屈原，屈原愤懑之极，不禁对天发誓：我对楚王是一片忠诚，天地鬼神可鉴。屈原还设想召来五方天帝、日月星辰、山川神祇和古代正直的法官，组成一个公正的法庭，来听取自己的申诉，并作出公正的评判。

接下来是申诉的开始，从"竭忠诚以事君兮"至"有招祸之道也"十六句为第二段，这一节是诉讼的正辞，意在阐明两个问题：一是自己竭诚事君，专心无二；二是自己日月可鉴的一片忠心却成了"招祸之道"。"竭忠诚"二句，是屈原说自己忠而被谤，以致被疏而离群独处的事实。"忘儇媚"二句言自己被谗谤的原因，此实望君之参验而考实。"言与行其可迹兮"四句，承上文之意，申说参验考实是可以办到的，为提出申诉作引。"壹心而不豫兮"四句申述自己言行的动机，一切皆是为楚王着想，并无他意，但却因此招祸。

"思君其莫我忠兮"至"中闷瞀之忳忳"为第三段，述自己心情的忧苦。"思君"四句进一步说明自己是"先君而后身"，从未把宠辱放在心上，暗示既不与小人比周，也不会对君王产生二心。"忠何罪"四句意谓遇罚倒不在乎，只是自己这样的结果会为国人所笑，紧承上文进一步抒发自己的愤懑心情。"纷逢尤"四句由"逢尤""离谤"过渡到欲白于君。"怐郁邑余侘傺兮"四句紧承"莫之白"而申言之。"退静默"四句意为：退而静默不言，恐无人知道自己的苦心；进而大声疾呼，又怕无人会听。本段着重写自己陈志无路的心情，即"发愤以抒情"也。在上段中说"相臣莫若君"，此段进而写君王"荃不察余之中情"（《离骚》）。君既不知，只好"指苍天以为正"，只好寻厉神而占卜之，自然转入下文。

从"昔余梦登天兮"至"鲧功用而不就"为第四段，为占梦者对屈原的劝告，与《离骚》女媭一节，大意略同。"昔余梦"四句托为游仙，引入下文。"终危独"句为屈原问语："我又问：是否要遭受疏远？"从"曰：君可思而不可恃"至"鲧功用而不就"为厉神的答语。"君不思"至"犹有曩之态也"为第一层意思，厉神指出屈原有目的而无道路，劝屈原放弃忠君，认为如果照"曩之态"那无疑是"欲登天而释阶",根本不可能达到目的。接着"众骇遽"四句言楚王发怒后,本来同道的那些人都已离心背德,弃之而去。最后"晋申生"四句采用了两个比喻,说明孝子忠臣被说成不忠、不孝,是古已有之的事情。

"吾闻作忠以造怨兮"至最后为第五段,写屈原找厉神占梦以后的感想。楚国人观点如此,君王对自己的态度如此,留是不可能的,但去呢?却又不忍,那只有洁身自保而已。"吾闻"四句,朱熹《楚辞集注》析曰:"人九折臂,更历方药,乃成良医,故吾于今,乃知作忠造怨之语,为诚然也。"所用比喻简明恰当。"赠弋机"四句,言诗人遭逸被疏,如有赠弋在侧,竟无容身之地,真是左右为难。在这样的形势下,屈原该怎么办呢?"欲儃佪"八句屈原为自己设想了三条出路:一是儃佪,即逗留、等待,但这样唯恐再遭忧患;二是高飞远集,即远适他国,但到底去哪个国家呢?三是"横奔而失路",即朱熹说的"妄行失道"或陈第说的"违道妄作"(《屈宋古音义》),就是与坏人们同流合污。但这三条路,选择任何一条都是十分不理想的,这使诗人"背膺胖以交痛兮,心郁结而纡轸"。这三条路都是不好走的呀,考虑再三的结果,还是另选其他的道路。"梼木兰以矫蕙兮"八句,用比喻之意,说自己还是保持自己美好的品德,远离这复杂肮脏的社会,块然独处吧!

本篇在艺术上有着十分鲜明的特点。首先,全篇洋溢着非常浓郁的浪漫主义色彩。作者发挥了丰富的想象力,虚构了一个实际上并不存在也不可能存在的虚幻的法庭,它由五方天帝、山川诸神、古代好法官共同组成。让他们来听取自己极度苦闷的倾诉,又虚构了一个厉神,让他在占梦时作答,如同女嬃一样,给屈原以劝告和回答。这样的写法,使本篇诗作出现了一幅虚无飘渺的景象,引人入胜,给人以身临其境的艺术享受。其次,本篇诗作以十分细腻的笔调描摹了抒情主人公的意志活动和感情冲突。诗歌从对天发誓,写到进退维谷、百口莫辩的困境,登天占梦的幻境以及"梼木兰""播江蓠"的精神境界,处处都写得波澜起伏,回旋曲折,扣人心弦。使读者深切地感受到诗歌抒情主人公所叙述的不幸遭遇,决不仅仅关系到他个人一身,而是与国家的前途和命运密切相联的。再次,就是语言上的特点,本篇诗作直抒胸臆,语言真挚生动,朴素自然,尤其是"众口铄金""九折臂而成医"等众多民间成语的运用,更使人感到通俗浅显,耳目一新。

(林家骊)

九章·涉江　　　　屈　原

余幼好此奇服兮,①	我自幼就喜欢这种奇装异服,
年既老而不衰。②	年纪虽然老了兴致仍不减退。

带长铗之陆离兮,③	佩带着长剑光耀美丽,
冠切云之崔嵬。④	头戴的切云冠耸立巍巍。
被明月兮珮宝璐,⑤	身披明月之珠腰缀美玉,
世溷浊而莫余知兮,⑥	但举世混浊没人了解我,
吾方高驰而不顾。⑦	我正向高处奔驰一点不回顾。
驾青虬兮骖白螭,⑧	有角青龙驾辕无角白龙拉套,
吾与重华游兮瑶之圃。⑨	我与舜帝重华同游瑶圃。
登昆仑兮食玉英,⑩	登上昆仑山以玉之精英为食,
与天地兮同寿,	要与天地同样万寿无疆,
与日月兮同光。	要与日月一齐永放光芒。
哀南夷之莫吾知兮,⑪	哀痛南夷之人都不理解我,
旦余济乎江湘。⑫	天亮后我将渡过长江湘江。
乘鄂渚而反顾兮,⑬	登上鄂渚回头看看来路,
欸秋冬之绪风。⑭	慨叹秋冬两季大风凌厉。
步余马兮山皋,⑮	让我的马在水边高地散步,
邸余车兮方林。⑯	将我的车在方林那里停息。
乘舲船余上沅兮,⑰	我乘着有窗的船只上溯沅水,
齐吴榜以击汰。⑱	一齐挥动大桨劈波斩浪。
船容与而不进兮,⑲	船只慢吞吞不能前进,
淹回水而疑滞。⑳	在逆流中凝滞徬徨。
朝发枉陼兮,㉑	早晨便从枉陼出发,
夕宿辰阳。㉒	晚上便止宿在辰阳。
苟余心其端直兮,	只要我内心端正忠直,
虽僻远之何伤。	再幽僻荒远又有什么损伤。

九章·涉江

入溆浦余儃佪兮,㉓	进入溆浦我踌躇徘徊,
迷不知吾所如。	心中迷乱不知我要去哪里。
深林杳以冥冥兮,	深深的树林幽远晦暗,
猿狖之所居。	乃是猿猴群居栖息之地。

山峻高以蔽日兮,　　　　山峰高大险峻把太阳遮蔽,
下幽晦以多雨。㉔　　　　下面幽深黑暗而又多阴雨。
霰雪纷其无垠兮,㉕　　　　雪珠雪花纷飞无边无际,
云霏霏而承宇。㉖　　　　浮云流动低垂下接屋宇。

哀吾生之无乐兮,　　　　哀痛我这一生没一点乐趣,
幽独处乎山中。　　　　深居独处就在大山之中。
吾不能变心而从俗兮,　　我不能改变心志追随流俗,
固将愁苦而终穷。　　　　所以怀着愁苦而终身困穷。

接舆髡首兮,㉗　　　　　狂者接舆像罪人自行剃发,
桑扈臝行。㉘　　　　　　隐士桑扈脱衣服裸身而行。
忠不必用兮,　　　　　　忠者不一定为世所用,
贤不必以。㉙　　　　　　贤者不一定能受任命。
伍子逢殃兮,㉚　　　　　岂不见伍子胥身逢祸殃,
比干菹醢。㉛　　　　　　比干被剁成肉酱惨遭酷刑。

与前世而皆然兮,㉜　　　啊以前的世代也都是这样,
吾又何怨乎今之人。　　　我又何必怨恨现今的人。
余将董道而不豫兮,㉝　　我将依着正道而不犹豫,
固将重昏而终身。㉞　　　哪怕困于黑暗终身不见光明。

乱曰:㉟　　　　　　　　尾声唱道:
鸾鸟凤皇,㊱　　　　　　鸾鸟凤凰那些俊鸟,

日以远兮。	一天天地远飞难找。
燕雀乌鹊，	燕雀乌鹊那些凡鸟，
巢堂坛兮。	却在庙堂坛坫上筑巢。
露申辛夷，㊲	申椒与辛夷那些香草香木，
死林薄兮。㊳	都在杂树丛中枯死凋零。
腥臊并御，㊴	腥膻臊臭一起进用，
芳不得薄兮。㊵	芳香反而不能靠近。
阴阳易位，	阴与阳已经颠倒位次，
时不当兮。	时令节序也不得当。
怀信侘傺，㊶	满怀忠信却惆怅失意，
忽乎吾将行兮！㊷	飘飘忽忽我将远行他方！

（姜亮夫译）

〔注〕 ① 奇服：奇伟之服。借以比喻自己与众不同的高洁志行。 ② 衰：懈。 ③ 长铗(jiá)：长剑。陆离：长长的样子。 ④ 切云：冠名。崔嵬：高高的样子。 ⑤ 被(pī)：带。明月：明月之珠。宝璐：美玉。 ⑥ 溷(hùn)浊：混乱污浊。 ⑦ 顾：回头看。 ⑧ 虬：传说中的一种无角龙。骖(cān)：驾车时位于两边的马。螭(chī)：也是古代传说中无角的龙。 ⑨ 重(chóng)华：舜名。瑶：似玉的美石，亦泛指美玉。圃：园。 ⑩ 玉英：玉之精英，古代有食玉英之说，谓能长生。 ⑪ 南夷：南人。莫吾知：即“莫知我”。 ⑫ 济：渡。 ⑬ 乘：登。鄂渚：地名，即今湖北武昌。 ⑭ 欸(āi)：叹声。绪风：即“隧风”，大风。 ⑮ 皋：水边高地。 ⑯ 邸：通“抵”，止。方林：朱熹《楚辞集注》谓为地名，所在之地不详。 ⑰ 舲(líng)船：有窗之船。上：指溯沅而上。沅：水名。 ⑱ 吴榜(bàng)：大棹，划船工具。击：打。汰(tài)：水波。 ⑲ 容与：犹豫不进。 ⑳ 淹回：徘徊。疑(níng)滞：凝滞，停止不前。 ㉑ 枉陼(zhǔ)：地名，在今湖南常德东南。 ㉒ 辰阳：地名，在今湖南辰溪西南，因在辰水之阳，故名。 ㉓ 溆(xù)浦：地名，即今湖南溆浦，以溆水而得名。儃佪(chán huái)：徘徊。 ㉔ 幽晦：幽暗。 ㉕ 霰(xiàn)：雪珠。垠：界限，边际。 ㉖ 承宇：承之于屋宇。宇，屋檐。 ㉗ 接舆：春秋楚隐士，佯狂不仕。髡(kūn)首：剃去头发。髡刑为古代刑罚之一。 ㉘ 桑扈：古代隐士，鲁人，即子桑伯子。臝(luǒ)：赤身露体。 ㉙ 目：用。 ㉚ 伍子：即伍子胥(伍员)，为吴王夫差臣，劝王拒绝越王求和并停止伐齐，被夫差赐剑自杀。 ㉛ 比干：商代贵族，纣王的叔父，官少师，相传因屡次劝谏纣王，被剖心而死。菹醢(zū hǎi)：把人剁成肉酱的一种酷刑。 ㉜ 与：读为“翳”，是一个叹词。 ㉝ 董：正，当。豫：犹豫。 ㉞ 重昏：朱熹《诗集传》释为“重复暗昧，不见光明”。昏，同“昏”。 ㉟ 乱：辞赋篇末总括全篇要旨的一段。 ㊱ 鸾鸟：传说中凤凰一类的鸟。鸾鸟凤皇，比喻贤俊之士。 ㊲ 露申：即申椒，一种香草。辛夷：又名木笔，学名木兰，一种落叶小乔木或灌木，花内白外紫。 ㊳ 林薄：丛林。 ㊴ 腥臊：臭恶。御：

进用。　⑩薄:近,靠近。　⑪怀信:抱着忠诚的信念。佗傺(chà chì):失意而神情恍惚的样子。　⑫忽:飘忽。

　　关于《涉江》篇的题旨,王逸《楚辞章句》说:"此章言己佩服殊异,抗志高远,国无人知之者,徘徊江之上,叹小人在位,而君子遇害也。"汪瑗《楚辞集解》说:"此篇言己行义之高洁,哀浊世而莫我知也。欲将渡湘沅,入林之密,入山之深,宁甘愁苦以终身,而终不能变心以从俗,故以'涉江'名之,盖谓将涉江而远去耳。"这两种意见都比较准确地概括出了本文的主题思想,以后学人对此文主题的解释大多与之相同。关于本篇的写作时间,则有许多分歧,大概有以下四种意见:一说是作于楚怀王时期,这种意见以汪瑗为代表,汪瑗《楚辞集解》认为本篇"末又援引古人以自慰,其词和,其气平,其文简而洁,无一语及壅君谗人之怨恨,其作于遭谗人之始,未放之先欤! 与《惜诵》相表里,皆一时之作"。第二种说法是作于顷襄王初年,如林云铭《楚辞灯》说作于顷襄王二年(前297)。戴震《屈原赋注》也说:"至此重遭谗谤,济江而南,往斥逐之所。盖顷襄王复迁之江南时也。"第三种意见认为作于被放逐期间,时约顷襄王九年左右,如蒋骥《山带阁注楚辞》说"《涉江》《哀郢》,皆顷襄时放于江南所作,然《哀郢》发郢而至陵阳,皆自西往东。《涉江》从鄂渚入溆浦,乃自东北往西南,当在既放陵阳之后",又说:"顷襄即位,自郢放陵阳。……居陵阳九年,作《哀郢》,已而自陵阳入辰溆,作《涉江》。"第四种意见认为是临死前的作品,如郭沫若《屈原研究》认为,顷襄王二十一年白起破郢后,屈原被赶到江南,"接连着做了《涉江》《怀沙》《惜往日》诸篇,终于自沉了"。以上诸说中,汪瑗作于怀王时代说不可取,因其词实际上并不平和,其作于放逐后之情景甚为明显。在作于顷襄王时代之说中,蒋骥说较为可取,因从整篇文章的思想来看,此时的屈原对楚王已完全失望,与《离骚》等中年之作不同,虽具体年代有待商榷,但大致可定为是流放江南多年之后,是屈原晚年的作品。

　　全篇一般分为五段。

　　从开头至"旦余济乎江湘"为第一段,述说自己高尚理想和现实的矛盾,阐明这次涉江远走的基本原因,"奇服""长铗""切云"之"冠""明月""宝璐"等都用以象征自己高尚的品德与才能,蒋骥说:"与世殊异之服,喻志行之不群也。"自流放以来,屈原的年龄一天天大起来,身体也一天天衰老下去,可他为楚国的进步的努力绝没有放弃过,朱熹说:"登昆仑,言所致之高;食玉英,言所养之洁。"(《楚辞集注》)他坚持改革,希望楚国强盛的想法始终没有减弱,决不因为遭受打击,遇到流放而灰心。但他心中感到莫名的孤独。"世溷浊而莫余知兮""哀南夷之莫吾知兮"，自己的高行洁志却不为世人所理解，这真使人太伤感了。因此，决定渡江而去。

从"乘鄂渚而反顾兮"至"虽僻远之何伤"为第二段，叙述一路走来，途中的经历和自己的感慨。"乘鄂渚"四句，言自己登上今湖北武昌西面的鄂渚，不禁回头看看自己走过的路途，又放马在山皋上小跑，直到方林（亦在今长江北岸）才把车子停住。"乘舲船"四句言自己沿沅江上溯行舟，船在逆水与漩涡中艰难行进，尽管船工齐心协力，用桨击水，但船却停滞不动，很难前进，此情此景不是正如诗人自己的处境吗？"朝发枉陼"四句，接写自己的行程，早上从枉陼出发，晚上到了辰阳，足有一日行程，行程愈西，作者思想愈加坚定。他坚信自己的志向是正确的，是忠诚的，是无私的。同时，坚信无论如何的艰难困苦，自己都不感到悲伤。

从"入溆浦余儃佪兮"至"固将愁苦而终穷"为第三段，写进入溆浦以后，独处深山的情景。"入溆浦"四句言已进入溆浦。溆浦在辰阳的万山之中。这里深林杳冥，榛莽丛生，是猿狖所居，而不是人所宜去的地方。"山峻高"四句写深山之中，云气弥漫，天地相连，更进一步描绘沅西之地山高林深，极少人烟的景象。这是对流放地的环境的形容夸张，也是对自己所处政治环境的隐喻，为下文四句作好铺垫。"哀吾生之无乐兮"四句言自己在这样的政治环境和生活环境当中，是无乐可言了。然而就是这样，也绝不改变自己原先的政治理想与生活习惯，决不与黑暗势力同流合污，妥协变节。

从"接舆髡首兮"至"固将重昏而终身"是第四段，从自己本身经历联系历史上的一些忠诚义士的遭遇，进一步表明自己的政治立场。接舆是春秋时楚国的隐士，即《论语》所说的"楚狂接舆"，与孔子同时。《论语·微子》说："楚狂接舆歌而过孔子曰：'凤兮凤兮！何德之衰！'"《战国策·秦三》说："箕子接舆，漆身而为厉，被发而为狂。"髡首，剃发，是古时一种刑罚，接舆被发佯狂，是坚决不与统治者合作的表示。桑扈，也是古隐士，即《论语》所说的子桑伯子，《庄子》所说的子桑户。《孔子家语》说他"不衣冠而处"，也是一种玩世不恭，不与统治者合作的行为。伍子即伍子胥，春秋时吴国的贤臣，吴王夫差听信伯嚭的谗言，逼迫伍员自杀。比干，殷纣王的叔伯父（一说是纣王的庶兄）。传说纣王淫乱，不理朝政，比干强谏，被纣王剖心而死。诗中"菹醢"二字极云其被刑之惨酷。"接舆"六句是通过两种不同类型的四个事例来说明一个观点：接舆、桑扈是消极不合作，结果为时代所遗弃；伍员、比干是想拯救国家改变现实的，但又不免杀身之祸，所以结论是"忠不必用兮，贤不必目"。"与前世而皆然兮"四句说自己知道，所有贤士均是如此，我又何怨于今天之人！表明自己仍将正道直行，毫不犹豫，而这样势必遭遇重重黑暗,必须准备在黑暗中奋斗终生。

"乱曰"以下为第五段。批判楚国政治黑暗,邪佞之人执掌权柄,而贤能之人却遭到迫害。"鸾鸟凤皇"四句,比喻贤士远离,小人窃位。凤凰是古传说中的神鸟,这里比喻贤士。"燕雀乌鹊"用以比喻小人。"露申辛夷"四句言露申辛夷等香草香木竟死于丛林之中,"腥臊"比喻奸邪之人陆续进用,而忠诚义士却被拒之门外。"阴阳易位"四句更点出了社会上阴阳变更位置的情况,事物的是非一切都颠倒了,他竟不得其时。不言而喻,他一方面胸怀坚定的信念,另一方面又感到失意徬徨。既然龌龊的环境难以久留,他将要离开这里远去。

本篇是屈原晚年之作,写作时间当在《哀郢》之后,这首诗一个最突出的特点是诗中有一大段记行文字。姜亮夫先生《屈原赋校注》说:"此章言自陵阳渡江而入洞庭,过枉陼、辰阳入溆浦而上焉,盖纪其行也。发轫为济江,故题曰《涉江》也,……文义皆极明白,路径尤为明晰。"这段文字描绘了沅水流域的景物,成为我国最早的一首卓越的纪行诗歌,对后世同类诗歌的创作发生了影响。诗中景物描写和情感抒发的有机结合,达到了十分完美的程度。在诗歌的第二段,通过行程、景物、季节、气候的描写和诗人心灵思想的抒发,我们仿佛看到了一位饱经沧桑、孤立无助,登上鄂渚回顾走过的道路的老年诗人的形象,又仿佛看到了一叶扁舟在急流漩涡中艰难前进,舟中的逐臣的心绪正与这小船的遭遇一样,有着抒发不完的千丝万缕的感情。而诗歌第三段进入溆浦之后的深山老林的描写,衬托出了诗人寂寞、悲愤的心情,也令读者不禁扼腕叹绝。本篇比喻象征手法的运用也十分纯熟。诗歌一开始,诗人便采用了象征手法,用好奇服、带长铗、冠切云、被明月、珮宝璐来表现自己的志行,以驾青虬骖白螭、游瑶圃、食玉英来象征自己高远的志向。最后一段,又以鸾鸟、凤凰、香草来象征正直、高洁;以燕雀、乌鹊、腥臊来比喻邪恶势力,充分抒发了诗人内心对当前社会的深切感受。

(林家骊)

九章·哀郢　　　　　屈　原

皇天之不纯命兮,①　　　老天爷的变化反复无常,
何百姓之震愆?②　　　　为什么要使百姓播迁动荡?
民离散而相失兮,　　　　人民都妻离子散不能相顾,
方仲春而东迁。　　　　　正当仲春二月向东流亡。

去故乡而就远兮,　　　　离开故乡而奔向远方,

遵江夏以流亡。　　　　　　顺着长江和夏水到处流浪。
出国门而轸怀兮，　　　　　走出国都的城门心绪纠结，
甲之鼂吾以行。③　　　　　一个甲日早晨我已在路上。

发郢都而去闾兮，　　　　　从郢都出发离别了闾里，
怊荒忽其焉极？④　　　　　我忧思无边神志惆怅。
楫齐扬以容与兮，　　　　　一齐举桨而心怀犹豫，
哀见君而不再得。　　　　　令人哀伤的是从此再见不到君王。

望长楸而太息兮，⑤　　　　望着故都高高的梓树长叹，
涕淫淫其若霰。⑥　　　　　禁不住雪珠坠落般泪滴涟涟。
过夏首而西浮兮，⑦　　　　船过夏水上游又向西漂流，
顾龙门而不见。　　　　　　回看郢都的东门早已不见。

心婵媛而伤怀兮，⑧　　　　内心牵挂旧都我无比感伤，
眇不知其所蹠。⑨　　　　　回顾渺茫不知落脚何方。
顺风波以从流兮，　　　　　任凭风波推移顺着湖水流动，
焉洋洋而为客。⑩　　　　　在这里无所归依羁旅他乡。

凌阳侯之氾滥兮，⑪　　　　乘着漫无边际的阳侯大波，
忽翱翔之焉薄。⑫　　　　　四处飘忽游荡不知将到何所。
心絓结而不解兮，⑬　　　　心情像打了死结总是不能开解，
思蹇产而不释。⑭　　　　　思绪萦绕纠缠始终难以摆脱。

将运舟而下浮兮，　　　　　将要驾着船顺流下航，
上洞庭而下江。　　　　　　因此北出洞庭再东入大江。
去终古之所居兮，　　　　　离开长久居住的故国之地，
今逍遥而来东。⑮　　　　　如今慢慢飘泊渐来东方。

羌灵魂之欲归兮，　　　　　梦魂牵萦故都总欲归去，

何须臾而忘反。	哪里有一时一刻忘记回返。
背夏浦而西思兮,⑯	背离夏浦心头仍挂念西边,
哀故都之日远。	伤心的是故都离我越来越远。
登大坟以远望兮,	登上江边的高丘远望,
聊以舒吾忧心。	姑且安慰一下忧愁的内心。
哀州土之平乐兮,⑰	伤心楚国富庶的州原沦丧,
悲江介之遗风。⑱	沿江淳厚的风俗将无处找寻。
当陵阳之焉至兮,⑲	面对着陵阳山还能到哪里,
淼南渡之焉如?	渡过浩淼的波涛欲往何处?
曾不知夏之为丘兮,⑳	怎料想宗庙宫室竟成荒丘,
孰两东门之可芜?㉑	谁说郢都两东门就任其荒芜?
心不怡之长久兮,	很久以来心情不快,
忧与愁其相接。	忧虑与愁苦交替着接连不断。
惟郢路之辽远兮,	想起到郢都道路如此辽远,
江与夏之不可涉。	长江夏水涉渡多么艰难。
忽若去不信兮,㉒	回想被放情景好像不到两晚,
至今九年而不复。	至今已过九年仍然未能召还。
惨郁郁而不通兮,	惨恻郁闷襟怀不能舒展,
蹇侘傺而含慼。㉓	惆怅失意心中悲戚满含。
外承欢之汋约兮,㉔	有些人表面顺从柔情媚态,
谌荏弱而难持。㉕	实际上软弱无能难以依赖。
忠湛湛而愿进兮,㉖	良臣忠心耿耿希望进用,
妒被离而鄣之。㉗	嫉妒者便纷纷设置障碍。
尧舜之抗行兮,㉘	唐尧虞舜都有高尚的德行,

瞭杳杳而薄天，	光明正大远远地上迫苍旻。
众谗人之嫉妒兮，	众多嫉妒者群起诋毁，
被以不慈之伪名。㉙	说他们不慈不仁横加罪名。
憎愠忨之脩美兮，㉚	憎恶内心美好的贤德之士，
好夫人之忼慨。㉛	喜好能说会道的奸佞之徒。
众踥蹀而日进兮，㉜	平庸者都奔走钻营天天进用，
美超远而逾迈。㉝	贤能者却越来越远地被驱逐。
乱曰：	尾声
曼余目以流观兮，㉞	放开我的眼光向四方环顾，
冀壹反之何时？	希望回都一次能在什么时候？
鸟飞反故乡兮，	鸟雀飞翔都要归还故土，
狐死必首丘。	狐狸死了头向着栖居的山丘。
信非吾罪而弃逐兮，㉟	确实不是我的罪过而被弃逐，
何日夜而忘之！	哪里有一天一夜忘记这烦忧！

〔注〕 ① 不纯命：反乎常道。　② 震愆：播迁，流离在外。　③ 鼂（zhāo）：同"朝"。　④ 怊（chāo）：悲伤。此字据《楚辞补注》引一本补。荒忽：恍惚。极：终点。　⑤ 楸（qiū）：梓树，其干高。　⑥ 霰（xiàn）：雪珠。　⑦ 夏首：夏水上游。西浮：由长江转入洞庭湖。湖口为由东北向西南走向。　⑧ 婵媛：此处为牵挂不舍的意思。　⑨ 眇：同"渺"，茫远。蹠（zhí）：踏。　⑩ 焉：乃。　⑪ 阳侯：大波之神。氾：同"泛"。　⑫ 薄：义同"迫"，到，至。　⑬ 絓（guà）结：牵挂而内心郁结。　⑭ 蹇（jiǎn）产：曲折缠绕。　⑮ 逍遥：徙倚，徘徊。　⑯ 夏浦：夏口，汉水流入长江处。　⑰ 州土：指洞庭湖以北、云梦泽以东、大江西岸的带状平原，本春秋时州国之地。　⑱ 江介：江间。　⑲ 陵阳：地名，即《汉书·地理志》所记丹阳郡陵阳县，以陵阳山而得名，在今安徽青阳南。　⑳ 曾：竟。夏：同"厦"，大屋。　㉑ 孰：何。两东门：朱熹《楚辞集注》："郢都东关有二门也。"　㉒ 去：此字据《楚辞补注》引一本补。信：两夜。　㉓ 蹇：发语词。侘傺（chà chì）：失意的样子。　㉔ 沴（chuò）约：同"绰约"。　㉕ 谌（chén）：诚，实在。荏（rěn）弱：软弱。持：通"恃"。　㉖ 忠：忠诚的人。　㉗ 妒：好妒之人。被离：众多纷乱的样子。　㉘ 抗行：高尚的行为。　㉙ 被：加上。　㉚ 愠忨（yùn lǔn）：内心蕴积而不外露的样子。脩（xiū）：同"修"，美。　㉛ 好（hào）：喜欢。夫（fú）：指示代词，同彼。忼慨：同"慷慨"。　㉜ 踥蹀（qiè dié）：快步行走。　㉝ 美：指美德之人。　㉞ 曼：曼曼，渺远的样子。　㉟ 信：确实。

《哀郢》结构上最为独特者，是用了倒叙法，先从九年前秦军进攻楚国之时自己被放逐,随流亡百姓一起东行的情况写起,到后面才抒写作诗当时的心情。这就使诗人被放以来铭心难忘的那一幅幅悲惨画面,一幕幕夺人心魄、摧人肝肺的情景,得到突出的表现。

《史记·屈原列传》载,楚顷襄王立,令尹子兰谗害屈原,屈原被放江南之野(郢都附近长江以南之地)。《楚世家》又载顷襄王元年"秦大破楚军,斩首五万,取析十五城而去"。秦军沿汉水而下,则郢都震动。屈原的被放,也就在此时。

此诗不计乱辞,可分为五层,每层三节。前三层为回忆,第四层抒发作诗当时的心情,第五层为对造成国家、个人悲剧之原因的思考。乱辞在情志、结构两方面总括全诗,为第六层。

诗的开头诗人仰天而问,可谓石破天惊。此下即绘出一幅巨大的哀鸿图。"仲春"点出正当春荒时节,"东迁"说明流徙方向,"江夏"指明地域所在。人流、汉水,兼道而涌,涛声哭声,上干云霄。所以诗中说诗人走出郢都城门之时腹内如绞。他上船之后仍不忍离去,举起了船桨任船飘荡着:他要多看一眼郢都!他伤心再没有机会见到国君了。"甲之鼌(朝)"是诗人起行的具体日期和时辰,九年来从未忘记过这一天,故特意标出。第一层总写九年前当郢都危亡之时自己被放时情景。

第二层为"望长楸而太息兮"以下三节,写船开后仍一直心系故都,不知所从。"长楸"意味着郢为故都。想起郢都这个楚人几百年的都城将毁于一旦,忍不住老泪横流。李贺说:"焉洋洋而为客,一语倍觉黯然!"因为它比一般的"断肠人在天涯"更多一层思君、爱国、忧民的哀痛。诗中从"西浮"以下写进入洞庭湖后情形,故说"顺风波"(而非顺江流),说"阳侯之氾滥",说"翱翔",等等。

"将运舟而下浮兮"以下三节为第三层,写继续东行时心情。"运舟"指驾船、调转船头。"上洞庭"言由洞庭湖北行,"下江"言顺流而下。去之愈远,而思之愈切。诗人之去,可谓一桨九回头,读之真堪催人泪下。

"当陵阳之焉至兮"以下三节为第四层,写诗人作此诗当时的思想情绪。在这一层中才指出以上三层所写,皆是回忆;这些事在诗人头脑中九年以来,魂牵梦萦,从未忘却。"当陵阳之焉至兮"二句为转折部分,承上而启下。此陵阳在江西省西部庐水上游,宜春以南。《汉书·地理志》说:"庐江出陵阳东南",即此。其地与湖湘之地只隔着罗霄山脉。大约诗人以为待事态平息,可以由陆路直达湖湘一带(俱为楚人所谓"江南之野"),故暂居于此。

第五层即"外承欢之汋约兮"以下三节,承接第四层的正面抒情,进而揭出造成国家危难之根源。朝廷那些奸佞之徒善于逢迎奉承,不仅因为他们无能,还因为他们无忧国忧民之心,只知为了一己的利益而诬陷正直之士,所以在治国安民方面实在难以倚靠。但关键还在于当政者喜好怎么样的人。"憎愠惀之脩美兮,好夫人之忼慨",便是屈原对顷襄王的评价。批判的矛头直接指向最高统治者。作品表现的思想是极其深刻的。

诗的前三层为回忆,其抒情主要通过记叙来表现;第四、五层是直接抒情。乱辞总承此两部分,写诗人虽日夜思念郢都,却因被放逐而不能回朝效力祖国的痛苦和悲伤。"鸟飞反故乡兮,狐死必首丘",语重意深,极为感人。全诗章法谨严,浑然一体。

本诗在结构上表现了很大的独创性:(一)开头并未交代是回忆,给读者以身临其境之感,留下深刻的印象。(二)四句为一节,三节为一层意思,很整齐。语言上的特点是骈句多,如"去故乡而就远,遵江夏以流亡""过夏首而西浮,顾龙门而不见""背夏浦而西思,哀故都之日远"等,既富有对偶美,也有助于加强感情力度。在风格上,徐焕龙《楚辞洗髓》谓之"于《九章》中最为凄惋,读之实一字一泪也",诚然。

(赵逵夫)

九章·抽思　　屈　原

心郁郁之忧思兮,①	心里的忧愁万分郁结,
独永叹乎增伤。②	孤独地唉声叹气不断悲伤。
思蹇产之不释兮,③	思来想去怎么也不能开怀,
曼遭夜之方长。④	只恨长夜漫漫天总不亮。
悲秋风之动容兮,	秋风一吹万物都要萧条,
何回极之浮浮!⑤	坏人当道真是一片糟糕!
数惟荪之多怒兮,⑥	你为什么那样地容易急躁,
伤余心之忧忧!⑦	你使我心神不安呵,尊贵的香草!
愿摇起而横奔兮,	想索性离开故乡跑向国外,
览民尤以自镇。⑧	看到人民的灾难又镇定下来。
结微情以陈词兮,	我把菲薄的衷情织成歌辞,
矫以遗夫美人。⑨	想呈现给你呀,我所敬爱。

九章·抽思

昔君与我诚言兮,⑩	你早先已经给我约好,
曰黄昏以为期。	我们在黄昏时候见面。
羌中道而回畔兮,⑪	但你在半途又改变了,
反既有此他志。⑫	丢掉了我去和别人缠绵。

憍吾以其美好兮,⑬	你把你的美好向我夸耀,
览余以其脩姱。⑭	你把你的长处向我矜示。
与余言而不信兮,	你对我说的话全不守信用,
盖为余而造怒。⑮	你只是无原故地对我生气。

愿承间而自察兮,⑯	想乘着你空闲自行表白,
心震悼而不敢。⑰	心里害怕又不敢这样做。
悲夷犹而冀进兮,⑱	我踌躇,但我总想见你,
心怛伤之憺憺。⑲	可怜我的心是彷徨无主。

兹历情以陈辞兮,⑳	我把这情景编成了歌辞,
荪详聋而不闻。㉑	但你假装耳聋不肯倾听。
固切人之不媚兮,㉒	我知道直切的人不会讨好,
众果以我为患。	大家也真的当我成眼中钉。

初吾所陈之耿著兮,㉓	以前我所陈述的有凭有据,
岂至今其庸亡?㉔	难道到现在便都已经忘了?
何毒药之謇謇兮,㉕	我为什么总喜欢侃侃而谈,
愿荪美之可完。	是希望你的光彩更加辉耀。

望三五以为像兮,㉖	愿以三王五伯作为你的榜样,
指彭咸以为仪。㉗	愿以彭咸作为我自己的典型。
夫何极而不至兮,	我们一切都要做到尽善尽美,
故远闻而难亏。	普天下都要传遍我们的名声。

善不由外来兮，	善行要靠自己努力，不从外来，
名不可以虚作。	名声要与实际相符，不要虚假。
孰无施而有报兮？	哪有不给予的而能得到酬报？
孰不实而有获？	哪有不种瓜的而能够得到瓜？

少歌曰：	小歌：
与美人抽怨兮，	我为美人唱出我的幽情，
并日夜而无正。	日日夜夜都没人佐证。
憍吾以其美好兮，	把他的美好向我矜骄，
敖朕辞而不听。㉘	把我的歌辞在耳边溜掉。

倡曰：	唱道：
有鸟自南兮，	一只鸟儿从南方飞来，
来集汉北。	停留在汉水之北。
好姱佳丽兮，	毛羽十分美丽，
胖独处此异域。㉙	孤单地在异乡作客。
既惸独而不群兮，㉚	没有一个知交，
又无良媒在其侧。	也没有谁介绍。
道卓远而日忘兮，㉛	相隔既远而被人忘怀，
愿自申而不得。	要自荐也没有路道。
望北山而流涕兮，	望着北山而流眼泪，
临流水而太息。	对着流水而自哀悼。

望孟夏之短夜兮，㉜	孟夏的夜景本来很短，
何晦明之若岁。	为什么长得来就像一年？
惟郢路之辽远兮，㉝	郢都的路途确是遥远，
魂一夕而九逝。	梦魂一夜要走九遍。

曾不知路之曲直兮，㉞	我不管是弯路还是捷径，

南指月与列星。	只顾南行戴着日月与星星。
愿径逝而未得兮,㉟	想直走但又未能,
魂识路之营营。	梦魂往来多么劳顿。
何灵魂之信直兮,	为什么我的性情这样端直,
人之心不与吾心同。	别人的看法却和我不同。
理弱而媒不通兮,	替我媒介的人都欠工夫,
尚不知余之从容。	也还不知道我的从容。
乱曰:	尾声:
长濑流流,㊱	水浅滩长,
泝江潭兮。	我溯沧浪而上。
狂顾南行,	回望南方,
聊以娱心兮。	聊以解慰愁肠。
轸石崴嵬,㊲	怪石崎岖,
蹇吾愿兮。㊳	行走不如人愿。
超回志度,	迂回超越,
行隐进兮。	使我进退两难。
低佪夷犹,	迟疑不进,
宿北姑兮,	落宿在这北姑。
烦冤瞀容,㊴	心烦意乱,
实沛徂兮。㊵	万事颠沛糊涂。
愁叹苦神,	叹息悲伤,
灵遥思兮。	神魂飞向远处。
路远处幽,	地偏路远,
又无行媒兮。	没人代为诉苦。
道思作颂,㊶	调整思路,

聊以自救兮。	作歌聊以自娱。
忧心不遂,	忧愁难解,
斯言谁告兮?	有谁可以告诉?

(郭沫若译)

〔注〕① 郁邑:忧伤郁结。 ② 永叹:长叹。增伤:加倍忧伤。 ③ 蹇(jiǎn)产:曲折。 ④ 曼:义同"曼曼",长的样子。 ⑤ 回极:指风的动态。回,回旋;极,至也。 ⑥ 数(shuò)惟:屡次想到。荪(sūn):一种香草,这里比喻怀王。 ⑦ 慢(yōu)慢:忧愁。 ⑧ 尤:同"疣",病痛。 ⑨ 娇:举,美人。指怀王。 ⑩ 诚言:彼此说定的话。 ⑪ 羌:句首语气词。回畔:中途转折,这里有反悔之意。 ⑫ 他志:别的主意与打算。 ⑬ 憍:通"骄"。 ⑭ 览:炫示之意。修姱(kuā):美好。 ⑮ 盍:通"盍(hé)",为什么。 ⑯ 间:空隙。 ⑰ 震悼:恐惧。 ⑱ 夷犹:犹豫。冀进:希望靠拢君主。 ⑲ 怛(dá):伤痛。憯(dǎn)憯:言心情动荡不安。 ⑳ 兹:此。历:列举。㉑ 详(yáng):借为"佯",假装。 ㉒ 切人:恳切、直切的人。 ㉓ 耿著:明白。 ㉔ 庸亡:庸,遂;亡,忘。 ㉕ 毒:通"独"。药:当作"乐"。謇謇:忠贞之貌。 ㉖ 三五:指三王五伯(或谓三皇五帝)。 ㉗ 仪:法则。 ㉘ 敖:通"傲"。朕:我。 ㉙ 胖(pàn):离异。 ㉚ 惸(qióng):孤。 ㉛ 卓远:遥远。 ㉜ 孟夏:初夏。 ㉝ 辽远:遥远。 ㉞ 曾不知:竟不知。 ㉟ 径逝:直逝,取直路走。 ㊱ 濑(lài):滩流。 ㊲ 轸(zhěn):形容石的形状方正如车轸,奇形怪状。 威巍(wēi wéi):高耸不平貌。 ㊳ 蹇:曲折。 ㊴ 瞀(mào)容:乱貌。 ㊵ 沛徂:情绪急而颠沛奔走。 ㊶ 道思:且行且思。作颂:作歌。

题目"抽思",取之于诗篇中"少歌"之首句(此句"抽怨"一本作"抽思")。

对"抽思"的解释,王逸《楚辞章句》谓:"为君陈道、拔恨意也。"朱熹《楚辞集注》认为:"抽,拔也。思,意也。"王夫之《楚辞通释》说:"抽,绎也。思,情也。"蒋骥《山带阁注楚辞》以为:"抽,拔也。抽思,犹言剖露其心思,即指上陈之耿著言。"

比较起来,似王夫之的说法较为可取,本篇所写,乃是把蕴藏在内心深处像乱丝般的愁情抽绎出来。

从体式上看,本篇有个与它篇不尽合一的独特篇章结构:除篇尾有"乱辞"外(这是《九章》中多数篇所具备),还增加了"少歌"与"倡曰"两种形式,此为它篇(如《离骚》《九歌》及《九章》其他篇等)所罕见。所谓"少歌",朱熹《楚辞集注》认为乃类同于"小歌",是诗章前部分内容的小结;所谓"倡曰",即是"唱曰",是诗章第二部分内容的发端。联系本篇整体内容,这别具一格的"少歌"与"倡曰"至少起了两个作用:其一,内容结构上的转换,由前半部分刻画与君不合、劝谏无望而生的忧思之情,转向了独处汉北时心情的描摹,"少歌"与"倡曰"在这里起了承上启下的作用,使诗篇顺理成章;其二,诗篇的结构体式有所突破,给人耳目一新之感,避免了单一化叙述的单调与呆板,产生了回旋曲折的艺术效果。

全诗最大的特色,应该是流贯全篇的缠绵深沉、细腻真切的怨愤之情,它贯穿了诗的始终,又紧扣了诗题"抽思",并时时与之相照应。

诗篇一开首即扣住了题目(《抽思》)——以忧伤入题,用一连串具有鲜明感情色彩的词汇一下子将读者引入了"忧伤"的氛围,从而步入了诗人刻意营造的感情王国。

诗人丰富复杂的情感是随着诗章的逐步展开而渐次委婉吐露的。诗篇先从比喻入手,描述了诗人的忧思之重犹如处于漫漫长夜之中,曲折纠缠而难以解开,由此自然联系到了自然界——"谓秋风起而草木变色也"(朱熹语);继而写到了楚怀王,由于他的多次迁怒,而使诗人倍增了忧愁,虽有一片赤诚之心,却仍无济于事,反而是怀王多次悔约,不能以诚待之。诗人试图再次表白自己希冀靠拢君王,却不料屡遭谗言,其心情不言而喻——"震悼""夷犹""怛伤""憯憯",一系列刻画内心痛苦词语的运用,细致入微地表现了诗人的忠诚与不被理解的窘迫。"望三五以为像兮,指彭咸以为仪","善不由外来兮,名不可以虚作"——一番表露,既是真诚的内心剖白,也是寄寓深邃哲理、予人启迪的警策之句,赋予诗章以理性色彩。

"少歌"后的"倡曰"部分,叙述角度有所转换。这部分以由南飞北的鸟儿作譬,刻画了诗人独处汉北时"独而不群""无良媒"的处境,其时其地,诗人的忧思益增;"望北山而流涕兮,临流水而太息"两句,令人读之怃然。值得注意的是,诗篇至此巧妙地插进了一段梦境的描写,以此抒写诗人对郢都炽烈的怀念,使读者似乎看到诗人的梦魂由躯体飘出,在星月微光下,直向郢都飞逝,而现实的毁灭在空幻的梦境中得到了暂时的慰藉。这是一段极富浪漫色彩的描绘,读者似与诗人一起,带着忧思,追寻、飞翔……

诗篇最后部分的"乱辞"完全照应了开头,也照应了诗题。诗人最终唱出的,依然是失望之辞——因为,梦幻毕竟是梦幻,现实终究是现实,处于进退两难之中的诗人,无法也不可能摆脱既成的困境,他唯有陷入极度矛盾之中而藉诗章以倾吐心绪,此外别无选择。

(徐志啸)

九章·怀沙　　　　　屈　原

滔滔孟夏兮,　　　　初夏的天气盛阳,
草木莽莽。　　　　　百草万木茂畅。
伤怀永哀兮,　　　　我独不息地悲伤,

汩徂南土。①　　　　　远远走向南方。

眴兮杳杳，②　　　　眼前一片苍茫，
孔静幽默。　　　　　听不出丝毫声响。
郁结纡轸兮，③　　　心里的忧思难忘，
离慜而长鞠。④　　　何能恢复健康？

抚情效志兮，　　　　反省我的志向，
冤屈而自抑。　　　　遭受委屈何妨？
刓方以为圜兮，⑤　　我坚持我的故常，
常度未替。⑥　　　　不能圆滑而不方。

易初本迪兮，⑦　　　随流俗而易转移，
君子所鄙。　　　　　有志者之所卑鄙。
章画志墨兮，⑧　　　守绳墨而不变易，
前图未改。　　　　　照旧地按着规矩。

内厚质正兮，　　　　内心充实而端正，
大人所盛。　　　　　有志者之所赞美。
巧倕不斲兮，⑨　　　工倕巧而不动斧头，
孰察其拨正？　　　　谁知他合乎正轨？

玄文处幽兮，　　　　五彩而被人暗藏，
矇瞍谓之不章。⑩　　瞎子说它不漂亮。
离娄微睇兮，⑪　　　离娄微闭着眼睛，
瞽以为无明。⑫　　　盲者说他的目盲。

变白以为黑兮，　　　白的要说成黑，
倒上以为下。　　　　高的要说成低。
凤皇在笯兮，⑬　　　凤凰关进箪里，

鸡鹜翔舞。⑭	鸡鸭说是会飞。
同糅玉石兮,	玉与石混在一道,
一概而相量。	好与坏不分多少。
夫惟党人鄙固兮,	是那些人们的无聊,
羌不知余之所臧,⑮	不知道我所爱好。
任重载盛兮,	责任大,担子重,
陷滞而不济。	使我担任不起。
怀瑾握瑜兮,⑯	掌握着一些珍宝,
穷不知所示。	不知向谁表示。
邑犬之群吠兮,	村里的狗子成群,
吠所怪也。	不常见的便要狂吠。
非俊疑杰兮,	把豪杰说成怪物,
固庸态也。	是庸人们的口胃。
文质疏内兮,	我文质彬彬,表里通达,
众不知余之异采。	谁都不知道我的出众。
材朴委积兮,⑰	我鸿才博学,可为栋梁,
莫知余之所有。	谁都不知道我的内容。
重仁袭义兮,	我仁之又仁,义之又义,
谨厚以为丰。	忠诚老实以充实自己。
重华不可遌兮,⑱	舜帝已死,不可再生,
孰知余之从容。	谁都不知道我雍容的气度。
古固有不并兮,	自古来,贤圣不必同时,
岂知其何故?	这到底是什么道理?
汤禹久远兮,	夏禹和商汤已经远隔,

邈而不可慕。⑲　　　就追慕也不能再世。

惩连改忿兮，　　　抑制着心中的愤恨，
抑心而自强。　　　须求得自己的坚强。
离慜而不迁兮，　　就遭祸我也不悔改，
愿志之有像。　　　要为后人留下榜样。

进路北次兮，　　　像赶路赶掉了站口，
日昧昧其将暮。　　已到了日落黄昏时候。
舒忧娱哀兮，　　　姑且吐出我的悲哀，
限之以大故。⑳　　生命已经到了尽头。

乱曰：　　　　　　尾声：
浩浩沅湘，　　　　浩荡的沅水湘水呵，
分流汨兮。㉑　　　咭咭地翻波涌浪。
脩路幽蔽，㉒　　　长远的路程阴晦，
道远忽兮。　　　　前途是渺渺茫茫。
曾唫恒悲兮，㉓　　不断地呕吟悲伤，
永慨叹兮。　　　　永远地叹息凄凉。
世既莫吾知兮，　　世间上既没有知己，
人心不可谓兮。　　有何人可以商量。

怀质抱情，　　　　我为人诚心诚意，
独无匹兮。　　　　但有谁为我佐证。
伯乐既没，　　　　伯乐呵已经死了，
骥焉程兮？㉔　　　千里马有谁品评？

万民之生，　　　　各人的禀赋有一定，
各有所错兮。㉕　　各人的生命有所凭。
定心广志，　　　　我要坚定我的志趣，

余何畏惧兮。	决不会怕死贪生。
曾伤爰哀,㉖	无休无止的悲哀,
永叹喟兮。	令人深长叹息。
世溷浊莫吾知,	世间混浊无人了解我,
人心不可谓兮。	和别人没什么可说。
知死不可让,	死就死吧,不可回避,
愿勿爱兮。㉗	我不想爱惜身体。
明告君子,	光明磊落的先贤呵,
吾将以为类兮!㉘	你们是我的楷式!

(郭沫若译)

〔注〕① 汩(gǔ)徂:急行。 ② 眴(shùn):同"瞬",看的意思。 ③ 纡轸:委曲而痛苦。 ④ 离愍(mǐn):遭忧患。鞠:困穷。 ⑤ 刓(wán)方以为圜(yuán):把方的削成圆的。刓,削。圜,同"圆"。 ⑥ 常度:正常的法则。替:废也。 ⑦ 易初:变易初心。本迪:变道。 ⑧ 章:明也。志:记也。 ⑨ 倕(chuí):人名,传说是尧时的巧匠。斲(zhuó):砍,削。 ⑩ 矇瞍(méng sǒu):瞎子。章:文彩。 ⑪ 离娄:传说中的人名,善视。睇(dì):微视。 ⑫ 瞽(gǔ):瞎子。 ⑬ 笯(nú):竹笼。 ⑭ 鹜:鸭子。 ⑮ 臧:同"藏"。指藏于胸中之抱负。 ⑯ 瑾、瑜:均美玉。 ⑰ 委积:丢在一旁堆着。 ⑱ 遌(è):遇。 ⑲ 邈:遥远。 ⑳ 大故:死亡。 ㉑ 汩:指水流疾貌,或为水的急流声。 ㉒ 修:长。 ㉓ 唅:同"吟"。此下四句据《史记》补入。 ㉔ 焉:怎么,哪里。程:量也。 ㉕ 错:同"措",安排。 ㉖ 曾:同"增"。爰(yuán)哀:悲哀无休不止。《方言》:"凡哀泣而不止曰爰。" ㉗ 爱:吝惜。 ㉘ 类:楷式,法。

  本诗作于屈原临死前,一般认为是诗人的绝命诗。

  对诗题"怀沙",历代颇有歧见。洪兴祖《楚辞补注》、朱熹《楚辞集注》以为是"怀抱沙石以自沉"。汪瑗《楚辞集解》认为:"怀者,感也。沙,指长沙。"蒋骥《山带阁注楚辞》持相同见解:"曰怀沙者,盖寓怀其地(指长沙),欲往而就死焉耳。"

  从诗章本身内容情感和《史记》所载屈原身世经历看,"怀沙"指"怀抱沙石以自沉"的可信性应该更大些。

  诗篇开首先刻画诗人南行时的心情,两句极度表述忧郁、哀伤心理的诗句,一下子扣住了读者的心弦:"伤怀永哀兮""郁结纡轸兮"——表明诗人在初夏时节步向南方时,悲愤的情绪已达到了难以自抑的地步。客观环境对此时人物的心绪起了极好的衬托作用——"眴兮杳杳,孔静幽默",唯此"杳杳""无所见"、"静默""无所闻",才更显出"岑僻之境,昏瞀之情"(蒋骥《山带阁注楚辞》)。

如果诗人在临终前的心态仅仅只停留于这种悲哀的水准上,那么,无论诗篇本身还是诗人的形象,都难以令人产生共鸣和敬慕。诗人的与众不同之处在于:他没有将笔墨仅仅诉诸个人遭遇的不幸与感伤上,而是始终同理想抱负的实现与否相联系,希冀以自身肉体的死亡来最后震撼民心、激励君主,唤起国民、国君精神上的觉醒,因而,诗篇在直抒胸臆之后,笔锋自然转到了对不能见容于时的原因与现状的叙述。随之出现的是一系列的形象比喻:或富理性色彩——"刓方为圜""章画志墨""巧倕不斵"——以标明自己坚持直道、不随世俗浮沉的节操;或通俗生动——"玄文处幽兮,矇瞍谓之不章""离娄微睇兮,瞽以为无明""凤皇在笯兮,鸡鹜翔舞""同糅玉石兮,一概而相量""怀瑾握瑜兮""邑犬之群吠兮"——用大量生活中习见的例子作譬,以显示自己崇高的志向与追求;这些比喻集中到一点,都旨在表述作者的清白、忠诚却不能见容于时,由此激发起读者的同情、理解与感慨,从而充实了作品丰厚的内在蕴含力,使之产生了强烈的感染力。正是由于有了上述一系列感情的铺垫,故而作者发抒临终前的慨叹便有了厚实的基础与前提,诗篇正文末段的"舒忧娱哀兮,限之以大故",人们读来也便更觉悲慨而泫然了。

最后部分的"乱辞",可以说是诗人情感达到高潮的表露。在前面历述现状、原因、心情等以后,诗人至此发出了浩叹与歌唱,它是全诗内容的总结与概括,也是诗人心声的集中倾诉。毫无疑问,在诗人看来,悲哀是悲哀,理想是理想,决不能因为自己行将死去而悲痛至放弃毕生追求的理想,唯有以己身之一死而殉崇高理想,才是最完美、最圆满的结局,人虽会死去,而理想却永远不会消亡。故而诗人最后唱道:"知死不可让,愿勿爱兮。明告君子,吾将以为类兮!"

通读全诗,我们发现,本篇在语言上有一个十分鲜明的特点,似有别于《九章》其他篇(《橘颂》除外):全诗句子大都不长,显得简短有力,读上去颇有急促感。从首句"滔滔孟夏兮"到篇终"乱辞",几乎大多是四言句(加"兮"字为五言)——这显然是诗人的精心设计。作为临终前的绝命诗,诗篇这样的处理,完全符合诗人的实际心境,或换言之,正因为面临自我选择的死亡,才会有气促情迫之感,而运用短促句,正是这种真切心境的实剖,既反映了此时此刻诗人的实际感受与心态,也在情感与表达形式上与诗的内涵浑然一体,从而使读者产生了强烈的共鸣。诗人高超的艺术功力与匠心于此可见一斑。

(徐志啸)

九章·思美人

屈 原

思美人兮, 怀念着我心爱的人呵,

擥涕而伫眙。①	揩干眼泪而远望。
媒绝路阻兮，	没人介绍而路又迢遥，
言不可结而诒。②	有话却无法成章。
蹇蹇之烦冤兮，③	我至诚一片而蒙冤，
陷滞而不发。	我进退两难而不前。
申旦以舒中情兮，④	愿每日陈述我的心思，
志沉菀而莫达。⑤	心思沉顿而难表现。
愿寄言于浮云兮，	愿浮云为我捎信，
遇丰隆而不将。⑥	云师却不肯讲情。
因归鸟而致辞兮，	托鸿鸟为我传书，
羌宿高而难当。⑦	鸿高飞而不应命。
高辛之灵盛兮，⑧	我难比帝喾高辛，
遭玄鸟而致诒。⑨	能遇凤凰而授卵。
欲变节以从俗兮，	要变节而随流俗，
愧易初而屈志。	我知耻而有所不敢。
独历年而离愍兮，⑩	多年来我遭受摧残，
羌冯心犹未化。⑪	毫不减我心中的愤懑。
宁隐闵而寿考兮，⑫	宁失意而长此终身，
何变易之可为？	我何能如掌之易反？
知前辙之不遂兮，⑬	我明知正路难通，
未改此度。	但我不能不走正路。
车既覆而马颠兮，	尽管是车翻而马倒，
蹇独怀此异路。⑭	我依然望着前途。

勒骐骥而更驾兮，	我再把好马缰上，
造父为我操之。⑮	请造父为我执鞭。
迁逡次而勿驱兮，⑯	慢慢地走，不必驱驰，
聊假日以须臾。⑰	让我把光景留连。
指嶓冢之西隈兮，⑱	指着嶓冢山的西边，那汉水发源地点，
与纁黄以为期。⑲	就走到日落昏黄，也莫嫌道途遥远。
开春发岁兮，	我姑且等待明年，
白日出之悠悠。	艳阳的春日绵绵。
吾将荡志而愉乐兮，	我要放怀地歌唱，
遵江夏以娱忧。	逍遥在江水、夏水之边。
擥大薄之芳茝兮，⑳	我攀摘灌木中的苻蓠，
搴长洲之宿莽。㉑	我采集沙滩上的卷施。
惜吾不及古人兮，	和古人可惜不能同时，
吾谁与玩此芳草？	摘来香草呵同谁赏识。
解萹薄与杂菜兮，㉒	采取萹蓄与同蔬菜，
备以为交佩。	尽可以纽成环佩。
佩缤纷以缭转兮，	也未尝不好看一时，
遂萎绝而离异。	终萎谢而遭毁败。
吾且儃佪以娱忧兮，㉓	我姑且快乐逍遥，
观南人之变态。	观赏南方人的异态。
窃快在中心兮，㉔	只求我心中快活，
扬厥凭而不俟。㉕	把愤懑置之度外。
芳与泽其杂糅兮，	芳香与污秽杂混一起呵，
羌芳华自中出。	芳花终会卓然自现。

九章·思美人

纷郁郁其远承兮,	馥郁的芳香必然远扬,
满内而外扬。	内部充实外表自有辉光。
情与质信可保兮,	只要真诚的素质长保不亡,
羌居蔽而闻章。㉖	声名会突破一切的阻障。
令薜荔以为理兮,㉗	想请薜荔替我说合,
惮举趾而缘木。㉘	又怕走路去攀上树子。
因芙蓉而为媒兮,	想采荷花替我媒介,
惮褰裳而濡足。㉙	又怕下水打湿了裙子。
登高吾不说兮,㉚	登高吧,我不高兴,
入下吾不能。	下水吧,我也不能。
固朕形之不服兮,	固然是我手足不惯,
然容与而狐疑。㉛	我犹豫而心不能定。
广遂前画兮,㉜	完全依照着旧贯,
未改此度也。	我始终不肯改变。
命则处幽吾将罢兮,	命该受难我也不管,
愿及白日之未暮。	趁着这日子还未过完,
独茕茕而南行兮,	一个人孤单地走向南边,
思彭咸之故也。	只想追求彭咸的典范。

(郭沫若译)

〔注〕①擥:同"揽",收的意思,在这里即"揩干"之意。伫眙(zhù chì):立视。伫,立;眙,视。 ②诒(yí):赠予。 ③謇(jiǎn)謇:同"謇謇",忠信正直之貌。 ④申旦:犹申明。 ⑤沉菀(yù):沉闷而郁结。 ⑥丰隆:云师。 ⑦羌:句首语气词。宿高:宿高枝。 ⑧灵盛:言神灵。 ⑨诒:指聘礼。 ⑩离愍(mǐn):遭遇祸患。 ⑪冯(píng)心:愤懑的心情,冯,通"凭"。 ⑫隐闵:隐忍忧悯。寿考:犹言老死。 ⑬遂:顺利。 ⑭蹇:犹羌、乃,句首发语词。 ⑮造父:周穆王时人,以善于驾车闻名。 ⑯迁:前进。逶次:缓行。 ⑰假日:费日。旹(shí):同"时"。 ⑱西隈:西面的山边。 ⑲纁(xūn)黄:黄昏之时。纁,一作"曛"。 ⑳擥:采摘。茝(zhǐ):一种香草。㉑搴(qiān):拔取。㉒萹(biān)薄:指成丛的萹蓄一类野草。 ㉓儃佪(chán huái):徘徊。 ㉔窈:私,隐藏不公开的。 ㉕扬:捐弃。厌凭:愤懑之心。㉖闻:声名。章:同"彰",明也。 ㉗理:提媒人,媒人。

㉘ 惮：害怕。举趾：提起脚步。　㉙ 褰（qiān）：撩起，揭起。濡（rú）：沾湿。　㉚ 说：同"悦"。　㉛ 容与：迟疑不前的样子。　㉜ 广遂：多方求实。

对本篇诗的著作权问题，现代不少学者曾有怀疑，引起过一些争议；笔者以为，由于所持论据尚欠充分，这些怀疑说服力不足，本诗的著作权仍应归屈原本人。

篇题为"思美人"，美人系指楚君王（怀王或顷襄王）。诗为屈原于江南放逐途中所作，表述的心愿仍为思国、思乡和美政理想一定要实现，希望君主不重蹈历史覆辙，努力振兴楚国。

本诗最大的特点即是"依诗取兴，引类譬喻"（王逸《楚辞章句·离骚解题》），如同《离骚》一样，诗中处处都体现出"香草以配忠贞，恶禽臭物以比谗佞，灵脩美人以媲于君，宓妃佚女以譬贤臣"（同上）的鲜明特色。

首先，诗题"思美人"即是"灵脩美人以媲于君"的体现；"美人"在诗中毫无疑问是指楚君主，而非一般意义上的美女。（至于是哪位君主——怀王抑或顷襄王，历来有争议。）屈原撰写此诗的目的，就是试图以思女形式，寄托自己对君主的希冀，以求得到君主的信赖而实现理想目标。

诗一开篇即陈述了诗人思女的行为——"擥涕""伫眙"，感情真挚而又炽烈。然而由于客观条件的拘牵——无良媒，致使他"志沉菀而莫达"，一再申言也无济于事。不过，诗人并不因此而完全丧失信心，他仍竭尽全力地努力追求："宁隐闵而寿考兮，何变易之可为。""知前辙之不遂兮，未改此度。""广遂前画兮，未改此度也。"直至诗篇之末，诗人明知自己已实在无能为力了，却仍不改"度"——努力的行为不得已作罢，而节操却始终不易。

诗篇在写美人的同时，也写到了香花美草，它们均一一"以配忠贞"：沿江夏行进时，诗人"擥芳茝""搴宿莽""解萹薄与杂菜"，这里的"芳茝""宿莽""萹薄""杂菜"，均非实指植物，而是用以喻指才能，诗人一路采摘、佩饰它们，乃是为自己为国效力时作准备。遗憾的是美人——君主并不赏识，致使诗人只得发出"吾谁与玩此芳草"的慨叹。这还不够，诗人更以芳草自譬，说芳草与污秽杂糅，作为芳草，终能卓然自现，而决不会为污秽所没；又将芳草比作媒人，"令薜荔以为理""因芙蓉而为媒"，欲通过这些媒人而向美人求爱，但又缺乏勇气。毫无疑问，美人、鲜花、香草，在诗篇中都一一成了作者心目中的理想化象征者，它们在表现诗人本身的气质形象及体现诗篇的主旨方面起了极好的烘托作用。

超越时间与空间的局限，大胆地将地上与天国、人间与仙境、历史与现实等有机地融合一体，让现实人物、历史人物、神话人物交织一起，从而形成浓烈的浪漫奇特风格，是本篇又一突出的艺术手法。

诗人在求美人未成后,思绪难以自抑,情感受到挫伤,此时,处于现实困境的人物突然想到了神话人物、历史人物——"愿寄言于浮云兮,遇丰隆而不将","高辛之灵盛兮,遭玄鸟而致诒","勒骐骥而更驾兮,造父为我操之"。这些神话人物与历史人物的闯入,大大丰富了诗章的艺术内涵,拓展了读者的想象思维空间,显示了诗人超常的艺术想象力;正由于此,本诗才更显出想象奇特、神思飞扬的特点,表现出与《九章》其他篇有所不同的风格与色彩。 　　　　(徐志啸)

九章·惜往日　　　　屈　原

惜往日之曾信兮,①	追惜着往年曾见信于故君,
受命诏以昭时。②	受到诏命去整饬时政。
奉先功以照下兮,③	守着先人的功绩光照下民,
明法度之嫌疑。④	阐明法度以消除是非疑问。
国富强而法立兮,	因之国家富强而法度以立,
属贞臣而日娭。⑤	君上委事于忠臣日以游息。
秘密事之载心兮,⑥	黾勉于国事我是全心全意,
虽过失犹弗治。	虽有过失仍不至于不能治理。
心纯庞而不泄兮,⑦	纵然心地淳厚而不泄露机要,
遭谗人而嫉之。	也遭到奸人的嫉妒谗毁。
君含怒而待臣兮,	君主满含忿怒地对待下臣,
不清澈其然否。⑧	不去澄清辨别内中的是非。
蔽晦君之聪明兮,	蒙蔽晦塞了君王的聪明啊,
虚惑误又以欺。⑨	空言使他迷惑错误被欺骗。
弗参验以考实兮,⑩	不去按验以求查出事实,
远迁臣而弗思。	远贬臣子却不考虑周全。
信谗谀之溷浊兮,	听信谗言谀词这些污浊东西,
盛气志而过之。⑪	一下子冲动起来将人责难。

何贞臣之无罪兮,⑫　　为何忠贞无罪的臣子,
被离谤而见尤?⑬　　　遭受诽谤而受到斥贬?
惭光景之诚信兮,⑭　　惭愧像日月光影那样的忠诚,
身幽隐而备之。⑮　　　只在身处幽隐时才备显。

临沅湘之玄渊兮,⑯　　我走近沅水湘水的深渊,
遂自忍而沉流。　　　　怎么能忍心深流自沉。
卒没身而绝名兮,　　　那样结果是身死而名灭,
惜壅君之不昭。⑰　　　可惜君王被蒙蔽心地不明。

君无度而弗察兮,　　　君王没有准则难察下情,
使芳草为薮幽。⑱　　　使芳草弃在幽深的大泽之中。
焉舒情而抽信兮?⑲　　怎样抒发衷情展示诚信?
恬死亡而不聊。⑳　　　将安于死亡而不偷生取容。
独鄣壅而蔽隐兮,㉑　　只为障碍壅塞所掩蔽阻隔,
使贞臣为无由。㉒　　　使得忠臣个个无所适从。

闻百里之为虏兮,㉓　　我听说百里奚做过俘虏,
伊尹烹于庖厨。㉔　　　伊尹曾在厨房中烹煮。
吕望屠于朝歌兮,㉕　　吕望曾在朝歌屠宰牲口,
宁戚歌而饭牛。㉖　　　宁戚唱着歌喂牛草刍。
不逢汤武与桓缪兮,㉗　倘若不遇商汤、周武、齐桓、秦缪,
世孰云而知之?　　　　世间有谁知道他们的好处?

吴信谗而弗味兮,㉘　　吴王听信谗言不仔细判别,
子胥死而后忧。㉙　　　伍子胥赐死后大有患忧。
介子忠而立枯兮,㉚　　介子推忠贞被焚死而骨枯,
文君寤而追求。㉛　　　晋文公一旦醒悟立刻访求。
封介山而为之禁兮,㉜　封了介山而禁止采樵,

报大德之优游。[33]	报答他大恩大德的优厚。
思久故之亲身兮，	想起故旧多年的亲身同伴，
因缟素而哭之。[34]	便穿起白色丧服痛哭泪流。
或忠信而死节兮，	有人忠贞诚信为节操而死，
或訑谩而不疑。[35]	有人欺诈而不受怀疑。
弗省察而按实兮，[36]	不去省视考察按之以实，
听谗人之虚辞。	只听进谗者所说的虚妄之辞。
芳与泽其杂糅兮，[37]	芳香的腥臭的混杂在一起，
孰申旦而别之。[38]	又有谁自夜达旦认真辨识？
何芳草之早殀兮，[39]	为什么芳草会早早枯死，
微霜降而下戒。	这说明微霜初降就得警惕。
谅聪不明而蔽壅兮，	确实是君主不聪明受人蒙蔽，
使谗谀而日得。	才使进谗献谀者日益得意。
自前世之嫉贤兮，	自古以来的嫉妒贤才者，
谓蕙若其不可佩。[40]	都说蕙草杜若不能佩戴。
妒佳冶之芬芳兮，[41]	嫉妒那佳丽之人的芳美，
嫫母姣而自好。[42]	嫫母丑陋却自负妩媚可爱。
虽有西施之美容兮，[43]	就是有了西施的绝顶美貌，
谗妒入以自代。	受谗妒也会被丑恶之人取代。
愿陈情以白行兮，[44]	我愿意陈述情愫表白行为，
得罪过之不意。	想不到竟意外地得了罪过。
情冤见之日明兮，[45]	光天化日下真情与冤曲显明，
如列宿之错置。[46]	有如天上的星宿各有置措。
乘骐骥而驰骋兮，	乘骑骏马作长途奔驰，

无辔衔而自载。	没有辔缰衔勒全凭自己控制。
乘氾泭以下流兮,⁴⁷	乘坐筏子向下游行驶,
无舟楫而自备。	没有船只划桨全靠自己配置。
背法度而心治兮,	背弃法度而凭私心治事,
辟与此其无异。	也就好像与这些没什么差异。
宁溘死而流亡兮,⁴⁸	我宁肯忽然死亡随流而去,
恐祸殃之有再。	惟恐有生之年国家再受祸灾。
不毕辞而赴渊兮,	不等把话说完就投水自尽,
惜壅君之不识。	可惜受蒙蔽的君主仍不明白。

(姜亮夫译)

〔注〕①曾信:曾经信任。 ②命诏:诏令。昭时:使时世清明。 ③先功:祖业。 ④嫌疑:指对法令有怀疑的地方。 ⑤贞臣:忠贞之臣,屈原自指。娭(xī):游戏,玩乐。 ⑥秘密:"黾勉"的一声之转,努力。 ⑦纯庞(dūn máng):淳厚。 ⑧清澈:指事清事实真相。 ⑨虚惑:把无说成有叫虚,把假说成真叫惑。 ⑩参验:参较验证。 ⑪盛气志:大怒,过:督责。 ⑫皋(zuì):同"罪"。 ⑬离谤:遭毁谤。尤:责备。 ⑭惨:悲忧。光景:即光明。诚信:真实。 ⑮备:具备。 ⑯玄渊:深渊。 ⑰壅君:被蒙蔽的国君。 ⑱薆幽:大泽的深幽处。 ⑲抽思:陈述一片忠诚。 ⑳恬:安。不聊:不苟生。㉑郭壅:与"蔽隐"同义。郭壅而蔽隐,指重重障碍。 ㉒无由:无路自达。 ㉓百里:百里奚,春秋时虞国大夫。后被晋国俘虏,晋献公把他当作陪嫁女儿的奴隶送给秦国。后来逃至楚国,秦穆公闻其贤,用五张羊皮赎回,授之国政,号曰五羖大夫,后助秦穆公成霸业。 ㉔伊尹:原来是有莘氏的陪嫁奴隶,曾经当过厨师。后来任商汤的相,辅助汤攻灭夏桀。 ㉕吕望:本姓姜,即姜尚,他的先代封邑在吕,所以又姓吕。传说他本来在朝歌当屠夫,老年钓于渭水之滨,周文王认出他是个贤人,便重用了他。后来辅佐周武王灭了商。 ㉖宁戚:春秋时卫国人,他在喂牛时唱歌,齐桓公认出他是个贤人,用他做辅佐。 ㉗汤:商汤。武:周武王。桓:齐桓公。缪:同"穆",秦穆公。 ㉘吴:指吴王夫差。信谗:指听信太宰伯嚭的谗言。弗味:不能玩味辨别。 ㉙子胥:伍子胥,吴国的大将。吴王夫差打败越王勾践之后,曾两次兴兵伐齐,伍子胥认为越是吴的心腹之患,应该灭越,不要伐齐。夫差不听,反而听信太宰伯嚭的谗言,逼他自杀。不久吴国就被越国灭亡。 ㉚介子:介子推,春秋时晋文公的臣子。晋文公未做晋国国君时,被父妾骊姬谗毁,流亡在外十九年,介子推等从行。文公回国即位后,大家争功行赏,介子推不屑与争,独奉母逃隐到绵山中。后来文公想起他的功劳,派人去找他不着,令人烧山,希望他能够出来。介子推坚决不下山,结果抱树被烧死。 ㉛文君:晋文公。寤:觉悟。 ㉜禁:封山。 ㉝大德:指介子推在跟从晋文公流亡的途中,缺乏粮食,他割了自己的股肉给文公吃。优游:形容大德宽广的样子。 ㉞缟素:白色的丧服。 ㉟诎(dàn)谩:欺诈。诎,通"诞"。 ㊱按实:核实。 ㊲泽:臭。 ㊳申旦:自夜达旦。 ㊴殀:同"夭",亡。 ㊵蕙若:蕙草和杜若,都是香草。 ㊶佳冶:美丽。 ㊷嫫母:传说是黄帝的妃子,貌极丑。

自好：自以为美好。这句是说嫫母作出娇媚的样子，自以为十分美好。 ㊷西施：春秋时越国著名的美女。 ㊹白行：表白行为。 ㊺见：现。 ㊻错置：安排、陈列。错，同"措"。 ㊼氾：同"泛"，浮起。泭：同"桴"，即筏子。 ㊽溘(kè)死：忽然死去。流亡：流而亡去，指投水而死。

《惜往日》以首句名篇。本篇有真伪之争。南宋魏了翁《鹤山渠阳经外杂抄》因篇中提到伍子胥，怀疑本篇和《悲回风》为伪作。明许学夷《诗源辨体》和清曾国藩《求阙斋读书录》以作品语气而致疑。清吴汝纶《评点古文辞类纂》以《怀沙》为绝笔，又因本篇文词浅显，而疑本篇非屈原所作。今人陆侃如、冯沅君、刘永济、谭介甫、胡念贻等人，也都以本篇无标题且多乱辞等原因，对本篇的作者为屈原提出疑问。然而无论如何，持此种理由的观点说服力不是很强，与持本篇作者为屈原的论点相比，显得不十分有力。因此，自然不能剥夺屈原对本篇的著作权。

本篇是屈原临终前的作品，学者大多没有异词，但是否为绝笔，则有不同看法。林云铭《楚辞灯》以《怀沙》为绝笔，王夫之《楚辞通释》等以《悲回风》为绝笔，但也有不少人认本篇为绝笔，如蒋骥《山带阁注楚辞》、夏大霖《屈骚心印》、陆侃如《屈原评传》、郭沫若《屈原研究》、游国恩《楚辞论文集》、姜亮夫《楚辞今绎讲录》等。细绎文义，本篇说"宁溘死而流亡兮，恐祸殃之有再。不毕辞而赴渊兮，惜壅君之不识"，当以本篇为《怀沙》之后的绝命词。本篇是作者在临终之前回忆自己平生政治上的遭遇，作者痛惜自己的政治理想和政治主张遭到奸人的破坏，而未能使之实现，表明了自己不得不死的苦衷，并希望用自己的一死来唤醒顷襄王的最后觉悟。

全篇可分为六段。

从"惜往日之曾信兮"至"身幽隐而备之"为第一段。追叙自己曾被怀王信任，自己也正道直行，竭忠尽智，为楚国的富强出力，但最终因奸人进谗，遭到怀王猜忌而疏远。"惜往日"就是忆往日，痛往日，因回忆过去而哀痛也。《史记·屈原传》说屈原开始时是"入则与王图议国事，以出号令；出则接遇宾客，应对诸侯，王甚任之"。开头四句与这些是对得起来的，但接下来的话就转了。"国富强"四句，言当时的楚国，修明法度，上下一心，确也呈现出一派生机勃勃的景象。可好景不长，楚怀王委弃良臣，奢侈淫佚。但屈原认为楚王虽然有过失，己犹欲弼正匡辅，此意与《离骚》和《抽思》二篇可以互证。"心纯庞"四句言由于自己对楚王一片忠心，不肯把秘密泄露给其他同僚，因此引起在位同僚的嫉妒，他们向怀王进谗言，怀王从而对自己发怒、猜忌、疏远，这正是《屈原传》中"上官大夫与之同列，争宠而心害其能"一段的形象写照。"蔽晦君"以下六句，言那些小人蔽塞君王的聪明才智,虚饰罪状,以惑误君,又欺罔之;君王也不参验考核,究其真相,就疏远贬斥了我再不思念。

从"临沅湘之玄渊兮"至"使贞臣为无由"为第二段。屈原身临湘水,决心自沉,本段写临死之前的思想斗争,更显得其就义的从容。"临沅湘"四句,汪瑗认为"上二句是极推己之恶恶之心,不欲与谗人并生于世,盖反言以见其欲死也。下二句是明己之遭君不明,死为无益,又正言其不必死也。"(《楚辞集解》)极是。"君无度"四句言君王不知长短,故不能察,使芳草为薮泽所壅遏而不通;君王如此不明,忍死而无益,于是甘心死之,决不苟活。这四句是对"遂自忍而沉流"的回答。"独鄣壅"二句谓忠臣非不欲尽力,只是由于"鄣壅而蔽隐"而不得辅佐。此所谓"一篇之中,三致意焉"者也。

从"闻百里之为虏兮"至"因缟素而哭之"为第三段。历举前世君王得贤人则兴盛与信谗言则灭亡的事情来作进一步的对比说明。其中关于介子推的事情叙之尤详,本意是还希望楚王因自己之死,悔悟而改弦更张,振兴楚国。"闻百里"六句,历举百里奚逢秦穆公,伊尹逢商汤王,吕望逢周文王,宁戚逢齐桓公之事迹,此四子,国君用之而国强。"吴信谗"二句举伍子胥事。吴王夫差听信谗言令伍子胥自杀,伍子胥死后吴国便被越国灭亡。"封介山"四句举介子推之事。介子推追随晋文公流亡,文公复国不封介子推,介子推逃入深山;文公以火烧迫其出山,子推抱木而死,文公悔悟,追封介子推。屈原在这里以伍子胥死后而吴亡,与介子推死后晋文公幡然悔悟,因而追封介山之事作对比,暗示"存君兴国"之意。

从"或忠信而死节兮"至"使谗谀而日得"为第四段,承上文言自古忠臣之死,没有不是因为君王听信谗言而造成的。"或忠信"四句承前一段列举贤臣之例而进一步发挥。指出忠信者反而被迫死节,奸佞者反而被信之不疑,全都是因为君王不能参验考究加以鉴别,而一味听信小人谎言。"芳与泽"两句言君主如不能按实省察,则不能分别忠信与奸佞。"何芳草"四句言君既不能省察分别忠奸,则忠臣的命运就不会好了。

从"自前世而嫉贤兮"至"如列宿之错置"为第五段。进一步陈明自己过去与现在所做的一切都是光明正大的,如排列天上的列宿那样明明白白。在自己死后,自己所受的委屈,一切都将会昭雪于天下。"自前世"六句以美女比贤能之人,谓在怀王时代,嫉善忌能,已经是这样子的了。美好的东西被说成是丑恶的,丑恶的东西被说成是美好的,一有好的东西出现,谣言马上就会产生。"愿陈情"四句言自己的心情与行为光明正大,如星斗罗空,必将愈来愈明白,连"陈""白"也都是不必要的了。司马迁曾赞扬屈原:"推此志也,虽与日月争光,可也。"日、月、星为三光,"列宿错置",亦即"与日月争光"。

从"乘骐骥而驰骋兮"至最后为第六段。进一步表明自己将沉江自尽,以身殉国的决心。"乘骐骥"二句谓驾良马疾驰,却不用控制马匹的器具。"乘氾泭"二句谓乘木筏沿流而下,却不用船桨而自恃人力。"背法度"二句谓背弃法度而随心所欲地治理国家,就好比上述两种情况,与之并无差别。"宁溘死"四句写自己赴死之因,屈原谓"恐祸殃之有再",朱熹说"不死恐'邦其沦丧'而辱为臣仆……箕子之忧,盖为此也。"蒋骥说:"谓国亡身虏也。"根据当时楚国屡败于秦的形势,朱、蒋二人的分析是颇有见地的。最后二句明明白白地说明了自己写完这篇诗作之后就要赴水自尽,所以我们可以判断这篇诗作确是屈原的绝笔。

这篇诗歌语言上最大的特色是文辞质朴率直,浅显易懂,表意十分明白流畅。比如对于楚王的谴责,在《离骚》等其他作品当中,一般比较委婉曲折,往往用"荃""灵脩""哲王"等来代替,而在本篇中,因是赴水之前的绝笔,则无所顾忌,直接责备楚王为"壅君",正如蒋骥所说:"《九章》唯此篇词最浅易,非徒垂死之言,不暇雕饰,亦欲庸君入目而易晓也。"确乎如此,本篇诗作的这种风格,在全部屈赋中是显得十分奇特的。

其次,文章结构上前后照应,诗歌以"明法度"起,以"背法度"结,前后呼应。林云铭《楚辞灯》说:"以明法度起头,以背法度结尾,中间以'无度'两字作前后针线,此屈子将赴渊,合怀王、顷襄两朝而痛叙被放之非辜、逸谀之得志,全在法度上决人材之进退、国势之安危。盖贞臣用则法度明,贞臣疏则法度废;及既废之后,愈无以参互考验而得贞谀之实,而君之蔽晦日深,虽有贞臣,必不能用,是君为壅君,国非其国也。"十分准确地说出了本篇这个特点。 （林家骊）

九章·橘颂① 屈 原

后皇嘉树,②	你天地孕育的橘树哟,
橘徕服兮。③	生来就适应这方水土。
受命不迁,	禀受了再不迁徙的使命,
生南国兮。	便永远生在南楚。
深固难徙,	你扎根深固、难以迁移,
更壹志兮。	立志是多么专一。
绿叶素荣,	叶儿碧绿,花儿素洁,

| 纷其可喜兮。 | 意态又何其缤纷可喜。 |

曾枝剡棘,④	层层树叶间虽长有刺儿,
圆果抟兮。⑤	果实却结得如此圆美。
青黄杂糅,⑥	青的、黄的错杂相映,
文章烂兮。⑦	色彩哟简直灿若霞辉。

精色内白,⑧	你外色精纯、内瓤洁白,
类可任兮。⑨	正如堪托大任的君子。
纷缊宜脩,⑩	气韵芬芳,仪度潇洒,
姱而不丑兮。⑪	显示着何其脱俗的美质。

嗟尔幼志,	我赞叹你南国的橘树哟,
有以异兮。	幼年立志就与众迥异。
独立不迁,	你独立于世、不肯迁移,
岂不可喜兮。	这志节岂不令人欣喜。

深固难徙,	你扎根深固、难以移徙,
廓其无求兮。⑫	开阔的胸怀无所欲求。
苏世独立,⑬	你疏远浊世、超然自立,
横而不流兮。⑭	横竖而出决不俯从俗流。

闭心自慎,	你坚守着清心、谨慎自重,
不终失过兮。	何曾有什么罪愆或过失。
秉德无私,⑮	你那无私的品行哟,
参天地兮。⑯	恰可与天地比德。

| 愿岁并谢,⑰ | 我愿在众卉俱谢的岁寒, |
| 与长友兮。⑱ | 与你长作坚贞的友人。 |

淑离不淫,⑲	你秉性善良、从不放纵,
梗其有理兮。⑳	坚挺的枝干纹理清纯。
年岁虽少,	即使你现在年岁还轻,
可师长兮。	却已可做我钦敬的师长。
行比伯夷,㉑	你的品行堪比伯夷,
置以为像兮。㉒	将永远是我立身的榜样。

〔注〕① 橘颂:赞颂橘树之美。"颂"是一种诗体,取义于《诗经》"风、雅、颂"之"颂"。前人多以为此诗作于屈原青少年时代,也有人以为作于放逐江南时期。清姚鼐"疑此篇尚在怀王朝初被谗时所作",似更符合诗中"闭心自慎,不终失过兮"等句透露的诗人境遇。 ② 后皇:皇天后土。嘉:美,或释为生育。 ③ 徕:同"来"。服:服习南国水土。 ④ 曾(céng):通"层"。曾枝,层层枝叶。剡(yǎn)棘:尖刺。橘枝有刺。 ⑤ 圆果:指橘子。抟(tuán):通"团",指橘子长得圆美。 ⑥ 青黄杂糅:橘子皮色有青有黄,相互错杂。 ⑦ 文章:文采,此指橘子色彩。烂:灿烂。 ⑧ 精色:橘子外表颜色鲜明。内白:橘子内瓤洁白。 ⑨ 任:担当重任。 ⑩ 纷缊:同"氛氲",香气盛貌。宜修:美好。 ⑪ 姱(kuā):美好。 ⑫ 廓:空廓,此指胸怀开阔。 ⑬ 苏世:在世上保持清醒,或曰疏远俗世。 ⑭ 横:横立世上,或释为栏木,以喻自我约束。不流:不随从流俗。 ⑮ 秉:执,持。 ⑯ 参:合。参天地,上合天地无私之德。 ⑰ 岁:岁暮。并谢:百花一齐凋谢。 ⑱ 与友:长与橘为朋友。橘树四季常青,不因岁寒而凋。 ⑲ 淑:美,善。离:通"丽",附丽。淫:放荡。 ⑳ 梗:直。理:纹理。此以橘之干直而有纹理,喻人之坚守直道、符合正理。 ㉑ 比:比美。伯夷:商末孤竹君之子,周灭商,伯夷与弟叔齐义不食周粟,饿死于首阳山中。是后世称颂的有节之士。 ㉒ 置:植,立。像:榜样。

南国多橘,楚地更可以称之为橘树的故乡了。《汉书》盛称"江陵千树橘",可见早在汉代以前,楚地江陵即已以产橘而闻名遐迩。不过橘树的习性也奇:只有生长于南土,才能结出甘美的果实,倘要将它迁徙北地,就只能得到又苦又涩的枳实了。《晏子春秋》所记"橘生于淮南则为橘,生于淮北则为枳",说的就是这种情况。这不是一大缺憾吗?但在深深热爱故国乡土的屈原看来,这种"受命不迁,生南国兮"的秉性,正可与自己矢志不渝的爱国情志相通。所以在他遭谗被疏、赋闲郢都期间,即以南国的橘树作为砥砺志节的榜样,深情地写下了这首咏物名作——《橘颂》。

《橘颂》可分两节,第一节重在描述橘树俊逸动人的外美。开笔"后皇嘉树,橘徕服兮"等三句就不同凡响:一树坚挺的绿橘,突然升立在广袤的天地之间,它深深扎根于"南国"之土,任凭什么力量也无法使之迁徙。那凌空而立的意气,"受命不迁"的坚毅神采,顿令读者升起无限敬意!橘树是可敬的,同时又俊美可亲。诗人接着以精工的笔致,勾勒它充满生机的纷披"绿叶",晕染它雪花般蓬勃开放的"素荣";它的层层枝叶间虽也长有"剡棘",但那只是为了防范外来的侵害;它所贡献给世人的,却有"精色内白",光彩照人的无数"圆果"!屈原笔下的南国之橘,正是如此"纷缊宜修"、如此堪托大任!本节虽以描绘为主,但从字里行间,人们却可强烈地感受到,诗人对祖国"嘉树"的一派自豪、赞美之情。

橘树之美好,不仅在于外在形态,更在于它的内在精神。本诗第二节,即从对橘树的外美描绘,转入对它内在精神的热情讴歌。屈原在《离骚》中,曾以"羌无实而容长"(外表好看,却无美好的内质),表达过对"兰"、"椒"(喻指执掌朝政的谗佞之臣)等辈"委其美而从俗"的鄙弃。橘树却不是如此。它年岁虽少,即已抱定了"独立不迁"的坚定志向;它长成以后,更是"横而不流"、"淑离不淫",表现出梗然坚挺的高风亮节;纵然面临百花"并谢"的岁暮,它也依然郁郁葱葱,决不肯向凛寒屈服。诗中的"愿岁并谢,与长友兮"一句,乃是沟通"物我"的神来之笔:它在颂橘中突然揽入诗人自己,并愿与橘树长相为友,面对严峻的岁月,这便顿使傲霜斗雪的橘树形象,与遭谗被废、不改操守的屈原自己叠印在一起。而后思接千载,以"行比伯夷,置以为像兮"收结,全诗境界就一下得到了升华——在两位古今志士的遥相辉映中,前文所赞美的橘树精神,便全都流转、汇聚,成了身处逆境、不改操守的伟大志士精神之象征,而高高映印在历史天幕上了!

从现在所能见到的诗作看,《橘颂》堪称中国诗歌史上第一首咏物诗。屈原巧妙地抓住橘树的生态和习性,运用类比联想,将它与人的精神、品格联系起来,给予热烈的赞美。借物抒志,以物写人,既沟通物我,又融汇古今,由此造出了清人林云铭所赞扬的"看来两段中句句是颂橘,句句不是颂橘,但见(屈)原与橘分不得是一是二,彼此互映,有镜花水月之妙"(《楚辞灯》)的奇特境界。从此以后,南国之橘便蕴含了志士仁人"独立不迁"、热爱祖国的丰富文化内涵,而永远为人们所歌咏和效法了。这一独特的贡献,无疑仅属于屈原,所以宋刘辰翁又称屈原为千古"咏物之祖"。

(潘啸龙)

九章·悲回风

屈 原

悲回风之摇蕙兮,①	悲痛回旋之风摇落蕙草,
心冤结而内伤。②	我心中郁结内自感伤。
物有微而陨性兮,③	物有因美好而本性凋丧,
声有隐而先倡。④	声有因隐微而不能起唱。

夫何彭咸之造思兮,⑤	何以彭咸产生的思想,
暨志介而不忘。⑥	与其心志相联系能始终不忘。
万变其情岂可盖兮,	遭遇万变其中情由岂能遮盖,
孰虚伪之可长。	虚伪做作又怎能保持久长。
鸟兽鸣以号群兮,⑦	鸟兽鸣叫呼号它们的同类,
草苴比而不芳。⑧	鲜草枯苴杂合就没有芬芳。
鱼葺鳞以自别兮,⑨	鱼儿叠起鳞片自己显示特别,
蛟龙隐其文章。⑩	蛟龙隐藏起它身上的纹章。
故荼荠不同亩兮,⑪	苦荼甜荠不在一块田里生长,
兰茝幽而独芳。	兰草芷草在幽深处独含清香。
惟佳人之永都兮,⑫	想那佳人是永久美丽的,
更统世而自贶。⑬	经过几代之久能自求多福。
眇远志之所及兮,⑭	远大的志向所达到的高度,
怜浮云之相羊。⑮	爱白云在天空自由飘浮。
介眇志之所惑兮,⑯	耿介抱着远大志向感于世事,
窃赋诗之所明。⑰	私下赋诗来明白倾诉。
惟佳人之独怀兮,⑱	想那佳人与众不同的胸襟,
折若椒以自处。⑲	折采杜若申椒自我安排。
曾歔欷之嗟嗟兮,⑳	屡屡悲慨哽咽连声叹息,
独隐伏而思虑。	独自隐居伏处思绪满怀。
涕泣交而凄凄兮,㉑	涕泪交流真是十分凄凉,
思不眠以至曙。㉒	思量着难以入睡直到天亮。
终长夜之曼曼兮,㉓	过尽了漫漫的长夜,
掩此哀而不去。㉔	留着的这点悲哀仍不消亡。

寤从容以周流兮,㉕ 　　醒来后从容地周游四方,
聊逍遥以自恃。㉖　　　姑且以逍遥自在自我支持。
伤太息之愍怜兮,㉗　　伤感叹息实在太可哀怜,
气於邑而不可止。㉘　　心气郁闷总不能停止。

紃思心以为纕兮,㉙　　纠合忧思之心作为佩带,
编愁苦以为膺。㉚　　　编结愁苦之情作为背心。
折若木以蔽光兮,㉛　　折下若华之木遮蔽日光,
随飘风之所仍。㉜　　　任随飘风乱吹循着各种路径。

存髣髴而不见兮,㉝　　存在的事物迷迷糊糊辨不清,
心踊跃其若汤。㉞　　　心却跳跃着有如汤水沸腾。
抚珮衽以案志兮,㉟　　抚着玉佩衣襟抑制激动的心情,
超惘惘而遂行。㊱　　　怅惘失意中便动身出行。

岁曶曶其若颓兮,㊲　　岁月匆匆有如水流,
老亦冉冉而将至。㊳　　老年也缓缓地将要到来。
薠蘅槁而节离兮,㊴　　白薠杜蘅枯槁而节节断离,
芳以歇而不比。㊵　　　芬芳鲜花已消歇不再并开。

怜思心之不可惩兮,㊶　可怜思念之心不能止住,
证此言之不可聊。㊷　　证明这些谎言不可信赖。
宁逝死而流亡兮,㊸　　宁愿忽然死去从流而亡,
不忍为此之常愁。　　　不忍心再作此常愁之态。

孤子唫而抆泪兮,㊹　　孤独的人悲叹着拭去泪水,
放子出而不还。㊺　　　被放逐的人受贬谪不能返回。
孰能思而不隐兮?㊻　　谁能满怀思念而不心痛?
照彭咸之所闻。㊼　　　清楚地听说彭咸的所作所为。

登石峦以远望兮，(48)　　登上石山向远处瞭望，
路眇眇之默默。(49)　　道路纡远而又静默。
入景响之无应兮，(50)　　进入光影声响都无回应之地，
闻省想而不可得。(51)　　听闻省视思索一无所获。

愁郁郁之无快兮，(52)　　愁思郁郁没有一点快乐，
居戚戚而不可解。(53)　　居处总戚戚悲凉不能自解。
心鞿羁而不形兮，(54)　　心中有所束缚挣扎不开，
气缭转而自缔。(55)　　血气缭绕自我纠缠打结。

穆眇眇之无垠兮，(56)　　静穆时渺渺没有边际，
莽芒芒之无仪。(57)　　苍莽处茫茫没有形态。
声有隐而相感兮，(58)　　声音隐蔽而能相感应，
物有纯而不可为。(59)　　事物纯美却每多无奈。

藐蔓蔓之不可量兮，(60)　　渺渺漫漫不可量度，
缥緜緜之不可纡。(61)　　悠悠长长不可收束。
愁悄悄之常悲兮，(62)　　愁心深重常自感悲痛，
翩冥冥之不可娱。(63)　　疾飞高远也并无欢娱。
凌大波而流风兮，(64)　　乘着大波顺风而流，
托彭咸之所居。(65)　　将托寄在彭咸所居之处。

上高岩之峭岸兮，(66)　　登上岩石高高的陡峭河岸，
处雌蜺之标颠。(67)　　处于雌霓副虹的高颠。
据青冥而摅虹兮，(68)　　依凭着青天舒展一道彩虹。
遂儵忽而扪天。(69)　　于是刹时间已摸到苍天。

吸湛露之浮源兮，(70)　　将浓浓成团的露水吸饮，
漱凝霜之雰雰。(71)　　用纷纷凝结的寒霜漱口。

依风穴以自息兮,⑫
忽倾寤以婵媛。⑬

冯崑苍以瞰雾兮,⑭
隐岷山以清江。⑮
惮涌湍之礚礚兮,⑯
听波声之汹汹。⑰

纷容容之无经兮,⑱
罔芒芒之无纪。⑲
轧洋洋之无从兮,⑳
驰委移之焉止?㉑

漂翻翻其上下兮,㉒
翼遥遥其左右。㉓
氾潏潏其前后兮,㉔
伴张弛之信期。㉕

观炎气之相仍兮,㉖
窥烟液之所积。㉗
悲霜雪之俱下兮,
听潮水之相击。

借光景以往来兮,
施黄棘之枉策。㉘
求介子之所存兮,㉙
见伯夷之放迹。㉚
心调度而弗去兮,㉛
刻著志之无适。㉜

倚着天上风的穴口休息,
忽然全部了悟因而悲忧。

凭靠着昆仑山下视云雾,
依傍着岷山看清江流。
害怕急流中水石撞击之声,
听着涛声汹汹的怒吼。

心思纷纷乱乱没有规律,
精神迷迷惘惘没有头绪。
波涛互相倾压难以趋从,
连绵起伏奔流着哪儿停住?

心如飘浮翻飞一上一下,
像两翼在左右摇动拍击。
像泛滥的大水前后奔涌,
伴着涨落定时的汛期。

观看那火焰与烟气相因而生,
窥察那云朵与雨滴所以集积。
悲慨霜与雪一起降下,
听着潮水波浪震激。

我借着光与影来来往往,
使用棘刺做成的弯鞭驾御。
去寻求介子推隐居之地,
再见一见伯夷放逐之处。
心里惆怅不已忧思难除,
意志坚决哪儿也不会去。

曰：	煞尾：
吾怨往昔之所冀兮，㊈③	我怨恨往昔的那些期望，
悼来者之悐悐。㊈④	悲悼未来更戒惧警惕。
浮江淮而入海兮，	浮长江过淮水向东入海，
从子胥而自适。㊈⑤	追随伍子胥自求适意。
望大河之洲渚兮，	眺望大河中的沙洲水渚，
悲申徒之抗迹。㊈⑥	悲伤申徒狄的高尚事迹。
骤谏君而不听兮，㊈⑦	屡屡劝谏君王而不被听从，
重任石之何益。㊈⑧	抱着重石自沉又有何益。
心絓结而不解兮，㊈⑨	心头打了死结不能解开，
思蹇产而不释。⑩⓪	思理壅塞终究没法清理。

（姜亮夫译）

〔注〕①回风：旋转之风。摇：撼动。蕙：香草。②冤结：郁结。③微：隐行。陨：落。④隐：隐微。先：当为“失”字之误。倡：即“唱”。⑤造思：犹设想。⑥暨：与。介：系。不忘：指不忘志向。⑦号群：号呼同类。⑧苴(jū)：已死之草。比：比合。⑨葺：重叠累积。⑩文章：纹彩，花纹。⑪荼：苦菜。荠：甜菜。⑫佳人：屈原自称。都：美盛。⑬更：历。统世：继世。贶(kuàng)：赐。自贶，犹言自求多福。⑭眇：通“渺”，遥远。眇远志，高远的志向。⑮相羊：同“徜徉”，飘流不定的样子。⑯介：耿介持守。惑：一本作“感”，可从。⑰窃：私下。⑱佳人：屈原自称。独怀：胸怀与众不同。⑲若：杜若，一种香草。椒：申椒，香料植物。自处：自我安排，自我料理。⑳曾：屡次。歔欷(xū xī)：叹气，抽噎。嗟嗟：叹息声。㉑凄：凄伤。㉒曙：天将明。㉓曼曼：长。㉔掩：留止，停留。不去：不能去怀。㉕寤：觉醒。周流：周游。㉖恃：借为“持”。自持，自我支持。㉗太息：叹息。愍(mǐn)：哀怜。㉘於邑：即“郁悒”。㉙纠(jiū)：“纠”的假借字，合。纕(xiāng)：佩带。㉚编：结。膺：本义是胸，引申为护胸的背心。㉛若木：古代神话中的树名。㉜仍：因，循。㉝存髣髴：指事物看不清楚。髣髴，通作“仿佛”。㉞踊跃：跳动。汤：沸水。㉟珮：玉佩。衽：衣襟。案：抑。㊱超：举。惘惘：失意惶遽的样子。㊲曶曶：同“忽忽”，指时光匆匆而过。颓：水下流。㊳旹：即“时”，此指老年。冉冉：渐渐。㊴薠(fán)蘅：白薠、杜蘅，两种香草。槁：枯。节离：草枯则节节断落。㊵歇：消失。以：已。比：比并，指香花并开。㊶怜：爱怜。惩：止。㊷聊：赖。㊸逝死：死。“逝”一本作“溘”，溘死，忽然死去，义较佳。㊹孤子：屈原自称。唫：古“吟”字。抆(wěn)：拭。㊺放子：被国君放逐的人，屈原自称。㊻隐：痛。㊼照：当从一本作“昭”，清楚。所闻：指听说的彭咸故事。㊽峦：小而尖的山。㊾眇眇：同“渺渺”。远的样子。㊿景：同“影”。(51)省：察看。(52)无快：不快乐。(53)居：疑为“思”字。(54)靰(jī)羁：马缰，此处指受拘束。形：当从一本作“开”。(55)缭转：缭绕。自缔：自结。

㊶穆：静。　㊷芒芒：同"茫茫"。仪：容。　㊸隐：微。感：感应。　㊹不可为：不一定有所作为。　㊺藐：同"邈"，遥远。蔓蔓：同"漫漫"。不可量：无法估计。　㊻缥：高远。緜緜(mián mián)：连绵不绝。纡：萦绕。　㊼悄悄：忧愁的样子。　㊽翩：疾飞。冥冥：渺远。　㊾凌：乘。流风：顺风而流。　㊿托：托寄。　㉛岿岸：陡峭险峻的崖壁。　㉜雌蜺：虹之一种，即副虹。《尔雅·释天》邢昺疏："虹双出，色鲜盛者为雄，雄曰虹；暗者为雌，雌曰蜺。"蜺，同"霓"。标颠：顶点。　㉝青冥：青天。摅(shū)：舒。　㉞儵(shū)忽：顷刻之间，忽然。儵，同"倏"。　㉟湛露：浓重的露水。浮源：姜亮夫《屈原赋校注》谓当作"浮浮"，露浓重之状。　㊱漱：漱口。凝霜：浓霜。　㊲风穴：古代传说中的洞穴名，相传北方寒风自其中而出。　㊳忽倾信：忽然全部了悟。婵媛：同"啴咺"，忧伤。　㊴冯(pín)：凭靠。瞰：俯视。　㊵隐：依凭。岷(mín)：同"岷"，岷山，在今四川北部。清江：看清江流。　㊶悂：惧怕。涌湍：急流。磕(kài)磕：水石撞击声。　㊷汹汹：波涛声。　㊸纷：乱。容容：同"溶溶"，水流动的样子。无经：没有常规。　㊹罔：通"惘"，怅惘。无纪：无纪纲。　㊺轧：指波涛互相倾压。洋洋：水大的样子。　㊻委移：同"逶迤"，水流弯曲的样子。　㊼漂：同"飘"。　㊽遥遥：摇来摇去。遥，通"摇"。　㊾氾：同"泛"。潏(yù)潏：水涌出的样子。　㊿伴："判"的假借字，判别。张弛：涨落。信期：潮汐的汛期。　㊶炎：热。相仍：相因。　㊷烟：上升之气云。液：下降之液，即雨。积：结，聚。　㊸黄棘：棘刺。枉：曲。　㊹介子：介子推，其事见《惜往日》注㉚。所存：此指介子推隐居之处。　㊺伯夷：商末孤竹君的长子。因反对周武王灭商，不食周粟，饿死在首阳山。放迹：放逐之处。　㊻调度：姜亮夫《屈原赋校注》云："此犹言惆怅也。"弗去：不能决。　㊼刻著志：意志坚决。适：往。　㊽曰：即"乱曰"。冀：希望。　㊾惕(tì)：同"惕"，警惕。　㊿子胥：伍子胥。传说伍子胥被迫自杀，吴王夫差将他的尸体投入江中。自适：顺应自己的心志。　㊶申徒：申徒狄，殷末贤臣。屡次进谏，纣王不听，抱石投河而死。抗：同"亢"，亢迹，高尚的事迹。　㊷骥：多次。　㊸重任石：当作"任重石"。任，犹抱、负。　㊹絓(guà)：结，打了结。　㊺塞产：纠缠阻塞。释：消解。

《悲回风》以句首名篇。本篇也存在真伪之争，南宋魏了翁《鹤山渠阳经外杂抄》以本篇风格不似屈原而像宋玉、景差之作而怀疑本篇为伪作，明代许学夷《诗源辨体》以语气不似屈原而提出疑问，吴汝纶《古文辞类纂点勘记》以本篇文字太奇而疑为伪作，后来陈钟凡《楚辞各篇作者考》、陆侃如与冯沅君《中国诗史》、刘永济《屈赋通笺》、谭介甫《屈赋新编》、胡念贻《屈原作品的真伪及其写作年代》，也从各个角度认为本篇不是屈原所作。当然他们列举了许多理由，但我们认为，这些从语言、风格、文字、语气各个角度提出的观点还不足以推翻王逸以来认定本篇诗歌是屈原所作的观点，不足以剥夺屈原的著作权。

关于本篇的写作时间，也有作于怀王及顷襄王时共四种意见。第一种意见，陆侃如《屈原评传》认为是楚怀王十六年(前313)放逐汉北时所作；第二种意见，林云铭《楚辞灯》、夏大霖《屈骚心印》、郭沫若《屈原研究》认为是顷襄王六年至七年(前293—前292)间作品；第三种意见，蒋骥《山带阁注楚辞》认为是自沉汨罗的前一年秋天；第四种意见，王夫之《楚辞通释》、王闿运《楚辞释》认为是屈原自沉时所作,为屈原绝笔。以上诸说,以蒋骥之说最为近似。因为篇中流露出的那种感情,可判定在自沉汨罗前不远之时。关于本篇主旨,汪瑗《楚辞集解》说:"此篇因秋夜愁不能寐,感回风之起,凋伤万物,而兰茝独芳,有似乎古之君子遭乱世而不变其志者,遂托为远游伤古之辞,以发泄其愤懑之情。"讲得是比较好的。

全篇共分五段。

从开头至"窃赋诗之所明"为第一段。因回风摇蕙的季节气候,联系对忠贤见斥的现实悲哀,指出君子始终是光明正大的,与万变其情的小人不同,同时表明了自己终不改悔的坚定胸怀。"悲回风"四句,前二句是说在回风震荡之中,凋陨了蕙草的微弱生机。后二句是说,这回风的初起,是有隐微的声音倡之于先的。这是即景生情,托物起兴,钱澄之《庄屈合诂》说:"秋风起,蕙草先死;害气至,贤人先丧。"可谓得矣。"夫何彭咸"四句,表达了自己对古代贤臣彭咸的无限思念仰慕之情,并说,虽然天下之事万变,但真相怎么能够掩盖得了,虚伪哪能保持长久?"鸟兽鸣"六句写秋冬之景,似都有所指称。"鸟兽鸣以号群""鱼葺鳞以自别"是说物以类聚,不相杂厕,用以比喻君子和小人之不能共处。"草苴比而不芳"象征奸佞在朝,同恶相济。"蛟龙隐其文章"比喻贤人远引,文采不彰,两两相对,交错成文。下面二句先以苦菜与甜菜不能种在一起,亦喻贤人处乱世,虽无人知,但不因此而改变其芬芳的节操。"惟佳人"六句意思又进一层,谓自己眼界高远,以古人彭咸等自期,然孤高之心却无所依傍,自己深微的意志不为别人理解,于是私下写作此诗,来明白地说出其中的道理。

从"惟佳人之独怀兮"至"昭彭咸之所闻"为第二段。写自己在放逐时感到十分孤单,但仍然爱国忧时,因此弄得心烦意乱。"惟佳人"四句,姜亮夫谓"言隐居伏处而独自思虑,无人知也"(《屈原赋校注》)。"涕泣交"八句王夫之释为"宵而不安于寝,旦而不怡于游,终不释于怀抱"(《楚辞通释》)。所见极是。"乱思心"二句形容自己忧思之深切,这就像后世辛弃疾所谓"一身都是愁"(《菩萨蛮·金陵赏心亭为叶丞相赋》)也。"折若木"二句,上句说自己求神木以遮蔽日光,象征自己曾力求韬光养晦,下句说自己随着飘风的牵引,任从它把自己吹到哪里,意指心情之空虚。"存髣髴"二句接着形容自己极端愁苦,有时陷入不闻不问、万念俱灰的枯寂状态,但有时又激动起来,心跳不止。"抚珮衽"二句意为勉强抑制自己的悲愁,茫无目的,踽踽而行。"岁曶曶"四句承"遂行"之后,写"行"中所见,时序迁流,众芳摇落,触目惊心,益深忧虑。"怜思心"四句言自己长愁的原因。"孤子唫"四句,姜亮夫《屈原赋校注》云:"此言思心既不可创伤,则惟存一死。"又引蒋骥《山带阁注楚辞》云:"所以然者,秦关不返,孤臣有故主之悲;南土投荒,放子无还家之日,此固交痛而不已者也。安得不为彭咸之所为乎?"

从"登石峦以远望兮"至"托彭咸之所居"为第三段。本段写自己生意已尽,死志已决。"登石峦"四句言自己登山远望,一片寂静。楚国本是个强国,上下本应忧勤警惕,奋发图强,然而现在既不见行动,呼之又不闻其反响,因此实在令人痛心疾首。"愁郁郁"四句紧承上文,写登高远望后引起的愁肠寸结。"穆眇眇"四句紧承上文,意谓自己的心情有时愁思茫茫无边无际,有时则陷入空虚而无所着落的状态。叹声隐尚有可感,志纯竟不可为。"藐蔓蔓"两句,亦诉说自己的主观心情,言思入辽远,则渺渺漫漫不可度量,思入深微,则悠悠长长不可收束,"愁悄悄"两句言自己的神魂虽在高远处飞逝,却并无快乐。"凌大波"两句,表明忠臣直士只有一条路:效法古之贤人彭咸。屈原于是想乘着滚滚波涛,随风而流,到彭咸投水而死的地方去。

从"上高岩之峭岸兮"至"刻著志之无适"为第四段。本段设想自己死后,灵魂不灭,神游天地的情形,进而抒写自己的主张和思想,剖白自己光明正大、志洁行芳。"上高岩"四句,姜亮夫认为:"此言上依彭咸,初至高岩陵岸之间,继则更上而处于云气之杪顶,再上则至于玄冥之上;而舒摅其虹采,遂尔于俄顷之间,而上抚于天庭矣。此上升之事也。"(同上)"吸湛露"四句,姜亮夫认为是从彭咸居后之事。以上八句写神游太空,极想象中壮丽、高洁、温暖之乐。但转侧之间突然惊醒,又起故国之思。"冯崑岑"四句写身宿风穴。风穴在昆仑,故醒后即依凭昆仑透过云雾而下瞰人寰。"纷容容"四句就心境立说,姜亮夫说:"此言己心烦乱,无复经纪,欲进则无所从,欲退则无所止也。"(同上)"漂翻翻"四句,上两句仍写心境,心如两翼摇摇,翻飞飘浮或上或下,时左时右;下两句言自昆仑下至江水,往来江上,神游故国而下观。"观炎气"四句,借炎气烟液等为喻述事物相因之理。天庭既不能久居,彭咸也不可终随,故下转为访问古代的贤人,"借光景"六句即言自己已下定决心,循着介子推、伯夷的足迹前进。

"曰"字以下至结尾为第五段。顾往悼来,表白决心,但决不轻于一死。"吾怨"二句谓怨恨往昔的希望落空,警惕来日可危。"浮江海"二句指伍子胥事。谓准备投水而死,追随子胥。"望大河之洲渚兮"四句承前"从子胥"而言,意思是说,申徒狄以身殉国,其情固属可悲,但他的死并不能挽救殷商的覆亡,则死又何益?显示自己的处境,虽然死志已决,但就整个楚国言,未来的危机,也不是自己一死所能遽了的。故以"心絓结"二句作为全篇的终结。屈原在政治斗争过程中,虽然早已作了最后牺牲的思想准备,这种念头,也曾经常浮现,但不到最后时刻,决不轻易付诸实施,可见此尚非绝命之词。

本篇写作艺术上的最大特点是心理刻画手法上的高妙。全篇未见事实之叙述,全是作者心理活动的展现。作品充满着深沉、悲愤的情绪,思理困惑,不知所释,忧伤悲怆,故有此篇之作。姜亮夫《屈原赋校注》认为:"诗中描绘心思,出入内外远近不同之情,上下左右前后之态。而仍不知所止,悲感与思理相挟持,而遂思入眇茫,从彭咸之所居。既至天上,忽又感烟雨之终不可永久浮游上天,遂思追踪介子伯夷。既睹申徒之死而无益,又自回惑不解!"此评甚为准确。

此外,本篇语言上也有其特色。作品中有不少双声叠韵联绵词,"相羊""歔欷""髣髴""从容""周流""逍遥""於邑""踊跃""婵媛""委移"等等,随处可见。而叠字词的运用,更是接二连三,触目皆是,"嗟嗟""凄凄""曼曼""惘惘""沓沓""冉冉""眇眇""默默""郁郁""戚戚""芒芒""蔓蔓""絿絿""悄悄""冥冥""雾雾""礚礚""洶洶""容容""洋洋""翻翻""遥遥""潏潏""愁愁",总计共有二十四个,这些词语,不仅增加了诗歌的音乐美,对诗歌幽怨悲凉意境的形成,也起着极大的作用。

(林家骊)

【诗歌解题】

远 游

《楚辞》篇名。旧谓战国楚人屈原作。内容写自己不为时俗所容,因而遁世求仙。清人及近代研究者多认为此篇与屈原其他作品不类,疑非屈原所作。但亦有人不同意此说。

远 游 屈 原

悲时俗之迫阨兮,①	有感世俗扼杀人的自由,
愿轻举而远游。	真想飞翔起来远处周游。
质菲薄而无因兮,	性质微薄又没有依靠,
焉托乘而上浮?②	以什么为寄托乘着它上浮?
遭沉浊而汙秽兮,	周围是污浊黑暗的气氛,
独郁结其谁语?	独自苦闷向谁去倾诉?
夜耿耿而不寐兮,	漫长的黑夜里不能安眠,
魂茕茕而至曙。③	守着一缕孤魂直至破曙。

惟天地之无穷兮，	联想天地的无穷无尽，
哀人生之长勤。	哀叹人生的坎坷苦辛。
往者余弗及兮，	过去的事我没能赶上，
来者吾不闻。	未来的事我难以知闻。
步徙倚而遥思兮，	徘徊不定思绪遥远，
怊惝怳而乖怀。④	惆怅失意心气不顺。
意荒忽而流荡兮，	神志恍惚如水波激荡，
心愁悽而增悲。	心中愁苦而悲哀愈增。
神儵忽而不反兮，⑤	忽然间魂灵飞散不返，
形枯槁而独留。	只留下枯槁的肉体身形。
内惟省以端操兮，⑥	自我反省以坚持操守，
求正气之所由。	寻求天地正气从何而生。
漠虚静以恬愉兮，	清虚宁静中自有愉悦，
澹无为而自得。	淡泊无为悠然自得是真。
闻赤松之清尘兮，⑦	听说赤松子清高绝俗，
愿乘风乎遗则。	愿继承遗风学其行事。
贵真人之休德兮，⑧	看重养真之人的美德，
美往世之登仙。	羡慕古人能升仙超越生死。
与化去而不见兮，⑨	形体虽然物化消失不见，
名声著而日延。	名声却显耀而长存后世。
奇傅说之托星辰兮，⑩	傅说骑星升天多么神奇，
羡韩众之得一。⑪	韩众服药成仙令人羡慕不已。
形穆穆以浸远兮，⑫	身形肃穆地渐渐远去，
离人群而遁逸。	离开人群而超迈高逸。
因气变而遂曾举兮，⑬	循着气的变化层层高飞，
忽神奔而鬼怪。	把鬼神也惊得奔走诧异。
时髣髴以遥见兮，	朦胧中似乎远远可见，
精晈晈以往来。	神灵光芒闪烁往来任意。

绝氛埃而淑尤兮,⑭	超越尘埃修善超过先祖,
终不反其故都。	再也不会返回故国乡里。
免众患而不惧兮,	摆脱众多患难无所畏惧,
世莫知其所如。⑮	世人都不知他们的踪迹。
恐天时之代序兮,	担心岁月流逝季节交替,
耀灵晔而西征。⑯	辉煌的太阳也已向西下行。
微霜降而下沦兮,	薄薄的秋霜下降大地,
悼芳草之先零。	可怜那芳草最先凋零。
聊仿佯而逍遥兮,⑰	姑且漫步游荡逍遥一番,
永历年而无成。	长久地一年年事业无成。
谁可与玩斯遗芳兮?	谁能与我赏玩残留的芳草?
晨向风而舒情。	早晨对着清风放松心情。
高阳邈以远兮,⑱	高阳帝的时代十分遥远,
余将焉所程?⑲	我怎么效法他高洁的品行?
重曰:	再说道:
春秋忽其不淹兮,⑳	春去秋来光阴不停留,
奚久留此故居?	何必久久地留在故乡?
轩辕不可攀援兮,㉑	轩辕黄帝既然不能高攀,
吾将从王乔而娱戏。㉒	我将跟着王子乔嬉娱游赏。
餐六气而饮沆瀣兮,㉓	吞食六精之气而啜饮清露,
漱正阳而含朝霞。㉔	漱着正阳之气含着朝霞之光。
保神明之清澄兮,	保持精神心灵清明澄澈
精气入而麤秽除。	将精气吸入将浊气扫荡。
顺凯风以从游兮,㉕	跟随和畅的南风出游,
至南巢而壹息。	休息在南方神鸟的巢穴之旁。
见王子而宿之兮,	见了王子乔就在那儿留宿,
审壹气之和德。	询一元之气纯和之德之详。

曰：
"道可受兮，
不可传。
其小无内兮，㉖
其大无垠。
无滑而魂兮，㉗
彼将自然。
壹气孔神兮，㉘
于中夜存。
虚以待之兮，
无为之先。
庶类以成兮，㉙
此德之门。"

闻至贵而遂徂兮，
忽乎吾将行。
仍羽人于丹丘兮，㉚
留不死之旧乡。
朝濯发于汤谷兮，㉛
夕晞余身兮九阳。㉜
吸飞泉之微液兮，
怀琬琰之华英。
玉色頩以脕颜兮，㉝
精醇粹而始壮。
质销铄以汋约兮，㉞
神要眇以淫放。㉟
嘉南州之炎德兮，
丽桂树之冬荣。
山萧条而无兽兮，

王子乔说：
"道可以从内心感受，
不可以口耳相传。
说它小则无处不可容纳，
说它大则大到无边无沿。
不搅乱你的神魂，
它就自然而然地出现。
这一元之气非常神奇，
半夜寂静之时方才可感。
要以虚静之心来对待它，
不要万事只想着自己占先。
各类东西都是这样生成，
这就是得道的门槛。"

听罢至理名言便想远去，
忽然间我就出发前行。
随着飞仙升到丹丘仙境，
在神仙的不死之乡息停。
早晨在汤谷洗洗头发，
傍晚让九阳晒干我的全身。
吮吸飞泉的美液，
怀抱良玉的精英。
洁白的脸庞光泽滋润，
体魄健壮精力充盈。
形体消瘦才能见出柔美，
神气幽远自然摆脱拘谨。
赞赏南方炎热气候的功德，
美丽的桂树冬天也吐芳馨。
山林萧条没有野兽，

野寂漠其无人。	原野苍茫不见人影。
载营魄而登霞兮,	三魂六魄飘上彩霞,
掩浮云而上征。	覆盖浮云向上飞升。
命天阍其开关兮,㊱	命令天宫的看门人开门,
排阊阖而望予。㊲	他推开大门朝我把眼瞪。
召丰隆使先导兮,㊳	召来雷神丰隆命他做向导,
问大微之所居。㊴	探问太微宫位置的远近。
集重阳入帝宫兮,	积集九重阳气进入帝宫,
造旬始而观清都。㊵	探访旬始星参观清都天庭。
朝发轫于太仪兮,㊶	早上从太仪殿驾车出发,
夕始临乎微闾。㊷	傍晚到达医巫闾山边。
屯余车之万乘兮,	万辆马车屯聚一起,
纷溶与而并驰。	浩浩荡荡齐驰飞前。
驾八龙之婉婉兮,	驾车的八条龙蜿蜒游动,
载云旗之逶蛇。	车上的云旗逶迤首尾相连。
建雄虹之采旄兮,	竖起插着旄头的霓虹之旗,
五色杂而炫耀。	五色斑斓纷杂照耀明艳。
服偃蹇以低昂兮,㊸	驾车的马匹宛转起伏不定,
骖连蜷以骄骜。㊹	两边的马匹曲蹄奔驰矫健。
骑胶葛以杂乱兮,㊺	车马交错纵横杂乱,
斑曼衍而方行。㊻	队列绵绵不绝并行不偏。
撰余辔而正策兮,	抓紧我的缰绳放正马鞭,
吾将过乎句芒。㊼	我将拜见东方木神一面。
历太皓以右转兮,㊽	经过了东帝太皞再向右转,
前飞廉以启路。㊾	让风伯飞廉在前开路打探。
阳杲杲其未光兮,	灿烂的太阳还没有升起放光,
凌天地以径度。	就在天地之上横越飞迁。
风伯为余先驱兮,	风伯为我作队伍的先驱,

氛埃辟而清凉。	扫荡尘埃迎来清凉一片。
凤皇翼其承旂兮,(50)	凤凰张彩翼支承云旗,
遇蓐收乎西皇。(51)	在西帝那儿与金神蓐收遇见。
擥彗星以为旍兮,(52)	摘下彗星充当小旗摇曳,
举斗柄目为麾。	举起北斗之柄作大旗舒卷。
叛陆离其上下兮,	五色缤纷斑斓上下浮泛,
游惊雾之流波。	在云海惊涛中漫游流连。
旹暧曃其曭莽兮,(53)	时已昏暗四周朦朦胧胧,
召玄武而奔属。(54)	召来北方玄武七星奔走串联。
后文昌使掌行兮,	让文昌六星在后掌管随从,
选署众神以并毂。	挑选众神和我并驾向前。
路曼曼其脩远兮,	路程迢迢多么漫长,
徐弭节而高厉。(55)	按鞭缓缓地驰向高天。
左雨师使径侍兮,	雨师相伴随侍在左方,
右雷公以为卫。	雷公保驾扈从在右边。
欲度世以忘归兮,	要超越世俗忘却归去,
意恣睢以担挢。(56)	意态欣然自得腾飞翩翩。
内欣欣而自美兮,	内心欣悦自感美好,
聊媮娱目自乐。	聊以自娱求得快乐安恬。
涉青云目汎滥游兮,	跨青云漫游四面八方,
忽临睨夫旧乡。(57)	忽然俯瞰到故乡的田原。
仆夫怀余心悲兮,	仆人们怀念啊我心中悲痛,
边马顾而不行。	马匹也回顾不进充满眷恋。
思旧故目想像兮,	想念故乡的父老兄弟,
长太息而掩涕。	不禁长叹一声擦拭泪眼。
氾容与而遐举兮,	从容泛游而逍遥远去,
聊抑志而自弭。(58)	暂且抑制情感自解自宽。
指炎神而直驰兮,	指着南方火神径直驰去,
吾将往乎南疑。(59)	我要去南方的胜地九嶷山。

览方外之荒忽兮,	观览世外之地的茫昧幽暗,
沛罔象而自浮。⑩	仿佛在大海中独自浮行。
祝融戒而还衡兮,⑪	火神祝融劝我调转车头,
腾告鸾鸟迎宓妃。⑫	又告诉青鸾神鸟将宓妃远迎。
张《咸池》奏《承云》兮,⑬	张设《咸池》之乐演奏《承云》之曲,
二女御《九韶》歌。⑭	娥皇女英二女唱出《九韶》歌声。
使湘灵鼓瑟兮,	让湘水之神也来鼓瑟,
令海若舞冯夷。⑮	令海神与河伯合舞助兴。
玄螭虫象并出进兮,⑯	无角黑龙与水怪一起出没,
形蟉虯而逶蛇。⑰	体形屈曲宛转延伸。
雌蜺便娟以增挠兮,⑱	彩虹轻盈优美层层环绕,
鸾鸟轩翥而翔飞。⑲	青鸾神鸟在高处翱翔不停。
音乐博衍无终极兮,⑳	音乐旋律舒展没有终止,
焉乃逝以徘徊。	我于是远去徘徊巡行。
舒并节以驰骛兮,	放下马鞭让车队尽情奔驰,
逴绝垠乎寒门。㉑	到天边走向北极的寒门。
轶迅风于清源兮,㉒	乘着疾风抵达八风之府清源,
从颛顼乎增冰。㉓	追随北帝颛顼在厚厚冰层。
历玄冥以邪径兮,㉔	通过北方水神的曲径,
乘间维以反顾。	在天地两维之间回望一阵。
召黔嬴而见之兮,㉕	召呼造化之神前来见面,
为余先乎平路。	为我先行把道路铺平。
经营四荒兮,	已经历过四面荒凉之地,
周流八漠。	也遨游了八方广漠之境。
上至列缺兮,㉖	向上到达闪电之至高,
降望大壑。	向下俯瞰大壑之至深。
下峥嵘而无地兮,㉗	下界茫茫似没有大地,
上寥廓而无天。	上方空空似没有高天。
视儵忽而无见兮,	匆匆忙忙什么也看不见,

听惝恍而无闻。	恍恍惚惚什么也听不清。
超无为旨至清兮，	超越无为清静的境界，
与泰初而为邻。⑱	我和天地元气结伴为邻。

〔注〕 ① 迫阨(è)：困阻灾难。 ② 焉托乘：以什么作为寄托、乘载的工具。 ③ 茕(qióng)茕：孤独之貌。 ④ 怊惝怳(chāo chǎng huǎng)：惆怅失意。乖怀：心愿违背，心气不顺。 ⑤ 儵(shū)忽：同"倏忽"，一会儿。 ⑥ 端操：端正操守。 ⑦ 赤松：赤松子，古之仙人，传说神农时为雨师。 ⑧ 休德：美德。 ⑨ 化去：指仙女。 ⑩ 傅说(yuè)：殷高宗武丁的宰相，传说他死后，精魂乘星上天。 ⑪ 韩众：即韩终，春秋齐人，为王采药，王不肯服，于是他自己服下成仙。 ⑫ 浸：渐。 ⑬ 曾：同"层"。 ⑭ 淑尤：王逸《楚辞章句》："淑，善也；尤，过也；言行道修善过先祖也。" ⑮ 如：往。 ⑯ 耀灵：太阳。晔(yè)：光耀。 ⑰ 仿(páng)佯：同"彷徉"，即彷徨、徜徉。 ⑱ 高阳：高阳氏之帝，即颛顼。 ⑲ 程：效法。 ⑳ 淹：滞留。 ㉑ 轩辕：即黄帝，姓公孙，名轩辕。 ㉒ 王乔：即王子乔，传说中得道成仙者，据说他是周灵王之子，故以王子为称，也叫王子晋。 ㉓ 六气：据道家之说，世上有天地四时六种精气，修炼者服食之即能成仙。沆瀣(hàng xiè)：露水。 ㉔ 正阳：六气中夏时之气。 ㉕ 凯风：南风。 ㉖ 内(nà)：同"纳"，容纳。 ㉗ 滑：紊乱。 ㉘ 孔：很。 ㉙ 庶类：众类万物。 ㉚ 羽人：羽化升天的仙人。丹丘：仙境之地。 ㉛ 汤(yáng)谷：同"旸谷"，日出之处。 ㉜ 九阳：古时传说，旸谷有扶桑树，上有一个太阳，下有九个太阳，十个太阳轮流值班一天。 ㉝ 頩(pīng)：貌美。脕(wàn)颜：滋润颜面。 ㉞ 汋约：同"绰约"，柔美。 ㉟ 淫放：指洒脱不受拘束。 ㊱ 天阍(hūn)：天官的看门人。 ㊲ 阊阖：天门。 ㊳ 丰隆：雷神，一说云神。 ㊴ 大(tài)微：即"太微"，天帝的南宫。 ㊵ 旬始：星宿名。清都：天官之名。 ㊶ 发轫(rèn)：发车。太仪：天上的太仪殿。 ㊷ 微闾：医巫闾山，古人认为神仙所居。 ㊸ 服：中间两匹驾车的马。偃蹇：宛转之貌。 ㊹ 连蜷(quán)：指马身马蹄弯曲之状。 ㊺ 胶葛：纠葛，交错杂乱。 ㊻ 斑：同"班"，队列。曼衍：绵绵不绝。 ㊼ 句(gōu)芒：东方木神之名。 ㊽ 太皓：同"太皞"，东方上帝之名。 ㊾ 飞廉：风伯之名。 ㊿ 旂(qí)：画龙系铜铃的旗。 (51) 蓐(rù)收：金神之名，为西方上帝少昊之子。西皇：即少昊。 (52) 擥：即"揽"。旍(jīng)：旗帜。 (53) 旹：即"时"。暧曃(ai dài)：昏暗不明。曭(tǎng)莽：幽暗迷濛。 (54) 玄武：二十八宿中北方七宿的总称，为龟蛇合体之象。 (55) 弭(mǐ)节：按节缓行。 (56) 担挢(jiǎo)：飞升。 (57) 睨(nì)斜视。 (58) 自弭：自我宽解，自我安慰。 (59) 南疑：南方的九嶷山。 (60) 罔象：犹云汪洋。 (61) 祝融：火神之名。衡：车辕头上的横木。还衡，回车。 (62) 宓(fú)妃：伏羲氏之女，洛水女神。 (63)《咸池》《承云》：都是黄帝所作的乐曲名。 (64) 二女：舜帝的两位妃子娥皇、女英，她们是尧帝的女儿。《九韶》：舜帝命咸黑所作的乐曲。 (65) 海若：海神。冯(píng)夷：河神河伯。 (66) 虫象：水怪。 (67) 蟉(liú)虬：屈曲盘绕貌。 (68) 便(pián)娟：轻盈美好貌。增挠：层绕。增，通"层"；挠，通"绕"。 (69) 轩翥：高飞。 (70) 博衍：舒展绵延。 (71) 逴(chuò)：远。绝垠：指天边。寒门：北极之山。 (72) 清源：传说中八风之府。 (73) 颛顼(zhuān xū)：北方上帝之名。 (74) 玄冥：北方水神。 (75) 黔嬴："嬴"一作"赢"，即黔雷，造化之神。 (76) 列缺(quē)：闪电。缺，即"缺"。 (77) 峥嵘：此谓深远之貌。 (78) 泰初：天地万物的元气。

《远游》一篇，东汉王逸《楚辞章句》以为"屈原之所作也"，题解云："屈原履方直之行,不容于世。上为谗佞所谮毁,下为俗人所困极,章皇山泽,无所告诉。乃深惟元一,修执恬漠。思欲济世,则意中愤然,文采铺发,遂叙妙思,托配仙人,与俱游戏,周历天地,无所不到。然犹怀念楚国,思慕旧故,忠信之笃,仁义之厚也。是以君子珍重其志,而玮其辞焉。"其后历代学者对本篇作者为屈原均无异议,直到近代,始有人表示怀疑。今文经学家廖平首先发难,其《楚辞讲义》云:"《远游篇》之与《大人赋》,如出一手,大同小异。"现代学者陆侃如早年所著《屈原》、游国恩早年所著《楚辞概论》,都认为《远游》非屈原所作(游氏晚年观点有所改变),郭沫若《屈原赋今译》、刘永济《屈赋通笺》也持同样的观点。而姜亮夫《屈原赋校注》、陈子展《楚辞直解》等则坚决认为《远游》为屈原所作。归纳起来,说《远游》非屈原所作,大致有三点理由:第一是结构、词句与西汉司马相如的《大人赋》有很多相同,第二是其中充满神仙真人思想,第三是词句多袭《离骚》《九章》。但姜亮夫《屈原赋校注》、陈子展《楚辞直解》都认为《远游》结构语句与《大人赋》多相同之处,只能说明《大人赋》抄袭《远游》;描写神仙真人与屈原所处的楚文化氛围吻合,而神仙真人思想也仅是本篇的外壳而不是主旨所在;一人先后之作,中有因袭,自古而然,不足为奇。他们的观点,应该说是可以成立的。今人更有著专文"从文风、修辞、语法、韵律等几方面客观而科学地列出一些事实,以证明《远游》的作者只能是屈原而决非别人"(姜昆武、徐汉树《〈远游〉真伪辨》,载《楚辞研究论文选》)。《远游》为屈原所作,似乎应该成为定论,正如姜亮夫所说,"从整个屈子作品综合论之,《远游》一篇正是不能缺少的篇章","《远游》是垂老将死的《离骚》"(上一文姜亮夫引言)。

  诗人与当时楚国政坛矛盾极深,而对那个嫉贤忌能、迫害忠良的朝廷,他唯一的办法是离去。对一个热爱国家的大臣,离开郢都去周游四方,并不是愉快的。所以,欲离不离、欲去还留的心态,使他的情绪寄托——诗歌,呈现一种徘徊犹疑、反复凄迷的美。不过,《远游》一诗所描写的远游,并不是诗人的现实行为,而更多的是想象活动。因为是想象活动,诗人就把远游定位在天上,在神道怪异之间,在云光霞影里。众多的天上神祇,成了诗人的游伴。古人认为,天堂是真纯高雅的,所以,远游的梦想,也是神奇脱俗的。不过,最后诗人还是不得不回到人间,回到苦难黑暗的世俗社会。对世俗社会卑污的谴责,对高雅纯真世界的追求,也在远游的虚构中表露出来了。

  全诗按思想感情的脉络,可以分成九段。

  第一段是总起,交代远游的原因。基调是开头两句:"悲时俗之迫阨兮,愿轻举而远游。"对恶浊朝廷的迫害充满悲愤,只得去远游了。到哪里远游呢?"托乘而上浮",去的是天上,是人们所崇仰的神仙世界。

第二段写远游者的心境,反复吟咏"心愁悽而增悲""求正气之所由",定下全诗感情基调:悲愤的追求和坚定的信念。到四方远游的宁静环境,和诗人关怀现实的热烈内心,形成一对矛盾,从而引导下文诗人情绪的多变反复。

第三段提出一系列的仙人:赤松子、傅说、韩众等,作为追慕的对象,"贵真人之休德兮,美往世之登仙"。不过,诗人内心仍然隐隐作痛:他忘却不了故乡,忘却不了世俗社会。难道得道升天、腾云驾雾,就可以躲避小人们的迫害吗?诗人无法回答。诗人的怀疑,实际上是自己对远游复杂的心理表述。

第四段诗人的思绪又回到世俗社会,想到善良忠诚而遭朝廷迫害的情形,感到高阳帝时代清明的政治不会再出现,只好认真规划自己远游的行程了。第四段与第三段在内涵上相对。第三段写上天游玩却怀念人间,第四段写人间受苦就向往上天遨游。天上人间,始终成为诗人心灵的两极,时左时右,使情绪澜翻不已。

第五段是对三、四段情绪的决断。一开头有"重曰"二字,先重重地下断语:"春秋忽其不淹兮,奚久留此故居?轩辕不可攀援兮,吾将从王乔而娱戏。"世俗社会不能再留恋了,还是去飞天遨游吧!向南、向南,先向南方游览。诗人决断去远游,又定下方向,至此,才是远游从思想落实到行动。那么,诗人向谁请教远游的道理呢?第一位远游导师,便是王子乔。定了信念,请教仙人,远游便确定无疑了。

第六段是仙人王子乔的话。诗人把仙人的话,用富有节奏的文字记录下来,实质上是通过王子乔的话,表达自己对远游的体会:既然现世已无有道贤君,那么,上天悟道就是成仙立德了。古人说,人生三项不朽的事业是立德、立言、立功,立德是最重要的。既然在人间不能再立德,成仙修行便是最佳道路了。王子乔的话,诗人的领悟,都集中在做一个有道德的人这一点上,可见诗人仍未忘情于世:人间的道德规范永远深烙在他心中。

第七段写诗人远游的第一站:上天宫参观。上天之前,诗人吸取天之精气,神旺体健,然后乘云上天,进入天宫之门,游览清都等天帝的宫殿。古时说天帝宫殿在天的中央,诗人升天后先到天中央,作为出发的基点,可见在他心灵深处,仍然有一个天帝,那是人间君王在天界的投影。隐约之间,我们感到屈原离开楚国都城远游,心中时刻忘不了人间的君王。

第八段,写诗人远游的第二站:游览天上的东方与西方。先是游东方。诗人出游的队伍不是三两什役,而是一大队龙神卫护,八龙驾车,风伯、雨师、雷公做侍卫,真是威风八面、气势威严。拜会过东方太皞天帝和西方金神蓐收之后,诗人有点飘飘然了,享受到得道成仙的乐趣。但是,从高空下视,瞥见故乡,心中不禁隐隐作痛。该怎么办呢?决定再向南游,希望找到舜帝一诉衷肠。这一段写出游队伍的庞大神奇,既有大胆热烈的想象,又有丰富具体的铺陈,使出游的行列成为神仙世界的展览,渲染出成仙得道的快乐气氛。

第九段是全诗的结束,又可分两个层次。第一层写游览南方和北方,拜会南方之神祝融和北方之神颛顼,都深受教益。游南方北方的描写,比游东方西方简单一些,因为同样一支队伍,不必重复描述。只是突出了南方的鸾迎宓妃、湘灵鼓瑟,以及北方的冰积寒冷。第二层概括游览东西南北四方天空大地,感悟到人间应该有一个新的世界,那便是超越儒家的教化,使人与天地元气相一致,天、地、人和谐共处。这样,即使不离开人间远游,也能感受到生命的快乐了。

《远游》一诗,写的是想象中的天上远游,表达的是现实人间的理想追求。诗中出现了大量的神仙怪异之物,先后有太皞、西皇、颛顼等四方上帝,有雷神丰隆、木神句芒、风神飞廉、金神蓐收、火神祝融、洛神宓妃、湘水之神湘灵、海神海若、河神冯夷、水神玄冥、造化之神黔嬴等各类正神,有玄武星、文昌星等星官,有赤松子、傅说、韩众、王乔等仙人,有八龙、凤凰、鸾鸟、玄螭、虫象等神话动物,有汤谷、阊阖、太微、旬始、清都、太仪、微闾、寒门、清源等神话地名,迷离惝恍,令人目不暇接,心驰神摇。这正是战国时代民间传说与原始宗教交叉的产物,反映出楚文化富于想象的特色,显示了诗人吸取民间文艺素材进行诗歌创作的艺术视野,和操纵开合运用自如的创作能力。这位伟大的诗人的诗歌为我们保存了大量的古代神话素材,成为后代文学艺术创作的重要借鉴依据。　　　　(陈　铭)

招　魂　　　　　　　　屈　原

朕幼清以廉洁兮,①	我年幼时秉赋清廉的德行,
身服义而未沫。②	献身于道义而不稍微减轻。
主此盛德兮,③	具有如此盛大的美德,
牵于俗而芜秽。④	被世俗牵累横加秽名。
上无所考此盛德兮,⑤	君王不考察这盛大的美德,
长离殃而愁苦。⑥	长期受难而愁苦不尽。
帝告巫阳曰:⑦	上帝告诉巫阳说:

"有人在下,⑧
我欲辅之。⑨
魂魄离散,
汝筮予之。"⑩
巫阳对曰:
"掌梦,⑪
上帝其难从。"
"若必筮予之,⑫
恐后之谢,⑬
不能复用。"

巫阳焉乃下招曰:⑭
"魂兮归来!
去君之恒干,
何为四方些?⑮
舍君之乐处,
而离彼不祥些。⑯

"魂兮归来!
东方不可以托些。⑰
长人千仞,
惟魂是索些。
十日代出,
流金铄石些。
彼皆习之,
魂往必释些。
归来兮,
不可以托些!

"有人在下界,
我想要帮助他。
但他的魂魄已经离散,
你占卦将灵魂还给他。"
巫阳回答说:
"占卦要靠掌梦之官,
上帝的命令其实难以遵从。"
"你一定占卦让魂魄还给他,
恐怕迟了他已谢世,
再把魂招来也没有用。"

巫阳于是降至人间招魂说:
"魂啊回来吧!
何必离开你的躯体,
往四方乱走乱跑?
舍弃你安乐的住处,
遇上凶险实在很糟。

"魂啊回来吧!
东方不可以寄居停顿。
那里长人身高千丈,
只等着搜你的魂。
十个太阳轮番照射,
金属石头都熔化变形。
他们都已经习惯,
而你的魂一去必定消解无存。
回来吧,
那里不能够寄居停顿。

"魂兮归来！
南方不可以止些。
雕题黑齿，⑱
得人肉以祀，
以其骨为醢些。⑲
蝮蛇蓁蓁，⑳
封狐千里些。㉑
雄虺九首，㉒
往来儵忽，㉓
吞人以益其心些。㉔
归来兮，
不可以久淫些！㉕

"魂兮归来！
西方之害，
流沙千里些。
旋入雷渊，㉖
麋散而不可止些。㉗
幸而得脱，㉘
其外旷宇些。
赤蚁若象，
玄蜂若壶些。㉙
五谷不生，
丛菅是食些。㉚
其土烂人，
求水无所得些。
彷徉无所倚，
广大无所极些。
归来兮，

"魂啊回来吧！
南方不可以栖止。
野人额上刻花纹长着黑牙齿，
掠得人肉作为祭祀，
还把他们的骨头磨成浆滓。
那里毒蛇如草一样丛集，
大狐狸千里内到处都是。
雄虺蛇长着九个脑袋，
来来往往飘忽迅捷，
为求补心把人类吞食。
回来吧，
那里不能够长久留滞。

"魂啊回来吧！
西方的大灾害，
是那流沙千里平铺。
被流沙卷进雷渊，
糜烂溃散哪能止住。
侥幸摆脱出来，
四外又是空旷死寂之域。
红蚂蚁大得像巨象，
黑蜂儿大得像葫芦。
那里五谷不能好好生长，
只有丛丛茅草可充食物。
沙土能把人烤烂，
想要喝水却点滴皆无。
徬徨怅惘没有依靠，
广漠荒凉没有终极之处。
回来吧，

恐自遗贼些!㉛　　　　　　　恐怕自身遭受荼毒!

"魂兮归来!　　　　　　　"魂啊回来吧!
北方不可以止些。　　　　　北方不可以停留。
增冰峨峨,㉜　　　　　　　那里层层冰封高如山峰,
飞雪千里些。　　　　　　　大雪飘飞千里密密稠稠。
归来兮,　　　　　　　　　回来吧,
不可以久些!　　　　　　　不能够耽搁得太久!

"魂兮归来!　　　　　　　"魂啊回来吧!
君无上天些。　　　　　　　你不要径自上天。
虎豹九关,㉝　　　　　　　九重天的关门都守着虎豹,
啄害下人些。　　　　　　　咬伤下界的人尝鲜。
一夫九首,　　　　　　　　另有个一身九头的妖怪,
拔木九千些。　　　　　　　能连根拔起大树九千。
豺狼从目,㉞　　　　　　　还有眼睛直长的豺狼,
往来侁侁些。㉟　　　　　　来来往往群奔争先。
悬人以娭,㊱　　　　　　　把人甩来甩去作游戏,
投之深渊些。　　　　　　　最后扔他到不见底的深渊。
致命于帝,㊲　　　　　　　再向上帝报告完毕,
然后得瞑些。　　　　　　　然后你才会断气闭眼。
归来,　　　　　　　　　　回来吧,
往恐危身些!　　　　　　　上天去恐怕也身遭危险!

"魂兮归来!　　　　　　　"魂啊回来吧!
君无下此幽都些。㊳　　　　你不要下到幽冥王国。
土伯九约,㊴　　　　　　　那里有扭成九曲的土伯,
其角觺觺些。㊵　　　　　　它头上长着尖角锐如刀凿。
敦脄血拇,㊶　　　　　　　脊背肥厚拇指沾血,

逐人駓駓些。㊷	追起人来飞奔如梭。
参目虎首，㊸	还有三只眼睛的虎头怪，
其身若牛些。	身体像牛一样壮硕。
此皆甘人，㊹	这些怪物都喜欢吃人，
归来，	回来吧！
恐自遗灾些！	恐怕自己要遭受灾祸。
“魂兮归来！	“魂啊回来吧！
入修门些。㊺	快进入楚国郢都的修门。
工祝招君，㊻	招魂的巫师引导君王，
背行先些。㊼	背向前方倒退着一路先行。
秦篝齐缕，㊽	秦国的篝笼齐国的丝带，
郑绵络些。㊾	还有作盖头的郑国丝绵织品。
招具该备，㊿	招魂的器具已经齐备，
永啸呼些。(51)	快发出长长的呼叫声。
魂兮归来！	魂啊回来吧！
反故居些。(52)	返回故居不再离乡背井。
“天地四方，	“天地上下四面八方，
多贼奸些。	多有残害人的奸佞。
像设君室，(53)	仿照你原先布置的居室，
静闲安些。	舒适恬静十分安宁。
高堂邃宇，	高高的大堂深深的屋宇，
槛层轩些。(54)	栏杆围护着轩廊几层。
层台累榭，	层层亭台重重楼榭，
临高山些。	面临着崇山峻岭。
网户朱缀，(55)	大门镂花涂上红色，
刻方连些。(56)	刻着方格图案相连紧。
冬有突厦，(57)	冬天有温暖的深宫，

夏室寒些。	夏天有凉爽的内厅。
川谷径复,⑧	山谷中路径曲折,
流潺湲些。	溪流发出动听的声音。
光风转蕙,	阳光中微风摇动蕙草,
氾崇兰些。⑨	丛丛香兰播散芳馨。
经堂入奥,⑩	穿过大堂进入内屋,
朱尘筵些。⑪	上有红砖承尘下有竹席铺陈。
砥室翠翘,⑫	光滑的石室装饰翠羽,
挂曲琼些。⑬	墙头挂着玉钩屈曲晶莹。
翡翠珠被,	翡翠珠宝镶嵌被褥,
烂齐光些。⑭	灿烂生辉艳丽动人。
蒻阿拂壁,⑮	细软的丝绸悬垂壁间,
罗帱张些。⑯	罗纱帐子张设在中庭。
纂组绮缟,⑰	四种不同的丝带色彩缤纷,
结琦璜些。⑱	系结着块块美玉多么纯净。
"室中之观,	"宫室中那些陈设景观,
多珍怪些。	丰富的珍宝奇形怪状。
兰膏明烛,⑲	香脂制烛光焰通明,
华容备些。	把美人花容月貌都照亮。
二八侍宿,⑳	二八十六位侍女来陪宿,
射递代些。㉑	倦了便互相替代轮流上。
九侯淑女,㉒	列国诸侯的淑美女子,
多迅众些。㉓	人数众多真不同凡响。
盛鬋不同制,㉔	发式秀美有各种各样,
实满宫些。	充满后宫熙熙攘攘。
容态好比,㉕	容颜姿态姣好互相比并,
顺弥代些。㉖	真是风华绝代盖世无双。
弱颜固植,㉗	娇柔的面貌健康的身体,

謇其有意些。⑱	流露出缠绵情意令人心荡。
姱容修态,⑲	俏丽的容颜美妙的体态,
絙洞房些。⑳	在洞房中不断地来来往往。
蛾眉曼睩,㉑	纤秀的弯眉下明眸转动,
目腾光些。	顾盼之间双目秋波流光。
靡颜腻理,㉒	肌肤细腻如脂如玉,
遗视矊些。㉓	留下动人一瞥意味深长。
离榭修幕,	离宫别馆有修长的大幕,
侍君之闲些。	消闲解闷她们侍奉君王。
"翡帷翠帐,	"张挂起翡翠色的帷帐,
饰高堂些。	装饰那高高的殿堂。
红壁沙版,	红漆髹墙壁丹砂涂护版,
玄玉梁些。	还有黑玉一般的大屋梁。
仰观刻桷,㉔	抬头看那雕刻的方椽,
画龙蛇些。	画的是龙与蛇的形象。
坐堂伏槛,	坐在堂上倚着栏干,
临曲池些。	面对着弯弯曲曲的池塘。
芙蓉始发,	荷花才开始绽放花朵,
杂芰荷些。㉕	中间夹杂着荷叶肥壮。
紫茎屏风,㉖	紫茎的荇菜铺满水面,
文缘波些。㉗	风起水纹生于绿波之上。
文异豹饰,㉘	身着文彩奇异的豹皮服饰,
侍陂陁些。㉙	侍卫们守在山丘坡岗。
轩辌既低,㉚	有篷有窗的安车已到,
步骑罗些。	步骑随从分列两旁。
兰薄户树,㉛	丛丛兰草种在门边,
琼木篱些。	株株玉树权当做篱笆护墙。
魂兮归来!	魂啊回来吧!

何远为些? 为什么还要滞留远方?

"室家遂宗,㊈ "家族聚会人都到齐,
食多方些。㊉ 食品丰富多种多样。
稻粢穱麦,㊉ 有大米小米也有新麦,
挐黄粱些。㊉ 还掺杂香美的黄粱。
大苦咸酸, 大苦与咸的酸的有滋有味,
辛甘行些。㊉ 辣的甜的也都用上。
肥牛之腱,㊉ 肥牛的蹄筋是佳肴,
臑若芳些。㊉ 炖得酥酥烂扑鼻香。
和酸若苦, 调和好酸味和苦味,
陈吴羹些。㊉ 端上来有名的吴国羹汤。
胹鳖炮羔,⑩ 清炖甲鱼火烤羊羔,
有柘浆些。⑩ 再蘸上新鲜的甘蔗糖浆。
鹄酸臇凫,⑩ 醋熘天鹅肉煲煮野鸭块,
煎鸿鸧些。⑩ 另有滚油煎炸的大雁小鸧。
露鸡臛蠵,⑩ 卤鸡配上大龟熬的肉羹,
厉而不爽些。⑩ 味道浓烈而又脾胃不伤。
粔籹蜜饵,⑩ 甜面饼和蜜米糕作点心,
有餦餭些。⑩ 还加上很多麦芽糖。
瑶浆蜜勺,⑩ 晶莹如玉的美酒掺和蜂蜜,
实羽觞些。⑩ 斟满酒杯供人品尝。
挫糟冻饮, 酒糟中榨出清酒再冰冻,
酎清凉些。⑩ 饮来醇香可口遍体清凉。
华酌既陈, 豪华的宴席已经摆好,
有琼浆些。 有酒都是玉液琼浆。
归来反故室, 归来吧返回故居,
敬而无妨些。 礼敬有加保证无妨。

"肴羞未通,[11]	"丰盛的酒席还未撤去,
女乐罗些。	舞女和乐队就罗列登场。
敶钟按鼓,[12]	安放好编钟设置好大鼓,
造新歌些。	把新作的乐歌演奏演唱。
《涉江》《采菱》,[13]	唱罢《涉江》再唱《采菱》,
发《扬荷》些。[14]	更有《阳阿》一曲歌声扬。
美人既醉,	美人已经喝得微醉,
朱颜酡些。[15]	红润的面庞更添红光。
娭光眇视,[16]	目光撩人脉脉注视,
目曾波些。[17]	眼中秋波流转水汪汪。
被文服纤,[18]	披着刺绣的轻柔罗衣,
丽而不奇些。	色彩华丽却非异服奇装。
长发曼鬋,	长长的黑发高高的云鬓,
艳陆离些。[19]	五光十色艳丽非常。
二八齐容,[20]	二八分列的舞女一样妆饰,
起郑舞些。[21]	跳着郑国的舞蹈上场。
衽若交竿,[22]	摆动衣襟像竹枝摇曳交叉,
抚案下些。[23]	弯下身子拍手按掌。
竽瑟狂会,	吹竽鼓瑟狂热地合奏,
搷鸣鼓些。[24]	猛烈敲击鼓声咚咚响。
宫庭震惊,	宫殿院庭都震动受惊,
发《激楚》些。[25]	唱出的《激楚》歌声高昂。
吴歈蔡讴,[26]	献上吴国蔡国的俗曲,
奏大吕些。[27]	奏着大吕调配合声腔。
士女杂坐,	男女纷杂交错着坐下,
乱而不分些。	位子散乱不分方向。
放敶组缨,[28]	解开绶带帽缨放一边,
班其相纷些。[29]	色彩斑斓缤纷鲜亮。
郑卫妖玩,[30]	郑国卫国的妖娆女子,

来杂陈些。纷至沓来排列堂上。
《激楚》之结，唱到《激楚》之歌的结尾，
独秀先些。[131]特别优美出色一时无两。

"菎蔽象棋，[132]"赌具有饰玉筹码象牙棋，
有六簙些。[133]用来玩六簙棋游戏。
分曹并进，[134]分成两方对弈各自进子，
遒相迫些。着着强劲紧紧相逼。
成枭而牟，[135]掷彩成枭就取鱼得筹，
呼五白些。[136]大呼五白求胜心急。
晋制犀比，[137]赢得了晋国制的犀带钩，
费白日些。[138]一天光阴耗尽不在意。
铿钟摇簴，[139]铿锵打钟钟架齐摇晃，
揳梓瑟些。[140]抚弦再把梓瑟弹奏起。
娱酒不废，饮酒娱乐不肯停歇，
沉日夜些。沉湎其中日夜相继。
兰膏明烛，带兰香的明烛多灿烂，
华镫错些。[141]华美的灯盏错落高低。
结撰至思，[142]精心构思撰写文章，
兰芳假些。文采绚丽借得幽兰香气。
人有所极，[143]人们高高兴兴快乐已极。
同心赋些。一起赋诗表达共同的心意。
酎饮尽欢，酎饮香醇美酒尽情欢笑，
乐先故些。[144]也让先祖故旧心旷神怡。
魂兮归来！魂啊回来吧！
反故居些。"快快返回故里。"

乱曰：[145]尾声：
献岁发春兮，[146]新年开始春天到来，

汩吾南征。⑭	我匆匆忙忙向南行。
菉蘋齐叶兮,⑭	绿蘋长齐了片片新叶,
白芷生。⑭	白芷萌生又吐芳馨。
路贯庐江兮,⑮	道路贯通穿越庐江,
左长薄。⑮	左岸上是连绵的丛林。
倚沼畦瀛兮,⑮	沿着泽沼水田往前走,
遥望博。⑮	远远眺望旷野无垠。
青骊结驷兮,⑭	四匹青骊驾起一乘车,
齐千乘。	千乘猎车并驾前行。
悬火延起兮,⑮	点起火把蔓延燃烧,
玄颜烝。⑮	夜空黑里透红火光腾。
步及骤处兮,⑮	步行的赶到乘车的停留,
诱骋先。⑮	狩猎的向导又当先驰骋。
抑骛若通兮,⑮	勒马纵马进退自如,
引车右还。	又引车向右掉转车身。
与王趋梦兮,⑯	与君王一起驰向云梦泽,
课后先。⑯	赛一赛谁先谁后显本领。
君王亲发兮,	君王亲手发箭射猎物,
惮青兕。⑯	却怕射中青兕有祸生。
朱明承夜兮,⑯	黑夜之后红日放光明,
时不可以淹。⑯	时光迅速流逝不肯停。
皋兰被径兮,⑯	水边高地兰草长满路,
斯路渐。⑯	这条道已湮没不可寻。
湛湛江水兮,⑯	清澈的江水潺潺流,
上有枫。	岸上有成片的枫树林。
目极千里兮,	纵目望尽千里之地,
伤春心。	春色多么引人伤心。
魂兮归来,	魂啊回来吧,
哀江南!	江南堪哀难以忘情!

〔注〕① 朕：我，屈原自指。　② 沫（mèi）：微暗。引申为消减。　③ 主：守、持有。　④ 芜秽：萎枯污烂。　⑤ 上：指楚王。　⑥ 离：遭遇。殃：祸患。　⑦ 帝：上帝。巫阳：古代神话中的巫师。　⑧ 人：指楚王。　⑨ 辅：帮助。特指上天辅助人间帝王。　⑩ 筮予之：通过卜筮知魂魄所在，招还给予其人。　⑪ 掌䲛（mèng）：疑为掌梦之官，实司其事。巫阳因其难招，故作托词。䲛：同"梦"。　⑫ 若：你，指巫阳。　⑬ 谢：凋落。按："若必筮予之"三句作为上帝言语，首见项安世《项氏家说》，闻一多、陈子展从之。　⑭ 焉乃：于是。按："巫阳焉乃"属此句。"焉乃"连文用王引之《经传释词》说。　⑮ 些：语尾助词，读音"唆"（suō）疑同今民歌中"啰"音。　⑯ 离：同"罹"，遭。　⑰ 目（yǐ）：同"以"。　⑱ 雕题黑齿：额头上刻花纹，牙齿染成黑色。指南方未开化的野人。题，额头。　⑲ 醢（hǎi）：肉酱。　⑳ 蓁（zhēn）蓁：树木丛生貌，此指积聚在一起。　㉑ 封狐：大狐。　㉒ 虺（huǐ）：毒蛇。　㉓ 儵（shū）忽：同"倏忽"。忽然。　㉔ 益：补。　㉕ 淫：久留。　㉖ 雷渊：神话中的深渊。　㉗ 靡（mǐ）：同"靡"，粉碎。　㉘ 委（xìng）：同"幸"。　㉙ 蠭：同"蜂"。壶：通"瓠"，葫芦。　㉚ 丛（cóng）：聚集。菅（jiān）：一种野草，细叶绿花褐果。　㉛ 贼：残害。　㉜ 增（céng）：通"层"。　㉝ 九关：指九重天门。　㉞ 从（zhòng）：同"纵"，直。　㉟ 侁（shēn）侁：众多貌。　㊱ 娭（xī）：同"嬉"。　㊲ 致命：上报。　㊳ 幽都：神话中地下鬼神统治的地方。　㊴ 土伯：地下王国的神灵。约：弯曲。一说，尾也，一说，肚下肉块。　㊵ 觺（yí）觺：尖利貌。　㊶ 敦脄（méi）：很厚的背肉。疑为神怪名。　㊷ 驰（pī）驱：跑得很快的样子。　㊸ 参：同"三"。　㊹ 甘人：以食人为甘美。　㊺ 修门：郢都城南三门之一。　㊻ 工祝：工巧的巫人。　㊼ 背行：倒退着走。　㊽ 秦篝：秦国出产的竹笼，用以盛被招者的衣物。齐缕：齐国出产的丝线，用以装饰"篝"。　㊾ 郑绵络：郑国出产的丝棉织品，用作"篝"上遮盖。　㊿ 招具：招魂用品，指上文"秦篝"、"齐缕"、"郑绵络"等。　㊀ 永：长。招魂者要长声呼唤被招者。　㊁ 反：同"返"。　㊂ 像设：假想陈设。　㊃ 槛：栏杆。轩：走廊。　㊄ 网户：刻镂网状空格的门户。朱缀：交缀处涂上红色。　㊅ 方连：方格图案，即指"网户"。　㊆ 突（yào）：深密。　㊇ 径：直。复：曲，指川谷水流曲折。　㊈ 崇：通"丛"。　㊉ 奥：内室。　㊀ 尘筵：铺在地上的竹席。　㊁ 砥室：形容地面、墙壁都磨平光亮像磨刀石一样。翠翘：翠鸟尾上的毛羽。　㊂ 曲琼：玉钩。　㊃ 齐光：色彩辉映。　㊄ 蒻（ruò）阿：细软的缯帛。　㊅ 帱（chóu）：壁帐。　㊆ 纂组绮缟：指四种颜色不同的丝带。纂，赤色丝带；组，杂色丝带；绮，带花纹丝织品；缟，白色丝织品。　㊇ 琦璜：美玉。　㊈ 兰膏：泛言有香气的油脂。　㊉ 二八：以八人为行，二八十六人。　㊀ 射（yì）：厌。递：更替。　㊁ 九侯：泛指列国诸侯。　㊂ 迅：通"洵（xún）"，真正。　㊃ 盛鬋（jiǎn）：浓密的鬓发。鬋，下垂的鬓发。　㊄ 比：并。　㊅ 顺：通"洵"，诚然。弥代：盖世。　㊆ 弱颜：容貌柔嫩。固植：身体健康。　㊇ 謇：发语词。　㊈ 姱（kuā）：美好。修：美。　㊉ 絙（gèng）：绵延。　㊀ 曼：长。睩（lù）：眼珠转动。　㊁ 靡：细致。腻：光滑。理：肌肤。　㊂ 矊（miǎn）：目光深长。　㊃ 橵（jué）：方的椽子。　㊄ 芰（jì）荷：荷叶。　㊅ 屏风：荇菜，又名水葵。一种水生植物。　㊆ 文：同"纹"，指波纹。　㊇ 文异：文彩奇异。豹饰：以豹皮为饰，指侍卫武士的装束。　㊈ 陂陁（pō tuó）：高低不平的山坡。　㊉ 轩：有篷的轻车。辌（liáng）：可以卧息的安车。低：通"抵"，到达。　㊁ 薄：草木丛生。　㊁ 宗：聚。　㊂ 多方：多种多样。　㊃ 粢（zī）：小米。穱（zhuō）：早熟麦。　㊄ 挐（rú）：掺杂。黄粱：黄小米。　㊅ 辛：辣。行：用。　㊆ 胹（jiàn）：蹄筋。　㊇ 臑（ér）：炖烂。若：与"而"意同。　㊈ 吴羹：吴地浓汤。　㊉ 胹（ér）：煮。炮：烤。　㊀ 柘（zhè）浆：甘蔗汁。　㊁ 鹄（hú）酸：据闻一多校，当作"酸鹄"。鹄，天鹅。膴（juàn）：少汁的羹。凫（fú）：野鸭。

⑩³ 鸿鸧(cāng)：鸿，大雁；鸧，即鸧鸹，一种似鹤的水鸟。 ⑩⁴ 露：借为"卤"。一说借为"烙"。臛(huò)：肉羹。蠵(xī)：大龟。 ⑩⁵ 厉：浓烈。爽：败、伤。 ⑩⁶ 粔籹(jùnǚ)：用蜜和面粉制成的环状饼。饵：糕。 ⑩⁷ 餦餭(zhāng huáng)：即麦芽糖，也叫饴糖。 ⑩⁸ 勺：通"酌"。 ⑩⁹ 羽觞：古代一种酒器。 ⑩ 酎(zhòu)：醇酒。 ⑪ 通：通"彻"，撤去。 ⑫ 敶：同"陈"。 ⑬ 涉江、采菱：楚国歌曲名。 ⑭ 扬荷：多作《阳阿》，楚国歌曲名。 ⑮ 酡(tuó)：喝酒脸红。 ⑯ 娭光：形容撩人的目光。眇：通"妙"。 ⑰ 曾：通"层"。 ⑱ 被(pī)：披。文：文绣。纤：细软。 ⑲ 陆离：形容色彩斑斓。 ⑳ 二八：指两队女乐。齐容：装束一样。 ㉑ 郑舞：郑国的舞蹈，比较放纵。 ㉒ 衽：衣襟。交竿：衣襟相交如竿。 ㉓ 抚：通"拊"，拍击。案：同"按"。下：似指弯腰下屈的舞蹈动作。 ㉔ 摶(tián)：猛击。 ㉕ 激楚：楚国的歌舞曲名。或谓指激烈的楚歌之声。 ㉖ 吴歈(yú)：吴地之歌。蔡讴：蔡地之歌。 ㉗ 大吕：乐调名。 ㉘ 组：系佩饰的丝带。缨：帽带。 ㉙ 班：同"斑"。 ㉚ 妖玩：指妖娆的女子。 ㉛ 秀先：优秀出众。 ㉜ 菎(kūn)蔽：饰玉的筹码。赌博用具。象棋：象牙棋子。六簿用具。 ㉝ 六簿(bó)：一种棋戏，可用以赌博。 ㉞ 分曹：相对的两方。 ㉟ 枭(xiāo)：博戏术语。成枭棋则可取得棋局上的鱼，得二筹。牟：取。 ㊱ 五白：五颗骰子组成的特彩，得此可胜。 ㊲ 犀比：犀角制的带钩，用作赌胜负的彩注。一说用犀角制成的赌具。 ㊳ 白日：指一天时光。 ㊴ 铿：象声词。簴(jù)：钟架。 ㊵ 揳(jiá)：抚。梓瑟：梓木所制之瑟。 ㊶ 镫：同"灯"。错：错落安置。 ㊷ 结撰：构思。至思：尽心思考。 ㊸ 极：极致，此当指极度快乐。 ㊹ 先故：先祖与故旧。 ㊺ 乱：乱辞，尾声。 ㊻ 献：进。 ㊼ 汩(yù)：形容匆匆而行。 ㊽ 菉：通"绿"。蘋：一种水草。 ㊾ 白芷：一种香草。 ㊿ 贯：通。庐江：洪兴祖《楚辞补注》云："庐江出陵阳东南，北入江。"谭其骧以为当指当今襄阳、宜城界之漳水。春秋时，地为庐戎之国，因有此称。 ⑮¹ 长薄：杂草丛生的林子。 ⑮² 倚：沿。畦：水田。瀁：大水。 ⑮³ 博：旷野之地。 ⑮⁴ 青骊(lí)：青黑色的马。驷：驾一乘车的四匹马。 ⑮⁵ 悬火：焚林驱兽的火把。 ⑮⁶ 玄颜：黑里透红。指天色。烝：上升。 ⑮⁷ 步：步行的随从。骖处：乘车的随从停下。骤，驰；处，止。 ⑮⁸ 诱：导。打猎时的向导。 ⑮⁹ 抑：勒马不前。骛(wù)：奔驰。若：顺，指进退自如。 ⑯⁰ 梦：指云梦泽。这一带是楚国的大猎场，地跨大江南北。 ⑯¹ 课：比试。 ⑯² 惮青兕：怕射中青兕。兕，犀牛一类的野兽。楚人传说猎得青兕者，三月必死。 ⑯³ 朱明：指太阳。 ⑯⁴ 淹：留。 ⑯⁵ 皋：水边高地。 ⑯⁶ 渐(jiān)：遮没。 ⑯⁷ 湛湛：水深的样子。

在《楚辞》中，《招魂》是一篇独具特色的作品。它是模仿民间招魂的习俗写成的。其中却又包含了作者的思想感情。

关于《招魂》的作者，历来存在着争论。东汉王逸《楚辞章句》称《招魂》作者是宋玉，因哀怜屈原"魂魄放佚"，因作以招其生魂。但西汉中，司马迁作《史记》，在《屈原贾生列传》中，将《招魂》与《离骚》《天问》《哀郢》并列，并说读了这些作品，而"悲其(指屈原)志"，明显将《招魂》定为屈原作品。后世读《楚辞》，多用王逸注，故注本、诗词中每从其说。近世以来，研究者重视司马迁的提示，多主张《招魂》为屈原所作。但又分别有招楚怀王魂和屈原自招两种说法。同样主张屈原招怀王魂的，又有招生魂或死魂的两说。说法如此分歧，所举证据也很纷繁。简而言之，笔者赞成屈原招楚怀王死魂一说。理由如下：第一，篇中所写奢侈享受，非楚王莫属。尤其像"九侯淑女，多迅众些"，娶一国之女，其他诸侯送女作媵妾从嫁，这必是像楚王这样的身份，才能拥有。第二，文献所载，上天所辅必是帝、王，而非臣民。"有人在下，我欲辅之"必是指楚王（陈子展说）。第三，乱曰之后写打猎，既提到"汨吾南征"，又提到"与王趋梦""君王亲发"，明是作者回忆与楚王狩猎情形。最后并深情呼唤"魂兮归来，哀江南"，这只可能是屈原来招楚怀王之魂。

《招魂》的形式主要来自民间。古人迷信，以为人有会离开躯体的灵魂，人生病或死亡，灵魂离开了，就要举行招魂仪式，呼唤灵魂归来。在许多民族残留的原始歌谣中，都有招魂歌谣。内容一般都是告诫灵魂不要到上下四方去，而应赶快回到家里来。为此目的，自然要讲讲上下四方的可怖，家中的安乐。后来规范为礼仪。如《礼记·礼运》所载"及其死也，升屋而号，告曰'皋（嗥）某复'"，其仪式是由小臣举死者衣，登上屋顶，向上下四方呼号，招唤灵魂。作为礼仪，已非原始信仰，而是"尽爱之道也，有祷祠之心焉"。古老的迷信演变为一种风俗。杜甫《彭衙行》云"暖汤濯我足，剪纸招我魂"。远方来客，历经艰险，剪纸为其压惊、招魂。这倒是颇具人情味的风俗。民间一直流传有叫魂的迷信，曹禺《原野》中，曾借用来营造黑松林中的凄厉气氛，这也是古代招魂仪式的遗存。屈原写作《招魂》，就是模仿民间的创作，"外陈四方之恶，内崇楚国之美"（王逸《楚辞章句》），呼唤楚怀王的灵魂回到楚国来。

《招魂》当作于公元前296年，即顷襄王三年。三年前楚怀王受秦欺骗，入武关而被拘，于秦，逃跑不成，怨愤而死。顷襄王三年，秦欲与楚修好，归怀王丧，"楚人皆怜之，如悲亲戚"，楚人同情怀王这个昏君，除敌忾之心外，还因怀王囚秦时，不肯割地屈服，总算有些骨气。对比只想苟安的顷襄王，自易引起人们的怀念。屈原曾受怀王信用，后来被谗见疏，但总希望怀王有所觉悟。怀王一死，楚国又面临亲秦、拒秦的斗争。屈原写作《招魂》，即认同楚人"如悲亲戚"之情，其中自然就包含了对秦的敌忾之心。

《招魂》的结构是：一、序引，二、招魂辞，三、乱辞，总共三个部分。招魂辞中又分为"外陈四方之恶"与"内崇楚国之美"两大部分。一般招魂辞是没有序引和乱辞的，而且招魂辞每句结束都有"些"字，据旧注读苏贺切，其音与今湘南民歌尾音"啰"相近。而序引、乱辞语气词都用"兮"字，与《离骚》《九章》等篇相同。由此可见，托为巫阳的招魂辞，主要遵从招魂的习俗要求，而序引和乱辞，则更显示出屈原的主体色彩。以下即依《招魂》的结构，略作鉴赏性介绍。

序引一开头，便有作者出现，自"朕幼清以廉洁兮"至"长离殃而愁苦"，当是屈原自叙。屈原从来是以清廉、服义自许的。只是因楚王受到蒙蔽，不能"考此盛德"，而使他遭受不幸而忧愁痛苦。在这几句之后，忽然说到"帝告巫阳曰：'有人在下……'"，这就使人容易错会为上帝令巫阳为之招魂的，就是这位"长离殃而愁苦"之人，也就是屈原自己。于是主张"招怀王魂说"者，一般也将前四句解为称说怀王之词。然而既有"朕"字自称（如《离骚》），形容又不相当。这确是一个难题。闻一多曾怀疑，开头四句，本非《招魂》所有，是错简于此。笔者认为，如果说其下有脱简，也未始不可能。假设加上"上往而不返兮，朕冤结将谁诉"之类的句子，就自然过渡到招魂的事了。"帝告巫阳曰"以下几句是对话形式，表示出招魂的迫切性。实已暗示怀王已死，灵魂招来也不能复用。这几句有多种断句法，但大意都是：帝命巫阳下招——巫阳推辞——巫阳受命下招。这三层意思是大家公认的。

作为《招魂》主干的是巫阳的招辞。招辞的第一部分写东、南、西、北、天上、地下的可畏可怖。这里取用了许多神话材料，写得诡异莫测。神话的瑰奇本是具有现实基础的，联系这种基础，可知想象的合理性；神话又是经过幻想加工改造的，赋予了令人眩目的奇幻色彩，更能激发起人们的审美兴味。《招魂》正是如此，如写到东方，东方是太阳升起的地方，而古代神话有十日并出烤焦大地的故事，作者用来形容东方的危险，便十分巧妙。又如写到西方，沙漠无边，不生五谷，无水可饮，又有赤蚁、玄蜂等毒虫，使人无法生存。这种种描写相当准确，使人惊叹作者具有相当丰富的地理知识，夸张的描写并未脱离现实基础。又如写到天上、地下，都有残忍无比的怪物据守着。保存了原始神话中的神秘性和原始性的特点。

招魂辞的第二部分，是写郢都修门之内的豪华生活。作为前一部分的强烈对照，这一部分基本写实。从近年许多楚墓的发掘，完全可以证实其写实性。这一部分展示了故居的宫室、美女、饮食、歌舞、游戏之盛，描写了那种无日无夜的享乐生活。作者的描写是具体生动的。如写宫室园囿，既总写了建筑的外观、布局，池苑风物，又详写室内的装饰、布置，以及处于其间的人的活动——主要是美女的活动。又如写饮食，多种多样的主食、菜肴、饮料一一列举，且加形容："臑若芳""酎清凉""厉而不爽"，让人感到的确是美味佳肴。文章中时时点染以人的活动、感受，更为传神。如写饮食、歌舞之余，"士女杂坐，乱而不分些。放敶组缨，班其相纷些"；写赌博的场面"分曹并进，遒相迫些。成枭而牟，呼五白些"。将那种不顾礼仪、忘乎所以的情形，那种捋袖揎拳、呼五喝六的神态，穷形尽相地描绘了出来。写得最精彩的，要数对美人和风物的刻画。如写美女说："美人既醉，朱颜酡些。娭光眇视，目曾波些。"写人着力写眼睛，是《诗经》已开始了，《硕人》便有"巧笑倩兮,美目盼兮"之句,而这里则发展为写挑逗的目光,流动的眼波,更为巧妙生动。整个的美人醉态,犹之一副"贵妃醉酒"图。又如写到苑中之景,说:"川谷径复,流潺湲些。光风转蕙,氾崇兰些。"溪流蜿蜒,汩汩有声,微风挟着阳光,摇动着香草,泛起阵阵清香。"光风"二字语简义丰,形容极为准确。这两句确实是当之无愧的名句。

客观叙述,一般不着作者主观色彩。然其中所写醉酒后的种种失态,客观上是有批评性的。那些描写多切合楚王身份。"归来反故室,敬而无妨些"一句,强调归来仍受尊敬而无妨害,应是针对楚怀王可能具有的愧悔心情的。

《招魂》的最后部分"乱曰"一段,是全篇的结束语。"乱曰"主要写打猎。在《招魂》影响下的汉大赋,打猎是描写的主要内容。这里却归入了乱辞,原因是这与巫阳招魂辞无关,而是作者自身的活动。这里屈原又以第一人称出现,叙其在南征途中,回忆起参加怀王狩猎的情况。云梦一带是楚国著名的猎场,面积极广,汉赋对云梦之猎有很精彩的描写。而这里并未多写狩猎过程,只写了开始时的壮丽场景,"青骊结驷兮,齐千乘。悬火延起兮,玄颜烝"。实际狩猎只有"君王亲发兮,惮青兕"这一句。《吕氏春秋·至忠篇》载有楚王射中随兕的故事:据楚国《故记》说,杀随兕者不到三月必死,楚王射中随兕,申公子培出于忠心,夺归己有,果然代王而死。有这种传说作为依据,"君王亲发兮惮青兕"其实表现了屈原曾经对楚怀王的安危十分关心,也就是"系心怀王,不忘欲反"的意思。然而怀王终于"客死于秦"不得归楚了。诗人最后以"湛湛江水兮,上有枫。目极千里兮,伤春心。魂兮归来,哀江南!"这样极其凄婉的诗句,结束了这一篇千古绝唱。而这结尾几句,堪称《楚辞》中最著名的情景交融片段之一,绝不亚于《九歌·湘夫人》开头"帝子降兮北渚,目眇眇兮愁予。嫋嫋兮秋风,洞庭波兮木叶下"等名句。它对后世的影响甚大,如果说宋玉《九辩》的"悲哉秋之为气也,萧瑟兮草木摇落而变衰,憭慄兮若在远行,登山临水送将归"数语是中国古典文学悲秋传统的滥觞,那么不妨说《招魂》末尾的这几句是中国古典文学伤春传统的滥觞。后世如北朝庾信的《哀江南赋》,题目即取自"魂兮归来哀江南"句,感伤时事,眷怀故国,精神亦与楚辞屈赋相仿佛,其深受《招魂》影响固不待言;即如唐司空曙《送郑明府贬岭南》"青枫江色晚,楚客独伤春"二句,虽所感限于身世之悲,其意象又何尝不是脱胎于《招魂》的乱辞。

(郭维森)

大　招　　　　　屈原

青春受谢,①　　　　四季交替春天降临,

白日昭只。	太阳是多么灿烂辉煌。
春气奋发，	春天的气息蓬勃奋发，
万物遽只。②	万物繁荣急遽地生长。
冥凌浃行，③	遍地是冬天的余阴残冰，
魂无逃只。	魂也没有地方可以逃亡。
魂魄归徕！④	魂魄归来吧！
无远遥只。	不要去遥远的地方。
魂乎归徕！	魂啊归来吧！
无东无西，	不要去东方和西方，
无南无北只。	也不要去南方和北方。
东有大海，	东方有苍茫大海，
溺水㴸㴸只。⑤	沉溺万物浩浩荡荡。
螭龙并流，⑥	没角的螭龙顺流而行，
上下悠悠只。	上上下下出波入浪。
雾雨淫淫，	迷雾阵阵淫雨绵绵，
白皓胶只。⑦	白茫茫像凝结的胶冻一样。
魂乎无东！	魂啊不要去东方！
汤谷宗只。⑧	旸谷杳无人迹岑寂空旷。
魂乎无南！	魂啊不要去南方！
南有炎火千里，⑨	南方有烈焰绵延千里，
蝮蛇蜒只。⑩	蝮蛇蜿蜒盘绕长又长。
山林险隘，	山深林密充满险阻，
虎豹蜿只。⑪	虎豹在那儿逡巡来往。
鰅鱅短狐，⑫	鰅鱅短狐聚集害人，
王虺骞只。⑬	大毒蛇王虺把头高扬。
魂乎无南！	魂啊不要去南方！
蜮伤躬只。⑭	鬼蜮含沙射影把人伤。
魂乎无西！	魂啊不要去西方！
西方流沙，	西方一片流沙到处都是，

潢洋洋只。	无边无际渺渺茫茫。
豕首纵目,⑮	猪头妖怪眼睛直着长,
被发鬤只。⑯	毛发散乱披在身上。
长爪踞牙,⑰	长长的瓜子锯齿般的牙,
诶笑狂只。⑱	嬉笑中露出疯狂相。
魂乎无西!	魂啊不要去西方!
多害伤只。	那儿有很多东西把人伤。
魂乎无北!	魂啊不要去北方!
北有寒山,	北方有寒冷的冰山,
逴龙䞓只。⑲	烛龙身子通红闪闪亮。
代水不可涉,⑳	一条代水不能渡过,
深不可测只。	水深无底没法测量。
天白颢颢,㉑	天空飞雪一片白茫茫,
寒凝凝只。	寒气凝结四面八方。
魂乎无往!	魂啊不要前去!
盈北极只。	冰雪堆满北极多么荒凉。
魂魄归徕!	魂魄归来吧!
闲以静只。	这里悠闲自在清静安康。
自恣荆楚,㉒	在荆楚故国可以自由自在,
安以定只。	不再漂泊生活能够安定。
逞志究欲,㉓	万事如意随心所欲,
心意安只。	无忧无虑心神安宁。
穷身永乐,㉔	终身都能保持快乐,
年寿延只。	延年益寿得以长命。
魂乎归徕!	魂魄归来吧!
乐不可言只。	这里的欢乐说不尽。
五谷六仞,㉕	五谷粮食高堆十几丈,
设菰粱只。㉖	桌上雕胡米饭满满盛。
鼎臑盈望,㉗	鼎中煮熟的肉食满眼都是,

和致芳只。㉘	调和五味使其更加芳馨。
内鸧鸽鹄,㉙	鸧鹒鸽鸠天鹅都收纳,
味豺羹只。㉚	再品味鲜美的豺狗肉羹。
魂乎归徕!	魂魄归来吧!
恣所尝只。	请任意品尝各种食品。
鲜蠵甘鸡,㉛	有新鲜甘美的大龟肥鸡,
和楚酪只。㉜	和上楚国的酪浆滋味新。
醢豚苦狗,㉝	猪肉酱和略带苦味的狗肉,
脍苴蒪只。㉞	再加点切细的香菜茎。
吴酸蒿蒌,㉟	吴国的香蒿做成酸菜,
不沾薄只。㊱	吃起来不浓不淡口味纯。
魂兮归徕!	魂魄归来吧!
恣所择只。	请任意选择素蔬荤腥。
炙鸹蒸凫,㊲	火烤乌鸦清蒸野鸭,
煔鹑敶只。㊳	烫熟的鹌鹑案头陈。
煎鰿膗雀,㊴	煎炸鲫鱼炖煨山雀,
遽爽存只。㊵	多么爽口齿间香气存。
魂乎归徕!	魂魄归来吧!
丽以先只。㊶	归附故乡先来尝新。
四酎并孰,㊷	四重酿制的美酒已醇,
不涩嗌只。㊸	不涩口也没有刺激性。
清馨冻饮,㊹	酒味清香最宜冰镇了喝,
不歠役只。㊺	不能让仆役们偷饮。
吴醴白蘖,㊻	吴国的甜酒曲蘖酿制,
和楚沥只。㊼	再把楚国的清酒掺进。
魂乎归徕!	魂魄归来吧!
不遽惕只。	不要惶悚恐惧战战兢兢。
代秦郑卫,㊽	代秦郑卫四国的乐章,

鸣竽张只。	竽管齐鸣吹奏响亮。
伏戏《驾辩》,⑭	伏羲氏的乐曲《驾辩》,
楚《劳商》只。⑮	还有楚地的乐曲《劳商》。
讴和《扬阿》,⑯	合唱《扬阿》这支歌,
赵箫倡只。	赵国洞箫先吹响。
魂乎归徕!	魂魄归来吧!
定空桑只。⑰	请你调理好宝瑟空桑。
二八接舞,⑱	两列美女轮流起舞,
投诗赋只。⑲	舞步与歌辞的节奏相当。
叩钟调磬,	敲起钟调节磬声高低,
娱人乱只。⑳	欢乐的人们好像发狂。
四上竞气,㉑	各国的音乐互相比美,
极声变只。	乐曲变化多端尽周详。
魂乎归徕!	魂魄归来吧!
听歌譔只。㉒	来欣赏各种舞乐歌唱。
朱唇皓齿,	美人们唇红齿白,
嫭以姱只。㉓	容貌倩丽实在漂亮。
比德好闲,㉔	品德相同性情娴静,
习以都只。㉕	雍容高雅熟悉礼仪典章。
丰肉微骨,	肌肉丰满骨骼纤细,
调以娱只。	舞姿和谐令人神怡心旷。
魂乎归徕!	魂魄归来吧!
安以舒只。	你会感到安乐舒畅。
嫮目宜笑,㉖	美目秋波转巧笑最动人,
娥眉曼只。	娥眉娟秀又细又长。
容则秀雅,㉗	容貌模样俊美娴雅,
稚朱颜只。	看她细嫩的红润面庞。
魂乎归徕!	魂魄归来吧!
静以安只。	你会感到宁静安详。

姱脩滂浩,⑬	美艳的姑娘健壮修长,
丽以佳只。	秀丽佳妙仪态万方。
曾颊倚耳,⑭	面颊饱满耳朵匀称,
曲眉规只。⑮	弯弯的眉毛似用圆规描样。
滂心绰态,⑯	心意宽广体态绰约,
姣丽施只。	姣好艳丽打扮在行。
小腰秀颈,	腰肢细小脖颈纤秀,
若鲜卑只。⑰	就像用鲜卑带约束一样。
魂乎归徕!	魂魄归来吧!
思怨移只。	相思的幽怨会转移遗忘。
易中利心,⑱	她们心中正直温和,
以动作只。	动作优美举止端庄。
粉白黛黑,	白粉敷面黛黑画眉,
施芳泽只。⑲	再把一层香脂涂上。
长袂拂面,	举起长袖在面前拂动,
善留客只。	殷勤留客热情大方。
魂乎归徕!	魂魄归来吧!
以娱昔只。⑳	晚上还可以娱乐一场。
青色直眉,㉑	有的姑娘长着黑色直眉,
美目媔只。㉒	美丽的眼睛逸彩流光。
靥辅奇牙,㉓	迷人的酒窝整齐的门牙,
宜笑嘕只。㉔	嫣然一笑令人心舒神畅。
丰肉微骨,	肌肉丰满骨骼纤细,
体便娟只。㉕	体态轻盈翩然来往。
魂乎归徕!	魂魄归来吧!
恣所便只。㉖	你爱怎么样就怎么样。
夏屋广大,㉗	这里的房屋又宽又大,
沙堂秀只。㉘	朱砂图绘厅堂明秀清妍。

南房小坛,⑦⑨	南面的厢房有小坛,
观绝霤只。⑧⓪	楼观高耸超越屋檐。
曲屋步壛,⑧①	深邃的屋宇狭长的走廊,
宜扰畜只。⑧②	适合驯马之地就在这边。
腾驾步游,⑧③	或驾车或步行一起出游,
猎春囿只。	射猎场在春天的郊原。
琼毂错衡,⑧④	玉饰的车毂金错的车衡,
英华假只。⑧⑤	光彩夺目多么亮丽鲜艳。
茝兰桂树,	一行行的茝兰桂树,
郁弥路只。	浓郁的香气在路上弥漫。
魂乎归徕!	魂魄归来吧!
恣志虑只。	怎样游玩随您的意愿。
孔雀盈园,	羽毛鲜艳的孔雀满园,
畜鸾皇只。	还养着稀世的凤凰青鸾。
鹍鸿群晨,	鹍鸡鸿雁在清晨啼叫,
杂鹜鸽只。⑧⑥	水鹜鸽鹕的鸣声夹杂其间。
鸿鹄代游,⑧⑦	天鹅在池中轮番嬉游,
曼鹔鹴只。⑧⑧	鹔鹴戏水连绵不断。
魂乎归徕!	魂魄归来吧!
凤皇翔只。	看看凤凰飞翔在天。
曼泽怡面,⑧⑨	润泽的脸上满是笑容,
血气盛只。	血气充盛十分康健。
永宜厥身,	身心一直调养适当,
保寿命只。	保证长命益寿延年。
室家盈廷,⑨⓪	家族中人充满朝廷,
爵禄盛只。	享受爵位俸禄盛况空前。
魂乎归徕!	魂魄归来吧!
居室定只。	安居的宫室已确定不变。
接径千里,⑨①	这里的道路连接千里,

出若云只。⑨②	人民出来多如浮云舒卷。
三圭重侯，⑨③	公侯伯子男诸位大臣，
听类神只。⑨④	听察精审有如天神明鉴。
察笃夭隐，⑨⑤	体恤厚待夭亡疾病之人，
孤寡存只。⑨⑥	慰问孤男寡女送温暖。
魂兮归徕！	魂魄归来吧！
正始昆只。⑨⑦	分清先后施政行善。
田邑千畛，⑨⑧	田地城邑阡陌纵横，
人阜昌只。⑨⑨	人口众多繁荣昌盛。
美冒众流，⑩⓪	教化普及广大人民，
德泽章只。	德政恩泽昭彰辉映。
先威后文，⑩①	先施威严后行仁政，
善美明只。	政治清廉既美好又光明。
魂乎归徕！	魂魄归来吧！
赏罚当只。	赏罚适当一一分清。
名声若日，	名声就像辉煌的太阳，
照四海只。	照耀四海光焰腾腾。
德誉配天，	功德荣誉上能配天，
万民理只。	妥善治理天下万民。
北至幽陵，	北方到达幽陵之域，
南交阯只。	南方直抵交趾之境。
西薄羊肠，⑩②	西方接近羊肠之城，
东穷海只。	东方尽头在大海之滨。
魂乎归徕！	魂魄归来吧！
尚贤士只。	这里尊重贤德之人。
发政献行，⑩③	发布政令进献良策，
禁苛暴只。	禁止苛政暴虐百姓。
举杰压陛，⑩④	推举俊杰坐镇朝廷，

诛讥罢只。⑩⑤	罢免责罚庸劣之臣。
直赢在位,⑩⑥	让正直而有才者居于高位,
近禹麾只。⑩⑦	使他们作辅弼在楚王近身。
豪杰执政,	豪杰贤能的臣子掌握权柄,
流泽施只。	德泽遍施百姓感恩。
魂乎归徕!	魂魄归来吧!
国家为只。	国家需要有作为之君。
雄雄赫赫,⑩⑧	楚国的威势雄壮烜赫,
天德明只。	上天的功德万古彪炳。
三公穆穆,⑩⑨	三公和睦互相尊重,
登降堂只。⑩	上上下下进出朝廷。
诸侯毕极,⑪	各地诸侯都已到达,
立九卿只。	辅佐君王再设立九卿。
昭质既设,⑫	箭靶已树起目标鲜明,
大侯张只。⑬	大幅的布侯也挂定。
执弓挟矢,	射手们一个个持弓挟箭,
揖辞让只。⑭	相互揖让谦逊恭敬。
魂乎徕归!	魂魄归来吧!
尚三王只。⑮	崇尚效法前代的三王明君。

〔注〕①欶:同"谢",离去。受谢,是说春天承接着冬天离去。 ②遽(jù):竞争。 ③冥:幽暗。凌:冰。浃:周遍。 ④徕:同"来"。 ⑤溺水:谓水深易沉溺万物。㴢(yōu)㴢:水流的样子。 ⑥并流:顺流而行。 ⑦皓胶:本指冰冻的样子,这里指雨雾白茫茫,像凝固在天空一样。 ⑧汤谷:即"旸谷",传说中的日出之处。宋:即"寂"。 ⑨炎火千里:据《玄中记》载,扶南国东有炎山,四月火生,十二月灭,余月俱出云气。 ⑩蜓:长而弯曲的样子。 ⑪蜿:行走的样子。 ⑫蝸鱅(yú yōng)短狐:都是善于害人的怪物。 ⑬王虺(huǐ):大毒蛇。骞:虎视眈眈。 ⑭蜮:含沙射影的害人怪物。 ⑮纵目:眼睛竖起。 ⑯囊(náng):毛发散乱的样子。 ⑰踞牙:踞,当作"锯";锯牙,言其牙如锯也。 ⑱诶(xī):同"嬉"。 ⑲逴(chuò)龙:即"烛龙",神话传说中人面蛇身的怪物。逴,古音同"烛"。赩(xì):赤色。 ⑳代水:神话中的水名。 ㉑颢(hào)颢:闪光的样子,这里指冰雪照耀的样子。 ㉒自恣:随心所欲。 ㉓逞:施展。究:极尽。 ㉔穷身:终身。 ㉕六仞:谓五谷堆积有六仞高。仞,八尺。 ㉖设:陈列。菰(gū)粱:雕胡米,做饭香美。 ㉗臑(ér):煮烂。盈望:满目都是。 ㉘和致芳:调和使其芳香。 ㉙内:同"肭",肥的意思。鸧(cāng):

鸧鹒，即黄鹂。㉚味：品味。㉛蠵(xī)：大龟。㉜酪：乳浆。㉝醢(hǎi)：肉酱。苦狗：加少许苦胆汁的狗肉。㉞脍(kuài)：切细的肉，这里是切细的意思。苴莼(jū bó)：一种香菜。㉟蒿蒌：香蒿，可食用。㊱沾：浓。薄：淡。㊲鸹(guā)：乌鸦。凫(fú)：野鸭。㊳炰(qián)：把食物放入沸汤中烫熟。胹：同"陈"。㊴鲫(jí)：鲫鱼。臛(hè)：肉羹。㊵遽(qú)：通"渠"，如此。爽存：爽口之气存于此。㊶丽：附着、来到。㊷酎(zhòu)：醇酒。四酎，四重酿之醇酒。䤔：同"熟"。㊸澁嗌(sè yì)：涩口刺激咽喉。㊹歈：同"饮"。㊺不歠(chuò)役：不可以给仆役低贱之人喝。㊻醴：甜酒。白糵(niè)：米曲。㊼沥：清酒。㊽代秦郑卫：指当时髦的代、秦、郑、卫四国乐舞。㊾伏戏：即伏羲，远古帝王。驾辩：乐曲名。㊿劳商：曲名。㉛扬阿：歌名。㉜定：调定。空桑：瑟名。㉝二八：女乐两列，每列八人。接：连。接舞，指舞蹈此起彼伏。㉞投诗赋：指舞步与诗歌的节奏相配合。投，合。㉟乱：这里指狂欢。㊱四上：指前文代、秦、郑、卫四国之鸣竽。竞气：竞赛音乐。㊲謀(zhuàn)：具备。此句谓各种音乐都具备。㊳嫭(hù)：美丽。姱(kuā)：美丽。㊴比德：指众女之品德相同。好闲：指性喜闲静。㊵习：娴熟，指娴熟礼仪。都：指仪态大度。㊶嫮(hù)：同"嫭"，美好的意思。㊷则：模样。㊸滂浩：广大的样子，这里指身体健美壮实。㊹曾颊：指面部丰满。曾，重。倚耳：指两耳贴后，生得很匀称。㊺规：圆规。㊻滂心：心意广大，指能经得起调笑嬉戏。㊼鲜卑：王逸注："衮带头也。言好女之状，腰支细少，颈锐秀长，靖然而特异，若以鲜卑之带约而束之也。"㊽易中利心：心中正直温和。易，直；利，和。㊾泽：膏脂。㊿昔：晚上。㉛青色：指用黛青描画的眉毛。直眉：双眉相连。直，同"值"。㉜嫣(mián)：眼睛美好的样子。㉝靥(yè)辅：脸颊上的酒窝。奇牙：门齿。奇，通"骑"。㉞嘕(yān)：同"嫣"，笑得好看。㉟便(pián)娟：轻盈美好的样子。㊱恣所便：随您的便，任所你为。㊲夏屋：大屋。夏，同"厦"。㊳沙堂：用朱砂图绘的厅堂。㊴房：堂左右侧室。㊵观(guàn)：楼房。霤(liù)：指屋檐。绝霤：超过屋檐，形容楼高。㊶曲屋：深邃幽隐的屋室。步檐(yán)：长廊。檐同"檐"。㊷扰畜：驯养马畜。㊸腾驾：驾车而行。㊹琼毂(gǔ)：以玉饰毂。错衡：以金错饰衡。衡，车上横木。㊺假：大。㊻鹙(qiū)：水鸟名，据传似鹤而大，青苍色。㊼代游：一个接一个地游戏。㊽曼：连续不断。鹔鹴(sù shuāng)：水鸟名，一种雁。㊾曼泽：细腻润泽。㊿室家：指宗族。盈廷：充满朝廷。㉛接径：道路相连。㉜出若云：言人民众多，出则如云。㉝三圭：古代公执桓圭，侯执信圭，伯执躬圭，故曰三圭，这里指公、侯、伯。重侯：谓子、男，子男共为一爵，故言重侯。三圭重侯，指国家的重臣。㉞听类神：听察精审，有如神明。㉟察笃：明察、优待。夭：未成年而死。隐：疾痛，指病人。㊱存：慰问。㊲正始昆：定仁政之先后。正，定。昆，后。㊳畛(zhěn)：田上道。㊴阜昌：众多昌盛。100美：指美善的教化。冒：覆盖、遍及。众流：指广大人民。101先威后文：先以威力后用文治。102幽陵、交阯、羊肠：皆为地名，幽陵在今辽宁南部一带，交阯在今两广一带，羊肠在今山西西北部一带。103献行：进献治世良策。104举杰压陛：推举俊杰，使其立于高位。压：立。105诛讥：惩罚、责退。罢(pí)：同"疲"，疲软，指不能胜任工作的人。106直赢：正直而有余者。107禹麾：蒋骥《山带阁注楚辞》说："疑楚王车旗之名，禹或羽字误也。"108雄雄赫赫：指国家威势强盛。109穆穆：此指和睦互相尊重的样子。110登降：上下，此指出入。堂：指朝廷。111毕极：全都到达。112昭质：显眼的箭靶。113大侯：大幅的布制箭靶。114揖辞让：古代射礼，射者执弓挟矢以相揖，又相辞让，而后升射。115三王：楚三王，即《离骚》中的"三后"，指句亶王、鄂王、越章王。

王逸说:"《大招》者,屈原之所作也。或曰景差,疑不能明也。"汉代既已不能明,则后世更是聚讼纷纷。洪兴祖认为"《大招》恐非屈原作",朱熹则斩钉截铁地说:"《大招》决为(景)差作无疑也。"黄文焕、林云铭、蒋骥、牟廷相等皆主屈原作。梁启超以其中有"小腰秀颈,若鲜卑只"一语,定为汉人作,刘永济、游国恩从之,朱季海则更具体地说是淮南王或其门客所作。我们认为,《大招》是屈原所作是可信的,但它不应当是王逸所说屈原放逐九年,精神烦乱,恐命将终,故自招其魂;也不是林云铭、蒋骥所肯定的"原招怀王之词"。这篇作品语言古奥,形式上不及《招魂》有创造性,应当是反映了较早的楚宫招魂词形式。所以,不当产生在《招魂》之后,而只能在它之前。公元前329年,楚威王卒,《大招》应是招威王之魂而作。其时屈原25岁(胡念贻研究认为屈原生于前353年,在诸家推算屈原生年中最为可信)。以"大招"名篇是相对于《招魂》而言,《招魂》是屈原招怀王之魂所作,《大招》是招怀王之父威王之魂所作,故按君王之辈分,名曰"大招"。

本篇开始按招魂词的固定格式陈述四方险恶,呼唤魂不要向东、向南、向西、向北,然后即写楚国宫廷的美味佳肴,音乐舞蹈美女之盛,宫室之富丽堂皇,苑囿禽鸟之珍异,最后夸饰楚国之地域辽阔、人民富庶、政治清明。其中对楚国遵法守道、举贤授能、步武三王一段的描写,实际上是屈原理想化了的美政。《离骚》中回顾年轻时的政治理想,正由此而来,且一脉相承。全篇末尾云:"魂乎徕归,尚三王只。"这同《离骚》中称述"三后之纯粹",《抽思》中"望三王(原误作"五")以为像"的情形一样,都反映出屈原作为楚三王的后代,追念楚国最强盛的时代,既要尊称国君先祖,又要光耀自己始祖的心情。因此,《大招》已不是单一的招魂祝辞,而是于其中蕴含了一定的思想。一方面,通过极言东南西北四方环境的险恶,极力铺陈楚国饮食、乐舞、宫室的丰富多彩、壮伟华丽,来招唤楚威王的亡魂,表达了对楚君的无限忠心和眷恋之情;"自曼泽怡面以下,皆帝王致治之事。永宜厥身,则本身之治也。室家盈庭(廷),则劝亲之经也。正始必自孤寡,文王治岐之所先也。阜民必本田邑,周公《七月》之所咏也。发政而禁苛暴,省刑薄敛之功。举杰而诛讥罢(疲),举直错枉之效也。直赢者使近禹麾,所以承弼厥辟。豪杰者使流泽施,所以阜成兆民也。末章归之礼射,则深厌兵争之祸,而武王散军郊射之遗意也。于此可以见原志意之远,学术之醇,迥非管韩孙吴及苏张庄惠游谈杂霸之士所能及。"(蒋骥《楚辞余论》)这样,作品的现实意义和战斗性便大大加强了。

本篇在结构上也具有特点。采用开门见山的手法,直接点题,一气而下,环环相扣,所以诸家分章颇分歧。由"青春受谢"而时光飞逝,春色盎然而万物竞相展现自己的生命力,点出招魂的具体时节。下文"魂乎归徕,无东无西,无南无北"的呼唤,入题自然,干净利索。在对四方险恶环境的夸张描述之后,以"魂魄归徕,闲以静只。自恣荆楚,安以定只"转入到对楚国故地的环境描写,阐联顺当,一点也不显得突兀。并以"闲以静只""安以定只""逞志究欲,心意安只""年寿延只"作为主题,给下文的大肆铺叙作纲领。在对楚国饮食、乐舞、美人、宫室等的铺排和炫耀中,以"定空桑只""安以舒只""静以安只""恣所便只"等与它们相呼应,前后相应,相互关联。下一层紧承"居室定只",由室内而扩展到室外的"接径千里",由此联想到"出若云只"的楚国人民,以此为出发点,很自然地引出作者对治理国家、造福人民的清明政治的向往,使文章在结构上浑然一体。

《大招》在语言描写上虽然比不上《招魂》的浪漫奇诡,但仍以其华丽多彩的语言,给我们展现出一幅幅奇谲诡异、绚丽多姿的画面。尤其是描写美人的一段,不仅描绘她们的容貌、姿态、装饰,而且深入展现其心灵性情,不同气质、不同状貌的美人纷纷登场亮相,具有浓郁的楚民族风范。全诗几乎都用四言句,显得简洁整齐、古朴典雅,反映了屈原早年的创作风格。 (伏俊连)

卜　　居

屈原既放,①	屈原已经遭到放逐,
三年不得复见。②	三年了不能与楚王相见。
竭知尽忠,	竭尽智慧效忠君王,
而蔽鄣于谗。③	而仍被阻隔于小人的谗言。
心烦虑乱,	心中烦闷思虑紊乱,
不知所从。	不知应该怎么办。
乃往见太卜郑詹尹曰:④	就去拜见太卜郑詹尹说:
"余有所疑,	"我有许多疑惑之事,
愿因先生决之。"⑤	愿请教先生帮我决断。"
詹尹乃端策拂龟曰:⑥	詹尹数好筹策拂拭龟壳说:
"君将何以教之?"	"您将有什么见教之言?"
屈原曰:	屈原说:
"吾宁悃悃款款朴以忠乎?⑦	"我应该诚实勤恳抱朴尽忠?
将送往劳来斯无穷乎?⑧	还是无休无止送往迎来八面玲珑?

宁诛锄草茅以力耕乎? 应该除草助苗努力耕耘?
将游大人以成名乎?⑨ 还是游说权贵以求取虚名?
宁正言不讳以危身乎? 应该直言不讳不怕危及自身?
将从俗富贵以媮生乎?⑩ 还是贪图世俗富贵苟且偷生?
宁超然高举以保真乎?⑪ 应该远走高飞保全真性?
将哫訾栗斯、喔咿儒儿以事妇人乎?⑫ 还是阿谀奉承屈己从俗,奴颜婢膝地取媚妇人?
宁廉洁正直以自清乎? 应该廉洁正直清白自处?
将突梯滑稽、如脂如韦以洁楹乎?⑬ 还是圆滑嬉笑,如油脂滑腻似熟皮柔能缠柱?
宁昂昂若千里之驹乎?⑭ 应该气宇轩昂像矫健的千里驹?
将氾氾若水中之凫与波上下,偷以全吾躯乎?⑮ 还是像水中的野鸭飘浮不定随波逐流,苟且保全身躯?
宁与骐骥亢轭乎?⑯ 应该与骏马并驾齐驱奔驰?
将随驽马之迹乎?⑰ 还是追随劣马的步子?
宁与黄鹄比翼乎?⑱ 应该与天鹅并着翅膀飞翔,
将与鸡鹜争食乎?⑲ 还是与鸡鸭争抢食粮?
此孰吉孰凶? 这到底哪个吉利哪个凶险?
何去何从? 哪样不能做哪样可以干?
世溷浊而不清,⑳ 世道浑浊秽恶不清,
蝉翼为重, 薄薄的蝉翼被认为很重,
千钧为轻;㉑ 千钧之物却被认为太轻;
黄钟毁弃,㉒ 发音宏亮的黄钟被毁坏抛弃,
瓦釜雷鸣;㉓ 鄙俗的瓦釜之声却被说成雷鸣;
谗人高张,㉔ 谗佞的小人趾高气扬,
贤士无名。 贤能之士却没有声名。
吁嗟默默兮, 叹息着只能默默不出声,

谁知吾之廉贞?"	谁知道我的廉正坚贞?"
詹尹乃释策而谢曰:㉕	詹尹于是放下筹策辞谢说:
"夫尺有所短,	"一尺有嫌它太短之处,
寸有所长;	一寸有觉其够长之时;
物有所不足,	美好的事物也会有所不足,
智有所不明;	高深的智慧也会有所不知;
数有所不逮,㉖	卦数的推算有所不及,
神有所不通。	神灵的法力有所不至。
用君之心,	用您自己的心去思考,
行君之意,	按您自己的意愿行动,
龟策诚不能知事。"	龟卜蓍占实在不能料知此事。"

〔注〕① 放:放逐。② 复见:指再见到楚王。③ 蔽鄣(zhāng):遮蔽、阻挠。④ 太卜:掌管卜筮的官。⑤ 因:凭借。⑥ 端策:数计蓍草;端,通"揣",数也。拂龟:拂去龟壳上的灰尘。⑦ 悃(kǔn)悃款款:诚实勤恳的样子。款款,同"款款"。⑧ 送往劳来:送往迎来。劳,慰劳。⑨ 大人:指达官贵人。⑩ 媮生:贪生。媮,同"偷"。⑪ 超然:高超的样子。高举:远走高飞。保真:保全真实的本性。⑫ 哫訾(zú zǐ):义同"趑趄",想前进又不敢的样子。栗斯:与"哫訾"同义。喔咿:想说话又不敢的样子。儒儿(ní):与"喔咿"同义。妇人:指楚怀王的宠姬郑袖。⑬ 突梯:圆滑的样子。滑(gǔ)稽:一种能转注吐酒、终日不竭的酒器,后借以指应付无穷、善于迎合别人。如脂如韦:谓像油脂一样光滑,像熟牛皮一样柔软,善于应付环境。洁楹:度量屋柱,顺圆而转,形容处世的圆滑随俗。洁,借为"絜(xié)",《楚辞补注》引《文选》亦作"絜"。⑭ 昂昂:昂首挺胸、堂堂正正的样子。⑮ 氾(fàn)氾:漂浮不定的样子。凫(fú):水鸟,即野鸭。此字下原有一"乎"字,据《楚辞补注》引一本删。⑯ 亢轭(è):并驾而行。亢,同"伉",并也;轭,车辕前端的横木。⑰ 驽(nǔ)马:劣马。⑱ 黄鹄(hú):天鹅。⑲ 鹜(wù):鸭子。⑳ 溷(hùn)浊:肮脏、污浊。㉑ 千钧:代表最重的东西。古制三十斤为一钧。㉒ 黄钟:古乐中十二律之一,是最响最宏大的声调。这里指声调合于黄钟律的大钟。㉓ 瓦釜(fǔ):陶制的锅。这里代表鄙俗音乐。㉔ 高张:指坏人气焰嚣张,趾高气扬。㉕ 谢:辞谢,拒绝。㉖ 数:卦数。逮:及。

  本篇究竟为谁所作,学术界有争议。自王逸《楚辞章句》明确地说"《卜居》者,屈原之所作也"之后,直到晚清,一般学者对此并无疑义。崔述《考古续说·观书余论》则对此说断然翻案:"《卜居》《渔父》,必非屈原之所作。"五四运动以来的《楚辞》研究者,如郭沫若、游国恩、陆侃如等均张其说。郭沫若就说:"《卜居》可能是深知屈原生活和思想的楚人作品。"(《屈原赋今译》)我们认为,王逸的说法和今人的说法并不矛盾,只是他们以各自所处时代的观点看问题罢了。先秦西汉人作文著书,往往不题作者姓名,现在所传先秦古籍的作者,大多是后人加上去的。而且那个时代特别讲究"家法","所谓家者,不必是一人之著述也,父传之子,师传之弟,则谓之家法。"(余嘉锡《四库提要辨正》)推断其学出于某人,即署其名。《管子》《晏子》《吕览》等书多载作者死后之事,都属于这种情况。王逸以为《卜居》为屈原所作,是因为该篇真实地反映了屈原的思想情感,至于它是否是屈原亲手所著,这不是他关注的问题。因此,王逸说《渔父》是屈原所作,但他在《渔父章句》的下文又说:"屈原放逐,在江湘之间,……渔父时遇屈原川泽之域,怪而问之,遂相应答。楚人思念屈原,因叙其辞以相传焉。"这种今人看来前后矛盾的话,王逸并不以为是矛盾。汉人认为《卜居》是屈原所作,因为该篇出于屈子之学。今人否认屈原所作,是因为该篇的表达形式不像屈原亲手写定。至于屈原问卜的事到底是事实还是假托,恐怕不是主要问题。今人多以为司马迁的《屈原列传》把《渔父》的问答作为一个情节过程来叙述,王逸的《楚辞章句》把《渔父》《卜居》都作为事实来看待,是牵强附会。但是,既然两篇为"深知屈原生活和思想的楚人"所作,那么,他们当然知道屈原的行事了。而且问卜的事在屈原其他作品中也有反映。因此,说这不是事实,而是一种艺术手法,恐怕有以今人的创作方法衡量古人的嫌疑。

本篇以"卜居"名篇,蒋骥《山带阁注楚辞》说:"居,谓所以自处之方。"自处之方,就是篇中所讲的"何去何从"。古人以占卜决疑,"卜居"是说通过占卜来解决自己该采取怎样的态度来对待现实社会。本篇一开始叙述屈原问卜时,说他"心烦虑乱,不知所从",似乎屈原心态极端矛盾,不知选择哪条人生之路。可是,如果我们一口气读完那十六个排比疑问句,以及那义愤填膺地对黑暗现实的控诉,我们就会明白,诗人正是用问句的形式对比正反两方面的人生之路。作者的选择取舍,一目了然。他的问卜并非想求得一种答案,在全部疑问中,求得"何去何从"的意向并不强烈。相反,诗人用比喻和象征的说法区分强调善恶美丑的冰炭不容,表现对美善的坚执和对丑恶的弃绝。《卜居》中所流淌的屈原的情感,正是选择的痛苦和选择之后的痛苦。正如蒋骥所说:"《卜居》本意,盖以恶既不可为,而善又不蒙福,故向神而号之,犹阮籍途穷之泣也。"而王逸以为"卜己居世何所宜行,冀闻异策,以定嫌疑",则是没有抓住本篇主旨的误解。朱熹认为是"屈原哀悯当世之人,发其取舍之端,以警世俗"(《楚辞集注》),也与大旨不十分贴切。本篇采用主客问答的形式,开头和结尾的叙述,完全是散文的写法,中间用骈偶和散行句参错组成,用韵也较为自由,它是介于诗歌和散文之间的一种新体裁,是"不歌而诵"的汉赋的先导。

(伏俊连)

渔 父

屈原既放,	屈原遭到了放逐,
游于江潭。	在沅江边上游荡。
行吟泽畔,	他沿江行走吟哦,
颜色憔悴,	面容憔悴,
形容枯槁。	模样枯瘦。
渔父见而问之曰:	渔父见了向他问道:
"子非三闾大夫与?①	"您不是三闾大夫么?
何故至于斯?"	为什么落到这步田地?"
屈原曰:	屈原说:
"举世皆浊我独清,	"全社会都肮脏只有我干净,
众人皆醉我独醒,	大家都醉了只有我清醒,
是以见放。"	因此被放逐。"
渔父曰:	渔父说:
"圣人不凝滞于物,	"圣人不死板地对待事物,
而能与世推移。	而能随着世道一起变化。
世人皆浊,	世上的人都肮脏,
何不淈其泥而扬其波?②	何不搅混泥水扬起浊波?
众人皆醉,	大家都醉了,
何不餔其糟而歠其醨?③	何不既吃酒糟又大喝其酒?
何故深思高举,④	为什么想得过深又自命清高,
自令放为?"	以至让自己落了个放逐的下场?"
屈原曰:"吾闻之:	屈原说:"我听说:
新沐者必弹冠,	刚洗过头一定要弹弹帽子,
新浴者必振衣。	刚洗过澡一定要抖抖衣服。
安能以身之察察,⑤	怎能让清白无比的身体,

受物之汶汶者乎?⑥	沾染上污秽不堪的外物?
宁赴湘流，	我宁愿跳到湘江里，
葬于江鱼之腹中。	葬身在江鱼腹中。
安能以皓皓之白，	怎能让晶莹剔透的纯洁，
而蒙世俗之尘埃乎?"	蒙上世俗的灰尘呢?"
渔父莞尔而笑，	渔父听了微微一笑，
鼓枻而去。	摇起船桨动身离去。
歌曰：⑦	唱道：
"沧浪之水清兮，⑧	"沧浪之水清又清啊，
可以濯吾缨；	可以用来洗我的帽缨；
沧浪之水浊兮，	沧浪之水浊又浊啊，
可以濯吾足。"⑨	可以用来洗我的脚。"
遂去，	便远去了，
不复与言。	不再同屈原说话。

〔注〕 ①三闾大夫：掌管楚国王族屈、景、昭三姓事务的官。屈原曾任此职。　②淈(gǔ)：搅混。　③餔(bǔ)：吃。歠(chuò)：饮。醨(lí)：薄酒。　④高举：高出世俗的行为。在文中与"深思"都是渔父对屈原的批评，有贬义，故译为(在行为上)自命清高。举，举动。　⑤察察：洁净。　⑥汶(mén)汶：玷辱。　⑦鼓枻(yì)：打桨。　⑧沧浪：水名，汉水的支流，在湖北境内。或谓沧浪为水清澈的样子。　⑨"沧浪之水清兮"四句：按这首《沧浪歌》也见于《孟子·离娄上》，二"吾"字皆作"我"字。

　　关于《渔父》的作者，历来说法不一。最早认定为屈原作的，是东汉王逸的《楚辞章句》。《楚辞章句》是在西汉末年刘向编的《楚辞》的基础上作注。在《楚辞》中，《渔父》已作为屈原的二十五篇作品之一收入。据此，则认定屈原作《渔父》，又可上推至刘向时。后世认同屈原作《渔父》，影响较大的有南朝梁代萧统编的《昭明文选》和南宋朱熹的《楚辞集注》。但此说漏洞颇多。从外证来说，司马迁在《史记·屈贾列传》中引述《渔父》文字时，只是作为行文的一部分，而并非作为屈原的原作转引。王逸《楚辞章句》在明确指出"《渔父》者，屈原之所作也"之后，又说"楚人思念屈原，因叙其辞以相传焉"，则作者又非屈原而成了"楚人"。从内证来说，《渔父》中的屈原表示"宁赴湘流，葬于江鱼之腹中"，以下当是赴湘自沉的一幕，似不可能再有心绪用轻松的笔调续写"莞尔而笑"的渔父。何况全文采用第三人称,亦与屈原作为此文作者的身份不合。故近人一般都认为此文并非屈原所作。郭沫若说:"《渔父》可能是深知屈原生活和思想的楚人的作品。"(《屈原赋今译》)按之作品的实际,这一推断还是比较可信的。

《渔父》中的人物有两个——屈原和渔父。全文采用对比的手法,主要通过问答体,表现了两种对立的人生态度和截然不同的思想性格。全文六个自然段,可以分为头、腹、尾三个部分。文章以屈原开头,以渔父结尾,中间四个自然段则是两人的对答。

在第一部分中,屈原开始露面。文章交代了故事发生的背景、环境以及主人公的特定情况。时间是在"既放"之后,即屈原因坚持爱国的政治主张遭到楚顷襄王的放逐之后;地点是在"江潭""泽畔",从下文"宁赴湘流"四字看来,当是在地近湘江的沅江或沅湘间的某一江边、泽畔;其时屈原的情况是正心事重重,一边走一边口中念念有词。文中以"颜色憔悴,形容枯槁"八字活画出屈原英雄末路、心力交瘁、形销骨立的外在形象。

第二部分是文章的主体。在这部分中,渔父上场,并开始了与屈原的问答。对渔父不作外形的描述,而是直接写出他心中的两个疑问。一问屈原的身份:"子非三闾大夫与?"屈原曾任楚国的三闾大夫(官名),显然渔父认出了屈原,便用反问以认定身份。第二问才是问话的重点所在:"何故至于斯?"落魄到这地步,当是渔父所没有料想到的。由此一问,引出屈原的答话,并进而展开彼此间的思想交锋。屈原说明自己被流放的原因是"举世皆浊我独清,众人皆醉我独醒",即自己与众不同,独来独往,不苟合,不妥协。由此引出渔父的进一步的议论。针对屈原的自是、自信,渔父提出,应该学习"圣人不凝滞于物,而能与世推移"的榜样,并以三个反问句启发屈原"淈泥扬波""餔糟歠醨",走一条与世浮沉、远害全身的自我保护的道路。他认为屈原不必要"深思高举",从思想到行为无不高标独立,以致为自己招来流放之祸。渔父是一位隐者,是道家思想的忠实信徒。老子说:"和其光,同其尘。"(《老子》)庄子说:"虚而委蛇。"(《庄子·应帝王》,后世成语作"虚与委蛇")渔父所取的人生哲学、处世态度,正是从老庄那里继承过来的。他所标举的"圣人",指的正是老、庄一类人物。儒家的大圣人则说:"道不同,不相为谋。"(《论语·卫灵公》)坚持"苏世独立,横而不流"(《九歌·橘颂》)的高尚人格的屈原,对于渔父的"忠告"当然是格格不入的。他义正辞严地进一步表明了自己的思想、主张。他以"新沐者必弹冠,新浴者必振衣"的两个浅近、形象的比喻,说明自己洁身自好、决不同流合污的态度。又以不能以自己的清白之身受到玷污的两个反问句,表明了自己"宁赴湘流",不惜牺牲性命也要坚持自己的理想。屈原在《离骚》中就曾旗帜鲜明地表示过："亦余心之所善兮，虽九死其犹未悔！""既莫足与为美政兮，吾将从彭咸之所居！"《渔父》中的屈原，正是这样一个始终不渝地坚持理想、不惜舍生取义的生活中的强者。司马迁将《渔父》的文字作为史料载入屈原的传记中，当也是有见于所写内容的真实性，至少是符合屈原一以贯之的思想性格的。

全文的最后一部分，笔墨集中在渔父一人身上。听了屈原的再次回答，渔父"莞尔而笑"，不再答理屈原，兀自唱起"沧浪之水清兮"的歌，"鼓枻而去"。这部分对渔父的描写十分传神。屈原不听他的忠告，他不愠不怒，不强人所难，以隐者的超然姿态心平气和地与屈原分道扬镳。他唱的歌，后人称之为《渔父歌》(宋人郭茂倩《乐府诗集》第八十三卷将此歌作为《渔父歌》的"古辞"收入)，也叫《沧浪歌》或《孺子歌》。歌词以"水清"与"水浊"比喻世道的清明与黑暗。所谓水清可以洗帽缨、水浊可以洗脚，大意仍然是上文"圣人不凝滞于物，而能与世推移"的意思，这是渔父和光同尘的处世哲学的一种较为形象化的说法。

最后这一部分，不见于《史记》屈原本传中。从全篇结构来说，这一部分却是不可或缺的：它进一步渲染了渔父的形象；渔父无言而别、唱歌远去的结尾，也使全文获得了悠远的情韵。不少研究者认为《渔父》这篇作品是歌颂屈原的。但从全文的描写尤其是从这一结尾中，似乎很难看出作者有专门褒美屈原、贬抑渔父的意思。《渔父》的价值在于相当准确地写出了屈原的思想性格，而与此同时，还成功地塑造了一位高蹈遁世的隐者形象。后世众多诗赋词曲作品中吟啸烟霞的渔钓隐者形象，从文学上溯源，都不能不使我们联想到楚辞中的这篇《渔父》。如果一定要辨清此文对屈原与渔父的感情倾向孰轻孰重，倒不妨认为他比较倾向于作为隐者典型的渔父。

《渔父》是一篇可读性很强的优美的散文。开头写屈原，结尾写渔父，都着墨不多而十分传神；中间采用对话体，多用比喻、反问，生动、形象而又富于哲理性。从文体的角度看，在楚辞中，唯有此文、《卜居》以及宋玉的部分作品采用问答体，与后来汉赋的写法已比较接近。前人说汉赋"受命于诗人，拓宇于楚辞"(刘勰《文心雕龙·诠赋》)，在文体演变史上，《渔父》无疑是有着不可忽视的重要地位的。

附带说几句，传统上一般将楚辞作为诗的一种别体———一种带有地域性的诗体，《渔父》虽是散文(部分语句也押韵)却又饱含诗意，颇似现代所称的散文诗。所以本文也将《渔父》列入"先秦诗"之中加以评析。

(陈志明)

作者简介

宋玉

战国楚辞赋家。东汉王逸说他是屈原弟子,后世皆仍其说。曾事顷襄王。《史记·屈原贾生列传》说他和唐勒、景差,"皆好辞而以赋见称,然皆祖屈原之从容辞令,终莫敢直谏"。《汉书·艺文志》著录赋十六篇,颇多亡佚。《隋书·经籍志》著录《宋玉集》三卷,已失传。作品以《九辩》最为著名。王逸认为乃宋玉"闵惜其师忠而放逐,故作《九辩》以述其志"。其余均有争议。《招魂》一篇,王逸《楚辞章句》以为宋玉作,但后世有些学者据《史记·屈原贾生列传》赞语,认为是屈原作品;其他见于《文选》的《风赋》《高唐赋》《登徒子好色赋》诸篇,后人疑非其所作。然其作品风格婉丽,意境非凡,描写细腻,情景相生,对后世影响很大,后世将他和屈原并称为"屈宋"。

九　辩

宋　玉

悲哉秋之为气也,	教人悲伤啊秋天的气氛,
萧瑟兮草木摇落而变衰。①	大地萧瑟啊草木衰黄凋零。
憭慄兮若在远行,②	凄凉啊好像要出远门,
登山临水兮送将归。	登山临水送别伤情。
泬寥兮天高而气清,③	空旷啊天宇高秋气爽,
寂寥兮收潦而水清。④	寂寥啊积潦退秋水清。
憯悽增欷兮薄寒之中人,⑤	凄凉叹息啊微寒袭人,
怆怳懭悢兮去故而就新,⑥	悲怆啊去新地离乡背井,
坎廪兮贫士失职而志不平。⑦	坎坷啊贫士失官心中不平。
廓落兮羁旅而无友生,⑧	孤独啊流落在外没朋友,
惆怅兮而私自怜。	惆怅啊形影相依自我怜悯。
燕翩翩其辞归兮,	燕子翩翩飞翔归去啊,
蝉寂漠而无声。⑨	寒蝉寂寞也不发响声。
雁廱廱而南游兮,⑩	大雁鸣叫向南翱翔啊,
鹍鸡啁哳而悲鸣。⑪	鹍鸡不住地啾啾悲鸣。
独申旦而不寐兮,	独自通宵达旦难以入眠啊,

哀蟋蟀之宵征。
时亹亹而过中兮,⑫
蹇淹留而无成。⑬

悲忧穷戚兮独处廓,
有美一人兮心不绎。⑭
去乡离家兮徕远客,⑮
超逍遥今今焉薄?⑯
专思君兮不可化,
君不知兮可奈何?
蓄怨兮积思,
心烦憺兮忘食事。⑰
愿一见兮道余意,
君之心兮与余异。
车既驾兮朅而归,⑱
不得见兮心伤悲。
倚结軨兮长太息,⑲
涕潺湲兮下霑轼。⑳
忼慨绝兮不得,㉑
中瞀乱兮迷惑。㉒
私自怜兮何极,
心怦怦兮谅直。㉓

皇天平分四时兮,
窃独悲此廪秋。㉔
白露既下百草兮,
奄离披此梧楸。㉕
去白日之昭昭兮,
袭长夜之悠悠。

聆听那蟋蟀整夜的哀音。
时光匆匆已经过了中年,
艰难阻滞仍是一事无成。

悲愁困迫啊独处辽阔大地,
有一位美人啊心中悲凄。
远离家乡啊异地为客,
漂泊不定啊如今去哪里?
一心思念君王啊不能改变,
有什么办法啊君王不知。
积满哀怨啊积满思虑,
心中烦闷啊饭也忘了吃。
但愿见一面啊诉说心意,
君王心思啊却与我相异。
驾起马车啊去了还得回,
不能见你啊伤痛郁悒。
倚靠着车箱啊长长叹气,
泪水涟涟啊沾满车轼。
慷慨决绝啊实在不能,
一片纷乱啊心惑神迷。
自怨自悲啊哪有终极,
内怀忠忱啊精诚耿直。

上天将一年四季平分啊,
我悄然独自悲叹寒秋。
白露降下沾浥百草啊,
衰黄的树叶飘离梧桐枝头。
离开明亮的白日昭昭啊,
步入黑暗的长夜悠悠。

离芳蔼之方壮兮,㉖	百花盛开的时季已过啊,
余萎约而悲愁。㉗	余下枯木衰草令人悲愁。
秋既先戒以白露兮,	白露先降带来深秋信息啊,
冬又申之以严霜。	预告冬天又有严霜在后。
收恢台之孟夏兮,㉘	夏日的繁茂今都不见啊,
然欿傺而沉臧。㉙	生长培养的气机也全收。
叶菸邑而无色兮,㉚	叶子黯淡没有光彩啊,
枝烦挐而交横。㉛	枝条交叉纷乱杂凑。
颜淫溢而将罢兮,㉜	草木改变颜色将衰谢啊,
柯彷佛而萎黄。	树干萎黄好像就要枯朽。
萷櫹槮之可哀兮,㉝	见了光秃秃树顶真可哀啊,
形销铄而瘀伤。㉞	见了病恹恹树身真可忧。
惟其纷糅而将落兮,㉟	想到落叶衰草相杂糅啊,
恨其失时而无当。	怅恨好时光失去不在当口。
揽骓辔而下节兮,㊱	抓住缰绳放下马鞭啊,
聊逍遥以相佯。㊲	百无聊赖暂且缓缓行走。
岁忽忽而遒尽兮,㊳	岁月匆匆就将到头啊,
恐余寿之弗将。㊴	恐怕我的寿命也难长久。
悼余生之不时兮,	痛惜我生不逢时啊,
逢此世之俇攘。㊵	遇上这乱世纷扰难以药救。
澹容与而独倚兮,㊶	徘徊不止独自徙倚啊,
蟋蟀鸣此西堂。	听西堂蟋蟀的鸣声传透。
心怵惕而震荡兮,㊷	心中惊惧大受震动啊,
何所忧之多方。	百般忧愁为何萦绕不休?
卬明月而太息兮,	仰望明月深深叹息啊,
步列星而极明。㊸	在星光下漫步由夜而昼。
窃悲夫蕙华之曾敷兮,㊹	暗自悲叹蕙花也曾开放啊,
纷旖旎乎都房。㊺	千娇百媚开遍华堂。

何曾华之无实兮,⑯
从风雨而飞飏?
以为君独服此蕙兮,⑰
羌无以异于众芳。⑱
闵奇思之不通兮,⑲
将去君而高翔。
心闵怜之惨悽兮,
愿一见而有明。⑳
重无怨而生离兮,
中结轸而增伤。㉑
岂不郁陶而思君兮?㉒
君之门以九重。
猛犬狺狺而迎吠兮,㉓
关梁闭而不通。㉔
皇天淫溢而秋霖兮,㉕
后土何时而得漧?㉖
块独守此无泽兮,㉗
仰浮云而永叹。

何时俗之工巧兮,
背绳墨而改错。㉘
却骐骥而不乘兮,
策驽骀而取路。㉙
当世岂无骐骥兮?
诚莫之能善御。
见执辔者非其人兮,
故駶跳而远去。㉚
凫雁皆唼夫梁藻兮,㉛
凤愈飘翔而高举。

为何层层花儿没能结果啊,
随着风雨狼藉飘扬?
以为君王独爱佩这蕙花啊,
谁知你将它视同众芳。
哀悯奇思难以通达啊,
将要离开君王远飞高翔。
心中悲凉凄惨难以忍受啊,
但愿见一面倾诉衷肠。
一次次想着无罪而生离啊,
内心郁结而更增悲伤。
哪能不深切思念君王啊?
君王的大门却有九重阻挡。
猛犬相迎对着你狂叫啊,
关口和桥梁闭塞交通不畅。
上天降下绵绵的秋雨啊,
下方几时能有干燥土壤?
孑然一身守在荒芜沼泽啊,
仰望浮云在天叹声长长。

为何时俗是那么的工巧啊?
违背准绳而改从错误。
抛弃骏马不愿骑乘啊,
鞭打劣马竟然就上路。
世上难道缺乏骏马啊?
实在是没人能好好驾御。
看到拿缰绳的人不合适啊,
骏马也会蹦跳着远去。
野鸭大雁都吞吃高粱水藻啊,
凤凰却要扬起翅膀高骞。

圆凿而方枘兮,⑫
吾固知其鉏铻而难入。⑬
众鸟皆有所登栖兮,
凤独遑遑而无所集。
愿衔枚而无言兮,⑭
尝被君之渥洽。⑮
太公九十乃显荣兮,
诚未遇其匹合。⑯
谓骐骥兮安归?
谓凤皇兮安栖?
变古易俗兮世衰,
今之相者兮举肥。
骐骥伏匿而不见兮,
凤皇高飞而不下。
鸟兽犹知怀德兮,
何云贤士之不处?
骥不骤进而求服兮,⑰
凤亦不贪馁而妄食。⑱
君弃远而不察兮,
虽愿忠其焉得。
欲寂漠而绝端兮,
窃不敢忘初之厚德。
独悲愁其伤人兮,
冯郁郁其何极!⑲

霜露惨悽而交下兮,
心尚幸其弗济。⑳
霰雪雰糅其增加兮,㉑
乃知遭命之将至。

好比圆洞眼安装方榫子啊,
我本来就知道难以插入。
众鸟都有栖息的窝啊,
唯独凤凰难寻安身之处。
但愿口中衔枚能不说话啊,
想到曾受你恩惠怎能无语。
姜太公九十岁才贵显啊,
真没有君臣相得的好机遇。
骏马啊应当向哪儿归依?
凤凰啊应当在哪儿栖居?
改变古风旧俗啊世道大坏,
今天相马人只爱马的肥腴。
骏马隐藏起来看不到啊,
凤凰高高飞翔不肯下去。
鸟兽也知应该怀有美德啊,
怎能怪贤士避世隐居不出?
骏马不急于进用而驾车啊,
凤凰不贪喂饲乱吃食物。
君王远弃贤士却不觉悟啊,
虽想尽忠又怎能心满意足。
要默默与君王断绝关系啊,
私下却不敢忘德在当初。
独自悲愁最能伤人啊,
悲愤郁结终极又在何处!

寒霜凉露交加多凄惨啊,
心中还希望它们无效。
雪珠雪花纷杂增加啊,
才知道遭受的命运将到。

愿徼幸而有待兮,⑫
泊莽莽与壄草同死。⑬　　愿怀着侥幸有所等待啊,
　　　　　　　　　　　　　在荒原与野草一起死掉。
愿自往而径游兮,
路壅绝而不通。⑭　　　　愿径自前行畅游一番啊,
　　　　　　　　　　　　　路又堵塞不通去不了。
欲循道而平驱兮,
又未知其所以。　　　　　想沿着大道平稳驱车啊,
　　　　　　　　　　　　　怎样去做却又不知道。
然中路而迷惑兮,
自压桉而学诵。⑮　　　　走到半路就迷失了方向啊,
　　　　　　　　　　　　　自我压抑去学诗搞社交。
性愚陋以褊浅兮,⑯
信未达乎从容。　　　　　秉性愚笨孤陋褊狭浅直啊,
　　　　　　　　　　　　　真没领悟从容不迫的精要。
窃美申包胥之气盛兮,⑰
恐时世之不固。　　　　　私下赞美申包胥的气概啊,
　　　　　　　　　　　　　恐怕时代不同古道全消。
何时俗之工巧兮,
灭规榘而改凿。⑱　　　　如今世俗是多么的巧诈啊,
　　　　　　　　　　　　　废除前人的规矩改变步调。
独耿介而不随兮,
愿慕先圣之遗教。　　　　独立耿直不随波逐流啊,
　　　　　　　　　　　　　愿缅怀前代圣人的遗教。
处浊世而显荣兮,
非余心之所乐。　　　　　在污浊的世界得到显贵啊,
　　　　　　　　　　　　　不能让我心中快乐而欢笑。
与其无义而有名兮,
宁穷处而守高。　　　　　与其没有道义获取名誉啊,
　　　　　　　　　　　　　宁愿遭受穷困保持清高。
食不媮而为饱兮,⑲
衣不苟而为温。　　　　　取食不苟且求得饱腹就行啊,
　　　　　　　　　　　　　穿衣不苟且求得暖身就好。
窃慕诗人之遗风兮,
愿托志乎素餐。⑳　　　　私下追慕诗人的遗风啊,
　　　　　　　　　　　　　以无功不食禄寄托怀抱。
蹇充倔而无端兮,㉑
泊莽莽而无垠。　　　　　充满委屈而没有头绪啊,
　　　　　　　　　　　　　流浪在莽莽原野荒郊。
无衣裘以御冬兮,
恐溘死不得见乎阳春。㉒　没有皮袄来抵御寒冬啊,
　　　　　　　　　　　　　恐怕死去春天再也见不到。

靓杪秋之遥夜兮，㊸	寂静的暮秋长夜啊，
心缭悷而有哀。㊹	心中萦绕着深深的哀伤。
春秋逴逴而日高兮，㊺	岁月匆匆年龄渐老啊，
然惆怅而自悲。	就这样惆怅自感悲凉。
四时递来而卒岁兮，	四季相继又是一年将尽啊，
阴阳不可与俪偕。㊻	日出月落总不能并行天上。
白日晼晚其将入兮，㊼	太阳曚晚将要西下啊，
明月销铄而减毁。	月亮也消蚀而减少了清光。
岁忽忽而遒尽兮，	一年忽悠悠马上过去啊，
老冉冉而愈弛。㊽	衰老慢慢逼近精力渐丧。
心摇悦而日幸兮，	心中摇荡每天怀着侥幸啊，
然怊怅而无冀。㊾	但总是充满忧虑失去希望。
中憯恻之悽怆兮，	心中惨痛凄然欲绝啊，
长太息而增欷。	长长叹息又加以悲泣难当。
年洋洋以日往兮，	时光如水一天天流逝啊，
老嵺廓而无处。㊿	老来倍感空虚安身无方。
事亹亹而觊进兮，㉛	办事勤勉希望进用啊，
蹇淹留而踌躇。	但停滞不前徒自徬徨。
何氾滥之浮云兮，	为何浮云漫布泛滥天空啊，
猋壅蔽此明月。㉜	飞快地遮蔽这一轮明月。
忠昭昭而愿见兮，	忠心耿耿愿作奉献啊，
然霠曀而莫达。㉝	可浓云阴风隔离难以逾越。
愿皓日之显行兮，	祈愿红日朗照天地啊，
云蒙蒙而蔽之。	云雾蒙蒙却把它遮却。
窃不自聊而愿忠兮，	不自思量只想着效忠啊，
或黕点而汙之。㉞	竟有人用秽语把我污蔑。
尧舜之抗行兮，㉟	尧帝舜帝的高尚德行啊，
瞭冥冥而薄天。	光辉赫赫上与天接。

何险巇之嫉妒兮,⑯	为何遭险恶小人的嫉妒啊,
被以不慈之伪名?	蒙受不慈的冤名难以洗雪?
彼日月之照明兮,	那昼日夜月照耀天地啊,
尚黯黮而有瑕。⑰	尚且有黯淡现黑斑的时节。
何况一国之事兮,	何况一个国家的政事啊,
亦多端而胶加。⑱	更是头绪纷繁错杂纠结。
被荷裯之晏晏兮,⑲	披着荷叶短衣很轻柔啊,
然潢洋而不可带。⑳	但太宽太松不能结腰带。
既骄美而伐武兮,㉑	骄傲自满又夸耀武功啊,
负左右之耿介。	辜负左右耿直臣子的忠爱。
憎愠忳之脩美兮,㉒	憎恨赤诚之士的美德啊,
好夫人之慷慨。	喜欢那些人伪装的慷慨。
众踥蹀而日进兮,㉓	群奸迈着碎步越发得意啊,
美超远而逾迈。㉔	贤人远远地跑得更快。
农夫辍耕而容与兮,	农夫停止耕作自在逍遥啊,
恐田野之芜秽。	就怕田野变得荒芜起来。
事緜緜而多私兮,	事情琐细却充满私欲啊,
窃悼后之危败。	暗自悲痛后面的危险失败。
世雷同而炫曜兮,	世人都一样地自我炫耀啊,
何毁誉之昧昧。	诋毁与赞誉多么混乱古怪。
今脩饰而窥镜兮,	如今认真打扮照照镜子啊,
后尚可以窜藏。	以后还能藏身将祸患躲开。
愿寄言夫流星兮,	愿托那流星作使者传话啊,
羌儵忽而难当。㉕	它飞掠迅速难以坐待。
卒壅蔽此浮云兮,	终于被这片浮云挡住啊,
下暗淡而无光。	下面就黑暗不见光彩。
尧舜皆有所举任兮,	尧帝舜帝都能任用贤人啊,
故高枕而自适。	所以高枕无忧十分从容。

谅无怨于天下兮,	诚然不受天下人埋怨啊,
心焉取此怵惕。	心中哪会有这种惊恐。
棼骐骥之浏浏兮,⑩⑥	乘着骏马畅快地奔驰啊,
驭安用夫强策。	驾驭之道岂须马鞭粗重。
谅城郭之不足恃兮,	高大的城墙实在不足依靠啊,
虽重介之何益。⑩⑦	虽然铠甲厚重又有什么用。
邅翼翼而无终兮,⑩⑧	谨慎地回旋不前没完了啊,
忳惛惛而愁约。⑩⑨	忧郁昏沉愁思萦绕心胸。
生天地之若过兮,	生在天地之间如同过客啊,
功不成而无效。	功业未成总效验空空。
愿沉滞而不见兮,	愿埋没于人丛不现身影啊,
尚欲布名乎天下。	难道还想在世上扬名取荣。
然潢洋而不遇兮,	飘荡放浪一无所遇啊,
直怐愁而自苦。⑩	真愚昧不堪自找苦痛。
莽洋洋而无极兮,	渺茫一片没有尽头啊,
忽翱翔之焉薄?	忽悠悠徘徊何去何从?
国有骥而不知乘兮,	国有骏马却不知道驾乘啊,
焉皇皇而更索?⑪	惶惶然又要索求哪种?
宁戚讴于车下兮,⑫	宁戚在马车下唱歌啊,
桓公闻而知之。	桓公一听就知他才能出众。
无伯乐之善相兮,⑬	没有伯乐相马的好本领啊,
今谁使乎誉之?	如今让谁作评判才最公?
罔流涕以聊虑兮,⑭	怅惘流泪且思索一下啊,
惟著意而得之。	着意访求才能得到英雄。
纷纯纯之愿忠兮,⑮	满怀热忱愿尽忠心啊,
妒被离而鄣之。⑯	偏有人嫉妒阻挠乱哄哄。
愿赐不肖之躯而别离兮,	愿赏还没用的身子离去啊,
放游志乎云中。	任远游的意志翱翔云中。

桑精气之抟抟兮,⑪⑰	乘着天地的一团团精气啊,
骛诸神之湛湛。⑱	追随众多神灵在那天穹。
骖白霓之习习兮,⑲	白虹作骖马驾车飞行啊,
历群灵之丰丰。⑳	经历群神的一个个神宫。
左朱雀之茇茇兮,㉑	朱雀在左面翩跹飞舞啊,
右苍龙之躣躣。㉒	苍龙在右面奔行跃动。
属雷师之阗阗兮,㉓	雷师跟着咚咚敲鼓啊,
通飞廉之衙衙。㉔	风伯跟着扫尘把路辟通。
前轻辌之锵锵兮,㉕	前面有轻车锵锵先行啊,
后辎乘之从从。㉖	后面有大车纷纷随从。
载云旗之委蛇兮,㉗	载着云旗舒卷飘扬啊,
扈屯骑之容容。㉘	扈从聚集的车骑蜂拥。
计专专之不可化兮,	计议早定专心不能改啊,
愿遂推而为臧。㉙	愿推行良策行善建功。
赖皇天之厚德兮,	仰仗上天的深厚恩德啊,
还及君之无恙。	回来还及见君王吉祥无凶。

〔注〕① 摇落:动摇脱落。 ② 憭慄(liǎo lì):凄凉。 ③ 泬(xuè)寥:空旷寥廓。 ④ 寂寥(jì liáo):即"寂寥"。潦:积水。 ⑤ 憯(cǎn)悽:同"惨悽"。歔:叹息。中:衷。 ⑥ 怆怳(huǎng):失意的样子。忨悢(kuàng lǎng):也是失意的样子。 ⑦ 坎廪(lǐn):坎坷不平。廪,同"壈"。 ⑧ 廓落:空虚寂寞的样子。羁旅:滞留外乡。友生:友人。 ⑨ 寂漠:同"寂寞"。 ⑩ 廱(yōng)廱:同"雍雍",雁鸣声。 ⑪ 鹍(kūn)鸡:一种鸟,黄白色,似鹤。啁哳(zhāo zhā):鸟鸣声繁细。 ⑫ 逶(wěi)逶:行进不停的样子。 ⑬ 蹇(jiǎn):发语词。淹留:滞留。 ⑭ 怿:"怿"的假借,愉快。 ⑮ 徕远客:来作远客。 ⑯ 薄:同"迫",接近。 ⑰ 烦悁(dàn):烦闷,忧愁。 ⑱ 揭(qiè):去。 ⑲ 结軨(líng):车箱。用木条构成,故称。 ⑳ 潺湲(yuán):流水声,此喻泪流不止。霑:同"沾"。轼:车前横木。 ㉑ 忼(kāng)慨:同"慷慨"。 ㉒ 瞀(mào)乱:心中烦乱。 ㉓ 怦怦:忠诚的样子。 ㉔ 廪:同"凛",寒冷。 ㉕ 奄:忽。离披:枝叶分散低垂,萎而不振的样子。 ㉖ 芳蔼:芳菲繁荣。 ㉗ 萎约:枯萎衰败。 ㉘ 恢台:广大昌盛的样子。 ㉙ 欿傺(kǎn chì):王逸《楚辞章句》:"楚人谓住曰傺也。"《文选》"欿傺"作"坎傺",吕延济注:"陷止也。"谓草木繁盛的景象停止。 ㉚ 菸邑(yū yì):黯淡的样子。 ㉛ 烦挐(ná):稀疏纷乱的样子。挐,同"拿"。 ㉜ 淫溢:过甚。罢(pí):同"疲"。 ㉝ 萷(shāo):同"梢",枝条。椮椮(xiāo shēn):枝叶光秃秃的样子。 ㉞ 销铄:指毁伤。 ㉟ 纷糅:枯枝败草混杂。 ㊱ 擥(lǎn):同"揽"。騑(fēi):骖马,驾在车子两边的马。节:马鞭。 ㊲ 相佯:犹言徜徉。 ㊳ 道:迫近。 ㊴ 将:长。 ㊵ 伥(kuáng)攘:纷

扰不安。　㊶容与：迟缓不前的样子。　㊷怵（chù）惕：惊惧。　㊸极明：到天亮。
㊹敷：伸展，借指花朵开放。　㊺旖旎：此为花朵繁盛的样子。都房：北堂。　㊻曾："层"
的假借。　㊼服：佩戴。　㊽羌：发语词。　㊾闵：同"悯"。　㊿有明：朱熹《楚辞集注》：
"有以自明也。"即自我表白。　51结轸（zhěn）：愁思郁结。　52郁陶：忧思深重。　53狺
（yín）狺：狗叫声。　54梁：桥。　55淫溢：雨下个不止的样子。　56后土：大地。古人常
以"后土"与"皇天"对称。漧（gān）：同"干"。　57块：块然，孤独的样子。芜：通"芜"。泽：
沼泽。　58绳墨：绳线和墨斗，是木工画直线的工具，借指规则法度。错：同"措"。　59驽骀
（nú tái）：劣马。　60騊（jú）跳：跳跃。　61唼（shà）：水鸟或鱼吃东西。　62圆凿而方枘
（ruì）：圆的洞眼安方的榫子。　63鉏铻（jǔ yǔ）：同"龃龉"，彼此不相合。　64衔枚：指闭口
不言。古时行军为防止士兵出声，令他们口中衔一根叫做枚的短木条，故称。　65渥洽：深厚
的恩泽。　66匹合：合适。　67服：驾车，拉车。　68餧（wèi）：同"喂"。　69冯（píng）：内
心愤懑。　70倖（xìng）：同"幸"。希望。济：成功。　71霰（xiàn）：雪珠。霁糅：纷杂。
72徼幸：同"侥幸"。　73泊：止。壄（yě）：同"野"。　74壅（yōng）绝：壅塞，堵塞。　75压
按（àn）：压抑。桉，同"案"，通"按"。学诵：学诵《诗经》。春秋战国士大夫社交往来常诵诗。
76褊（biǎn）浅：狭隘浅薄。　77申包胥：春秋时楚大夫，为救楚国，曾在秦国朝廷上哭了七天
七夜，终于感动秦哀公出兵救楚。　78榘（jù）：同"矩"。凿：当作"错"，即措，措施。　79媮：
同"偷"，苟且。　80托志乎素餐：王夫之《楚辞通释》："托志素餐，以素餐为耻。"素餐，白吃饭。
81充倔：充，充塞；倔，通"屈"，委屈。　82溘（kè）：突然。　83靓（jìng）：通"静"。杪（miǎo）
秋：秋末。　84缭悷（liáo lì）：缠绕郁结。　85逴（chuō）逴：走得越来越远。　86俪偕：同
在一起。　87晼（wǎn）晚：日落时光线黯淡的样子。　88驰：指精力不济。　89怊（chāo）
怅：惆怅。冀：希望。　90嵺（liáo）廓：寥阔。　91觊（jì）：企图。　92猋（biāo）：快速。
93霣曀（yín yì）：霣，乌云蔽日；曀，阴风刮起。　94默（dǎn）：污垢。　95抗行：高尚的德行。
96崄巇（xī）：险阻，此指小人作梗。　97黯黮（dǎn）：昏黑暗淡。　98胶加：指纠缠不清。
99裯（dāo）：短衣。　100潢洋：此指衣服空荡荡不贴身。　101伐：夸耀。　102愠悇（wěn
lǔn）：忠诚的样子。　103踥蹀（qiè dié）：小步行进的样子。　104美：指贤人。迈：远行。
105儵忽：速度很快的样子。儵，同"倏"。　106椉（chéng）：同"乘"。浏浏：水流清澈的样子。
此指骏马奔驰畅快。　107介：铠甲。　108邅（zhān）：回旋不前。翼翼：小心谨慎的样子。
109忳（tún）：郁闷。惛（hūn）惛：心中昏昏沉沉。约：约束，束缚。　110怐愗（kòu mào）：愚昧。
111皇皇：同"惶惶"。　112宁戚：春秋时卫国人，初为小商人，遇齐桓公夜出，他在车下喂牛，敲
着牛角唱了一首怀才不遇的歌，齐桓公听了，马上任用他。　113伯乐：传说善于相马的人。
114罔：同"惘"。聊虑：暂且思索一下。　115纯（zhūn）纯：借为"忳忳"，诚挚的样子。　116被
（pī）离：杂沓的样子。　117抟（tuán）抟：团团。　118骛（wù）：奔驰。湛湛：众多。　119习
习：快速飞行的样子。　120丰丰：指众天神的一个个神冠。　121芾（pèi）芾：轻快飞翔的样
子。　122躍（qú）躍：行貌。　123闐（tián）闐：鼓声。　124衎衎：向前行进的样子。　125辌
（liáng）：一种轻型马车。　126辎：载重的重型马车。从从：跟随的样子。　127委蛇（wēi yí）：
同"逶迤"。　128扈：扈从，侍从。屯骑：聚集的车骑。容容：众多的样子。　129臧：善，美。

宋玉是屈原之后最重要的楚辞作家。在《史记·屈原列传》《汉书·艺文志》
《汉书·古今人表》中，都说宋玉生于屈原之后，到王逸才第一个说宋玉是屈原的
弟子，还说《九辩》是思师之作。宋玉的作品，现存十四篇，据《汉书·艺文志》说

是十六篇（其中一些已残缺），可见有些作品已亡佚。现存作品中，以《九辩》《高唐赋》《神女赋》《登徒子好色赋》《风赋》等最为著名。这些作品的共同特点是以情胜理，用形象思维的手法，把浪漫主义的情感抒发得淋漓尽致，在中国文学传统上，他的作品与屈原的作品一样，无疑具有开创性意义。作品中悲秋、神女、美人、风雨、山川、游历等主题，一直影响着后代的中国文学。

《九辩》的悲秋主题，使之成为中国文学史上第一篇情深意长的悲秋之作。把秋季万木黄落、山川萧瑟的自然现象，与诗人失意巡游、心绪飘浮的悲怆有机地结合起来，人的感情外射到自然界，作品凝结着一股排遣不去、反复缠绵的悲剧气息，勾起人们对自然变化、人事浮沉的感喟，千古之下，仍感动着无数读者。

《九辩》现传本子中，有分为九章的，也有分为十章的。其实，无论分九章、十章，都没有必要作过多的争辩，因为全篇作品，贯穿的只是悲秋主题。在不同的诗章中，不过是把悲秋情怀反复咀嚼、重沓喻示而已。今参酌洪兴祖《楚辞补注》、朱熹《楚辞集注》，分为十章。

第一章开头，就鲜明地点明了主题："悲哉秋之为气也！草木摇落而变衰。憭慄兮若在远行，登山临水兮送将归。"在先秦典籍中，虽然不乏人们对秋寒的畏惧，但更多是秋天农作物收获的喜悦。宋玉却把秋天万木凋落与人的遭遇联系起来。"坎廪兮贫士失职而志不平""廓落兮羁旅而无友生""怆怳懭悢兮去故而就新""时亹亹而过中兮，蹇淹留而无成"，失去官职，没人同情，独自流浪，人过中年事业无成，所有不幸，仿佛都集中在诗中抒情主人公的身上。于是，这位贫困、孤独、哀怨的流浪者，眼目中秋天的景物，无不带上悲伤的颜色。贫士悲秋主题一旦确定，诗歌就顺利地展开了。

从第二章到第十章，《九辩》反复抒述见秋而悲的原因。不能为世所用而事业无成，是萦绕心怀的痛苦。造成这种痛苦也是多方面的。第二章说"有美一人兮心不绎，去乡离家兮徕远客，超逍遥今兮焉薄"。美丽的女人竟然被抛弃，独自飘零远方，而所思恋之君却不理睬，爱情破灭了，能不伤心吗！第三章写一路所见秋色，眼中都是凄凉。你看，"白露既下百草兮，奄离披此梧楸"，寒露下来，百草焦黄，乔木落叶，春天的群芳与夏日的浓荫，都消失了。"惟其纷糅而将落兮，恨其失时而无当。"季节过去了，草木只能黄落；机遇失去了，贫士唯有悲哀。第四章在脉络上遥接第二章，还是以一个被君所弃的美人口吻，写她求爱不遂的悲苦。"猛犬狺狺而迎吠兮，关梁闭而不通。"大门紧闭，门外恶狗狂吠，怎能传送去一片心意呢？无奈之下，只好"块独守此无泽兮，仰浮云而永叹"。在秋草摇摇的水泽边，伤心人只能仰天悲叹了！

第五章是直接模仿屈原的《离骚》和《涉江》的，所以历来评论者，大都认为《九辩》的政治性社会性就在这一章中。特别是诗中用了姜太公九十岁才获得尊荣的典故，显示诗人参与军国大事、建功立业的希冀。不过，诗中直接论及当时国家形势并不明显，反而是突出不为世用的悲哀："君弃远而不察兮，虽愿忠其焉得？"如果与诗歌中的贫士形象相联系，就可以领会到，宋玉所说的是：如果贫士为君王所用，也能像姜太公一样立下赫赫功勋；如果不能为君王赏识，只能"冯郁郁其何极"，悲愤郁结，不知何年何月才能消散了！这一章笔墨集中在贫士自身进行抒情。第六章承第五章，意蕴主旨复沓。不过，着重写霜露霰雪，突出了秋已深、冬即至的季节特点。"愿徼幸而有待兮，泊莽莽与壄草同死"，季节不等人，岁月不等人，贫士失意，虽然怀着侥幸心情等待，然而仍然是无望的等待。冬季来临，能熬过这严寒吗？"无衣裘以御冬兮，恐溘死而不得见乎阳春！"由悲秋发展到惧冬，贫士的心情更紧迫也更凄苦了。

第七章全然抒发岁月流逝的感伤，诗中秋夜、夕阳、流水、明月，无不加强了岁月不居、一事无成的慨叹。

第八章、第九章，诗歌集中突出"失人"的悲哀。所谓"失人"，一方面指掌权得势的都是薄幸小人，奸臣当道，把持国柄，使社会污秽混乱；另一方面指如贫士一类贤人被弃置不用，心怀壮志宏才却不得施展，还受到小人的排挤、压迫。在悲怨之后，诗人仍然抱有希望，"罔流涕以聊虑兮，惟著意而得之"。要擦干眼泪去唱歌，壮气可嘉，但底气不足，因为"失人"的现实仍然存在，贫士要抒怀，只能依赖幻想了。这秋天的悲哀，仍然盘结在贫士心胸之间。

最后第十章，是全诗的结束。悲秋如何了结呢？只有依赖浪漫主义的想象：人间得不到的，天上能够补偿。于是，贫士"愿赐不肖之躯而别离兮，放游志乎云中"。离开躯体的精魂，穿过太空的日月虹气，成了天上神灵的主宰，朱雀、苍龙、雷师、风神都听他调遣，成了他车驾的扈从，多么神气又多么得意！贫士之贫变成了贵，悲秋之悲变成了喜。悲秋的主旨却引出一个欢乐结尾，然而那欢乐只是幻想的虚构的欢乐。贫士得志，是虚幻的想象的得志，现实社会中，秋天仍然是草木黄落，贫士仍然是不为世用。现实与想象的强烈对比，把悲秋主题更加强化了。

《九辩》把一个贫士在深秋时节"失时""失人"的心境写得生动精彩，有很强烈的感染力。悲秋主题得到形象的感性的抒述。不过，从社会意义而言，此诗虽然也有伤时之语，但总的说来缺乏社会的指涉性，所以司马迁说"皆祖屈原之从容辞令，终莫敢直谏"（《史记·屈原贾生列传》）。

从文学艺术的创造性来看,《九辩》是很成功的作品。悲秋题旨,本来是古代南方文学(以《楚辞》为代表)的特点之一,最能显示楚骚精神的浪漫主义色彩。《九辩》把悲秋题旨发挥得淋漓尽致,也成为后代人们学习的典范。从此,在中国文学中,悲秋一直是诗文家喜爱的题材,雄才大略的汉武帝有《秋风辞》,潇洒俊秀的曹植有《秋思赋》《遥逝》,高瞻远瞩的曹丕有《燕歌行》。魏晋南北朝诗人笔下的秋天,大都带有《九辩》悲秋的气息,庾信《拟咏怀二十七首》之十一"摇落秋为气,凄凉多怨情",以悲秋带出身世之感、家国之恨,更为悲秋主题谱写出新曲。此后历经唐宋元明清,诗词中的悲秋之风始终弥漫不散。悲秋已经成为中国传统文学的母题之一,产生了许多动人的作品,而《九辩》原创性的功劳,当是不可抹杀的。

(陈 铭)

先秦古歌

弹　歌

断竹，　　　砍伐野竹，
续竹；　　　连接野竹；
飞土，　　　打出泥弹，
逐宍。①　　追捕猎物。

〔注〕① 宍(ròu)："肉"的古字。

本篇和下面将要赏析的《伊耆氏蜡辞》都是上古歌谣。我们所说的上古歌谣，指产生于原始社会和奴隶社会早期的民间歌谣，是《诗经》以前人民的口头创作。由于年代久远，原始社会的口头创作流传到后世并被记录下来的寥寥无几。现在能见到的上古歌谣，多数是进入奴隶社会以后的产物。见于《周易》的较多，在《尚书》《礼记》等古代典籍中也偶有记载。上古时期，生产力落后，还没有体力劳动与脑力劳动的分工，因而还不可能出现后世所谓的"纯文学"。

上古歌谣在思想内容上的最大特色是与现实生活的紧密联系。在艺术形式上，作为古老的民间口头创作，一般都具有字句简短、语言质朴和节奏明快的特点。通过对《弹歌》等的赏析，我们可以更为具体地加深对上古歌谣的认识和了解。

《弹歌》选自《吴越春秋》。《吴越春秋》记载，春秋时期，越国的国君勾践向楚国的射箭能手陈音询问弓弹的道理，陈音在回答时引用了这首《弹歌》。《吴越春秋》为东汉赵晔所著，成书较晚。但从《弹歌》的语言和内容加以推测，这首短歌很可能是从原始社会口头流传下来而经后人写定的。这是一首反映原始社会狩猎生活的二言诗，句短调促，节奏明快，读来很有情趣。

全诗才八个字，却写出了从制作工具到进行狩猎的全过程。

制作工具共分两步。先是"断竹"，即砍伐竹子。由这两个字指引，我们仿佛见到一群围裹着树叶、兽皮的原始先民在茂密的原始竹林旁正手拿骨刀、石斧在砍伐根根竹子。"续竹"是制作过程的第二步。歌中没有交代"断竹"后怎样削枝、去叶、破竹成片，从画面的组接上来讲，从"断竹"到"续竹"，中间已有所省略、承转。所谓"续竹"，是指用野藤之类韧性植物连接竹片两端，制成弹弓。至此，狩猎工具已经制成。以下便接写打猎。

打猎也分两步。先是"飞土"，把泥弹装到弓上打出去。至于泥弹的制作过程，诗中也未作交代，但从"续竹"到"飞土"，可以想见还有一个制作泥弹的环节。

"飞土"的目标,或是飞禽,或是走兽,一旦打中,便向猎获物奔去。"逐宍"便是指追捕受伤的鸟兽。"宍",为古"肉"字,指代飞禽走兽。

根据社会发展史和古人类学的研究,人类学会制作弓箭之类狩猎工具,已是原始社会的新石器时代。那时的人类究竟怎样进行生产劳动和生活的,只能向残存的原始洞岩壁画和上古歌谣以及考古发现中去探寻。在这一点上,这首古老的《弹歌》起到了活化石的作用。因为有了它,我们才得以窥见洪荒时代先民们生产与生活的部分生动图景。

从艺术表现的角度来看,此歌虽仅简短的八个字,却包容了从制作工具到获取猎物的全过程,容量很大,对狩猎的艺术表现也比较成功。当然这种简短是早期书面语言表达尚处于雏形的反映。然而审美具有历时性,以今人的艺术鉴赏眼光来看,可以发现作者不自觉地运用了省略、多用和巧用动词的表现手法。不仅每一句的主语"我们"都省略,更主要的是场景之中以及场景之间的次要过程也省略了。每句以一个动词带出,使画面富于动感,且容易唤起人们对"断""续""飞""逐"动作前后过程的联想。此诗的语言两个字一顿,节奏明快,凝重有力。韵字"竹""竹""宍",以入声"-K"收韵,更增加了诗句的凝重感,令人联想起先民们在极端低下的生产力条件和严酷的自然条件下,颇不轻松的劳动场面。

(陈志明 叶志衡)

伊耆氏蜡辞①

土反其宅!②	土返回它的原处!
水归其壑!	水回到它的沟壑!
昆虫毋作!③	昆虫不要繁殖!
草木归其泽!④	草木回到它的沼泽!

〔注〕 ① 蜡(zhà):通"腊"。 ② 宅:指原来的地方。 ③ 作:兴起。 ④ 泽:沼泽地。

这首上古歌谣选自《礼记·郊特牲》。

人类进入新石器时代以后,开始出现了原始农业,随之而来也就有了为农业进行祝祷的宗教祭祀活动。这首《伊耆氏蜡辞》便是一个叫伊耆氏(有说即神农氏)的部落首领"腊祭"时的祝辞。"蜡辞"即"腊辞"。古人每年十二月祭祀百神,感谢众神灵一年来对农作物的福佑并为来年的丰收祈福,称作"腊祭"。由于我国社会长期停滞在以农业为主的自然经济阶段,腊祭的习俗至今还在我国农村的一些地方保留着。

这篇祝辞从农业生产的角度分别从土、水、昆虫、草木四个方面提出祝愿,每一句正好说着一个方面。

先说"土",希望"土反其宅"。"反",同"返";"宅",居住的地方,这里指原地。全句说,土返回它的原地,是希望田土不流失的意思。一说是祈求用于蓄水与障水的堤防安稳、牢固的意思。

次说"水",希望"水归其壑"。"壑",这里指洼地。全句说,水流向它的洼地,是希望水流不要泛滥成灾的意思。

再次说"昆虫",希望"昆虫毋作"。"昆虫",指螟、蝗等农作物的害虫;"毋",不要;"作",兴起。这一句是希望昆虫不生,免除虫灾。

最后说"草木",希望"草木归其泽"。"草木"指危害庄稼的稗草、荆榛等植物。这一句希望草木返回它们的沼泽地带,不再危害庄稼。

所举土、水、昆虫、草木四物,与农业生产的好坏关系至为密切。原始部落生产力低下,对于这四物的灾害难以控制,但又觉得非要控制不可。这种矛盾心理就体现在虔诚庄严的"蜡辞"形式中。四句诗,句句都是愿望,又都是命令;既都是祝辞,又都是咒语。一种原始人心灵深处的动荡、不平衡,通过这四句歌谣被表达了出来。阅读这首祝辞,我们的眼前仿佛闪现出一群原始人,他们正在旷野之中举行庄严肃穆的祝祷仪式。当我们设身处地、神思飞越地逐一念起这一句又一句的祝辞时,在心灵深处似乎也能感受到我们的祖先当年有过的那种动荡和不平衡的感情,并由此获得了艺术美的享受。 (陈志明 叶志衡)

击 壤 歌①

日出而作,②	日出去劳作,
日入而息。	日落回我屋。
凿井而饮,	凿井有水喝,
耕田而食。	耕地衣食足。
帝力于我何有哉!③	尧帝功德与我关系无!

〔注〕 ① 击壤:古代的一种游戏,把一块木片放在地上,在规定的距离外,用另一块木片去投掷它,投中的就算得胜。《击壤歌》就是击壤游戏时唱的歌。 ② 作:起。 ③ 帝力:尧帝的力量、功德。

相传,《击壤歌》是尧帝时一位老人,在作"击壤"之戏时唱的歌。此诗始见于东汉王充的《论衡》,其《感虚篇》云:"尧时,五十之民击壤于涂。观者曰:'大哉!尧之德也!'击壤者曰:'吾日出而作,日入而息,凿井而饮,耕田而食,尧何等力?'"西晋皇甫谧《帝王世纪》据此加以附会,末句写作"帝力于我何有哉",并流传至今。

全诗虽五句,当分两层读。前四句以四个排比短句描述了先民们原始的劳动和生活情状。"日出而作,日入而息",起而劳作与归而休息顺从自然的规律;"凿井而饮,耕田而食",饮水与衣食,取之丰沃的土地。这是上古黄河文明的真实写照,华夏民族就是从这种生存状况中逐步发展而来的。单一的句式和重复的节奏,反映了先民俭朴的生活与平和的心情;明白如话的语言,则体现了原始口头文学兴于自然不加修饰的特点。"人禀七情,应物斯感,感物吟志,莫非自然",这是刘勰《文心雕龙·明诗篇》对文学起源和原始文学特点的论述。日僧空海则径直以《击壤歌》为例加以阐释,其《文镜秘府论·论文意》曰:"自古文章,起于无作,兴于自然,感激而成,都无饰练,发言以当,应物便是。古诗云:'日出而作,日入而息。凿井而饮,耕田而食。'当句皆了也。"朴野平和的劳作和心情与明了自然的语言和节奏,这两者可谓融合无间,自然天成。

"帝力于我何有哉?"此句承上而来。当观者看到五十之民边唱歌谣、边作击壤之戏而赞叹尧帝的力量、功德时,击壤老爹便发出这样的疑问:对我来说,如今所过着的这种顺乎自然、取足大地的生活,与尧帝的力量和功德又有什么关系呢?着此一问,便使这首简明的古歌,主题倾向的阐释变得复杂起来。王充认为:击壤之民不知尧德,是因其盲而不能别青黄,暗而不能言是非(《论衡·须颂篇》),也有人认为,击壤之民不知帝力,是老庄无为而治思想的体现。葛洪《抱朴子·诘鲍篇》所谓"曩古之世,无君无臣。穿井而饮,耕田而食,日出而作,日入而息。泛然不系,恢尔自得,不竞不营,无索无辱",即以此为例阐释道家思想。更多的人则认为,它赞美了尧帝之世,天下太平,百姓无事,德盛化钧,陶然自乐的盛世景象。北宋理学诗人邵雍把自己的诗集题名为《击壤集》,即表达了他向往"饥而食,寒而衣,不知帝力之何有于我,陶然有以自乐"的尧舜治世。

清代以前,《击壤歌》一直被视为中国韵文之肇端。所谓"《康衢》《击壤》,肇开声诗"(沈德潜《古诗源·例言》)。今人普遍疑为后人伪作。因为,诗中表现的"凿井耕田"的经济生活和所谓"帝力于我何有哉"的无为而治的思想,都不可能产生在尧帝时代。或许,这是战国乱世仰慕唐虞盛世的人所作。不过,诗中对先民们"日出而作,日入而息"的生活的艺术概括,极为传神,极富魅力,为我们认识华夏祖先简朴的劳作生活提供了广阔的想象空间。

(陈文忠)

南 风 歌　　　　　帝 舜(传)

南风之薰兮，①	南风清凉阵阵吹啊，
可以解吾民之愠兮。②	可以解除万民的愁苦。
南风之时兮，③	南风适时缓缓吹啊，
可以阜吾民之财兮。④	可以丰富万民的财物。

〔注〕① 南风：东南风，又称薰风(薰是清凉温和的意思)。　② 愠(yùn)：含怒,怨恨。③ 时：适时,及时。　④ 阜：丰富。

《南风歌》相传为舜帝所作。《礼记·乐记》曰："昔者舜作五弦之琴以歌《南风》。"此诗前两句始见战国尸佼的《尸子·绰子篇》,全诗始出三国魏王肃收集编撰的《孔子家语·辩乐解》。《孔子家语》是王肃伪托之作,今人因而怀疑《南风歌》也是后人伪作。舜为传说人物,其"作五弦之琴以歌南风",很可能是小说家笔法。不过据考证,《南风歌》自战国后已广为人知。今人逯钦立指出："《史记》已言歌《南风》之诗。冯衍《显志赋》又云咏《南风》之高声。步骘《上疏》亦言弹五弦之琴,咏《南风》之诗。俱证《尸子》以后,此诗传行已久。谓为王肃伪作,非是。"(《先秦汉魏晋南北朝诗》)王力则从音韵学的角度指出：此诗"以'时''财'为韵,这种古韵也绝不是汉以后的人所能伪造的"(《汉语诗律学》)。当然,这首句式整齐、诗语明朗、抒情优美的《南风歌》,也不可能是舜帝时代的原作,而是在口耳相传的过程中,经过了后人的加工和润色的。

全诗四句,但情思复杂。它借舜帝口吻抒发了先民对"南风"既赞美又祈盼的双重感情。因为,清凉而适时的南风,对万民百姓的生活是那样重要,那样不可缺少。

"南风之薰兮,可以解吾民之愠兮",这是就苦夏的日常生活而言。赤日炎炎,暑气如蒸,百姓怎能无怨？而南风一起,天气转凉,万民必有喜色。所谓薰风兼细雨,喜至怨忧除。白居易《首夏南池独酌》"熏风自南至,吹我池上林",就是表达了这种情怀。"南风之时兮,可以阜吾民之财兮",清凉的南风可以解民之愠,适时的南风则可以阜民之财,由日常生活转而到收成财物,诗意更进一层。《礼记·乐记》曰："天地之道,寒暑不时则疾,风雨不节则饥。"可见,"南风"的"阜民之财"比之"解民之愠"更为重要,也更为令人祈盼。因此,前人大都从这方面来阐释诗旨。司马迁说："《南风》之诗者,生长之音也。"(《史记·乐书》)王肃也说："《南风》,育养民之诗也。"概言之,《南风》之歌,即赞颂"南风"煦育万物、播福万民的恩泽之歌。

　　善读诗者,当悟诗外之旨。其实,先民们对"南风"的赞颂和祈盼,也正反映了他们在自然力面前的无可奈何与无能为力。热烈虔诚的赞颂里,潜藏着忧郁无奈的心情。不过,由于对"南风"的赞颂和祈盼,是通过拟想中的舜帝口吻表达的。因此,经后世儒家诗评家的阐释,"南风"逐渐具有比兴之意,并成为帝王体恤百姓的象征意象;历代诗人也常以"南风"来称颂帝王对百姓的体恤之情和煦育之功。在古代诗歌语词中,"南风"是最具美颂色彩的意象之一。

　　在艺术形式上,诗句错落,诗节对称;押韵讲究,重章复唱;辞达而意显,声曼而情婉,这是《南风歌》的主要特点。这种类似楚辞格调的艺术特色,同它在流传过程中得到加工润色的"第二重创作",有着密切关系。　　　　　　　　　　（陈文忠）

卿 云 歌

卿云烂兮,①	卿云灿烂如霞,
糺缦缦兮。②	瑞气缭绕呈祥。
日月光华,	日月光华照耀,
旦复旦兮。③	辉煌而又辉煌。
明明上天,④	上天至明至尊,
烂然星陈。	灿烂遍布星辰。
日月光华,	日月光华照耀,
弘于一人。⑤	嘉祥降于圣人。
日月有常,	日月依序交替,
星辰有行。	星辰循轨运行。
四时从经,⑥	四季变化有常,
万姓允诚。⑦	万民恭敬诚信。
於予论乐,⑧	鼓乐铿锵和谐,
配天之灵。⑨	祝祷上苍神灵。
迁于贤圣,⑩	帝位禅于贤圣,
莫不咸听。	普天莫不欢欣。

鼗乎鼓之,⑪	鼓声鼟鼟动听,
轩乎舞之。⑫	舞姿翩翩轻盈。
精华已竭,	精力才华已竭,
褰裳去之。⑬	便当撩衣退隐。

〔注〕 ① 卿云：一种彩云,古以为祥瑞的象征。卿,通"庆"。 ② 糺(jiū)缦缦：糺,即"纠",结集、连合；缦缦,萦回舒卷貌。 ③ 旦复旦：谓光明又复光明。旦,明亮。 ④ 明明：明察。 ⑤ 弘：大,光大。 ⑥ 从经：遵从常道。 ⑦ 允诚：确实诚信。 ⑧ 论乐：论,通"伦",有条理、有次序；论乐,器乐演奏整齐和谐。 ⑨ 配：祭祀中的配飨礼。 ⑩ 迁：禅让。 ⑪ 鼟(chāng)：鼓声。 ⑫ 轩乎：翩然起舞貌。 ⑬ 褰(qiān)裳去之：指让贤退隐。褰裳,撩起下衣。

《卿云歌》,相传是舜禅位于禹时,同群臣互贺的唱和之作。始见旧题西汉伏生的《尚书大传》。据《大传》记载：舜在位第十四年,行祭礼,钟石笙筦变声。乐未罢,疾风发屋,天大雷雨。帝沉首而笑曰："明哉,非一人天下也,乃见于钟石!"即荐禹使行天子事,并与俊义百工相和而歌《卿云》,云云。钟石变声,暗示虞舜逊让；卿云呈祥,明兆夏禹受禅。这一传说故事,充满了奇异神话色彩,《卿云歌》的主题,则反映了先民向往的政治理想。

全诗三章,由舜帝首唱、八伯相和、舜帝续歌三部分构成。君臣互唱,情绪热烈,气象高浑,文采风流,辉映千古。

首章是舜帝对"卿云"直接的赞美歌唱。何谓"卿云"？《史记·天官书》曰："若烟非烟,若云非云,郁郁纷纷,萧索轮囷,是谓卿云。卿云见,喜气也。"在古人看来,卿云即是祥瑞之喜的象征。"卿云烂兮,糺缦缦兮",若云若烟,卿云灿烂,萦回缭绕,瑞气呈祥；这祥瑞之兆,预示着又一位圣贤将顺天承运受禅即位。"日月光华,旦复旦兮",这更明显寓有明明相代的禅代之旨。圣人的光辉如同日月,他的受禅即位,大地仍会像过去一样阳光普照、万里光明。这与其说是舜帝的歌唱,毋宁说是万民的心声和愿望。

次章是"八伯"的和歌。八伯者,畿外八州的首领。这里当指舜帝周围的群臣百官。舜帝首唱"卿云",八伯稽首相和："明明上天,烂然星陈。日月光华,弘于一人!"他们进而赞美上天的英明洞察,把执掌万民的大任,再次赋予一位至圣贤人。这里对"明明上天"的赞美,也是对尧舜美德的歌颂。《尚书·尧典》有云："昔在帝尧,聪明文思,光宅天下。将逊于位,让于虞舜"；而今者虞舜,效法先圣,荐禹于天,以为后嗣。没有尧舜的美德,哪有禅让的美谈？尧舜之举比起明明上天,更值得称颂。

舜帝的赓歌，则表达了一位圣贤的崇高境界和伟大胸怀。十二句可分三层。前四句以"日月有常，星辰有行"作比，说明人间的让贤同宇宙的运行一样，是一种必然的规律。只有遵循这种规律，才能使国家昌盛，万民幸福。中四句叙述"迁于贤圣"的举动，既顺从天意也符合民心。可谓普天之下，莫不欢欣。最后四句表现了虞舜功成身退的无私胸怀："鼖乎鼓之，轩乎舞之。精华已竭，褰裳去之。"正当人们击鼓鸣钟、载歌载舞，欢呼庆贺夏禹即位之时，自感"精华已竭"的虞舜，却毫无声息地泰然"褰裳去之"。只此两句，一位崇高伟大的圣贤形象，便跃然纸上。

尧、舜禅让，载于《尚书》，《卿云》之歌，流传秦季。而尧、舜均属传说人物，舜歌《卿云》，颇难征信。很可能这是身处战国、秦季乱世，目睹争夺劫杀，而向往礼让治世者的代拟之作。不过，自战国、秦汉以来，禅让传说和《卿云》之歌，代代相传，深入人心，对形成以礼让为美德的民族精神，产生了积极的影响。柳诒徵论"唐虞之让国"时写道："吾民初非不知竞争，第开化既早，经验较多，积千万年之竞争，熟睹惨杀纷乱之祸亡无已，则憬然觉悟，知人类非相让不能相安，而唐、虞之君臣遂身倡而力行之。后此数千年，虽曰争夺劫杀之事不绝于史策，然以逊让为美德之意，深中于人心，时时可以杀忿争之毒，而为和亲之媒。故国家与民族，遂历久而不敝"（《中国文化史》）。这对认识《卿云歌》的历史背景和文化意义，颇有启发。

在艺术上，《卿云》辞藻华美，意境超迈，孕育骚赋句法，足可与《诗》之《雅》《颂》媲美。

（陈文忠）

涂 山 歌

绥绥白狐，①	孤孤单单走来的白狐狸，
九尾庞庞。②	九个尾巴毛茸茸又粗又长。
成于家室，	大禹和涂山女结为连理，
我都攸昌。③	我们这里将永远发达兴旺！

〔注〕① 绥绥：独行求匹偶之貌。　② 庞庞：粗大。　③ 攸：语助词。

《吕氏春秋》说："禹年三十未娶。行涂山，恐时暮失嗣，辞曰：'吾之娶，必有应也。'乃有白狐九尾而造于禹。禹曰：'白者，吾服也；九尾者，其证也。'于是涂山人歌曰：……于是娶涂山女。"此段引文系据《北堂书钞》《艺文类聚》《太平御览》转引，今本《吕氏春秋》失载。又《吴越春秋·越王无余外传》亦有《涂山歌》，全诗为："绥绥白狐，九尾庞庞。我家嘉夷，来宾为王。成家成室，我造彼昌。天人之际，于兹则行。"文字较繁，是据《吕氏春秋》又加增补而成。《吴越春秋》中并说到涂山女的名字叫女娇。

　　夏禹娶亲之事，发生在治水过程中。《史记·河渠书》说："禹抑洪水十三年。"《汉书·沟洫志》说："禹湮洪水十三年。"关于这十三年中的情况，《史记·夏本纪》中有概括的介绍："（大禹）劳身焦思，居外十三年，过家门不敢入。"但《尚书·益稷》记大禹的自述为："娶于涂山，辛、壬、癸、甲。启呱呱而泣，予弗子，惟荒度土功。"又《吕氏春秋》说："禹娶涂山氏女，不以私害公，自辛至甲四日，复往治水。"这两则材料都是说大禹只告了四天"婚假"，即"复往治水"。可见其婚娶是在治水期间。《史记》所说"居外十三年，过家门不敢入"，是不包括回家结婚这一次的。《孟子·滕文公上》说大禹"八年于外，三过其门而不入"，或许此"八年"是从新婚离家时算起；这样，大禹"三十未娶"，于三十岁这一年结婚时，在外治水已有五年的历史。古代男子二十岁行冠礼（见《礼记·曲礼上》，但《仪礼·士冠礼》等说十九而冠），表示已成年，可以娶妻了。大禹至三十岁而未娶，已是晚婚的"大男"。《吕氏春秋》说他急于结婚是"恐时暮失嗣"，即担心年纪大了不能生育，无法传宗接代。他对女色并不贪恋，所以新婚才四天便重又离家去治水了。

　　至于涂山之地，历来说法不一，有会稽（今浙江绍兴）、江州（今四川巴县）、当涂（今安徽当涂）、濠州（今安徽怀远）等不同的说法。近人根据古籍记载并结合现场的踏勘、访问，认为在会稽一说较为正确。其具体地点，被认定在今绍兴市柯桥区安昌镇东南二公里处，现山名为西扆山，又称西余山。当地农民至今尚传禹杀防风氏于涂山，血流入河，河水被染红。西扆山村北的红桥村即因此而得名。在西扆山西南数公里处有称为"型塘"的地方。贺循《会稽记》说："防风氏身三丈，刑者不及，乃筑塘临之，故曰刑塘。""型塘"即"刑塘"。关于古"涂山"的考证，详见盛鸿郎《涂山考》（载浙江人民出版社《大禹研究》）。

　　大禹的婚姻，据本文开头所引《吕氏春秋》中的资料，可见是很带有传奇性的。在走到涂山时，他预感到自己的婚事将会一帆风顺，所以说："我娶亲，一定会有想嫁我的人。"正当其时，有一只长着九条尾巴的白色狐狸来到他面前。古代一般认为狐狸是瑞兽，是吉祥的征兆，因而他说"白者，吾服也；九尾者，其证也"，意思是出现白狐，也就是象征衣裳也是白色的自己将迎来吉利的事。涂山当地的人，也从白色九尾狐的出现预感到把涂山的一位少女嫁给大禹，将会降福给涂山，于是便编了这首短歌吟唱。首句中的"绥绥"是描述狐狸的样子。前人对《诗经·卫风·有狐》的"有狐绥绥"之"绥绥"，有两种不同的解释——雌雄并行貌或独行求匹貌。《涂山歌》中之白狐既然有一定的象征性，当以独行寻求配偶的后一解释较为近是。次句以表示厚实、粗大的"庞庞"形容白狐的"九尾"。以上两句,是用具有象征和比喻意味的瑞兽白狐独行求匹的意象起兴,接着的后两句即转向关于大禹求偶的正题。古人所谓"女有家,男有室"(《左传·桓公十八年》),指男女的结婚成家。故"成于家室",即指大禹同涂山当地的女子成婚。涂山人认为这件婚事意义深远,故结尾一句说"我都攸昌"。"都",原指城邑,这里具体指涂山当地;后两句合起来的大意就是:大禹与涂山女子成亲会使当地繁荣昌盛。

这首《涂山歌》的传奇性,从另一角度来审视,便具有一定的天人感应的神秘色彩。《吴越春秋》中的《涂山歌》所增补的句子中有"天人之际,于兹则行"二句,更是直接站出来表明九尾白狐与大禹婚事两者之间正是一种天人感应的关系。从科学的观点看,将社会人事同自然现象作简单的比附,这当然是荒唐的;但从人类社会的演进史来看,诸如此类的天人感应,正好反映了人类童年时代的思维幼稚的一面。读这样的诗,除了令人感受到时代的进步之外,不也使我们如同成年人面对幼稚天真的儿童一般,可以领略到一份意想不到的轻松与喜悦么?

(陈志明)

今 日 雨

癸卯卜,今日雨。	癸卯日占卜,今天下雨。
其自西来雨?	是从西方下过来的雨?
其自东来雨?	是从东方下过来的雨?
其自北来雨?	是从北方下过来的雨?
其自南来雨?	是从南方下过来的雨?

本篇是甲骨卜辞,题目为笔者所拟。甲骨卜辞通常称为甲骨文。殷商王朝时,常用龟甲、兽骨占卜吉凶,又常在甲骨上写刻卜辞以及和占卜有关的记事文字。甲骨文出土于河南安阳的殷墟,是盘庚迁殷到纣亡二百七十三年间的遗物。卜辞中的贞辞是记录占卜人的问题的,一般采用一事两贞法,即将一件事的正反两面各问一次;也有采用一事多贞法的。这里所选的《今日雨》即属于后者。从卜辞的性质、内容以及一事两问或多问的例行格式来看,卜辞当然不是文学创作。但其中有些卜辞的形式与写法颇近于诗,此篇《今日雨》在这方面最具有代表性,故予以选录评说,以聊备一格。

"癸卯卜,今日雨",这是占卜的一个总题目。"癸卯"表示日子。我国古代历法,将天干的"甲、乙、丙、丁"等十个字与地支的"子、丑、寅、卯"等十二个字相加,用以表示日子或年份。这里说,在癸卯这一天占卜,占卜的内容是关于天时的情况,具体要问的是"今天下雨"的确切情况,究竟雨从哪一个方向下过来,东、南、西、北四个方向都问到了。这是记录求卜人的问题的。然后由巫觋根据火灼龟甲出现的裂纹形状做出回答,一次占卜的过程也就宣告结束。

《今日雨》中的四个问句,采用完全相同的句式,每句中只改换一个起关键作用的方位词。一叠四句,显得匀称、整齐、紧凑。而方位词的改换,虽只一字之异,却使句意顿然不同,从而使四个问句在整饬的同时,又并不显得板滞。就句意的形象而言,似乎云情雨意正捉摸不定地从东南西北四方袭来,气势颇为壮观。虽说不上是正式的诗,客观上却留给人以饱含诗意的印象。

像《今日雨》这种整齐中略显变化、具有后世民歌中常见的铺排写法的作品,在我国古代文学史上并非仅见。如《诗经·周南·芣苢》:

采采芣苢,薄言采之;

采采芣苢,薄言有之;

采采芣苢,薄言掇之;

采采芣苢,薄言捋之;

采采芣苢,薄言袺之;

采采芣苢,薄言襭之。

又如汉代乐府民歌中的《江南》:

江南可采莲,莲叶何田田!

鱼戏莲叶间。

鱼戏莲叶东,

鱼戏莲叶西,

鱼戏莲叶南,

鱼戏莲叶北。

《芣苢》与《江南》诗产生的时代都晚于《今日雨》。但甲骨文被发现已迟至清代末年,所以,这两首诗又不可能直接受到过《今日雨》的影响。但若从形式的相似这一点着眼,则又不妨将这首《今日雨》视为后世那些句式整齐、写法铺排的同类诗作的滥觞。

(陈志明)

屯　如

屯如,邅如,①　　　　困难地徘徊着向前,

乘马班如。②	骑着马一次次回旋。
匪寇，③	不是强盗上门，
婚媾。	而是前来抢亲。

乘 马

| 乘马班如， | 女子被挟持上马，马儿回旋， |
| 泣血涟如。 | 那可怜的人儿哭得血泪涟涟。 |

〔注〕①屯(zhūn)：困难。如：然。邅(zhān)：徘徊。②班：旋转不进。③匪(fēi)：同"非"。

　　这两首反映抢婚习俗的古歌都选自《周易》。第一首是《屯》卦六二爻的爻辞，第二首是《屯》卦上六爻的爻辞。题目都是笔者所加。《周易》又称《易经》，简称《易》，是儒家的重要经典之一。《易》有六十四卦，三百八十四爻。爻，指构成卦的横画，每六爻合成一卦。卦和爻都各有说明，称为卦辞和爻辞。卦辞、爻辞中有一些是上古流传下来的民间歌谣。从中可以约略看出上古社会生活的某些侧面和当时人们的一些思想感情。

　　先看《屯如》。"屯如"的"屯"是困难的意思，"如"是语末助词，无义；"邅如"的"邅"意为徘徊；"班如"的"班"意为旋转不进。抢亲的男子及与他同来的部族兄弟都是"乘马"而来的，已行进到抢亲女子的土房附近。只见他们的坐骑"屯如""邅如""班如"。这里的用字不仅形象、生动，而且还富于层次感。"屯如"，形容行进的困难，但毕竟是在向前；"邅如"是徘徊之意，已是有进有退；至"班如"则干脆是在原地转圈子了。"乘马"人为什么不动作迅疾地翻身下马，立即抢亲呢？坐骑的徘徊不前，正好表明马上人心底的犹豫。是打算打退堂鼓了呢，还是正在酝酿着准备下手的决心？马上主人公心底的波翻浪涌，就只有他们自己才说得清楚了。以上几句是绘形绘色的描画，后面两个短句则是以议论点明。"匪寇"，就是不是强盗来抢东西。"匪"通"非"，"婚媾"即婚姻，从正面说明此行的目的。这两句就像一幅画图上说明性的题款，虽是侧笔，却恰到好处地置于画幅的空白处，与画面相映成趣。

　　关于这首小诗，郭沫若在他的《中国古代社会研究·周易时代的社会生活》中曾有过评论，现录之以供参考："这是写一个男子骑在马上迂回不进。他不是去从征，而是去找爱人。'邅'、'班'为韵，'寇'、'媾'为韵，更加三个'如'字的语助词，把那迂回不进的情趣表现得多么充足呢？"

　　再看《乘马》。镜头已由男子转向被抢女子。看来那男子经过犹豫之后，终于下手并且得手了。这回轮到女方"乘马班如",在房子附近盘旋不进了。她是被抢者,"班如"是反抗,是不忍离去的表现。再看她的脸部——"泣血涟如",由于伤心过度,哭泣已没有声音,淌眼泪就像流血一样。"涟如",极写泪流不止的样子。从上句到这一句,镜头由近景更推成大特写,借助无声的画面,强调了被抢者极度伤痛的感情。

抢婚是原始社会部落之间存在的一种婚姻习俗。这里所选的两首诗,上一首写抢婚的男子,下一首写被抢的女子,在时间上、情节上和画面上都有上下相承的关系。

以上两段古歌,篇幅极短,却都有景有情,画面流动,富于力度。虽然比起后世成熟的文学作品,它们显得很稚拙、单薄,但就其反映的生活内容及其表现形式而言,这两段古歌作为诗之雏形期的典型文化产物,无疑会给我们留下深刻的印象。

(陈志明 叶志衡)

雷 震 谣

震来虩虩,①	雷声响起有人听了心发慌,
笑言哑哑。②	有人说说笑笑如往常。
震惊百里,	震惊百里响雷来,
不丧匕鬯。③	有人手拿酒勺一滴不外淌。

〔注〕① 虩(xì)虩:害怕的样子。 ② 哑(è)哑:说笑的样子。 ③ 匕鬯(chàng):勺匙中的祭祀用香酒。

本篇是《周易·震卦》的卦辞,题目为笔者所拟。卦辞写人们对打雷的反应,既写出了雷霆万钧的威力,更表现了人们不畏雷霆的豪迈乐观的精神。

全篇四句,写到雷("震")的有两处:第一句提到了打雷,这是一个一般的雷;第三句所写的,则是一个"惊百里"的响雷。人们对于打雷的反应,卦辞中写到的有三类。第一类是感到惊恐,所谓"虩虩",即是害怕的样子。第二类是照常有说有笑,所谓"哑哑",是指说笑的声音。以上都是对普通的雷声的反应。第三类人,尽管听到的是特大的响雷,却仍然十分镇定。诗中以"不丧匕鬯"具体写出镇定的情状。"匕",指勺、匙之类取食的用具;"鬯",是古代祭祀用的一种香酒。"不丧匕鬯",是说听到特大响雷时仍能镇定自若,不动声色,没有失去手中勺子里的一滴香酒。此卦的《象传》解释这四句卦辞说:"'震来虩虩',恐致福也。"意思是恐惧雷声的人会小心谨慎,兢兢业业,从而招致幸福。又说:"'笑言哑哑',

后有则也。"意思是不怕打雷、照常说笑的人,雷声过后,一言一行都会有板有眼,合乎法则。又说:"'震惊百里',惊远与迩也;'不丧匕鬯',出可以守宗庙社稷,以为祭主也。"则是说,对于听到特大响雷而能"不丧匕鬯"的超常镇定的人,当君主外出巡狩时,如果他是嫡长子,就可以留守宗庙社稷,主持国家的祭祀仪式。《易传》中的传文对卦辞所作的解释,与原卦辞的含义不一定相符。上面引述的《震》卦的《象传》,显然是对原卦辞的引申发挥。对于了解卦辞的含义,可作为参考,但不必受到它的局限。

从《震》卦的卦辞中,我们不仅听到从一般的"隆隆"声到特大的"轰隆隆"的响雷声,而且见到了在听到雷声时三类人的不同反应。人们在打雷这一不可知的自然现象面前的畏惧,也许可以起到"恐致福"的作用,但为世人普遍激赏的,恐怕还是对于耳闻雷声而照样"笑言哑哑"、听到"震惊百里"的响雷而"不丧匕鬯"的人定胜天的豪迈乐观的精神。 (陈志明)

女 承 筐

女承筐,①	少女用筐承接,
无实;	羊毛虚松不实;
士刲羊,②	小伙用刀杀羊,
无血。	刀刀下去无血。

〔注〕① 承:捧。 ② 刲(kuī):割杀。

本篇是《周易》"归妹"卦的上六爻的爻辞,题目为笔者所拟。原文在"无血"之后,还有"无攸利"三字;看来是这首歌谣被用作爻辞之后外加上去的,故笔者不将此三字作为歌谣的一部分著录。这是一首写剪羊毛劳动的歌谣,文字简练,情景逼真。

全篇分别从"女"与"士"两方面落笔。在《周易》六十四个卦中,凡已经结婚的女子通称为"妇";而凡称为"女"的,通指尚未结婚的少女,如《屯》卦六二爻辞的"女子贞不字,十年乃字",《蒙》卦六三爻辞的"勿用取女",《咸》卦卦辞的"取女,吉",《姤》卦卦辞的"姤女壮,勿用取女",《渐》卦卦辞的"女归,吉",等等。《周易》中的"士",则指未婚的男青年。《大过》卦九二爻辞的"老夫得其女妻"与九五爻辞的"老妇得其士夫",从对读中可以知道,"女妻"指以少女为妻,"士夫"指以小青年为夫。《女承筐》中"女""士"对举,其含义正与《大过》卦中"女""士"的含义相同。诗中说,那少女捧着筐在下面接,羊毛蓬蓬松松,显得空虚不实,就像没有装东西一样;那男青年用刀割取羊毛,像是在杀羊,却不见有血流出来。

此诗之妙,在于"无题",而题中之义,通过对"女"与"士"的动作及其结果的描述,从画面之中自然而然地得到显现——原来这是一对青年男女正熟练地配合着在剪取羊毛呢!此诗所表现的是上古游牧生活的一个场景,就其所反映的生活内容以及画面的轻松、感情的轻快而言,不妨将它看作是我国古代最早的一首"牧歌"。

《归妹》卦是讲婚姻之事的,它的爻辞也普遍与女子的婚姻有关。所以上述这首反映剪羊毛劳动的歌谣,传统上即是从婚姻的角度进行解释,而与本文上面的说法完全不同。如朱骏声说:"筐,食具也。"又说:"筐,《士昏礼》所谓笲也……以贽见姑舅者。"(《六十四卦经解》)按照这一解释,"女承筐,无实"的意思便是指女子缺少陪嫁的东西,而不能像《诗经·卫风·氓》中的女子对她的未婚夫说的那样:"以尔车来,以我贿(指陪嫁的财物)迁。"至于"士刲羊",疑亦是当时的一种风俗仪式,即在婚娶时,男方应该刺一只羊,将流出的羊血用于祭祀神灵、祖先。现在女子的筐中空无所有,男子刺羊又不流血,所以末尾赘一句为"无攸利",即"无所利",事情办不成。这种解释,也有一定道理,可供参考。

这首"牧歌",从艺术表现上看,对比是其主要特色。除了词语上的对比外,还有人物的对比,动作的对比,以及由不同人物、动作构成的不同情景的对比。而不同的人物、相异的动作、有别的情景,既对比又互相关联,因而既显得整饬、条理井然,又显得生动活泼、融洽无间,组成一幅剪割羊毛的动人画面。入声字"实""血"的相叶,上呼下应,更增强了作品一气呵成的浑融感。当然,这些都是歌者见景生情、即情即景吟唱而成,而非冥思苦想、刻意雕琢所能获致的。

(陈志明)

鸣　　鹤

鸣鹤在阴,　　　　　隐蔽处传出仙鹤的叫声,
其子和之。　　　　　小鹤听见了便以鸣声相应。
我有好爵,①　　　　我有一杯可口的美酒,
吾与尔靡之。②　　　我愿与你共同享用。

〔注〕① 爵:一种酒器,此指代好酒。　② 靡:分散。

本篇是《周易·中孚》卦的九二爻的爻辞,题目为笔者所加。这是一首用比兴手法写成的古代歌谣。前两句以鹤的和鸣起兴,兴中兼比;后两句采用赋体,直接抒发自己对朋友亲切、友好的感情。

首句"鸣鹤在阴"的"阴",指背阳的地方。凡山之北、水之南以及被遮蔽的处所,都可以叫做"阴"。诗中泛指看不到的地方。句意为:鸣叫着的鹤并不显山露水,炫耀自己。从另一角度来理解,便是不求外表,但重实际。后人即是从这一意义上将注重自身修养而被人称道的人称为"鹤鸣之士"。次句"其子和之",是说它的小鹤听见了,便鸣叫着前来应和。九二爻的《象传》说:"'其子和之',中心愿也。"说明小鹤的和鸣是由于小鹤受到了感染,才乐意应和着鸣叫的。由鹤的和鸣这一具有象征性和比喻性的情景触发,诗人连类而及,想到了朋友之间的同声相应、同气相求的和谐关系,便举起酒杯,对着友人说:"我的杯中斟满了好酒,我要和你一起分享。"原文中的"爵",原指古代雀形的酒杯,诗中则是以"好爵"指代以爵所盛的美酒;"靡"字有分散、共同两个不同的意思,用今天的话来表示,大致相当于与此二义相通的"分享"一词。"我有好爵,吾与尔靡之",对朋友的深情,通过这一具体的生活细节得到了相当充分的表现。这首借细节以传情的小诗,很容易令人联想起唐代大诗人白居易邀刘十九同饮的小诗:"绿蚁新醅酒,红泥小火炉。晚来天欲雪,能饮一杯无?"(《问刘十九》)我国是一个有着重友情传统的国家,如果要在诗歌创作中追溯友情诗的源头,那么,这首《鸣鹤》诗也算得上是最早的篇什之一了。

从全诗前后两部分的关系而言,尽管以后两句为主、前两句为辅,说鸟是为了说人,前两句的比兴,只是起着铺垫和过渡的作用,重点落在直接抒写友情的后两句上;但由于前两句的形象可感和富有诗意,它除了有帮助后两句营造氛围、酝酿情绪之外,其自身也具有相对的独立性。"鹤鸣之士"之得以成为一个典故,应该说,是与这两句自身所具有的相对独立性分不开的。

(陈志明)

得　敌

得敌。	抓到了战俘。
或鼓,	有的人击鼓,
或罢,①	有的人疲惫,
或泣,	有的人哭泣,
或歌。	有的人唱歌。

〔注〕① 罢(pí):通"疲"。

本篇也选自《周易》,是《中孚》卦六三爻的爻辞。写一次胜仗后的情况。题目为笔者所加。

战争在原始社会晚期是极平常的现象。古希腊"英雄"时代,中国的"三皇五帝"时代,部落间的战争都很频繁。生产力的发展带来战争,战争使人类走向更文明的社会。这首小诗摄入的不是"怒触不周山"或"刑天舞干戚"等正面争斗的场景,而是战后获胜一方士兵们反应不一的各种情态。

"得敌",抓获了许多俘虏,说明是打了胜仗。这是展现以下场景的一个大背景。从叙事来说,这是采用横截手法,迅速切入正题,行文简洁、干净。为了赢得这场胜利,战士们付出了多少辛苦、多少代价啊!这一切都在胜利后各自的表现中自然地反映出来了。"或鼓——或罢——或泣——或歌",可谓千姿百态,应有尽有。四个"或"字都是"有的(人)"的意思。"鼓""罢""泣""歌"都是动词。"鼓",打鼓;"罢",疲乏;"泣",哭泣;"歌",唱歌。有的余勇可贾,精神亢奋,擂响了鼙鼓;有的太疲乏了,躺在一旁安静地休息;有的受了伤或失去了亲人,正在嘤嘤啜泣;有的兴高采烈,唱起了欢乐的歌。这是一组群像,精神体态各不相同,富于立体感。虽没有工笔细描,却不妨凭个人的想象补上轮廓分明的线条。这是一首"交响曲":有"罢"者的安静无声;有安静无声衬出的啜泣声;有高八度的嘹亮歌声;还有震耳欲聋的鼓声。寥寥十个字,能产生这样的效果,实在不容易。要知道,当时还只是文学的萌芽时期啊。

从表现手法上来说,"或鼓"等四个短句,都是主谓结构,每一个短句展现一个场面,表现出一个完整的意思。四句都以"或"字引出,成为一组整齐的排比句,一气直下,严谨而又顺畅。稍后《诗经·小雅》中的《北山》篇"或燕燕居息,或尽瘁事国。或息偃在床,或不已于行(第四章)。或不知叫号,或惨惨劬劳。或栖迟偃仰,或王事鞅掌(第五章)。或湛乐饮酒,或惨惨畏咎。或出入风议,或靡事不为(第六章)。"一连串"或"字句,乃至唐韩愈《南山》诗连用五十一个"或"字句,都与此段叙辞不无渊源。而四个谓语动词的视觉形象、听觉形象以及感情色彩各不相同,令人想起后世踵事增华的汉大赋铺张扬厉的气势。

(陈志明 叶志衡)

伯夷、叔齐

【作者简介】

伯夷,商末孤竹君长子。墨胎氏,名允,字公信。叔齐,商末孤竹君子,伯夷之弟。初孤竹君遗命立其弟叔齐为君,孤竹君死后,叔齐让位,他不受,两人一起投奔周文王。路遇武王伐纣,伯夷、叔齐拦马劝谏。武王灭商后,兄弟俩隐居首阳山,不食周粟而死。

采薇歌

伯夷　叔齐

登彼西山兮，　　　　登上那西山啊，
采其薇矣。　　　　　采摘野豌豆聊以充饥。
以暴易暴兮，　　　　用凶暴取代凶暴啊，
不知其非矣。　　　　伐纣的武王分不清是和非。
神农虞夏忽焉没兮，　神农虞夏古代圣君转瞬即逝啊，
我安适归矣？①　　　我要去的乐土又在哪里？
于嗟徂兮，②　　　　多么可悲啊，即将身赴黄泉，
命之衰矣！　　　　　看来是命中注定活该我们倒霉！

〔注〕①适：往，去。　②于(xū)嗟：叹息声。徂(cú)：往。或以为借为"殂"，死。

《采薇歌》最早见于《史记·伯夷列传》。伯夷、叔齐是商朝末年孤竹国国君墨脱初的长子和幼子。历史上表彰这两个人，基于两点：一是不贪权势。孤竹君生前拟让位给叔齐。在他去世后，叔齐让伯夷，伯夷不受逃去，叔齐也不肯继位而逃去，王位便由中子继承。故晋代吴隐之诗《酌贪泉》说："古人云此水，一歃怀千金。试使夷齐饮，终当不易心。"二是反对周武王伐纣。伯夷、叔齐在逃离孤竹国之后，都去投靠西伯姬昌（周文王）。姬昌去世不久，其子姬发（周武王）起兵讨伐商朝的末代君主纣。《史记·伯夷列传》说："伯夷、叔齐叩马而谏曰：'父死不葬，爰及干戈，可谓孝乎？以臣弑君，可谓仁乎？'左右欲兵之。太公曰：'此义人也。'扶而去之。武王已平殷乱，天下宗周，而伯夷、叔齐耻之，义不食周粟，隐于首阳山，采薇而食之。及饿且死，作歌。其辞曰……遂饿死于首阳山。"可见伯夷、叔齐兄弟俩是以家庭内部倡"孝"、庙堂之上倡"仁"来反对武王伐纣的。而在周朝建国后，宁可饿死，也不愿为周朝出力。在历史上被认为是"舍生取义"的典型，因而备受后人称赞。孔子说他们"求仁而得仁"，是"古之贤人"（《论语·述而》），韩愈更作有《伯夷颂》的专文加以颂扬。《采薇歌》即是伯夷、叔齐"义不食周粟"、饿死之前的绝命辞，与其"叩马而谏"武王伐纣的进言，同是最足以表现人物思想性格的言辞。

歌词首句中的"西山"，指首阳山。首阳山，又名雷首山，在今山西省永济市南。这是伯夷、叔齐隐居并最后殉身的地方。一、二两句直陈登上首阳山的高处采薇充饥。薇，即巢菜，俗名野豌豆，蔓生，茎叶似小豆，可生食或作羹。这两句用赋体，字句平浅，感情也似乎平淡，其中却包含有决不与周王朝合作这一态度

鲜明的抉择。所说的是采薇这一件实事,但也不妨看作是一纸"耻食周粟"的宣言。三、四句以议论出之,说明不合作的原因。认为武王伐纣是"以暴易暴",而非以仁义王天下,是不可取的,而武王却并不以此为非。以上几句是夷、齐表明自己政治上的立场、态度,以"以暴易暴"四字对新建立的周王朝进行了激烈的批评。以下转入全诗的另一个层次,写个人的历史性的悲剧。神农、虞、夏时代都是历史上的圣明之世;说神农、虞、夏转瞬即逝,其用意在于反衬自己的生不逢时,由于找不到一个安身立命的立足点而充满了失落感。"我安适归矣",故意用无疑而设问的语气,增强了感慨的分量,与《诗经·魏风·硕鼠》的"乐土乐土,爰得我所"的写法正不谋而合。结尾两句是无可"适归"的延伸和发展。唐人司马贞串讲末二句说:"言己今日饿死,亦是运命衰薄,不遇大道之时,至幽忧而饿死。"(《史记索隐》)可以想见当伯夷、叔齐吟唱到此歌结尾时,虽已气衰力微、不可能呼天抢地地大声唱叹,但这感慨至深的垂死之言,即使声音很小甚至不甚连贯,仍然是会动情地顽强地唱出并长久地回响在首阳山的山涯水际的。

《采薇歌》是一首袒露心迹、毫不矫饰的抒情诗,也是一首爱憎分明、议论风发的政治诗。全诗情理交融,在"以暴易暴"的议论中渗透着卑视鄙弃周朝的强烈感情,在"我安适归"与"命之衰矣"的感慨中隐含有同周朝势难两立的清晰判断。作品用语简洁;结构上转折自然,首尾呼应,一气呵成;风格质朴,平实之中却不失流利。总的说来,这是一首表现较为成功的歌谣体的小诗。至于如何看待这首诗的思想内容,归根结底,是一个关系到如何评价武王伐纣的问题。孔子从道德自我完成的角度抽象地肯定伯夷、叔齐"求仁而得仁";实际上,这是对武王伐纣的正义性的否定。从政治上看,褒扬伯夷、叔齐,等于是在提倡忠于一家一姓的愚忠,是符合历代统治阶级的统治需要而与历史的进步格格不入的。在这一点上,具有民本思想的孟子的见解十分高明、通达。他说:"民为贵,社稷次之,君为轻。"(《孟子·尽心下》)又说:"贼仁者谓之'贼',贼义者谓之'残'。残贼之人谓之'一夫'。闻诛一夫纣矣,未闻弑君也。"所以孟子虽也多次称颂伯夷,但仍给予"伯夷隘"(《孟子·公孙丑上》)的不客气的批评。所谓"隘",也就是器量太小,只求洁身自好,不能容人容物,也就是一种经过精心修饰的个人主义。上述孟子的几段话,是对伯夷、叔齐以一己的思想道德原则作为立身处世的最高准则,而不能以人民大众的爱憎为爱憎,从而站在了"顺乎天而应乎人"的"汤武革命"(《周易·革卦》象辞)的对立面上的直接或间接的批评,同时也可看做是对这首表明夷、齐"义不食周粟"心迹的绝命辞《采薇歌》的思想内容方面的深中肯綮的评价。这样看来,这首《采薇歌》尽管唱叹有情,感慨深沉,从思想内容的角度评价,却是并不值得加以肯定的。

(陈志明)

【作者简介】

箕子

商代贵族。名胥余。纣王叔父,一说庶兄。官太师,封于箕(今山西太谷东)。见纣王淫乱暴虐,屡次劝谏。纣王不听,将其囚禁。周武王灭商后被释放。《书·洪范》记述了他与武王的对话,为后人拟作。

麦 秀 歌

箕 子

麦秀渐渐兮,① 　　麦子吐穗,竖起尖尖麦芒,
禾黍油油。② 　　　枝叶光润,庄稼茁壮生长。
彼狡童兮,③ 　　　哦,哪个浑小子啊,
不与我好兮。 　　　不同我友好交往。

〔注〕① 渐渐:形容麦芒的形状。　② 油油:光润的样子。　③ 狡童:美少年,这里是贬称,后借指壮狡昏乱的国君。

这是一首与《诗经·王风·黍离》同样著名的诗篇,选自《史记·宋微子世家》,题目为后人所加。

据《史记·宋微子世家》载,箕子朝周,路过殷商废墟,感慨宫室毁坏,遍地长满禾黍,心中哀伤,作了这首《麦秀歌》。无独有偶,《诗序》谓西周灭亡后,周大夫途经故宗庙宫室,见满地禾黍,彷徨不忍离去,因作《黍离》。两首诗,创作动机、创作过程乃至创作效果,何其相似,不可不谓是一种艺术巧合。

麦子吐穗,禾黍茁壮,本是一番喜人的丰收景象。然而,对于亡国之人,感念故国的覆灭,心头自别有一种滋味。这种可贵的故土情怀,曾引起历代无数仁人志士的深切共鸣。晋文学家向秀《思旧赋》谓:"瞻旷野之萧条兮,息余驾乎城隅。……叹黍离之愍周兮,悲麦秀于殷墟。"宋文学家王安石《金陵怀古》之一云:"黍离麦秀从来事,且置兴亡近酒缸。"都将《黍离》《麦秀》并举,寄托深切的亡国之痛。

作者箕子是商纣叔父,封于箕,因而称为箕子。当时纣王暴虐无道,箕子苦

谏不听,于是披发佯狂为奴,遭纣王囚禁。周武王灭商后,箕子被释放,他目睹殷商宫室化为一片废墟,悲从中来,写下这首千古绝唱。这诗是他故国情思的自然流溢。"彼狡童兮,不与我好兮!"纣王的拒谏,致使殷商亡国,这悲恸永远成为他心头的创伤。他悲戚、愤懑、忧虑,可谓百感交集。

诗中叠字"渐渐""油油"的运用,语气词"兮"的安置,形成一种音律美,臻于声情相生的完美境地,显出与《诗经》一脉相承的艺术特征。尤其是末两句"彼狡童兮,不与我好兮",声口、措辞乃至句式都使人想起《诗经·郑风·狡童》:"彼狡童兮,不与我言兮。维子之故,使我不能餐兮! 彼狡童兮,不与我食兮。维子之故,使我不能食兮!"可见先秦诗歌在诗的意境和形式上有一种内在的渊源关系。

(周明吉)

石 鼓 文

第一鼓 汧 殹 诗

〔铭文〕

〔释文〕

汧①殹②沔沔,烝③烝皮④淖⑤渊。
鰋⑥鲤处之,君子渔之。
漫⑦又小鱼,其游趫⑧趫。
帛鱼皪⑨皪,其籚⑩氐⑪鲜。
黄帛其鯾⑫,又鱄⑬又鰷⑭。
其泺⑮孔庶,脔⑯之氂⑰氂,汓⑱汓趚⑲趚。

其鱼隹⑳可㉑？隹鲟㉒隹鲤。
可以橐㉓之？隹杨及柳。

〔意译〕

汧河啊流水潺湲，
河曲有众多清澄的深潭。
鲇鱼和鲤鱼在那里成群结伴，
下河去捕鱼的是随行的官员。
小鱼在齐胸深的水面上，
倾刻间四处游散。
帛布的鱼网里鱼鳞闪烁，
竹编的鱼罶里鲜鱼交错其间。
黄麻编的帛网里，
大鱼在挣扎小鱼已气息奄奄。
要做的鱼羹很多很多，
刳鱼时鱼儿活蹦乱跳还想逃窜，
人人大汗淋漓忙忙碌碌抢着干。
都有些什么鱼呢？
尽是些鲤鱼和白鲢。
拿什么来收拾呢？
唯有用杨柳枝条串连。

〔注〕 ① 汧(qiān)：水名,汧水出陕西陇县汧山。 ② 殹(yě)：即"也"字。 ③ 烝：众多。 ④ 皮(bǐ)：借为"彼"。 ⑤ 淖：作河曲之水柔和解。 ⑥ 鯰(nián)：鲇鱼。 ⑦ 溓(lì)：即"漓"字。盖言水齐胸之处。 ⑧ 趣："散"之繁文。此篆从四、从走、从散,会意,作四处走散解。 ⑨ 鱳(lè)：言鱼在网中活蹦乱跳。 ⑩ 簍(liǔ)：即"罶"字,是一种鱼能游进去而出不来的竹制渔具,浙东水乡称鱼笱。 ⑪ 氐(dǐ)："底"之省文。 ⑫ 編：从鱼从绵省,当作鱼网解。旧说谓鱼名。 ⑬ 鱄(fù)：从鱼从绵省,盖言鱼被网所缚。旧说谓鱼名。 ⑭ 鯀(mián)：从鱼从绵省,被网之鱼力绷不得动弹也。旧说谓鱼同"鲌",即白鱼。 ⑮ 朔(qì)：即"清"字。《广韵》："去急切,羹汁也。" ⑯ 裔：《仪礼·有司彻》注云："肵,刳鱼时割其腹以为大裔也。" ⑰ 鱻(shì)：罗君惕云："裔之鱻鱻者,意谓取鱼将裔,鱼则跃去也。" ⑱ 㳙(hàn)："汗"之繁文,会意字,汗流入土。 ⑲ 趚(tuán)：趚趚,犹言忙忙碌碌。 ⑳ 隹：通"惟"。 ㉑ 可：古文"何"。 ㉒ 鲟：《广雅》："鲢,鲟也。" ㉓ 橐(náng)：同"囊"。

第二鼓 作原诗

〔铭文〕

〔释文〕

□□□猷①,乍②原乍□。
□·□□·,道湍③我嗣④。
□□□除⑤,帅皮阪□。
□·□□草,为⑥三十⑦里。
□□□微,徲⑧徲遜⑨罟⑩。
□□□栗,柞械⑪其□。
□□棱⑫楮⑬,甾⑭甾鸣□。
□·□□·,亚⑮箸⑯其华⑰。
□·□□,为所游䰩⑱。
□□□蟄⑲道。
二日⑳树□,□□五日㉑。

(按:·为重文)

〔意译〕

我们计划在先人的故地上开始新的征途,
汧渭之会的原野上首先得整治道路。
……
修路快行我把地理观察清楚。

为整治道路建造营房,
先头部队已在山坡跟前屯驻。
砍伐树木清除野草,
三十里方圆辟为营区。
每一根树起的木桩都相隔一定的距离,
营辕围栏井然有序。
移栽了梨栗果树,
柞木白桵可以用于栅栏和建筑。
楰木和棕榈四季长绿,
山谷的水道上小鸟儿似歌如诉。
箬竹新枝婀娜多姿随风起舞。
……
休闲时可以优游散步。
盘山的道路已畅通无阻,
记下日子二日种树,
记下日子五日修路。

〔注〕① 猷:计划。《尚书·君陈》:"尔有嘉谋嘉猷。" ② 乍:潘迪云:"籀文与'作'通。" ③ 遄:速、疾。《诗·小雅·巧言》:"乱庶遄阻。" ④ 嗣:通"伺",观察。《山海经·大荒西经》:"司日月之长短。" ⑤ 除:修整。贾思勰《齐民要术》:"虾蟆鸣燕降而通路除道矣。" ⑥ 为:作治理解。《商君书·农战》:"善为国者,仓廪虽满,不偷于农。" ⑦ 三十:原作"丗",三十的合写。潘迪云:"丗,三十也。"罗君惕云:"案三十年为一世,其义本同,故古为一字。"今写作卅。 ⑧ 徲(zhì):罗振玉云:"徲徲犹言'秩秩',古音同者相通假。" ⑨ 逌(yōu):同"攸",所。 ⑩ 罟(gǔ):网。此作连接解,"秩秩攸罟",盖言很有秩序地营邑围栏。 ⑪ 棫(yù):《说文解字》:"棫,白桵也。"白桵是一种丛生有刺的树木。 ⑫ 椶:即"棕",棕榈树。 ⑬ 楰(jiù):同"桕",即乌桕树。 ⑭ 甾(zī):似当解为两山间之水道。或谓雉的一种,《周礼·天官·染人》注:"《禹贡》曰'羽畎夏狄',是其总名,其类有六:曰翚,曰摇,曰弓,曰甾,曰希,曰蹲。" ⑮ 亚:低垂。 ⑯ 箬(ruò):竹子的一种。 ⑰ 华:花。 ⑱ 麀(yōu):"忧"的古文,借为"优"。游优,即优游,从容不迫的样子。 ⑲ 盩(zhōu)道:罗君惕云:"谓山曲之道也。"《元和郡县志》:"山曲曰盩,水曲曰厔。" ⑳ 二日:原作"旨","二"与"日"的合文。 ㉑ 五日:原作"㫚","五"与"日"的合文。

第三鼓　田车诗

〔铭文〕

〔释文〕

田车孔安,銮①勒馬②馬。
四介③既简,左骖旛旛,
右骖騝④騝,遴⑤以陸⑥于原。
遴戎止陕⑦,宫车其写⑧,秀弓寺⑨射。
麋豕孔庶,麀鹿雉兔。
其趫⑩又绅⑪,其戎靠⑫夜,越出各⑬亚。
未央星徧,执而勿射。
多庶趯⑭趯,君子逌⑮乐⑯趯。

〔意译〕

狩猎的马车很安全,
小马驹带上了铜鞍勒跑得更欢。
四匹马拉的车简洁又轻便,
左边三匹马拉的车旌旗招展,
右边拉车的三匹马快捷轻健。
我们已栖息在这原野之间。
士兵们就驻扎在平坦的山坡上,
卸下了马上的车驾,

手持纹饰华丽的弓箭。
驼鹿和野猪真不少,
公鹿母鹿山鸡野兔禽兽齐全。
重新装束好轻便马车,
士兵们疾走如飞夤夜再战,
不知不觉已越过了营区的栅栏。
兴犹未尽星河西偏,
手执弯弓停止射箭。
众多百姓一路上手舞足蹈欢声笑语,
文武官员回到住处奏起音乐舞姿翩跹。

〔注〕 ① 鋚(yín):鋚勒者,马具也。 ② 馽(xián):马叙伦云:"伦以为此篆从马。而乚于马首下,盖施羁縻而已。马已一岁可供驭故施羁縻,因名一岁马。'馽'读若弦,又若环声,皆元类。" ③ 四介:驷马披甲。四,借为"驷";介,铠甲。《诗经·郑风·清人》:"清人在彭,驷介旁旁。" ④ 騝(jiàn):此篆从马从健省,盖言马之骏健也。 ⑤ 遌(wú):即"吾"。 ⑥ 陞(qī):同"栖"。 ⑦ 阺(yí):此篆从阜从矢会意,当为"夷"之古文。盖言山坡平坦之处。 ⑧ 写:通"卸"。《说文解字》:"写,置物也。" ⑨ 寺(chí):通"持"。 ⑩ 趩(lǘ):祟庽、廬同为来纽鱼部字,音义亦同,《广雅》释室。先秦时官和室同义,然则此篆为已卸之官车。 ⑪ 绅:大带,此作束带解。《韩非子·外储说左上》:"绅之束之。" ⑫ 蠹(fù):即"赴"字。 ⑬ 各:古文"格"。各亚,栅栏也。 ⑭ 趢(lì):《说文解字》:"趢,郎击反,动也。"此篆从走从乐会意,即"投足而歌"。也即兴高采烈,手舞足蹈。 ⑮ 逌:所。 ⑯ 乐:音乐。

第四鼓 吴 人 诗

〔铭文〕

石鼓文

〔释文〕

吴①人怜亟②,朝夕敬惕③。
䢅④西䢅北,勿奄⑤勿代。
若而出奇,进献用特⑥。
遝各执祖⑦,告于大祝⑧。
禘⑨曾受其庸⑩,致方埶⑪寓逢⑫。
中囿孔庶,麀⑬鹿趚⑭趚。
迺其疆理,屯屯緟緟⑯。
大田禾搜,君子可求。
又谋又始,周员止丯⑰是。

〔意译〕

虞官对一草一木都非常爱惜,
无论白天夜晚工作总是兢兢业业。
一会儿跑西一会儿跑北,
他的功绩无法掩盖职位没人代替。
说起来还有更稀奇,
这一次他要用大公牛去献祭。
回到营房他又想主持祭祀,
还向太祝说了自己的主意。
过去诸侯祭祀祖先也曾将他任用,
贡献园艺技术令那山林茂密。
园囿中物产因此十分富庶,
许多母鹿和公鹿在奔跑游戏。
我们对疆域进行了治理,
聚集粮草增加收益。
大田里丰收在望,
文武官员都盼着品尝美味的大米。
所有谋划将开始实施,
周王朝派来使臣参加了祭礼。

〔注〕①吴(yú)：即"虞"字。负责管理山林和田园的官员。　②亟：通"极"。　③惕：《说文解字》："惕，敬也。"　④馭(zài)：《说文解字》："馭，设饪也。从孔，从食，才声，读若载。"　⑤奄：同"掩"。　⑥特：公牛。　⑦祖：出行祭路神。　⑧大祝：即太祝，掌祝辞祈祷的官员。　⑨禘(dì)：祭祀名，此指殷祭，即天子诸侯宗庙的大祭。　⑩庸：任用。《商君书•农战》："夫国庸民以言，则民不畜于农。"　⑪埶(yì)：同"艺"，指园艺。　⑫逢：言园圃林木之盛。　⑬麀(yōu)：牝鹿。　⑭趡(qǐ)：小步轻轻地走。　⑮屯：聚集。　⑯繹(chóng)：增益。　⑰丰：借为"封"，筑台祭天。《史记•秦始皇本纪》："乃遂上泰山，立石，封，祠祀。"

第五鼓　避水诗

〔铭文〕

〔释文〕

　　避①水既瀞②，避道既平，

　　避行既止，嘉树则里③，天子永宁。

　　日佳丙申④，翌⑤翌薪⑥薪。

　　避其旁道，避马既阵。

　　犇⑦夏⑧康康，驾奕⑨盦⑩黄。

　　左骖騮⑪騮，右骖骎⑫骎。

　　馽⑬载以奕，毋不执⑭德。

石鼓文

旛騝⑮霖⑯霖,交游施⑰施。
公⑱谓大⑲来,金及如兹邑,害⑳不余友㉑。

〔意译〕
　　我们营区内的流水很清,
　　我们的道路也修得很平。
　　我们营造城池不再游牧,
　　美好的树木已经扎根成林,
　　恭祝周天子永远安宁。
　　丙申是郊祭前占卜的吉日良辰,
　　柴火熊熊一片光明它壮我远征。
　　我们道路的两旁,
　　我们的骑兵整装待发排列成阵。
　　营房宽敞前面是康庄大道,
　　满载兵器的马车越过薪火走向征程。
　　左边的骏马轻捷驰骋,
　　右边的马匹却如此愚钝。
　　原来是母马拉的重武器步步艰辛,
　　莫不换下它积德多关心。
　　旌旗下白马奔驰扬起了阵阵灰尘,
　　跑遍四处把恩泽施予士兵和百姓。
　　秦公说如今国泰民安定多喜庆,
　　黄金不断地充实国库,
　　何不将多余的赏赐将士激励军心。

〔注〕① 避(wú):即"吾"字。　② 瀞(jìng):罗君惕云:"案《说文》:'瀞,无垢薉也。从水,静声,疾正切。''清,瀓水之皃,从水,青声,七情切。'音分平仄而义无区别。"案此篆创制之原意,当为江河奔至河曲,回水无波则静,垢秽沉积则清,故当从罗说,读为静,释为清。③ 里:借为"理"。　④ 丙申:郊祭前卜得之吉日。　⑤ 翌(yù):借为"昱",光明。　⑥ 薪:燔柴祭天所用的木柴。　⑦ 犇(bì):"弊"之异文,借为"蔽"。　⑧ 夏:同"厦"。　⑨ 奕:累重也。　⑩ 盦(yú):通"逾",越过。　⑪ 騝(qián):马跑在前面。此犹阮元所云:"古人造字,字出乎音义,而义出乎音也。"　⑫ 駴(ái):痴愚。　⑬ 牝(pìn):同"牝"。案古文"牝"可从牛,亦可从马、从犬、从豕。　⑭ 执:施,行。　⑮ 騝(hàn):"翰"之繁文,白马。《礼记·檀弓》:"戎

事乘翰。"注:"翰,白色马也。" ⑯ 霾(mái):通"埋"。《楚辞·九歌·国殇》:"霾两轮兮縶四马。" ⑰ 施:谓施予恩惠。 ⑱ 公:指秦文公。 ⑲ 大(tài):通"泰"。《荀子·富国》:"天下大而富。" ⑳ 害(hé):即"盍",何。 ㉑ 友:有。《荀子·大略》:"友者,所以相有也。"《白虎通义·三纲六纪》:"友者,有也。"

第六鼓 霝雨诗

〔铭文〕

（石鼓文篆字）

〔释文〕

　　遊来自命,霝①雨奔流,流迄涌涌。
　　盈渫②济济。
　　君子既涉,涉马奔流。
　　汧殹洎③洎,萋④萋烝士。
　　舫舟恩⑤逮,驾言⑥自廊⑦。
　　徒驭汤⑧汤,佳⑨舟以行,或阴或阳。
　　极深以户⑩,出于水一方。
　　烝徒勿止,其奔其敱⑪,其遹其事。

〔意译〕

　　我们此行是天子的旨意,
　　大雨滂沱不止不息,
　　波涛汹涌水漫河堤。
　　大水中充满了冲刷出的污泥。
　　文武官员涉水过河,
　　大队人马顾不上水深流急。

汧河水啊不断地上涨,

众多士兵在江河中进退艰难风雨凄凄。

差役们匆忙去找渡船,

船只来自那鄜畤营地。

步兵和车马都成了落汤鸡,

只有船只可通行,

忽阴忽晴过河真不易。

木棍护着涉过急流,

总算爬出水面上了河堤。

士兵们继续泅渡不停,

有的逃上岸有的被水冲走,

回到住地记下这难忘的一笔。

〔注〕 ① 霝(líng):《说文解字》:"霝,雨零也。" ② 渫(xiè):此处意为扩大。晁错《论贵粟疏》:"如此,富人有爵,农民有钱,粟有所渫。" ③ 洎(jì):此处意为浸润。《管子·水地》:"越之水,浊重而洎。" ④ 䕻(qī):与"凄"同义。 ⑤ 悤(cōng):同"匆"。 ⑥ 言:语助词。 ⑦ 廍(fū):同"鄜",地名,即鄜畤,在今陕西富县。 ⑧ 汤(shāng)汤:大水貌。 ⑨ 隹(wéi):通"惟"。 ⑩ 户:此处意为"护"。《释名》:"户,所以谨护。" ⑪ 敔(wú):同"吾"。失"辵"旁乃谓遭洪水之困不能逃脱。

第七鼓　天　虹　诗

〔铭文〕

□□□□𦰩□虹□
𢎥□□屮𦰩𠂇□
屮□□其𦡈騹为□
□□□一𨾭馬□天
□□□□亚𦳒□□

〔释文〕

□□□天,□虹□皮。

□□□走,騹①騹马荐②,著③著卞④卞。

敳⑤敳雉⑥血，□心其一。
□□□□……
……□□美之。

〔意译〕

雨过天晴现虹霓，
犹如彩桥架天际。
芳草满地走骏骑，
边吃荐草边扬蹄，
排列蓍草占卦吉。
草丛藏石似雉血，
皇天佑我心专一。
……
江山如画美无比。

〔注〕 ①騞(jì)：与"济"同义，此谓草之丰盛。 ②荐：牲畜之食草。 ③蓍(shī)：占卦所用的草。 ④卞(bǔ)：同"卜"，用蓍草卜筮。 ⑤敳(wēi)：同"微"，此处意为隐藏。 ⑥雉血：色泽像山鸡血一样的宝石，俗称鸡血石。

第八鼓 车 工 诗

〔铭文〕

〔释文〕

避车既工①，避马既同②。

石鼓文

避车既好,避马既駓③。
君子员④邋⑤,员邋员斿⑥。
麀鹿速⑦速,君子之求。
㯱⑧㯱角弓,弓兹以寺。
避驱其特,其来趩⑨趩。
趩⑩趩夒⑪夒,即嗀⑫即时。
麋鹿趚⑬趚,其来夹⑭次⑮。
避驱其朴⑯,其来遺⑰遺,射其猏⑱蜀⑲。

〔意译〕

我们的马车工艺精,
我们的马儿很齐整。
我们的马车多漂亮,
我们的马儿强又盛。
文武官员同狩猎,
边猎边游抒豪兴。
母鹿公鹿受了惊,
连蹦带跳乱逃奔。
官员们为求㯱角饰弯弓,
手持弓箭都想获得这奇珍。
我们以为驱赶的是大公牛,
它行动怪异是牛是鹿都分不清。
奔跑时扬起了漫天灰尘,
那时候我们瞠目结舌都大吃一惊。
麋鹿成群逃逸似流星,
野兽入围乱纷纷。
我们驱赶那些老实的动物,
被围后行动迟缓比较拙笨,
射三岁小野猪因为它们孤独离群。

〔注〕 ① 工:《说文解字》:"工,巧饰也。" ② 同:齐整。 ③ 駓(fǒu):即"駓",马盛也。

④ 员：即"云"字，语助词。　⑤ 邎(liè)：同"猎"。罗振玉云："是古'獵(猎)'、'躐'同字，古文从辵从足亦无别。獵、躐、邎一字耳。"　⑥ 斿(yóu)："游"的省文。　⑦ 速速：疾行也。⑧ 牸(zǐ)：牸牛，秦文公所获异兽，即《史记》中所说的梓牛。　⑨ 趡(yì)：谓异兽行貌之奇。⑩ 趚(xiàn)：《说文解字》："趚，走意，宪声。"　⑪ 儓(tái)：同"㕙"，烟尘。　⑫ 遬(wú)：同"吾"。这是"遬"的又一异体，因异兽冲来吓得目瞪口呆，异兽奔跑扬起的尘土又使人张不开口，故造字时将"口"字去掉了。　⑬ 趍(qì)：小步轻轻地走。　⑭ 夹(xiá)：通"狭"，狭窄，此谓狭地。　⑮ 次：停留。　⑯ 朴：质朴，引申为驯顺。　⑰ 遹(dú)：朱骏声《说文通训定声》："按字从走，当训谡遹也。走前顿貌。"　⑱ 貒(jiān)：三岁的小野猪。罗君惕云："《玉篇》'豜'或作'貒'，是'豜''貒'本一字也。《诗·豳风》'豜'字传谓三岁豕，《齐风》'肩'字传谓三岁兽，其义稍异。余以为'豜'古贤切，'肩'亦古贤切，字本同音，故可通用。是'貒'即'豜'之异文，亦即'肩'之繁文耳。"　⑲ 蜀(dú)：《尔雅·释山》："独者蜀。"是蜀可训独。此言离群之兽。

第九鼓　銮车诗

〔铭文〕

〔释文〕

　　帅皮銮车①，逨②欶③真如。

　　秀弓孔硕，彤矢④笑⑤笑。

　　四马其写，六辔骛若⑥。

　　徒驭孔庶，廊骑宣⑦抟⑧。

　　告⑨车觑⑩行，如徒如章⑪，原湿阴阳。

　　趚⑫趚夲⑬马，射之赶⑭赶。

　　迂⑮貔⑯如虎，兽⑰鹿如兕⑱。

　　台⑲尔多贤，迪⑳禽奉雉，邂获允㉑异。

〔意译〕

　　我率领马车驰骋銮铃响叮当,
　　雕饰漆绘车子富丽堂皇。
　　精美的彤弓强劲硕大,
　　天子所赐彤箭有锐利的锋芒。
　　卸下四匹马拉的銮驾,
　　两边的六匹马多么骏健雄壮。
　　步兵和骑兵浩浩荡荡,
　　廊畤来的坐骑都集结在这个地方,
　　大道上充满了轻装简戎的车辆。
　　人马行动缓慢车辙脚印犹如花纹一样,
　　原野上忽阴忽晴天气变化无常。
　　催马扬鞭控住缰绳,
　　万箭离弦密如雨降。
　　伏地的大貙如同猛虎,
　　猎鹿如兕有角长在额头上。
　　贤能的官员们喜气洋洋,
　　摆开猎物送上野鸡之后,
　　惊叹我们猎获的异兽真是怪模样。

〔注〕①銮车:古代君主乘坐的马车。②䩙(bì):郭沫若云:"䩙,贲饰也。金文言车饰者多见此字。"③㰤(cì):即"𩍓"字。《集韵》:"𩍓,七四切,以漆饰车也。"④彤矢:彤弓之矢。彤弓,红色的弓,古代帝王以赐有功诸侯。⑤𥳑(cù)𥳑:箭矢锋利之貌。⑥骜(ào)騮:良马雄健强壮的样子。⑦宣:畅达。⑧抟(tuán):聚集。⑨眚(shěng):即"省"字。"省车"者,銮车已卸,改作敀车也。⑩𢧵(zài):借作"载",充满也。《诗经·大雅·生民》:"厥声载路。"⑪章:纹章,花纹。此指道路泥泞,车辙如章。⑫趍(chí):义同"趋",作催促解。《汉书·食货志》:"使者驰督趍。"⑬𢱧(wò):《说文解字》:"𢱧,两手盛也。"此处当解为两手控勒马辔。⑭㞢(zú):即"族"字,借为"镞",此处作众多解。⑮迂(qù):通"趋"。罗君惕云:"《玉篇》:'趟,趄,伏地走也。'此盖言有物伏地如虎耳。"⑯貙(chū):兽名。《尔雅·释兽》:"貙,似狸。"注:"今貙虎也,大如狗,文如狸。""按貙似狸,其甚大者曰貙獌,⋯⋯虎属也。一曰如虎而五爪。"⑰兽:通"狩",狩猎也。⑱兕(sì):野牛,或谓犀牛。⑲台(yí):"怡"之省文,愉快。⑳迊(chén):即"陈"字,此作陈列解。㉑允:诚然。

第十鼓 而师诗

〔铭文〕

〔释文〕

徒骖嘽①嘽,然而师旅,真然会同②。
弓矢孔庶?绎③以左骖右骖,滔滔是戜④。
卞著其不⑤?具⑥蒦⑦信复⑧,卞具肝⑨来。
射夫其写,小大⑩具逎来。
燕乐天子,来嗣王始。
振振复古,我来遹⑪止。

〔意译〕

气喘喘徒步迎宾疆域外,
兴冲冲各路诸侯来相会。
车驾上装着许多弓和箭,
两旁的骏马上披红又挂彩,
威武雄壮的将士们
源源不断似潮水。
客问我卜卦之事可凭信?
我回说宝石似肝是神来。
诸侯们卸下车和马,
小孩大人全都来到了营房内。
礼乐声中筵宴开欢呼天子万岁,

宾朋们祝贺太子新立继往开来,

群情激昂为兴周室齐努力,

招徕群雄在我大营相聚会。

〔注〕① 啴(tān):喘息。朱骏声《说文通训定声》:"啴,从口单声。一曰喜也,按喜而甚亦喘息。" ② 会同:古代诸侯朝会天子。此指诸侯之会。 ③ 绎(yì):络绎不绝。《诗经·小雅·车攻》:"会同有绎。" ④ 戠(zhí):音义与"蔽"同,当是"职"之古文,职役也。此指士兵。 ⑤ 不(fǒu):同"否"。 ⑥ 具:陈述。 ⑦ 蒦(huò):《说文解字》:"蒦,规蒦,商也。从又持萑。"徐锴系传:"商,商度也。蒦,善度人祸福也。"案"从又持萑",亦即古时用手排列蓍草占吉凶也。 ⑧ 复:答复。 ⑨ 肝:指所获的雄血宝石色泽又似肝。 ⑩ 小大:原作"尖",为"小"、"大"两字的合体。 ⑪ 逎(nǎi):同"乃"。

北京故宫博物院石刻馆陈列着十枚鼓形刻石,上面以大篆书体刻着十首四言古诗,世称《石鼓文》。由于"石鼓文"字体是秦始皇统一文字制作的小篆之母体,也即现行楷书的嫡祖,故在中国文字学史、书法史上具有重要意义,康有为曾说:"石鼓即为中国第一古物,亦当为书家所宗。"(《艺舟双楫》)不但如此,石鼓文的诗句古雅优美,其所反映的社会现实亦有较高史料价值,因而它在中国文学史、社会发展史上的地位也应当受到充分的重视。自唐代初年在陕西宝鸡附近的陈仓发现石鼓以来,历代学者文人对石鼓文的注释、音训、考证、题咏之作多达三百余种,但遗留的疑问仍很多,众说纷纭,莫衷一是,石鼓文几成千古之谜。

笔者从古文字的创制入手,对石鼓文的文字一一进行剖析考订,发现十首古诗译成今语后,与司马迁《史记·秦本纪》的一些记载互相吻合。历史文献所录的史实,为破释十首石鼓诗提供了极为宝贵的佐证。石鼓文所述,并非前人所说的某公、某事和某一特定的年代,它所记载的,是春秋时秦文公四年(前760)由西垂宫初至汧渭之会,到文公四十八年周桓王初立,适逢文公太子卒,新立长孙为太子,遂邀集诸侯宴乐天子这一段史事。这是时间跨度长达44年的一组分章连咏的叙事史诗,是中国叙事史诗的重要源头之一。这里向读者介绍的,是笔者据明代安国原藏宋拓先锋、中权、后劲三本考辨后复原的铭文,加方框者则由《石鼓文东坡本》补入,铭文后为释文、意译、注解。十鼓标名,仿《诗经》之例,撷取鼓文中二字为名,其次序据笔者所考十鼓所记情事,按《史记·秦本纪》所记之有关年代先后排列。

《石鼓文》的第一篇诗是《汧殹诗》。《史记·秦本纪》载:"文公以兵七百人东猎。四年,至汧渭之会。"本诗所述即为这段史事。从诗的文字看,与《诗经·小雅》某些篇目的风格相近,所写的鱼游情景与捕鱼场面,令人想起《小雅·南有嘉鱼》中"南有嘉鱼,烝然罩罩(汕汕)"、《小雅·采绿》"其钓维何? 维鲂及鱮。维鲂及鱮,薄言观者"等句。起句"汧也沔沔,烝彼淖渊"(按:赏析中引原诗通假字、异体字均改为通用字)虽为赋法,但同《小雅·沔水》"沔彼流水,其流汤汤"的起兴一样文字优美,可谓异曲之同工。大家一起高高兴兴地捕鱼,汧水涔涔,十分忙碌,捕鱼的用具有网("罟")、罼("篦"),捕到的鱼儿有鲇鱼("鰋")、鲤鱼、鲢鱼("鱮"),打到的鱼先用柳条穿起来,再刳剔加工制成鱼羹。这一幕情景在诗人笔下写来,多么生动流畅,充满浓厚的生活气息,宛如一幅风情画,令人赏心悦目。从事情发生的顺序上看,"何以橐之? 惟杨及柳"当在"其淒孔庶,脔之麊麊"之前,而在诗的文本中,顺序正好相反,这不能解释为偶然的情况,当是诗人的刻意安排,如此,则诗之语句就不是简单的流水账而更富有韵味。还有值得注意的一点,就是此篇叠字词十分丰富,"沔沔""烝烝"等共有七组,《石鼓文》各诗都有叠字词,但除了《车工诗》的九组叠字词外,就数此篇最多。叠字词在《诗经》中也广泛应用,这种修辞方法当与上古诗歌与音乐密不可分有关。

  《石鼓文》的第二篇诗是《作原诗》。因为该鼓在北宋时被农家盗去,皇祐年间向传师搜得时顶部已缺,成了一个碓臼,原来的每纵行七字残存下四字,所幸余下的铭文字迹十分清晰,尚可据之推断诗的大致内容。此石叙秦文公四年夏秋之际,文公至非子(秦之先祖,长于畜牧,为周孝王养马于汧渭之间,得孝王褒奖,封之于秦,为周之附庸)故地,治道植树营邑建栏之事。《史记·秦本纪》云:"昔周邑我秦嬴于此,后卒获为诸侯,乃卜居之,占曰吉,即营邑之。"所记与此诗相合。由于文字残缺,我们无法对此诗的修辞手法、语体风格有直接的全面认识,但石鼓文既以赋法为主,此篇当然也不例外。赋法的一个很显著的特征是铺陈事物,这在后来的两汉大赋中达到登峰造极的地步,本诗中栗、柞、械、樱、楷等树木品种的罗列,便鲜明地反映出这一点。这与前一篇鱼名的罗列毫无二致,充分表明石鼓文中运用赋法的成熟。诗的末两句,据上下文气,当是"二日种树,五日修路"之意,由此可见文公四年初至汧渭之会营邑定居时秦国便有史记事,这比《史记·秦本纪》所谓"文公十三年初有史以记事",至少要提前十年。

  《石鼓文》的第三篇诗是《田车诗》,所叙为秦文公营邑就绪后的一次狩猎情景,全诗从白天写到夜间,从驻扎的营区写到边界的栅栏,虽然没有正面铺叙狩猎过程,然而从归途中百姓们手舞足蹈和文武官员回到住所还要奏起音乐,翩翩起舞的情景中,我们仍能分享到先人获得丰富猎物后的喜悦。"田车孔安,鋚勒馬馬。四介既简,左骖𪂹𪂹,右骖騝騝,避以陵于原。避戎止陝,宫车其写,秀弓寺射。"这一段描写,仿佛是《诗经·秦风·小戎》的再现。不妨让我们引两段《小戎》的文字以作比较:"四牡孔阜,六辔在手。骐駵是中,騧骊是骖。龙盾之合,鋈以觼軜。""伐骊孔群,厹矛鋈锌。蒙伐有苑,虎韔镂膺。交韔二弓,竹闭绲縢。"看!两者气体格调是多么相似,从这个意义上说,《石鼓文》之诗正是《秦风》的姐妹篇。此篇诗意脉流贯,一气呵成,然而流畅之中又具转折跌宕,"未央星徧,执而勿射",笔势之顿宕是那样自然,语言又是何等精练,绝不亚于《诗经》中的名篇。

《石鼓文》的第四首诗是《吴人诗》,所叙即《史记》所记秦文公十年,"初为鄜畤",设饪祭祖之事。该石残泐较多,内二十九字今据《石鼓文东坡本》补入。另一个"趂"字据文义拟补。此诗的中心人物自然是那位"吴人",也即虞人——古代掌管山泽苑囿、田猎的官员。虽然他不是负责祭祀的官员,但他却很热心地想参加主持祭祀,在他负责管理的地方,林囿深美,野鹿成群。"吴人怜极,朝夕敬惕。觑西觑北,勿奄勿代。若而出奇,进献用特。逮各执祖,告于大祝。"诗人的笔触是那么细致又是那么经济,一个对山林田园怀着深爱,一会跑东一会跑西,忙忙碌碌、兢兢业业,有时又异想天开,企图做些越俎代庖的事的虞官形象跃然纸上,呼之欲出,十分生动可爱。诗虽写祭祀事,却并不直接叙写祭祀实况,只是在诗的中间部分点出"禘曾受其庸,致方艺寓逢",在诗的最后两句结出"又谋又始,周员止封是",从侧面反映出祭祀的内容。这种以虚写实的艺术手法,看来并非是误打误撞的妙手偶得,而是诗人对创作规律充分把握的结果。

《石鼓文》的第五首诗是《避水诗》。《史记·秦本纪》云:"十六年,文公以兵伐戎,戎败走。于是文公遂收周余民有之,地至岐,岐以东献之周。""避水"石"天子永宁"句是说伐戎为了救周,师出有名也;"日惟丙申,昱昱薪薪"是说文公按《周礼》戎事先郊,郊祭先卜,"丙申"者,占之吉也,吉方可郊,郊方可伐,于是烈烈焚薪,以壮行色;"避其旁道,避马既阵",盖言陈兵待敌也。诗的起首"避水既瀞,避道既平,避行既止"云云,句式与《诗经·小雅·车攻》的起首"我车既攻,我马既同"相近,而中间"避马既阵"一句,尤与《车攻》"我马既调"一句词、意俱同。观此可见《诗经》与《石鼓文》之亲缘关系。而"左骖騇騇,右骖駃駃"及"旛翰霾霾,交游施施"等,描写生动传神,运用叠字修辞十分出色,不让《诗经》中"萧萧马鸣,悠悠旆旌"等名句。从整篇叙事的完整性来看,全诗脉络分明,结构匀称,反映了当时诗歌艺术的最高水平。

《石鼓文》的第六首诗是《霝雨诗》。笔者认为《霝雨诗》的内容应是记秦文公伐戎之事。既然《石鼓文》诸诗描述的有聚粮备战、狩猎练兵、占卜郊祭、陈兵待敌诸情事,文公一生中十分重要的伐戎之事应该也有所涉及。按董仲舒《春秋繁露》云:"春秋之书战伐,……凡春秋之记灾异也",又春秋之常辞,凡取人之邑,"为中国讳,讳伐丧也"。据《史记》所记,文公伐戎,戎败走,文公乃"收周余民有之,地之岐,岐以东献之周"。因此文公没有将伐戎大事入诗,而以洪水作隐喻是完全可以解释得通的。这《石鼓文》中谜中之谜,说穿了并不难理解。

解开了《霝雨诗》之谜后,我们不能不佩服先人的艺术匠心:构思是那样奇妙,意境是那样含蓄。而单就诗中直写的洪水景象来说,也是极为精彩的。"流迄涌涌,盈渫济济""徒驭汤汤,佳舟以行",看似信手拈来,毫不费力,然而细细品味,便觉其工致精雅、细腻入微。另外,很有必要一提的是,此诗首句"避来自命"开章明义,奇就奇在"命"字本由"天""之""口"三字组成,显然表示此命辞出自天子之口。这又是一个隐藏的字谜,似乎文公是在表明伐戎并非本愿,故用这暗藏机巧的一个"命"字,告诉后人战伐伤民(诗中"其奔其敱"即谓伤亡惨重)的责任不在自己。

《石鼓文》的第七首诗是《天虹诗》,此诗铭文残泐最甚,只存十七字,《石鼓文东坡本》存二十七字,由于是非莫辨,故未予补入。此石存字虽少,但保留了十分重要的句读,为揭开《石鼓文》之谜提供了最好的依据。按《史记·秦本纪》云:"(文公)十九年,得陈宝。"以此鼓残余文字相证,《天虹诗》所叙当为秦文公在陈仓北阪获雉血宝石之事。"蓍蓍卞卞,敱敱雉血",盖言排列蓍草进行占卜,结果发现了藏在草丛中像山鸡血一样颜色鲜红的宝石。因为此石得自陈仓,故太史公称之为"陈宝"。以其色似鸡血,觉其当有灵异,文公乃在陈仓城中建造宝鸡神祠,宝鸡之地名也由此而产生。全诗以天上彩虹灿灿、地上芳草济济的景色起兴,以获得宝物之后感到喜悦美好的心情作结,前后照应,十分妥帖。虽字数残损过多,中间部分内容难以确定,然神龙见其一鳞一爪,亦可推知全体之神采,此诗亦可作如是观。

《石鼓文》的第八首诗是《车工诗》。《史记·秦本纪》载:"(文公)二十七年,伐南山大梓,丰大特。"《车工诗》所叙即文公狩猎南山,初遇大梓牛之事。按《录异传》云:"武都郡之怒特祠,是大梓牛神也。"此大梓牛之"梓"字,当即《车工诗》中之"桙"字。全诗发端是兵强马壮的四句排比"避车既工,避马既同,避车既好,避马既駽",气势酣畅,风骨健举,与《诗经·小雅·车攻》一诗起首仅用"我车既攻,我马既同"两句排比相比,似当胜出一筹。而"避车既工,避马既同",与"我车既攻(攻,通工),我马既同"语句全无差别,也见出《石鼓文》与《诗经》有着很深的渊源。这几句诗说明文公自伐戎以后,地盘扩大,人丁增加,车马精良,已今非昔比矣。接下去的内容,是交代文武官员此次狩猎的目的是为了得到珍贵的可以装饰弓箭的牸牛角。尔后,他们果真遇到了大牸牛,却把他们吓得目瞪口呆,好像嘴巴都掉下来了,这似乎就是铭文中"避"字失口变成"遜"字的由来,"即遜即时"一句,便有很大的会意成分。最后,心怀余悸的文公随从们只好去猎杀离群独逸的小野猪,庶几不使自己一无所获。全诗就是这样妙趣横生。

《石鼓文》的第九首诗是《銮车诗》,所叙即秦文公获异兽大牸牛之情景。这是文公继获雉血宝石在陈仓建宝鸡神祠之后,又一极为得意之事。全诗以"避获允异"一句作结,很清楚地表明了这一点。他所获得的异兽,当为兕,也即《车工诗》中的大牸牛。《尔雅·释兽》:"兕似牛,犀似豕。"郭璞注云:"兕一角,色青,重千斤。犀似水牛,三角,一在顶上,一在额上,一在鼻上。"从今天动物分类学的角度看,兕即野牛,脾性暴烈,气力很大。《史记》中记文公获牸牛之事,"牸"作"梓",显然是通假字。由此演绎出不少故事,《史记集解》徐广云:"今武都故道有怒特祠,图大牛,上生树本,有牛从木中出,后见于丰水之中。"《史记正义》引《括地志》云:"大梓树在岐州陈仓县南十里仓山中。《录异传》云:'秦文公时,雍南山有大梓树,文公伐之,辄有大风雨,树生合不断。时有一人病,夜往山中,闻有鬼语树神曰:'秦若使人被发,以朱丝绕树伐汝,汝得不困耶?'树神无言。明日,病人语闻,公如其言伐树,断,中有一青牛出,走入丰水中。其后牛出丰水中,使骑击之,不胜。有骑堕地后上,发解,牛畏之,入不出,故置髦头。汉、魏、晋因之。武都郡立怒特祠,是大梓牛神也。'按今俗画青牛障是。"窃以为这些历史传说的由来,全在石鼓文年代久远,后人发现时铭文已有残损,是故将"牸"辨作"梓",附会之事辗转流传,真相反失,对之可发一叹。全诗描写车马,与前之《田车诗》《车工诗》诸篇一样,生动有力:"帅皮銮车,奉敕真如""四马其写,六辔骜若"。读来诸侯装饰豪华、御马强壮之銮车,历历如在目前。不但如此,此诗写弓箭也很出色,不亚于《诗经》中的篇章。"秀弓孔硕,彤矢笶笶",大弓利箭,气势何其强盛!而"眚车觑行,如徒何章,原湿阴阳",谓狩车行于阴晴不定之原野,缓如徒步,深深压出的辙印又似花纹,动态刻画尤其出色。

《石鼓文》的第十首诗是《而师诗》。《史记·秦本纪》云:"四十八年,文公太子卒,赐谥为竫公。竫公之长子为太子,是文公孙也。"《十二诸侯年表》:"周桓王元年,即秦文公四十七年。"《而师诗》所叙正是文公晚年,考虑到太子新丧,其孙年幼,自己又不久人世,为保持祖宗基业,采取了一种联络感情、睦邻友好的策略,于新立太子之际,邀集诸侯,宴乐天子。史学界不少考辨石鼓年代的学者,往往从石鼓文中"天子""嗣王""公"并存去寻找其内在联系,导致了不少错误结论。笔者以为天子既然是嗣王继位后的称谓,二者不应解为一人。《石鼓文》的产生年代既被破解,回过头来看"嗣王",显然指的是文公孙,即秦国新立的太子。然则秦文公亦非王,太子为何可以称嗣王呢?这是因为天子和诸侯的继承人都称为太子,诸侯之继承人既然可以与天子之继承人同称太子,自然也可称嗣王。道理就是如此简单。此结解开,王国维《观堂集林》中的"古诸侯称王说"便有了确凿的依据。(按王氏云:"世疑文王受命称王,不知古诸侯于境内称王与称君称公无异,……诸侯在其国,自有称王之俗,即徐楚吴越之称王者,亦沿周初旧习,不得尽以僭窃目之。"此真真知灼见也。)《而师诗》以"徒敔啴啴"发端,以"我来遹止"作结,前者说明时间,后者说明地点,把这次诸侯之会交代得十分清楚。"徒敔啴啴"四字由《石鼓文东坡本》补入,徒步迎宾,喜而喘息,写文公晚年的身体状况十分鲜明,故"遾"字亦不从口而作"遹"。不少辨者以为《石鼓文东坡本》乃明人杨慎作伪,窃以为如此章句,天衣无缝,恐非杨慎所能窜乱也。此诗虽然描写的是诸侯会同,然而其核心是通过与客人的问答,再一次交代了那块"似肝"的"雉血"宝石。全诗语言朴素,韵味弥长。最重要的是,《天虹诗》和《而师诗》可互为印证的"陈宝",司马迁的《史记》对之提供了无可辩驳的依据。

　　至此十枚石鼓上铭刻的史诗内容全部破释,确定了诗作于何年、记载何公之事,然则刻石之年又在何时呢?

　　铭刻在《汧殹诗》第五行下面的一个赘文实在太重要了。文虽残泐,乃值万金。郭沫若云:"疑是'首'字之异,示石之居首位也。"这显然是错的。因为"首"字不论汗简、古籀、金文、秦斤、秦量、秦权乃至《绎山碑》,均为眉眼象形会意字,与此篆不类。张光远以为赘文摹全当为"卣",即由字。并以此推断"籀"可能是"由"的同音通假字,"史由即史籀","石鼓十首的作者,他是秦襄公的太史'由'"(《秦国文化与史籀作石鼓诗考》,1979年台湾《故宫季刊》第十四卷第二期)。这无疑也是错的。其一,张氏以半字作解;其二,石鼓文为文公所作,而文公的史官有文字可查的是史敦,不是史由或史籀。余以为石鼓文的结体,多为上下左右对称,在对称中求变化。据此特征,复原后的铭文当为"奠"字。比字形更重要的是十首叙事史诗表明,秦文公是一位艰苦创业、治国有方、明智进取、政绩卓著的文武全才。因此,文公死后,其孙宁公和文武百官出于对他的爱戴和怀念,将记其事迹的史诗刻石永志纪念是完全可以理解的。十首史诗从某种意义上说,带有墓志铭的性质。考石鼓之地望,为梁代刘昭所说的石鼓山,山上有石鼓堡,石鼓寺又在山东南侧的茵香河畔。这块风水宝地很可能还是文公获雉血宝石的地方。1965年,在石鼓寺遗址出土了清嘉庆十三年(1806)《重修石鼓寺记》的石碑,上有"周宣王之搜狩,太史籀之记载,作石鼓以志中兴之盛者,其地乃在是哉"。并明确指出"昔之石鼓实出于此"。石碑上的记述,应该是正确的,石鼓山是石鼓的故乡,而石鼓寺当年应建在廊畴之内,正如郭沫若所言,"其意犹今人于神祠佛阁建立碑碣",用来祭奠先人。因此,把赘文断为"奠"字是合乎情理的。《史记·秦本纪》:"五十年,文公卒,葬西山。"然则石鼓制作和安置的年代应为文公五十年,即公元前716年。

  细品十首《石鼓文》叙事史诗,其文字之典雅,修辞之精妙,意境之优美,内容之宏富,都可与《诗经》三百篇媲美。《石鼓文》的出现,正是秦国逐鹿中原、一统天下之先声。它象征着中华民族灿烂文化无比深厚之底蕴,因此历朝历代许多文人学者以之为题咏对象,写下了一大批诗文辞赋,最知名的有唐代韩愈的七言古诗《石鼓歌》、宋代苏轼的七言古诗《石鼓歌》。韩愈对着《石鼓文》自惭道:"少陵无人谪仙死,才薄将奈石鼓何!"想象"镌功勒成告万世,凿石作鼓隳嵯峨;从臣才艺咸第一,拣选撰刻留山河"的动人场面,慨叹"陋儒编诗不收入,二雅褊迫无委蛇;孔子西行不到秦,掎摭星宿遗羲娥"的历史遗憾。苏轼看到《石鼓文》,惊喜地赞叹它"文字郁律蛟蛇走","独立千载谁与友?"虽然"强寻偏旁推点画,时得一二遗八九",却仍然以"娟娟缺月隐云雾,濯濯嘉禾秀稂莠"这样的清词丽句来刻意形容。一代文豪韩愈、苏轼对《石鼓文》是如此倾倒,其原因正是在于它是古代优秀文化的象征,这与石鼓文究竟是产生于周宣王时(韩、苏皆认同此说)还是产生于秦文公时并没有太大的关系。

(李铁华)

越 人 歌

今夕何夕兮搴洲中流,①	今晚是怎样的晚上啊河中漫游,
今日何日兮得与王子同舟。	今天是什么日子啊与王子同舟。
蒙羞被好兮不訾诟耻,②	深蒙错爱啊不以我鄙陋为耻,
心几顽而不绝兮得知王子。	心绪纷乱不止啊能结识王子。
山有木兮木有枝,	山上有树木啊树木有丫枝,
心说君兮君不知。③	心中喜欢你啊你却不知此事。

〔注〕 ① 搴(qiān):拔。搴舟,犹言荡舟。洲:当从《北堂书钞》卷一〇六所引作"舟"。② 訾(zǐ):说坏话。诟(gǒu)耻:耻辱。 ③ 说(yuè):同"悦"。

  汉代刘向编著的《说苑》一书中的《善说》篇,记载着春秋时这么一则故事:"襄成君始封之日,衣翠衣,带玉璏剑,履缟舄,立于流水之上,大夫拥钟锤,县令执桴号令,呼谁能渡王者。于是也,楚大夫庄辛过而说之,遂造托而拜谒起立曰:

'臣愿把君之手,其可乎?'襄成君忿然作色而不言。庄辛迁延盥手而称曰:'君独不闻夫鄂君子皙之泛舟于新波之中也？乘新翰之舟,极䔽芘,张翠盖,而擒犀尾,班丽袿衽。会钟鼓之音毕,榜枻越人拥楫而歌,歌辞曰:"滥兮抃草滥予？昌枑泽予？昌州州𩜱。州䂞乎秦胥胥,缦予乎昭澶秦逾渗。惿随河湖。"鄂君子皙曰:"吾不知越歌,子试为我楚说之。"于是乃召越译,乃楚说之曰:"今夕何夕兮搴洲中流,今日何日兮得与王子同舟。蒙羞被好兮不訾诟耻,心几顽而不绝兮得知王子。山有木兮木有枝,心说君兮君不知。"于是鄂君子乃揄修袂,行而拥之,举绣被而覆之。鄂君子皙,亲楚王母弟也,官为令尹,爵为执圭,一榜枻越人犹得交欢尽意焉。今君何以逾于鄂君子皙？臣独何以不若榜枻之人？愿把君之手,其不可何也?'襄成君乃奉手而进之曰:'吾少之时,亦尝以色称于长者矣,未尝遇僇如此之卒也。自今以后,愿以壮少之礼谨受命。'"

故事中的榜枻越人(榜枻人就是船夫,榜〔bàng〕为划船用具,枻〔yì〕是短桨)所唱的歌,后来被人称作《越人歌》。这首歌以真挚的感情,表达了榜枻越人对当时担任令尹的楚王之弟鄂君子皙不分贵贱、待人以礼、下士爱民的感激之情,也是一曲古代民族关系的颂歌。

经楚译的《越人歌》是见于古籍的我国第一首翻译作品。《说苑·善说》中,保存的用汉字记录越语语音的原歌:"滥兮抃草滥予？昌枑泽予？昌州州𩜱,州䂞乎秦胥胥,缦予乎昭澶秦逾渗,惿随河湖",韦庆稳先生将原字记上古越语音与试拟上古壮语及现代壮语方言词相对照,发现用壮语可以读通。韦先生在其论文《〈越人歌〉与壮语的关系试探》(载《民族语文论集》)中据辞义直译为:"今夕何夕,舟中何人兮？大人来自王室。蒙赏识邀请兮,当面致谢意。欲瞻仰何处访兮,欲侍游何处觅。仆感恩在心兮,君䂞能知悉。"如果我们将古译与今人拟译两相对照的话,就可以发现,古译除第一句外,都不是词对词、句对句的直译,而是较为灵活的意译。因此,我们所看到的这个古译本,能把原歌的意思表达得生动而活泼。古译中"山有木兮木有枝"用一句十分形象的比喻来表达歌中对王子的感激之情,并没有悖离原歌的意思和思想感情。当然,如韦先生所说:"也许是当时漏记了或后来失传了一句歌词的记音。"也可能是上古文献传承中,经过文人的加工润色而产生了歧异。

《越人歌》是一首古老的赞歌,歌词优美,章法深浅有序。起首两句"今夕何夕兮搴洲中流,今日何日兮得与王子同舟","洲",当从《北堂书钞》卷一〇六引作"舟"。"搴洲中流"即在河中荡舟之意。这是记事,记叙了这天晚上荡舟河中,又有幸能与王子同舟这样一件事。在这里,诗人用了十分情感化的"今夕何夕兮"

"今日何日兮"的句式。"今夕""今日"本来已经是很明确的时间概念,还要重复追问"今夕何夕""今日何日",这表明诗人内心的激动无比,意绪已不复平静有序而变得紊乱无序,难以控抑。这种句式及其变化以后常为诗人所取用,著名的如宋张孝祥《念奴娇·过洞庭》的末两句"扣舷独啸,不知今夕何夕"。进入诗的中间两句行文用字和章法都明显地由相对平易转为比较艰涩了。这是诗人在非常感情化的叙事完毕之后转入了理性地对自己的心情进行描述。"蒙羞被好兮不訾诟耻,心几顽而不绝兮得知王子",是说我十分惭愧承蒙王子您的错爱,王子的知遇之恩令我心绪荡漾。最后两句是诗人在非常情感化的叙事和理性描述自己心情之后的情感抒发,此时的诗人已经将激动紊乱的意绪梳平,因此这种情感抒发十分艺术化,用字平易而意蕴深长,余韵袅袅。"山有木兮木有枝"是一个比兴句,既以"山有木""木有枝"兴起下面一句的"心说君""君不知",又以"枝"谐音比喻"知"。在自然界,山上有树,树上有枝,顺理成章;但在人间社会,自己对别人的感情深浅归根到底却只有自己知道,许多时候你会觉得自己对别人的感情难以完全表达,因此越人唱出了这样的歌词。而借"枝"与"知"的谐音双关关系做文章的比兴手法,也是《诗经》所惯用的。如《卫风·芄兰》"芄兰之支,童子佩觿;虽则佩觿,能不我知",《小雅·小弁》"譬彼坏木,疾用无枝;心之忧矣,宁莫之知",即是。这种谐音双关对后代的诗歌如南朝乐府民歌《子夜歌》等恐怕不无影响。而"山有木兮木有枝,心说君兮君不知"二句,与《九歌·湘夫人》中"沅有芷兮醴有兰,思公子兮未敢言"二句相仿佛(然"山"句为"A有B兮B有C"句式,"沅"句为"A有B兮C有D"句式,亦有不同),也可见出此楚译《越人歌》深受楚声的影响。虽然今人所读到的《越人歌》是翻译作品,但我们仍可这样说:《越人歌》的艺术成就表明,两千多年前,古越族的文学已经达到了相当高的水平。

(朱渊清)

龙　蛇　歌

有龙于飞,	一条龙背井离乡飞翔,
周遍天下。	行踪不定游遍了四面八方。
五蛇从之,	五条蛇追随在左右,
为之承辅。	作为辅佐陪侍在它身旁。
龙返其乡,	有一天龙飞回到故乡,
得其处所。	得到了安身立命的合适地方。

四蛇从之,	四条蛇追随在左右,
得其露雨。	得到了龙的雨露滋养。
一蛇羞之,	一条蛇羞于再与龙蛇相处,
槁死于中野。①	宁愿干死在荒凉的原野上。

〔注〕① 桥:《艺文类聚》作"槁",是。

《龙蛇歌》是一首有关介之推的哀歌。介之推,一作介子推、介推、介子绥,春秋时晋国贵族,曾追随晋献公之子重耳在外流亡十九年。返国后,重耳立为晋公,在封赏随从臣属时,忘了封赏介之推。介之推便和老母一道隐居于绵上(今山西介休市东南)山中。文公为逼他出来,放火烧山,他坚持不出,被烧死。文公为旌表介之推的功劳,将环绵上山一带封为"介田",绵山也因之又称"介山"。事见《左传·僖公二十四年》《吕氏春秋·介立》《史记·晋世家》等。《龙蛇歌》即作于介之推未获封赏之后、隐于绵上山中之前。其作者,一般作介之推,《史记》则定为介之推的从者。先秦至汉代载有《龙蛇歌》的著作颇多,歌词内容大体相近,而在字句上则有或多或少的出入。从内容上加以考察,此歌的流传约有两个系统:《吕氏春秋·介立》《史记·晋世家》以及《说苑·复恩》为一个系统,歌中都说到五蛇从龙,这是从先秦开始流传下来的;《新序·节士》《淮南子注》以及《琴操》为另一系,只是泛说蛇龙相从,这是流行于两汉的新歌。本文前面所引的原作,是前一系统中见于《吕氏春秋·介立》中的一篇。

全歌自始至终以"龙"比喻晋文公,以蛇比喻追随晋文公的臣子。前四句为第一部分,以龙飞天下,喻指晋文公前后十九年的流亡生活;以五蛇追随辅佐,喻指其追随者的情况。据《史记》,重耳流亡,足迹遍及于狄、卫、齐、曹、宋、郑、楚、秦等国,其追随者中最著名的是赵衰、咎犯、贾佗、先轸、魏武子等五位贤士,《左传》所述五人与此有出入。

后六句为此歌的后一部分,说重耳返晋,即位后的事。歌中以龙施露雨于四蛇,喻指五贤士中四人得其封赏;羞于封赏而槁死于中野的"一蛇",则是指介之推。按之《史记》与《左传》,介之推都不在五人之中;这是先秦系统的《龙蛇歌》与史书记载的一点重大差别。至于介之推"羞之"的原因,《左传》与《史记》中都是说得很清楚的。介之推认为,重耳之得以回国立为晋君,乃是天意,而赵衰、魏武子等人"贪天之功以为己力"而竟获得封赏,这是"上(指晋文公)下(指赵衰等人)相蒙",对于这样的君臣,是很难与他们和谐相处的。可见所谓"羞之",也就是羞于与这些人为伍。故归隐绵山,至死不出。

从自全名节、洁身自好的角度说，介之推确实算得上是中国历史上清高之士的一个典型。我国古代相传至今的寒食节——清明前一日禁火，有一种说法认为即是为纪念介之推被焚而设，足见介之推在后人心目中的地位。至于文公的封赏，从历史记载看来，大体上是做到了论功行赏且是甚得民心的，故《史记》说："晋人闻之，皆说（悦）。"介之推全盘否定文公的封赏，并由此而宁死也不愿为其效力，平心而论，其看法与做法都是过于偏激、并不可取的。

这首《龙蛇歌》的特色是通篇用比。古代诗法"赋、比、兴"中的"比"，在近代修辞学中可以大别为"比喻"与"比拟"两大类。"比喻"，即打比方，以甲物比乙物；"比拟"，则是将物拟人（简称拟人）或将人拟物（简称拟物）。"只恐夜深花睡去，故烧高烛照红妆"（苏轼《海棠》），把红海棠花说成"红妆"（穿红衣服的女子），是拟人；"姑山半峰雪，瑶水一枝莲"（白居易《女道士》），把肌肤白皙、穿着素净的女道士比成半峰白雪、一枝白莲，是拟物。《龙蛇歌》以龙蛇比君臣，也是属于拟物一类。"比拟"的写法较之直言的"赋"体，从消极一面说，可以避免过分的直露；从积极一面说，则是可以更加婉转表达自己深刻的内心体验。值得特别提出的是，《龙蛇歌》中的"拟物"，与一篇中部分采用拟物的手法有很大的不同。它不只是作为一种手法存在，而且已成了全篇的一种基本构思。因而，作品不仅在具体字句上具有比喻性，而且在全篇文意上具有象征性——在这看似新奇的童话般的动物世界里，真正在上演的乃是一幕幕风云变幻的人间的活剧。至于此诗的语言风格，与绝大多数早期古诗一样，显得相当平浅朴实；但由于所述内容关系到一个有名的君臣关系的故事，且延伸及于有关民情风俗的"寒食"节，所以虽只短短十句诗，仍是颇为耐读、颇让人寻味的。

（陈志明）

徐　人　歌

延陵季子兮不忘故，	延陵季子呀不忘老朋友，
脱千金之剑兮带丘墓。	解下宝剑呀挂在墓前树梢头。

这首《徐人歌》，关系到我国古代的一个十分动人的故事。汉代刘向《新序·节士》记载，吴国延陵季子带着宝剑出使晋国，路过徐国时，徐君看到他的宝剑，虽然没有说，却在表情上流露出想要的意思。季子因为马上要到大国去出使，没有把宝剑献给徐君，可是在心里暗自答应了。当他出使回来时，徐君已经去世。于是，他便把宝剑挂在徐君墓前的树上而去。徐国人称许季子的行为，便编了这首歌来赞美他。可知这是一首歌颂守信用、重情谊的歌。

歌中的"延陵季子",即季札,春秋时吴国贵族,吴王寿梦的幼子,因封于延陵(今江苏常州),所以称为延陵季子,又称公子札。曾于馀祭四年(前544)出使鲁国,后又游历、出使齐、郑、晋等国,以有远见著称。首句中的"故",即故旧、老朋友,此指徐君,因为已有初交,所以这样称他。全篇共两句,写季札最为动人的美德——不忘故交,即使是在徐君去世以后,仍然毫不犹豫地将当初心中默许赠剑之事付诸行动,解下十分宝贵的佩剑,用带子把它挂到了徐君坟墓前的树上。

守信用,重情谊,这是中华民族传统美德之一。孔子每日三省之一就是"与朋友交而不信乎"(《论语·学而》)。游侠推重的"已然诺"与"言必信,行必果",强调的也是守信。《汉书·灌夫传》说:"夫(灌夫)不好文学,喜任侠,已然诺。"注谓:"已,必也。谓一言许人,必信之也。"自古以来守信用的事例多得不胜枚举。鲁国尾生与情人约会于桥下,女友未来而洪水已至,他宁愿抱住桥柱被淹死也不肯离去(见《庄子·盗跖》),是守信;商鞅立大木,出示说凡是能移此木者可得五十金,一人移去,果得重赏(见《史记·商君列传》),也是守信;东汉范式与张劭相约两年后某日千里相访,至期,张劭设鸡黍以待,范式果然如约来到(见《后汉书·范式传》),还是守信。而且守信又往往是与重情相关的。上述三个故事中,除商鞅守信是出于政治需要外,尾生守信是基于爱情,范式、张劭守信是源于友情。季札挂剑的故事,就是古来众多守信用又重情谊的故事中最动人的几个中的一个。只是这一故事发生在生者与亡者之间,又因为采用的是极为简洁生动的口语且又深情流注,因而留给人的印象似乎更加深刻,也更加真挚感人。

(陈志明)

作者简介

陶婴

春秋鲁国陶门的女儿。生卒年不详。主要著作《黄鹄歌》。汉代刘向《列女传鲁寡陶婴》。后以"陶婴"为妇女贞节的典型。

黄　鹄　歌

陶婴

悲夫黄鹄之早寡兮,①　　　黄鹄早寡令人多么悲伤啊,
七年不双。　　　　　　　整整七年再不与雄鸟一起来往。
宛颈独宿兮,②　　　　　她掉转长颈独自栖息啊,

不与众同。	不愿同其他黄鹄聚在一个地方。
夜半悲鸣兮,	夜半响起那悲惨的鸣叫声啊,
想其故雄。	那是她对已死雄鸟的思量。
天命早寡兮,	上天注定早寡的命运啊,
独宿何伤。	单栖独宿又有什么可以感伤?
寡妇念此兮,	寡妇想到这里啊,
泣下数行。	眼泪纷纷洒落了好几行。
呜呼哀哉兮,	哎嗨多么悲哀啊,
死者不可忘。	对于死者应该永远记在心上。
飞鸟尚然兮,	飞鸟尚且能够做到这一点啊,
况于贞良。	何况对于注重操守的万物中的灵长。
虽有贤雄兮,	尽管有杰出的好男儿求亲啊,
终不重行。	我决不会与他同行在人生之路上。

〔注〕 ① 黄鹄:鸟名。朱骏声《说文通训定声》谓"形似鹤,色苍黄,亦有白者,其翔极高,一名天鹅"。 ② 宛颈:脖颈回弯。

  这首《黄鹄歌》,最早见于汉刘向的《古列女传》。后世《太平御览》《乐府诗集》等书也都载录,文字上略有出入。诗题一作《陶婴歌》,见清人杜文澜《古谣谚》卷二十。

  《古列女传·贞顺》说:"陶婴者,古陶门之女也。少寡,养幼孤,无强昆弟,纺绩为产。鲁人或闻其义,将求焉。婴闻之,恐不得免,乃作歌明己之不更二庭也。其歌曰……鲁人闻之,曰:'斯女不可得已。'遂不敢复求。婴寡终身不改。君子谓陶婴贞壹而思。《诗》云:'心之忧矣,我歌且谣。'此之谓也。"据此可知这是一首年轻寡妇的守节之歌。陶婴为了保全名节,自强不息,靠纺绩为生,抚育幼孤,守寡终生。在实现自己既定的人生目标这一点上,她无疑是一个成功者。这首《黄鹄歌》,就是她在守节过程中面对外界的诱惑与压力,表明自己的心迹,拒绝他人的求婚的真诚、质朴的歌唱。

  开头六句是诗的第一部分,借孤栖独宿的黄鹄自喻。女主人公设想,所见的黄鹄,是一只七年前即已失去配偶的雌鸟。诗中描述这只"年轻守寡"的雌鸟,每当入夜时分,便把长颈转向一边,远离同伴独自栖息。到了夜半,想起已故世的伴侣,不禁悲从中来,发出凄惨的叫声。以上六句,句句说黄鹄,也是句句在说自己;"七年不双""想其故雄"等等,无不是在借黄鹄以演绎自身的痛苦和不幸。

从"天命早寡兮"开始的六句,是诗的第二部分,转而直接说自己。既然是"天命早寡",也就是命中注定,那么"独宿何伤"自然是顺理成章的事了。这是理智之言,是听天由命的自我宽解之词。而在感情世界里,想到自己的"早寡"与"独宿",又不免要"泣下数行"。"呜呼哀哉兮,死者不可忘"二句,则又是向理智的复归,表示要从一而终,牢记住死去的亲人。经过这样反反复复的抒情写意,重点落到了"死者不可忘"即坚持守节这一点上。

结尾四句概括前两部分的意思,将篇旨归结到决不改嫁这一层意思上。这是"独宿何伤""死者不可忘"的思想认识的进一步的深化。女主人公的视角,仍然是以鸟作比,既然早寡的黄鹄尚且能不忘故雄,那么自己作为有着贞洁节操和美好品德的人,就更要不忘故夫、坚持名节了。最后两句,以假设的让步复合句表示自己终身不嫁的决心:即使对方是一位优秀杰出的男子,自己也绝不会和他走到一起去的。《古列女传》说:"鲁人闻之,曰:'斯女不可得已。'遂不敢复求。婴寡终身不改。"这首歌确实产生了效果,打消了本来想提亲的人的念头,陶婴也因此得以免去干扰,实现素志,守寡终身。

很显然,这首《黄鹄歌》提倡的是女子守节。全诗意脉的基本逻辑关系是:鸟类尚且懂得"守寡",何况是"贞良"的女人呢。"贞"与"良"在句中是并列结构,"良"指人的良知,"贞"则专指女子的德行操守。诗中是把"贞良"尤其是"贞"这一窒息人性的封建道德观念作为肯定性的社会道德标准来遵奉。此诗所宣扬的,近看似在写出一位自尊自强的女性,剥进一层看,却是在为女子守节这一封建道德张目,其思想内容是不值得肯定的。至于从艺术的角度着眼,比喻的成功运用、深情与浅语的和谐统一,等等,特色还是相当鲜明的。

(陈志明)

楚 狂 接 舆 歌

凤兮凤兮!	凤凰呀凤凰呀!
何德之衰?	为什么你的美德一天不如一天?
往者不可谏,①	过去的事情已经无法劝阻,
来者犹可追。	未来的事情还来得及防范。
已而已而!②	罢休吧罢休吧!
今之从政者殆而!③	现在当官的有多么危险!

〔注〕 ①谏：止住，挽救。 ②已：罢休，停止。 ③殆：危险。

　　这首《楚狂接舆歌》，始见于《论语·微子》。后来司马迁写《史记》，将其录入《孔子世家》中，"谏"下增一"兮"字，"追"下增一"也"字。另外，在《庄子·人间世》中，也有一首同名的歌，系敷衍《论语》中的这一首而成，增至二十八句。"楚狂"，是楚国佯狂的一位隐士；"接舆"，原义为迎着孔子坐的车，并非"楚狂"的名字。《庄子》中将"接舆"定为楚狂的名字，其实是一种误解。先秦典籍中提到"楚狂"的著作甚多，《庄子》中除《人间世》外，又见于《逍遥游》《应帝王》。又《杨子》、屈原《九章·涉江》等也都涉及。至晋代，皇甫谧作《高士传》，始称其姓陆名通，不见其载籍依据，当系杜撰。

　　全歌六句，计分三个层次。开头两句为第一层次，是对孔子的讽刺。凤鸟是传说中的祥瑞之鸟，只在政治清明时才会出现。孔子曾说："凤鸟不至，河不出图，吾已矣夫。"（《论语·子罕》）此以"凤鸟"指孔子。"德之衰"，是说美好的品德愈来愈少，品德修养愈来愈差，凤鸟不像凤鸟，孔子不像孔子了。凤鸟本该在政治清明时出现，而现在世道昏乱时竟然也出现了，以此讽刺孔子到处奔走、求为世用的不合时宜的所作所为。疑问副词"何"字的运用，更增强了对孔子的作为表示怀疑与否定的分量。中间两句为第二层次，是对孔子的规劝。"往者"句说，已经过去的事情已无法劝阻；"来者"句说，未来的事情还来得及防范、避免，是要孔子知错改过、避乱隐居的意思。两句合起来，重点落在后一句上，与成语"亡羊补牢，犹为未晚"的意思正好相当。最后两句为第三层次，是对孔子的警告。"已而"是劝孔子别再一意孤行，相当于今人所说的"算了吧""罢休吧"。什么原因呢？"今之从政者殆而"，这虽是泛说当今从政的人处境险恶，又是专门唱给孔子听的，主要用意还在于警喻、提醒孔子。

　　从歌词大意中不难体察到歌者的出世思想。因为有了这首《接舆歌》，"楚狂""接舆"成了后世佯狂避世的一个典型。后世文人常自比"楚狂""接舆"，以表示自己的隐居不仕或放诞不羁，如："我本楚狂人，凤歌笑孔丘"（李白《庐山谣寄卢侍御虚舟》），"高歌一曲垂鞭去，尽日无人识楚狂"（吴融《灵宝县西测井》），"复值接舆醉，狂歌五柳前"（王维《辋川闲居赠裴秀才迪》），"世随渔父醉，身效接舆狂"（韦庄《和郑拾遗秋日感事一百韵》），等等。《论语》中说，孔子听了这首歌，下车去，准备和楚狂交谈，楚狂赶快避开，孔子没有谈成。从不同的处世态度来说，两人即使交谈了，也是不可能谈到一起去的。孔子周游历国，备尝艰难险阻，道不得行，"累累若丧家之狗"（《史记·孔子世家》）而并不退缩、后悔，正是有鉴于天下无道，希望力挽狂澜。正如他所表白的："天下有道，丘不易也。"（杨伯峻《论语译注》的译文为:"如果天下太平,我就不会同你们一道来从事改革了。"《楚狂接舆歌》主要表现的是抒情主人公楚狂的出世狂者的形象,同时,也让我们想见站在他对面的一位知其不可为而为之的与命运抗争的积极入世的强者形象——孔子。这大概也是《论语》《史记》中记载楚狂故事的一点用心吧。

　　从文学的角度着眼,这首《楚狂接舆歌》虽说不上有多高的艺术性,但它是出现较早的一首楚地民间歌谣,与早期其他楚歌如《渔父歌》(又名《孺子歌》《沧浪歌》,见《孟子·离娄上》)、《越人歌》(见刘向《说苑·善说》)、《徐人歌》(见刘向《新序·节士》)等一起,是我国古代的一大文学体裁楚辞的滥觞,其在文学史(主要是文体发展史)上的地位与价值是不应该小看的。　　　　　　　　　　(陈志明)

孔　子

【作者简介】(前551—前479)春秋末期思想家、政治家、教育家,儒家的创始者。名丘,字仲尼。鲁国陬邑(今山东曲阜东南)人。先世是宋国贵族。学无常师,相传曾问礼于老聃,学乐于苌弘,学琴于师襄。聚徒讲学,从事政治活动。年五十,由鲁国中都宰升任司寇。后又周游宋、卫、陈、蔡、齐、楚等国,前后达十三年。自称:"如有用我者,吾其为东周乎?"终不见用。六十八岁时返鲁。晚年致力教育,整理《诗》《书》等古代文献,并把鲁史官所记《春秋》加以删修,成为中国第一部编年体的历史著作。相传先后有弟子三千人,其中著名的有七十余人。自汉以后,孔子学说成为两千余年传统文化的主流,影响极大。封建统治者一直把他奉为圣人。现存《论语》一书,记有孔子的谈话以及孔子与门人的问答,是研究孔子学说的主要资料。

曳　杖　歌　　　　　　孔　子

泰山其颓乎?	泰山快要崩塌了么?
梁木其坏乎?	屋梁快要断裂了么?
哲人其萎乎?	哲人快要死去了么?

　　关于孔子作《曳杖歌》前后的情况,在《礼记·檀弓上》《孔子家语·终记解》以及《史记·孔子世家》等书中都有大体相同的记载。兹引《礼记·檀弓上》中的

相关文字如下：

>孔子蚤作，负手曳杖，消摇于门，歌曰：……（歌词见上，此略）既歌而入，当户而坐。子贡闻之，曰："泰山其颓，则吾将安仰？梁木其坏，哲人其萎，则吾将安放？夫子殆将病也。"遂趋而入。夫子曰："赐，尔来何迟也！……予畴昔之夜，梦坐奠于两楹之间。夫明王不兴，而天下其孰能宗予？予殆将死也。"盖寝疾七日而没。

东汉郑玄在上述引文之末注解说："明圣人知命。"所谓"知命"，字面意思是了解自己的命运；比较科学的解释，也就是依据已知的情况对未来作出较为近似的预测。孔子唱这首歌时，只是一种预感，接着病倒了，七天后去世，正应验了他预感的正确。活着，活得清醒；快去世时，也不糊涂。大概这就是孔子之所以为孔子，也是这首《曳杖歌》所要昭示世人的这一层意思吧。

从《礼记》的记载中可以知道，孔子在吟唱这首《曳杖歌》之前，心灵上正经历着微妙的深刻的变化：夜里他做了一个不祥的梦，梦见正坐在两个廊柱之间被人祭奠；他早早地起了床（"蚤作"），或许梦醒后就一直未曾睡着吧；他反背着手，拖着手杖，孔颖达解释"负手曳杖"说："杖以扶身，恒在前面用。今乃反手却后以曳其杖，示不复用也。"（《礼记正义》）所谓"示不复用"，意思是自己将不久于人世，不会再用手杖了；他还"消摇于门"，从屋内走到门口，显出一副放松随便的样子。"消摇"，即"逍遥"，安闲放松的样子。孔颖达说："夫子礼度自守，貌恒矜庄。今乃消摇放荡以自宽纵……示不能以礼自持。"又说"负手曳杖"与"消摇于门"二句，"并将死之意状"（引书同上）。正是在这样一种特殊的心态支配之下，孔子这位在二十多年前已早知"天命"的哲人，面对即将到来的死亡，也不能不长歌当哭，动情地唱出这首留恋人生、爱惜生命、无奈地直面死亡的悲歌。

《曳杖歌》全文只三句。前两句用比拟，以物比人，以"泰山""梁木"拟"哲人"。"泰山"是众山所仰的高山，现在泰山快要崩塌，众山就无可瞻仰了。"梁木"是放置檩条、椽子的地方，现在梁木快要折断，檩条、椽子就无可依托了。紧接着这两个比喻的句子，末句直接说到自身。"哲人"，乃夫子自道；"萎"，原指草木枯死，引申为病危。上述做梦等种种潜意识的以及行为上的异常情况，令孔子自感已经病入膏肓，将不久于人世了。孔子的高足子贡，这天早上刚好来看望老师，听了这首歌，由"泰山""梁木"的比喻，他想到了"哲人其萎"的后果将是十分严重的。他所说的"则吾将安放"，意思是他们这些学生就将永远失去孔子这位诲人不倦、可敬可亲的好老师了，不觉心情黯然。

全诗三个句子，虽有前两句的比喻与后一句的直陈两个层次，但因感情真挚,比喻贴切而又形象,且句式整齐,每句的第三字都用表示"大概"或"将要"的副词"其"字,故仍不失一气呵成、流利紧凑的即兴吟成的本色。　　（陈志明）

孺　子　歌

沧浪之水清兮,① 　　沧浪江的水清澈哟,
可以濯我缨。② 　　可以洗我的冠缨。
沧浪之水浊兮, 　　沧浪江的水浑浊哟,
可以濯我足。 　　可以洗我的脚跟。

〔注〕　① 沧浪(láng):水名,即《水经注》所记浈水,春秋时又名清发水。或谓指水清澈的样子。　② 濯(zhuó):洗。缨:结冠的带子,系于冠的两侧,着冠后挽结于颔下。

这是春秋战国时代流传在汉水以北的一首民歌。《孟子·离娄》中说孔丘曾听到有小孩子唱这首歌,而据《论语》和《史记·楚世家》,孔丘曾到过楚国北部的叶县等地。《楚辞·渔父》写屈原听过渔父唱这首歌,因屈原曾被放汉北。

就诗的蕴含而言,首先,因为江河之水同洗浴联系起来是在天气和暖之时,而且是一件愉快的事,所以这首诗从意象上来说是美的,从情调上来说是轻松的。其次,作为产生在楚国的民歌,似乎同屈原作品中表现出的喜好修洁的思想也不无关系。洗浴和修身,这是至今常被人们联系起来的一对比喻。再次,它表现了一种贴近自然、适应自然的天人合一的思想观念。可以说,它体现了中国传统哲学的最基本的思想。

这首歌说:人根据水的清浊来决定自己的态度和行动,清的时候洗冠缨,浊的时候洗脚。就生活实际而言,水浊自然不便洗冠缨,但清水洗脚,也应更好,脚虽贱,不至于没有在清水中洗一下的资格。所以,这首歌乃是表现着一种人生的哲理。世间的万事万物都是相互联系的,这首诗中提到"水",提到"我",提到水的"清浊"变化。它正是揭示了某种关系。由于其语言的质朴和含蓄,人们可以从不同方面来理解。这里首先让人想到的是人同社会、同周围环境的关系问题。《楚辞·渔父》中写屈原在"众人皆醉"的情况下"独醒","众人皆浊"的情况下"独清",因而遭到放逐。渔父是一个隐者,对事物抱着无可无不可的态度,所谓"不凝滞于物而与世推移"。所以他劝屈原随波逐流,屈原不听,他便唱着这首歌鼓枻而去。渔父是将世事喻为"水",水之清浊人不能制,但人可以根据水的清浊来决定自己的行为,这,是水所无可奈何的。如果从人同自然的关系上说,掌握规律,为我所用,这是对的。但渔父是以此来表现他无是非、无原则、明哲保身的生

活态度,这就有问题了,当然也就同屈原那种坚持真理、九死未悔的精神格格不入。

如果以水喻一个人的品性,以人对清浊有差的水所采取的不同态度喻社会对一个人的评价,则这首歌的启迪意义又不相同:只有你"清",人们才拿来"濯缨",如果你"浊",人们就只拿你来"濯足"。故孔子游楚听到孺子歌这首歌,便对他的学生说:"小子听之!清斯濯缨,浊斯濯足矣,自取之也。夫人必自侮,而后人侮之;家必自毁,而后人毁之;国必自伐,而后人伐之。太甲曰:'天作孽,犹可违;自作孽,不可活。'此之谓也。"作为人生的经验来说,孔子的解释更具积极意义。

一首诗能够对具有不同阅历、处于不同环境、面临不同问题的人都有启迪,应当是可以不朽的。《孺子歌》正是这样。

(赵逵夫)

被衣为啮缺歌①

形若槁骸,②	形体像枯槁的骨骸,
心若死灰。③	心灵像熄灭的灰烬。
真其实知,	他确实拥有实实在在的知识,
不以故自持。	却不因此而傲慢自矜。
媒媒晦晦,④	他浑浑噩噩,迷迷糊糊,
无心而不可谋。	不可与他谋事呀,他真的无所用心。
彼何人哉!	哦,他是怎样的一种人!

〔注〕① 被衣:又作"蒲衣",传说为尧时贤人。《庄子·应帝王》:"啮缺问于王倪,四问而四不知;啮缺因跃而大喜,行以告蒲衣子。"陆德明《经典释文》:"《尸子》云:'蒲衣八岁,舜让以天下。'崔(撰)云:即被衣,王倪之师也。"啮缺:古人名。相传为许由之师,其师为王倪。《庄子·天地》云:"尧之师曰许由,许由之师曰啮缺,啮缺之师曰王倪"。 ② 槁骸:枯槁的骨骸。 ③ 死灰:熄灭的灰烬。 ④ 媒媒晦晦:媒媒,昏昧不明;晦晦,昏暗、暗昧。这里是指浑浑噩噩,稀里糊涂。

《被衣为啮缺歌》选自《庄子·知北游》,题目为后人所加。

被衣、啮缺,名字怪异,而在庄子笔下却都是上古有名的贤者。细算起来,两人还有非同一般的师承渊源:被衣是王倪的老师,王倪是啮缺的老师,那么,被衣则是啮缺的太老师。因而,《庄子·知北游》谓"啮缺问道乎被衣",就是十分自然的了。

被衣自非等闲之辈,面对啮缺的问道,他着实谆谆告诫了一番:"若正汝形,

—汝视,天和将至;摄汝知,一汝度,神将来合。德将为汝美,道将为汝居,汝瞳焉新生之犊而无求其故!"(《庄子·知北游》)既要啮缺端正形体,集中视线,又要他收敛思想,统一姿态,让自然的和气与天界的神明降临。那时,德将造就他的内美,道将成为他的归宿。被衣要求他像刚生的牛犊那样,瞠着双眼,懵懵懂懂,无知无识又无期无求。言犹未了,啮缺就酣然进入梦乡。被衣见此,不禁心花怒放,一边吟唱,一边离开啮缺。他所吟唱的,就是这首《被衣为啮缺歌》。

"形若槁骸,心若死灰",一、二两句从形神两方面入笔,勾勒出一个从躯体到灵魂都已死灭的形象。从形体看,他既无润泽的肌肤,又无丰满的血肉,俨然一副骨骼标本;从心灵看,他既无复杂的思想,又无美好的期冀和追求,他万念俱灭,宛然一堆不复燃烧的死灰。这两句取喻精到,前者以槁骸喻形体的枯瘦,乃以实喻虚,后者以死灰喻寂灭的心灵,则以实喻虚,虚实相生,给人形象的思辨美感。而"心若死灰"更以其比喻的精警形象,凝成固定的成语,用以形容不为外物所动的精神境界,现代仍作为灰心丧气的形象表述,可见其语言的生命力。

"真其实知,不以故自持",三、四两句揭橥一种审慎对待自我的人生态度,展现一种睿智内蕴而不外露炫耀的精神境界。此人明明具有不同凡俗的真知实学,却深藏不露,决不夸耀于人。对他来说,才智是一种充实,一种内蕴,一种修养;一切炫耀、夸饰、矜持、自傲都无必要,甚至成为生活的累赘。

"媒媒晦晦,无心而不可谋",五、六两句抉示其处世哲学,显现其混沌糊涂、无所用心的生活态度。貌似糊涂,实则大智若愚,这正是洞察世事、参透人生的智慧的表现。"不可谋",于世无功利目的,于己则可远离尘世的喧嚣和骚扰而求得内心的平静和安宁。

"彼何人哉",最后总赞一句,戛然而止。这是怎样的一种人呢?《庄子·知北游》云:"大地有大美而不言,四时有明法而不议,万物有成理而不说,是故至人无为,大圣不作,观于天地之谓也。"不言、不议、不说、不作,是庄子大道无为思想的精义。而《被衣为啮缺歌》中着力刻画的槁骸似的形体,死灰般的灵魂,不以实知自持的风范,媒媒晦晦的举止,则形象地诠释了这一思想。这种人格,正是庄子所标举的至高无上的境界。此诗的思想内涵也在于此。　　　　　(吉明周)

狐援辞　　　　　　　狐援

(上篇)

先出也,　　　　　　　先出走啊,
衣绨纻;①　　　　　　还能穿着细葛麻,在异国享受自由;

后出也，	后出走啊，
满囹圄。②	只能为亡国奴，在本土充斥监狱。
吾今见民之洋洋然，③	如今，我目睹人民恓恓惶惶，无所归属，
东走而不知所出处。	纷纷扰扰，向东逃亡，茫然不知投奔何处。

（下篇）

有人自南方来，	有人来自遥远的南方，
鲋入而鲵居。④	像孱弱的鲫鱼归附齐国，又像凶悍的雄鲸傲居朝纲。
使人之朝为草而国为墟。	他让别人的国家变成废墟，他让别国的朝廷化作草莽。
殷有比干，⑤	殷商有比干苦谏致死，
吴有子胥，⑥	吴国有伍子胥直言身亡，
齐有狐援。	齐国有我狐援敢于冒死犯上。
已不用若言，⑦	齐王已不采纳我如此忠直的劝谏，
又斮之东闾。⑧	还要将我杀害在东城门广场。
每斮者以吾参乎二子者乎！⑨	哦，我是该杀呀，因为我与比干、子胥二人肝胆一样！

〔注〕① 绨绉（chī zhù）：细葛布。 ② 囹圄（líng yǔ）：牢狱。 ③ 洋洋：无所归貌。 ④ 鲋（fù）：鲫鱼。鲵（ní）：雄鲸。 ⑤ 比干：商代贵族，是纣王的叔父。因多次劝谏，被纣王剖心而死。 ⑥ 子胥：伍子胥（？—前484），春秋时吴国大夫。吴王夫差时，吴国大胜越国，越国屈服求和，他劝夫差"去疾草如尽"，夫差不听。夫差伐齐国，图谋争霸，他又劝谏夫差先除心腹之疾，夫差仍不听。后夫差赐剑命他自杀。 ⑦ 若：此。 ⑧ 斮：同"斫"。东闾：齐国东门。 ⑨ 每：当，应该。参：列入。

《狐援辞》选自《吕氏春秋·贵直》，题目为后人所加。

狐援是战国时齐国一位敢于直言的诤臣。据《吕氏春秋·贵直》载，他曾怀着对齐国命运的忧虑，劝谏齐湣王说："殷商灭亡后，周朝将其钟鼎陈列在宫廷，并在其社庙旧址上建造房屋作屏障，用来儆戒后世；而其为挥盾弄斧伴舞的音乐，则用来供别国娱乐。亡国的音乐，不得传进宫庙；亡国的社庙，不得重现在光天化日之下；亡国的鼎器陈列在朝廷，是要起到儆戒作用。大王一定要以此加勉。可不要让齐国的钟律陈设在朝廷,不要让齐侯田和的社庙建造起屏障,不要让齐国的音乐供他人娱乐啊!"然而昏庸的齐湣王拒不接受。狐援愤而离开宫廷,为国家的前途命运整整痛哭了三天,悲愤地吟唱出《狐援辞》的上篇。

"先出也""后出也"两句,以"先""后"对起,揭示齐国的潜在危机,措语警醒。"先"谓赶在亡国前,"后"谓落在亡国后。古时,亡国之民穿赭衣,"衣绨纻"则表明仍享有人身自由。先出走的人,逃入其他国家,不失为自由之民,仍然穿着细葛麻制的衣服;而后出走的人,只能沦为亡国奴,被塞满监狱。作者抓住服饰的变化,从人身自由的高度予以考察,反映出亡国前后百姓政治地位的变异。《汉书·礼乐志》云:"祸乱不作,囹圄空虚。"而"满囹圄",则是祸乱大作的标志。这两句,"衣绨纻"是眼前的现实,"满囹圄"是未来的情境。一虚一实,虚实相生,突现国情变化的迅疾和悬殊。"吾今见"两句,从眼前事实着笔,展示齐国民心涣散、一片慌乱的危急情势:人民茫然不知所措,成群结队向东逃亡。"洋洋然"三字,正是这种民情国势的真实写照。耳听为虚,眼见为实。一个"见"字,确凿雄辩,道出了事态的严重性。

齐王得知狐援哭国三日之事,便询问身边的官吏:"按照法律,哭国该如何处置?"官吏回答:"杀头。"齐王旋即下令:"执行法律。"官吏在齐国东门陈设了刀斧刑具,但又不想杀害狐援,于是就让他离开。狐援听到此事,就颠蹶着去拜访这位官吏。官吏说:"按照法律,哭国的人应当杀头。先生您是老朽了还是昏聩了?"狐援不为所动,坦然回答说:"这怎么是昏聩呢!"于是又吟诵起《狐援辞》的下篇。

《史记·田齐世家》载:"齐湣王四十年,燕将乐毅入临淄,楚使淖齿将兵救齐,因相齐湣王,淖齿遂杀湣王,而与燕共分齐之侵地卤器。"下篇首三句"有人自南方来……"即本此史实。"有人"当指淖齿。此人受楚国委派,以救援齐国的名义入齐,后任齐湣王的宰相。他有野心,会耍阴谋。初入齐时,他像大雄鲸傲视朝纲,祸国殃民,兴风作浪。从此,齐国朝不朝,国亦不国,举国化为废墟草莽。这三句义正词严,振聋发聩,不啻是讨伐奸贼的檄辞,令人警醒。接着三句,援古证今,表白自己不畏强暴,愿为社稷献身的决心。殷商时的比干,原本为贵族。他是纣王的叔父,官至少师。相传他屡次劝谏纣王,最终被剖心而死。春秋时吴国大夫伍子胥,曾劝吴王夫差拒绝越国求和并停止伐齐,渐被疏远,最后吴王赐剑命他自尽。历史上忠直的志士多以生命殉国。正义被蹂躏,公道遭践踏。狐援真理在握,仍冒死挺身直谏。"殷有比干,吴有子胥,齐有狐援",三句排比整饬,一气贯下,表现狐援惊人的胆识和冲天的豪气。他正是以比干、子胥为楷模,坚持伟大的理想和人格,而不惜以生命为代价。以下两句痛惜潘王不用自己的直言,又将忠直付之斧锧。这里,与其说是为自己鸣冤叫屈,不如说是为国家的将亡而痛心疾首。最后一句"每斮者以吾参夫二人者乎",抉示自己被杀的缘由,在于坚持先贤的优秀传统和伟大人格,屠杀者的卑劣嘴脸由此昭然若揭。满腔的激愤爆发出理想、人格的火花,充溢爱国的情思、无悔的追求和愤怒的控诉。"当杀"正是"不当杀",正话反说,更加强了语言的震撼力。

《吕氏春秋·贵直》在援引此诗之后评说道:"狐援非乐斫也,国已乱矣,上已悖矣,哀社稷与民人,故出若言。出若言非平论也,将以救乱也,固嫌乎危。"是道出了狐援为国为民的精诚所在。

这首《狐援辞》在表情达意上也颇具特色。上篇"先出也……后出也……"以对句出之,唱叹有致,而两个"也"字语气沉缓,又声情并茂地传出狐援哭国三日的悲恸哀伤,使人如闻其声,如见其人。下篇"鲋入而鲵居",设喻形象贴切,言简而意赅。"殷有……吴有……齐有……",排比有力,气势雄阔,有一种逼人的气势。末句"每斮者……乎",感叹深沉,意味深长,发人深省。全诗句式参差,声情并重,无疑也平添艺术感染力。

(吉明周)

长　铗　歌　　　冯谖

长铗归来乎!①	长剑啊,我们回去吧!
食无鱼。	这里吃饭没有鱼。
长铗归来乎!	长剑啊,我们回去吧!
出无车。	这里出门没有车。
长铗归来乎!	长剑啊,我们回去吧!
无以为家。	没有地方可以安家。

〔注〕① 铗:剑把,一说即剑。

战国是一个群雄割据、人才的争夺十分剧烈的时期。当时有所谓"四公子"者,即齐国孟尝君、魏国信陵君、赵国平原君、楚国春申君,都以礼贤下士、广揽人才著称于世。孟尝君对于有求于他的人,更是来者不拒,其门下号称有"食客三千有余人"(《史记·孟尝君列传》)。其中的"鸡鸣狗盗"之徒曾帮他逃离虎狼之秦,成为不拘一格重视人才的一段历史佳话。弹唱《长铗歌》(一称《弹铗歌》)的冯谖,也是孟尝君的食客。《战国策·齐策四》记载,冯谖"贫乏不能自存",通过朋友说合,投奔到孟尝君门下。他唱《长铗歌》,一而再、再而三地对自己的生活待遇表示不满,孟尝君一一加以满足。后来冯谖为孟尝君殚智竭虑,使孟尝君在齐国统治集团的权力更替过程中始终立于不败之地。冯谖与孟尝君的故事更成为孟尝君以至整个中国古代历史上重视人才并收到意想不到的巨大成效的一个典型的事例。这一故事也见于《史记·孟尝君列传》,"谖"作"讙",发音相同,都音"宣"。所载的具体事迹,则略有出入。

　　此歌分三段,是冯谖不满其生活待遇用唱歌形式所发的三次牢骚。每段提出不满意的一个方面。冯谖不用乐器伴奏,只是很随意地用手指弹着自己的佩剑打拍子唱着。每段的前一句都是"长铗归来乎",意思是长剑啊,我们还是回家去吧。每段的后一句是所发的牢骚,是说明要回家去的原因。第一次的牢骚是"食无鱼"。综合《战国策》与《史记》的记载,孟尝君门下的食客分为三等:最差的一等,居传舍,以"草具"为食。所谓"草具",即粗糙的食物,相当于今人所说的粗茶淡饭;中间的一等称鱼客,居幸舍,可以吃到鱼;最高的一等称车客,居代舍,出门可以坐车。冯谖刚到孟尝君门下时,故作谦卑,不露"文章",被安排在最差的一等,故有吃不到鱼的牢骚。孟尝君听说了,就让手下人把冯谖的待遇提高了一等。冯谖在吃了几天鱼之后,得陇望蜀,又发出"出无车"(《史记》"车"作"舆")的牢骚,又得到了满足。过不久,他第三次弹着剑唱起"无以为家",即没地方安置家业,养家活口。这是超出门客最高待遇的要求,是非分之请。所以《齐策》中记载:"左右皆恶之,以为贪而不知足。"而孟尝君却不这样想,他问左右:"冯公有亲乎?"对曰:"有老母。"便派人送去食物用品,并不断供给。从此以后,冯谖便不再发牢骚弹铗而歌,开始踏上一条义无反顾为孟尝君输忠效力的道路。

　　冯谖与孟尝君的遇合,难免带有许多偶然性的因素。但偶然之中也有必然的一面,那就是孟尝君具有容人的雅量,即俗谚所说的"宰相肚里好撑船"。冯谖在未露峥嵘时似乎手伸得很长,要这要那。如果孟尝君心地褊狭,不能相容,冯谖必然会调头而去。那样一来,孟尝君的人生历史就要被改写,不只是相业难成,甚至连自己的身家性命也都将难保了。用人必须有容人的雅量,这是冯谖与孟尝君的故事对古今用人者的一点很有意义的启示。至于从《长铗歌》中,我们直接见到的,则是一位性格磊落、直言不讳、自尊自信却又令人莫测高深的士的形象。这一形象令人联想起满引待发之弓,给人以期待与希望。

　　此歌虽然简短,在艺术上却颇可称道。三段歌词,每段中多数字句重复。这正是即兴吟唱的歌词常见的复沓的特色。拟人手法的运用,把"长铗"写活了,创造出了人与物对话的富有诗意的境界。"长铗"似是冯谖这颗寂寞心灵的良朋,正倚在身旁,凝神静听其主人的"长铗归来乎——""长铗归来乎——""长铗归来乎——"那一遍又一遍率真而亲切的呼声。

(陈志明)

【作者简介】

荀子

(约前313—前238)。战国思想家、文学家、教育家。名况,时人尊而号为"卿"。汉人避宣帝讳,称孙卿。赵国人。游学于齐之稷下,后三为祭酒(学长)。后被谗赴楚,楚相春申君用为兰陵(今山东苍山西南兰陵镇)令。春申君死后去职,后著书以终老。韩非、李斯皆其学生。哲学上肯定"天行有常,不为尧存,不为桀亡",即自然运行法则是不以人们意志为转移的客观存在,并提出"制天命而用之"的人定胜天思想。认定人性生来是"恶"的,和孟子的"性善"说相反。政治上主张礼法兼治,王霸并用。驳斥墨子的"非乐",曾作《乐论》,系统论述了"礼乐"思想。认为"人不能无乐",强调"美善相乐"。所作散文说理透辟,结构谨严,辞采斐然。其《赋篇》对汉赋的兴起有一定影响。为迄今所知作赋第一人。另有《成相篇》,用通俗文艺形式,宣传其政治教化观点。有《荀子》传世。

成　相

荀子

请成相,　　　　　　　请听我唱成相歌,
世之殃,　　　　　　　世间每每有灾祸,
愚闇愚闇堕贤良。①　　重重愚蠢昏暗毁灭贤良者。
人主无贤,　　　　　　国君没有贤人辅佐,
如瞽无相何伥伥。②　　就像瞎子没人扶持总失措。

请布基,③　　　　　　请听陈述国之本,
慎听之,　　　　　　　请您认真仔细听,
愚而自专事不治。　　　愚蠢专断事情自然办不成。
主忌苟胜,④　　　　　君主切忌争强好胜,
群臣莫谏必逢灾。　　　群臣不能劝谏灾祸就降临。

论臣过,　　　　　　　判断臣下的过错,

反其施,⑤	考察他的言与行,
尊主安国尚贤义。	尊崇君主安定国家重贤能。
拒谏饰非,	拒绝规劝掩盖错误,
愚而上同国必祸。⑥	愚顽昏聩阿谀奉承大祸生。
曷谓罢?⑦	请问什么叫无行?
国多私,	国有小人多私心,
比周还主党与施。⑧	互相勾结组成帮派惑国君。
远贤近谗,	疏远贤士亲近谗人,
忠臣蔽塞主埶移。⑨	忠臣尽被阻隔国君权势倾。
曷谓贤?	请问什么叫贤能?
明君臣,	君君臣臣要分清,
上能尊主下爱民。	上能尊崇君主下能爱人民。
主诚听之,	君主真若听从他们,
天下为一海内宾。	就能一统天下海内皆听命。
主之孽,⑩	国君罪过是什么?
谗人达,	谗人得志气嚣张,
贤能遁逃国乃蹶。⑪	贤士隐遁国家一蹶竟不振。
愚以重愚,	要是愚蠢加上愚蠢,
闇以重闇成为桀。⑫	昏庸加上昏庸就成亡国君。
世之灾,	人间灾祸不断生,
妬贤能,	贤能之士遭嫉害,
飞廉知政任恶来。⑬	已有飞廉执政再任用恶来。
卑其志意,	使得国君心志卑劣,
大其园囿高其台。	一味享乐大造园囿与楼台。

武王怒,	义愤填膺周武王,
师牧野,⑭	率军牧野来会合,
纣卒易鄉启乃下。⑮	微子举义降周殷兵皆倒戈。
武王善之,	武王赞赏他的为人,
封之于宋立其祖。⑯	封他宋地继承殷商的香火。
世之衰,	世道衰败太恶浊,
谗人归,⑰	谗人投机善钻营,
比干见刳箕子累。⑱	可怜比干剖心箕子遭囚禁。
武王诛之,	周武王诛灭商纣王,
吕尚招麾殷民怀。⑲	吕尚指挥大军殷民来归顺。
世之祸,	世间灾祸总不断,
恶贤士,	全因憎恶贤能士,
子胥见杀百里徙。⑳	伍子胥自杀百里奚也迁徙。
穆公任之,	秦穆公任用百里奚,
强配五伯六卿施。㉑	强大得配五霸创设六卿制。
世之愚,	世间最大的愚蠢,
恶大儒,	在于厌恶大圣哲,
逆斥不通孔子拘。㉒	排斥拒绝就连孔子也遭厄。
展禽三绌,㉓	柳下惠三仕又三绌,
春申道缀基毕输。㉔	春申君死国家基业遭毁折。
请牧基,㉕	请听治国根本理,
贤者思,	任用贤良想仔细,
尧在万世如见之。	尧的德政光耀万世看眼里。
谗人罔极,㉖	谗人没有行为准则,
险陂倾侧此之疑。㉗	奸险颠倒竟把尧帝来怀疑。

基必施,	保证事业得发展,
辨贤罢,	必须分清贤不肖,
文武之道同伏戏。㉘	从伏羲到文王武王一条道。
由之者治,	遵循此道国家大治,
不由者乱何疑为?	不能遵循无疑天下乱糟糟。

凡成相,	总括成相歌所唱,
辨法方,㉙	是要辨明治国方,
至治之极复后王。㉚	治国根本原则在于法后王。
慎墨季惠,㉛	慎到、墨翟、季真、惠施,
百家之说诚不详。㉜	那些百家学说诚然不吉祥。

治复一,㉝	治国之术要专一,
脩之吉,㉞	这样推行才吉利,
君子执之心如结。㉟	君子遵守正道坚定不移易。
众人贰之,㊱	众人往往随意变心,
谗夫弃之形是诘。㊲	谗人背义要靠刑法来治理。

水至平,	世上最平是水面,
端不倾,	端端正正不斜偏,
心术如此象圣人。㊳	思想像水般平就是大圣贤。
□而有埶,㊴	人若已经有权势,
直而用抴必参天。㊵	又能正直荐贤德可配上天。

世无王,	因为世上没王道,
穷贤良,	贤能之士真悲凉,
暴人刍豢仁糟糠。㊶	暴徒品尝珍馐仁人吃糟糠。
礼乐灭息,	礼乐教化崩溃绝灭,
圣人隐伏墨术行。㊷	圣人隐遁墨家学说受崇尚。

治之经,㊸
礼与刑,
君子以脩百姓宁。㊹
明德慎罚,㊺
国家既治四海平。

治理国家的常道,
在于礼制与法令,
礼使君子修身法使百姓宁。
发扬美德慎用刑法,
国家得到治理天下大太平。

治之志,
后埶富,㊻
君子诚之好以待。㊼
处之敦固,㊽
有深藏之能远思。㊾

治理国家立志向,
权势富贵往后放,
君子就该诚笃坚持好立场。
处事敦厚信念牢固,
有着深邃远大思想心中藏。

思乃精,㊿
志之荣,㊾
好而壹之神以成。㊾
精神相反,
一而不贰为圣人。

思想如果能专精,
心志必然放光明,
专心致志神而化之臻高境。
精神境界返璞归真,
一心不二就能成为大圣人。

治之道,
美不老,㊾
君子由之佼以好。㊾
下以教诲弟子,
上以事祖考。㊾

圣人治国有道理,
美好佳妙不衰退,
君子遵守此道身心都健美。
向下用来教育子弟,
向上奉事祖宗在天之灵位。

成相竭,㊾
辞不蹶,㊾
君子道之顺以达。㊾
宗其贤良,㊾
辨其殃孽□□□。㊾

成相歌辞将唱完,
辞虽已尽意未绝,
君子依此行事顺利又妥帖。
尊崇才德贤良之士,
认清祸福辨明邪魔与妖孽。

请成相, 请听我唱成相歌,
道圣王, 说说古代圣明君,
尧舜尚贤身辞让。 尧舜尚贤能把帝位让贤人。
许由善卷,㉛ 许由、善卷谢绝禅让,
重义轻利行显明。 重义轻利德行粹美放光明。

尧让贤, 尧将帝位让贤人,
以为民, 全是为了老百姓,
汜利兼爱德施均。㉒ 利益均沾仁爱兼施恩德深。
辨治上下,㉓ 治国确定上下等级,
贵贱有等明君臣。 贵贱分明君是君来臣是臣。

尧授能, 尧把权力交能人,
舜遇时, 舜得机会遇良时,
尚贤推德天下治。㉔ 崇尚大贤推举高德天下治。
虽有贤圣, 虽然世上有大圣人,
适不遇时孰知之? 如果生不逢时德才有谁知?

尧不德,㉕ 尧不自负有德行,
舜不辞,㉖ 舜对禅让不推辞,
妻以二女任以事。㉗ 尧将二女嫁舜又让他主事。
大人哉舜, 舜帝圣人多么伟大,
南面而立万物备。 南面称帝万事俱备好形势。

舜授禹, 舜把帝位传给禹,
以天下, 统治天下四方地,
尚得推贤不失序。㉘ 崇尚明德推举贤良有条理。
外不避仇, 对外不避杀鲧之仇,
内不阿亲贤者予。㉙ 对内不徇私情让贤交权力。

| 成相 | 先秦古歌 |

劳心力, 劳神费力真勤勉,
尧有德, 尧帝品德多崇高,
干戈不用三苗服。⑦⁰ 不用大动干戈降伏那三苗。
举舜甽亩,⑦¹ 提拔虞舜田亩之间,
任之天下身休息。 托付天下重任退休去养老。

得后稷,⑦² 尧帝用人得后稷,
五谷殖,⑦³ 种植五谷兴农业,
夔为乐正鸟兽服。⑦⁴ 夔做乐正音乐美妙鸟兽悦。
契为司徒,⑦⁵ 任用契为司徒之官,
民知孝弟尊有德。⑦⁶ 教导人民懂得孝悌重贤德。

禹有功, 夏禹伟大有丰功,
抑下鸿,⑦⁷ 遏止洪水滔滔流,
辟除民害逐共工。⑦⁸ 为民除害把那共工也赶走。
北决九河,⑦⁹ 决开河岸分导积水,
通十二渚疏三江。⑧⁰ 挖通洲渚疏浚江湖有步骤。

禹傅土,⑧¹ 大禹分土划九州,
平天下, 平定天下功绩著,
躬亲为民行劳苦。 亲自操劳为民办事很辛苦。
得益、皋陶、 又能得到益与皋陶,
横革、直成以为辅。⑧² 还有横革、直成能臣来辅助。

契玄王,⑧³ 契被称为是玄王,
生昭明,⑧⁴ 生下儿子叫昭明,
居于砥石迁于商。⑧⁵ 先住砥石后来迁到商之境。
十有四世, 经过十四代人努力,
乃有天乙是成汤。⑧⁶ 传到成汤成为殷商开国君。

天乙汤,　　　　　　　　殷商开国成汤王,
论举当,⑧⑦　　　　　　推举人才很恰当,
身让卞随举牟光。⑧⑧　　他想让天下给卞随和牟光。
□□□□,　　　　　　　□□□□□□□□,
道古贤圣基必张。　　　　取法古代圣贤基业必兴旺。

愿陈辞,　　　　　　　　愿将忠言来陈诉:
□□□,　　　　　　　　□□□□□□,
世乱恶善不此治。　　　　乱世厌恶良善情况不改变。
隐过疾贤,　　　　　　　掩盖错误妒忌忠贤,
长由奸诈鲜无灾。⑧⑨　　经常重用奸人很少没灾难。

患难哉!　　　　　　　　国家祸患真正大!
阪为先,⑨⓪　　　　　　歪门邪道先采取,
圣知不用愚者谋。　　　　圣智之人被弃蠢人作谋主。
前车已覆,　　　　　　　前面车子已经倾覆,
后未知更何觉时。⑨①　　后面车子不知改正几时才觉悟。

不觉悟,　　　　　　　　君主如果不觉悟,
不知苦,　　　　　　　　也就不知苦痛情,
迷惑失指易上下。⑨②　　糊里糊涂上下颠倒是非混。
中不上达,⑨③　　　　　忠臣内衷不能上达,
蒙揜耳目塞门户。⑨④　　君主犹如闭目塞耳关大门。

门户塞,　　　　　　　　了解真情门堵塞,
大迷惑,　　　　　　　　执迷不悟困惑生,
悖乱昏莫不终极。⑨⑤　　乖谬混乱昏聩愚昧无穷尽。
是非反易,⑨⑥　　　　　是非善恶全被颠倒,
比周欺上恶正直。⑨⑦　　互相勾结欺君罔上恶正人。

正直恶,	憎恶正直的人士,
心无度,⑨⑧	心中是非没标准,
邪枉辟回失道途。⑨⑨	奸险邪僻失掉正确的路径。
己无邮人,⑩⑩	当然不必怨天尤人,
我独自美岂无故!⑩①	难道唯独自己很好没责任!
不知戒,	不知教训引为戒,
后必有,⑩②	重蹈覆辙事必败,
恨复遂过不肯悔。⑩③	顽固刚愎坚持错误不肯改。
谗夫多进,	邪佞小人多受重用,
反覆言语生诈态。⑩④	反复进谗奸诈无比作姿态。
人之态,	人性有着恶一面,
不知备,⑩⑤	如果不知加防备,
争宠疾贤相恶忌。	争宠嫉贤就会相怨忌。
妒功毁贤,	妒恨功臣诋毁贤人,
下敛党与上蔽匿。⑩⑥	臣下结党营私君上受蒙蔽。
上壅蔽,⑩⑦	君上一旦受蒙蔽,
失辅埶,⑩⑧	失去辅佐没权势,
任用谗夫不能制。⑩⑨	任用奸人也就不由他控制。
郭公长父之难,⑩⑩	虢公长父引发祸乱,
厉王流于彘。⑪⑪	宠他的周厉王流亡逃到彘。
周幽厉,	周幽王和周厉王,
所以败,	他们所以会失败,
不听规谏忠是害。⑪②	因为不听劝谏专把忠良害。
嗟我何人,	叹息我是什么样人,
独不遇时当乱世。	偏偏生不逢时遇上坏时代。

欲对衷,⑬	心里话想畅快说,
言不从,	一番言语人不睬,
恐为子胥身离凶。⑭	恐怕像伍子胥一样遭祸害。
进谏不听,	陈述谏言不被听信,
到而独鹿弃之江。⑮	赐独鹿剑自到江中抛尸骸。

观往事,	历览往事教训多,
以自戒,	君主自我当警惕,
治乱是非亦可识。	要把天下治乱是非牢牢记。
□□□□,	□□□□□□□□,
托于成相以喻意。	通过这首成相歌曲表心意。

请成相,	请听我唱成相歌,
言治方,	讲讲统治的方针,
君论有五约以明。⑯	为君五条原则简要又分明。
君谨守之,	君主如果严格遵守,
下皆平正国乃昌。	臣下就能公正国运也昌盛。

臣下职,	臣下职责要清楚,
莫游食,⑰	不得闲游吃白食,
务本节用财无极。	务根本节费用钱财来不止。
事业听上,⑱	事情都听君主安排,
莫得相使一民力。⑲	平民一个不能擅自来支使。

守其职,	臣下坚守其职位,
足衣食,	就能丰衣又足食,
厚薄有等明爵服。	赏赐厚薄有别等级看服饰。
利往卬上,⑳	获取利益仰仗君主,
莫得擅与孰私得?	不能任意给予私自得财资。

君法明,　　　　　　　　　君主法令要明确,
论有常,⑫　　　　　　　　 判断决定有标准,
表仪既设民知方。⑫　　　　制度既已设立百姓知守正。
进退有律,⑫　　　　　　　 官吏升降都有规定,
莫得贵贱孰私王?⑫　　　　不论贵贱不得私与王亲近。

君法仪,⑫　　　　　　　　 君主立法作准则,
禁不为,⑫　　　　　　　　 严禁不法坏行为,
莫不说教名不移。⑫　　　　人皆悦服名教制度不倾危。
脩之者荣,　　　　　　　　遵守法制十分光荣,
离之者辱孰它师?　　　　　犯法受辱哪有其他的正轨?

刑称陈,⑫　　　　　　　　 刑法恰当公布出,
守其银,⑫　　　　　　　　 规定范围严格遵,
下不得用轻私门。⑬　　　　臣不擅用刑法私权便减轻。
罪祸有律,　　　　　　　　惩治犯罪依据法律,
莫得轻重威不分。⑬　　　　判刑轻重合理君威得保证。

请牧祺,⑬　　　　　　　　 请听治国何为福,
明有基,　　　　　　　　　明察秋毫根基固,
主好论议必善谋。　　　　　君主善听议论必定谋略足。
五听修领,⑬　　　　　　　 施政坚持五项标准,
莫不理绩主执持。⑬　　　　百官莫不各司其职理政务。

听之经,　　　　　　　　　听政治国抓关键,
明其请,⑬　　　　　　　　 查明实情最要紧,
参伍明谨施赏刑。⑬　　　　分析错综情况谨慎施奖惩。
显者必得,⑬　　　　　　　 明显之事必获实效,
隐者复显民反诚。⑬　　　　隐情得显百姓归心讲诚信。

言有节，⑬⁹	说话言语有法度，
稽其实，⑭⁰	切实行动察真情，
信诞以分赏罚必。⑭¹	真伪分别清楚赏罚有标准。
下不欺上，	下级不得欺骗上级，
皆以情言明若日。⑭²	人人说出实情心地如日明。

上通利，⑭³	君主通达又敏锐，
隐远至，⑭⁴	隐衷远虑皆知晓，
观法不法见不视。⑭⁵	合法非法难测之事看得清。
耳目既显，	耳聪目明既然如此，
吏敬法令莫敢恣。	官吏敬遵法令不敢放肆行。

君教出，⑭⁶	君主政令一旦颁，
行有律，	要使行为合规定，
吏谨将之无铍滑。⑭⁷	官吏谨慎执行切莫动邪心。
下不私请，⑭⁸	下级不能徇私舞弊，
各以□宜舍巧拙。⑭⁹	各尽其能乖巧笨拙两除尽。

臣谨脩，⑮⁰	臣下谨慎学法律，
君制变，⑮¹	君主掌握其变化，
公察善思论不乱。⑮²	公正考察善于思索没误差。
以治天下，	法令用来治理天下，
后世法之成律贯。⑮³	成为传统规则后人来效法。

〔注〕①闇(àn)：同"暗"。堕：毁。 ②瞽(gǔ)：目盲。相：扶持盲人的人。伥(chāng)伥：无所适从、不知所措的样子。 ③布基：陈述根本。 ④苟胜：指君主务求胜过臣下。 ⑤反：反求。施：施行，指应当做的事。 ⑥上同：指阿谀奉承，附和君主。 ⑦罢(pí)：无行，不贤。 ⑧比周：结党营私。还，通"营"，惑乱。党：与：犹言党羽。 ⑨主执移：君主大权旁落。执(shì)：同"势"。 ⑩孽：罪过。 ⑪蹶：颠覆。 ⑫桀(jié)：夏朝的亡国之君，以昏暴著名。 ⑬飞廉、恶来：父子二人名，殷纣王的大臣，助纣为虐者。 ⑭师：进军。牧野：古地名，在今河南淇县南，周武王打败殷纣王的地方。 ⑮易乡(xiàng)：改变方向，指倒戈。乡，通"向"。启：即微子启，殷纣王庶兄。下：投降。 ⑯宋：周初封国之一，在

今河南商丘一带。祖：宗庙。 ⑰归：归附。 ⑱比干：纣王叔父，屡次谏纣王，被剖心而死。刳(kū)：剖开、挖空。箕子：纣王叔父，屡谏被囚。累(léi)：通"缧"，捆绑犯人的绳索。 ⑲吕尚：姜太公。招麾(huī)：指挥。麾，指挥用的旗子。怀：归顺。 ⑳子胥：伍子胥，春秋时吴国大夫，因劝谏吴王夫差不听，被迫自杀。百里：百里奚，春秋时虞国大夫，晋灭虞后被俘，后至秦辅佐穆公完成霸业。 ㉑配：匹配。五伯：即五霸。荀子讲的五伯指齐桓公、晋文公、楚庄王、吴王阖闾、越王勾践。六卿施：设置六卿的官制。 ㉒逆斥：拒绝、排斥。孔子拘：指孔子周游列国，不得重用，且有困厄之事。 ㉓展禽三绌：展禽即柳下惠，春秋时鲁国人，曾三次任士师，三次被罢免。绌(chù)：黜退，罢免。 ㉔春申：即楚相春申君黄歇，后被李园所杀。辍(chuò)：通"辍"，停止。基毕输：基业完全毁坏了。 ㉕牧：治理。 ㉖罔极：没有是非标准。 ㉗险陂：阴险不正，陂，同"诐"，邪，不正。 ㉘伏戏(xī)：同"伏羲"，上古帝王。 ㉙法方：治国的方法。 ㉚复：效法。 ㉛慎墨季惠：指慎到、墨翟、季真、惠施，战国诸子。 ㉜详：通"祥"，吉祥。 ㉝一：专一。 ㉞脩：同"修"，实行。 ㉟执：掌握，实行。心如结：心意坚定不移。 ㊱贰：不专一。 ㊲形是诘：按照刑法治罪。形，通"刑"。诘，责问，治罪。 ㊳心术：思想态度。 ㊴□：郝懿行校谓脱字当是"人"字。 ㊵杝(yí)：通"柂"，船桨。用杝，喻善于引进贤人。参天：与天相匹配。 ㊶暴人：残暴之人。刍豢(chú huàn)：指牛羊猪等，这里比喻美味佳肴。仁：此处原作"仁人"，王引之以为"人"字是衍文，据删。 ㊷墨术：墨家的学说。 ㊸经：根本途径。 ㊹脩：指修身。 ㊺明德：发扬优良品德。 ㊻后埶富：把个人的权势富利的考虑放在后边。 ㊼好以待："待"字不入韵，疑为"持"字形讹。好以持，很好地坚持。 ㊽处之：对待自己的志向。敦固：精审躬亲而又坚定不移。 ㊾有深藏之：把自己的志向深藏牢记心中。有，通"又"。 ㊿乃：若。精：精密。 ㊀荣：光明。 ㊁神：指智慧达到神而化之的境界。 ㊂老：衰竭。 ㊃佼(jiǎo)：好。 ㊄祖考：祖宗、祖先。 ㊅竭：尽。 ㊆蹶：短。 ㊇道：行。 ㊈宗：尊奉。 ㊉殃孽：祸乱，这里指好人。 ㉛许由、善卷：都是尧舜时代的人，传说尧要把帝位让给许由，舜要把帝位让给善卷，他们都不接受。 ㉜氾利兼爱：普遍给予利益和爱护。德施均：恩德布施公正均等。氾(fàn)：同"泛"。 ㉝辨治上下：分别确定上下等级制度。 ㉞推德：推举有德行的人。治太平。 ㉟不德：不自以为有德。 ㊱不辞：不推辞。 ㊲妻以二女任以事：指尧把自己的两个女儿嫁给舜，又把治理国家的重任交给他。 ㊳得：同"德"。序：次序，条理。 ㊴外不避仇，内不阿亲贤者予：外不避仇，指舜诛鲧而用鲧子禹；内不阿亲，指不传位给子商均，而传位给贤臣禹。阿，私。予，给。 ㊵三苗：尧舜时的少数民族。 ㊶甽(quǎn)亩：田间。 ㊷后稷：周人的始祖，善于种植粮食作物。 ㊸殖：种植，生长。 ㊹夔(kuí)：人名，相传是尧时的乐官，他奏乐能使鸟兽起舞。 ㊺契：商人的始祖，因帮助治水有功，被舜任命为司徒，负责教化人民。 ㊻弟(tì)：同"悌"，尊敬兄长。 ㊼抑：遏止。鸿：通"洪"，洪水。 ㊽辟除：排除。共工：水神。《淮南子·本经训》："舜之时，共工振滔洪水，以薄空桑。" ㊾疏通。九河：同下句"三江"，皆泛指各条江河。 ㊿渚：水中岛屿。 ㊀傅：通"敷"，分。敷土，指划分九州。 ㊁益、皋陶、横革、直成：四个古代人名，相传都是辅佐禹治天下的人。 ㊂玄王：即契，传说契是玄鸟降生，因称玄王。 ㊃昭明：契的儿子。 ㊄砥石：古地名，未详所在。商：古地名，商朝的首都，在今河南商丘。 ㊅天乙：即成汤，商代第一个国君。 ㊆论：评论、选择。举：推举。 ㊇卞随、牟光：人名。传说汤把天下让给他们，他们都不接受。举：通"与"。 ㊈由：用。 ㊉阪(bǎn)：斜坡，这里指邪恶、邪术。 ㊊更：改正。 ㊋指：方向。易上下：上下颠倒。 ㊌中：通"衷"，真实的情况。 ㊍掩(yǎn)：同"掩"。 ㊎悖(bèi)：错乱。莫(mù)：同

"暮",昏暗。不终极:没有停止的时候。 ⑨反易:颠倒。 ⑨比周:勾结一起。 ⑨度:法度,准则。 ⑨邪枉:奸邪不正。辟:通"僻",邪。回:邪辟。 ⑩邮:通"尤",怨恨。 ⑩岂:此处原作"岂独","独"字当是涉上的衍文,据删。故:事。 ⑩后必有:以后会再次发生。 ⑩恨:同"很",顽固不化的意思。《庄子·渔父》:"见过不更,闻谏愈甚,谓之很。"复:原作"后",据王念孙《读书杂志》说改。复,同"愎",固执己见。遂:顺从。 ⑩忒:王念孙《读书杂志》谓当读为忒慝之"慝"(tè)。 ⑩备:防备,戒备。 ⑩敛:集结。党与:同党的人。蔽匿:蒙蔽。 ⑩壅蔽:堵塞,蒙蔽。 ⑩失辅埶:失去了辅佐和权势。 ⑩制:控制。 ⑩郭公长父:即虢公长父,周厉王的臣子。由于周厉王亲信虢公长父而造成国人暴动,故曰郭公长父之难。 ⑪流于彘:公元前841年西周人暴动,周厉王流窜到彘地。彘在今山西省霍县东北。 ⑫忠是害:专门残害忠良。 ⑬对:《尔雅·释言》:"对,遂也。"遂,尽。 ⑭离:通"罹",遭受。凶:灾难。 ⑮而:以。独鹿:同"属镂",剑名,是吴王夫差赐给伍子胥逼他用以自杀的剑。 ⑯君论有五:为君之道有五条,即下文从"臣下职"到"刑称陈"各节所阐明的思想。约以明:简约又明确。 ⑰游食:游手好闲,好吃懒做。 ⑱事业听上:一切事情都听从君主。 ⑲相使:这里是擅自使用的意思。 ⑳往:"佳"字的形误,佳,古"唯"字。卬(yǎng):同"仰"。利唯卬上,是说财富只能仰仗君主。 ㉑论:指判断决定。 ㉒表仪:样板,准则。 ㉓进退:指官吏的任免升降。律:规律,制度。 ㉔私王:私下讨好君王。 ㉕君法仪:君主的法制就是行动的准则。 ㉖不为:指不依法行事。 ㉗说(yuè)教:悦服教化,说,同"悦"。名:名器,表示等级的称号和车服仪制等。 ㉘称:恰当。 ㉙垠:通"垠",界限。 ㉚用:指用刑。私门:指贵族私人势力。 ㉛威不分:君主的权力不分散。 ㉜牧祺:治理国家的福祥。 ㉝五听:五种处理政事的原则,即上文讲的"君论有五"。修领:修理,治理。 ㉞理绩:处理政事。绩,事。 ㉟请:通"情",实际情况。 ㊱参伍:错杂。 ㊲显:指明显的事理。 ㊳隐:指隐情。反:同"返"。 ㊴节:法度。 ㊵稽:考察。 ㊶信诞以分:真的和假的就能分清楚。赏罚必:赏罚分明。 ㊷皆以情言:都说实话。 ㊸通利:通达、锐利。 ㊹隐远至:隐藏的和远处的情况都能了解。 ㊺观法不法见不视:能够看到合法的、不合法的及常人看不出的事情。 ㊻教:教令。 ㊼将:实行、执行。颇(pō):通"颇",邪。滑:同"猾",狡诈。 ㊽私请:以私情请托。 ㊾各以□宜:各尽其能。巧拙:虚伪、笨拙。《淮南子·本经训》高注:"巧,欺也。" ㊿脩:学习。 ㉛制变:掌握变革法令的权利。 ㉜公察:公正地考察。论:即上文"君论有五"的论。 ㉝律贯:法律传统。

《成相》在今本《荀子》中为第二十五篇(刘向校书时定为第八,杨倞移后)。什么叫"成相",最早给《荀子》作注的杨倞并未明白,他说是根据首句"请成相"名篇,又推测说"成功在相",故谓之"成相"。朱熹《楚辞后语》则说:"相者,助也,举重劝力之歌,史所谓'五羖大夫死,而舂者不相杵'是也。"朱熹的解释是正确的。清人卢文弨、俞樾更详尽地发挥了朱熹之说。俞樾《荀子平议》即云:"《礼记·曲礼》篇:'邻有丧,舂不相。'郑注曰:'相谓送杵声。'盖古人于劳役之事,必为歌讴以相劝勉,亦举大木者呼'邪许'之比,其乐曲即谓之相。'请成相'者,请成此曲也。"王引之以为"相"是治的意思,"请成相者,请言成治之方也。"(《读书杂志》引)王说非是。"成相"是战国后期南方楚地的一种民间歌曲调名,如《阳春》《白雪》之类。它最早当是一种相助劳役的歌讴，亦即后世的劳动号子。卢文弨认为"即后世弹词之祖"，是很有见地的。荀子可以说是最早用民间歌谣形式杂陈古今治乱兴亡之故的文人。

《成相》共五十六章，这五十六章虽连续不断，却并非一篇。但应当如何分篇，自来学者有分三篇、四篇、五篇三种意见。杨倞、朱熹及今人刘大杰、梁启雄都主张分三篇，王先谦《荀子集解》主张分四篇，清人胡元仪《荀卿别传》主张分五篇。我们认为，如果具体分析《成相》五十六章的思想内容，分为五篇是合理的。而之所以有三篇、四篇之分，主要考虑的不在《成相》篇本身，而在于凑足《汉书·艺文志》(以下简称《汉志》)"孙卿赋十篇"之数。《荀子·赋篇》有五篇赋及《佹诗》，共六篇，那么《成相》只有分成四篇才好补足荀赋十篇；或把《佹诗》中的《小歌》部分单独成篇，那么《成相》就只能是三篇了。其实，给作品分篇，只能从作品的具体内容出发。《荀子》一书经过两千多年的流传，中有脱漏，是完全可能的。今本《成相》《赋》是否即《汉志》"孙卿赋十篇"的全部，也值得怀疑。我们认为，今本《荀子》的《赋》篇包括不同体裁的两类作品，前半部分的五篇是"谵"，应当是《汉志》"隐书"之类，后半的《佹诗》才是《汉志》所谓"孙卿赋"，《成相》应是《汉志》"成相杂辞"类的作品。

《成相》五篇中，荀子借助民间文艺的形式表现他的人治政治理想。第一篇从开头到"由之者治，不由者乱何疑为"，主要论说君道的尚贤用能。荀子认为，没有贤人辅助的君主好比"瞽人无相"，因此他强调"主忌苟胜""主诚听之"，决不能"拒谏饰非""远贤近谗"。第二篇从"凡成相，辨法方"到"宗其贤良，辨其殃孽"，主要论述君主的内在人格修养，即君主要有坚守正道专一不贰的思想，要公平正直、要明德慎罚，为人处事要敦固。第三篇从"请成相，道圣王"到"道古贤圣基必张"，通过叙说尧舜禹等圣人的政治，表现了这样的思想：江山社稷不是谁的私物，占有天下者应以安定天下为最高目的。如果有更加贤能的人，君主可以禅让江山社稷。第四篇从"愿陈辞"到"托于成相以喻意"，集中论述隐讳过恶、嫉害贤能、佞人当道的危害性，而且对当代现实表示了深切的忧虑。第五篇从"请成相，言治方"到结束，集中论证"君论有五"，即为君之道的五条根本原则，其核心仍然是尊贤尚能。虽然在前文中，荀子已流露出国家不是君主的私物，但也未能由此引发丝毫民主气息的政治理论，它的目的仍是要君主以天下为重，更好地巩固君权。在封建社会中，君主的权力、意志是至高无上的，而且公众对自己的君主是无法选择的。荀子所思考的社会治乱方案，首先就是如何既维护君主的绝对权力，又使其沿着正道前进。综观《成相》五篇，其理论核心是：君主任贤使能,贤臣实施善政。要做到这些,君臣都必须具备高深的道德修养。但这当然是幻想而已,即使荀子本人,也深感现实与理想的大相径庭。在"暴人刍豢仁糟糠"的揭露中,在"欲对衷,言不从,恐为子胥身离凶"的恐怖矛盾中,在"嗟我何人,独不遇时"的感喟中,不正表现着现实与理想的格格不入吗?作为著名政论家,他用"成相"这样一种民间文艺形式向人们陈述他的政治主张时,所表达的情绪其实是一种不被采纳的愤慨,是用正道、理想来针砭现实、批判邪恶。荀子在政治上主张礼法兼治,王霸并用,《荀子·彊国》篇说:"隆礼尊贤而王,重法爱民而霸",《成相》篇正是以通俗易懂的语言反复陈述尚贤、法治的重要性,并通过许多历史故事来证明他的这种政治思想。《荀子》中的文章,许多地方运用对偶、排比句式,既铺张扬厉,又整饬严谨,在先秦诸子中蔚为大家。而《成相》一篇,则是以"三三七、四七"为节奏的五句三韵体,虽内容不外《荀子》其他各篇所述,但以一种文句通俗流畅、语言不避重复、意旨反复申诉、结构固定严整并可以演唱的韵文来淋漓酣畅地表达,则确乎为荀子的独创。与后世唐代的讲经变文,宋代的鼓子词、唱赚,明清的鼓词、弹词、宝卷、子弟书等等说唱文学有异曲同工之妙,从这一点上来说,所谓"弹词之祖"的评骘是不错的。1975年在云梦睡虎地秦墓出土的竹简中,发现一篇(共八节)与荀子所作格式基本相同的作品,研究者认为此即民间的成相辞,于此也可见"成相"的流变轨迹。荀子在中国文学史上的地位久有定论,荀子不仅以其散文的中心明确、论证缜密、条理清晰、气体醇厚、善用排偶比喻著称,更创造了四言韵语的问答体——赋,创作了《成相》这样格式崭新的最早的说唱文学作品,在先秦诸子中他对文学的贡献是很有特殊意义的。作为先秦儒家一个主要学派的代表人物,他的文章十分严肃,但是他的《成相》篇却又是那么的通俗易懂,两千年后读来仍朗朗上口,仿佛在读民间的曲艺文学作品,这是多么的难得。至于有人感到《成相》篇在结构严密性、艺术表现力上令人不能满意,则反映出他们对《成相》篇的音乐文学性理解不够,《成相》的创作效果在于其易记易诵易唱,有如《千字文》一类蒙学读物,并不要求产生移情作用,它的朗朗上口,音节和谐,本身就是一种特殊形式的美。

(伏俊连)

佹　诗　　　　　　　　　荀　子

天下不治,	天下不能太平,
请陈佹诗:①	我要呈献愤激的诗篇:
天地易位,②	天地改变了位置,
四时易乡。③	四季次序紊乱。

列星殒坠，④	日月星辰坠落，
旦暮晦盲。⑤	从早到晚一片黑暗。
幽闇登昭，⑥	小人占据显要位置，
日月下藏。⑦	正人君子隐遁伏潜。
公正无私，	公平正直没有私心，
反见从横。⑧	被说成是变化多端。
志爱公利，	一心爱国谋求公利，
重楼疏堂。⑨	被说成营造自己的楼台堂馆。
无私罪人，⑩	不徇私情而惩治坏人，
憼革贰兵。⑪	被说成是增兵图谋作乱。
道德纯备，	道德修养高尚完备，
谗口将将。⑫	却招来很多谗言。
仁人绌约，⑬	仁人君子黜退穷困，
敖暴擅强。⑭	骄傲残暴的小人专擅。
天下幽险，⑮	天下如此昏暗危险，
恐失世英。	恐怕失去一代时贤。
螭龙为蝘蜓，⑯	把螭龙当作壁虎，
鸱枭为凤凰。⑰	把鸱枭当作凤凰。
比干见刳，⑱	比干被剖腹取心，
孔子拘匡。⑲	孔子被围困在匡。
昭昭乎其知之明也，	他们的智慧多么光辉，
拂乎其遇时之不详也。⑳	志不能遂因为时代不祥。
郁郁乎其欲礼义之大行也，㉑	要实行的礼义多么彪炳，
闇乎天下之晦盲也。	但天下却是一片黑暗茫茫。
皓天不复，㉒	朗朗上天不恢复明亮，
忧无疆也。	忧愁填胸无边无疆。
千岁必反，㉓	长久的动乱之后就会太平，
古之常也。	这道理自古不变最确当。
弟子勉学，	弟子我要努力学习，

天不忘也。	相信老天不会把我遗忘。
圣人共手,	圣人请您暂且拱手等待,
时几将矣。㉔	好时机将要到来莫惆怅。
与愚以疑,㉕	我说了愚蠢的话让人疑惑,
愿闻反辞。㉖	还希望再听听我的反复说唱。
其小歌曰:	那小歌是这样唱的:
念彼远方,㉗	我心中怀念远方的楚国,
何其塞矣。㉘	但那里的政治是多么闭塞。
仁人绌约,	仁人君子遭罢黜陷于穷困,
暴人衍矣。㉙	暴虐之人却如此众多。
忠臣危殆,㉚	忠臣义士危在旦夕,
谗人服矣。㉛	谗佞小人意满志得。
琁玉瑶珠,㉜	珍贵的美玉和宝珠,
不知佩也。	不知道用来佩戴缀饰。
襍布与锦,㉝	粗劣的杂布与精织的文锦,
不知异也。	不知道两者有很大区别。
闾娵子奢,㉞	俊美的闾娵和子奢,
莫之媒也。	没有人为他们说媒撮合。
嫫母力父,㉟	丑陋的嫫母和力父,
是之喜也。㊱	有些人见了却感到快乐。
以盲为明,	把眼瞎当作目光敏锐,
以聋为聪;	把耳聋当作听力超卓;
以危为安,	把危险当作安全,
以吉为凶。	把吉祥当作灾祸。
呜呼上天!	哎呀老天爷啊!
曷维其同。㊲	怎么能与这些人志同道合。

〔注〕①佹(guǐ)诗:奇异激愤的诗。 ②易位:改变了位置。 ③易鄉(xiàng):改变了方向。鄉,同"向"。 ④殒坠:坠落。殒,同"陨"。 ⑤晦盲:昏暗不明。 ⑥幽闇:指奸

邪小人。登昭：登上显要的位置。 ⑦ 日月：指光明的君子。下藏：下隐潜藏。 ⑧ 从横：合纵连横，比喻反复无常。 ⑨ 重楼疏堂：高大的楼房、宽敞的厅堂。 ⑩ 无私罪人：不因私怨而得罪了人，《荀子》杨倞注所谓"果于去恶也"。 ⑪ 憼(jǐng)：同"儆"，准备。革：甲，指兵器。贰：王念孙说是"戒"字形误。戒兵，备兵。 ⑫ 将将：通"锵锵"，聚集的样子。 ⑬ 绌(chù)约：黜退，穷困。 ⑭ 敖：通"傲"。擅强：专横。 ⑮ 幽险：昏暗、凶险。 ⑯ 螭(chī)龙：传说中的蛟龙。蝘(yǎn)蜓：壁虎。 ⑰ 鸱枭(chī xiāo)：猫头鹰。 ⑱ 比干：商纣的叔父，进谏纣王，被剖腹取心。刳(kū)：剖开挖空。 ⑲ 匡：古地名，在今河北省长垣县，孔子曾在这里被匡人包围。 ⑳ 拂：违背。详：同"祥"。 ㉑ 郁郁：文采很盛的样子。按：此句"郁郁"二字原与上句"拂"字互易，今据《荀子》杨倞注改。 ㉒ 皓：光明。复：返。 ㉓ 千岁必反：谓乱久必治。 ㉔ 几：近。将：行，到来。 ㉕ 与愚以疑：我讲了愚蠢的话让您疑惑。 ㉖ 反辞：反复叙说之辞，犹《楚辞》中的"乱曰"，即下文的"小歌"。 ㉗ 远方：指楚国。俞樾说："不敢斥言楚国，故姑托远方言之。" ㉘ 塞：蔽塞。 ㉙ 衍：多。 ㉚ 危殆：危险。 ㉛ 服：用。 ㉜ 琁：同"璇"，美玉。 ㉝ 襍：同"杂"。 ㉞ 闾娵(lú jū)：战国时魏国美女。子奢：当为"子都"，春秋时郑国美男子。 ㉟ 嫫(mó)母：传说是黄帝时的丑女。力父：未详，可能是丑男子。 ㊱ 是之喜也：能够受人喜欢。 ㊲ 曷维其同：怎么能和这些人同道。

　　《佹诗》见于《荀子·赋篇》。《赋篇》包括《礼》《知》《云》《蚕》《箴》五篇赋，后附《佹诗》。关于五篇赋同《佹诗》的关系，前人争议颇多，或以为六篇都是荀子晚年作的一组赋，或以为《佹诗》独立成篇，与前五篇不类，或以为《佹诗》与《小歌》也是并列的两首诗。我们认为，《荀子·赋篇》包括作于不同时期不同地点的两篇作品：前半五首是谶，作于齐宣王朝（前319—前301）初至齐稷下时；后半为赋，作于其初次适楚、又去而至赵国期间。至于《佹诗》后面的"小歌"，就是屈原《抽思》中的"少歌"，与"乱辞"的性质相同，当然是《佹诗》的组成部分而非独立成篇。

　　《佹诗》创作的时代背景，《战国策》上有明确记载：齐湣王末年，荀卿因上书齐相不被采纳，遂南适楚，客于春申君。由于谗人的离间，荀卿又不得不离楚去赵。到赵国不久，春申君又使人请荀卿返楚，于是荀卿为书谢春申君，信末附诗一首。《战国策·楚策四》所录送春申君的诗，正是这首《佹诗》的"小歌"，只是《楚策》系节录，略去了头六句，个别字句略有不同而已。可见这首诗是荀子屡遭谗言、政治上极不得意、心灵蒙受重创之下写的。诗的开篇就描绘大自然颠倒黑白、四时失序，令人可怖的情景。接着描写人类社会贤良受诬受困、奸佞猖狂肆虐。然后以比干、孔子为例，说明圣哲遇时不祥，古今一律，是规律性的社会现象。但作者又坚信，物极必反，正义必将战胜邪恶，光明的天空必将呈现于人间。"小歌"部分，对前文所讲之意反复叙说，饱含忧愤地把批判的矛头直接指向楚国统治者，揭露他们是非颠倒、黑白不分，"以盲为明，以聋为聪，以危为安，以吉为凶"。作者的谢绝之意，表露无遗，而寄意遥深，盖人穷反本也。写法上，比兴象征手法运用成熟而得体,意象生动,情感直率而真挚。句式整齐划一,读来朗朗上口,既有回环往复、整齐和谐之美,又带有浓厚的楚歌情调。其中的一段很像屈原《涉江》的乱辞。因此,它是荀子赋中最有艺术价值的作品。朱熹《楚辞后语》收录了这首诗,并为叙说,盖亦取其"出于幽忧穷蹙,怨慕凄凉之意"(《楚辞后语序》)。鲁迅先生在其所著《汉文学史纲要》中这样评论《佹诗》:"词甚切激,殆不下于屈原,岂身临楚邦,居移其气,终亦生牢愁之思乎?"明确指出了它可与屈原赋媲美的高度的思想艺术水平。

(伏俊连)

【作者简介】

荆 轲

(?—前227)战国末刺客,亦称"荆卿"、"庆卿"。卫国人。游历燕国,被燕太子丹尊为上卿,派往刺秦王政(即秦始皇)。燕王喜二十八年(公元前227年),他携秦逃亡将军樊於期首级和夹有焠毒匕首的督亢(今河北易县、涿州、固安一带)地图,进献秦王。献图时,图穷匕首见,刺秦王不中,被杀。

易 水 歌   荆 轲

风萧萧兮易水寒, 　　　北风萧萧呵易水森寒,
壮士一去兮不复还!　　　壮士一去呵再不回返!

　　这是一位决心舍身抗暴的英勇壮士,在飞车赴秦前夕,发唱于易水河畔的烈烈壮歌。所以对这首歌的鉴赏,与其着眼于它的"艺术",不如领略它那悲亢的精神。

　　秦王政二十年(前227),荆轲受燕太子丹之命出使秦庭,欲以数寸匕首,劫持嬴政(即后来的秦始皇),迫其"悉归诸侯侵地"。终因秦王身负长剑。"断其左股",而壮心不酬。荆轲虽"身被八创",犹"倚柱而笑,箕踞以骂",直至被杀气绝,表现了一位助弱抗暴志士视死如归的气节。

　　据《战国策》和《史记》记载,荆轲出发时,"太子及宾客知其事者,皆白衣冠以送之"。送行而著"白衣冠",分明已预感到荆轲此行九死一生,实难侥幸生还。荆轲自然更明白这一点,故在生死诀别的易水(流经今河北定兴县境)河畔,与高渐离筑歌相和,而后唱着"风萧萧兮易水寒,壮士一去兮不复还"二句,"就车而

去,终已不顾"。

　　这首歌之所以动人,除了唱出了一位壮士抗暴赴死的悲壮情怀外,无疑还与即景抒怀的环境氛围之烘托有关。前句以"萧萧"风声,挟裹着易水河上波翻浪涌的寒冽之气,向读者扑面袭来;再加上岸畔白衣如雪、神色黯然的送行者之背景衬托,顿使诗境染上了浓重的苍凉氛围。而随之跳出的后句,则又以勃发的壮声,应和着未歇的铮铮筑音怫郁直上,压过风声涛影,化作了充斥天地的慷慨雄韵。这是一位壮士在用自己的生命宣告:纵然此去处境险恶,纵然此行有去无还,他所怀抱的孤身抗暴之志,也不可摧折、无可动摇!与其卑怯偷生,不如慷慨赴死,这样的不复回还,恰正是他引为自豪的!

　　歌辞之苍凉遒劲,歌韵之简短悲亢,使这首歌带有了夺人心魄的震撼力量。《史记》记载当时在场的士卒"皆瞋目,发尽上指冠",可知它在当年,就曾以怎样的慷慨之情,激得人们哀慨偾生、心血如沸!到了今天,有了尔后荆轲如虹贯日、含笑捐躯结局的辉映,读来更令人气雄而神旺。明人胡应麟《诗薮》评此歌曰:"《易水歌》仅十数言,而凄婉激烈,风骨情景,种种具备。亘千载下,复欲二语,不可得。"事实亦正如此。有许多诗,乃慷慨悲歌、扼腕啸叹的志士仁人,以其血性和生命凝铸而成,又岂是才思、笔墨所可拟比?

(潘啸龙)

琴　女　歌

罗縠单衣,	丝绸单衣轻飘飘,
可掣而绝;	一拉就可以断裂;
三尺屏风,	三尺屏风不算高,
可超而越;	一跳就可以超越;
鹿卢之剑,	鹿卢宝剑长虽长,
可负而拔。	转到背后可拔出。

　　《琴女歌》是荆轲行刺秦王嬴政过程中的一支插曲。《燕丹子》说:"荆轲刺秦王,右手执匕首,左手把其袖,秦王曰:'乞听琴声而死。'琴女奏曲……王从其计。轲不解,故及于难。"这段记载说明,秦王在千钧一发之际,向荆轲提出"听琴而死"的请求,原来包含着祸心,是一个明修栈道、暗度陈仓的阴谋;荆轲过于心慈手软,轻信敌人,以致功败垂成,付出血的代价;在这过程中起到关键作用的,则是与秦王配合默契的琴女,一曲由她自编、自演、自唱的琴歌,不仅扭转了秦王与荆轲对峙的形势,而且还彻底地改变了秦王与荆轲的命运,改写了秦朝的历史。

琴歌的歌词分三段,用整齐的排比句构成,每段八个字,末一字押韵;音乐上是采用同一曲调进行的三次复沓。三段歌词,依次提出了改变处境的三条计策。第一段歌词,说的是脱离接触。当时荆轲正右手举着匕首对准秦王,左手抓住秦王的衣袖,所以琴女提出秦王可以使一把劲,把袖子扯断——挣脱对方的直接控制,这是摆脱死亡威胁的最为紧迫的一步,故于第一遍唱词中首先提出。第二段歌词,说的是紧急逃离。如果在挣脱直接控制之后,呆立在原处,那就仍然没有摆脱死亡的威胁。所以,琴女又接着告诉秦王,大殿之上用于隔离、装饰的屏风并不高,不过三尺而已,可以纵身跳过去逃开。第三段歌词,说的是拔剑自卫。在与对手拉开距离之后,也就赢得了转败为胜的宝贵时间,当对方追来时,抽出佩剑抵御进攻就成了关键的问题。古代随身佩带的宝剑,剑刃较长,不容易将剑拔出剑鞘;秦王在荆轲的突然袭击面前,一时惊惶失措,无法将紧插在剑鞘中的长剑拔出。所以,琴女最后又点拨秦王,让他把宝剑转到身后,这样,上方空间较大,就容易拔剑了。三段歌词,正好构成了从"挣脱"到"逃离"、再到"反击"这样三个环节组成的一支改变秦王命运的转败为胜的三部曲。

　　故事中的琴女,无疑是一位才智出众的巾帼英雄。在荆轲的副手、燕国勇士秦舞阳尚且要"色变振恐"(《史记·刺客列传》)的秦廷之上,在荆轲挟持秦王的千钧一发之际,琴女竟能处变不惊,用荆轲听不懂的秦方言,借歌声吐词清晰地向秦王传递应变的高明计策,其大智大勇,已远在秦王、荆轲之上,更无论秦舞阳了。在"女子无才便是德"的封建社会里,在我国古代众多的文学作品中,女子以其聪明才智被作为正面人物受到歌颂的,有如凤毛麟角;而在《琴女歌》中,竟然出现了这样一位惊世绝俗的奇女子形象,应该说是十分难能可贵、值得大书而特书的。创造了一位奇女子的形象,我以为,这是《琴女歌》在文学上的主要贡献,是这首短歌的主要价值所在。

　　至于《燕丹子》中记载的这一故事的真实性究竟如何,却是大可怀疑的。面对荆轲的匕首,慌乱中的秦王是否有可能急中生智、提出听琴的要求?即使秦王提了,荆轲在这紧要关头,面对自己即将到手的猎获物,会不会突然大发慈悲?再退一步,即使召来了琴女,她是否能即刻编就并唱出这样一首改变秦王命运也改写秦朝历史的智慧之歌?《史记·刺客列传》记述荆轲刺秦王时不提琴女与《琴女歌》;秦王在这一行刺事件之后赏赐功臣时,认定立第一大功的是掷药囊击荆轲的御医夏无且,并说:"无且爱我,乃以药囊提荆轲也。"如果真是琴女令他绝处逢生,那么,首功当改属琴女;除了给予破格封赏外,"论功若准平吴例"(元好问《论诗三十首》),如果仿效当年越王勾践因范蠡为平定吴国立下大功而为其铸金像的先例,甚至还应该为琴女铸造金像立于朝廷之上呢。《四库全书总目提要》在论及《燕丹子》一书时说:"其文实割裂诸书燕丹、荆轲事杂缀而成。其可信者已见于《史记》,其他多卑诞不可信。"这样看来,《史记》之不取琴女与《琴女歌》等记载,当是由于其"卑诞不可信"的缘故。《四库全书》将《燕丹子》一书归入《子部·小说家类》而不入《史部》,这也是对此书多虚构成分的一种总体上的论定。又,《燕丹子》一书,据《四库全书》考证,其产生时间应在东汉应劭、王充之后而在唐代之前。我们将《琴女歌》看成先秦时期的作品,主要是考虑到不能完全排除此歌及其相关故事在《燕丹子》成书以前早已在民间流传的可能性,故姑从逯钦立《先秦汉魏晋南北朝诗》列入先秦诗加以评析。

(陈志明)

秦始皇时民歌

生男慎勿举,① 生下男孩千万不要抚育成长,
生女哺用脯。② 生下女孩就用精制干肉喂养。
不见长城下, 难道没有看见长城脚下,
尸骸相支拄。③ 尸骨纵横交错累累成行。

〔注〕①慎:务必,千万。举:养育。 ②脯:干肉。此处的"脯",当是今日肉松一类的食品。 ③支拄:支撑。这里指尸体东倒西歪、白骨累累的惨状。

《水经注·河水》引晋杨泉《物理论》曰:"秦筑长城,死者相属,民歌曰:'生男慎勿举,生女哺用脯。不见长城下,尸骸相支拄。'其冤痛如此。"这是当时流传的一首控诉秦始皇修筑长城给广大人民带来深重灾难的民歌。

秦始皇统一中国后,为了巩固和发展新兴的政权,采取了一系列措施。比如大规模营造宫殿和骊山陵,修驰道,筑长城,戍五岭等。应当说,后几项工程的确有利于社会经济的发展,但因其超过了广大人民的承受力,因而明显加剧了人民的灾难。为了动员人力和筹集费用,大大增加了租赋力役的征发。《汉书·食货志》上说:"至于始皇,遂并天下,内兴功作,外攘夷狄,收泰半之赋,发闾左之戍。男子力耕不足粮饷,女子纺绩不足衣服。竭天下之资财以奉其政,犹未足以澹其欲也。""又加月为更卒,已,复为正一岁,屯戍一岁,力役三十倍于古;田租口赋,盐铁之利,二十倍于古。或耕豪民之田,见税什五。故贫民常衣牛马之衣,而食犬彘之食。"其中修筑长城耗费的人力物力最多,给人民造成的苦难也最大。《秦始皇时民歌》就是这样的历史背景下的产物。

中国封建社会向来重男轻女,生男孩被郑重地称作"弄璋之喜",而生女孩则

被轻描淡写地说成"弄瓦之喜"。男孩是"璋"是玉,女孩是"瓦"是石,这就是当时的社会现实。可是在本诗中,不对了,生下男孩千万不要抚育,生下女孩则要精心喂养,这前两句与当时人们的思想观念、社会心理是完全不符合的,然而读了下面两句,人们自然会明白这实在是不得已的举措,是悲愤之极的痛呼。老百姓吃尽了徭役赋税之苦,他们眼见自己的亲友被抓去服劳役,饱受折磨,活活累死病死在万里长城脚下,那里成千上万的尸骸相支撑,真是惨绝人寰!他们无法逃脱那当头的厄运,只好希望自己不要生下男孩再入虎口、再陷苦海,于是"弄瓦之喜"便成了人们祈求的福分,这颠倒的思维清晰地折射出封建专制的暴虐,而作为这一特定历史时期的专制君主秦始皇,也因此成为暴君的典型受到后世的猛烈抨击,孟姜女哭长城之类的民间故事于是便广泛流传,至今仍被搬演、改编为戏曲、电视剧。

笔者在此联想到唐代白居易《长恨歌》叙述杨贵妃受到唐玄宗的宠爱,有句云:"后宫佳丽三千人,三千宠爱在一身。金屋妆成娇侍夜,玉楼宴罢醉和春。姊妹弟兄皆列土,可怜光彩生门户。遂令天下父母心,不重生男重生女。"这是中国重男轻女的封建社会历史中又一起重女轻男事件的记录。诗人通过杨贵妃的宠遇,写出世人那种生女儿可以让一家人享受荣华富贵的侥幸心理,借以针砭当时社会现实的不合理。此处的"不重生男重生女",对生男生女的态度仅是"重"与"不重"的区别;而《秦始皇时民歌》唱出的"生男慎勿举,生女哺用脯",则对生男生女的态度竟是弃与取的区别,这已不是针砭,而是满含血和泪的控诉。在艺术表现上,这首歌痛快直率,把白热化的情感,毫不隐瞒掩饰,照那感情的原样子,迸溅成字句,正是梁启超所谓"奔进的表情法"(《饮冰室合集·中国韵文里头所表现的情感》),千载之下,读来仍恻恻感人。

(伏俊连)

附　录

名词术语与要籍解题

【诗经】 第一部诗歌总集。本只称"诗"或"诗三百",至汉代被奉为儒家经典,始有此名。作者姓名多不传,可知者极少。约为周代史官采编,曾经孔子校订整理。收集自西周初(前11世纪)到春秋中(前6世纪)大约五百年间的诗歌三百零五篇,共四万余字。另有《南陔》《白华》《华黍》《由庚》《崇丘》《由仪》六篇"笙诗",只存篇名。其产生地域在今黄河、渭水两岸及江汉之北。内容分为风、雅、颂三类。"风"为各诸侯国的土风歌谣,分为周南、召南、邶、鄘、卫、王、郑、齐、魏、唐、秦、陈、桧、曹、豳十五国风,共一百六十篇;"雅"是西周王畿地区的正声雅乐,分"大雅"与"小雅",共一百零五篇;"颂"为王室宗庙祭祀的舞曲歌辞,分为"周颂""鲁颂""商颂",共四十篇。这些诗篇,原皆为乐舞歌词,后乐舞失传,唯剩歌词,反映了二千五百年前漫长历史时期的社会生活风貌。其中有周王朝祭祀天地神祇,追颂先王之德业,公卿列士欢聚宴饮,对外征伐用兵,亦有四时稼穑,民俗民情。抒发忧时之思、征戍之苦、离家之悲、劳逸不均之怨、苦乐不平之忿,或刺宫闱丑行,尤多男女恋歌,举凡男女相合之欢、夫妇室家之乐、弃妇悔恨之思、嫠妇悼亡之悲,皆见诸篇什。保存上古史料,则有西周典章制度,尤详于祭祀、祓禊、井田、租役,可补文献之不足;所录丰收饥馑、水旱地震、日月之蚀、天文历法、草木物候、鸟兽虫鱼,颇具自然科学史价值。其艺术表现手法,前人概括为赋、比、兴三类,多用重章叠句、双声叠韵,用词精练生动,语汇丰富,形式以四言为主,间以杂言。秦始皇焚书,以其讽诵不独在竹帛,故得以保存流传。早在春秋时期,不少篇章已流播人口,或作为外交辞令,或作为诲人格言。汉代将之奉为儒家经典后,作为封建文化的重要组成部分,影响中国封建社会达二千年。在文学上奠定了我国诗歌的现实主义传统,与《离骚》同为中国文学之源,后代诗人墨客莫不受其沾溉。对其传注研究,后来亦成为专门学问"诗经学",著作汗牛充栋。较有影响的有汉郑玄《毛诗传笺》、唐孔颖达《毛诗正义》、宋朱熹《诗集传》、清陈奂《诗毛氏传疏》、清方玉润《诗经原始》、清马瑞辰《毛诗传笺通释》、清王先谦《诗三家义集疏》等。

【三百篇】 指《诗经》的篇数。后也用以代称《诗经》。孔子云："《诗》三百篇，一言以蔽之，曰：思无邪。"(《论语·为政》)司马迁云："《诗》三百篇，大底圣贤发愤之所为作也。"(《报任少卿书》)据《史记·孔子世家》称，古诗本三千余篇，经孔子删削后存三百十一篇，其中笙诗六篇有目无诗，实为三百零五篇。"三百篇"举其成数。

【葩经】 《诗经》的别称。唐韩愈《进学解》云："《诗》正而葩。"后世因以"葩经"代指《诗经》。如明徐渭《商大公子像赞》："公子为谁，特专葩经。"

【笙诗】 又称"六笙诗"。指《诗经·小雅》中的《南陔》《白华》《华黍》《由庚》《崇丘》《由仪》六篇。据《仪礼》记载，六诗在"乡饮酒礼"和"燕礼"中均用笙奏，故名。自汉代以来，六诗有目无诗。郑笺以为笙诗本有词，经战国和秦火而亡佚。宋代学者则认为笙诗本有声无词。朱熹《诗集传》："《南陔》以下，今无以考其名篇之义，然曰笙、曰乐、曰奏，而不言歌，则有声而无词明矣。"

【国风】 又称"风"。《诗经》类名。一般认为多是采自各地的民间歌谣，音乐上则反映了周代各诸侯国的地方乐调。包括《周南》《召南》《邶风》《鄘风》《卫风》《王风》《郑风》《齐风》《魏风》《唐风》《秦风》《陈风》《桧风》《曹风》《豳风》，称十五国风，共一百六十篇。大部分是东周的诗，小部分是西周后期的诗。其中有的反映了先民的劳动生活，有的抒写了人民在沉重的徭役、兵役负担下的痛苦怨愤，有的以男女恋爱婚姻的悲欢离合为题材，有的以讽刺诸侯贵族的荒淫无耻为主旨，也有的表现了士大夫对时势的忧心。比兴的艺术手法在这部分篇章中运用得最多。其现实主义的创作方法对中国古典诗歌的发展产生了巨大的影响，后世将之与浪漫主义风格的代表作《离骚》并称为"风骚"。参见"风"。

【小雅】 参见 P317。

【大雅】 参见 P518。

【周颂】 参见 P647。

【鲁颂】 参见 P703。

【商颂】 参见 P720。

【周南】 参见 P3。

【召南】 参见 P26。

【邶风】 参见 P50。

【鄘风】 参见 P88。

【卫风】 参见 P108。

【王风】 参见 P132。

【郑风】 参见 P149。

【齐风】 参见 P187。

【魏风】 参见 P205。

【唐风】 参见 P219。

【秦风】 参见 P241。

【陈风】 参见 P263。

【桧风】 参见 P281。

【曹风】 参见 P288。

【豳风】 参见 P297。

【正变】 "正风""正雅"和"变风""变雅"的合称。首见于《诗大序》："至于王道衰，礼义废，政教失，国异政，家殊俗，而变风、变雅作矣。"正，指儒家理想的太平盛世；变，指时世由盛转衰，政教纲纪大坏。郑玄《诗谱序》以为，文王、武王、成王、周公时的诗为"正风""正雅"，而周懿王、周夷王至陈灵公时的诗为"变风""变雅"。马瑞辰则以为《风》《雅》之"正""变"不以时间为界，凡讥刺时政者皆属"变风""变雅"(《毛诗传笺通释·风雅正变说》)。

【变风】 指《国风》中作于周王朝政治衰乱时的作品。与"正风"相对。《诗大序》："至于王道衰，礼义废，政教失，国异政，家殊俗，而变风、变雅作矣。"关于区分正、变的标准，郑玄《诗谱序》以为周懿王、周夷王至陈灵公时的诗为"变风""变雅"；陆德明《经典释文》以为《邶风》以下的十三国风都属变风；马瑞辰《毛诗传笺通释·风雅正变说》则认为《风》《雅》正、变的区分标准是"政教得失"，而不以时间为界，凡讥刺时政者皆属变风、变雅。《诗大序》则强调了变风的特点："发乎情，止乎礼义。发乎情，民之性也；止乎礼义，先王之泽也。"变而不失其正，正是儒家"温柔敦厚"诗教的体现。参见"正变"条。

【变雅】 指"二雅"中作于周王朝政治衰乱时的作品。与"正雅"相对。《诗·大序》："至于王道衰，礼义废，政教失，国异政，家殊俗，而变风、变雅作矣。"关于区分正、变的标准，郑玄《诗谱序》以为周夷王至陈灵公时的诗为"变风""变雅"；孔颖达疏以为"王政既衰，变雅兼作，取《大雅》之音歌其政事之变者，谓之'变大雅'；取《小雅》之音歌其政事之变者，谓之'变小雅'"；陆德明《经典释文》以为《小雅》自《六月》至《何草不黄》五十八篇为"变小雅"，《大雅》自《民劳》至《召旻》十三篇为"变大雅"；马瑞辰《毛诗传笺通释·风雅正变说》以为《风》《雅》正、变的区分标准是"政教得失"，而不以时间为界，凡讥刺时政者皆属变风、变雅。参见"正变"条。

【四始】 始见于《诗大序》。《诗大序》在解释何为"风""小雅""大雅""颂"之后，称"是谓四始，诗之至也"，以《风》《小雅》《大雅》《颂》为"四始"。孔颖达疏解曰："郑(玄)答张逸云：'《风》也，《小雅》也，《大雅》也，《颂》也，此四者，人君行之则为兴，废之则为衰。'又笺云：'始者，王道兴衰之所由。'然则此四者是人君兴废之始，故谓之'四始'。"而《史记·孔子世家》则云："《关雎》为《风》之始，《鹿鸣》为《小雅》始，《文王》为《大雅》始，《清庙》为《颂》之始，此《诗》之四始也。"此说以《风》《小雅》《大雅》《颂》各自的第一篇《关雎》《鹿鸣》《文王》《清庙》为"四始"，比较有理。陈奂《诗毛氏传疏》取《史记》之说，并谓"《风》、小大《雅》、《颂》，皆以文王诗为始"。另齐诗的"四始"说附会五行中的水火金木四行，云："《大明》在亥，水始也；《四牡》在寅，木始也；《嘉鱼》在巳，火始也；《鸿雁》在申，金始也。"(孔疏引《诗纬泛历枢》)以《大雅》之《大明》，《小雅》之《四牡》《南有嘉鱼》《鸿雁》四诗为"四始"，其说诞妄不可信。

【六诗】 指风、赋、比、兴、雅、颂。《周礼·春官·大师》云："大师教六诗：曰风，曰赋，曰比，曰兴，曰雅，曰颂。"《诗大序》则称之为"六义"，云："故诗有六义焉：一曰风，二曰赋，三曰比，四曰兴，五曰雅，六曰颂。"郑玄经注谓风为"言圣贤治道之遗化"，赋为"直铺陈今之政教善恶"，比为"见今之失，不敢斥言，取比类以言之"，兴为"见今之美，嫌于媚谀，取善事以喻劝之"，雅为"言今之正者以为后世法"，颂为

"颂今之德,广以美之"。孔颖达《毛诗正义》云:"风、雅、颂者,诗篇之异体;赋、比、兴者,文之异词耳。大小不同而得并称六义者,赋、比、兴是诗之所用,风、雅、颂是诗之成形,用彼三事,成此三事,故同称为义,非别有篇卷也。"孔疏的三体三用说影响很大,后世多沿用之。也有人对之持不同意见,如近代章炳麟《国故论衡·六诗说》认为"六诗"是六种诗体。今又有人认为"六诗"应是一套对诗的表现形式作解释的完整理论,风、赋、比、兴、雅、颂六类,本是根据歌乐的表达方式的不同,即按风(直诵)、赋(吟诵)、比(和唱)、兴(合唱)、雅(配器乐)、颂(配打击乐和舞蹈)音乐性递增的次序排列,它说明的是诗的原始歌乐形态,当口头传唱的诗被记录成书面文本后,原来用以说明表述方式的六诗名称仍得以保存,但沿用下来的六诗的职能也因此发生了根本变化:赋、比、兴发展为表现手法,而风、雅、颂则成为区分《诗经》内容、体式的类名。

【六义】 参见"六诗"。

【赋】 《诗经》"六义"之一,《诗大序》将其排在第二位。郑玄注《周礼》认为赋就是铺,"直铺陈今之政教善恶"。孔颖达《毛诗正义》指出:"诗文直陈其事,不譬喻者,皆赋辞也","言事之道,真陈为正,故《诗经》多赋,在比兴之先。"朱熹《诗集传》也说赋是"敷陈其事而直言之者"。今人一般取孔、朱之说,认为赋是《诗经》的一种艺术表现手法。也有人根据上古诗乐舞合一的事实,从音乐文学的角度立论,认为赋的初义应是吟诵之诗。参见"六诗"。

【比】 《诗经》"六义"之一,《诗大序》将其排在第三位。郑玄注《周礼》认为比是"见今之失,不敢斥言,取比类以言之"。朱熹《诗集传》认为比是"以彼物比此物也",即相当于比喻修辞格(有明喻,也有隐喻)。今人一般取朱熹之说,认为比是《诗经》的一种艺术表现手法。也有人根据上古诗乐舞合一的事实,从音乐文学的角度立论,认为比的初义应是合唱之诗。参见"六诗""比兴"。

【兴】 《诗经》"六义"之一,《诗大序》将其排在第四位。郑玄注《周礼》认为"兴"是"以善物喻事",见"今之美,嫌于媚谀,取善事以喻劝之"。刘勰《文心雕龙》说"兴"是托物起兴,依照含意隐微的事物来寄托情意,"比显而兴隐",并且指出:"毛公述《诗》,独标兴体。"钟嵘《诗品》则称"文已尽而意有余,兴也"。孔颖达《毛诗正义》谓"兴者,起也。取譬引类,起发己心,《诗》文诸举草木鸟兽以见意者,皆兴辞也。"朱熹《诗集传》又解"兴"为"先言他物以引起所咏之词也",并说"诗之兴多是假他物举起,全不取义"。姚际恒《诗经通论》对朱说后一点作了修正,认为:"兴者,但借物起兴,不必与正意相关也。"对"兴"的解释众说纷纭,反映出"兴"含义的复杂性。唐以后,"兴"更多与"比"合称"比兴"而不单独使用。今也有人根据上古诗乐舞合一的事实,从音乐文学的角度立论,认为"兴"的初义应是合唱之诗。参见"六诗""比兴"。

【比兴】 《诗经》"六义"中的二义。汉经学家解《诗》,皆比、兴分言,南北朝时,文论家始将比、兴并称。刘勰《文心雕龙》

有《比兴》一篇,专论比、兴艺术,提出"起情,故兴体以立;附理,故比例以生。比则畜愤以斥言,兴则环譬以纪讽"。钟嵘《诗品序》又以比兴与赋对举,指出"专用比兴,患在意深,意深则词踬","专用赋体,患在意浮,意浮则文散"。唐人论诗,多标举比兴,意在发挥诗歌的美刺匡补、讽喻寄托作用,重点在强调诗歌的现实社会内容。宋代以后,比兴说成为诗论的核心之一,各家所论虽或偏重社会内容,或偏重艺术表现,但都将比兴理解为与直接叙述描写相对的,借比喻、象征等手法对某一特定内容所作的曲折委婉的表达。参见"六诗""比""兴"。

【南】 舞乐名。《诗经·小雅·鼓钟》:"以雅以南,以籥不僭。"毛传:"南夷之乐曰南。"一说诗体名。清崔述《读风偶识》:"南者,诗之一体。"梁启超《释四声名义》也认为:"《诗·鼓钟》篇'以雅以南','南'与'雅'对举。雅既为《诗》之一体,南自然也是《诗》之一体。"又一说古国名。马瑞辰《毛诗传笺通释》以为"南为古国名","云周、召取风者,盖二公分治南国之地"。又一说乐器名。现代有学者认为,"南"本是钟镈一类的乐器,后衍变为乐曲名称。郭沫若《甲骨文研究》认为"南"即乐器"铃"。

【二南】 《诗经·国风》中《周南》《召南》的合称。共二十五篇。汉人认为"周南""召南"均指地域;周南大致在今陕西、河南之间,召南大致在今河南、湖北之间。宋代有人据"以雅以南"(《小雅·鼓钟》)等诗句,认为"南"是诗之一体,而朱熹则认为"南,南方诸侯之国也"(《诗集传》)。现代有学者认为,南是一种类似钟镈的乐器,后演变为乐曲名称,故"南"是一种曲调。关于作品年代,《毛诗序》说产生于周初,现代有学者认为是在东周,也有人认为西周、东周的作品都有。参见"周南""召南"。

【四家诗】 "鲁诗""齐诗""韩诗"和"毛诗"的合称。汉代传《诗》的有《鲁》《齐》《韩》《毛》四家,前三家是今文学派,西汉时皆立于学官,置博士。魏晋以后,三家诗先后亡佚。"毛诗"是古文诗学,较晚出,系私学相传,后盛行于东汉。魏晋以后,直到现在,通行的《诗经》即为"毛诗"。四家诗均在注释中力图宣扬儒家思想,但对诗之解释大同小异。清陈乔枞《四家诗异文考》可资参考。

【三家诗】 《诗经》今文学派"鲁诗""齐诗""韩诗"的合称。三家对《诗经》的解释十之七八同,十之二三异,西汉时皆立于学官,置博士。魏晋以后,三家诗逐渐亡佚。"齐诗"亡于魏;"鲁诗"亡于西晋;"韩诗"虽存无习者,至南宋亦亡佚,仅存《外传》。三家诗的遗说散见于魏晋以前的古籍中。清陈乔枞《三家诗遗说考》、范家相《三家诗拾遗》、王先谦《诗三家义集疏》,把三家诗的佚文大致收集无遗。

【齐诗】 《诗经》今文学派三家之一。汉初齐人辕固生所传。景帝时,立为博士。后传于夏侯始昌、后苍、翼奉、萧望之、匡衡、伏黯等。喜以谶纬说诗,以阴阳灾异附会时政。《汉书·艺文志》称辕固生曾为《诗经》作传,又著录《齐后氏故》二十卷、《齐孙氏故》二十七卷、《齐后氏传》三十九卷、《齐孙氏传》二十八卷、《齐杂记》十八卷等。至三国魏时皆亡佚。清人陈乔枞著《齐诗遗说考》,曾加辑释。

【鲁诗】《诗经》今文学派三家之一。汉初鲁人申公(名培,或称申培公)所传。文帝时,立为博士。在三家诗中最为先出。申公受诗于浮邱伯,又以诗故训传授弟子。西汉时传授最盛,瑕丘江公、刘向、孔安国、司马迁、褚少孙等均治《鲁诗》。《汉书·艺文志》谓申公曾为《诗》作故训,又著录《鲁故》二十五卷、《鲁说》二十八卷,至西晋时皆亡佚。清人陈乔枞著《鲁诗遗说考》,曾加辑释。

【韩诗】《诗经》今文学派三家之一。汉初燕人韩婴所传。文帝时,立为博士。此后传"韩诗"者有淮南贲生、蔡义等。《汉书·艺文志》著录《韩诗内传》四卷、《韩诗外传》六卷,另有《韩故》三十六卷、《韩说》四十一卷。南宋后仅存《外传》。清人赵怀玉曾辑录《内传》佚文,附于《外传》之后。清人陈乔枞著《韩诗遗说考》,曾加辑释。

【毛诗】《诗经》古文学派。相传为秦汉间人毛亨、毛苌所传。《汉书·艺文志》著录《毛诗》二十九卷,《毛诗故训传》三十卷,但称毛公,不著其名。东汉郑玄《诗谱》始称大毛公、小毛公。三国吴陆玑《毛诗草木鸟兽虫鱼疏》始称大毛公为毛亨,小毛公为毛苌。《毛诗》自称源于子夏,用战国时大篆书写,取儒家政教合一之理,不杂谶纬神异、阴阳五行,事实多联系《左传》,训诂多同于《尔雅》,称为古文。西汉时,今文学派的齐、鲁、韩三家诗立于学官,而毛诗不得立,独为河间献王重视。东汉时,经学家郑众、贾逵、马融、郑玄均治《毛诗》,而郑玄《毛诗传笺》问世后,学《毛诗》者渐多。魏晋以后,今文三家诗渐次散亡或无传,独《毛诗》大行于世。唐孔颖达定《五经正义》,于《诗经》取毛、郑所传,从此《毛诗》为后世所宗奉。

【风】《诗经》"六义"之一。《诗经》类名。《诗大序》云:"风,风也,教也;风以动之,教以化之。……上以风化下,下以风刺上,主文而谲谏,言之者无罪,闻之者足戒,故曰风。……是以一国之事系一人之本,谓之风。"其解说着眼于封建教化。朱熹《诗集传》谓"风者,民俗歌谣之诗也"。也有人据《诗经》内证和《左传》记事,认为风是地方乐调。今人多综合民俗歌谣、地方乐调立论。近代章炳麟《国学概论》演讲则说"所谓风者,只是口中所讴唱罢了",梁启超《释四诗名义》也说"风即讽字,但要训讽诵之讽"。参见"国风""六诗"。

【雅】《诗经》"六义"之一。《诗经》类名。大多是周代朝廷上的乐歌。包括《小雅》和《大雅》,故又称"二雅"。共一百零五篇。其中《小雅》七十四篇,分七什;《大雅》三十一篇,分三什。"雅"本义为正,又与夏通,周王畿一带原为夏人旧地,周人有时也自称夏人,其地则称夏地,王畿为国之政治中心,其言为雅言,即标准语,称正声,"雅"就是正声乐歌。雅诗作者大多是统治阶层人物,但有小部分是下层人民。雅诗为何有小大之分,前人异说甚多。《诗大序》云:"雅者,正也。言王政之所由废兴也。政有小大,故有《小雅》焉,有《大雅》焉。"朱熹《诗集传》云:"雅者,正也,正乐之歌也。其篇本有大、小之殊,而先儒说又有正、变之别。"清人惠士奇《诗说》则谓小、大雅当以音乐来区别,如律有大、小吕,诗有大、小明。《小雅》绝大部分和《大雅》的少数篇章是周室衰微到平王东迁时作品,反映了社会变革的现实;《大雅》的大部分和《小雅》的少数篇章是西周初社会比较繁荣时的作品。后期雅诗艺术上有很大进步,其篇幅较大,句法整齐,辞气畅达;且受民歌影响后,有些诗善用比兴,有较强的形象性。《大雅》中《生民》《公刘》《緜》《皇矣》《大明》等,开后世叙事诗之先河。参见"六诗"。

【颂】 《诗经》"六义"之一。《诗经》类名。多为庙堂祭祀乐歌。包括《周颂》《鲁颂》《商颂》,故又称"三颂"。其中《周颂》三十一篇,《鲁颂》四篇,《商颂》五篇,共四十篇。《诗大序》谓"颂者,美盛德之形容,以其成功告于神明者也"。郑玄笺谓"颂之言容,天子之德,光被四表"。阮元《揅经室集·释颂》说:"所谓《商颂》、《周颂》、《鲁颂》者,若曰商之样子,周之样子,鲁之样子而已。……三颂各章,皆是舞容,故称为颂。"《颂》均为贵族统治者的作品。其内容多为统治者歌功颂德,但也具有一定的史料价值。参见"六诗"。

【三颂】 《诗经》中《周颂》《鲁颂》《商颂》的合称。共四十篇。《周颂》篇目较多,分三什;《鲁颂》和《商颂》皆不足十篇,不分什。

【二雅】 《诗经》中《小雅》和《大雅》的合称。共一百零五篇。古文经学派以为此外另有《南陔》《白华》《华黍》《由庚》《崇丘》《由仪》六篇笙诗,但有目无诗。雅诗多是西周王畿之诗,只有少数是东方诸侯国之诗。

【诗序】 《毛诗序》的简称。《诗经》今文学派三家诗都有序(据清魏源《齐鲁韩毛异同论》),但久佚,而《毛诗序》独存。前人认为现存《诗序》有大、小之分。列于各诗之前解释各诗主题的为"小序";首篇《关雎》的小序之后有一大段文字概论全部《诗经》,为"大序"。关于作者,郑玄《诗谱》以为《大序》子夏作,《小序》子夏、毛公合作。《后汉书·儒林传》以为卫宏作。也有认为《大序》《小序》都是子夏所作(王肃、孔颖达),还有认为是诗人自作(王安石)。对此,《四库全书总目》的《诗序》提要及清崔述《通论诗序》可资参考。

【诗小序】 《毛诗》中列于各诗之前解释各篇主题的文字。往往先列教义,从美刺立言,以见诗人之情;随附史事以明之,材料则多取自《左传》。其论各篇之主旨,除《颂》之外,《国风》一百六十篇中,美诗仅十六篇,刺诗七十八篇;《小雅》七十四篇中,美诗仅四篇,刺诗四十五篇;《大雅》三十一篇中,美诗七篇,刺诗六篇,故后人有"强分美刺"之评。朱熹云:"大率古人作诗,与今人作诗一般,其间亦自有感物道情,吟咏情性,几时尽是讥刺他人。"(《朱子语类》)然《诗序》的讽刺之说于后人作诗多寄托、言于此而意在彼不无影响。

【诗大序】 《毛诗》首篇《关雎》的"小序"之后一段概论全部《诗经》的文字。据孔颖达《毛诗正义》说,应自其中的"风,风也"句起。《大序》阐述了诗歌的特征:内容、分类、表现方法和社会作用,堪称先秦儒家诗论的系统总结。它进一步阐明了诗歌言志抒情的特征和诗与音乐、舞蹈的关系，明确揭示了诗歌音乐和时代政治的密切关系，把《诗经》的分类和表现手法概括为"六义"说，特别强调诗歌的社会作用："上以风化下，下以风刺上"，"故正得失，动天地，感鬼神，莫近于诗"。这些思想对古代诗歌的创作与批评发生了深远的影响。

【诗经学】 对《诗经》及其研究史作阐释和研究的学科。先秦时的孔子诗教和孟子的一些论《诗》观点，为封建时代的《诗经》研究奠下了理论基础。之后历代的《诗经》研究大体包含了以下内涵：《诗经》的体制与性质，产生的地域与时间，最初的编订、流传与应用，孔子删诗说，"诗序"及其作者，诗与音乐的关系，总体内容与艺术特征及其分类，具体各篇的旨意与艺术形式，史料的考订辨析，文字、音韵、训诂、名物等的考证，传授流派与研究流派研究，以及校勘、辑佚等。这些内容基本上属经学、史学与文学三大范畴。由于历史与时代因素，封建时代的《诗经》研究较多地局限于经学范围，旨在为封建统治与儒家说教服务。自汉代始的两千多年《诗经》研究大致分为四个阶段：汉至唐的汉学时期，宋至明的宋学时期，清代的新汉学时期和"五四"以后的新时期。汉代出现了四家传《诗》者：鲁、齐、韩三家为今文经学，毛亨的毛诗为古文经学。西汉武帝时，三家诗立，毛诗不兴；东汉时，郑玄以毛诗为本，兼采三家诗，使今古文合流；此后，毛诗盛行，三家诗渐趋衰亡。但今古文经学两派的对立与论争还在继续。到唐初孔颖达完成《毛诗正义》（毛传、郑笺、孔疏），才正式确立了毛诗在《诗经》研究史上的重要地位。六朝文人和唐代诗人分别从文学角度总结了一些《诗经》创作经验。宋代兴自由研究之风，对汉学的训诂、诠释尤其毛诗大小序，提出了怀疑与批评，其集大成著作是朱熹的《诗集传》，它以理学为思想基础，重义理，略训诂，杂采毛传、郑笺，间取三家诗义，成为宋学的一大里程碑，其影响波及元明两代。清代考据学兴起，提倡复兴汉学，冲破宋明理学桎梏，斥宋学空疏，尊毛郑传笺和《诗序》，从而产生了新汉学；其中清初顾炎武、黄宗羲、王夫之对新汉学的建立颇有贡献。新汉学内部也展开了古文经学与今文经学两派的斗争，陈启源《毛诗稽古编》、马瑞辰《毛诗传笺通释》、陈奂《诗毛氏传疏》等为古文经学代表，陈著是集大成者；魏源《诗古微》、王先谦《诗三家义集疏》是今文经学代表，王著是辑录三家诗遗说的集大成者。此外，清代还出现了不依附于汉宋学派、今古文经学派的独立思考派，姚际恒有《诗经通论》，崔述有《读风偶识》，方玉润有《诗经原始》。"五四"以后，经学彻底没落，鲁迅对《诗经》的一系列论述，开新时期诗经学风气之先。胡适对《诗经》的训诂、解题等提出过一些新见，但不免附会曲解之处。"古史辨"派学者对《诗经》做了大量辨伪、辑佚、考证工作，提供了不少有价值的学术成果。郭沫若对中国古代社会的扎实研究为其阐发认识《诗经》价值提供了充实的证据，其《诗经》今译，既开风气之先，又是新时期《诗经》研究的新尝试。闻一多的《诗经新义》《风诗类钞》等，显示了厚实的学问功底和敏锐的识见,同时开创了用新训诂学与民俗学研究《诗经》的路子。朱自清《诗言志辨》功力深厚,精见迭现。陈子展在50年代与80年代先后出版《国风选译》《雅颂选译》和《诗经直解》,是近四十多年来的重要诗经学著作。这一时期,余冠英《诗经选》、张西堂《诗经六论》、孙作云《诗经与周代社会研究》、高亨《诗经今注》,以及夏传才《诗经研究史概要》、向熹《诗经语言研究》等,均各显特色,具有一定价值。1993年成立了中国诗经学会,举行学术研讨,定期编辑出版《诗经》研究丛刊,《诗经》研究又翻开了新的一页。进入新世纪后,《诗经》研究更生机勃发,研究领域不断拓展,选题范围不断扩大。研究对象往往打通文学与历史、文学与文化的界限;研究方法注重传统与现代相结合、纸上文献与新出土文献相结合。在《诗经》与先秦典章制度与文化研究、《诗经》的文学理论研究、《诗经》的作者和成篇成书研究、《诗经》的接受和传播研究以及《诗经》的综合研究方面,均取得了长足的进展。成果遍及海内外。

【温柔敦厚】 指诗歌创作立意措辞委婉含蓄,中正平和。语出《礼记·经解》:"孔子曰:入其国,其教可知也。其为人也,温柔敦厚,诗教也。"孔颖达疏曰:"温,谓颜色温润;柔,谓性情和柔。诗依违讽谏,不指切事情,故曰温柔敦厚,诗教也。"这一主张要求作者本着不与礼义相悖的宗旨去写作,既注意发愤抒情,以讽其上;又须止乎礼义,委婉温和。是儒家诗教的主要内容。

【诗教】 诗论术语。本指《诗》的教化作用,后指文学创作所须遵循的基本准则。语出《礼记·经解》:"孔子曰:入其国,其教可知也。其为人也,温柔敦厚,诗教也。"孔子本就《诗经》而发,指三百篇之作传播众口,人受其教,积久而致温文尔雅,淳朴敦厚。汉代以来儒家正统派人士即据以为口实,对一切文学创作提出主文谲谏、无违礼义的要求。

【兴观群怨】 指诗的四种社会作用。语出《论语·阳货》:"子曰:小子何莫学夫诗?诗,可以兴,可以观,可以群,可以怨。迩之事父,远之事君,多识于鸟兽草木之名。"其中"兴"指引譬连类,感发意志;"观"指观察风俗,考见得失;"群"指群居切磋,使和而不流;"怨"指以诗寓怀,怨刺上政。在此以前诗歌言志、美刺和观风俗、知民情的作用已被人认识,但孔子首次全面系统地作出理论阐述,既指出诗歌有认识风俗盛衰和批评时政的功能,又强调它所特有的启迪陶冶人的情操,使之互相砥砺,增进修养的作用,概括了诗歌的认识、教育和美感作用,故为后世旨趣不同的论者接受。

【美刺】 指文学创作的褒美良善和讥刺丑恶作用。诗歌创作的这两种作用,早在《诗经》中就有明显体现,后孔子提出"诗可以怨"(《论语·阳货》),又明确指出诗可用来批评时政,表达民情。而以美刺二端论诗,更是汉代儒者特点。《诗大序》以"美盛德之形容"释颂,"上以风化下,下以风刺上"释风,即是显例。

【思无邪】 指《诗》所表达的情志符合传统道德礼仪规范。语出《论语·为政》:"《诗三百》,一言以蔽之,曰:思无邪。"本专指《诗经》内容不涉邪僻,后世论者如汉儒、宋理学家,从维护正统道德礼仪规范出发,突出强调无邪的政治属性,提出类似"发乎情,止乎礼义"(《诗大序》)的要求,给文学创作套上了封建礼教的枷锁。

【乐而不淫,哀而不伤】 指文学表达快乐而不至过当,哀怨而不至悲伤。语出《论语·八佾》:"子曰:《关雎》乐而不淫,哀而不伤。"此前,吴季札观乐鲁国,已以"乐而不淫""哀而不愁"论《豳》和《颂》(《左传·襄公二十九年》),为孔子所本。孔子认为,《关雎》一诗写男女情爱,欢乐时钟鼓琴瑟,悲哀时寤寐反侧,虽极尽其情,但不涉于淫放,得中正和平之意。这一评价,与"无邪"和"温柔敦厚"的要求相通。

【郑卫之声】 原指春秋时郑、卫民间俗乐多涉男女情爱,后借指一切浮靡讹滥的文艺作品。语出《论语·卫灵公》:"颜渊问为邦,子曰:行夏之时,乘殷之辂,服周之冕,乐则《韶》《武》,放郑声,远佞人。郑声淫,佞人殆。"郑卫之声本是民间新起的音乐,曲调轻松婉转,富有表现力和感染力,为大多数人所喜闻乐见。孔子从自己崇尚古制的趣味出发,以为当行三代之礼,听《韶》《武》之乐,而郑卫之声侈溺讹滥,有违典重高华和正闳广之旨,故应予以废斥。汉代以下,历代正统论者援以论文,不但指实《诗经》中《郑风》等为淫,并用以否定一切反映现世生活特别是爱情生活,形式新巧、音调缠绵的文艺作品。

【断章取义】 亦作"断章取意"。谓引用《诗经》述志时,只截取于己适用的片断,而不顾及全文和原意。语出《左传·襄公二十八年》:"赋《诗》断章,余取所求焉。"春秋战国时期,列国盟会赋《诗》或学者著述引《诗》,常根据需要截取其中的某些片断,以应实用。清魏源《诗古微·毛诗义例》谓:"赋《诗》与引《诗》者,《诗》因情及,虽取义微妙,亦止借词证明。盖以情为主而《诗》从之。所谓兴之所之也……则不必拘所作之人,所采之世。"清沈德潜《古诗源》例言亦云:"《诗》之为用甚广。范宣讨贰,爰赋《摽梅》;宗国无鸠,乃歌《圻父》,断章取义,原无达诂也。"于此可见当时言情达意,自己并不另造篇什,而是简单地从《诗》中截取,几成风气。

【以意逆志】 指从作品的实际内容去推求作者的创作意图。语出《孟子·万章上》:"故说《诗》者,不以文害辞,不以辞害志;以意逆志,是为得之。"有人曾将此语解为"以己之意逆诗人之志"(赵岐《孟子注疏》),其实,孟子原意是要人勿拘执作品中个别字句的表面意思,而要从全篇实际内容出发论诗,目的在于"以古人之意求古人之志"(吴淇《六朝选诗定论缘起》)。

【诗无达诂】 诗论术语。指《诗经》中作品的旨意本无明确固定的解释。语出董仲舒《春秋繁露·精华》:"所闻《诗》无达诂,《易》无达占,《春秋》无达辞。"董氏从先秦时人赋诗言志多断章取义的实际情况出发,认为要自由表达旨意,可不顾原诗题旨,对《诗》作任意的引用和发挥。由于其全然不理会原作本旨,说诗不免有主观随意之弊。但此说也有其合理成分。唐宋以来,论者要求读诗解诗切勿拘执一端,附会牵强,如谢榛《四溟诗话》所谓"诗有可解、不可解、不必解,若水月镜花,勿泥其迹可也",叶燮《原诗》反对"一一证之实事",沈德潜《〈唐诗别裁〉凡例》谓"古人之言,包含无尽,后人读之,随其性情浅深高下,各有会心……斯为得之"等,皆本其意而发挥,不失为通达之论。

【风教】 指诗歌的风化教育作用。语出《诗大序》:"《关雎》,后妃之德也,风之始也,所以风天下而正夫妇也。故用之乡人焉,用之邦国焉。风,风也,教也;风以动之,教以化之。"目的在于"经夫妇,成孝敬,厚人伦,美教化,移风俗"。后人多沿循此义,谓文学创作当有助于教化;而"更尚文词""竞骋文华",被称为"风教渐落"(李谔《上书正文体》),可见其影响深远。

【发乎情,止乎礼义】 指文学创作率性任情而发,但不应越出传统道德礼义规范。语出《诗大序》:"故变风发乎情,止乎礼义。发乎情,民之性也;止乎礼义,先王之泽也。"意指《诗经》中那些反映周室中衰、刺怨相寻的作品,既多批判锋芒,又不违背正道。汉以后论者将之用于诗文批评,对文学创作的内容提出了道德要求。

【主文而谲谏】 指以相应的文辞婉言讽谏。语出《诗大序》:"上以风化下,下以风刺上,主文而谲谏,言之者无罪,闻之者足以戒,故曰风。"主张依违讽谏,用含蓄委婉之辞和比兴寄托之法,在不违反封建礼义、等级制度的情况下,表达对现实政治的不满。其意义不仅在于论《诗》,还被后世历代论者用为文学须为封建政治服务的理论依据。是儒家温柔敦厚诗教的具体体现。

【吟咏情性】 指文学创作要抒发人的思想感情。语出《诗大序》:"国史明乎得失之迹,伤人伦之废,哀刑政之苛,吟咏情性,以风其上,达于事变而怀其旧俗者也。"《毛诗序》作者论诗,既承旧说,讲"在心为志,发言为诗",又讲"情动于中而形于言",强调诗歌应该抒写情性,从而把言志和抒情统一起来,反映了汉代人们对文学本质特征认识的深入。以后陆机讲"诗缘情而绮靡"(《文赋》),刘勰讲"诗者,持也,持人情性"(《文心雕龙·明诗》),钟嵘讲"至乎吟咏情性,亦何贵于用事"(《诗品序》),皆由此而来。

【采诗】 关于诗的来源的一种说法,认为诗是由周王室派专门官员到各地收采而来。周代时保存着这样一项上古传存下来的制度:王朝派出官员到各地采集民间歌谣,以使王朝能观民俗,知下情,这种制度称为采风。班固《汉书·食货志》:"孟春之月,群居者将散,行人振木铎徇于路以采诗,献于太师,比其音律以闻于天子。"《汉书·艺文志》:"古有采诗之官,王者所以观风俗,知得失,自考正也。"

【献诗】 关于诗的来源的一种说法,认为诗是由列国在各地征求后献给周王室的。何休注《公羊传·宣公十五年》:"男女有所怨恨,相从而歌,饥者歌其食,劳者歌其事。男子六十、女子五十无子者,官衣食之,使之民间求诗。乡移于邑,邑移于国,国以闻于天子。故王者不出牖户,尽知天下所苦。"

【陈诗】 周代公卿士大夫以诗进谏的一种制度。《左传·襄公四年》云:"昔周辛甲之为大史也,命百官,官箴王阙。"《左传·昭公十二年》:"昔穆王欲肆其心,周行天下,……祭公谋父作《祈招》之诗,以止王心。"《诗经·大雅·民劳》:"王欲玉女,是用大谏。"《诗经·大雅·板》:"犹之未远,是用大谏。"《诗经·小雅·节南山》:"家父作诵,以究王讻。"这些记载都表明西周确有公卿士大夫陈诗进谏的事实。

【赋诗】 春秋时代诸侯士大夫常在各种社交场合背诵《诗》,借以表明自己的立场、观点和情感,称赋诗。《左传》引《诗》共一百三十四处,其中关于卿大夫赋诗的共三十一处。赋诗被用来规劝君主,讽刺对手,小国的大夫更通过赋《诗》来讨救兵,解纠纷,向敌国示威。作为一种政治、外交才能,赋《诗》十分重要,不懂得赋《诗》,便会失仪出丑。故孔子曾说:"不学《诗》,无以言"(《论语·季氏》),"诵《诗》三百,授之以政,不达;使于四方,不能专对;虽多,亦奚以为。"(《论语·子路》)

【删诗】 关于《诗经》的编纂整理的一种说法,认为今本《诗经》是由孔子删订编选而成的。《论语·子罕》曾记孔子自述:"吾自卫返鲁,然后乐正,《雅》《颂》各得其所。"司马迁《史记·孔子世家》则说:"古者诗三千余篇,及至孔子,去其重,取可施于礼义,上采契、后稷,中述殷周之盛,至幽、厉之缺,始于衽席,……三百五篇,孔子皆弦歌之,以求合《韶》《武》《雅》《颂》之音。"正式提出孔子删诗说。唐代孔颖达疏对此表示怀疑,宋代持异议者更多。今人一般认为孔子整理删定过《诗经》,但究竟删削了多少古诗,具体的编订情况如何,则无法确知。也有部分学者仍认为孔子没有删诗。

【逸诗】 指在《诗经》三百零五篇之外的同期诗作。据《史记·孔子世家》记载,孔子曾将古诗三千余篇"去其重,取可施于礼义"者删订成今本《诗经》。逸诗可能就是《诗经》编订者未采录的古诗,也可能是《诗经》编订者未及见的古诗。见于先秦经、子典籍中的逸诗约有数十处,近人逯钦立《先秦汉魏晋南北朝诗》辑录较全。

【什】 《诗经》的《风》《雅》《颂》三大类中,《风》分成十五国风,《雅》《颂》则基本十篇一组,称为"什"。《小雅·鹿鸣之什》毛传:"歌咏之作,非止一人,篇数既多,故以十篇编为一卷,名之为什。"每什的命名则以该什的第一篇篇名拟之。其中《小雅》之末什《鱼藻之什》收十四篇,《大雅》之末什《荡之什》收十一篇,《颂》之末什《闵予小子之什》收十一篇,皆为特例;《鲁颂》《商颂》不足十篇,故无"什"之划分。

【叶音说】 宋代《诗经》研究者创造的一种诵读《诗经》韵脚的方法。《诗经》的语言音韵属上古语音系统,韵部、声纽都与宋代使用的标准诗韵《平水韵》差异很大,用当时的语音去读《诗经》诸篇章,自然押韵不能和谐。宋人不明古今语音不同之理,以为《诗经》许多地方押韵和谐,只有少数地方不和谐,只要临时将押韵不和谐的韵脚改读他音就能求得和谐,这就是"叶音"("叶"同"协")。朱熹《诗集传》是采用"叶音说"的代表作。如《召南·行露》第二章"家"注音"谷",第三章"家"又注音"公"。明末清初古音韵学勃兴后,顾炎武等对《诗经》音韵作了仔细研究,叶音说因为穿凿无据而为人所弃。

【韩诗外传】 西汉韩婴著。今本十卷。

三百十章。据《汉书·艺文志》著录，韩婴曾撰《内传》四卷、《外传》六卷。南宋后仅存《外传》，清赵怀玉辑《内传》佚文，附于本书之后。是书汇集旧闻传说，先讲故事，后引《诗经》句子作证，以诗明故事，而非阐发诗旨，与经义无关，类似诸子百家之书。大旨评论风气厚薄，政治得失，培养情操，开发知识。所载前人嘉言懿行，多具教育意义。保存先秦史料，颇有参考价值。为研究西汉今文诗学的重要资料。其中故事情节曲折，人物形象逼真，论说犀利明快，言语简洁清丽，多用比喻。

【毛诗故训传】 简称《毛传》。西汉毛亨著，东汉郑玄《诗谱》以为鲁人大毛公作。三十卷。三国吴陆玑《毛诗草木鸟兽虫鱼疏》以为毛亨作，《后汉书·儒林传》谓毛长（《隋书·经籍志》作毛苌）作。《汉书·艺文志》著录三十卷。今本同。大旨崇王化，尚诗教，温柔敦厚，不取谶纬神怪。各篇之前，分缀《诗序》，传文与之多合。此书所言，制度与三《礼》合，事实与《尚书》《左传》《国语》《孟子》合，发明意旨同《荀子》。训诂多本《尔雅》，有益于考据者不少。章首标明赋比兴，尤详于兴，辞章家每有所取。西汉古注，存者无多，后得郑玄作笺，相得益彰。为汉学重要文献。

【毛诗传笺】 简称《郑笺》。东汉郑玄著。三十卷。以《毛传》为主，兼采今文三家诗说，加以疏通发挥，以阐扬儒学。《毛传》只限训诂，过于简略，此书既释字义，又讲文理，且通贯章指，足以补其阙漏，发明隐微。如见《毛传》不合经文，则用三家之说，或出己意，以纠其失，有数百处之多。然亦有不及《毛传》精当之处。诗人本诸性情，郑笺几无发明。拘泥于《诗序》，尤为明显。承《毛传》之误，亦时有所见。且有自造之误。说"兴"多与"比"混。然此书一出，"毛诗"日盛，三家诗遂废。尤能与诸经注相沟通，两汉《诗》学，荟萃于此。

【诗谱】 东汉郑玄著。一卷（一作三卷）。《诗》三百篇，非作于一时，郑氏据《春秋》与《史记》年表，纂为此书，篇按时代先后，排列世次，点明其缘起及部分作者，颇有益于理解诗义。书前有序概述源流，有如《诗经》大纲。唐孔颖达《正义》列此书于前，原本已失传，而《正义》所载，亦有缺脱。北宋欧阳修得残本，更加参订，为《诗谱补亡》。清人戴震、吴骞、丁晏、胡元仪都曾从事过《诗谱》的考订和辑补工作。此书与《毛诗》篇次，除《国风》小有出入外，余皆一致。

【毛诗正义】 简称《孔疏》。唐孔颖达著。七十卷。主要阐释《毛传》和《郑笺》，汇集魏、晋、南北朝学者的《诗经》研究成果。然由于此书恪守"疏不破注"的原则，因而也承袭了毛、郑注解中的一些错误与曲解。《四库全书总目》评其"融贯群言，包罗古意"。故仍不失为唐代研究《诗经》的集成之作。后人将之与《毛传》《郑笺》并称，名为"孔疏"。唐代列为官书，明经科取士，考试谨遵此书，故影响极大。

【诗本义】 宋欧阳修著。十五卷。不录经文，皆作论体。前十二卷论诗一百余篇。先论《诗序》及毛郑是非，后述篇旨。卷一三《一义解》，凡二十节，各举一篇，解其一义。卷一四为《时世论》等杂论五篇。

卷一五《诗统解》六篇,明经之统要,以益《毛传》之略,而志《郑笺》之妄。自来说《诗》,皆遵毛、郑与《序》。此书不守故训,开宋人以己意说《诗》之端。其后新说日出,旧义渐微,实滥觞于此。

【诗集传】 北宋苏辙著。二十卷(一作十九卷)。逐篇为注。本唐成伯玙之《毛诗指说》。以《小序》反复繁重,似非一人之词,因只存其首句,其下疑为毛亨续作,悉从删汰。于成说采其可者,不可则明著见失。其后攻《序》者蜂起,其源盖出于此。

【诗辨妄】 宋郑樵著。以为汉时传诗原有四家,毛诗仅一家之言,不可偏信。指毛、郑之非,斥《诗序》为"村野妄人所作"。同时又通过考证,指明《诗序》乃汉人所为,揭穿了《诗序》伪托圣贤欺世的实质。原书六卷,已散佚,顾颉刚从其《六经奥论》和其论敌周孚《非诗辨妄》中辑出二卷,1930年由景山书社出版。

【诗辑】 或作《诗缉》。宋严粲著。三十六卷。逐篇为注。以吕祖谦《吕氏家塾读诗记》为主,杂采众说,以相发明。旧说有未妥者,则别以己意阐发,运词婉转曲折,能得诗人之意。考证音训名物,尤为精核。于时令地理,则颇失实。在宋代说《诗》家中,与吕祖谦之《吕氏家塾读诗记》同为重要著作。

【吕氏家塾读诗记】 宋吕祖谦著。三十二卷。遵从《诗序》,坚守毛、郑之说,与朱熹相持。博采西汉以来诸家,存其名氏,而剪裁贯穿,使如出一手。训诂具于前,文义陈于后,简要浅近。有所发明,则别出之。

【诗集传】 宋朱熹著。二十卷。杂采《毛传》《郑笺》和今文三家说,务求探明《诗经》本意,往往能突破《毛诗序》的解说,而以己意出之。注释较为浅易,为明清两代最重要之《诗经》传注本。如《卫风·木瓜》,《毛诗序》以为乃"美齐桓公",此书释为"男女相赠答之辞";又注《周南·关雎》"窈窕"为"幽闲贞静"。皆中肯綮。于难解之处,亦不为臆断。如《卫风·芄兰》题解云"此诗不知所谓,不敢强解"。对于诗的艺术表现手法也时有评析。但仍有一些解释曲从毛氏《序》《传》,特别是将民间爱情篇章斥之为"男女淫佚"之诗,不出恪守封建道德的理学范围。元皇庆二年(1313)试行科举,规定经学用程(颐)、朱传注,考《诗》即用此书。明、清两朝相承,故天下士人皆习之,影响中国封建社会晚期达六百年。此书自宋代以来,历代均有刻本。

【诗疑】 宋王柏著。二卷。上卷《诗说》为杂论,分章段而不标目。下卷《诗辨》为《毛诗》《风雅》《王风》《二雅》《赋诗》《豳风》《风序》《鲁颂》《诗亡》《经传》十篇。前有一序。大抵对比各篇及古书所引,据经文推究,证明今本多错简、窜乱及脱佚。自朱熹《集传》攻《序》,学者多宗之。王氏为朱门三传弟子,此书更改篇名,移易卷次,不仅非毁旧义,进而攻驳经文,甚而删改经文。如据理学卫道之义,斥恋诗为邪说恶行,欲删风诗三十二篇。指《小雅》有怨诮之语,欲退《变雅》于《王风》。宋人疑古,此为最甚。

【诗传通释】 元刘瑾著。二十卷。元人学术皆受朱熹牢笼,此书列朱熹《集传》

于前,疏之于下。卷首纲领,备录朱氏辨《诗序》之言,多引经传及宋儒之论,且论《诗经》源流、章句、音韵、诗乐、删次等。此书与朱熹《集传》,犹毛郑之有孔疏。明初御纂《诗经大全》,即以此为蓝本。

【诗广传】 清王夫之著。五卷。前二卷论《国风》,次二卷论二《雅》,卷五论三《颂》。共二百三十七篇。皆读后杂感。时引《周易》《老子》《庄子》及古事,发挥《诗经》各篇,表现一己之政治主张与哲学思想。如谓《蒹葭》乃刺秦不仁不义,逆取逆守;《六月》则论名实难兼。

【诗经通论】 清姚际恒著。十八卷。经文列于前,皆分章段,句末标明叶韵;注语置于后,先论篇义,后释章旨,不训文字,亦不释草木鸟兽之名,故名。成于康熙年间,其时汉学宋学之争方炽,考据之风渐起,《诗序》之讼已久。向来废《序》必宗朱,攻朱必遵《序》。此书既斥《小序》之误,又攻《朱传》之短,而自涵咏篇章,寻绎文义,辨别旧说。不知则宁存疑而不妄断。着重章法,精析比兴之义,尤详于文学鉴赏。影响于方玉润之《诗经原始》者不小。然以男女恋诗为刺淫,则未免理学之腐论。卷首《诗经论旨》简论历代著作,揭示不信《小序》之意,《诗韵谱》则昌明古韵。

【毛诗稽古编】 清陈启源著。三十卷。正文二十四卷,依次释《诗》,而不载《诗》句,仅题篇名。凡前人论说已明,不作复述,篇目亦略。次为总括五卷,考证文字音义名物,皆义通全经,词连数篇者。末为附录一卷,则统论风雅颂之旨。取名"毛诗",明其所宗;"稽古编"则标明尊奉唐以前之汉学。参酌旧注,不创新解,训诂准诸《尔雅》,篇义一依《小序》、《毛传》,而以《郑笺》佐之,名物则依陆德明《释文》,并多有辨正。康熙钦定《诗经传说汇编》附汉注于朱熹《诗集传》之后。此书始与宋学分流,致力于崇汉抑宋。

【读风偶识】 清崔述著。四卷。专论《国风》,阐述风诗之旨。通论《小序》、二南、十三国风。分论二南十风,至《陈风》而止,《桧风》以下从略。成于嘉庆年间。其时古文经学正盛,时论本《小序》而非朱熹。此书力攻《小序》美刺之说附会史事;及言《朱传》之非,不在其驳《序》之多,而在从《序》处不少。提倡即词以求其意。又谓"南"乃诗之一种体裁,二南不但非文王时诗,且亦不尽系成康时诗。最后通论读诗。显示独立思考的治诗特点。

【毛诗后笺】 清胡承珙著。三十卷。《泮水》以下未完,为陈奂所补。大旨申解毛氏《序》《传》,时驳郑笺孔疏,开后人舍郑用毛之渐。征引颇富,断制亦严,既详究训诂名物,亦深识词言文理。对于今文三家,则唯与毛氏合者取之,亦有吸收宋人见解处。为清代研究《诗经》的重要著作。

【毛诗传笺通释】 清马瑞辰著。三十二卷。不录经文,有新解则条举之。以篇名为别,不标细目。并释传笺,以纠孔疏之误,兼正毛、郑之失。多从时代地理、训诂名物及音韵转变、文字引申假借之义疏释各篇,且引今文三家及宋人之说为证。不事穿凿,时有新义。卷一附论辩多篇,亦言世次地理,引申假借,合诸正文,如纲在目。所论诗皆入乐,足证宋人之说。清儒多同此说。其时朴学鼎盛,此书多所凭依,得失亦两承之。乾嘉考据学者成《诗经》三疏,此以宏博见长,谨严稍让陈奂。

【诗毛氏传疏】 清陈奂著。三十卷。《郑笺》后于《毛传》四百余年,不仅训诂名物有异,且兼三家,学者多以为疑,故此书舍《郑笺》而专疏《毛传》。多有强三家以牵合毛义者。书末附《毛诗音》四卷、《毛诗传义类》一卷,分别存汉以前之声韵训诂;《毛诗说》一文为作者治诗之条例,又附《郑氏笺考徵》一卷,指出郑氏用韩、鲁诗者。

【诗经原始】 清方玉润著。十八卷。不用旧《序》而寻绎篇旨,别拟一序,列于题下,使读者一览而得诗人之意。次录经文,全篇连属一气,而章段分疏明白。总论大旨于后,大抵论断于《小序》、朱熹《集传》之间。原本旁批,勾入经义句下,眉评移于集释之前。末乃集释物名,标明音韵。卷首二卷,附图九幅,及论诗旨。成于光绪初。其时学风,已由东汉古义,上溯西汉今文,宋学已稍复燃,而此书不入门户,唯循文按义,推原诗人始意。摒弃考据义理,而着眼于情感音节、布局笔法之开合变化,及字句研炼之法,作文学之研究,颇多精义。有清一代,能逾经学旧垒,不过姚(际恒)崔(述)数人,方氏最称翘楚。唯喜言诗教温柔敦厚,推求言外之意,有时未免牵强,名物训诂,亦多疏失。有《云南丛书初编》本、李先耕点校的中华书局排印本。

【诗三家义集疏】 清王先谦著。二十八卷。合《邶》《鄘》《卫》为一卷。收集齐、鲁、韩三家今文《诗》说为注,兼取秦汉以下各类古书中所载逸文遗说,条分缕析。次为疏,首列毛传郑笺,复征引自宋及清数十家之论,兼综并蓄,以次排比,且参己意。此书历时久长,用力尤勤。汇集清人诸家成果,陈乔枞《三家诗遗说考》几全收录。凡文字音韵,名物地理,乾嘉考据家之说,多所征引。至于《毛诗》著作,亦折中异同,时有称述。包罗宏富,可称完备。治今文《诗》学者得所凭借。然亦有漏收误说。其于三家无说者,辄注三家无异义,或谓早逸,后世不可考,未免草率。不失为清人重要的《诗经》研究著作。

【楚辞】 ❶ 诗体名。战国时兴起于楚国。其名最早见于西汉前期。是源于江淮流域的歌谣,受到北方《诗经》的影响。主要作者是屈原。他所作的《离骚》《九歌》《九章》《天问》等,奠定了该诗体的文学地位。汉代皇室大臣多为楚人,故这一文学样式在汉代得以勃兴。西汉末刘向编定《楚辞》,更使此诗体在中国文学史上流传广远。其特征大致如宋黄伯思云:"书楚语、作楚声、记楚地、名楚物,故可谓之'楚辞'。"(《校定楚辞序》)因《离骚》为其代表作品,后人亦以"骚"代指楚辞,如萧统《文选》中列"骚"一类,刘勰《文心雕龙》有《辨骚篇》。与《诗经》并称,成为中国古典文学两大渊源。其浓郁的情感、瑰丽的文辞、丰富的想象,对后世诗、赋、骈文产生了深远影响。❷ 诗总集。西汉刘向辑、东汉王逸章句。收战国楚屈原、宋玉及汉淮南小山、东方朔、王褒、刘向等及王逸自作辞赋。共十七卷。《四库全书总目》云:"初,刘向裒集屈原《离骚》《九歌》《天问》《九章》《远游》《卜居》《渔父》,宋玉

《九辩》《招魂》,景差《大招》,而以贾谊《惜誓》,淮南小山《招隐士》,东方朔《七谏》,严忌《哀时命》,王褒《九怀》及刘向所作《九叹》,共为《楚辞》十六卷,是为总集之祖。逸又益以己作《九思》与班固二'叙',为十七卷,而各为之注。"刘向所编十六卷久佚,仅见新、旧《唐书》著录。今所传皆王逸十七卷本。

【离骚】 亦称《离骚经》《离骚赋》《骚》。《楚辞》篇名。战国楚屈原作。司马迁认为"离骚者,犹离忧也"(《史记·屈原贾生列传》)。班固认为"离,犹遭也;骚,忧也"(《离骚赞序》)。王逸认为"离,别也;骚,悲也"(《离骚经序》)。王夫之认为此篇作于怀王之世(《楚辞通释》)。今人游国恩则认为作于顷襄王朝再放江南之时(《屈原作品介绍》)。司马迁认为"屈原之作《离骚》,盖自怨生也"(同上)。郭沫若称此篇为"以烦恼为主题的一部回旋曲"(《屈原赋今译》)。三百七十三句,近二千五百字,是中国古代最长的抒情诗。前半篇回溯以往历史,叙述自己的家世、品质、修养、抱负以及政治上的遭遇,表达坚持理想、至死不屈的品格。后半篇是对未来道路的探索,先写因女媭劝责而向重华陈辞,进而神游天地,上下求索,继写请灵氛占卜,巫咸降神以决去留,终不忍离去,决心以死来殉自己的理想。反映出热爱楚国的思想感情,表现了憎恶黑暗、疾恶如仇的精神。前半篇重在叙写现实,后半篇重在驰骋想象。全诗由诗人自己的理想、遭遇、热情、痛苦以至整个生命熔铸而成,集中表现了诗人个性。诗中驰骋想象,大量驱使各种神话传说,历史人物,日月风云,山川流沙等,把历史、现实、天国、人间,幻境交织在一起,创造出奇特瑰丽,绚烂多彩的神话幻想世界,表现出积极浪漫主义的精神。大量运用"香草美人"的比兴,生动形象地表现抽象的意识品性和复杂的现实关系,把《诗经》中单纯、片断的比兴发展成连贯、系统、整体的比兴,具有明显的象征性质。规模宏伟、结构雄阔,气势磅礴,感情奔放。语汇丰富,辞藻华美,大量使用方言词汇、双声叠韵词和虚词,带有浓厚的南国情调和地方色彩。句式整齐中有变化,错落中见整齐,又多用对偶,节奏和谐,音调抑扬。司马迁在屈原传中称"《国风》好色而不淫,《小雅》怨诽而不乱。若《离骚》者,可谓兼之矣。上称帝喾,下道齐桓,中述汤武,以刺世事。明道德之广崇,治乱之条贯,靡不毕见。其文约,其辞微,其志洁,其行廉,其称文小而其指极大,举类迩而见义远。其志洁,故其称物芳。其行廉,故死而不容自疏。濯淖污泥之中,蝉蜕于浊秽,以浮游尘埃之外,不获世之滋垢,皭然泥而不滓者也。推此志也,虽与日月争光可也"(按据班固《离骚序》,司马迁所引为淮南王刘安《离骚传叙》中语)。明陈深评"《离骚》凡字二千四百七十六,可谓肆矣。然气如纤流,迅而不滞;词如繁露,贯而不糅"(《批点本楚辞集评》)。与《诗经》并称为中国文学的渊源。对后世的文学与知识分子的人格精神产生了深远巨大的影响。

【九歌】 《楚辞》的一组篇名。"九歌"本古乐曲名。"九"字概言其多,并非实指,亦有学者以为"九"乃吴语之"鬼"字。王逸、朱熹以为屈原放逐江南时仿民间祭歌加工而成。为一组祭祀鬼神的乐歌。共十一篇,依次为《东皇太一》《云中君》《湘君》《湘夫人》《大司命》《少司命》《东君》《河伯》《山鬼》《国殇》《礼魂》。清陈本礼谓:"《九歌》之乐,有男巫歌者,有女巫歌者;有巫觋并舞而歌者;有一巫倡而众巫和者。"(《楚辞精义》)内容多涉及男女恋情而富宗教色彩。

【九章】《楚辞》的一组篇名。汉王逸以为屈原作。但后人多有不同意见。包括《惜诵》《涉江》《哀郢》《抽思》《怀沙》《思美人》《惜往日》《橘颂》《悲回风》共九篇。其名王逸训"章"为"著也,明也,言己所陈忠信之道甚著明也"(《楚辞章句》),朱熹认为乃"后人辑之,得其九章,合为一卷"(《楚辞集注》)。一般认为此九篇诗歌非出于一时一地,故思想内容、艺术风格多有不同。

【楚辞学】对楚辞(包括屈原、宋玉的作品)及其研究史作研究的学科。自汉代开始的楚辞研究,内容大体包括:楚辞的产生与楚国历史及社会背景,楚辞的命名及其构成,楚辞与楚风俗及神话,楚辞与先秦历史与诸子思想,楚辞与楚文化,楚辞与天文历法等自然科学,屈原其人(身世、思想及成就等),屈原作品的篇章辨伪,背景介绍、史地考证、名物训诂、词语注释、题旨诠解、内容与艺术特色分析,宋玉其人及其作品辨析,楚辞其他作品及其作者研究,辞赋辨析,拟骚诗研究,以及版本、校勘、辑佚等;20世纪末期的研究还包括楚辞美学、楚辞文化学、楚辞比较学等多学科的交叉研究。历代楚辞研究大约出现过四个高潮阶段:汉代、宋代(南宋)、清代及"五四"以后新时期。西汉司马迁首撰《屈原列传》,高度肯定屈原其人及其作品,为后世研究提供了基本可信的传略史料;刘向将屈原、宋玉等人作品首次结集,题名"楚辞";东汉王逸推出第一部完整的楚辞注本《楚辞章句》,确立篇章、介绍背景、发掘楚语、肯定屈原其人及其作品成就与风格,虽依经立论,毕竟树起了楚辞学史上第一个里程碑。魏晋至隋唐,评楚辞文字多为散见于各类诗文中的片言只语,其中刘勰《文心雕龙·辨骚》论述楚辞较为全面。宋代(南宋)出现洪兴祖《楚辞补注》,校异文、考方言、引文献,对王逸《章句》疏通证明,多所阐发,后世传本多以《章句》、《补注》合一行世。朱熹《楚辞集注》在汲取王逸《章句》、洪兴祖《补注》基础上有所辩证,旨在阐发义理,多微言大义,然评驳旧注中亦间杂臆测;是一部有重大影响的楚辞注本。元明两代,汪瑗《楚辞集解》等颇值得注意,有一定参考价值。清代王夫之《楚辞通释》、林云铭《楚辞灯》、蒋骥《山带阁注楚辞》、戴震《屈原赋注》等,或阐发屈赋大义,或订正旧注谬误,或藉注骚明志,虽不免牵强误说,却各具特色,均显价值;其时,研究楚辞的学者之多、著述之丰,在楚辞学史上前所未有,达到鼎盛时期。到近代,梁启超突破前人格局,在时代与社会的广阔背景下考察屈原及其作品,使"知人论世"传统方法富有现代意义,打破了依经立论的旧框框。"五四"以后的楚辞研究开始出现新气象,郭沫若《屈原研究》从实事求是、尊重历史角度评价屈原及其作品,考证翔实、征引宏富;其《屈赋今译》,熔铸了再创作的功力。闻一多从诠释词义、校正文字角度着重文字训诂与考辨,其《楚辞校补》《天问疏证》等显示了深湛的学问功底,不乏独创性见解。游国恩在1949年前后相继出版《楚辞概论》《读骚论微初集》《楚辞论文集》,并主编《离骚纂义》《天问纂义》等,用历史的眼光、求实的态度研究楚辞,成果卓著。姜亮夫先后出版了《屈原赋校注》《楚辞书目五种》《楚辞学论文集》《楚辞今绎讲录》,及四大卷《楚辞通故》等。此外还有:陈子展《楚辞直解》,林庚《诗人屈原及其作品研究》《天问论笺》,汤炳正《屈赋新探》《楚辞类稿》,以及马茂元主编的《楚辞研究集成》等。80年代以后,又有萧兵《楚辞新探》、徐志啸《楚辞综论》、周建忠《当代楚辞研究论纲》等相继出版。并于1985年成立了中国屈原学会,举行学术研讨,定期出版会刊《中国楚辞学》。该时期楚辞研究的特点,是将楚辞学与文化学、神话学、民俗学学科建立联系,成为楚辞社会学蓬勃发展的开始,是楚辞学经历两千年后横向拓展的结果。另外,开展比较研究,也是楚辞学的新气象。进入新世纪后,楚辞研究在楚辞文献学、楚辞文艺学、楚辞社会学和楚辞学史方面的成果最为显著,论著数量庞大。其特征与趋势是利用考古成果,紧扣文学文本,传承中华文化和民族精神,发展区域文化乃至服务地方经济。

【楚辞章句】 汉王逸著。十七卷。前十六卷注屈原至刘向作品,第十七卷注王逸自作《九思》。各篇前皆有序,《离骚》《天问》有后序,以揭示篇旨命意。厘定章句,逐句注释,详于训诂,言多有据。所注皆出己意,亦杂采众说,多传旧训,虽有曲说,然保存古文献不少。《九章·抽思》以下诸篇,注文隔句用韵,可资研究古韵。王氏为楚人,去古未远,能一一指明楚地方言,后人受惠不少。为传世最早的《楚辞》注本。李善注《文选》《离骚》诸篇,大抵照录此书。其时尊经,此书谓"《离骚》依托五经以立义",未免牵强附会。《四库全书总目》以为此书"自宋以来,已非逸之旧本"。

【楚辞补注】 宋洪兴祖著。十七卷。旨在补王逸《章句》之所未备。先列原注于前,补注于后,逐条疏通证明。先校订原文,及王逸注文。如《离骚》"曰黄昏以为期"二句,据王逸无注,且《九章·抽思》重出,定为衍文。《九章·抽思》"愿荪美之可完","完"一作"光","光"字协韵义长,皆为后世注家所信从。次为训诂名物,考证诠释,广征博引,力求详尽。如《九章·哀郢》"至今九年而不复",博稽史传,颇为征实。凡驳正原注之误,别释原文之义,往往可见,且保存汉以来遗说不少。所引已佚《楚辞释文》七十七条,于研究《楚辞》古字古音,颇具参考价值。尤推崇屈原特立独行、舍生取义之大节,斥班固、颜之推之非议为"无异妾妇儿童之见",是能识屈原之志。其失则原注之误仍而不改,甚至原注不误而为曲说,反而难解。如《九歌·湘夫人》,原注"帝子谓尧女也",补注曰"帝子以喻贤臣"。然瑕不掩瑜。朱熹《楚辞集注》多取其说。《四库全书总目》评此书为"于《楚辞》诸注中,特为善本"。

【楚辞集注】 宋朱熹著。八卷。前五

卷收屈原所作二十五篇，统称"离骚"。后三卷录宋玉诸人所作十六篇，统称"续离骚"。篇前各立解题，多从王逸之说。正文各分章段，大抵四句为断。先校文字异同，音读是非，然后通解章旨，以《诗经》赋比兴三义为说。以为王逸、洪兴祖所注，详于训诂名物，而未能窥见大义，申明当年屈原之志，使见白于后世。故虽有取于王、洪二注，亦有所纠匡，尤多新解，往往在于推寻言外之意，且加发挥。如谓屈原操守过于中庸，而不可以为法，唯忠君爱国之忧，足以增重三纲五常，借以宣扬儒家伦理道德，巩固宋室统治。旧注只言屈原忠君，至此书始发扬屈原爱国大义，以斥其时宋金和议之非，以张战守之策。《天问》注中，多言理气，不失理学本色。凡不能入注而独立成篇，别为《楚辞辨证》二卷，详列旧注之失，皆加纠驳，列为专条。《楚辞后语》六卷，则选录荀子至北宋吕大临辞赋五十二篇，前十七篇有注，多理学家言，寡于文学意味。后三十五篇无注，盖未完之本。王（逸）、洪（兴祖）之后，此书流行最广，影响最大。

【楚辞通释】 清王夫之著。十四卷。前七卷录屈原之作，后七卷录宋玉诸人之作。篇目依王逸《章句》而删去《七谏》以下五篇，增入江淹《山中楚辞》《爱远山》和他本人的《九昭》，共四十四篇。篇前各有解题，稽考作者生平，阐述时地背景，发明微言大义，订正旧说之误。次为诠释字句原文分段作释。时据文义，推断篇旨，多拨正旧说之误。卷首列《史记》本传，序例五则。作者身遭家国之变，辗转流离，备极艰辛，尤感沦亡之痛，其身世之慨，与屈原一揆，故著此书，用达微言。

【楚辞灯】 一名《楚辞易读》。清林云铭著。四卷。只注屈原作品，续拟之作一概删除。逐段分疏，逐句诠释，且明叶音，旁加圈点，末以总论概括全文。引用典实，及花木鸟兽、玉石器物，酌采旧注。意义脉络，则必断以己意，所求大旨吻合，层次分明。多在首尾承接、段落转折、线索通贯处立言，每有会心之妙。略似评点时文之法，《四库全书总目》讥为"乡塾课蒙之本"，不足为病。《九歌》《九章》原本篇名列于后，今移于前，别加总论。重订《九章》篇次，《涉江》以下不同旧本。卷前列自序、凡例、《史记·屈原贾生列传》，末附《楚怀襄二王在位事迹考》，以楚国大事为正文，下附屈原事迹及作品系年。

【山带阁注楚辞】 清蒋骥著。六卷。另附《楚辞余论》二卷、《楚辞说韵》一卷。卷首列《史记》本传，节录《楚世家》怀襄二王事迹，及《楚辞》地图五帧，以考屈原事迹经历，期于知人论世，不作空言。正文只录屈原作品，分段作释。皆据行事年月，道里远近，以定所作之时地，从而探求所处之境遇及其用心，以阐发文章义蕴，寻绎命意条理。如于《哀郢》，详考洞庭湖流域山川地理，以见与《涉江》路途不合；文气呜咽低回，亦与《涉江》浩然一往不侔。虽穿凿附会不能必无，而征实之谈终胜悬断。《余论》二卷，通论《楚辞》，分论诸篇，驳正旧注得失，考证典故同异。其间诋诃旧说，亦有率尔之处。如以"少司命"为月下老人之类。至于汰其冗繁，以存精要，亦自瑕不掩瑜。《说韵》一卷，先列诸篇韵目于前，又博引古音异同，每部列通韵、叶韵、同母叶韵三例。清人诸注，王夫之发抉隐伏，戴震考证翔实，此书堪称鼎足而三。

【屈原赋注】　清戴震著。七卷，附《通释》二卷，《音义》三卷。正文释屈赋二十五篇，释义注音，且录异本。微言实旨，具见疏抉，时有胜义，其义原显者不复赘言，颇以简明见长。分《离骚》为十段，皆作评语，述其大意，不尚臆测空谈，而从训释章句，考订制度名物入手，探求大义微旨。卢文弨谓其"指博而辞约，义创而理确"（《屈原赋注》序）。为乾嘉学派《楚辞》研究的代表作，对后世有重要影响。后二卷《通释》，上卷释山川地名，下卷释草木鸟兽虫鱼。

【屈骚指掌】　清胡文英著。四卷。以王逸本次序收录屈原作品，又列入《招魂》《大招》。其基本特点是"于地理、名物考索最精，不为空言疏释，而骚之旨趣自出"（王鸣盛《屈骚指掌》序）。考求写作年代，作者经历，详于山川地理、禽兽草木。自称"两涉楚南，三留楚北，询之耆宿，按之众图"，不得然后参阅旧注，择采其善。亦有疏谬之处。如所指错简，皆凭臆定。

【屈赋微】　《楚辞》注本。清马其昶著。二卷。题目下皆系解语，韵字皆注音。诠释文字章句，遍采汉以来专注之书，及文集笔记中语，约四十六家。广集众长，取其大意，由博反约，锻炼而熔铸之，以己意为折中，且加发挥。言简意明，自立新说，则极审慎。旧注多言忠君，此书尤重爱国。

《诗经》、楚辞书目

说 明

一、《诗经》书目、楚辞书目收录古今有关《诗经》、楚辞的全辑本、选编本、注释本、研究评论著作以及参考资料,旨在为读者提供一份比较齐备的诗经学、楚辞学参考书目。

二、所收各书为国人编撰并在国内(包括港台)刊行的著作,酌收部分未经刊行的古籍稿本或抄本。

三、所收各书按编撰或刊行年代为序,不分类别。各书著录书名、卷数、编撰者和版本。民国以前的编撰者注明朝代。同一种书的不同版本不另立目,依刊行年代附列于后。

四、所收各书出版年份截至2015年。

《诗经》书目

齐诗传二卷 (汉)后苍撰,(清)马国翰辑。《玉函山房辑佚书》本

齐诗传一卷 (汉)辕固撰,(清)黄奭辑。《汉学堂丛书》本,《黄氏逸书考》本

鲁诗传一卷 (汉)申培撰,(清)王谟辑。《汉魏丛书》本 又(清)黄奭辑。《汉学堂丛书》本,《黄氏逸书考》本

鲁诗故三卷 (汉)申培撰,(清)马国翰辑。《玉函山房辑佚书》本

石经鲁诗一卷 (清)马国翰辑。《玉函山房辑佚书》本

熹平石经鲁诗残石 郭沫若辑。《古代铭刻汇考四种》本

鲁诗韦氏说一卷 (汉)韦玄成撰,(清)王仁俊辑。《玉函山房辑佚书续编》本

韩诗故二卷 (汉)韩婴撰,(清)马国翰辑。《玉函山房辑佚书》本

韩诗说 (汉)韩婴撰,(清)马国翰辑。《玉函山房辑佚书》本

韩诗内传一卷 (汉)韩婴撰,(清)王谟辑。《汉魏遗书钞》本 又(清)马国翰辑。《玉函山房辑佚书》本 又(清)黄奭辑。《黄氏逸书考》本

韩诗翼要一卷 (汉)侯苞撰,(清)王谟辑。《汉魏遗书钞》本 又(清)马国翰辑。《玉函山房辑佚书》本 又(清)王仁俊辑。《玉函山房辑佚书续编》本

韩诗薛君章句二卷 (汉)薛汉撰,(清)马国翰辑。《玉函山房辑佚书》本

韩诗赵氏学一卷 (汉)赵煜撰,(清)王仁俊辑。《玉函山房辑佚书续编》本

韩诗外传十卷 (汉)韩婴撰。元至正十五年(1355)嘉兴路儒学刊明修本,《津逮秘书》本,《学津讨原》本,《四部丛刊》本

韩诗外传佚文一卷 (汉)韩婴撰,(清)王仁俊辑。《玉函山房辑佚书续编》本

毛诗传笺二十卷 (汉)毛亨传,(汉)郑玄笺,(唐)陆德明音义。《十三经古注》本,《四部丛刊》本

诗谱一卷 (汉)郑玄撰,(清)王谟辑。《汉魏遗书钞》本 又(清)黄奭辑。

《诗经》、楚辞书目

《汉学堂丛书》本,《黄氏逸书考》本又(清)胡元薇辑。 《皇清经解续编》本

毛诗正义四十卷 （汉）毛亨传,（汉）郑玄笺,（唐）孔颖达疏。 阮元校刊《十三经注疏》本,《四部备要》本

毛诗马氏注一卷 （汉）马融撰,（清）马国翰辑。 《玉函山房辑佚书》本,《汉学堂丛书》本

毛诗二十卷 《唐开成石壁十二经》本

毛诗传笺残字二卷 《蜀石经残字三种》本

后蜀毛诗石经残本一卷 （清）王昶辑。《石经汇函》本

毛诗草虫经一卷 （清）马国翰辑。《玉函山房辑佚书》本

毛诗提纲一卷 （清）马国翰辑。《玉函山房辑佚书》本

诗传一卷 （春秋）端木赐撰。（题名）明万历四十五年(1617)张鹤鸣刻本又(明)钟惺辑。《古名儒毛诗解十六种》本

诗纬二卷 （明）孙瑴辑。《墨海金壶》本,《丛书集成初编》本

诗汜历枢 （明）孙瑴辑。《墨海金壶》本,《丛书集成初编》本

诗推度灾 （明）孙瑴辑。《墨海金壶》本,《丛书集成初编》本

诗含神雾一卷 （明）孙瑴辑。《墨海金壶》本,《丛书集成初编》本

泛引诗纬 （清）乔松年辑。 《乔勤恪公全集》本,《山右丛书初编》本

诗汜历枢 （清）乔松年辑。 《乔勤恪公全集》本,《山右丛书初编》本

诗含神雾 （清）乔松年辑。 《乔勤恪公全集》本,《山右丛书初编》本

诗推度灾 （清）乔松年辑。 《乔勤恪公全集》本,《山右丛书初编》本

诗含神雾 （清）刘学宠辑。 《青照堂丛书》本

诗纪历图 （清）刘学宠辑。 《青照堂丛书》本

诗纬一卷 （清）殷元正辑,（清）陆明睿增订。 《纬书》本

诗纬纪历枢(又名《诗纬汜历枢》)一卷 （清）殷元正辑,（清）陆明睿增订。《纬书》本

诗纬含文候一卷 （清）殷元正辑,（清）陆明睿增订。 《纬书》本

诗纬推度灾一卷 （清）殷元正辑,（清）陆明睿增订。 《纬书》本

诗纬含神雾一卷 （清）殷元正辑,（清）陆明睿增订。 《纬书》本

诗汜历枢一卷附补遗 （清）赵在翰辑。《七纬·诗纬》本

诗纬三卷 （清）赵在翰辑。《七纬·诗纬》本

诗纬附录附补遗 （清）赵在翰辑。 《七纬·诗纬》本

诗含神雾附补遗 （清）赵在翰辑。 《七纬·诗纬》本

诗推度灾一卷附补遗 （清）赵在翰辑。《七纬·诗纬》本

诗纬汜历枢训纂一卷 （清）胡薇元撰。《玉津阁丛书》本

诗纬推度灾训纂一卷 （清）胡薇元撰。《玉津阁丛书》本

诗纬含神雾训纂一卷 （清）胡薇元撰。

《玉津阁丛书》本

诗纬推度灾一卷 （魏）宋均注，（清）王仁俊辑。《玉函山房辑佚书续编》本

诗纬一卷 （魏）宋均注，（清）王仁俊辑。《玉函山房辑佚书续编》本

诗纬汜历枢一卷 （魏）宋均注，（清）王仁俊辑。《玉函山房辑佚书续编》本

诗纬含神雾一卷 （魏）宋均注，（清）王仁俊辑。《玉函山房辑佚书续编》本

诗汛历枢一卷 （清）黄奭辑。《黄氏逸书考·通纬》本

诗含神雾一卷 （魏）宋均注，（清）黄奭辑。《汉学堂丛书·通纬》本，《黄氏逸书考·通纬》本

诗推度灾一卷 （魏）宋均注，（清）黄奭辑。《汉学堂丛书·通纬》本，《黄氏逸书考·通纬》本

诗纬一卷 （清）黄奭辑。《汉学堂丛书·通纬》本，《黄氏逸书考·通纬》本

诗纬含神雾一卷 （魏）宋均注，（清）马国翰辑。《玉函山房辑佚书》本，《玲珑山馆丛书》本

诗纬推度灾一卷 （魏）宋均注，（清）马国翰辑。《玉函山房辑佚书》本，《玲珑山馆丛书》本

诗纬汜历枢一卷 （魏）宋均注，（清）马国翰辑。《玉函山房辑佚书》本，《玲珑山馆丛书》本

毛诗义问一卷 （魏）刘桢撰，（清）马国翰辑。《玉函山房辑佚书》本

毛诗王氏注四卷 （魏）王肃撰，（清）马国翰辑。《玉函山房辑佚书》本

毛诗注一卷 （魏）王肃撰，（清）黄奭辑。《汉学堂丛书》本，《黄氏逸书考》本

毛诗问难一卷 （魏）王肃撰，（清）马国翰辑。《玉函山房辑佚书》本

毛诗义驳一卷 （魏）王肃撰，（清）马国翰辑。《玉函山房辑佚书》本

毛诗奏事一卷 （魏）王肃撰，（清）马国翰辑。《玉函山房辑佚书》本

毛诗驳一卷 （魏）王基撰，（清）马国翰辑。《玉函山房辑佚书》本

毛诗申郑义一卷 （魏）王基撰，（清）黄奭辑。《汉学堂丛书》本，《黄氏逸书考》本

毛诗答杂问一卷 （吴）韦昭、朱育等撰，（清）王谟辑。《汉魏遗书钞》本又（清）马国翰辑。《玉函山房辑佚书》本

毛诗谱注一卷 （吴）徐整撰，（清）王谟辑。《汉魏遗书钞》本

毛诗谱畅一卷 （吴）徐整撰，（清）马国翰辑。《玉函山房辑佚书》本

毛诗草木鸟兽虫鱼疏二卷 （吴）陆玑撰。《续百川学海》本，《唐宋丛书》本，赵佑校《聚众轩丛书》本，丁晏校《颐志斋丛书》本，罗振玉校《晨风阁丛书》本

毛诗异同评一卷 （晋）孙毓撰，（清）王谟辑。《汉魏遗书钞》本 又（清）黄奭辑。《汉学堂丛书》本，《黄氏逸书考》本 又 三卷 （清）马国翰辑。《玉函山房辑佚书》本，《忏花盦丛书》本

难孙氏毛诗评一卷 （晋）陈统撰，（清）马国翰辑。《玉函山房辑佚书》本，《忏花盦丛书》本

毛诗舒氏义疏一卷 （□）舒援撰，（清）马国翰辑。《玉函山房辑佚书》本

毛诗拾遗一卷 （晋）郭璞撰，（清）马国翰辑。《玉函山房辑佚书》本

毛诗徐氏音一卷 （晋）徐邈撰，（清）马国翰辑。《玉函山房辑佚书》本

毛诗音残三卷 （晋）徐邈撰。《敦煌秘籍留真新编》本

毛诗周氏注一卷 （南朝宋）周续之撰，（清）马国翰辑。《玉函山房辑佚书》本

毛诗序义一卷 （南朝宋）周续之撰，（清）王谟辑。《汉魏遗书钞》本

毛诗序义疏一卷 （南齐）刘瓛撰，（清）马国翰辑。《玉函山房辑佚书》本

集注毛诗一卷 （梁）崔灵恩撰，（清）马国翰辑。《玉函山房辑佚书》本

毛诗集注一卷 （梁）崔灵恩撰，（清）王仁俊辑。《玉函山房辑佚书续编》本

毛诗十五国风义一卷 梁简文帝撰，（清）马国翰辑。《玉函山房辑佚书》本

毛诗隐义一卷 （梁）何胤撰，（清）马国翰辑。《玉函山房辑佚书》本

毛诗笺音义证一卷 （北魏）刘芳撰，（清）王谟辑。《汉魏遗书钞》本 又 （清）马国翰辑。《玉函山房辑佚书》本

毛诗义疏一卷 （北周）沈重撰，（清）王谟辑。《汉魏遗书钞》本

毛诗沈氏义疏二卷 （北周）沈重撰，（清）马国翰辑。《玉函山房辑佚书》本

毛诗沈氏义疏一卷 （北周）沈重撰，（清）王仁俊辑。《玉函山房辑佚书续编》本

毛诗题纲一卷 （清）马国翰辑。《玉函山房辑佚书》本

毛诗述义一卷 （隋）刘炫撰，（清）马国翰辑。《玉函山房辑佚书》本

毛诗国风定本一卷 （唐）颜师古撰。《鹤寿堂丛书》本

施氏诗说一卷 （唐）施士丐撰，（清）马国翰辑。《玉函山房辑佚书》本

二南密旨不分卷 （唐）贾岛撰。《逊敏堂丛书》本

毛诗指说一卷 （唐）成伯玙撰。《通志堂经解》本，《四库全书》本

诗本义十五卷 （宋）欧阳修撰。《通志堂经解》本，《四库全书》本，《四部丛刊三编》本

郑氏谱考正一卷 （宋）欧阳修撰。 清邵武徐幹校刊本

郑氏诗谱补亡一卷 （宋）欧阳修撰。《通志堂经解》本，《四库全书》本，《四部丛刊三编》本

毛诗小传 （宋）刘敞撰。 藤花榭刊《经学五种·公是先生七经小传》本

诗义钩沉 （宋）王安石撰。 中华书局本

诗集传二十卷 （宋）苏辙撰。 明刊《两苏经解》本，《四库全书》本

诗说一卷 （宋）张耒撰。《说郛》宛委山堂本，《通志堂经解》本，《丛书集成初编》本

柯山诗传一卷 （宋）张耒撰。 旧抄本

毛诗名物解二十卷 （宋）蔡卞撰。 明秦氏雁里草堂抄本,《通志堂经解》本,《四库全书》本

诗补传三十卷 （宋）范处义撰。《通志堂经解》本,《四库全书》本

诗疑 （宋）郑樵撰,顾颉刚辑。 民国二十一年(1932)北平朴社铅印本

诗辨妄二卷 （宋）郑樵撰。 1930年景山书社印本

毛诗集解四十二卷 （宋）李樗、黄櫄撰,（宋）吕祖谦释音。《通志堂经解》本,《四库全书》本

诗论一卷 （宋）程大昌撰。《芝园秘录初刻》本,《学海类编》本,《丛书集成初编》本

诗总闻二十卷 （宋）王质撰。《四库全书》本,《湖北先正遗书》本,《丛书集成初编》本

吕氏家塾读诗记三十三卷 （宋）吕祖谦撰,《墨海金壶》本,《四部丛刊续编》本,《丛书集成初编》本

续吕氏家塾读诗记三卷 （宋）戴溪撰。《四库全书》本,《清芬堂丛书》本,《丛书集成初编》本

诗集传八卷 （宋）朱熹撰。《四库全书》本,《西京清麓丛书》本 又 二十卷 《四部丛刊三编》本,1955年文学古籍刊行社影印宋刻本,1980年上海古籍出版社排印本

新刻诗传纲领一卷 （宋）朱熹撰。《古名儒毛诗解十六种》本,《五经补纲》本

诗序辨说一卷 （宋）朱熹撰。《津逮秘书》本,《丛书集成初编》本

诗解钞一卷 （宋）唐仲友撰。《金华唐氏遗书》本,《续金华丛书》本

非诗辨妄一卷 （宋）周孚撰。《涉闻梓旧》本,《丛书集成初编》本 又 二卷 《玉雨堂丛书》本

慈湖诗传二十卷 （宋）杨简撰。《四库全书》本,《四明丛书》本

絜斋毛诗经筵讲义四卷 （宋）袁燮撰。《四库全书》本,《四明丛书》本,《丛书集成初编》本

诗童子问二十卷 （宋）辅广撰。 元至正三年(1343)余氏勤有堂刊本,明毛氏汲古阁刊本,《四库全书》本

诗经协韵考异一卷 （宋）辅广撰。《学海类编》本,《逊敏堂丛书》本,《丛书集成初编》本

新刻山堂诗考一卷 （宋）章如愚撰,（明）钟惺辑。《古名儒毛诗解十六种》本

毛诗要义二十卷 （宋）魏了翁撰。 清光绪八年(1882)独山莫氏刊本,《五经要义》本

诗说十二卷 （宋）刘克撰。 清丁丙跋抄本,《宛委别藏》本 又 刘氏诗说十卷 清道光八年(1828)汪氏刊本

诗说补二卷 （宋）刘克撰,（清）陆心源辑。《潜园总集·群书校补》本

毛诗讲义十二卷 （宋）林岊撰。《四库全书》本,《四库全书珍本初集》本

毛诗集解二十五卷 （宋）段昌武撰。《四库全书》本 又 毛诗集解三十卷学诗总说一卷论诗总说一卷(存二十二卷) 北京图书馆藏清宋筠跋抄本 上海图书馆藏清抄本(存二十卷)

《诗经》、楚辞书目

诗义指南(又名《昌武段氏诗义指南》)一卷 (宋)段昌武撰。《知不足斋丛书》本,《宛委别藏》本,《丛书集成初编》本

诗缉三十六卷 (宋)严粲撰。《四库全书》本,《摛藻堂四库全书荟要》本

诗传遗说六卷 (宋)朱鉴撰。《通志堂经解》本,《四库全书》本

诗疑二卷 (宋)王柏撰。《通志堂经解》本,《金华丛书》本,《丛书集成初编》本

新刻困学纪诗一卷 (宋)王应麟撰,(明)钟惺辑。《古名儒毛诗解十六种》本

新刻玉海纪诗一卷 (宋)王应麟撰,(明)钟惺辑。《古名儒毛诗解十六种》本

诗考一卷 (宋)王应麟撰。《津逮秘书》本,《四库全书》本,《丛书集成初编》本 又 **韩鲁齐三家诗考六卷** 元刊本

诗地理考六卷 (宋)王应麟撰。《津逮秘书》本,《四库全书》本,《丛书集成初编》本

诗经注疏三卷 (宋)谢枋得撰。《知不足斋丛书》本,《抱经楼丛刊》本,《丛书集成初编》本

新刻读诗一得一卷 (宋)黄震撰,(明)杨慎辑。《古名儒毛诗解十六种》本

诗辨说一卷 (宋)赵德撰。《通志堂经解》本,《四库全书》本,《别下斋丛书》本,《丛书集成初编》本

毛诗图考 (宋)杨甲撰,(清)潘奕鼎考。清康熙耕礼堂重刊《六经图考》本

诗略说不分卷 (宋)书升撰。 山东省博物馆藏王献唐跋稿本

新刻文献诗考二卷 (元)马端临撰,(明)钟惺辑。《古名儒毛诗解十六种》本

诗经疑问七卷 (元)朱倬撰。《通志堂经解》本,《四库全书》本

诗传通释二十卷 (元)刘瑾撰。 元至正十二年(1352)刘氏日新书堂刊本,《四库全书》本

诗缵绪十八卷 元刘玉汝撰。《四库全书》本,《四库全书珍本初集》本

诗传旁通十五卷 (元)梁益撰。《四库全书》本,《常州先哲遗书》本

诗经疏义会通二十卷纲领一卷图一卷 (元)朱公迁撰,(明)王逢辑,(明)何英增释。 明嘉靖二年(1523)刘宗器安正堂本 又 **诗经疏义浅讲二十卷** 明正德四年(1509)余氏克勤书堂刻本

诗集传音释二十卷 (元)许谦撰。 清咸丰七年(1857)海昌蒋氏衍芬草堂校刻本,清光绪十五年(1889)江南书局刻本

诗集传名物钞八卷 (元)许谦撰。《通志堂经解》本,《四库全书》本,《丛书集成初编》本

许氏诗谱抄一卷 (元)许谦撰,(清)吴骞校。《拜经楼丛书》本,清乾隆、嘉庆刊本

诗经集说六卷 (元)卢观撰。 北京图书馆藏孔氏岳雪楼影抄本

诗集传附录纂疏二十卷诗序附录纂疏一

卷诗传纲领附录纂疏一卷语录辑要一卷 （元）胡一桂撰。元泰定四年(1327)翠岩精舍刻本,复旦大学图书馆藏明抄本

新刊类编历举三场文选诗义八卷 （元）刘贞辑。元刊明修本

明经题断诗义矜式十卷 （元）林泉生撰。元刊本

诗集传名物钞音释纂辑二十卷 （元）罗复撰。元至正十一年(1351)双桂书堂刻本 又 诗集传名物钞音释八卷(存七卷) （元）罗复撰。北京图书馆藏明姚氏茶梦斋抄本 又 诗集传音释二十卷札记一卷 （元）罗复撰。元至正间刊本,清咸丰七年(1857)海昌蒋氏衍芬堂刊本

诗演义十五卷 （元）梁寅撰。《四库全书》本,《四库全书珍本初集》本

直音傍训毛诗句解二十卷 （元）李公凯撰。元刊本

诗经旁注四卷 佚名撰。元罗祖禹刻本,北京图书馆藏元刻本

风雅翼八卷续编四卷 （元）刘履撰。明宣德陈本深刻本

诗解颐(又名《毛诗解颐》)四卷 （明）朱善撰。《通志堂经解》本,《四库全书》本,《摘藻堂四库全书荟要》本

诗传大全二十卷纲领一卷图一卷 （明）胡广等辑。明诗瘦阁刊本,《四库全书》本

新刻读诗录一卷 （明）薛瑄撰,（明）钟惺辑。《古名儒毛诗解十六种》本

毛诗说序六卷 （明）吕柟撰。《吕泾野五经说》本,《惜阴轩丛书》本,《丛书集成初编》本

诗经通解二十五卷 （明）黄佐撰。明嘉靖刊本

新编诗义集说四卷 （明）孙鼎撰。浙江图书馆藏明抄本,《宛委别藏》本

诗传纂义一卷 （明）倪复撰。福建省图书馆藏清抄本

诗经衍义不分卷 （明）王崇庆撰。《五经心义》本

诗说一卷 （明）蔡汝楠撰。明天启三年(1623)蔡武刊本

诗说解颐四十卷 （明）季本撰。明嘉靖四十一年(1562)胡宗宪刊本,《四库全书》本

毛诗或问二卷 （明）袁仁撰。《学海类编》本,《丛书集成初编》本

诗经臆说十四卷 （明）华湘编。明嘉靖二十一年(1542)华湘刊本

新镌张阁老进呈经筵诗经直解四卷 （明）张居正撰。明刊本

详增经旨意释毛诗四卷 明弘治华氏会通馆刊本

白沙先生诗教解十五卷 （明）陈献章撰,（明）湛若水注。明隆庆六年(1572)丽泽书院刊本,明嘉靖马松刊本

诗经解诂四卷 （明）陈深撰。明万历刊《十三经解诂》本

诗经绎三卷 （明）邓元锡撰。明万历刊《五经绎》本

端木赐诗传一卷 （明）丰坊辑。《津逮秘书》本,《汉魏丛书》本

鲁申培诗说一卷 （明）丰坊辑。《津逮秘书》本,《汉魏丛书》本

娄上张氏说诗一卷 （明）张廷臣辑。明万历二十九年(1601)刊本

诗经开心正解七卷 （明）邵芝南辑。明隆庆熊氏种德堂刊本

毛诗古音考四卷 （明）陈第撰。《学津讨原》本，《音韵学丛书》本

读诗拙言一卷 （明）陈第撰。《学津讨原》本，《音韵学丛书》本，《海山仙馆丛书》本

诗经主意四卷 （明）华文甫撰。 明嘉靖四十四年(1565)刊本

读诗私记五卷 （明）李先芳撰。《湖北先正遗书》本，《四库全书》本

读风臆评一卷 （明）戴君恩撰。明万历四十八年(1620)闵氏刊朱墨套印本，清光绪述古堂刊本

六家诗名物疏五十四卷 （明）冯复京撰。明万历刊本，《四库全书》本

毛诗序说八卷 （明）郝敬撰。明天启五年(1625)自刻《山草堂集·内编》本

毛诗原解三十六卷读诗一卷 （明）郝敬撰。 明万历四十三年(1615)郝氏刊本，《湖北丛书》本

叶太史参补古今大方诗经大全十五卷纲领一卷图一卷 （明）叶向高撰。明芝城余氏刊本，清康熙五十年(1711)郁郁堂刊本

诗经讲意丛便读八卷 （明）叶向高撰。明刊本

新刊增补古今名家诗学大成二十四卷 （明）李攀龙编。 明万历刘氏孝友堂刊本

诗经传旨一览四卷 （明）薛志学撰。明万历二十三年(1595)徐汝良刊本

诗经开蒙衍义集注八卷 （明）汪环撰。明万历二十三年(1595)詹氏静观堂刊本

诗经铎振八卷 （明）汪环撰。 明万历四十四年(1616)詹氏静观堂刊本

新刻徐玄扈先生纂辑毛诗六帖讲意四卷 （明）徐光启撰。 明万历四十五年(1617)唐氏广庆堂刊本

诗经正义二十七卷 （明）许天赠撰。明万历刊本

诗经臆四卷 （明）王道撰。 明徐中立刊本

帝乡戚氏家传葩经大全心印五卷(残存) （明）戚伸撰。 明崇祯三年(1630)刊本

诗经主义四卷 明杨于庭撰。 明万历刊本

诗故十卷 （明）朱谋㙔撰。明万历刊本，《四库全书》本，《豫章丛书》本

诗学正旨四卷 （明）杨征元撰。 明万历刊本

毛诗鸟兽草木考二十卷 （明）吴雨撰。明万历磊老山房刊本

毛诗多识编七卷 （明）林兆珂撰。 明刊本

新刻胡氏诗识三卷 （明）胡缵宗编，(明)钟惺辑。《古名儒毛诗解十六种》本

新刻印古诗语一卷 （明）朱得之撰，(明)钟惺辑。《古名儒毛诗解十六种》本

逸诗一卷 （明）胡文焕辑。 明天启七年(1627)序刊本

诗经图史合考二十卷　（明）钟惺撰。明刊本

诗经评不分卷　（明）钟惺评点。明闵氏刊朱墨套印本　又　诗经评三卷　《合刻周秦经书十种》本

诗经四卷小序一卷　（明）钟惺评点。明凌杜若刻三色套印本

诗经纂注八卷　（明）钟惺辑。明夏璋刊《五经纂注》本

新刻诗传纲领一卷　（明）钟惺辑。《古名儒毛诗解十六种》本

新刻逸诗一卷　（明）钟惺辑。《古名儒毛诗解十六种》本

诗经疑问十二卷　（明）姚舜牧撰。明万历六经堂刊本，《四库全书》本，清姚淳起校补明刊本

诗经笔记四卷　（明）蒋以忠撰。明万历刊本

诗经质疑十四卷　（明）曹学佺撰。明活字印本

诗经剖疑二十一卷　（明）曹学佺撰。明刊本

孙月峰先生批评诗经四卷　（明）孙鑛评。明天益山刊《孙月峰评经》本

毛诗注疏删翼二十四卷　（明）王志长撰。湖北省图书馆藏清抄本

诗逆不分卷诗考一卷　（明）凌濛初撰。明天启二年(1622)刊本

圣门传诗嫡冢十六卷附申公诗说一卷　（明）凌濛初撰。明崇祯刊本

孔门两弟子言诗翼七卷　（明）凌濛初辑。明崇祯刊本

诗经世业十一卷　（明）瞿汝说撰。明崇祯詹圣谟刊本

诗经狐白八卷　（明）冯元飚撰。明崇祯佘氏耀剑山房刊本

诗表一卷　（明）黄道周撰。清道光五年(1825)刊本

诗经说约二十八卷　（明）顾梦麟撰。明崇祯织帘居刊本

毛诗弋志笺记不分卷　（明）张次仲撰。清康熙刊本

待轩诗记八卷　（明）张次仲撰。明刊本，清康熙十六年(1677)一经堂刊本

诗志二十六卷　（明）范王孙撰。明刊本

诗臆二卷　（明）冯时可撰。明万历刊《冯元成杂著》本

韩诗外传纂要一卷　（明）史起钦辑。明万历刊《史进士新镌诸子纂要》本

毛诗郑笺纂疏补协二十卷诗谱一卷　（明）屠本畯撰。明万历二十二年(1594)玄鉴室刊本

诗经传旨一览四卷　（明）薛志学撰。明万历二十二年(1594)徐汝良刊本

二贤言诗不分卷　明郭子章辑。明万历李维桢刊本

诗经类考三十卷　（明）沈万钶撰。明万历刊本，明崇祯刊本

诗批释四卷　（明）安世凤撰。明万历二十九年(1601)刊本

毛诗草木鸟兽虫鱼疏广要(又名《毛诗陆疏广要》)四卷　（明）毛晋撰。《津逮秘书》本　又　二卷　《四库全书》本，《学津讨原》本，《丛书集成初编》本

毛诗微言二十卷　（明）张以诚撰。明

刊本

十刻诗经删补便蒙解注四卷　佚名撰。
　　明万历四十年(1612)友石居刊本
诗经注疏大全合纂三十四卷　(明)张溥
　　撰。　明崇祯刊本
诗经说通十三卷　(明)沈守正撰。　明
　　万历四十三年刊本
诗外别传二卷　(明)袁黄撰。　明万历
　　三十三年余氏刊《了凡杂著》本,上海
　　图书馆藏民国九年(1920)吴江柳氏
　　红格抄本
读诗略记六卷　(明)朱朝瑛撰。　民国
　　二十四年(1935)商务印书馆影印《七
　　经略记》稿本
新刻杨会元真传诗经讲意悬鉴二十卷
　　(明)杨守勤撰。　明万历熊成冶
　　刊本
镌杨会元真传诗经主意冠玉四卷　(明)
　　杨守勤撰。　明万历三十三年
　　(1605)博古堂刊本
尔雅堂家藏诗说不分卷　(明)顾起元撰。
　　明万历三十四年(1606)刊本　又
　　尔雅堂诗说不分卷　浙江图书馆藏
　　旧抄本
诗经金丹八卷　(明)顾起元撰,(明)潘
　　晓辑。　明天启傅氏版筑居刊本
毛诗正变指南图一卷诗经金丹汇考一卷
　　诗经难字一卷　(明)顾起元撰。
　　明版筑居刻朱墨套印本
诗问略一卷　(明)陈子龙撰。　《学海类
　　编》本,《丛书集成初编》本
葩经旁意一卷　(明)乔中和撰。　明崇
　　祯刊《跻新堂集》本,《西郭草堂合
　　刊》本

新镌笔洞山房批点诗经捷渡大文四卷
　　(明)徐奋鹏撰。　明天启王荆岑
　　刊本
诗经解注四卷　(明)徐奋鹏撰。　清顺
　　治十五年(1658)刊《诗经通解》本
葩苑十二卷　(明)徐奋鹏等撰。　明
　　刊本
诗经百方家问答四卷　(明)徐奋鹏撰。
　　明万历李氏聚奎楼刊本
诗通四卷　(明)陆化熙撰。　明万历李
　　潮刊本,明童忆泉刊本
诗传阐二十三卷阐余二卷　(明)邹忠允
　　撰。　明崇祯刊本
鼎镌邹臣虎增补魏仲雪先生诗经脉讲意
　　八卷首一卷　(明)魏浣初撰,(明)
　　邹之麟增补。　明刊本
毛诗振雅六卷　(明)张元芳、魏浣初撰。
　　明版筑居刊朱墨套印本
新刻沈汉阳先生随寓诗经答七卷　(明)
　　沈翘楚撰。　明万历四十七年
　　(1619)唐晟刊本
毛诗微言二十卷　(明)唐汝谔撰。　明
　　俞秀山刊本
诗原五卷诗说略一卷　(明)张彩撰。
　　明天启元年(1621)陈此心刊本
诗经世本古义二十八卷　(明)何楷撰。
　　明崇祯刊本,《四库全书》本,清嘉庆
　　刊本
诗经世本目一卷　(明)何楷撰。　《闻竹
　　居丛书》本
南州诗说八卷　(明)徐必达撰。　明天
　　启元年(1621)刊本
诗牖十五卷　(明)钱天锡撰。　明天启
　　刊本

诗经考十八卷　（明）黄文焕撰。　明末刊本

诗经注疏大全纂十二卷谱说一卷　（明）陶其情撰。　约明天启刊本

诗经秘旨八卷　（明）陈遂卿撰。　明天启六年（1626）郑大经刊朱墨套印本

诗经水月备考四卷　（明）薛寀辑，（明）史增注。　明末舒濬溪刊本，清康熙四十四年（1705）存存堂刊本

毛诗注疏纂八卷　（明）田有年、田逢年撰。　明崇祯刊本

诗经胡传十二卷　（明）胡绍曾撰。　明崇祯刊春煦堂藏版本

二刘先生阕湖说诗不分卷　（明）刘尹聘、刘振之撰。　明崇祯四年（1631）刊本

诗经偶笺十三卷　（明）万时华撰。　明崇祯六年（1633）李泰刊本

诗经主意默雷八卷　（明）何大抡撰。　明崇祯四年（1631）刊本，明末友石居刊本

诗经心诀八卷　（明）何大抡撰。　明天启刊本

诗经副墨不分卷　（明）陈祖绶撰。　明光启堂刊本

桂林诗正八卷　（明）顾懋樊撰。　明崇祯刊本，《桂林经说》本

诗经永论四卷　（明）方孔炤撰。　中国社会科学院图书馆藏清抄本

韦氏诗经考定二十四卷诗经传授源流一卷总论一卷　（明）韦调鼎撰。　明崇祯十三年（1640）潘璁等刊本

诗经备考二十四卷　（明）钟惺、韦调鼎撰。　明崇祯十四年（1641）刊本

诗问一卷　（明）吴肃公撰。　北京图书馆藏清抄本

新锲诗经心钵五卷　（明）方应龙撰。　明刊本

诗述不分卷　（明）姚应仁撰。　明刊本

韩诗外传旁注评林十卷　（明）黄从诚撰。　明翁氏冈书堂刊本

诗绎四卷　（明）乔时敏撰。　明鼎云堂刊本

新刻诗经讲义鞭影六卷　（明）杨廷麟撰。　明瑞云馆张少吾刊本

诗经定本四卷　（明）黄澍撰。　明刊本

诗经能解三十一卷　（明）叶义昂撰。　明刊本

诗经教考十卷　（明）李经纶撰。　中国科学院图书馆藏旧抄本

新刻诗学精义渊源二十卷　（明）何应奇撰。　明刊本

新刊侯伯宪家传诗经说约八卷摘古今说诗要论一卷　（明）侯世屏撰。　明刊本

新镌张徐两太史审定葩经嫡证八卷　（明）朱辂辑。　明刊本

诗测定本□□卷　（明）万尚烈撰。　明刊本

诗经人物考三十四卷（存二十一卷）　（明）林世陞撰。　北京图书馆藏明刊本

诗说不分卷　不著撰者。　北京图书馆藏明抄本

古逸诗载一卷　（明）麻三衡辑。　《闰竹居丛书》本

诗经评考二十卷　（明）陶九乐撰。　复旦大学图书馆藏清抄本

诗经辅注五卷 （明）徐凤彩撰。 复旦大学图书馆藏清徐朝俊抄本

重梓徐缉之先生诗说阙疑十五卷(存五卷) （明）徐熙撰。 扬州市图书馆藏清抄本

古诗猎隽一卷 （明）庄元臣辑。 《庄忠甫杂著》本

诗经渔樵野说不分卷 （明）夏大煇撰。 浙江瑞安玉海楼藏清孙锵鸣家抄本

诗经集思通十二卷 明朱道行撰。 清初刊本

诗采八卷 （明）张星懋撰。 中国社会科学院文学研究所藏清朴学斋抄本

诗学内传三十一卷首一卷(存二十七卷) （明）陆烨撰。 复旦大学图书馆藏清杜氏知圣教斋抄本

读诗一卷 明曹珖撰。 《大树堂说经》明抄本

诗音辨略二卷 （明）杨贞一撰。 《函海》乾隆本

诗经朱传翼三十卷首一卷 （清）孙承泽撰。 清刊本

诗经翼四卷 （清）孙承泽撰。 《四库全书》本

三百篇鸟兽草木记一卷 （清）徐士俊撰，（清）潘锡恩释。 稿本,《檀几丛书》本,《闰竹居丛书》本

诗说 （清）沈起撰。 《墨菴经学》本

白云学诗六卷 （清）张怡撰。 清抄本

风雅伦音二卷 （清）谢文洊撰。 《谢程山全书》本

诗集广义十卷 （清）朱嘉征撰。 清刊本

读诗略记六卷 （清）朱朝瑛撰。 《四库全书》本,《四库全书珍本初集》本

诗本音十卷 （清）顾炎武撰。 《音学五书》本,《音韵学丛书》本

毛诗稽古编三十卷 （清）陈启源撰。 《四库全书》本,《皇清经解》本

毛诗通义十二卷 （清）朱鹤龄撰。 清陈钟英跋手稿本,《四库全书》本,《芋园丛书》本

毛诗蒙引二十卷 （清）陈子龙撰。 日本刊本

唱经堂释小雅一卷 （清）金圣叹撰。 《唱经堂才子书》本,《风雨楼丛书》本,《中国文学珍本丛书》本

田间诗学十二卷 （清）钱澄之撰。 清康熙二十八年(1689)钱氏斠雠堂刊本,《四库全书》本,《桐城钱饮光先生全书》本

诗经稗疏四卷 （清）王夫之撰。 《四库全书》本,《船山遗书》本,1988年岳麓书社排印《船山全书》本

诗广传五卷 （清）王夫之撰。 《船山遗书》本,1964年中华书局排印本,1988年岳麓书社排印《船山全书》本

诗经考异一卷 （清）王夫之撰。 《船山遗书》本,1988年岳麓书社排印《船山全书》本

诗经叶韵辨一卷 （清）王夫之撰。 《船山遗书》本,1988年岳麓书社排印《船山全书》本

诗辩坻四卷 （清）毛先舒撰。 《思古堂十四种书》本,1983年上海古籍出版社排印《清诗话续编》本

白鹭洲主客说诗一卷 （清）毛奇龄撰。 《西河合集》本,《四库全书》本,《丛书

集成初编》本

续诗传鸟名三卷 （清）毛奇龄撰。《西河合集》本，《四库全书》本，《皇清经解续编》本

国风省篇一卷 （清）毛奇龄撰。《西河合集》本

毛诗写官记四卷札记二卷 （清）毛奇龄撰。《西河合集》本，《四库全书》本

诗札二卷 （清）毛奇龄撰。《西河合集》本，《四库全书》本

诗传诗说驳义五卷 （清）毛奇龄撰。《西河合集》本，《四库全书》本

朱氏训蒙诗门三十六卷 （清）朱日濬撰。湖北省图书馆藏清初抄本

诗问一卷 （清）汪琬撰。《赐研堂丛书新编》本，《后知不足斋丛书》本

诗经传说取裁十二卷 （清）张能鳞撰。清初刊本

诗笺别疑一卷 （清）姜宸英撰。北京图书馆藏抄本

三元堂新订增删诗经汇纂详解八卷 （清）吕留良撰。清康熙刊本

诗经同异录九卷 （清）周象明撰。中国社会科学院文学研究所藏清抄本

诗经大题不分卷 （清）田雯辑。山东省图书馆藏稿本

诗经详说九十四卷 （清）冉觐祖撰。《五经详说》本

毛朱诗说一卷 （清）阎若璩撰。《昭代丛书》本，《楚州丛书》本

毛诗日笺六卷 （清）秦松龄撰。清康熙挺秀堂刊本，《常州先哲遗书》本，《昭代丛书》本

诗经疏略八卷 （清）张沐撰。清康熙十四年（1675）刊《张仲诚遗书》本，《五经四书疏略》本

毛诗国风绎一卷 （清）陈迁鹤撰。清同治十三年（1874）晋江黄氏梅石山房木活字本

诗所八卷 （清）李光地撰。《四库全书》本，《李文贞公全集》本，《榕村全书》本

诗经述四卷 （清）陈诜撰。清康熙信学斋刊本

诗经传说汇纂二十一卷 （清）王鸿绪等撰。《御纂七经》本，《四库全书》本，《摛藻堂四库全书荟要》本

诗经通论十八卷 （清）姚际恒撰。清道光十七年（1837）铁琴山馆刊本，1958年中华书局排印本，1994年台湾"中央研究院"文哲研究所编印《姚际恒全集》本

诗经论旨一卷 （清）姚际恒撰。《私立北泉图书馆丛书》本，1994年台湾"中央研究院"文哲研究所编印《姚际恒全集》本

读诗质疑三十一卷附录十五卷 （清）严虞惇撰。《四库全书》本，清乾隆绳武堂刊本

诗经辨讹一卷 （清）吕治平撰。《五经辨讹》本

诗筏一卷 （清）贺贻孙撰。《水田居全集》本，1983年上海古籍出版社排印《清诗话续编》本

诗触六卷 （清）贺贻孙撰。《水田居全集》本

诗问一卷 （清）吴肃公撰。北京图书馆藏旧抄本

诗经传注八卷 （清）李塨撰。 清道光二十四年（1844）静穆堂刊本，《颜李丛书》本

读诗劄记一卷 （清）杨名时撰。 《四库全书》本，《杨氏全书》本

诗义记讲四卷 （清）杨名时撰，（清）夏宗澜记。 清乾隆阎茂溶刊本

毛诗名物疏抄不分卷 （清）赵执信撰。 山东省博物馆藏稿本

陆堂诗学十二卷读诗总论一卷 （清）陆奎勋撰。 清康熙五十三年（1714）陆氏小瀛山阁刊本，《陆堂经学丛书》本

诗经部汇考十六卷总论八卷艺文三卷记事三卷杂录四卷 （清）蒋廷锡等撰。 《古今图书集成》本

朱子诗义补正八卷 （清）方苞撰。 清南海冯氏刊本，清山左单氏刊本，清光绪三年（1877）刊本

诗经串解五卷 （清）陈晓撰。 清康熙八年（1669）刊本，清嘉庆二十五年（1820）重刊本

诗序参朱一卷 （清）齐祖望撰。 《勉庵说经》本

诗说三卷 （清）惠周惕撰。 《四库全书》本，《借月山房汇钞》本，《丛书集成初编》本

学诗隅见录不分卷 （清）沈近思撰。 上海图书馆藏清抄本

读诗识小录十卷 （清）陈震撰。 北京图书馆藏旧抄本

诗经说二卷 （清）邵向荣撰。 《冬余经说》本

学诗阙疑二卷 （清）刘青芝撰。 《刘氏传家集》本，《啸园丛书》本

诗经古韵六卷 （清）陈祖范撰。 康熙五十年（1711）勤学楼刊本

诗传蒙求分韵二卷 （清）黄中辑。 清咸丰九年（1859）尚友斋刊本

诗述一卷 （清）任兰枝撰。 家刻本，清言学斋刊本

毛诗类释二十一卷续编三卷 （清）顾栋高撰。 《四库全书》本，《四库全书珍本初集》本

毛诗订诂八卷附录二卷 （清）顾栋高撰。 光绪二十二年（1896）江苏书局刊本

诗说一卷 （清）陶正靖撰。 《借月山房汇钞》本，《式古居汇钞》本，《丛书集成初编》本

诗经附义二卷 （清）李重华撰。 《三经附义》本

毛诗正本二十卷读诗一卷 （清）陈梓撰。 清乾隆八年（1744）深柳读书堂刊本

诗经正解三十三卷 （清）姜文灿、吴荃撰。 清康熙二十三年（1684）深柳堂刊本

毛诗说二卷 （清）诸锦撰。 清乾隆二十一年（1756）诸氏绛跗阁刊本，清乾隆春晖堂刊本

诗传名物集览十二卷 （清）陈大章撰。 《四库全书》本，《湖北丛书》本，《丛书集成初编》本

毛诗要义三十卷（存二十七卷） （清）沈彤撰。 上海图书馆藏清劳氏震无咎斋抄本

诗经集成三十一卷图考一卷 （清）赵灿英撰。 康熙二十九年（1764）刊本

诗经诠义十二卷 （清）汪绂撰。 《汪双

池先生丛书》本

诗贯二十六卷 （清）张叙撰。 复旦大学图书馆藏清抄本 又 十四卷 清乾隆二十一年(1756)续草堂刊本

毛诗古义一卷 （清）惠栋撰。《昭代丛书》本

诗经辨体一卷 （清）陈与乔撰。 清康熙敦化堂刊本

续补举业必读诗经四卷 （清）陈士楚注。 清康熙云姿堂刊本

毛诗序说三十二卷 （清）龚鉴撰。 清道光钱塘龚氏刊本

诗识名解十五卷 （清）姚炳撰。《四库全书》本，清嘉庆十二年(1807)校刊本，清丁丙八千卷楼抄本

豳风广义三卷 （清）杨屾辑。 清乾隆五年(1740)宁一堂刊本

诗义折中二十卷 （清）傅恒等撰。《四库全书》本，《摛藻堂四库全书荟要》本

诗义折中二十卷 （清）陈兆崙等撰。 清道光如山重刊本

畏斋诗经客难二卷 （清）龚元玠撰。《十三经客难》本

诗深二十六卷 （清）许伯政撰。《碧琳琅馆丛书》本，《芋园丛书》本

诗志八卷 （清）牛运震撰。《空山堂全集》本

重订空山堂诗志六卷 （清）牛运震撰，（清）田昂重订。 清道光刊本

张氏诗说一卷 （清）张汝霖撰。《豫章丛书》本，《丛书集成初编》本

学诗毛郑异同签二十卷附一卷 （清）张汝霖撰。 清嘉庆刊活字本，清道光

元年(1821)刊木活字本

诗经比义述八卷 （清）王千仞撰。 清乾隆五十七年(1792)嘉德堂刊本

诗义翼朱八卷 （清）李健撰。 清康熙永思堂刊本

棣鄂堂诗义纂要八卷诗经图考一卷诗经人物考一卷 （清）周霆辑。 清康熙刊本

重刻徐笔峒先生遵注参订诗经八卷 （清）周疆等辑。 清康熙刊本

毛诗注疏正字十四卷 （清）沈廷芳撰。《十三经正字》本

毛诗古音参义五卷 （清）潘相撰。《经学八书》本

治斋读诗蒙说一卷 （清）顾成志撰。 北京图书馆藏清抄本，《昭代丛书》本

卢抱经增校诗考(又名《诗考补》)四卷 （清）卢文弨撰。 北京图书馆藏爱古堂传抄本，民国二十四年十二月(1936年1月)盋山精舍石印本(附臧庸、冯登府校补)

吕氏读诗记补阙一卷 （清）卢文弨撰。《抱经堂丛书》本，《绍兴先正遗书》本,《丛书集成初编》本

诗经旁参二卷 （清）应麟撰。 屏山草堂稿本

毛诗说四卷 （清）庄存与撰。《味经斋遗书》本

读诗小记一卷 （清）范尔梅撰。 清康熙刊本

毛诗札记二卷 （清）范尔梅撰。 清康熙刊本

读诗小匡一卷 （清）冯李骅撰。 南京图书馆藏丁丙跋清抄本

《诗经》、楚辞书目

毛郑异同考十二卷 （清）程晋芳撰。北京图书馆藏稿本、钞本

毛郑诗考正四卷 （清）戴震撰。《微波榭丛书·戴氏遗书》本，《皇清经解》本，《安徽丛书·戴东原先生全集》本，1997年黄山书社《戴震全集》排印本

杲溪诗经补注二卷 清戴震撰。《微波榭丛书·戴氏遗书》本，《皇清经解》本，《安徽丛书·戴东原先生全集》本，1997年黄山书社《戴震全集》排印本

审定风雅遗音二卷 （清）史荣撰，（清）纪昀审定。 清乾隆十四年(1749)一湾斋刊本，《四明丛书》本，《丛书集成初编》本

诗说活参二卷 （清）李灏撰。《李氏经学四种》本

诗学女为二十六卷 （清）汪梧凤撰。清乾隆三十七年(1772)不疏园刊本

毛诗草木鸟兽虫鱼疏校正二卷 （清）赵佑撰。 清乾隆白鹭洲书院刊本

诗细十二卷 （清）赵佑撰。《清献堂全编》本

诗小笺七卷 （清）张远览撰。 上海图书馆藏抄本

毛诗音略二卷 （清）周春撰。 清嘉庆七年(1802)刊本，《粤雅堂丛书》本

沈氏诗醒八笺二十五卷 （清）沈冰壶撰。上海图书馆藏清抄本

毛诗解钩沉二卷 （清）余萧客撰。 清道光京江鲁氏刊本

蜀石经毛诗考异二卷 （清）吴骞撰。《拜经楼丛书》本

诗谱补亡后订一卷拾遗一卷 （清）吴骞撰。《拜经楼丛书》本，《清芬堂书》本

许氏诗谱钞一卷 （清）吴骞辑。 清嘉庆(1806)拜经楼刊本

诗经喈凤详解八卷图说一卷 （清）陈抒孝撰，（清）汪基增订。 清雍正十一年(1733)刊本

诗附记四卷 （清）翁方纲撰。《畿辅丛书》本，《丛书集成初编》本

诗经能解三十一卷 （清）叶义昂撰。清雍正十一年(1733)刊本

童山诗音说四卷 （清）李调元撰。《函海》光绪本

读诗一隅四卷 （清）管斡珍撰。 清乾隆间大观楼刊本

三家诗拾遗十卷 （清）范家相撰，（清）叶钧重订。《四库全书》本，《岭南遗书》本

诗渖二十卷 （清）范家相撰。 乾隆三十九年(1774)古趣亭刊本，《四库全书》本，《范氏遗书》本

诗经小学四卷 （清）段玉裁撰。《皇清经解》本，《拜经堂丛书》本

毛诗诂训传三十卷 （清）段玉裁撰。《经韵楼丛书》本，《皇清经解》本

春秋诗话四卷 （清）劳孝舆撰。《丛书集成初编》本

诗经叶音辨讹八卷 （清）刘维谦撰。清乾隆三年(1738)张氏寿峰书屋精刊本，《藏修堂丛书》本，《芋园丛书》本

诗说一卷 （清）管世铭撰。 清嘉庆五年(1800)刊本

诗经拾遗十三卷 （清）叶酉撰。 清耕余堂刊本

毛诗正变指南图不分卷 （清）王晈辑。 清乾隆五年(1740)刊《六经图定本》

读风偶识四卷 （清）崔述撰。《畿辅丛书》本，《崔东壁遗书》本，《丛书集成初编》本

崔氏诗经补解五卷 （清）崔述撰。 华东师范大学图书馆藏崔氏博古堂抄本

诗益二十卷 （清）刘始兴撰。 清乾隆五年(1740)刊本

诗音表一卷 （清）钱坫撰。《音韵学丛书》本

韩诗故二卷 （清）沈清瑞撰。《沈氏群峰集》本，清道光刊本

毛诗申成十卷 （清）汪龙撰。 中国科学院图书馆藏稿本

毛诗异义四卷诗谱叙一卷 （清）汪龙撰。 清道光五年(1825)絜斋鲍氏精刊本，《安徽丛书》本

毛诗证读无卷数 （清）戚学标撰。 清嘉庆十年(1805)刊本，清光绪精专阁重刊本 又 五卷 《戚鹤泉所著书》本

读诗或问一卷 （清）戚学标撰。《戚鹤泉所著书》本

韩诗内传考不分卷 （清）邵晋涵撰。 浙江图书馆藏沈氏鸣野山房抄本

诗古训十二卷 （清）钱大昭撰。 北京图书馆藏赵烈文校并跋清抄本

毛诗说六卷 （清）庄有可撰。 民国二十三年(1934)上海商务印书馆影印原稿本

诗蕴二卷 （清）庄有可撰。 民国二十三年(1934)上海商务印书馆影印原稿本

诗解正宗五卷 （清）长白朒图撰。 清乾隆九年(1744)刊本，清乾隆十三年(1748)紫竹斋刊本

读诗经四卷 （清）赵良霱撰。《泾川丛书》本，《丛书集成初编》本

诗经义证一卷 （清）武亿撰。 清授堂刊《群经义证》本

诗经审鹄要解六卷 （清）林锡龄辑。 清乾隆刊本

三百篇原声七卷 （清）夏味堂撰。 清嘉庆十二年(1807)楳华书屋刊本

诗疑笔记七卷后说一卷 （清）夏味堂撰。 清嘉庆十九年(1814)楳华书屋刊本

毛诗周韵诵法十卷 （清）汪灼撰。 清嘉庆十九年(1814)不疏园刊本

诗经言志二十六卷 （清）汪灼撰。 清嘉庆十九年(1814)不疏园刊本

毛诗天文考一卷 （清）洪亮吉撰。 清道光三十年(1850)刊本，《广雅书局丛书》本

邶风说二卷 （清）龚景瀚撰。《澹静斋全集》本

诗经字考二卷 （清）吴东发撰。 嘉庆间刊本

毛诗偶记三卷 （清）汪德钺撰。《七经偶记》本 又 读诗偶记二卷 清嘉庆刊本

读诗日录十三卷 （清）刘士毅撰。 清光绪六年(1880)刊本

毛诗考证四卷 （清）庄述祖撰。 清道光十六年(1836)刊本，《珍执宧遗书》

《诗经》、楚辞书目

本,《皇清经解续编》本

毛诗周颂口义三卷 （清）庄述祖撰。《皇清经解续编》本

毛诗明辨录十卷 （清）沈青崖撰。 清乾隆十五年(1750)精刊本

诗声类十二卷分例一卷 （清）孔广森撰。《顨轩孔氏所著书》本,《皇清经解续编》本,《音韵学丛书》本

诗说汇订一卷 （清）徐经撰。《雅歌堂全集》本

诗经摘要四卷 （清）何振宗撰。 清乾隆十八年(1753)精刊本

虞东学诗十二卷诗说一卷 （清）顾镇撰。 清乾隆三十三年(1768)诵芬堂刊本,《四库全书》本

诗序补义二十四卷 （清）姜炳璋撰。 清乾隆二十七年(1762)孙人宽刊本,《四库全书》本,清嘉庆二十年(1815)刊本

诗经提纲一卷 （清）姜炳璋撰。 清尊行堂刊本（与《周礼提纲》一卷合刊）

诗经读序私记二十四卷 （清）姜炳璋撰。 清尊行堂刊本

诗经析异不分卷 （清）曾修吉撰。《群经字考》本

诗疑辨证六卷 （清）黄中松撰。《四库全书》本,《四库珍本初集》本

读严氏诗缉一卷 （清）叶燕撰。 天一阁文物保管所藏稿本

易诗叶韵二卷 （清）唐世大撰。 清乾隆二十年(1755)本斋刊本

多识录九卷 （清）石韫玉撰。 清道光八年(1828)本衙精刊本

诗说二卷 （清）郝懿行撰。《郝氏遗书》本

诗问七卷 （清）郝懿行撰。《郝氏遗书》本

诗经拾遗一卷 （清）郝懿行辑。《郝氏遗书》本

周人诗说四卷（存二卷） （清）王绍兰辑。 北京图书馆藏清王氏知足知不足馆抄本

推小雅十月辛卯详疏二卷 （清）焦循撰。 清光绪十九年(1893)半亩园李氏抄本

陆玑疏考证二卷 （清）焦循撰。 南京图书馆藏稿本,《焦氏遗书》本,《南菁书院丛书》本

诗陆氏疏二卷（又名《陆氏草木鸟兽虫鱼疏疏》） （清）焦循撰。《南菁书院丛书》本

毛诗物名释（卷数不详存一卷） （清）焦循撰。 上海图书馆藏稿本

毛诗草木鸟兽虫鱼释十二卷 （清）焦循撰。 上海图书馆藏稿本 又十卷 上海图书馆藏稿本

毛诗地理释四卷 （清）焦循撰。 上海图书馆藏稿本,《焦氏遗书》本

毛诗补疏五卷 （清）焦循撰。《焦氏丛书》本,《皇清经解》本

新增诗经补注八卷 （清）邹圣脉编。 清乾隆二十八年(1763)序善成堂刊本(附《诗经备旨》)

诗经备旨八卷 （清）邹圣脉辑。《五经备旨》本

诗说二卷 （清）王照圆撰。 清光绪刊本

三家诗补遗三卷 （清）阮元撰。《观古

堂汇刊书》本,《郎园先生全书》本

毛诗校勘记一卷 （清）阮元撰。 阮刻《十三经注疏》本

诗书古训六卷 （清）阮元撰。 《粤雅堂丛书》本,《丛书集成初编》本 又 十卷 《皇清经解续编》本

诗经异文释十六卷 （清）李富孙撰。《皇清经解续编》本

读诗遵朱近思录二卷 （清）宋在诗撰。《垫柏先生类稿》本

韩诗遗说二卷订讹一卷 （清）臧庸撰。《仰视千七百二十九鹤斋丛书》本,《灵鹣阁丛书》本,《丛书集成初编》本

毛诗马王征四卷 （清）臧庸撰。 《问经堂丛书》本

诗考二卷 （清）臧庸撰。 陕西师范大学图书馆藏徐鲲批校清抄本

钦定繙绎诗经八卷（满汉文对照） 清高宗敕译。 清乾隆三十三年(1768)刊本

古韩诗说证九卷 （清）宋绵初撰。 清乾隆五十四年(1789)述古堂刻本

韩诗内传征四卷补遗一卷疑义一卷续录一卷 （清）宋绵初撰。 清乾隆二十四年(1759)志学堂刊本,《积学斋丛书》本

毛诗绅义二十四卷 （清）李辅平撰。《李绣子全书》本,《皇清经解》本,清学海堂刊本

毛诗名物图说九卷 （清）徐鼎撰。 清乾隆三十六年(1771)刊本

韩诗遗说考十七卷 （清）陈寿祺撰,（清）陈乔枞述。 《皇清经解续编》本 又 五卷 《小嫏嬛馆丛书》本,《左海续集》本(与陈乔枞撰叙录一卷及附录一卷补遗一卷合刊)

鲁诗遗说考二十卷 （清）陈寿祺撰,（清）陈乔枞述。 《皇清经解续编》本 又 六卷 《左海续集》本(与陈乔枞撰叙录一卷合刊)

齐诗遗说考十二卷 （清）陈寿祺撰,（清）陈乔枞述。 《皇清经解续编》本 又 十一卷 《小嫏嬛馆丛书》本 又 四卷 《左海续集》本(与陈乔枞撰叙录一卷合刊)

诗义原思二卷 （清）张瓒昭撰。 清光绪兰明堂刊本

齐诗翼氏学四卷 （清）迮鹤寿撰。 清嘉庆十七年(1812)蓬莱山房刊本,《皇清经解续编》本

毛诗复古录十二卷 （清）吴懋清撰。清光绪二十年(1894)广州刊本

诗双声叠韵谱一卷 （清）邓廷桢撰。《双砚斋丛书》本 又 三卷 清道光十八年精刊本

诗义钞八卷 （清）张学尹撰。 清同治九年(1870)师白山房重刊本

毛诗通说二十卷补遗一卷 （清）任兆麟撰。 清乾隆间映雪草堂刊本 又 三十卷 清乾隆经笥堂刊本(与略说一卷补遗一卷合刊)

读诗经偶录四卷 （清）金荣镐撰。 约清乾隆间精刊本

毛诗鸟兽草木本旨十三卷 （清）陆以诚撰。 南京图书馆藏张元济跋稿本

诗经乐谱全书三十卷 （清）邹奕孝等奉敕纂。 清乾隆内府刊朱墨本

凝园读诗管见十四卷 （清）罗典撰。

清明德堂刊本

诗声行一卷 （清）刘逢禄撰。 清湖南思贤书局刊本

毛诗后笺三十卷 （清）胡承珙撰，（清）陈奂订补。 清光绪七年(1881)方氏㵎园刻本,《广雅书局丛书》本,《皇清经解续编》本

毛诗传笺通释三十三卷 （清）马瑞辰撰。《广雅书局丛书》本,《皇清经解续编》本,《四部备要》本,1989年中华书局排印《十三经清人注疏》本

毛诗通考三十卷 （清）林伯桐撰。《岭南遗书》本,《修本堂丛书》本,《丛书集成初编》本

毛诗识小三十卷 （清）林伯桐撰。《岭南遗书》本,《修本堂丛书》本,《丛书集成初编》本

诗广诂三十卷 （清）徐璈撰。 清道光十年(1830)自刊本

三家诗遗说翼证不分卷 （清）冯登府撰。 复旦大学图书馆藏李富孙校稿本

三家诗异字诂三卷 （清）冯登府撰。 浙江图书馆藏李贻德校并跋稿本

三家诗遗说八卷补一卷 （清）冯登府撰。 北京图书馆藏李富孙校清抄本 又 **不分卷** 天津图书馆藏稿本

三家诗异文释三卷补遗附三卷 （清）冯登府撰,(清)李富孙校读。 浙江图书馆藏稿本

诗异文释六卷补遗一卷 （清）冯登府撰。 复旦大学图书馆藏稿本

三家诗异文疏证二卷 （清）冯登府撰。《皇清经解》咸丰补刊本 又 **六卷补遗三卷** 清道光十年(1830)自刻本

严氏诗辑补义八卷 （清）刘灿撰。 清嘉庆十六年(1811)刘氏墨庄刊本

诗经精义四卷 （清）黄淦撰。 清嘉庆七年(1802)刊本,《七经精义》本

诗经异文别说存什十四卷(存七卷) （清）凌树屏撰。 复旦大学图书馆藏清乾隆四十五年(1780)沈澄鉴抄本

诗小序翼二十七卷 （清）张澍撰。 原稿本

读诗钞说四卷 （清）张澍撰。 清光绪十三年(1887)刘永镇蓉城刊本

诗经旁训四卷 （清）徐立纲撰。《五经旁训》本

诗经旁训增订精义四卷 （清）徐立纲撰,(清)竺静甫、竺子寿增订,(清)黄淦纂精义。《五经旁训增订精义》本

诗经音训二卷 （清）杨国桢撰。 清光绪三年(1877)湖北崇文书局刊《十一经音训》本

毛诗韵订十卷 （清）苗夔撰。 清咸丰元年(1851)自刻本,《苗氏说文四种》本,民国十七年(1928)上海中国书店影印原刊本

诗考补二卷 （清）严蔚撰。 清乾隆四十九年(1784)二酉斋刊本

诗考异再补二卷 （清）陈屾撰。 清华大学图书馆藏稿本

诗礼征文十卷 （清）包世荣撰。 清道光七年(1727)小倦游阁刊本,《木犀轩丛书》本

诗考补二卷 （清）胡文英撰。 清乾隆四十九年(1784)留芝堂刊本

诗疑义释二卷 （清）胡文英撰。 清乾隆四十九年(1784)留芝堂刊本

诗经逢源十卷 （清）胡文英撰。 清乾隆五十一年(1786)刊本

诗疏补遗五卷 （清）胡文英撰。 清乾隆五十三年(1788)刊本

毛诗通义六卷 （清）胡文英辑。 清乾隆五十三年(1788)刊本

毛诗重言一卷 （清）王筠撰。《式训堂丛书》本，《王箓友九种》本

毛诗双声叠韵一卷 （清）王筠撰。《式训堂丛书》本，《王箓友九种》本

诗异文录三卷 （清）黄位清撰。 清道光十九年(1839)松风阁刊本

诗绪余录八卷 （清）黄位清撰。 清道光十九年(1839)南海叶氏贮月楼刊本

诗经约编不分卷 （清）盛元珍撰。清乾隆刊《兰山课业经训约编》本

诗毛氏传疏三十卷 （清）陈奂撰。《陈氏毛诗五种》本，《皇清经解续编》本，民国间商务印书馆排印《国学基本丛书》本

郑氏笺考征一卷 （清）陈奂撰。《陈氏毛诗五种》本，《皇清经解续编》本，民国间商务印书馆排印《诗毛氏传疏》附录本

毛诗说一卷 （清）陈奂撰。《陈氏毛诗五种》本，《皇清经解续编》本，民国间商务印书馆排印《诗毛氏传疏》附录本

释毛诗音四卷 （清）陈奂撰。《陈氏毛诗五种》本，《皇清经解续编》本，民国间商务印书馆排印《诗毛氏传疏》附录本

毛诗传义类一卷 （清）陈奂撰。《陈氏毛诗五种》本，《皇清经解续编》本，民国间商务印书馆排印《诗毛氏传疏》附录本 又 **毛诗释义一卷** 北京大学图书馆藏缪荃孙校清抄本

毛诗九谷考一卷（又名《毛诗九谷释义》）（清）陈奂撰。《古学汇刊》本

诗业说一卷 （清）黄式三撰。《儆局遗书》本

诗遗篇一卷诗遗句一卷 （清）王朝渠撰。清乾隆五十五年(1790)至嘉庆五年(1800)刊本，《豫章丛书》本

毛诗注疏长编无卷数 （清）刘宝楠撰。上海图书馆藏稿本

毛诗学不分卷 （清）刘宝楠撰。 上海图书馆藏稿本

毛诗正义长编无卷数 （清）刘宝楠撰。上海图书馆藏稿本

韩诗外传校注十卷补逸一卷附校注拾遗一卷 （清）周廷寀撰，（清）赵怀玉辑补逸，（清）周宗杭辑拾遗。《畿辅丛书》本，《安徽丛书》本，《丛书集成初编》本

齐鲁韩诗谱四卷 （清）王初桐撰。《古香堂丛书》本

诗古微十七卷 （清）魏源撰。《皇清经解续编》本，1993年岳麓书社排印本 又 **二卷** 清道光间修吉堂精刊本 又 **二十卷** 清道光二十年(1840)刊龚橙批校本

诗集传附释一卷 （清）丁晏撰。《广雅书局丛书》本

郑氏诗谱考正一卷 （清）丁晏撰。《颐

志斋丛书》本，《六艺堂诗礼七编》本，《花雨楼丛钞》本

毛郑诗释三卷续录一卷 （清）丁晏撰。《颐志斋丛书》本，《六艺堂诗礼七编》本

毛氏陆疏校证二卷 （清）丁晏撰。《颐志斋丛书》本，《丛书集成初编》本

诗考补注二卷补遗二卷 （清）丁晏撰。《颐志斋丛书》本，《六艺堂诗礼七编》本，《花雨楼丛钞续钞》本

诗氏族考六卷 （清）李超孙撰。《别下斋丛书》本，《芋园丛书》本，《丛书集成初编》本

诗切不分卷 （清）牟庭撰。山东省博物馆藏稿本

毛诗说不分卷 （清）雷学淇撰。清光绪三年(1877)刊《九经集解》本

诗诵五卷 （清）陈仅撰。《四明丛书》本

诗经考略二卷 （清）张眉大撰。清道光刊《海南杂著》本

诗经读钞三十一卷 （清）李宗淇辑。清道光五年(1825)忠信堂刊本

毛诗句解析疑十四卷 （清）方毓辰撰。复旦大学图书馆藏清抄本

学诗详说三十卷正诂五卷 （清）顾广誉撰。《平湖顾氏遗书》本

诗经韵读四卷 （清）江有诰撰。《江氏音学十书》本

读诗记不分卷 （清）董燿撰。浙江图书馆藏稿本

毛诗故训裨二卷 （清）朱大韵撰。复旦大学图书馆藏稿本

毛诗翼一卷 （清）朱大韶撰。复旦大学图书馆藏稿本

毛诗蒙求彀启十卷 （清）薛韬光撰。清嘉庆五年(1800)家刊本

诗考异字笺馀十四卷 （清）周邵莲撰。清嘉庆六年(1801)刊本，《木犀轩丛书》本

诗经质疑一卷 （清）朱需撰。清嘉庆六年(1801)望岳楼刊木活字本

毛诗名物略四卷 （清）朱桓撰。清嘉庆七年(1802)蔚斋刊本

诗玉尺二卷 （清）林昌彝撰。清同治八年(1869)广州刊本

诗说七卷 （清）吴嘉宾撰。清咸丰十一年(1861)刊木活字本

读诗私说一卷 （清）董秉纯撰。天一阁文物保管所藏清抄本

诗传考六卷 （清）陈孚撰。清嘉庆九年(1804)刊本

诗经异文释十六卷 （清）李富孙撰。《皇清经解续编》本

诗国风原指六卷 （清）吴敏树撰。湖南师范大学图书馆藏清抄本

读诗知柄二卷 （清）蒋绍宗撰。清嘉庆十一年(1806)刊本

三颂考三卷 （清）张承华撰。清同治十二年(1873)重刊本

三颂备说 （清）张承华撰。清同治刊本

诗序阐真八卷 （清）杨有庆撰。清嘉庆刊本

三家诗遗说考十五卷 （清）陈乔枞撰。《左海续集》本，《皇清经解续编》本

齐诗遗说考四卷 （清）陈乔枞撰。家刻本

齐诗翼氏学疏证二卷　（清）陈乔枞撰。
　　《左海续集》本，《皇清经解续编》本
韩诗外传附录一卷补逸一卷　（清）陈乔
　　枞撰。　清刊本
四家诗异文考五卷　（清）陈乔枞撰。
　　《左海续集》本，《皇清经解续编》本
毛诗郑笺改字说四卷　（清）陈乔枞撰。
　　《左海续集》本，《皇清经解续编》本
　　又　二卷　家刻本
诗纬集证四卷　（清）陈乔枞撰。　清道
　　光二十六年（1846）小嫏嬛馆刊本
诗经音韵谱五卷序说一卷附章句触解一
　　卷　（清）甄士林撰。　清道光五年
　　（1825）种松书屋刊本
诗经音韵图五卷　（清）甄士林撰。　自
　　刻本
读诗日录一卷　（清）陈澧撰。　《古学汇
　　刊》本，唐文治辑《十三经读本》本
诗经绎参四卷　（清）邓翔撰。　清同治
　　六年（1867）孔氏刊朱墨套印本
诗经原始十八卷　（清）方玉润撰。　《鸿
　　濛室丛书》本，《云南丛书》本，1986年
　　中华书局排印本
读诗传讹三十卷　（清）韩怡撰。　清嘉
　　庆十六年（1811）木存堂精刊本
读诗辨字略三卷　（清）韩怡撰。　清嘉
　　庆直之堂精刊本
诗音十五卷　（清）高澍然撰。　清嘉庆
　　十七年（1812）木活字印本
校刊诗集传音释札记一卷　（清）蒋光煦
　　撰。　清咸丰五年（1855）蒋氏刊本
诗小说一卷　（清）蒋光焴撰。　清咸丰
　　刊本，清同治刊本
山中学诗记五卷　（清）徐时栋撰。　《烟
屿楼集》本
诗传题辞故四卷补一卷　（清）张漪撰。
　　清嘉庆十九年（1814）刊本，《小窗遗
　　稿》本
毛诗说三十卷　（清）孙焘撰。　清嘉庆
　　二十年（1815）世德堂孙氏刊本
诗本谊一卷　（清）龚橙撰。　《半厂丛
　　书》本
诗圊不分卷　（清）龚橙撰。　南京图书
　　馆藏稿本
毛诗正字考不分卷　（清）沈炳垣撰。
　　上海图书馆藏稿本
诗传补义三卷　（清）方宗诚撰。　《柏堂
　　遗书》本
说诗章义三卷　（清）方宗诚撰。　《柏堂
　　遗书》本
毛诗多识十二卷　（清）多隆阿撰。　《辽
　　海丛书》本　又　二卷　清宣统奉天
　　作新印刷局铅字排印本　又　六卷
　　程棫林校清抄本
韩诗外传疏证十卷　（清）陈士珂撰。
　　清嘉庆二十三年（1818）刊本，《文渊
　　楼丛书》本
诗义辑解十卷　（清）胡本渊撰。　清嘉
　　庆二十四年（1819）春晖堂刊本
诗小学三十卷补一卷　（清）吴树声撰。
　　清同治七年（1868）刊本
读诗集传随笔一卷　（清）杨树椿撰。
　　清光绪二十一年（1895）刊《损斋遗
　　书》本
诗经蠡简四卷　（清）李诒经撰。　清道
　　光慎思堂刊本
三家诗述十卷　（清）徐堂撰。　北京图
　　书馆藏稿本，南京图书馆藏稿本

诗学识要五卷 （清）杨登训撰。 清道光元年(1821)袖云山房刊本

毛诗评议四卷 （清）俞樾撰。《皇清经解续编·群经评议》本，《春在堂全书·群经平议》本

读韩诗外传一卷 （清）俞樾撰。《春在堂全书·曲园杂纂》本

荀子诗说一卷 （清）俞樾撰。《春在堂全书·曲园杂纂》本

诗笺礼注异义考一卷 （清）桂文灿撰。清咸丰七年(1857)刊本，《南海桂氏经学》本

韩诗内传并薛君章句考四卷附录一卷笔谈一卷叙录一卷 （清）钱玫撰。北京图书馆藏清道光元年(1821)自跋抄本

郑风考辨一卷 （清）章谦存撰。 清道光十年(1830)刊《强恕斋四膡稿·经膡》本

读诗偶记二卷 （清）官献瑶撰。《石溪全书》清抄本

达斋诗说一卷 （清）俞樾撰。《春在堂全书·曲园杂纂》本

诗名物证古一卷 （清）俞樾撰。《皇清经解续编》本，《春在堂全书·俞楼杂纂》本

诗毛郑异同辨二卷 （清）曾钊撰。《面城楼丛刊》本

毛诗释地六卷 （清）桂文灿撰。《桂氏经学丛书》本

毛诗音韵考四卷略言一卷 （清）程以恬撰。 清道光四年(1824)研经堂木活字印本

读诗释物二十一卷 （清）方瑛撰。 清道光四年(1824)刊本

诗义旁通十二卷 （清）李允升撰。 清咸丰二年(1851)易简堂刊本

诗古音绎一卷 （清）胡锡燕撰。 长沙胡氏刊本

毛诗韵考四卷 （清）张映汉辑。 清道光五年(1825)述敬堂刊本

诗经精华十一卷 （清）薛嘉颖辑。《四经精华》本 又 十卷 清道光五年(1825)刊本

诗义择丛四卷 （清）易佩绅撰。 清光绪十四年(1888)刊本

诗经解二卷 （清）丁寿昌撰。《丁氏丛稿》本，《丁氏遗稿六种》本

读诗一得无卷数 （清）吴棠撰。 清同治三年(1864)刊本

韩诗外传校注十卷附补逸一卷 （清）吴棠辑。《畿辅丛书》本

毛诗谱一卷 （清）胡元仪撰。《皇清经解续编》本

毛诗异同四卷附一卷 （清）萧光远撰。清同治六年(1867)刊本

齐鲁韩三家诗注三卷三家诗疑一卷 （清）朱士端撰。 湖北省图书馆藏稿本

齐鲁韩三家诗释十六卷 （清）朱士端撰。上海图书馆藏郑振铎跋清吉金乐石山房抄本

诗经异文四卷 （清）蒋曰豫撰。《蒋侑石遗书·滂喜斋学录》本，清光绪三年(1877)莲池书局刊本

韩诗辑一卷 （清）蒋曰豫撰。《蒋侑石遗书·滂喜斋学录》本

诗经衷要十二卷 （清）李式谷辑。 清

道光十年(1830)刊《五经衷要》本

诗说考略十二卷 （清）成僎撰。 清道光十年(1830)王氏信芳阁刊木活字本

诗叶考八卷 （清）陈天道撰。 清嘉庆十一年(1806)贻谷堂刻本

续诗经音律八卷 （清）迟德成撰。 清道光尚志堂刊本

毛诗补笺二十卷 （清）王闿运撰。 清光绪三十一年(1905)江西官书局刊木活字本,清光绪三十二年(1906)东洲讲舍刊本

诗故考异三十二卷 （清）徐光岳撰。 清道光十二年(1832)咫闻斋刊本

古邠诗义一卷 （清）许宗寅撰。 清道光十二年(1832)刊本,清同治六年(1867)重刊本

国风偶笔一卷 （清）吴卓信撰。 上海图书馆藏清抄本

诗序韵语一卷 （清）杨恩寿撰。 《坦园全集·坦园丛稿》本

御案七经要说二十五卷 （清）刘廷陞辑。 清道光十四年(1834)青照堂刊本

诗经申义十卷 （清）吴士模撰。 清道光十五年(1835)泽古斋刊本,清光绪十六年(1890)重刊本

毛诗补礼六卷 （清）朱濂撰。 清道光十九年(1839)刊本,清光绪三年(1877)吴玉辉补刊本

释诗一卷 （清）何志高撰。 《西夏经义》本

诗经精华汇钞二十八卷 （清）陆锡璞撰。 清道光十八年(1838)刊本

诗义标准一百十四卷 （清）王锡光撰。

民国间虚受堂刊本

读诗刲记八卷 （清）夏炘撰。 《景紫堂全书》本

诗乐存亡谱一卷 （清）夏炘撰。 《景紫堂全书》本

诗章句考一卷 （清）夏炘撰。 《景紫堂全书》本

诗经集传校勘记一卷 （清）夏炘撰。 《景紫堂全书》本

诗古韵表廿二部集说二卷 （清）夏忻撰。 《景紫堂全书》本

吴评诗经 （清）吴汝纶评。 清光绪十二年(1886)都门印书局校印本

毛诗补注八卷 （清）李璨撰。 清道光刊本

学诗绪余无卷数 清潘锡恩撰。 原稿本

毛诗注疏校勘记校字补一卷 （清）茆泮林撰。 《鹤寿堂丛书》本

诗地理征七卷 （清）朱右曾撰。 《皇清经解续编》本

毛诗辨韵五卷 （清）赵似祖撰。 清道光二十二年(1842)刊本

诗三家义集疏二十八卷 （清）王先谦撰。 民国四年(1915)虚受堂家刻本,1987年中华书局排印《十三经清人注疏》本

诗义序说合钞四卷 （清）游闳辑。 清道光二十三年(1843)刊本

毛诗注疏校勘札记二十卷 （清）刘光贲撰。 清光绪十九年(1893)陕甘味经书院刊本

郑莆田淫奔诗辨(又名《毛诗经说》)**二卷** （清）王益斋辑。 清道光二十四年

(1844)松劲书屋刊本

诗韵审音六卷 （清）谢元准撰。 清光绪二年(1876)重刊本

读诗考字二卷补编一卷 （清）程大镛撰。 清道光二十五年(1845)丛桂轩刊本，清光绪十三年(1887)程人鹄补刊本

韩诗遗说补一卷 （清）陶方琦撰。《汉孳室遗著》本，复旦大学图书馆藏稿本

韩诗外传校议（又名《韩诗外传勘误》）不分卷 （清）许瀚撰。 天津师范大学图书馆藏清光绪十三年(1877)朱氏含香堂抄本

辨尹畹阶毛诗名物辨一卷 （清）许瀚撰。约清咸丰刊本

群经引诗大旨六卷 （清）黄云鹄撰。清光绪(1894)刊本

毛诗正韵四卷韵例一卷 （清）丁以此撰。民国十三年(1924)日照留余堂刊本

毛诗说习传一卷 （清）简朝亮撰。 广州刊本

诗义求经二十卷 （清）艾畅撰。 清道光二十七年(1847)可添斋刊本

诗经辑解二十卷纲领一卷 （清）周道遵撰。 天一阁文物保管所藏稿本

学福斋诗学卷数不详（存五卷） （清）周沐润撰。 如皋县图书馆藏稿本

诗问六卷 （清）牟应震撰。 清道光二十九年(1849)历城朱畹补刊本

毛诗物名考七卷 （清）牟应震撰。 道光二十九年(1849)历城朱畹补刊本

毛诗奇句韵考四卷 清牟应震撰。 清道光二十九年(1849)历城朱畹补刊本

毛诗质疑 （清）牟应震撰。 清道光二十九年历城朱畹补刊本，中国科学院图书馆藏抄本

葩经一得无卷数 （清）张梦瀛撰。 清何俊校刊本

诗经通论一卷 （清）皮锡瑞撰。《皮氏所著书》本，《五经通论》本

说诗循序一卷 （清）许致和撰。 清道光三十年(1850)刊本

求志居诗经说六卷 （清）陈世镕撰。《求志居全集》本

诗经口义一卷 （清）刘存仁撰。 清咸丰三年(1853)刊《屺云楼集》本

毛诗异文笺十卷 （清）陈玉树撰。《南菁书院丛书》本

三百篇诗评一卷 （清）于祉撰。 清咸丰三年(1853)刊本

毛诗学三十卷 （清）马其昶撰。 民国五年(1916)京师第一监狱排印本，民国七年(1918)巾箱本

诗经三家注疏卷数不详（存两卷） （清）周曰庠撰。 北京图书馆藏清咸丰四年(1854)周起滨序抄本

诗经恒解六卷 （清）刘沅撰。《槐轩全书》本，北京道德学社印本

毛诗传笺异义解十六卷 （清）沈镐撰。清咸丰棣鄂堂刊本

诗比兴笺四卷 （清）陈沆撰。 清咸丰五年(1855)刊本，1981年上海古籍出版社排印本

毛诗绪言钞略六卷 （清）汤树棻撰。清咸丰研经堂刊本

毛诗义疑钞略五卷 （清）汤树棻撰。清咸丰研经堂刊本

诗经集解辨证二十卷 （清）徐天璋撰。民国十二年(1923)排印本

说诗解颐二卷续一卷 （清）徐玮文撰。清光绪九年(1883)刊本，南京师范大学图书馆藏稿本

诗拟议 （清）刘光第撰。 北京图书馆藏抄本

毛诗读三十卷 清王劼撰。 清咸丰九年(1859)精刊本

毛诗序传定本三十三卷 （清）王劼撰。清同治晚晴楼王氏家塾本

尔雅说诗二十二卷 （清）王树枏撰。民国二十四年(1935)恽公孚、刘千里刊本

变雅断章衍义一卷 （清）古伤心人撰。清咸丰十年(1860)刊本

学寿堂诗说十卷附录一卷 （清）徐绍桢撰。 影印本

诗地理图一卷 （清）尹继美撰。 清咸丰十一年(1861)活字本，《鼎吉堂全集》本

诗地理考略二卷图一卷 （清）尹继美撰。《鼎吉堂全集》本

诗管见七卷 （清）尹继美撰。《鼎吉堂全集》本

诗名物考略二卷 （清）尹继美撰。清光绪六年(1880)刊本

变雅断章衍义一卷 （清）郭柏荫撰。《侯官郭氏家集汇刊》本

毛郑薪传不分卷 （清）刘恭冕撰。 上海图书馆藏稿本

诗经述要不分卷 （清）姚永朴撰。 安徽高等学堂排印本

诗绎二卷 （清）廖翱撰。 《榕园丛书》本

读诗琐言一卷 （清）虞景璜撰。《澹园杂著》本

七月漫录二卷 （清）郭柏苍撰。《郭氏丛刻》本

木斋说诗存稿六卷 （清）褚汝文撰。民国十二年(1923)刊本

诗经说铃十二卷 （清）潘克溥撰。 清同治元年(1862)刊本

诗经音义约编十卷 （清）戴元裔撰。清同治重刊本

诗说四卷 （清）姚永概撰。 写刻本

毛诗补正二十五卷 （清）龙起涛撰。清光绪二十六年(1900)刻鹄轩刊本

毛郑诗斠义一卷 （清）罗振玉撰。 清光绪古宋字排印本

毛诗多识录十六卷 （清）董桂新撰。清同治刊本

国风录一卷 （清）盛大谟撰。《盛于埜遗著》本

毛诗草木今名释一卷 （清）王仁俊撰。清光绪三十四年(1909)存古学堂排印本

诗疑二卷 （清）王鲁齐撰。 清同治八年(1869)重刊本

毛诗集解训蒙一卷 （清）郑晓如撰。清同治八年(1869)刊《郑氏四种》本

毛诗七声四音谱四卷 （清）马征麐撰。《马钟山遗书》本

毛诗郑谱疏证一卷 （清）马征麐撰。《马钟山遗书》本

四诗世次通谱一卷 （清）马征麐撰。《马钟山遗书》本

毛诗韵谱二卷 （清）郭师古撰。 清光

绪十年(1884)玉屏山房刊本

诗经思无邪序传四卷 （清）姜国伊撰。《读书别墅所著书》本，《守中正斋丛书》本

诗经四家异文考补一卷 （清）江瀚撰。《晨风阁丛书》本

诗旨周官汇序二卷 （清）应鹿芩撰。清光绪二年(1876)退补斋刊本

诗经札记二卷 （清）朱亦栋撰。清光绪四年(1878)武林竹简斋重刊本

葩经集韵 （清）程之潜撰。清光绪五年(1879)西湖松园刊本

读风臆补二卷 （清）陈继揆撰。清光绪六年(1880)刊本

毛诗兴体说一卷 （清）林国赓撰。清光绪刊本

诗毛郑异同疏证 （清）范迪襄撰。北京图书馆藏清光绪退学精舍稿本

诗序辨一卷读礼私记一卷 （清）夏鼎武撰。清光绪十五年(1889)刊本，《富阳夏氏丛刻》本

读诗经笔记一卷 （清）方潜撰。清光绪刊《毋不敬斋全书》本

诗经疑言一卷 （清）王庭植撰。清光绪刊《古经疑言》本

诗说二卷 （清）陈广敷撰。清光绪九年(1883)精刊本

说诗解颐二卷续一卷 （清）徐植之撰。清光绪十年(1884)刊本

诗经遵义二十卷(存十八卷) （清）黄元吉撰。复旦大学图书馆藏高燮跋稿本

诗注明备(又名《毛诗笺注举要》)十二卷 （清）黎惠谦撰。清光绪十一年(1885)家刻本

诗序辨正八卷 （清）汪大任撰。清光绪十二年(1886)刊《丛睦汪氏遗书》本

毛诗约注十八卷 （清）刘曾騄撰。《祥符刘氏丛书·五经约注》本

诗经贯解四卷 （清）徐寿基撰。清光绪刊本

毛诗韵谱八卷附校勘记一卷 （清）郭汝特撰。清光绪十三年(1877)刊本

增补鸟兽草木虫鱼疏二卷 （清）王泉之撰。清光绪十三年(1877)刊本

毛朱诗说三卷 （清）阮芝生撰。北京图书馆藏翁方纲批注清抄本

毛郑诗考正续一卷 （清）林兆丰撰。复旦大学图书馆藏稿本

诗序议四卷 （清）吕调阳撰。《观象庐丛书》本

诗异文考证一卷 （清）郭庆藩撰。湖南省图书馆藏稿本

参校诗传说存二卷 （清）倪绍经、王萃龢撰。清光绪十五年(1889)守经堂刊本

诗经序传择参一卷 （清）方潜撰。《毋不敬斋全书》本

读毛诗日记一卷 （清）徐鸿钧撰。《学古堂日记》本

治诗偶得不分卷 （清）徐鸿钧撰。上海图书馆藏稿本

读毛诗日记一卷 （清）杨赓元撰。《学古堂日记》本

读毛诗日记一卷 （清）陆炳章撰。《学古堂日记》本

读毛诗日记一卷 （清）凤恭宝撰。《学

古堂日记》本

读毛诗日记一卷 （清）申濩元撰。《学古堂日记》本

读毛诗日记一卷 （清）郑鼎元撰。《学古堂日记》本

读毛诗日记一卷 （清）夏辛铭撰。《学古堂日记》本

诗疑补不分卷 （清）张光裕撰。上海图书馆藏清抄本

韩诗遗说续考四卷 （清）顾震福撰。清光绪十九年(1893)刊本

毛诗别字六卷 （清）顾震福撰。自刻本

诗经娜嬛体注大全八卷 （清）黄淮章撰。清光绪十八年(1892)刊本

诗韵字声通证七卷毛诗韵表一卷 （清）李次山撰。清光绪十九年(1893)百果山房刊本

诗经简要一卷 （清）汪本原撰。清光绪活字本

诗义会通四卷 （清）吴闿生撰。民国十六年(1927)文学社刊本，1958年中华书局排印本

读书商斋读诗商二十八卷 （清）陈保真撰。清光绪二十三年(1897)永兴捕署刊本

诗达诂首卷二卷 （清）彭棹南撰。清光绪二十三年(1897)二玉山馆刊本

毛诗古音述一卷声音转迻略一卷（又名《枕渔韵学两种》）（清）顾淳撰。清光绪二十五年(1899)刊活字本

诗传略考存二卷 （清）马举撰。复旦大学图书馆藏许瀚校、赵之谦跋稿本

诸家诗沠八卷 （清）祝起壮辑。复旦大学图书馆藏清抄本

诗经解卷数不详(存二卷) （清）姚亢宗撰。复旦大学图书馆藏稿本 又

诗经姚氏解(存四卷) 复旦大学图书馆藏稿本

毛诗名物考不分卷 复旦大学图书馆藏李详校、刘之泗跋清抄本

诗经拾遗十六卷 （清）叶自撰。清耕余堂刊本

诗经体注大全合参八卷 （清）高朝瓔撰。清刊本

诗经解不分卷 （清）仇景苍撰。《静修斋经解》本

诗经讲章 （清）曹鉴纶撰。首都图书馆藏满汉对照抄本

求古斋订正诗经不分卷 （清）秦璞订正。《求古斋订正九经》本

诗述十卷 （清）孔继堂撰。南开大学图书馆藏抄本

诗经守约 （清）汤金铭撰。华东师范大学图书馆藏红格抄本

诗疏钞不分卷 （清）倪皋编。上海图书馆藏抄本

诗经玉屑拾八卷 （清）史诠撰。

思诚堂说诗十二卷 （清）恽鹤生撰。中国历史博物馆藏稿本

毛诗疏证补六卷毛诗名物状三卷 （清）王维言撰。《王映楼文识录》本

诗序集说不分卷 （清）马翼赞撰。复旦大学图书馆藏稿本

毛诗笺疏辨异三十卷毛诗总辨不分卷 （清）李兆勖撰。北京图书馆藏稿本

诗说二十卷 （清）吴汝遴撰。上海图

书馆藏稿本

诗小学三十卷附补一卷 （清）吴玉树撰。自刻本

种芭蕉馆诗经述不分卷 （清）黄涟撰。中国社会科学院文学研究所藏稿本

诗考五卷附录一卷(存三卷) （清）黄启兴撰。 复旦大学图书馆藏清抄本

荀子诗说笺一卷 （清）黄朝槐撰。《西园读书记》本

诗书古训补遗十卷 （清）黄朝桂撰。《西园读书记》本

毛诗兴体说六卷 （清）黄应嵩撰。 北京图书馆藏抄本

毛诗论韵一卷 （清）张云锦撰。 民国平湖葛氏戣华馆刊本

诗经异文释补 （清）张芋圃撰。 自刻本

毛诗古乐音四卷 （清）张玉纶撰。《辽海丛书》本

毛诗多识十二卷 （清）张玉纶撰。 清宣统铅印本

诗经衍义体注大全合参八卷 （清）沈云将辑。 清刊本

田间诗学补注四卷 （清）沈闾崐撰。 上海图书馆藏稿本

逸诗征三卷 （清）孙国仁撰。《砭愚堂丛书》本

左传赋诗义征一卷 （清）孙国仁撰。《砭愚堂丛书》本

诗经大义一卷 （清）杨寿昌撰。 广州排印本

诗古音三卷 （清）杨峒撰。 徐恕校清吟梅书屋抄本，李有经校并跋清抄本，清程以恬抄本

读诗识名证义八卷 （清）金谷春撰。民国八年(1919)铅字排印本

诗经异文补释十六卷 （清）张慎仪撰。《籑园丛书》本

毛诗述正二十八卷 （清）张其焕撰。清光绪刊本

诗句今韵谱五卷 （清）张守诚撰。 清光绪二十六年(1900)皖江刊本

诗经白话注四卷 （清）钱荣国撰。 清光绪三十四年(1908)江阴礼延学堂刊本

诗经古谱 不著撰人。 清光绪三十四年(1908)学部图书馆石印本

诗谱讲义无卷数 不著撰人。 清光绪江苏存古学堂铅印本

尚诗征名二卷 （清）王荫祜撰。 清光绪三十四年(1908)刊本

枕葂斋诗经问答十四卷 （清）胡嗣运撰。清光绪三十四年(1908)鹏南书屋刊木活字本

诵诗小识三卷 （清）赵容撰。《云南丛书》本

诗谱详说八卷 （清）许印芳撰。 民国三年(1914)云南图书馆刊本

学诗堂经解二十卷 （清）李宗棠撰。清宣统三年(1911)排印本

毛诗古音谐读五卷 （清）杨恭恒撰。民国五年(1916)排印本

诗经疑言一卷 （清）武春芳撰。《古经疑言》本

王风笺题一卷 （清）丁立诚撰。 民国九年(1920)钱塘丁氏嘉惠堂排印本

诗经讲义七卷 （清）龙廷弼撰。 民国九年(1920)船山国学院排印本

诗说标新二卷 （清）狄郁撰。民国五年(1916)排印本

齐风说一卷 （清）李坤撰。《云南丛书》本

读诗札记一卷 （清）朱景昭撰。《无梦轩遗书》本

诗经通解二十六卷 （清）林义光撰。民国十八年(1929)衣好轩排印本

诗音韵通说一卷 （清）林义光撰。民国十八年(1929)衣好轩排印本

乐诗考略一卷 王国维撰。《广仓学会丛书》本

毛诗豳风残卷一卷 罗振玉校录。《敦煌石室碎金》东方学会排印本

毛郑诗校议（又名《毛郑诗斠议》）一卷 罗振玉撰。《晨风阁丛书》本

诗经条贯六卷 李景星撰。民国十六年(1927)排印本，《屺瞻草堂经说三种》本

诗经新解一卷 廖平撰。《新订六译馆丛书》本

今文诗古义疏证凡例一卷 廖平撰。《新订六译馆丛书》本

诗说（又名《四益诗说》）一卷 廖平撰。《新订六译馆丛书》本

诗考补订五卷 杨晨撰。民国二十五年(1936)《崇雅堂丛书》排印本

说诗求己五卷 王守恂撰。《王仁安集》附录本

读毛诗日记一卷 张一鹏撰。《学古堂日记》本

诗经说例一卷 （清）宋育仁撰。《问琴阁丛书》本

诗序非卫宏所作说一卷 黄节撰。清华大学排印本

诗旨纂辞三卷 黄节撰。北京大学铅印本

变雅一卷 黄节撰 民国二十一年(1932)北京大学排印本

读毛诗日记一卷 钱人龙撰。《学古堂日记》本

齐诗钤一卷 邵瑞彭撰。《邵次公遗著》本

诗经声韵谱七卷 徐昂撰。《音学四种》

诗经今古文篇旨异同一卷 徐昂撰。《徐氏全书》本

诗经形释四卷 徐昂撰。《徐氏全书》本

毛诗词例举要一卷 刘师培撰。《刘申叔先生遗书》本

毛诗札记一卷 刘师培撰。《刘申叔先生遗书》本

国语注解诗经 江荫香注。民国二十三年(1934)广益书局排印本，1982年中国书店排印本

分类诗经 许啸天译注。上海群学社排印本

读诗识名证义 金式陶撰。民国八年(1919)铅印本

毛诗古音谐读五卷 杨恭桓撰。民国十七年(1928)铅印本

诗经全部分类集对十三卷附录一卷 周葆贻辑。民国十年(1921)《怡厂丛书》铅印本

诗义折中四卷附诗经音注一卷 周学熙辑。《周氏师古堂所编书》本

诗经研究 谢无量撰。民国十二年

(1923)商务印书馆《国学小丛书》排印本

诗学指南 谢无量撰。 民国三十年(1941)排印本

毛诗翼叙二卷 柳永元撰。 民国十二年(1923)排印本

诗经之女性的研究 谢晋青撰。 民国十三年(1924)商务印书馆排印本

毛诗植物名参 童士恺撰，胡先骕校。 民国十三年(1924)排印本

诗经的厄运与幸运 顾颉刚撰。 民国十四年(1925)商务印书馆排印本

诗经 缪天绶选注。 民国十五年(1926)商务印书馆排印本

诗经选读 缪天绶选注。 民国三十六年(1947)商务印书馆排印本

卷耳集 郭沫若译。 民国十一年(1922)上海泰东书局排印本，1957年人民文学出版社《沫若文集》本

诗经学ABC 金公亮撰。 民国十八年(1929)世界书局排印《ABC丛书》本

论诗六篇 张寿林撰。 国民十八年(1929)北平文化学社本

毛诗说习传一卷 简荛盈、简荛特辑。 民国二十年(1931)刊本

诗经情诗今译第一集 陈漱琴辑。 民国二十一年(1932)上海女子书店排印本

诗序解三卷 陈延杰撰。 民国二十一年(1932)上海开明书店排印本

诗骚联绵字考 姜亮夫撰。 国民二十一年(1932)石印本

诗序的作者孟子 王大韬撰。 民国二十一年(1932)石印本

诗学赘言 苏维岳撰。 通行本

学寿堂诗说 徐绍桢撰。 通行石印本

毛诗正韵 丁以此撰。 民国十三年(1924)刊本

诗经研究 罗汝荣撰。 北京图书馆藏广东国民大学讲义本

诗经学 胡韫玉撰。 民国胡氏排印本

诗经形释 徐益修撰。 民国二十一年(1932)南通印本

扬州焦氏读诗地理考札记 孙常叙辑。 伪满"康德二年"(1935)吉东排印本

诗经音释 林之棠撰。 民国二十二年(1933)商务印书馆排印本

诗蠋十二卷 焦琳撰。 民国二十四年(1935)排印本

双剑誃诗经新证四卷 于省吾撰。 民国二十四年(1935)石印本

诗经学纂要 徐澄宇(徐英)撰。 民国二十五年(1936)中华书局排印本

经学通志 钱基博撰。 民国二十五年(1936)中华书局排印本

诗经本事 马振理撰。 民国二十五年(1936)世界书局排印本

诗经白话注解 唐笑我撰。 民国二十五年(1936)启智书局排印本

诗经学 胡朴安撰。 商务印书馆《国学小丛书》排印本

毛诗注疏引书引得 洪业等编。 民国二十六年(1937)哈佛燕京学社刊本

周厉宣之际共和诗史发微 易顺豫撰。 民国二十八年(1939)排印本

新注诗经白话解八卷 洪子良编。 民国三十年(1941)中原书局石印本

诗经童话 喻守真编。 民国三十年

(1941)中华书局排印本

毛诗郑笺平议 黄焯撰。民国三十四年(1945)国立武汉大学排印本，1985年上海古籍出版社排印本

南京图书馆馆藏诗经刊本及其研究论著简目 南京图书馆阅览部参考研究组编。南京图书馆阅览部参考研究组，1954

诗说 黄焯撰。1981年湖北人民出版社排印本

诗疏平议 黄焯撰。1986年上海古籍出版社排印本

读诗札记 俞平伯撰。民国二十三年(1934)人文书店排印本，民国三十六年(1947)开明书店排印本

诗经的音乐及其他 赵沨撰。民国三十七年(1948)新加坡新南洋出版社排印本

诗乐论 罗倬汉撰。民国三十七年(1948)正中书局排印本

诗经通义诗经新义 闻一多撰。民国三十七年(1948)开明书店《闻一多全集》排印本，1956年古典文学出版社排印《古典新义》本

风诗类钞 闻一多撰。民国三十七年(1948)开明书店《闻一多全集》排印本，1956年古典文学出版社排印《古典新义》本

二南解症 姚荽撰。民国三十七年(1948)排印本

诗经大义八卷 唐文治撰。金山高氏范庐排印本

诗经名物记四卷 俞寿沧撰。民国周氏师古堂排印本

三百篇演论 蒋善国撰。商务印书馆排印《国学小丛书》本

诗经释义 屈万里撰。1952年台湾中华文化出版事业委员会排印本

诗经试译 李长之撰。1956年古典文学出版社排印本

诗经选译 余冠英撰。1956年作家出版社排印本，1958年、1978年人民文学出版社排印本

诗草木今释 陆文郁撰。1957年天津人民出版社排印本

雅颂选译 陈子展撰。1957年古典文学出版社排印本

诗经六论 张西堂撰。1957年商务印书馆排印本

周代抒情诗译注 袁梅撰。1957年山东人民出版社排印本

诗经选 余冠英选注。1958年人民文学出版社排印本

诗经研究论文集 人民文学出版社编辑部编。1959年人民文学出版社排印本

诗经与周代社会研究 孙作云撰。1960年中华书局排印本

国风今译 金启华撰。1963年江苏人民出版社排印本

诗经 金开诚撰。1963年中华书局排印本

诗经 阎振益撰。1963年中华书局排印本

诗经欣赏与研究 糜文开、裴普贤撰。1964年台湾三民书局排印本

王柏之诗经学 程元敏撰。1968年台湾嘉新文化基金会排印本

诗经研究　李辰冬撰。台湾水牛出版社排印本

诗经通释　李辰冬撰。台湾水牛出版社排印本

诗经研究方法论　李辰冬著。台湾水牛出版社排印本

诗经通释　王静芝撰。1968年台湾辅仁大学文学院排印本

韩诗外传今注今译　赖炎元撰。1972年台湾商务印书馆排印本

诗经中有关男女情感问题之探讨与分析　钟洪武撰。1978年台湾排印本

诗经选译　赵浩如撰。1980年上海古籍出版社排印《中国古典文学作品选读丛书》本

诗经　周满江撰。1980年上海古籍出版社排印《中国古典文学基本知识丛书》本

诗经选译　陈介白撰。1980年江西人民出版社排印本

诗经今注　高亨撰。1980年上海古籍出版社排印本

诗经韵读　王力撰。1980年上海古籍出版社排印本

诗经译注(国风部分)　袁梅撰。1980年齐鲁书社排印本

诗经研究论集　台湾孔孟学会编。1981年台湾黎明文化公司排印本

诗经中有关农事章句的解释　夏纬瑛撰。1981年农业出版社排印本

古诗歌笺释三种(内一种为《诗经》作品选笺)　朱自清撰。1981年上海古籍出版社排印本

欧阳修诗本义研究　裴普贤撰。1981年台湾东大图书公司排印本

诗经选注　蒋立甫撰。1981年北京出版社排印本

诗经全译　袁愈荌译,唐莫尧注。1981年贵州人民出版社排印本

诗三百篇探故　朱东润撰。1981年上海古籍出版社排印本

诗经研究论集　熊公哲等撰。1981年台湾黎明文化事业公司排印本

国风的普通话翻译　于在春撰。1982年中州书画社排印本

诗经译注(雅颂部分)　袁梅撰。1982年齐鲁书社排印本

诗经国风今译　蓝菊荪撰。1982年四川人民出版社排印本

诗经研究史概要　夏传才撰。1982年中州书画社排印本

诗经评注读本　裴普贤著。1982年台湾三民书局排印本

风诗名篇新解　鲍昌撰。1982年中州书画社排印本

泽螺居诗经新证　于省吾撰。1982年中华书局排印本

诗经概说与读物要目　上海图书馆编。上海图书馆印本

诗经漫话　程俊英撰。1983年上海文艺出版社排印本

诗经研究论集(一集)　林庆彰编。1983年台湾学生书局排印本

诗经直解　陈子展撰。1983年复旦大学出版社排印本

国风选译(增订本)　陈子展撰。1983年上海古籍出版社排印本

诗经诠释　屈万里撰。1983年台湾联

经出版公司排印本

诗经索引　陈宏天、吕岚编。　1984年书目文献出版社排印本

诗经译注　祝敏彻等撰。　1984年甘肃人民出版社排印本

诗经全译　金启华撰。　1984年江苏古籍出版社排印本

诗经译注　袁梅撰。　1985年齐鲁书社排印本

诗经译注　程俊英撰。　1985年上海古籍出版社排印本

诗经双音词论稿　朱广祁撰。　1985年河南人民出版社排印本

诗经语言艺术　夏传才撰。　1985年语文出版社排印本，1990年台湾云龙出版社排印本

诗经新论　宫玉海撰。　1985年吉林人民出版社排印本

诗经解说　陈铁镔撰。　1985年书目文献出版社排印本

诗经新注　张震泽撰。　1985年陕西人民出版社排印本

诗经新解与古史新论　骆宾基撰。1985年山西人民出版社排印本

三经新义辑考汇评（二）——诗经　程元敏撰。　1986年台湾国立编译馆排印本

诗经百首今译　庄穆撰。　1986年内蒙古人民出版社排印本

诗经述论　冼焜虹撰。　1986年山西人民出版社排印本

诗经全译注　樊树云撰。　1986年黑龙江人民出版社排印本

诗经国风译注　邓荃撰。　1986年宝文堂书店排印本

诗经百首译释　周蒙、冯宇撰。　1986年黑龙江人民出版社排印本

诗经词典　向熹编。　1986年四川人民出版社排印本，1997年重印

诗经周南召南发微　文幸福撰。　1986年台湾学海出版社排印本

诗经鉴赏集　人民文学出版社编。1986年人民文学出版社排印本

诗经今译今注　杨任之撰。　1986年天津古籍出版社排印本

雅颂选译（增订本）　陈子展撰。　1986年上海古籍出版社排印本

诗经语言研究　向熹撰。　1987年四川人民出版社排印本

诗经研究论集（二集）　林庆彰编。1987年台湾学生书局排印本

诗经探微　袁宝泉、陈智贤撰。　1987年花城出版社排印本

诗经赏析　黄素芬撰。　1987年广西教育出版社排印本

诗经国风今译　吕恢文撰。　1987年人民文学出版社排印本

兴的源起　赵沛霖撰。　1987年中国社会科学出版社排印本

诗经古今音手册　向熹编撰。　1988年南开大学出版社排印本

阜阳汉简诗经研究　胡平生、韩自强撰。1988年上海古籍出版社排印本

诗经研究概观　韩明安撰。　1988年黑龙江人民出版社排印本

诗经选译　程俊英、蒋见元撰。　1988年巴蜀书社排印本

诗经赏析集　程俊英主编。1989年巴蜀

书社排印本

诗经词典 董治安主编。1989年山东教育出版社排印本

诗书成词考释 姜昆武撰。1989年齐鲁书社排印本

诗经研究反思 赵沛霖撰。1989年天津教育出版社排印本

诗经主题辨析（上编《国风》部分） 杨合鸣、李中华编撰。1989年广西教育出版社排印本

诗经主题辨析（下编《雅》、《颂》部分） 李中华、杨合鸣编撰。1989年广西教育出版社排印本

诗经二雅选评 王守民撰。1989年陕西师范大学出版社排印本

诗经评注（上） 王守谦、金秀珍撰。东北师范大学出版社排印本

诗经鉴赏词典 任自斌、和近健主编。1989年河海大学出版社排印本

国风诗旨纂解 郝志达主编。1990年南开大学出版社排印本

诗经楚辞鉴赏词典 周啸天主编。1990年四川辞书出版社排印本

毛诗说 曾运乾撰，周秉钧整理。1990年岳麓书社排印本

诗经导读 陈子展、杜月村撰。1990年巴蜀书社排印本

诗经研究新编 李湘撰。1990年河南大学出版社排印本

钟与鼓：诗经的套语及其创作方式 王靖献撰，谢谦译。1990年四川人民出版社排印本

诗经末议 韩明安、林祥征撰。1991年黑龙江人民出版社排印本

诗辨新探 郭晋稀撰。1991年甘肃教育出版社排印本

诗补传与戴震解经方法 岑溢成撰。1992年台湾文津出版社排印本

闲坐话诗经 金性尧撰。1992年江苏古籍出版社排印本

左传引诗赋诗之诗教研究 曾勤良撰。1992年台湾文津出版社排印本

诗经辨义 苏东天撰。1992年浙江古籍出版社排印本

风诗决疑校释 张余庆撰。1992年内蒙古教育出版社排印本

诗经通译新诠 黄典诚撰。1992年华东师范大学出版社排印本

诗经名篇集释集评 王古威撰。1992年内蒙古教育出版社排印本

毛诗训诂研究 冯浩菲撰。1988年华中师范大学出版社排印本

诗经译注 李子伟撰。1992年兰州大学出版社排印本

诗经蠡测 郭晋稀撰。1993年甘肃人民出版社排印本

诗经新解 翟相君撰。1993年中州古籍出版社排印本

国风集说 张树波编。1993年河北人民出版社排印本

诗经正诂 余培林撰。1993—1995年台湾三民书局排印本

诗经民俗文化论 周蒙撰。1994年黑龙江教育出版社排印本

诗经分类诠释 王宗石编。1994年湖南教育出版社排印本

诗经的文化阐释 叶舒宪撰。1994年湖北人民出版社排印本

诗经释论　王延海撰。　1994年辽宁大学出版社排印本

诗经国际学术讨论会论文集（1993年）　中国诗经学会编。　1994年河北大学出版社排印本

商颂研究　张松如撰。　1995年南开大学出版社排印本

思无邪斋诗经论稿　夏传才撰。　1995年南开大学出版社排印本

诗经释证　罗文宗撰。　1995年陕西人民出版社排印本

诗经通诂　雒江生撰。　1995年三秦出版社排印本

诗经译注　韩峥嵘撰。　1995年吉林文史出版社排印本

诗经古义新证　季旭升撰。　1995年台湾文史哲出版社排印本

诗经特定名物应用系列新编　李湘撰。　1995年台湾万卷楼图书公司排印本

四家诗旨会归　王礼卿撰。　1995年台湾青莲出版社排印本

诗经要籍解题　蒋见元、朱杰人撰。　1996年上海古籍出版社排印本

明代诗经学　傅丽英撰。　1996年语文出版社排印本

诗经论文　林叶连著。　1996年台湾学生书局排印本

雅颂新考　刘毓庆撰。　1996年山西高校联合出版社排印本

孔子诗学研究　文幸福撰。　1996年台湾学生书局排印本

先秦两汉文化与文学　王洲明撰。　1996年山东大学出版社排印本

诗经引论　滕志贤撰。　1996年江苏教育出版社排印本

第二届诗经国际学术研讨会论文集　中国诗经学会编。　1996年语文出版社排印本

雅颂新考　刘毓庆撰。　1996年山西高校联合出版社排印本

韩诗外传笺疏　屈守元撰。　1996年巴蜀书社排印本

诗经与中国文化　廖群撰。　1997年香港东方红书社排印本

诗经刍议　陈戍国撰。　1997年岳麓书社排印本

诗经译注　向熹撰。　广西教育出版社、陕西教育出版社排印本

诗的文化精神　李山撰。　1997年东方出版社排印本

诗经评释　朱守亮撰。　台湾学生书局排印本

诗经胜境及其文化品格　许志刚撰。　台湾文津出版社排印本

诗经研究　黄振民撰。　台湾正中书局排印本

诗经今注今译　马持盈撰。　台湾商务印书馆排印本

诗经新评价　高葆光撰。　台湾东海大学排印本

先民的歌唱——诗经　裴溥言撰。　台湾商务印书馆排印本

诗经新采　葛培岭译注。　中州古籍出版社，1998

诗经恋歌　马煦增著。　新疆人民出版社，1998

诗经全注　褚斌杰注。　人民文学出版社，1999

诗经　武振玉注释。　吉林文史出版社,1999

诗经名物新证　扬之水著。　北京古籍出版社,2000。天津教育出版社2007年修订本

诗经　熊良智选析。　新疆青少年出版社,1999

诗经　程俊英、蒋见元注译。　岳麓书社,2000

辉映千古的《诗经》　朱崇才著。　辽海出版社,1998

诗经新注全译　唐莫尧著。　巴蜀书社,1998

诗经译注　袁梅著。　青岛出版社,1999

诗经诗传　费振刚等著。　吉林人民出版社,2000

史记与诗经　陈桐生著。　人民文学出版社,2000

诗经　于夯译注。　山西古籍出版社,2000

诗经楚辞汉乐府选详解　靳极苍著。　山西人民出版社,2002

诗经研究史概要　夏传才著。　清华大学出版社,2007

诗经　汪榕培、任秀桦译注。　辽宁教育出版社,1995

诗经的文化精神　李山著。　东方出版社,1997

诗经　陈子展、杜月村著。　巴蜀书社,1996

诗经·楚辞　李开金选注。　长江文艺出版社,1996

诗经新释选　苏东天选释。　文化艺术出版社,1996

诗经注析　程俊英、蒋见元著。　中华书局,1991,1996重印

诗经直解　李立成直解。　浙江文艺出版社,1997

诗经选　刘永生编。　天津古籍出版社,1997

诗经通诂　雒江生编著。　三秦出版社,1998

诗经学概论　鲁洪生编著。　辽海出版社,1998

诗经辨读　陈元胜著。　安徽大学出版社,1998

诗经疾书校注　（韩）李瀷著,白承锡校注。　江苏教育出版社,1999

诗经名物新解　李儒泉著。　岳麓书社,2000

诗经学史　洪湛侯著。　中华书局,2002

先秦两汉诗经研究论稿　袁长江著。　学苑出版社,1999

诗经　杨天宇著。　上海古籍出版社,1997

《诗经》韵读图解及其它　庞存周著。　重庆出版社,1999

穿越《诗经》的画廊　王开林著。　岳麓书社,1999

诗经别裁　扬之水著。　中华书局,2007,2008重印

诗经译注　程俊英译注。　上海古籍出版社,1985

诗经　邓启铜注释。　东南大学出版社,2013

历代诗经著述考　刘毓庆、贾培俊著。　中华书局,2008

诗经　杨天宇著。　上海古籍出版社,

1997

诗经研究史概要　夏传才著。清华大学出版社,2007

诗经鉴赏辞典　金启华等主编。安徽文艺出版社,1990

诗经百科辞典　迟文浚主编。辽宁人民出版社,1998

诗经楚辞汉乐府选详解　靳极苍著。山西古籍出版社,2002

诗经学史　洪湛侯著。中华书局,2002

历代诗经著述考　刘毓庆著。中华书局,2002,2005重印

诗经三百篇鉴赏辞典　上海辞书出版社文学鉴赏辞典编纂中心编。上海辞书出版社,2007

（张祝平　文焰）

楚辞书目

楚辞十六卷　（汉）刘向辑。明万历四十八年(1620)闵齐伋校二色套印本（二卷），清康熙二十年(1681)胡介祉校刊本

楚辞章句十七卷　（汉）刘向辑；（汉）王逸注。明隆庆五年(1571)夫容馆覆宋本，明万历十四年(1586)冯绍祖刊本，《湖北丛书》本，《丛书集成初编》本

重编楚辞十六卷　（宋）晁补之辑。晁氏待学楼刊丛书本

楚辞补注十七卷　（宋）洪兴祖撰。清康熙汲古阁毛表重刊宋本，《四部丛刊》本，1983年中华书局排印本

楚辞辨证二卷　（宋）朱熹撰。宋嘉定四年(1211)同安郡斋刊本，明弘治十七年(1504)魏氏宝仁堂刊本（与《楚辞后语》合刊），清崇文书局《三十三种丛书》本

天问天对解一卷　（宋）杨万里撰。明崇祯刊本，《诚斋集》本，民国胡思敬辑《豫章丛书》本

楚辞集注八卷辨证二卷后语六卷　（宋）朱熹撰。宋端平二年(1235)朱鉴刊本，明汲古阁校刊本，《古逸丛书》本，1953年人民文学出版社影印宋端平本，1979年上海古籍出版社排印本

离骚集传一卷　（宋）钱杲之撰。《知不足斋丛书》本，《龙威秘书》本，《铁琴铜剑楼丛书》本

离骚草木疏四卷　（宋）吴仁杰撰。宋庆元六年(1200)罗田县庠刊本，《知不足斋丛书》本，《四库全书》本，《丛书集成初编》本

楚辞芳草谱一卷　（宋）谢翱撰。明刊《说郛》本，《香艳丛书》本

楚词注略一卷　（明）周用撰。明周之彝刊本

楚辞旁注八卷　（明）冯惟讷撰。明正德十六年(1521)冯氏刊本

离骚经订注一卷　（明）赵南星撰。明万历四十一年(1583)刊本

楚辞七卷　（明）郭维贤编。明万历二十二年(1594)刊《三忠集》本

楚辞述注十卷　（明）林兆珂撰。明万历三十九年(1611)刊本

楚辞集解八卷蒙引二卷考异一卷　（明）汪瑗撰,(明)汪仲弘补。明万历四十六年(1618)刊本，明万历四十三年

(1615)焦竑序刊本，1994年北京古籍出版社排印本

楚辞述注五卷 （明）来钦之撰。 明崇祯十一年(1638)刊本，清顺治刊本

删注楚辞 （明）张京元撰。 明万历四十六年(1618)刊本

楚辞笺注四卷 （明）李陈玉撰。 清康熙十一年(1672)武塘魏学渠刊本

楚辞合纂十卷 （明）张凤翼辑。 明刊王世贞序本

文体明辨·楚辞二卷 （明）徐师曾撰。 明万历十九年(1591)茅坤活字印本

辞赋标义·楚辞六卷 （明）俞王言撰。 明万历海阳金溥刊本

释骚一卷 （明）何乔远撰。 清咸丰杨俊冠悔堂抄本

屈子六卷 （明）潘三槐撰。 明末写刻本

离骚经纂注一卷 （明）刘永澄撰。 兴让堂刊本

楚辞疏十九卷读楚辞语一卷楚辞杂论一卷 （明）陆时雍撰。 明缉柳斋刊本，清康熙四十四年(1705)有文堂刊本

楚辞权八卷 （明）陆时雍撰。 明天启刊本

屈宋古音义三卷 （明）陈第撰。 明万历四十二年(1614)焦竑校刊《一斋著书》本，《学津讨源》本，《丛书集成初编》本

楚骚协韵十卷 （明）屠本畯撰。 明刊本天一阁藏本

离骚草疏补四卷 （明）屠本畯撰。 明万历二十一年(1593)刊本

楚辞参疑不分卷 （明）戈汕、毛晋撰。 明万历四十六年(1619)绿君亭《屈陶合刻》本

楚辞译韵译字不分卷 （明）戈汕、毛晋撰。 明万历四十六年(1619)绿君亭《屈陶合刻》本

楚辞疑字直音补 佚名撰。 明刊本

玉虚子一卷 （明）归有光辑。 明天启五年(1625)《诸子汇函》本

鹿溪子一卷 （明）归有光辑。 明天启五年(1625)《诸子汇函》本

楚辞句解评林 （明）冯绍祖辑。 明万历十四年(1586)刊本，明万历十五年(1587)刊本

读楚辞语一卷 （明）冯梦祯撰。 明万历刊《楚辞集注》附录本

楚辞合论一卷 （明）黄文焕撰。 明崇祯刊本

楚辞听直八卷合论一卷 明黄文焕撰。 明崇祯十六年(1643)刊本

楚辞评林 明沈云翔辑。 明崇祯十年(1637)沈云翔刊《楚辞集注》附录本

楚范六卷 （明）张之象辑。 明高濂校刊本

楚骚绮语六卷 （明）张之象辑。 明万历五年(1577)刊《文林绮绣》本，清光绪二十二年(1896)上海鸿宝斋《文林绮绣》石印本

骚苑三卷补一卷 （明）黄省曾辑；（明）张所敬补。 明万历二十六年(1598)潘云献刊本

屈诂 （清）钱澄之撰。 《田间遗书·庄屈合诂》本，清同治三年(1864)刊《饮光先生全书》本，1996年黄山书社排

印《庄子精释屈赋精释》本

骚筏一卷　（清）贺贻孙撰。《水田居全集》本

离骚草木史十卷拾细一卷　（清）周拱辰撰。　清嘉庆八年（1803）圣雨斋重刊本，清道光二十六年（1846）重刊《周孟侯全集》本

楚辞通释十四卷　（清）王夫之撰。《船山遗书》本，1959年中华书局排印本，1988年岳麓书社排印《船山全书》本

天问补注一卷　（清）毛奇龄撰。《西何全集》本

骚屑九卷　（清）沈无咎辑。　清康熙三十八年（1699）香绿园刊本

离骚经讲录不分卷　（清）刘献庭讲，（清）黄日瑚录。　浙江图书馆藏钞本。

饮骚（又名《离骚笺释》）二卷　（清）贺宽撰。　清康熙刊本

楚辞笺注定本十三卷　（清）杨声撰，（清）唐世徵评。　清顺治三年（1646）刊本

楚辞钞三卷　（清）顾大申撰。　清顺治十七年（1660）《鹤巢考诗原全书》本

离骚经注一卷九歌注一卷　（清）李光地撰。　清康熙五十七年（1718）刊《李文贞公解义三种》本，《榕村全书》本，《榕园丛书》本

楚辞注　（清）查慎行撰。　清康熙刊本

楚辞灯四卷怀襄二王在位事迹考一卷　（清）林云铭撰。　清康熙三十六年（1697）挹奎楼刊本，民国六年（1917）北京石印本（题《楚辞易读》）

离骚正义一卷　（清）方苞撰。《抗希堂全书九种》本，清乾隆十一年（1746）方氏家刻《望溪全集》本，清光绪二十四年娜嬛阁重刊活字本

屈骚心印五卷　（清）夏大霖撰。　清雍正十二年（1734）刊本，清乾隆九年（1744）一本堂刊本

楚辞注一卷　（清）庞垲撰。　旧钞本。

楚辞约注不分卷　（清）高秋月、曹同春撰。　清康熙二十八年（1689）刊《庄骚合刻》本

屈子贯五卷　（清）张诗撰。　清康熙四十年（1701）刊本

屈辞洗髓五卷　（清）徐焕龙撰。　清康熙三十七年（1698）无闷堂刊本

离骚辩不分卷　（清）朱冀撰。　清康熙四十五年（1706）绿筠堂精刊本

离骚解一卷　（清）谢济世撰。　清光绪十年（1884）刊《梅庄杂著》本

离骚节解一卷　（清）张德纯撰。　清康熙五十三年（1714）读书松桂林精刊本，清乾隆五十年（1785）梓州郡署重刊朱墨套印本

离骚经解略　清方楘如撰。　清乾隆十九年（1754）方氏佩古堂刊《集虚斋学古文》本，清光绪十年（1884）淳安县署重刊《集虚斋学古文》本

楚辞疏（又名《楚辞注疏》）八卷　（清）吴世尚撰。　清雍正五年（1727）尚友堂刊本

离骚汇订四卷屈子杂文笺略二卷　（清）王邦采撰。　清康熙六十一年（1722）初刊本，清乾隆九年（1744）刊本，《广雅丛书》本

山带阁注楚辞六卷余论二卷说韵二卷　（清）蒋骥撰。清雍正五年（1727）原

刊本,民国二十二年(1933)北平来熏阁景印原刊本,1958年中华书局上海编辑所排印本

九歌解一卷 （清）顾成天撰。 夏承焘藏抄本

读骚别论一卷 （清）顾成天撰。 夏承焘藏抄本

楚辞评注十卷 （清）王萌撰。 清康熙刊本,清乾隆三十五年(1770)鲈香居士刊本

联骚一卷 （清）张潮撰。 《檀几丛书》本

离骚论文十卷附录一卷 （清）郑武撰。 清康熙三十四年(1695)寄梦堂刊本

离骚解一卷楚辞九歌解一卷读骚列论一卷 （清）顾成天撰。 清乾隆六年(1741)刊本 又 **离骚解一卷** （清）顾成天撰。 《花语山房八种》本

楚辞韵解八卷 （清）丘仰文撰。 清乾隆三十七年(1772)丘氏硕松堂刊本

屈子发明一卷 （清）陈九龄撰。 清乾隆三十八年(1773)自刻《二物堂全集》本

屈骚指掌四卷 （清）胡文英撰。 清乾隆五十一年(1786)富芝堂刊《武进胡氏所著书》本,1979年北京古籍出版社影印本

楚辞新注八卷 （清）屈复撰。 清乾隆三年(1738)弱水草堂原刻本,清居易堂刊本,《青照堂丛书》本

天问校正一卷 （清）屈复撰。 《昭代丛书》本

离骚笺二卷 （清）龚景瀚撰。 清乾隆五十九年(1794)刊本,《澹静斋全集》本,清崇文书局《三十三种丛书》本

楚辞节注六卷楚辞叶音一卷 （清）姚培谦撰。 清乾隆五十七年(1792)博斯堂刊本

楚辞述芳二卷 （清）牟庭相撰。 清乾隆六十年(1795)牟氏俗园刊《雪泥书屋全书》本

楚辞详解五卷 （清）奚禄诒撰。 清乾隆九年(1744)知津堂精刊本

屈子说志六卷宋玉九辩一卷 （清）陈远新撰。 清乾隆十四年(1749)慎余堂刊本

屈原赋注七卷通释二卷音义三卷（按：音义二卷或谓汪梧凤撰） （清）戴震撰。 乾隆二十五年(1760)汪氏不疏园刊本,《广雅书局丛书》本,民国十九年(1930)商务印书馆排印《万有文库》本,1994年黄山书社排印《戴震全集》本

吴仁杰离骚草木疏辨证四卷 （清）祝德麟撰。 清乾隆四十四年(1779)祝氏悦亲楼刊本

楚辞心解 （清）江中时撰。 清乾隆二十五年(1760)刊本

楚辞订注四卷 （清）许清奇撰。 清乾隆二十年(1755)刊本

评辑楚辞读本一卷 （清）方人杰撰。 清乾隆三十七年(1772)世春堂《庄骚读本》合刊本

屈子章句七卷附屈子纪略 （清）刘梦鹏撰。 清乾隆五十四年(1789)黎青堂刊本,清嘉庆重刊本

屈子文选二卷 （清）张通绪撰。 清嘉

庆十六年(1811)人境轩自刊《文选十三种》本

九歌解一卷 （清）辛绍业撰。 清嘉庆十八年(1813)刊《敬堂全集》本

离骚经解不分卷 （清）梅冲撰。 清嘉庆二十年(1815)刊本

楚辞新注求确十卷 清胡濬源撰。 清嘉庆二十五年(1820)长沙务本堂刊本

楚辞达一卷总论一卷 （清）鲁笔撰。 清嘉庆九年(1804)刊《二余堂丛书》本

离骚拾细一卷 （清）周拱辰撰。 清嘉庆八年(1803)圣雨斋重刊本

天问别注一卷 （清）周拱辰撰。 清嘉庆八年(1803)圣雨斋重刊本

屈辞精义六卷 （清）陈本礼撰。 清嘉庆十七年(1812)裛露轩刊本,《江都陈氏丛书》本,民国十三年(1924)上海扫叶山房影印裛露轩本

楚辞辨韵一卷 （清）陈昌齐撰。 清嘉庆五年(1800)刊《赐书堂集》本,清道光三十年(1850)刊《岭南遗书》本,《丛书集成初编》本

楚辞音韵 （清）高钟撰。 清嘉庆五年(1800)春晖阁刊本

楚辞韵读一卷附宋赋韵读 （清）江有浩撰。 清嘉庆十九年(1814)自刻小学各书本,《音学十书》本,《音韵学丛书》本

屈子文存二卷 清陈九龄撰。 清道光四年(1824)《二物堂丛刻》本

离骚经章句义疏一卷 （清）张象津撰。 清道光九年(1829)家刻《白雪山房集》本

楚辞贯一卷 （清）董国英撰。 清道光二十五年(1845)博川正谊斋刊本

离骚赋补注一卷 （清）朱骏声撰。 清道光刊本,清光绪八年(1882)临啸阁刊《朱氏群书》本

离骚参解一卷 （清）林有席撰。 清道光六年(1826)刊《平园全集》本

屈子正音三卷 （清）方绩撰。 清道光七年(1827)邓廷桢精刊本,清光绪六年(1880)网旧闻斋刊本

三益斋离骚注一卷 （清）贺性灵撰。 清咸丰九年(1859)吴门刊本

离骚音韵一卷 （清）李寿蓉撰。 清通学斋刊本

读骚论世二卷 （清）曹耀湘撰。 民国四年(1915)湖南书报局排印本,日本西村时彦辑《读骚庐丛书》抄本

毛诗群经楚辞古韵谱二卷 （清）王念孙撰。 《高邮王氏遗书》本

楚辞辑解正编六卷外编二卷后语六卷附录六卷 （清）丁元正撰。 1954年丁鹏翥油印本

离骚经注一卷 （清）诗樵氏撰。 清咸丰九年(1859)吴门刊本

楚辞音不分卷 （清）马征麈撰。 清光绪十五年(1889)刊《思古堂三种》本

离骚释韵一卷 （清）蒋曰豫撰。 清光绪三年(1877)莲池书院刊《蒋侑石遗书》本,民国餐菊轩铅印本

楚辞校文 （清）毛祥麟撰。 上海图书馆藏抄本

楚辞人名考一卷 （清）俞樾撰。 《春在堂全书》本

离骚注 （清）梁燮谱撰。 清同治八年（1869）镜古堂原刻《古赋首选》本

楚辞初学读本审音十卷 （清）强望秦撰。清同治五年（1866）韩城强氏刊本

天问笺一卷 （清）丁晏撰。 清光绪广雅书局刊本

屈子文八卷 （清）夏献云辑。 清光绪三年（1877）长沙刊本

离骚分段约说一卷 （清）黄恩彤撰。清光绪刊《宁阳黄氏所著书》本

离骚启蒙 （清）端木埰撰。 清光绪二年（1876）端木埰刊巾箱本《楚辞》附录

楚辞释十一卷 （清）王闿运撰。 清光绪十二年（1886）成都尊经书院刊本，《湘绮楼全书》本，民国十二年（1923）刊《湘绮全集》本

离骚九歌释一卷附李篁仙离骚音韵（清）毕大琛撰。 清光绪十八年（1892）补学斋刊本

离骚注一卷 （清）王树枏撰。 清光绪文莫室铅印本

离骚论世 （清）曹耀湘撰。 北京图书馆藏稿本

屈骚求志五卷 （清）颜锡名撰。 清光绪十五年抄本

离骚拟议二卷 （清）刘光第撰。 清抄本，1986年中华书局排印《刘光第集》本

楚辞串解 （清）陈大文撰。 日本西村时彦辑《读骚庐丛书》抄本

屈赋微二卷 马其昶撰。 《集虚草堂丛书》本，《抱润轩全集》本

楚辞叶韵考四卷附麓正前韵一卷 徐天璋撰。 清宣统三年（1911）抄本

楚辞王注补 宁调元撰。 民国四年（1915）刊《太一遗书》本

离骚逆志一卷 魏元旷撰。 民国九年刊《潜园二十四种》本

离骚章义 傅熊湘撰。 民国十三年（1924）排印本

屈宋方言考一卷 李翘撰。 民国十四年（1925）芬熏馆刊本，民国十九年（1930）瑞安陈氏《湫漻斋丛刊》本

楚辞讲义不分卷 廖平撰。 民国十四年（1925）四川存古书局刊《六译馆丛书》本

楚辞概论 游国恩撰。 民国十六年（1927）商务印书馆排印《国学小丛书》本

屈原研究 梁启超撰。 《饮冰室合集》本

读骚大例一卷 郭焯莹撰。 民国二十年（1931）北平文字同盟社铅印本

屈赋章句古微二十六卷叙录一卷 郭焯莹撰。 湖南师范学院图书馆藏稿本

屈赋内传五卷内传杂篇三卷 郭焯莹撰。湖南师范学院图书馆藏稿本

屈赋外传二十七卷附屈赋校勘记一卷屈子纪年一卷 郭焯莹撰。 湖南师范学院图书馆藏稿本

楚辞新论 谢无量撰。 民国十二年（1923）商务印书馆排印《国学小丛书》本

楚辞之研究 支伟成撰。 民国十八年（1929）泰东书局排印本

楚辞大义述 陈培寿撰。 民国石印本

天问校语一卷 范希曾撰。 民国二十年(1931)家刻《稚露室遗著》本

离骚直解读本一卷 萧惠长撰。 民国二十一年(1931)上海中华书局排印本

楚辞新解一卷 廖平撰。 民国二十三年(1934)井研廖氏刊本

楚辞考异十七卷 刘师培撰。 民国二十四年(1935)宁武南氏校印本

楚辞斠补 闻一多撰。 民国三十七年(1948)开明书店排印《闻一多全集》本

楚辞拾遗一卷 陈直撰。 民国二十三年(1934)《摹庐丛著》石印本

离骚集释一卷 卫瑜章撰。 民国二十五年(1936)商务印书馆排印本

离骚研究 陈适撰。 民国二十九年(1940)商务印书馆排印《国学小丛书》本

楚辞翼注 李详撰。 1989年江苏古籍出版社排印《李审言文集》本，北京图书馆藏稿本

离骚幖补注 彭泽陶撰。 北京图书馆藏民国三十二年(1943)油印本

屈原与宋玉 陆侃如撰。 商务印书馆印行本

楚辞中的神话和传说 钟敬文撰。 1930年中山大学语文历史研究所排印《民俗学会丛书》本

汉赋之史的研究——骚赋 陶秋英撰。 民国二十八年(1939)中华书局排印本，1985年浙江古籍出版社重印本

楚辞选读 沈德鸿选注。 民国间商务印书馆排印《新中学文库》本

楚辞音一卷 徐昂撰。 民国三十六年(1947)南通翰墨林书局排印《徐氏全书》本

楚辞大义述不分卷 陈培寿撰。 民国石印本

楚辞地理考 饶宗颐撰。 民国三十五年(1946)商务印书馆排印本

楚辞地名索引 饶宗颐撰。 民国三十五年(1946)商务印书馆出版《楚辞地理考》附录本

楚辞地名讨论集 饶宗颐撰。 民国三十五年(1946)商务印书馆出版《楚辞地理考》附录本

楚辞发微 路百占撰。 民国排印本

楚辞作于汉代考 何天行撰。 民国三十七年(1948)中华书局排印本

屈原九歌今绎 文怀沙撰。 1952年棠棣出版社排印本，1954年上海文艺联合出版社排印《中国古典文学研究丛刊》本，1962年中华书局上海编辑所新一版排印本

屈原九章今绎 文怀沙撰。 1952年棠棣出版社排印本，1954年上海文艺联合出版社排印《中国古典文学研究丛刊》本，1962年中华书局上海编辑所新一版排印本

诗人屈原及其作品研究 林庚撰。 1952年上海棠棣出版社排印本，1980年上海古籍出版社排印本

屈原赋今译 郭沫若撰。 1953年人民文学出版社排印本，1957年人民文学出版社排印《沫若文集》第二卷本，1981年人民文学出版社重印《文集》本

馆藏屈原作品及其有关论述　首都图书馆编。　1953年自印本

屈原集正篇附篇　文怀沙注。　1953年人民文学出版社排印本

屈原　游国恩撰　1953年三联书店排印本

离骚语文疏解　王泗原撰。　1954年上海文艺联合出版社《中国古典文学研究丛刊》本

屈原离骚今绎　文怀沙撰。　1954年上海文艺联合出版社排印《中国古典文学研究丛刊》本，1956年古典文学出版社排印本

屈原评传　苏雪林撰。　1954年台北广东出版社排印本

离骚九歌辑评　王鍌编。　1955年台北国立编译馆排印本

楚辞书录　饶宗颐编。　1956年香港苏记书庄排印本

楚辞今读　瞿蜕园撰。　1956年春明出版社排印本

楚辞选　陆侃如、高亨、黄孝纾选注。　1956年古典文学出版社排印本

楚辞论文集　游国恩撰。　1957年古典文学出版社排印本

屈原赋校注　姜亮夫撰。　1957年人民文学出版社排印本

屈原与楚辞　张纵逸撰。　1957年吉林人民出版社排印本

屈原离骚简论　逯钦立撰。　辽宁人民出版社排印本

屈原　詹安泰撰。　1957年上海人民出版社排印本

楚辞研究论文集　作家出版社编辑部编。　1957年作家出版社排印本

楚辞——概说与读物要目　上海市人民图书馆编。　1957年自印本

楚辞选　马茂元选注。　1958年人民文学出版社排印本

离骚今译　郭沫若译。　1958年北京人民文学出版社排印本。

楚辞研究资料索引　辽宁大学图书馆编。　1959年自印本

屈原赋证辨三卷附录一卷　沈祖緜撰。　1960年中华书局上海编辑所排印本，1972年台北宏业书局翻印本

楚辞书目五种　姜亮夫撰。　1961年中华书局上海编辑所排印本，1993年上海古籍出版社新一版排印本

屈赋通笺五卷叙论一卷补正一卷笺屈余义一卷　刘永济撰。　1961年人民文学出版社排印本

楚辞解故　朱季海撰。　1963年中华书局上海编辑所排印本，1972年台北宏业书局翻印本，1980年上海古籍出版社补版重印本

屈原　游国恩撰。　1963年中华书局排印《知识丛书》本，1980年中华书局重排本

九歌　文骁辑注。　1963年人民文学出版社排印《文学小丛书》本

屈原与九歌　苏雪林撰。　1963年台北广东出版社排印本

天问正简　苏雪林撰。　1964年台北广东出版社排印本

离骚今译校注与答问　彭泽陶撰。　1965年作者自印本

九歌中人神恋爱问题　苏雪林撰。

1967年台湾文星书店排印本

屈赋正义二十七篇　于宇飞撰。　1969年台湾中华书局排印本

九歌研究　张寿平撰。　1970年台湾广文书局排印本

离骚新诠　林振玉撰。　1971年高雄复文图书出版社排印本

屈原赋今译　吕天明译。　1973年台北五洲出版社排印本

天问天对注　王运熙等撰。　1973年上海人民出版社排印本

楚辞选注　沈洪撰。　1974年台北商务印书馆排印《人人文库》本

离骚九歌九章浅释　缪天华撰。　1975年台北东大图书有限公司排印本，1978年台北东大图书有限公司重订重排本

屈赋甄微　郑坦撰。　1976年台湾商务印书馆排印本

离骚抉疑　魏子高撰。　1976年台北广文书局排印本

天问天对译注　吉林师范大学历史系撰。1976年人民出版社排印本

楚辞研究　胡子明撰。　1976年台北华联出版社排印本

楚辞文学的特质　吴天任撰。　1977年台北商务印书馆排印《人人文库》本

屈赋新编　谭介甫撰。　1978年中华书局排印本

楚骚新诂　苏雪林撰。　1978年台北国立编译馆编印《中华丛书》本

楚辞精注　何敬群撰。　1978年台北正中书局排印本

离骚九章集释　王家歆撰。　1979年台北商务印书馆排印《人人文库》本

申论楚辞九歌二招之存疑　郑坦撰。1979年台湾商务印书馆排印《人人文库》本

离骚四释　黄华表撰。　1979年台北学生书局排印本

屈原　郭维森撰。　1979年上海古籍出版社排印《中国古典文学基本知识丛书》本

楚辞九歌注笺　梁简能撰。　台北学海出版社排印本

楚辞浅论　郑文撰。　1980年西北师范学院印本

离骚发微二卷　魏炯若撰。　1980年四川人民出版社排印本

屈赋论丛　苏雪林撰。　1980年台北国立编译馆编印《中华丛书》本

离骚纂义　游国恩主编，金开诚补辑。1980年中华书局排印本，1982年台北明文书局翻印本

天问疏证　闻一多撰。　1980年三联书店排印本，1985年上海古籍出版社排印本

楚辞韵读　王力撰。　1980年上海古籍出版社排印本

楚辞天问新笺　台静农撰。　台北艺文印书馆排印本

屈原诗歌新译　宗九奇撰。　1980年江西人民出版社排印本

楚辞新注　聂石樵撰。　1980年上海古籍出版社排印本

楚辞选注　金开诚撰。　1980年北京出版社排印本

二招校注　姜亮夫撰。　手稿本

楚辞选译 陆侃如、龚克昌选译。 1981年上海古籍出版社排印《中国古典文学作品选读》本

楚辞今绎讲录 姜亮夫撰。 1981年北京出版社排印本，1983年北京出版社排印修订本

离骚笺疏离骚通论 詹安泰撰。 1981年湖北人民出版社排印本

屈原论稿 聂石樵撰。 1982年人民文学出版社排印本

屈原赋译释 张家英撰。 1982年黑龙江人民出版社排印本

九歌新注 程嘉哲撰。 1982年四川人民出版社排印本

屈原楚辞注 刘让言撰。 1982年新疆人民出版社排印本

楚辞论文集 蒋天枢撰。 1982年陕西人民出版社排印本

屈原 丁冰撰。 1982年黑龙江人民出版社排印本

天问纂义 游国恩撰。 金开诚、董洪利、高路明补辑。 1982年中华书局排印本

行吟泽畔屈灵均 文钦文化公司编。 1982年台北文镜文化事业公司排印本

诗经比较研究与欣赏——楚辞篇 裴普贤撰。 1983年台北台湾学生书局排印本

白话屈赋——大诗人屈原的诗歌 梅耶撰。 1983年台北星光出版社排印本

天问论笺 林庚撰。 1983年人民文学出版社排印本

天问疏证 木铎出版社编。 1983年台北广文书局排印本

屈赋音注详解 刘永济撰。 1983年上海古籍出版社排印本

屈赋释词 刘永济撰。 1983年上海古籍出版社排印《屈赋音注详解》附录本

先秦辞赋原论 姜书阁撰。 1983年齐鲁书社排印本

楚辞研究 哈尔滨师范大学《北方论丛》编辑组编。 1983年《北方论丛》丛书第3辑

楚辞研究 1984年辽宁省文学学会屈原研究会编印本

楚辞要籍解题 洪湛侯撰。 1984年湖北人民出版社排印本

楚辞学论文集 姜亮夫撰。 1984年上海古籍出版社排印本

屈原研究论集 湖北省社会科学院文学研究所编。 1984年长江文艺出版社排印本

楚辞注释 马茂元等撰。 1984年湖北人民出版社排印本

楚辞全译 黄寿祺、梅同生撰。 1984年贵州人民出版社排印本

楚辞拾沈 何剑熏撰。 1984年十月四川人民出版社排印本

屈赋新探 汤炳正撰。 1984年齐鲁书社排印本

屈原赋选 王涛选注。 三联书店香港分店排印本，1984年广东人民出版社重印本

楚辞研究 辽宁师范大学、辽宁省文学学会屈原研究会编。 1984年印本

楚辞选注及考证　胡念贻撰。1984年岳麓书社排印本

新译楚辞读本　傅锡壬撰。1984年台北三民书局排印本

天问新注　程嘉哲撰。1984年四川人民出版社排印本

屈原赋译注　袁梅撰。1984年齐鲁书社排印本

楚辞评论资料选　马茂元编。1985年湖北人民出版社排印本

离骚解诂　闻一多撰。1985年上海古籍出版社排印本

九歌解诂一卷九章解诂一卷　闻一多撰。1985年上海古籍出版社排印本

楚辞研究论文选集　余崇生编。1985年台北学海出版社排印本

屈原：我国最早的大诗人　段万翰撰。1985年上海人民出版社排印本

楚辞通故　姜亮夫撰。1985年齐鲁书社据清稿影印本

楚辞研究论文选　马茂元主编。1985年湖北人民出版社排印本

屈赋新笺-九章篇　杨胤宗撰。1985年北京友谊出版公司排印本

屈赋新笺-离骚篇　杨胤宗撰。1985年北京友谊出版公司排印本

屈荀辞赋论稿　李金锡撰。1986年春风文艺出版社排印本

九歌新考　周勋初撰。1986年上海古籍出版社排印本

屈赋全释　邬霄鸣撰。1986年辽宁教育出版社排印本

楚辞译注　张愚山撰。1986年山东教育出版社排印本

楚辞译注　董楚平撰。1986年上海古籍出版社排印本

楚辞译注　赵浩如撰。1986年云南教育出版社排印本

读骚十论　戴志钧撰。1986年黑龙江人民出版社排印本

屈原赋译注　龚克昌、彭重光撰。1986年山东大学出版社排印本

宋玉辞赋今读　袁梅撰。1986年齐鲁书社排印本

楚辞讲读　朱碧莲撰。1986年华东师范大学出版社排印本

楚辞资料海外编　尹锡康编。1986年湖北人民出版社排印本

离骚异说　刘兆伟著。1986年辽宁大学出版社

天问浅释　陆元炽撰。1987年北京出版社排印本

屈原问题论争史稿　黄中模撰。1987年北京十月文艺出版社排印本

宋玉辞赋译解　朱碧莲撰。1987年中国社会科学出版社排印本

重订屈原赋校注　姜亮夫撰。1987年天津古籍出版社排印本

楚辞选析　杨白桦撰。1987年江苏古籍出版社排印本

楚辞与神话　萧兵撰。1987年江苏古籍出版社排印本

离骚集传　（清）阮元辑。1988年江苏古籍出版社

楚辞类稿　汤炳正撰。1988年巴蜀书社排印本

楚辞新探　萧兵著。1988年天津古籍出版社排印本

楚辞校释　蒋天枢撰。1989年上海古籍出版社排印本

楚辞直解　陈子展撰。1988年江苏古籍出版社排印本。1996年复旦大学出版社。

天问研究　孙作云撰。1989年中华书局排印本

中日学者屈原问题论争集　黄中模编。1990年山东教育出版社排印本

楚辞论析　汤漳平、陆永品撰。1990年山西教育出版社排印本

楚辞文化　萧兵撰。1990年中国社会科学出版社排印本

《九歌》与沅湘民俗　林河撰。1990年三联书店上海分店排印本

现代楚辞批评史　黄中模撰。1990年湖北教育出版社排印本

楚骚：华夏文明之光　殷光熹撰。1990年云南大学出版社排印本

论骚二集　戴志钧撰。1990年黑龙江教育出版社排印本

楚国大诗人宋玉　张端彬撰。1990年海峡文艺出版社排印本

诗经楚辞鉴赏辞典　周啸天主编。1990年四川辞书出版社排印本

屈骚艺术新研　毛庆撰。1990年湖北人民出版社排印本

屈原与楚辞　姜亮夫、姜昆武撰。1991年安徽教育出版社排印本

楚辞的文化破译——一个微宏观互渗的研究　萧兵撰。1991年湖北人民出版社排印本

历代诗话论诗经楚辞　蔡守湘、江枫主编。1991年武汉出版社排印本

屈原与楚文化　潘啸龙撰。1991年安徽文艺出版社排印本

楚辞选译　徐建华、金舒年译注。巴蜀书社，1991

当代楚辞研究论纲　周建忠撰。1992年湖北教育出版社排印本

楚辞研究　中国屈原学会，贵州省古典文学学会编。文津出版社，1992

楚辞书目五种续编　崔富章编著。1993年上海古籍出版社排印本

楚辞选　钱杭撰。1993年上海书店出版社排印本

楚汉文学综论　潘啸龙撰。1993年黄山书社排印本

楚辞论稿　朱碧莲撰。1993年上海三联书店排印本

楚辞探骊　江立中撰。1993年岳麓书社排印本

楚辞新诂　何剑熏撰。1994年巴蜀书社排印本

楚辞校释　王泗原撰。1994年人民教育出版社排印本

楚辞综论　徐志啸撰。1994年台湾东大图书公司排印本

楚辞正解　雷庆翼撰。1994年学林出版社排印本

楚辞集解　（明）汪瑗撰。北京古籍出版社，1994

楚辞论稿　周建忠著。中州古籍出版社，1994

楚辞　许渊冲英译。湖南出版社，1994

楚辞佳句辞典　王常山编著。三秦出版社，1994

楚辞语法研究　廖序东撰。1995年语

文出版社排印本

楚辞文化背景研究 赵辉撰。 1995年湖北教育出版社排印本

楚辞集注文白对照本 李忠实撰。 1996年中国人事出版社排印本

离骚校诂 黄灵庚撰。 1996年中州古籍出版社排印本

楚辞学史 李中华、朱炳祥撰。 1996年武汉出版社排印本

屈原与他的时代 赵逵夫撰。 1996年人民文学出版社排印本

屈原集校注 金开诚、董洪利、高路明撰。 1996年中华书局排印《中国古典文学基本丛书》本

楚辞今注 汤炳正、李大明、李诚、熊良智撰。 1996年上海古籍出版社排印《中国古典文学丛书》本

离骚通解 李增林著。 1996年宁夏人民出版社

楚辞 （战国）屈原著。 辽宁教育出版社，1997

楚辞直解 （战国）屈原著。 浙江文艺出版社，1997

屈原陶渊明 韩传达撰。 1997年大连出版社排印本

楚辞通论 黄震云撰。 1997年湖南教育出版社排印本

楚辞与原始宗教 过常宝撰。 1997年东方出版社排印本

楚辞注评 潘啸龙撰。 1997年黄山书社排印本

诗经·楚辞 李开金选注。 长江文艺出版社，1996

司马迁与屈原和楚辞学 吕培成著。 陕西人民教育出版社，2000

白话楚辞 （战国）屈原等著。 岳麓书社，1996

诗经楚辞汉乐府选详解 靳极苍著。 山西古籍出版社，1997

楚辞与中国文化 陈桐生著。 陕西人民教育出版社，1997

楚辞 （战国）屈原等[著]。 吉林人民出版社，1999

新编楚辞索引 周秉高著。 内蒙古大学出版社，1999

屈原与楚辞研究 潘啸龙著。 安徽大学出版社，1999

诗经与楚辞精品 余冠英、韦凤娟主编。 时代文艺出版社，1995

楚辞今注 （战国）屈原著。 上海古籍出版社，1996

屈原楚辞艺术辑新 陈彤著。 文津出版社，1996

风韵高标的《楚辞》 郭维森、包景诚著。 辽海出版社，1998

楚辞全译 萧兵译注。 江苏古籍出版社，1998

楚辞 王锡荣注释。 吉林文史出版社，1999

楚辞今注今译 郝志达译注。 河北人民出版社，2000

楚辞章句补注 （汉）王逸注。 吉林人民出版社，1999

楚辞今绎讲录 姜亮夫著。 云南人民出版社，1999

楚辞源 周殿富选注。 吉林人民出版社，2003

楚辞流 周殿富选注。 吉林人民出版

社,2003

楚辞余 周殿富选注。 吉林人民出版社,2003

楚辞论 周殿富选注。 吉林人民出版社,2003

楚辞魂 周殿富译注。 吉林人民出版社,2003

楚辞词典 袁梅编著。 山东教育出版社,2000

楚辞名篇鉴赏辞典 上海辞书出版社文学鉴赏辞典编纂中心编。 上海辞书出版社,2009

楚辞语言词典 赵逵夫主编。 上海辞书出版社,2013

（朱渊清 文稻）

名句索引

说　明

一、本索引收录名句 208 条。

二、本索引以名句首字的笔画笔顺（一丨丿、乛）为编排第一依据，首字相同的依第二字的笔画笔顺，第二字相同的依第三字，余类推。

三、提（㇀）归入横（一），捺（㇏）归入点（、），笔形带钩或曲折的（如乛亅乚㇁乙等）均归入折（乛）。

一　画

一日不见,如三秋兮　　　　　　　　　　　　　　　　　　　　　　王风·采葛

二　画

二三其德　　　　　　　　　　　　　　　　　　　　　　　　　　　卫风·氓
人之多言,亦可畏也　　　　　　　　　　　　　　　　　　　　　郑风·将仲子
人而无仪,不死何为　　　　　　　　　　　　　　　　　　　　　鄘风·相鼠

三　画

下峥嵘而无地兮,上寥廓而无天　　　　　　　　　　　　　　　　　　远游
与女游兮九河,冲风起兮横波　　　　　　　　　　　　　　　　　九歌·河伯
与天地兮同寿,与日月兮同光　　　　　　　　　　　　　　　　　九章·涉江
山中人兮芳杜若,饮石泉兮荫松柏　　　　　　　　　　　　　　　九歌·山鬼
山有木兮木有枝,心说君兮君不知　　　　　　　　　　　　　　　　越人歌
凡百君子,各敬尔身　　　　　　　　　　　　　　　　　邶风·谷风、小雅·雨无正
之死矢靡它　　　　　　　　　　　　　　　　　　　　　　　　　鄘风·柏舟
小心翼翼　　　　　　　　　　　　　　　　　　　　　　　大雅·大明、烝民
子不我思,岂无他人　　　　　　　　　　　　　　　　　　　　　郑风·褰裳
子兮子兮,如此良人何　　　　　　　　　　　　　　　　　　　　唐风·绸缪

四　画

天式纵横,阳离爱死　　　　　　　　　　　　　　　　　　　　　　　天问
天作之合　　　　　　　　　　　　　　　　　　　　　　　　　　大雅·文王
天命反侧,何罚何佑　　　　　　　　　　　　　　　　　　　　　　　天问

不可救药	大雅・板
不忮不求,何用不臧	邶风・雄雉
不愧于人,不畏于天	小雅・何人斯
日之夕矣,牛羊下来	王风・黍离
日月光华,旦复旦兮	卿云歌
日月忽其不淹兮,恐美人之迟暮	离骚
日居月诸,照临下土	邶风・日月
日就月将,学有缉熙于光明	周颂・敬之
中心藏之,何日忘之	小雅・隰桑
仆夫悲余马怀兮,蜷局顾而不行	离骚
今夕何夕,见此良人	唐风・绸缪
月出皎兮,佼人僚兮	陈风・月出
风雨如晦,鸡鸣不已	郑风・风雨
风萧萧兮易水寒,壮士一去兮不复还	易水歌
予其惩,而毖而患	周颂・小毖

五 画

未见君子,惄如调饥	周南・汝坟
巧言如簧,颜之厚矣	小雅・巧言
巧笑倩兮,美目盼兮	卫风・硕人
东方未明,颠倒衣裳	齐风・东方未明
兄弟阋于墙,外御其务	小雅・常棣
白圭之玷,尚可磨也;斯言之玷,不可为也	大雅・抑
他山之石,可以攻玉	小雅・鹤鸣
鸟飞反故乡兮,狐死必首丘	九章・哀郢
汉之广矣,不可泳思;江之永矣,不可方思	周南・汉广
出不入兮往不反,平原忽兮路超远	九歌・国殇
纠纠葛屦,可以履霜	魏风・葛屦、大雅・大东

六 画

式微式微,胡不归	邶风・式微
考槃在涧,硕人之宽	卫风・考槃
老冉冉其将至兮,恐脩名之不立	离骚
有女怀春,吉士诱之	召南・野有死麇

有美一人,清扬婉兮	郑风·野有蔓草
死生契阔,与子成说	邶风·凯风
执子之手,与子偕老	邶风·击鼓
光风转蕙,氾崇兰些	招魂
岁既晏兮孰华予	九歌·山鬼
岂曰无衣,与子同袍	秦风·无衣
岂余身之惮殃兮,恐皇舆之败绩	离骚
伐木丁丁,鸟鸣嘤嘤	小雅·伐木
伐柯伐柯,其则不远	豳风·伐柯
任重载盛兮,陷滞而不济	九章·怀沙
自伯之东,首如飞蓬;岂无膏沐,谁适为容	卫风·伯兮
亦余心之所善兮,虽九死其犹未悔	离骚
关关雎鸠,在河之洲	周南·关雎
安能以身之察察,受物之汶汶者乎	渔父
如切如磋,如琢如磨	卫风·淇奥
如可赎兮,人百其身	秦风·黄鸟
如圭如璋,令闻令望	大雅·卷阿
如松苞矣,如竹茂矣	小雅·南山
如蜩如螗,如沸如羹	大雅·荡

七 画

形若槁骸,心若死灰	被衣为啮缺歌
进退维谷	大雅·桑柔
坎坎伐檀兮,寘之河之干兮,河水清且涟猗	魏风·伐檀
坎廪兮贫士失职而志不平	九辩
芳与泽其杂糅兮,孰申旦而别之	九章·惜往日
苏世独立,横而不流	九章·橘颂
吾令帝阍开关兮,倚阊阖而望予	离骚
投我以木瓜,报之以琼琚	卫风·木瓜
投我以桃,报之以李	大雅·抑
我车既攻,我马既同	小雅·车攻
我心匪石,不可转也;我心匪席,不可卷也	邶风·柏舟
我生之初,尚无为;我生之后,逢此百罹	王风·兔爰
我来自东,零雨其濛	豳风·东山

我姑酌彼金罍,维以不永怀	周南·卷耳
我瞻四方,蹙蹙靡所骋	小雅·节南山
何彼秾矣,唐棣之华	召南·何彼秾矣
身既死兮神以灵,子魂魄兮为鬼雄	九歌·国殇
余既滋兰之九畹兮,又树蕙之百亩	离骚
沅有茝兮醴有兰,思公子兮未敢言	九歌·湘夫人
沔彼流水,朝宗于海	小雅·沔水
沧浪之水清兮,可以濯我缨;沧浪之水浊兮,可以濯我足	孺子歌
忧心忡忡	王风·草虫、小雅·出车
忧心悄悄,愠于群小	邶风·柏舟
怆怳懭悢兮去故而就新	九辩
纷吾既有此内美兮,又重之以脩能	离骚

八　画

青青子衿,悠悠我心	郑风·子衿
青春受谢,白日昭只	大招
表独立兮山之上,云容容兮而在下	九歌·山鬼
取彼谮人,投畀豺虎	小雅·巷伯
昔我往矣,杨柳依依;今我来思,雨雪霏霏	小雅·采薇
若有人兮山之阿,被薜荔兮带女罗	九歌·山鬼
析薪如之何,匪斧不克;取妻如之何,匪媒不得	齐风·南山
鸢飞戾天,鱼跃于渊	大雅·旱麓
具曰予圣,谁知乌之雌雄	小雅·正月
固人命兮有当,孰离合兮可为	九歌·大司命
固时俗之工巧兮,偭规矩而改错	离骚
黾勉同心	邶风·谷风
呦呦鹿鸣,食野之苹	小雅·鹿鸣
知我者谓我心忧,不知我者谓我何求	王风·黍离
物有微而陨性兮,声有隐而先倡	九章·悲回风
委委佗佗,如山如河	鄘风·君子偕老
往者不可谏,来者犹可追	楚狂接舆歌
彼其之子,硕大无朋	唐风·椒聊
采采芣苢,薄言采之	周南·芣苢
采葑采菲,无以下体	邶风·谷风

鱼葺鳞以自别兮,蛟龙隐其文章	九章·悲回风
泾以渭浊	邶风·谷风

九　画

春气奋发,万物遽只	大招
春兰兮秋菊,长无绝兮终古	九歌·礼魂
赳赳武夫,公侯干城	周南·兔罝
带长剑兮挟秦弓,首身离兮心不惩	九歌·国殇
带长铗之陆离兮,冠切云之崔嵬	九章·涉江
胡然而天也,胡然而帝也	鄘风·君子偕老
南有樛木,葛藟累之	周南·樛木
指九天以为正兮,夫惟灵脩之故也	离骚
战战兢兢,如临深渊,如履薄冰	小雅·小旻
威仪抑抑,德音秩秩	大雅·假乐
虽萎绝其亦何伤兮,哀众芳之芜秽	离骚
爰及矜人,哀此鳏寡	小雅·鸿雁
哀州土之平乐兮,悲江介之遗风	九章·哀郢
哀高丘之无女	离骚
帝子降兮北渚,目眇眇兮愁予	九歌·湘夫人
举长矢兮射天狼	九歌·东君
举世皆浊我独清,众人皆醉我独醒	渔父
既含睇兮又宜笑,子慕予兮善窈窕	九歌·山鬼
既明且哲,以保其身	大雅·烝民
陟彼高冈,我马玄黄	周南·卷耳
柔则茹之,刚则吐之	大雅·烝民

十　画

匪面命之,言提其耳	大雅·抑
恐鹈鴂之先鸣兮,使夫百草为之不芳	离骚
耿耿不寐,如有隐忧	邶风·柏舟
莫扪朕舌,言不可逝矣	大雅·抑
莫赤匪狐,莫黑匪乌	邶风·北风
桃之夭夭,灼灼其华	周南·桃夭
振振君子,归哉归哉	召南·殷其雷

圆凿而方枘兮,吾固知其鉏铻而难入	九辩
乘骐骥以驰骋兮,来吾道夫先路	离骚
秩秩斯干,幽幽南山	小雅·斯干
殷鉴不远,在夏后之世	大雅·荡
爱而不见,搔首踟蹰	邶风·静女
爱莫助之	大雅·烝民
狼跋其胡,载疐其尾	豳风·狼跋
卿云烂兮,糺缦缦兮	卿云歌
高山仰止,景行行止	小雅·车舝
高余冠之岌岌,长余佩之陆离	离骚
悟过改更,我又何言	天问
窈窕淑女,君子好逑	周南·关雎

十一画

萧萧马鸣,悠悠斾旌	小雅·车攻
萧瑟兮草木摇落而变衰	九辩
硕鼠硕鼠,无食我黍	魏风·硕鼠
崧高维岳,骏极于天	大雅·崧高
悠哉悠哉,辗转反侧	周南·关雎
望美人兮未来,临风怳兮浩歌	九歌·少司命
鸿雁于飞,哀鸣嗷嗷	小雅·鸿雁
深则厉,浅则揭	邶风·匏有苦叶
惜吾不及古人兮,吾谁与玩此芳草	九章·思美人
惜诵以致愍兮,发愤以抒情	九章·惜诵
惟草木之零落兮,恐美人之迟暮	离骚
扈江离与辟芷兮,纫秋兰以为佩	离骚
谓予不信,有如曒日	王风·大车
维其有之,是以似之	小雅·裳裳者华
维南有箕,不可以簸扬;维北有斗,不可以挹酒浆	小雅·大东
谁谓雀无角?何以穿我屋	召南·行露
维鹊有巢,维鸠居之	召南·鹊巢

十二画

朝饮木兰之坠露兮,夕餐秋菊之落英	离骚

棘心夭夭,母氏劬劳	邶风·凯风
援北斗兮酌桂浆	九歌·东君
悲回风之摇蕙兮,心冤结而内伤	九章·悲回风
悲时俗之迫阨兮,愿轻举而远游	远游
悲哉秋之为气也	九辩
悲莫悲兮生别离,乐莫乐兮新相知	九歌·少司命
鲂鱼赪尾,王室如燬	周南·汝坟
就其深矣,方之舟之;就其浅矣,泳之游之	邶风·谷风
善不由外来兮,名不可以虚作	九章·抽思
湛湛江水兮,上有枫;目极千里兮,伤春心	招魂
登山临水兮送将归	九辩
登崑崙兮四望,心飞扬兮浩荡	九歌·河伯

十三画

魂一夕而九逝	九章·抽思
魂兮归来,哀江南	招魂
蒹葭苍苍,白露为霜;所谓伊人,在水一方	秦风·蒹葭
路曼曼其脩远兮,吾将上下而求索	离骚
蛾眉曼睩,目腾光些	招魂
鹑之奔奔,鹊之彊彊	鄘风·鹑之奔奔
新沐者必弹冠,新浴者必振衣	渔父
满堂兮美人,忽独与余兮目成	九歌·少司命
溥天之下,莫非王土;率土之滨,莫非王臣	小雅·北山
嫋嫋兮秋风,洞庭波兮木叶下	九歌·湘夫人

十四画

墙有茨,不可埽也	鄘风·墙有茨
兢兢业业,如霆如雷	大雅·云汉
愿言则嚏	邶风·终风
蝉翼为重,千钧为轻;黄钟毁弃,瓦釜雷鸣	卜居
嘤其鸣矣,求其友声	小雅·伐木

十五画

横流涕兮潺湲,隐思君兮陫侧	九歌·湘君

鹤鸣于九皋,声闻于天　　　　　　　　　　　　　　　　　　　　小雅·鹤鸣

十六画

燕婉之求,得此戚施　　　　　　　　　　　　　　　　　　　　　邶风·新台
燕燕于飞,差池其羽　　　　　　　　　　　　　　　　　　　　　邶风·燕燕
颠沛之揭,枝叶未有害,本实先拨　　　　　　　　　　　　　　　大雅·荡
螟蛉有子,蜾蠃负之　　　　　　　　　　　　　　　　　　　　　小雅·小宛
穆如清风　　　　　　　　　　　　　　　　　　　　　　　　　　大雅·烝民
衡门之下,可以栖迟　　　　　　　　　　　　　　　　　　　　　陈风·衡门

十八画

瞻彼淇奥,绿竹猗猗　　　　　　　　　　　　　　　　　　　　　卫风·淇奥

十九画

靡不有初,鲜克有终　　　　　　　　　　　　　　　　　　　　　大雅·荡

图书在版编目(CIP)数据

先秦诗鉴赏辞典：新一版 / 上海辞书出版社文学鉴赏辞典编纂中心编. —上海：上海辞书出版社，2016.10（2025.2重印）
 ISBN 978-7-5326-4676-0

Ⅰ.①先… Ⅱ.①上… Ⅲ.①古典诗歌－鉴赏－中国－先秦时代－词典 Ⅳ.①I207.22-61

中国版本图书馆CIP数据核字（2016）第137168号

先秦诗鉴赏辞典（新一版）

上海辞书出版社文学鉴赏辞典编纂中心编
责任编辑／吕荣莉　封面设计／姜　明　技术编辑／顾　晴

上海世纪出版集团
上海辞书出版社出版
201101　上海市闵行区号景路159弄B座　www.cishu.com.cn
上海世纪出版集团上海辞书出版社发行
200001　上海市福建中路193号　www.ewen.co
上海中华印刷有限公司印刷

开本890毫米×1240毫米　1/32　印张35　字数1 220 000
2016年10月第1版　2025年2月第8次印刷

ISBN 978-7-5326-4676-0/I·314
定价：98.00元

本书如有质量问题，请与承印厂质量科联系．T：021—69213456